SharePoint 2013

开发高级教程

（第 4 版）

Reza Alirezaei
Brendon Schwartz
Matt Ranlett
[美]　Scot Hillier　　　　　　著
Brian Wilson
Jeff Fried
Paul J. Swider

蒲　成　李文强　译

清华大学出版社

北　京

Reza Alirezaei, Brendon Schwartz, Matt Ranlett, Scot Hillier, Brian Wilson, Jeff Fried, Paul J. Swider

Professional SharePoint 2013 Development

EISBN：978-1-118-49582-7

Copyright © 2013 by John Wiley & Sons, Inc., Indianapolis, Indiana

All Rights Reserved. This translation published under license.

本书中文简体字版由 Wiley Publishing, Inc. 授权清华大学出版社出版。未经出版者书面许可，不得以任何方式复制或抄袭本书内容。

北京市版权局著作权合同登记号 图字：01-2013-8906

Copies of this book sold without a Wiley sticker on the cover are unauthorized and illegal.

本书封面贴有 Wiley 公司防伪标签，无标签者不得销售。

版权所有，侵权必究。侵权举报电话：010-62782989　13701121933

图书在版编目(CIP)数据

SharePoint 2013 开发高级教程(第 4 版)/(美)阿里瑞萨(Alirezaei, R.)　等著；蒲成，李文强　译.
—北京：清华大学出版社，2014
　书名原文：Professional SharePoint 2013 Development
　ISBN 978-7-302-38015-3

Ⅰ. ①S…　Ⅱ. ①阿…②蒲…③李…　Ⅲ. ①企业管理—应用软件—教材　Ⅳ. ①F270.7

中国版本图书馆 CIP 数据核字(2014)第 216010 号

责任编辑：王　军　韩宏志
装帧设计：牛艳敏
责任校对：邱晓玉
责任印制：沈　露

出版发行：清华大学出版社
　　　　网　　　址：http://www.tup.com.cn，http://www.wqbook.com
　　　　地　　　址：北京清华大学学研大厦 A 座　　　邮　　编：100084
　　　　社 总 机：010-62770175　　　　　　　　邮　　购：010-62786544
　　　　投稿与读者服务：010-62776969，c-service@tup.tsinghua.edu.cn
　　　　质 量 反 馈：010-62772015，zhiliang@tup.tsinghua.edu.cn
印　刷　者：清华大学印刷厂
装 订 者：三河市新茂装订有限公司
经　　销：全国新华书店
开　　本：185mm×260mm　　　印　张：46　　　字　　数：1119 千字
版　　次：2014 年 10 月第 1 版　　　　　　印　　次：2014 年 10 月第 1 次印刷
印　　数：1～3000
定　　价：98.00 元

产品编号：056622-01

译 者 序

作为目前最强大的企业级应用平台之一，SharePoint 已逐渐成为全世界范围内企业建立高效协作应用的首选基础性平台。简单来说，SharePoint 是一个基于浏览器来提供协作、内容管理以及扩展功能的企业信息化解决方案平台，其最新版本为 SharePoint 2013。自 2001 年诞生至今，SharePoint 已经从最初的企业门户建设发展成为集企业门户、信息分享、社交功能、工作流、商务智能甚至是云端应用等诸多功能为一体的集成化平台。

现在，使用 SharePoint 2013 来配置和开发应用，基本可以满足所有的企业日常业务处理。为了迎合 APP 及云技术的潮流趋势，SharePoint 2013 进行了一次华丽转身。SharePoint 2013 在管理方面也进一步改进，除了支持云端部署外，还提供全新的应用程序构建框架，协助用户将云端上提供的各类 APP 与服务整合到 SharePoint 2013 中。

本书由处于 SharePoint 领域前沿的一些最著名的开发人员和资深咨询顾问所撰写，详尽介绍了 SharePoint 2013 的所有更新内容，深入剖析 SharePoint 开发方方面面的内容。本书的内容完整而全面，从新特性和概念入手，结合微软所提供的所有开发与配置工具并辅以针对性较强的示例讲解，呈现出 SharePoint 2013 各项新功能的配置、开发、部署及应用的全貌。

不过，因为本书主要面向开发人员，且内容中涉及大量开发术语、Web 技术以及开发工具，所以如果读者在阅读本书之前已经具备一些 Web 开发和开发工具的知识，那么在理解本书的内容时将会事半功倍。此外，本书各章节介绍的主要功能，几乎都提供相关的资源，比如，源代码、官方及第三方资料网站、权威人士的博客等，如果读者能够善用这些资源，相信能够快速提升和积累 SharePoint 开发和应用层面的技能及经验。

SharePoint 的特性决定了本书内容的广度和深度，虽然译者有多年的 Web 开发及 SharePoint 开发配置部署经验，但在翻译这样一本内容面如此博大精深的书籍时仍然觉得有些许力不从心，在翻译过程中，译者字斟句酌，力争让读者能够准确地理解原文的精髓。如有翻译不当之处，敬请读者谅解。读者可将意见和建议发送到 wkservice@vip.163.com。

本书全部章节由蒲成、李文强翻译，参与翻译工作的还有申成龙、杨帆、王滨、李鹏、贠书谦、赵栋、林超、陈世佳、王佳。

在此要特别感谢清华大学出版社的编辑和微软(中国)有限公司解决方案部区域经理刘浩，他们在本书翻译过程中为译者提供了巨大的帮助，没有他们的热情付出，本书将难以顺利付梓。

作 者 简 介

Reza Alirezaei

Reza Alirezaei 是 Development Horizon 公司的创办人和总裁，该公司总部位于加拿大多伦多，是微软的金牌合作伙伴。Reza 自 2006 年开始就一直是 SharePoint 领域的微软最有价值专家(MVP)。除了从事咨询工作，Reza 在企业培训和 SharePoint 社区的演讲方面拥有 10 年的经验。他著有一些 SharePoint 书籍、论文和在线文章。Reza 的博客地址是 http://blogs.devhorizon.com/reza，还可以向其邮箱 reza@devhorizon.com 发送电子邮件来联系他。

Brendon Schwartz

Brendon Schwartz 是 SharePoint 专家，拥有 10 年 SharePoint 经验，自该产品早期就开始从事此方面工作了。作为协作、社交计算、企业内容管理、业务过程管理和应用程序开发领域的专家，Brendon 出席过各种研讨会并构建过具有创新性的产品解决方案。他为许多客户做过项目管理，包括《财富 500 强》企业，比如，美国电话电报公司、可口可乐公司、AutoTrader.com 和家得宝(The Home Depot)公司。在带领团队为可口可乐公司构建一个首批由微软托管的解决方案期间，他协助制定了 Office 365 的未来发展。Brendon 荣获 ASP.NET 和 SharePoint 领域的微软 MVP。作为 SharePoint 的热心作者，他创作了数量众多的文章和书籍，其中包括 *Professional SharePoint 2007 Development* 和 *Social Computing with Microsoft SharePoint 2007*。Brendon 非常享受与妻子、儿子和幼女在一起的时光。

Matt Ranlett

Matt Ranlett 是一名 SharePoint Server MVP，他在 Slalom 咨询公司工作并担任解决方案架构师和咨询实习经理。当他没有参与组织或出席用户群相关的活动时，Matt 会撰写和编辑 SharePoint 方面的白皮书、杂志文章和书籍。

Scot Hillier

Scot Hillier 是一名独立咨询顾问，并且是微软 SharePoint MVP，专注于为使用 SharePoint、Office 及相关技术的信息工作者创建解决方案。他是 18 本微软技术书籍的作者/合著者，其中包括 *Inside SharePoint 2013* 和 *App Development in SharePoint 2013*。Scot 的一部分时间用来针对 SharePoint 项目提供咨询服务，另一部分时间用来出席像微软 SharePoint 大会这样的 SharePoint 活动并演讲，还通过关键路径培训为 SharePoint 开发人员提供培训。Scot 早先曾是一名美国海军潜艇军官，毕业于弗吉尼亚军事学院。可以向其邮箱 scot@scothillier.net 发送电子邮件来联系他。

Brian Wilson

Brian Wilson 是一名 SharePoint 解决方案和信息架构师，并且是 WiredLight 公司的董事，这是一家提供 SharePoint 解决方案的公司。Brian 拥有 15 年经验(其中包括四年在微软咨询服务部的 SharePoint 和信息工作者团队中担任高级顾问)，他承担过微软一些大型客户的架构设计和解决方案开发工作，这些客户的企业环境使用了 SharePoint 技术。从 SharePoint 的第一个版本开始，他就在美国、欧洲、亚洲和南非的许多行业中参与了多种前沿的 SharePoint 客户项目。Brian 在 WiredLight 公司为客户提供创新型的设计和开发的专业知识，该公司专注于提供 SharePoint 咨询、产品和解决方案。当他有闲暇时间的时候，喜欢滑雪、潜水以及观看橄榄球的精彩球赛。想要了解关于 Brian 的更多信息，请访问 http://www.wiredlight.net/或他的 LinkedIn 个人资料 http://uk.linkedin.com/in/bkvwilson。

Jeff Fried

Jeff Fried 是 BA Insight 公司的 CTO，专注于用 SharePoint 进行基于搜索的应用程序的开发。Jeff 经常就该领域进行演讲并撰文，拥有 15 项专利，已经撰写了超过 50 篇技术论文，并在下一代搜索引擎、网络和联络中心领域引领了开创性产品的创建工作。

Paul J. Swider

Paul Swider 是一名国际演讲家、培训师和自由顾问。此外，他还是 Charleston SharePoint Users Group 的发起人以及来自查尔斯顿港附近一个堤礁岛的成功企业家，在故乡，Paul 喜欢驾着小船追逐潮汐和海风。Paul 参与了许多社会团体和慈善事业，他是 Sharing the Point 的创始会员，这是一个在新兴市场提供免费 SharePoint 培训机会的国际合作行动组织。17 年的软件咨询经验以及许多的微软认证和演讲资格证书，使得 Paul 成为 SharePoint 社区的一名权威人士。作为一名微软认证培训教师(MCT)，Paul 为成千上万名 SharePoint 管理员、开发人员和架构师提供过培训和咨询。

技术编辑简介

Andy Au

Andy Au 是 Development Horizon 咨询公司的团队领导者，该公司总部位于加拿大多伦多，是 SharePoint 领域的微软金牌认证合作伙伴。Andy 拥有超过 8 年的工作经验，其中在 SharePoint 2003、2007 和 2010 方面有 6 年的工作经验。在其职业生涯中，Andy 多次受雇于各种解决方案的管理层和开发团队，且他拥有微软认证技术专家(MCTS)、微软认证信息技术专家(MCITP)以及微软认证开发专家(MCPD)的认证。闲暇时间，Andy 喜欢观看体育比赛并与家庭和朋友一起休闲放松。

Mehrdad Mehrjoo

Mehrdad Mehrjoo 在其过去 7 年的职业生涯中一直专注于 SharePoint 方面的工作。Mehrdad 的知名度非常高，因为他能够将几乎所有的软件与 SharePoint 集成在一起工作。他现在受雇于 Development Horizon 公司，是一名高级 SharePoint 咨询顾问，负责领导底层基础架构设计和开发实践。他是一名公认 MCTS、MCITP 以及 MCPD。Mehrdad 十分享受与妻儿在一起的时光。

Siavash Fathi

Siavash Fathi 是 Development Horizon 公司的一名高级 SharePoint 咨询顾问。Siavash 对于 SharePoint 应用程序充满了热情并专注于客户端和远程编程。除了 SharePoint 之外，Siavash 还喜欢研究机器人技术和人工智能(AI)，并发表了几篇关于这些领域的论文。Siavash 拥有 MCTS、MCITP、MCPD 以及敏捷大师认证(CSM)的认证。

致　　谢

　　撰写一本书从来都不是一项轻松的任务。在本书的编写过程中有许多人投入了大量的精力，虽然本书封面没有列出他们的姓名，但也需要感谢他们。我要谢谢我的太太 Heidi，是她使得这一切成为可能。你的牺牲精神和愿意独自照顾家庭的奉献精神，一直以来都让我觉得你非常了不起。尽管我们的孩子还太小，还认识不到爸爸在周六和周日外出工作是不合理的，我还是非常感激可爱的孩子们。如果一个人没有良好的后援，那他就是不完整的，所以我想要感谢与我一起共事过的每一个人，是他们给予了我变得更好的动力。首先，要感谢 Wrox 公司我们团队的所有成员，没有他们，本书不可能完成——Mary、Kelly 以及所有的编辑，你们非常棒！我要谢谢我的朋友 Aaron Richards，特别是他的创新性思维和对解决方案以及 InfoPath 永不停歇地追寻。还要感谢向我伸出援手的技术支持团队，如 Andrew Connell、Douglas McDowell、Robert Bogue 和 Doug Ware。当我面临很棘手的问题和需要一篇阐述某些技术的博文时，Doug Ware 从没让我失望过。谢谢所有的 SharePoint MVP，你们是最伟大的朋友，也是最好的 MVP 社区。还要谢谢这些年来一直鼓励我的好朋友 Matt Ranlett、Jeremy Howard、Jerry Pattenaude 与 Chris Haldeman。十分感谢 SharePoint 团队，他们总是乐于为我提供答案。最后，我想要感谢曾经帮助我成长、学习和让我保持良好发展方向的人，其中包括我的父母、Doug Turnure、Aaron Cutlip、Dan Attis 以及其他无法一一列举的人。

——Brendon Schwartz

　　首先我需要感谢我的家庭，你们给了我最大的包容，让我可以花费无法尽数的时间来研究、写作和编辑本书的内容。还要感谢 Wrox 天才般的编辑团队和审稿人，是你们不辞辛劳的工作才让本书顺利面世。

——Matt Ranlett

　　非常感谢 Bill Baer 和 Vesa Juvonen，你们为本书的各章内容做出了巨大贡献。你们的建议、专业知识和贡献帮助编写团队创作出了一本高质量的 SharePoint 2013 书籍。谢谢你们！向 SharePoint 和 Office 产品团队，向 SharePoint 社区中的每一个人：向我们站在其肩膀上的那些巨人致敬！

——Brian Wilson

　　感谢我的太太和家庭给予我的支持，感谢我的 SharePoint 朋友们给予我的启迪，感谢本书的编辑为这本书付出的努力以及持续推进。

——Jeff Fried

前　言

如果你已经拥有一些使用 SharePoint 平台及其辅助技术的经验，大概已经了解 SharePoint 是一个通用平台，用于构建能够满足广泛业务需求的解决方案。总体而言，由于 SharePoint 变得越来越重要且用途越来越广泛，因此多年来微软对于该平台投入了大量资源。现今，这一伟大产品的最新版本是 SharePoint 2013！

SharePoint 2013 中为核心平台引入了许多新功能和改进功能。不过，最激动人心的新增内容是新的应用程序模型，它允许开发人员构建应用程序并对其进行隔离式部署，而只需要少量或不需要平台上其他软件的依赖选项，应用程序安装在该平台上且无须自定义代码就能在 SharePoint 服务器上运行。

在 SharePoint 2013 中，更加强调的是云端编程和标准化 Web 技术，如 JavaScript 和 HTML。从这方面看，可以说 SharePoint 2013 平台的其他主要变化就是为了支持新的应用程序开发模型。

本书读者对象

本书适合那些有兴趣在 SharePoint 2013 上或在 Office 365 中的 SharePoint Online 上进行应用程序开发的读者。尽管一些知识要求具备 SharePoint 经验，但书中的示例都非常详尽，而且如果你已经具备 Web 开发和开发工具的知识，那么你将很容易就能理解。

本书内容

SharePoint 2013，正如其之前的版本一样，是一个大型产品，所以本书的内容也很完整和全面。因此，在你开始详细阅读本书之前，此处先让你了解一些关于每章的必要内容以及该章的学习目标。

本书开篇概述 SharePoint 的架构，随后第 1 章和第 2 章介绍与开发人员相关的新功能。第 3 章和第 4 章将讲解 SharePoint 2013 中的工具化体验，以及一些关于 SharePoint 2013 中的应用程序生命周期管理(ALM)的重要信息。

鉴于应用程序模型在 SharePoint 2013 中的重要性，第 4 章～第 7 章将着重介绍应用程序开发和云。

第 8 章～第 15 章会讲解 SharePoint 2013 的一些重要领域，其中许多都得到了重要更新。这部分内容还包括第 11 章。由于在 SharePoint 套件中，InfoPath 的未来具有一些不确定性，且一些客户已经进行了投入，该章自然会阐述一些内容，以帮助开发人员更好地决定如何向前推进。

第16章～第19章关注的重点是商务智能(BI)与SharePoint的集成。相较于SharePoint 2010，SharePoint 2013中的BI提供了更好的分析、制作报表、制作仪表板和可视化的能力。这通过更好的BI工具以及在SharePoint、微软Office应用程序和SQL Server 2012之间更紧密的集成来实现。

本书的内容安排

本书的内容安排自然而然地建立在你逐步深入阅读本书内容所能学到的技能的基础上。在初步介绍和基本平台介绍的章节内容之后，本书内容将转向SharePoint平台的高级功能部分。每一章都建立在本书之前章节内容所介绍的知识的基础上，所以你应该按照先后次序通读这些章节，或者至少在阅读本书后续章节之前阅读"前言"和简要介绍SharePoint平台的章节。

学习本书的前提条件

要最大限度地理解本书，以及本书面向开发人员的原因，你需要一个开发环境。有两种方式来准备开发环境。

- 构建你自己的开发计算机。构建一台完善开发计算机的最佳资源，是MSDN的文档，请参考 http://msdn.microsoft.com/en-us/library/ee554869.aspx。
- 使用Office 365开发人员网站。这会缩短你的设置时间并能够让你在5分钟内就入门。这种设置你需要做的，仅仅是在 http://msdn.microsoft.com/en-us/library/fp179924.aspx 注册一个开发人员网站。

如果你选择使用Office 365开发人员网站，请注意你还可以为你的开发人员网站部署Napa，它是一个Office 365特有的开发工具。它允许你构建SharePoint托管的应用程序，而无需在你的开发计算机上安装Visual Studio 2012和Office Developer Tools for Visual Studio 2012。

最后，最重要的一点是，微软已经为SharePoint 2013发布了许多示例代码，这些代码几乎覆盖了SharePoint开发的方方面面。可在 http://msdn.microsoft.com/en-us/library/jj901637.aspx 网页找到这些示例代码。

本书约定

为了帮助你最大限度地理解文字内容并提醒你注意正在介绍的内容，本书使用了大量的约定。

> **警告**：此处内容表示非常重要、不可遗忘的信息，这些信息与其周围的内容密切相关。

> **提示**：提示、贴士、暗示、技巧以及当前内容的延伸介绍会以此形式进行补充。

代码有两种不同的表示方式：

- 我们使用非高亮的 monofont 字体类型来表示大多数代码示例。
- 我们使用粗体来强调在当前上下文中特别重要的代码，或者表示对比之前代码段的变化。

源代码

在读者学习本书中的示例时，可以手工输入所有的代码，也可以使用本书附带的源代码文件。本书使用的所有源代码都可以从本书合作站点 http://www.wrox.com/或 www.tupwk.com.cn/downpage 上下载。登录到站点 http://www.wrox.com/，使用 Search 工具或使用书名列表就可以找到本书。接着单击本书细目页面上的 Download Code 链接，就可以获得所有的源代码。

> **提示**：由于许多图书的标题都很类似，因此按 ISBN 搜索是最简单的，本书英文版的 ISBN 是 978-1-118-49582-7。

在下载了代码后，只需用自己喜欢的解压缩软件对它进行解压缩即可。另外，也可以进入 http://www.wrox.com/dynamic/books/download.aspx 上的 Wrox 代码下载主页，查看本书和其他 Wrox 图书的所有代码。

勘误表

尽管我们已经尽了各种努力来保证文章或代码中不出现错误，但是错误总是难免的，如果您在本书中找到了错误，例如拼写错误或代码错误，请告诉我们，我们将非常感激。

通过勘误表，可以让其他读者避免受挫，当然，这还有助于提供更高质量的信息。

请给 wkservice@vip.163.com 发电子邮件，我们就会检查您的反馈信息，如果是正确的，我们将在本书的后续版本中采用。

要在网站上找到本书英文版的勘误表，可以登录 http://www.wrox.com，通过 Search 工具或书名列表查找本书，然后在本书的细目页面上，单击 Book Errata 链接。在这个页面上可以查看到 Wrox 编辑已提交和粘贴的所有勘误项。完整的图书列表还包括每本书的勘误表，网址是 www.wrox.com/misc-pages/booklist.shtml。

p2p.wrox.com

要与作者和同行讨论，请加入 p2p.wrox.com 上的 P2P 论坛。这个论坛是一个基于 Web 的系统，便于您张贴与 Wrox 图书相关的消息和相关技术，与其他读者和技术用户交流心得。该论坛提供了订阅功能，当论坛上有新的消息时，它可以给您传送感兴趣的论题。Wrox 作者、编辑和其他业界专家和读者都会到这个论坛上来探讨问题。

在 http://p2p.wrox.com 上，有许多不同的论坛，它们不仅有助于阅读本书，还有助于开发自己的应用程序。要加入论坛，可以遵循下面的步骤：

(1) 进入 p2p.wrox.com，单击 Register 链接。

(2) 阅读使用协议，并单击 Agree 按钮。

(3) 填写加入该论坛所需要的信息和自己希望提供的其他信息，单击 Submit 按钮。

(4) 您会收到一封电子邮件，其中的信息描述了如何验证账户，完成加入过程。

> 不加入 P2P 也可以阅读论坛上的消息，但要张贴自己的消息，就必须先加入该论坛。

加入论坛后，就可以张贴新消息，响应其他用户张贴的消息。可以随时在 Web 上阅读消息。如果要让该网站给自己发送特定论坛中的消息，可以单击论坛列表中该论坛名旁边的 Subscribe to this Forum 图标。

关于使用 Wrox P2P 的更多信息，可阅读 P2P FAQ，了解论坛软件的工作情况以及 P2P 和 Wrox 图书的许多常见问题。要阅读 FAQ，可以在任意 P2P 页面上单击 FAQ 链接。

目　录

SharePoint 2013 架构概览

本章内容

- 了解内部部署服务器场(on-premise server farm)架构
- 使用服务应用程序架构来部署、配置和发布应用
- 获悉搜索架构在可扩展性和冗余性方面的改进
- 探讨 SQL Server 数据库架构
- 了解云托管的架构

Microsoft SharePoint Server 2013 引入了许多需要了解的新功能，其目的是为了在 SharePoint 2013 平台上编写更好的应用程序。开发新的功能依赖于健全的逻辑和物理架构。因此，必须很好地领会和理解 SharePoint 场架构，以实现为你所用并开发长效的 SharePoint 解决方案。

　　本章对 SharePoint 2013 可用的常见内部部署服务器场架构进行了简要概述。详细介绍服务应用程序，并深入探讨改进后的 SharePoint 2013 搜索架构。之后介绍有关 SQL 数据库层的改进和更新。最后解释云托管的服务器场架构。

　　本章介绍的内容面向架构师、开发主管以及为 SharePoint 2013 场拓扑量身定制解决方案的开发人员，但对任何使用 SharePoint 2013 进行工作的人来说这些内容也很有帮助。尽管本章所有的主题都很重要，但其结构旨在使你能够快速定位到感兴趣的部分。

1.1　从架构角度看有哪些新内容

　　从架构角度看，SharePoint 2013 的拓扑进行了很多改进。这些新增和改进内容将持续推动 SharePoint 平台功能的优化，从而更好地处理 SharePoint 平台上不断增加的工作任务。

关键的更新包括以下几个方面。

- **SQL 改进和零碎存储**——数据库层改进了不少,减少了可能调用全表扫描的场景所带来的影响,对 SQL Server 2008 R2 和 SQL Server 2012 高级索引功能的使用做了改进,集成了一项名为零碎存储的新功能,该功能改变了 SharePoint 存储和更新 SQL 中文档的方式。现在文档是碎片式的,只有改变的碎片会在数据库层进行更新。这就降低了文档更新带来的影响。

- **分布式缓存服务**——基于 Windows Server AppFabric 分布式缓存,SharePoint 2013 提供了一种新的缓存服务。所有 Web 前端和应用服务器均默认启用。它通过缓存诸如社交数据验证令牌的信息来提高性能。

- **统一的搜索架构**——SharePoint 2013 整合了 SharePoint 2010 的所有搜索功能。SharePoint 2013 搜索在内容爬网、内容处理、分析处理、索引、查询处理和搜索管理组件方面进行了许多改进。

- **集成请求管理(RM)**——请求管理为 SharePoint 提供了更多应对传入请求的认知与控制能力。这包括限制流量和将请求路由到合适的 Web 前端,请求的优先级处理和过滤,以及基于加权方案的负载均衡。

- **新的服务应用程序**——新的服务应用程序包括:支持和管理 SharePoint 2013 中应用程序的应用程序管理服务、支持文件自动化语言翻译的机器翻译服务及提供任务聚合功能的工作管理服务。

- **Office Web 应用程序现在成为单独的产品**——Office Web 应用程序独立成为一个专门的产品,提供一个用于查看和编辑文档的统一应用程序,这也包括那些不在 SharePoint 中的文档。Office Web 应用程序服务器支持 Web 应用程序开放平台接口 (WOPI),SharePoint 实现了该接口以便对 SharePoint 托管的办公文档进行支持。

- **Web 分析平台**——Web 分析平台取代了 SharePoint 2010 中的 Web 分析服务应用程序。它已被完全重新设计并集成到 SharePoint 2013 的搜索服务应用程序中。

- **Windows Azure 工作流**——现在 SharePoint 2013 的内部部署和托管式部署均支持 Windows Azure 工作流。

1.2 内部部署服务器场架构

服务器场体现了向最终用户提供 SharePoint 服务的拓扑。服务器场是一个协同工作以承载 SharePoint 服务和工作任务的服务器集合。

SharePoint 2013 为拓扑规划提供了高度的灵活性。要实现服务器场架构,其背后的核心原则在于根据需求扩展硬件环境的能力,以支持额外的工作负荷、方案和由组织机构安置在场上的负载。

服务器场可以小到单台 SharePoint 服务器,也能大到在物理服务器专用集合上进行服务器角色托管的高度向外扩展的架构。图 1-1 显示了一个典型的中型 SharePoint 服务器场,就如同 TechNet 上"SharePoint Server 2013 拓扑：模型"(http://go.microsoft.com/fwlink/p/?LinkId=259119)一文中描述的那样。

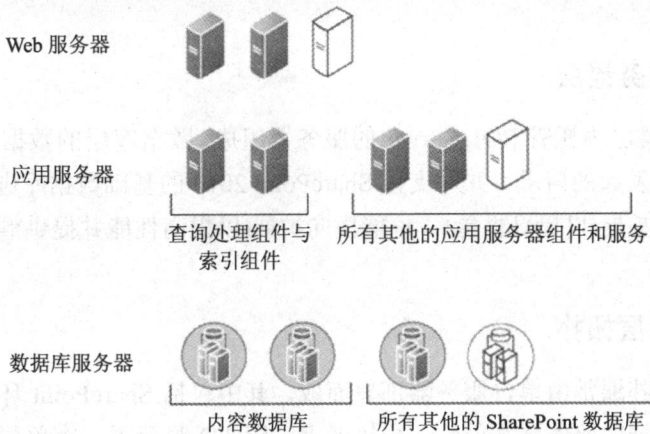

Web 服务器

应用服务器

查询处理组件与　　所有其他的应用服务器组件和服务
索引组件

数据库服务器

内容数据库　　所有其他的 SharePoint 数据库

图 1-1

拓扑中的每一层都表明对应层内托管服务器的用途，或专用于那些服务器的服务。服务器场的核心组件可以归纳为以下三层(参见图 1-1)。

- **Web 服务器**——Web 服务器是用来响应用户请求和呈现 SharePoint Web 页面的服务器。场内的所有 Web 服务器均互为镜像且实现负载均衡。
- **应用服务器**——应用服务器是运行后端应用程序的服务器(例如，承载搜索爬网和查询组件的服务器)。可以对多台冗余应用服务器进行负载均衡。
- **数据库服务器**——数据库层将几乎所有场数据承载在 SQL 数据库中。这包括配置数据库、与服务应用相关的数据库和内容数据库。所有数据库都可分配到一台数据库服务器或者分布到多台服务器中。

SharePoint 2013 可以用多个拓扑配置来部署。基本拓扑结构包括小型、中型和大型——也称为单层、双层和三层部署——用来定义服务器场拓扑中单台服务器的位置和用途。

1.2.1　Web 服务器层

Web 服务器层由接收和响应 HTTP 请求的 Web 服务器或其他服务器构成。Web 服务器在互联网信息服务(Internet Information Service，IIS)中对 SharePoint Web 应用程序进行托管。它们可以支持附加的服务，如搜索查询组件，用来将请求发送到数据库服务器层中的数据库服务器，或者与应用服务器层的应用服务器通信以使用由这些服务器托管的服务。Web 服务器层的服务器直接面向最终用户，所以应确保有防火墙保护或在内部网络中运行。

1.2.2　应用服务器层

应用服务器层是一个可选层，由专用于托管 SharePoint 2013 相关服务应用程序的服务器组成。举例来说，应用服务器层的服务器，除了对 PerformancePoint 或 Excel Services 这样的服务进行托管外，还包括专用于托管搜索服务、管理和查询组件的服务器。

应用服务器层通常与大型服务器场环境关联度最高，大型服务器场需要专用计算资源以支持大量搜索查询、大型索引或将服务应用程序与 Web 服务器层隔离以释放资源支持高并发率。

1.2.3 数据库服务器层

数据库服务器层由托管 SQL Server 的服务器组成。数据库层的数据库服务器响应由 Web 和应用服务器发起的请求，并对支持 SharePoint 2013 的基础数据库进行更新。数据库服务器层既能纵向扩展(以提高性能)，也能横向扩展(以提高性能并提供额外的服务器场弹性保障)。

1.2.4 小型或单层拓扑

小型或单层拓扑通常由单台服务器部署而成，其中包括 SharePoint 环境所需的所有组件，安装在包括数据库服务器在内的一台机器上。图 1-2 显示了一个单层拓扑示例，它常用于开发环境或收缩性与冗余度相对没那么重要的中小型企业。

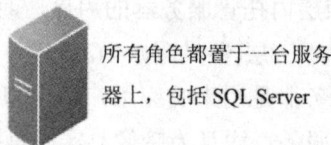

所有角色都置于一台服务器上，包括 SQL Server

图 1-2

单层拓扑不提供任何级别的冗余性。因此，它需要实现积极的备份与还原策略，这是该拓扑部署模式所能提供的数据保护的最大限度。由于所有组件都安装在一台服务器上，所以导致单层拓扑最不灵活，也不支持无缝扩展。

1.2.5 中型或双层拓扑

中型或双层拓扑由两台或多台支持 SharePoint 和 SQL Server 组件隔离的服务器组成。这包括一台或多台安装了 SharePoint 2013 的 Web 服务器，以及一台或多台安装了 SQL Server 的数据库服务器。中型或双层拓扑受益于其灵活性，可无缝扩展以满足不断变化的业务需求或组织机构的要求。

图 1-3 显示了一个最小的双层拓扑结构，由一台在 Web 层运行 SharePoint Server 2013 的 Web 服务器和一台在数据库服务器层运行 SQL Server 2008 R2 SP1 或 SQL Server 2012 的数据库服务器组成。

图 1-4 显示了一个规模扩大了的双层拓扑，它包括两台在 Web 服务器层运行 SharePoint Server 2013 且做了负载均衡的 Web 服务器和两台在数据库服务器层运行 SQL Server 2008 R2 SP1 或 SQL Server 2012 的数据库服务器，这两台数据库服务器可以是集群或者镜像，目的是提供高可用性和冗余。

图 1-3

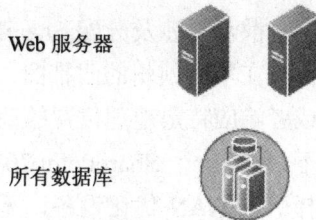

图 1-4

双层拓扑提供了最灵活的部署类型，并推荐所有规模的企业将其作为基本拓扑。这种拓扑可通过添加或移除服务器而得以扩展或收缩。因此，这是一种最常见的服务器场部署，其提供了一个灵活、可扩展的解决方案。双层服务器场使得组织能够无缝地实现硬件或软件的负载均衡，如 Windows NT 负载均衡服务(Windows NT Load Balancing Service，WLBS)，将传入的 HTTP 请求均匀分布到各 Web 服务器上。这提供了一种方法以满足随着提交的请求量增多而增加的需求(例如，公司合并或收购所带来的业务量增加)。

双层服务器场还可以在数据库服务器层无缝扩展，这基于引入镜像或集群配置中的额外数据库服务器来实现。这样就提供了在服务器场环境内额外的弹性和负载分布机制。

1.2.6　大型或三层拓扑

大型或三层拓扑专为那些要求性能、规模和一致性的业务连续性管理目标的大型组织机构而设计。

图 1-5 显示了一个三层拓扑，包含两台或多台安装了 SharePoint 2013 的 Web 服务器，一台或多台安装了 SharePoint 2013 的应用服务器，以及两台或多台安装了 SQL Server 的数据库服务器。

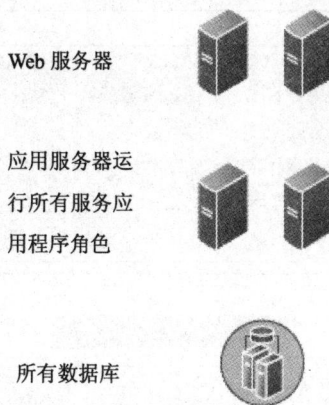

Web 服务器

应用服务器运行所有服务应用程序角色

所有数据库

图 1-5

为 SharePoint 2013 选定的物理拓扑将决定服务应用程序拓扑的布局。很多情况下，三层拓扑可能更容易将服务应用程序拓扑映射到物理拓扑，以帮助确保有足够的资源支持整体部署。

1.2.7　基于地理位置的分布式拓扑

按地理位置分散部署涉及分配 SharePoint 资源以支持区域或全球用户。例如，一个组织可能把其总部设在华盛顿州的西雅图。然而，其大量用户可能分布在全球各地以支持各种企业职能，或者响应特定地理位置的商业机会。

这种情况下，部署一个 SharePoint 2013 的专用实例来支持小众用户将得不偿失。因此，该组织可能选择引入 WAN 优化设备，无论对称与否，以适应延迟或支持使用如 Windows Server 2008 R2 和 Windows Server 2012 中的分支机构缓存这样的技术。

在这样的使用场景中，如果地理位置分散的用户群基数庞大到足以平衡区域化、专用 SharePoint 2013 部署的成本，组织机构就可以选择联盟或从中央服务器场发布服务应用程序到分布式区域的服务器场中。这为远程用户群提供了统一的体验。可以有选择地隔离这些服务器场以支持遵从特定地理位置相关的法规。

1.3　服务应用程序架构

本节旨在帮助你理解 SharePoint 2013 中的服务。目的是让你熟悉 SharePoint 2013 中的服务应用程序架构，以及如何运用此架构在平台上提供新的和改进的功能。

1.3.1　服务应用程序模型

SharePoint 2013 沿用了早在 SharePoint 2010 中就引入的服务应用程序模型。从 SharePoint 2010 开始且延续到 SharePoint 2013 中，SharePoint Foundation 2013 提供了托管服务应用程序的基础架构。图 1-6 显示了 SharePoint 2010 和 2013 中的服务应用程序模型。

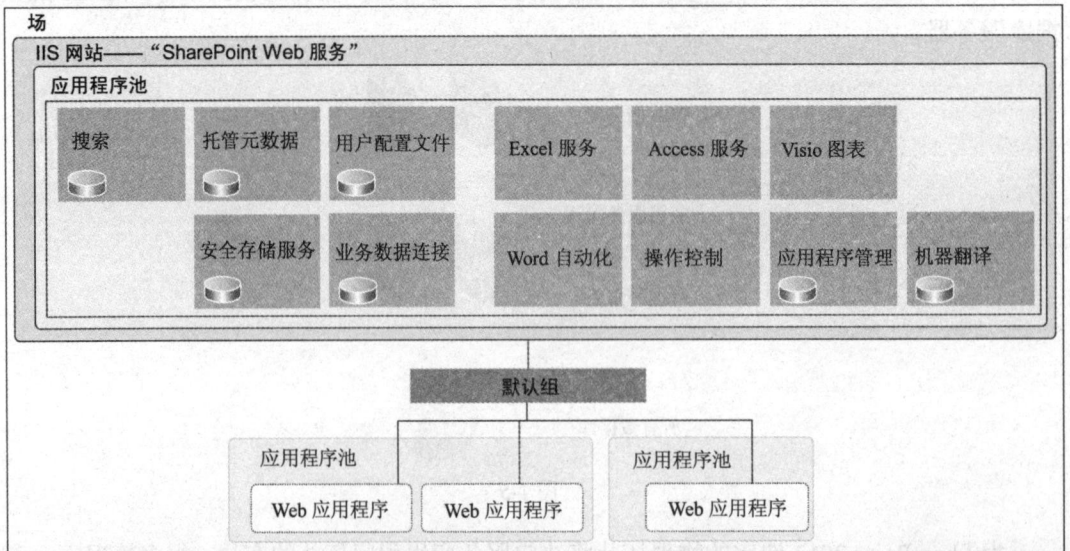

图 1-6

SharePoint 2013 中服务应用程序模型的概念很简单。如果你不需要某个服务应用程序，不将其部署到场就行了——就是如此简单！另外，可以部署多个服务实例。实际上，可以随心所欲地创建任意数量的特定服务应用程序实例。

服务模型第二层粒度配置位于 Web 应用程序级别。在 SharePoint 2013 中，Web 应用程序可以与想要使用的服务应用程序一起进行配置，以进行组合使用。

在部署服务应用程序实例到服务器场后，它可以被同一个场中的多个 Web 应用程序共享，甚或在不同的场之间共享。无论共享模型怎样，部署好后始终可以修改 Web 应用程序和服务应用程序之间的关联。

服务应用程序可以部署到不同的应用程序池以支持进程隔离。可以选择哪些服务应用程序应该在同一进程中，或在单独的进程中运行。

> **提示**：跨多个应用程序共享服务的数据，是可能需要从性能或安全层面考虑进程隔离的一个原因。

图 1-7 显示了如何将不同的服务分布在两个应用程序池中。

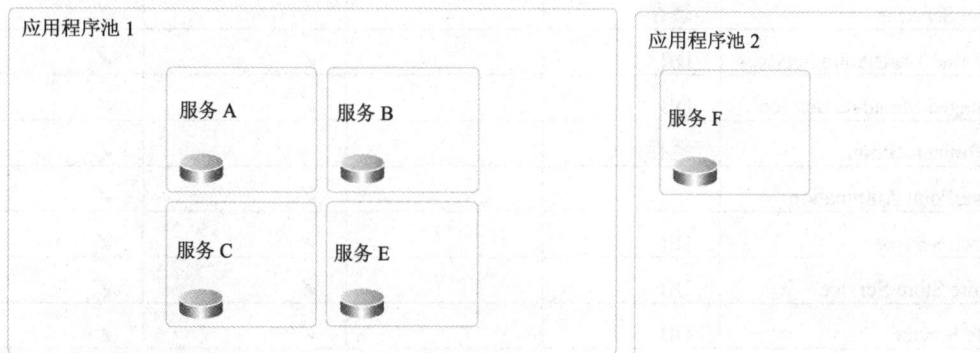

应用程序池 1

服务 A　　服务 B

服务 C　　服务 E

应用程序池 2

服务 F

图 1-7

尽管在大多数实现方案下，服务仅存在于一个应用程序池中对于服务器场的性能是最佳优化的方式；但是对于某些方案，还需要服务的高级物理隔离。SharePoint 2013 服务应用程序模型使你能够创建服务应用程序的不同实例，并将它们放在不同的应用程序池中。

服务应用程序提供了更好的扩展性模型。可以在管理中心的 Services on Server 页面选择哪个服务器来托管和运行某个服务应用程序的服务。

SharePoint 2013 提供了一个基础的负载均衡器，它使用轮询算法将请求发送到服务应用程序。当 Web 应用程序为相关服务应用程序请求一个端点(通过代理)时，开箱即用的负载均衡器将返回首个可用端点。某些服务(如 Excel Calculation Services)提供自带的软件负载均衡功能，以确保在任何时间都没有指定服务的实例出现超负荷运行的情况。

SharePoint 2013 支持跨服务器场的服务应用程序。换句话说，任何场都可以发布服务应用程序，也可以使用来自其他场的服务应用程序。每一个场可以使用来自多个父场的服务。这使得 SharePoint 2013 场中的 Web 应用程序既能使用本地的服务应用程序，也能使用远程的服务应用程序。

1.3.2 可用的服务应用程序

作为架构师或开发人员，你必须知道你的 SharePoint 授权版本提供了哪些服务应用程序。表 1-1 提供了 SharePoint 2013 不同版本自带哪些服务应用程序的概览，这并不包括其他微软产品提供的服务应用程序，如 Project Server、PowerPivot 服务等。

表 1-1 SharePoint 2013 不同版本可用的服务应用程序对比

服 务 应 用 程 序	存 储 类 型	SharePoint Foundation	SharePoint Standard	SharePoint Enterprise
Access Services	应用程序 DB			✓
Access Services 2010	内容 DB			✓
App Management Service	DB	✓	✓	✓
Business Data Connectivity Service	DB	✓	✓	✓
Excel Services	缓存			✓
Machine Translation Services	DB		✓	✓
Managed Metadata Service	DB		✓	✓
PerformancePoint	缓存			✓
PowerPoint Automation			✓	✓
Search Service	DB		✓	✓
Secure Store Service	DB		✓	✓
State Service	DB		✓	✓
Usage and Health Data Collection	DB	✓	✓	✓
User Profile	DB		✓	✓
Visio Graphics Service	博客缓存			✓
Word Automation Services	DB	✓	✓	✓
Work Management Service	DB		✓	✓
Subscription Settings Service	DB	✓	✓	✓

> 提示：Office Web Application Services 现在是一个单独的产品，并且不再作为服务应用程序提供服务。Web 分析服务应用程序现在作为搜索服务应用的一个关键组件来托管。

以下是每个服务应用程序的说明。

- Access 服务——此服务应用程序可以创建、查看、编辑以及使用 Access 2013 Office 客户端或在浏览器中进行交互。
- Access 服务 2010——此服务应用程序可以使用 Access 2010 和 2013 Office 客户端来持续维护 SharePoint 2010 Access 服务应用程序。但用户不能使用该服务来创建新的应用程序。
- 应用程序管理服务——应用程序管理服务使你能从内部应用目录或公共 SharePoint-Store 安装应用程序。
- 业务数据连接服务——业务连接服务(Business Connectivity Service，BCS)允许你上传数据(BDC)模型，这些数据模型定义了其他企业的业务线(Line-Of-Business，LOB)系统接口，并且该服务允许连接这些系统。
- Excel 服务——此服务应用程序允许查看来自浏览器内的 Excel 文件并与其交互。
- 机器翻译服务——该服务提供文件和网站的自动机器翻译功能。
- 托管元数据服务——该服务应用程序使你能够管理 SharePoint 2013 的分类层次结构、关键字和社会标签功能。此服务应用程序还负责处理跨网站集内容类型的发布。
- PerformancePoint——此服务应用程序作为与 SharePoint 2013 企业版集成的商务智能(BI)产品，支持 PerformancePoint 的配置和监控。
- PowerPoint 自动化服务——该服务应用程序使得服务器端的演示文稿能在各种文件格式之间转换。
- 搜索服务——顾名思义，该服务应用程序(来自其自身的拓扑管理配置)用来索引内容和提供由用户或自定义代码执行的服务搜索查询。
- 安全存储服务——这是一个用来访问其他企业级服务应用程序或后台企业系统的凭据映射服务。
- 状态服务——状态服务为处理用户会话的所有数据提供临时存储。
- 使用情况和健康数据收集——此服务应用程序提供了服务器场级别的存储使用情况和健康信息，并提供基于这些数据的各种报表功能。
- 用户配置文件——用户配置文件服务应用程序是 SharePoint 2013 的核心服务应用程序之一。它支持的功能包括：我的站点、我的链接、同事追踪器、配置页面、个人标记和注释，以及其他社交功能。
- Visio 图形服务——该服务应用程序允许查看、交互并刷新浏览器内的 Visio 图表。
- Word 自动化服务——该服务应用程序使你能够在 Web 浏览器中查看和编辑 Word 文档。它也可用于文档转换。
- 工作管理服务——工作管理服务允许与关键用户相关的信息聚合到一个中心位置。该服务支持提供程序模型，从而使其他系统能够使用此服务。
- 订阅设置服务——这是 SharePoint 2013 平台提供的多租户功能的关键组件。

现在你熟悉了 SharePoint 不同版本的服务应用程序，接下来就介绍服务应用程序的生命周期。

1.3.3　服务应用程序的生命周期

服务应用程序的典型生命周期一般分为数个阶段。当规划服务应用程序时，需要考虑该生命周期的每个阶段。比如，需要清楚何时使用配置向导或者 Windows PowerShell 来配置服务应用程序，以及何时需要为服务应用程序创建自定义代理组。

图 1-8 显示了服务应用程序生命周期的阶段。

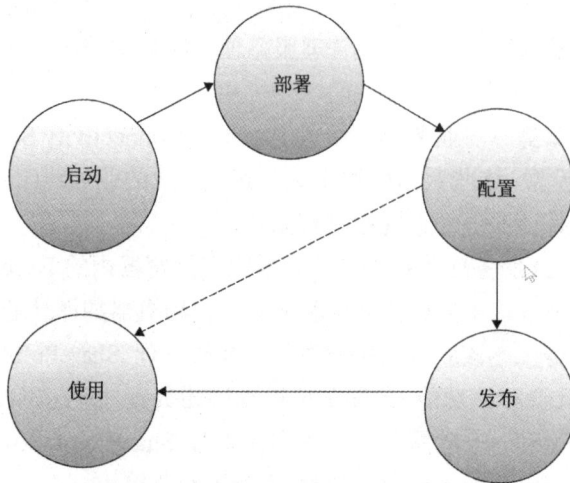

图 1-8

1. 启动服务

虽然服务应用程序与服务不同，但是仍然让很多使用 SharePoint 2013 的人感到困惑。

打开 SharePoint 管理中心的 Services on Server 页面，该页面列出了可在服务器场指定服务器上启动和停止的所有服务，如图 1-9 所示。

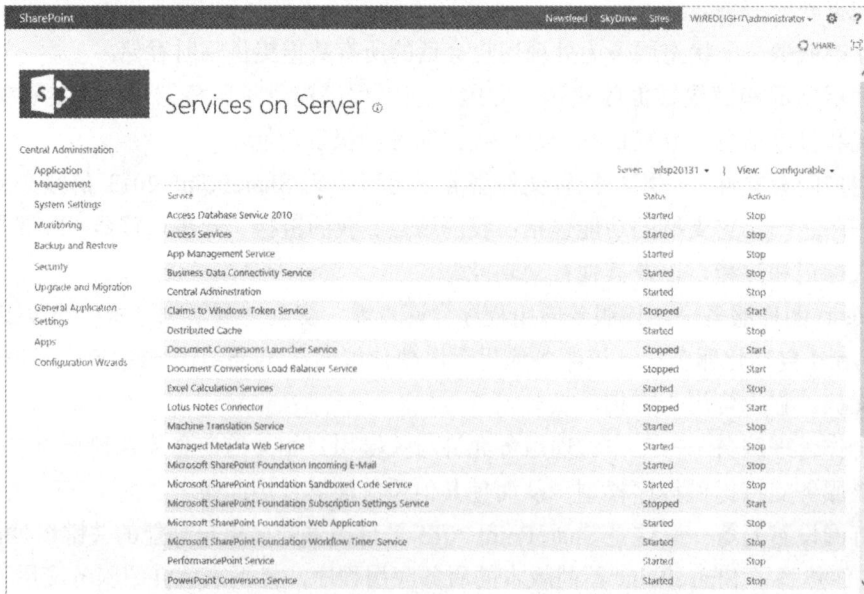

图 1-9

　　这些服务大多是 Windows 服务的 SharePoint 包装器，且并不一定需要相关的服务应用程序。例如，管理中心实际上只是在服务器场内某台服务器上启动的一项服务，启动后即可将其转变成可以托管管理中心网站的服务器——并没有任何服务应用程序与其关联。

　　本章之前介绍过，服务应用程序代表了以特定方式配置和共享的某项服务的具体实例。服务应用程序由 Windows 服务、计时器作业、缓存、SQL 数据库和其他部分组成。服务应用程序只是一个比 Windows 服务更广泛的概念而已。

2. 部署服务应用程序

使用以下方法在服务器场内部署服务应用程序：

- 在场的初始配置向导中选择服务应用程序；
- 在管理中心网站中添加新的服务应用程序或者现有服务应用程序的新实例；
- 使用 Windows PowerShell。

表 1-2 描述了可用于管理服务应用程序的 Windows PowerShell 命令。

表 1-2　与服务应用程序相关的 Windows PowerShell 命令

命　令	说　明
Install-SPService	在服务器场中安装服务。每个场需要运行一次
Get-SPServiceInstance	对于指定服务器或整个服务器场与管理服务实例相关的操作
Start-SPServiceInstance	
Stop-SPServiceInstance	
Get-SPServiceApplication	与管理部署到服务器场的服务应用程序相关的操作(比如将指定的本地服务应用程序共享到服务器场之外)
Publish-SPServiceApplication	
Remove-SPServiceApplication	
Set-SPServiceApplication	
Unpublish-SPServiceApplication	
Get-SPServiceApplicationProxy	与管理服务应用程序代理相关的操作
Remove-SPServiceApplicationProxy	
Add-SPServiceApplicationProxyGroupMember	
Get-SPServiceApplicationPool	与管理服务应用程序逻辑架构相关的操作
New-SPServiceApplicationPool	
Remove-SPServiceApplicationPool	
Set-SPServiceApplicationPool	

　　无论部署方式如何，服务应用程序都可以隔离。为此，在配置过程期间，可指定使用

现有的应用程序池,或创建一个新的应用程序池,使服务应用程序在各自的工作进程中运行。

3. 配置服务应用程序

在服务器场级别配置好服务应用程序后,可以在管理中心网站对其进行管理。单击 Manage Service Applications 菜单,屏幕上将出现 Service Applications 页面,如图 1-10 所示。

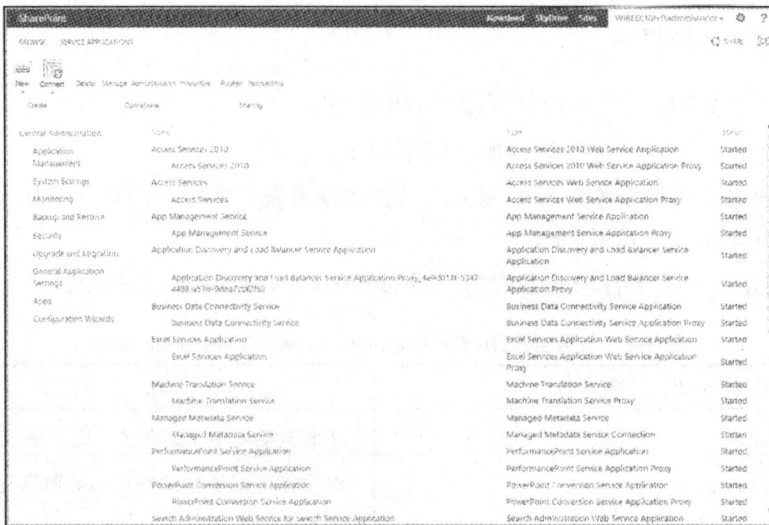

图 1-10

在 Service Applications 页面,应注意以下三件事。

- 所有部署好的服务应用程序均全部列出。
- 所有服务应用程序连接(代理)均全部列出。
- 在 Ribbon 菜单上单击 New 按钮来添加新的服务应用程序。

设置好服务应用程序后,打开 Internet 信息服务(IIS)管理器,可以看到一个叫做 SharePoint Web 服务的 Web 应用程序,其下是一些虚拟目录。每个虚拟目录的名称都是一个全局唯一标识符(GUID),或该服务应用程序的标识符,如图 1-11 所示。

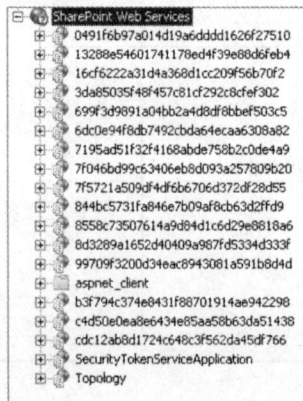

图 1-11

从服务数据库层面看，大部分服务应用程序都使用其专用的数据库集。

> 提示：要记住的重要一点是，一个服务应用程序可能有一个或多个数据库。例如，用户配置文件服务应用程序包括了配置文件、同步和社会标签数据库。另一个例子是，搜索服务应用程序包括了爬网、链接、分析和管理数据库。如果数据库容量规划得不合理，数据库的数量将迅速增加，导致难以管理。

使用配置向导配置服务应用程序的一个问题是，相关的虚拟目录数据库名称可能会以一大串 GUID 结尾。例如，某用户配置文件数据库的名称可能是 User Profile Service Application_ProfileDB_899fd696a54a4cbe965dc8b30560dd07。

虽然在某些情况下这可以接受，但一般来说，更直观的命名约定会更有意义。解决此问题的一种方法是，在管理中心网站的 Manage Service Applications 页面中单独添加地服务应用程序，然后指定有意义的数据库名称。其他的替代方法是使用 Windows PowerShell 来配置服务应用程序。

下面的代码段显示了如何使用 Windows PowerShell 配置状态服务应用程序。注意如何在代码中指定 SQL Server 数据库和服务器名。

```
New-SPStateServiceDatabase -Name "StateServiceDatabase" -DatabaseServer
    "dhsqlsrv" | New-SPStateServiceApplication -Name "State Service
    Application" | New-SPStateServiceApplicationProxy -Name " State Service
    Application Proxy" -DefaultProxyGroup > $null
```

如前所述，可以创建和部署自己的服务应用程序。要这样做，可以重写前面的 Windows PowerShell 命令并添加自己的参数。

4. 配置服务应用程序代理

如果使用配置向导或通过管理中心来部署服务应用程序，那么会自动创建服务应用程序代理。如果使用 Windows PowerShell，则必须手动创建服务应用程序代理。

那么，到底什么是服务应用程序代理呢？

本质上，服务应用程序代理是将 Web 应用程序链接到某特定服务应用程序的一个虚拟链接。所以，创建 Web 应用程序时，可以指定关联到服务应用程序的代理，实际上是由该代理来管理往返通信的。

除了将 Web 应用程序链接到服务应用程序外，一些代理也包括来自服务应用程序的可以独立修改的设置。例如，托管元数据服务应用程序的代理，表明关联的服务应用程序是否为企业分类储存的默认存储位置(如关键词和指定列术语集)，如图 1-12 所示。

> 提示：如果托管元数据服务应用程序有多个实例(因此有多个代理)，那么必须指定一个托管企业分类存储的主实例。其余实例作为次要实例，为主数据提供额外的数据。有一个例外，与托管元数据服务应用程序一同工作的 Web 部件，可以使用所有实例的数据。

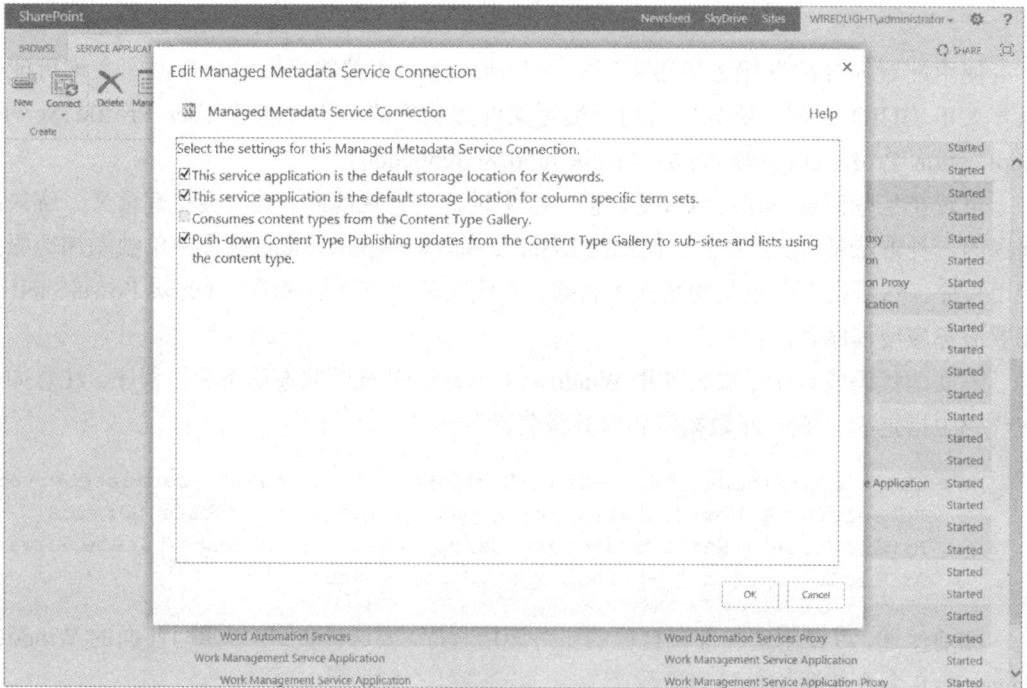

图 1-12

5. 配置代理组

顾名思义，服务应用程序代理组是为 Web 应用程序选择的一组服务应用程序代理。一个服务应用程序代理可以包含在多个代理组中，或基于目标 Web 应用程序的要求，代理组可以选择不包括某个服务应用程序代理。

当设置服务器场时，一个包含所有服务应用程序代理的默认代理组也将创建。在创建 Web 应用程序的过程中，可以选择默认代理组或创建自定义代理组。图 1-13 显示了在默认代理组中配置的服务应用程序列表。

> 提示：为某个 Web 应用程序创建的自定义服务应用程序代理组不能与其他 Web 应用程序进行关联。

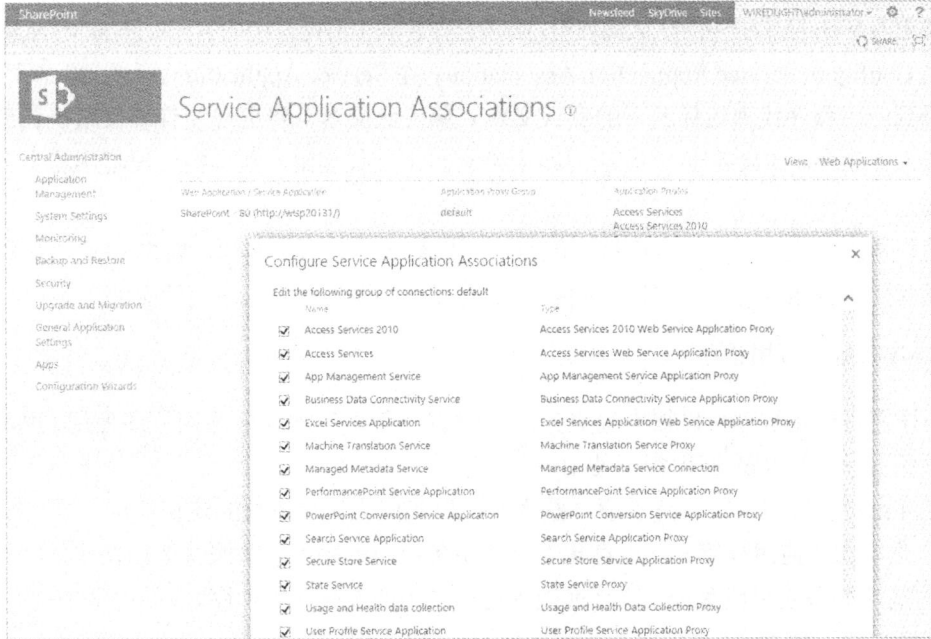

图 1-13

可在 Windows PowerShell 中运行 Get-SPServiceApplicationProxy 命令，如图 1-14 所示，从而列出服务应用程序代理的 ID。然后，可使用 Remove-SPServiceApplicationProxy(以 ID 作为参数) 来删除服务应用程序代理，或使用 Add-SPServiceApplicationProxy GroupMember 将新的服务应用程序代理添加到代理组中。

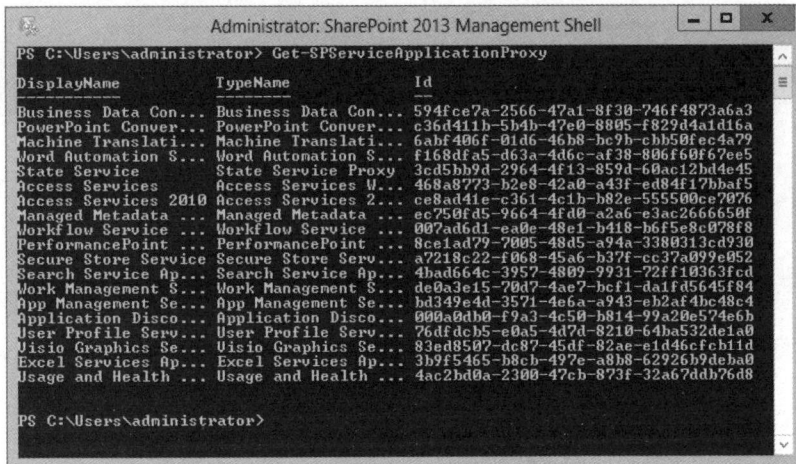

图 1-14

6. 使用服务应用程序

默认情况下，本地服务器场的所有 Web 应用程序都与默认代理组关联。这意味着不必担心在本地场中使用服务，因为这些服务已经自动设置好了。如果决定要创建自定义代理组，那么你必须判断你想要该指定的 Web 应用程序如何使用服务应用程序。

要更改 Web 应用程序的默认代理组，必须选择管理中心网站中的 Application Management，再单击 Configure Service Application Associations。在 Service Application Association 页面中，可以看到应用程序代理组标题下的默认文本。单击此文本，将出现能管理该默认代理组成员的页面。此外，如果各个 Web 应用程序都有自定义代理组，则这些代理组都将会列出在该页面上。

值得再次一提的是，一些连接可能包含可以修改的设置。例如，如果 Web 应用程序连接到托管元数据服务的多个实例，则必须指定哪一个服务应用程序托管企业分类。

7. 发布服务应用程序

一个服务应用程序可以被本地服务器场中的一个或多个 Web 应用程序使用，也可以被远程服务器场中的 Web 应用程序使用。

在介绍更多细节之前，请了解一些术语，以确保有一个清晰的认识：

- **发布服务应用程序**——这意味着让某服务应用程序可以跨服务器场使用。
- **跨场服务应用程序**——这是远程场可以使用的服务应用程序。

概括来说，要部署场的服务应用程序，有三项工作必须做。

(1) 必须确保托管服务应用程序的场和需要使用服务应用程序的场进行证书交换以取得彼此信任。

(2) 必须发布该服务应用程序。要发布一个服务应用程序，必须在管理中心的 Manage Service Applications 页面的 Ribbon 菜单中，单击 Publish 按钮。然后将转向 Publish Service Application 页面，在那里可以明确一些设置，如图 1-15 所示。

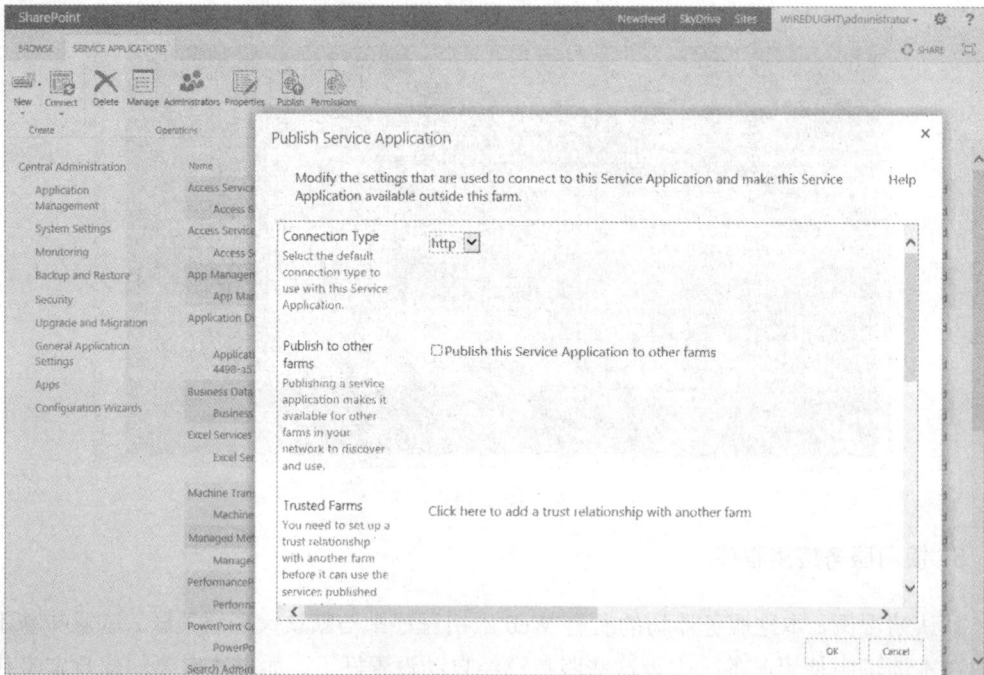

图 1-15

> 提示：必须强调的是在 Publish Service Application 对话框中可用的 Publish URL。这是在远程场中使用的 URL，用来定位该服务应用程序。

(3) 要使用已经发布的服务，可以打开远程场中的 Manage Service Applications 页面，单击 Ribbon 菜单上的 Connect 按钮。然后选择需要连接的服务类型，接下来会提示你输入已发布服务的 URL，如图 1-16 所示。假设信任已经建立并正常工作，则只需创建本地场的服务应用程序代理来连接到远程场上的服务应用程序。有了代理，本地场中的任何 Web 应用程序都可以使用来自远程场的服务应用程序。

不是所有服务应用程序都可以在场间共享的。例如，BCS 是一个跨场服务应用程序，而其他服务应用程序并非是为了在场间共享而设计的。不推荐在广域网(WAN)环境中使用一些跨场服务应用程序。简而言之，那些使用 Windows Communication Foundation(WCF) 端点的服务应用程序就是使用 ASMX Web 服务的服务应用程序。

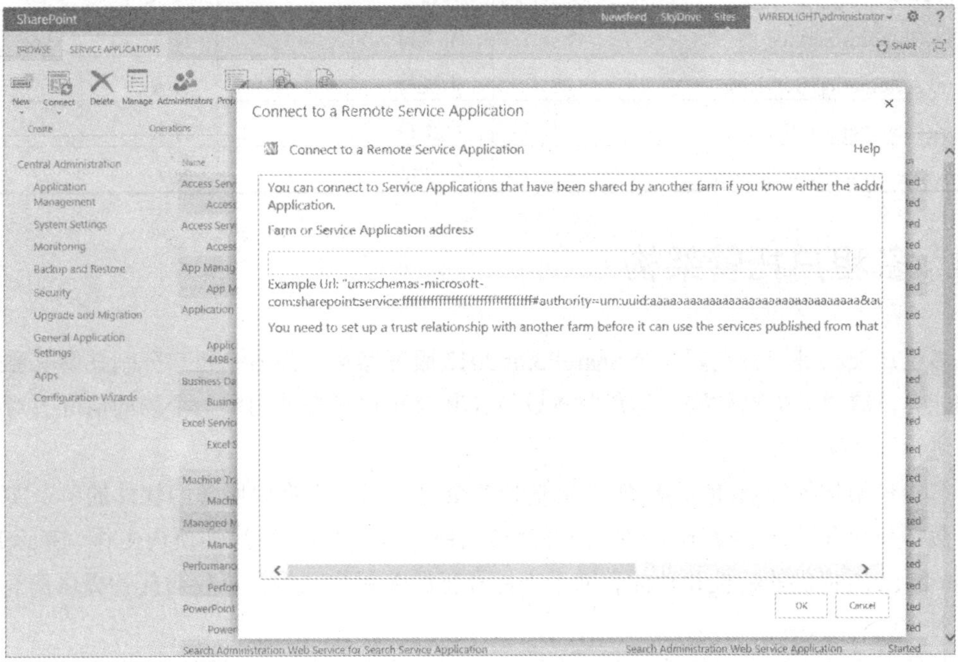

图 1-16

表 1-3 列出了跨服务器场或者在 WAN 中部署服务应用程序的一些建议。

表 1-3　部署服务应用程序的建议

服 务 应 用 程 序	跨 场 支 持	WAN 友好性
Access Services	不支持	N/A
Access Services 2010	不支持	N/A
App Management Service	不支持	N/A

(续表)

服务应用程序	跨 场 支 持	WAN 友好性
Business Data Connectivity Service	支持	有限制
Excel Services	不支持	N/A
Machine Translation Services	支持	支持
Managed Metadata Service	支持	支持
PerformancePoint	不支持	N/A
PowerPoint Automation	不支持	N/A
Search	支持	支持
Secure Store Service	支持	不支持
State Service	不支持	N/A
Usage and Health Data Collection	不支持	N/A
User Profile	支持	不支持
Visio Graphics Service	不支持	N/A
Word Automation Services	不支持	N/A
Work Management Service	不支持	N/A
Subscription Settings Service	不支持	N/A

1.4 多租户托管架构

多租户架构是一种在同一个SharePoint 2013服务器场上为多个租户分别托管其独有部署的能力,这通过隔离数据、运营服务以及在其余租户正在使用同一个场的情况下对一个租户进行管理来实现。

多租户架构的经典(也最准确)定义是为多个组织或客户提供服务的软件的单个实例,将其数据和配置进行虚拟分区,使客户能够在各自定制的应用程序实例内工作。SharePoint Server 2013所提供的特性和功能有助于支持真正的多租户架构,不仅对托管提供商有用,而且对企业有用。

如果在企业内进行谨慎地计划和应用,多租户托管将是有助于降低成本、复杂性以及全局管理的众多解决方案之一。

在SharePoint 2013中,多租户架构要求配置服务器场及其服务应用程序,来支持多个租户。要实现基于多租户的架构,需要结合以下主要功能:

- 网站订阅
- 服务应用程序分区
- 租户管理
- 功能包

现在仔细看一下其中的每一项。

1.4.1　网站订阅

网站订阅是 SharePoint 2013 托管功能集的核心。网站集由其订阅 ID 组合在一起，形成租户的基础。订阅 ID 用于将功能、选项设置和服务分区映射到租户。换句话说，网站订阅可以大致描述为订阅了一组服务分区、设置、和个性功能的网站集合。网站订阅也称为租户。

可将网站订阅处理成内容的松散关联。在对象模型中，网站订阅由 Microsoft.SharePoint.SPSiteSubscription 类表示。

网站订阅的限制和约束如下。

- 网站订阅不能进行跨服务器场的网站集组合。
- 带有跨 Web 应用程序网站集的网站订阅，不能通过租户管理模板来管理(更多相关信息将在 1.4.3 节中介绍)。
- 在单个 Web 应用程序和内容数据库内支持多网站订阅。
- 服务可以分区以便为指定租户提供服务，这使得各个粒度的数据能够隔离。
- 租户可以使用未分区的服务。

1.4.2　服务应用程序分区

通过新的服务应用程序功能提供数据、使用和运营的隔离。将 SharePoint 2013 的许多服务应用程序进行分区的功能，让各个租户在保持相互间逻辑分离的同时，能够使用相同的分区服务应用程序。

要在 SharePoint Server 2013 中新建分区服务应用程序，管理员必须请按照下列步骤操作。

(1) 使用-partitionmode 标记创建分区服务应用程序。

(2) 使用-partitionmode 标记创建分区服务应用程序代理。

图 1-17 显示了托管模式下这些概念间的关系。

SharePoint 2013 使用网站订阅的订阅 ID 映射到分区 ID，该分区 ID 代表租户可接触到的数据子集。

图 1-18 显示了 SharePoint 2013 中一个多租户架构的具体实现。该应用场景中有带有两个租户的一个 Web 应用程序，每个租户在同一 Web 应用程序中有数个网站集。该 Web 应用程序使用多租户式服务应用程序，每个租户的服务数据都在后端数据库进行了分区(即数据隔离)。尽管两个租户使用的是同一服务应用程序，但他们看不到其他租户的数据，因为服务数据进行了分区。

关于图 1-18，这里需要强调两个方面。

首先，不是所有服务应用程序都可以分区。因为有些服务不需要存储租户数据，所以它们可以在多个租户之间共享，而没有泄露租户特殊数据的风险。表 1-4 列出了不包含分区功能的服务应用程序。其次，不能分区的服务应用程序不是多租户式服务应用程序。

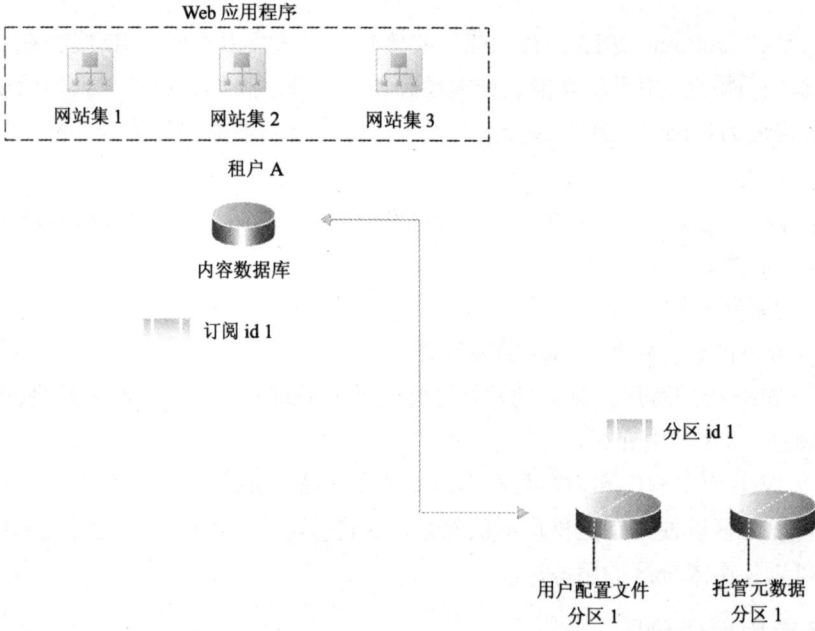

图 1-17

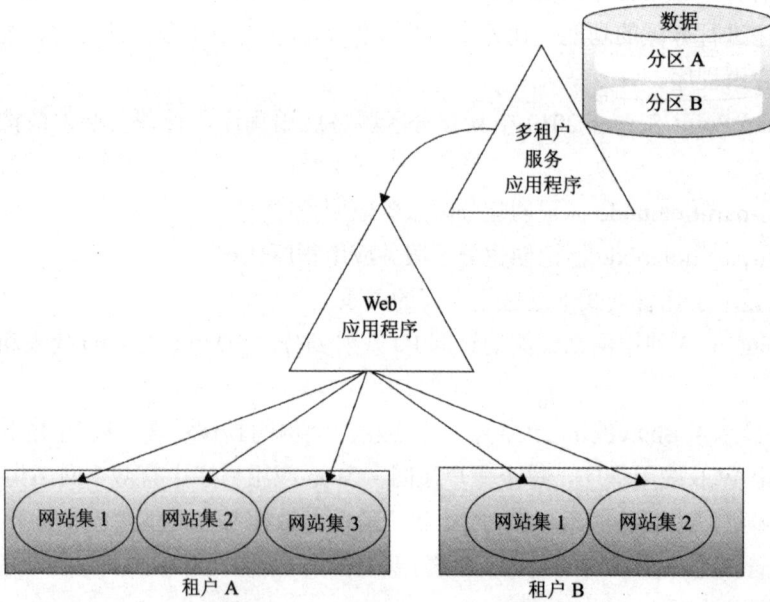

图 1-18

服务应用程序可以配置为在单个数据库中驻留分区数据。

表1-4　不能分区的服务应用程序

服务应用程序	多租户支持
Access Services	不支持
Access Services 2010	不支持
App Management Service	不支持
Business Data Connectivity Service	支持
Excel Services	不支持
Machine Translation Services	支持
Managed Metadata Service	支持
PerformancePoint	不支持
PowerPoint Automation	不支持
Search	支持
Secure Store Service	支持
State Service	不支持
Usage and Health Data Collection	不支持
User Profile	支持
Visio Graphics Service	不支持
Word Automation Services	支持
Work Management Service	不支持
Subscription Settings Service	支持

如果决定把所有租户放在一个使用不同网站集的 Web 应用程序中，有一些新的或改进的网站集功能可以随意使用。

- 对于使用主机头网站集的虚名网域提供了额外支持(即在一个 Web 应用程序内的多个根级网站集合)。
- 主机头网站集支持托管路径(比如，租户 A 的网站集 http://foo.com 和 http://foo.com/sites/foo，与租户 B 的网站集 http://bar.com 和 http://bar.com/sites/bar，可以共存于同一 Web 应用程序中)。
- 额外的通配符现在可用于 SharePoint 2013 的托管主机头路径。
- 包括对负载均衡器单套接字层(Single Socket Layer，SSL)终结点的支持。
- Windows PowerShell 命令 New-SPSite 可以接受一个参数，使你能够将网站集驻留在一个特定的内容数据库中。
- 可插拔式自定义代码(网站创建提供程序)允许跨所有租户执行数据库管理。这主要是为确保如果租户创建一个新的网站集，该网站集将仅限于使用所需的数据库，而不必遵循开箱即用、轮询的算法。
- 沙盒解决方案允许各租户部署自定义代码到各自的网站集中。

尽管 SharePoint 2013 的分区服务应用程序和网站集的新功能在整个多租户架构中发挥着重要作用，但事实上，很多其他功能在 SharePoint2013 多租户托管架构中也发挥重要作用。以下是其中一些功能。

- Microsoft SharePoint Foundation 订阅设置服务可以为服务应用程序添加多租户功能(在 SharePoint 所有版本中都可用)。
- 功能集是场管理员允许租户激活和使用的产品功能组。
- 网站订阅是网站集的逻辑组，可以共享设置、功能和服务数据。每个网站订阅有一个订阅 ID，用于将功能、服务和站点映射到租户，并分区其服务数据。
- 集中和委托管理允许将某些管理中心的任务委派给租户管理员，这些租户管理员可以使用自己的管理用户界面，而主体的管理中心网站用于管理整个 SharePoint 安装。

1.4.3 租户管理

网站订阅管理通过一个称为租户管理的新管理网站模板来实现，租户管理用于对使用来自指定订阅服务的网站集进行多方面管理。在单个服务器场环境内支持多个租户，这使 IT 管理员能够集中管理特性与功能的部署。此外，IT 管理员可以向各租户的所有者或业务管理员授权网站集的指定管理控制权。

例如，在托管方案中，托管服务器场环境的组织对服务器场级的设置和配置进行管理。使用者(或租户)可以管理网站集，特别是可以管理委派给他们的特性和功能(如服务)。图 1-19 显示了租户管理的用户界面。

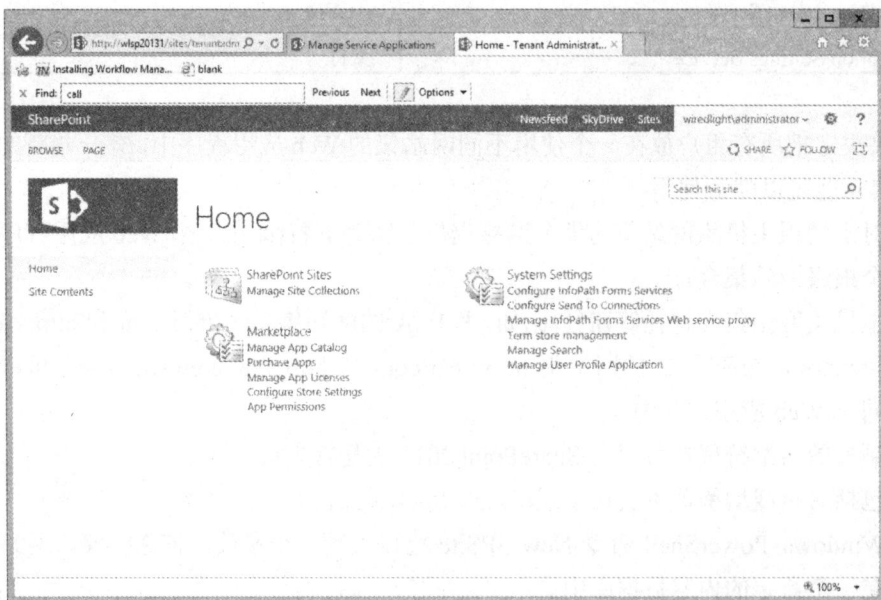

图 1-19

要在 SharePoint Server 2013 中创建新的网站订阅对象，管理员必须创建一个 SPSite-Subscription 对象，然后为 SPSiteSubscription 创建并添加一个 SPSite 对象。

要新建SPSiteSubscription对象，请按照下列步骤操作。

(1) 依次单击 Start | All Programs ｜ Microsoft SharePoint 2013 | Microsoft SharePoint 2013 Management Shell 来打开 Microsoft SharePoint 2013 Management Shell。

(2) 在管理工具中，在命令提示符下，请输入以下 Windows PowserShell 命令。

```
$subscription=New-SPSiteSubscription

$site=New-SPSite -Url http://AdventureWorks.com/sites
  /TenantAdministration -Template TenantAdmin#0
  -OwnerEmail someone@example.com
  -OwnerAlias Domain\Username
  -SiteSubscription $subscription
Set-SPSiteAdministration -Identity http://AdventureWorks.com/sites
  /TenantAdministration
  -AdministrationSiteType TenantAdministration
```

1.4.4　功能包

功能包是一种允许开发人员将单项功能(网站或 Web 范围内)的集合组合成一个更大的整体包的方式。功能包向多租户模型的各网站订阅提供功能，可以针对每个租户来允许或阻止其对某些功能或解决方案的访问。

1.5　搜索架构

SharePoint Server 2013 的搜索架构已经大为改进，新的组件集改进了由 SharePoint 服务器场提供的可扩展性和冗余性。

从图 1-20 中可以看出，SharePoint Server 2013 的搜索架构现已扩展到 4 个主要方面：爬网和内容处理、分析、索引和查询处理组件以及搜索管理。

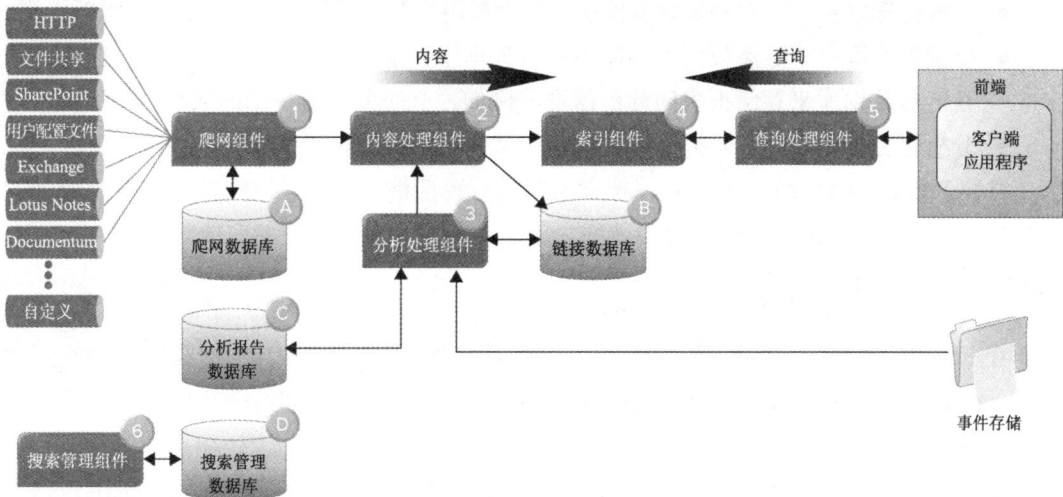

图 1-20

现在让我们来看看这些方面的更多细节。

1.5.1 爬网和内容处理组件

在 SharePoint Server 2013 中，爬网和内容处理架构负责从支持的内容源中抓取内容，将抓取到的条目及其元数据发送到内容处理组件，并进行内容处理。这些可以分成以下组件。

- **爬网组件**——爬网组件使用面向目标内容源的关联连接器和协议处理程序来抓取配置的内容源。然后将实际内容和相关元数据传递到内容处理组件。
- **爬网数据库**——爬网组件使用爬网数据库来存储有关抓取条目的信息，并且追踪发生过的爬网信息与历史记录。
- **内容处理组件**——内容处理组件用于接收条目，使用格式处理程序和 iFilter 处理和解析条目，并将条目转换为可以添加到搜索索引中的内容。这包括将提取的属性映射到使用搜索管理组件定义的属性。
- **链接数据库**——链接数据库存储在内容处理过程中获取到的相关链接和 URL 信息。

SharePoint Server 2013 爬网和内容处理搜索架构非常灵活，能够通过将额外的爬网组件实例无缝添加到搜索拓扑来提高爬网和内容处理的效率。

1.5.2 分析处理组件

在 SharePoint Server 2013 中，分析处理组件已经直接集成到搜索架构中了，不再是一个独立的服务应用程序。它可以分为以下组件。

- **分析处理组件**——分析处理组件负责处理搜索和基于用户的分析。其通过分析抓取到的条目来实现搜索分析以及通过分析用户如何与这些条目交互来实现使用情况分析。例如，在事件库中检索的用户交互信息，由服务器场中各 Web 前端的用户文件聚合而成并由分析处理组件进行分析。这为更广泛地进一步分析奠定了基础。
- **内容处理组件**——内容处理组件接收搜索和用户分析结果，并反过来用于更新索引。
- **链接数据库**——链接数据库存储由内容处理组件提取出来的信息。分析处理组件更新链接数据库来存储更多的分析信息，例如，一个条目被单击的次数。
- **分析报告数据库**——分析报告数据库存储使用情况分析的结果。

SharePoint Server 2013 分析处理搜索架构具有灵活性，可以通过向搜索拓扑无缝添加额外的分析组件实例来扩展分析处理效率。这无疑缩短了分析处理的完成时间。

1.5.3 索引和查询处理

在 SharePoint Server 2013 中，索引和查询处理架构负责编撰从内容处理组件接收到的经过处理的条目，为查询处理组件处理查询并返回结果集，以及将有变化的索引内容移动到搜索拓扑中。

如图 1-21 所示，SharePoint Server 2013 搜索维护着所有经过处理的内容的索引(包括分析信息)。使用下列功能可以对索引组件进行规模伸缩。

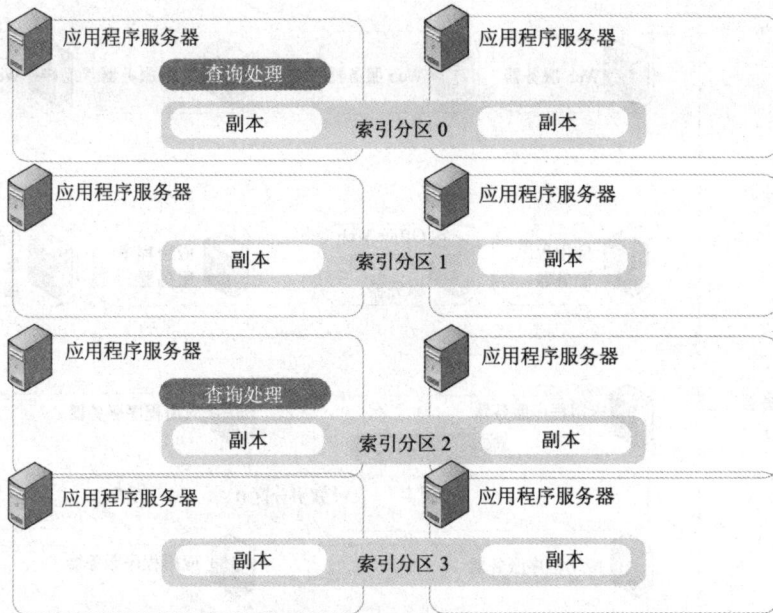

图 1-21

- **索引分区**——索引分区是整个搜索索引的一个逻辑部分。索引分区启用了水平扩展，从而允许将整个索引分布到服务器场中的多个服务器上。
- **索引组件**——单个索引分区可由一个或多个索引组件支持。这些索引组件托管索引分区的副本。主索引组件负责更新索引分区，而被动索引组件用于容错功能和增加的查询吞吐量。这实际上支持搜索拓扑的垂直扩展。
- **查询处理组件**——查询处理组件负责接收来自 Web 前端的查询，分析与处理该查询，并将处理过的查询提交给索引组件。

1.5.4　搜索管理组件

在 SharePoint Server 2013 中，搜索管理组件负责运行基于配置和搜索拓扑的系统进程。搜索管理组件可分为以下组件。

- **搜索管理组件**——搜索管理组件执行搜索所需的系统进程，执行对搜索拓扑进行的更改，以及协调搜索拓扑中各种搜索组件的活动。
- **搜索管理数据库**——搜索管理数据库存储搜索配置信息。这些信息包括拓扑、爬网规则、查询规则、托管属性映射、内容源以及爬网计划。

1.5.5　多功能(包括搜索功能)中型搜索场拓扑示例

图 1-22 显示了一个中型搜索服务器场拓扑示例。有几个方面需要考虑。首先，"中型"一词是指的是可由 SharePoint 拓扑搜索子系统处理的条目的数量。其次，虽然示例中的服务器场显示了 Web 层和应用程序层，但本节将忽略这些内容而纯粹专注于介绍该拓扑搜索方面的内容。

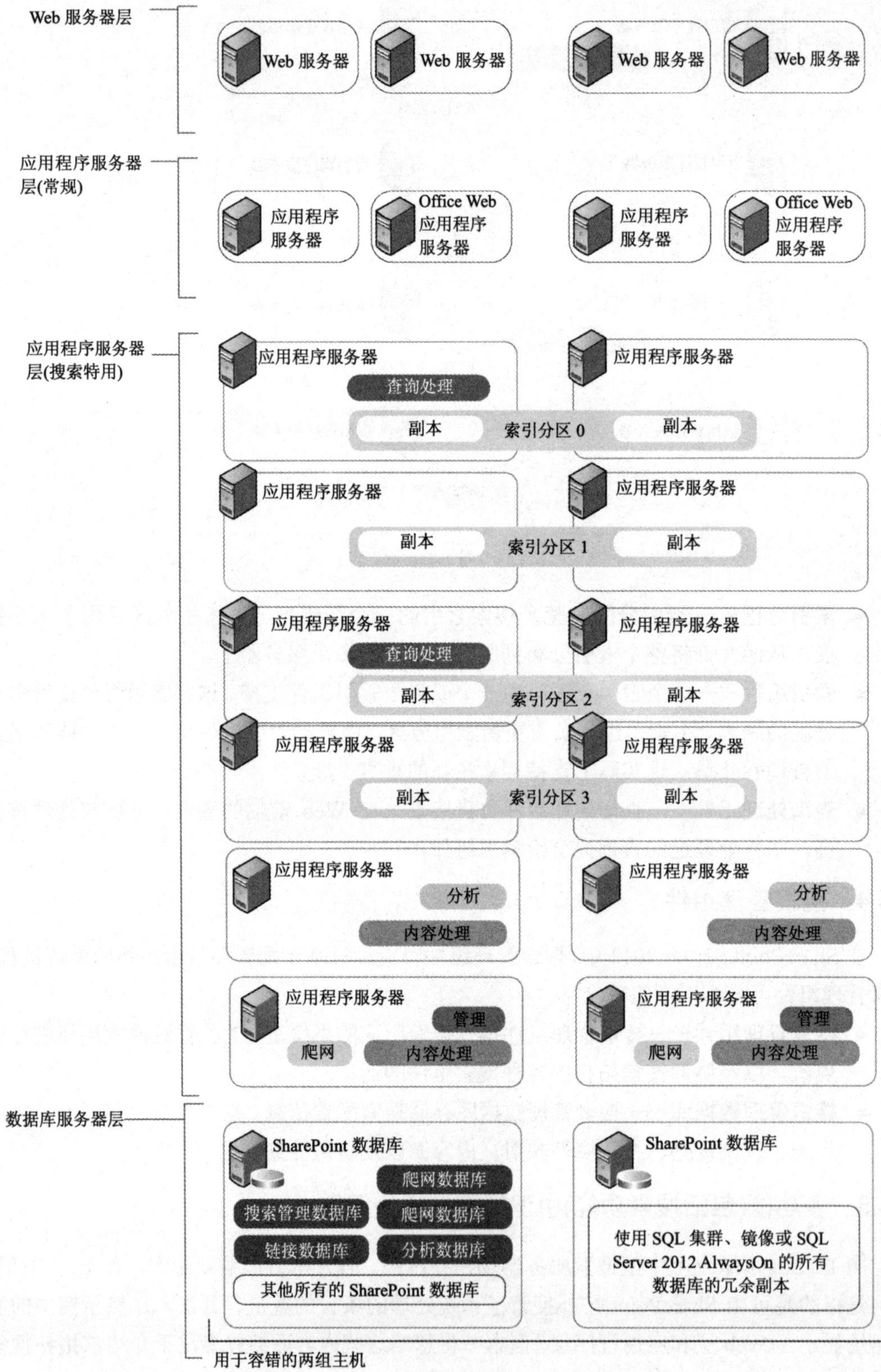
Web 服务器层
Web 服务器
Web 服务器
Web 服务器
Web 服务器
应用程序服务器层(常规)
应用程序服务器
Office Web 应用程序服务器
应用程序服务器
Office Web 应用程序服务器
应用程序服务器层(搜索特用)
应用程序服务器
应用程序服务器
查询处理
副本
索引分区 0
副本
应用程序服务器
应用程序服务器
副本
索引分区 1
副本
应用程序服务器
应用程序服务器
查询处理
副本
索引分区 2
副本
应用程序服务器
应用程序服务器
副本
索引分区 3
副本
应用程序服务器
分析
内容处理
应用程序服务器
分析
内容处理
应用程序服务器
管理
爬网
内容处理
应用程序服务器
管理
爬网
内容处理
数据库服务器层
SharePoint 数据库
爬网数据库
搜索管理数据库
爬网数据库
链接数据库
分析数据库
其他所有的 SharePoint 数据库
SharePoint 数据库
使用 SQL 集群、镜像或 SQL Server 2012 AlwaysOn 的所有数据库的冗余副本
用于容错的两组主机

图 1-22

再者，该中型搜索场拓扑基于 TechNet 的建议，参见 http://www.microsoft.com/en-us/download/details.aspx?id=30383，可以支持大约 4000 万个条目的索引。看看有关该场拓扑的关键要素。

- **搜索数据库**——微软建议在数据库层进行容错，以在一个数据库层失效时维持系统环境的运行。尽管容错选项只能选择 SQL 集群，但请记住，索引中的条目数量越接近 4000 万，越应该考虑将搜索相关的数据库移动到一个专门的 SQL 集群中。
- **管理和爬网组件**——管理和爬网组件安置在两台应用程序服务器上。这给管理组件提供了容错功能，并提高了面向多个服务器的爬网操作能力。
- **内容处理组件**——来自爬网操作结果的条目由 4 台应用服务器处理。这有助于降低整体爬网时间从而缩短搜索结果的更新周期。
- **分析组件**——分析组件安置在两台应用程序服务器上。这提供了在托管分析组件的应用服务器发生故障情况下的容错功能。
- **索引组件**——全局搜索索引分成 4 个分区，每个分区驻留在两台应用程序服务器上。这提供了容错能力，并且缩短了查询的延迟时间和提高了查询吞吐量。
- **查询处理**——查询处理组件安置在两台应用程序服务器上。这为查询处理组件提供了容错能力，增强了处理来自 Web 服务器层的查询的能力。

1.6　SQL Server 数据库架构

SharePoint Server 2013 很大程度上依赖于精心规划和高性能的数据库层。因此，微软产品组投入了巨大精力来改善 SharePoint 服务器场所使用的数据库的性能和可管理性。

1.6.1　数据库拓扑

为数据库服务器确定适当的拓扑是一个重要的步骤，以确保 SharePoint 2013 平台具备足够的整体性能。当开始规划硬件时，需要清楚 SharePoint 2013 仅支持 64 位的应用程序，这就要求 64 位版本的 Windows 和 SQL Server 产品。Windows Server 2008 R2 Service Pack 1 或 Windows Server 2012 均支持 SQL Server 2008 R2 Service Pack 1 或 SQL Server 2012。

1. 单服务器部署

下列情况下，推荐单服务器部署配置。
- 小到中等规模的用户量，且并发会话数在数据库服务器能力范围之内易于处理。
- 必须开发与 SharePoint 2013 集成的自定义解决方案的开发人员。
- 需要评估 SharePoint 2013 时。

单服务器部署配置最易于安装和维护。默认的 SQL Server 安装选项就是单服务器部署拓扑。在评估期间，如果发现该部署配置符合组织的需要，就应该继续使用，当需求增加时，再升级硬件或添加额外的服务器实例。图 1-23 显示了单服务器部署配置的示例。

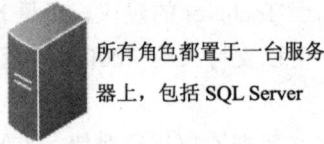

所有角色都置于一台服务
器上，包括 SQL Server

图 1-23

如果使用基于单个 SQL Server 实例的设计，应该考虑使用 SQL Server 连接别名，以允许无缝迁移到新的数据库服务器拓扑(例如，故障转移群集或数据库镜像)。

通过使用连接别名，可保持应用程序配置一致。不过，必须指示基础操作系统如何查找该数据库。

可使用两个实用工具之一创建别名：

- SQL Server 配置管理器
- SQL Server 客户端网络实用工具

> 提示：要了解更多配置别名的信息，请参阅 http://msdn.microsoft.com/en-us/library/ms188635.aspx。

2. 标准服务器部署

在标准服务器部署中，由两台数据库服务器来服务 SharePoint 数据库，以实现故障转移群集服务或数据库镜像设计。图 1-24 显示了一个标准服务器部署配置的示例。

Web 服务器

应用服务器运
行所有服务应
用程序角色

所有数据库

图 1-24

若用户数量适度，也即其需求的处理量全天均匀分布，且服务器处理能力能轻松应对并发会话数，这种情况下推荐使用标准部署配置。

除了具有更大的弹性，标准部署方案还提供了比单服务器部署更好的性能。例如，在数据库镜像设计中，负载可分布于主体和镜像服务器上，因而缓解了包括处理资源在内的常见压力，比如当托管在同一台计算机上时，可以缓解 CPU 时间、内存和磁盘读写面临的压力。有些 SharePoint 操作是资源密集型的，因此这些操作在单独的服务器上运行可以减少处理资源的竞争。此外，SharePoint 数据库占用的空间起初可能很小，但在运行时，磁盘空间的需求和 I/O 子系统的使用率会显著增加。

基于硬件配置，当决定选择单服务器部署或标准服务器部署时，需考虑以下几点。

- 处理资源
- 内存资源
- 磁盘空间可用量
- I/O 性能
- 冗余

如果发现该部署配置符合组织的需要，就应该继续使用它，当需求增加时，可再升级硬件或添加额外的服务器实例。

3. 横向扩展的服务器部署

在横向扩展的服务器部署中，故障转移群集或数据库服务器镜像配置的多台 SQL 服务器支持 SharePoint 数据库。这些拓扑包括主动、主动、被动(AAp)型故障转移群集拓扑，或两对独立的数据库镜像。图 1-25 显示了一个横向扩展的服务器部署配置示例。

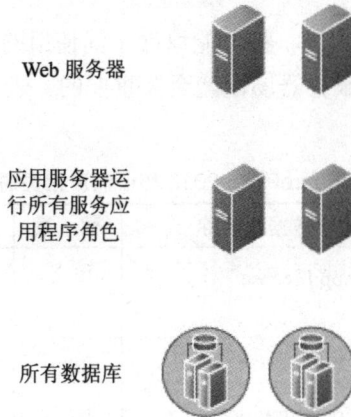

Web 服务器

应用服务器运行所有服务应用程序角色

所有数据库

图 1-25

横向扩展部署允许将工作负载分布到大容量环境中。在横向扩展部署中，该部署中的每台后端数据库服务器称为一个节点。

下列情况下，推荐使用横向扩展的服务器部署配置。

- 对于大容量用户负载，其活动以并发用户数来衡量，或者由需要长时间处理或提交的复杂操作(如大数据量的搜索场景)来衡量。
- 对于高可用性方案，重要的是 SharePoint 环境不会遇到意外宕机或变得不可用。
- 希望提高计划操作或服务应用程序的性能。

通过在作为故障转移群集的一部分的实例上托管 SharePoint 数据库，能够提高环境的容错能力。故障转移群集也可适用于标准部署，但并不常用，因其环境并非高可用性方案配置(如横向扩展部署的环境)。

必须仔细确定并记录可用性需要和测试解决方案，以确保其提供预期的可用性。表 1-5 列出了支持和不支持的高可用性配置。

表 1-5　支持和不支持的高可用性配置

配　　置	支持性说明
Failover Clustering	支持
Log Shipping	支持
Database Mirroring	支持
Transactional Replication	不支持
Merge Replication	不支持
Snapshot Replication	不支持

1.6.2　SharePoint 2013 数据库

如果你刚接触 SharePoint 2013，将可能惊讶于其使用的数据库的数量。不要着急；这是有意设计并且对 SharePoint 服务器场性能至关重要的。表 1-6 提供了 SharePoint 2013 的数据库概览。

表 1-6　SharePoint 2013 核心的及相关的数据库

目　　录	数据库名称	数　量	说　　明
App Management	App License	单个	存储从全局 Store 中下载的应用许可及授权
Business DataConnectivity		单个	存储外部内容类型及相关的对象
Core Databases	Configuration Database	单个	包含与以下内容相关的数据：所有 SharePoint 数据库、所有互联网信息服务(IIS)网站或 Web 应用程序、受信任的解决方案、Web 部件包、网站模板、Web 应用程序以及为 SharePoint 2013 Preview 指定的场设置，如默认配额及阻止的文件类型
	Central Administration Content	单个	管理中心网站使用的内容数据库

(续表)

目　　录	数据库名称	数　量	说　　明
Core Databases	Content Databases	多个	存储所有的网站内容，包括网站文档或文档库文档、列表数据、Web 部件属性、审计日志、沙盒解决方案以及用户名和权限。一个网站的所有数据都存储在一个内容数据库中。内容数据库可以包括多个网站集。也为 Office Web 应用程序(如果使用)存储数据
Machine Translation Services		单个	存储与挂起的和已完成的带有已启用的扩展名的批量文档翻译相关的信息
Managed Metadata Service		单个	存储托管元数据和联合内容类型
PerformancePoint		单个	存储临时对象以及持久化的用户评论及设置
PowerPivot		单个	存储按计划更新的数据以及从主要使用情况数据收集数据库中复制过来的 PowerPivot 使用情况数据。SharePoint 2013 的 PowerPivot 需要 SQL Server 2012 分析服务、商务智能或企业版
Project Server		单个	存储单个 Project Web App(PWA) 的下列所有数据： ● 所有 Project and Portfolio Management(PPM)数据； ● 时间追踪和时间表数据； ● 聚合的 SharePoint 项目网站数据
Search	Search Administration	单个	托管搜索应用程序的配置及爬网组件的访问控制列表(ACL)
	Link	单个	存储由内容处理组件抽取出的信息以及单击次数信息
	Analytics	多个	存储使用情况分析报告的结果以及需要时从链接数据库中抽取的信息

(续表)

目　录	数据库名称	数　量	说　明
Search	Crawl	多个	存储爬网数据的状态以及爬网历史
Secure Store	Secure Store		存储和映射诸如账号名及密码之类的凭据
Subscription Settings Service		单个	为托管用户存储功能和设置信息。本数据库并非默认创建且必须使用 Windows PowerShell 或者 SQL Server 来创建
State Service		多个	为 InfoPath 表单服务、Exchange、图形 Web 部件以及 Visio 服务存储临时状态信息
SQL Server	Master	单个	为 SQL Server 实例存储所有系统级别的信息，这些信息包括登录、配置及其他数据库
	Model	单个	在实例中用作为所有数据库创建的模板
	MSDB	单个	记录操作者，且由 SQL Server 代理按计划告警和执行任务时使用
	TempDB	单个	保存所有临时表和临时存储过程以及满足任何其他存储需要。TempDB 数据库在 SQL Server 实例每次启动时都将重建
Usage and Health	Usage and Health Database		临时存储健康监控和使用情况数据，也用于报告与诊断。使用情况数据库是唯一一个可以直接查询及由微软或第三方应用程序修改计划的 SharePoint 数据库
User Profiles	Profile		存储和管理用户及其社会化信息
	Synchronization		当配置文件数据由如活动目录一样的目录服务同步后用来存储配置与阶段数据
	Social Tagging		存储由用户创建的带有其各自 URL 路径的社会化标签与注释

（续表）

目　录	数据库名称	数　量	说　明
Word Conversion			存储挂起的与已完成的文档转换的信息
Word Automation			存储挂起的与已完成的文档转换的信息

SharePoint2013 使用了各种各样的数据库(请参阅表 1-6)。系统环境中要用到的数据库需要综合你所购买的产品授权版本(SKU)以及部署的服务应用程序的情况来考量。恰当的数据库规划能够满足当前和未来规模及性能的相关需求。确保了解每个数据库的使用目的是什么及其特点，以提供数据库服务器层所需的无缝可扩展性和性能。

1.7　云托管架构

SharePoint Online 可用于两项独特的服务(标准和专用)，根据每个组织的规模、需求和目标来量身定制——这两项服务均以每月每用户为单位来收费。SharePoint Online 服务可在功能、灵活性和定价的基础上体现高度的差异化区别。

SharePoint Online 提供了丰富的特性集和功能集，可用作组织的主要协作平台，也可以用来增强组织的现存内部部署以支持轻量级外部网络或外部共享方案，或者使得在组织防火墙之外的协作成为可能。

SharePoint Online 将 SharePoint 2013 作为云服务，通过微软数据中心面向全球提供服务，允许人们分享各自的见解和专业知识，构建自定义网站和解决方案，并迅速定位信息以响应不断变化的业务需求——却无须在自己的数据中心部署 SharePoint。除了 SharePoint 提供的服务和解决方案之外，SharePoint Online 提供了高可用性、全面的安全性以及简化的管理方式，因此组织可以放心选择其作为协作平台。

SharePoint Online 支持一些最复杂的用户分布模式，无论用户是集中的还是在地理上处于分散状态。无须购买和部署服务器，企业可以迅速部署 SharePoint 到远程办公室，或者支持收购导致的系统需求的增长。这种灵活性使用户能以最小的开销和最短的延时而快速受益于 SharePoint。

1.7.1　安全功能

SharePoint Online 通过一组功能集提供了企业级的可靠性和灵活性，以确保一个安全的协作环境。SharePoint Online 提供了以下一组常见功能。

- **安全访问**——SharePoint Online 基于 128 位安全套接字层(SSL)或传输层安全(TLS)加密技术提供服务。
- **入侵监控**——SharePoint Online 连续监测不寻常或可疑的活动。

- 审计——微软会定期评估 SharePoint Online 的基础结构，以确保策略设置和防病毒签名可用。配置设置与安全更新包括以下几个方面。
  - 达到 ISO 27001 认证标准。
  - 完成关于审计现状(SAS) 70 I 型和 II 型的审计声明。
  - 增加控制以帮助客户遵守美国医治保险携带和责任法案(HIPAA)，以及家庭教育权和隐私权法案(FERPA)。
  - 取得欧盟(EU)信息安全港认证。

1.7.2 身份验证功能

SharePoint Online 提供多种方法用于管理和使用身份验证——不论是缺乏现成身份验证基础结构的中小型企业还是使用活动目录域服务(Active Directory Domain Service，ADDS)的大型组织。

有身份验证基础结构(如 ADDS)的组织，可以通过配置活动目录联合认证服务(Active Directory Federation Service，ADFS)与微软在线服务联盟网关联合，来实现单点登录(Single Sign-On，SSO)验证。来自联盟域的用户身份可以使用其已有凭据为服务进行自动认证。

微软在线服务提供了目录同步工具，以方便进行目录同步。目录同步工具提供到微软在线服务的单向目录同步，同步内容包括所有用户账户和已启用邮件的联系人以及来自本地 ADDS 目录服务的群组。目录同步工具应该安装在连接到 ADDS 林的服务器上，以执行同步并能够访问林中所有域的域控制器。

1.7.3 管理模型

通过基于角色的访问，微软在线服务提供了一种委托和分粒度管理模型。可以为用户账户分配全局或密码管理员权限，以提供所有服务设置的完全访问权限，或者阅读公司和用户信息以及重置用户密码和管理支持请求的功能使用权限。

SharePoint 在线通过 Web 门户进行管理，在该门户上 SharePoint 在线管理员可以创建和管理网站集，如图 1-26 所示。

SharePoint 在线管理 Web 门户相对于整个微软在线服务管理门户是独立的。如图 1-27 所示，SharePoint 在线管理 Web 门户允许管理员管理网站集、配置 Send To 连接、配置 InfoPath 表单服务和 Web 服务代理、管理用户档案，以及管理该服务的网站集所使用的术语库。

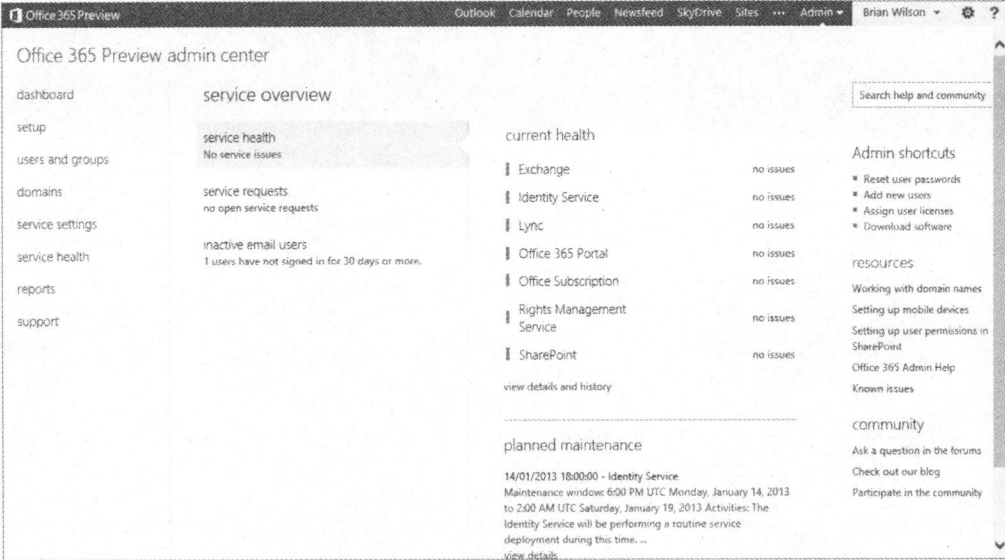

图 1-26

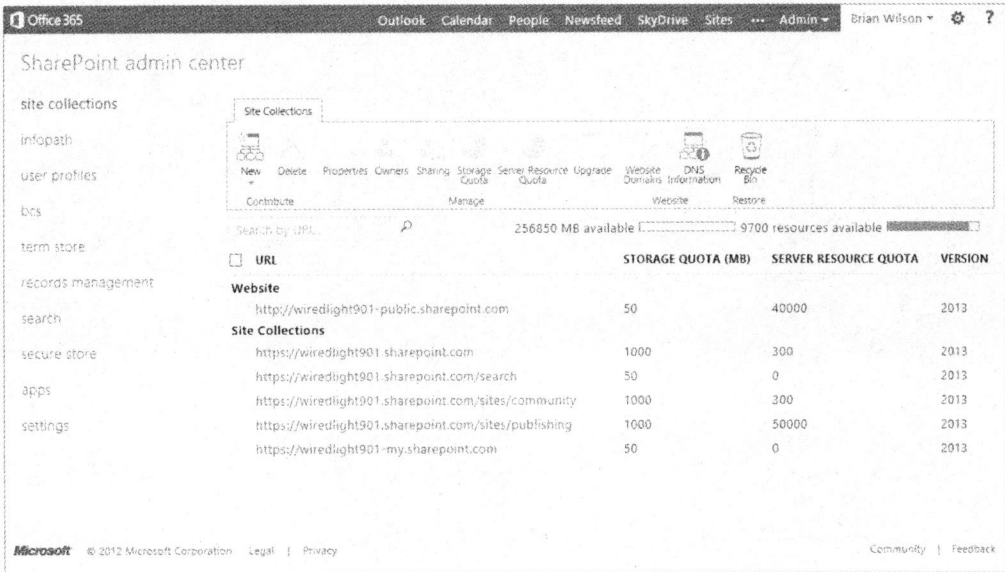

图 1-27

1.8　本章小结

本章提供了 SharePoint 2013 架构的一个直观视角。也提供了一次标准概览，以帮助开发人员和架构师理解他们的自定义设置和插件运行在哪里。透过本书的其余部分，你将了解关于这些新功能的更多细节并掌握如何面向这些功能进行编程，以构建稳健、实用的 SharePoint 2013 应用程序。

第 **2** 章

SharePoint 2013 的新功能

本章内容

- 探讨封装与部署模式的改变
- 充分利用新的编程模型
- 了解客户端对象模型的数据协议(OData)[1] 投资
- 理解 OAuth 开放授权认证协议与应用程序安全模型
- 了解通知推送功能
- 与 Windows Azure Workflow 集成
- 最大限度地使用企业内容管理(ECM)与网站内容管理(WCM)工作负荷
- 见证通用可扩展的搜索平台的强大功能
- 高效利用改进后的业务连接服务(BCS)

2.1 SharePoint 2013 简介

在微软的历史卷轴上，2012 年无疑是一个革命性的年份。如果你看到微软在这一年发布的内容清单，你将感到无比震惊。除了针对最终用户在功能上进行了增强与增加了大量

---

1 OData——程序数据库格式标准化的开源数据协议。为了增强各种网页应用程序之间的数据兼容性，微软公司启动了一项旨在推广网页程序数据库格式标准化的开源数据协议(OData)计划，与此同时，他们还发布了一款适用于 OData 协议的开发工具，以方便网页程序开发人员们使用。OData 运用且构建于很多 Web 技术之上，如 HTTP、Atom Publishing Protocol(AtomPub)和 JSON，提供了从各种应用程序、服务和存储库中访问信息的能力。OData 用来从各种数据源中暴露和访问信息，这些数据源包括但不限于：关系数据库、文件系统、内容管理系统和传统 Web 网站。

的新功能外，SharePoint 2013 的开发与以往相比也变得超群出众。SharePoint 2013 的变化重心落在了 Web 标准技术上，如 JavaScript、Html、客户端编程以及远程访问。为此，SharePoint 2013 为开发人员提供了通过各类选项配置来扩展产品的开箱即用(out-of-the-box)功能，以实现在构建业务解决方案时无须编写或只须编写少量服务器端代码。

SharePoint 2013 的每个新功能和开发选项都取决于诸多因素，这是开发人员应该预先知道的。希望读者阅读完这些内容后都能够收为己用。

2.2 部署方案

在 SharePoint 2013 中，SharePoint 服务器场的物理位置是一个重要因素，它直接决定了你应该选择哪种开发模式以及有哪些可用选项。作为一名开发人员，首先应该明确的，就是你要构建的自定义解决方案将应用在哪种部署方案中。SharePoint 2013 提供了 4 种不同类型的部署方案：内部部署、Office 365[2]、托管式部署以及混合式部署。

2.2.1 内部部署

在这种部署方案中，SharePoint 位于公司防火墙之后，并且由 IT 部门来维护。与以往的 SharePoint 版本一样，这种部署方案为开发方式与开发工具的选择提供了极大的灵活性。

2.2.2 Office 365 部署

在这种部署方案中，SharePoint 场部署在 Office 365 上并由微软来托管。除了不能在应用程序中运行服务器端代码外，你可以使用所有与内部部署(方案一)一样的开发方式与开发工具。在 SharePoint 2013 中，应用程序是一种封装和部署代码的新机制，这也是本章会通篇讲述的内容。

> 提示：本章中 Office 365 和 SharePoint Online(SPO)表达的是一个意思，可以理解为同一个术语。实际上，Office 365 是一个总的概括性术语，它是指一组云计算产品的总称，包括 SharePoint Online、Office Web Apps、Exchange Online、Lync Online 以及 Office Suites。可以申请一个免费的 Office 365 开发授权。要进一步了解，可在此地址 http://msdn.microsoft.com/en-us/library/fp179924(v=office.15).aspx 查阅产品文档。

2　Office 365——是微软下一代云计算产品，包括 Office SharePoint Online、Exchange Online 和 Lync Online 组件，并为这些组件提供实时升级服务。Office 365 是唯一一个基于 Web 并且与 Microsoft Office 完全兼容的服务。Office 365 已于 2012 年 6 月 28 日正式发布。简而言之，Office 365 是含有云存储空间的完整 Office 软件。

2.2.3　托管式部署

与 Office 365 部署方案类似，在托管服务部署方案中，SharePoint 服务器场由第三方供应商安装以及管理，该第三方供应商可能是微软也可能是其他厂商。例如，可以将 SharePoint 场完全虚拟化部署到 CloudShare、Amazon EC2 或者微软旗下的 Windows Azure 虚拟机中。根据选择的 SharePoint 场托管服务供应商不同，你面临的情况也将不同，并且你的开发模式以及开发方式也会有所不同。不过，一些第三方的托管服务供应商提供非共享专有云，这将为你提供更多的可选项。

2.2.4　混合式部署

混合式部署是唯一一种从企业防火墙内部覆盖到云端的部署方案。在这种部署方案下，部分安装部署由企业 IT 部门在内部管理、运行和维护，而一部分应用程序则部署到托管在 Office 365 或第三方托管供应商的 SharePoint 场中。

2.3　封装方案

安装和部署 SharePoint 的位置与方式决定着你选择何种封装和部署自定义代码的方案。有三种可供选择的部署方案：完全信任的场解决方案、部分信任的场解决方案以及应用程序部署方案。

2.3.1　完全信任的场解决方案

场解决方案在 SharePoint 2007 中引入，对于 SharePoint 2013，其只能在内部部署或者一些基于云的专有部署方案中使用。这些类型的解决方案可以承载供整个 SharePoint 场使用的定制功能。在完全信任的场解决方案下，自定义代码被部署到 SharePointWeb 应用程序的\Bin 目录或者全局应用程序集缓存(Global Assembly Cache，GAC)中。这些代码可以使用.NET 的代码访问安全(Code Access Security，CAS)机制进行担保，但通常情况下它们是在完全信任的环境下运行的。该类型解决方案由具有场管理员权限的 IT 专业人士使用控制台访问并且部署到 SharePoint 场中。

2.3.2　部分信任的沙盒解决方案

这种方式在 SharePoint 2010 中引入，可用于所有类型的部署方案。如果在网站集中部署了沙盒解决方案，那么该网站集中的所有网站都可以使用。此类解决方案由网站集管理员进行上传与部署。沙盒解决方案给开发人员带来了不少限制，本章会进行详细介绍。

2.3.3　SharePoint 应用程序

SharePoint 2013 提供了一种新的代码封装和部署方式。这种方式称作应用程序(App)模式，它极具独立性且以小部件的形式提供。如果你使用过智能手机，我想你应该熟悉这个概念。应用程序针对特定的业务构建与部署，其目的是用来处理某些事务。不同于那些为智能手机定制的应用程序，SharePoint 的应用程序实际上并非存在于 SharePoint 内部，其实际运行过程也并非由 SharePoint 执行。SharePoint 应用程序运行在客户端浏览器或者远程服务器上；这些应用程序通过 SharePoint OAuth 身份认证进行授权从而获得访问 SharePoint 网站的权限，同时，它们也能通过最新改进的 SharePoint 2013 客户端对象模型应用编程接口(CSOM API)进行数据交互。

SharePoint 应用程序、OAuth 身份认证以及最新改进的客户端对象模型(CSOM)将在后续章节进行更详细的介绍。

2.4　编程模型

SharePoint 2013 带来了一种与以往有着根本性区别的编程模型。新的编程模型更多地侧重于云计算、标准的 Web 技术(如 JavaScript 和 HTML)、远程访问。所有新变化都符合微软公司的总体战略——"一切尽在云中"。

在潜心去研究这些新变化之前，首先要重温这几年中 SharePoint 在定制化功能和编程方面的改进。

2.4.1　SharePoint 编程模型的改进

图 2-1 从高级层面上分别展示了 SharePoint 2007 以及 SharePoint 2010 的编程模型。

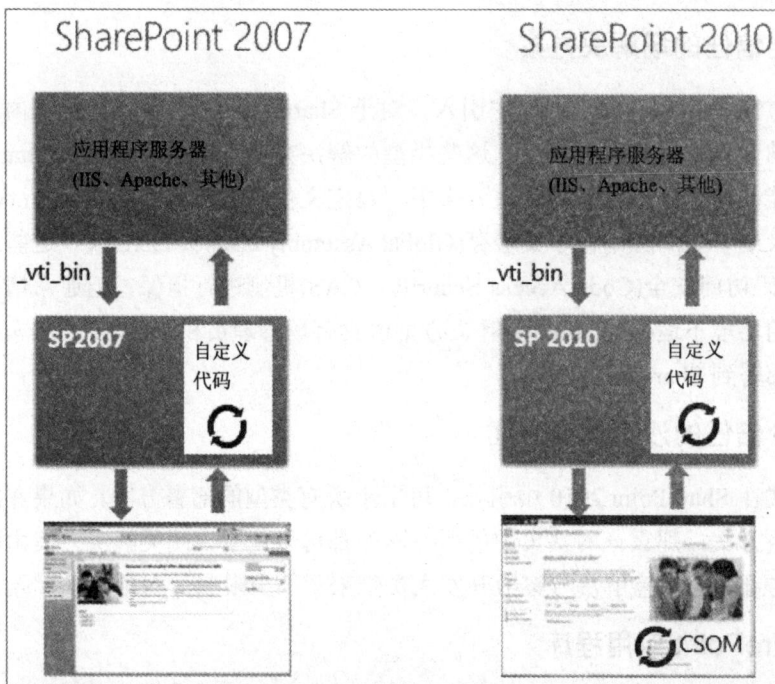

图 2-1

在 SharePoint 2007 中，自定义代码要么运行在 SharePoint 服务器端，要么托管在自己的 Web 服务层(IIS、Apache，或者其他 Web 服务软件)上，并通过 _vti_bin 文件夹(%COMMONPROGRAMFILES%\Microsoft Shared\web server extensions\12\ISAP)下 SharePoint 内置的服务远程调用 SharePoint 对象模型来进行工作。SharePoint 2007 有一个受限的客户端对象模型，而 Core.js 是其实现的核心(就好比 OWS.js 是 Windows SharePoint Services 2003 的客户端模型的核心一样)。该 JavaScript 文件被大部分 SharePoint 页面所引用，其包含必要的受限逻辑来处理各种客户端事件，开发人员可以开箱即用而不必修改 Core.js 文件。例如，Core.js 提供了一种挂钩程序来添加额外的菜单项以显示在上下文菜单(ECB)[3]中，下面是示例代码段：

```
function AddDocLibMenuItems(m, ctx)
{
    if (typeof(Custom_AddDocLibMenuItems) != "undefined")
    {
        if (Custom_AddDocLibMenuItems(m, ctx)) return;
    }
    ... // build the rest of OOTB ECB menu items
}
```

使用 SharePoint Designer(或者 Windows SharePoint Services 中的微软 Office FrontPage)，开发人员可以将附加的 Custom_AddDocLibMenuItems 函数的实现方法注入 SharePoint 页面，或者也可以使用内容编辑器 Web 部件(Content Editor Web Part，CEWP)将这段自定义的 JavaScript 方法注入 Web 部件页。无论哪种方式，Core.js 都会在运行时调用它的方法。这种扩展模式有一个问题，就是其本身是受限的而且不够灵活。比如，如果 Core.js 由于某种原因无法加载，那么自定义函数也将无法运行。

在 SharePoint 2010 中，客户端对象模型(Client Side Object Model，CSOM)进行了大幅改进与优化，以解决 SharePoint 早期版本中客户端编程所面临的困难。SharePoint 2010 CSOM 基本上可以看成一种 Windows Communication Foundation(WCF)服务，它称为 Client.svc 并附带了三种不同的代理服务以启用 Silverlight、JavaScript 以及.NET 托管代码(C#或者 VB.NET)来对 SharePoint 进行远程调用。下面的代码段展示了开发人员如何使用支持 JavaScript(sp.js)的代理服务以便在 SharePoint 2010 中基于 CSOM 来执行异步查询：

```
            ExecuteOrDelayUntilScriptLoaded(GetTitle, "sp.js");
// Code omitted for brevity
function GetTitle() {
    //Retrieve current client context
    context = SP.ClientContext.get_current();
    //Load the site
    site = context.get_web();
    context.load(site);
```

3　ECB——Edit Control Block，指的是列表项上下文菜单，也称为编辑控制块(ECB)菜单，以包括用于启动 Word Automation Services 文档转换作业的项目。

```
        //Execute asynchronously with callbacks for successful or failed calls
        context.executeQueryAsync(onQuerySucceeded, onQueryFailed);
    }
```

2.4.2 SharePoint 2010 中 CSOM 面临的问题

在使用 SharePoint 2010 客户端对象模型时，开发人员主要面临着以下两个问题。

第一，SharePoint 2010 中的 CSOM 不支持直接调用 Client.svc，所有调用都必须通过其所支持的入口点来实现(如 sp.js)。因为代理服务仅对.NET 托管代码、Silverlight 以及 JavaScript 客户端开放，所以那些不能解释并运行任何一种此类技术的平台或设备就不能远程调用 SharePoint。

第二，CSOM 仅仅涵盖 Microsoft.SharePoint.dll 中的接口并且其工作负荷在 SharePoint 中受到限制。为了克服这种局限性，开发人员别无选择，只能依靠 ListData.svc、基于内置 ASMX Web Service 的 jQuery，或者服务器端代码来访问更完整的 SharePoint 对象模型。

相比 JavaScript，开发人员更倾向于从托管代码(如 C #和 VB.NET)来使用 CSOM。这是因为他们可以面向强类型对象进行编程，也能够使用编译时类型的智能提示，而且更加易于调试。而使用 JavaScript 面向 CSOM 进行开发并不轻松。因为调用必须是异步的方式，而且没有编译时类型检查以及智能提示，这使得编写与调试 JavaScript 代码困难重重。

不过这些经验并不适用于 SharePoint 2013，下一节将会介绍在编写 SharePoint 2013 服务器端代码前需要三思而后行的缘由。

2.4.3 服务器端代码的问题

微软有一些原因来大力推进 SharePoint 2013 中的客户端编程以及远程访问的应用。但最本质的原因是，运行在场或沙盒解决方案中的服务器端代码是引发性能与安全性问题的根源。现在我们来暂时扮演一下魔鬼代言人的角色。假如你运营的软件公司构建了一个平台，为其他人发布他们的产品，并有可能赚钱，如果有人仅仅编写一个 Web 部件就能肆意掠夺你的成果，你会有何感想？假如别人说你的产品运行得很缓慢，但是实际上是由于其他人的代码或者配置错误，而导致你的产品看起来很糟，这时你又会有怎样的感受？

另一个问题是，SharePoint 服务器端对象模型学习起来很困难，而且它与其他非微软技术的平台跨技术互操作性极低。另外，在大多数情况下，SharePoint 也无法与跟上微软其他技术更新换代的步伐。有多少次，作为开发人员的你遭遇到了 SharePoint 对象模型的紧密耦合问题——要求使用特定版本的.NET Framework 框架或者 Windows Workflow Foundation？又有多少次，你期望那些从事 PHP 开发的兄弟可以在你的 SharePoint 项目上伸出援手？

对于不了解 SharePoint API 以及使用其他开发技术的开发人员，SharePoint 2013 提供的新版编程模型将为他们带来更高效的生产能力。现在，可以使用 SharePoint 2013 来构建兼容多种开发技术的松散耦合解决方案了。这意味着你可以选择自己喜欢的脚本语言

(PHP、JavaScript、LAMP[4]等)或者任意版本的 ASP.NET (ASP.NET Web Form、MVC 以及 Web Page)来为 SharePoint 构建应用程序，并允许远程调用 SharePoint 来完成各种任务，而这些工作在以前只能通过服务器端对象模型来完成。

除了上述体验和技术方式上的使用问题外，服务器端解决方案往往有很多部署工作要做，而且需要对服务器进行直接访问。这在本地部署方案中是适用的，但是并不适合云部署的方案，除非你在云中拥有自己的私有服务器。当然，可以通过沙盒解决方案来绕过这个问题，但是沙盒解决方案也有其自身的问题。首先，沙盒解决方案有很多操作上的限制，因为只有一部分服务器端 SharePoint API 可以供沙盒解决方案调用。其次，沙盒解决方案的执行时间不能超过 30 秒，且其每天的资源消耗不能超过一定额度。另外，服务器端代码还不能调用或请求外部托管的 Web 服务。然而，开发人员可以使用基于客户端的解决方案(使用 JavaScript 或者 Silverlight)来调用外部服务，甚至使用例如 HTTP Post 的技术来进行跨域访问以传递消息。

另一个常见的开发难点在于升级 SharePoint 2013 之前版本的解决方案。WSP 版本管理、功能升级、程序集版本管理以及重定向更新等，但凡你想得到的，都面临着相同的更新问题。不得不说，在企业级项目中复杂解决方案及其功能的生命周期管理确实很难，以至于开发人员必须不断升级解决方案以满足持续变化的业务需求。所以，开发人员必须能够未雨绸缪并在代码架构上能够深谋远虑，只有这样，升级和卸载 SharePoint 早期版本的解决方案才不会变成一个痛苦而漫长的梦魇。SharePoint 2013 改变了这种窘况，它提供了一个强健的基础结构来支持升级和卸载 SharePoint 应用程序，并能确保应用程序升级失败时实现自动回滚，因此托管的 SharePoint 网站不会陷入不可用状态，这就不会给开发人员带来额外负担了。

既然你了解了老版本 SharePoint 所面临的问题，就该讨论 SharePoint 2013 做出了哪些改进了。

2.4.4　新的编程模型

如果你是从本章开头一直阅读到此，那么你一定特别想知道 SharePoint 2013 中新的编程模型与之前的版本相比有什么新颖之处。在老版本的 SharePoint 中编写客户端代码以及使用标准的 Web 开发技术不就行了吗？

图 2-2 简单描述了新的编程模型。

4　LAMP——指 Linux(操作系统)、ApacheHTTP 服务器，MySQL(数据库软件)和 PHP(有时也是指 Perl 或 Python)的第一个字母，一般用来建立 Web 服务器。虽然这些开放源代码程序本身并不是专门设计成同另几个程序一起工作的，但由于它们的免费和开源，这个组合开始流行(大多数 Linux 发行版本捆绑了这些软件)。当一起使用时，它们像一个具有活力的解决方案包。

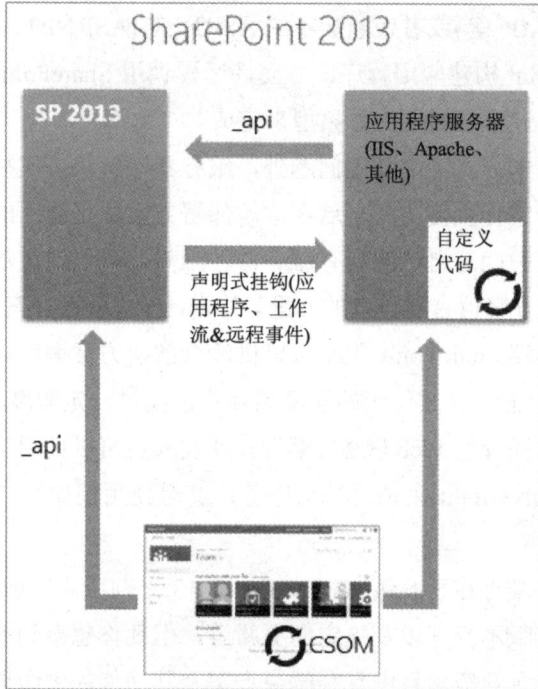

图 2-2

在 SharePoint 2013 中，SharePoint 场的服务器端代码基于诸如 SharePoint 应用程序、声明式工作流和远程事件等的声明式挂钩程序来运行，然后使用 CSOM 或者 REST 向 SharePoint 反馈数据。换句话说，新的编程模型强调的是客户端代码以及远程访问。根据部署方案(在本章开篇介绍过)，仍然可以使用沙盒解决方案以及场解决方案来部署服务器端代码；但是微软建议开发人员针对 SharePoint 2013 开发的首选方式是按照新的编程模型来构建应用程序。这是在向我们传递如此信息："别再构建任何新的沙盒解决方案"以及"只有在不得已而为之的时候才构建场解决方案"(当然，前提是部署方案允许使用场解决方案)。

在 SharePoint 2013 中，_vti_bin/client.svc 现在可以用_api 这一路径别名进行访问，以便与服务器端交互。当然，微软也赋予了 client.svc 完全兼容 OData 的服务。

> 提示：OData 是行业标准的开放式数据协议，可以对数据执行 CRUD(创建、读取、更新和删除)操作。CRUD 操作对应如 Get(检索)、Put(设置)、Update(更新)、Delete(删除)以及 Merge(合并)等标准的 HTTP 操作。OData 的执行基于一些流行标准，如 Atom(用于读取 Web 资源)协议以及 AtomPub(用于创建和更新资源)协议。OData 可用于许多非微软平台，如 iOS、Android，并用于知名的数据源，如 Netflix 公司的平台。要了解 OData 的更多信息，请查阅 http://www.odata.org。

如果你长久以来一直在使用 SharePoint，你可能还记得，在 SharePoint 2003 中，可以使用 Windows SharePoint Services Remote Procedure Call(RPC)协议来发起到 OWSSVR.dll 这一 ISAPI 扩展的 HTTP GET 请求(仅支持 HTTP GET)。例如，如果输入以下网址，将会在浏览器中输出指定 GUID 的列表结构并将该结构以 CAML[5]格式呈现出来。

```
http://Tailspintoys/sites/marketing/_vti_bin/owssvr.dll?
Cmd=ExportList&List=e6a9bb54-da25-102b-9a03-2db401e887ec
```

统一资源定位器(URL)在 SharePoint 中扮演着很重要的角色。长久以来，微软一直试图让用户能够更加便捷地获取 SharePoint 数据；其中的一些尝试在新版本的 SharePoint 中得以保留(比如，将列表导出到 Excel 中)。然而，由于设计模式中的种种限制以及这些设计模式中用到的一些声名狼藉的协议，这些尝试并不成功。OData(用作协议与启用程序)和 REST(用作设计模式)的使用基本保障了其他平台以及其他类型的设备通过 URL 和标准 HTTP 操作来访问 SharePoint 数据。

> 提示：SharePoint 2013 中仍然保留了 ListData.svc，以确保 SharePoint 2010 代码依靠 CSOM 平稳地迁移到 SharePoint 2013 中。这保证了能够向下兼容。然而，这意味着你需要使用 client.svc 来继续前进。

图 2-3 是一个架构图，它显示了本节讨论的 SharePoint 2013 中远程 API 的变化。

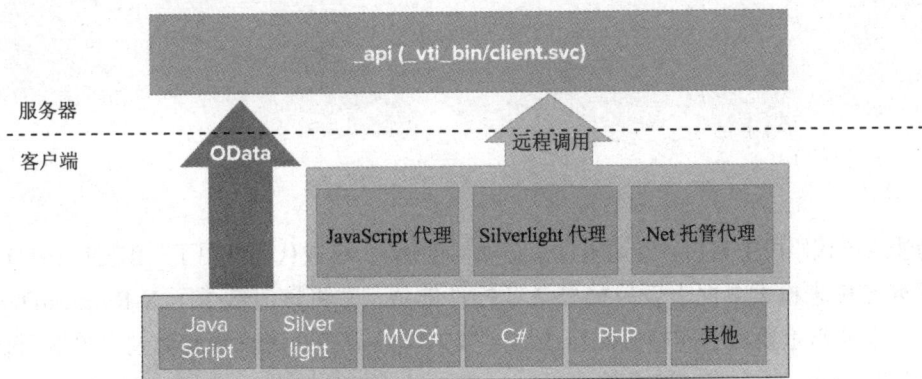

图 2-3

要使用 SharePoint 2013 的新版客户端 OData 服务，需要构建面向 client.svc 的 RESTful HTTP 请求，该请求将映射到 HTTP 操作并且与你想要使用的 CSOM API 相匹配。作为反馈，你会得到一个能轻易转换成嵌套对象的 Atom XML(默认类型)文件或者 JavaScript Object Notation(JSON)格式文件。下面这个例子告诉你如何使用 REST 来查询 Contacts 列表

5　协作应用程序标记语言(CAML)是一种基于 XML 的语言，用于在 Microsoft SharePoint Foundation 中定义在网站和列表中使用的字段和视图。

并且获取 ID 等于 1 的条目：

```
http://Tailspintoys.com/_api/web/lists/getByTitle('Contacts')/getItemBy
StringId('1')
```

下面的代码段展示了如何使用 JavaScript 和 REST 来删除 Contacts 列表中的条目。首先，在 JavaScript 里使用 CSOM，可以调用现成的 JavaScript 函数_spPageContextInfo.webServerRelativeUrl 并传入 id 参数来拼接组成一个 REST URL。然后，调用 jQuery 的$.ajax 函数来发送请求到 SharePoint Web 服务器以执行 HTTP DELETE 操作。最后，为成功和异常操作注册回调处理程序，该回调处理程序异步执行。

```
removeItem = function (id) {
    $.ajax(
        {
            url: _spPageContextInfo.webServerRelativeUrl +
                "/_api/web/lists/getByTitle('Contacts')/
                getItemByStringId('" +
                id + "')",
            type: "DELETE",
            headers: {
                "accept": "application/json",
                "X-RequestDigest": $("#__REQUESTDIGEST").val(),
                "IF-MATCH": "*"
            },
            success: function (data) {
                readAll();
            },
            error: function (err) {
                alert(JSON.stringify(err));
            }
        }
    );
}
```

请注意该代码段中 HTTP 的请求标头是如何创建的。这段代码使用了__REQUESTDIGEST 这一标准名称来检索页面上表单摘要认证控件的值，并将该值赋予了 X-RequestDigest 标头。这一步非常重要，它能够确保修改内容数据库的 HTTP 请求顺利通过表单摘要认证，该认证是 SharePoint 自带的安全检测机制。

微软还为用户配置文件、工作流和搜索等功能服务以及在 SharePoint 2010 中仅能通过服务器端 API 来完成的许多其他工作负荷扩展了 CSOM。这还没结束，微软更进一步地改进了 CSOM，因此对于在拥有庞大用户群的生产环境中使用 SharePoint 这种情况，CSOM 就可以支持批量或同步操作，且不会对服务器性能造成重大负担。

到此为止，关于应用程序的抽象理论化介绍已经足够了，我们需要进一步探讨这些应用程序到底如何开发、部署以及使用。下一节我们将进入在 SharePoint 2013 中扩展使用应用程序的新世界。

2.5　应用程序模型

新的应用程序模型可以让你创建看起来像是 SharePoint 一部分的应用程序，但实际上它不是。如前所述，应用程序确确实实是独立于 SharePoint 服务器之外在客户端浏览器的上下文中运行的(通过客户端脚本、REST 以及 CSOM)，或者在云端或你自有的基础架构中托管的远程服务器中运行。

如果要开发和使用应用程序，需要面向两种平台：Office 2013 和 SharePoint 2013。你可以面向这两种平台开发应用程序；不过，本章以及本书接下来的内容都关注为 SharePoint 构建应用程序。可以为 SharePoint 2013 创建三种类型的应用程序：SharePoint 托管的应用程序、提供程序托管的应用程序以及 Azure 自动托管的应用程序。

2.5.1　SharePoint 托管的应用程序

SharePoint 托管的应用程序在所有的部署方案中均可用。此类应用程序部署在 SharePoint 中，但是它们的业务逻辑在客户端浏览器中执行。由于此类应用程序独立运行，因此它们无法与其他应用程序交互。

2.5.2　提供程序托管的应用程序

提供程序托管的应用程序在所有的部署方案中均可用。此类应用程序部署在 SharePoint 中，但是它们的大部分业务逻辑作为 SharePoint 外部的服务器端代码运行，比如，企业网络或云端中的其他 Web 服务器。

> 提示：除了 SharePoint 场中的服务器外，提供程序托管的应用程序需要运行在独立的服务器上。基于此，在项目的早期规划中就需要做硬件和软件层面的考量。

提供程序托管的应用程序(有时也称为开发人员托管的应用程序或者自托管应用程序)无法与其他应用程序交互。

2.5.3　Azure 自动托管的应用程序

Azure 自动托管的应用程序仅在 Office 365 部署方案中可用。此类应用程序与提供程序托管的应用程序相似，不同之处在于，其外部组件由 Windows Azure 网站以及可选的 Azure SQL 数据库组成，且由 Office 365 自动设置并提供。Azure 自动托管的应用程序也无法与其他应用程序交互。要启用 Azure 自动托管的应用程序模型，需要如图 2-4 所示的跨越 Office 365 和 Windows Azure 的端到端平台结构和工具模型(Visual Studio、SharePoint Designer、

Access 或者 Napa[6])。

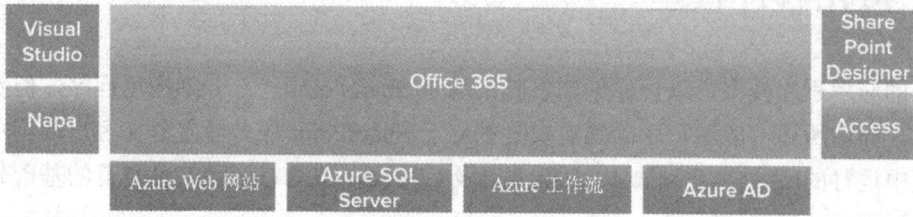

图 2-4

> **提示**：本章提及的云端托管的应用程序，涵盖提供程序托管的应用程序以及 Azure 自动托管的应用程序。

对于开发人员或者 Office 365 用户，不需要为 Office 365 集成 Windows Azure 做任何设置工作。甚至都不需要 Windows Azure 账户。一旦注册并租用 Office 365 服务，就能使用已经集成并配置好的 Windows Azure。当最终用户决定安装 Azure 自动托管的应用程序时，Office 365 将自动部署并将该应用程序的副本以 Windows Azure 网站的形式提供出来，然后 Office 365 可以代表安装该应用程序的最终用户对其进行管理。这一新型应用程序让你能够使用极为诱人的自动安装方式来创建和分发自己的应用程序。

2.5.4 应用程序或解决方案——如何取舍

这个问题看起来简单，但要回答它出人意料地困难。开发人员开始为一个解决方案编写代码时，无法意识到随着时间的流逝该解决方案会变得多么臃肿。有一些因素会影响解决方案的迭代路径，如需求变更、项目周期的压力以及预算削减。为了克服这一前期的不确定性，始终必须进行臆测，并基于这些臆测条件来构建和交付解决方案。记住，交付才是主题。产品交付后，可以持续监控产品的使用方式以及用户的接受程度，再回头迭代改进解决方案。你需要自我提问来进行假设，然后比较这些问题的答案来挑选适合你的选项。

应用程序提供了三个层面的最高级别隔离：进程、用户以及内容层次结构。应用程序还为标准 Web 技术与基础架构选择提供了最具扩展性的方案，因为应用程序不会在安装

---

6 Napa 为 Visual Studio 富客户端提供了一种轻量级的、基于浏览器的工具，它是开始 Office 和 SharePoint 开发的一种不错的方式，而且不需要在计算机中安装任何内容。它通过 http://dev.office.com/ 提供，支持构建针对 Office 和 SharePoint 的应用程序、能够深入到 Office 2013 应用程序(如 Excel)的应用、Office 的 Web 应用(例如，Excel 的 Web 应用)以及 SharePoint 的应用。这些应用都基于新的云应用模型(Cloud App Model)，其中 UI 和其他客户端逻辑都使用 Web 标准(例如，HTML、JavaScript、CSS)实现的，而后端逻辑会运行在服务器上，让开发人员可以自由地选择开发工具、语言和部署环境。

SharePoint 2013 的服务器上运行。

当面临在 SharePoint 应用程序和 SharePoint 解决方案之间做抉择时，有一些因素可以帮助你决定到底是做应用程序开发还是解决方案开发。

- **服务器端对象模型**——应用程序中不允许使用服务器端对象模型。要使用服务器端对象模型，需要使用沙盒解决方案的受限服务器端代码或者场解决方案的无限制服务器端代码。

- **访问外部资源**——在应用程序安装期间，可以对其赋予权限以访问托管该应用程序的 SharePoint 网站(SPWeb)范围之外的内容；例如，访问整个网站集的内容。很明显，只要有权限，所有类型的应用程序都可以访问 Web 服务以及那些不由 SharePoint 托管的资源。

- **目标用户**——这个很简单；比如，如果你要开发一个扩展功能来让场管理员或者 Web 应用程序管理员能够处理一些维护或清理工作，在应用程序中实现该功能就不是那么明智了。场解决方案也并非应用程序的一个合适的候选手段。

- **复杂性**——有一些任务要么用应用程序要么用解决方案来处理，并且用应用程序来处理这些任务比用解决方案来处理其复杂程度是一样的或者仅复杂一点而已。例如，应用程序或者沙盒解决方案都可用来部署自定义字段控件、网站栏、内容类型或者品牌化部件。在应用程序中完成这些任务可能比较困难。如果你对上述情况该选择哪种方式感到困惑，建议你还是选择应用程序来处理这些任务，要知道，应用程序才是未来，SharePoint 及许多其他产品都会进一步采用应用程序的模式。

- **依赖性**——如果要构建一个与其他自定义扩展功能高耦合的自定义扩展功能，并且该自定义扩展功能的安装前提是与其高耦合的扩展功能必须可用，这种情况下使用应用程序模式来开发该自定义扩展功能就不是一个好主意了。再次强调，应用程序是具有隔离性的并且是一个自我封闭型的容器，这种特性是为了保证其能够快捷安装、更新和卸载。同理，不要使用应用程序来承载其他应用程序或解决方案依赖的那些资源，因为这会阻止该应用程序的完全卸载或者该应用程序在卸载时会造成其他扩展功能的运行中断。

- **适用功能范围**——SharePoint 托管的应用程序不能是完整功能的应用程序，例如，案例管理应用或工资管理应用。SharePoint 托管的应用程序应该用来处理那些仅需一些主要资源的紧密关联的少量任务项。在之前的 SharePoint 版本中，可以创建以应付各种使用场景的大型业务解决方案，与此不同，SharePoint 2013 中的托管应用程序本质上是隔离的、事务型的，且创建它的目的是为了满足特定的业务需求。如果你需要完整功能的应用程序，要么使用 SharePoint 解决方案，要么使用云端托管的应用程序。

表 2-1 总结了在 SharePoint 解决方案(场或沙盒)和应用程序间抉择时需要考虑的决定因素。

表 2-1　SharePoint 解决方案与应用程序全面对比

决 定 因 素	场解决方案	沙盒解决方案	应 用 程 序
使用客户端 SharePoint API	√	√	√
使用服务器端 SharePoint API	√	受限	×
使用远程服务	×	受限	√
应用程序身份验证(OAuth2)	×	×	√
友好的内部部署	√	√	√
友好的托管部署	×	√	√
通过 Store 分发	×	×	√
友好的安装/更新/卸载	×	×	√

表 2-2 总结了在应用程序的类型抉择上应该考量的决定因素。

表 2-2　SharePoint 应用程序

SharePoint 托管的应用程序	云端托管的应用程序
具有具体业务需求目标的小型使用场景适用	小型或大型使用场景均适用
某些 Web 技术(HTML、JavaScript、jQuery 等)	所有的 Web 技术；你可以从中选择
自动托管	可能需要你自己的基础架构
原生的多租户支持与隔离	可能需要你自己编写逻辑处理租约与隔离
原生的安装/更新/卸载功能	可能需要你自己编写逻辑来进行安装/更新/卸载

　　如果将目前为止了解的内容集中放置到一起，它看起来应该如图 2-5 一样。在托管或混合部署方案中选择封装方式取决于托管的提供程序或者 SharePoint 的部署方式，所以这部分内容没有体现在图 2-5 中。

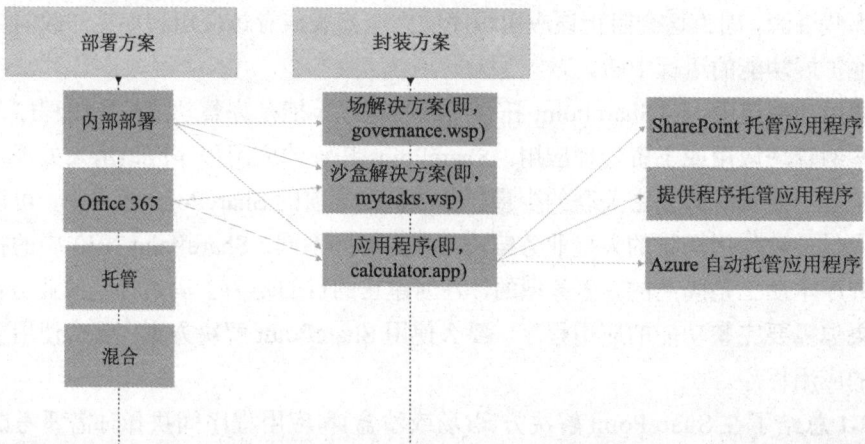

图 2-5

2.5.5　应用程序安全模型

除非为 SharePoint 网站开启了匿名访问，否则每一个访问 SharePoint 的请求都必须拥有其标识，也即我们通常所说的身份验证。身份验证必不可少，这是因为如果 SharePoint 不能识别访问者的身份，它就不能赋予访问者适当的权限来访问其资源。

> 提示：SharePoint 从未囊括身份验证和身份管理业务，在 SharePoint 2013 中这种情况依然如故。作为依赖方(Relying Party，RP)，SharePoint 依赖于如活动目录一样的目录服务或者如 Google 和 Facebook 一样的身份标识提供程序(Identity Provider，IdP)，并且 SharePoint 还依赖于如 IIS、Azure 访问控制服务(Access Control Service，ACS)和活动目录联合服务(Active Directory Federation Service，ADFS)这些服务来向外部提供其身份验证业务。SharePoint 同样支持如 SAML、WS-Trust 和 WS-Federation 这些身份验证标准和规范。

由于编程模型中的变化，SharePoint 2013 的授权通道必须面向两种不同类型的身份标识开放：用户标识和应用程序标识。后者是 SharePoint 2013 中一种全新的标识。

我们来举个例子，以便理解 SharePoint 2013 应用程序标识的必要性：想象一下，如果有个远程应用程序需要访问 SharePoint 网站中的一些产品图片并将它们推送到由市场部运维的一个推特账号中。显然，该应用程序首先需要登录 SharePoint，然后再访问和向推特推送那些图片。要完成这项任务，一个办法就是给这个应用程序赋予一组凭据(用户名和密码)，这样该应用程序就能以你或者其他人的账号登录 SharePoint 以完成任务。众所周知，这并不是一个好办法。首先，SharePoint 里的所有事物都与用户标识联系在一起，并且 SharePoint 授权通道必须区分清楚哪些行为是推特应用程序做的，哪些行为是你做的——SharePoint 就是这样工作的。其次，你能做的推特应用程序都能做，比如，删除内容或者以你的名义在 CEO 的博客中发表评论。你不会想冒这个风险的。再者，如果你决定不再使用推特应用程序了呢？你的账户凭据怎么办？如果你有很多像推特应用程序一样的应用程序呢？你又如何管理这么多应用程序的账户凭据？

SharePoint 使用存储在内容数据库中的 SharePoint 安全组和访问控制列表(Access Control List，ACL)配置条目来描述用户标识的行迹。不过，SharePoint 选取了不同的途径来进行身份验证以及对应用程序标识授权。

首先来看身份验证。在 SharePoint 2013 中应用程序是头等重要的；因此，它需要自己的标识。应用程序标识是由 Azure 访问控制服务(ACS)通过称为 OAuth 的广泛使用的互联网安全协议提供给 SharePoint 的。OAuth 2.0 是 OAuth 的第二个版本，它需要 HTTPS 协议支持。

新的架构使 SharePoint 2013 用户能够在不共享用户凭据的情况下对应用程序赋权以使其能够以该用户的名义运行。要启用该功能，需要颁发一些不同类型的安全令牌，并且需要在用户、SharePoint、ACS 和应用程序本身之间来回通信，所有这些都是为了确保应用程序能够被 SharePoint 进行透明的身份验证。

> 提示：OAuth 安全令牌服务(如 ACS)并不会颁发登录令牌。登录令牌由身份验证提供程序(IdP)颁发，这就是对于 SharePoint ACS 仅仅作为并将一直作为应用程序身份验证提供程序的原因。

当 SharePoint 2013 接收到访问请求时，进程会立即开始检查该请求以识别其是否包含代表用户标识的登录令牌。如果该请求包含用户标识，SharePoint 会假定该请求由经过身份验证的用户而非应用程序发起。随后 SharePoint 会检查该访问请求的目标 URL 以判断该 URL 是否包括标准的 SharePoint 网站或者与应用程序关联的子网站(这称为 AppWeb)。如果访问请求的目标是标准网站，SharePoint 2013 会沿用与 SharePoint 2010 相同的处理机制来进行典型的授权处理。但如果访问请求的目标是 AppWeb，SharePoint 2013 会同时用用户标识与应用程序标识来初始化上下文。

当访问请求不包含登录令牌时，SharePoint 2013 便可以区分出该请求并非用户发起的。此种情况下，SharePoint 会查找 OAuth 令牌来确认远程应用程序(提供程序托管)的身份。一旦 SharePoint 2013 获取到该安全令牌，它将用应用程序标识以及可选的用户标识来初始化上下文。

现在，我们来看看授权机制。

当 SharePoint 对提供程序托管的应用程序进行了身份验证并且正确的上下文创建好后，SharePoint 就可以判定该应用程序在调用上下文中有权执行哪些操作。值得一提的是，SharePoint 2013 并没有使用 ACS 或者 OAuth 协议以任何方式对应用程序进行跟踪或授予权限。相反，就像处理用户权限一样，SharePoint 仍依赖其自身的内部内容数据库来跟踪授权。

每一个应用程序都有个 manifest.xml 文件，开发人员可以用该文件中的 AppPermissionRequests 元素来定义应用程序需要访问的资源列表。下列代码段展现了在提供程序托管的应用程序中使用该元素的例子。

```
<AppPermissionRequests AllowAppOnlyPolicy="true">
  <AppPermissionRequest Scope="http://sharepoint/content/sitecollection"
  Right="Read"/>
  <AppPermissionRequest
  Scope="http://sharepoint/content/sitecollection/web/list"
  Right="Write">
    <Property Name="BaseTemplateId" Value="101"/>
  </AppPermissionRequest>
  <AppPermissionRequest Scope="http://sharepoint/userprofilestore/feed"
  Right="Post"/>
  <AppPermissionRequest Scope="http://exchange/calendars"
```

```
Right="Schedule"/>
```

```
</AppPermissionRequests>
```

注意上面代码段中突出显示的部分。应用程序权限需要启用 app-only 策略，这意味着只有应用程序而不是当前用户在请求所需的权限。如果 app-only 策略没有启用，那么应用程序和当前用户都需要必要的权限才能完成诸如访问整个网站集或写入列表的任务。返回的结果将是一段同时包含应用程序和用户标识的上下文。

关于 app-only 策略的一个重要方面是它可以提升应用程序的权限，这样应用程序就能够比当前用户处理更多的任务。如此一来，在没有当前用户的情况下，应用程序也能够回调 SharePoint 以访问应用程序 Web(与一个用程序关联的 SharePoint 网站)及其父 Web(例如，托管该应用程序的 SharePoint 网站)。当用户安装了带有 AppPermissionRequest 条目的应用程序时，该用户必须在安装应用程序时对 manifest.xml 文件中定义和应用程序请求的内容赋予权限。

如前所述，当创建需要与 SharePoint 通信并由提供程序托管的应用程序时，有几种类型的安全令牌需要来回通信，如上下文令牌和 OAuth 令牌。值得庆幸的是，Visual Studio 会自动添加一个名为 TokenHelper.cs 的类，以帮助你访问和使用这些安全令牌。

在没有租用 Office 365 的情况下，不允许在内部部署环境中使用 ACS。相应地，这意味着不能使用 OAuth 令牌。应用程序需要使用另外一种由服务器间(S2S)配置生成的安全令牌。更多详细信息可以参见 MSDN 上的产品文档 http://msdn.microsoft.com/en-us/library/fp179901(v=office.15).aspx。

不能仅仅因为应用程序在其自有域环境中运行(为了防止跨网站脚本攻击)以及这些应用程序是以 JavaScript 编写的，就断定它们是安全的。作为开发人员，你仍然需要面对如何设计应用程序以避免安全漏洞和敏感信息泄露的问题。下面是 SharePoint 安全方面需要考虑的问题。

- 不能针对特定列表或网站级别对 SharePoint 托管的应用程序授权。换句话说，如果 SharePoint 托管的应用程序被赋予了一个列表的写入权限，该应用程序同样拥有了对其他列表的写入权限。
- 用户为提供程序托管的应用程序授予权限后，由于赋权操作是一次性的，因此如果应用程序的逻辑和代码在赋权后进行了修改，SharePoint 无法检测到这些改动。
- 当应用程序使用其 OAuth 令牌处理任务时，相同页面上的另一个应用程序可以使用这个令牌以应用程序标识、用户标识的名义或同时以这两者的名义来执行操作。黑客还可能通过不安全的通信通道(HTTP)来操纵 OAuth 令牌。

综上所述，你就会意识到在应用程序开发方面需要考虑许多安全层面的问题。为了确保应用程序足够安全以及保护敏感信息，在设计时就需要考虑安全问题并且使用 HTTPS 来保障通信通道的安全。

2.6　远程事件

随着 SharePoint 逐渐成为许多组织主要的协作核心平台,与外部系统(意指在 SharePoint 外部的系统)进行双向集成在过去几年中已成为主流需求。

为在 SharePoint 中展现外部数据,可使用与 SharePoint 紧密集成的诸如 Reporting Services、PerformancePoint 和 Excel 这样的商务智能技术,以及诸如搜索和业务连接服务 (BCS)这样的功能。反过来看,SharePoint Web 服务和 CSOM 也提供了一组选项用以在外部系统中展现 SharePoint 数据,尽管这些方式是受限的。然而,SharePoint 并没有提供一套强健的通知基础设施,以用来在 SharePoint 事件触发或者外部系统展现的数据实际已经发生变化的情况下通知外部系统。

看看这样的情景:Tailspin 玩具公司管理团队宣布了一项新规定,现场销售团队必须对在 CRM 系统中创建的销售机会以最快速度进行销售可能性的反馈。过去,销售人员必须登录 CRM 系统来查看销售机会。但是,如果有一套合适的通知系统,一旦有新的销售机会产生,销售人员就可以通过 SharePoint 发送的邮件获得通知。销售机会的联系信息会附加在通知里,这样,现场的销售代表就可以即刻呼叫该顾客并提供高级经理期望他们提供的个性化服务。

在 SharePoint 的早期版本中,要构建一个满足类似于 Tailspin 玩具公司需求的有效解决方案并不容易,只能通过一些复杂的、完全信任的场解决方案来实现,这些解决方案要用到一些自定义事件接收器以及供 CRM 系统调用的 Web 服务。完成该任务的一种方法是使用 SharePoint 2010 的可插入工作流服务来创建自定义工作流活动,以实现远程事件接收器的功能。图 2-6 显示了如何在 SharePoint 2010 中使用 callExternalExternalMethodActivitiy1 和 hanldeExternalEventActivity1 活动来启用插入式工作流服务。要了解可插入工作流服务务的更多信息,可查阅《SharePoint 2010 开发高级教程》一书的第 13 章。

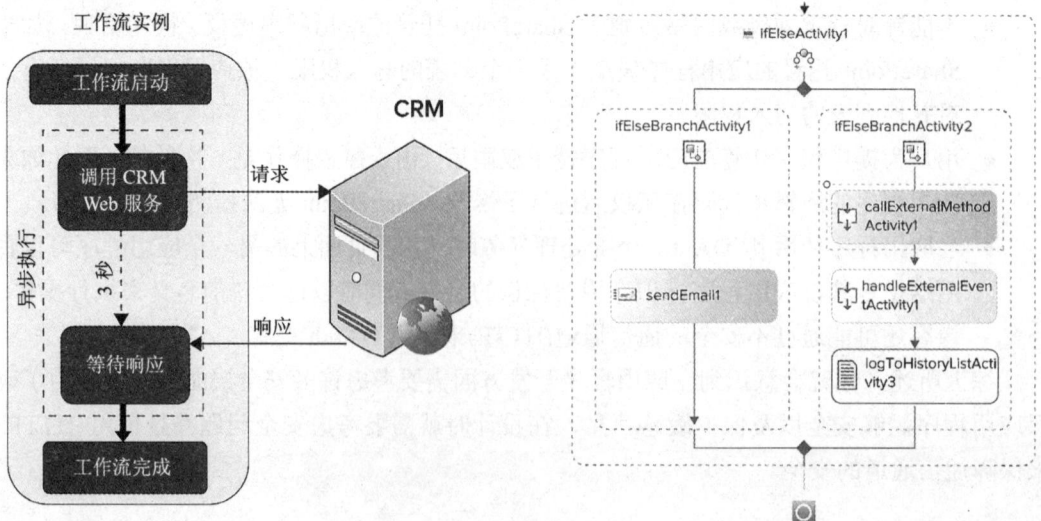

图 2-6

鉴于在 Office 365 和托管式部署模式中不允许使用完全信任的场解决方案，可插入工作流服务可查阅的资料又少得可怜，且开发人员并没有完全认可插入工作流服务，微软不得不在 SharePoint 2013 中提供内部语义和基础架构层面的支持以启用远程事件。

为应对跨平台通知带来的挑战，微软引入了三种全新的选项：Reporting Services 数据警报、外部列表事件和远程事件接收器。现在我们快速浏览一下每一种选项。

2.6.1　Reporting Services 2012 数据警告

此功能在 SQL Server 2012 中引入，并且仅在 SharePoint 集成模式下可用，Reporting Services 的这项新功能使得在那些数据源内存储了凭据的报表中配置警报成为可能。当报表中的基础数据发生更改时，将会通知收件人。因为在数据警报中可以指定收件人的电子邮件地址(参见图 2-7)，所以收件人可以是启用了电子邮件的文档库，在该文档库中需要注册一个 SPEmailReceiver 类型的事件接收器来侦听传入的邮件，然后解析该邮件包含的发件人、收件人、主题、正文和发送属性等信息并基于这些信息执行相关操作。

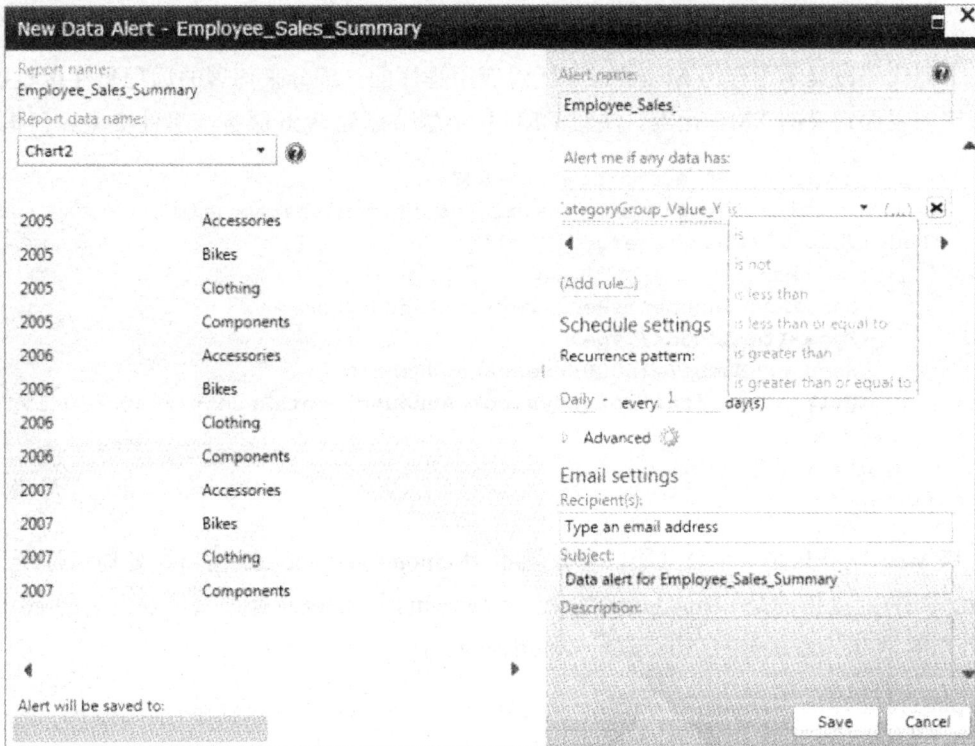

图 2-7

2.6.2　外部列表事件

SharePoint 2013 业务连接服务中的外部列表支持事件。BCS 对象模型新增了两种模式(订阅和退订)以支持外部列表通知。可以对 ItemAdded、ItemUpdated 和 ItemDeleted 事件进行配置以支持订阅功能。外部列表会在第 13 章和第 14 章中进行介绍。

2.6.3 远程事件接收器

这是 SharePoint 2013 的全新功能，开发人员可以使用与 SharePoint 2010 中注册本地事件接收器相类似的方法在 SharePoint 2013 中注册远程事件接收器。唯一的主要区别是，开发人员需要提供一个 Web 服务的 URL(而不是程序集)和该 Web 服务的类名，该 Web 服务在注册事件接收器时会调用。当注册的事件发生时，SharePoint 会将事件属性发送给 Web 服务，然后等待事件接收器反馈结果信息。

> **提示：** 可将 SharePoint 2013 的远程事件接收器看成一个提供程序托管的应用程序。不同于远程应用程序，远程事件接收器会为你提供一个 Web 服务，也不同于 default.aspx 页面，你可以得到一个能够回调 SharePoint 的服务(*.svc)。远程事件接收器使用的是与 CSOM、REST 和 OAuth 申请这些服务相同的核心远程通信技术。

下列代码段显示了作为 SharePoint 托管应用程序的一部分来部署的远程事件接收器中为指定列表而定义的 XML 元素。注意 URL 和类型节点处 Web 服务与事件类型如何指定。

```xml
<?xml version="1.0" encoding="utf-8"?>
<Elements xmlns="http://schemas.microsoft.com/sharepoint/">
  <Receivers ListTemplateId="10000">
    <Receiver>
      <Name>AnnouncementsReceiverItemAdded</Name>
      <Type>ItemAdded</Type>
      <SequenceNumber>10000</SequenceNumber>
      <Url> http://tailspintoys.com/AnnouncementsReceiver.svc</Url>
    </Receiver>
  </Receivers>
</Elements>
```

该 Web 服务只是一个公共类，它实现了 IRemoteEventService 接口和处理事件发生前的-ing 事件(此处指的是 ItemAdding)的 ProcessEvent()方法，以及处理事件发生后的-ed 事件(此处指的是 ItemAdded)的 ProcessOneWayEvent()方法。

```csharp
public class AnnouncementsReceiver : IRemoteEventService
  {
    public SPRemoteEventResult ProcessEvent(RemoteEventProperties
    properties)
    {
      SPRemoteEventResult result = new SPRemoteEventResult();
      switch (properties.EventType)
      {
        case RemoteEventType.ItemAdding:
          //Code to handle ItemAdding
          break;
```

```
            case RemoteEventType.ItemDeleting:
                //Code Omitted for brevity
break;
        }
        return result;
    }
    public void ProcessOneWayEvent(RemoteEventProperties properties)
    {
        if (properties.EventType == RemoteEventType.ItemAdded)
        {
            //Code Omitted for brevity
        }
    }
```

2.6.4　远程事件中的安全模型

当涉及远程事件和系统间的相互协作和通知能力时，首要关注点永远是安全性。图 2-8 显示了在 SharePoint 2013 中使用远程事件的情况下各功能角色如何协同工作。

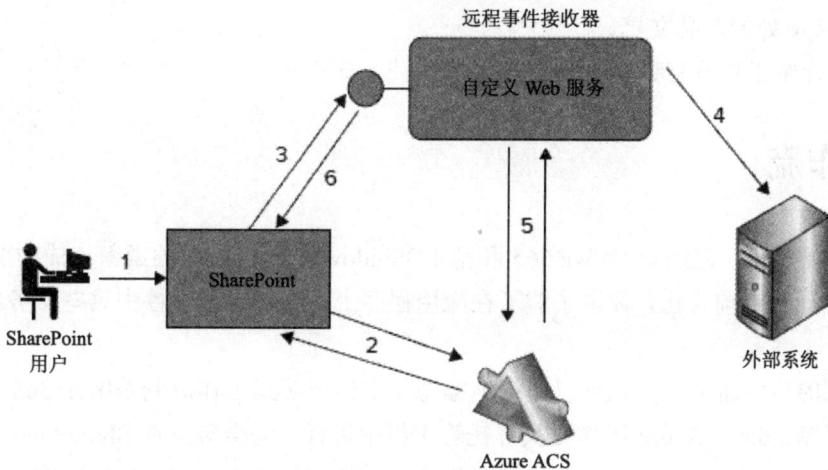

图 2-8

以下是图 2-8 中所示的基本步骤。

(1) 用户在 SharePoint 中触发了一个事件(如 ItemDeleting)。

(2) SharePoint 调用 ACS 来获取代表当前用户标识的安全令牌。

(3) SharePoint 调用已注册的事件接收器(Web 服务)并将该安全令牌发送给 Web 服务。Web 服务校验该令牌并授权调用。

(4) 该 Web 服务将在外部系统中执行某项操作，如更新业务线(LOB)数据。

(5) 该 Web 服务从 ACS 请求安全令牌以回调 SharePoint。

(6) 该 Web 服务使用安全令牌进行身份验证并回调 SharePoint 来执行任务。

下列代码段显示了远程事件接收器中的 Web 服务如何从 ACS 里获取上下文令牌以及如何构建 SharePoint 上下文和远程客户端上下文来处理 SharePoint 中的任务：

```
HttpRequestMessageProperty requestPro =
(HttpRequestMessageProperty)OperationContext.
Current.IncomingMessageProperties[HttpRequestMessageProperty.Name];
string ctxTokenString = requestPro.Headers["X-SP-AccessToken"];
SharePointctxToken ctxToken = TokenHelper.ReadAndValidatectxToken
(ctxTokenString,requestPro.Headers[HttpRequestHeader.Host]);
Uri spUrl = new Uri(properties.ItemEventProperties.WebUrl);
string accessToken = TokenHelper.GetAccessToken(ctxToken,
spUrl.Authority).AccessToken;
ClientContext clientContext =
TokenHelper.GetClientContextWithAccessToken(spUrl.ToString(),
accessToken))
```

可以使用 TokenHelper 类来创建安全令牌和进行 SharePoint 身份验证，就像本章前述内容介绍的提供程序托管的应用程序一样。

在 Office 365 部署环境中，可以使用 OAuth 为 Web 服务创建安全令牌以便能够回调 SharePoint，创建过程中也需要 ACS 参与。在内部部署环境中，应该使用服务器间配置来创建安全令牌。要获取更多信息，可以参见 http://msdn.microsoft.com/en-us/library/fp179901 (v=office.15).aspx 处的产品文档。

下一节将介绍工作流有哪些新的变化。

2.7 工作流

从本章开始以来，已经对 Office 365 和基于 Windows Azure 之间的紧密集成的服务(如 ACS)作了介绍。到目前为止，你也了解了在应用程序上下文和远程事件中这些服务的集成方式。

基于相同的后台通道，现在可以便捷地编写和上传声明式工作流到 Office 365 中，并且该工作流在 Windows Azure 工作流执行托管主机中运行，完全独立在 SharePoint 服务器场之外。然后，Windows Azure 中运行的工作流可以使用与基于云端的应用程序中应用到的相同的核心远程访问技术，如 CSOM、REST 和 OAuth。

按照本章惯例，我们先来看看早期版本 SharePoint 中的工作流有哪些问题。

2.7.1 SharePoint 2010 中工作流的问题

你应该还记得，工作流最早在 SharePoint 2007 中以 Workflow Foundation 3.0 的形式引入到 SharePoint 平台。从架构层面看，SharePoint 2010 中的工作流没有太多变化，因为整个平台还是使用了基于.NET Framework 3.5 SP1 的 Workflow Foundation。

我们来看看在以下 4 种主要应用场景中使用 SharePoint 2010 工作流的情况。

- **场景 1**——高级用户在 SharePoint Designer 2010 中构建了一个声明式工作流并将其部署到 SharePoint 2010 中。声明式工作流不包含任何自定义代码并且本质上是严格顺序流(不支持状态机工作流)。

- **场景 2**——高级用户在 SharePoint Designer 2010 中构建了一个声明式工作流并且聘用了一名开发人员在 Visual Studio 2010 中进行编程以扩展该工作流。之所以需要这样做，可能是下列 SharePoint Designer Workflows 中的某项限制造成的。
  - 实现自定义业务逻辑
  - 调用 SharePoint 接口
  - 调用外部系统(Web 服务、订阅推送服务和数据库)
- **场景 3**——开发人员在 Visual Studio 2010 中构建了自定义活动并且将这些活动封装成操作以便在 SharePoint Designer 2010 中使用。之后管理工作流业务逻辑的高级用户就可以在其声明式工作流中使用这些操作了。
- **场景 4**——开发人员在 Visual Studio 2010 中构建了编程式工作流并且将其封装以便部署。在这种场景下，所有的开发工作都在 Visual Studio 2010 中完成。

虽然上述场景涵盖并满足了大多数客户的需求，但工作流技术还是有一些限制的。这些限制包括以下几方面。

- **扩展性**——与大多数沿用 SharePoint 2010 服务应用程序模型以获得更好扩展性和支持分租模式的工作任务不同，在 SharePoint 2010 中工作流并非一种实际意义上的服务。所以，客户在每个 SharePoint 2010 场中只能使用一个由所有 Web 应用程序和分租请求共享的工作流执行托管主机。
- **稳定性与性能**——SharePoint 2010 工作流会频繁地在服务器场不同层级间切换运行。有缺陷的工作流或运行中的实例过多将大大影响服务器场的性能及其可用性。
- **需要高级权限的上下文**——工作流在网站应用程序池的安全上下文中以超级用户的权限运行。这在许多案例中是不可取的，因为要启动工作流就需要能够访问安全上下文的用户账号。例如，在实际发生的工作流中，其创建者和修改者字段将始终显示成系统账户。要了解关于工作流安全上下文的更多信息，请在 http://technet. microsoft.com/library/dd365119.aspx 处参阅 TechNet 的文章。
- **内部部署环境**——鉴于 SharePoint 2010 中工作流需要超级用户的权限才能运行，所以沙盒解决方案不能用来托管编程式工作流。要使用沙盒解决方案，唯一的选项就是部署可以在 SharePoint Designer 2010 中使用的工作流操作。
- **灵活性**——因为 SharePoint 2010 与指定版本的.NET Framework 和 Windows Workflow Foundation 紧密耦合，所以工作流开发人员就不能使用微软发布的最新工作流技术。这又是一个产品与指定技术的特定版本紧密耦合所带来的苦果。

2.7.2　SharePoint 2013 中的工作流架构

与其前身不同，SharePoint 2013 采用了不同的方式来实现工作流。在 SharePoint 2013 中，工作流(技术)现在可以被视为真正的服务了。这意味着 SharePoint 工作流不再运行在 SharePoint 服务器中；而由 Windows Azure Workflow 在独立的服务器中处理其执行过程。

> ✏️ **提示**：颇为有趣的是，微软在介绍执行 SharePoint 2013 工作流的基础结构时，使用的是 Windows Azure Workflow 场这一词语。

Windows Workflow Foundation 4.0 与.NET Framework 4.5 是使用新架构的基础。这两者都在其早期版本基础上进行了大幅度的重新设计。图 2-9 显示了 SharePoint 2013 中工作流平台的技术架构。

SharePoint 2013 工作流的重点是以声明的形式构建工作流。这与 SharePoint 2010 不同，在 SharePoint 2010 中，高级用户使用 SharePoint Designer 构建声明式工作流，而开发人员使用 Visual Studio 构建编程式工作流。

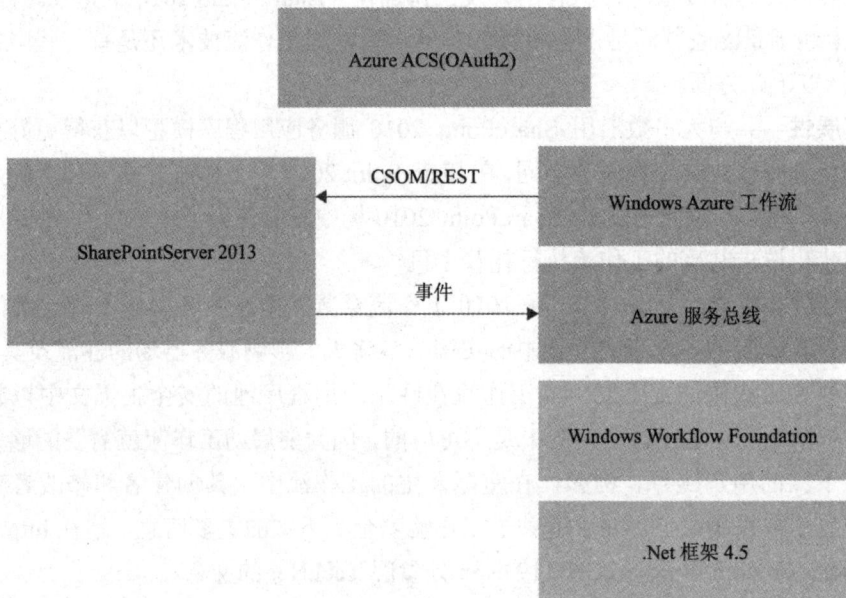

图 2-9

现在所有开箱即用的 SharePoint 2013 工作流都是声明式的，无论使用 SharePoint Designer 2013 还是使用 Visual Studio 2013 开发的新工作流都将是声明式的。

由于 SharePoint 2013 工作流全部以声明方式实现，因此可使用沙盒解决方案来将工作流作为一个整体进行部署。这就与在 SharePoint 2010 中使用沙盒解决方案仅能部署工作流操作不一样了。

微软建议使用 SharePoint 2013 工作流模型来构建新的工作流并且将自定义代码放到 Web 服务中。完全从头开始构建编程式工作流仍然是可行的，但这样做并不可取，原因有二。

- 鉴于平台的新功能，没必要构建编程式工作流。稍后将介绍这些新特性。

- SharePoint 不能托管编程式工作流，编程式工作流必须作为非 SharePoint 2103 工作流部署到 Windows Azure Workflow 中。然后开发人员需要面对实现工作流与 SharePoint 2013 之间通信通道的任务。

> 提示：可将 Windows Azure Workflow 看成 Azure 自动托管的应用程序，它提供了托管和执行 SharePoint 2013 工作流的"服务"。SharePoint 通知该应用程序执行工作流，该应用程序执行工作流并且将执行结果反馈给 SharePoint。在这两个产品之间有一套消息传递的基础架构，这样它们就能与彼此通信并交换信息。该消息传递的基础架构就是 Windows Azure 服务总线。

依照向后兼容的惯例，现有的 SharePoint 2010 工作流可以完全平稳地迁移到 SharePoint 2013 中。不仅如此，SharePoint 2013 工作流还可调用 SharePoint 2010 工作流。这是受欢迎的功能，因为它使得客户可在 SharePoint 2013 中继续使用他们在 SharePoint 2010 中投入精力开发的工作流。

新架构的另一个吸引力是，在内部部署和 Office 365 部署环境中，Windows Azure Workflow 和服务总线都可以使用。基于此，就可以构建自有的工作流开发环境。下一节将介绍完成该项任务的步骤。

2.7.3　构建自有工作流开发环境

Windows Azure Workflow 可以作为一个独立的产品进行下载，它使得客户可以在其内部部署环境安装和配置工作流服务器场。得益于此，就可以用相同的方式构建自有的工作流开发环境。

需要牢记的一点是，如果没有经过一些特殊处理，不能将 SharePoint 2013 与 Windows Azure Workflow 安装到域控制器上。因此，至少需要一台用作域控制器的独立服务器和一台承载 SharePoint 2013、Windows Azure Workflow 及服务总线的服务器。

总体来说，构建自有的工作流开发环境需要以下步骤。

(1) 创建一个工作流服务账户(例如，Tailspintoys\wrkflowSvc)。

(2) 在 SQL Server 中将该服务账户添加到 securityadmin 和 dbcreator 服务器角色里。该账户同时也是本地管理员组的成员。

(3) 在 SQL Server 中启用 TCP/IP，这是 Windows Azure 服务总线所需的。

(4) 使用第(1)步中创建的工作流服务账户登录到 SharePoint 服务器。此步骤很重要，它能确保安装向导是在工作流服务账户的安全上下文中运行的。

(5) 在 http://www.microsoft.com/web/downloads/platform.aspx 处下载并安装 Microsoft Web Platform Installer。使用这个应用程序来下载并安装 Windows Azure Workflow 和服务总线。需要搜索 Workflow 1.0 Beta 版本。

(6) 在这台机器上继续保持该工作流服务账户的登录状态，运行安装程序并选择 Create

a New Farm | Using Default Settings(Recommended)，如图 2-10 所示。

① 选择 Allow Workflow Management over HTTP on this Computer；否则，就必须设置
HTTPS，这对于以开发为目的的安装未免过于小题大做了。

② 当指定工作流服务账户时，请使用完全限定的 UPN 格式(wrkflowSvc@Tailspintoys.
com)，而非向导中显示的默认值(wrkflowSvc@Tailspintoys)或者 NetBios 名称(tp\wrkflowSvc)。

③ 在 Certificate Generation Key 和 Confirm Certificate Generation Key 处，输入 pass@word1
或者选择输入其他口令。

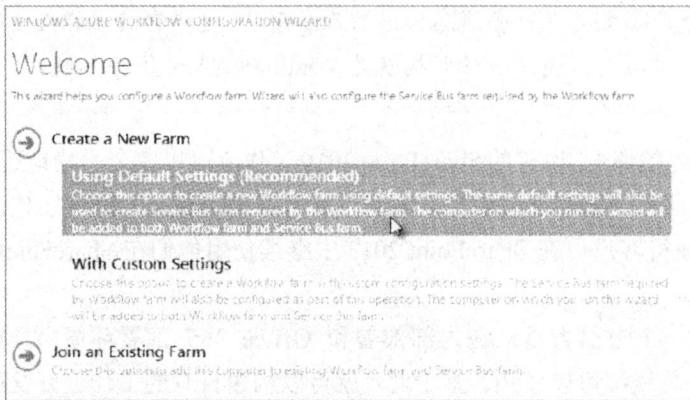

图 2-10

如果进展顺利，你会看见如图 2-11 所示的一个总结页面。

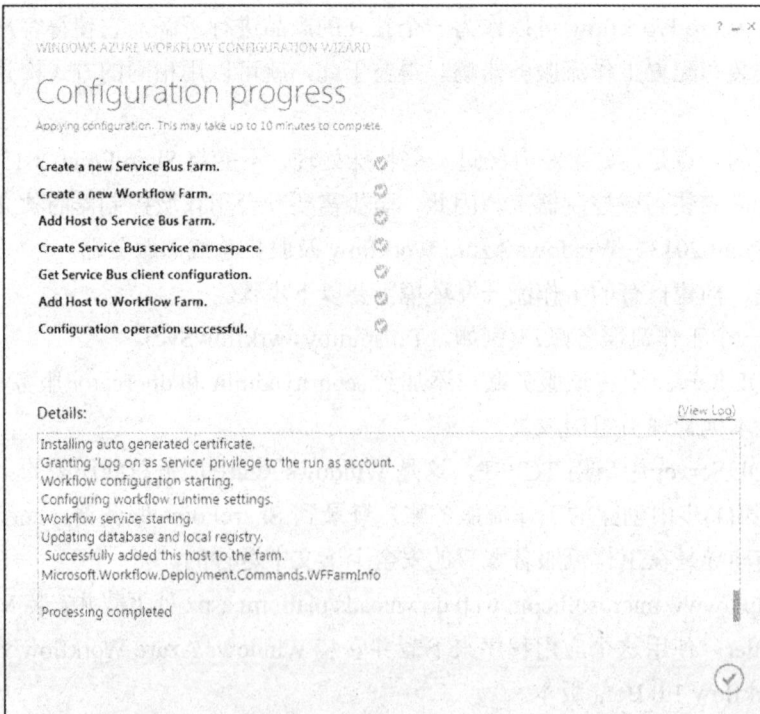

图 2-11

(7) 注销并使用服务器场账户登录。

(8) 执行下面的 PowerShell 脚本将 SharePoint 服务器场与工作流服务器场匹配起来。该脚本中以下参数非常重要。

① –SPSite 为工作流服务器场指定网站路径，以便与 SharePoint 通信。每个 Web 应用程序只能指定一个网站路径(例子中使用 http://Tailspintoys.com/sites/workflow，但可以使用任何适合特定需求的值)。

② –WorkflowHostUri 为 SharePoint 指定网站路径，以便与工作流服务器场通信(将 mydevserv 替换成你自己的值)。

③ –AllowOAuthHttp 将 HTTP 协议设置为允许 OAuth 调用，这对于开发目的合适，但不要将 HTTP 用于身份验证。

```
Register-SPWorkflowService -SPSite "http://Tailspintoys.com/sites/
workflow" -WorkflowHostUri "http://mydevserv:12291" -AllowOAuthHttp
```

(9) 在 User Profile Service Application 中的 Configure Active Directory Synchronization 处进行配置。Windows Azure Workflow 会从 User Profile Service Application 里查找用户的 UserPrincipalName(UPN)属性，以验证并确保该用户拥有启动工作流的权限。

到此，Windows Azure Workflow 和服务总线就成功安装了，并且 SharePoint 2013 服务器场与工作流服务器场也成功匹配好了。现在，可以打开 SharePoint Designer 来创建新的 SharePoint 2013 工作流了，如图 2-12 所示。

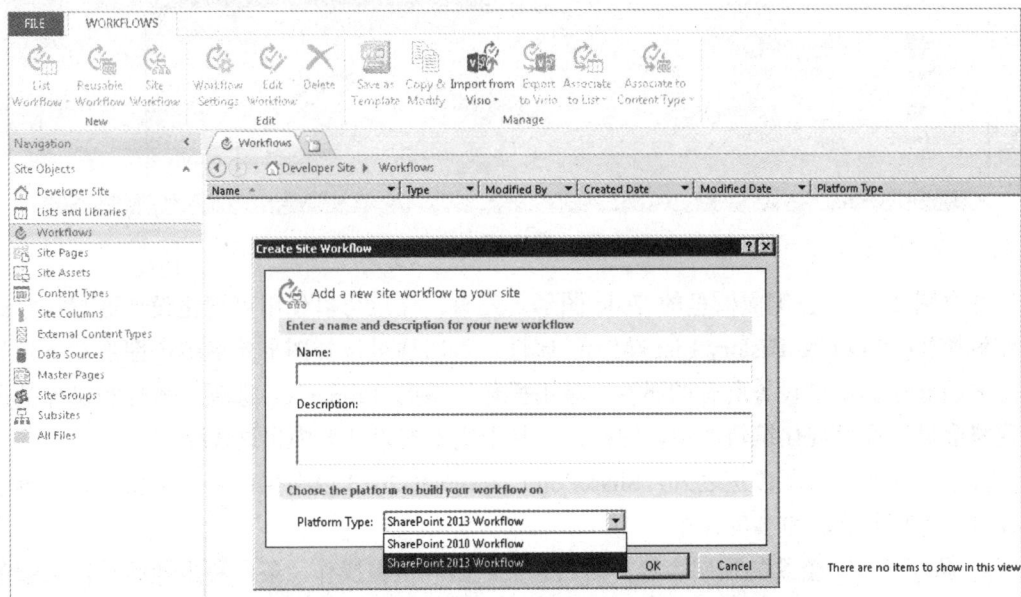

图 2-12

2.7.4　使用 SharePoint Designer 2013 设计工作流

SharePoint Designer 2013 为开发人员和高级用户提供了两种形式的编辑与定制体验。

- **基于文本的设计器**——这是设计器画布的改进版本。比如，在工作流设计画布中选择多个对象并将其复制和粘贴到同一工作流或其他工作流中。颇为有趣的是，该功能虽然简单，却是 SharePoint Designer 用户最为需要的功能。

- **可视化设计器**——这是全新的设计画布，仅在 Visio 2013 与 SharePoint Designer 2013 一起安装的情况下才能使用。

可以单击 Ribbon 菜单上的 Views 按钮来切换设计器。图 2-13 显示了新的可视化设计器。

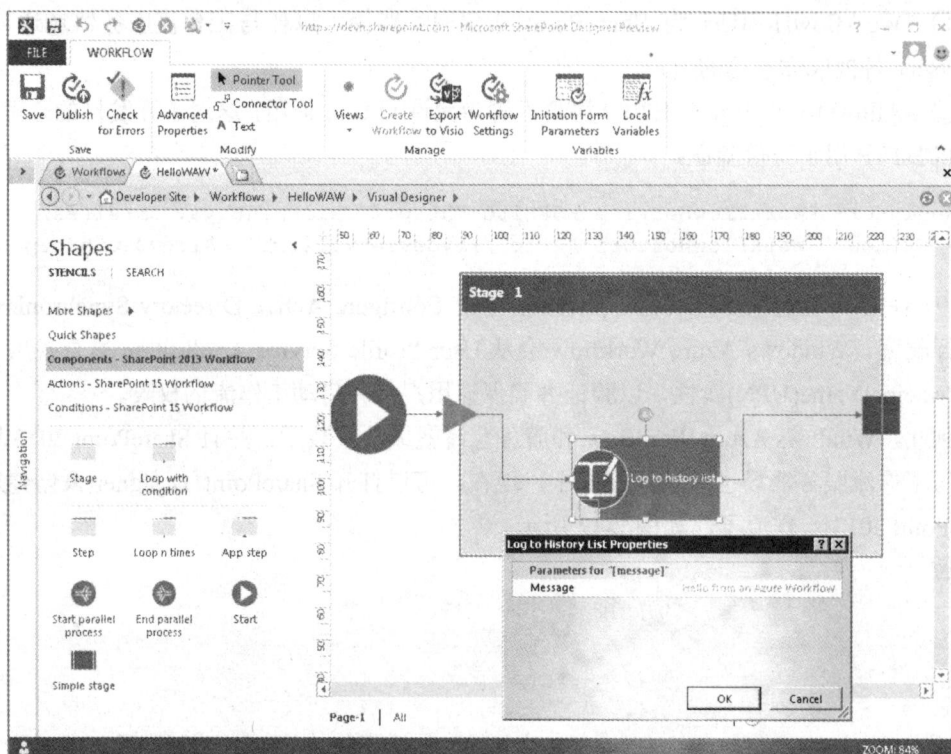

图 2-13

注意图 2-13 中左侧面板里的 Visio 图形。还有，注意可以使用可视化设计器直接修改工作流操作(如 Log to History List 操作)的属性。可以通过选择图形然后单击图形左下角显示出来的操作标签来设置所有的属性。单击操作标签的 Properties 选项，条件和操作的属性窗格会显示在可视化编辑器中，同样，在基于文本的设计器中也这样操作。

除了设计画布有所改进之外，SharePoint Designer 2013 现在也能够支持新的顶层容器和操作。下列是比较重要的几个。

- **循环**——一个新的顶层容器；顾名思义，循环是将操作、条件和步骤组合在一起的容器，这些在流程中都将重复执行。循环中的重复执行次数可以是固定的(n 次)或动态的(基于一个条件或表达式)。

- **阶段**——如前所述，在早期版本的 SharePoint 中声明式工作流原生仅支持众所周知的顺序模式。这些工作流具有一个起始点和终结点，一切都按顺序运行并且一切都向前进行。在 SharePoint Designer 2013 中，阶段是一个新的顶层容器，它能将操作、条件或步骤组合在一起并让其按照既定顺序执行。当流程运行到阶段结尾时(也称为阀门)，将通过 Go To 操作来决定转向到该工作流的其他阶段。

> 提示：可在 Go To 转向阀门中插入判断条件来将流程从一个阶段转向到另一个阶段，直到逻辑判定该工作流已经结束。这意味着 SharePoint 2013 中的声明式工作流不再必须是顺序流，并且也可以作为模型状态机工作流来使用了。

- 调用 SharePoint 2010 列表和网站工作流——SharePoint Designer 2013 允许 SharePoint 2013 工作流调用 SharePoint 2010 列表和网站工作流。可以使用称为 Start a List Workflow 和 Start a Site Workflow 的两个新候选操作来完成该任务。对于那些已经开发了 SharePoint 2010 工作流同时想要将其保留并移植到 SharePoint 2013 中来的客户，这非常重要，这些客户可以在稍后再将这些工作流完全移植到 SharePoint 2013 版本。另外，还可以用该技术调用未集成到 SharePoint 2013 中的工作流活动。
- 调用 HTTP Web 服务——现在在声明式工作流中已经支持调用 SOAP、WCF 和兼容 OData 的服务了。可以使用称为 Call HTTP Web Service 的新操作来完成该任务。面向远程服务的调用在工作流运行的环境(Windows Azure Workflow)中发起，其返回的数据会存储在工作流变量中，这些数据可以被该工作流中的其他操作访问。在 SharePoint 2013 工作流中嵌入自定义逻辑和代码的建议方式是创建自定义 Web 服务，并且使用新的 Call HTTP Web Service 操作来调用该服务。

图 2-14 展示了 SharePoint Designer 2013 工作流中新的阶段概念，以及如何按条件从 Wait for Approval 阶段转向(跳转)到 Approved 或者 Rejected 阶段。

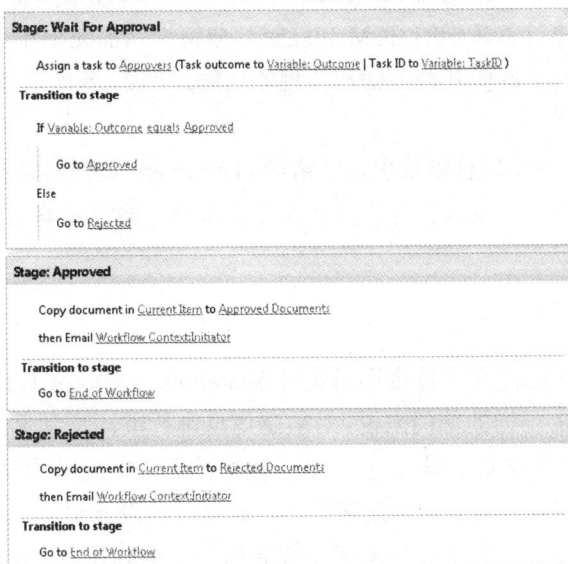

图 2-14

另一种使用 SharePoint 2013 工作流的有趣方式是应用程序，这将在下一节中介绍。

2.7.5 在应用程序中使用工作流

SharePoint 2013 中新的工作流模型使得一种有意思的开发方案类型成为可能。现在可以在应用程序中将工作流用作业务逻辑的中间层托管主机。

类似于之前介绍过的插入式工作流服务，对于保护应用程序中业务逻辑的知识产权(IP)或者对于开发人员想要将需要长时间运行的业务逻辑从应用程序剥离出来从而为应用程序减轻负荷，该技术都非常有用。比如，如果应用程序要与 CRM 系统的销售机会功能集成，可以将该业务逻辑封装在工作流中并且在 Windows Azure Workflow 执行主机中运行。

> 提示：需要使用 Visual Studio 2012 来构建使用工作流的应用程序。SharePoint Designer 2013 不支持使用工作流的应用程序设计。

应用程序可以使用新的工作流 JavaScript 对象模型(JavaScript Object Model，JSOM)来启动声明式工作流并与其交互。JSOM 使得应用程序可以将工作流明确地部署到应用程序 Web 和父 Web 中。

2.8 企业内容管理

企业内容管理(Enterprise Content Management，ECM)最早在 SharePoint 2007 时引入到平台中，当时通过添加两种网站模板(记录中心和文档中心)以及诸如签入、签出、版本、信息管理策略、保留和许多其他与 SharePoint 内容相关的功能来实现。

SharePoint 2010 通过将基础的 ECM 功能封装成特性从而拓展了这些功能。SharePoint 2010 中还为 ECM 引入了许多其他关键和合规的功能，比如，就地记录管理、文档 ID 服务、文档集和内容管理器。

在SharePoint 2013 中，尽管微软引入了诸如 eDiscovery 和网站邮箱这样的一些新 ECM 特性和增强功能，但对于开发人员有两项功能尤为重要：网站策略与托管元数据。

先来看网站策略。

2.8.1 网站策略

信息管理策略是一组定义了特定行为或对 SharePoint 中保存的内容进行限制的规则集合。比如，对许多如 HR 一样的部门来说，对敏感信息进行审计是常见的需求。在 SharePoint 网站的运营周期内，许多诸如"谁在过去 10 天内修改了 HR 网站的权限？"或者"有人把工资单文档库中的内容移动到其他网站了吗？"的审计问题都可能会被问及。

在 SharePoint 2010 中，仅能为内容类型或者网站集创建策略。SharePoint 2013 使用了新的策略集。浏览 Site Settings | Site Collection Administration，有一个称为网站策略的新链

接，这使我们能够控制网站的整个生命周期。

图 2-15 显示了网站策略中的一些可用选项。

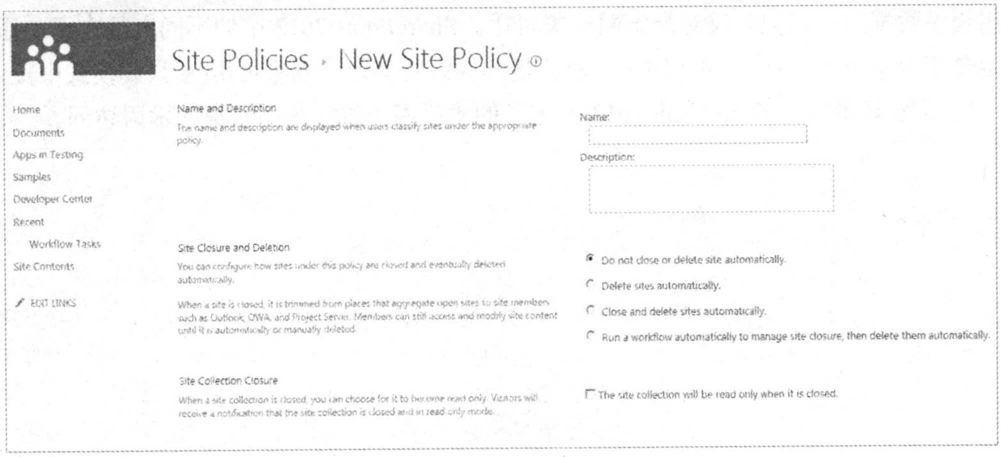

图 2-15

如图 2-15 所示，可以选择网站过期的方式以及过期时如何处理。例如，在网站创建 7 个月后自动删除该网站，并且在删除前运行工作流来处理一些自定义业务逻辑。为方便起见，如果定义了策略的网站集是内容类型集线器，就可以将该网站集的策略推送到所有订阅内容类型发布的网站集中。

> 提示：在 SharePoint 2013 中与自助式网站创建结合使用时，网站策略为网站生命周期管理提供了强有力的管理机制。用户申请新建网站时可以选择网站策略，并且该网站策略将基于其自身逻辑自动强制执行。

在网站集级别定义了网站策略后，网站所有者可以在子网站的设置页面导航到 Site Closure and Deletion 页面，然后选择网站策略。也可以使用 SharePoint 2013 中改进的 CSOM 接口以编程方式完成该操作。

下一节会介绍 SharePoint 2013 中托管元数据的改进。

2.8.2　托管元数据

对比 SharePoint 2010，托管元数据在 SharePoint 2013 中扮演了更为重要的角色。不过，从架构层面看，其核心功能还一样。

要在网站中使用托管元数据，还是需要托管元数据服务(Managed Meta-data Service，MMS)应用程序和称为术语库的工具。该工具允许你每次使用一个托管元数据服务应用程序的实例。术语按照类别来分组(高级容器)，每个分组中还将按照类别分成术语集。术语层次结构与联合内容类型一起存储在 MMS 应用程序数据库中。如果启用社会性标签，MMS 应用程序也可以使用由用户配置文件服务应用程序创建的社会性标签数据库。

如同 SharePoint 2010 一样，SharePoint 2013 的托管元数据组可以是本地的或者全局的。全局组可以被任意连接到相同 MMS 应用程序实例的网站集使用。本地组虽然存储在 MMS 应用程序数据库中，但它仅对指定网站集可用。SharePoint 2013 中的不同之处在于，通过指定要使用本地组的网站集的 URL，能够使本地组对其他网站集可用(在只读模式中)。

图 2-16 显示出在 SharePoint 2013 改进了的术语库中进行跨网站集的术语访问。

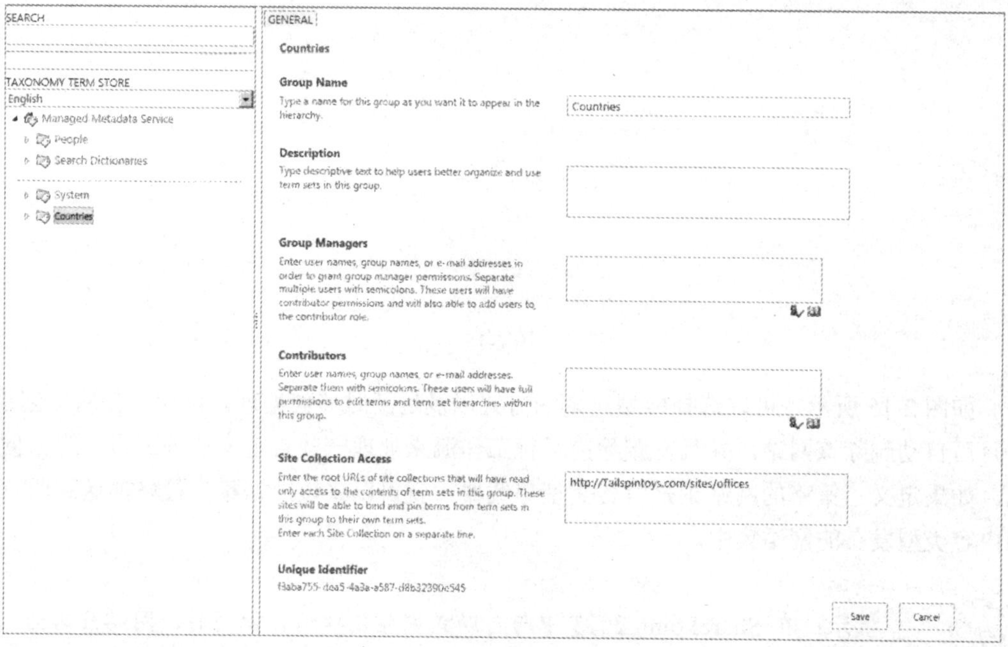

图 2-16

在 SharePoint 2010 中，用户可以在术语层次结构中重用术语。重用这些术语后，可以在其源术语集和引用术语集中对其进行更新和删除。在任意节点进行的更新都会同时更新整个术语层次结构，但是删除操作稍有不同。删除源术语集中的重用术语，并不会删除引用术语集中的该重用术语。因此，重用术语应看成一种指针，但实际上它们并非指针——这让人有些混淆。

SharePoint 2013 中保留了重用术语且其功能与 SharePoint 2010 中一致。SharePoint 2013 为术语引入了新的操作：术语固定。固定术语类似于重用术语，只是固定术语是只读的且不能在引用术语集中对其进行修改(更新或删除)。此外，如果在源术语集中删除了固定术语，也会在引用术语集中删除该固定术语。现在，你拥有了真正的指针。

> 提示：跨网站集的术语基于固定术语而非重用术语。

另一项重要改进是术语的自定义属性。在 SharePoint 2010 中，术语的属性包仅能使用分类服务器端 API 进行访问。现在，在 SharePoint 2013 中，可以通过浏览器与 CSOM API 来使远程客户端具备使用术语和术语集自定义属性的能力。自定义属性要么是共享的要么是本地的。那些在所有重用和固定的术语实例中都可用的自定义属性称为共享自定义属性。
只有源术语集中术语的本地属性才可以访问。

对于双语用户和业务有一个重大消息，那就是无须安装语言包即可在 MMS 应用程序
中添加工作语言，如图 2-17 所示。

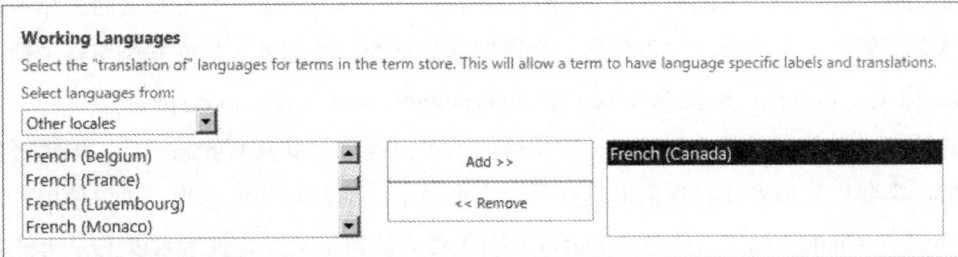

Working Languages

Select the "translation of" languages for terms in the term store. This will allow a term to have language specific labels and translations.

Select languages from:

Other locales

French (Belgium)
French (France)
French (Luxembourg)
French (Monaco)

Add >>

<< Remove

French (Canada)

图 2-17

对于那些想要使用多语言分类但其内容主要是以英语编辑和使用的客户，这绝对是一
项受欢迎的改变。对于那些不愿意仅仅为了多语言分类而安装和管理多语言包的开发人员，
这项改变也非常便利。

在 MMS 应用程序中添加新的工作语言后，每一个术语集都将出现一个新的选项卡，
它可以让你选择三种术语翻译选项。这些选项分别是：Machine Translate(机器翻译)，这由
SharePoint 2013 中新的机器翻译服务应用程序驱动；Create Translation Package(创建翻译
包)，这将术语集导出成 XLIFF 包[7]以便进行专业翻译；或者 Upload Translation(上传翻译)，
这基本上将翻译的 XLIFF 包导入 MMS 应用程序。

我们已经简要地了解了 ECM 的新功能；下一项探讨任务是 Web 内容管理。

2.9　Web 内容管理

在 SharePoint 2013 中，微软特别重视 Web 内容管理(Web Content Management，WCM)
方面的工作内容。得益于产品中新的搜索和托管元数据的改进，SharePoint 2013 采用了两
种不同的方式来处理内容发布：结构化发布模型与动态发布模型。

现在更详细地介绍这两种模型。

7　XLIFF——即 XML Localization Interchange File Format，XLIFF 是由软件开发商、本地化服务提供
商、本地化工具提供商等团体共同倡议和设计，由 OASIS 标准组织发布的用于本地化数据交换的格式标
准。它基于 XML 技术制定软件资源文件格式的转换规格，其目的在于提高软件的本地化作业效率，制定
可扩展的多语言本地化数据交换的规范，允许任何软件开发商根据该规范创建单一数据交换格式的文件，
这些单一数据交换格式的文件能够向任何本地化服务商提交，并且能够被本地化服务商易于理解和有效
处理。

2.9.1 结构化发布模型

这是 SharePoint 2010 中发布网站的工作方式。内容作者可以独立地创建内容页面并使其在发布网站中可用。比如，如果需要为某产品创建详细信息的页面，在 http://www.tailspintoys.com/products 处打开产品网站并基于预定义模板(页面布局)创建一个发布页面来显示该产品。该页面签入且发布后，它将作为一个详细信息页面，访问者可以在其浏览器中输入以下 URL 来浏览该页面：http://www.tailspintoys.com/products/pages/foo.aspx。

这种方式对于需要在 SharePoint 中承载的内容很有用且其具有静态特性。编辑好内容页面后，需要以某种方式将它们汇总到另一个页面上，通常称为汇总页。可以使用内容查询 Web 部件(Content by Query Web Part，CBQ)或者其他自定义汇总技术来以主/从方式显示产品。

在结构化模型中，使用内容部署可以将发布内容移动和本地化到变体网站。或者，可以使用内容部署将内容进行跨越当前编辑和发布的服务器场以及跨越内部网站、外部网站和互联网网站之间的网络边界的移动。

2.9.2 动态发布模型

这是 SharePoint 2013 新增的，汇总和详细页面可以从索引内容中自动生成。例如，大多数组织放在非 SharePoint 的外部系统中的产品目录，可以通过搜索对其进行索引并自动包括到 SharePoint 2013 发布网站中。

得益于新的托管元数据功能，可以使用更简洁且更易于搜索的地址来访问产品页面，如 http://www.tailspintoys.com/foo.aspx。

在动态发布中，可以使用 SharePoint 2013 中称为跨网站发布的新功能来让其他网站可以使用某网站的内容。接下来我们看看背后的动态发布模型是如何工作的。

2.9.3 分类驱动导航

SharePoint 2013 中的导航基础结构使用分类来生成发布页面的 SEO 友好的 URL 与路径。如果查看发布网站中的导航设置，就可以知道有两种方式来设计网站导航：结构化和托管。

结构化导航在 SharePoint 2010 就已经出现了。而托管导航是全新的且由网站分类所驱动。这是一个重要理念，因为从现在起，你无须更改网站的基础结构即可依照业务操作来提取网站导航。这同样使得网站所有者能够通过修改术语集来便捷地重新组织导航。

图 2-18 显示了 SharePoint 2013 发布网站导航设置里全新的托管导航选项。

不只是导航可以基于分类。下一节将介绍 SharePoint 2013 WCM 中的分类驱动页面。

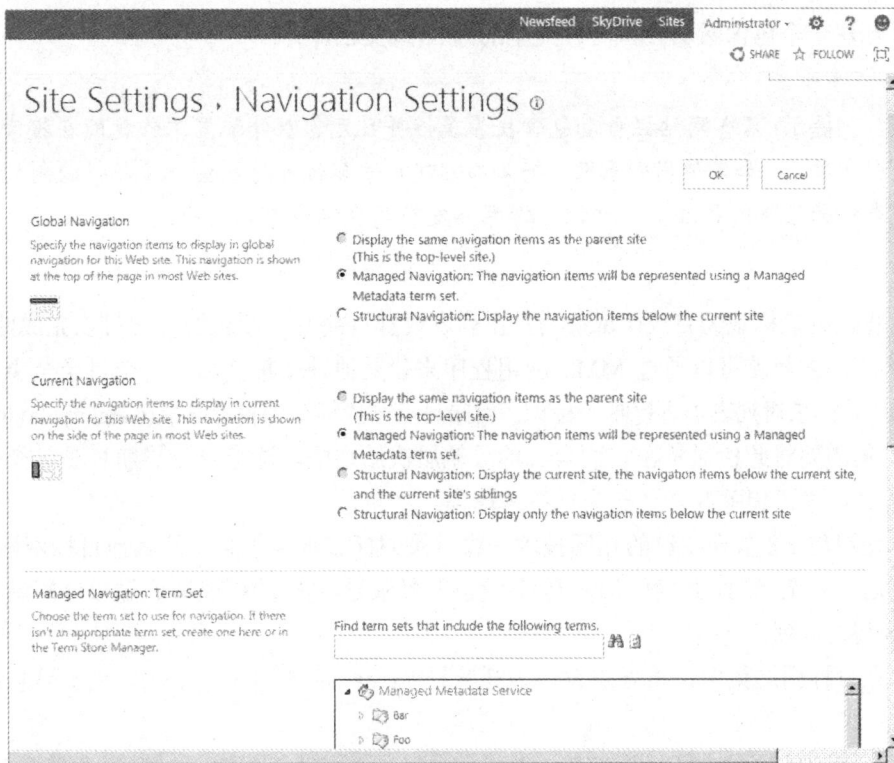

图 2-18

2.9.4　术语驱动发布页面

无论使用结构化还是动态模型在 SharePoint 2013 中创建发布页面，SharePoint 都会自动在网站导航术语集中添加一个指向该新页面的新术语。此外，SharePoint 还将为该术语生成一个主页，就像社会性标签配置文件一样。

术语主页就是一个简洁的页面布局(.aspx)，用来显示发布页面的内容。像往常一样，开发人员和设计人员有办法定制模板来满足特定的展现需求了。

通过术语库中称为 Intended Use(预期目的)的新选项卡，可以选择加入哪些术语集来参与分类驱动导航并且稍后可以进一步定制。选择此选项启用 Navigation(导航)和 Term-Driven Pages(术语驱动的页面)选项卡，它使你能够定制友好的 URL、SEO 选项、目标页面设置和许多其他功能。

2.9.5　跨网站发布

就算你从事 SharePoint 编程只有很短的一段时间，你也应该知道要跳出网站集边界和跨多个网站集来聚合内容并不是一项简单的任务。有一些方式和技术可以用来进行跨网站集聚合，但它们都需要额外的开发工作且均受其自身的某些限制。

SharePoint 2013 允许开发人员对列表和文档库中的内容进行设置以供其他网站集使用。实现起来很简单且只需要几个高级操作步骤。

(1) 创建一个包含网站栏和内容类型的列表(或文档库)。

> ✎ **提示**:只有网站栏自动包含托管属性并且无需额外配置工作就能在搜索索引中显示。如果使用列表栏,则必须创建托管属性并将这些托管属性映射到列表栏的已爬网属性上。切记,跨网站发布高度依赖内容索引。

(2) 将该列表标记为目录(Catalog)。在列表设置页面有一项新的设置可以完成此任务。这样列表中的内容就可以通过 MMS 应用程序来让其他网站集使用。一个目录至少有一个主键(最多 5 个)来对列表项进行唯一标识。目录还有一栏标记为目录导航(Catalog Navigation)。目标网站集需要将此栏显示在它们自己的导航层次结构中。这个目录导航栏是一个托管元数据字段且与术语集关联,这称为标签术语集。

(3) 使用与 2.8 节介绍过的相同技术来将目录的标签术语集共享给其他目标网站集。

(4) 运行完全爬网,并确保加入到目录(也即目录导航)中的栏能够通过目标网站集的托管属性顺利查询到。

(5) 在目标网站集中,将导航设定为托管导航(Managed Navigation)。更多信息请参考 2.9.3 节。

(6) 连接到目标网站集,并在 Site Settings | Manage Catalog Connections 处连接目录。

图 2-19 显示了一个目标网站集中产品目录实现的例子。

在汇总页上单击一项,该页面将从搜索索引中即刻动态生成。这个过程中没有定时器作业参与。

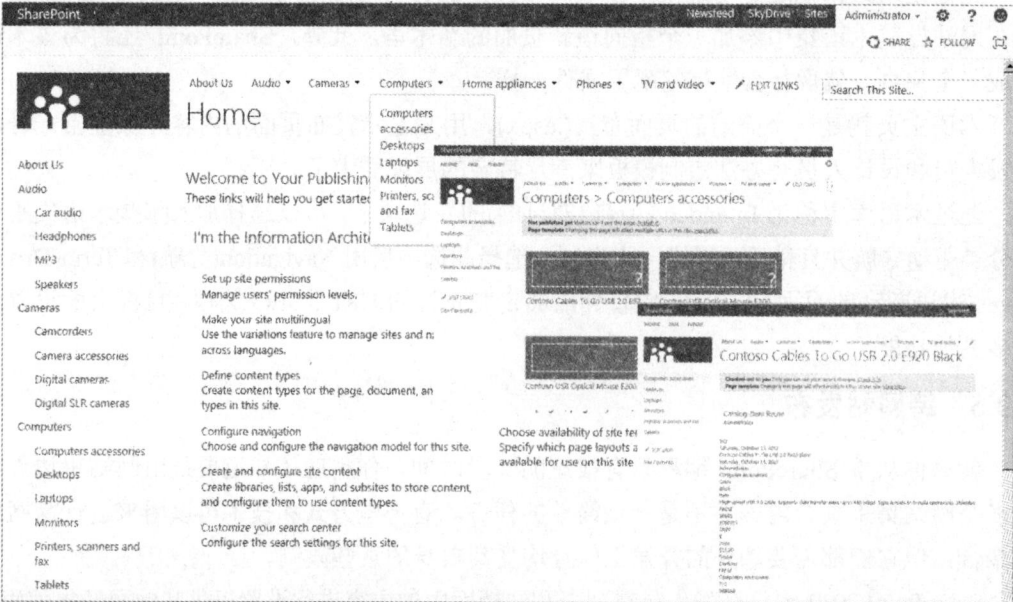

图 2-19

目录标记方式在 SharePoint 2013 中是如此重要以至于微软决定推出一个称作产品目录(Product Catalog)的开箱即用模板。该模板自带一个标记列表，用作称为产品(Products)的目录。这是为了给你提供一条起跑线，它能引导你通向创建你自己企业产品目录系统的大道。

> **提示**：当你将引入到 ECM、WCM 和搜索的新功能组合在一起时，希望你能明了有极大的可能性来实现有意义的开发方案，如跨网站集导航、发布和部署。

在进入下一节之前，有两件重要的事情需要特别说明。

第一，WCM 中新的跨网站发布功能并不是为了替代传统的内容部署。在许多情况下，你仍然应该选择内容部署来进行跨网站发布。更多信息请参阅 http://msdn.microsoft.com/en-us/library/jj163225(v=office.15).aspx 处的产品文档。

第二，结构化发布与动态发布以及这两种模型中使用的技术不是互斥的。为了应对复杂的发布需求，它们可以共存或者混合使用。例如，可以将跨网站发布与变体网站联合使用，以便从共享的创作网站集中启用创作多语言网站。

2.9.6　主机名网站集

SharePoint 2007 支持将 Web 应用程序扩展到多个区域并为每个区域赋予一个唯一主机名(主机头)。由于 SharePoint 对于在单个服务器场中托管的 Web 应用程序有数量上的限制，因此 SharePoint 2010 中引入了主机名网站集(Host Name Site Collection，HNSC)来处理这个扩展性问题。问题是 SharePoint 2010 中的主机名网站集必须在默认(Default)区域中且不能使用可选择的访问映射。此外，每个网站集仅支持一个主机名。

SharePoint 2013 对 HNSC 进行了升级，现在每个网站集可以支持不限数量的主机名并且可以在 Web 应用程序级别将每一个主机名映射到一个区域。不过依然需要扩展 Web 应用程序，且每个 Web 应用程序只能支持 5 个区域：Default(默认)、Intranet(内网)、Internet(互联网)、Extranet(外网)以及 Custom(自定义)。但是，不同之处在于，SharePoint 2013 在不同区域中启用主机名的方式。

> **提示**：SharePoint 2013 对软件边界和限制进行了修改。更多信息请参阅 http://technet.microsoft.com/en-us/library/cc262787(v=office.15)处的产品文档。

下列代码段在 URL 为 http://foo 的 Web 应用程序中创建一个 URL 为 http://www.bar.com 的 HNSC。该 Web 应用程序有两个区域：Default 和 Internet。

在该段代码中随后还为该新的 HNSC 添加了额外的路径；该 Web 应用程序 Default 区域的路径 http://foo.bar.com 以及 Internet 区域的路径 https://foo.bar.com。

```
#Create a new HNSC
New-SPSite "http://www.bar.com" -HostHeaderWebApplication "http://foo" -Name
"Bar Portal" -Description "Bar Portal" -OwnerAlias "Tailspintoys\administrator"
-language 1033 -Template "STS#0"

# Get a reference to the new HNSC
$site = Get-SPSite 'http://www.bar.com'

# Add an alternative URL and map to Default zone
Set-SPSiteURL -Identity $site -Url http://foo.bar.com -Zone 0

# Add an alternative URL and map to Internet zone
Set-SPSiteURL -Identity $site -Url https://foo.bar.com -Zone 2
```

当创建可选择名称时，可以指定使用哪个区域(0 = Default 区域，2 = Internet 区域)。如果使用下列代码列出为该新 HNSC 创建的所有区域，会得到如图 2-20 所显示的结果：

```
Get-SPSiteUrl -Identity http://www.bar.com
```

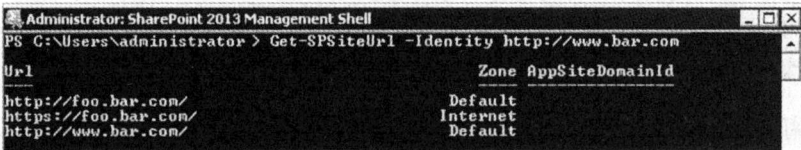

图 2-20

如果该 Web 应用程序的互联网区域支持匿名访问，那么 HNSC 中另外的 URL 也一样支持匿名访问。

2.9.7 多语言功能

如果你生活在像加拿大一样的多语种国家，你大概知道让用户能够切换到另一种语言来呈现他们的内容是多么重要。如果从本章开篇一直阅读到此，就能知道在 SharePoint 2013 中有一些对于跨网站发布和托管元数据的多语言支持功能，但其实还有更多提供多语言支持的功能。

在 SharePoint 中，变体一直是满足多语言需求的主要功能。变体基于下列 4 项原理来将源内容复制成变体标签(目标)：

- URL 路径
- 语言重定向
- 翻译
- 内容部署

变体仍然受限于一个网站集；不过，SharePoint 2013 中变体的执行过程变得更快且更加可靠了。你会得到一个更小的导出包，并且有一个副本列表允许快速启用和停用副本内容。这意味着内容部署不再是一个孤注一掷的可怕过程；而且，可以选择一次性复制整个列表或一个或多个变体标签。

类似于托管元数据的术语，SharePoint 2013 中的变体支持发送网站内容到机器翻译服务应用程序的功能。或者，可以导出或导入由第三方以行业标准的 XLIFF 格式翻译的网站内容。在导出内容中可以包括所有变体标签、一个页面或者仅仅一个文档。为了满足开发自有的自定义翻译解决方案的需求，机器翻译服务对象模型与 Word 自动化服务对象模型类似，并且就像 CSOM 和 REST 一样在服务器端可用。

> **提示**：当机器翻译服务应用程序接收到翻译请求时，它会将该请求转发到云端的必应翻译服务。这需要事先与客户沟通清楚。

通过在术语驱动发布页面中使用主机名网站集(HNSC)和友好 URL，多语言资源可映射到 URL 以便能够更加便捷地被流程引擎和最终用户理解。例如，一个法语网站的某发布页面可以映射到 http://bar.fr/foo 以替代其原有路径 http://www.bar.com/fr-fr/Pages/foo.aspx。

变体的另一大改变是加入了 SEO 优化。页面元数据会将其页面区域设置暴露给搜索引擎。另外，SharePoint 现在使用 HTTP 301 代码替代原来的 HTTP 302 代码用于主页重定向，这对于搜索引擎更合适。

2.9.8　内容搜索 Web 部件

内容搜索 Web 部件(Content By Query，CBQ)在发布网站中一直是一个强大的工具，用于满足内容聚合与汇总的需求。因为发布网站现在严重依赖搜索来运作，所以 SharePoint 2013 提供了新的名为内容搜索(CBS)的 Web 部件。

顾名思义，CBS 允许用户直接从搜索索引中聚合内容。如果你早前浏览了 2.9.5 节，在产品目录例子里的汇总页就用到了 CBS。

不同于 CBQ，CBS 并不局限于一个网站集。因为 CBS 基于搜索，所以它必须超越网站集边界。不过也由于此，CBS 里的查询结构可能不一定是最新的。除了延迟之外，CBS 仅呈现主要版本并且不能查询网站集中被标记为排除在搜索之外的内容。证明 CBS 查询是从索引直接提供服务最简单的办法就是重置索引并且观察返回的结果如何瞬间消失。不过不要在生产环境中进行这种尝试。

CBS 中的查询可以配置为基于页面或 URL 路径下的值的聚合内容。在呈现返回结果之前，可以选择对它们进行样式定义。

> **提示**：CBS 会返回未经处理的 XML 格式的结果。这些结果可以使用替代 XSLT 的 HTML 及 JavaScript 代码段来定义样式。这些代码段在 SharePoint 2013 中称为显示模板且存储在母版页样式库中。

使用显示模板，定制 CBS 将比 CBQ 简单得多，因为可以使用纯粹的 HTML 与 JavaScript。

显示模板还应用到搜索相关的 Web 部件中，本章随后将对这部分内容进行介绍。

2.9.9　设计管理器

随着 SharePoint 2013 的来临，SharePoint Designer 的设计视图正式从该产品中移除了。无论这样做是否明智的决定，也无论继续将"Designer"一词用作产品名称的一部分是否还合理，这都超出了本书要讨论的范畴；不过，显而易见的是，对于高级用户应该有一个更便捷的方式来自定义 SharcPoint。

微软建议用户使用 SharePoint 来定制产品。为了达到这个目的，微软引入了另一个称为设计管理器的工具，它能够帮助用户以类似于向导的方式来定制 SharePoint 网站。

开发人员与设计师或设计服务商一起工作来对 SharePoint 进行品牌建设。首先，开发人员从设计代理处获得非 SharePoint 的品牌建设资源(HTML、CSS、图片等)。设计代理可以使用任意 Web 设计工具来创建这些文件，如 Dreamweaver 或 Microsoft Expression。开发人员将接收的文件上传到 SharePoint。然后，借助于一个后台自动处理进程，SharePoint 特有的资源(*.master 与 *.aspx)就生成了。该进程会反复执行直至品牌建设工作全部完成。之后开发人员导出品牌建设资源并且创建一个解决方案包(*.wsp)来将自定义品牌建设部署到生产环境。

图 2-21 展示了替代 SharePoint Designer 的新设计管理器，用于定制 SharePoint。

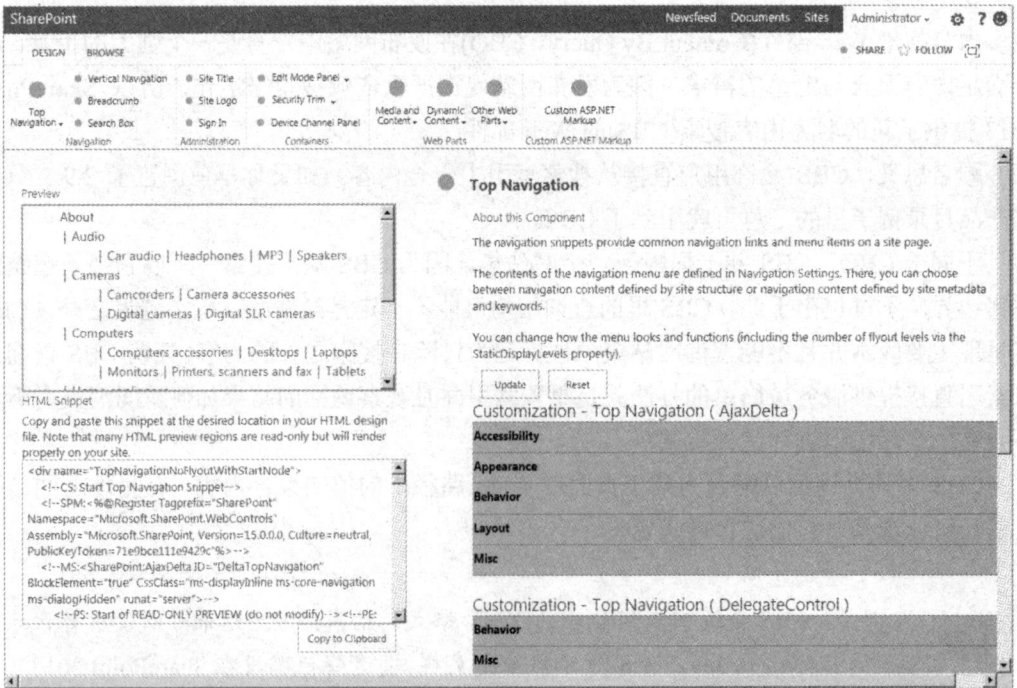

图 2-21

因为设计管理器提供了代码段库，所以 SharePoint 控件可以快速添加到设计页面中(参见图 2-21)。顶部的 Ribbon 菜单有助于查找并添加其他 SharePoint 组件。因为添加新控件之后，仅会生成该控件的 HTML 表示形式，所以设计代理能够看见该控件在 SharePoint 中的外观如何，即使该设计代理使用的工具集不是 SharePoint 专用的。当设计代理将品牌建设资源发回后，SharePoint 会忽略 HTML 表示形式并呈现 ASP.NET 与 SharePoint 控件。

设计管理器并非完美，但同样，这仅是该工具的一个迭代版本而已。

2.9.10　移动端支持

SharePoint 2010 就已经能够支持移动设备了，但它受到的限制较大且难以定制。在 SharePoint 2013 中对应的新功能是设备通道。设备通道可以针对特定移动设备且与母版页相关联，该母版页允许为每一个目标设备进行特殊的自定义品牌建设实现。此外，网站设计人员还可以决定页面布局中的哪些部分可以包含在通道中。这使得管理移动设备的用户体验变得很简单。

可以在 Site Settings | Look and Feel | Device Channels 页面处配置设备通道。该设置仅在发布网站中可用。

2.9.11　图像呈现形式

SharePoint 2013 允许网站所有者能够通过在其网站中为媒体文件创建不同的呈现形式来优化用户体验。该新特性虽称为图像呈现形式，不过图像和视频都可以使用。

图像呈现形式正确配置后，SharePoint 将图像动态转换成其呈现形式中指定的设置并且随后它将缓存到 Web 前端服务器以便响应之后的请求。由于动态转换成合适的呈现形式设置需要的运算开销很大，因此 SharePoint 2013 借助基于磁盘的 BLOB 缓存技术来提升性能。

> 提示：直到为 Web 应用程序启用基于磁盘的二进制大型对象(Binary Large Object，BLOB)缓存后，图像呈现形式才能使用。基于磁盘的 BLOB 缓存在默认情况下未启用。关于启用基于磁盘的 BLOB 缓存的信息，请参阅 http://msdn. microsoft.com/en-us/library/aa604896.aspx 处的产品文档。

网站所有者可以在其网站的 Site Settings | Look and Feel | Image Renditions 页面开始定义合适的呈现形式。简单来说，图像呈现形式具有三种元素：名称、高度和宽度。

图像呈现形式定义好之后，内容作者能够上传图像，然后单击图像悬停面板查看不同呈现形式的实际效果，或者单击 Click to Change 链接以进一步裁剪图像来确保图像中的重要细节在由指定呈现形式引起的尺寸改变后依旧是重点。到此为止，图像上传后的图像呈现形式设置就完成了。

下一步就是内容作者在添加媒体文件到页面时选择想要的图像呈现形式了。图 2-22 显示出内容所有者正如何为上传后的图像选择优化过的呈现形式，以便在 Windows Phone 7 上进行查看的。

带有呈现形式的图像可以结合呈现形式 ID、宽度或高度来进行引用。这里有两个例子：

```
<img src="/sites/tp/PublishingImages/ppl.jpg?RenditionID=2"/>
<img src="/sites/tp/PublishingImages/ppl.jpg?Width=60"/>
```

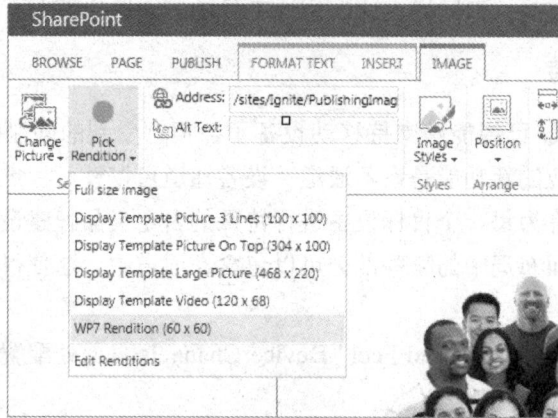

图 2-22

与设备通道一起使用时，图像呈现形式能够在移动设备上提供极佳的用户体验。图像呈现形式还能够帮助受到带宽限制的远程连接用户降低移动设备的带宽消耗。

2.9.12　应用程序驱动发布网站

互联网上大多数面向公众的网站都使用 SharePoint 发布模板构建。如本章所述，WCM 中有许多新的功能和改进用来构建强健的面向公众的网站。除了这些改进外，新的 SharePoint 应用程序也能应用在面向公众的网站中来提升用户体验。例如，可以使用提供程序托管的应用程序来将一个购物卡应用程序添加到网站中，或者可以使用 SharePoint 托管应用程序来为网站主页提供一个股票行情自动接收器。

总而言之，应用程序可以用来从面向公众的网站中抽离出一些为该网站所开发的通用功能，并且将其放入一些协作应用程序的上下文中以便随着这些应用程序一起交付或者供将来网站迭代使用。

2.10　搜索

SharePoint 中的搜索不区分边界。它可以物理遍历 SharePoint 服务器场中的有效内容或者服务器场外部的内容。

自从该服务应用程序出现在 SharePoint 2010 中以来，搜索就变成可以跨越服务器场使用的头等重要的服务。可以在服务器场 A 中发布搜索服务应用程序，然后在服务器场 B 中使用它。SharePoint 2010 的搜索有两种选择：企业搜索和 FAST 搜索。企业搜索包括 SharePoint Foundation 搜索、SharePoint Server 搜索以及搜索服务器。FAST 搜索，作为独立的 SKU 产品进行销售，在微软收购 FAST 之后加入到 SharePoint 产品中。SharePoint 2010

中的每一个搜索产品都有其各自的重点(以及成本)且表现出各自的独特优势和局限性。

随着当前 Office 2013 产品的发布及推广浪潮，微软决定将搜索统一成一个产品，并且对其进行扩展以便支持新的编程模型与整个平台的架构变化。新统一的产品做出了许多改变，后面会重点介绍。

2.10.1　搜索架构

搜索架构是搜索元数据属性的新名称。现在网站设置和网站集设置中都有搜索架构的链接，可以在该页面配置元数据属性映射。也就是说，网站所有者不再必须获取访问权限或者使用搜索服务应用程序来配置元数据属性了。

2.10.2　搜索导航

在 SharePoint 2010 中，让用户在不同搜索体验中快速跳转的唯一方式是创建新的搜索范围及结果页面，并将它们绑定在一起。这种方式下，新的搜索范围会在顶部导航中以范围下拉框的形式显示，以允许用户执行垂直搜索。

在 SharePoint 2013 中，可以在 Site Settings | Search Settings 页面配置每一个网站的搜索导航。这使得我们能够为用户创建不同的搜索体验并且无须使用额外的范围下拉框就能将这些搜索体验直接包含在搜索框中。

图 2-23 显示了 Search Settings 页面中新的搜索导航。

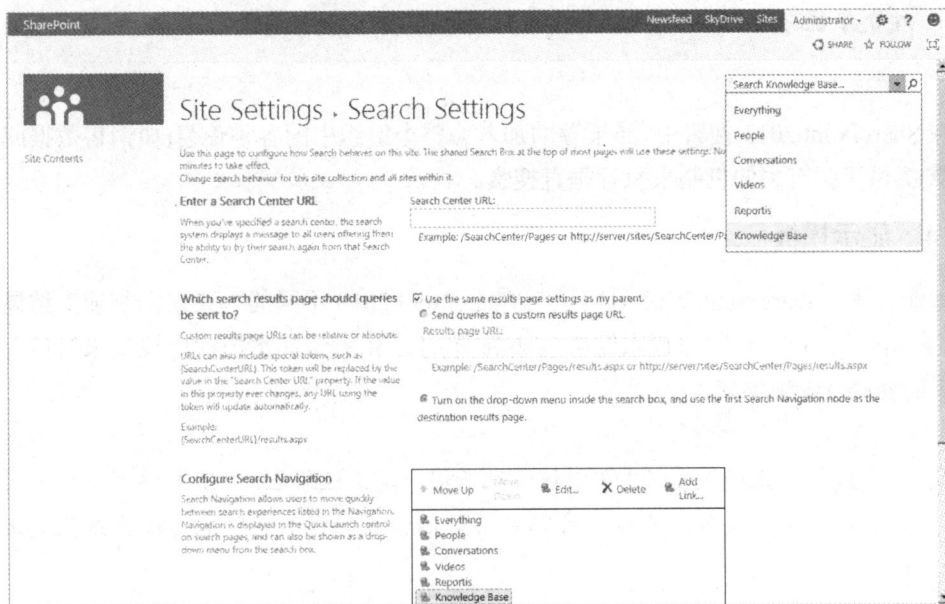

图 2-23

在站点级别执行的搜索设置可以由网站集管理员组在搜索设置页面进行网站集级别的重写。比如，可以在指定网站集中配置所有网站使用一个搜索中心并且完全忽略在网站级别进行的搜索导航设置。

2.10.3 结果源

结果源是 SharePoint 2010 里的范围与联合位置的新名称，它有三项主要改变。

第一，可以从搜索服务应用程序和每个网站的搜索设置中访问结果源。

第二，FAST 不再是信息源协议了；它被两种新协议所取代：Exchange 与 Remote SharePoint。使用 Exchange 协议来获取 Exchange 返回的结果，使用 Remote SharePoint 来获取在独立服务器场中托管的搜索服务应用程序返回的结果。

第三，可以使用新的 Query Transformation(查询转换)设置来指定过滤器以应用到查询中。这替代了 SharePoint 2010 中的搜索范围规则，且在对指定的一些内容(如客户列表或类似销售统计数据库的完整数据源)进行垂直搜索时能够快捷地使用。还有一个优秀的查询生成器，让你能够使用设计器来生成查询转换并且实时对返回结果进行分类查看。

例如，使用查询转换可以将托管属性的查询限定为具有特定值的信息。{searchTerms} author="Andy Au"这一查询转换仅返回包含该用户搜索术语(包含在{searchTerms}语句中) 及作者是"Andy Au"的文档。还可以为查询添加前缀。Hockey{searchTerms}这一查询转换每次都会添加 Hockey 作为前缀并将它与用户搜索术语串联(AND)使用。

> 提示：SharePoint 2013 搜索中不再使用范围这一术语且已经将其从搜索 UI 中移除了。然而，术语范围的概念还是存在的。要执行垂直搜索，可以将搜索导航与结果源结合起来使用，以便完成相同的任务。

在 SharePoint 2013 搜索中，结果源的加入为整个组织中的各种信息(如销售数据或知识库文章)提供了强有力的机制来执行垂直搜索。

2.10.4 显示模板

如前所述，SharePoint 2013 采用了与 SharePoint 2010 不同的方式来定制搜索结果。现在，搜索相关的 Web 部件(即搜索结果 Web 部件)严重依赖于显示模板以控制来自搜索索引的结果的外观及表现形式。

> 提示：SharePoint 2013 中搜索结果仍旧是未经处理的 XML 格式，需要对其进行解析与提取。不过，可以使用显示模板替代 XSLT 来为搜索结果定义样式。

显示模板是 HTML 与 JavaScript 的代码段。SharePoint 产品中自带了许多预先设定好的显示模板，但是也可以创建自己的显示模板。与定制 SharePoint 的其他模板一样，只需要复制一个类似于你想要的现有显示模板，然后就可以着手开始了。可以使用任何想用的 HTML 编辑器来完成该任务。

显示模板可以在 Master Page Gallery | Display Templates | Search 处找到。如你所见，母版页样式库里还有其他类型的显示模板，以供其他工作任务使用，如 WCM。

2.10.5　结果类型

结果类型将所有事物联系在一起。可以使用结果类型将结果源或者一类搜索结果绑定到显示模板，搜索引擎会用其来展现搜索结果。

就如同显示模板，有许多开箱即用的结果类型，并且可以创建自有的结果类型。每一种结果类型都必须具有一个或多个条件来比较搜索结果，且还需要具有一个指定该搜索结果使用何种显示模板的操作。例如，如果搜索结果来自结果源 KbRs，那么名为知识库的自定义搜索类型将使用显示模板 KbDispTemplate.aspx 来显示结果。

与许多其他搜索配置一样，结果类型也可以同时在网站集级别与网站级别进行配置。

2.10.6　查询规则

在把核心结果呈现给最终用户前，查询规则是修改和加强搜索体验的最后一步。必须满足查询规则的一个或多个条件，该规则才能生效。还可以定义对任意搜索均生效的查询规则(这也就意味着没有规则)。

如果你需要决定是否要完成下列任务中的一项或多项，就要用到查询规则。

(1) 在核心结果上添加已升级或参考链接。

(2) 在核心结果上排列出一块额外的结果(称为结果块)。这样做可以将结果块一直显示在核心结果顶部。

(3) 在核心结果中排列出结果块。如果结果块不是高度相关的，则它不会在第一页上显示出来。

(4) 修改排列的结果，比如修改它们的排序。例如，可以对排列结果分类排序，以便 PDF 文档能够在搜索结果页面上排序优先。

(5) 在 CBS Web 部件中配置显示结果块而不是在搜索结果 Web 部件中显示。

(6) 为查询规则设置过期时间。

图 2-24 揭示了配置为面向本地 SharePoint 结果源(在名为 Everything 的垂直搜索中使用)的查询规则，且在用户的搜索术语包含 SharePoint 一词时触发结果显示。

在规则触发后，会添加一个已升级的链接(http://sharepoint.microsoft.com/iusesharepoint/landing.aspx)作为一条横幅(也可以就是一个链接)，并且随后呈现一个结果块，该结果块包含从指向一个外部网站(http://blogs.devhorizon.com/reza)的其他结果源中获取的结果。该规则会将所有这些置于核心排列的结果之上。

从概念上讲，能够使用查询规则做的事情有些类似于在 SharePoint 2010 中使用搜索关键字和最佳匹配。不过，查询规则更加强大并且高度灵活，还可设定条件以及定制。

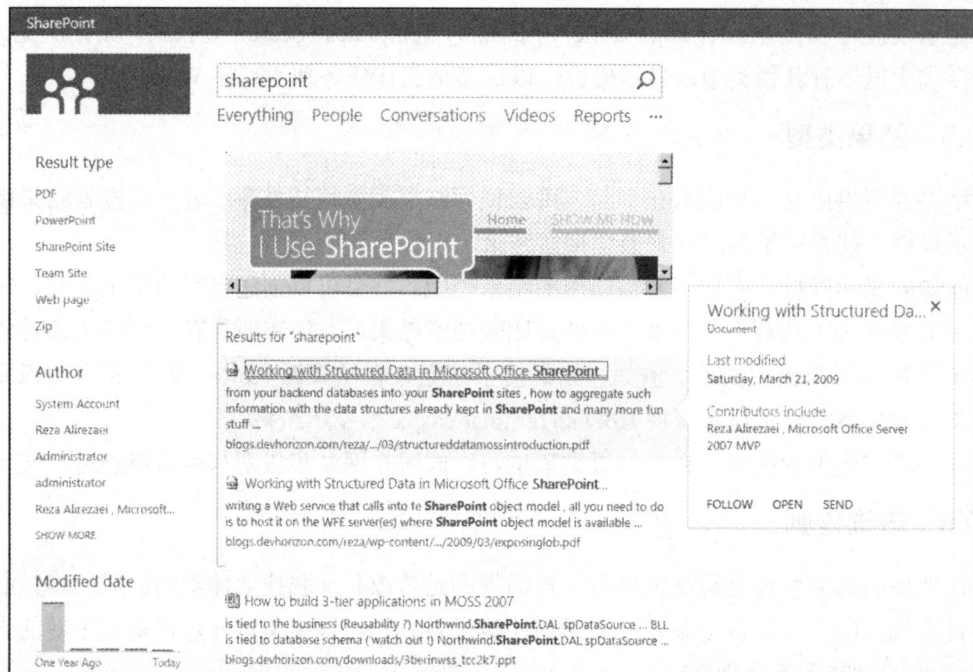

图 2-24

2.10.7 连续爬网

SharePoint 搜索使用完全或增量爬网来对内容进行分析。完全爬网关注内容的几乎所有一切,而增量爬网只关注收集内容中发生了改变的地方或者将更新后的 ACL 推送到索引中受到影响的条目中。由于 SharePoint 2013 严重依赖于在诸如 WCM 与社会化这样一些工作负荷中进行搜索,微软引进了一种新类型的爬网:连续爬网。

为了提供最大限度的新鲜内容,连续爬网会关注那些细小的变化并且使用变更日志来以更快和更高效的方式收集那些变化。连续爬网可以彼此重叠,这意味着一个连续爬网不会阻止另一个对这些变化进行收集。

> 提示:连续爬网在确保搜索结果最大限度包括最新内容方面扮演着重要角色。在 SharePoint 早期版本中,在内容查询与信息聚合情况下使用搜索,最大的缺陷就是搜索结果内容过于陈旧。

关于连续爬网有两个重要贴士:首先,连续爬网和增量爬网均仅对 SharePoint 内容源可用,可以选择两者之一。其次,连续爬网不能暂停或停止。只能够禁用它。

2.10.8 融会贯通

如果把目前为止介绍过的内容融会贯通,你会意识到 SharePoint 2013 中的搜索功能发生了如此彻底的变化。在图 2-25 中,将新的架构与 SharePoint 2010 中的企业搜索进行了高层次架构概览的对比。你能看到这些不同之处。

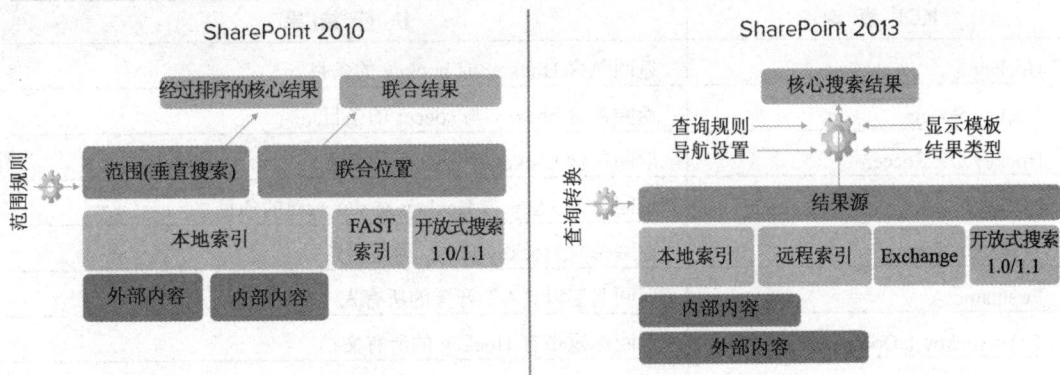

图 2-25

回顾一下所有内容，在 SharePoint 2013 中执行垂直搜索需要以下几个主要步骤。

(1) **结果页面**——使用(欢迎页面)搜索结果页面布局(即 knowledgebase.aspx)来创建结果页面。该页面显示垂直搜索的结果，如知识库。

(2) **搜索导航**——在搜索导航设置中添加结果页面的链接。

(3) **结果源**——为知识库网站或数据库这样的严谨内容创建带有查询转换的结果源，该查询转换用于过滤结果。

(4) **绑定搜索结果 Web 部件**——在第(1)步中创建的结果页面上编辑搜索结果 Web 部件，并且将它绑定到结果源。

(5) **显示模板**——创建控制结果显示样式的显示模板，以便搜索结果能够以设定样式在第(1)步中创建的结果页面上显示。

(6) **结果类型**——创建要将结果源绑定到显示模板的结果类型。

(7) **查询规则**——可根据需要创建查询规则来提供已升级的链接及结果块，该结果块来自第(3)步中创建的在其他垂直搜索中的结果源，比如，名为 Everything 的垂直搜索。

2.10.9　查询语言

对于开发人员，搜索一直都是跨网站集访问内容的绝佳方式，不过前提是对内容更新时效性要求不高。在 SharePoint 2013 中，连续爬网在某种程度上能够解决此问题。对于开发人员另一项新变化是可以使用查询语言。

对于许多了解并且喜爱 T-SQL 格式查询的人，有几条坏消息。SharePoint 2013 中不再支持使用 FullTextSqlQuery 类的 SQL 查询语言(SQL)。如果你计划迁移到 SharePoint 2013，现在就开始修改你的 SQL 查询吧。

FAST 查询语言(FQL)仍旧可以使用，但是建议开发人员使用关键字查询语言(Keyword Query Language，KQL)和语法来构建面向搜索引擎的查询。KQL 进行了一些增强改进且几乎可以在所有需要构建搜索查询的地方使用，比如，在查询转换和查询规则中都可以使用。表 2-3 列出了 KQL 查询的一些例子。

表 2-3　KQL 查询

KQL 查 询	执 行 结 果
Hockey	返回包含 Hockey 或 hockey 的条目
Hockey Soccer	返回包含 hockey 与 soccer 的条目
Hockey OR Soccer	返回包含 hockey 或 soccer 的条目
Hockey*	返回像 Hockey 与 Hockey Jersey 一样的条目
"Hockey Jersey"	返回带有 Hockey Jersey 词组的条目
Firstname:A	返回名字以 "A" 开头的所有人
Title:Hockey IsDocument:1	返回标题带有 Hockey 的所有文档
Author:Andy IsDocument:1	返回作者是 Andy 的所有文档
Hockey FileExtension:pdf	返回内容包含 Hockey 词语的 PDF 文档
contentClass:STS_ListItem_Events	返回所有日历中的事件
contentClass:STS_ListItem_Tasks	返回所有任务项

2.10.10　导出和导入搜索设置

如果你配置过搜索或者开发过使用搜索的 SharePoint 应用程序用作数据访问机制，你大概清楚要将你的搜索配置及设置在开发(DEV)、测试(QA)与生产(PROD)环境中彼此迁移不是一项简单的任务。针对不同的部署场景，必须编写 PowerShell 脚本与 XML 配置文档来确保你的配置能够适用于你所有的服务器场。

在 SharePoint 2013 中，可以在网站级别导出或导入搜索设置。该过程会处理查询规则、结果源以及为网站创建的托管属性，但需要迁移风格化的品牌建设组件，如搜索母版页、显示模板及 Web 部件。搜索结果页面的任何定制内容都不会被新的搜索导出与导入功能处理。

可以在 Site Settings | Search | Configuration Export 或者 Configuration Import 处导出或导入搜索设置。

2.10.11　搜索驱动的解决方案

由于搜索中的新改进，你可以构建使用 CSOM 与 REST 来执行搜索查询的自定义解决方案了。例如，下列 REST 查询会返回所有包含词语 "hockey" 的结果：

```
http://server/sites/sc/_api/search/query?querytext='hockey'
```

下列 REST 查询会返回所有包含词语 "hockey" 的结果，并将其按照最后修改日期和时间降序排列及按照级别升序排列：

```
http://server/site/_api/search/query?querytext='hockey'&sortlist=
'LastModifiedTime:descending,Rank:ascending'
```

下列代码段显示了如何在应用程序中使用 CSOM 来执行相同的 REST 搜索调用：

```
ClientContext ctx = new ClientContext("http://Tailspintoys.com/sites/sc");
var query = new KeywordQuery(ctx, ctx.Site);
query.QueryText = "hockey";
query.ResultTypes = ResultType.RelevantResults;
query.Id = Guid.NewGuid();
var queries = new KeywordQuery[1];
queries[0] = query;
SearchExecutor searchExecutor = new SearchExecutor(ctx);
var rcc = searchExecutor.ExecuteQueries(queries);
ctx.ExecuteQuery();
```

无论在应用程序或工作流中使用何种方式来执行 KQL 查询，返回的结果始终都是未经处理的 XML 格式，所以你需要对其进行解析和提取以便获得想要的内容。在搜索查询中无法获得 JSON 对象。

2.11　BCS

业务连接服务(Business Connectivity Service，BCS)使得 SharePoint 与外部系统的集成工作变得简单。为达成该目标，BCS 将外部系统功能映射到标准接口以定义如何与其进行交互。从核心层面看，有 4 个 BCS 概念必须理解。

- **外部系统**——使用开箱即用或自定义连接器来使 BCS 可以访问的任何提供支持的内容源。Web 服务、数据库、业务线(Line Of Business，LOB)系统、Web 2.0 服务，甚或包含数据的.NET 对象都可以称为相对于 BCS 来说的外部系统。

- **外部内容类型(External Content Type，ECT)**——外部内容类型定义外部系统的架构和数据访问功能及其特性。外部内容类型通常称为 BCS 的基础。

> **提示**：从概念上理解，可以将外部内容类型看成业务实体。实体是客户、销售订单等真实事物的抽象概念。实体就是在 BCS、C#类、实体框架或数据库架构中使用的对象。每一个实体都有名称、元数据、关联以及固定的操作——如创建、读取、更新与删除——这使得访问外部数据成为可能。每个实体都能拥有多个实例，如数据表中的行数据、SharePoint 列表项或者同一对象的各个实例。

- **BDC 模型(BDCM)**——XML 文档描述一个或多个外部内容类型及其资源，如区域性字符串、元数据、权限及连接信息。有了 BDC 模型，开发人员不再需要了解每个外部系统的细微差别了。

- **外部列表**——外部列表使用用户可以像原生的 SharePoint 列表那样使用现有的 LOB 数据。在外部列表中，数据并非实际位于 SharePoint 中；相反，它在每次该外部列表被访问时从后端外部系统中直接抽取显示。

幸好，BCS 核心概念在 SharePoint 中并未发生改变。相反，倒是有了一些强化。现在来看看这些变化。

2.11.1 OData 连接器

SharePoint 2013 自带了供 BCS 使用的 OData 连接器。这使得开发人员能够在 BCS 解决方案中使用从兼容 OData 的服务中获取的数据。在 Windows AzureStore 中，微软发布了许多免费或收费的 OData 数据源，这些数据源可以在你自己的 BCS 解决方案中使用。比如，可以在 http://services.odata.org/Northwind/Northwind.svc/处使用免费的 Northwind OData 数据。下列代码段显示了围绕 Northwind OData 源构建的 BDCM 的一部分：

```
<LobSystem Name="ODataNWModel" Type="OData">
  <Properties>
    <Property Name="ODataServiceMetadataUrl" Type="System.String">
     http://services.odata.org/Northwind/Northwind.svc/$metadata</Property>
    <Property Name="ODataMetadataAuthenticationMode"
    Type="System.String">PassThrough</Property>
    <Property Name="ODataServicesVersion"
    Type="System.String">2.0</Property>
  </Properties>
  <LobSystemInstances>
  <LobSystemInstance
  Name="http://services.odata.org/Northwind/Northwind.svc">
    <Properties>
      <Property Name="ODataServiceUrl" Type="System.String">
       http://services.odata.org/Northwind/Northwind.svc
      </Property>
      <Property Name="ODataServiceAuthenticationMode"
      Type="System.String">PassThrough</Property>
      <Property Name="ODataFormat"
      Type="System.String">application/atom+xml</Property>
    </Properties>
  </LobSystemInstance>
</LobSystemInstances>
</LobSystem>
<!-- Code Omitted for brevity -->
</LobSystem>
```

如前所述，SharePoint 列表数据已经可以作为 OData 源公开使用了。结合所有内容，恰当地说，SharePoint 能够同时作为 OData 源的生产者和消费者。

2.11.2 BCS 驱动的应用程序

SharePoint 2010 中的外部内容类型有一个问题，就是必须在服务器场级别且需要服务器场管理员权限才能进行配置。SharePoint 2013 引入了新的编程模型且其重点是在云计算和应用隔离上，该问题就不复存在了。

在 SharePoint 2013 中，开发人员可以将外部内容类型包含在其应用程序中，并且无须租户管理员参与即可直接从其应用程序中访问来自如 Netflix 或 Windows Azure 的任意外部系统的外部数据。

> **提示：**只有 Visual Studio 2012 才支持从 OData 源中生成 BDCM。SharePoint Designer 2013 现在还无法提供该支持。

下列代码段显示了如何在应用程序中定义外部列表：

```
<ListInstance Url="$Resources:core,lists_Folder;/BCSEmpoweredList"
Description=" A BCS Empowered External List"
OnQuickLaunch="TRUE" Title="BCS-ECT" Id="BCSEmpoweredList">
   <DataSource>
     <Property Value="" Name="LobSystemInstance"/>
     <Property Value="" Name="EntityNamespace"/>
     <Property Value="" Name="Entity"/>
     <Property Value="" Name="SpecificFinder"/>
     <Property Name="MetadataCatalogFileName"
                 Value="BDCMetadata.bdcm" />
   </DataSource>
</ListInstance>
```

可以看到该代码段有一些元素，每一个都代表外部列表的一个属性。比如，Entity 属性应该包含业务实体的名称，该名称就是外部列表指向的后端系统中的实体名称。

2.11.3　CSOM 与 REST 接口

就如同到目前为止介绍过的其他工作负荷，BCS 拥有新的 JavaScript 对象模型以支持远程调用。

比如，下列 REST 查询会返回名为客户的外部列表中的所有客户。该列表由应用程序部署：

```
http://server/sites/sc/_api/lists/getbytitle('Customers')/items
```

下列代码段显示了如何使用面向 CSOM 的 JavaScript 并将返回结果绑定到表格来完成相同的 REST 调用：

```
BCSEmpoweredList.Grid.prototype = {
     init: function () {
         $.ajax({
             url: this.surlWeb + "_api/lists/getbytitle('Customers')/
             items?$select=BdcIdentity,CustomerID,ContactName",
             headers: {
                "accept": "application/json",
```

```
        "X-RequestDigest": $("#__REQUESTDIGEST").val()
    },
    success: this.showItems
});
}
```

下列代码段显示了如何在 C#代码中面向 CSOM 使用 BCS 对象模型:

```
var ctx = new SP.ClientContext();
var web = ctx.get_web();
entity = web.getAppBdcCatalog().getEntity(entityNameSpace, entityName);
ctx.load(entity);
lobSystem = entity.getLobSystem();
ctx.load(lobSystem);
lobSystemInstances = lobSystem.getLobSystemInstances();
ctx.load(lobSystemInstances);
ctx.executeQueryAsync(success, failure);
```

代码以建立上下文及引用业务实体开头。一旦引用实体,就加载内容且会注册两个事件处理程序来执行回调。在成功的事件处理程序中,可以编写处理返回结果的代码。

2.12 本章小结

祝贺你完成了本章的阅读!

本章介绍了伴随 SharePoint 2013 到来的许多新功能和增强改进,以及 SharePoint 编程模型的变化。所有这些新功能的介绍都是为了帮助你理解作为 SharePoint 开发人员要在 SharePoint 2013 中构建应用程序大体有哪些内容需要掌握。我们多次提及过可以在 SharePoint 产品中使用相同的 CSOM 与 REST 代码模式且只需修改目标指向即可应对不同的工作负荷。这就是在 SharePoint 2013 中的编程方式。

本章介绍过的每一个工作负荷都会在本书中详尽介绍。请继续读下去吧!

第 3 章

SharePoint 2013 的开发人员工具

本章内容

- 了解 SharePoint 开发人员可用的不同工具
- 探讨 SharePoint Designer 2013 的新增内容
- 在 Visual Studio 中使用 SharePoint 新工具

过去十年中，SharePoint 已经成为最成熟的平台之一，并且微软对 SharePoint 每个版本的开发人员体验都进行了投入。SharePoint 2013 在应用程序的加入、Office 365 和微软 Office 开发方面取得巨大进步的同时，持续为开发人员改进已有的工具，如 Visual Studio 和 SharePoint Designer。随着诸如 HTML、CSS、JavaScript、OData、REST 以及 OAuth 这些常见编程 Web 标准的使用，SharePoint 2013 中应用程序的加入就成为一个巨变。开发工具提供了应用程序的开发支持，也充分支持云平台开发。如果你使用过 SharePoint 2010，将看到 SharePoint 2013 有许多相同的项目文件可用，但也有新增的可供使用的一系列项目。

开发工具与 SharePoint 2013 平台集成得更为紧密；对诸如 Web 及更复杂方案的调试变得更加容易；添加了新的容器模具设计器与模板，让你能更轻松地使用 SharePoint 并转换到另一个基于 Web 的框架。本章将深入介绍每个工具，以便你了解它们在 SharePoint 开发中的用途。

3.1　SharePoint 自定义选项

SharePoint 充满了自定义和开发选项。这些更改可由许多不同的用户使用各种不同的工具实现。虽然开发人员不需要深入了解每个工具，但是了解每个工具的功能和优势有帮助。表 3-1 概括了不同类型的用户以及他们用来定制其 SharePoint 使用体验的工具。

表 3-1　自定义工具

用 户 类 型	首 选 工 具
最终用户	SharePoint 网站
高级用户/设计者	Microsoft SharePoint Designer 2013
设计者	Visual Studio 2012

最大的用户群是最终用户。他们懂得如何使用用户界面来构建满足特定需要的应用程序。最终用户主要在其有权访问的 SharePoint 网站中做出开箱即用(Out Of the Box，OOB)的更改。虽然许多开发人员最初并不把这些更改看成开发，但是 SharePoint 经过多年发展，最终用户已经充分掌握了如何对 HTML、CSS、JavaScript 和定制 Web 部件做出微小修改，从而建立动态应用程序。

可访问 https://www.nothingbutsharepoint.com/sites/eusp/来了解用户社区。

很多的更改侧重于改变网站的外观、输入入口以及信息管理，这些信息正是最终用户在着手解决的问题领域的深层知识。对很多最终用户，SharePoint 开发并非他们的主要工作，只是希望他们要处理的解决方案具有实用且优化的应用程序。

其次是高级用户这个群体。他们需要获得比用户界面提供给他们的更多的功能，而上乘的工具就是 Microsoft SharePoint Designer。顾名思义，该工具的出发点就是作为网页设计的 HTML 编辑器。对很多高级用户，该工具是必备的，特别是在 SharePoint Designer 2010 中就增加的改进功能，包括额外的工作流功能、封装集成、BCS 集成以及更丰富的 HTML 功能。SharePoint Designer 团队了解最终用户和开发人员的重要性，特别是在应用程序生命周期管理(Application Lifecycle Management，ALM)方面。如果仅构建了单个网站，那么使用 SharePoint Designer 的开发人员可以将解决方案直接部署到生产环境网站，或者他们可在本地保存所做的更改。存储在本地的更改可以在 Visual Studio 中重新打开以便进一步定制，并在完成后将这些更改存储在源代码管理中。

最后是开发人员这个群体，用于编码或封装解决方案的工具是 Visual Studio 2012。Visual Studio 2012 为开发人员提供了熟悉的开发界面，像 ASP.NET 一样的.NET 语言，这使得开发人员可以花更少的学习时间来迅速开始构建应用程序。新的开发人员面临的主要挑战之一，一贯都是学习 SharePoint API 框架和了解如何修改定义 SharePoint 的 XML 文件。Visual Studio 2012 中增强的功能打造了一项改进后的开发体验，增加了新的工具来为给开发人员提供一个用户界面，该界面用于在 XML 中进行许多常用的修改。

3.2　OOB 开发体验

SharePoint 用户界面已经成为使用最多的开发平台之一。这应归功于 SharePoint 的用户数量以及通过用户界面可以直接更改应用程序的不同方式。许多最终用户可以仅通过几次单击就创建出强大的应用程序和用户体验。除了直接在网站上构建应用程序外，还可以使用用户界面(UI)来快速创建可在 SharePoint Designer 和 Visual Studio 中重复使用的列表模板与网站模板。这就为那些寻求快速应用程序开发(Rapid Application Development，RAD)平台的开发人员提供了一个概念验证代码或快速开发的强有力功能。SharePoint 2013 的每项配置都为创建完全功能的业务应用程序而做了相应改进。

Get Started with Your Site 这一 Web 部件为用户提供了一组快速操作来开始定制其自己的网站。用户可以更改网站的外观、标题及徽标，并与他人分享该网站。不是每个网站都必须有入门准备这一 Web 部件，但你可以允许网站所有者通过用户界面来快捷地添加或删除该 Web 部件。当用户不再需要该 Web 部件时，他们可以单击 Remove This 链接，并启用 Settings 菜单来完成后续的其他更改。

其中一个快捷操作是添加新的 Project Summary Web 部件。可以使用 Get Started with Your Site Web 部件上的"Working on a deadline?"链接来将 Project Summary Web 这一新 Web 部件快速添加到页面上。单击该链接，系统会提示你添加两个应用程序：Tasks(with a Timeline)和 Calendar(如图 3-1 所示)。

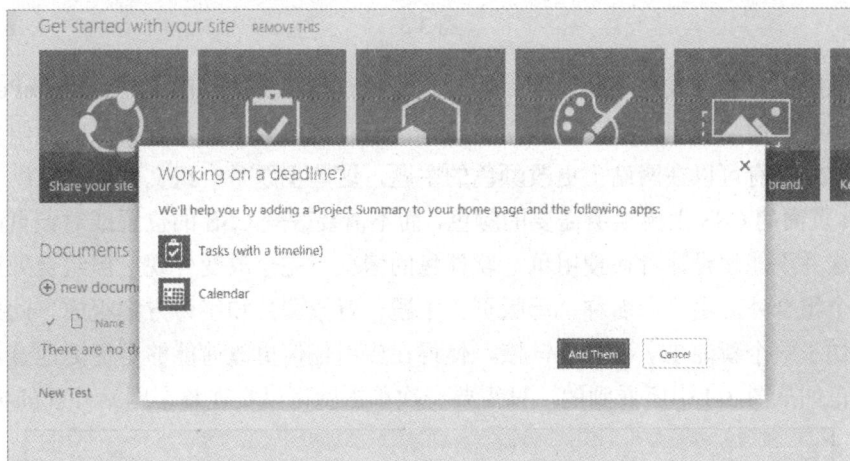

图 3-1

可在网站上添加其他应用程序来进一步定制外观或提供额外的功能，如网站邮箱。在快捷操作处，单击 Add Lists, Libraries and Other apps 以打开 Add apps 菜单。新的 SharePoint Store 允许你从若干无须编码即可使用的预制应用程序中进行选择。在 SharePoint Store 中，可以获取到完全预制的应用程序或增强网站功能的应用程序。

了解用于定制的用户界面

网站定制是开发人员需要执行的主要操作之一，无论其是为了修改外观还是仅仅需要使用页面上的 Web 部件和应用程序。用户界面的外观有了重大变化，但页面定制体验依然如故。这意味着使用 SharePoint Ribbon 菜单来对编辑页面进行主要调整的方式并没有变化。如果 Ribbon 菜单没有自动显示，请不要忘记单击 Page 选项卡。Ribbon 菜单依然存在，只是现在暂时用不到。还有上下文选项卡，这是基于执行的操作和选择的 Web 部件来显示。

Ribbon 菜单显示给用户有一些细微的差别。Ribbon 菜单现在不需要长久驻留在页面区域了，它能够以下沉方式显示在页面上且随后可再次隐藏以显示其下面的内容，如图 3-2(隐藏的 Ribbon 菜单)和图 3-3(显示的 Ribbon 菜单)所示。

图 3-2

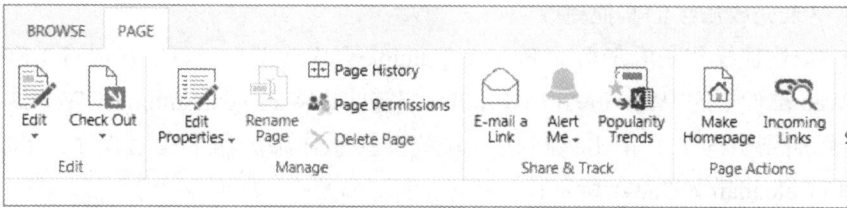

图 3-3

网站品牌建设的方式在不断发展，因为这是执行得最多的修改之一。SharePoint 2013 引入了一个全新的品牌建设体验，建立在 SharePoint 之前版本的基础上，叫做组合外观。SharePoint 2010 有可以在网站上更改颜色的主题，这些主题是一组文件。这有助于快速在 SharePoint 页面的 CSS 上更换所需要的颜色，而不需要改变 CSS 的位置或对该页面做出任何修改。这并不能使设计者在使用单一软件包的情况下完全改变外观，但组合外观就可以做到。每个组合外观由显示名称、母版页、主题、背景图片和字体方案组成。此外，组合外观还添加了一个新的 Try It Out 链接，使得在应用任何更改前能够更便捷地查看网站外观效果。正如从图 3-4 中所看到的，只需要一次单击就可以实现整个网站外观的更换。

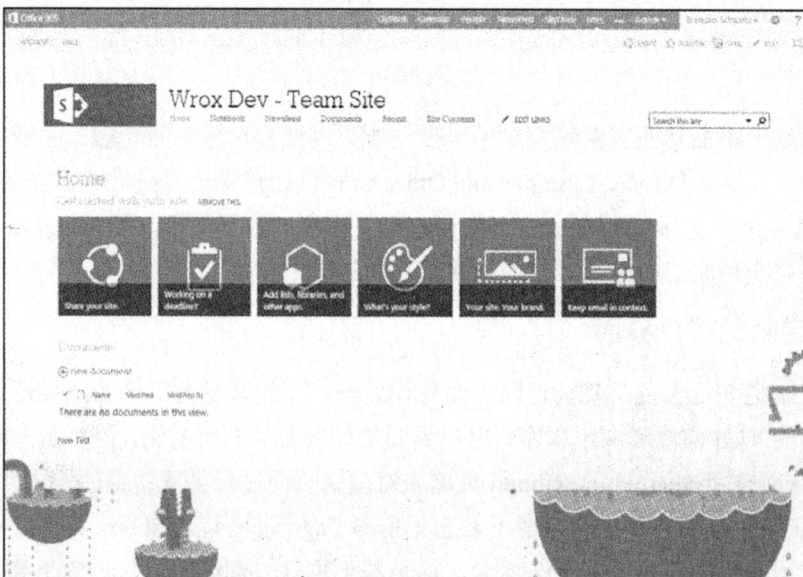

图 3-4

使用 wiki 页面的编辑和新增功能可将 Web 部件放置在页面任何位置，这是 SharePoint 2010 对用户编辑页面的方式做出的巨大改变。创建和设计页面布局的能力仍然是丰富用户体验的一部分。SharePoint 2013 新增的主要更改是在 Web 内容管理(Web Content Management，WCM)和发布网页方面，这将在第 10 章中进行介绍。

通过添加通用语言术语和一些常见导航的直接编辑，微软创建了一个更直观的用户界面。带 Edit 字样的"铅笔"图标的使用，在允许用户编辑的所有位置都能看到。在导航方面，现在可以单击"编辑链接"图标来管理顶部导航链接或快速启动链接。

SharePoint 新手会发现页面编辑功能还提供了与 Microsoft Word 相似的体验，使用 wiki 页面让你能够添加从文本到图像的所有类型的丰富内容。有了像完全粘贴这样的新功能，以及在选择和应用样式之前的预览功能，用户体验比以前的版本更流畅了。用户常常为无法直观看见样式的外观而感到困惑，也就无法直接决定选择哪个样式来应用到内容。预览功能的变化使用户在做出内容更改之前就能知道页面、样式和字体的效果。并且现在 Styles 菜单在名称和样式预览上类似于 Microsoft Word 的 Style 菜单布局。用户现在可以在 Ribbon 菜单上看到全套样式集，而无须对每一个样式进行一一尝试或者在每台计算机旁放一本打印出的样式指南。

用户需要的一个功能是将代码添加到页面中，而当保存代码时，页面不会对其进行处理。两个新选项使得这一更改成为可能：Embed Code 选项与 Video and Audio embedded 选项。随着许多云服务的指数级增长，用户需要一种方法以添加来自 YouTube 和 Vimeo 等网站的嵌入式视频(不仅如此，为网站添加自定义脚本的需求也很多，就像 Facebook、LinkedIn 和 Twitter 这些网站提供的自定义脚本嵌入功能一样)。这些云服务允许用户使用复制和粘贴生成的代码来构建自定义网站。

将 Web 部件放置到页面上并对它们进行自定义，这与 SharePoint 2010 相比并没有发生改变。Web 部件菜单显示在 Ribbon 菜单上，用于将 Web 部件插入页面中。如同前一版本，可以选择 Web 部件并将其插入页面中。SharePoint 2013 中还有应用程序部件，可以添加到网页上以使内容更丰富。与将传统 Web 部件添加到页面的方式一样，通过部件查看器可将应用程序部件添加到页面中。为了更容易查找所有 Web 部件，Web 部件的菜单布局是分类的：分类中有哪些 Web 部件可用、Web 部件的说明、添加 Web 部件的位置，如图 3-5 所示。

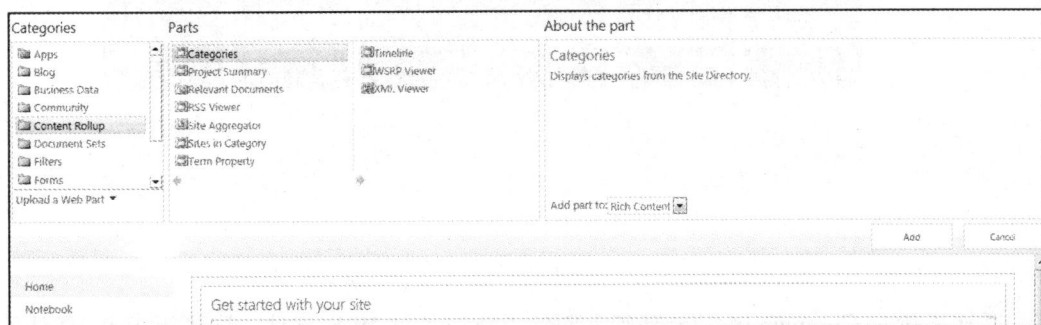

图 3-5

Modify Web Part 的设置与 SharePoint 前一版本相比并没有什么变化。它们依然显示在右侧工具面板上,允许定制 Web 部件的属性、更改其外观或修改其布局。

SharePoint 开发的一个好处是有许多开箱即用(Out Of Box, OOB)的 Web 部件,以加快开发速度,这样就不需要一切都从头开始编写。尽管以下不是一个包含 SharePoint 所有 Web 部件的详尽清单,但它包括了你应该知道的一些关键的、新的 Web 部件:Timeline、Project Summary 和 Community Changes。

微软专注于用户的需求,以便其所有任务都能有效组织管理。其中需要的一点是保持任务的可见与更新。如前所述,向页面添加 Project Summary Web 部件的最快方式是在 Get Started Web 部件中使用快捷操作。在把 Web 部件添加到页面以后,可以允许最终用户更新时间轴或管理向 Web 部件提供数据的任务列表。可以看到,Project Summary Web 部件提供了即将开始的任务的概览和当前任务的时间轴。现在开始管理所有的任务,创建一个项目网站,并允许用户有时间轴的完整视图,所有这些都可以在用户界面完成,如图 3-6 所示。

Timeline Web 部件提供不带 Summary 或 Quick Edit 链接的时间轴。这允许管理网站的用户使用符合其需求的 Web 部件,不管是用于管理任务还是仅仅查看任务。Timeline Web 部件提供了改变任务布局位置的功能。用户还可以通过单击来与时间轴上的任务快速交互,单击任务后会显示一个带有常见编辑选项的对话框,比如,打开整个条目或从时间轴中删除该任务。

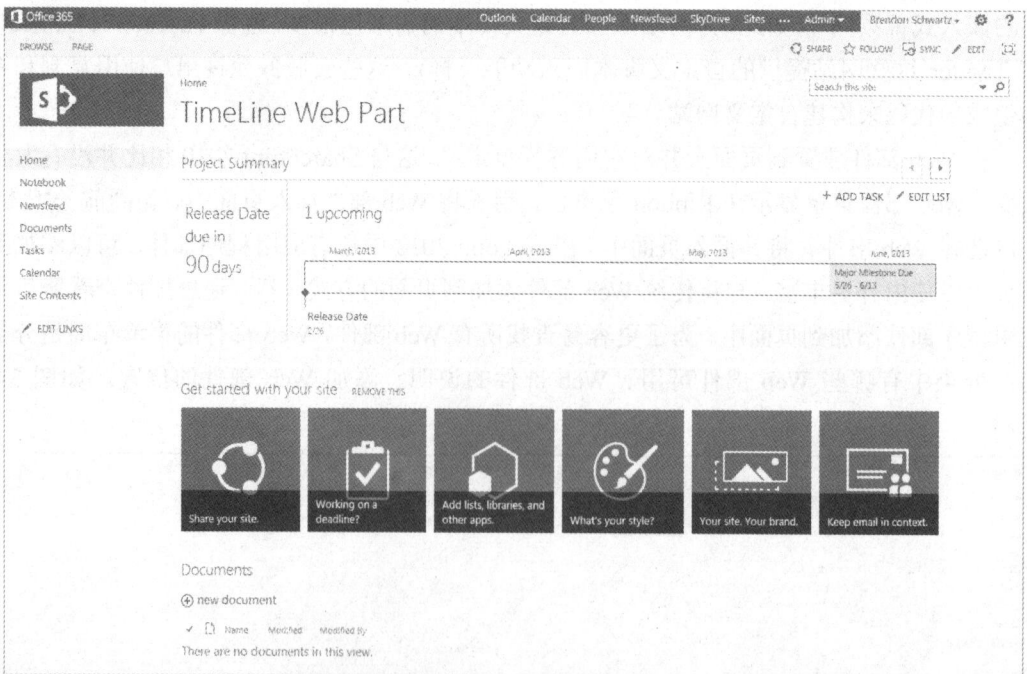

图 3-6

微软在新的 Community 功能基础上创建了新的一组 Web 部件。这些新 Web 部件是

About This Community、Join、My Membership、Tools 和 What's Happening。这些 Web 部件可以添加到已启用 Community 功能的网站上，如图 3-7 所示。该社区网站页面上已经包含了这些 Web 部件，不过你也可以在你所创建的社区上添加或移除它们。可以看到它们都被分组到 Community 分类中以便于轻松查找和添加。

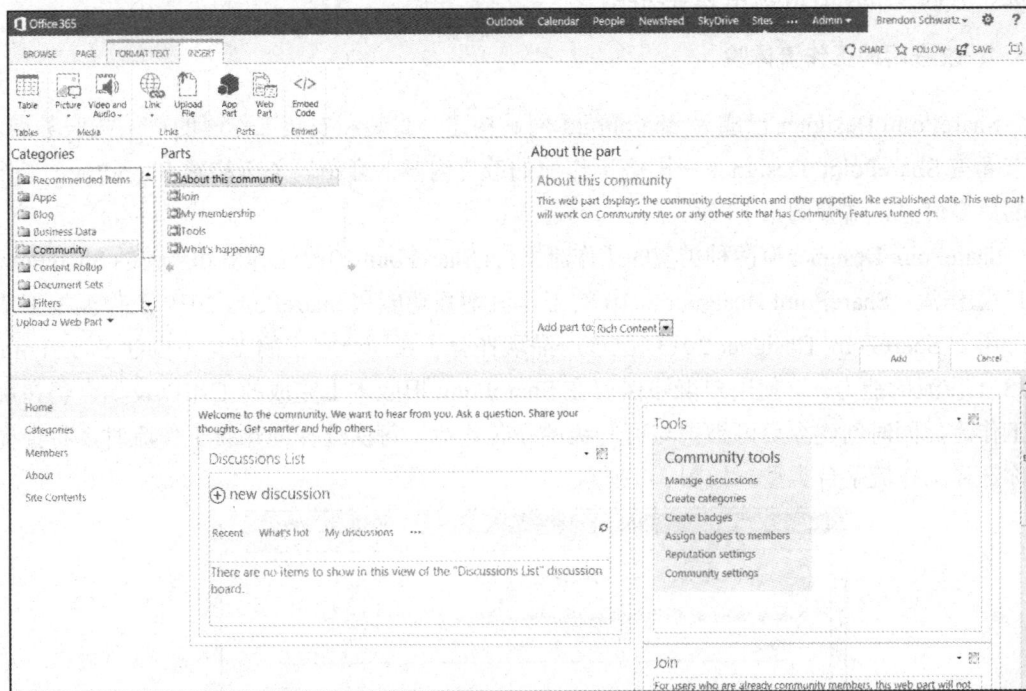

图 3-7

3.3　了解 SharePoint Designer 2013

SharePoint Designer(SPD)对于开发人员和高级用户都是强有力的工具，它提供了将解决方案升级到 Visual Studio 以及直接从网站导出工作任务的功能。SharePoint Designer 2013 已成为高级用户的首选工具，特别是带有自 SharePoint 2010 就提供的额外工作流和 BCS 附加功能。在设计方面，现在拥有实现 HTML 编辑器的其他选择，但没有一个像 SharePoint Design 一样集成到了 SharePoint 中。除了在 SharePoint 用户界面增加了 SharePoint Design Manager 之外，SharePoint Designer 还有别的改进之处，并将继续成为高级用户的实用工具。SharePoint 团队关于页面布局与设计的主要目标之一，是使关键之处易于修改。这意味着将会有 SharePoint Designer 的替代品，但为设计师和高级用户所做的紧密集成仍将会使 SharePoint Designer 成为他们的优选工具。对于要构建工作流的用户，SharePoint Designer 将是首选工具。当选择用于开发的工具时，请记住，每个工具都有其用途，选用合适的工具将使简化 SharePoint 开发工作。

3.3.1 SharePoint Designer 新功能

由于这是一本专业的开发用书，因此此处不会深入介绍 SPD，但除了提供的用户界面外，你还应该知道 SharePoint 2013 其他的主要功能和增强改进。这包括与业务连接服务的集成、Visio 集成、工作流增强等功能。

1. 改进后的工作流体验

SharePoint Designer 已成为 SharePoint 网站构建、封装和安装工作流的一站式服务点。本节涵盖 SharePoint Designer 中围绕工作流的改进内容的介绍。关于构建 SharePoint 工作流的更多信息，请参阅第 15 章。

SharePoint Designer 有两种类型的工作流平台：SharePoint 2010 工作流和当前的 SharePoint 2013 工作流。SharePoint Designer 2010 的工作流增强功能和 SharePoint 2010 工作流框架依然可用于 SharePoint Designer 2013，但该产品现在有了在同一水平的支持下创建 SharePoint 2013 工作流的能力。这使用户能够保留在 SharePoint 旧版本上完成的工作以及如今仍在用的工作流，同时创建今后可维护与可升级的新工作流。每次选择创建新工作流时，将会提示你选择工作流平台类型，如图 3-8 所示。

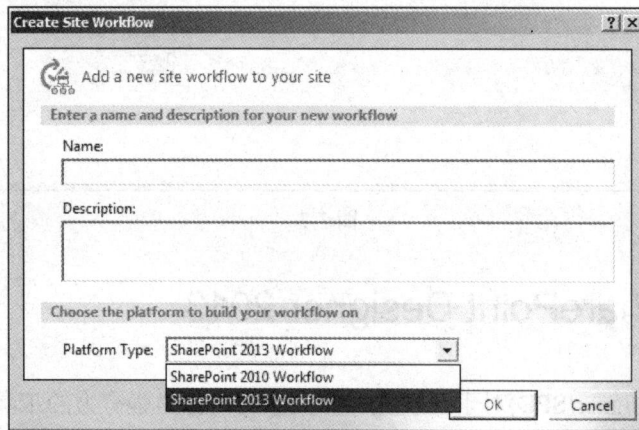

图 3-8

新的 SharePoint 2013 工作流平台类型使用 Windows Azure 工作流服务来构建。这就要求与 SharePoint Designer 相连的 SharePoint 网站必须有提前安装好的 Windows Azure 工作流服务，以创建 SharePoint 2013 工作流。需要安装新工作流服务的原因是，SharePoint Designer 的基础操作必须能够与该服务通信，以便将操作将如何执行的细节传达给服务。若使用微软 Office 365，因为有了已集成的 Windows Azure Workflow 所以无须安装额外的软件，但如果是使用内部部署安装，则需要在本地安装该服务。

Windows Azure Workflows 向工作流提供了新的图形工具和控件。SharePoint 中可用的新图形工具包括阶段、循环和步骤。这些新图形工作启用了由新的 SharePoint 2013 工作流提供的分支和循环逻辑。不再需要使用 Visual Studio Workflow Designer 来实现对循环的支持。通过拖放或使用工作流 Ribbon 菜单栏，可以将图形工具添加到选定位置，以便将新的图形工具添加到 SharePoint Designer 的设计器界面中。当使用 SharePoint Designer 构建工作流时，把新的图形工具安放到设计界面上后，其所需的元素会呈现给你。

SharePoint Designer 中的 Visual Designer 视图，扩展了业务用户和开发人员使用 Visio 2013 与 SharePoint Designer 工作流的能力。可视化设计器的布局提供了与 Visio 一样的丰富展现形式，有图形设计界面和用于设计器界面的图形工具集。要使用 Visual Designer 的内置功能，必须在安装了 SharePoint Designer 的计算机上安装 Visio 2013。通过 Workflow Visual Designer 的使用，可以看到如何快速创建工作流，如图 3-9 所示。

除了使用 Visual Designer 之外，还可将视图切换到许多用户在 SharePoint Designer 旧版本中就习惯使用的基于文本的设计器。在基于文本的设计器中所做的更改会在可视化设计器中得到相应的转换，反之亦然。如果需要各个阶段的总述视图，可切换到 Stages 视图。如果要将工作流导出到 Visio，以便业务用户可以使用其常用工具修改工作流，则仍需使用该选项。

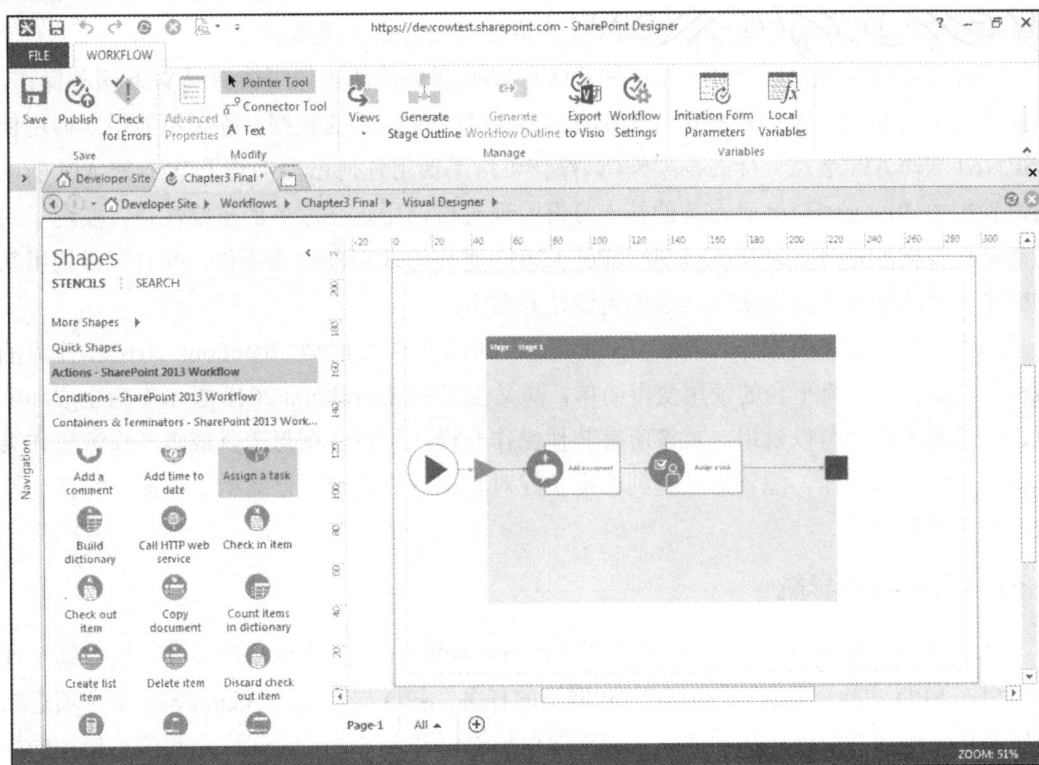

图 3-9

以往，在工作流中多次执行相同的任务很困难，尤其是当你想要快速重用某些配置好的条件或操作。新的 Copy and Paste 功能可以对设计具有一些重复信息的大型工作流起到帮助作用。工作流设计器现在可以使用常用的快捷键来进行复制和粘贴，或在 Ribbon 菜单上选择单个操作或包含全部操作的所有步骤。该新功能有一些限制，比如，不能使用 Ctrl+Z 快捷键来撤消上次执行的命令。复制和粘贴功能不像在 Excel 或 Word 中那样，不能使用

Ctrl 键来选择多个对象或拖放项到工作流上。在 SharePoint 2013 工作流类型或 SharePoint 2010 工作流类型中都可以使用 Copy and Paste 功能。

为便于工作流的相关数据传递，SharePoint 2013 工作流中引入了字典类型变量。字典类型有一组键值对，其中的值拥有一个类型。现在可以创建存储在内存中的复杂类型以便在工作流中使用了。有很多使用字典类型的操作，如构建字典、统计字典中的项、从字典中获取项，还有诸如调用 HTTP Web 服务的操作。一些新的操作会创建字典对象，而其他一些则使用字典对象来定义操作。

2. 新的工作流操作

有了 Windows Azure 工作流的加入，SharePoint Designer 增加了一些新的工作流操作，解决了旧版本中遇到的很多困难。工作流由条件和操作组成。操作会执行你想要的功能，可以编写自定义操作来定制工作流。新的操作用来与 SharePoint2010 工作流集成，并且为 SharePoint 2010 工作流实现与 CodePlex 上类似的可用自定义操作。

一项允许设计师调用 REST 服务和 OData Web 服务的新操作叫做调用 Web 服务操作。该操作用来对 HTTP Web 服务进行调用并且返回 JSON 格式的数据。除了不能用来调用像 ASP.NET Web API 端点一样的框架外，该操作可用于调用任何已提供基于 Web 的 API 的网站。使用由 RequestHeader 支持的基本身份验证直接调用这些服务的重要性是，实现了对动态结构数据的连接。只有选择 SharePoint 2013 工作流才可使用该操作，并且可以使用新的图形工具或操作下拉框来将其添加到设计界面中。

新增了启动工作流操作，以允许 SharePoint 2013 工作流启动 SharePoint 2010 工作流的流转。这让新工作流平台的使用变得简单，却又使得在 SharePoint 2010 版本中为生成和测试工作所做的投入得以延用。就像所有其他操作一样，可以从图形工具或者工作流操作菜单处直接添加该操作。配置好且直到你准备好对其进行修改前，已有的工作流无需任何修改即可再次使用。

3.3.2 用户界面导航

SharePoint Designer 提供了带有常见 Ribbon 菜单 UI 的一贯的用户界面，这有助于找到可以在 SPD 中执行的面向 SharePoint 网站的任务。SPD 导航使用 SharePoint 菜单项逻辑分组为用户快速导航到所需的操作。该界面使导航以及对 SharePoint 网站和信息架构的探索变得更加容易。图 3-10 显示了正在运行的 SharePoint Designer。

SharePoint Designer 会紧密集成到正在编辑的 SharePoint 网站，必须连接到 SharePoint 网站以使用 SharePoint Designer 功能。连接到网站后，将显示详细信息及权限和设置。需要连接到网站以显示信息并实现对网站进行的直接更改。SharePoint Designer 不会存储本地数据，而是在单击 Save(也即 Publish)按钮后直接更改网站。

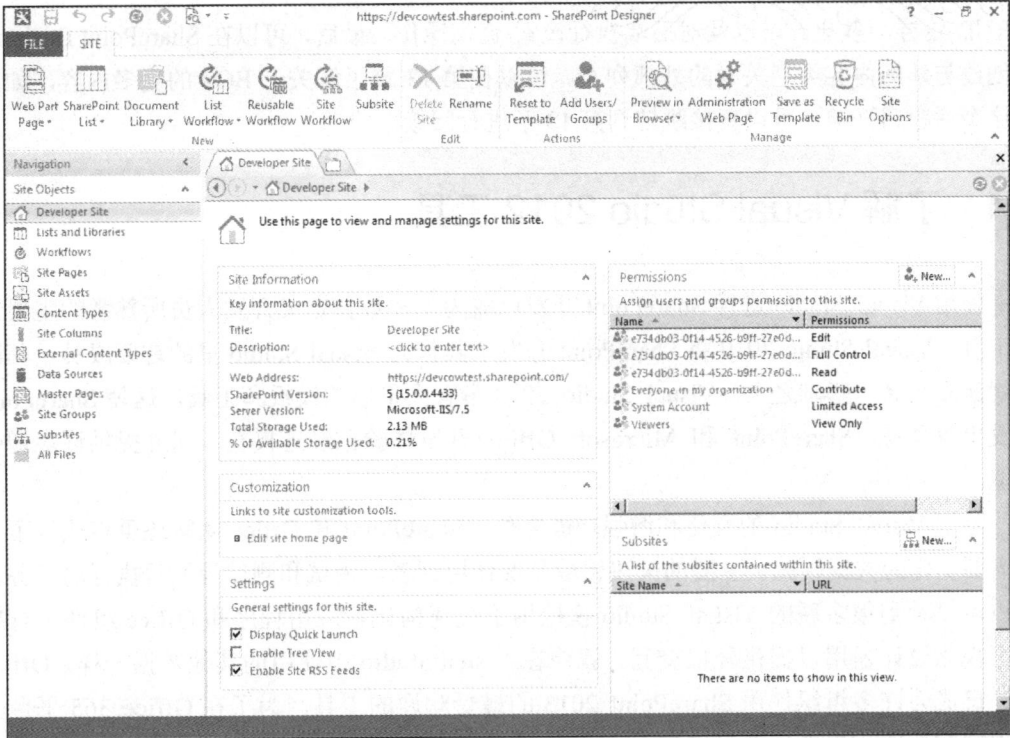

图 3-10

SharePoint Designer 2013 导航与之前的版本一样，站点对象在导航面板中分组，这有助于轻松地找到寻找的目标。站点对象按照下列类别进行常见操作的分组：网站信息、列表和库、工作流、网站页面、网站资产、内容类型、网站栏、外部内容类型、数据源、母版页、网站组、子网站和所有文件。在导航菜单处可以开始根据需要更改网站内容。选择你想要更改的站点对象，Summary 菜单会显示该网站上所有项的列表。比如，选择 Site 页面，将会出现一个所有网站页面的列表，Ribbon 菜单上会显示相应的操作以便进行修改。

在 SharePoint Designer 2010 中引入了 Ribbon 菜单，用于执行 SharePoint Designer 中的操作，就像在 Microsoft Office 产品中一样。Ribbon 菜单用户界面，会显示你单击选中对象的上下文选项卡，这将让你可以更轻松地使用站点对象。Ribbon 菜单界面使管理站点变得简单，因为所有可用选项均组合在一起并显示于单个界面上。

才开始接触 SharePoint Designer 的工作流开发人员会发现所需的完整而丰富的功能，以便进行开发、测试和快速更改。为网站创建的新工作流基于列表、可重用性或网站工作流。除了增加的新功能之外，你仍然拥有实现已有操作和条件的功能。可以直接在 SharePoint Designer 上管理工作流以及发布新创建的工作流。

有了在 SharePoint 2013 中创建、设计和使用业务连接服务(Business Connectivity Service，BCS)的功能，用户就能快速管理其外部内容类型。使用 SharePoint 设计器可以查看外部内容类型并创建新的外部内容类型。外部内容类型可以连接到数据库、.NET 类型或 Web 服务，且可以由 SharePoint Designer 自动生成所需的方法来执行创建、读取、更新和删除

(CRUD)这样一些更改,以及对后端执行检索/查询操作。最后,可以在 SharePoint Designer 中创建与外部内容类型关联的外部列表。可以在第 13 章了解关于 BCS 的更多内容,如果对这个话题感兴趣,可以直接跳转到第 13 章进行阅读。

3.4 了解 Visual Studio 2012 工具

使用 Visual Studio 进行 SharePoint 开发已成为大多数自定义开发人员所熟悉的主要开发工具。Visual Studio 2010 将 SharePoint 开发工具作为 Visual Studio 里的首要成员,其改进就建立在这一基础之上。Visual Studio 2012 带有大量新的模板和工具,这使 SharePoint 开发更为容易。SharePoint 和 Microsoft Office 开发体验已经连接在一起并提供许多增强功能。

除了 Visual Studio 的变化和增强功能之外,SharePoint 和 Office 团队还重点改进了一些需要优化的关键领域。主要的关注领域是像使用列表、调试和测试等经常执行的任务。你也可以看到很多新的 Visual Studio 模板用于快速构建新应用程序和 Office 组件。有新的可视化设计器用以提供轻松交互,就像在 Visual Studio 中使用的其他数据一样。Office 365 已成为许多组织使用 SharePoint 2013 的最受欢迎的工具。为了在 Office 365 平台上启用定制功能,现在还可以直接在 Visual Studio 内将 SharePoint 解决方案远程发布到服务器上。

随着把应用程序模式引入到 SharePoint 与 Office 中,该模式即成为在 SharePoint 中构建增强功能的推荐选择,Visual Studio 已新增了对应用程序开发 4 个阶段的支持。这些阶段是开始、设计、开发和发布。Visual Studio 提供了工具来完成构建应用程序所需的开发和发布阶段。应用程序开发的所有托管模式都支持,如同这些应用程序在构建时可以调试的功能一样。无论选择哪种类型的集成或 SharePoint 用户体验(UX)扩展,Visual Studio 内的开发经验都仍旧相同。

SharePoint 2013 比以往任何时候都更侧重于 Web 开发。客户端框架、基于 REST 的端点和基于标准的代码已经使开发人员能够在无须对许多组件进行重大修改的情况下创建功能强大的应用程序。Visual Studio 为 JavaScript 添加了智能感知,改善了开发人员的体验。因为 JavaScript 语言不会在编译代码中显示编译时错误,所以 JavaScript 开发任务往往极其困难和耗时。为了帮助开发人员解决这一问题,Visual Studio 现在支持对 JavaScript 进行调试。

> 提示:供 Visual Studio 使用的 SharePoint 2010 模板默认情况下会随着 Visual Studio 2012 一起默认安装。这些项目模板仍会支持未过时的功能,但应使用 SharePoint 2013 模板来进行全新开发。

最后，构建组件的工作已经得到改善，比如，可以使用 Web 部件项目项模板。若要让创建 Silverlight 组件变得容易，可以使用 Silverlight Web 部件模板。可以使用此模板来添加你自己的 Silverlight 应用程序或者使用 Visual studio 进行创建。如果你知道 Silverlight 在如局域网这样的环境中是受到支持的，并且它提供了另一种方式来呈现数据和信息，那么这或许对你是有作用的。沙盒型可视化 Web 部件也是提供给开发人员的 Visual Studio 模板的一部分。SharePoint 项目模板已经进行了更新和优化，以提供一个简洁的开发体验。这包括将项目模板移动到项目项列表，以便在创建 Visual Studio 项目时只须选择较少的条目即可。

不论你选择何种项目类型，在深入介绍 Visual Studio 支持的 SharePoint 项目类型前，我们需要快速浏览一下围绕 Visual Studio 和其为 SharePoint 提供的功能。这些功能包括：可用于 SharePoint 2013 的模板，在 Visual Studio 环境中导入 Web 解决方案包(WSP)的功能，SharePoint 服务器资源管理器节点集成，探索项目资源管理器，以及最终对封装设计器的更改，更改后的封装设计器使其能够生成和部署 SharePoint 应用程序与 SharePoint WSP 包。

3.4.1   开始创建新的 SharePoint 2013 项目

要开始使用 Visual Studio 2012 为 SharePoint2013 构建解决方案，需要为 Visual Studio 2012 安装 Microsoft Office Developer Tools。这套工具安装了开发应用程序、Microsoft Office 和 SharePoint 所需的所有项目模板。该开发人员工具使用 Web 平台安装程序(Web Platform Installer，WebPI)来封装，在其安装期间会对系统进行完全配置。必须先安装 Visual Studio 的 Ultimate、Premium 或者 Professional 版本，然后再在此基础上安装该工具。开发工具默认的目标平台是 x86 位平台，必须单独安装 x64 位硬件系统所需的 x64 位程序集。

> 提示：http://msdn.microsoft.com/en-us/office/apps/fp123627 页面上有一个可以构建的应用程序以及应该下载的内容的列表，还有 SharePoint2013 所需的 WebPI 包的一个链接。

安装该工具后，可以使用 New Project 菜单来创建 SharePoint 2013 项目，如图 3-11 所示。根据所选语言(可以选择 C#或 Visual Basic)，然后选择 Office/SharePoint，来查看三个类别的所有项目模板：应用程序、Office 和 SharePoint。

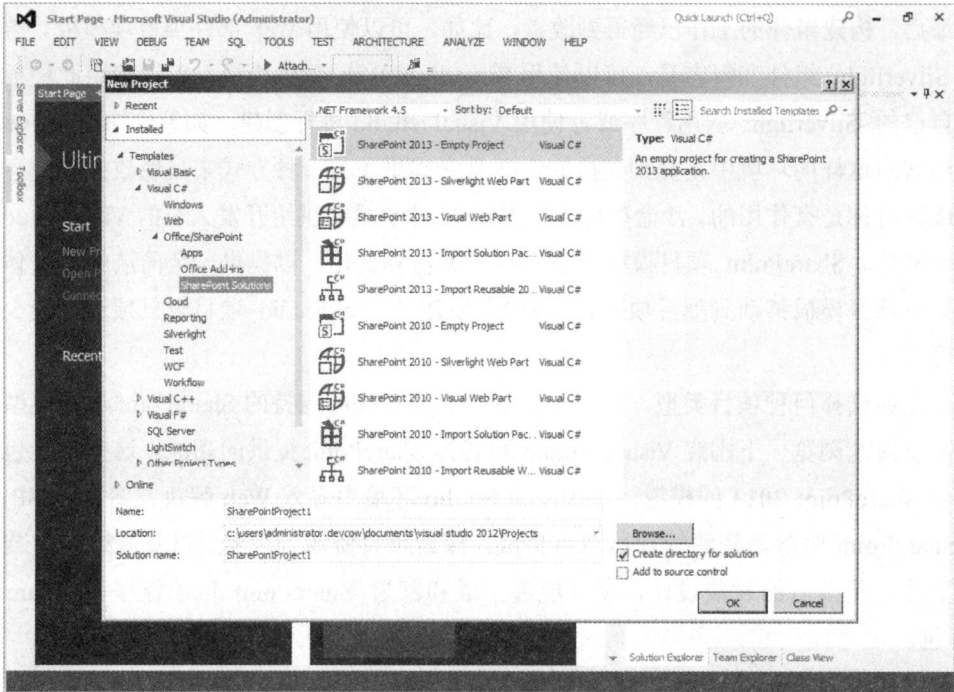

图 3-11

3.4.2　Visual Studio 集成的列表及对内容类型的支持

　　与 Visual Studio 相关的最常见任务之一是创建列表和内容类型。有时这很难，因为它需要修改 XML。现在有了新提供的编辑器和项目项，这一情况有了重大改进。为了帮助构建一个内容类型，Visual Studio 提供了项目模板项以创建作为可重用栏定义使用的自定义列表结构。Visual Studio 还提供了新的内容类型编辑器，为名称、类型和 XML 所需的字段提供可视化界面，然后在后台生成 Elements.xml 文件。可以在增强的列表编辑体验中看到此编辑器的功能。列表编辑器提供了更改列表、视图和属性的功能。

3.4.3　服务器资源管理器中的 SharePoint 连接

　　Visual Studio 服务器资源管理器提供了功能强大的方式来直观呈现服务器基础架构的不同组件，如浏览通过数据连接获取的数据、服务、事件日志和性能计数器。当针对 SharePoint 开发时，你可能会想要浏览你的 SharePoint 网站，了解上面有哪些内容类型、字段、工作流、列表和库。服务器资源管理器包含 SharePoint 连接，这样就可以在 Visual Studio 里以网站树视图形式对所有项的信息进行显示以及浏览这些项的属性。服务器资源管理器中的 SharePoint 连接是只读的，不能用来修改属性。服务器资源管理器将为你节省浏览结构、查看属性，以及在 Web 浏览器中快速打开它们所需的时间。图 3-12 显示了服务器资源管理器内的 SharePoint 连接。

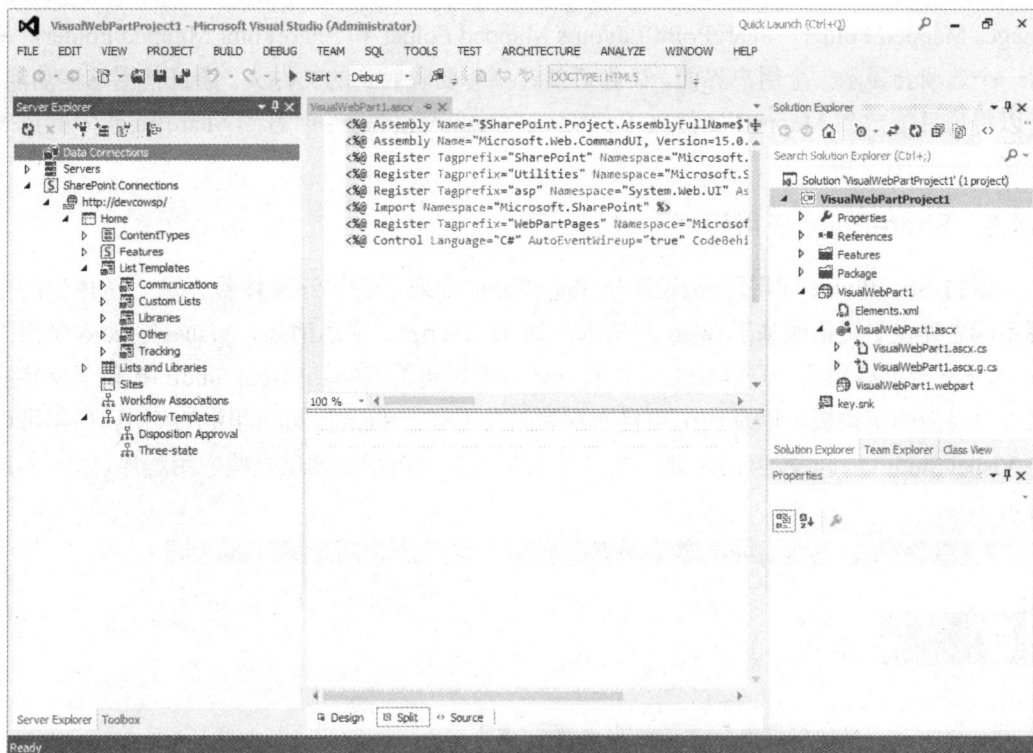

图 3-12

3.4.4　解决方案资源管理器集成

作为 Visual Studio 体验的一部分，Visual Studio 的 SharePoint 工具与解决方案资源管理器集成以便你可以看到组成解决方案的文件。默认情况下，当选择了项目类型时，Visual Studio 将创建解决方案所需的所有项目和文件，如功能 XML 文件、封装包 XML 文件和一个功能签名的密钥，以便你可以部署该功能。此外，Visual Studio 逻辑上显示解决方案的结构布局，使你可以快速添加新功能或其他项目。

3.4.5　Mapped 文件夹

从 SharePoint 2010 开始，Visual Studio 引入了 Mapped 文件夹的概念。Mapped 文件夹提供了一个快速的解决方案来获得 SharePoint 根目录或 SharePoint 配置单元(%ProgramFiles%\Common Files\Microsoft Shared\web server extensions\15)里的文件。想要在与 Visual Studio 集成之前做到这一点极其困难，因为不知道这些文件在文件系统中埋得有多深。可以使用不同的技术，例如，创建 Windows 资源管理器的快捷方式，来快速获取到不同的文件夹，但这不利于在 Visual Studio 项目里在 Layouts 文件夹中设计图像或添加构件。

Mapped 文件夹提供了一种方法来实现在 Visual Studio 项目内映射到指定 SharePoint 文件夹，比如，SharePoint 根目录中的 Layouts 文件夹。要添加一个 Mapped 文件夹，只须右击解决方案资源管理器中的项目，在 Add 菜单下，你会看到三个指令选项：SharePoint

Images Mapped Folder、SharePoint Layouts Mapped Folder 和 SharePoint Mapped Folder。最后一个选项会显示一个用户界面,让你可以选择想要映射到的文件夹。通过使用这些功能,可以将项目拖放到 Mapped 文件夹中,Visual Studio 会将构件部署到 SharePoint 中的正确位置。

3.4.6 SharePoint 应用程序

新的 SharePoint 应用程序模型为 SharePoint 带来了新的开发体验。这一新体验的主要不同之处在于更依赖基于 Web 的技术,如 JavaScript。幸运的是,Visual Studio 带来了 JavaScript 智能感知这一增强功能,使开发体验变得更为流畅。Visual Studio 提供了支持应用程序模型的新模板,以及一个项目布局和封装框架。SharePoint 的所有应用程序都可以在 Visual Studio 内开发,但你需要一个开发人员网站来运行和调试这些应用程序,如图 3-13 所示。

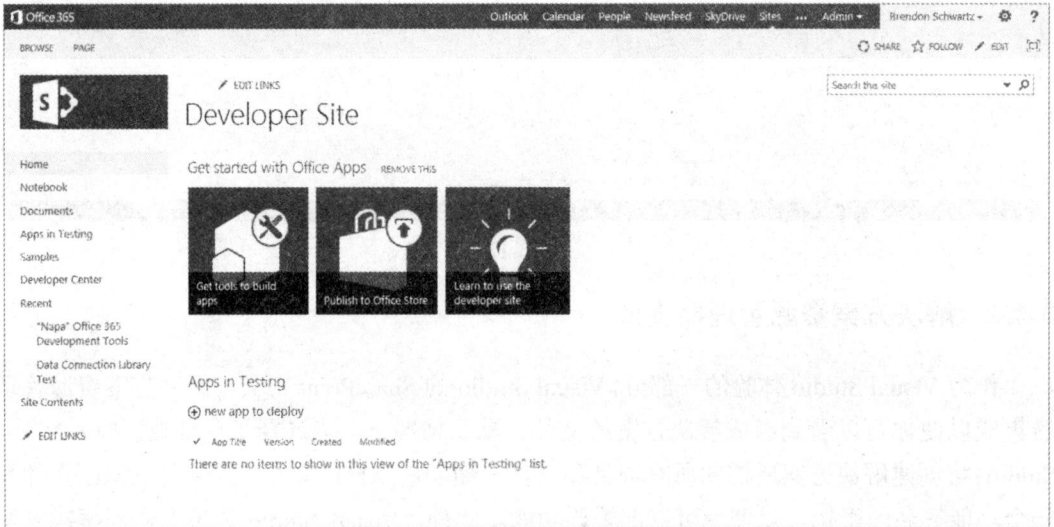

图 3-13

1. SharePoint 解决方案项目与项目项类型模板

支持应用程序所需的新的项目类型模板很简单明了,只有一个创建 SharePoint 应用程序所需的项目类型(见表 3-2)。项目创建后,根据应用程序所需的功能要求,可以构建任何特定的应用程序设计(见表 3-3)。

表 3-2   应用程序项目类型模板

名　称	说　明
SharePoint 2013 应用程序	该项目类型让开发人员能够创建为 SharePoint 构建的应用程序并拥有选择托管类型与用户体验的能力
Office 2013 应用程序	该项目类型用于创建 Office 2013 中的应用程序,以提供额外的内容与功能

表 3-3　应用程序项类型模板

名　　称	说　　明
列表	该模板现在提供了创建带有自定义字段集列表或基于现有列表创建一个新列表的功能
远程事件接收器	该模板可以让你创建使用远程服务来处理 SharePoint 事件的远程事件接收器
内容类型	该模板提供了一个向导来创建带有可重用字段集的内容类型。
工作流	该模板提供了一个向导让你可以在 Visual Studio 中基于列表或网站创建 SharePoint 2013 工作流
空元素	该模板会创建一个 elements.xml 文件以允许你使用 XML 来定义 SharePoint 构件。最通常的用法是在 SharePoint 项目中定义字段
网站栏	该模板会创建一个 elements.xml 文件以及用于自定义网站栏的默认字段属性，可在字段或内容类型中使用
模块	该模板会创建带有示例文本文件的简单模块，该示例文本文件会显示如何部署文件
客户端 Web 部件(托管 Web)	该模板会创建用于为 SharePoint 托管应用程序所需的 elements.xml 文件，该文件位于称为客户端 Web 部件的 Web 部件内
UI 自定义操作(托管 Web)	该模板会创建用于链接到 SharePoint 应用程序的 SharePoint 自定义操作所需的 elements.xml 文件，该链接即为自定义 URL 操作所产生的
任务面板应用程序	该模板提供了一个带有任务面板选项以及可用 Office 应用程序选项的向导，用于创建 Office 2013 应用程序
内容应用程序	该模板会创建用于附加内容以便显示在 Office 文档正文中的 Office 2013 应用程序

2. 文件和项目布局

Visual Studio 中新的 SharePoint 应用程序模板会创建带有项目、项目项和入门所需文件的解决方案。基本代码与所需的所有属性都由向导进行设置。将会基于为 SharePoint 应用程序选择的托管模型类型来创建文件。

无论是自动托管还是提供程序托管，云托管应用程序都具有相同的文件夹和文件结构。两者的区别是，Visual Studio 根据托管的位置来处理封装、部署和调试应用程序的方式。项目包含一个应用程序项目和一个 Web 应用程序项目。应用程序项目包含应用程序特有的文件，而 Web 应用程序项目包含托管该应用程序所需的文件。以下为应用程序项目所需的文件。

- AppIcon.png——该图像用于在主页上显示。

- AppManifest.xml——此文件包含应用程序元素，就像 SharePoint 解决方案中的元素和功能.xml 文件。

Web 应用程序项目包含一个叫做 TokenHelper 文件的特定文件，使应用程序能够对 SharePoint 资源进行安全访问调用。这通过使用为每个应用程序定义并存储在该应用程序内的访问令牌来实现。想了解构建应用程序的更多信息，请阅读第 6 章所做的深入细节内容。其他文件都是将应用程序框架纳入其中的标准 Web 文件，比如，存储在 Web.config 文件中的 ClientID 和 ClientSecret 的值。

SharePoint 托管的应用程序提供了略微不同的布局，因为除了应用程序组件之外，还需要对 SharePoint 解决方案进行封装。还有，这些项目由 SharePoint 托管而不需要单独的 Web 应用程序，因为 SharePoint 本身就是一个 Web 应用程序。如果你熟悉传统的 SharePoint 解决方案，将很快发现此种解决方案类似于 SharePoint 2010 中的解决方案，且项目布局与功能、封装包和 HTML 文件夹相似。因为这仍是一个应用程序，所以仍然需要在项目模板处创建所需的 AppManifest.xml 文件。

根据正在使用的项目类型，无论是应用程序项目还是 Web 应用程序项目，都可以在 Properties 窗口中设置所需的项目属性，也可以使用包括 AppManifest.xml 编辑器、功能编辑器和 SharePoint 封装编辑器等支持工具的内置设计器。图 3-14 显示了一个已打开应用程序序属性及 AppManifest.xml 编辑器的自动托管应用程序。

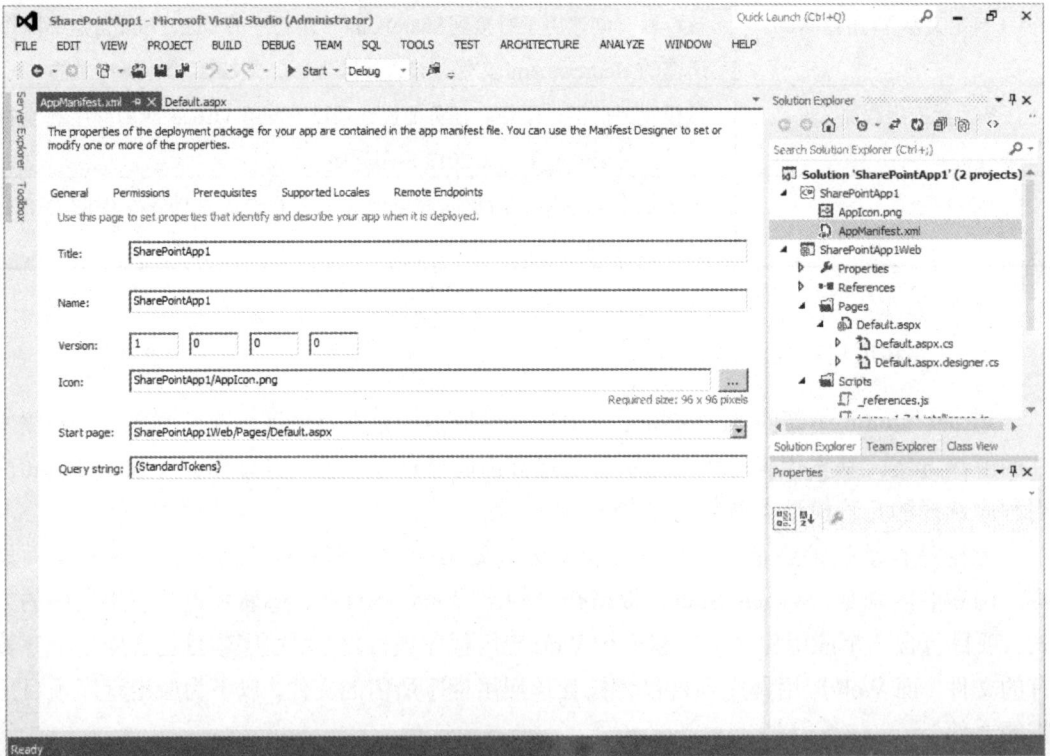

图 3-14

3. 封装

基于开放式封装约定(Open Packaging Convention，OPC)，提供了一个专门用于应用程序的新封装框架。这种新封装格式允许应用程序托管于 SharePoint 之外，甚至集成到 Microsoft Office 中。每个 SharePoint 应用程序包都具有.app 扩展名。驱动所有支持应用程序文件的是 AppManifest.xml 文件，其中包含属性和到其他文件的链接。此文件对于应用程序是必需的，以便正确地封装应用程序。除所需的应用程序文件外，还有其他的 SharePoint 包(WSP)、资源文件(RESX)、数据层应用程序包(DACPAC)和 Web 部署包。

> **提示**：基于 Microsoft Office 格式的.app 封装格式，在本质上是.zip 文件。要查看应用程序的内容，只须将文件扩展名重命名为.zip，就可以在 Windows 资源管理器中查看它。

要完成封装，需要决定发布应用程序的位置以供其他用户使用。有两个地方，可以发布软件包。

- 公共 OfficeStore——这使得其他用户能查看并下载你的应用程序。
- 一个内部组织的应用程序目录——此选项允许你为内部部署的用户创建组织内部的应用程序。

有一个新的 Publish Office 应用程序向导，可引导你为发布 SharePoint 应用程序进行最后的封装。该向导引导你完成此过程，并基于所选 SharePoint 应用程序类型的提示不同的问题。在此过程中你必须提供带有客户端 ID 及在 web.config 中找到的客户端密钥以实现应用程序的身份验证。向导运行完毕后，Visual Studio 会自动生成发布应用程序所需的文件。可以导航到项目中的<app>\bin\Debug\app.publish 文件夹来查看这些文件。所有应用程序都包含.app 文件，它可以上传到正确的目录以便部署。如果还包含一个 Web 应用程序项目，则除所需的 Web 应用程序文件外，Visual Studio 会在相同的文件目录下生成一些存储在.zip 文件中的文件，以便在 Web 部署过程中使用。

- ProjectName.deploy.cmd——用于部署软件包的批处理命令。
- ProjectName.SetParameters.xml——在 deploy.cmd 文件中使用的参数。
- ProjectName.SourceManifest.xml——提供仅在软件包本身创建时才使用的包文件和布局。

4. Office 应用程序

这些应用对业务应用很关键，因为它们在 Office 应用程序和 OfficeWeb 应用程序中均可以运行。这使得 Office 应用程序可以在 SharePoint 2013 中运行而无须做任何更改。这些应用程序基于相同的可移植性概念建立，并使用标准的 Web 技术，如 HTML、CSS、REST、JavaScript 等。目前，只有 Excel 和 Outlook 支持使用 Office Web 应用程序；不过富 Office

应用程序还支持 Word 和 Project。其余的 Office 应用程序会在未来得到支持，这会以当前应用程序的增强功能方式来实现。需要使用 IE9 加载项来显示这些应用程序，因此可以支持所有的 HTML5 技术，就像 IE9 浏览器本身一样。

3.4.7 SharePoint 解决方案(经典解决方案)

SharePoint 解决方案现在称为经典解决方案，只在用于管理自动化和任务时推荐使用。要创建这些解决方案，必须在 Windows Sever 计算机上安装 SharePoint 并使用 Visual Studio 作本地开发。

1. 功能设计器

创建作为经典解决方案的 SharePoint 解决方案，仍然需要使用功能设计器来管理解决方案的功能和软件包。一个功能可以含有多项，如委派控制或事件接收器。此外，功能还可以依赖于其他功能的激活。例如，要使用功能 A 可能需要先激活功能 B。在 SharePoint 中，功能的范围可以按照服务器场、网站、Web 及 Web 应用程序这些不同级别来划分。功能设计器允许配置所有级别的功能。图 3-15 显示了功能设计器的界面。

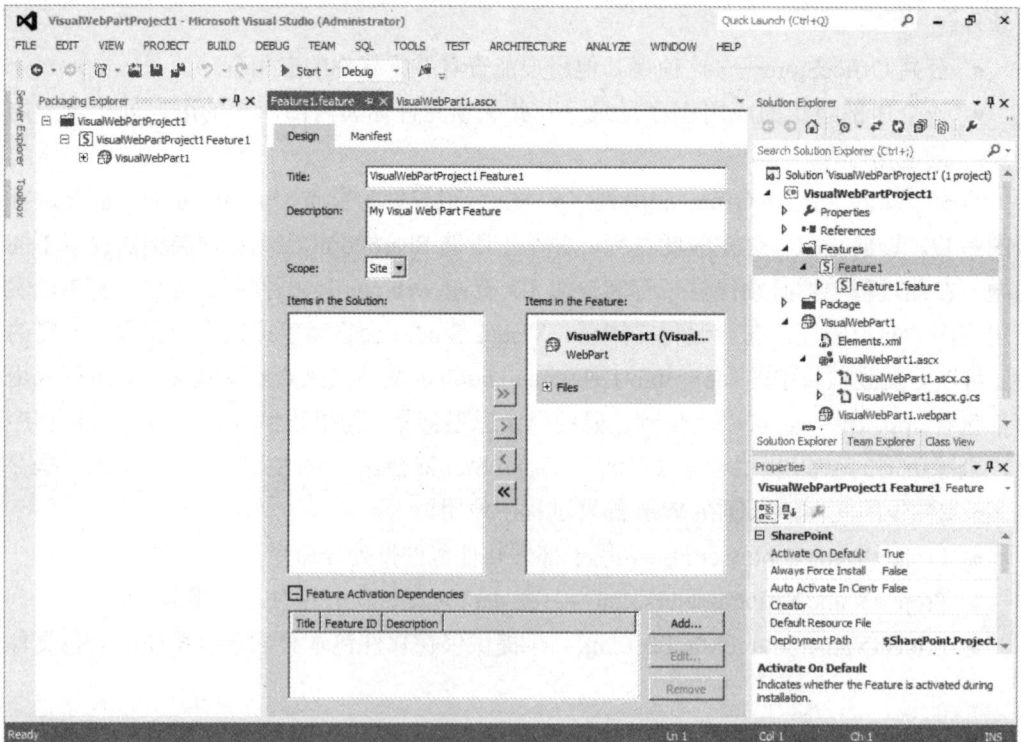

图 3-15

除了使用图形设计器之外，还可以使用 Visual Studio 为功能所创建的 XML。要使用 XML，有两个选择。第一，可将自定义 XML 添加到 Visual Studio 创建的自动生成的 XML 中。第二，可以编辑所有的 XML，甚至是自动生成的部分。如果编辑错了，将会阻止你在 Visual Studio 中编译该功能。只建议那些无法通过在 Visual Studio 自动生成的 XML 中插入新的 XML 节点来满足其需求的高级用户编辑所有的 XML。

2. SharePoint 解决方案项目及项类型模板

Visual Studio 2012 的项目类型基于 SharePoint 2010 和 SharePoint 2013 项目模板的组合。这两个版本具有一些重叠的项，但所有项目模板都列在 Office/SharePoint | SharePoint Solutions 类别下面。表 3-4 列出了不同的项目类型模板，表 3-5 列出了可供使用的项类型模板。许多项目类型都移动到项类型中，让你能更容易地找到要寻找的类型。

表 3-4　SharePoint 解决方案项目类型模板

名　　称	说　　明
SharePoint 2013 项目	该模板允许你创建一个带有所有必需元素的空白项目以便你开始工作，这些元素包括：引用目录、功能目录、解决方案目录以及程序集的强命名键
SharePoint 2013 Silverlight Web 部件	该模板提供了创建托管 Silverlight 应用程序的 SharePoint 2013 包所需的文件，还提供了用于关联该 Silverlight 应用程序的 Web 部件项目
SharePoint 2013 可视化 Web 部件	该模板会创建新的 SharePoint 2013 可视化 Web 部件，该部件允许将控件以拖放的形式放置其上以便用户界面展现，而不必编写用户界面的代码。该模板包括一个 Web 部件与一个用户控件项
导入 SharePoint 2013 解决方案包	该模板允许你为 SharePoint 2013 导入一个现有的 WSP 包
导入可重用的 SharePoint 2013 工作流	该模板允许你导入在 SharePoint Designer 2013 中创建的已有可重用 SharePoint 2013 工作流，稍后可以在 Visual Studio 中对该工作流进行定制和部署。该导入操作是单向的，且一旦在 Visual Studio 中对其进行了修改，就无法再用 SharePoint Designer 打开它了
SharePoint 2010 项目	该模板允许你创建一个带有所有必需元素的空白项目以便你开始工作，这些元素包括：引用目录、功能目录、解决方案目录以及程序集的强命名键
SharePoint 2010 Silverlight Web 部件	该模板提供了创建托管 Silverlight 应用程序的 SharePoint 2010 包所需的文件，还提供了用于关联该 Silverlight 应用程序的 Web 部件项目
SharePoint 2010 可视化 Web 部件	该模板会创建新的 SharePoint 2010 可视化 Web 部件，该部件允许你将控件以拖放的形式放置其上以便用户界面展现，而不用编写用户界面的代码。该模板包括一个 Web 部件与一个用户控件项
导入 SharePoint 2010 解决方案包	该模板允许你为 SharePoint 2010 导入一个现有的 WSP 包
导入可重用的 SharePoint 2010 工作流	该模板允许你导入在 SharePoint Designer 2010 中创建的已有可重用 SharePoint 2010 工作流，稍后可以在 Visual Studio 中对该工作流进行定制和部署。该导入操作是单向的，且一旦在 Visual Studio 中对其进行了修改，就无法再用 SharePoint Designer 打开它了

表 3-5　SharePoint 解决方案项类型模板

名　　称	说　　明
Silverlight Web 部件	该模板会添加需要的 Silverlight 项目,并询问你想如何在项目里关联 Web 部件,要么选择创建一个新的 Silverlight Web 部件要么稍后关联它
可视化 Web 部件	该模板会添加一个新的可视化 Web 部件到当前项目中
Web 部件	该模板允许你为 SharePoint 2013 环境创建一个 Web 部件
列表	该模板现已提供了创建带有自定义字段集的列表或基于现有列表创建一个新列表的功能
事件接收器	该模板提供了一个向导,以允许你选择要创建的事件接收器的类型、使用的事件源以及要实现的事件
内容类型	该模板提供了一个向导,以创建带有可重用字段集的内容类型项
工作流	该模板提供了一个向导,以允许你在 Visual Studio 中创建基于列表或网站的 SharePoint 2013 工作流
工作流自定义活动	该模板会创建可在 Visual Studio 或 SharePoint Designer 中重用的自定义活动
顺序工作流(仅限于场解决方案使用)	该模板提供了创建 SharePoint 2010 顺序工作流的功能
状态机工作流(仅限于场解决方案使用)	该模板提供了创建 SharePoint 2010 状态机工作流的功能
业务数据连接模型	使用该模板来为 BCS 模型创建资源文件。资源文件使你可在模型中对名称进行本地化并申请对象的访问权限
空元素	该模板会创建一个 elements.xml 文件以允许使用 XML 来定义 SharePoint 构件。最通常的用法是在 SharePoint 项目中定义字段
应用程序页面(仅限于场解决方案使用)	使用该模板来创建应用程序页面,该页面即是托管在 SharePoint 中的 ASP.NET 页面
网站栏	该模板会创建 elements.xml 文件并为用于内容类型或字段的自定义网站栏创建默认字段属性
模块	该模板会创建带有示例文本文件的简单模块,该示例文本文件会显示如何部署文件
网站定义(仅限于场解决方案使用)	该模板允许你创建在场级别用于部署的 SharePoint 2010 网站定义文件
用户控件(仅限于场解决方案使用)	可使用此模板创建用于应用程序页面或 Web 部件的用户控件。可以在 Visual Studio 中使用图形设计器以拖放控件到设计界面上,从而对该控件进行设计

3. 导入封装包

导入和导出 SharePoint 包的概念自 SharePoint 2007 开始便在用户界面中引入了。自那时以来，产品团队已经改进了创建的封装包上的功能和标准。这些功能目前在 SharePoint、Visio、SharePoint Designer 和 Visual Studio 中都能发现。这意味着这些工具的结合使你能够快速开发解决方案并在开发步骤中使用合适的工具。Visual Studio 提供了完成封装包和微调修改的最大功能集。要导入称为 Web 解决方案包(WSP)的 SharePoint 包，有两种选择：普通 WSP 包或可重用工作流。两种封装包都有带有向导的 Visual Studio 项目模板帮助你导入包。如果不熟悉 WSP 包，那么你应该更多地去了解本质上它们是如何运作的，因为它们对于在多个环境中安装和交付 SharePoint 解决方案提供了颇有价值的功能。

1) 导入 WSP 包

当进行 SharePoint 开发时，必须在用户界面或 SharePoint Designer 内开展工作。在解决方案设计工作完成以后，必须导出项目项甚或整个网站来移动该信息并修改它。有了 Visual Studio，可以导入 WSP 解决方案，其中包含导出并移入 Visual Studio 解决方案的网站或项目项。Visual Studio 会导入列表、字段、内容类型及其他构件，以便你可以在 Visual Studio 中快速开始对它们的工作。WSP 包仍是所有非应用程序的 SharePoint 解决方案的推荐封装格式。

2) 可重用工作流

类似于导入通用网站 WSP 包的项目模板，还可以导入用 SharePoint Designer 创建的可重用工作流。在 SharePoint 中创建的可重用工作流是由用于定义该工作流的 XML 语句描述(而非代码)组成的声明式工作流。可重用工作流模板允许你在 SharePoint Designer 中创建工作流，然后将其导入 Visual Studio 中，转换成可在你的 SharePoint 网站中重用的代码工作流。

4. 封装设计器和资源管理器

功能创建好以后，需要将其封装在一起，并部署到服务器上。这时封装设计器和资源管理器开始发挥作用。如果你使用过 SharePoint，就会知道 SharePoint 支持称为 Web 解决方案包(WSP)的格式，它仅仅是一个 CAB 文件，其中包含解决方案文件和清单或者部署时 SharePoint 应该怎样处理该解决方案的 XML 文件。可以自己编写所有的 XML 并编译成 CAB 文件，但使用 Visual Studio 会更加容易一些。图 3-16 显示了封装设计器的界面。

封装设计器提供以下功能：

- 使用图形界面为解决方案添加多项；
- 控制 Web 服务器是否重置；
- 将程序集添加到封装包中；
- 编写封装规则，使你能在封装包部署到服务器之前以编程方式对其进行验证。

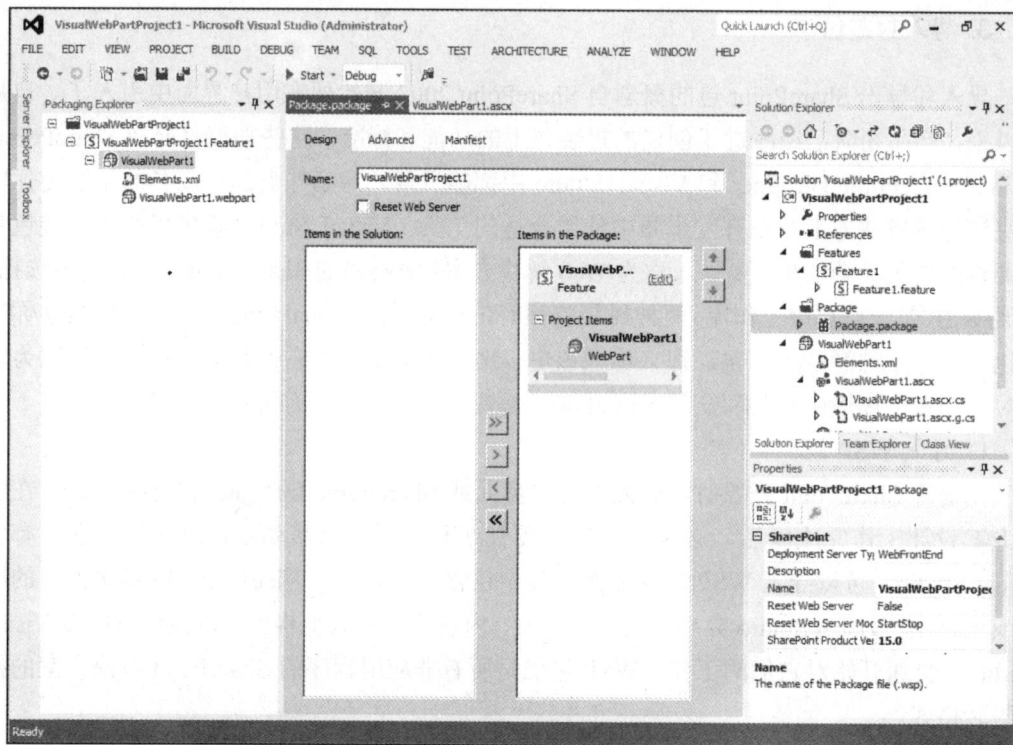

图 3-16

3.5 设置开发环境

SharePoint 开发有很多由于 SharePoint 和 Office 2013 变化所带来的选项。鉴于这些变化，理解你想开发什么以及需要设置的组件就变得至关重要。两种最常见的开发环境是 Office 365 解决方案和内部部署解决方案。新的应用程序模型更易于创建开发环境，并且比之前版本的 SharePoint 具有更少的依赖性。但这种变化也带回了所有 SharePoint 解决方案的典型开发必须在一台服务器操作系统上完成这一限制条件。除了设置本地开发环境之外，微软还为在 Web 上托管的应用程序提供了一套完整的开发工具，用于快速开发。

3.5.1 用于 SharePoint 和 Office 365 开发环境的应用程序

在 SharePoint 2013 中创建一个用于开发应用程序的环境，其步骤很简单。微软建议应用程序开发人员注册一个 Office 365 网站以帮助进行开发和测试。这些网站已经配置了必需的应用程序隔离以及在本地 SharePoint 部署中进行设置所需的 OAuth。此外还可以在 Visual Studio 中获得完整的部署体验，并且仅可以部署到开发网站。如前所述，需要做的全部工作就是在包括 Windows 7 在内的任何支持 Visual Studio 的操作系统上安装 Visual Studio。安装 Visual Studio 后，再安装 Office Developer Tools for Visual Studio，其中包括以下必要的开发组件：

- Office Developer Tools for Visual Studio 2012——预览版

- SharePoint Client Components(包含客户端程序集)
- Windows Identity Foundation(WIF)SDK
- Workflow Tools SDK and Workflow Client SDK
- Windows Identity Foundation SDK 和 Windows Identity Foundation Extensions

Napa Office 365 开发工具

Napa Office 365 开发工具是 Office 365 提供的一套工具，使应用程序开发人员无需在本地安装任何工具就能快速开始进行开发工作。要开发应用程序，可以使用浏览器中提供的能突出显示语法的完整代码编辑器。要获得此工具，必须注册 Office 365 账户并创建一个让你可以获取开发工具的开发网站。当想要在 Visual Studio 中继续编辑解决方案时，在 Visual Studio 中有一个按钮，可用于打开项目。这是创建应用程序的简便方法，如图 3-17 所示。

如果你有 Office 365 账户，便可以直接使用 https://www.napacloudapp.com/来访问编辑器。

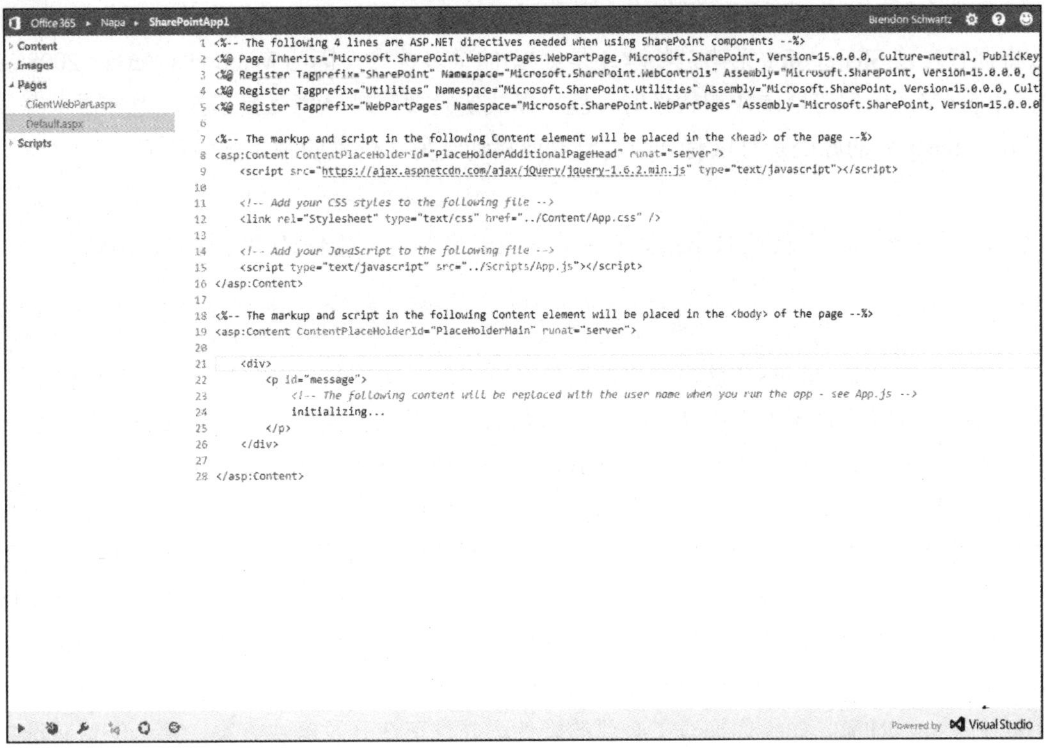

图 3-17

3.5.2　本地开发环境

本地 SharePoint 开发环境将映射到当前的 SharePoint 开发人员习惯的传统 SharePoint 环境。该环境要求在本地 Windows Server 2008 x64 位服务器上安装 SharePoint 2013 以开始开发。主要的不同在于不能在 Windows 7 操作系统上执行 SharePoint 2013 的安装，因此不能在该系统配置上进行经典的 SharePoint 开发。

1. 系统要求

对于用于本地开发的计算机，其系统要求不像生产环境那么高，但在设置开发工作站时应该注意几个关键要求。因为 SharePoint 2013 仅支持 x64 位安装，所以开发计算机也必须是 x64 位计算机。当前的建议是该计算机拥有至少 6 GB 内存来安装和运行 SharePoint 2013。这比生产环境硬件的单个服务器实例所需的内存小，还应当优化开发环境以便进行开发工作时消耗较少的内存。

2. 虚拟化还是物理机

本地开发环境可以安装在虚拟硬件抑或物理硬件上，这取决于哪套系统是可用的以及预算。在计算机上进行 SharePoint 的虚拟安装还是物理安装通常是一个艰难的抉择。很多时候，答案取决于你想要在客户机上运行的操作系统，以及你更重视性能还是灵活性。现在我们稍微详细一点来逐个探讨每个问题。

作为宿主机操作系统，如果你不介意使用 Windows Server 2008 作为首要操作系统，那么将拥有安装 SharePoint(无论是物理还是虚拟)的很多选项，因为 Windows Server 2008 支持 Hyper-V。当你清楚硬件和软件时，就可以决定是要物理环境还是虚拟环境。对于开发人员，Hyper-V 的好处是可以有一个可复制或移动到另一位置的独立开发环境。

> 提示：要使用 Hyper-V 来安装本地开发环境，硬件必须支持 Hyper-V。

如果要在如 Windows 7 这样的桌面操作系统上运行虚拟机，那么选择会受到更多限制，因为这些桌面操作系统不支持 Hyper-V。这意味着如果想实现虚拟化，需要使用另一种产品，如 VMWare 或 Virtual Box，因为 Virtual PC 和 Virtual Server 不支持 x64 位系统。

当你有了供宿主机 OS 使用的合适的虚拟化技术后，问题就变成了是否要虚拟化。虚拟化提供了很多优秀的功能，例如，可移植性、回滚更改的功能、单个宿主机 OS 上的不同环境等。除了这些积极方面之外，虚拟化还有一个关于性能成本的消极影响。当然，随着这些年软件的改进以及硬件的变化，这种性能成本已经下降了。影响性能的原因是你需要给客户机 OS 和 SharePoint 分配几个 GB 的内存，而且绝对需要一个高转速硬盘，最好不低于 7200 RPM。如果你拥有了必要的硬件，并且正在开发解决方案，那么应该首选虚拟化。最后一个选项是，开发人员已经开始注意到由 Windows 7 的双启动功能提供的双启动系统。这通常不是较大组织的选择，因为可以临时添加了计算机到域中，不过这会是评估计算机或使用完整硬件的一种快速方法。

> 提示：当产品发布时，许多脚本和部署指南也将一同发布。如果需要完整的指南，可在 http://www.criticalpathtraining.com/免费的会员文章处查阅 SharePoint Server 2013 预览版虚拟机配置指南(v0.5)。

3. SQL Server 版本

SharePoint 2013 支持 SQL Server 2008 R2 和 SQL Server 2012。如果选择单机选项安装该产品，SharePoint 会安装 SQL Server 2008 RS Express with SP1。虽然此选项可快速安装该产品，但如果尝试通过 Visual Studio 来访问数据库，可能会遇到开发问题。一个不错的替代选择是，如果你有 MSDN 订阅，则应使用 SQL Server Developer Edition 来提供一套完整的功能以便进行开发。

3.6　调试时的故障排除

开发是创建应用程序的第一部分，但如果代码有问题，能否有一个简单的方法来调试并确定问题所在就显得很关键了。Visual Studio 和 SharePoint 提供了在代码开发期间以及代码部署到生产环境站点以后执行此操作所需的工具。此版本的主要变化围绕着调试 SharePoint 应用程序，以及调试在远程服务器上运行的代码所需的身份验证。开发人员面板已经彻底改变，并且现在提供了集成的调试日志记录输出。

3.6.1　F5 调试

Visual Studio 中的标准调试称为 F5 调试，在按下快捷键后会启动调试器并将代码附加到正在运行的进程中。Visual Studio 早已在旧版 SharePoint 中就为典型的 SharePoint 解决方案添加了 F5 调试，并且现在该功能也可以与 SharePoint 应用程序一起使用。

1. SharePoint 应用程序

为 SharePoint 调试应用程序，因架构的原因，比经典的 SharePoint 解决方案需要一些更多的身份验证握手。幸运的是，微软已经让"按 F5 键"变得和经典 SharePoint 解决方案一样简单。默认情况下，Visual Studio 使用 IIS Express 作为调试会话的本地主机。IIS Express 应用程序是 IIS 的简洁版本，运行之前不用安装。如果与远程应用程序和托管 Web 有交互，可能会提示你在调试前需要授予权限。为 SharePoint 调试应用程序，需要连接到 SharePoint 开发人员网站并允许应用程序在必要的时候受到信任。如果没有，你将会看到一个如图 3-18 所示的错误。

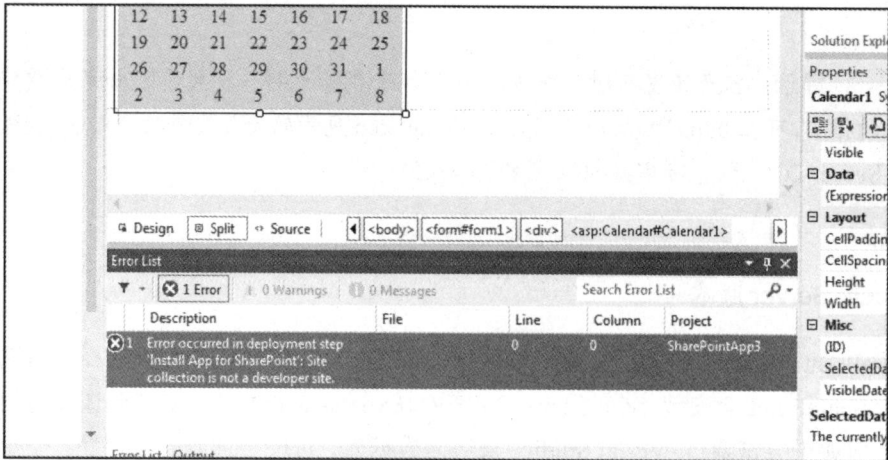

图 3-18

以下是当按 F5 键时 Visual Studio 执行的步骤。

(1) 如有必要，它会生成 Web 应用程序项目。

(2) 它修改 AppManifest.xml 和其他项目文件中的 URL 路径。

(3) 它仅将 SharePoint 特有的构件封装进开放封装公约(OPC)中。

(4) 它卸载该 SharePoint 应用程序。

(5) 它使用生命周期 API 安装该 SharePoint 应用程序(已放入 OPC 中)。

(6) 如果未使用对等名称解析协议(Peer Name Resolution Protocol，PNRP)，则更新主机文件。

(7) 如果有 Web 应用程序项目，则在 IIS 或 IIS Express 中启动该 Web 应用程序项目。

(8) 它在 web.config 中更新正确的客户端 ID。

(9) 如果应用程序清单中的 LaunchUrl 设置应用程序项目中的网站页面，则启动浏览器并转到该 LaunchUrl 地址。若并非如此，则 Visual Studio 会启动所有的应用程序页面。

(10) Visual Studio 附加脚本调试器或 Silverlight 调试器中。

Web 应用程序项目的调试体验对所有 ASP.NET 网站开发人员来说都是很熟悉的。由于可能会有很大一部分 JavaScript 代码，因此有了脚本调试器的自动附加并准备就绪就非常棒了。SharePoint 托管的应用程序体验包含更多的文件以开展工作，因为所有 JavaScript 文件都将从 SharePoint 页面处加载。快速构建应用程序的一个好策略是，首先开发不依赖其他框架的 Web 应用程序组件，然后在准备好代码的情况下添加动态功能。这会是一个不错的调试体验，只要正确配置了开发环境和服务器位置。确保在设置环境前一定要做好预案，你将能快速构建功能强大的应用程序并只须简单地使用 F5 键来调试它们。

2. 经典 SharePoint 解决方案

使用经典 SharePoint 解决方案，可以通过设置断点和按 F5 键启动调试器来支持调试。如果在 Visual Studio 项目处选择场或沙盒解决方案，将提供相同的体验。第一次在 Visual Studio 中调试 SharePoint 解决方案，会要求你在 SharePoint 服务器上自动配置 web.config，以支持调试会话。这样做是为了避免为每一个开发环境进行服务器的手动更改。此外，这有助于减少错误和因记不清开始调试所需的每一处更改造成的失败。这些步骤还包括回收应用程序池、撤销之前的解决方案、部署解决方案和激活所需功能。所有这些行为都可以在 Visual Studio 的属性和编辑器中修改。

> 提示：你需要拥有对服务器的管理权限，以便在 Visual Studio 中更改 web.config，这些更改不应该在生产服务器上进行。

Visual Studio 将自动执行三个步骤。第一，通过在 web.config 中添加行 CallStack=true 来开启调用栈。第二，在 system.web 节点处使用<customErrors mode="Off"/>，将禁用 ASP.NET 中的自定义错误，以便在出错时能接收到详细的错误信息。最后，使用<compilation debug="true"/>，Visual Studio 将启用编译调试，这将让 ASP.NET 使用附加信息来编译二进制文件，从而使调试变得更加容易。

除了进行这些修改之外，当启动调试会话时，Visual Studio 还会执行从部署到附加调试器的若干步骤，如下所示。

(1) 它运行可以定制的前期部署命令。

(2) 它使用位于 bin\ <build>目录中的 MSBuild 位置创建 WSP 包。

(3) 如果部署到服务器场，则 Visual Studio 将回收 IIS 应用程序池以释放资源。

(4) 如果部署一个现有解决方案的新版本，则 Visual Studio 将停用你的功能、卸载现有的解决方案并删除服务器上的现有解决方案包。如果有功能接收器，则代码会执行。

(5) 它将新的解决方案和功能安装在服务器上。

(6) 如果构建一个工作流，Visual Studio 将安装工作流程序集。

(7) 它激活网站或 Web 功能。需要激活 Web 应用程序或场功能。同样，功能接收器将执行以运行代码。

(8) 对于工作流，Visual Studio 会将工作流关联到工作流向导中选择的列表或库。

(9) 它运行后期部署命令。

(10) 它为完全信任的解决方案将调试器附加到 SharePoint 进程(w3sp.exe)中，为沙盒解决方案将调试器附加到 SPUCSPUWorkerProcess.exe 进程中。

(11) 如果部署到服务器场，Visual Studio 将启动 JavaScript 调试器。

(12) Visual Studio 启动浏览器并为解决方案显示正确的 SharePoint 网站。

关于这些步骤有几个注意事项。首先，如果调试的是工作流，则需要通过 Web 浏览器、客户端应用程序或编写的自定义代码来触发工作流。Visual Studio 不会自动触发工作流。还有，对于工作流，引用的所有额外程序集都必须在全局程序集缓存(Global Assembly Cache，GAC)中。

其次，如果使用功能事件接收器，则不要让 Visual Studio 激活该功能事件接收器。相反，手动激活功能事件接收器，以便它与调试器处在同一进程中。在项目设置中的部署处可以禁用该激活。

因为 SharePoint 建立在位于其下的许多层的基础上，如 Windows Communications Framework(WCF)，所以可能需要在 Visual Studio 环境中启用高级调试。为此，在注册表编辑器中，找到[HKEY_CURRENT_USER\Software\Microsoft\VisualStudio\10.0\SharePoint Tools]，将 EnableDiagnostics 的 DWORD 值从 0 改为 1。如果 DWORD 值不存在，创建一个新的 DWORD 值。设置好该值后，会在 Visual Studio 的输出窗口中看到 Visual Studio 通过栈跟踪获取到的来自 SharePoint 的所有信息。

3.6.2 使用开发人员面板进行调试

开发人员面板已成为所有 SharePoint 用户的必备工具。开发人员面板得到了必要的彻底重新设计，使它更易于使用并提供了更好的性能。现在开发人员面板不仅只供开发人员使用，由于提供了来自该面板的诊断信息，IT 专业人员也能使用开发人员面板了。开发人员面板的主要用途依然是为呈现的页面提供诊断信息。该信息涵盖了从基本的页面信息到与该页面相关的统一日志系统(Unified Logging System，ULS)日志的范围。主要变化之一是开发人员面板呈现以及收集信息的方式。图 3-19 显示了开发人员面板及其组件。

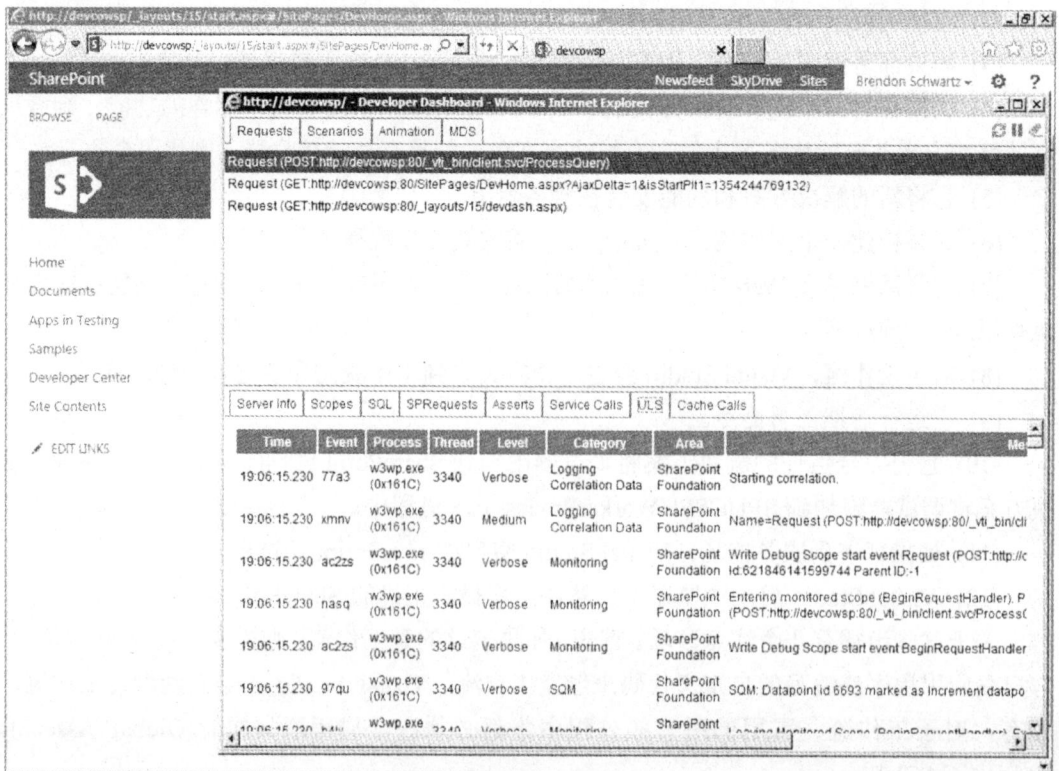

图 3-19

现在有许多选项卡可以提供关于每个请求的详细信息，所有这些信息也并不只是在单个页面上。在可用的情况下，跟踪信息会提供更多的信息，如 SQL 选项卡，可单击任意请求以查看详细的 SQL 命令及每次调用的分析。此外，还可以直接在浏览器中看到页面相关 ID 的 ULS 日志。浏览器弹出窗口内填充的数据来自名为 diagnosticsdata.svc 的专用 WCF 服务。该服务专为开发人员面板设计并用来提供跟踪信息。

> **提示**：诊断数据依赖于使用情况与健康数据收集服务应用程序，该应用程序必须创建并运行。

默认情况下，开发人员面板处于关闭状态，但几个选项可以用来打开它。在 SharePoint 以前的版本中，有三个选项可以选择，但 SharePoint 2013 只有打开或关闭两种模式。On 选项相当于 On Demand 选项，它会将图标放置到页面上。现在只有两个选项的原因是该控件没有嵌入在页面中，这意味着不需要担心该控件会影响页面上的内容。要在 PowerShell 中启用开发人员面板，可以使用以下几行脚本；只须确保在生产环境中使用完以后将其关闭。

```
$contentService = ([Microsoft.SharePoint.Administration.SPWebService]::
  ContentService)
$devDashboardSettings =$contentService .DeveloperDashboardSettings
$devDashboardSettings.DisplayLevel =
  [Microsoft.SharePoint.Administration.SPDeveloperDashboardLevel]::On
$devDashboardSettings.Update()
```

可在代码中写入与此相同的脚本，因为 PowerShell 脚本和代码使用相同的 API 集。这取决于需要开启开发人员面板的使用方式。例如，你可能会在代码中抛出异常时打开开发人员面板，而在其他页面呈现时关闭它。正如你所看到的，你需要将引用文件和 Using 语句添加到代码中的 Microsoft.SharePoint.Administration 处。代码运行还需要正确的安全上下文，因为开发人员面板是一项服务器场范围的设置。

3.6.3　使用 SharePoint 日志进行调试

随着开发人员面板的改变，你不需要再为某一页面而使用 ULS 了。但是，如果你有其他 SharePoint 解决方案或需要了解在某一页面呈现的同时发生的其他操作，你仍然必须使用 SharePoint 日志。因为 ULS 日志包含发生在 SharePoint 内的与操作相关的日志信息，所以可能看不到任何有关 SharePoint 新应用程序的日志。如果编写在 SharePoint 上托管的应用程序，将依然可以利用 ULS 的日志记录。还有，可使用你偏爱的文本编辑器来浏览 ULS 日志。一个相当好的查看工具是 ULSViewer，它可在 MSDN 的 http://code.msdn.microsoft.com/ ULSViewer 处免费下载。该工具没有得到任何支持，但它善于分析 ULS 日志并提供实时观看、智能突出显示(鼠标指针悬停在某日志条目时将突出显示类似的日志条目)，以及其他一些功能。

3.6.4 调试 Silverlight 代码

Visual Studio 默认启用脚本调试。如果要调试在 SharePoint 中运行的 Silverlight 应用程序，就需要修改 SharePoint 部分中项目下面的属性，即勾选 Enable Silverlight Debugging 复选框。

Silverlight 默认情况下不允许跨域脚本。如果要进行跨域调用，比如，从一个 Share-Point 网站复制到另一个可能在不同场的网站，或者使用不同的 URL，那么需要熟悉 clientaccesspolicy.xml 文件，以便将该文件与 Silverlight 一起使用来重写该策略。对构建应用程序和在 Web 页面上使用 Silverlight 的开发人员，这项工作将会变得很普遍。必须将此文件放在文件系统中 SharePoint Web 服务器的根目录中，这样 Silverlight 才能具有新策略文件的访问权限。

> 提示：MSDN 上有很好的资源可供了解这些限制条件，参见 http://msdn.microsoft.com/en-us/library/cc645032(VS.95).aspx.

3.6.5 其他有用的调试和测试工具

许多社区成员从 SharePoint 2007 就开始为 SharePoint 开发工具。虽然这些工具并非一直提供升级，但 SharePoint 的许多 API 也并没有改变，这意味着这些工具仍有效。除了 Visual Studio 之外，其他有用的工具有助于在 SharePoint 中调试和测试。以下是推荐的一些工具，但在热点网站如 CodePlex(www.codeplex.com)上还有更多工具。

1. SPDisposeCheck

用于经典 SharePoint 解决方案的主要工具之一就是 SPDisposeCheck。此工具允许扫描代码，以确定是否存在任何基于已知模式的内存溢出。SharePoint API 会分配通用语言运行时(CLR)垃圾回收器没有释放的基于 COM 的内存。为此，你需要对某些对象，例如 SPSite 和 SPWeb 对象，显式调用 Dispose()方法。如果你不对其进行处理，你的应用程序会出现内存溢出，并且将很难追踪是哪些代码段导致了溢出。

为此，微软发布了一个叫做 SPDisposeCheck 的工具，它会扫描代码告诉你在哪里因为没有调用 Dispose()方法而没有释放该内存。此工具为你在跟踪内存溢出方面节省很多时间并让你不再忧虑。可以在 http://code.msdn.microsoft.com/SPDisposeCheck 处下载 SPDisposeCheck.

2. Internet Explorer 开发人员工具

有时最好的调试工具是内置到产品中的工具。Internet Explorer 在其开发人员工具内提供了浏览 HTML、脚本和层叠样式表(Cascading Style Sheet，CSS)代码的功能。要获取该开发工具，在浏览器中按 F12 键。可以使用树型视图和在运行中编辑源码的方式来进行 HTML 和 CSS 的调试。该开发工具还有一个内置的 JavaScript 调试器，以便你可以设置断点，当运行到断点时可以让该工具中断运行。你会得到观察窗口、本地变量、调用栈和称为控制台的即时窗口。IE 还包括一个 JavaScript 分析器以显示脚本代码的性能，提供了函数的使用次数和所花时间的显示。使用这些工具，可以追踪客户端代码的任何问题。

3. Firefox 和 Firebug

如果使用 Firefox 作为浏览器，就可以使用 Firebug 作为 HTML 开发和调试的工具。Firebug 在 Firefox 环境中提供与 IE 开发人员工具类似的功能。

4. Visual Round Trip Analyzer

Visual Round Trip Analyzer(VRTA)位于微软的网络监视器工具上，是免费的加载项。它提供了客户端与服务器交互需要花多长时间的图形化显示。如果代码使页面加载变慢(例如，由于加载多个 JavaScript 或 CSS 小文件)，或者如果因为网络问题导致应用程序和服务器之间的任何问题，都可以使用此信息来确定是否存在过多的往返过程。可以在 http://www.microsoft.com/downloads/details.aspx?FamilyID=119f3477-dced-41e3-a0e7-d8b5ca e893a3 处下载 VRTA。

5. Fiddler

关于调试工具的任何讨论，都不得不提 Fiddler(www.fiddlertool.com)。Fiddler 是一个 Web 调试代理，它会记录计算机与互联网之间的所有 HTTP 和 HTTPS 流量信息。Fiddler 可以检查所有 HTTP 流量、设置断点以及查看传入和传出的数据。它是一个必需的工具，有助于了解哪些服务器变量是从服务器返回的，其消耗的流量是多少，客户端代码调用了多少次，以及提供深入了解应用程序的其他因素。

3.7　本章小结

本章介绍了现有工具、伴随 SharePoint 2013 而生的新工具以及应用程序模型的变化。从添加应用程序到在无安装工具的情况下生成应用程序，OOB 开发人员经验有了更多的选项。每个选项对开发都有价值，且应正确地共同使用以快速构建所需的应用程序。SharePoint 已演变成几乎对每一种方案都具有完整工具支持的开发平台。介绍这些工具，旨在帮助你了解 SharePoint 开发人员构建出色的应用程序都需要些什么。最后，回顾了调试现在如何在经典 SharePoint 解决方案和新应用程序模型中执行，以及协助追踪问题的其他工具。

第 4 章

SharePoint 2013 应用程序生命周期管理

本章内容

- 应用程序生命周期管理入门
- 了解 SharePoint 2013 解决方案模型
- 规划自定义模型和发布封装方式
- 规划关键开发阶段和发布模型
- 规划升级和补丁更新方式
- 规划 SharePoint 团队环境
- SharePoint 2013 开发团队管理
- SharePoint 2013 测试团队管理

在进入第 4 章之前，请先考虑后述内容。SharePoint 2013 提供了广泛的功能来定制新的或现有的生产环境服务器场。这就为如何以最短的时间、最低的风险且不降低生产环境运行性能的方式来管理、监控、操作并在生产环境执行"变更"这些方面带来了诸多挑战。

另一项挑战是 SharePoint 2013 提供了各种强大的定制开发和部署模型、特性及产品功能。与之俱来的是，根据目标托管位置是在内部部署还是在云托管环境，其复杂程度和解决方案的关键设计决策也会不同。

其他的重要因素，包括应用程序封装模型、生产环境应用程序管理策略、验收或拒绝的标准，这些都会影响到你将定制部署到 SharePoint 2013 生产环境的能力。

无论你是客户还是微软合作伙伴开发团队的一分子，甚或是为微软 Office Store 开发应用程序的独立软件供应商(Independent Software Vendor，ISV)，都没关系。如果没有强健、计划周密且具有连贯性的应用程序生命周期管理(Application Management Lifecycle，ALM)过程，你的 SharePoint 团队工作开展起来可能会很吃力。本章提供将详细的指导，以帮助你克服这些挑战。

4.1   ALM 入门

就像维基百科所定义的，应用程序生命周期管理(ALM)，是通过管理、开发、操作和维护来管理应用程序使用周期的连续过程。

David Chappell，一个备受推崇的众多 ALM 白皮书及书籍的作者和演讲者，在其名为"What is ALM?"的白皮书中提出了独到的见解。他将其定义为不只是软件开发生命周期(Software Development Lifecycle，SDLC)，而是在组织把钱花在软件资产上的从初步构思到应用程序使用周期终结的整个期间。可以在 http://www.davidchappell.com/WhatIsALM--Chappell.pdf 处阅读 Chappell 的完整白皮书。

ALM 会促进和使自定义开发的进程(从想法到软件实际开发)标准化，支持从 SharePoint 开发环境到生产环境的过渡，支持标准的业务操作，如维护、升级和补丁更新直到其使用周期终结。持续化应用 ALM 过程会提高引入到 SharePoint 2013 生产环境的应用程序和自定义项的管理能力。

这一节将进一步描述 ALM 的三个核心部分，以及所需的支持工具和在特定 SharePoint 2013 项目内应遵循的过程。

4.1.1   ALM 的三个角度

可以从三个核心角度来看 ALM。分别是管理、开发和运营角度。图 4-1 提供了这些角度的概览图。

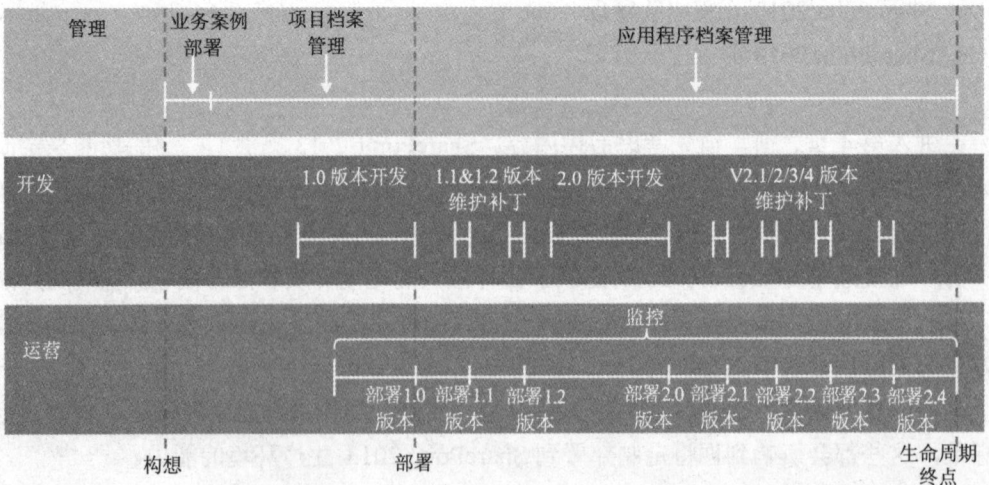

图 4-1

> **提示**：虽然每个角度都很重要，但本章主要关注 ALM 的开发部分。

从管理角度主要处理以下工作内容。

- 项目管理、规划、协调、管理变更以及在 SharePoint 2013 环境中改进应用程序和解决方案。
- 在定制项与 SharePoint 2013 环境的生命周期期间的关键决策，会贯穿从一开始到生命周期结束的整个时间段。
- 业务案例开发以验证并获得投资批准。
- 在开发过程中对应用程序进行管理的标准应用程序项目管理。
- 在 SharePoint 2013 环境中应用程序和解决方案的一整套应用程序系列产品管理，包括为需要改善或停用的应用程序选定所需的新应用程序。

从开发角度主要关注构成典型开发及维护/补丁开发的工作活动的生命周期，包括以下几方面。

- 遵循一种软件开发方法论，最常用的是基于敏捷或瀑布模型的开发方式。常用的方法论和框架包括 SCRUM、MSF、RUP 和 Kanban。
- 需求定义、设计、开发、测试、质量保证与部署及版本发布。
- 进行维护和修复性的开发工作，以解决缺陷、开发新功能和增强功能并发布到生产环境。

从运营角度来看自定义项相关的部分，其重点如下所示。

- 在持续开发的 SharePoint 2013 环境中了解、学习、演练以及准备部署新的定制项和维护的版本，直到它们安全发布并部署到生产环境。
- 监控生产环境中的定制项并向管理和开发工作团队报告问题。
- 改善与调整应用程序和生产环境的配置。

作为一个开发人员，你可能会觉得这很有意思，但我只对开发角度的内容感兴趣。但现实情况是，这些角度是共生、互补和相互依赖的关系。运营和管理团队及角色如果表现不佳，可能会导致开发团队角色出现问题。类似地，拙劣的开发过程会令运营和管理团队感到头痛。

一个成熟的、明确定义的 ALM 过程应该包括这三个角度，以帮助你的 SharePoint 团队克服这些问题。

4.1.2　ALM 工具

Microsoft Team Foundation Server(TFS)是大多数 SharePoint 项目的核心 ALM 工具。Microsoft Team Foundation Server 2012 为那些考虑用 SharePoint 2013 平台做主要开发项目的团队提供了以下"必备"功能。

- **方法论或过程模板**—— Team Foundation Server 2012 使用过程模板对各种敏捷和瀑布方法提供支持。TFS 提供开箱即用的过程模板，包括 Microsoft Solutions Framework(MSF) for Agile Software Development(v6.0)、MSF for CMMI Process Improvement(v6.0)和 Visual Studio SCRUM(v2.0)。此外，还可以使用一些第三方模板，如 Kanban。更多详细信息请在 http://msdn.microsoft.com/en-us/library/ms400752. aspx 处参阅 MSDN "Choose a process templates" 一文。

- **源代码管理**——Team Foundation Server 使开发团队能够同时进行同一代码项目的工作。它包括的功能有签入、代码分支、合并、搁置、贴标、并发签出、签入策略和有关签入的工作项。

- **工作项跟踪**——工作项由需求、任务、bug、问题和测试用例组成。Team Foundation Server 通过可扩展工作项跟踪系统为如何管理这些工作项提供灵活性支持。该跟踪系统会对工作项当前的状态以及状态转换应如何发生进行控制。这会带来更好的文档、评论、历史问题的可见性、生产效率和项目组成员的纪律。

- **自动化生成**—— Team Foundation Server 提供了极好的生成管理工具。生成管理是指自动创建和处理基于代码项目更新的新生成的过程。Team Foundation Server 支持手动生成、持续集成、滚动生成、封闭签入和计划生成。例如，可以安排每晚生成计划，将此生成部署到虚拟机，并运行一系列测试以便在早上进行分析。

- **项目管理和报告**——Team Foundation Server 2012 提供了报告和仪表板，可用于评估和报告项目进展的各方面情况。例如，如果你已实现了敏捷开发过程模板，就可以为下一轮快速开发跟踪迭代待办事项和计划项的进展。

项目经理和技术负责人必须十分熟悉 Team Foundation Server 2012 中的配置、优化和使用技能。例如，如果客户需要团队进度的更新，项目经理能够立即生成一份报告以提供更新信息吗？如果开发人员没有持续更新其工作项或者测试人员没有持续记录和跟踪缺陷，你是没有数据拿给客户看的。如果没有这些数据，你将很难报告团队进度的任何情况。Team Foundation Server 不会解决管理不善、判断失误和不良开发习惯或特点等问题。因此，项目经理和技术负责人必须向负责开发、测试和发布封装团队灌输纪律性和组织性内容。

4.1.3　了解关键的开发工具

现在 SharePoint 2013 得到了发展和改进，并且扩展了很多供 SharePoint 开发人员使用的已有开发工具。此外还提供了新的开发工具来开发 SharePoint 应用程序。

SharePoint 2013 解决方案开发的核心工具是 Microsoft Visual Studio 2012。Microsoft Visual Studio 2012 是一个功能强大、集成和成熟的开发环境，满足了为 SharePoint 2013 场进行定制开发的整个开发生命周期。它提供了很多初始化解决方案模板来开始 SharePoint 的定制开发，结合了封装部署工具来创建 SharePoint 所需的 Windows 解决方案包，以部署完全信任和部分信任的程序集和构件到各种环境。

Microsoft Visual Studio 2012 为整个应用程序开发生命周期提供了广泛的支持。包括的功能有：项目计划和跟踪、设计功能、代码开发工具(编写、单元测试、调试、分析和配置文件)、生成、测试(手动和自动测试、性能和压力测试)，及部署到虚拟环境以进一步测试。

Visual Studio 2012 的扩展可用于提供新的 SharePoint 开发工具，即 Microsoft Office Developer Tools for Visual Studio 2012。请查阅 MSDN 网站中 http://msdn.microsoft.com/en-us/office/apps/fp123627 处的下载区域。

根据我以往的经验，在 Visual Studio 中使用 SharePoint 工具集，为你了解新的 SharePoint 2013 定制选项类型提供了非常好的开端。对于较大型的项目和团队，根据定制的类型，其他方法可能更可取，这取决于你正在开发哪些定制项。

SharePoint Designer 2013 是一个 WYSIWYG(所见即所得)工具，该工具允许高级用户配置 SharePoint 网站的元素。虽然你可能认为这不是一个真正的开发工具，但它确实为定制网站提供了深层支持，而无须编写任何代码。这对小的更改、调整、修改和对现有网站功能的扩展都相当好。另外，SharePoint Designer 2013 的变化自然局限于单个网站集而非整个场。

最后是新的 Office 365 开发工具，该工具使开发人员能够脱离浏览器窗口直接为 Office 或 SharePoint 创建应用程序。要获取这些工具，微软要求注册一个 Office 365 开发网站。该网站会提供帮助你开发和将应用程序发布到企业目录或 Office Store 的功能。更多相关信息，请参阅 http://msdn.microsoft.com/en-us/library/jj220038(v=office.15).aspx。

4.2　了解 SharePoint 2013 解决方案模型

目前在 SharePoint 2013 平台上有数量庞大的定制商机，为此，SharePoint 2013 平台提供了三种解决方案模型的支持。

本节提供了三种模型的概述以及在决定使用哪种模型时应该参考的实际指导。

三种解决方案模型概述如下所示。

- **场解决方案模型**——场解决方案模型，也称为完全信任解决方案(Fully Trusted Solution，FTS)模型，允许你直接将定制项部署到全局程序集缓存(Global Assembly Cache，GAC)和 Web 前端 15 Hive 目录或 SharePoint 根目录下。此选项为 SharePoint 2013 环境的解决方案开发提供了最大的功能和灵活性。该模型在 SharePoint 2007 中引入。
- **沙盒解决方案模型**——沙盒解决方案模型，也称为部分信任解决方案(Partically Trusted Solution，PTS)模型，允许你将定制项直接部署到单个网站集。PTS 在一个单独的隔离进程中执行，该进程称为用户代码服务。该模型在 SharePoint 2010 中引入。微软曾经表示，沙盒解决方案模型可以在 SharePoint 2013 中使用，但已不再推荐使用。这意味着你仍然可以开发和使用沙盒解决方案，但是它们可能无法升级到下一版的 SharePoint 中了。微软建议尽可能摆脱沙盒解决方案模型，并将新的应用程序模型、客户端对象模型和现成的 Web 服务结合起来使用。

- **SharePoint 应用程序模型**——SharePoint 应用程序模型是由 SharePoint 2013 提供的全新模型。它使你能够开发托管于企业目录和微软 Office Store 目录中的解决方案。

为了帮助你确定最合适的模型，在模型之间进行选择时，先看看首要考虑因素，接着将各模型进行对比。

首要考虑因素如下所示。

- **云托管场的因素**——场的托管位置直接影响到哪些解决方案模型可用。对于大多数云托管的共享环境，可选择的模型有部分信任模型和新的 SharePoint 应用程序模型。对于利用微软专用托管产品的云托管环境，三种模型都可以使用。

- **遵循应用程序治理策略**——要在网站停运带来的风险(最终用户因沮丧而朝你怒吼)与在生产环境中允许进行不受约束的自主变更之间取得平衡很困难。随着时间的推移，尤其是在大型、成熟的 SharePoint 部署中，SharePoint 应用程序管理员会为他们提供技术支持的解决方案和定制项类型编制一份评估和风险配置文件(在经验、智慧和痛苦的基础上)。这些形成了应用程序治理策略的基础，需要遵守。

- **支持提高变更的速度**——在一些进程负荷较多的业务环境中，为客户及最终用户将新的解决方案部署到 SharePoint 2013 场可能会花很长时间。你采用的设计和模型会直接影响将自定义项投入到生产环境中的工作时长。

- **合并现有架构的方法**——许多 SharePoint 2013 部署都从 SharePoint 2010 环境升级来。升级后的定制项和代码库最有可能来自 2007 和 2010 环境，并且在(尽可能地)使用新的 SharePoint 应用程序模型开发一些新的解决方案时，可能影响到将现有解决方案作为完全信任的解决方案来进行维护的工作。

更多关于各模型优劣的信息请参见表 4-1。

表 4-1   SharePoint 2013 解决方案模型对比

因　　素	沙　　盒	场	SP 应用程序
概述	支持声明式元素与用户代码服务	支持完全信任的解决方案；基于文件系统的定制项	面向客户端的解决方案；从企业目录或微软 Office Store 目录处部署
何时使用	不推荐使用	使用 SP 应用程序模型无法满足需求时可创建场解决方案	尽可能地使用
请求服务器端代码	在代码访问安全(Code Access Security, CAS)策略下运行且对 SharePoint Server API 的访问受限	执行完全信任或部分信任的代码；对 SharePoint、第三方系统及自定义 API 有完全访问权限	不支持服务器端代码
节省资源	是	否	否，虽然模型支持对客户端的资源分配

(续表)

因　素	沙　盒	场	SP 应用程序
跨域执行	否；代码在用户代码服务中执行	否；代码在场中执行	是
效率与性能	沙盒架构系统开销；效率和性能受限于可供用户代码服务使用的计算资源	取决于部署场景、设计方式、当前负荷情况以及若干因素	效率与性能都分配给客户端了
安全性	安全	安全，但会受到部署方案、设计、自定义代码以及定制项的影响	SP 应用程序依赖 OAuth 2.0；OAuth 2.0 是一个标准的框架且在有把握评估其安全性前需要花时间来开发
风险	低风险，如果不绕开沙盒(很多都会绕开沙盒)	高风险；在某些情况下，可能没有可替代的其他模型；需要比较深入的测试以及质量保障	还处于发展早期阶段；风险配置文件已经进行了评估；运行在客户端，利用了客户端对象模型，所以预期风险会比较较低

资料来源：微软 TechNet 文章——http://social.technet.microsoft.com/wiki/contents/articles/13373.sharepoint-2013-what-to-do-farm-solution-vs-sandbox-vs-app.aspx。

总之，微软建议，有理由温习你的 JavaScript 技能并将优美、整洁及强大的 C#代码交由 SP 应用程序模型来支持，这无论如何都有意义。对于 JavaScript 爱好者，该你欢欣雀跃了。到了 JavaScript 开发工具得到改进且新工具集(如 TypeScript)发展成熟时，有些人估计会激动地落泪吧。

冷酷的现实是，许多现有的内部部署已经投入了大量的时间、精力和金钱，经历了这些年，开发定制项依将需要服务器端来执行。大量定制项毫无疑问仍然需要依靠服务器端代码来执行。基于此，最合理、平衡和明智的做法是，随着时间推移慢慢减少对完全信任和沙盒解决方案的依赖，并在可能时谨慎地为新的定制项引入新的 SP 应用程序模型。

4.3　规划自定义模型及版本发布方式

任何 SharePoint 场的关键考虑因素之一都是对定制项和基础组件以及解决方案封装方式的整体规划与设计，已将这些定制项和组件成功通过开发环境部署到生产环境中。

4.3.1　自定义模型

现在我们来看看一些可用于 SharePoint 开发的常见定制项和组件模型。

1. 自定义组件开发模型

在规划 SharePoint 解决方案开发期间，应特别予以重视的是定制项的设计以及与各解决方案包的构造相关的战略设计。遗憾的是，多数情况下，SharePoint 项目中的代码架构和结构规划往往是事后才想到。

你的设计定义了不同组件的工作方式，如 Web 部件如何开发、整体代码以及 Visual Studio 项目结构如何创建和开发。Visual Studio 代码项目结构又反过来影响各解决方案包中的部署内容。

缺乏架构和设计规划可能会严重降低项目代码的可重用性。缺乏适当的设计将在之后生产环境变得难以测试并且随后难以修补时体现出来。

根据经验，类似于所有的开发工作，代码应结构化为不同的层以提供灵活性和提高代码的可重用性。分层与结构化代码及代码项目，会使生产环境的测试、部署、维护和安全更新变得更加容易。

有很多方法来规划代码体系结构。正确的做法应该是，部分要依据开发团队的技能，部分应考虑可维护性和可更新性。可动用的开发技能有助于引导你决定是否应该使用高级体系结构模式，而不是更简单的模式。

另一个要考虑的重要方面涉及代码库的可维护性和未来可升级性。维护开发人员会是原先的开发人员吗？又或他们组成了一个技术稍微欠缺的团队？当你或你原先的团队不再负责该项目时，新的开发人员会明白你们的代码库吗？

更多时候，最重要且关键的是，SharePoint 开发团队通常会错误地将所有定制项放入一个或两个代码项目(和解决方案包)中。刚开始可能只是一两个解决方案包中的一两个 Web 部件，最后却变成为 SharePoint 部署所构建的所有定制项仅存在于几个解决方案包中。

最初看起来一切都好，但在连续的发布之后，每次都需要越来越长的时间才能发布到生产环境。随着越来越多的代码和定制项的添加，每次生产环境更新的成本和风险状况将日益上升。然后将会出现以下情况。

- 对比其应该花费的工作量，质量保证、使用单元、回归和集成测试工作量消耗将变得非常巨大。
- 不必要的复杂性增加，且为保持所有组件工作而进行的权衡类设计的频率也增加。
- 生产环境中与组件有关的问题要花很长时间才能予以纠正。
- 客户或业务人员因为需要花费很长时间而变得懊恼和沮丧，在他们眼中为其最终用户调整体验应该是简单的更改。

这些因素影响代码架构的长期成效、SharePoint 环境的性能，并且最后将影响最终用户的体验。

如果你能从这一节学到什么，那就是最好在生产环境中使用大量相对较小的解决方案包，而不是一两个巨大的解决方案包。现在看看如何才能实现这一目标。

2. 设计在 SharePoint 中可重用的框架

SharePoint 的可重用框架为多个项目重用代码提供了一个划算的方法，无须为每个项目重新编码。常见模式和代码类将出现在创建初始版本的过程中。这些功能可以使当前和未来的 SharePoint 项目收益。如有可能，这些应该从一开始就包括在单独的框架式代码项目中。

如图 4-2 所示，看看在一个真实例子中如何使得将代码和组件分割成一个易于维护、更新和扩展的结构成为可能。

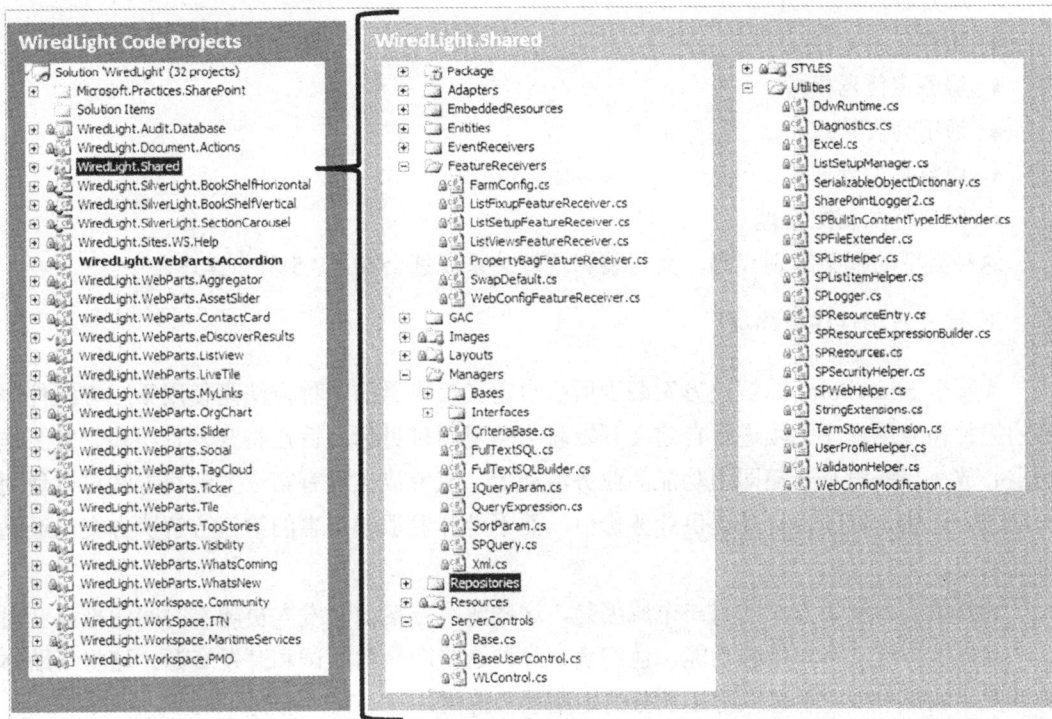

图 4-2

现在更详细地看看这个例子。

- Microsoft.Practices.SharePoint——Microsoft 提供了许多常见的组件，包括日志记录，可跨所有代码项目使用。
- WiredLight.Shared——为了便于重用，共享的代码项目(及组件)成员均会共享功能。对此代码项目的所有更改都受到密切监控。
- 众多 Web 部件项目——每个 Web 部件都在其自身的代码项目中，也因此，可以用与其他解决方案隔离的方式进行维护和更新。
- 发布网站——发布网站，以及相关的部署和程序集构件，使用隔离的解决方案包部署。

使用前面的模型与示例，新的解决方案就可以很容易地添加到解决方案的整体组合中。更容易分析、分流、维护和更新生产环境中的缺陷。

另一个可重用框架的范例是微软为 SharePoint 制作的原型与实践指导包。该封装包中包含大量可重用的通用代码，这将有利于各种项目。通常，此类型代码可以复制到项目中或直接从其封装包中使用。

该用法还取决于参与该项目的开发人员的技能水平。编写通用的可重用代码对于经验较少的开发人员可能很难，并且可能增加项目所需的整体工作量。然而，经验丰富的开发团队创建可重用框架相对容易，而且代码可用于各种项目。

以下是可重用 SharePoint 框架所包括的一些共同特征：

- 日志
- 配置管理
- 缓存
- 服务定位器模型
- 通用列表管理
- 内容类型管理
- 网站资源调配管理

这种类型的框架级别代码，其封装和依赖关系规划会在 4.7.5 节中详述。

3. 第三方组件注意事项

为基于 SharePoint 的解决方案减少所需自定义代码量的一种方法是使用第三方组件。好的组件和应用程序无须进行自定义开发就可实现项目目标。旨在将开发资源和开发工作的重心放在那些没有开箱即用功能的业务活动上，或者放在没有第三方解决方案可以使用的地方。记住，你的目标是提供业务价值，而不是开发那些实惠的第三方解决方案已经满足的功能。

选择第三方解决方案的另一个原因是，这些解决方案的开发人员随着时间的推移会对其产品提供持续支持和增强功能。他们负责维护这些产品的测试和开发资源。这将帮助你的开发团队集中精力于提供特定业务的定制项和价值。

第三方组件的关键考虑事项包括确保你的项目拥有完全合法的授权来使用该组件以及确保能够获得源代码以避免项目周期内的任何额外开销。这对于如 CodePlex 这样的网站上可用的社区代码项目尤其如此。对于这些类型的项目，检查授权许可并确保可以获取到源代码，使你能在第三方组件供应商倒闭或社区代码项目不再可用的情况下，继续对其维护并进行功能强化。你的 SharePoint 部署不应依赖于不受支持的自定义代码，或你的企业并未获得正确的授权。

> **提示**：必须确保第三方组件不会影响到 SharePoint 未来版本的升级体验。始终致力于确保第三方组件的源代码可用。这使你能够为升级到 SharePoint 的下一个版本进行所需的修改。如果不可用，可能会影响你未来的项目升级。当源不可用时，应仔细分析使用组件的决定，因为这会对部署的未来产生长期影响。

4.3.2　发布封装包的方式

解决方案和应用程序包用于部署和将定制项发布到 SharePoint 2013 场。应始终将代码和其他定制项封装在解决方案或应用程序包中，并使用它们来部署定制项。在 SharePoint 2013 中，你有三种不同的解决方案封装类型可供使用：完全信任的解决方案、用户(沙盒)解决方案和应用程序解决方案。每种类型有特定的表现和意义。

1. 完全信任的解决方案

就像在 SharePoint 2007 和 2010 中一样，SharePoint 2013 支持完全信任的解决方案，可以在场级别进行部署，以提供项目所需的任何定制项。

完全信任的解决方案使用 Windows PowerShell 将其添加到存储在配置数据库中的场解决方案来进行部署。当解决方案可用时，即可把它部署到场中。

对于完全信任的解决方案，其定制项将部署到每台服务器的文件系统，并可认为是在场级别进行部署的，而不仅仅是为个别的 Web 应用程序部署。基于在解决方案包中定义的配置，管理中心的 Web 应用程序选择仅仅影响其已实际更新的 web.config 文件。这也意味着当解决方案包包含功能时，这些功能在多个 Web 应用程序中均可见，这可能会导致混淆不清。

与手动部署自定义相比，使用完全信任的解决方案最大的优势是定制部署的自动化。可以确保场中的每台服务器都是一组完全相同的定制部署。另一项优势是，如果你重新安装一台服务器或添加新服务器到 SharePoint 场中，所有定制项会自动部署，无需任何手动干预。

最重要的考虑事项之一是部署或升级完全信任的解决方案需要停机，如图 4-3 所示。该服务中断的时间可能不长，但在新封装包部署期间会影响用户访问门户网站。停机需要从 IIS 工作进程刷新程序集，并且实际过程中会要求 IIS 重置或应用程序池回收。

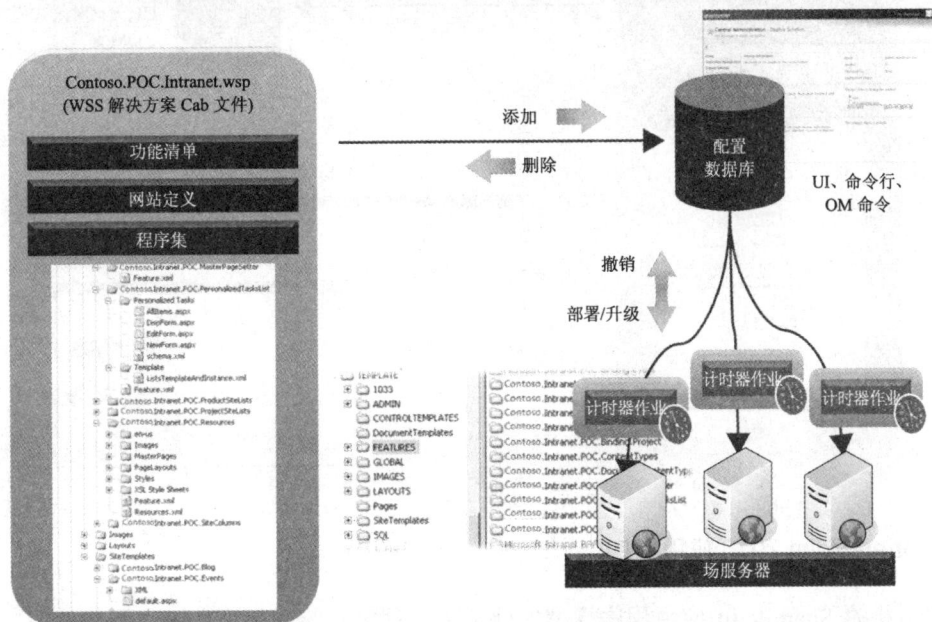

图 4-3

2. 用户(沙盒)解决方案

沙盒解决方案，最初应用于 SharePoint 2010，在网站集范围部署定制项并在一个专用的工作进程中安全地执行定制项。这提供了更大的灵活性，当部署小的定制项时，不需要管理员在服务器端执行部署。

> 提示：虽然 SharePoint 2013 支持用户解决方案，微软还是建议使用新的 SharePoint 应用程序模型进行新的开发工作。微软表示在 SharePoint 2013 中已不再推荐使用用户解决方案而是支持使用新的应用程序模型。参见 http://msdn.microsoft.com/en-us/library/office/apps/jj163114(v=office.15)。

沙盒解决方案会被部署到位于网站集中的沙盒解决方案库，并使用开箱即用的监控系统监控和控制它们的使用情况。

如图 4-4 所示，SharePoint 2013 对可以创建的解决方案类型指定了一些限制条件。这是为了避免代码在服务器场中引发问题。常见的使用场景包括简单的 Web 部件和基于功能部署的构件(如母版页和页面布局)。沙盒解决方案是一个极佳的方式，用于提供部门级定制项或基于如微软在线一样的云环境的定制项。

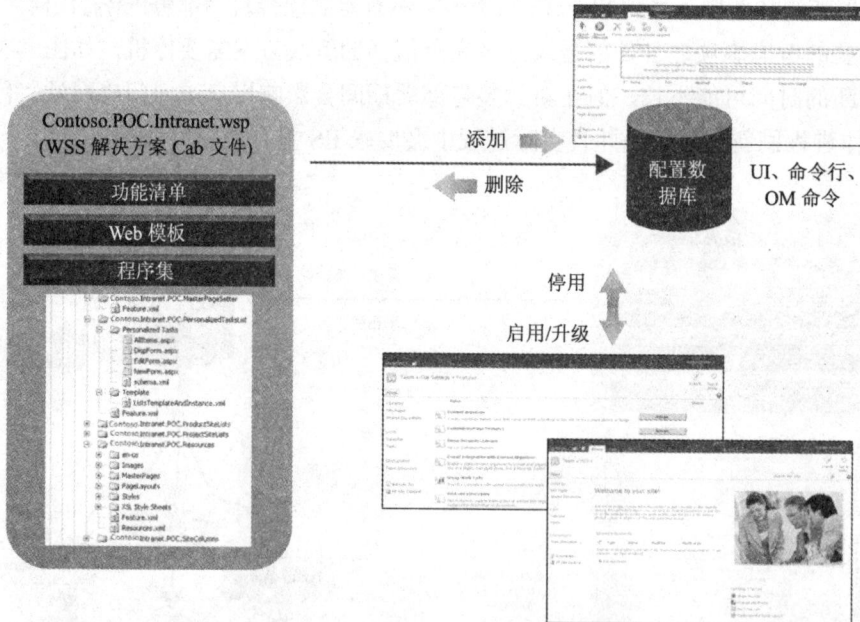

图 4-4

3. SharePoint 2013 应用程序

使用新的 SharePoint 应用程序模型创建的应用程序封装在名为*.APP 的文件中。该文件由许多在解决方案包中可以见到的文件组成，包括应用程序清单、SharePoint 解决方案包、自定义操作和(或)应用程序部件、本地化资源文件、数据层应用程序包、Web 部署包和用到的 Office 应用程序清单。

当应用程序准备好时，如图 4-5 所示，它就可以发布到微软 Office Store 或者组织的 SharePoint 应用程序企业目录。

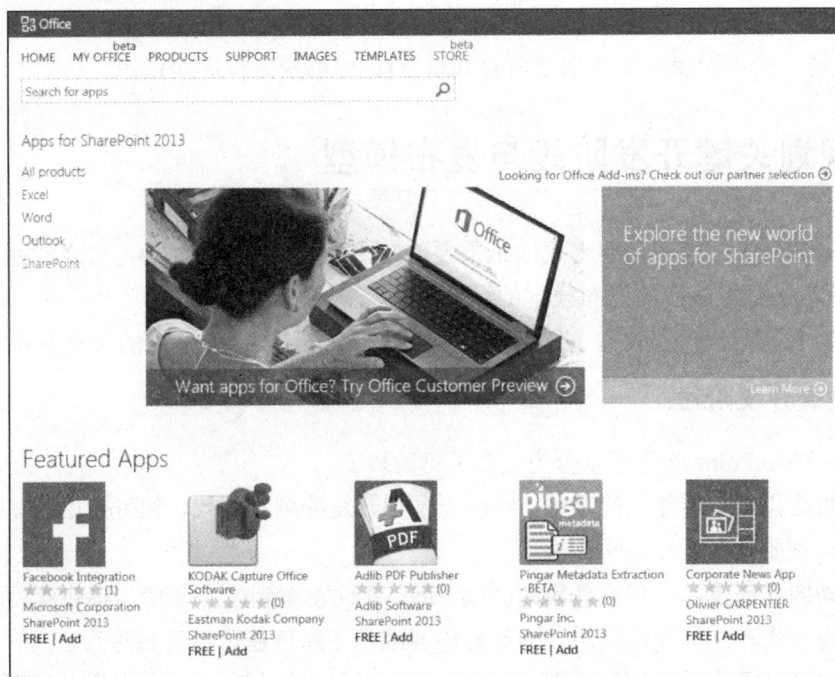

图 4-5

4. 设计实践

因为所有的 SharePoint 定制项都使用解决方案包或应用程序来部署，所以规划部署极其重要。周密规划的部署会为测试提供灵活性，并减少对后续维护阶段成本的影响。

如本节前面所述，部署架构的一个关键考量因素是在各解决方案包中定制的粒度。在太多的解决方案包与将所有自定义项放在一两个解决方案包之间需要取得平衡。不必要的回归测试不仅会浪费预算，还会推迟时间表，这本是可以避免的。就像之前那个真实例子所显示的，根据用途和功能，能够为多个解决方案包进行定制项的系统组织。这样的系统组织会更易于更新。

图 4-6 显示了一个常用模型，各种功能根据用途的不同进行了区分。正如你所看到的，所有常用功能被放置在一个共同的或共享的解决方案包里，且每个关键功能领域都有专用的封装包。这样一来，可以针对个体功能(如搜索或我的网站)进行开发和测试而不影响其他定制项。

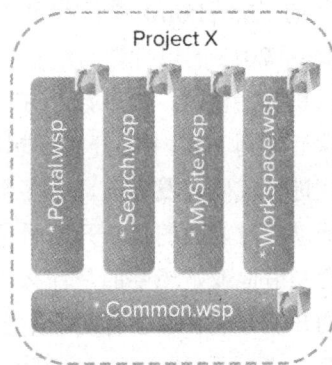

图 4-6

解决方案包的一个挑战是在多个封装包之间共享资源——例如，第三方程序集、实用程序类、通用类库或业务逻辑层。如果两个不同的解决方案包部署同一资源，并从 SharePoint 场撤回了第二个包，那么共享的资源也就撤回了。SharePoint 不会跟踪个别构件和解决方案的依赖关系。

这可以通过在特定的解决方案包中使用通用或共享的资源来解决。这样，就可以为 SharePoint 场中的不同服务集中部署所有共享资源(如第三方程序集)。

4.4　规划关键开发阶段与发布模型

在 SharePoint 部署中需要考虑的最重要的(遗憾的是往往被忽视)内容之一是支持各个关键阶段所需的开发阶段与发布模型的详细规划。

本节会讨论关键开发阶段，并深入介绍在 SharePoint 项目中使用的常见发布。

4.4.1　关键开发阶段

大部分 SharePoint 项目可以分为三个关键阶段。

- **初始迭代**——新建代码项目，经历一系列开发冲刺和迭代，到可使用的软件准备好发布到质量保证环境时为止。
- **启动内容创建**——将可使用的(质量保证)软件发布到生产环境，提供给网站所有者和内容作者，以开始使用。网站和内容准备工作现在可以开始进行。
- **在生产环境启用后发布模型**——网站所有者已配置好软件，内容作者已完成初始内容的创建。最终用户现在就可以使用生产环境中的网站(和可使用的软件)了。任何软件的更新必须仔细规划并基于生产数据的复制进行测试。

现在对这些关键开发阶段进行更详细的介绍。

1. 初始迭代

不管在项目中使用何种开发方法，开发阶段都分成多次迭代或子阶段。如此就可以依据优先级来更轻松地规划任务并跟进开发进度。

新的 SharePoint 项目往往始于概念验证(Proof Of Concept，POC)以确定其使用 SharePoint 2013 的可行性与适宜性。在项目进展到下一阶段时，POC 经常用作项目团队的起始点和初始代码。大多数 POC 的质量不足以直接继续开发。你必须与客户召开讨论会，以确保汇集到 POC 上的开发设想和要求是正确的。这可以确保后续实现在正确的方向上。

在进行代码开发之前，大多数项目团队倾向于准备好详细的技术规范。这是一个困难的挑战以应对前面的复杂开发且需要瀑布式开发方法。通常，客户只有在看见具体的东西时才会知道他或她想要的是什么，对于那些不熟悉 SharePoint 的客户尤为如此。使用基于敏捷的开发方法和理念有助于平衡在初始迭代阶段所需的文件数量。

> **提示**：无论使用哪种开发方法，需求文档和使用案例都必不可少。如果不这样做将使得开发工作的效果难以进行评估，测试团队就更难生成测试用例，而客户则更容易进行范围蔓延，因此你将更难评估所需额外工作量带来的影响。确实，编写文档是痛苦的过程，但它可以帮助你从客户那里获得签字确认。

另一个重要考虑因素是 Visual Studio 项目和代码结构的设计。Visual Studio 结构定义解决方案的名称、功能及表现。花些时间设计一个适当的 Visual Studio 结构，因为这可以在项目中减少后续返工和开发的工作量。

假设 Visual Studio 代码和项目结构已规划好并可用，那么开发人员就可以开始开发实现。这意味着每个 Web 部件类和所有功能定义已依据规格创建，但类中的实际业务代码并未具体实现。这样就避免了由关联功能更改或新建解决方案包引起的结构部署问题。

图 4-7 显示了常用的开发阶段。

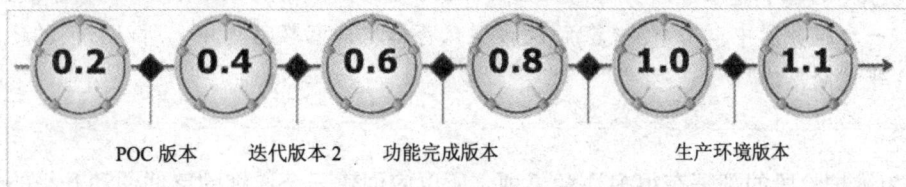

图 4-7

2. 内容创建启动

内容创建启动是 SharePoint 项目中最重要和最关键的里程碑之一。从这个阶段开始，每日或每周的构建不能只使用脚本重新创建网站集。你必须开始对环境使用升级模式，因为你定然不会想丢失内容编辑人员已经创建的内容。

与内容创建相关的一个重要考虑因素是决定与定型部署的数据结构(如网站栏和内容类型)。虽然这些可以在最初发布以后进行更改，但是需要额外的工作和潜在的内容维护以确保没有内容遗失。

当内容创建启动后，开发模式必须切换到维护与升级模式。对于定制项很少的小项目，这不是一个困难的转变。但如果解决方案包含众多网站定义或 Web 模板，那么转变将非常巨大，必须进行仔细规划。

3. 生产环境启用后的发布模型

当生产环境启用时，需要考虑其他因素。代码库的所有更改必须进行评估，以便让它们不会对已部署的功能造成任何问题。因此，生产环境的升级模式应该进行细致规划。

类似于 SharePoint 2007 和 2010，部署新的完全信任解决方案到 SharePoint 2013 时需要服务器停机。如果使用滚动发布生命周期模型，就不需要中断服务了。用户(沙盒)解决方案的更新无需中断服务，只要界面和功能没有太多改变。SharePoint 应用程序不需要服务器停机，但更新期间最终用户会暂时不能使用。请参见 MSDN 的 SharePoint 应用程序更新过程，网址是 http://msdn.microsoft.com/en-us/library/fp179904(v=office.15).aspx。

当发布新的定制项时，最重要的考虑事项是确保有适当的回滚策略可用。尽管 SharePoint 2013 不为场或沙盒解决方案的部署失败提供内置的回滚功能，但是新的应用程序模型确实提供了大量更新和回滚支持。有关应用程序更新过程的更多信息，请参见 MSDN 有关 SharePoint 应用程序更新过程的文章，网址是 http://msdn.microsoft.com/en-us/library/fp179904.aspx。

在场和沙盒解决方案部署失败的情况下，根据所遇到的问题，要么重新部署解决方案的前一个版本，要么还原数据库备份，这是解决问题的唯一办法。

> 提示：请记住，如果需要还原数据库备份，那么配置数据库和内容数据库都必须还原。这是因为完全信任解决方案的解决方案存储位于配置数据库中。文件系统中的文件同步也同样重要，因为完全信任的解决方案被提取到场的每一台服务器中。用户(沙盒)解决方案只存储在内容数据库中，所以它们的还原非常简单。

因为维护阶段的部署有很多注意事项，所以应创建一个详细的路线图和升级的处理过程。对于较大的项目，在初始发布之后再次发布定制项的新版本很常见。

图 4-8 显示了一个初始发布以后按季度完成部署的部署计划。

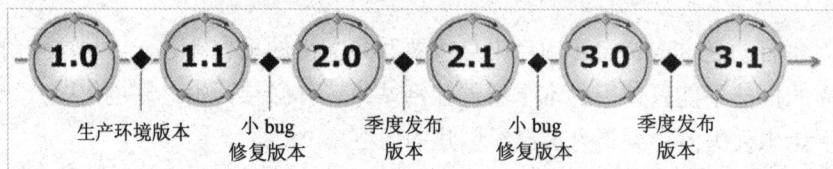

图 4-8

4.4.2　发布模型

发布模型可以描述为从开发到生产环境的过程和流程，且包括实施和维护时间段。它还包括对维护服务器和软件做规划的过程，而不仅仅是定制项、解决方案包和应用程序的处理流程。

本节讨论几个发布模型，包括以下内容：
- 直接发布
- 阶段发布
- 滚动发布

1. 直接发布模型

其中一个用于确保灵活的 SharePoint 用法的模型是，在生产环境使用 SharePoint Designer，以定制基于业务需求的门户行为。直接发布模型需要一个客户端环境和生产环境。这种方法有比较高的风险，可能会对生产环境的最终用户造成问题，因为所做的更改可能会影响最终用户的生产效率。

尽管 SharePoint Designer 对环境定制提供了灵活性，但它可能还需要进行一些自定义代码或 XML 配置。这需要隔离的环境确保 SharePoint Designer 的定制不破坏任何已部署的定制项。没有办法记录 SharePoint Designer 的定制以便你将它们应用到多个网站集。例如，如果你有成百上千个不同的协作网站，这种模型是最不具备成本效益的，因此不建议使用。

有趣的是，沙盒解决方案和应用程序解决方案也属于直接发布模式。网站所有者可以将沙盒解决方案上载到用户解决方案库，可以从企业应用程序目录添加应用程序，或者可以从微软 Office Store 目录添加，当然，前提是该应用程序已经在 Office Store 中发布。

沙盒解决方案和应用程序解决方案造成灾难性问题的风险大大降低了。坦诚地说，虽然这两种解决方案模型不太可能会导致 SharePoint 2013 场停机，但是它们可能造成 SharePoint 2013 场中对所有用户最核心、最关键的网站停止服务。这里的关键问题是，需要一个治理层来避免关键网站受到未按照 SharePoint 2013 环境中核心定制项的严格标准来进行开发和测试的应用程序和沙盒解决方案的影响。如果可以，不要直接发布到关键网站。始终确保在质量保证环境中测试沙盒解决方案或应用程序解决方案。

最后需要考虑的是，在使用来自微软 Office 应用程序 Store 的应用程序时，由于使用外部或第三方应用程序而产生的依赖性，这种依赖性源于需要该应用程序开发人员及时对其应用程序造成的问题进行反馈更新。正是因为无法控制其及时反馈，所以降低了最终用户使用经过严谨规划的 SharePoint 2013 部署的体验。

2. 阶段式或阀门控制的发布模型

阶段发布模型(如图 4-9 所示)为项目的不同阶段使用了独立的环境，且确定了明确的决策标准，也即基本的阶段或阀门控制，用于控制贯穿于环境中的发布进展的方式。要通过阀门控制来进行发布必须满足各种条件。该模型是在 SharePoint 2007 和 2010 环境中最常用的模型，因为它为你的运营和治理团队在该版本安装到生产环境前解决问题提供很多机会。

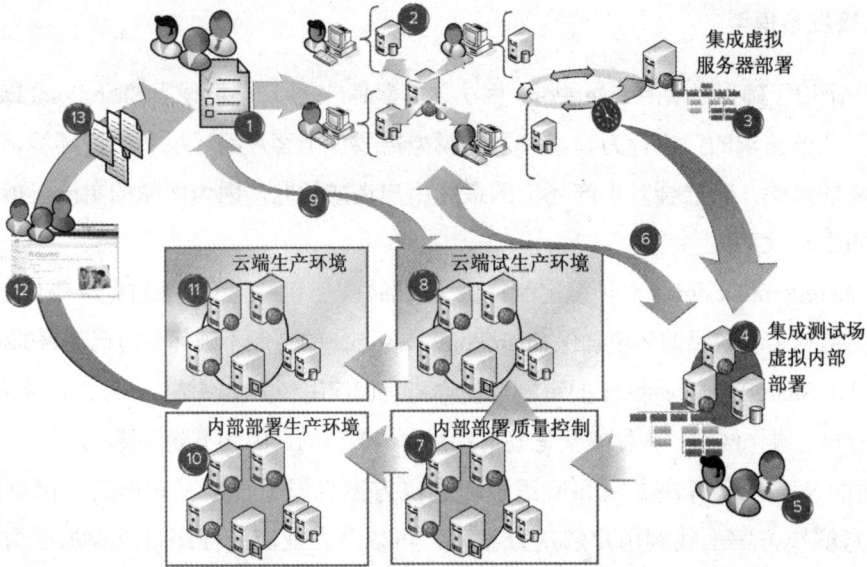

图 4-9

图 4-9 包括下列编号的任务。

(1) 把所有需求转换成任务并分配给项目成员。

(2) 开发人员使用自己的独立环境开发并将所有定制项储存在源程序控制系统中。

(3) 为集成测试使用单独的环境。

(4) 可选的生成验证或测试场常用在大型项目中。测试场有多台服务器,模拟生产环境和试生产场架构的关键方面。

(5) 在生成的版本发布到生产环境之前,需要核准。

(6) 在这个阶段,必须测试并报告缺陷才能继续往前进展。

(7) 试生成场用于最后的检验和验证生产环境配置中的定制工作。如本章前面所述,强烈建议使用试生产环境模拟生产环境(例如,这包括补丁更新和配置层面)。

(8) 从质量保证环境中收集所有反馈和 bug 并汇报给开发团队。

(9) 生产环境用于实际生产用途。

(10) 最终用户可以访问生产环境。

(11) 最终用户为未来的开发阶段提供其他反馈。

阶段或阀门控制发布模型的最大挑战是保持试生产环境跟上生产环境的更新。此模型需要尽可能严格地遵循一个过程,并且所有配置会首先在试生产中进行测试。

很多时候试生产环境用户验收测试(User Acceptance Test,UAT)和测试(QA)场不会模拟生产环境的基础架构。这使得很难真正验证针对生产环境中现有网站和定制项配置的部署操作。虽然开发人员可能能力超群,但针对可能受版本发布影响的现有网站,他们仍然依赖于对其软件版本的集成、冒烟测试和用户验收测试。这不需要所有网站,只需要这些会受该软件版本发布影响的网站的一个完美代表样品就好。这需要保持良好维护和定期刷新的 QA、UAT 和试生产环境。

> 提示：如果试生产环境不使用类似生产环境的基础架构，且要求进行负载测试，就必须使用基线测试模型。这意味着当定制项的初始部署完成以后，负载测试要在试生产环境中执行。在后续版本发布中，所有负载测试结果会与来自试生产环境的初始测试结果进行比较。这样就能够显示出最新更改对性能产生的影响。

3. 滚动发布模型

滚动发布模型(如图 4-10 所示)轮流使用两个最重要的环境：生产环境和 QA 环境。该模式提供了极好的灵活性，提高了迭代发布的整体质量。基本上，开发是分阶段的，类似于完整的阶段模型，但在每一次发布期间 QA 和生产环境会相互切换角色。

图 4-10 包括下列编号的任务。

(1) 把所有需求转换成任务并分配给实际的项目成员。

(2) 开发通过使用一个独立的 SharePoint 部署来完成，所有定制项都存储到源控制系统中。

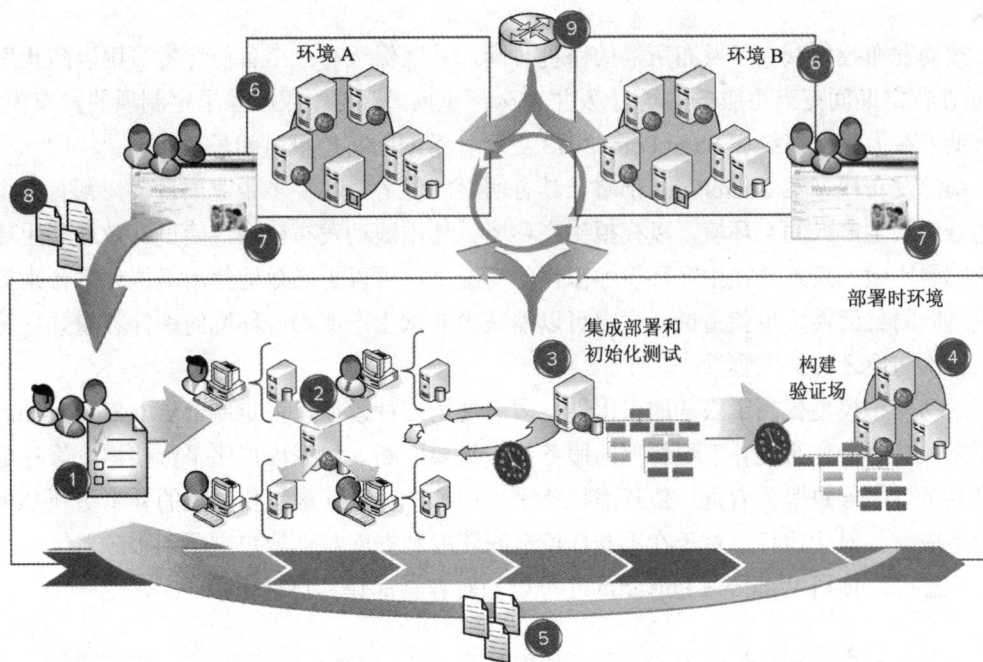

图 4-10

(3) 集成和自动化测试发生在单独的虚拟化环境中，以便测试工作不会干扰到实际开发期间的活动。

(4) 就像在阶段模型中一样，根据项目的大小、开发风格和 QA 要求，一个额外的生成验证或测试场可用于在项目生成转移到实际生产环境之前的最终验收测试。该环境也由实际的项目测试人员用于功能验证。

(5) 把所有问题和可能的改进意见汇报到任务日志以确定优先次序和 bug 修复。

(6) 生产环境包括两个专用的 SharePoint 场, 作为试生产(或 QA)和生产环境。

(7) 最终用户访问不同的可用服务。

(8) 最终用户向项目团队报告可能的反馈和其他的意见。

(9) 多个不同环境之间的负载均衡器或 DNS 路由请求。

在把定制项部署到试生产环境之前, 从生产环境复制内容数据库, 以便可以验证初始的部署操作。最终验收测试(根据需要可包括负载测试)可以在决定迁移到生产环境之前于试生产环境中进行。对于大多数灵活的部署, 这些环境应进行虚拟化, 以便在新定制项有额外需求时可以轻松地增加硬件。

环境之间的切换在负载均衡器或 DNS 的层级上完成。在切换完成之前, 需要将当前生产环境中的内容数据库设置为只读模式, 这就禁用了 SharePoint 2013 UI 的所有编辑选项(例如, Ribbon 菜单的按钮被禁用且变灰)。门户网站会按设计运行, 但不能添加任何新内容。随后, 再次复制当前生产环境中使用的内容数据库到试生产环境。当所有需要的数据库可用时, 访问通路可以借助网络负载均衡器在环境之间切换, 且环境的角色也会相应切换。

滚动发布模型减少了发布所需的停机时间, 并确保还有一个备份环境可用以防止服务器场(在特定期间充当主服务器场)上发生什么严重问题。这不仅改善了定制项的发布模型, 还有助于在为操作系统和 SharePoint 2013 更新补丁期间将停机时间最小化。

滚动发布模型在 SharePoint 部署上具有明显的优势。在许多企业项目中, 都有一个指定的专用试生产或 QA 环境, 以模拟生产环境。使用滚动发布模型, 能更有效地利用环境和为部署所做的投入。在生产环境虚拟化的情况下, 可以更高效地使用虚拟化平台来提供环境之间的灵活性, 也就是说, 肯定可以缩减当前试生产或 QA 环境的硬件容量并在访问通路再次切换之前扩大容量。

滚动发布模型提高了服务的可用性, 因为使用这种模型, 在定制部署、SharePoint 补丁更新, 甚至操作系统补丁更新期间服务都不需要中断。根据虚拟化平台架构, 修补虚拟主机甚至可能导致服务宕机。依托虚拟化平台架构, 甚至连虚拟化主机的补丁更新都可能不会造成服务停止运行。对于在不同环境之间获取数据库与部署定制项到服务器场这一整个处理过程, 使用 Windows PowerShell 可以相对容易地让其自动化。

使用滚动发布模型的 SharePoint 2013 补丁更新考虑事项

类似于 SharePoint 2007 和 2010, 每次部署完全信任的自定义项到 SharePoint 2013 场时, 都会回收 IIS 工作进程。这将导致服务中断。根据部署, 这可能对实际最终用户产生影响。如果只使用了沙盒解决方案, 则定制项的部署不需要中断。

SharePoint 2013 还支持分阶段对实际的 SharePoint 服务进行补丁更新。这意味着你可以让个别服务器从服务器场下线并单独对其进行 SharePoint 服务更新。SharePoint 补丁是向后兼容的，因此即使场中的某些服务器采用了较新版本的补丁，最初的版本仍然可以使用。实际升级到最新版本仍然需要整个服务器场停机。这是因为可能会有数据库级的变更，该变更可能不能在前一版本上运行。因此，虽然已经对补丁更新进行了改进，但实际上升级到最新版本(如 Service Pack 1)仍然需要停机。

4.5　规划升级与补丁更新方式

当定制项已经部署到 SharePoint 2013 部署环境后，就需要考虑升级和补丁更新方面的内容了。本节讨论在 SharePoint 2013 场中升级定制项、更新网站、内容和代码的策略与建议。

4.5.1　升级解决方案和功能

SharePoint 提供解决方案的功能和在定制项目中使用功能升级模式。这使得定制项的版本管理更加容易，并且避免了修改现有网站所需的复杂性。

解决方案包清单支持应用程序集重定向到 Web 应用程序的 web.config 文件。如果程序集版本管理被用作代码的版本管理模型，这将有助于对应用程序进行所需的更改。

功能框架为版本管理功能提供了广泛的支持。这为更新现有网站提供了一种方法。其不仅可用于更新定制项，还可用于内容处理。有大量声明式和命令式代码选项可用来升级 SharePoint 2013 场中不同网站已经激活的功能。

从开发的角度来看，从内容创建一开始你就应该开始使用版本管理选项，特别是当你不再能够删除并重新创建网站集和网站时。在该关键里程碑之后，所有新版本的功能必须具体规划，特别是如果需要对现有网站进行任何更改。

正如前面提到的，新的应用程序模型为应用程序的更新提供了广泛的支持。该更新过程方便了两个关键场景。第一个场景是你需要更新现有应用程序，以添加新功能来修复缺陷或安全问题。第二个场景涉及从旧的应用程序替换并迁移到全新的应用程序。以下 MSDN 文章提供了有关更新 SharePoint 应用程序的详细信息：http://msdn.microsoft.com/en-us/library/fp179904(v=office.15).aspx.

4.5.2　为 SharePoint 2013 环境更新补丁

为生产环境更新补丁可能非常复杂。从代码角度而言，这主要是限于如何将 bug 修复程序部署到现有定制项，以及如何将新的定制项部署到环境中。

从内容和场的角度来看，在你发布最初代码之后和在生产环境开始使用时，用户创建内容；建立健全的工作流；定制和配置网站、列表和项；填充基于现有内容类型的元数据；创建自己的内容类型等。生产环境开启了其自己的生命。

1. 补丁更新

SharePoint 中的代码补丁更新相对容易，可以通过更新解决方案包(已经存在于场中)来实现。从代码角度而言，在 SharePoint 2013 中唯一重要的是，如果你开发了较新版本的功能，就必须记住增加功能的版本和为功能升级操作提供所需的定义。

当功能的新版本作为一个新的解决方案包版本的一部分部署时，这些功能不会自动升级到最新版本。功能框架遵循与其他 SharePoint 补丁更新相同的补丁更新模型，可以在里面添加较新版本的定义，但该升级可以不必立即应用。

功能定义的升级通过使用 PSConfig 工具或提供更精细升级选项的 SharePoint API 来执行。运行 PSConfig 会导致整个服务器场的停机，因此使用这种方法升级不一定是最佳选择。SharePoint API 可以用来在网站集或整个服务器场升级个别功能，且这种方法不需要停机。

2. 内容

修补 SharePoint 内容意味着已经完成提供给生产环境网站的补丁更新或变更。更改单个列表项的内容类型可能是一个复杂的任务，因此需要详细规划。在 SharePoint 2013 中，内容类型定义存储在 SharePoint 内容数据库中的某个单独数据对象的数据结构。对现有内容类型的修改需要仔细考虑。SharePoint 2013 支持为现有内容类型添加新字段，用作升级功能的功能框架的一部分。但是如果必须更改现有项的内容类型，那么必须作为自定义代码或 PowerShell 扩展来开发。

复杂的应用场景在于代码和内容的更新需要在同一时间部署到生产环境中。例如，一个已升级的网站定义现在可能包括一个新的网站集范围功能。对于新的网站，这不是问题，因为更新的网站定义将自动激活该功能。但是，如果在现有网站中的业务需要该功能，这就需要根据特定网站的定义编写代码来激活该功能。这类更新需要仔细规划以协调整个场的内容或代码变更。

需要更新内容类型的另一个例子是专为业务开发的基本业务文档类型，且其已经在生产环境的各个网站中使用了。如果更新需要新字段以及在字段之间移动内容，那么需要代码来更新每一个使用过时字段的项目。

在这些情况下，IT 专业人员通常请求自定义 PowerShell 扩展或自定义功能来执行这些操作。

建议选择使用新的功能升级选项，这样就还能为现有网站的功能版本提供支持。可以使用该功能以结构化的方式修改网站结构和内容，而无须使用任何自定义方法，这些自定义方法有可能引发特定项目进程的创建。功能框架版本管理模型还可以使用自定义代码来扩展以实现其他功能。

其他内容方面的考虑可能还包括网站上现有的不同列表和 Web 部件。这些可以通过使用新的功能框架升级的功能而相对轻松地修改，它作为功能升级的一部分提供执行任意自定义代码的能力。随后就可以根据现有结构的新需求来开发自定义代码，以完成所需的更改。

下一节将侧重于开发团队规划的实际考虑。

4.6　规划 SharePoint 团队环境

本节将探讨 SharePoint 项目所需的环境以及解决方案如何在这些环境之间生成。

4.6.1　大型项目的环境

在大型项目中，需要比实际生产环境更多的环境。需要额外环境的主要原因是为了提供一个可靠的 QA 过程，以避免停机和生产环境丧失业务生产力。图 4-11 显示了大多数大型项目用来验证解决方案质量的常见阶段。

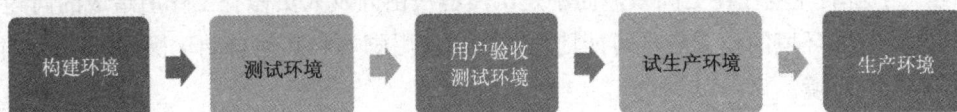

构建环境 ➡ 测试环境 ➡ 用户验收测试环境 ➡ 试生产环境 ➡ 生产环境

图 4-11

1. 自动化生成环境

自动化生成环境或每日生成环境用于日常的自动化集成测试。该环境使用来自源代码系统的最新代码自动生成，结合虚拟机快照，根据环境的使用模型，可用于日常测试和验证。

自动化生成环境通常使用自定义项每日或每周重新创建。定制项包括网站定义或 Web 模板，这些可以相对容易地创建以用于大型网站层次结构，从而模拟未来生产环境。因此，你可以在发布到下一阶段(例如，你的专用测试环境)之前对项目代码和定制项进行冒烟测试。

2. 测试环境

测试环境用于与自动化生成相同的环境，或者在更大的项目中，它是一个可以测试特定发布版本的大而专用的 SharePoint 测试场。例如，测试环境可用于每周生成，使业务和其他利益相关者可以跟踪开发进度。

类似于自动化生成环境，可以从重新创建每个版本的网站层次结构开始。在初始产品发布之后，测试环境将用于模拟已投入生产环境使用的定制项的升级。

虽然在较大的项目中通常使用单独的测试环境，但强烈建议在所有使用第三方解决方案或开发定制项的项目中引入专用测试环境。

3. 质量保证环境

质量保证(QA)环境、用户验收测试(UAT)环境与试生产环境都应该从服务器布局和配置的角度模拟生产环境，以便各环境可用于执行所需的测试。质量保证环境应该遵循与账户和网络级别配置相同的指南。这样，你就可以使用此环境以确保如果定制项在此环境下能够正常工作，那么其在生产环境中一样可以正常工作。

4.6.2 确定开发人员需要的环境

需要为 SharePoint 2013 开发的团队开发环境进行各种适应性设置。不过，这很大程度上取决于项目大小和需求。开发环境应当在开发人员之间规范化，以避免 SharePoint 2013 不同版本造成的问题或任何其他第三方扩展的问题。标准化也有助于避免开发人员计算机上产生无法解释的问题。

如果使用了虚拟化，就可以很容易地为开发人员创建新的开发环境。这些开发环境可以托管在健壮的服务器上，或者依赖虚拟化软件托管在开发人员计算机上。这样(从映像文件)创建一个新的环境往往更高效，而不是试图解决由开发人员修补工作所造成的问题。

通常，开发环境的设置应尽可能地自动化，使用脚本和其他自动化操作可以尽可能快速地创建新的环境。

强烈建议不要在开发人员之间共享单个 SharePoint 环境。SharePoint 开发涉及 IIS 应用程序池回收、反复的 WSP 生成和针对 SharePoint 的代码调试。这些不能在一个共享的 SharePoint 实例中分隔开。整体的开发效率会受到影响。

1. 虚拟化专用环境

该模型的基础是在开发计算机上使用虚拟化软件来托管 SharePoint 实例和开发环境。

开发环境隔离避免了同时开发多个项目带来的问题。可以在开发阶段使用本地服务器操作系统，以最小化由操作系统平台引发的任何问题。这增加了开发人员对用于 SharePoint 生产环境的本地操作系统的整体认知。

Windows 8 现在支持客户端 Hyper-V，并且可以托管 SharePoint 2013 开发环境的虚拟化实例。对于使用 Windows 7 和 Windows Vista(SP2)操作系统的用户，其他虚拟技术供应商也提供虚拟化软件来托管 SharePoint 开发环境。在这种情况下，SQL Server 本地实例、SharePoint 2013、VisualStudio 和其他的工具都安装在虚拟机上并托管于开发人员计算机上。

> 提示：利用该模型进行开发设置需要良好的硬件和大容量内存！请参见 TechNet 上的微软开发建议，网站是 http://msdn.microsoft.com/en-us/library/ee554869 (v=office.15).aspx。

图 4-12 显示了一个虚拟化专用环境示例，其描述如下。
- 每个开发人员都需要一台强有力的计算机来托管虚拟化环境。根据微软的建议，虚拟化实例至少需要 16GB 的内存。
- 托管在开发人员计算机上的 SharePoint 开发环境可以通过使用 Hyper-V 或远程桌面连接来访问。虚拟环境可以直接位于企业网络中以便访问企业资源(如 Team

Foundation Server)，或者可以为虚拟环境配置两个网卡(一个用于内部域和环境，另一个用于访问企业资源)。

- 集中的源代码存储库(如 Team Foundation Server)用于存储所有开发好的源代码。
- 物理服务器(或一组虚拟化主机服务器)会托管测试环境和其他服务。

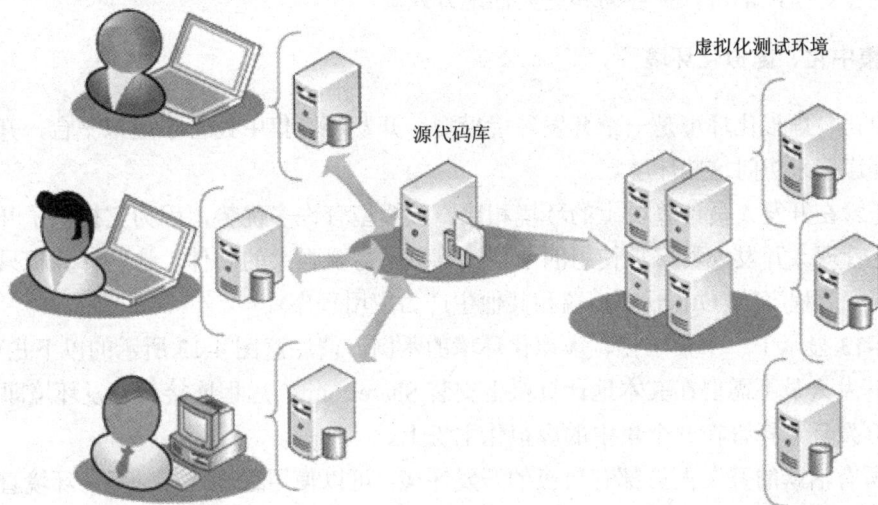

图 4-12

从开发人员的角度来看，这是一个灵活的模型，因为日常使用的所有其他应用程序(如 Office 客户端应用程序)都可以很容易地访问和使用，开发环境的虚拟实例在不需要时可以关闭。

该模型的另一个好处是，在其配置好以后能够对开发实例使用快照功能。这使开发人员在开始一个新项目之前能够恢复到以前的状态或者一个干净的状态。

一项关键考虑是，开发计算机的主要用于单个项目的相关开发，还是可能会跨多台客户端或多个项目使用。如果物理机基于映像文件且单单用于一个项目，那么其风险会降低。随着持续开发的进行，SharePoint 2013 实例的运行质量会降低且变得四分五裂。即使重新安装，这些问题也没那么容易根除(比如，注册表编辑问题)。

专用计算机需要足够的硬件来托管虚拟化环境。缺乏足够的硬件会影响 SharePoint 虚拟机性能而且可能影响开发效率。如果自动化虚拟化开发环境的创建，总体效率会更好，因为当需要时，开发人员可以拥有一个新的、干净的开发环境。一个自动化、虚拟化的环境配置可以确保在 15 分钟内有一个全新并干净的环境可用(带有最新源代码)。

有许多不同的虚拟化技术可供选择。

- 由于 SharePoint 2013 仅支持 64 位，因此它必须在 64 位操作系统上运行。微软称，该模型要求至少 16GB(24GB 更好)内存以确保客户端和宿主机操作系统能够高效运行。更多内存对于开发人员就相当于更多的生产力。

- 确保提供的硬盘能够正常运行，因为将由它们来托管虚拟机。如果你的组织还使用 Windows 7，其有一个 Boot from VHD 选项，可以在计算机启动时加载虚拟化环境用作首选操作系统。使用这个选项，整体硬件要求可以比前面所提到的低一些。然而，存储容量必须足以托管多个虚拟化环境的不同用途。

这种模型的优点之一是单个开发人员不需要在开发期间连接到公司网络。无论开发人员的位置在哪里，都可以更容易和更灵活地开发。

2. 集中化、虚拟化环境

集中化、虚拟化环境是一个开发环境模型，开发环境集中托管于虚拟平台，开发人员使用远程连接来访问这些环境。

与托管在开发人员计算机上的环境相比，该模型有许多优势，因为它提供了开发环境的集中化管理。开发人员日常使用的单独计算机不需要强大的硬件。这些计算机只用于托管客户端应用程序(如 Office 客户端和其他生产力应用程序)。

图 4-13 显示了一个集中化、虚拟化环境的示例。请注意图 4-13 所示的以下几点。

- 开发人员不需要在其本地计算机上安装 SharePoint。远程连接到开发环境即可。
- 开发环境托管在一个集中的虚拟化主机上。
- 所有活跃的开发人员都有自己的开发环境，可以使用远程连接访问。环境直接位于企业网络中，或者它有两个网卡分别用于内部域和连接到企业网络。
- 源代码和其他构件都存储在一个集中化源代码库中。

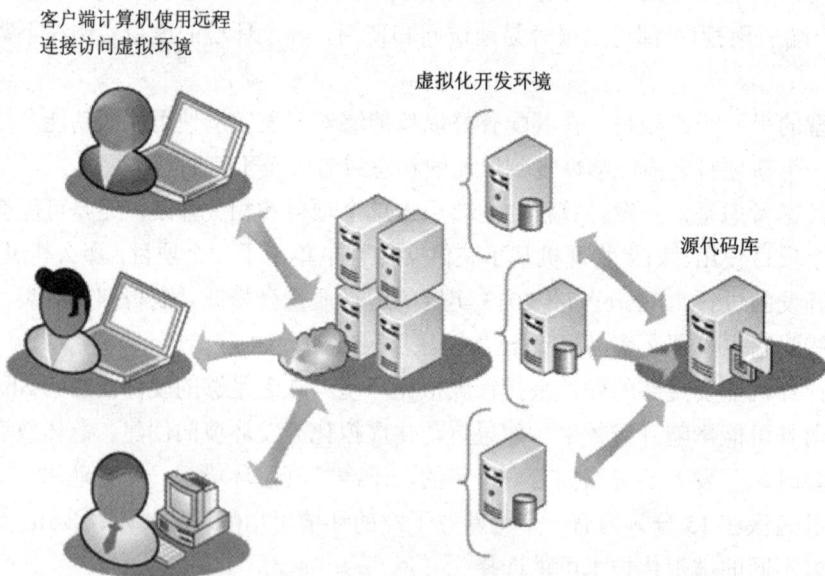

图 4-13

由于虚拟化环境是集中管理的，因此可以根据当前的使用需求来轻松并有效地使用。当不需要它们时，硬件可以专用于其他环境。其结果是可以高效利用可用的硬件，以节约成本。类似模型可用于在启动测试环境并进行连续测试期间暂停开发环境的使用。确保个体开发人员不会因为不能访问集中托管的虚拟化 SharePoint 环境而受阻。

单个虚拟化开发环境依然应该有至少 16GB 的专用内存。不过，虚拟化物理主机可以更有效地利用所有内存。

在大型项目中，集中虚拟化平台往往也只用于启用集成测试和 QA 环境。

托管开发计算机需要昂贵的硬件用于集中虚拟化托管。在许多项目中，项目计划阶段的一部分就是要购买这些环境。主要开发阶段结束以后，同样的主机又可以用于托管维护开发环境，或者也可用于其他项目。

3. 云环境

在这个模型中，开发环境位于云端并由云托管，开发计算机可使用远程连接进行访问。这个模型的最大优势是不需要内部部署的昂贵硬件的投入，而是在项目期间租赁和使用基于云的服务。

视服务提供商而定，所需要的费用可能依据使用情况(换句话说，访问云服务的实际时长)。这再次使得成本可以最小化，因为只需要依据你使用环境的时长付费。使用此模型，根据需要可以随时在云端启动测试环境。

从成本管理的角度来看，最大的好处是简单，开发人员只需要一台可以上网的计算机，然后使用远程连接来访问云端托管的开发环境。

图 4-14 显示了一个云环境的示例。请注意图 4-14 中以下几点。

- 开发人员使用能够访问互联网的计算机进行工作。
- 开发环境托管在云端并被分配到与云端源代码系统相同的网段中。
- 源代码系统(如 Team Foundation Server)托管在云中。

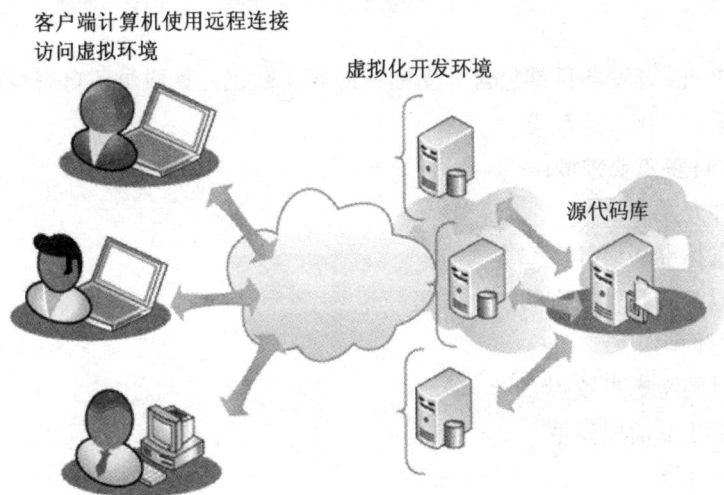

客户端计算机使用远程连接访问虚拟环境　　　虚拟化开发环境　　　源代码库

图 4-14

基于此模型设立的开发环境是极有意思的选择，它们为你的项目提供了潜力无穷的硬件容量并可以轻松地进行横向与纵向扩展。

4.6.3　确定测试人员需要的环境

高效的测试和 QA 需要持续和稳定的测试环境。多个测试人员可以在一个单独的测试场进行测试，因为都作为 SharePoint 2013 系统用户来访问测试环境。

测试是项目成功的关键。测试人员不需要担心设置环境或配置初始化设置，只要文档和环境配置不是质量保证任务的一部分。

测试环境所需的所有配置应当尽可能自动化。这样，测试人员可以侧重于手动测试和验证你的定制项是否工作正常，而不是在非生产性的操作上花时间。

确保测试人员在计算机上进行测试以便反映该业务支持的操作系统、Office 系统套件和浏览器版本。例如，使用 Windows Vista、Office 2007、Internet Explorer 8.0 浏览器与使用 Windows 7、Office 2010 和 Internet Explorer 8.0/9.0/火狐或使用 Windows7/8、Office 2013 和 Internet Explorer8.0/9.0/10.0/Chrome/Firefox/Safari 相比，所反映出来的缺陷也将不同。

> 提示：有关 SharePoint 2013 支持的设置的更多信息，请参见 http://technet.microsoft.com/en-us/library/cc263526(v=office.15).aspx。

测试人员应该能够访问每日生成环境以跟踪任务进度和缺陷的解决情况，以便于所有代码可以立即用于测试。这样，开发人员可以获得改进功能和 bug 修复的反馈。在生成环境可以为更多人所用之前，使问题能够尽快解决。

4.7　管理 SharePoint 2013 开发团队

每个 SharePoint 开发项目都包含一支独特的人才队伍，其成员各自有自己的喜好、代码编写模式、偏好以及工作方式。

本节涵盖了许多重要领域：

- 选择软件开发方法
- 建立开发标准和最佳实践
- 管理、跟踪和记录关键的设计决策
- 规划常规代码审查
- 大型项目的考虑事项
- 大型项目生命周期模型
- 各部门的团队
- 海外团队

恰当地建立开发团队是确保 SharePoint 2013 项目取得成功的基础。

4.7.1　选择软件开发方法

通常，SharePoint 项目基于敏捷开发方法。开发会发生迭代，且可交付成果划分为一组组较小的实体，分别在不同的时间进行交付。这些方法很受欢迎，因为它们为项目提供可见的进展。通过将项目分成小型的迭代，可以更轻松地跟踪单个任务并跟进项目的整体进度。

软件开发方法的选择也可能会受到项目是内部、海外还是合作伙伴主导交付的影响。内部或合作伙伴主导的交付将更有可能使用小组已经采用并能够理解的方法。虽然海外开发和测试团队可以使用敏捷或敏捷开发(Scrum)导向的方法，但他们会大大受益于国内的瀑布过程，这需要坚如磐石的需求规范、技术规格和尽可能少的二义性，以确保业务或供应商能接收到质量水准一致的信息。如果与海外团队一起使用的方法不正确，则可能会降低使用海外团队的商业可行性。

迭代式项目最为人所熟知的方法或框架之一是 Scrum。Scrum 会是一个有用的开发模型，但需要足够的资源才能有效使用它。Scrum 的核心支柱是迭代开发，并有定期的后续会议来跟踪进度和下一步的任务。如果开发团队没有好的开发主管，或者团队成员无法恰当地规划自己的工作，那么这一严格的方法可能会造成额外的资源需求并使项目团队成员感到困惑。

软件开发方法必须包括能确保并维持最高安全级别的操作和流程。将安全更新引入到现有解决方案会使成本更高，这不仅增加了日常维护成本，而且会增加后续更改时产生漏洞的可能性。

根据我的经验，SharePoint 解决方案通常不会一开始就是业务的关键性解决方案，但它们最终总会变成业务的关键。有一项原则，即永远不要接受将门户部署或自定义开发投入到不能争取和坚持安全最佳实践的生产环境中去。这包括确保团队成员接受培训和支持以编写安全且对能抵御一般攻击的代码。

无论采用怎样的方法，每个成员都应该有明确的责任、准确估计并及早向开发主管和项目经理报告风险和问题。开发团队必须能将其工作分解成可根据项目计划来管理的任务。方法论可以帮助项目向前推进，只要项目成员明白方法论不是项目的目标，精力还是应该集中在交付上。遗憾的是，对于有些项目，把焦点全放在死板地跟随方法上了，这会延误项目交付，损害真正的商业价值。

最后，使用方法论提供了经业界证明的过程和团队结构，包括明确的指导原则、职责和操作。这非常有利于管理范围、降低成本和避免计划超期。

4.7.2　建立开发标准和最佳实践

至关重要的是，SharePoint 架构师、技术架构师或开发主管提供计划书并分享一组开发团队的标准和最佳实践。作为微软金牌合作伙伴或供应商，始终要力图去了解客户是否有与认可的开发标准相关的现行政策文件，并确保你的团队坚持这些标准。

开发标准包括以下几个方面。

- 为开发团队规划一组持续的开发环境。
- 发展代码项目解决方案的组织和管理项目的代码结构。
- 计划和设置应用程序生命周期管理工具，如 Team Foundation Services(TFS)。这包括通过配置源代码控制系统来设置版本管理(编号)、分支策略以及任何所需的附加程序包，以支持你的开发方法；例如，Scrum 或者 Agile 附加程序包。
- 规划开发的构建过程和在生成服务器上整合版本。
- 配置 TFS，通过任意源代码的签入启动生成服务器上的版本。此外，确保开发人员对任何失败的生成都保持警惕，以便在问题出现时尽快解决。
- 决定项目所需的自动化水平。例如，成熟的开发团队会每夜将生成的版本部署到 SharePoint 2013 环境的快照，并在早上启动测试修复补丁以供开发人员和测试人员检查。
- 使用供 Visual Studio 和 TFS 使用的源和样式分析工具来规划和确保源代码注释与代码样式的质量。
- 设置你希望开发人员遵循的一组持续模式，该模式与常见的 SharePoint 2013 定制开发相关。持续的代码模式会提高质量，减少 bug 数。
- 考虑项目需要的代码分层级别。是计划直接与 SharePoint 对象模型交接还是将一些直接交互抽象为管理者和实体类？
- 提供你希望开发团队创建的单元测试、模拟对象或编码 UI 测试的类型。
- 预先计划客户和部署团队需要什么类型的文档来支持、部署和维护生产环境中的所有代码解决方案。这可能包括用例、用例实现或技术规范、组件映射、应用程序架构文档、自述文件和部署配置指南。
- 准备应当遵循的编码标准。示例应包括名称空间、异常处理(不要是空的 try catch 块)和用户界面逻辑。确保生成过程会执行 SPDisposeCheck！

4.7.3 管理、跟踪和记录关键设计决策

SharePoint 列表或 Excel 电子表格中的每个关键设计决策都应进行跟踪。这同样适用于关键软件和基础架构设计决策。如果没有一套正式的程序，那么同样的决策往往得一遍遍老调重弹。关键决策一旦确定，就必须记录下来形成文档。这可以确保可以追溯到最初的决定。在未来项目投入使用时，若有人问为什么架构师以这样的方式设计解决方案，相关的信息和清晰的论点却往往都消失在了茫茫的记忆沙漠中。

4.7.4 常规代码审查规划

开发主管或 SharePoint 技术架构师必须制定计划表来执行定期(每周或更短时间)代码审查，以确保生成的代码符合 SharePoint 2013 开发的最佳实践。

- 封装代码以便将它部署到不同的开发、测试、用户验收测试、试生产和生产环境中。
- 代码修改在 TFS 中有修改历史记录和适当的注释。
- 代码修改有关联任务，且开发人员不会改写你的签入需求。

- 代码有适当级别的日志和检测。
- using 语句已适当地应用以尽早释放资源。
- 代码会在运行时环境执行，当单击组件时；例如，每秒 1000 次。那么单击共享组件时的代码会无法处理该负荷吗？
- 代码分析工具(如 ANTS Performance Profile)不能检测处性能较差的代码。
- 提供适当的异常处理。没有空的"try catch"代码块，最好有"try catch finally"这样完整的代码块。
- 与安全相关的检查，这包括检查提升权限运行并要求提升授权的所有代码。确保有足够的防御检查以减少攻击面。
- 代码只编写一次，且尽可能重复使用。
- 代码不要过于复杂。它不应该要求天才来破译和维护。代码的决定性考验是，"当原来编写代码的那个人不再做这个项目了，别人是否能继续维护该代码？"
- HTML 代码经得起校验工具的检查，且满足客户的可访问性需求。

所有代码必须经过同行审查，且由开发或团队主管来签字确认最终的代码。

4.7.5　大型项目的考虑事项

就像所有有很多人为之共同奋斗的大型项目一样，大型 SharePoint 项目也有很多挑战。例如，这些挑战可能包括不清晰(未定义)的职责、任务、日程安排、角色等。挑战必须通过适当的规划来解决，这些规划不仅指项目的可交付性，还包括开发、测试和发布过程。

4.7.6　大型项目的生命周期模型

开发的不同功能必须有明确的职责和开发流程定义，大型项目尤甚。处理大型 SharePoint 开发项目最常见的方式是将功能划分为多个代码项目和解决方案包。这样，每个功能项目都可以使用来自同一框架的通用共享服务。从方案的角度，这就是说设计类似于图 4-15 所示的流程。

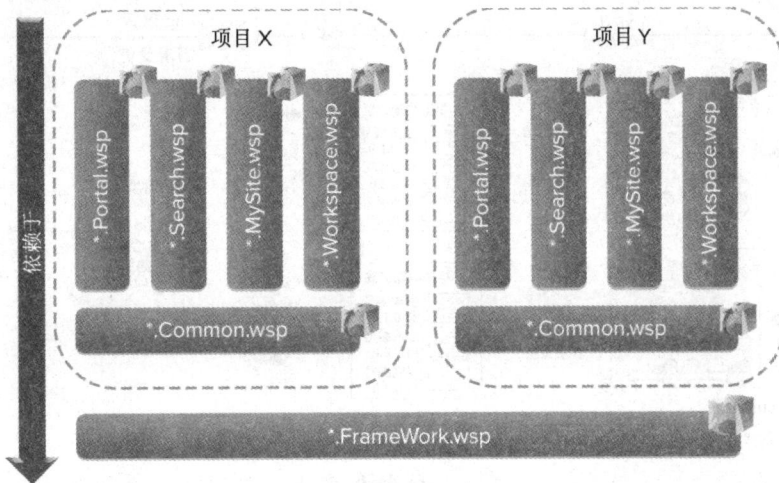

图 4-15

图 4-15 揭示了代码和功能如何有效地在多个不同的 Visual Studio 项目和解决方案包之间进行划分。Framework.wsp 包含可在任何 SharePoint 部署中使用的抽象代码。这种代码的绝佳范例包括日志记录、缓存和配置服务。复制这种常规代码到每个 Visual Studio 项目会浪费资源，因为它可以作为独立的封装包来部署和进行版本管理，然后由不同的项目使用。

个体项目(项目 X 和项目 Y)是提供不同功能的大型项目(请参阅图 4-15)。有了常规通用的解决方案包或代码层，就能轻松地在不同的单个功能之间共享项目级功能。该类型功能的一个范例是自定义母版页，它适用于不同的网站定义或 Web 模板。这样，就可以轻松地维护和更新 UI 相关的功能而无须，例如，被迫改变新功能或解决方案包。

项目各个功能可划分到单个 Visual Studio 项目和解决方案包中，以便各自维护与升级。这样，即使其他功能不可用，也可以单独对这些功能进行测试和检查。

自定义架构和部署架构对总体维护成本和流程有直接的影响。因此，应该根据需求对模型进行仔细规划。图 4-15 中的示例适用于为多个客户开发多种服务的独立软件供应商(Independent Software Vendor，ISV)。通过分离部署级别的框架层代码，每个项目都可以利用所有新引入的基础服务。通过更新单个程序包就能执行多个项目的修复。因此，各项目开发人员可以专注于解决业务逻辑需求。

图 4-16 揭示了较大型项目的开发流程，该项目的框架级代码被分隔到其自身所在的层。

在这个模型中，开发团队负责其各自的功能，并为特定版本创建依赖项。例如，框架级开发团队都有自己的版本管理模型，团队每周或者每月发布经过测试和验证的版本。单项功能开发或项目引入和使用这些稳定且经过测试的版本作为他们的构建块。

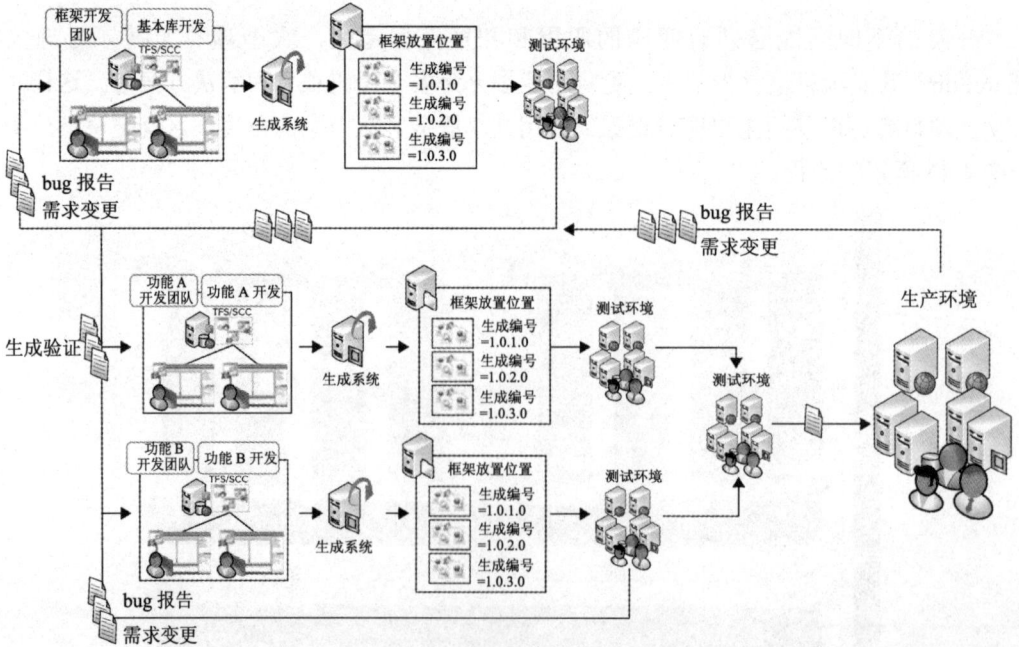

图 4-16

功能团队可以使用符合他们要求和计划的适宜框架版本。这种方法为各功能团队规划其开发迭代和路线图提供了灵活性。如果多个功能或项目部署到同一目标环境(如 SharePoint 场)，那么这些项目必须使用相同的平台级版本。但如果将功能部署到多个目标(如内网服务器场和互联网服务器场)，那么这些功能可以使用不同版本的平台级服务。

从路线图级别的规划角度来看，这种模型需要多一些协作来实现。但从长远看，在提高生产力和降低维护模型中所需的工作时间方面，它肯定会产生投资回报率。

该模型并不要求团队开发人员多达数十个。它也适用于较小的开发团队，可以在框架和功能导向型项目之间共用这些开发人员。

4.7.7　分散式开发团队

一个发展中的开发模型是分散式开发团队模型，IT 会为各功能提供集中化的平台，各部门或分散的开发团队则负责(或主导)将各功能提供给最终用户。只要精心管理平台和环境，这种模型就会十分好用且灵活。

如果分散式开发团队只需要进行小规模的定制(如品牌外观的变化)，那么 SharePoint 2013 应用程序和沙盒解决方案会提供非常灵活的平台，以便交付网站集级别的更改和定制项。

通过提供由 IT 主导的集中式的平台，组织和部门就可以充分利用平台的灵活性。IT 也可以提供可用的集中式服务，以便分散式开发团队发布使用，比如，如果有访问某些受保护资源(这通常无法供沙盒解决方案代码使用)的需求，则可以提供沙盒解决方案的完全信任代理。此外，应用程序模型可以为许多以前只能用沙盒模型完成的新场景所使用。应用程序可以由分散的 IT 团队来开发，并提交给中央 IT 小组来部署和列入内部应用程序企业目录。

4.7.8　海外团队

如果妥善利用海外模型，他们可以在开发阶段提供显著的成本节约。然而，组织通常并不完全理解其意义以及使用海外团队需要注意什么。

例如，哪种方法论是合适的、需要什么水平的技术规格、需要哪些国内和海外资源、必须了解哪些微妙的文化问题、QA、驻场开发领导力、异地项目管理以及定制项的规划和指导，要实现所有这些必须充分考虑。

有效利用海外开发团队和开始个体功能的开发，遗憾的是常常需要使用瀑布开发方法，这需要大量的前期规划、思考、设计和记录。这就必须确保在任何文档中都没有细微二义性。用户体验和门户品牌设计必须提前完成，以避免海外团队在开发期间出现延误与二义性。

比如，这意味着需要所有平台级服务的合格文档与个别定制风格的细节关注(如 Web 部件)。如果角色和责任的定义恰当，并且持续跟进定制项，那么海外开发可以极具成本效益。它要求国内端有良好的项目管理和质量保证以确保文档中的功能任务是明确的。

海外开发的其他考虑事项包括定制项的所有权和如何保护源代码的安全。如果国内团队和海外团队都要开发，那么必须向双方同时提供对集中源代码系统的访问权。图 4-17 显示了国内团队和海外团队之间进行同步的一个开发模型。关于该图请注意以下几点。

- 国内开发团队使用远程连接访问集中部署的开发环境。
- 集中化的虚拟主机用于开发和 QA 环境。
- 涵盖个体开发环境。
- 涵盖源代码系统(如 Team Foundation Server)。
- 虚拟专用网络(VPN)或其他远程连接端口提供了从外部网络到企业资源的访问通道。
- 海外开发人员在 Visual Studio 中将自己的开发环境连接到 Team Foundation Server。

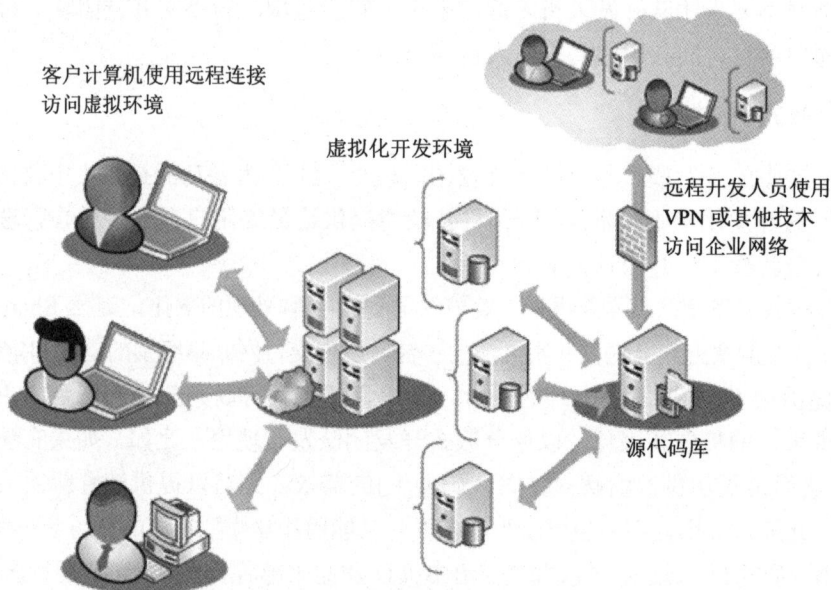

图 4-17

根据需要,你也可以向海外团队提供个体开发环境,这也可以由集中虚拟化主机托管。这是可以实现的,只要海外团队可以访问企业网络。

在这种模型中,国内和海外定制的整合点是随后可以创建实际生成的源代码系统。

4.8　管理 SharePoint 2013 测试团队

测试操作指南取决于项目的大小和目标。遗憾的是,在项目的开发阶段并不经常关注这些内容。不了解测试价值的关键表现在于在项目中为其预留的时间。这是研发的典型错误,也是客户导向型项目的常犯错误,会经常延误生产环境的部署。

4.8.1　设立测试策略

为测试经理制定一个测试策略或计划,描述测试该解决方案将使用的方法和会实施测试的领域。测试策略应涵盖以下领域。

- **人力资源**——需要多少人力来测试该解决方案?

- **硬件要求与环境**——这包括硬件要求与充分测试 SharePoint 2013 平台和解决方案所需的环境。
- **软件需求和专业测试工具**——这包括硬件需要怎样的软件以及充分测试该解决方案所需的软件测试工具。
- **测试用例的创建过程**——这包括哪些测试用例需要编写以及每项测试所需的步骤。
- **功能和非功能性测试的类型**——这包括对 SharePoint 2013 定制项进行测试的频率，以及非功能性测试多久实施一次。比如，这可能包括与可访问性、本地化、安全性、兼容性、性能、可维护性和数据迁移相关的测试。
- **测试阶段**——这涵盖单元、组件、集成测试、系统、回归以及用户验收测试。
- **缺陷跟踪**——缺陷跟踪将指定使用什么工具来跟踪缺陷。在微软主导的项目中，Team Foundation Server(TFS)常用作跟踪缺陷的工具。
- **缺陷分类策略**——缺陷分类策略确保每个缺陷统一分类且按照商定的严重性定义集来排序。比如，包括 1 关键、2 主要、3 轻微和 4 微不足道。这很重要，因为客户经常在商业合同中规定测试退出标准，该标准会指定每个严重级别定义所允许的缺陷最大数量。
- **分组策略和分组过程**——这一过程用于对缺陷进行分类和优先级排序。这种会议会定期在项目的开发阶段召开，并且在接近里程碑终点的稳定阶段每天都会召开。

最后一个规划领域是测试团队的角色和职责；就是说测试主管和测试团队成员各自的责任。

4.8.2　单元测试

单元测试用于确保源代码的各单元能够按照预期正常工作。单元测试要么手动执行，要么通过编写基于代码的测试来自动验证代码是否正常工作。

对于单元测试，SharePoint 开发的一个挑战是 SharePoint 代码的特性以及开发人员如何在用户界面(UI)类(如 Web 部件或自定义控件)中实现逻辑。这使得 UI 类中的业务逻辑很难测试，更难确保自动化单元测试能覆盖大部分代码库。

如果你的定制开发采用的是知名的模式，如模型-视图-控制器(MVC)或模型-视图-视图模型(MVVM)模式，则可以更容易地测试 UI 类的逻辑。

4.8.3　自动化生成与集成测试

自动化生成用于每日或当开发人员签入代码时实现定制项的自动化集成测试。目的是确保开发团队创建的代码在集成方面没有任何问题。这防止了在完全集成阶段叠加代码的修复和返工，并使你可以在任何时间进行生成以部署到其他环境(如测试环境)。

通常，自动化生成会进行扩展以包括其他活动，如单元测试或自动化功能测试。通过安排计划以使这些操作能够自动化进行，就能节省与质量保证(Quality Assurance，QA)相关的总体成本。可以每天在测试环境中提供一个完整可用的新版本，该版本来自最新签入的开发人员定制项。当客户或者测试人员早上到了单位时，便可以开始分析结果和预期测试结果的反馈。

比如，假设你已经给(内部或外部)客户部署了解决方案的发布版本，并且希望确保接下来的迭代或维护生成可以轻松部署或对现有环境进行实际升级。

在这种场景中，可以使用图 4-18 中定义的模型。你需要测试必须作为自动化生成一部分而执行的升级操作。结合虚拟化技术，对你的每日生成进行生产环境的模拟。在完美的使用场景中，会有一个来自生产环境客户内容数据库的遗留副本来进行日常测试。

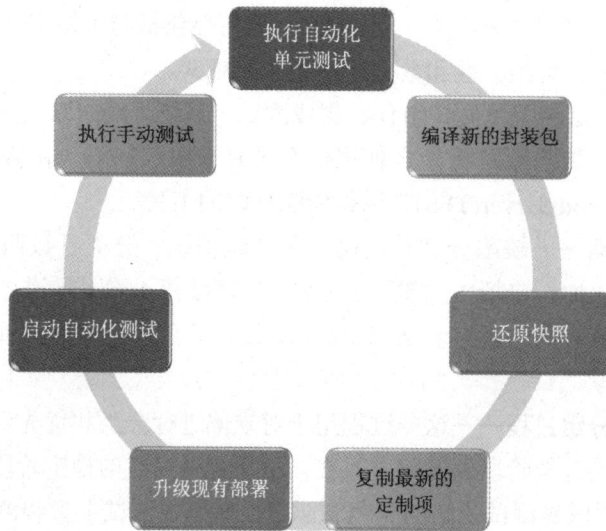

图 4-18

可以理解的是，在测试环境中使用生产环境的数据副本并非总能如愿。不过，还是可以完成如图 4-18 所示的以下步骤。

(1) 执行自动化的单元测试——在转到下一个步骤以前，请验证自定义项确实如预期一样的工作。为了验证处理解决方案的业务逻辑，需要创建作为自动化生成的一部分来自动执行的单元测试。这样，任何业务层面的问题都可以尽早在开发周期内发现而无须手动测试。

(2) 编译新的封装包——自动化生成会编译存储于源代码控制系统中的代码(最好基于标记状态)使你能够使用最新的稳定生成版本，而不是简单的最新源代码版本。这就可以避免使用还须改动的代码以及标记为未准备发布的代码。这需要对你的自动化生成配置文件(MSBuild 脚本)进行细微的改动。这有助于确保只使用正确的源代码版本。

(3) 恢复快照——由于每天都会执行自动化生成，因此必须将测试环境恢复到基础配置以模拟当前生产环境的状态，为下一次生成做好准备。该任务有可能很难完成，这取决于你使用的是什么虚拟化平台。不过，使用微软的 Hyper-V 便能轻松地执行此操作(比如，使用 Windows PowerShell)，因为它可以轻松地自动化执行并包含在生成过程中。

(4) 复制最新定制项——在测试环境恢复到匹配生产环境的状态节点以后(SharePoint 和生产环境自定义版本)，可以启动服务器并复制最新的解决方案包(WSP)和所有定制项以便进行部署。

(5) 升级现有部署——这个阶段，会使用最新的生成来进行环境升级。要执行的升级操作取决于项目、解决方案构件和开发模式。然而，升级解决方案的命令通常在 Windows PowerShell 中执行(在生产环境升级期间完成)。如果新的定制项需要新的网站结构，那么需要创建必要的脚本以使这些结构可用于测试，且这些脚本会在这一阶段得到执行。

(6) 启动自动化测试——在该阶段启动所有自动化的测试脚本以验证代码的功能完整性。有多个不同的工具可用于记录此种 Web 测试。如果使用 Visual Studio，就可以直接将测试和结果与源代码项目整合。

> 提示：Visual Studio 2012 Team System 提供了项目模板和测试工具来创建、自动化和面向测试环境执行测试。

(7) 进行手动测试——所有上述步骤都可以每晚自动执行一次，甚或一天执行多次。执行自动化测试之后，可以继续执行手动测试。在较大型的项目中，有专用的测试资源负责记录每日生成结果和执行所需的手动操作。如果自动生成在夜间进行，那么安装了的最新版本的封装包会准备好以便测试人员第二天早上继续测试。

自动化生成不仅仅可以提供定制项和代码的集成测试。在初始版本可用于每日重新创建门户之前，都可以使用类似的模型。例如，可以创建 Windows PowerShell 脚本来创建未来内网可用的初始层次结构。在开发人员更新带有最新更改的 Web 模板之后，可以对这些最新功能进行每日测试。不过，这种每日生成的环境主要目的却不是创建内容，因为所有内容每天都会被删除或重建。

整个生命周期模型已经在 4.3 节中介绍过了。然而，如果你的项目需要为客户提供长期的测试环境，每日生成的目标服务器就不能满足要求了。应对这类要求的最佳做法是对环境施行单独的每周发布周期，然后客户可以用来进行功能测试。

4.8.4　测试用例规划

测试用例应该根据最初的业务需求撰写文档，以验证各元素和定制项的功能。测试用例文档应当在这样一种水平进行记录，使那些没有技术或没有参加实施阶段的人可以根据文档记录的测试用例来执行测试。

在可能的情况下，一些测试用例可以使用 Visual Studio Team System 来作为 Web 测试进行记录。这些可以作为每日生成的一部分自动执行。这样，就可以降低实际测试所需的资源总量。

测试用例应始终为开发定制项而创建。首先应该将精力集中于验证定制项，而非开箱即用的现成功能，因为这些功能已经经过微软测试且受其支持。如果定制项包括高度定制的母版页，验证标准的开箱即用功能就是最佳的做法，因为深度定制的母版页可能会破坏开箱即用的功能。

创建测试用例的一个常见的错误是，根据已经开发好的定制项来编写测试用例。这将导致低质量的测试用例，因为它测试的是当前的结果，而非原来的业务需求。应该根据原始业务需求来进行测试。

每个测试用例都应该高度覆盖各项功能的主要结果和选择性结果。另一个常见的问题是脚本中过于自动化地设置属性(比如，Web 部件属性)。这可能导致错误的验证结果，因为每项测试只会测试成功用例而忽略错误属性值的相关问题。

规划测试用例时，应考虑以下几点。

- SharePoint 中用于检查 Web 部件错误处理机制的配置缺失；
- 为 Web 部件的预期错误处理机制设定的值无效；
- 在其他地方使用了一个 Web 部件而不是仅在计划的位置使用。

每个测试用例都应该包括测试了什么与没有测试什么的明确定义。这有助于测试人员专注于相关问题。例如，一个单独的测试应该用于检查众多定制项的 UI 一致性，而不是在一个特定的测试用例中关注定制项所提供的功能。每个测试用例都应该有明确的通过或不合格的标准。这需要详细定义预期的结果。

由于许多 SharePoint 定制项都基于一些开箱即用功能或服务，因此每个测试用例还应包括环境和资源方面的前提条件。例如，测试一个自定义搜索结果的 Web 部件需要在测试环境上进行正确配置。

4.8.5　性能测试

不论是从 IT 专业性还是从开发的角度，性能测试都要考虑。从 IT 专业的角度来看，性能测试能确保硬件满足计划的使用要求，并且能明确性能的瓶颈。从开发的角度来看，性能测试的重点是降低每个页面请求对服务器资源的影响，为首次和后续请求减少该页面负载开销的大小，从而最终提高客户端代码的效率。

许多开发团队常犯的一个错误是没有在项目开发周期使用.NET 代码性能分析工具，以主动分析并优化他们的代码效率，而不是等 IT 专业团队报告问题以后再被动反应，或者，更糟糕的是，将问题拖延到生产环境。

以下是其他一些性能测试的考虑事项。

- **成熟的测试环境**——要获得重复性结果，该环境应该稳定并进行文档记录，以便在后续版本中可以创建一个类似的设置。确保该环境没有任何其他负载，这样结果和度量标准才与以前的测试结果有可比性。
- **填充测试数据集与信息**——创建脚本与工具来填充模拟生产环境使用所需的信息。如果内网中确实没有任何内容或网站结构，则没必要测试其性能。
- **决定适当的压力测试级别**——根据所用工具的可用功能规划压力测试使用模型，比如，访问网站的并发用户数量。

性能测试活动取决于项目和部署的生命周期阶段。可以在生产环境完成初始发布或公开发布之前进行性能测试。因为很可能以后的版本中不能在生产环境重复进行性能测试，在备用环境中进行测试也有好处，这可以在未来的阶段用作基准测试环境。这意味着如果下一阶段该备用参考环境中的性能下降 10%，那么在生产环境中性能也会下降那么多。

这种基准测试的测试结果并不准确，但可以为你提供应用于特定版本的更改对性能影响的明显指示。

多个模拟的性能测试应该在项目启动的实施阶段之前执行。尽早识别性能瓶颈，避免以后迭代的开发返工。比较好的做法是一拿到功能完备的版本就进行性能测试。持续重复性能测试以证明对初始性能基准的改进。定制项的初始发布完成以后继续为维护发布进行重复性能测试。

比如，假设有一个之前的内网项目遵循图 4-19 中定义的发布周期。正如从图 4-19 中所看到的，在开发期间有 5 个迭代版本，然后开发改为每季发布的模式，在季度发布之间有需要的 bug 修复版本发布。

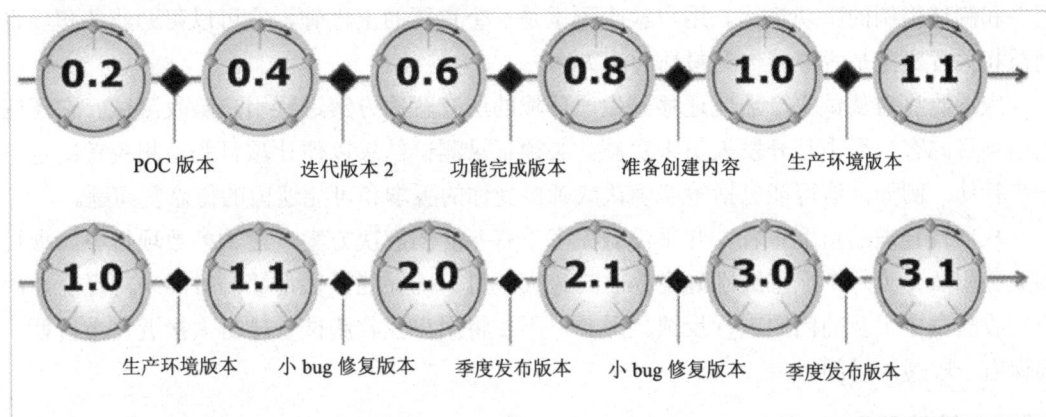

图 4-19

性能测试的 1.0 版本在功能完备的版本发布的同时创建，这意味着该版本发布时基于需求所有功能都基本可用，但是这时还未实施优化以供实际生产环境使用。

这些测试在实际生产环境发布之前会更新和执行三次，以便尽早发现可能存在的问题，并确保任何修补都不会降低性能。每个新的主要版本都提供了更新的性能测试。更重要的是，可以执行版本 1.0 原有的性能测试以将当前结果与原有结果进行比较。

通过在门户网站生命周期模型的维护阶段包含性能测试，可以测试变更对于生产环境(如操作系统补丁更新，以及 SQL Server、SharePoint 累积更新和 Service Packs)和定制项的意义。

4.8.6　功能测试

应该在模拟生产环境的环境中执行功能测试，以确保功能和定制项正常工作。尽管 SharePoint 2013 可以部署到客户端操作系统，但请不要将此作为你的测试平台，因为其表现将与服务器端的测试环境不同。

对于中型或大型部署，应该使用模拟生产环境的单独 QA 环境。你必须意识到一个测试环境应基于多台服务器而非单台服务器。例如，多个 Web 前端(WFE)和负载均衡会造成用户的页面请求比单台服务器的表现有所不同。

功能测试应该基于表示业务需求的测试用例,以确保在进入部署进程的下一阶段之前功能得到正确验证。如果项目使用自动化测试,那么手动功能测试应该集中在无法使用自动化可靠测试的领域和功能上。

在 SharePoint 部署中,功能测试包括解决方案测试和 UI 样式验证。例如,UI 呈现的相关问题就是一个经常在项目中不能准确测试的好例子。

4.8.7 用户验收测试

用户验收测试是部署到生产环境之前的最后版本验证或部署验证。通常,业务和关键的利益相关者都会参与该测试的执行。这需要结合在项目生命周期前面阶段中产生的“用例”和测试用例的手动执行。用户验收测试是一个重要的里程碑,它可以帮助业务和项目利益相关者决定是否继续你的最新解决方案。

应该始终对从试生产环境迁移到生产环境的所有解决方案进行用户验收测试。它还应该由项目的客户而不是开发人员来实施。必须记录测试结果以便让项目利益相关者决定下一步行动。例如,这可能包括签字确认或者接受你的版本和可能遗留的待修复问题。

从项目管理的角度来看,几乎没有完全没有 bug 的解决方案。在大多数项目中,项目和业务团队会为每个严重级别确定 bug 的最大数目。确保能提供足够的时间来对可能在用户验收测试中提及的问题进行反馈。因此,不要将用户验收测试安排得太接近发布日期。确保有一段缓冲时间。

4.8.8 缺陷跟踪

缺陷跟踪管理有许多方法可用,还可以使用许多不同的工具。至少所有相关的项目团队成员应该有权进入并编辑在一个集中位置的缺陷。在 SharePoint 项目中缺陷通常在 SharePoint 内或使用 Team Foundation Server 来跟踪。

SharePoint 提供了可以根据项目需要进行进一步定制的问题跟踪列表。使用这个基于 SharePoint 的跟踪列表的挑战是,开发人员会有两种不同工具可以使用。Team Foundation Server 是首选方式,它可以直接在 Visual Studio 中为开发人员提供清晰的集中任务列表。所有其他项目成员可以使用 Team Foundation Server Web 访问来管理问题和 bug。

规划好测试工作以后,同样重要的是,商定处理缺陷的过程以及它们应如何形成文档记录。以下是一些缺陷产生后的重要考量。

- 优先级——每个缺陷都应有优先排序,使 bug 修复可以从最关键的问题开始再转到不太重要的问题。缺陷的优先次序应由项目团队成员商定,以避免所有缺陷的优先权都定得很高。
- 描述——每个缺陷都应该有一个详细的问题描述。应当有一些业务需求或规范界定来解释为什么它是一个缺陷。缺陷不应用作扩展项目范围的筹码。只对现有功能进行缺陷描述。描述应该提供足够多的细节来重现此问题;否则,它会由于无法重现而退回给测试人员。如果问题无法重现,就没有办法确保它在代码修改后已经修复。
- 屏幕截图——屏幕截图提供一种简单高效的方式来呈现所遇到问题的更多信息。

- 时间——SharePoint 有丰富的日志记录，这提供了所遇到错误的附加信息，甚至有时可以直接用于解决缺陷的问题根源。如果没有所遇到错误或问题的确切时间，则无法使用这些有价值的信息。切记，你的开发团队有可能在不同的时区工作。

4.8.9　其他测试考虑事项

测试应当仔细规划，以确保满足所需的质量水平。测试应该是总体项目计划的一个明确阶段，而不能视为开发的一个缓冲区。

因为测试基于项目的需求，所以测试计划可以在规划技术架构或定制架构的同时启动。

在测试进行期间，确保使用不同级别权限的用户账户以识别代码或配置的任何权限问题。确保开发人员在提交代码之前使用不同的用户和权限来验证代码在开发环境中的运行情况。

4.9　本章小结

在大型 SharePoint 项目中，(遗憾的是)很多经常遭忽视的考虑事项可以帮助项目团队在项目开发、测试和部署阶段做得更成功。本章讨论了这些考虑事项，尤其从细节层面关注了大型项目所需要考虑的因素。

大型项目究竟意味着什么？什么时候应该遵循这些指导？这些问题的答案取决于许多因素，例如，SharePoint 场的大小；定制的程度；项目的业务优先级；你对开发、测试和部署交付的质量要求；还有你的未来路线图。本章讨论的许多理念适用于各种大小的项目，应遵循这些理念以提高开发、测试和部署团队的成熟度与纪律性。

未来的维护需求应该在架构模式和关键设计决策中占有很大分量。确保贯穿部署过程的关键开发流程建立和跟踪。在初始版本部署之后思考一下，修复工作的成本远比在初始版本中就做对要昂贵得多。

遗憾的是，没有什么灵丹妙药使你能够为每个项目都选择正确的模型。即使你可能没有详细地计划流程和架构，也必须做出明智的选择，而不是在对其影响不了解的情况下草草做出决定。

在本书的其余部分，你能了解这些新功能的更多细节，并学习如何对这些功能进行编程以构建强有力的 SharePoint 2013 应用程序。

第5章

Windows Azure 与 SharePoint 2013 的集成

本章内容

- 了解云计算解决方案
- 理解购买和托管 SharePoint 在线的不同方式
- 探讨 Azure 集成选项和新的 Azure 工作流

5.1 步入云端

在过去的 20 年里，企业 IT 部门专注于发展冗余基础架构和开发关键业务线的应用程序，以实现战略经营目标。在这期间，价格、可用性与计算机技术的互通性发生了巨大变化。计算设备已从特权阶层的桌面走进了民众的口袋。无处不在的无线连接和崭新的计算模式比如互联网和平板电脑，极大地冲击了传统 IT 组织在灵活性与适应性方面的能力。二十年前，商业报告发表在报纸上。十年前，业务线应用程序可以在任何计算机上生成可阅读的报告，只要该计算机正确安装了 OS 和客户端应用程序。如今，高管希望在他们的 iPhone 和 iPad 上经营自己的公司。自带设备(Bring Your Own Device，BYOD)的时代毫无疑问已经到来了。

除了日益加快的技术变化与消费者和企业技术堆栈的趋同之外，世界还经历了巨大的金融危机。全球各地各种规模组织的 IT 部门正在想办法减少或杜绝支出。这种"多快好省"的心态推动 IT 经理和应用程序开发人员不断寻找更便宜的方式去做事情。

外包 IT 系统在 1989 年被确定为正式的商业策略，Eastman Kodak 踏出了革命性的第一步，紧跟着很多大公司都采用了外包策略。外包的定义是策略性地利用外部资源，以执行传统上由内部员工和资源处理的操作。基于该定义，不难看出，很多公司已经在长期执行该策略了，无论是以利用承包商来使可变工作负荷峰值谷值变平均这样的形式，还是以采购别的业务服务的形式，比如部件制造商向消费产品制造商供应小部件。

外包主要作为一种商业策略被采纳，能够保障以下部分或全部利益:

- 减少和控制运营成本;
- 通过聚焦核心竞争力和依赖国际一流合作伙伴，从而提高整体实力;
- 与伙伴组织分担风险分享资源。

尽管通过员工数的削减，外包历来都意味着降低运营成本，但 IT 组织将该定义延伸到了旨在获得所有以上所列好处的 IT 特定措施中。一直以来，数据中心都移到公司办公大楼以外以降低风险和实现规模经济。托管的演化开始于这一数据中心服务器的搬迁行为。虚拟化技术的引入以及其计算效率最大化的能力开启了多租户或者说物理计算资源共享的新时代。受到直线下降的硬件成本以及强大的虚拟化技术套件的推动，网格计算启用了根据大小灵活分配计算资源的策略，在不浪费效能的情况下满足需求。大型组织(如亚马逊、Salesforce.com、IBM、谷歌和微软)都建立了庞大的数据中心，利用共享资源和规模经济这一基础引入了商用外包计算能力，即云计算(这样命名是因为云状的象征，反映复杂的计算基础架构，如互联网)。

5.1.1 云

云计算本质上是一种新的商业模式:IT 即服务。面临预算压力的组织正致力于在减少对内部部署投资的前提下，仍然使其达到原有的能力。实现这些目标的机制之一，是充分利用云计算供应商纷纷提供具有竞争力的 IT 外包服务选项这一浪潮所带来的推动力和服务承诺。云计算的诱惑的确难以抗拒。同样，组织可以受益于从物理服务器转为虚拟服务器，通过外包 IT 基础架构元件，节省运营成本、电力甚至潜在员工数。

云计算有多种不同的类型;三种最重要的是基础架构即服务(Infrastructure as a Service，IaaS)、平台即服务(Platform as a Service，PaaS)和软件即服务(Software as a Service，SaaS)。每种产品都需要其他的云供应商产品担起更多的责任，当然，这会带来灵活性的降低。图 5-1 详细展示了参与每种类型云计算的主要栈元素。

将内部部署环境迁移到 IaaS 供应商(如亚马逊的 EC2)，组织便可无须拥有内部服务器、存储组件和网络(请参阅图 5-1)。对虚拟 IaaS 环境的完全控制权依然掌握在客户手中，而不是供应商。虽然这种层面的灵活性可能正是某些情况下所需要的，但它带来了另一层面的职责，因为 IaaS 层目前是编程式的。想想最近发生的 Netflix 公司熬过导致大量在线应用程序中断的亚马逊云断电危机的典型案例。为了成功地在断电期间保持在线，Netflix 公司必须编写大量的网络代码。构建在 IaaS 顶层的软件应用程序往往最终需要几乎毫无业务贡献价值的数量惊人的"基础架构"代码。

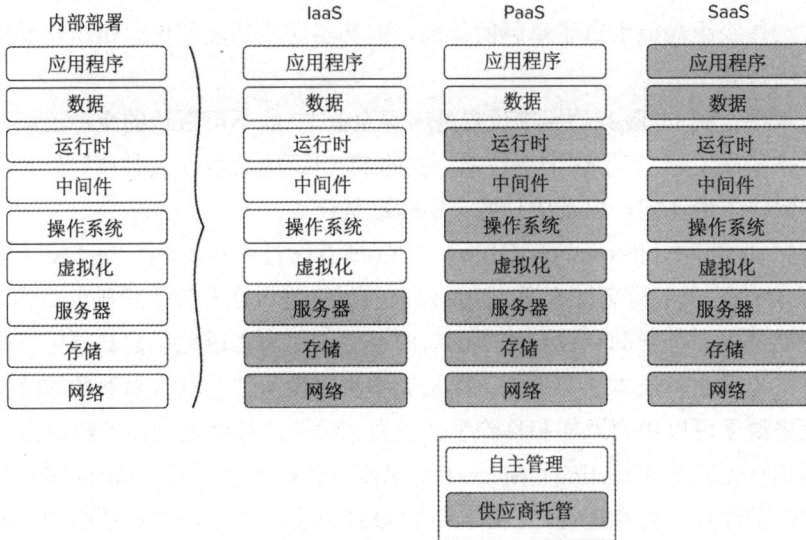

图 5-1

从 IaaS 转向上一层 PaaS 的做法意味着客户接受云供应商控制运行时间和客户应用程序运行所需的操作系统。例如，对于微软的 Windows Azure 平台，开发人员只须编写提交到云端的功能。这些开发人员可以从为较低级别的基础架构编写代码的烦恼中解放出来，客户组织也不需要再操心 O/S 系统升级等问题了。作为这个层面优化和关注重点的交换，客户必须接受平台供应商对开发语言和功能的限制。假如客户组织想要做开发的战略转移，比如，从.Net 开发转向 Java 开发，那么就可能需要放弃当前的云平台，并且所有逻辑需要重新实现。

云服务平台的顶层决定完全外包 IT 解决方案的所有组件到 SaaS 供应商。SaaS 供应商通常提供基于 Web 的应用程序，赋予客户组织使用功能的权限，而无须担心其稳定性、升级或生产能力方面的问题。用户直接支付使用费。看看 Salesforce. Com 及其企业社交平台 Chatter。该应用程序的用户可以聊天、交换文件，甚至在必要时用自定义功能来扩展该 Web 应用程序的核心功能。当然，在 SaaS 供应商的封闭圈内，更换一个不同的供应商往往是复杂与昂贵的迁移工作。

5.1.2　公司为什么要关注

理解了基本的云计算概念以后，通常会被问到的问题是给定云计算的一组特定目标效益，"组织什么时候考虑将内部 IT 服务替换为云计算方案比较合适？"组织正在寻求对硬件投资进行管理开支吗？在云计算的潜在经济利益之外，为什么公司内部 IT 专业人员也应该关注云计算？

很难对所有这些问题给出一个标准答案。相反，应该考虑所论及的特定组织面临的问题与方案的类型。一些组织是如此之大以及过程驱动，以至于与 IT 内部各团队的交互就花去了大量宝贵的时间。另一些组织虽然在想办法将开支最小化，却同时需要做好应对大型偶发需求大量出现的情况，而这些需求对于 Web 和移动应用程序供应商都经常真实发生。

再者，还有一些组织貌似引进了卓越的功能，但其实这些功能在进入组织内部以后，其开发和维护费用极其昂贵。

将云技术整合到 IT 服务的标准设置是席卷企业 IT 的不可否认的变革浪潮。很多人面临的问题后来变成了，"有了这个新技术，我的 IT 组织能获得什么具体好处？"这个问题的答案通常取决于谁在问，以及成功的个别标准是什么。

首席信息官(Chief Information Office，CIO)或首席技术官(Chief Technology Officer，CTO)通常关心的是成本和交付速度，以及他们的员工是否在专注于正确的事情。CIO 将云看成革新推动者，一个帮助企业专注于创新的平台，因为它避免了建立与运行基础架构。通过云计算，不仅交付成本通常更低，而且云本身的性质使它具有显著的敏捷性。云的敏捷性定义就来源于可以快速添加和移除生产能力、功能，甚至是全新的解决方案产品。

首席营销官(Chief Marketing Officer，CMO)或首席财务官(Chief Financial Officer，CFO)通常有不同的关注点。坦率地说，CMO 或 CFO 通常由与其有历史关系的 IT 组织来推动。云计算提供了一个为 IT 完成业务目标一路扫清障碍的机会。云计算是业务助推器，因为它是一个几乎不需要依赖企业现有基础架构的平台，其技术栈有充分的灵活性，能力无可限量。PaaS 和 IaaS 的云供应商通常可以容纳多种技术和编程语言。例如，Force.com 平台现在支持 Java，Windows Azure 平台现在支持 PHP，而亚马逊则提供了 Windows 和 LAMP[1]两种平台的 EC2 预留实例。

没有看到云计算广告就不大可能会去阅读相关的业务或技术杂志或网站。所有大型技术供应商已经或正在推出自己的云服务。即使 Dilbert 也在致力于漫画的云计算。很多公司正积极研究云服务技术，寻求一些方法把云供应商的一流功能转化成自己的竞争优势。看看 Netflix，通过在亚马逊的云服务上建立电影流式媒体服务来提供了一项 DVD 订阅服务，转变了其业务和整个行业。

5.1.3 开发人员为什么要关注

鉴于在上一节竭力介绍了为什么公司应该考虑迁移到众多可选的云端之一，现在说开发人员应该关心云计算可能显得有些多余。然而，仅仅由管理层指示要做什么，并不能很好地传达其强大功能和高度灵活性，这需要一个开发人员或开发团队通过将云计算纳入他们的软件开发过程才能体现出来。本节其余部分会讲述各个开发人员应该关注云计算的合理理由。

第一个原因在于，云计算是软件开发中一股不可否认的新兴力量，它带来了类似于互联网在 20 世纪 90 年代中期掀起的翻天覆地的变化。互联网要求开发人员学习新技能，以使用新的方法来满足用户需求，云计算也是一样的。掌握云计算功能带来的好处是，开发

---

1 LAMP——Linux+Apache+Mysql+Perl/PHP/Python 的英文简称，是一组常用来搭建动态网站或者服务器的开源软件，本身都是各自独立的程序，但是因为常被放在一起使用，拥有了越来越高的兼容度，共同组成了一个强大的 Web 应用程序平台。

人员可以通过不断扩大的访问入口数量提供新的功能来满足无限数量的用户使用需求。移动设备和智能手机常常依赖于云服务。企业基础架构正不断迁移到云端。作为软件开发人员，证明其职业生涯在未来几年有前途的最好方式之一，就是将云计算技术纳入你的软件开发工具包。

有了强大的云技术的支持，软件交付变得比以往任何时候更加容易。在云端不仅提供开发环境或开发/集成环境极为容易，与企业 IT 的响应时间相比只需几分钟，另外软件交付的技术门槛实际上也降低了。云公司提供了开发人员可以方便与其交互的服务，取代了动辄需要付出大量努力的工作。例如，微软的 Azure 服务为来自 Web 的流媒体提供了媒体服务。Salesforce.com 对其全套服务对象提供 API，让开发人员不再需要创建"客户对象"或担心如何将客户绑定到数据库的订单。使用 MongoDB，Cloud Foundry 可以帮助你的应用程序实现 Web 规模！不仅由于云提供了新的服务，使得个人或小团队无须付出艰辛努力去构建和部署，而且云提供了无限能力和弹性，这意味着开发人员可以编写更少的代码，更具有效率。比如，一个受限制的环境可能导致开发人员得出矢量图形更节省内存的结论，但如果有了云的弹性能力，开发人员就可以选择更加容易的位图图形编码。开发人员可以专注于创建解决方案而不是去关注性能调整。虽然云计算产品降低了技术门槛，但那些真正的技术专家才是能力超群且把握行业趋势的人。

现代的软件环境经常是相互关联和集成的应用程序案例。在云端，集成案例通常是明确的且比在独立式环境中更容易实现。云供应商不断地创建主要服务产品之间的连接，或者为连接而非企业内部经常遇到的紧密耦合代码提供连接或 API。除了基于 API 的集成服务方法之外，基于云的数据集成同样是令人信服的案例。Hadoop 是一个开源的分布式应用程序，旨在允许跨不同的非结构化数据存储区的数据操作，如搜索或格式转换。为应用程序寻求产生最佳性能或分析结果的开发人员明白，可用的计算能力越多越好。

忽视云计算的软件开发人员将会自尝苦果。无论选择怎样的平台，环境正在迅速演变，被甩在后面是很有可能会实际发生的。即使开发人员所在的公司没有明确打算要转向云计算，各开发人员的收益可能仍取决于内部应用程序或开发过程。但对于个体开发人员，云计算意味着自由！可以摆脱 IT 管理员导致的延误，可以自由使用世界上一些最强大的应用程序，可以摆脱对硬件或基础设施架构的担忧，还可以自由地专注于寻找业务问题的解决方案。

5.1.4　云技术使用警示

前两节内容以及全球所有的云服务供应商都试图使你相信云技术才是未来的方向，而忽略它你将被时代的巨轮碾过。尽管从总体上来看这是没错的，但总有一些例外和异常的情形，证明并非所有云技术都会成为你触摸未来的曙光。磨刀不误砍柴功，在仓促地投入云生产部署之前，有一些值得你停下来仔细想一想的问题。具体来说，值得考量的地方包括：

- 开发成本

- 安全性以及数据的所有权归属
- 技能要求
- 学习曲线

首要面对的便是转向云端后，在云端进行开发和测试将变成收费模式。开发人员每次按 F5 键调试一个应用，就可能产生一笔宽带费和计算机处理费。在不同的云服务供应商公布的收费架构下，程序开发成本将可能有很大的差异。一个现实的例子是，你每月只须为云计算服务投入 10 美元，就可以启用两个亚马逊微型实例，利用 LAMP 和 Windows 栈充当 SVN、数据库和 Web 服务器。这看起来成本不高，但随着开发团队规模不断扩大，其使用成本也会呈量级增长。遗憾的是，现今确实没有好的云端模拟环境可以让开发人员在本地开发云端的应用。在云端工作的软件开发人员可能需要养成一种习惯，调试时少按 F5 键，并且尽可能不要频繁地集成编译。如果没有管理层对云端开发进行投入以及接受相关的费用成本，那么云端开发的质量将堪忧。

接着成本的话题，从传统的内部部署经验转到云端的尝试，会导致从资本性支出 (CapEx)到运营性支出(OpEx)的组织性的转变。鉴于这些不同的预算类型以及它们对现金流带来的不同影响，那些习惯于分期摊销远超过底线的大笔 IT 资本性支出的组织，可能会抵触由此带来的需要承担更大的运营性支出的局面。云技术的成本模型基于"按使用付费"的模式。这种模型具有一些不可预测性，尤其是伴随有新的产品或者对特定人群比较新的产品需要投入使用的情况。当企业开始对这种成本模型有了更真实的理解时，这种不确定性可能使成本预测变得不可靠，从而进一步地挑战企业的动态决策。例如，尽管一家知名公司的 CIO 和首席营销官(CMO)都对与 Salesforce.com 的一个大型 SaaS 交易表示支持，但该交易还是被该公司的 CFO 终止了，原因是 CFO 不想承担每年 300 万美元的运营支出。CFO 这样决策的一部分原因是出于对 CapEx 和 OpEx 的财务考虑。另一部分原因则是，为了与服务供应商合作，现在的应用程序可能需要重写或者重大修改，CFO 敏锐地发现了这项隐性成本。

云服务的安全性以及云端数据所有权属的缺失是一些云服务产品经常被讨论的劣势。虽然 IaaS 供应商没有声明自己有资格获取你专有的应用数据，但 SaaS 供应商储存和管理这些应用数据。尽管一些安全性规则的缺位是合理的，但像金融服务业和大型医药行业，对于谁能接触到他们的数据这个问题是很惧怕的，不大可能信任云服务这样一种多租户共享的解决方案。对于那些乐于使用基于云服务的解决方案但又对安全性感到紧张的组织机构，不少安全服务供应商很乐意推销额外的安全保护层。

随着 PaaS 和 SaaS 供应商的发展，OS 和运行时环境对于开发人员越来越抽象且渐行渐远。这种情况可能被架构师和开发人员视为一种解放，但也可能成为软件设计师和开发人员无法逾越的一条技术鸿沟。话又说回来，虽然 IaaS 供应商让我们能够使用类似于传统习惯的方式、方法来管理服务器，但这条路也并非康庄大道。IaaS 供应商提供的服务方案已经具备可编程性，但需要大量的代码来处理网络事务的管理任务。让我们回想一下 2012 年的 Netflix 网站断网事件，该事件由于一场大型雷电暴风雨导致亚马逊的云计算中心电力遭到破坏造成。尽管亚马逊针对这次故障进行了自己的调查分析，但是 Netflix 公司在其技术博客上的文档中指出，2012 年 6 月 29 日发生的 Netflix 网站持续断网 3 小时的故障原因涉及中间层服务器负责负载均衡联网处理功能的代码执行异常，导致无法访问该网段。有意思的是，该文档里提到的管道代码除了与"云服务需要成为一个可靠的平台"这个概念有关外，与 Netflix 公司的主营业务目标毫无关系。本事例表明，即使开发人员可以从一些系统平台级别的栈中抽离出来，云技术的陡峭学习曲线还是会让你很难从平地爬到顶峰进而找到一览众山小的感觉。在内部部署的情况下，有传统软件工程经验的开发人员定然明悉如何在已经规划了预期负载和用户数量指标的前提下做好负载均衡。归根结底一句话：你的知识圈越大，你就会发现圈外需要你去了解的东西越多。

除了与大规模部署相关的学习曲线外，云计算的无序性将让一些人和组织面临一条不太适应的学习曲线——传统基础架构/应用主机与 IaaS/ SaaS 之间的区别是否容易理解，诸如此类的问题。从应用主机到 IaaS/SaaS 的演变涉及从独立实体到多租户及多方共享模式的变化。另一个被频繁问及的问题是，我要使用的云平台在其功能不断更新的同时是否足够稳健？我或者我的组织又是否能跟上其更新的步伐？云计算环境的学习曲线还会使你面临一种混乱局面，就是供应商通过收购进行整合所给云技术带来的快速变化。Salesforce. com 在供应商兼并方面特别恶劣，抢购了诸如 Rypplc、Assistly(现在是 Desk.com)、Heroku 和 Radian6 这些具有云服务能力的公司。

总而言之，所有列出的风险都表明，IT 部门面临着陡峭的学习曲线。他们需要研究的不仅是市场上提供的新功能，还有那些灵活多变的功能。基于云服务的解决方案意味着公司不再拥有自己的数据，因为这些数据存放在供应商的服务器上，IT 部门必须设法处理此类安全隐患，对于医疗和金融领域的公司，这一点所带来的拘束尤其令人感到厌烦。IT 部门还必须明白，第三方云系统提供的使用方法在类型上或数量上可能会受到限制。例如，为了防止云服务这样的多租户系统中的任意一方造成系统崩溃，一些必要限制将会强加到 API 的调用上。

对云的管理会成为组织内部一个新的关注点和专业化领域。每一个系统栈都有许多第三方供应商为其提供工具，但是额外的云管理层可能最终会受到企业 IT 部门的繁琐操作规程控制，从而抵消了云的灵活性。

最后，尽管云计算解决方案为访问和接入提供了极具吸引力的好处，但一些内部部署环境不存在的限制，却会使你受限于在线环境。Informatica 就是这样一个供应商，在按需模式云解决方案中设置了限制，而在本地安装中却没有。类似地，微软的 Office 365 SharePoint 云端环境提供的功能集相对于内部部署版本有所收缩。

引入和整合云计算显然不像各家供应商试图使你相信的那样毫不费力。开发人员和技术业务分析师需要承担起努力收集高级业务需求的责任，并通过这些工作找到可能使云解决方案被"叫停"的因素。对 IT 部门有利的一面是，将典型的基础架构和平台需求迁移到云端，意味着 IT 人员可以通过研究其业务数据和业务流程，从而更多地关注业务的运作。

5.2 Windows Azure

尽管微软在线的应用程序套件被认为是 SaaS 产品，但是 微软在其公共云产品 Windows Azure 中提供了 IaaS 和 PaaS。Azure 实际上是一个专用的操作系统，它提供了以下功能，如图 5-2 所示。

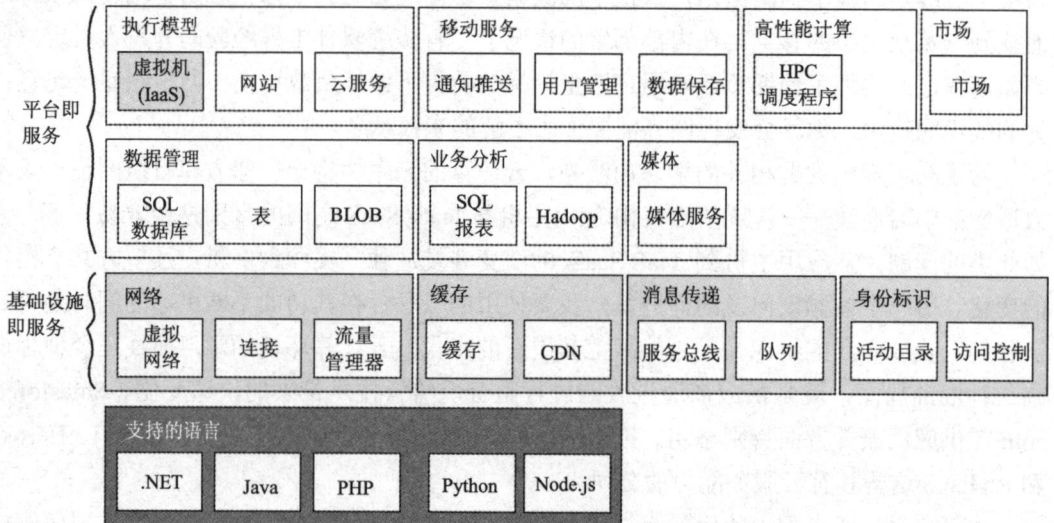

图 5-2

- **网站**——用 PHP、.NET 和 Node.js 语言创建网站或从开源应用程序库中选取。
- **虚拟机**——提供 IaaS 来创建和托管运行 Windows Server 2008、2012 或 Linux 的 VM。
- **云服务**——托管的应用程序所在的容器，比如，支持包括 Python、Java、Node.js 和.NET 在内的语言。
- **数据管理**——提供 SQL 数据库、表和 BLOB 存储。
- **业务分析**——提供 SQL 报表、数据市场和 Hadoop。
- **身份**——提供活动目录和微软的访问控制服务。
- **消息**——为开发人员提供服务总线和队列。
- **媒体服务**——提供流式媒体服务。
- **其他基础架构组件**——包括网络和缓存。

微软在其介绍 Windows Azure 的页面(https://www.windowsazure.com/en-us/develop/net/fundamentals/intro-to-windows-azure)提供了对每个组件非常好的深入介绍。各组件的简要概述会在随后介绍。

5.2.1 执行模型

虚拟机、Web 站点和云服务是开发人员或服务使用者用来执行应用程序的三种不同方式。虚拟机功能抽象了基于服务器的基础架构，允许用户基于标准映像库或用户提供的自定义映像来按需创建 VM。在云端的 VM 操作，就跟在内部部署的 VM 服务器上一样，提供了持续变更和支持将整个映像迁移到不同(本地下载)服务器的功能。

Web 站点免除了客户管理 VM 的需求，不过也支持在熟悉的 IIS 环境上启用对 Web 应用程序的托管。Azure Web 站点的环境与内部部署 Web 服务器的环境十分相似，Azure 服务支持将现有 IIS 网站毫无更改地复制到云端，包括对开源 Web 应用程序的支持，如WordPress、Joomla 和 Drupal。直接通过添加或移除实例就能实现 Web 站点的动态负载均衡。

云服务就是最初的 Azure AppFabric 概念——一个可扩展、可靠并只需基础管理的应用程序开发环境。云服务应用程序由组合的虚拟机角色(实例)构建，比如，Web 和工作者角色。为了降低管理职责，这些无状态角色完全由 Azure 来管理，但其为 Web 网站提供了更多的灵活性水平。云服务实例可以独立地向上或向下扩展以管理范围和成本。

5.2.2　移动服务

Windows Azure 移动服务是其他一些使应用程序开发人员能够快速迭代移动应用程序后台的 Azure 功能的封装，后面还会介绍。Azure 移动服务包括基于 Azure 活动目录的用户管理功能，其简化了应用程序开发人员对身份验证管理的需要。还包括推送通知服务，因为有 Windows Azure 服务器端脚本和集成推送的支持。移动应用程序的数据存储在云端，这是因为可以使用 Azure 数据管理功能，随后将介绍。

5.2.3　高性能计算

云计算的能力和保证是很多计算机可以一起工作，使问题解决得更快。要真正使多台计算机能够一起工作并解决问题，应用程序必须支持并行编程，这样多台计算机可以执行相同的代码。微软的高性能计算正是这样的一个并行编程环境。Azure HPC 调度程序使 HPC 应用程序能够处理复杂的问题，比如，医学研究或下一部皮克斯动画大片所需要的渲染逻辑。

5.2.4　市场

Azure 市场是购买和销售 SaaS 应用程序和数据集的地方。该市场目前支持来自供应商的应用程序，包括微软、AppDynamics、Cad Cam Systems 等。数据集可以用来包含在应用程序中，包括人口统计数据、货币交换数据、空中交通数据等多样化的选择。

5.2.5　数据管理

如前所述，有了虚拟机执行模型，Windows Azure 的客户可以在 VM 上安装任何数据库技术，包括像 MySql 一样的开源数据库或像 MongoDB 一样的非关系数据库。对于那些不希望管理其基于云的数据中心的人，Windows Azure 为基于云的应用程序提供了三种不同的方式来存储和检索数据。

原名为 SQL Azure 的 SQL 数据库是一种关系数据库 PaaS 服务。SQL 数据库支持 ANSISQL、T-SQL、事务以及通过 Entity Framework、ADO.Net、JDBC 和其他访问技术来实现并发数据访问。Windows Azure SQL 数据库甚至可以使用 SQL Server Management Studio 来访问。

Windows Azure 数据表从 SQL 数据库的功能列表中移除了，这是为了专注于对类型化数据(如键/值存储)的快速访问。Windows Azure 数据表不支持复杂的操作，如连接和 SQL 查询，但它们在支持单个表中万亿字节的数据方面是廉价且可扩展的！

第三个数据存储和管理选项是 Windows Azure Blobs。BLOB 存储对于如视频或文档文件一样的长期文件的存储是理想的选择。

5.2.6 业务分析

鉴于 Windows Azure 应用程序多样化和无限扩展的特性，传统的分析产品可能有了来自于集成云端式数据的挑战。为了协助云托管数据的业务分析，Windows Azure 提供了两种分析选项。

SQL 报表面向 SQL 数据库数据的工作方式与 SQL Server 报表服务面向 SQL Server 数据的工作方式大致相同。SQL 报表是传统的数据报表方式，支持包括 HTML、XML、PDF 和 Excel 在内的输出格式，且可以由传统的内部部署的 SQL Server 报表服务工具构建，如 Report Builder 和基于 Visual Studio 的 Business Intelligence Development Studio(BIDS)以及 SQL Server Data Tool(SSDT)。

微软在 2011 年 10 月宣布为 Windows Azure 引入了 Apache 开放源代码，以支持 Hadoop 的大数据分析功能。Hadoop 向用户提供了对大量非结构化和非关系数据的分析能力。Azure 的 Hadoop 技术支持分布式 MapReduce 作业和基于 Hadoop 的技术，如 Hive 和 Pig。

5.2.7 媒体

媒体(特别是音频和视频)是丰富的互联网体验极其重要的一部分，越来越频繁地成为企业应用程序开发的目标。为了实现流式音频和视频，Azure 媒体服务基于微软媒体平台构建了云端功能，例如，编码、格式转换、内容保护和更多对开发人员可用的功能。有了该服务产品，开发人员就可以将媒体操作集成到工作流和 Azure 的广泛内容分布网络 (Content Distribution Network，CDN)，以便用于完美的全球性交付。

5.2.8 网络

当为分布在不同地理位置的用户构建应用程序时，在使用者附近的数据中心里构建组件的行为通常是有利的，这可以减少网络延时。微软支持地理分布式架构，可以在位于美国、欧洲和亚洲的 Windows Azure 数据中心托管客户的应用程序。应用程序开发人员还可以充分受益于这一地理分布架构，通过使用 Windows Azure 网络服务来构建相互关联的应用程序。

Windows Azure 虚拟网络将连接到 Azure 虚拟机的 VPN 网关与组织的数据中心相结

合。这就能够允许基于虚拟机的应用程序(如 SharePoint 和活动目录)拥有内部 IP 地址，可以根据需要扩展和压缩工作，达到简化访问和管理的目的。

Windows Azure 连接不能在完整的 Windows Azure 虚拟网络配置中使用，它是一项内部部署安装，允许本地计算机通过安全且可自由配置的连接与基于云的机器和应用程序连接。Windows Azure 连接针对的是需要将 Azure 应用程序连接到本地数据库而无须寻求网络管理团队支持的各开发团队。

在全球化方案中，Azure 应用程序用户可以利用 Windows Azure Traffic Manager 的负载均衡功能，以确保他们总是访问加载在其数据中心附近地理位置的应用程序。该负载均衡有助于确保用户体验时只需最小的应用程序响应延时。

5.2.9　缓存

缓存是一个常见的应用程序性能改进技术，使用缓存后，频繁访问的内容会存储在内存中，而不是速度较慢的读取介质(如旋转型磁盘存储)中。如果数据保存在先前所述的任何 Azure 数据管理组件中，那么基于 Windows Azure 的应用程序可以使用 Windows Azure 缓存。CDN 或内容分发网络是一种专门设计的地域分布式缓存，它使得频繁访问的 BLOB 数据可以在全球各地轻而易举地获取。一些最频繁传送的 BLOB 文件就包括被数以百万计的网站所使用的 jQuery JavaScript 库。

5.2.10　消息

Windows Azure 消息服务旨在支持代码与代码交互。具体而言，Windows Azure 支持简单的消息队列和复杂的服务总线交互。

Windows Azure 队列启用了消息池，它通过接收器而无须处理引擎代码就可以立即接收消息。此消息队列活动在大量终结点(如传感器或分布式移动应用程序)向中央服务器传送详细信息时会经常用到。在中央处理引擎将排队的数据通过逻辑引擎移动到适当的长期存储时，队列才得以建立。这种类型的异步应用程序在 Web 和工作者角色的应用程序中尤为常见。

Windows Azure 服务总线比刚才描述的简单队列机制更复杂，它作为任意应用程序都可以订阅的中央信息交换中心来运作。信息发布到服务总线后，所有订阅应用程序就会接收到通信信息。所有服务总线的目标都是允许松散的耦合应用程序设计，这种服务总线在来自不同组织的应用程序进行互联时非常有用。

5.2.11　身份

身份生命周期管理和单点登录是各种规模的企业都重点关注的。获取用户身份对于身份验证和授权都十分重要。在云端，微软的身份和访问控制组件由 Windows Azure 活动目录提供。Windows Azure 活动目录支持内部部署的活动目录环境和开放 ID 提供商(如 Facebook、谷歌和 Windows Live)的身份信息联盟。

虽然 Windows Azure 活动目录支持与当地广告环境的联盟，但其用户对象不同于本地用户，且对与应用程序使用连接或 Azure VPN 以扩展企业数据中心是一个糟糕的选择。在这种情况下，假设扩展活动目录是必需的，那么对应的解决方案应该是使用 Azure 虚拟机来运行 Windows 活动目录的安装和管理实例。

5.3 SharePoint 和微软的云产品

SharePoint 2010 提供了一些让具有进取心的开发人员可以插入 Windows Azure 的集成点，以获得定制和扩展该平台的功能。在 SharePoint 2010 可以扩展到云端的地方，SharePoint 2013 都进行了考量并特别在云计算和 Windows Azure 方面进行了设计。本章其余部分将探讨这些集成点、扩展选项等。

在深入介绍 SharePoint 2013 和 Windows Azure 之间的特定集成之前，值得重申一下将 SharePoint 和云集成后可以获得的组织和应用程序的基本效益。业务范围拓宽、降低存储成本、获取可重用应用程序组件这样的基本组合可以与 SharePoint 2013 安装结合到一起，以改变和提高组织满足客户和用户需求的能力。

5.3.1 SharePoint 的 SaaS 授权

在 Office 365 SaaS 产品中，微软有大量的服务层和价格层级。通过每层堆叠附加的工作负荷到许可证上，各服务层有效地构成了一个使用 Office 365 的许可证。最基本和最便宜的是 Office 365 Email 计划，每位用户每月只需支付 4 美元成本，就可以获得 25GB 的电子邮箱。高级一点的 Small Business P1 计划为每位用户 8 美元、最多 50 名用户，组织可以获得 25GB 的邮箱、微软 Lync 即时通信和聊天、Office WebApps，以及带有单个子网站的在线 SharePoint 协作环境。最高级的是每用户每月 20 美元的 E3 服务计划，为 Lync 提供无限制的电子邮件存储、带有 300 个子网站的 SharePoint、Office Web Apps，以及可下载的供每位用户安装最多 5 台工作站的 Office 客户端。

下列内容包含在 SharePoint 2013 中可用的 SharePoint 在线的改进功能。

- 由于默认外部共享，网站所有者可以轻松地与外部用户共享网站和内容而不需要内部活动目录账户。关于外部用户管理的更多内容，请查阅微软的指导文章，网址是 http://office.microsoft.com/en-us/office365-sharepoint-online-enterprise-help/manage-external-sharingfor-your-sharepoint-online-environment-HA102849864.aspx。

- SharePoint 在线的社交功能已经渗透到整个产品，包括经由个人新闻源的活动跟踪、通过 SharePoint SkyDrive Pro 的文件共享，以及集中的网站页面收藏。

- 可选的 Exchange 在线集成允许 SharePoint 在线集中跨网站甚至 Outlook 任务的任务分配，否则 Outlook 任务永远不会与 SharePoint 有交集。

- 正如内部部署安装一样，SharePoint Online 2013 提供了全新的网站模板，包括社区网站和项目网站，旨在加快协作效率。

- 订阅 E3 和 E4 计划或企业版 SharePoint Online 能够获得优质的功能，比如，旨在处理法律事务和保留内容的电子数据展示中心网站模板。
- 企业版 SharePoint Online 还支持基于 Excel 服务的商务智能，一个基于 Windows Workflow Foundation 4 的新工作流引擎，支持在 SharePoint Designer 2013 上的循环和大量新操作，且支持与搜索集成的增强视频管理功能完成。

下列内容包含 SharePoint Online 2010 一些已停用的功能。

- 几个网站模板已经停用，包括会议和文档工作区模板、工作组网站模板及个性化网站模板，现在这些功能在其他 2013 网站模板中提供了。
- 几个信息管理策略已停用，因为使用率不高或未能满足预期。
- 网站分析已停用，另外提供了一个使用搜索系统的新的分析服务。
- SharePoint 图表 Web 部件、状态列表和状态指标已被 Excel Services 2013 取代。
- 搜索结果不再支持 RSS 源；用户应该转而使用搜索通知以获得更好的体验。

5.3.2　SharePoint 的 PaaS 授权

如果要将 SharePoint 2013 安装在 Windows Azure 虚拟机上或要将其集成到其他基于 Azure 的服务上，比如，媒体服务或 Windows Azure SQL 数据库，其价格都是 Windows Azure 的标准定价。SharePoint 2013 按照实例数来授权，与其他微软产品的授权方式大致相同。因此，如果开发团队希望利用一对 Windows Azure 虚拟机来建立 SharePoint 2013 的开发环境，授权必须包括以下方面。

- Windows server 2012 操作系统的两个实例。
- SQL Server 2012 的一个实例。
- SharePoint 2013 的两个实例。
  - SharePoint 2013 需要两台服务器，因为 Windows Azure 工作流不能安装在域控制器上，而 Office Web Apps 不能安装在域控制器或 SharePoint 服务器上。
- Visual Studio 的一个实例。
- 本地 Office 客户端应用程序的一个实例。
- Windows Azure 服务依据 Windows Azure 价格计算器来定价(https://www.windowsazure. com/en-us/pricing/calculator/)。SharePoint 的实现没有明确价格，SharePoint 在线实现也一样。
  - Windows Azure 提供免费试用版，可以帮助开发人员在不增加成本的情况下适应新的应用程序和工作流模型。

5.3.3　集成模式

SaaS 产品介绍完了，再来看看集成方面的内容，SharePoint 2013(包括 SharePoint 在线和内部部署)提供大量使用或集成 Windows Azure 平台组件的功能，以便能够增强访问和获取能力。除了在云平台上构建普通的应用程序开发方案之外，SharePoint 2013 还提供一对与 Windows Azure 原生集成的崭新开发模型。这些新的开发范例中第一个并且可能最重要的一个就是云端应用程序模型。另一个是使用 Azure 工作流管理器的新工作流基础设施。

1. SharePoint 应用程序

SharePoint 应用程序是向 SharePoint 提交功能的新机制，也是主要的全新开发目标。应用程序在很多方面与 SharePoint 解决方案截然不同，包括获取方式、部署方式、管理方式和删除自定义功能的方式。应用程序是完全独立的应用程序，可以在 SharePoint 上托管，也可以在外部的 Windows Azure 或其他系统(如内部部署的 Web 服务器)上托管的。应用程序包的部署涉及在应用程序 Store 注册该应用程序包。SharePoint 2013 提供两个应用程序存储选项：私有组织的内部应用程序目录和公共 SharePoint Store。公共 SharePoint Store 由供应商组织支持，任何组织都可以在其中购买应用程序。内部应用程序目录中的应用程序由组织的 IT 部门支持。

对比一下新的模型与 SharePoint 2010 的开发方案：解决方案包。解决方案包是直接部署到 SharePoint 场并需要管理员安装、管理和删除的完全信任解决方案包，或者替代完全信任解决方案的部分信任解决方案，但它必须安装到 SharePoint 环境内的沙盒中。解决方案包使开发人员能够创建大量功能组件，包括 Web 部件、自定义控件、页面、事件处理程序和后台计时器作业。在 SharePoint 2010 中可用的解决方案经由解决方案包交付机制提供大量灵活性，但确实需要大量关于 SharePoint 运行时和开发方法论方面的知识。运行时方面的限制阻碍了大量现代 Web 开发方法的应用，如 ASP. NET MVC 或 Test Driven Development。

两种模型的一个重要区别是执行代码的位置：应用程序在 SharePoint 之外执行，解决方案在 SharePoint 运行时内执行。实现这种隔离是为了提高核心 SharePoint 环境的稳定性。另一个主要区别是开发方式。由于应用程序运行在 SharePoint 外部，因此它们可以由任何能够执行 Web 服务调用的技术来构建，这包括.NET、PHP、Ruby、Java 和 JavaScript。虽然新的应用程序模型看起来非常吸引人，本章和第 6 章介绍许多关于该模型的优势，不过所有的 SharePoint 2010 开发技术和方式都已转移到了 SharePoint 2013 中。对于所有现有的定制开发投入，不需要任何更改就可以继续使用。

SharePoint 应用程序可以用 Napa Office 365 开发工具来构建，它能在浏览器中构建零代码的应用程序。如果需要更强大的功能，就可以将 Napa 应用程序导入 Visual Studio 2012 中。当然，Visual Studio 2012 还是 SharePoint 应用程序的核心开发工具。

新的应用程序体验为开发人员提供了三种不同的应用程序托管选项，如图 5-3 所示。

- SharePoint 应用程序可以由作为 SharePoint 应用程序云托管模型一部分的 Windows Azure 来托管。Azure 托管的应用程序利用 Windows Azure Web Sites 组件来托管使用任意 ASP.NET 技术(ASP.NET Web Form、ASP.NET MVC 和 ASP.NET Web Pages)的 Web 应用程序。为 Office 365 设计的应用程序需要由 Windows Azure 活动目录和 OAuth 2 来进行身份验证。

- 应用程序可以由开发人员自己的服务器基础架构来托管，无论是内部部署基础架构还是基于云的基础架构。
- 最后一个选项是为了内部托管而直接将应用程序部署到 SharePoint。

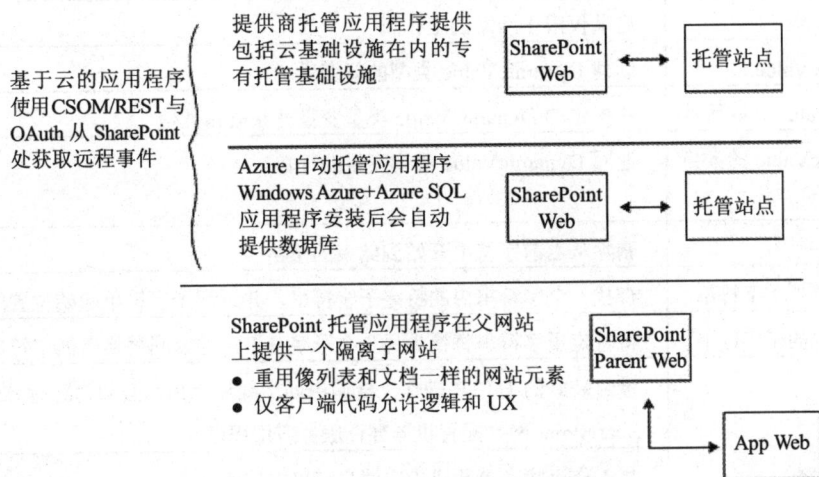

图 5-3

第 6 章会从开发的角度深入探讨应用程序。

2. Azure 工作流

除了 SharePoint 应用程序功能的新开发模型之外，SharePoint 2013 还引入了开发工作流的一个新模型。SharePoint 2013 提供了.NET 4.5 Windows Workflow Foundation，作为在 SharePoint 网站内部实施自定义逻辑的一个新方法。.NET 4.5 工作流由 SharePoint 外部的 Windows Azure 工作流服务来托管。Office 365 会自动使用新的 Azure 服务，不需要开发人员获取一个 Windows Azure 账户。在 Office 365 中该集成是自动提供的。

使用.NET 4.5 工作流的好处包括大量新的工作流功能，比如，阶段和循环、调用 Web 服务的能力，当然，还有在 Azure 平台上运行的可扩展性和性能优势。表 5-1 基于 MSDN 上的一篇文章重绘，描述了在 SharePoint 2013 中可用的新工作流操作。注意，最后 5 个操作是处理微软 Project 的。SharePoint 2013 中的新内容是与 Project 2013 的集成，这使用基于项目的工作流来完成。

表 5-1　SharePoint 2013 工作流操作

操　　作	说　　明
分配任务	将单个工作流任务分配给用户或用户组
启动任务进程	初始化一个任务进程的执行
转到该阶段	指定下一个应执行工作流控制的阶段
调用 HTTP Web 服务	作为调用具象状态传输(Representational State Transfer，REST)端点方法的函数

(续表)

操　作	说　明
启动列表工作流	启动仅限于列表的工作流
启动网站工作流	启动仅限于网站的工作流
构建 DynamicValue	创建 DynamicValue 类型的新变量
从 DynamicValue 获取属性	从指定的 DynamicValue 类型变量处获取属性值
统计 DynamicValue 的条目数量	返回 DynamicValue 类型变量的行数
剪裁字符串	删除从当前字符串开始到结束的空格
在字符串中查找子字符串	查找一个字符串内的特定子字符串，并返回子字符串起始位置的索引
替换字符串中的子字符串	将特定子字符串替换为另一个子字符串，并返回替换后的字符串
翻译文档	像封装好的 HTTP 操作一样调用同步翻译 API。必须为运行该工作流的 SharePoint 网站配置机器翻译服务应用程序
设置工作流状态	将工作流状态更新成指定消息字串中的值
从当前项创建项目[微软 Project]	基于当前项创建 Project Server 项目
设置当前项目阶段状态值[微软 Project]	在该项目的当前阶段中设置两个状态字段的值
设置构思列表项中的状态字段值[微软 Project]	更新该原始 SharePoint 列表项的状态字段
等待项目事件[微软 Project]	暂定当前工作流实例，等待指定的项目事件：项目签入、项目确认、项目提交
设置项目字段的值[微软 Project]	为指定项目设定企业自定义字段的值

资料来源：http://msdn.microsoft.com/en-us/library/jj163177(v=office.15)

　　当开发人员和网站所有者着手创建 SharePoint 2013 工作流时，他们有两个平台可以选择：使用 Windows Azure 工作流服务和.NET 4.5 的新平台，或者旧的 SharePoint 2010 平台。与其他 SharePoint 2010 定制项一起，把整个 SharePoint 2010 工作流都纳入了 SharePoint 2013 中，所以现有的投资都不需要改变。

　　工作流可以用 Office SharePoint Designer 或 Visual Studio 2012 来构建。在这两种情况下，工作流都只是声明式的构造，它依赖 XAML 文件来定义和制订执行逻辑。这一变化的意义是，将不再编译而是解释工作流。这种解释方法使工作流能够在 SharePoint 运行时之外执行，并为众多可视化和编辑工具提供了使用机会。

　　第 15 章会深入探讨工作流开发以及工作流如何用来扩展 SharePoint 2013。

5.4　本章小结

本章介绍了核心云概念及其优点。IaaS、PaaS、SaaS 等云产品为组织带来了出色的灵活性和功能，尤其是极具吸引力的定价选项。然而，云端并非一切皆美。注意，法律上的公司约束可能妨碍生产环境中基于云端的部署，比如，监管限制。在介绍云计算之后，本章深入探讨了微软的 Windows Azure 平台和它与 SharePoint 2013 的集成点，介绍了关键概念、组件和使用模式。鉴于极其容易就能获得无限的可扩展性以及在 Azure 中为新定制项托管 SharePoint 功能的能力，期待在全球范围内使用 SharePoint 的各个组织充分应用 Windows Azure 并非没有理由。正如第 6 章将要探讨的，Azure 的自动托管代码是默认的开发体验！作为开发人员，这代表着在激烈的就业市场中保持未来技能增长和持续相关的一个巨大机遇。

当然，值得重复一提的是，包括完全信任解决方案包在内的 SharePoint 2010 开发方法，仍然是 SharePoint 开发人员的有效选项。所有基于代码的现行定制项可以继续在 SharePoint 2013 中工作，但所有新的开发实践应严肃考虑使用新的应用模型方法。

第 6 章将基于本章对 Azure 的介绍进行扩展，概览 SharePoint 2013 应用程序开发方面的内容。第 6 章将讲述如何开发 SharePoint 新的应用程序模型，包括 Azure 服务组件如何集成。

SharePoint 2013 应用程序开发入门

本章内容

- 比较应用程序与基于解决方案的开发异同
- 了解应用程序开发如何使用外部托管平台
- 构建你的第一款由 Azure 托管的应用程序

本章源代码下载地址(wrox.com)

本章 wrox.com 代码下载地址是 www.wrox.com/remtitle.cgi?isbn=1118495829,在 Download Code 选项卡处。第 6 章代码下载处提供了按照本章所列标题打包的代码下载。

6.1 SharePoint 应用程序架构概览

第 5 章讲解了云计算的优势。最主要的优势是能够区分不同服务或提供者的责任。对于任何习惯了基于服务的应用程序开发方法的人,以及对于利用托管和内部部署服务器混合方式的基础架构设计师,这种去耦合方式都同样熟悉。微软 Office 2013 和 SharePoint 2013 将云计算的功能运用到了新的应用程序体验中。

一款应用就是一个自包含的功能应用程序,配有用户体验、数据存储和业务逻辑。熟悉现代移动设备的人对应用程序的概念都会非常熟悉。Office 和 SharePoint 应用程序将企业软件的功能和网络的灵活性结合了起来。应用程序专门用于解决特定的业务方案,并且由于其自包含的体系结构,它们非常易于管理。应用程序的可移植性是这样的,Office 365 应用程序可以在内部部署安装上工作,而为 SharePoint 开发的应用程序甚至可以作为 Office 应用程序来工作。本章的其余部分以及第 7 章都着重于介绍 SharePoint 应用程序;而 Office 应用程序的开发内容将在以后的章节介绍。

SharePoint 2013 借助新的应用程序模型来应用了这种去耦合方式，这称为应用程序隔离(app isolation)，明确分离了核心门户功能和插入 SharePoint 用户界面中的功能的扩展，同时由可替换的基础架构来托管。采用这种新的应用程序模型后，SharePoint 在很多方面都成了大赢家。

- 应用程序是自包含式的且独立于 SharePoint 服务器部署的。这意味着任何 SharePoint 环境都可以安装并托管应用程序，而无须担心服务器场部署或管理员审批。
- 应用程序降低了平台风险，将平台从安装服务补丁包和更新中解放出来，从而无须顾虑更新期间基于应用程序的定制项会出问题。因为应用程序实际上是在 iFrame 中运行的外部 Web 应用程序，所以就算有新发布的微软版本对服务器做了更改，SharePoint 也不用担心定制项会有任何风险。
- 应用程序会默认部署到专用域内的隔离子网站中。该域的隔离使用现代 Web 浏览器技术防止跨站点脚本攻击，而外部托管模型可阻止未经授权的或不当编写的代码在 SharePoint 服务器上执行。
- 应用程序支持多租户安装。针对安装和管理功能的网站控制管理方式避免了意外的服务器场级的定制操作，允许多个不同租户占用同一个服务器场。
- 应用程序降低了开发人员的门槛，因为它支持所有的 Web 技术，可以覆盖 HTML、CSS 和 JavaScript。这包括任何类型的 ASP.NET、Java、Ruby、PHP、CoffeeScript、TypeScript 等。

6.1.1　编程模型概述

SharePoint 应用程序是通过 CSOM 或者 REST 这样的客户端 API 连接到 SharePoint 服务器的目标明确、安全的解决方案。应用程序要么是完全地嵌入 SharePoint 页面的客户端代码，要么是驻留在独立硬件上且通过 OAuth 2.0 协议以 Facebook 应用程序用户所熟悉的方式向门户进行身份验证的完全包含的应用程序。连接到 SharePoint 实例的应用程序由该实例的应用程序管理服务来管理。应用程序管理服务旨在集中管理、保护和颁发应用程序许可。

> **提示：**请注意前面的几个特别选择的词和短语：SharePoint 实例和颁发应用程序许可。应用程序体验是全新设计的以在 Office 365 多租户管理体验中工作。正是这种架构，使单个客户或团队能够在不影响其他租客或不影响环境稳定性的情况下安装应用程序。

SharePoint 2013 的大多数应用程序都会作为 Web 应用程序来开发；不过，桌面或移动设备(如 iPad)的应用程序也是 SharePoint 2013 应用程序的一种。因为与 SharePoint 的互连是由兼容 OData 的 REST 接口、远程.NET 客户端 API 和 OAuth 安全协议来管理，所以应用程序的开发可以使用任何语言和任何开发工具。此外，这个符合标准的 REST 接口使得开发在各种多样的环境(如 iOS)中公开接口的应用程序成为可能。要了解有关 OData 标准的更多信息，请参阅 OData 网站，网址是 http://www.odata.org。正如第 2 章所述，同时拥有 OData(作为协议和推动器)和 REST(作为设计模式)可以保证 SharePoint 数据能通过 URL 和标准 HTTP 操作为几乎其他任何平台和任何类型设备使用。

微软在 Visual Studio 2012 中提供了许多增强功能，专门针对 SharePoint 应用程序的开发体验。对于 Office 365 应用程序，一个叫作 Napa Office 365 Development Tools 的基于 Web 的开发环境是免费提供的。

6.1.2　应用程序与解决方案对比

一款应用是一个在各个方面都必须具备的独立应用程序。因为它是孤立的，所以应用程序的基础架构、管理和升级都发生在 SharePoint 之外。尽管应用程序的托管选项会在下一节详细讲解，但你必须了解，需要服务端代码的应用程序必须安装在 SharePoint 之外的专属 Web 服务器基础架构上。专门使用客户端脚本逻辑的应用程序可能在 SharePoint 上托管，但应用程序代码均无法安装在 SharePoint 服务器上。网站管理员或服务器场管理员可以从公共 SharePoint Store 或内部企业应用程序目录中获取应用程序。

解决方案与应用程序不同，它们很少是完全独立的应用程序。相反，解决方案通常是封装好的，以便定制或扩展一个或多个 SharePoint 网站的功能。解决方案几乎总是由第三方开发人员或内部开发团队来自定义开发实施的。SharePoint 管理员将代码作为完全信任的解决方案来安装，而网站管理员将代码作为部分信任或沙盒解决方案安装到 SharePoint 中。

完全信任的解决方案和沙盒解决方案都需要由服务器场管理员进行管理，而应用程序赋予了更大的管理灵活性。应用程序是为多租模式设计的，就是说一个网站所有者可以选择添加某应用程序，而另一个可以选择不添加。当应用程序开发人员在 SharePoint Store 或应用程序目录上发布一个升级版本后，各网站管理员会收到可用更新的通知，随后可以独立地升级他们网站上的应用程序。由于应用程序是完全自包含式的应用程序，因此如果网站管理员决定从网站中移除某特定应用程序，那么该应用程序实例和其所有数据都将从网站中删除。管理员可以监控应用程序错误和问题；网站所有者具有从他们的网站添加和删除应用程序的能力。微软已经为 IT 职业发帖者创建了一个应用程序概览，其中描述了应用程序的管理功能，如图 6-1 所示。

为了监控和管理应用程序，服务器场管理员可以使用管理中心的 General Application Settings 页面。而 SharePoint Online 管理员使用 SharePoint Online 应用程序中心的 Apps 页面。网站所有者使用网站的 All Site Content 页面。

> 提示：SharePoint Store 管理员有能力识别不安全的应用程序并从存储中移除它。假如这样的情况发生了，那么所有网站上下载的该应用程序都会禁用并移除，但该应用程序的数据会保存下来用于独立恢复。

任务	网站级别	SharePoint Online 租用级别	场级别
添加、删除和查看应用程序详细介绍 在网站里添加或删除应用程序 查看应用程序的详细介绍	 ✓ ✓	 ✓ ✓	 ✓ ✓
应用程序目录 配置应用程序目录 管理应用程序目录		 ✓	 ✓ ✓
监控应用程序 指定要监控的应用程序 查看安装位置、管理资源		 ✓ ✓	 ✓ ✓
错误 查看和错误故障排除		✓	✓
许可证 查看和管理许可证		✓	✓

图 6-1

6.1.3 托管选项

如前所述,应用程序编程模型的核心决策是在哪里托管代码和数据。用户界面通常在浏览器中以 HTML、CSS 和 JavaScript 的形式提交到 SharePoint 中,而独立的后端可能托管在 SharePoint 上或一些其他基础架构上。应用程序模型支持三种托管选项,用以取代 SharePoint 2010 服务器场和沙盒解决方案。沙盒解决方案与服务器场解决方案在 SharePoint 2013 中依然是可行的开发方向,但所有新的开发都应改为使用应用程序模型。这是 Office 365 使用应用程序 Store 的唯一机制。三种应用程序托管选项包括 SharePoint 托管的应用程序、提供商托管的应用程序和 Azure 自动托管的应用程序。这些模型之间的差别由其不同的部署方案来定义。图 6-2 对这三种托管选项进行了总结。

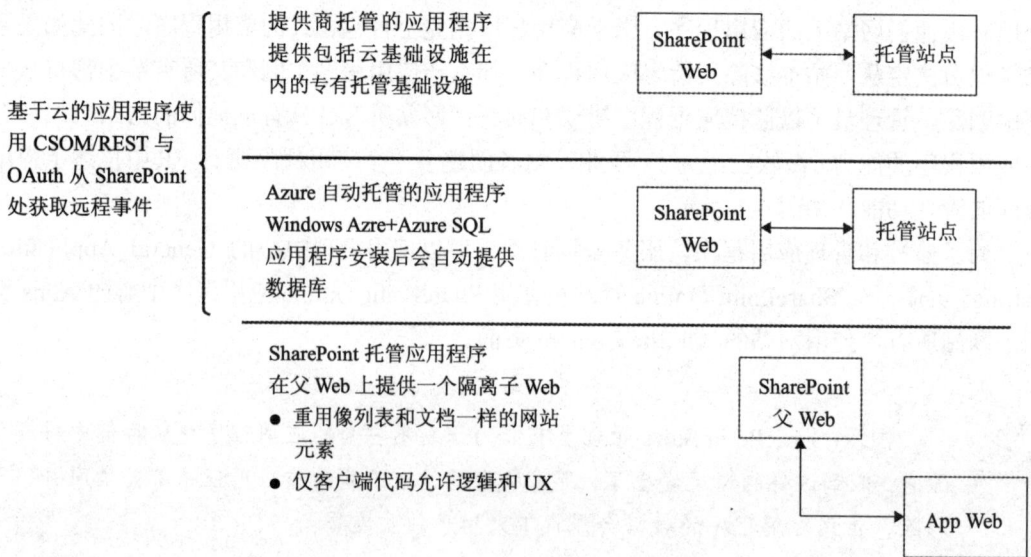

图 6-2

SharePoint 托管应用程序是只会显示在 SharePoint 内部的应用程序，它只在 SharePoint 内部存在。必须明白的是，即使是 SharePoint 托管的应用程序，代码也不能在服务器中运行；所有代码必须在客户端运行。SharePoint 托管的应用程序实际上是一个通过客户端脚本和服务调用来实现需求行为并由 JavaScript 填充的.aspx 页面。

云托管应用程序实际上是在 SharePoint 服务器外托管的任意应用程序，包括那些在同一数据中心的本地 IIS 服务器上托管的应用程序。由于该应用程序脱离了 SharePoint 服务器的承载，因此可以使用任何开发人员愿意选择的技术来开发与托管，如 PHP 或 Java。云托管应用程序启用与 SharePoint 进行通信的服务端代码，该通信使用与 SharePoint 托管应用程序相同的客户端脚本以及服务调用。由于是外部托管，因此需要使用 OAuth 2 协议来提供访问所需的身份验证机制。

云托管应用程序包括两种不同的部署模型，提供商托管的应用程序和 Azure 自动托管的应用程序。提供商托管的应用程序使开发人员可以定义自己的基础架构，而不管这种基础架构是本地服务器还是像亚马逊这样的云服务提供商甚或 Azure(开发人员可能会为了拥有更多基于 Azure 管理体验的明确控制权而选择 Azure)。必须明白的一点是，选择提供商托管的应用程序部署模型意味着需要额外的服务器来满足 SharePoint 环境的需求。确保在基础架构规划阶段把这些额外的服务器囊括进去。

Azure 自动托管的应用程序是在 SharePoint 中创建的包含一个 Web 项目和一个 SQL 项目的应用程序。当应用程序从这两个市场中的任何一个处安装好以后，应用程序的 Web 部署清单会自动发送到 Azure，Azure 会自动提供一个 Azure 网站服务和一个可选的 Azure SQL 数据库实例。应用程序的后端基础架构和服务端代码完全对开发人员和用户抽象化了。与 SharePoint 托管应用程序相比，这两种云托管应用程序选项带来了极其丰富和功能全面的应用程序创建体验。

作为 Office 365 的客户，如果选择 Azure 自动托管的选项进行部署，那么到 Azure 的集成会自动连线。当最终用户安装 Azure 自动托管应用程序时，Office 365 会自动部署和提供该应用程序的一个副本作为 Windows Azure 网站，然后 Office 365 会代表安装它的最终用户来管理它。

不管应用程序是如何开发和部署的，在安装到一个 SharePoint 实例中以后，SharePoint 应用程序管理引擎都会通过强制执行的隔离级别来保护应用程序和底层平台。任何时候应用程序的执行，实际上都是在带有唯一生成的 URL 的唯一应用程序域上执行的。这样做是为了防止蓄意和意外的跨网站脚本攻击。这种方式的另一个优点是在执行过程中各租户是相互隔离的。

6.2　应用程序探讨

现在你将快速访问一个 SharePoint 网站，以便在开始实际的应用程序开发之前对应用程序多一点了解。首先打开一个默认的 SharePoint 网站。SharePoint 工作组网站的默认主页在屏幕中部提供了大量导航选项和吸引人的交互式入门应用程序。沿屏幕左侧是熟悉的上下文快速启动菜单,还包括熟悉的 Site Contents 链接。单击 Site Contents 菜单选项,来查看列表、库和其他应用程序。

请注意,Site Contents 页涉及如列表、库和其他应用程序的所有网站内容,如图 6-3 所示。所有项(包括文档库、图片库和任务列表)都可以看成将数据存储在列表中的应用程序。虽然本章其余部分都介绍如何用存在于 SharePoint 之外的代码创建自定义应用程序,但你必须了解默认的 SharePoint 结构和之前的完全相同。把这些熟悉的 SharePoint 概念叫做"应用程序"只是词汇上的一个变化而已。这种词汇上的变化可以避免最终用户造成混淆,因为他们可能不了解文档库(应用程序)与代码在 Azure 上运行的自定义解决方案之间的区别。SharePoint 的核心功能集并没有改变;自动创建的子 Web 或所有的指定访问权限中并没有一个基于租户的专用 URL。

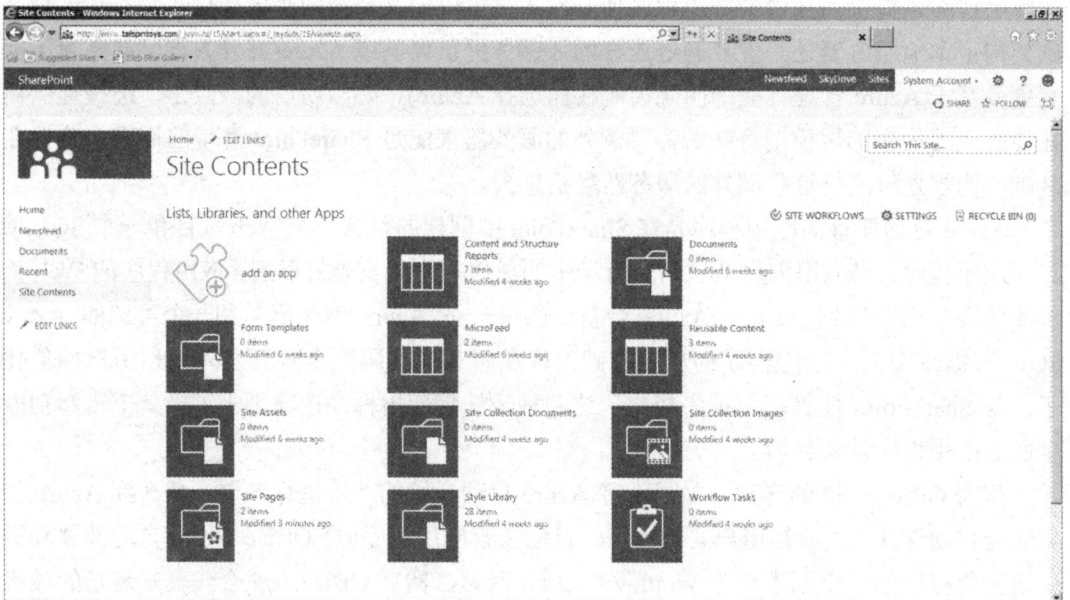

图 6-3

还需要了解的是,以应用程序为中心的 SharePoint 2013 新体验并不会淘汰作为重要开发目标的 Web 部件。只须使工作组网站的默认主页进入编辑模式,就能看到交互式 Getting Started 页面组件实际上是可以放在任何页面的 Web 部件。图 6-4 完整显示了这样的场景。

把鼠标指针悬停在一个应用程序上可以看到突出显示的区域。除了鼠标指针悬停的文本突出显示之外,在右上角还会显示一个指示悬停卡上下文菜单的省略号或三个点。单击此省略号,可以很便捷地从 SiteContents 页面进入应用程序的管理界面,如图 6-5 所示。这样就可以管理应用程序的设置和权限了。

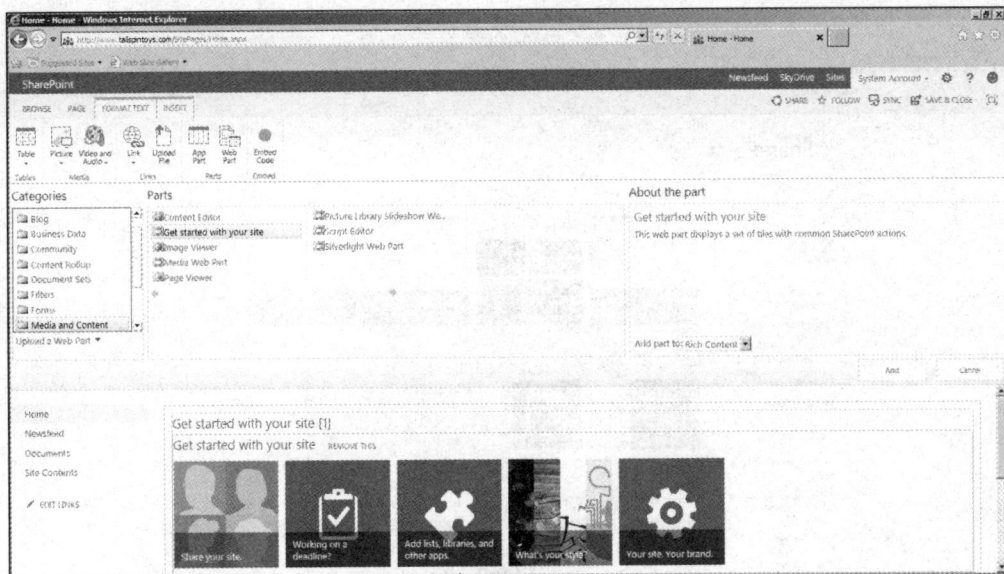

图 6-4

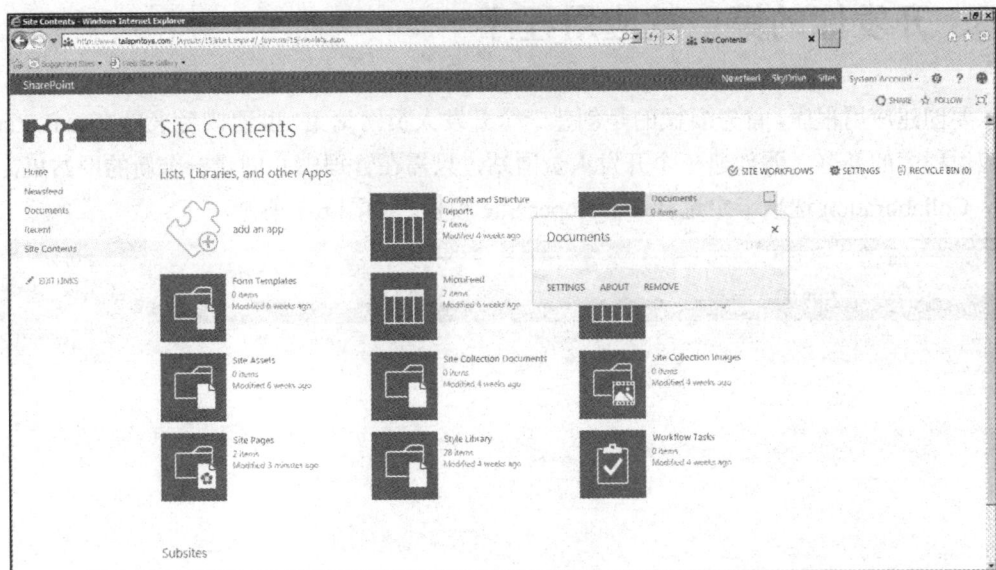

图 6-5

添加应用程序

单击 Add an App 按钮，见图 6-5，看一下本地应用程序和应用程序 Store 的体验。如前文所述，本地应用程序实质上就是在 SharePoint 2010 环境中就提供了的列表、库和 Web 部件。另外，除了本地应用程序之外，默认安装和 Office 365 环境也能访问 SharePoint Store。SharePoint Store 是一个公共应用程序市场，最终用户可以在那里找到由成百上千的企业应用程序开发人员创建的免费以及收费的应用程序。图 6-6 显示了 SharePoint Store 的使用体验。

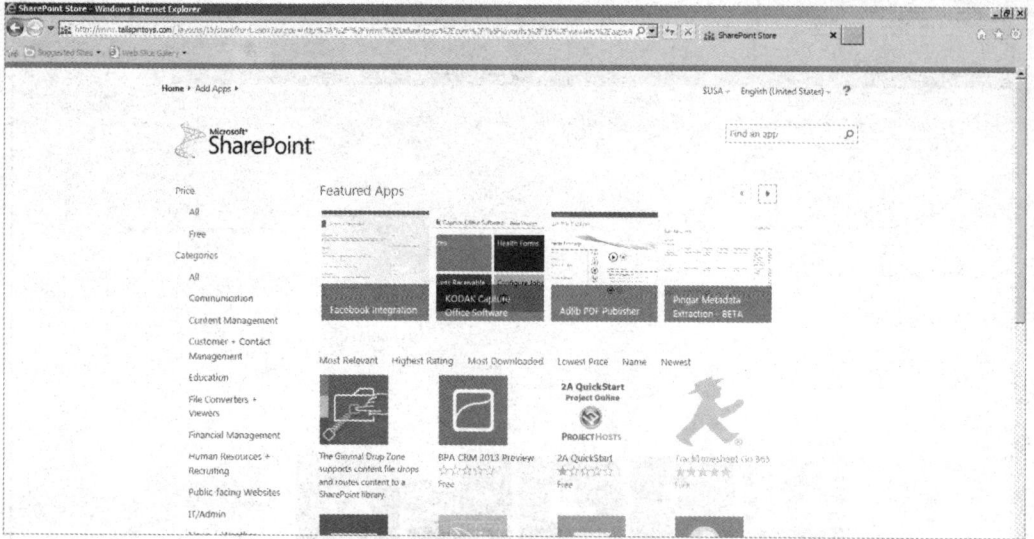

图 6-6

6.3 开发你的第一款应用程序

要创建应用程序，首先要做的是创建一个开发人员网站集，以便接受来自 Visual Studio 的应用程序的部署。要创建一个开发人员网站，只需在管理中心创建一个新的网站集，然后从 Collaboration 选项卡中选择 Developer Site 模板，如图 6-7 所示。

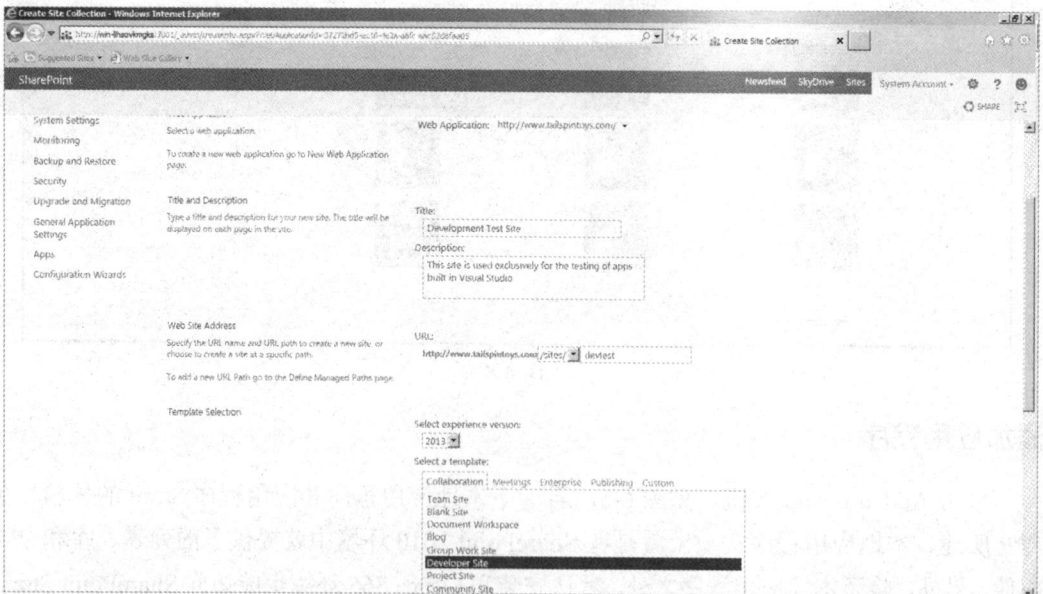

图 6-7

开发人员站点创建以后，打开 Visual Studio 2012，按照下列步骤创建一个简单的 SharePoint 2013 应用程序。所有新系统和开发方法的开始仪式都是先创建一个 Hello World

应用程序，这是惯例。

(1) 在 Visual Studio 中，选择 File | New Project | App for SharePoint 2013 命令，并将其命名为 SharePointHosted_HelloWorld，如图 6-8 所示。

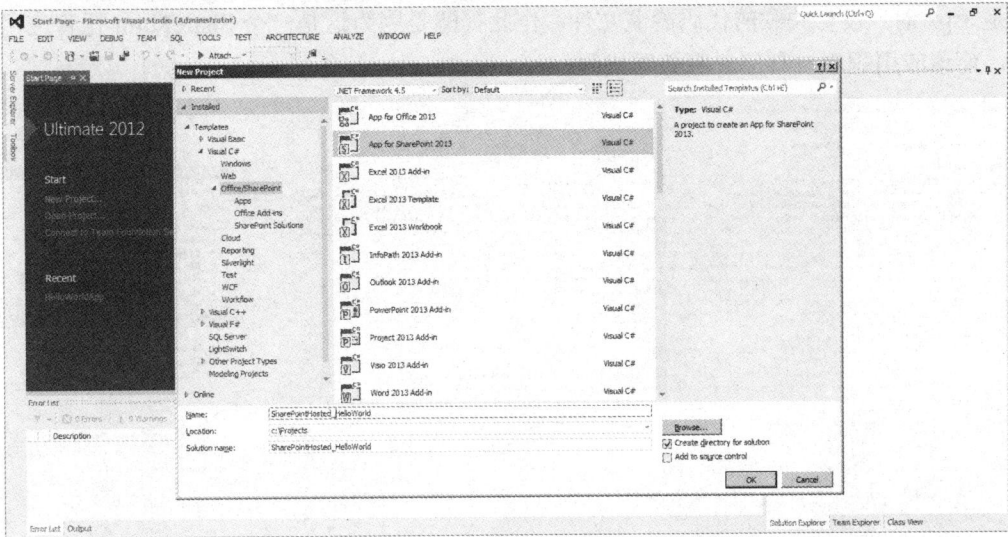

图 6-8

(2) 下一个界面是带有三个问题的向导界面。第一个问题询问新应用程序的名称。在这里使用容易明白的语言，因为这是最终用户会看到的内容；为了提高可读性鼓励使用各种语言。第二个问题询问开发网站的 URL。当从浏览器中复制和粘贴时，确保复制框结束于_layouts 路径的 URL(http://www.tailspintoys.com/sites/devtest 而不是 http://www.tailspintoys.com/sites/devtest/_layouts/15/start.aspx#/SitePages/DevHome.aspx)。有个 Validate 按钮可以测试到指定 URL 的连接性。最后一个问题询问首选的托管模型。因为这是一个 SharePoint托管例子，所以由默认的自动托管变更为 SharePoint 托管。图 6-9 显示了这些恰当的值。

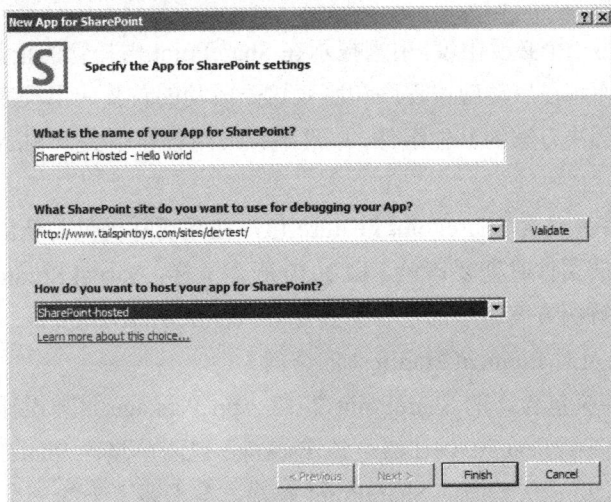

图 6-9

(3) Visual Studio 会处理一段时间，因为它会创建新的项目并与 SharePoint 开发人员网站进行通信。新的项目创建好以后，在解决方案资源管理器中展开页面文件夹并双击 Default.aspx 页面，便能查看默认项目模板的内容，如图 6-10 所示。请注意，当页面扩展名是.aspx 时，没有关联的代码隐藏文件。作此提醒是因为这是一个 SharePoint 托管应用程序，而该应用程序没有部署服务器代码。

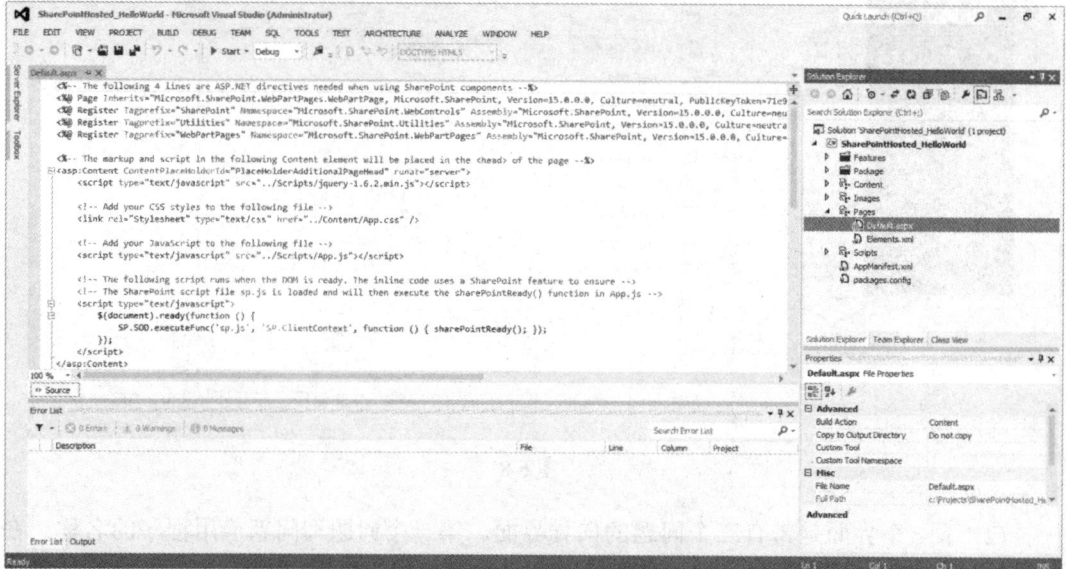

图 6-10

靠近 Default.aspx 页面底部的是位于 PlaceHolderMain 内容占位符中的 div 层。该 div 层使用 App.js (可以在解决方案资源管理器中的 Scripts 文件夹中找到)中的 JavaScript 代码来标识当前用户。在该 div 层上边添加以下语句：

```
<h1>Hello World! This is my first SharePoint 2013 app!</h1>
```

这是代码更改的一个必要限度，用来揭示在 SharePoint 内托管的正常运行的 SharePoint 2013 应用程序。然而，在启动应用程序和感叹这一成功的首款应用程序之前，有必要简单检视 Visual Studio 解决方案的其他组件，以理解该应用程序中关于 SharePoint 2013 项目模板的内容。

- Features 文件夹包含 SharePoint Feature 包，在激活并提供与新的 SharePoint 托管应用程序有关的文件时需要该包。和 2010 版本一样，Visual Studio 中的 Feature 设计器支持显式解决方案中项的包含与排除、Feature Activation Dependencies(功能激活依赖项)，以及对 Element Manifest 的访问。

- Package 文件夹包含新的 SharePoint 2013 App Package 封装设计器，这可以凸显用户体验，类似于 Feature 设计器。该 Package 包清单包含 SharePoint 托管应用程序的详细信息，这是从较旧的 SharePoint 解决方案沿袭下来的一个明显提示，如清单，其中包括带有 SolutionId 特性的 Solution 节点。

- 目前的 Content 文件夹包含应用程序的 App.css 样式表，该目录也是未来应用程序中其他内容项的理想放置位置。除了应用程序的内容文件外，还有 Elements.xml 清单。双击 Content 文件夹打开该 Elements.xml 文件。

- Images 文件夹是命名清晰的应用程序图片存储库，如 AppIcon.png。Elements.xml 清单文件会对跟踪需要部署的项目。

- Pages 和 Scripts 文件夹之前已经介绍过了。跟 Images 文件夹一样，它们也是清晰命名的，每个文件夹都包含一个 Elements.xml 清单。

- 默认模板中的最后两项包括一个 AppManifest.xml 和一个 packages.config 文件。双击 AppManifest.xml 打开一个专门的设计器，引导开发人员对该应用程序进行更改，例如，管理应用程序标题、名称和图标，以及权限请求操作、必备条件(特征或功能)和查询字符串的调整。现在默认的选项就生效了，这些选项的更多细节会稍后在 6.5.2 节中展开介绍。

至此，"开发"的任务已经完成，项目模板也简要介绍了。在 Visual Studio 中单击 Start 按钮将应用程序部署到开发人员网站中。在应用程序成功部署后，Web 浏览器会打开并自动导航到 Site Contents 页面。如图 6-11 所示，在这里，SharePoint 托管的新 Hello World 应用程序现在作为一个已安装的应用程序呈现了。尽管这是一个开发人员网站，但安装已完成，且该应用程序通过右上角的省略号来使用监控和权限功能。

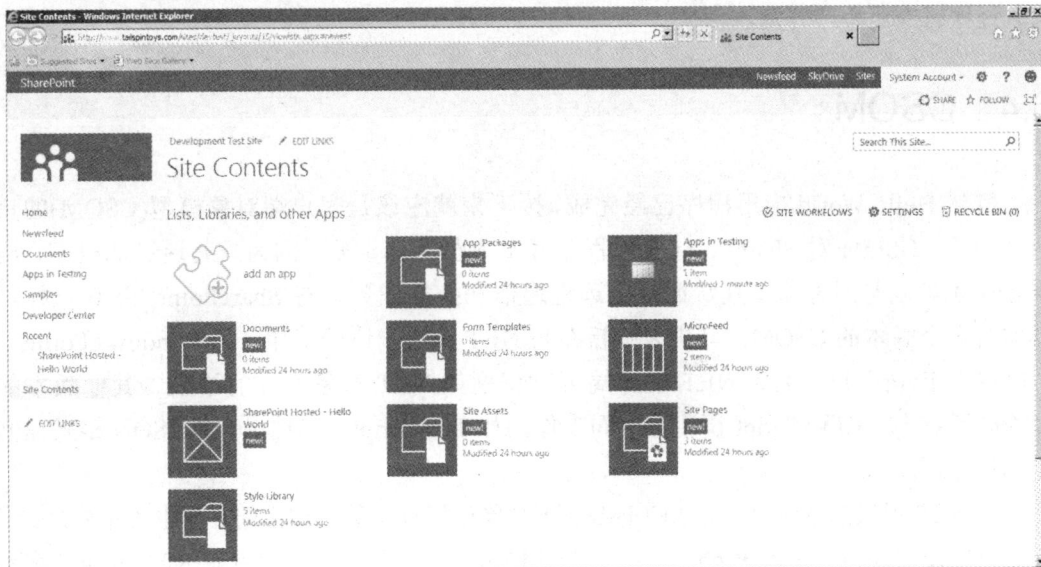

图 6-11

注意，该应用程序的隔离由一个独有的 URL 来执行。开发人员网站的原始 URL 是 http://www.tailspintoys.com/sites/devtest，但当新应用程序打开时，浏览器会跳转到新 URL(http://app-d2dcbf5e27c6cd.apps.tailspintoys.com/sites/devtest/SharePointHostedHelloWorld)。URL 中的粗体字母数字混合编码是该特定网站独有的。新应用程序 URL 的其余部分与位于启动该应用程序的 TailSpinToys 域中其他任何的网站都是一致的。位于 URL 末尾的

SharePointHostedHelloWorld 关键字实际上是在 Visual Studio 中被编码到 AppManifest.xml 的该应用程序的名称。浏览器的 URL 地址栏中还包含很多别的详细信息,标准令牌(如主机 URL)和语言/文化匹配信息。图 6-12 显示了成功创建的 Hello World 应用程序。

图 6-12

Hello World 应用程序的演示到此结束。的确,这只是一个简单的演示,但是可以考虑此示例中涵盖了什么。通过该示例,你现在理解了专用的开发 SharePoint 网站集必须基于开发人员网站模板与其顶级网站共存。现在你知道了如何在 Visual Studio 2012 中创建项目,并且知道了默认项目模板的基本结构组件。最后,你理解了尽管 SharePoint 托管的应用程序代码不允许在服务器上运行,而聪明的 Web 开发人员只要能够使用 jQuery 便可以创建引人注目的 HTML5 应用程序,以提供跨各种设备和浏览器的极大商业价值。下一节将更深入地探讨应用程序开发。

6.4 CSOM

既然 Hello World 应用程序已经完成,接下来就应该是客户端对象模型(CSOM)的快速回顾了。CSOM 对 SharePoint 应用程序开发人员尤其重要,因为只有通过此机制,应用程序才可以与服务器交互从而执行远程通信和控制任务。与 SharePoint 2010 一样,其实有多个版本的 CSOM,其中之一旨在与.NET 客户端协同工作,如 Windows Forms、WPF 和 Silverlight,因为.NET 客户端可以识别如.NET 对象一样的结果。其他版本的 CSOM 旨在与 ECMAScript 调用方协同工作,如 JavaScript,其结果会以 JSON 格式返回给调用方。

由.NET 提供的名称空间与 ECMAScript 对象模型提供的名称空间之间也有不同之处。因为可以使用脚本来扩展 Ribbon 菜单,ECMAScript 对象模型(OM)具有 Ribbon 菜单名称空间,而托管客户端 OM 并没有此名称空间。另外,名称空间基础部分的命名约定有差别。例如,如果要访问一个网站,在.NET API 中将使用 Microsoft.SharePoint.Client.Site 对象,但在 ECMAScript 中你就需要使用 SP.Site。表 6-1 显示了两个客户端 OM 的不同名称空间。

表 6-1　客户端对象模型中支持的名称空间

.NET 托管	ECMAScript
Microsoft.SharePoint.Client.Application	N/A
N/A	SP.Application.UI
N/A	SP.Ribbon
N/A	SP.Ribbon.PageState
N/A	SP.Ribbon.TenantAdmin
N/A	SP.UI
N/A	SP.UI.ApplicationPages
N/A	SP.UI.ApplicationPages.Calendar
Microsoft.SharePoint.Client.Utilities	SP.Utilities
Microsoft.SharePoint.Client.WebParts	SP.WebParts
Microsoft.SharePoint.Client.Workfl ow	SP.Workflow

为了展示如何将对服务器对象的理解与客户端关联起来，表 6-2 显示了如何在客户端对象模型中命名服务器对象。

表 6-2　服务器和客户端对象模型中相同的对象

服务器 OM	.NET 托管	ECMAScript
Microsoft.SharePoint.SPContext	Microsoft.SharePoint.Client.ClientContext	SP.ClientContext
Microsoft.SharePoint.SPSite	Microsoft.SharePoint.Client.Site	SP.Site
Microsoft.SharePoint.SPWeb	Microsoft.SharePoint.Client.Web	SP.Web
Microsoft.SharePoint.SPList	Microsoft.SharePoint.Client.List	SP.List
Microsoft.SharePoint.SPListItem	Microsoft.SharePoint.Client.ListItem	SP.ListItem
Microsoft.SharePoint.SPField	Microsoft.SharePoint.Client.Field	SP.Field

在深入使用客户端 OM 编写代码和在 VS 中添加引用之前，首先需要了解这些 DLL 位于哪里以及它们的一些优势，尤其是其占用空间的大小。

与其他 SharePoint .NET DLL 一样，可以在这个地址找到客户端 OM 的.NET DLL：%Program Files%\Common Files\Microsoft Shared\Web Server Extensions\15\ISAPI。SharePoint 2010 为托管的 OM 提供了两个 DLL，Microsoft.SharePoint.Client 和 Microsoft.SharePoint. Client.Runtime，SharePoint 2013 提供了 9 个 DLL，包括：

- Microsoft.SharePoint.Client
- Microsoft.SharePoint.Client.DocumentManagement
- Microsoft.SharePoint.Client.Publishing
- Microsoft.SharePoint.Client.Runtime

- Microsoft.SharePoint.Client.Search.Applications
- Microsoft.SharePoint.Client.Search
- Microsoft.SharePoint.Client.ServerRuntime
- Microsoft.SharePoint.Client.Taxonomy
- Microsoft.SharePoint.Client.UserProfiles

如果你从大小方面来看这些 DLL，它们加在一起是 1.6MB。与 Microsoft.SharePoint 比较一下，它的大小可是超过了庞大的 25MB。

因为 ECMAScript 的实现不同于.NET，并且需要与 SharePoint 的基于 Web 的代码靠近一些，所以该 DLL 位于%Program Files%\Common Files\Microsoft Shared\Web Server Extensions\15\TEMPLATE\LAYOUTS。在那里，可以找到 4 个与 JS 相关的文件：SP.js、SP.Core.js、SP.Ribbon.js 和 SP.Runtime.js。当然，当调试代码时，要使用这些文件的调试版本，如 SP.debug.js，因为这些重要的版本是压缩的以节省空间和带宽。另外，还可以将 SharePoint 部署设置成自动使用这些文件的调试版本，通过更改部署的 web.config 文件来实现，其地址是%inetpub%\wwwroot\wss\VirtualDirectories\80，并将后面一行添加到 system.web 节点：<deployment retail="false"/>。同样地，这些文件都小于 1MB。

最后，Silverlight 的情况稍有不同，它具有特别针对 Silverlight 的客户端 OM 的自有实现。可以在%Program Files%\Common Files\Microsoft Shared\Web Server Extensions\15\TEMPLATE\LAYOUTS\ClientBin 找到这些 Silverlight DLL。在这里你会发现两个文件，Microsoft.SharePoint.Client.Silverlight 和 Microsoft.SharePoint.Client.Silverlight.Runtime。加在一起，这些文件也不超过 1MB 的大小。

微软有可再发行的.NET 版本和 Silverlight 对象模型，用于在客户端计算机上安装。如果你的计算机上安装了 Office 2013，就不需要可再发行的版本，如果没有安装，你可以在后面的地址检索到 32 位和 64 位可再发行版本的安装程序：www.microsoft.com/downloads/en/details.aspx?FamilyID=b4579045-b183-4ed4-bf61-dc2f0deabe47。有了这一长串 URL，就可能更容易搜索"SharePoint Server 2013 客户端组件 SDK"了。

6.4.1 超越 SharePoint 2010 的 CSOM 改进

尽管 SharePoint 2010 产品中引入的客户端对象模型改变了开发人员获取 SharePoint 功能的方式，但它并非总是易于使用的。如前所述，CSOM 覆盖的 SharePoint 2010 功能还是很有限的。客户端开发体验经常令人沮丧，部分原因就是来自于这些局限性，还有非.NET 语言的支持也很有限。虽然与服务端代码相比，CSOM 作为极大缩减的功能组引入以供 SharePoint 2010 开发人员使用，但微软对 SharePoint 2013 的 CSOM 投入了大量的精力。尽管 CSOM 还不是百分百的服务端对象模型，但它在 SharePoint 2013 产品中已经有了比在 2010 产品中明显更高的覆盖率。除了对一些常用名称空间更深层的访问外，一些重要的新功能现在也可以从客户端代码访问，包括：

- 社交

- 搜索
- 托管元数据
- BCS
- 活动源
- 用户配置文件

微软已经承诺，将改进 SharePoint API 的实现和可访问性，并且已经选择在相同的 Web 服务平台这样做了。在客户端对象模型中，除了新的 API 可用外，还为每个 API 提供了一个新的具象状态传输(REST)服务。这项新的 REST 服务使开发人员在创建应用程序时能够使用任何支持 REST Web 请求的技术。图 6-13 从总体上显示了.NET/Silverlight 与 ECMAScript 对象模型的交互。构建所有这些客户端对象模型都是为了与 client.svc Web 服务进行交互，因为它负责执行批处理、序列化以及对请求和答复的解析(参见图 6-13)。

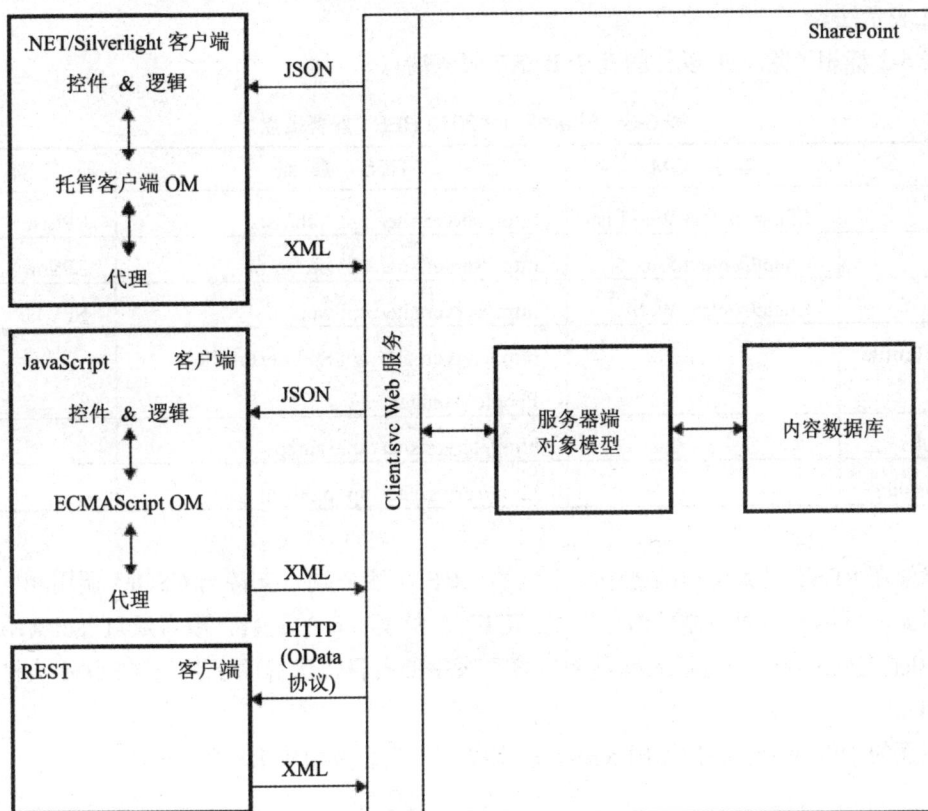

图 6-13

6.4.2 RESTful SharePoint 2013

SharePoint 2010 为 SharePoint 引入了 REST 服务，而 SharePoint 2013 则提供了很多改进。首先，了解 REST 接口的核心功能。SharePoint 2013 的 REST 服务端点启用了针对大部分 SharePoint 客户端对象模型类型和成员的基于 HTTP 的 CRUD(创建、读取、更新和删除)操作。这一新功能赋予了 REST 对诸如列表、网站等对象的访问权。要读取 SharePoint 类型或成员，请使用 HTTP GET 命令。要插入，请使用 HTTP PUT 命令。要更新 SharePoint 类型或成员，请使用 HTTP POST 命令。还可以使用 POST 命令来创建新的 SharePoint 结构元素，如列表和网站。还可以使用 HTTP DELETE 命令来移除或回收 SharePoint 内容。

SharePoint 2013 遵循 OData 规范并使用 Atom 协议来响应 REST 服务请求；不过，还可以使用 Accept 标头来请求 JSON 格式而非 Atom 格式。

REST 服务 URI 端点在大多数情况下符合客户端 OM API，使用下列结构: Http://servername/site/_api/namespace/object|property|indexer(index)|method(parameters)/?$ODataOperation/。

例如，http://server/site/_vti_bin/client.svc/web/lists 可以接受 POST 命令，以便在指定的 SharePoint 网站创建新列表。要简化前面的 URL，可以使用 http://server/site/_api/web/lists 来达到相同效果。微软建议 URL 保持小于 260 个字符的限制，因此_api 的常规使用是首选的 URI 表示法。

表 6-3 标识了除/web 以外的几个 REST 服务端点。

表 6-3　SharePoint 2013 REST 服务端点

领　　域	客 户 OM	REST 端点	服 务 器 OM
Lists	ClientContext.Web.Lists	http://server/site/_api/web/lists	SPList
Site	ClientContext.Site	http://server/site/_api/site	SPSite
Web	ClientContext.Web	http://server/site/_api/web	SPWeb
User Profile		http://server/site/_api/Sp.UserProfiles.PeopleManager	
Search		http://server/site/_api/search	
Publishing		http://server/site/_api/publishing	

就像在 REST 服务结构描述中所指出的，REST 服务端点支持与 CSOM 调用相同的调用。例如，可以利用索引器并通过一个 GUID 来检索特定的条目，或者通过_api/web/lists/getbytitle('item title')这样的标题来搜索列表中的条目，这等同于其他 CSOM 方法中的 GetByTitle。

下面的示例揭示了如何使用 REST 查询联系人列表并检索 ID 等于 1 的条目：

```
http://Tailspintoys.com/_api/web/lists/getByTitle('Contacts')/
getItemByStringId('1')
```

下面的代码段是一个如何在 C#中利用 REST 服务来获取网站中所有列表的示例。首先，代码创建对列表 REST 端点的请求，并检索以 Atom 格式存在的详细信息。

```
HttpWebRequest listRequest =
    (HttpWebRequest)HttpWebRequest.Create(SharePointUrl.ToString() +
        "/_api/Web/lists");
    listRequest.Method = "GET";
```

```
listRequest.Accept = "application/atom+xml";
listRequest.ContentType = "application/atom+xml;type=entry";
listRequest.Headers.Add("Authorization", "Bearer " + accessToken);
HttpWebResponse listResponse =
HttpWebResponse)listRequest.GetResponse();
StreamReader listReader = new
treamReader(listResponse.GetResponseStream());
var listXml = new XmlDocument();
listXml.LoadXml(listReader.ReadToEnd());

var titleList = istXml.SelectNodes("//atom:entry/atom:content/m:
  properties/d:Title", xmlnspm);
var idList = listXml.SelectNodes("//atom:entry/atom:content/m:
  properties/d:Id", xmlnspm);
```

前面的代码段假设 accessToken 已经由应用程序检索到了。

表 6-4 是用户可使用的 REST 服务强大功能的一小部分。

表 6-4　有用的 REST 命令

方　　法	REST 命 令	说　　明
POST	http://server/site/web/doclib/_api/contextinfo	使用下列属性来检索一个SPContextWebInformation 结构： • webFullUrl • siteFullUrl • formDigestValue • LibraryVersion • SupportedSchemaVersions
POST	http://server/site/_api/web/webinfos/add	创建网站
POST	http://server/site/_api/web/lists/getbytitle('Shared Documents')/rootfolder/ files/add(url='a.txt', overwrite=true)	上传文件到 Shared Documents 根目录
PUT	http://server/site/_api/web/Lists/GetByTitle('RestTest')	更新现有的 SharePoint 对象。所有可写入的属性都必须指定，否则该请求会失败
PATCH (带有独立 X-Http-Method 标头规范的 POST)	http://server/site/_api/web/Lists/GetByTitle('RestTest') Header: X-Http-Method: PATCH	更新现有的 SharePoint 对象。没有在 PATCH 中提供的可写入属性都将保留其值。PATCH 与 MERGE 命令作用是一样的，但微软建议使用 PATCH，因为 MERGE 已经弃用了

(续表)

方　　法	REST 命令	说　　明
GET	http://server/site/_api/web/GetFile ByServerRelativeUrl('/Shared Documents/myDocument.docx') /$value	获取存储在共享文档库根目录中的文件的内容
DELETE(带有独立 X-Http-Method 标头规范的 POST)	http://server/site/_api/web/Lists/ GetbyTitle('RestTest')Header:X-Http-Method: DELETE Header: IF-MATCH = "EtagValue"	删除 SharePoint 列表。ETag 必须遵循 OData 规范来使用以便实现并发控制优化。参见 OData 规范以便获取 ETag 的更多详细信息

　　微软在 MSDN 上提供了一篇使用 SharePoint 2013 REST 服务进行编程的文章,涵盖了对 REST 编程接口更加深入的介绍。该文章可以在下列网址找到 http://msdn.microsoft.com/en-us/library/fp142385(v=office.15).aspx,其标题为"Programming using SharePoint 2013 REST service",这是专为那些喜欢使用搜索而不是试图在 URL 栏中键入晦涩字母数字混合编码的人而准备的。

6.5　开发外部托管应用程序

　　由 JavaScript 驱动的 HTML5 应用程序当然可以非常强大,但依然有需要服务端代码的时候。虽然 SharePoint 不再是已编译应用程序代码的候选托管平台,但是可用的托管选项包括提供商托管的和自动托管(Azure 托管)的应用程序。提供商托管的应用程序由开发人员定义基础结构,与之相反,自动托管应用程序解除了开发人员的基础结构决策权。

6.5.1　单服务器开发环境的高度信任应用程序

　　作为开发人员,如果你试图创建一个单服务器开发环境,如同许多基于虚拟机的可移植开发环境的情况一样,提供商托管的应用程序有许多需要特别注意的事项。同时运行 SharePoint 和提供商基础架构所带来的问题是,SharePoint 需要一些特殊的配置步骤,包括需要有一个证书和创建唯一客户端 ID 来使用服务器到服务器(Server-To-Server,STS)的通信协议。使用该 STS 协议的应用程序称为高度信任的应用程序,因为该应用程序允许声明任意的用户身份,且该应用程序会创建访问令牌的用户部分。STS 协议是由包括 Exchange、Lync 和其他需要临时访问令牌的微软应用程序使用的通用协议。为内部部署创建的 SharePoint 提供商托管应用程序不能使用上下文令牌来识别用户,而云计算应用程序则可以这么做。高度信任的应用程序并非完全信任应用程序。高度信任的应用程序仍然必须编码,以要求安装用户拥有显式权限。

MSDN 上有一篇不错的文章，详细说明了将提供商托管的应用程序配置为高度信任的应用程序所需的步骤。可以在后面的地址找到该篇在线文章，http://msdn.microsoft.com/en-us/library/office/apps/fp179901(v=office.15)，为了完善本节内容，这里对其中一部分进行了复制。

(1) 创建一个公共和私人的测试证书(商业的或自签名的，如下所述)。

    (a) 在 IIS 管理器中，选择左侧的树型视图中的 ServerName 节点。

    (b) 选择 Server Certificates 图标。

    (c) 从右侧的链接集中选择 Create Self-Signed Certificate 链接。

    (d) 给 HighTrustSampleCert 证书命名，然后选择 OK 按钮。

    (e) 右击该证书，然后选择 Export 命令。

    (f) 将文件导出到项目文件夹(这通常是 My Documents 文件夹中的 Visual Studio 11\Projects\ProjectName 文件夹)，并设置一个密码，如 "Password1"。

(2) 按照下列步骤创建一个相应的 test.cer 文件。

    (a) 在 Server Certificates 视图中，双击 HighTrustSampleCert 显示证书的详细信息。

    (b) 下一步，在 Details 选项卡上，选择 Copy to File 以启动证书导出向导。

    (c) 选择 Next 按钮。

    (d) 使用默认值 No，不要导出私钥，然后选择 Next 按钮。

    (e) 使用默认值，选择 Next 按钮。

    (f) 选择 Browse 按钮，为 HighTrustSampleCert 证书命名，然后将它保存到选择的位置。另存文件为.cer 文件。

    (g) 选择 Finish 按钮。

> 提示：.pfx 文件必须在 Visual Studio 运行的同一台计算机上。.cer 文件必须在安装 SharePoint 2013 的同一台计算机上。必须将.pfx 文件部署到托管 Web 应用程序的 Web 服务器上，部署路径要与运行 Visual Studio 的计算机文件路径相同。另外，该路径可以在 web.config 文件中进行调整，如后面这篇文章中所介绍的一样(请参阅 MSDN 文章 "How to: Create high trust apps for SharePoint 2013 using the server-to-server protocol"，地址为 http://msdn.microsoft.com/en-us/library/fp179901(v=office.15).aspx)。

(3) 生成客户端 ID，并使用 Visual Studio 创建 GUID。确保所有字母均为小写。

(4) 配置 SharePoint 2013 中的服务以便服务器到服务器的应用程序使用。确保配置了应用程序管理服务和用户配置文件应用程序。步骤如下所示。

(a) 在管理中心，Application Management 下，选择 Manage 服务应用程序。

(b) 在 Service Applications 页面上，确保 User Profile Service Application 和 App Management Service 服务都已启动。

(c) 在 Application Management 下，选择 Manage Services on Server。

(d) 在 Services on Server 页面中，确保 User Profile Service 已经启动。

(5) 配置 SharePoint 2013 应用程序(需要对每个应用程序配置)。构建并执行以下作为单一 PowerShell 脚本的片段。

(a) 标识.cer 文件：

```
$publicCertPath = "c:\Projects\HighTrustSampleCert.cer"
```

(b) 使用之前创建的客户端 ID，并确保所有字母都均为小写：

```
$appId = "4ed7b623-a09f-4b5d-9ff6-8e48a9c5c049"
```

(c) 标识 SharePoint 2013 URL。指向一个最有可能成功的开发人员网站；不过，单一服务器安装并不要求如此：

```
$spurl = "http://www.tailspintoys.com/sites/devtest"
```

(d) 为网站获取 SPWeb 对象：

```
$spweb = Get-SPWeb $spurl
```

(e) 为 SharePoint 网站获取身份验证域：

```
$realm = Get-SPAuthenticationRealm -ServiceContext $spweb.Site
```

(f) 标识之前创建的.cer 文件：

```
$certificate = Get-PfxCertificate $publicCertPath
```

(g) 获取应用程序 ID 以及区域值：

```
$fullAppIdentifier = $appId + '@' + $realm
```

(h) 创建信任的安全令牌服务：

```
New-SPTrustedSecurityTokenIssuer -Name "High Trust Sample
App"-Certificate $certificate -RegisteredIssuerName $fullAppIdentifier
```

(i) 注册带有应用程序管理服务的应用程序主体：

```
$appPrincipal = Register-SPAppPrincipal -NameIdentifier $full
AppIdentifier -Site $spweb -DisplayName "High Trust Sample App"
```

(6) 创建一个提供商托管应用程序。

所有这些所需的步骤都是为了将环境设置成适合在内部开发的用于外部托管的应用程序。

6.5.2　开发提供商托管的应用程序

以下步骤为创建一个简单的提供商托管应用程序的过程。

(1) 在 Visual Studio 中，选择 File | New Project | App for SharePoint 2013 命令，并将其命名为 ProviderHosted_SimpleExample。

(2) 在 New App for SharePoint 向导中，确保正确选择开发人员网站的 URL，并且一定要确保应用程序是提供商托管的而不是自动托管的或者 SharePoint 托管的。

(3) New App for SharePoint 向导的最后一个界面允许选择先前导出的证书并要求使用先前的密码加密该证书。发行者 ID 与以前使用的应用程序 ID 一样，如图 6-14 所示。

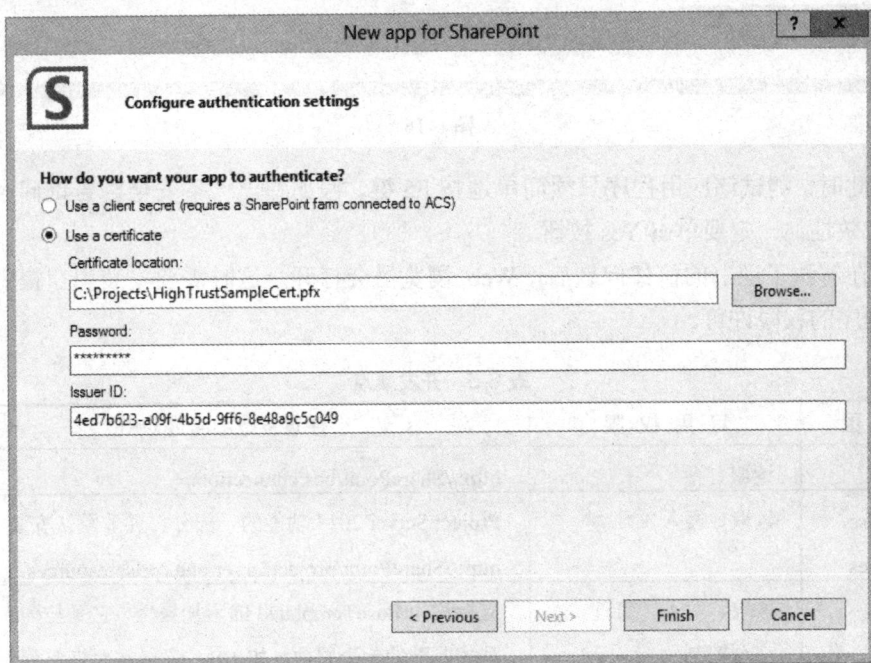

图 6-14

(4) 创建新项目以后，检查 AppManifest 中的权限请求节点。现在要求各种 SharePoint CSOM 端点的权限都是可行且符合逻辑的。应用程序的权限必须基于 AppManifest 中开发人员所设置的要求，在安装时进行授权。选择安装应用程序的用户只能基于其可以使用的权限来授权，并且所有的权限必须在安装时授权。应用程序无法在仅拥有部分可用权限集的情况下运行。表 6-5 列出了可以在 AppManifest 设计器内进行配置的可用端点，而图 6-15 显示了此界面。

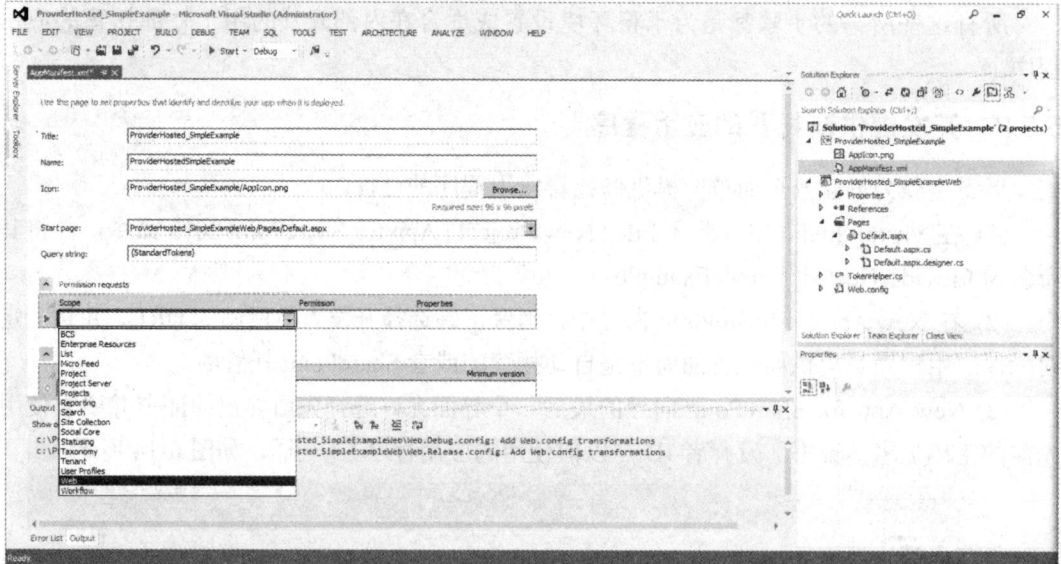

图 6-15

(5) 此时，测试该应用程序只须简单地按 F5 键。假如弹出一条安全警告询问本地主机证书的有效性，一定要单击 Yes 按钮。

(6) 在解决了证书的信任问题后，Web 浏览器会打开，这时需要安装用户提供安装该新应用程序的权限许可。

表 6-5　开发端点

范　　围	可 用 权 限	注意及范围属性 URL
BCS	读取	http://SharePoint/bcs/connection
Enterprise Resources	读取、写入	Project Server 2013 功能的一部分，并非默认安装： http://SharePoint/projectserver/enterpriseresources
List	读取、写入、管理、完全控制	支持称为 BaseTemplated 的附加属性，它是与列表元素类型相匹配的一个整数，如 101。该属性允许对列表类型进行过滤 http://SharePoint/content/sitecollection/web/list
Micro Feed	读取、写入、管理、完全控制	SharePoint 2013 社交功能与服务的一部分： http://SharePoint/social/microfeed
Project	读取、写入	Project Server 2013 功能的一部分，并非默认安装： http://SharePoint/projectserver/projects/project
Project Server	管理	Project Server 2013 功能的一部分，并非默认安装： http://SharePoint/projectserver
Projects	读取、写入	Project Server 2013 功能的一部分，并非默认安装： http://SharePoint/projectserver/projects

（续表）

范　　围	可 用 权 限	注意及范围属性 URL
Reporting	读取	Project Server 2013 功能的一部分，并非默认安装： http://SharePoint/projectserver/reporting
Search	QueryAsUserIgnoreApp Principal	http://SharePoint/search
Site Collection	读取、写入、管理、 完全控制	http://SharePoint/content/sitecollection
Social Core	读取、写入、管理、 完全控制	SharePoint 2013 社交功能和服务的一部分： http://SharePoint/social/core
Statusing	提交状态	Project Server 2013 功能的一部分，并非默认安装： http://SharePoint/projectserver/statusing
Taxonomy	读取、写入	http://SharePoint/taxonomy
Tenant	读取、写入、管理、 完全控制	SharePoint 2013 社交功能和服务的一部分： http://SharePoint/social/tenant
Web	读取、写入、管理、 完全控制	http://SharePoint/content/sitecollection/web
Workflow	提升	Project Server 2013 功能的一部分，并非默认安装： http://SharePoint/projectserver/workflow

6.5.3　开发 Azure 自动托管的应用程序

在开始介绍有关 Azure 自动托管的应用程序之前，你必须了解只能在 SharePointOnline 网站上安装用于 SharePoint 2013 的自动托管应用程序。这是因为 SharePointOnline 账户可以捆绑在 Azure 应用程序的价格体系中，使它们对开发人员和用户免费。

构建 Azure 自动托管的应用程序与构建提供商托管的应用程序的步骤几乎相同。遵循以下步骤进行。

(1) 在 Visual Studio 2010 中创建一个基于 SharePoint 2013 应用程序模板的新项目。在 New App for SharePoint 向导中，将托管选项设置为默认选项，即自动托管。将该项目命名为 AutoHosted_SampleProject，如图 6-16 所示。

(2) 在向导中单击 Finish 按钮，然后 Visual Studio 会在解决方案内部创建两个项目，分别是主要由封装的 XML 组成的 SharePoint 应用程序和 ASP.NET Web 应用程序。

(3) 在 AppHosted_SampleProject 这一 C#项目中，打开 AppManifest.xml，并将项目的标题和名称改为更友好的名称。标题是用户看到的，而名称是内部名称，不应包含空格。

(4) 在 AppHosted_SampleProjectWeb 这一 C#项目中，打开 web.config 文件，添加下面的元素到<system.web>元素中以简化调试：

```
<customErrors mode="Off"/>
```

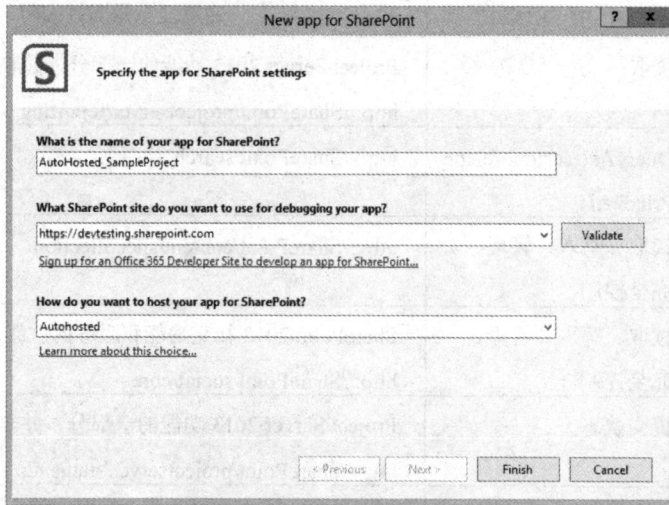

图 6-16

(5) 按 F5 键部署和调试应用程序。尽管还没有自定义代码，但这一步骤有助于验证所有安装过的步骤是否正确地执行。Web 浏览器会自动打开，询问是否应该信任和安装 AutoHosted Sample Project。因为没有代码的更改，所以浏览器屏幕应该看起来如图 6-17 所示。在解决方案开发这一步骤中，Web 应用程序正在你的本地开发计算机的 IIS Express 实例上托管(URL 栏指向 http://localhost:[portnumber]/....)。应用程序自动托管的配置会在后面的步骤进行。

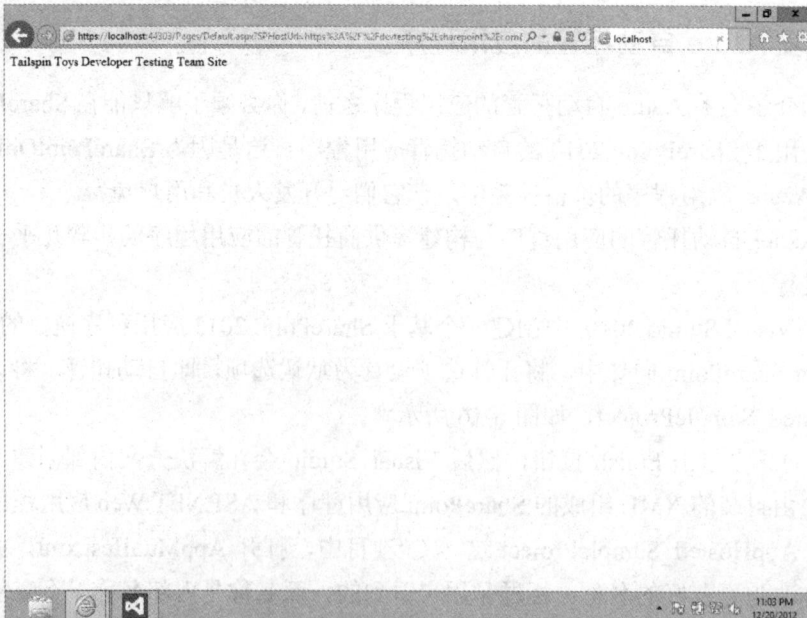

图 6-17

(6) 假定这时测试已经成功了，该 ASP.NET Web 应用程序现在就可以定制了。每一个 SharePoint 2013 站点默认配有若干主题，在 Setting 齿轮图标下的 Change the Look 处可以看到。下面的代码使用 REST API 调用来访问可用主题的列表。

(7) 打开 Default.aspx 文件，用下面的 HTML 代码替换 body 标签和它的内容，从而向界面中添加一个按钮和一个网格：

```
<body style="font-family:'Segoe UI'">
    <form id="form1" runat="server">
    <div>
    <h2>Available Themes</h2>
    </div>
    <asp:Button ID="Button1"
        runat ="server"
        OnClick="Button1_Click"
        Text="List Available Themes"
        BackColor="#FFFFFF"
        ForeColor="Black"
        Font-Size="Medium"
        Style="border-style: solid;"
        Height="50px"
        Width="180px" />
    <asp:Literal ID="Literal1"
        runat="server"><br /><br /></asp:Literal>
    <asp:GridView ID="GridView1"
        runat="server"
        BackColor="LightGray"
        BorderStyle="None"
        Caption="Themes"
        CaptionAlign="Left"
        CellPadding="5"
        GridLines="None"
        HorizontalAlign="Left">
        <AlternatingRowStyle BackColor="White"
            ForeColor="Black" />
    </asp:GridView>
    </form>
</body>
```

(8) 打开 Default.aspx.cs 代码隐藏文件，用下列内容替换现有的 using 语句，从而添加必要的 XML 和 SharePoint 功能，同时消除不必要的引用：

```
using Microsoft.SharePoint.Client;
using System;
using System.Collections.Generic;
using System.Linq;
using System.Net;
using System.Web.UI.WebControls;
using System.Xml.Linq;
```

(9) 在 Page_Load 方法上面的类里面添加以下 3 个变量，使它们能跨多种方法可用：

```
// members
SharePointContextToken contextToken;
string accessToken;
Uri SharePointUrl;
```

(10) 用以下代码替换 Page_Load 方法。该代码使用 TokenHelper 类(默认情况下包含在 Web 项目中)为各 Web 服务调用抓取必要的 OAuth 访问令牌。此令牌为服务器验证调用方的用户身份。为了确保该按钮的 OnClick 代码具有该令牌的访问权限，它将作为一个字符串通过该按钮的可选 CommandArgument 参数进行传递：

```
protected void Page_Load(object sender, EventArgs e)
{
    // request the access token
    TokenHelper.TrustAllCertificates();
    string contextTokenString =
        TokenHelper.GetContextTokenFromRequest(Request);
    if (contextTokenString != null)
    {
        // Get context token
        contextToken =
            TokenHelper.ReadAndValidateContextToken(contextTokenString,
        Request.Url.Authority);
        // Get access token
        sharepointUrl = new Uri(Request.QueryString["SPHostUrl"]);
        accessToken = TokenHelper.GetAccessToken(contextToken,
        sharepointUrl.Authority).AccessToken;
        // Pass the access token to the button event handler.
        Button1.CommandArgument = accessToken;
    }
}
```

(11) 将下面授权行为的方法添加到按钮单击事件中。此代码使用了访问令牌，来为 Composed Looks 列表内容发起一个 RESTful 请求，该列表存储该网站可用的主题。如果该 JSON 响应了，其结果将会解析成网格用于显示：

```
protected void Button1_Click(object sender, EventArgs e)
{
    // retrieve the user's access token
    string accessToken = ((Button)sender).CommandArgument;
    if (IsPostBack)
    {
        sharepointUrl = new Uri(Request.QueryString["SPHostUrl"]);
    }
    // REST/OData section.
    string oDataUrl = "/_api/Web/lists/getbytitle('Composed
      Looks')/items?$select=Title,AuthorId,Name";
    HttpWebRequest request =
```

```
      (HttpWebRequest)HttpWebRequest.Create(sharepointUrl.ToString() +
        oDataUrl);
    request.Method = "GET";
    request.Accept = "application/atom+xml";
    request.ContentType = "application/atom+xml;type=entry";
    request.Headers.Add("Authorization", "Bearer " + accessToken);
    HttpWebResponse response = (HttpWebResponse)request.GetResponse();
    // Response markup parsing section.
    XDocument oDataXML = XDocument.Load(response.GetResponseStream(),
      LoadOptions.None);
    XNamespace atom = "http://www.w3.org/2005/Atom";
    XNamespace d = "http://schemas.microsoft.com/ado/2007/08/dataservices";
    XNamespace m = "http://schemas.microsoft.com/ado/2007/08/dataservices/
      metadata";
    List<XElement> entries = oDataXML.Descendants(atom + "entry")
                        .Elements(atom + "content")
                        .Elements(m + "properties")
                        .ToList();
    var entryFieldValues = from entry in entries
                      select new
                        {
                          Title = entry.Element(d + "Title").Value,
                          AuthorId = entry.Element(d + "AuthorId").Value
                        };
    // Bind data to the grid on the page.
    GridView1.DataSource = entryFieldValues;
    GridView1.DataBind();
}
```

(12) 按 F5 键并测试代码，以便在继续往前进行最后的自动托管配置之前确保一切都工作正常。该功能应用程序应该如图 6-18 所示。

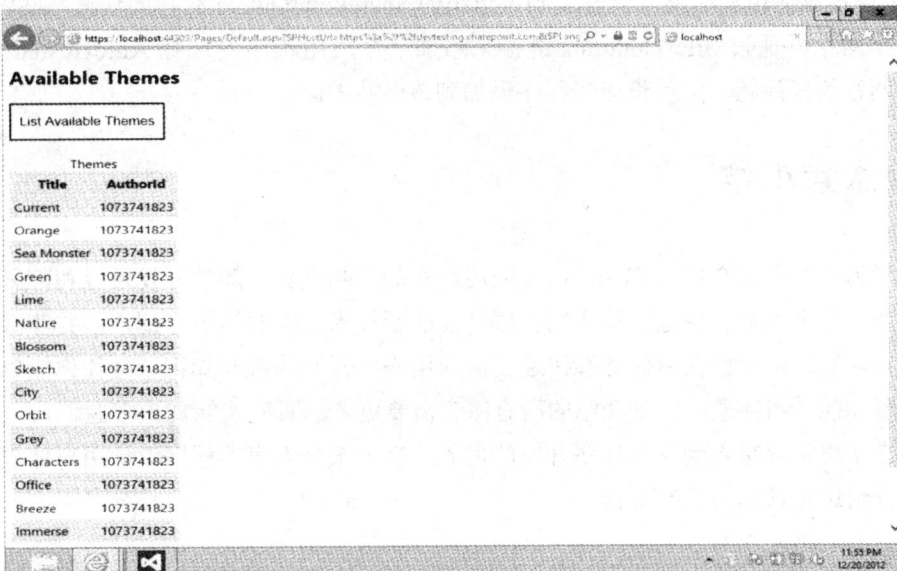

图 6-18

(13) 要将该应用程序配置为自动托管，需要打开该 Web 项目的 References 节点，将以下每个程序集的 Copy Local 属性设置为 True，确保它们都安装到新的 Azure 虚拟机上。

- Microsoft.IdentityModel.dll
- Microsoft.IdentityModel.Extensions.dll
- Microsoft.SharePoint.Client.dll
- Microsoft.SharePoint.Client.Runtime.dll
- System.IdentityModel.dll(默认情况下，该值设置为 False)

(14) 右击该 SharePoint 应用程序项目(AutoHosted_SampleProject)，选择 Publish 命令从而在该项目的 bin\Debug 或 bin\Release 文件夹内创建一个 app.publish 文件夹。在该 app.publish 文件夹内是该应用程序的封装文件，其中包含 Azure Web 站点包。.app 文件包的内容将在第 7 章中详述。

该应用程序现在已封装好并准备好在应用程序目录中安装了。将应用程序安装到应用程序目录的过程对租户管理员很简单。

(1) 以管理员身份登录 SharePointOnline。

(2) 在屏幕顶端的 Admin 菜单中选择 SharePoint，从而打开 SharePoint Administration Center 页面。

(3) 在管理中心，选择 apps 目录，从而让你的组织可以看见该应用程序。如果你还没有为你的租户指定一个 App Catalog，此界面会提示你创建一个新的或选择现有的 App Catalog URL。如果已经定义了一个 App Catalog，选择 Distribute Apps for SharePoint 选项来查看 Apps for SharePoint 列表。将先前创建的应用程序包拖到屏幕上使其可用。

(4) 单击 Edit 图标来为新添加的应用程序管理最终用户可见的属性，比如，应用程序的类别和发行者名称。

(5) 现在该应用程序就可以安装到该组织的 SharePointOnline 租户的任意网站内了。导航到一个网站并通过 Site Contents 链接来添加一个应用程序。选择 AutoHosted Sample Project 回答信任问题，然后将应用程序添加到该网站中。

6.6　本章小结

本章为开发人员介绍了 SharePoint 应用程序的广阔世界。新的开发目标和部署模型的组合介绍，使得本章更像是一篇应用程序开发的新技术状况的简单介绍，而并非深入探究各种特定功能。本章旨在使你能够快速了解应用程序开发的必要知识，并使你能集中精力开发业务功能。请注意，本章介绍的所有概念需要更多的研究才能真正掌握。

第 7 章将带你深入到应用程序开发的世界。接下来是为应用程序设计用户体验以及对部署和升级进行管理的关键主题。

第 **7** 章

SharePoint 2013 应用程序深度开发

本章内容
- 将用户体验扩展到远程托管应用程序
- 理解封装和部署过程，包括部署到公共 SharePoint Store
- 在提供商托管应用程序与自动托管应用程序间作选择

本章源代码下载地址(wrox.com)

本章 wrox.com 代码下载地址是 www.wrox.com/remtitle.cgi?isbn=1118495829，在 Download Code 选项卡处。第 7 章代码下载处提供了按照本章所列标题打包的代码下载。

7.1 应用程序用户体验开发

使用 SharePoint 2013 应用程序需要知道，对用户开放的应用程序功能有三个主要选项。这些选项包括全屏体验的沉浸式应用程序，以及与 Web 部件行为方式相似的部分屏幕选项。最后一个选项是应用程序将自身作为一个自定义操作嵌入 SharePoint UI 中，这可以开启一个没有明显用户界面的处理进程。图 7-1 显示了这些不同的选项。

三种不同的交互选项旨在赋予开发人员在与外观用户体验部分灵活性耦合的集成选项中的灵活性。三种设计选项的核心问题之一是，开发人员实际提供的体验能否与其希望 SharePoint 提供的浏览器框架类型和品牌外观的体验一致。

- 全屏应用程序是在 SharePoint 中托管的 ASPX 页面。这些应用程序应该使用应用程序模板。

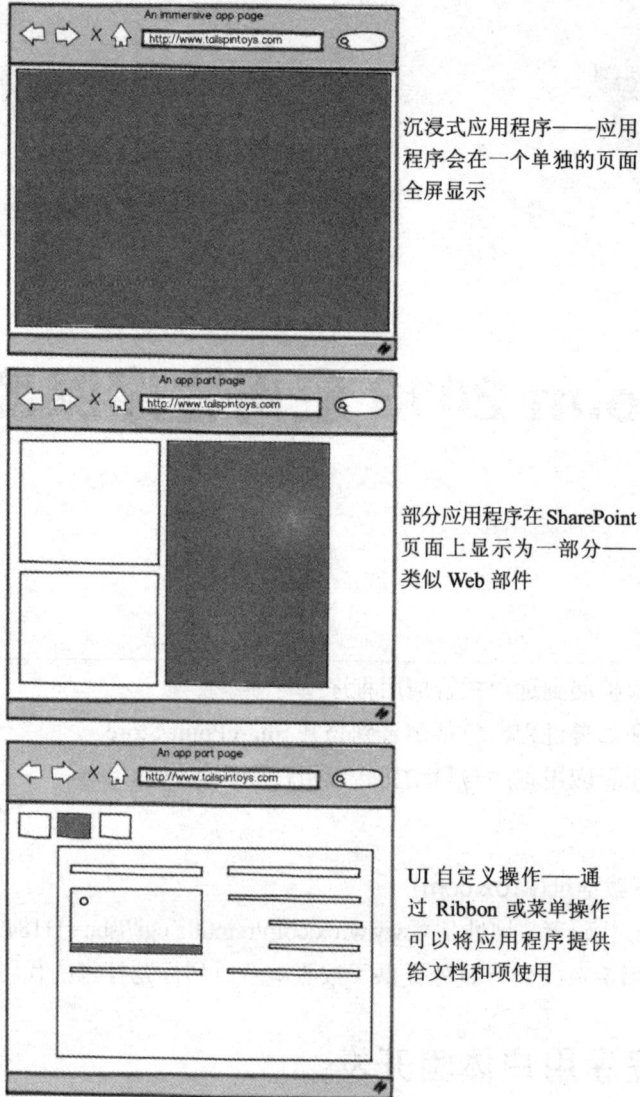

沉浸式应用程序——应用程序会在一个单独的页面全屏显示

部分应用程序在 SharePoint 页面上显示为一部分——类似 Web 部件

UI 自定义操作——通过 Ribbon 或菜单操作可以将应用程序提供给文档和项使用

图 7-1

- HTML 页面在 SharePoint 中或在 SharePoint 之外托管。这些应用程序应使用浏览器框架控制。
- 将完全自定义页面作为一个选项提供给开发人员，使其能够完全控制他们自己的品牌外观体验。

规划应用程序的用户体验(UX)是基于几种不同部署选项的一套复杂的决策与选择工作。如果应用程序是云托管应用程序而非 SharePoint 托管的应用程序，那么创建全屏应用程序的 UX 可能会有所不同。如果应用程序在隔离子网站中运行，那么开发人员如何将应用程序与 Web 主机的 UX 联系起来呢？

云托管应用程序可以使用浏览器框架控件来涵盖 Web 主机的导航标题和品牌外观。该控件需要具备一个 SharePoint JavaScript 库和一个<div>标签占位符。当该浏览器框架控件在应用程序中可用时，它就可以由开发人员定制了。

　　当将应用程序部署到其自身的隔离子网站时，SharePoint 会使用 HTTP 处理程序来将位于主站点的 CSS 和位于该应用程序隔离子网站内部的 CSS 进行合并。如果在应用程序网站上打开 IE 工具栏并单击 CSS 选项卡，请注意第一个 CSS 文件条目是一个来自开发人员网站的引用，然后是_layouts/15/defaultcss.ashx。该文件是 ASP.Net HTTP 处理程序，可确保应用程序网站保持与其他 SharePoint 网站相同的外观。它包括网站图像和用于 HTML 结构的 CSS，例如，在第 6 章中创建的 SharePoint 托管的 Hello World 应用程序中使用的 H1 标签。

　　(1) 为了检验浏览器框架控制在起作用，请回到第 6 章中创建的 Azure 自动托管应用程序。打开 ApManifest.xml 并将参数添加到 Query 字符串元素，如下所示：

```
{StandardTokens}&SPHostTitle={HostTitle}
```

　　(2) 用下列 HTML 和 JavaScript 替换<head>标签及其内容。这段代码会加载来自微软 CDN 的适合的 JavaScript 资源文件和控件。

```
<head>
    <title>Chrome control host page</title>
    <script
        src="//ajax.aspnetcdn.com/ajax/4.0/1/MicrosoftAjax.js"
        type="text/javascript">
    </script>
    <script
        type="text/javascript"
        src="//ajax.aspnetcdn.com/ajax/jQuery/jquery-1.7.2.min.js">
    </script>
    <script
        type="text/javascript"
        src="ChromeLoader.js">
    </script>
<script type="text/javascript">
    "use strict";

    var hostweburl;

    //load the SharePoint resources
    $(document).ready(function () {
        //Get the URI decoded URL.
        hostweburl =
            decodeURIComponent(
                getQueryStringParameter("SPHostUrl")
            );

        // The SharePoint js files URL are in the form:
        // web_url/_layouts/15/resource
        var scriptbase = hostweburl + "/_layouts/15/";
```

```
    // Load the js file and continue to the
    //  success handler
    $.getScript(scriptbase + "SP.UI.Controls.js")
});

    // Function to retrieve a query string value.
    // For production purposes you may want to use
    //  a library to handle the query string.
    function getQueryStringParameter(paramToRetrieve) {
        var params =
            document.URL.split("?")[1].split("&");
        var strParams = "";
        for (var i = 0; i < params.length; i = i + 1) {
            var singleParam = params[i].split("=");
            if (singleParam[0] == paramToRetrieve)
                return singleParam[1];
        }
    }
</script>
</head>
```

(3) 将下面的占位符插入<body>标签的顶部：

```
<body style="font-family:'Segoe UI'">
    <form id="form1" runat="server">

        <!-- Chrome control placeholder -->
        <div
            id="chrome_ctrl_container"
            data-ms-control="SP.UI.Controls.Navigation"
            data-ms-options='{
                "appHelpPageUrl" : "Help.html",
                "appIconUrl" : "siteIcon.png",
                "appTitle" : "Wrox Press Sample chrome control app",
                "settingsLinks" : [
                    {
                        "linkUrl" : "Account.html",
                        "displayName" : "Account settings"
                    },
                    {
                        "linkUrl" : "Contact.html",
                        "displayName" : "Contact us"
                    }
                ]
            }'>
        </div>

    <div>
    <!-- The chrome control also allows access to the
        host web's stylesheets -->
    <h2 class="ms-accentText">Available Themes</h2>
```

```
</div>
<asp:Button ID="Button1"
    runat ="server"
    OnClick="Button1_Click"
    ….
```

(4) 部署与查看结果；现在应用程序页面看起来更像是 SharePoint 页面了。IIS Express 开发服务器可能无法访问网站资产，如应用程序图标图像，但这会在部署到应用程序目录的过程中自行解决。应用程序应该如图 7-2 所示。

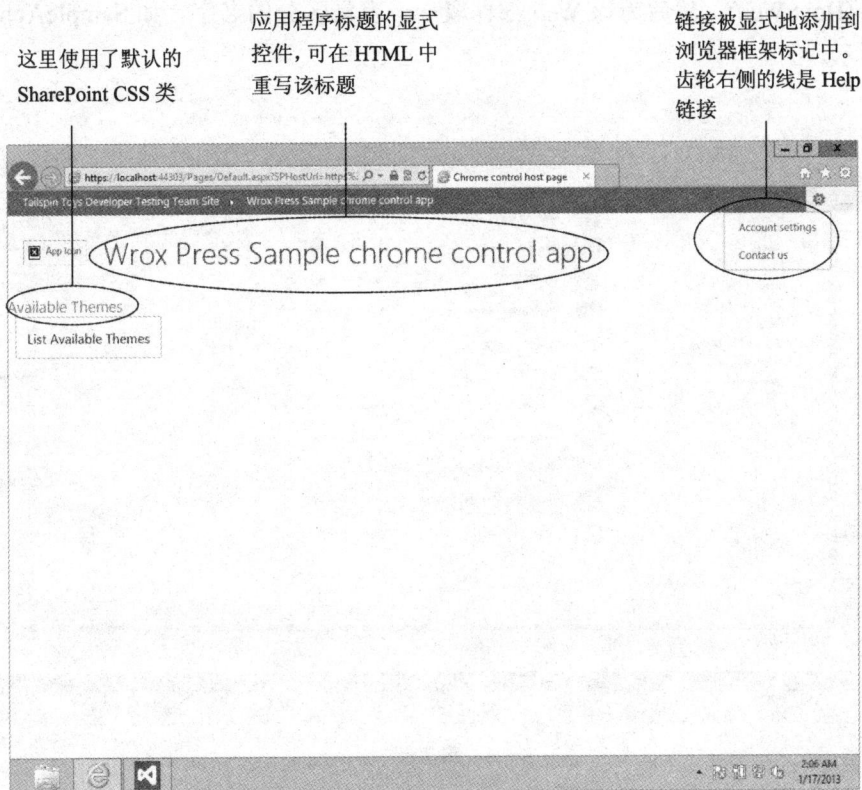

图 7-2

既然控件已经就位，修改浏览器框架特性就意味着在先前添加的<div>占位符中显式定义浏览器框架控件的特性。

既然浏览器框架控件已经揭示了如何设计一个全屏应用程序，那么是时候将注意力转向应用程序部件和自定义操作上面了。

7.1.1　开发嵌入式应用程序或应用程序部件

应用程序部件在用户体验方面类似于 Web 部件，用户可以在主机 Web 内体验该应用程序。应用程序部件实际上利用 iFrame 来显示远程内容，并提供与隔离子网站相同级别的运行时保护。最终用户有权访问自定义属性设置，这些属性设置可以通过查询字符串传递到应用程序部件。

以下步骤会让你知晓开发应用程序部件时必须考虑的相对于全屏应用程序体验的重大差别。

(1) 使用 Visual Studio 新建应用程序，然后要么选择你认为合适的自动托管要么选择提供商托管；本示例使用自动托管应用程序。给新项目取一个名称，如 SampleAppPartProject，然后在向导上单击 Finish 按钮。

(2) 在这个 SharePoint 项目中，右击该项目，并添加一个新的项。从列表中选择 Client Web Part (Host Web)，然后为该 Web 部件取一个容易区分的名字，如 SampleAppPart，如图 7-3 所示。

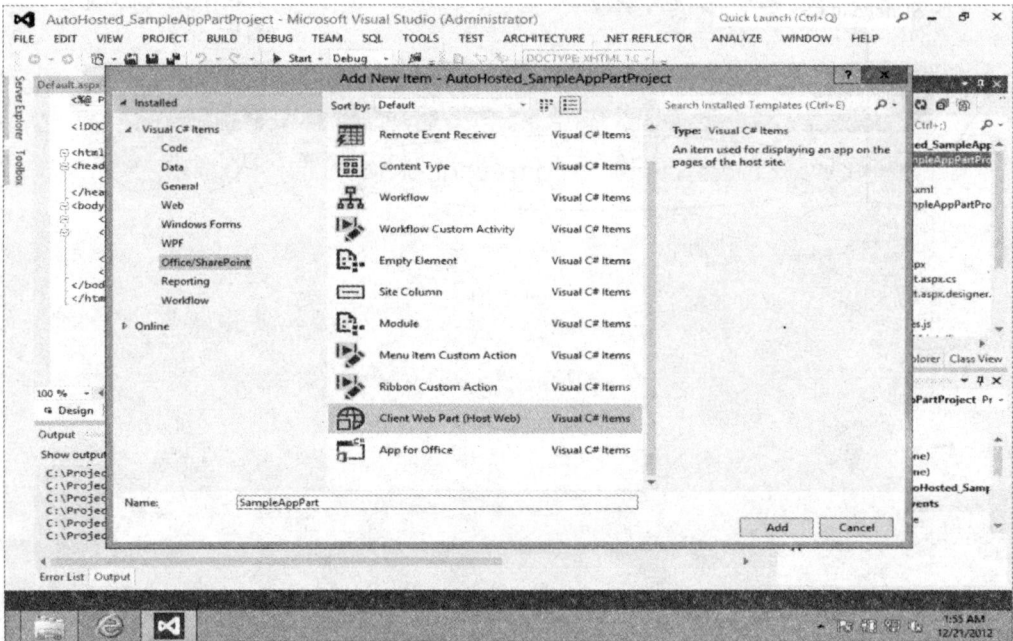

图 7-3

(3) 添加客户端 Web 部件的操作会将一个 Elements.xml 文件添加到 SharePoint 项目中，并将相同名称的 ASPX 页面添加到 Web 项目中。打开 Elements.xml 能看到它目前完全是空的。<Properties/>这个空标签用于将自定义属性通过查询字符串传递到 ASPX 页面。这些属性能够使用与 Web 部件属性一样的方式来与最终用户进行交互。以下 XML 添加了几个示例属性到 Web 部件中：

```
<Properties>
    <Property
        Name="strProp"
        Type="string"
        RequiresDesignerPermission="true"
        DefaultValue="String default value"
        WebCategory="Tailspin Toys Custom Apps"
        WebDisplayName="A property of type string.">
```

```xml
      </Property>
      <Property
        Name="intProp"
        Type="int"
        RequiresDesignerPermission="true"
        DefaultValue="0"
        WebCategory="Tailspin Toys Custom Apps"
        WebDisplayName="A property of type integer.">
      </Property>
      <Property
        Name="boolProp"
        Type="boolean"
        RequiresDesignerPermission="true"
        DefaultValue="false"
        WebCategory="Tailspin Toys Custom Apps"
        WebDisplayName="A property of type boolean.">
      </Property>
      <Property
        Name="enumProp"
        Type="enum"
        RequiresDesignerPermission="true"
        DefaultValue="1st"
        WebCategory="Tailspin Toys Custom Apps"
        WebDisplayName="A property of type enum.">
        <EnumItems>
        <EnumItem WebDisplayName="First option" Value="1st"/>
        <EnumItem WebDisplayName="Second option" Value="2nd"/>
        <EnumItem WebDisplayName="Third option" Value="3rd"/>
        </EnumItems>
      </Property>
    </Properties>
```

(4) Elements.xml 的开头定义了将会在应用程序部件中显示的 Web 页面的 URL。鉴于现在有了自定义属性，该 URL 需要加以修改以处理这些新的属性。在这里更新 Src 值以匹配该 URL：

```xml
<Content Type="html" Src="~remoteAppUrl/Pages/SampleAppPart.aspx?
  {StandardTokens}_&amp;strProp=_strProp_&amp;intProp=_intProp_&amp;
  boolProp=_boolProp_&amp;enumProp=_enumProp_&amp;editmode=_editMode_" />
```

(5) 既然参数已经可以通过查询字符串从应用程序部件框架传递到页面，那么是时候使用那些参数来完成一些工作了。打开 SampleAppPart.aspx 文件，将以下控件放在页面的空<div>标签中：

```
<asp:Literal ID="Literal1" runat="server" Text="Hello to the world from an app
  part"></asp:Literal>
```

(6) 打开 SampleAppPart.aspx.cs，用下面的代码替换 Page_Load()方法的内容。这一段简单的代码可以获取来自查询字符串的每一个参数，并将其值显示给最终用户。更改 Web

部件属性对话框中的值就更新了应用程序部件中显示的值。

```
protected void Page_Load(object sender, EventArgs e)
    {
        var intParam = Request.QueryString["intProp"];
        var strParam = Request.QueryString["strProp"];
        var boolParam = Request.QueryString["boolProp"];
        var enumParam = Request.QueryString["enumProp"];
        var editMode = Request.QueryString["editMode"];
        if ("true" == editMode)
        {
            Literal1.Text = "App Part is in edit mode";
        }
        else
        {
            Literal1.Text = "intProp = " + intParam + "<br>" +
                            "strProp = " + strParam + "<br>" +
                            "boolProp = " + boolParam + "<br>" +
                            "enumProp = " + enumParam;
        }
    }
```

这是一个功能相对简单的示例，如图 7-4 所示，但它有效地显示了应用程序部件框架如何利用查询字符串来交换配置信息。基于此以及访问 SharePoint 客户端对象模型的权限，经验丰富的开发人员现在应该明白传统 Web 页面开发体验与新的应用程序部件开发体验非常相似。

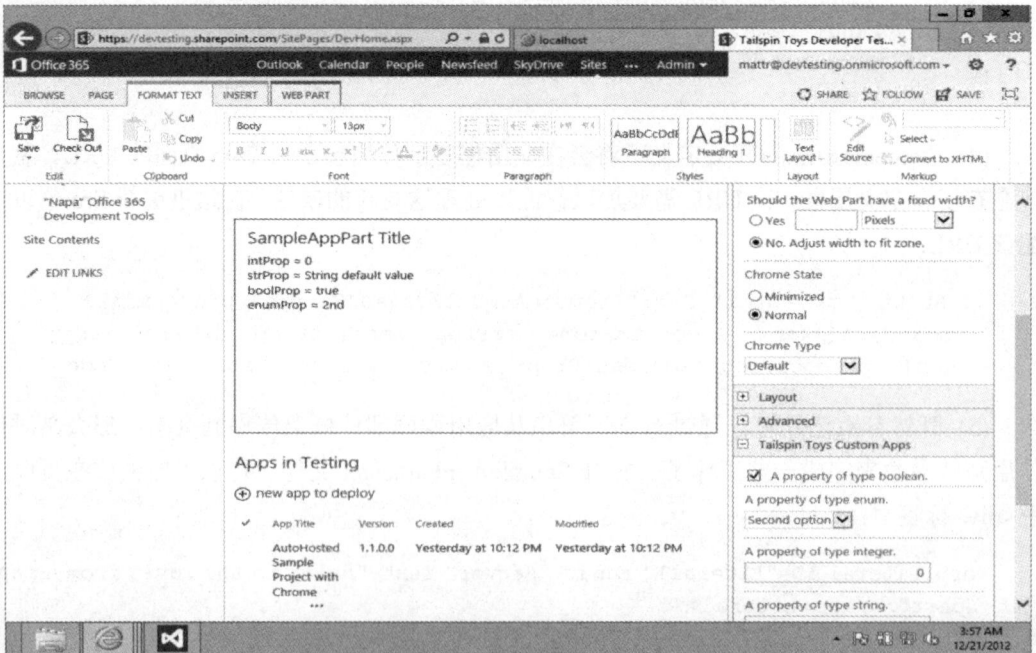

图 7-4

提示：本节内容使用静态 HTML 文件而非 ASPX 页面的原因是，ASPX 页面会使 IIS Express 和 Azure 网站返回 405 方法不被允许的错误而不是应用程序部件页面。要纠正此问题，必须添加一个 HTTP 处理程序到该 Web 项目的 web.config 文件中。这能够让该应用程序部件页面工作，但似乎会破坏所有由隔离子网站托管的 ASPX 页面。ASPX 页面在浏览器中会以文本文件形式呈现。

```
...
    <system.webServer>
      <handlers>
        <add name="AspNetStaticFileHandler" path="*" verb="*"
        type="System.Web.StaticFileHandler" />
      </handlers>
    <system.webServer>

</configuration>
```

7.1.2　开发自定义操作应用程序

自定义操作是 SharePointRibbon 按钮和编辑控制块(Edit Control Block，ECB)的操作，可以在项的上下文菜单中使用(SharePoint 2013 中是三个点的图标，点开就能看到)。这种类型的应用程序通常与列表项交互。除了后面会详细介绍的几个配置元素外，自定义操作应用程序的开发实质上与应用程序部件的开发具有相同的体验。列表项的详细信息通过查询字符串传递到外部托管页面，由该页面来执行所有可能相关的操作。

(1) 使用 Visual Studio 新建应用程序，然后根据个人需要要么选择自动托管要么选择提供商托管；本示例使用自动托管应用程序。为新项目取一个名称，如 SampleCustomAction-Project，并在向导上单击 Finish 按钮。

(2) 向 Web 项目添加新的 Web 窗体并将其命名为 CustomActionTarget。有了该文件才可以继续进行添加 ECB 或 Ribbon 操作的步骤。

(3) 打开新的 CustomActionTarget.aspx 页面，并将下面的 ASPX 标记添加到空的 <div>处：

```
<asp:Literal ID="Literal1"
    runat="server"
    Text="Hello to the world from a custom action app">
</asp:Literal>
```

(4) 打开 CustomActionTarget.aspx.cs 文件，并用以下代码替换 Page_Load()方法，将每个查询字符串参数输出到屏幕上：

```
protected void Page_Load(object sender, EventArgs e)
    {
```

```
              Literal1.Text = string.Empty;
              foreach (string queryStringParam in Request.QueryString)
              {
              Literal1.Text = Literal1.Text + "<br>" + queryStringParam +
              " = " + Request.QueryString[queryStringParam];

          }

    }
```

(5) 在 SharePoint 项目中,右击该项目,并添加新的项。从列表中选择 Menu Item Custom Action,并为该 Web 部件取一个容易区分的名称,如 SampleCustomActionApp,如图 7-5 所示。将会弹出一个向导询问下列详细信息:

    (a) 在哪里提供自定义操作？Host Web

    (b) 自定义操作的作用域是什么？List Template

    (c) 自定义操作限定于什么特定项？Document Library

    (d) 单击<Next>按钮查看下一个界面。

    (e) 菜单项上的文本是什么？Invoke Sample Menu Item Custom Action

    (f) 自定义操作导航到哪里？

        SampleCustomActionAppWeb\CustomActionTarget.aspx ?HostUrl={HostUrl}&
        Source={Source}&ListURLDir={ListUrlDir}&ListID={ListId}&
        ItemURL={ItemUrl}&ItemID={ItemId}

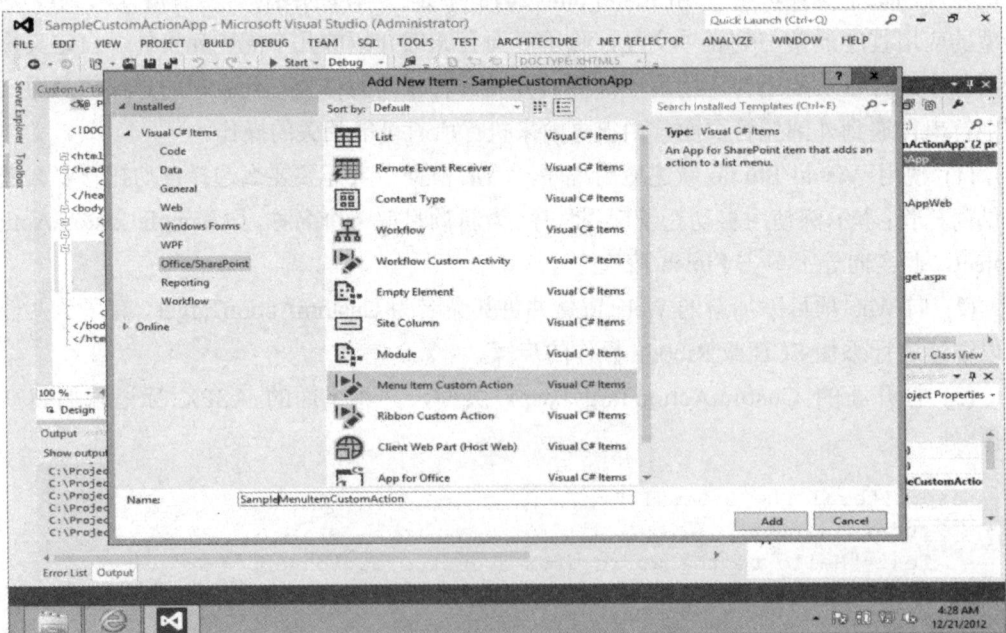

图 7-5

(6) 在 SharePoint 项目中,右击该项目,并添加新的项。从列表中选择 Ribbon Custom Action,并为该 Web 部件取一个容易区别的名称,如 SampleRibbonButton。将会弹出向导询问下列详细信息：

　　(a) 在哪里提供自定义操作？Host Web

　　(b) 自定义操作的作用域是什么？List Template

　　(c) 自定义操作限定于什么特定项？Document Library

　　(d) 单击<Next>按钮查看下一个界面。

　　(e) 控件位于何处？Ribbon.Documents.Manage

　　(f) 菜单项上的文本是什么？Invoke Sample Menu Item Custom Action

　　(g) 自定义操作导航到哪里？

　　SampleCustomActionAppWeb\CustomActionTarget.aspx ?HostUrl={HostUrl}&
　　Source={Source}&ListURLDir={ListUrlDir}&ListID={ListId}&ItemURL=
　　{ItemUrl}&ItemID={ItemId}

　　(7) 将这两个自定义操作添加到 SharePoint 项目中，会造成把两个 Elements.xml 添加到 SharePoint 项目中。可以打开这两个 Elements.xml 来查看内容，但没有必要改变任何内容。向导的最后一个问题是需要 URL 参数的输入，应用程序会使用它来提供所希望的功能级别。

　　(8) 运行该应用程序并导航到主机 Web 的任意文档库。如果没有内容可以添加内容，并通过 File 选项卡上的 Ribbon 按钮或 ECB 菜单调用自定义操作，如图 7-6 所示。

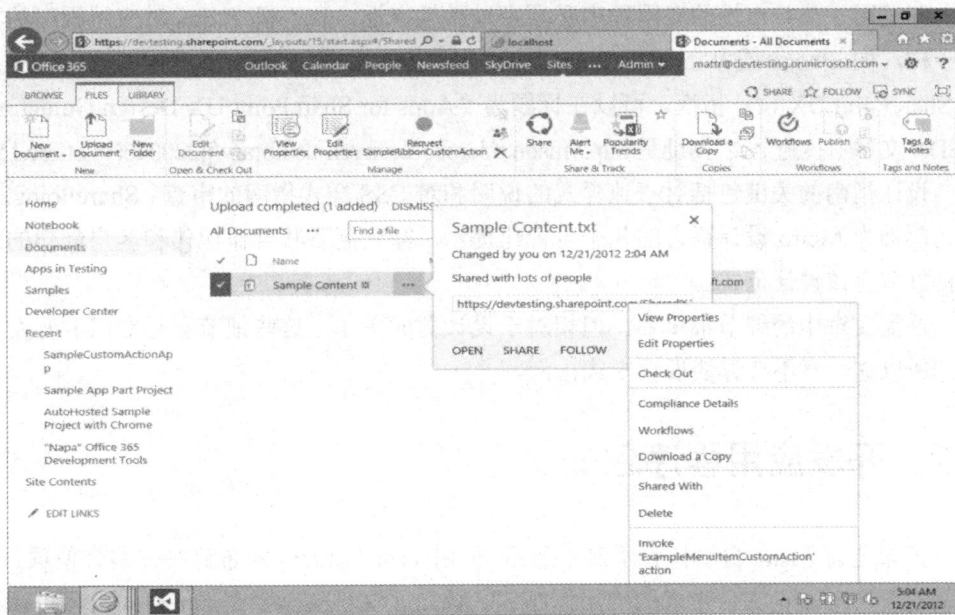

图 7-6

　　这又是一个相对较小的功能演示，但它确实有效地显示了 Custom Actions 方法如何利用查询字符串来交换配置信息，如图 7-7 所示。基于此以及访问 SharePoint 客户端对象模型的权限，经验丰富的开发人员现在应该明白传统 Web 页面开发体验与新的应用程序部件开发体验非常相似。

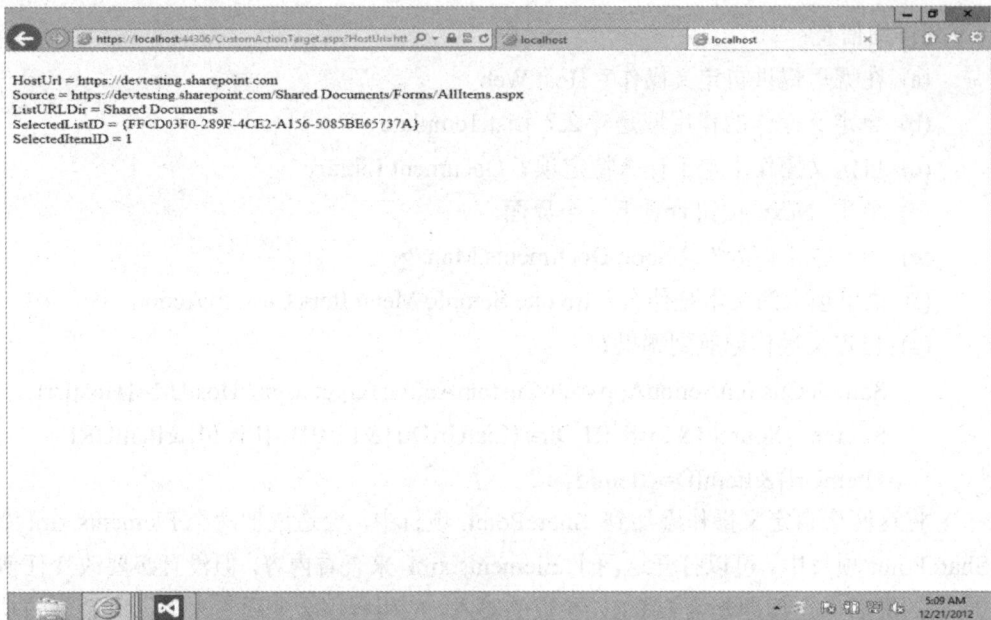

图 7-7

7.1.3　应用程序设计指南

开发用于公共市场的应用程序必须经过微软审批，和手机 Store 对应用程序的审批流程一样，如 iPhone 或 Windows Phone 应用程序 Store。提交到审批流程的应用程序必须遵循 SharePoint UX 设计指南，可以在标题为 "Apps for SharePoint UX Design Guidelines" 的 MSDN 文章中找到全文，网址是 http://msdn.microsoft.com/en-us/library/jj220046(v=office.15).aspx。

设计指南的关键包括对一致样式的说明和对 CSS 样式指南的审查。SharePoint 2013 采用之前称为 Metro 设计语言的几个可视化提示，微软需要其合作伙伴和客户创建的应用程序良好契合该设计范式。

这篇文章中的细节很重要，但相对于设计器的操作，这些细节不是专门的开发人员活动，所以这一章不会详谈视觉样式指南。

7.2　开发应用程序包

正如之前 Azure 自动托管示例中所示，使用 Visual Studio 发布解决方案会使项目的 bin 目录包含一个 .app 文件形式的应用程序包。该 .app 文件实际上是 .zip 格式，可以通过把扩展名重命名为 .zip 来核实，如图 7-8 所示。

注意 .app 部署包中的 app.manifest。该清单描述应用程序在哪里托管以及正在呈现的网站开始页。

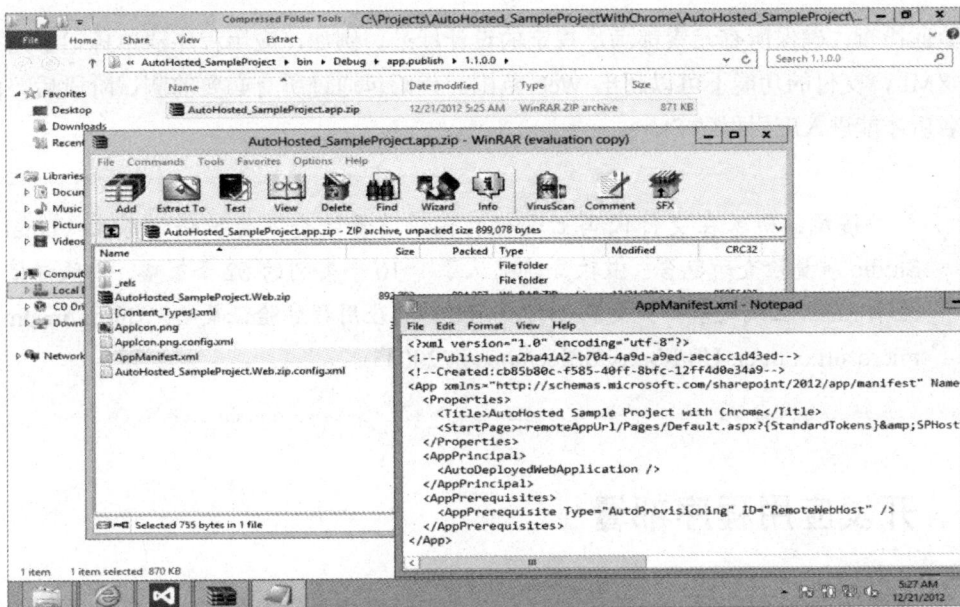

图 7-8

```xml
<?xml version="1.0" encoding="utf-8"?>
<!--Published:a2ba41A2-b704-4a9d-a9ed-aecacc1d43ed-->
<!--Created:cb85b80c-f585-40ff-8bfc-12ff4d0e34a9-->
<App xmlns="http://schemas.microsoft.com/sharepoint/2012/app/manifest"
  Name="AutoHostedSampleProjectWithChrome"
  ProductID="{42580491-4e33-4f6c-8d4b-4cbd939fe65f}"
  Version="1.1.0.0" SharePointMinVersion="15.0.0.0">
<Properties>
  <Title>AutoHosted Sample Project with Chrome</Title>
  <StartPage>~remoteAppUrl/Pages/Default.aspx?{StandardTokens}&amp;
SPHostTitle=
    {HostTitle}</StartPage>
</Properties>
<AppPrincipal>
  <AutoDeployedWebApplication />
</AppPrincipal>
<AppPrerequisites>
  <AppPrerequisite Type="AutoProvisioning" ID="RemoteWebHost" />
</AppPrerequisites>
</App>
```

除了包含这组简单的细节以外，许可权限还要求应用程序已成功进行了安装。正是这样简单的数据元素集合组成了应用程序的 SharePoint 知识范围。这种关注点的分离使得开发人员能够使用他们喜欢的任何语言，包括 node.JS 或 Ruby，以及任何应用程序设计范，如 MVC。

SharePoint 应用程序要么上传到组织私有的应用程序目录，要么提交审查并列入公共 SharePoint 应用程序市场。如果应用程序提交到公共应用程序市场上，微软会在上面运行一些验证检查，确保所有元素都满足规定的设计标准。例如，应用程序清单标记必须是有效的 XML，交付的功能不可以超出 Web 范围。代码包通过所有必要的测试阶段后，由微软签名后才能进入应用程序 Store。

提示：微软在交付代码上运行的代码质量检查不会被任何原生 Visual Studio 质量检查所包含。微软目前确认了跨 10 个类别的 62 条策略，确认详情见 MSDN 在线文章 "提交到 Office Store 的应用程序验证策略" (http://msdn.microsoft.com/en-US/library/office/apps/jj220035)。

7.3 开发应用程序部署

应用程序代码已经开发并通过了测试。现在需要将代码包部署到生产环境中。部署将根据所选的托管选项来产生不同的内容会话。

- SharePoint 托管的应用程序可能就是能够上传到服务器的一些文件。没有服务器端代码意味着不需要管理应用程序封装，除非代码重用要求应用程序封装。
- 自动托管和 SharePoint 托管的应用程序都是自包含式解决方案，接下来描述其发布方式。
- 提供商托管的应用程序不仅包括必须部署与维护的 SharePoint 组件，还包括必须部署到自有基础架构的 Web 项目。本章假定所有组织都选择在提供商基础架构之上构建 Web 项目，且不需要有关如何部署 Web 应用程序的建议。本章只处理 SharePoint 组件的问题。

除了根据所选托管选项而出现的不同之外，另一个部署决策点是应用程序 Store 的选择：公共 Office Store 还是私有应用程序目录。

7.3.1 发布到 Office Store

在尝试将应用程序发布到 Office Store 以实现广泛的可用性之前，你必须拥有微软卖方账户，并且有权访问微软卖方仪表板。关于如何完成该必备步骤，请参阅微软的标题为 "Create or edit your seller account in the Microsoft Seller Dashboard" 的 How To 在线文章，网址为 http://msdn.microsoft.com/en-us/library/jj220034.aspx。

提交到 Office Store 的用于发布的应用程序通过微软卖方仪表板上传。然后，微软运行验证进程来确保应用程序符合先前确定的内容与行为准则。在应用程序通过所有的验证过程(可能需要多次迭代的审查过程)之后，微软会对该应用程序包进行数字签名并把它放进公共 Office Store 中。

公共应用程序发布过程的一部分包括确立应用程序许可证方案。发行人员可以决定应用程序(免费、试用或购买)的价格而不管许可证是每用户的还是每站点的。实际上，

SharePoint 不会强制执行许可条款；此代码由你来决定。但是，SharePoint 会利用回调提供许可架构，得益于此你可以使用应用程序中的自定义代码来强制执行你想要的许可方案。

> 提示：公共应用程序 Store 的验证策略定义请参阅 http://msdn.microsoft.com/en-us/library/office/apps/jj220035(v=office.15).aspx。

7.3.2　发布到应用程序目录

正如第 6.5 节所示，创建并发布到内部应用程序目录是 SharePoint 管理员的平常事务(内部部署或作为云租户)。微软不会对传递到内部应用程序 Store 的代码质量承担任何责任。代码质量控制取决于组织自身。

表 7-1 比较了 Office Store 与应用程序目录的特点，以帮助你决定在两者中如何选择。微软的建议是在编码开始之前即要了解发布方向，以便将许可框架等功能纳入考虑而不至于忽略掉。

表 7-1　Office Store 与应用程序目录对比

Office Store	应用程序目录
应用程序开放提供	应用程序对有权访问 SharePoint 部署的用户可用
许可框架可用	许可框架不可用
应用程序由微软进行技术和内容策略遵循方面的验证	应用程序包由 SharePoint 在应用程序上传时进行验证
必须注册到微软卖方仪表板才能上传应用程序	无须进行微软的注册

表内容来源 http://msdn.microsoft.com/en-us/library/office/apps/jj164070.aspx

7.4　应用程序升级功能开发

应用程序体验设计好后，微软将大量体验应用到了移动应用程序 Store。其中的主要经验之一是识别所需的稳健的应用程序更新系统。应用程序设计者需要更新应用程序的能力，不管该更新是添加新的功能还是修复现有功能出现的问题。对比过去版本中 Web 部件的分布式特性，集中的应用程序托管模型使应用程序更新过程更为容易。更新基本上是对现有应用程序的重新部署，但即使应用程序更新失败，应用程序更新过程也能确保在 SharePoint 中托管的应用程序数据得以保留。

7.4.1 SharePoint 应用程序更新

SharePoint 应用程序清单包含两个重要标识: 产品 ID 与版本号。要更新应用程序, 请确保产品 ID 的一致性以及版本号的增长。按照需求调整功能, 并将应用程序包部署到它之前部署的公共或私有的应用程序 Store。

当应用程序更新提交到应用程序 Store 后, 所有安装该应用程序的网站的 Site Contents 页面都会显示出该更新通知。此外, 租户管理员与服务器场管理员会在各自的管理 UI 中接收到应用程序更新通知。

当用户单击一个链接来更新应用程序时, 该应用程序会再次安装。会提示用户同意更改以及伴随而来的应用程序所需的许可(即使该许可在版本之间没有变化)。应用程序在升级过程中会暂时表现为无法访问。自动托管应用程序会为升级锁定整个基础架构(Azure 网站和 SQL Azure 数据库)。

> 提示: 自动升级 SQL Azure 数据库架构的自动托管应用程序在应用任何架构更改之前都会自动对数据库进行备份。Azure Web 站点组件也是如此; 事务保护组件在发生故障时会自动切换进行回滚。

在自定义升级的逻辑方面, 万一升级必须对计算字段或其他定制项进行更改, 那么有 4 个挂钩程序可用。

- 数据脚本可以添加到应用程序包中。
- 后期部署脚本可以添加到 DACPAC(数据层应用程序架构包)中, 作为数据应用程序组件升级的一部分来运行。
- 升级过程会调用后期升级 Web 服务, 该服务可供开发人员在应用程序清单内进行创建和注册。
- 应用程序可包含一些阶段性的逻辑, 确保该应用程序开始正常执行之前, 已经进行了适当的修改。

如果应用程序利用了提供商托管的组件, 这些组件不受 SharePoint 管理。很容易想象升级过程中那些 Web 部件会被后期升级 Web 服务忽视。

7.4.2 应用程序迁移

微软没有直接支持的一个方案是应用程序迁移方案, 其应用程序的"更新"实际上是用带有全新组件的应用程序来完全替换原有应用程序。在这种情况下, 新的 Product ID 必须在应用程序清单内指定, 任何所需的数据迁移必须由应用程序的首次运行来处理, 或者由安装了事件接收器的远程服务监控功能通过 SharePoint 的移除事件接收器框架来处理。

7.5　应用程序开发人员需要额外考虑的事项

在开发应用程序时，以下考虑事项很重要。

- 请记住，CSOM 可以赋予对 Site Collection 及其以下级别的访问权限；要访问服务器场的功能需要场解决方案。

- 应用程序之间不能直接相互通信，因为彼此是完全隔离的。这类似于应用程序在平板电脑和手机上的工作方式。一种方法是让应用程序在 SharePoint 之外留下一项业务功能，例如，在 Azure 中。这个外部业务可以提供 Web 服务(如 WCF 服务端点)，而这可能是一个应用程序与另一个应用程序进行会话的通信机制。这实际上像是一个代理机制，用来绕过应用程序隔离。

- Silverlight 还未正式废弃，依然在工作并且拥有对客户端对象模型的完整访问权限。然而，就连微软也承认 JavaScript 和 HTML5 有最广泛的受众。

- 不需要每个应用程序都有 DNS 条目。建议为目标应用程序的域创建通配符 DNS 条目。Visual Studio 可以就此进行处理。

- 应用程序可以支持其自有的身份验证，这意味着它们可以支持 Windows 认证或基于开发目标的表单身份/声明认证。

- 对于应用程序开发必须认识到的一个问题是，自定义服务器端代码不能提交给 SharePoint，包括自定义服务器控件。所有自定义服务器端代码必须在应用程序的 SharePoint 环境外部托管。当然，服务器端代码依然是内部部署开发人员的开发目标。Web 部件、计时器作业等依然是 SharePoint 开发人员的有效开发方法。创建应用程序基础架构以便拓宽业务功能开发的领域，但微软公开承认应用程序框架无法满足每一个需求。

- 远程事件接收器类似于标准事件接收器，但其代码在外部服务中运行。远程事件接收器的开发可能比较复杂，但它们可供应用程序使用，而一般事件接收器则不能。

7.6　重要建议

在这一章接近尾声时，可能会产生几个问题。

- 拥有以前版本经验的 SharePoint 开发人员会想知道，基于服务器的传统解决方案应该在什么时候使用(如果曾经用过)。
- 在 SharePoint 托管应用程序与云托管应用程序间做出选择的决定因素是什么？
- 在供应商托管的应用程序与 Azure 自动托管的应用程序之间做出选择的决定因素是什么？

以下几节将回答这些问题。

7.6.1 云托管的应用程序与 SharePoint 托管的应用程序的决策标准

应用程序明显是微软对 SharePoint 代码未来的定义。沙盒解决方案在 SharePoint 2013 中已经废弃。有鉴于此，应用程序就成为用户以自助服务方式添加功能的唯一选择。SharePoint Store 与企业应用程序目录的流行以 SharePoint 前所未见的方式模糊了原生功能和定制项之间的界限。

当考虑应用程序的托管选项时，表 7-2 定义了一些设计建议，以帮助开发人员在云托管的与 SharePoint 托管的应用程序之间做出选择。

表 7-2 云托管的与 SharePoint 托管的应用程序对比

云托管的应用程序	SharePoint 托管的应用程序
最具灵活性的选项，能够支持任何类型的应用程序代码	特别适合基于内嵌 JavaScript 代码需求的较小型应用程序
为开发人员提供了创建其自有基础架构和使用任意开发技术的选项	仅支持基于 SharePoint 的 JavaScript 代码，不支持任何类型的服务器端代码
可能需要对多租户和明确的权限管理进行处理	继承该页面或网站上多租户的功能和权限

7.6.2 开发应用程序与开发场解决方案的决策标准

令人难以置信的投入及由微软带来的 SharePoint 开发方式的转变，其目标明确。微软希望开发人员在选择开发方法时，能将应用程序作为首选的默认选择。接下来问题就变成了什么时候开发人员应转向可替代的、遗留的(如服务器场解决方案)开发方法？

微软的一般建议是，只要有可能，尽量开发应用程序，因为应用程序提供了很多超越服务器场解决方案的优势。

- 最终用户：
  - 因为有 SharePoint Store 与企业目录，所以最终用户能够获得最易于查找、购买和安装的应用程序。
  - 应用程序仅须编写一次，却能够在几乎任何环境中运行得一样好：内部部署环境、Office 365 环境，甚至可能是 Office 客户端工具(如 Agave 应用程序)。
- 管理员：
  - 应用程序超越了沙盒解决方案，为 SharePoint 管理员提供了最安全的方式来扩展 SharePoint。
- 开发人员：
  - 应用程序降低了开发人员技能要求和学习曲线的门槛，因为它们允许非 SharePoint 的编程技能。
  - 应用程序比服务器场解决方案更易于在云计算的灵活性和可扩展性基础之上构建。

- 服务器场解决方案往往需要写入用户登录时使用的权限或更高的系统级别的权限，而应用程序与此不同，由于有明确的 OAuth 权限请求方法，因此可以使用安装程序的权限。
- 应用程序允许开发人员使用跨平台的标准，包括 HTML、REST、OData、JavaScript 和 OAuth。
- 公司：
  - 与建立商业办事处对 SharePoint 解决方案进行市场推广和销售相比，应用程序的推广极其容易，可直接通过微软 SharePoint Store 向公众出售。这还使得开发未来的更新时具有最大化的灵活性。

尽管有这些好处，但依然有只能使用服务器上执行的代码才能解决业务问题的时候。在 SharePoint 应用程序与 SharePoint 解决方案之间进行选择时，有几个因素有助于决定是应该开发应用程序还是开发解决方案。

- 代码会不会因为 CSOM 的覆盖范围不完整而需要服务器端对象模型？如果会，那么服务器场解决方案是唯一的选择，因为沙盒解决方案已废弃。
- 代码是否需要在托管应用程序运行网站(SPWeb)的网站集(SPSite)之外访问 SharePoint 对象？如果需要，那么服务器场解决方案是唯一的选择。
- 代码用于帮助最终用户还是管理员？在 CSOM API 中管理任务不可用，因此必须使用服务器场解决方案中的服务器端 OM。
- 代码是独立的应用程序还是有固有的依赖项从而需要小心管理的平台？例如，SharePoint 发布基础架构需要内容类型、工作流、页面元素以及其他功能组件如何全部呈现以便整个业务解决方案正常工作？如果需要一组复杂的相互关联的功能，那么服务器场解决方案是最佳选择，因为应用程序是隔离且独立的设计。

服务器场解决方案仍然是将必须在 SharePoint 内部运行的功能添加到 SharePoint 服务器场中的唯一选择。服务应用程序和计时器作业就是不能以应用程序形式存在的 SharePoint 功能的明显例子。不过，将工作卸载到可扩展的云基础架构的技术，需要传统的远程程序调用服务器端应用程序来参与。很多时候选择服务器场解决方案仅作为最后的手段，这包括以下几种情况。

- 服务器场解决方案可供服务器上的所有 Web 应用程序使用(这里没有类似于多租户的概念)。
- 服务器场解决方案几乎都是完全信任的部署，没有提供任何保护措施来阻止不良代码加重服务器的性能消耗。一个放错了地方的 while 循环就可以让服务器出现严重问题。
- 服务器场解决方案需要服务器的管理权限来进行安装和升级，需要 IT 来参与和中止。在有更多简洁的选项可用时，企业 IT 会悲观地看待此类基础架构管理。

沙盒解决方案对上述问题提供了一些改进，但它们没能解决自身的问题。沙盒解决方案会试图为已部署的代码创建自助服务用户管理模型。沙盒解决方案甚至具有内置的资源管理功能，能避免服务器受不良代码的影响。诚然沙盒解决方案已经弃用，但现有的解决方案仍可以安装到 SharePoint 2013 中。弃用状态表明 Microsoft 建议新的开发着力方向是应用程序而不是沙盒解决方案。终止沙盒解决方案的使用是一个正确的开发目标，因为有许多问题阻碍了沙盒解决方案提供真正业务价值的能力，包括如下这些问题。

- 不能访问 SharePoint.WebControls，这意味着开发人员无法获得原生控件，包括 SharePoint Ribbon。这大大限制了开发人员创建一致的用户界面的能力。
- 代码只能做执行用户可以做的事情。与应用程序要求用户安装具有必要的权限不同，沙盒解决方案以当前浏览用户的身份来操作。这就限制了沙盒代码隐藏后端数据存储区的能力。
- 沙盒代码不能与 SharePoint 的通知和消息传递功能进行交互，包括完全无法使用配置好的 SMTP 服务器发送电子邮件，而 SMTP 服务器却适用于所有其他 SharePoint 电子邮件功能。
- 沙盒解决方案缺乏对很多核心功能的访问权限，如 SharePoint 的映射文件夹(_layout)、编程式工作流、计时器作业、ADO.Net 等。

SharePoint 应用程序解决了前面列出的大量问题。

- 服务器场解决方案在场范围内安装，因而对所有 Web 应用程序可用，而应用程序是多租户的。
- 应用程序代码不能安装在 SharePoint 服务器场中；因此完全信任的方案不是应用程序的一个要素。
- 应用程序由 IT 部署到企业应用程序 Store，但在注册过程完成以后，IT 不再是网站内应用程序安装和使用的瓶颈了。
- 应用程序实现了一致的 SharePoint 用户体验，因为普遍转向了强大的 HTML、CSS 和 JavaScript 用户体验。
- 应用程序解决了前面提到的沙盒解决方案无法使用安装用户(而非执行用户)的可用权限来提升权限的问题。在 AppManifest.xml 中定义的 OData 权限的使用允许所需权限的明确定义，这将在安装时告知。

遗憾的是，有一些方案可能会导致开发人员忽略应用程序才是最可取的开发方案。首要的是 CSOM 不像服务器端对象模型那样丰富且容易掌握。SharePoint MVP Doug Ware 已经对可用的 CSOM 类进行了深入分析，并与服务器端 OM 进行了比较。在 Doug 的分析中，检查了跨越 96 个核心类中的超过 6800 个属性与方法，发现 CSOM 比服务器端 OM 少大约 4000 个成员。Doug 很快指出造成这些差别的一部分原因是由于 CSOM 等效功能的不同命名约定，但是 CSOM 成员总体上少于服务器端 OM 成员的现象是明显且正确的结论。可以在 http://www.elumenotion.com/Blog/Lists/Posts/Post.aspx?ID=159 处 Doug 的 Elumenotion 博客上找到他的调查结果以及可下载的类比较 Excel 文件。

表 7-3 前面部分描述了开发应用程序的方法，后面是开发服务器场解决方案的方法。

表 7-3　总体的开发设计标准

功 能 需 求	建议使用的方法
自定义 Web 部件	应用程序支持带有嵌入式 Web 部件的远程页面或在应用程序部件中提供远程 Web 应用程序
事件接收器和功能接收器	SharePoint 应用程序支持覆盖 CSOM 的等效的远程事件接收器
自定义字段类型或列表栏	应用程序可基于现有字段创建带有栏的列表,包括计算字段类型。此外,创建完整的自定义窗格或远程页面赋予了开发人员更多的显式控制
基于服务应用程序框架构建的 SharePoint 自定义 Web 服务	创建像远程服务一样的自定义 Web 服务是可行的
应用程序页面	远程 Web 页面是可行的方法。面向整个应用程序提供远程页面
自定义网站定义	仅场解决方案可用:没有应用程序方法可用
委托控件	仅场解决方案可用:没有应用程序方法可用
自定义主题	仅场解决方案可用:没有应用程序方法可用
自定义操作组和自定义操作的隐藏(修改 SharePoint Ribbon)	仅场解决方案可用:没有应用程序方法可用

7.6.3　开发提供商托管的应用程序与 Azure 托管的应用程序的决策标准

当探讨云托管的应用程序的开发选项时,面向 Azure 开发与在提供商托管的应用程序中决定自有的基础架构之间,到底有什么区别?区别是在对解决方案的可扩展性的设计与定义中,你所拥有的控制水平。Azure 将这整个过程从开发人员处提取出来,这一小规模的解放却能解决大规模的问题。在非常大的规模水平,诸如 CDN、地理分布和边缘节点等就成为满足性能要求的重要因素。作为开发人员,你可能不相信 Azure 的自动托管能处理你的特定需求,比如从过去小到中等的规模扩大至 Web 到超级 Web 的规模(5000 万以上的用户数)。

7.7　本章小结

第 6 章介绍了托管应用程序的主要概念,而本章着重于介绍应用程序自身功能之外的相关开发活动。如果应用程序看起来没有吸引力且易于使用,那么对于用户缺乏足够的说服力来构建一个功能强大的应用程序。而一个功能强大、有吸引力且易于使用的应用程序如果不能提交到 SharePoint 服务器使用，就算不上卓有成效。最后，本章为读者提供了一系列的决策标准，以帮助指导开发人员为他们的应用程序选择正确的托管方法。

　　后面各章将深入探讨 SharePoint 的专业功能，如工作流、搜索和 Web 内容管理。一些着实令人兴奋的变化已经在这些工作任务中发生了，所以请继续往后读吧！

第 **8** 章

SharePoint 2013 社交应用程序开发

本章内容

- 探讨用于自定义与集成的新 API
- 以编程方式获取社区模板
- 用 SharePoint My Site 和用户个人资料 API 获取用户数据
- 使用社交 API 强化社交源

本章源代码下载地址(wrox.com)

本章 wrox.com 代码下载地址是 www.wrox.com/remtitle.cgi?isbn=1118495829，在 Download Code 选项卡处。第 8 章代码下载处提供了按照本章所列标题打包的代码下载。

许多心理学和教育学理论试图解释周围环境如何影响一个人的学习和理解能力。一个人的社会关系会形成一种环境，这已成为教育机构和学习型组织的重要关注点。例如，社会建构主义的发展理论建议，一个人在社交场合中的文化和背景能够让人们形成团体并为该团体的共同利益构筑知识体系。这一理论在标题为"社区实践与组织绩效"的 IBM 系统刊物的一篇文章里得到了进一步的阐述，其中作者将社区定义为"各成员基于共同利益定期参与分享和学习的团体"，或者是一个实践社区。作者得出以下结论：

……社区在社会资本的发展中发挥着重要的作用，反过来又影响组织成果。这些研究结论为我们将社区用作提高绩效的工具提供了指导。然而，真正的挑战是识别建立必要的社会资本以实现这些目标的管理行为。

(Lesser 与 Storck，2001 年)

为了促进朝着共同目标一起工作的志同道合者的社区或团体的发展，相关组织往往都倾向于使用软件应用程序，来协助组织人际关系的培养。这些应用程序属于广义的社交软件，且通常由在用户间共享信息时根据其使用的技术来识别它们。

本章将研究 SharePoint 2013 的技术能力以及如何使用它们来制作 Lesser 和 Storck 所提及的社会资本。SharePoint 2013 提供了以下一些在社交类软件中特别引人注目的应用领域。

- **用户生成的内容与共享**——使用 SharePoint 2013 带有标签和评分的新社区功能，基础架构会通力合作以将 SharePoint 用户统一到实践社区中。
- **社交源**——SharePoint 2013 在每个用户的 My Site 和团队网站中构建了全新的活动源和微博功能。这些新功能可以保持每个用户能够更多地获取周围用户社区的信息，使他们能更好地识别可能希望加入的实践社区。

本章结尾将快速介绍建议的治理模式，组织可能会选择并采用这些治理模式作为一套引导标准，旨在防止他们的 SharePoint 系统偏离方向并逐渐违背组织的意愿。

8.1 SharePoint 2013 中新的和改进后的社交功能

以下内容概述了 SharePoint 的许多增强功能，尤其提到了社交软件空间。

8.1.1 新的用户体验

SharePoint 2013 在新的用户体验方面进行了增强，使用户能够快速查找信息且更快捷地与数据进行交互。SharePoint 2013 网站的外观已经进行了更新并因使用 HTML5 而得到了增强，提供了将文件从桌面拖放到浏览器中等功能。将会在第 9 章中介绍的 SharePoint 搜索，已经将 FAST 搜索引擎技术集成了，FAST 现在已经成为产品的核心部分，配有增强的用户体验。用户可以更便捷地使用 My Site 来关注他们的兴趣爱好和组织周边发生的事情。

8.1.2 多浏览器支持

SharePoint 2013 允许创建能够在现今最流行的 Web 浏览器和移动浏览器上运行的网页。支持的浏览器包括：

- 微软的 Internet Explorer 8 以及更高版本(不支持 6 和 7)
- Mozilla Firefox(最新发布版本)
- Google Chrome(最新发布版本)
- Apple Safari(最新发布版本)
- Windows Phone 7.5 或更高版本
- iOS 5.0 或更高版本(iPad 2 及之后的 iOS 6.0 或更高版本支持 Office Web 应用程序的所有功能)
- Android 4.0 或更高版本

新的用户体验旨在提供出色体验的同时实现一系列基于标准的浏览器功能。图 8-1 显示了移动设备上这一新的用户体验，该图片的一侧是高保真的浏览，另一侧是移动设备可用的简易导航菜单。

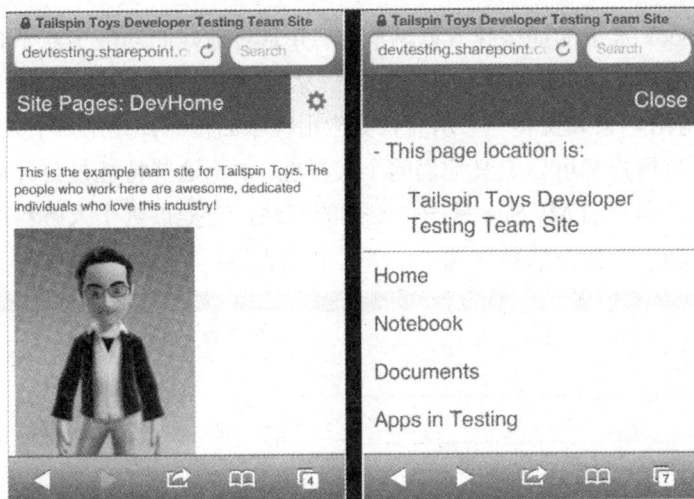

图 8-1

8.1.3　富文本编辑器

SharePoint 内容编辑类似于 Office 文档内容编辑，这得多亏有富文本编辑器。该富文本编辑器允许页面内容的拖放、常见的键盘快捷键(如 Ctrl+Z 多步撤消)，以及符合 CSS 样式设置的选项，如联系信息(Address)和引用块(BlockQuote)。此外，页面编辑体验使用了普遍应用的 SharePoint Ribbon 菜单和嵌入式内容编辑功能，这样 SharePoint 内容的操作就更为熟悉了。

- Ribbon 菜单——包括 SharePoint 在内的 Office 应用程序，提供了极为丰富的用户体验，带有数十个甚至上百个的可选设置和应用程序交互点。这一系列选项可谓令人眼花缭乱，对于不熟悉的用户可能很难确定方向。Ribbon 菜单将应用程序的功能和选项汇集到一个逻辑分组的、上下文相关的选项卡界面。SharePoint 2013 提供了增强的 Ribbon 菜单体验，包括"注重内容"和隐藏无关网站元素的功能，如快速启动菜单。

- 嵌入式内容编辑——改进的编辑体验中一个主要的增强点是嵌入式内容编辑。在 SharePoint 2013 中编辑或添加内容不须离开页面；内容编辑框会出现在当前正在编辑的页面顶部，内容添加以后就会关闭。除了让内容编辑变得容易外，这也有助于导航，不必返回开始创建内容的页面，因为在该过程中一直停留在这个页面上。对 SharePoint 2010 的改进是，SharePoint 2013 的嵌入式内容编辑器免除了 Office 应用程序的格式设置功能，这确保了用户体验的一致性。如今在 SharePoint 2013 中，如果用户从一个 Word 文档粘贴内容，那么 Word 文档的格式将被去除，而来自维基的 CSS 样式将会应用到标题和段落文本处。

8.1.4　企业社交网络

虽然社交网络这个词组通常会让公司高管感到恐惧，但 SharePoint 又一次采用了由

Myspace 与 Facebook 推进的通俗化互联网概念，并且将最好的功能引入了企业级的应用程序中。在 SharePoint 内，以下功能有助于把用户穿插进丰富的社区结构中。

- **My Site 与用户个人资料**——所有社交应用程序的核心都是用户个人资料(见图 8-2)。在此处所有用户都可以定义他们的个人特性，不论这些特性是公开可用的还是应该设为私有。用户的 My Site 是一个安全的网站，它提供其个人资料的详细信息和大量的社区功能，如新的新闻源、同事、联系人等。

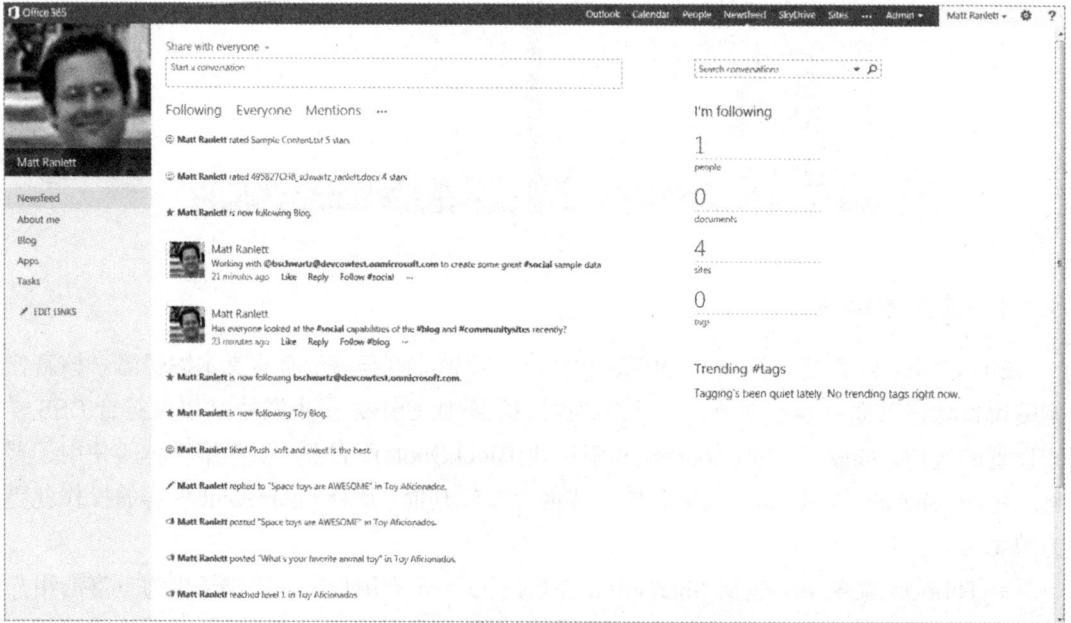

图 8-2

- **专业和询问我**——用户可以确定哪些关键字或标签是他们有兴趣持续关注的，以及哪些关键字或标签他们愿意对别人提及。通过向访问者提供"就某个主题或标签向我询问"的功能，SharePoint 2013 用户可以主动地展现某个主题的相关知识水平或对某个主题感兴趣。询问我标签和用语将显示在用户的个人资料页面上，且会通过搜索引擎提供。通过挖掘 SharePoint 网站的专业，用户可以看到哪些个人与特定的标签关联，及其个人资料关联了哪些标签。

8.1.5　内容共享

SharePoint 2013 引入了与他人共享站点和文档的新方法。现在单击 Ribbon 菜单上的 Share 按钮，会弹出一个简洁的共享对话框，这样就能轻松地实现内容共享，如图 8-3 所示。Office 365 的用户甚至可以与外部合作伙伴共享内容而不需要任何预先配置的门户用户身份，因为 Office 365 已经集成了 Windows Live 身份管理平台。

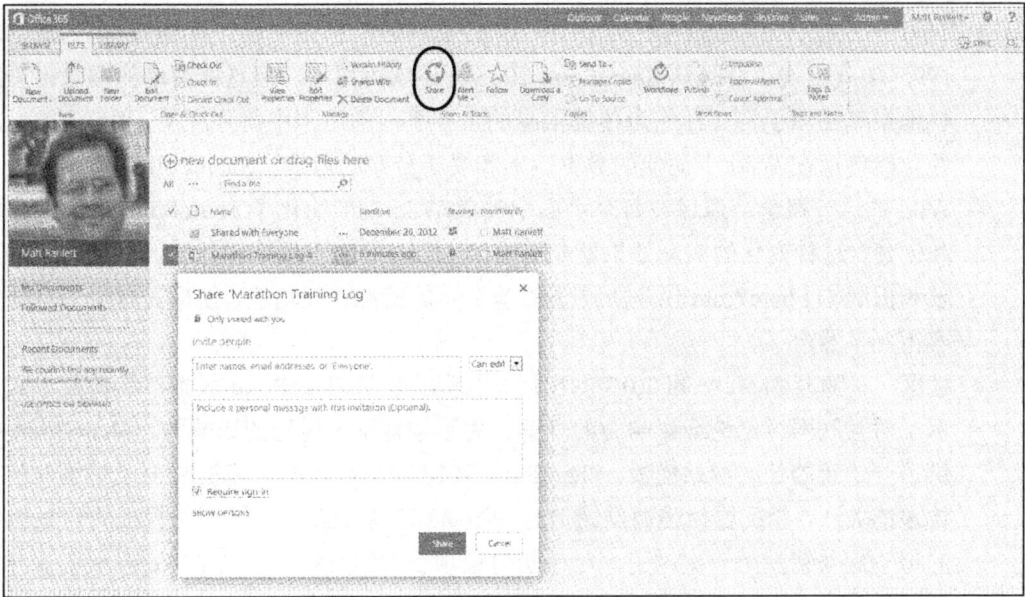

图 8-3

8.1.6　吸引用户为博客、Wiki 和讨论贡献内容信息

不同于以前版本的 SharePoint，博客和 Wiki 是 SharePoint 2013 中非常直观明显的社交功能。

- 博客——博客是以用户自己编写内容为特征的应用程序，其内容向公众开放评论。博客对于那些试图与不在线读者进行交流的个人或团体非常有用。SharePoint 2013 以新的功能和清新的外观更新了企业博客的概念，如图 8-4 所示。

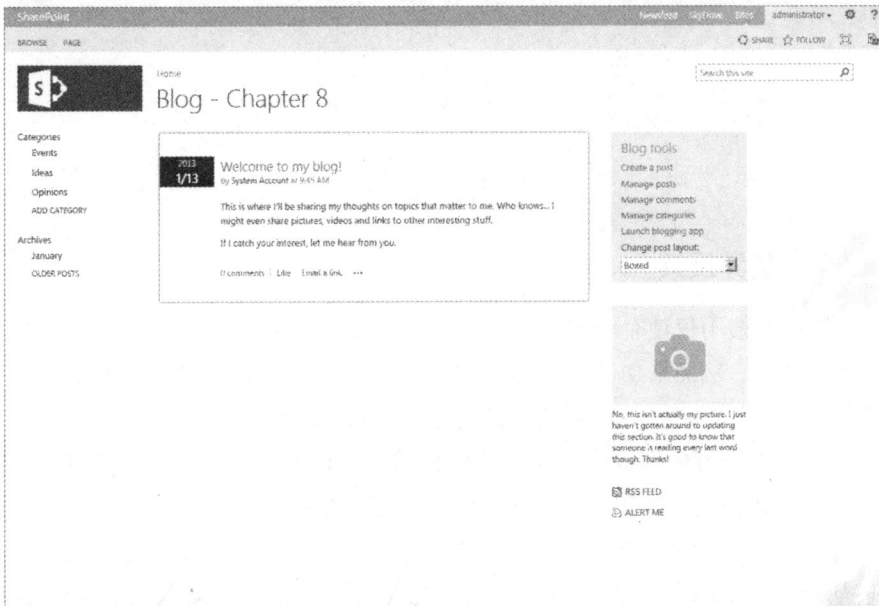

图 8-4

- Wiki——在用户生成的内容类型中，Wiki 是博客的补充手段。虽然 Wiki 的概念从 1995 年就出现了并且从 SharePoint 2007 开始就可用了，但这样简单的概念出乎意料地很难在惯于将文件作为传播信息的主要手段的组织中得到应用。Wiki 的标志性功能包括在 Wiki 中简便的数据输入和易于链接的内容。SharePoint 2013 采用了 Wiki 的这一概念，通过在每个页面中提供 Wiki 功能简化了 SharePoint 的页面编辑和创建。这种变化的实际效果就是简洁的 SharePoint 页面编辑体验，结合传统的列表和旧版本 SharePoint 用户所熟悉的基于库的信息管理功能，使得其自身的页面内容得到自然增长。

- 社区——随着 SharePoint 2013 的出现，微软以早期 SharePoint 版本不具备的方式显示了对互联网讨论论坛影响力的理解。为了构建基于讨论的影响力，SharePoint 提供了一个新的社区网站模板。SharePoint 2013 中的社区网站模板减少了对单向信息传递的关注，相反更为强调反馈信息的数量和质量。新的社区网站模板将讨论板中的每一次发帖视为一次讨论，对最初讨论项目的回复可以单击 I like 表示喜欢并投票评为 best reply(最佳回复)，如图 8-5 所示。

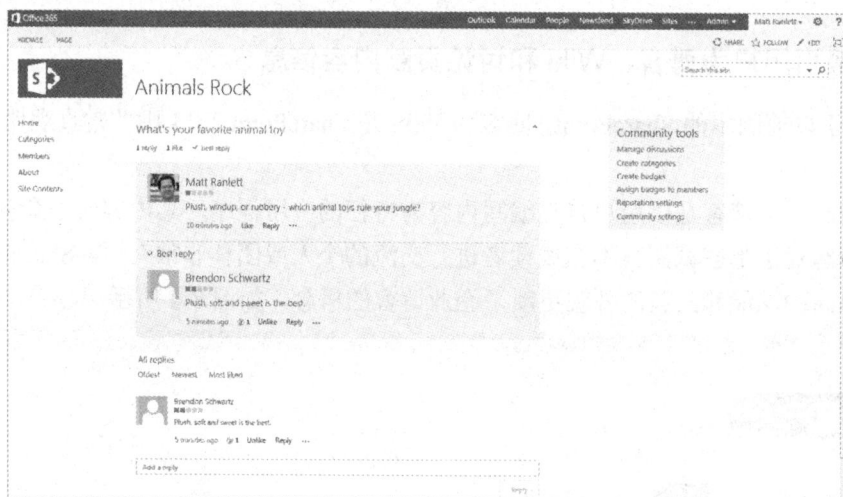

图 8-5

8.1.7　社交分类和反馈

标签和社交反馈不仅使企业内容更易于管理，而且使用户能够发现内容以及其他用户对这些内容的看法，从而增加了用户的参与和互动。SharePoint 2013 含有的一些功能将社交内容提升到了更高的高度，其中包括新闻源和下列功能。

- 标签——对内容的标签化行为就是将描述符的词或类别分配给该内容。有两种类型的标签：社会性标签和专业标签。社会性标签指的是内容，且将元数据添加到内容中以描述它是什么、包含什么内容或者它用来做什么。专业标签和人有关，描述他们从事什么工作、在做什么项目以及他们有什么技能。内容的社会性标签功能使得用户可以灵活处理且随着时间的推移使门户网站的信息架构得以自然成长，而专业标签则帮助建立组织内的人际关系以及与其他人的联系。更多与标签相关的内容，请参阅 12.4.1 节。

- **书签**——书签使用户能够定义如何对链接进行共享与分类。SharePoint 书签甚至还支持包含非 SharePoint 的内容。微软通过标签引擎持续支持外部书签，另外可以使用新的关注架构来重新聚焦到该功能上，8.5 节将会有更多细节描述。

- **信息反馈**——最受欢迎的社交互联网活动是对其他用户的活动和贡献进行评分和评论。SharePoint 2013 纳入了可选的内容评级功能，如图 8-6 所示的五星评级系统，或者喜好评级。要在任意列表或库中激活此功能，只需在 List Settings 界面上找到该库的 Rating Settings Management 界面，并在其中打开该功能(默认是关闭的)。

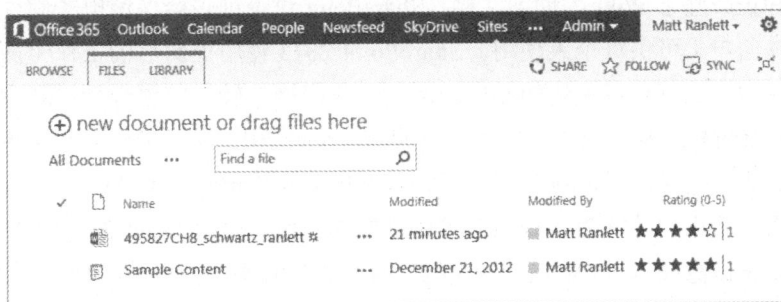

图 8-6

- **新闻源**——通过使用留言板(Wall)，Facebook 的用户会发现他们之间的相互沟通竟能变得如此轻松。SharePoint 2013 将这种通信加速器的概念植入到其新闻源功能中了，这就可以将用户最近的门户网站活动与该用户提及的@[用户名]和与 Twitter 类似的 # 号语构联系起来。这种结合使得新闻源既能充当如 Twitter 一样的微博，又能充当如 Facebook 留言板一样的活动源。新闻源既能在单个用户的配置文件页面上使用(参见图 8-2)，又能在激活了网站源功能的工作组网站上使用。

- **关注**——与 Twitter 上的用户一样，SharePoint 2013 的用户能够关注他们感兴趣的人。不仅可以关注人，还可以关注网站、文档和标签。当用户有了关注对象后，相关信息就会开始出现在用户的新闻源中。用户通过其 My Site 来管理关注的内容，而管理员则可以在管理中心定义对关注内容的管理。

8.1.8　企业分类

此时不得不提的是企业分类或元数据功能集。Microsoft SharePoint Sever 2013 包括一个允许公司集中定义其类别分类的功能。信息架构师或信息管理员可以选择一组囊括所有企业内容的类别。然后这些类别可以应用到门户的内容元素中。企业分类有别于社会性标签，企业分类是正式设计和批准的组织视图，且可以持续地应用于门户的所有内容。社会性标签之前在 8.1.7 节中介绍过，其会创建一个非正式的分类，以帮助用户更快地找到他们感兴趣的内容，但这不能替代正规的企业信息架构。12.1.1 节会介绍企业分类的功能。

8.2 传统社交用户生成内容的体验

企业内网曾经是由 IT 和企业通信部门控制的资产。从传统上来说，企业内网用来由上至下地传播信息。人力资源部拥有一块用户可以下载核准的人力资源文档和表单的区域。市场部也有一块区域，可以在这里发布核准的徽标和信笺。IT 部门甚至可以提供电子表单用以将故障清单提交到公司服务台。当 SharePoint 被引入到公司环境中以后，它会为用户提供在内网快捷贡献自己的内容的功能。最常见的是，形式是项目工作组网站，在工作组网站中团队成员可以协同工作来创造并共享基于文档的工作成果。偶尔用户贡献的形式会表现为基于知识或基于 Wiki 的动态文档。SharePoint 讨论列表会保留电子邮件之外的跟帖式对话，并在门户上可供每个人使用。SharePoint 2013 使用更新后的工作组网站概念来延续以前版本对用户进行重点关注的倾向，新的工作组网站较之前更容易更新和维护，这会在 8.3 节中与新的社区网站模板一起介绍。SharePoint 2013 默认工作组网站模板中最小却又最重要的一个变化是，默认包含了可轻松移动的 Get Started with Your Site 这一 Web 部件，它可以帮助新用户了解为其提供的可用功能的范围。SharePoint 2010 工作组网站创建好后只有一个空白页面，这常常会让刚入门的网站所有者不明白应该从何处下手开始使用。

8.2.1 无处不在的 Wiki

Wiki 是 Web 页面的一个集合，它使人们能够很容易地编辑和交叉链接信息，从而让基于多人贡献的内容能够自然增长和完善。SharePoint Wiki 最好的一个功能是昵称为无处不在的 Wiki 的功能。目前，每个 SharePoint 工作组网站都是一个默认的 Wiki 网站了！编辑页面上的内容变得简单，只须单击 Edit 选项卡，并在包含前面提到的富文本页面编辑器的页面上输入即可。创建新页面也很容易，只须使用通用的双方括号[[]]来创建一个尚不存在的页面链接即可。SharePoint 会创建关于该新页面的一个存根页或占位符，首次单击链接以后页面便创建成功了。

Wiki 页面并不局限在基于工作组网站模板的网站中使用。任何网站都可以添加独特的 Wiki 页面库，用于存储 Wiki 发布页面。为了向用户提供尽可能简单的页面创建体验，请考虑以下 Wiki 页面库管理的建议。

- **不要强制要求执行签入或签出，以防止用户意外地锁定页面**。这的确会造成一个用户改写另一个用户内容的可能，但 SharePoint 自带的内容版本控制功能为用户提供了根据需要回滚内容的能力。
- **不要在 Wiki 页面强制实行内容审批**。Wiki 页面是用来快速编辑与发布的，以使同伴进行检查和编辑。要求对 Wiki 内容进行内容审批的方案可能更适合于 SharePoint 的普通 Web 内容管理功能。
- **可以考虑将本地开放术语库用到包含 Wiki 库的网站上**。这让用户能够创建新的术语，并且不会将它们添加进企业分类中。为了保持一致的体验，可以将本地术语库植入到来自正式分类的预设术语中。

8.2.2 博客

SharePoint 2013 提供了常用的博客功能，比如，创作博文、读者评论和内容分类，但它还通过添加主题和博文 ID 的功能进一步强化了体验。参阅图 8-4，可以看到一个更改了主题并更新了博文布局的博客。

SharePoint 2013 的博客网站模板以令人耳目一新的 UI 模板为主要特点，在任何公共互联网站上都能得到认可且无须修改。导航元素得到了增强，允许按类别和日期排序内容。当切换浏览评论功能的开关时，你会发现该内容实现了基于 Ajax 的页面体验特色。博客的描述会放在一个叫做 About This Blog 的内容区域。博客的读者还可以看到由其所有者指定的相关链接。最后，Share & Track Ribbon 选项卡为读者提供了常见的通知、共享和社交功能。

在 SharePoint 2013 博客中，使用了工作组网站页面上的富文本编辑器来添加和编辑博文。博主可以使用 SharePoint Ribbon 菜单来完成实时预览功能和简化的图片插入功能，以编写和编辑在线内容。假使在线编辑体验不能满足用户的需求，还可以启动外部博客编辑程序，比如所有者工具选区中有启动 Microsoft Word 的链接。

面向公众的博客已经司空见惯，但一些内部博客的使用可能就不那么明显了。内部博客是为公司员工服务的，由公司员工自己来编写，常常作为提高组织意识的有效工具来使用。内部博客的例子包括：

- 由 CEO 发表的领导层博客，以发表与公司相关的文章为特色
- 产品经理博客公布产品的更改
- HR 博客是为了让员工了解公司最新政策的变化
- 技术人员用来发表软件小贴士的 IT 博客

可以从一个自下而上的角度，也可以从一个自上而下的角度来编写博客。自下而上的博文是以一线员工和中低层管理人员的视角来编写的。编写这些博客主要是为了表达想法以及各自的经验。自上而下的博客是传递管理信息的一种手段，比如，传达公司的战略方向、企业状况和公告等。编写博客的行为是为了记录教训、经验、事件、成功和失败。内部博客的诸多好处包括了知识共享和团队建设。

- **知识共享**——在人群和朋友之间或在社区和组织内进行信息、经验、技能或专业知识交流的时候，就会产生知识共享的行为。由于这个性质，博客编写行为成为向博客读者共享信息的一种方式。作者会花时间思考他们想要传达的消息，并试图用简洁明了的方式表达出来，以使许多读者能获取到该消息。
- **团队建设**——博客使团队成员之间不管远近都能持续进行交流，从而有助于加强团队建设。博文及相关评论能在没有电子邮件分发列表干扰的情况下让团队成员进行想法和问题的交流。团队成员可以持续沟通，成员之间的信任纽带可以基于协作精神建立起来，这将帮助团队变得更加强大。这种类型的沟通可以在单个团队或部门之内起作用，但同时也可以跨多个团队；内部博客使地理上分散的团队能够轻松地

以简单开放的方式相互沟通，不管这种地理上的分布是分散在世界各地还是就在隔壁。

8.3 社区

回想 Lesser 和 Storck 的话，实践社区是其成员基于共同兴趣定期参与分享和学习的团体。在一个组织之内，团体可以是目标一致的小组、目标一致的部门，甚至是目标一致的活动或工作成果。创建社区时要考虑的重要一点是，社区不应该成为人们正常工作活动期间的干扰因素。一个理想的企业社区会强化工作体验，并且能使任务更易于快速完成。

社区的主要支柱之一是协作。协作既可以像直观的讨论板一样简单明了，也可以似标签内容或元数据分配般复杂。元数据描述的是实际信息，如作者、最近的编辑日期、拥有内容的组织部门、与内容相关联的客户等。鼓励社区成员向其各种社区添加内容，使成员可以时时关注给定的主题，并且更多地了解该内容在社区内如何浏览和使用。Wiki、博客和讨论论坛成为成员协作和从社区其他参与者处获得反馈的好办法。

只有拥有良好的沟通，协作才能成功；这就是维系社区的纽带。沟通需要具备使成员进行交互的技术，并且成员能使用提供的工具清楚地传达他们的想法。SharePoint 2013 有广泛的工具选择，比如，微博和带有 Best Reply 投票的论坛，它们可以用来向同伴及全世界传递社区成员的想法。8.3.1、8.3.2 和 8.6 这几节将介绍这些工具以及它们如何独立及联合使用，以创建一个蓬勃发展的在线社区。

在线企业社区应该是团队成员共同工作的可靠和安全场所。它应该提供使团队成员能够有效协作和相互沟通的工具，不论每个团队成员的物理位置在哪里。创建在线社区在过去被证明是很困难的，不过随着 Microsoft SharePoint 2013 的出现，这项任务已经变得容易得多了。SharePoint 2013 使社区创建者能够按照他们认为合适的方式建立社区，使社区可以基于不同的社区网站模板自然成长。创建时，社区可以拥有开放或私有的团体成员身份，同时通过灵活和细粒度的安全配置将信息的访问权控制在社区成员以内。

创建新的社区就如同创建新的 SharePoint 2013 网站一样简单。可以使用社区网站模板或在已创建的网站中添加社区功能。

创建成功社区的第一步是为社区定义一个兴趣主题。一个活跃社区拥有来自很多人的经常性贡献。选择很多人感兴趣的一个主题通常会获得更多反复和定期的交互，以丰富整体内容。如果主题已预先确定好了，那么一个好的规划是，让内容所有者或主题专家展开一些早期交流。通过专注所有者的加入，也许会播下一些交流的话题种子，社区就有可能成长并在较长时间内保持活跃。然而，社区和关联的 SharePoint 网站不会永远存在，尤其是在当今快节奏的企业环境中。当一个社区变得陈旧时，它就应该停止使用并移除，以防止整体的在线企业生态系统因陈旧和过时的资料而变得停滞不前。例如，现在 SharePoint 2013 网站所有者能很容易地设定关闭和删除设置，将网站标记为只读且只用于存档目的，直到它不再需要就可以删除了。

　　第二个任务是确定社区是开放的还是私有的。开放的社区允许任何成员的加入，通常这样的社区会在目录列表中显示。例如，大多数专注于像公司事件一样的共同兴趣的社区都是开放的社区。也有限定会员资格的私有社区选项。限定会员资格可能适合专注于非公开事项的社区，如公司财务决策者的关注事项。选择公开社区还是私有社区取决于社区的需求以及提供给社区的内容类型。

　　为了帮助社区成长，需要合适的工具来动员所有类型的用户。这些工具可以具有离线和在线使用的功能，比如，Web 浏览器或使用 Microsoft Office 套件。如此广泛的可用工具使所有成员能够个性化设置其独特的风格，与他们所属的社区进行交互。很多成员发现他们不是仅仅用一种工具来帮助其实现对社区的贡献，而是使用了多种工具。比如，社区成员在旅行或忙碌中时经常使用 Microsoft Outlook 作为会话和文档的阅读器，因为社区成员不能访问他们经常使用的计算机。然后，当他们回到联机状态并有了一套完整的功能时，又开始使用互联网浏览器，如微软的 Internet Explorer，来查看、编辑和对社区做出回应了。

8.3.1　社区网站模板

　　社区网站模板将所有功能融合到单个网站模板中。该模板具有强化讨论和博客所需的所有列表和库，同时为成员配备了徽章、回复和成员声望。此模板汇集了诸多功能，添加了自定义操作、列表和 Web 部件，以使用社区的所有增强功能。你可以在图 8-7 中看到网站在创建时会有社交功能、会员名单以及管理链接。

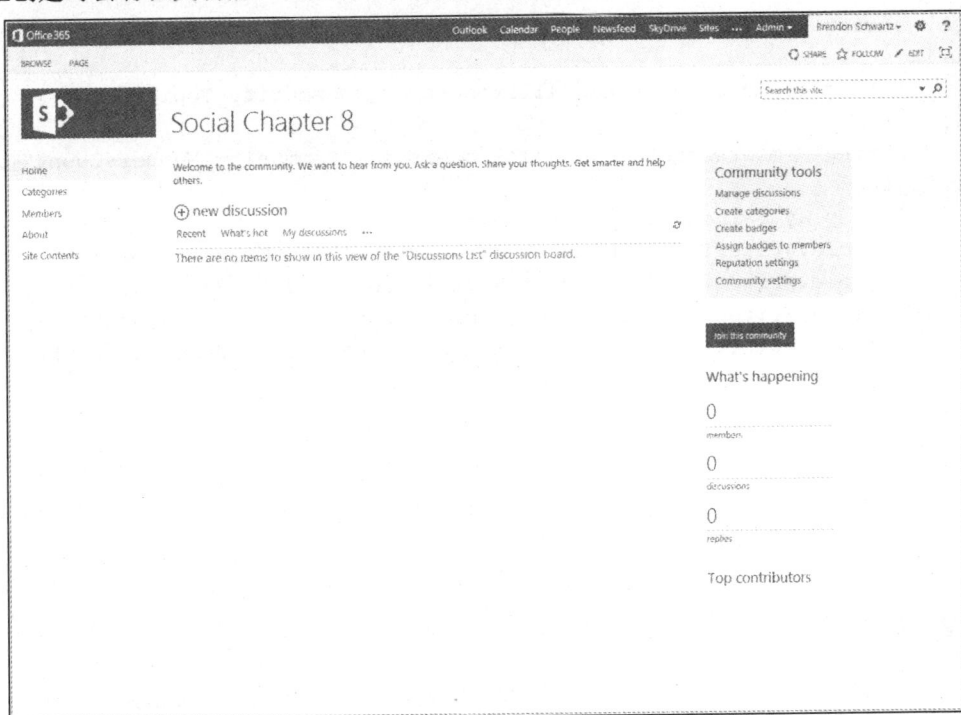

图 8-7

　　如你所见，社区网站模板是一个像工作组网站一样的普通网站模板。社区组件不会与中心服务应用程序(如 My Site)进行交互。因此,社区功能没有专门的 API,但就像使用任何其他网站代码一样,你可以访问网站中的所有元素。社区网站模板不可用于 SharePoint Foundation 2013。这意味着你依然可以使用如讨论板一样的组件,但不会有自动添加的社区功能。程序清单 8-1 显示了对于各社区存储在 Web 属性设置中的一些值。该段代码还可以判定网站是否是基于所选模板创建的社区。

程序清单 8-1:社区网站模板属性

```
SPWeb web = site.RootWeb;
//Check if this is a community site
if (web.WebTemplate == "COMMUNITY")
{
    //Get the Community Established Date
    DateTime CreatedDate;
    if (web.AllProperties.ContainsKey("vti_CommunityEstablishedDate"))
    {
        CreatedDate = (DateTime)web.
AllProperties["vti_CommunityEstablishedDate"];
    }
    else
    {
        CreatedDate = web.Created;
    }
    string RepliesCount = web.AllProperties["Community_RepliesCount"].
ToString();
    string TopicsCount = web.AllProperties["Community_TopicsCount"].
ToString();
    string MembersCount = web.AllProperties["Community_MembersCount"].
ToString();
    //Display Values of the Community
    Console.WriteLine("Community Created On {0}", CreatedDate);
    Console.WriteLine("Number of Replies Count {0}", RepliesCount );
    Console.WriteLine("Number of Topics Count {0}", TopicsCount);
    Console.WriteLine("Number of Members Count {0}", MembersCount);

}
else
{
    Console.WriteLine("This is not a community template, this is the {0}
    template",web.WebTemplate);
}
```

8.3.2 讨论

讨论板是这一版本的 SharePoint 改进的主要列表之一。自 SharePoint 诞生以来,讨论板列表就一直是主要列表模板之一。经过这些年的发展,讨论板的使用方式已经随着数据通信方式的变化而发生了变化。其新功能包括一个用于对帖子创建回复的更简洁用户界面,它能够将讨论标记为一个问题，以及能够使用来自讨论的指标以确定一个人的声望值。

为了帮组审核内容，SharePoint 2013 提供了一个 Manage Discussions Web 页面的链接和对讨论与回复数量进行统计的 Web 部件。如果使用社区模板，你会注意到默认列表有一个与 URL 不同的标题，所以如果使用 API，请谨慎地决定哪一个标题才是你需要的。程序清单 8-2 显示了与社区讨论的交互。

程序清单 8-2：社区讨论

```
SPWeb web = site.RootWeb;
string discussionURL = web.Url + "/Lists/Community Discussion";
SPList communityDiscussion = web.GetList(discussionURL) ;

//Create a new discussion topic
string discussionTitle = "New Discussion Created" + DateTime.Now;
SPListItem discussion =
    SPUtility.CreateNewDiscussion(communityDiscussion.Items,
    discussionTitle);

discussion[SPBuiltInFieldId.Body] = "Creating discussion in API";
discussion.Update();
web.Update();

//Display all of the discussions and posts
SPListItemCollection discussionTopics =
communityDiscussion.GetItems(new SPQuery());
foreach (SPListItem discussionTopic in discussionTopics)
{
    Console.WriteLine("Discussion: " + discussionTopic.DisplayName);

    object BestAnswerID = discussionTopic[SPBuiltInFieldId.BestAnswerId];
    if (BestAnswerID != null)
    {
        Console.WriteLine("Discussion has Best Answer ID =" + BestAnswerID);
    }

    SPQuery query = new SPQuery();
    query.Folder = discussionTopic.Folder;
    SPListItemCollection posts = communityDiscussion.GetItems(query);

    foreach (SPListItem post in posts)
    {
        Console.WriteLine(post[SPBuiltInFieldId.Body]);
    }
}
```

8.4 声望

SharePoint 2013 的声望系统是一项网站级的计算，用于计算指定社区中某个人获得的成就。其设置是完全可配置的，能够进行不同类型的计算。选择列表中可用于评分的项的功能，为社区交互和贡献提供了保障。这在使用讨论帖问答功能的系统中显得尤为重要。SharePoint 团队并非满足于仅提供评价内容的功能；实际上，他们为用户添加了对内容进行评分和表示喜欢的选项功能。有了完整的评级系统作为基础，就可以构建复杂的社区应用程序了。要修改这些设置，可以单击社区主页上的链接，或导航到 Site Settings 菜单，那里也提供了管理链接。图 8-8 显示了 Community Reputation Settings 页面。

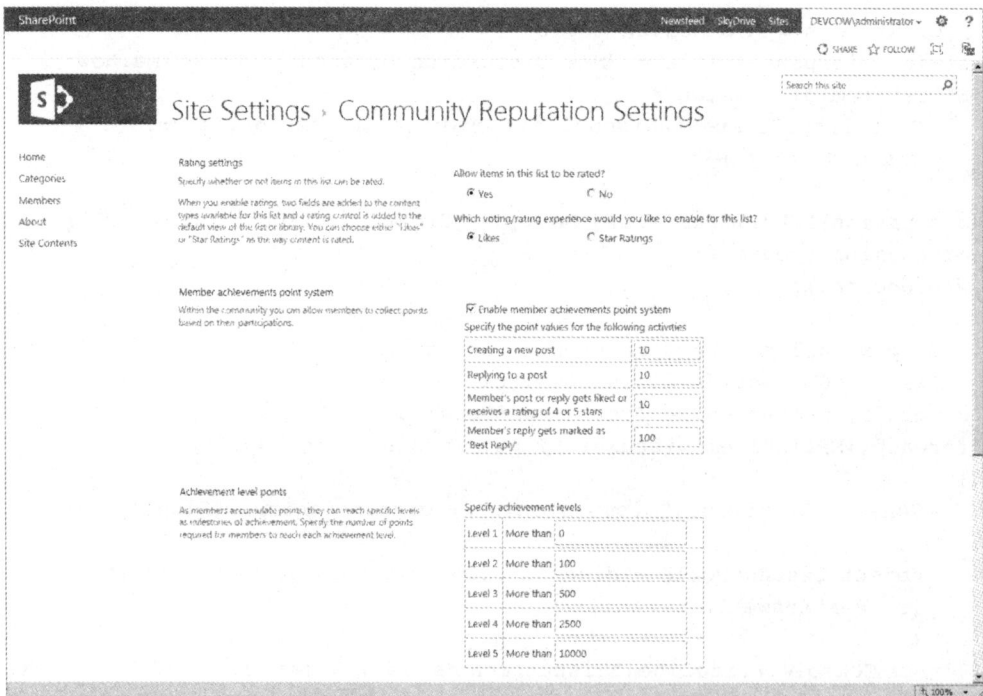

图 8-8

在声望设置中，用户评级只是个人创造成就的全部方法中的一小部分。如果启用了成就积分系统，用户就有 4 个可以创造积分的项。它们是 Create a new post(创建新帖)、Replying a post(回复帖子)、Member's post or reply gets liked or receives a rating of 4 or 5 stars(会员的帖子与回复被单击喜欢或者获得 4 星或 5 星的评级)，以及 Member's reply gets marked as "Best Reply"(会员的回复被标记为"最佳回复")。你可以自己掂量这些项所占的分量。当创建时确定了每个项会收到的分值后，便可以使用 5 级积分排位来显示用户的当前排名。这个排名将出现在网站上每个会员的个人资料上，这也是可配置的。要么用一组表示 1～5 分级别的图像来显示，要么用文本来说明排名位置的含义。例如，在你的网站可能将 Level 5 列为专家，而将 Level 1 列为贡献者。

8.4.1　授予徽章

声望系统会根据前面所说的选择值自动重新计算你的声望，但 SharePoint 2013 还提供了一个新方法来让用户在其个人资料中获得徽章。徽章在网站的/Lists/Badges 列表里定义，它提供了获得徽章的社区成员列表的 Lookup 字段。在定义徽章的值以后，可以选择成员并为他们分派徽章——因此叫做"授予徽章"，因为是你授予给他们的。

当你给用户授予了一枚徽章时，徽章就会显示在该用户的个人资料卡上。它会替换掉声望设置以进行显示。这就是说如果你给某人一枚徽章，她的资料上将只显示该徽章而不会显示积分级别。如果你移除该用户的徽章，她的资料中将再次显示积分级别。在创建网站时，请考虑你需要哪一种显示方式，或者你可以创建一个关于社区成员名单的新查询，以便两者都能显示出来。请记住，这些值存储在 SharePoint 列表中，可以通过 SharePoint 标准 API 来访问。某些字段可能被隐藏而不会显示出来，但仍可以通过 API 来访问它们。

8.4.2　将最佳回复和问与答一起使用

如前所述，建立声望的指标标准之一是基于用户输入的被标记为讨论区最佳回复的数量。表明一个回复是最佳回复的工作由版主或讨论区的所有者来完成。只能将一个回复标记为最佳回复，但这个帖子会移动到讨论列表的顶部，并突出显示正在进行中的讨论。

最佳回复字段在讨论板的 schema.xml 文件中称为 BestAnswerID，其实质是相应帖子的 ID。该字段标记为只读，这意味着你必须使用用户界面更新字段或直接通过 API 来更新字段。请记住，如果要更改所选的最佳回复，虽然只有当前所选的最佳回复的人才能得到声望分，但之前获得最佳回复的人并不会因此而失去声望分值。

为了帮助确定哪些问题尚未回答，一个方法是将讨论标记为一个问题。当其被标记为一个问题后，一面小旗会被设置在视图上以显示该讨论是否还没有答复。可以显示已经答复过的问题视图以及未答复过的问题视图。该 Q&A 功能充分利用了最佳回复选项，如果有帖子被版主标记为最佳回复，则会认为该讨论是答复过的。

8.4.3　成员页面

社区成员造就了社区的成功。管理员帮助管理社区，并使它保持正常运营。出于这些原因，为社区成员提供了新的成员身份页面和管理体验。成员身份页面描述了该社区成员。因为这些成员都是 SharePoint 服务器场的用户，所以成员身份页面将提供用户个人资料详细信息的子集，并列出所有邀请的外部用户。了解这些非常重要，因为社区功能和模板不允许用在面向外部的 Web 站点上，所以成员身份页面只对通过验证身份的用户开放。

在成员身份页面上，你会发现能够对会员进行分类排序，如按照最大贡献者、新成员、或者姓名字母 A~Z 和 Z~A 进行排序。当成员显示在成员身份列表中时，你可以看到他们的详细信息，如他们的图片、名字、声望，以及声望的标准指标。你还可以在页面上看到有关自己的信息。在你的信息中可以找到你的声望分数，还需要多少分才能达到下一个级别，如果你不想再参与还能够离开该社区。

8.5 深入介绍 My Site

SharePoint 2007 和 SharePoint 2010 都使用了 My Site 功能来为用户创建独立的中心位置来管理他们个人资料的详细信息，存储私人的和公开的内容，并且在 SharePoint 2010 中通过公告板来实现微博和交流。SharePoint Server 2013 扩展了现有功能集，强调通过干净简洁的用户界面和统一的导航来提供简约的用户体验。2013 My Site 还提供了跨网站甚至是跨应用程序分配任务的集中列表，多亏有新的工作管理服务应用程序，它可以集成 SharePoint、Project Server 和 Exchange 任务。包括新闻源在内的新功能，允许企业托管内部 Twitter 风格的会话，这使用熟悉的主题标签词汇来使员工时时保持联系。

8.5.1 用户个人资料

SharePoint 中的用户个人资料包含该组织中个人的详细信息。像姓名、职位、电子邮箱地址和所在部门这样一些属性是仅有的几个默认存储在用户个人资料中的字段。用户个人资料还可以轻松地扩展，以用于存储定制信息。

有三种方法来填充 SharePoint 中的个人资料数据库：

- 经由用户个人资料同步服务通过活动目录(AD)或 LDAP 服务器导入。
- 集中式或由每个用户单独手动添加和编辑配置文件。
- 其他业务系统可以使用业务连接服务(BCS)来填写 AD 数据。

应用了像活动目录这类技术的组织，由于有原生集成，填充个人资料数据库会更加容易，但其他的用户目录和数据库也是可行的选项。用户个人资料创建好后，该用户的基本个人资料页面也就创建了。此页面是一个包含核心信息的占位符。引用该用户个人资料的应用程序和 Web 部件(如人员的搜索结果)均会指向该预留页面，直到为该用户开放其 My Site。

对用户个人资料进行编程

微软提供了一些用于访问和操作用户个人资料数据的 API，其中包括几个客户端对象模型和 REST 服务。微软建议选用 CSOM 来减少安装在服务器上的代码数量。在使用.NET 客户端对象模型时，主要的对象是在 Microsoft.SharePoint.Client.UserProfiles 名称空间内的 PersonProperties 对象。

要创建一个简单的应用程序，使用 CSOM API 的最佳方法来读取指定用户的个人资料属性，请遵循下面的简单步骤。

(1) 新建 Visual Studio 2012 控制台应用程序项目，并取一个易于识别的名称，如 UserProfileReader。

(2) 为以下程序集添加引用：

```
Microsoft.SharePoint.Client
Microsoft.SharePoint.ClientRuntime
```

```
Microsoft.SharePoint.Client.UserProfiles
```

(3) 将以下代码添加到 Main() 方法中：

```
// Update constants with real values.
const string serverUrl = "http://tailspintoys.com/";
const string targetUser = "tailspin\\mattr";

ClientContext clientContext = new ClientContext(serverUrl);
// Get the PeopleManager
PeopleManager peopleManager = new PeopleManager(clientContext);
// Get the user's properties
PersonProperties personProperties = peopleManager.
GetPropertiesFor(targetUser);

// Load and run the request for AccountName and UserProfileProperties
clientContext.Load(personProperties, p => p.AccountName, p =>
p.UserProfileProperties);
clientContext.ExecuteQuery();

foreach (var property in personProperties.UserProfileProperties)
{
    Console.WriteLine(string.Format("{0}: {1}",
        property.Key.ToString(), property.Value.ToString()));
}
Console.ReadKey(false);
```

请注意该代码段中 PersonProperties 的父对象与子对象的对象关系，PeopleManager. PersonProperties.UserProfileProperties<iEnumerable>赋予了对用户个人资料中各个可用属性的名称和值的访问权。

要了解 SharePoint 2013 中的更多用户个人资料，包括如何创建和更改用户个人资料的属性在内的常见编程任务，请参见 MSDN 文章“Work with user profiles in SharePoint 2013”，网址是 http://msdn.microsoft.com/en-us/library/office/jj163800(v=office.15).aspx。

> 提示：SharePoint Server 2010 和 SharePoint Server 2013 在安装和配置用户配置文件同步服务方面没有任何区别，这点会让管理员感到欣喜。从安装要求到配置选项和用途，一切都保持不变。当然，2013 版的 UI 有所变化，同时，用于 AD 和 SharePoint 代理的称为 Management Agent Run Configuration 的内部组件也发生了变化。更改这些核心组件的结果是获得了更快的同步性能。

8.5.2　My Site 文档库和 SkyDrive Pro

SharePoint 2013 会自动为每个用户的 My Site 配置受限访问的文档库，称作 My Documents(我的文档)。默认情况下，文档库中的项是受限访问的，但该库中一个叫做 Shared with Everyone 的文件夹为其他人提供了阅读权限。这一体验比 2010 版的两个称为 Personal 和 Shared 的不同库还要清晰，这同时也是 SkyDrive Pro 的主页位置。SkyDrive Pro 是 SharePoint 2013 才有的新的内容同步体验，通过集成 Windows 资源管理器，轻松实现了用户对内容的离线访问，与 Dropbox 和 SkyDrive 的操作方式相同。然而，与那些公共服务不同，SkyDrive Pro 由企业 IT(或 Microsoft Office 365)进行保护和备份。要通过浏览器访问 SkyDrive Pro，只须单击顶部导航中的 SkyDrive 链接。要将内容同步到新的计算机，单击 Ribbon 菜单右上角的 SYNC 按钮，如图 8-9 所示。单击 SYNC 按钮会安装一个小程序，以时时保持计算机和 My Site SharePoint 文档库之间的同步。此外，在忙碌时，移动应用程序也可用来快速访问 SkyDrive Pro 内容。

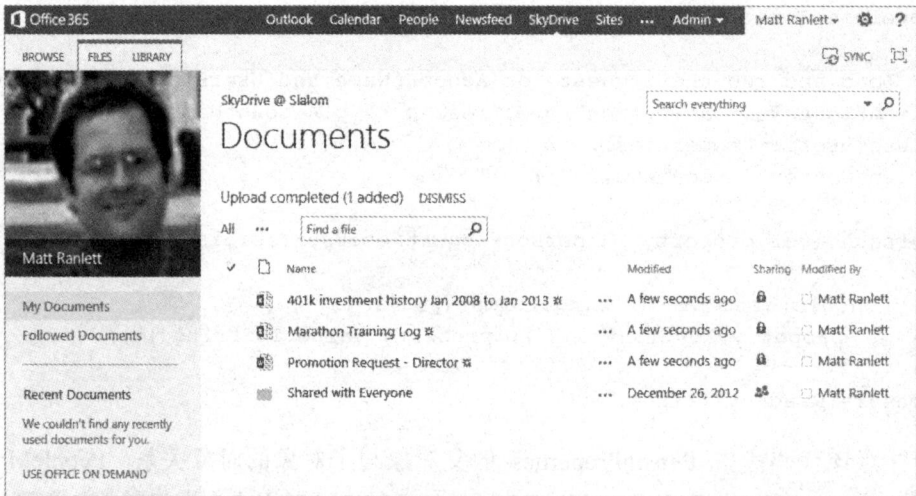

图 8-9

8.5.3 关注内容和人员

SharePoint 2013 的内容关注是由用户主导的行为，表示对特定文档、人员、网站或标签感兴趣。通过关注门户网站的内容或用户，这一般经由 Ribbon 菜单按钮来完成，用户的新闻源就可以收到该内容或用户的更新。当用户创建网站时，SharePoint 会推断其对该网站感兴趣，该用户会被自动标记为关注该网站。不过这不适用于标签或文档；当用户应用一个标签或上传一个文档时，不会自动判定它们为该用户感兴趣的标签或文档。

8.6 深入介绍新闻源

SharePoint 2013 在提升 SharePoint 的社交意识方面最明显的增强，位于新的新闻源架构中。新闻源由两个社交网络管理组件构成：
- 微博——Twitter 式的用户间交互
- 活动源——Facebook 式的对用户与文档和内容交互的应用程序自动通知功能

为了满足这两个社交源对可靠性和性能的要求，SharePoint 采用了基于 Windows 服务器 AppFabric Distributed Caching 架构的分布式缓存服务。这种分布式缓存服务不仅提升了社交源的性能，还有助于对身份验证令牌的缓存。默认情况下，分布式缓存服务在服务器场中的所有 Web 和应用程序服务器上都是激活状态，但管理员可以有目地将服务器场中的特定机器指定给缓存服务使用。缓存的最大值是每台运行该服务的服务器上分配给分布式缓存服务的内存总和。图 8-10 显示了新闻源架构如何与分布式缓存服务协同工作以提供 SharePoint 2013 的社交意识。分布式缓存服务不仅是社交源的基础部件，还是其他 10 种缓存服务的基本组成部分，如 Search Query Web Part 和 Security Trimming Cache。

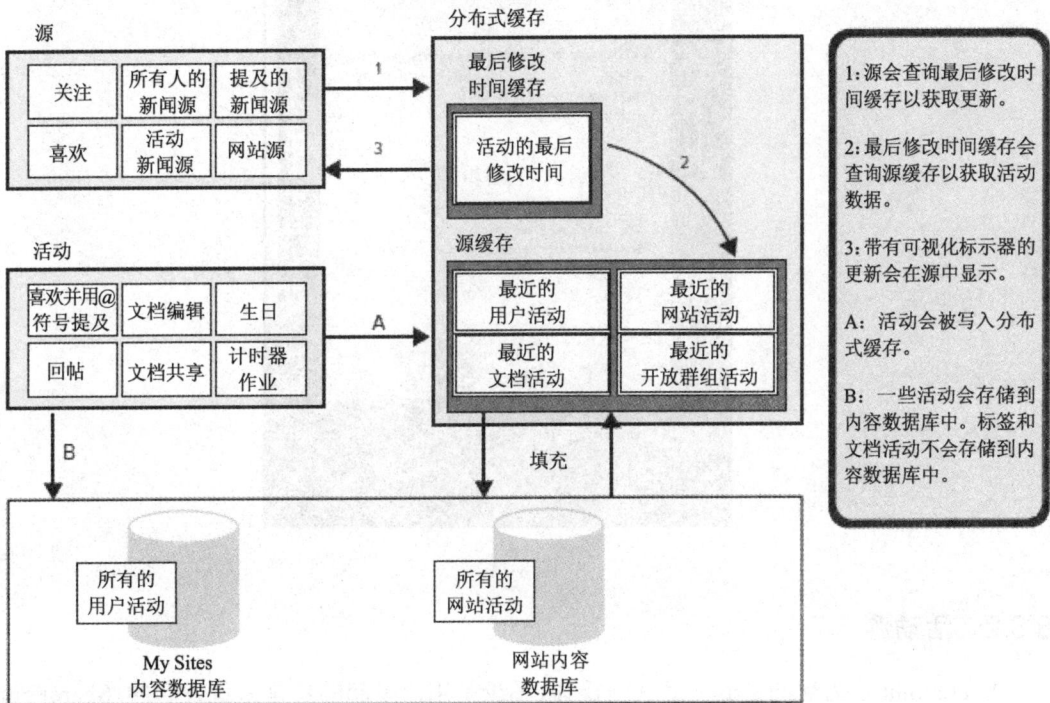

图 8-10

8.6.1　微博

微博被定位为组织的内部 Twitter，旨在允许进行简短的状态更新。SharePoint 2013 的微博旨在通过@mention 语法进行公开的点对点交互。通过 My Site 新闻源进行集中式的微博访问，可以轻松地引起公众感兴趣的对话。为协助用户将上下文应用到对话中，微软采用了 Twitter 上流行的#hashtag 语法。#标签像其他任何元数据标签一样，配有标签配置文件页面，并且列入了用户 My Site 页面的 Trending 标签中。

用户可通过 My Site 和几个移动应用程序发表对其微博的更新，如图 8-11 所示。用户发表一条消息以后，就不能再编辑该消息了，但可以删除它。单个帖子的最大长度为 512 个字符，且最多可获得 100 个回复。除了文本、@mentions 和#hashtags 之外，用户还可以输入 URL、图片和视频。但不支持 HTML 语法。

图 8-11

8.6.2 活动源

SharePoint 认为活动是潜在的任何操作,不论是用户发起的还是系统发起的。SharePoint 2013 包含 4 大类的开箱即用活动,包括:

- 微博活动,如发帖、喜好、提及和标签。
- 关注活动,如用户关注别人或文档。
- 用户个人资料活动,如用户生日或对询问我的更改。
- 文档活动,如编辑或共享文档。

这些活动都存储在分布式缓存和内容数据库中(参阅图 8-10)。如果记录了活动,它便符合了显示在任意可用的 SharePoint 源里的条件,包括关注 My Site 源视图。

- **新闻源**——用户的默认 My Site 源视图,显示该用户关注的其他人的 20 条最新信息。
- **所有人**——所有用户的 20 条最新活动的源视图。
- **活动**——包含用户活动的最全和最准确视图,包括系统发起的活动。该活动视图没有 20 条的数量限制。
- **提及**——被@mentioned 的该用户的所有帖子或回复的视图。

- **喜欢**——用户喜欢的所有微博帖子和回复的列表。这与最初在 SharePoint 2010 中引入的 I Like It 标签功能没有任何关联。

除了用户 My Site 上可用的源视图之外，工作组网站上也有网站源。网站源功能类似与用户 My Site 的新闻源，但它只限于用户组内的成员使用。网站源可通过搜索来访问，但是安全修整得到了增强，比如，没有该包含源的网站访问权的用户将不会在他们的搜索结果中接收到活动源。

有关 SharePoint 2013 微博、源和分布式缓存服务的更多详细信息，请参阅 TechNet 文章，"Overview of microblog features, feeds and the Distributed Cache service in SharePoint Sever 2013"，网址是 http://technet.microsoft.com/en-us/library/jj219700(office.15).aspx。

8.7　使用社交 API 进行编程

可以使用 SharePoint 社交 API 为 SharePoint 2013 的 My Site 和新闻源编写代码。微软从 SharePoint 2010 开始就在功能开放和降低开发门槛方面进行了大量的投入。为此，微软提供了至少 6 个不同的选项来处理表 8-1 中定义的 My Site 的社交功能。

表 8-1　社交 API 编程模型

API 名　称	类库和路径/结构
.NET 客户端对象模型	Microsoft.SharePoint.Client.UserProfiles.dll 位于%ProgramFiles%\Common Files\Microsoft Shared\webserver extensions\15\ISAPI 处
Silverlight 客户端对象模型	Microsoft.SharePoint.Client.UserProfiles.Silverlight.dll 位于%ProgramFiles%\Common Files\Microsoft Shared\webserver extensions\15\TEMPLATE\LAYOUTS\ClientBin 处
移动客户端对象模型	Microsoft.SharePoint.Client.UserProfiles.Phone.dll 位于%ProgramFiles%\Common Files\Microsoft Shared\webserver extensions\15\TEMPLATE\LAYOUTS\ClientBin 处
JavaScript 对象模型	SP.UserProfiles.js 位于%ProgramFiles%\Common Files\Microsoft Shared\webserver extensions\15\TEMPLATE\LAYOUTS 处
具象状态传输(REST)服务	http://<mySiteUri>/_api/social.feed http://<mySiteUri>/_api/social.following http://<siteUri>/_api/SP.UserProfiles.PeopleManager
服务器对象模型	Microsoft.Office.Server.UserProfiles.dll 位于%ProgramFiles%\Common Files\Microsoft Shared\webserver extensions\15\ISAPI 处

有了社交 API，开发人员就能够编写读取和写入的代码，用于用户的社交源、以用户的名义关注他人或内容或者检索各种用户个人资料属性。按照以下指导来创建一个示例应用程序，以操作用户的社交源。

(1) 新建 Visual Studio 2012 控制台应用程序项目，并赋予一个易于识别的名称，如 SocialFeedPosts。

(2) 添加以下程序集的引用：

```
Microsoft.SharePoint.Client
Microsoft.SharePoint.ClientRuntime
Microsoft.SharePoint.Client.UserProfiles
```

(3) 添加下面的 using 语句：

```
usingMicrosoft.SharePoint.Client;
usingMicrosoft.SharePoint.Client.Social;
```

(4) 将下面的代码添加到 Main()方法中：

```
// Update constants with real values.
const string serverUrl = "http://tailspintoys.com/";

ClientContext clientContext = new ClientContext(serverUrl);

// Write the post's text.
SocialPostCreationData feedMessage = new SocialPostCreationData();
feedMessage.ContentText = "This is an automated post from sample code";

// Get the SocialFeedManager.
SocialFeedManager feedManager = new SocialFeedManager(clientContext);

// Publish the post.  The first param is null because this is not a reply
feedManager.CreatePost(null, feedMessage);
// Update the user's newsfeed
clientContext.ExecuteQuery();
```

这是一个很简化的例子，旨在向你介绍 SocialFeedManager 对象。此对象提供基于读/写目的的用户源访问。要了解关于使用 SharePoint 2013 社交 API 开发应用程序的更多信息，请参阅标题为 "Working with social feeds in SharePoint 2013" 的 MSDN 文章，网址是 http://msdn.microsoft.com/en-us/library/jj163237.aspx。

8.8 本章小结

随着 SharePoint 2013 的发布，微软已经大幅更新了 SharePoint 社交功能的可访问性和实用性。由于提供了微博和徽章等新功能，SharePoint 2013 现已成为企业社交应用程序领域中一流的竞争者。本章内容涵盖了现有的和新的功能，包括以消费为中心的功能，比如，新的多设备用户体验和新闻源，以及以内容贡献为中心的功能(如强化的内容编辑和社交反馈)。本章介绍了关键的概念和架构，以及新的社交 API。具备了这些知识，你就能创建几个原型应用程序，比如，一个用来操作论坛，一个用于访问用户的个人资料详细信息等。

第 9 章将着重介绍使用基于 FAST 技术的新 SharePoint 2013 搜索引擎来发现和获取内容。

第 9 章

构建基于搜索的 SharePoint 2013 应用程序

本章内容

- 通过扩展 UI 或创建你自己的 UI 来定制搜索结果
- 创建查询并使用规则模板、结果模板和 CSOM
- 开发连接器、内容处理和结果源
- 创建等级配置文件和托管属性
- 了解关于扩展搜索和基于搜索的应用程序的常见开发模式

本章源代码下载地址(wrox.com)

本章 wrox.com 代码下载地址是 www.wrox.com/remtitle.cgi?isbn=1118495829，在 Download Code 选项卡处。第 9 章代码下载处提供了按照本章所列标题打包的代码下载。

如今搜索无处不在，大多数人每天都会多次使用以防止被信息淹没。企业搜索提供了针对所有类别信息的强大访问功能，使你能够桥接许多组织中迅猛增长的信息库。也许正是由于简单和无处不在的搜索用户体验，导致搜索引擎表面下的复杂性很少为人所知，除非你主动去了解。使用 SharePoint 2013 搜索来进行开发物有所值，也不会很难；不过，仍然需要了解搜索且有时得使用不同的思维模式。

第 1 章涵盖了新的搜索架构的概述。第 2 章对新的搜索功能进行了快速概述。而本章将着重于开发部分：可以进行哪方面的定制和扩展。你会彻底地从前端到后端全面了解搜索；从 UI 和格式开始，接下来会涉及如何使用查询，最后将涵盖获取和填充内容的部分。探讨了这些之后，你会对搜索的"系统"方面有所了解，比如，相关性、语言学和封装，重点会放在可以改变的内容上。本章旨在提供所有需要的工具来构建基于搜索的应用程序。

学习开发包括搜索在内的有价值的应用程序，就能够很好地服务你和你所在的组织。在 SharePoint 2013 中，搜索已成为获取信息的主要方式之一。你可以在提供自然、简洁的用户体验的同时，构建更灵活、更强大的应用程序，以桥接不同的信息库。

9.1 搜索架构与可扩展性

SharePoint 2013 有一个单核的搜索引擎。这可能看起来很自然，但它完全不同于 SharePoint 2010 的搜索架构，主要是集成 FAST 之后产生的混合型架构。SharePoint 2010 有多个不同的代码库参与到搜索中——主要是 FAST ——但 SharePoint 2010 Foundation 有与 SharePoint 2010 Server 不同的搜索代码；Search Server2010 有不同的变量；等等。SharePoint 2013 则只有一个代码库：不同的功能在不同的许可层，且有些功能不能在线使用，但所有这些都使用相同的引擎。同时只有一个安装程序、一个搜索服务应用程序(Search Service Application，SSA)和一个服务器场。

SharePoint 2013 的搜索引擎核心是全新的，源自多年先进的研究与开发；它不是从任何 SharePoint 2010 搜索产品中直接衍生而来的。其中有许多继承了 FAST 的高端搜索功能，你可以试想一下为所有 SharePoint 客户提供高端的 FAST 搜索功能会是怎样的场面。但该搜索引擎表面下隐藏着很多新概念和新机制，以及一套崭新的界面。

9.1.1 新的搜索架构

新的搜索架构(从开发人员的角度来看)概览如图 9-1 所示。

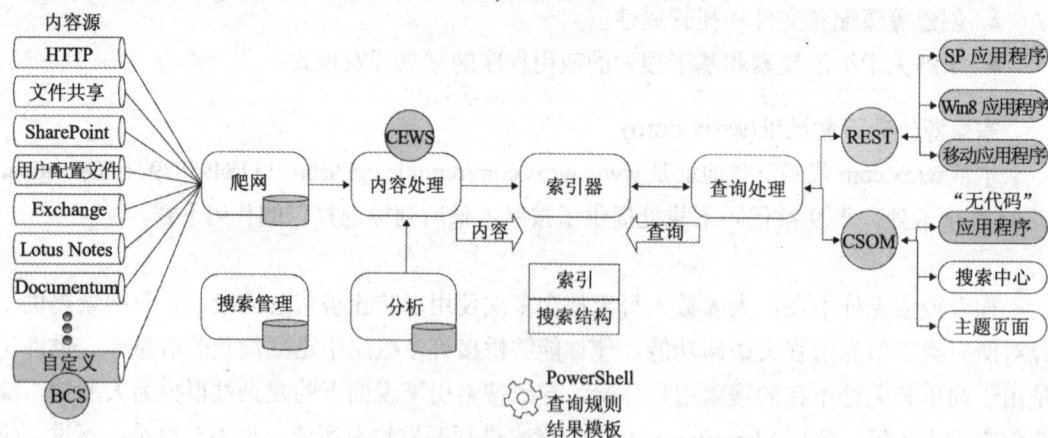

图 9-1

该架构的组件在第 1 章中从功能的角度进行过描述；这里就不再进行复述。参考图 9-1，颜色较暗的组件就是可以扩展或定制的。图 9-1 中圆圈的部分是可以直接使用的 API。

- 与查询(通常与 JavaScript 和 C#并用)一同使用的新的 REST 和 CSOM API。

- 用于创建新的索引连接器的 BCS(BCS 在第 13 章和第 14 章中将进行讲解，但在本章你能看到在搜索中如何使用 BCS)。
- 用于扩展内容处理的新内容填充 Web 服务(Content Enrichment Web Service，CEWS) API。

当然，PowerShell 可用于搜索一切内容。像 SharePoint 2013 的所有应用程序一样，基于搜索的应用程序可以由 SharePoint 托管、提供商托管或自动托管(参阅第 7 章)。用于导出和导入搜索设置的功能让使用搜索的应用程序封装变得容易。

9.1.2　新搜索架构的本质

关于新的搜索架构，有一些基本的东西需要了解。

- 首先它是**新的**。如前所述，其搜索核心与 2010 版的毫不相同；查询处理、内容处理和分析子系统也是如此。你会发现有很多新的东西需要学习。如果你已经开发了一个基于搜索的 SharePoint 2010 应用程序，也许可以使它在 SharePoint 2013 上相当轻松地运行，但不要指望它能够完全实现原有功能。
- **分布式的数据流引擎**可以运行几乎所有的搜索组件。如果你查看进程监视器，会看到 NodeRunner，它可以运行许多不同的搜索实例。它能提供出色的横向扩展和容错能力，但这还需要时间来适应。
- 新的搜索架构是**多租户式的**。除了一些例外的情况(特别是内容处理扩展性机制或 CEWS API)之外，搜索引擎的每一个部分都是从底层开始就构建为多租户式的。这由为 Office 365 服务的需求所驱动，但对于 SharePoint 内部部署同样有益。
- 新的搜索架构具有**完全容错能力**和高扩展性。SharePoint 2010 与此接近，但其搜索管理组件不是冗余的，这可能会造成问题。
- SharePoint 2013 **搜索产品组已经发生了巨大的变化**。在 SharePoint 2010 中有带有 9 个不同选项的复杂组；而在 SharePoint 2013 中只有常用的三层架构。如果想要创建一个单纯搜索的应用程序，可以这样做：创建带有搜索功能的服务场，但是要包括 MMS(术语库)和用户配置文件服务。如果想要创建一个面向客户的搜索应用程序，那么你将会有一份惊喜——许可的变化会使其只需投入一小部分成本。
- 搜索需要**大量的资源**(CPU、RAM 和磁盘)。这并不新鲜，而且 SharePoint 2013 搜索的覆盖面已经得到了一定的提高。但对于那些才开始使用搜索的人通常会低估其所需的资源。
- 搜索引擎表面下有**多个数据库**。开发人员尤其对分析报告数据库感兴趣，特别是因为网站分析现在已经纳入到了搜索中。但是搜索管理数据库才是你可能会使用到的。这两个数据库以及链接数据库和爬网数据库都是可扩展的，并可以对其进行分区和镜像，将它们托管在你的 SQL 群集等上。爬网数据库往往因为大规模的爬网内容量而变成最庞大的数据库。

如果你熟悉 SharePoint FAST 搜索，就会注意到有许多新的概念和结构。这些概念和结构不是直接从 FAST 代码行衍生出来的。事实上,有许多用于 SharePoint 的 FAST Search Server 2010 的功能已经废弃,这些在此处已经列明: http://technet.microsoft.com/en-us/library/ ff607742(v=office.15)#section4。但请不要因此而灰心,因为新的搜索架构中有许多令人激动的功能。

9.1.3 搜索的扩展点

有各种扩展点可以用于对搜索进行扩展,你可能会使用一部分或全部。这里是应当进行扩展的主要方面。

- UI 层面
  - Web 部件(尤其是新的内容搜索 Web 部件)
  - 结果模板
  - 导航设置
- 查询层面
  - 查询语法(KQL 和 FQL)
  - 查询 API(REST 和 CSOM)
  - 查询规则
- 内容和元数据
  - 搜索架构
  - 结果源
  - 内容爬网和连接器(BCS)
  - 内容处理(CEWS)
- 相关性和语言
  - 排名资料
  - 授权
  - 术语集和词典(如精简器集和同义词)
  - 语言(如自定义分词器)
  - 分析(如建议)

以上每一点,本章都会大致按照上面的顺序进行讲解。

9.1.4 顶层定制方案

搜索中具有范围广泛的定制项。你可能会只使用简单的查询规则和结果模板来配置垂直搜索,或者使用你自己的连接器、内容处理、相关性和 UI 来创建完全自定义的解决方案。

这里没有硬性规则可以遵循:通用的搜索应用程序(如企业内网搜索)可以受益于自定义代码,并且在某些情况下能够高度定制,即使内网搜索完全不使用定制项也可以正常工作。然而,大多数定制往往是针对特殊用途的应用程序,其面向一组可明确识别的用户和他们试图完成的一组特定任务。通常,这些也是最有价值的应用程序,值得对其进行定制。

虽然没有硬性规则可以遵循，但定制企业搜索有一些常见模式。最常见的定制方案如下。

- **修改最终用户体验以创建特定的体验和(或)表层特定信息**——例如，添加新的细化分类，更改结果集的格式或布局，显示联合位置的搜索结果，为即将发生的销售活动添加推广结果，以及为人力资源部和工程部配置不同的结果排序。
- **为特定的行业、部门、主题或角色创建新的垂直搜索应用程序**——例如，对指定新内容进行获取和索引，设计自定义搜索体验，添加音频/视频/图像搜索。
- **创建新的可视化元素，以添加到标准搜索中**——例如，在图表/地图上显示精细化的位置，显示标签云中的标签，启用"将结果导出到电子表格中"，以及在图表中汇总客户的财务信息。
- **修改查询和索引**——将术语和自定义信息添加到搜索体验中。例如，基于术语库中定义的同义词扩展查询条件，增加项目信息的客户搜索结果，将最受欢迎的人嵌入到搜索结果中显示，或者向人们显示来自其他源的结果。查询规则和连接器框架都提供了一种嵌入填充层的方式——简单扩展.NET 程序集，开发人员可以在其中轻松地添加自定义数据源并进行数据的混合应用。
- **创建由搜索驱动的新网站和应用程序**——创建定制内容探究体验。例如，显示作为结果的报告，创建绘图文件预览，为像 SAP 或 Siebel 一样的自定义库中的内容编制索引，以及创建内容处理插件来生成新的元数据。

9.2　由搜索驱动的应用程序

大多数企业都拥有基于搜索的应用程序——有的很明显(如内网搜索)，而有的以不太明显的方式存在(由搜索驱动的应用程序通常看起来不像"搜索")。搜索在 SharePoint 2013 中处处存在。它会出现在你需要的地方：搜索中心、每个网站和页面上的搜索功能、人员搜索等。在 mySites、myTasks、mySiteView 等社交功能的背后都有搜索。在许多 ECM 功能(尤其是 e-Discovery 中心)的背后也有搜索。搜索也是新的 Web 内容管理(Web Content Management，WCM)功能的基础。还有基于内嵌搜索的应用程序，如视频搜索。

开发由搜索驱动的应用程序一直是一项困难的任务。其中一些困难是任何处理人类语言的软件都会遇到的复杂性。有一些是由于普遍缺乏对搜索工作原理的了解。但有一些困难源于 SharePoint 2010 和其他企业搜索平台的构建方式。SharePoint 2013 使开发人员有了一个比 SharePoint 2010 更强大和更容易使用的开发平台。这也同样适用于基于搜索的应用程序。

SharePoint 2013 是作为开发应用程序的平台来构建的——本书处处都是如此介绍的。它用于运行基于搜索的应用程序，并在同一平台上运行多个此类应用程序。如图 9-2 所示，有基于内嵌搜索的应用程序，同时还有用于为合作伙伴和客户定制基于搜索的应用程序的工具。

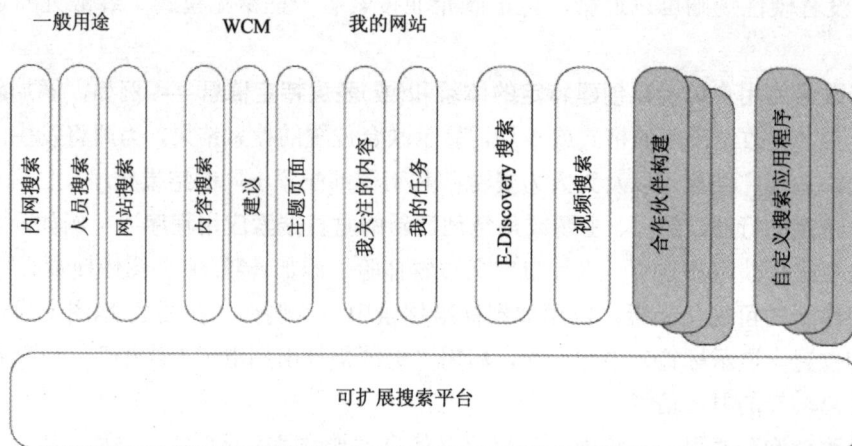

一般用途　　　WCM　　　我的网站

内网搜索　人员搜索　网站搜索　内容搜索　建议　主题页面　我关注的内容　我的任务　E-Discovery 搜索　视频搜索　合作伙伴构建　自定义搜索应用程序

可扩展搜索平台

图 9-2

这种将搜索作为一个平台的方法并不新鲜。它已经有效地在不少组织中得到了应用。但在 SharePoint 2013 之前，创建和管理这些应用程序的成本和复杂性对于许多组织是难以承受的。

9.2.1　开箱即用的搜索应用程序

在准备创建你自己的基于搜索的应用程序之前，试用一下那些开箱即用的搜索应用程序很有帮助。这包括标准内网搜索、人员搜索、网站搜索和视频搜索。当你把这些应用程序配置起来试用以后，就会体验到新的搜索功能如何工作——从 UX 到内容爬网。

这些应用程序是面向普通大众的；组织中的每个人都可能会用到它们。很多成功的搜索应用程序都针对特定角色、主题或行业。但构建它们都要应用相同的模式并使用相同的技术。

自然，也可以扩展开箱即用的应用程序。例如，可以引入来自外部资源和目录的信息用于人员搜索或者应用到扩展视频搜索选项卡的工作方式中。这并不难，即使是作为更大的搜索项目的一部分，也是值得做的。实际上，基于开箱即用的应用程序来构建搜索项目是很好的做法，从一组资源中加入内容，并将此作为一个快速的原型平台。

9.2.2　由搜索驱动的 Web 内容管理

Web 内容管理(将在第 10 章中进行讲解)实际上建立在 SharePoint 2013 搜索的基础之上。有一种搜索驱动的新发布模式，可以动态地提供相应的内容——将内容管理的创建与管理和内容管理的发布分离开来。提供联机体验，包括在线目录这样的方案，这是 SharePoint 2013 的一个主要目标。有几个值得强调的特点。

- **友好的搜索引擎优化(Search Engine Optimization，SEO)** ——SEO 一直是 SharePoint 的一个难点，但现在有一个利好消息。"友好的 URL"(没有添加 SharePoint 2010 的晦涩难懂的语法)，使得 SharePoint 网站能像一个普通网站那样工作。将自动生成主题页面(主题页面旨在将公共搜索流量引导到给定的页面)。

- **基于分类的导航**——可以使用 SharePoint 术语库的分类法来创建页面和页面层次结构。这就可以简单明了地使搜索和导航保持一致性——这对于在线网站是已经证明了的优势。还可以指定哪些元数据可用于层次结构中各页面的导航——例如，显示笔记本电脑的重量和电池寿命而不显示其空调的制冷能力。这称作"逐级导航"，不同于精细化导航。

- **动态内容呈现**——不同于创建静态的内容、链接等，在线网站的新范式是动态的并以新的内容搜索 Web 部件(CSWP)为中心，如图 9-3 所示。用户不知道这是经过搜索的；它看起来就是完美呈现的内容。但这些内容其实经由搜索查询动态选取。它可以将上下文带入账户中，只需将其作为幕后搜索查询的一部分使用。内容可以来自任何网站集。对于在线目录这样的例子，其实质就是这样的一种机制。但正如你将会了解的，CSWP 对于很多场景都是非常有用的工具。

- **建议**——我们都十分熟悉在线的建议功能——基于你的历史记录、其他的购买者等提出的建议。这些现在都囊括在 SharePoint 2013 中了。表面化的建议基于其他人在搜索什么或使用什么(流行)，或者基于与你正关注的项相似的项(关联项)来直接配置。这由搜索驱动，尤其是搜索的分析功能。

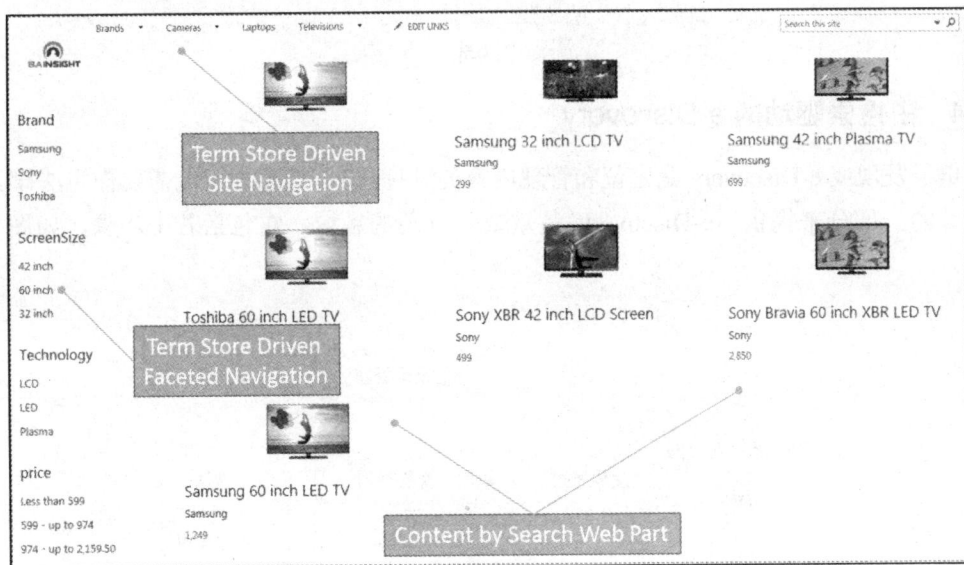

图 9-3

9.2.3　由搜索驱动的社交功能

第 8 章讲解了社区应用程序的构建；此处重点关注什么是由搜索驱动的，这样你才能知道如何扩展它。在 SharePoint 2013 中，搜索驱动了几个关键的社交功能，甚至是那些隐藏在搜索引擎表面之下的不能明显看出使用了搜索的功能。

SharePoint 2013 在 SharePoint 2010 引入的功能中添加了几个新的社交功能。例如，单击某一篇帖子或一个讨论中的 hash 标签，将会显示企业范围内有关该主题的所有会话列表，这通过搜索查询完成。你可以关注内容以及他人；"Docs I'm Following"视图，如

图 9-4 所示,也是搜索查询的结果。另一个例子在 "My Docs: Shared with Me" 中,显示了来自每个人的 My Document 中与你共享的所有文件。它看起来像一个窗体视图,但实际上,它使用底层的搜索聚合了跨网站集的来自 My Document 的所有内容。在搜索表面下,有一个针对你名字的 ShareWith 字段查询,会筛选出与大家共享的文档。

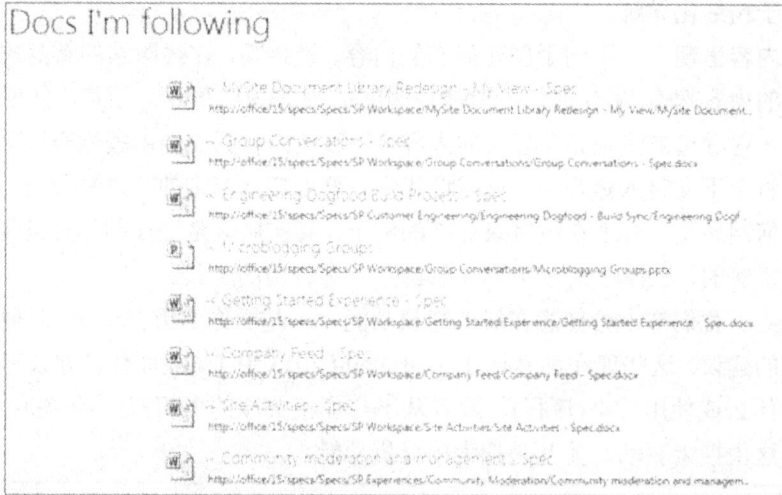

图 9-4

9.2.4 由搜索驱动的 e-Discovery

电子发现或 e-Discovery 是定位和管理内容的过程,这些信息你可能需要作为法律案例或审计的一部分来提供。e-Discovery 是重要和复杂的领域,它包括若干步骤,如图 9-5 所示。

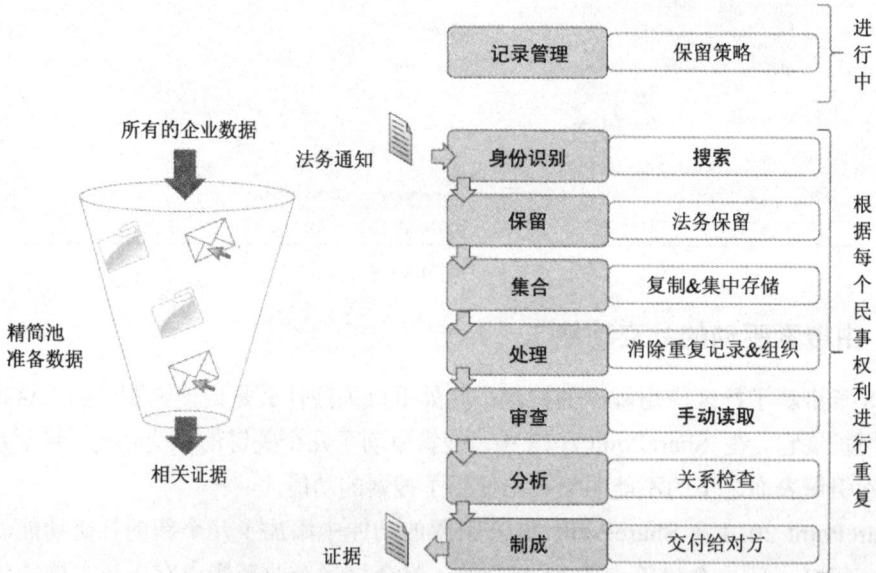

图 9-5

SharePoint Server 2013 中的 e-Discovery 功能是在 SharePoint 2010 基础上的一个很大进步，并且可能会让你第一次觉得这是一个完整的应用程序。现在 Exchange、SharePoint 和 Lync 有了统一的发现功能，如图 9-6 所示。Exchange 现在有了与 SharePoint 相同的搜索基础架构，使得统一搜索容易得多了。通过 Exchange，Lync 档案、Lync 消息和聊天记录就能显示在 Exchange 邮箱里，因此 Lync 内容在 Exchange 2013 中搜索是可发现的。

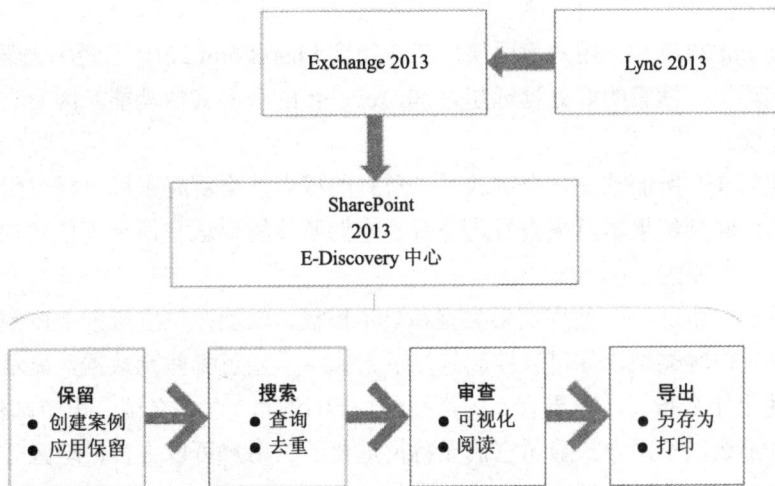

图 9-6

SharePoint 2013 的 e-Discovery 有几个部分。

- **e-Discovery 中心**是一个网站集合，能够跨多个 SharePoint 服务器场和 Exchange 服务器来执行电子发现的查询，并维护搜索到的项。e-Discovery 中心网站模板会创建一个发现实例的门户，允许你进行搜索，驻留内容以及将内容导出。对于每个实例，需要使用 e-Discovery 实例网站模板来创建新的协作网站。

- **驻留**维护 Exchange 邮箱和 SharePoint 网站——包括 SharePoint 列表项和 SharePoint 页面——同时仍然允许用户使用网站内容。维护期间的内容状态会记录下来。如果用户更改了内容甚至删除了它，保存完好的原始版本仍然可用。用户可能不会意识到文档会被保留，这是一个强大且独特的功能。对于某些情况，如果想要确定原文已经移除且不可再更改，也可以做相应的调整。

- 支持搜索与导出来自文件共享和其他源的**外部内容**。由 Search 或 Exchange Sever 2013 索引的所有来自 SharePoint 2013、Exchange 2013 或文件共享的内容都可以在 e-Discovery 中心找到。例如，在企业内部全面实施 e-Discovery，需要配置 SharePoint 2013 Search 来抓取所有的文件共享以及包含可发现内容的 Web 站点，且需配置中央搜索服务应用程序，以包括来自 Exchange Sever 2013 的结果。

- 将发现的来自 Exchange Sever 2013 和 SharePoint Sever2013 的**内容导出**的功能。在 e-Discovery 中心内，只须导出 e-Discovery 搜索的结果，供后面导入到审查工具用。

e-Discovery 比搜索更为丰富，当然——维护、驻留、策略管理和导出都包括在内。但是搜索是基石，是它使回应合法操作所需的信息反馈成为可能，而不会得到需要你去筛选的无关信息。作为开发人员，你可以扩展 e-Discovery 的功能——添加新的内容源、呈现格式、工作流等——使用本章其余部分将会介绍的技术。

9.3 UX 层的工作

在 SharePoint 2013 中，用户界面层的工作相比 SharePoint 2010 已经大大简化了。搜索也不例外。实际上，搜索的好处远远超过 SharePoint 的众多其他功能，因为它提供了非常动态的用户体验。

大多数搜索 UI 所面临的一个挑战是，所有的搜索结果看起来都一样。用户必须查看每个结果，或跳转到结果本身来查看这是否是他们要找的。这是很多人依然觉得他们的搜索体验较差的一个原因。

在 SharePoint 2013 中，使用结果类型和显示模板，就能在粒度级别上控制搜索结果的外观。对于每种内容类型，你可以控制其显示方式——显示哪些元数据，显示什么图标或预览，以及使用什么布局。如果有不同类型的内容(比如，人、文档、电子邮件)混合在一个结果集中，那么以不同方式显示它们显得很重要了。用户可以更容易地区分它们，只会看到对每个类型有用的元数据。某些类型的内容(如图片)最好安排在网格而非列表中显示，其他类型内容(如数据库记录)的呈现以表格格式列出。

以这种方式定制搜索结果在 SharePoint 2010 中可能实现，但着实很困难。需要用到大型、复杂的 XSLT 文件，却只有小工具支持，该过程极易出错。如果你在 SharePoint 2010 中这样做过，将会很乐意使用结果模板。如果没有，你应该感到庆幸没有那段经历。SharePoint 2013 有定制搜索结果的大框架，同时有工具支持和向导，如查询生成器。一切都基于 HTML 和 JavaScript，所以你可以使用熟悉的工具和技术，直接来控制你需要控制的东西。

9.3.1 搜索中心组件

与 SharePoint 2010 一样，搜索中心由 Web 部件组成，你可以创建和包含自己的 Web 部件。但这样的操作如今放在一个新的结果框架中来处理，它提供了大量显示搜索结果的控件，而不会有 SharePoint 2010(和市场上基本上每款搜索引擎)中遇到的复杂性和困难。

结果框架由三个部分组成。

- **规则引擎**管理一组查询规则，以确定该结果类型是否应该触发。
- **属性列表**会将规则与文档类型、内容类型或 SharePoint 搜索的其他托管属性关联起来。
- **显示模板**定义特定结果的显示方式。

这个模型是一个巨大的改进。在 SharePoint 2010 中，如果你想以不同方式呈现某特定项，就可以使用 XSLT 进行工作并且修改定义核心结果 Web 部件样式的整体文档。这是一个痛苦且容易出错的过程。此外，要通过几个不同的封装包来修改核心结果 Web 部件并不罕见，因此集成多个搜索加载项是一场噩梦。而在 SharePoint 2013 中，你可以使用喜爱的 Web 设计工具在 HTML 中进行工作，并且可以单独设计每一个结果模板，安装时还不用担心模板之间的相互顺序。

9.3.2 搜索 Web 部件

SharePoint 2013 的搜索 Web 部件简洁多了。正如在图 9-7 中所看到的，默认情况下搜索中心只提供了 4 个 Web 部件：

- Refinement(精简)
- Search Box(搜索框)
- Search Navigation(搜索导航)
- Search Results(搜索结果)

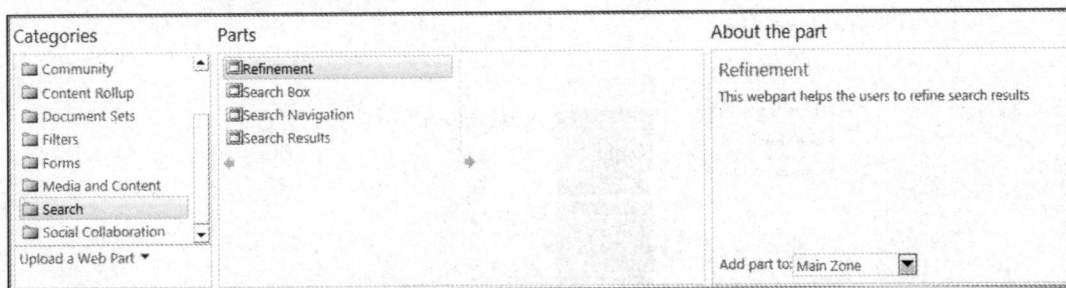

图 9-7

使用用于搜索统计的独立部件带来的并发症等问题已经一去不复返了。SharePoint 2010 有 17 个用于搜索的 Web 部件！这些部件的大部分功能现在由显示模板来处理。将一个额外的选项卡添加到搜索中心，就和将另一个 URL 添加到搜索导航一样简单，如图 9-8 显示。

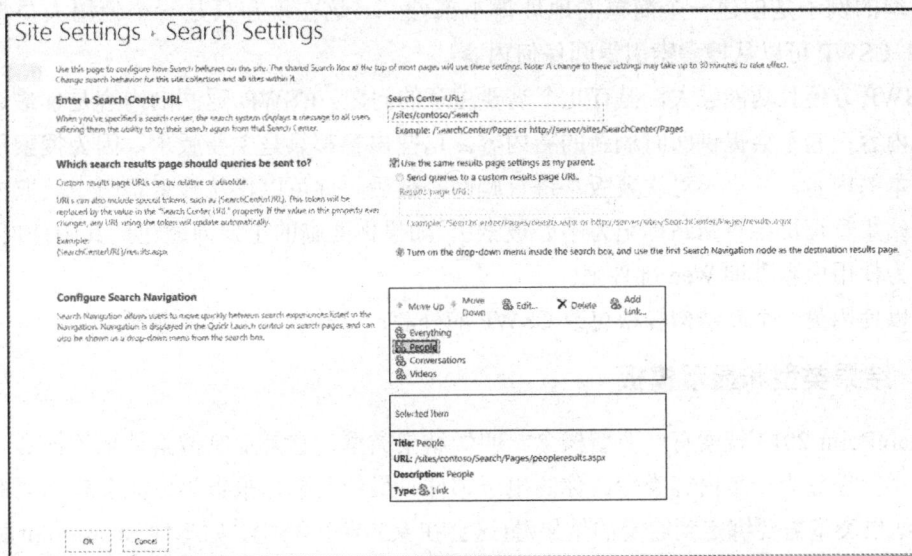

图 9-8

9.3.3 内容搜索 Web 部件

除了搜索 Web 部件之外，还有很多由搜索驱动的新 Web 部件。其中最重要的是内容搜索 Web 部件(CSWP)，它实质上是核心搜索结果 Web 部件的简化版。CSWP 可以放置在任何更容易显示内容的位置(如图 9-9 所示)。

CSWP 是内容汇总目录 Web 部件的新成员。请注意，目前它在 Office 365 中还不可用，仅能用于 SharePoint 2013 内部部署实例。

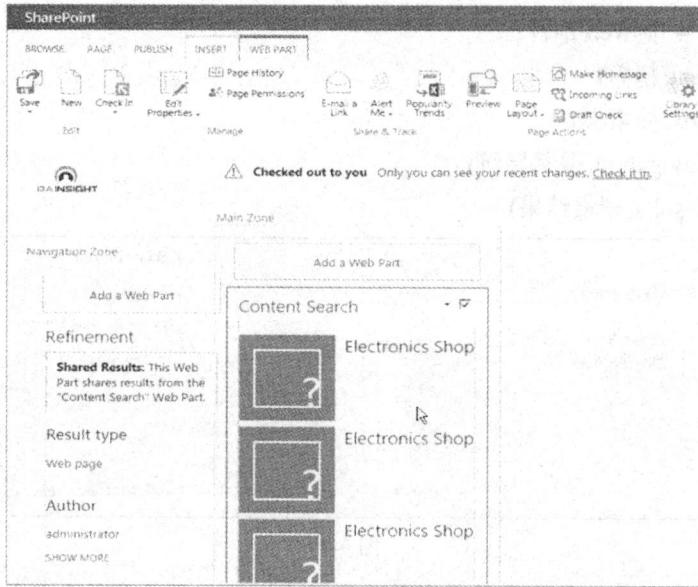

图 9-9

在之前需要自定义代码的许多情况下，现在可以使用 CSWP 创建无代码的解决方案。一个典型的例子是创建一个简单的地址簿小部件——这在现在只是一个使用人员搜索的 CSWP！CSWP 可以从搜索索引返回任何内容。

CSWP 方便且功能强大，但有几个需要注意的问题。CSWP 返回的内容是你最近一次爬网的内容；它不会提供即时刷新的新内容。这些内容都只是主要版本，因为搜索仅爬网主要版本的内容，从来不对次要版本进行爬网。最后，你可以仅从搜索索引中获取内容，一些网站集管理员会将网站标记为不要被索引。如果你面临的主要问题包括其中任何一项，那么改为使用内容查询 Web 部件吧。

可以使用另一个新结构轻松更改 CSWP 的外观：结果类型和显示模板。

9.3.4 结果类型和显示模板

SharePoint 2013 搜索有一个新概念，叫做结果类型，它是定制搜索结果的核心。可以将结果类型想象为一个内容类型；你的电子邮件、最佳匹配、报告等可能会有不同的结果类型。结果类型需要绑定到给定的结果源(这会在 9.5 节中介绍)，如本地 SharePoint 索引或 Exchange 2013 索引。结果类型由规则定义，与显示模板相关联。

显示模板，同样是 SharePoint 2013 的新概念，定义某特定结果类型的显示方式。它们有时也称为结果模板。每个显示模板都是一个 HTML 文件，并会引用托管属性。HTML 文件可以包含内嵌的 JavaScript，也可以调用外部 JavaScript 和 CSS。

结果类型和显示模板需要一些时间去适应，但你很快可以发现使用它们既容易又有趣。它们打开了一个新的世界，让搜索结果变得令人信服、易于理解且自然。这种体验在在线网站或应用程序中越来越常见，但少数人实际上在 SharePoint 2010 中已经设法实现了该体验。在 SharePoint 2013 中，这很容易——一点点的定制项就可以让你节约很多时间来创造伟大的搜索体验。

1. 结果类型

结果类型主要包括一组规则，该组规则用于描述搜索结果中的哪些项匹配该结果类型。当用户发出一个查询时，就会反馈结果，每个结果都会在结果类型中基于该规则进行评估。然后会根据匹配的类型将显示模板应用到匹配的结果。

除了规则之外，还有一个属性列表，将规则与文档类型、内容类型或 SharePoint 搜索内的其他托管属性关联起来。

结果类型可以很简单，但它具有很多选项，可以对其进行高级设置。例如，规则可以在所有的托管属性上使用标准和布尔逻辑。针对销售报表的结果类型会有一个像 ContentType ="sales report"一样的规则。

可以在 Web 部件中设置结果类型，在查询规则中更改它，且任何时候都可以对其进行操作。

对于每个结果类型，需要决定想要返回的托管属性(必须至少使用一个结果模板)。因为有很大一组预先生成的结果源，所以大多数情况下这是一个精简的问题，不需要太多工作。

每个结果类型有一个相对应的 HTML 呈现模板。在模板内，使用特定的标签集(-#= myitem = #-)来设置属性项的显示方式。可以设置特定的图形、图标、样式等，并可即时预览结果。

2. 显示模板

结果集的每一部分都可以由不同的显示模板来控制。各个不同的结果类型在搜索结果中都有显示模板，每个结果类型和精简控件都有悬停面板。

图 9-10 显示了使用多个结果类型的搜索结果示例。每种类型的结果有不同的布局(通过显示模板)。大多数布局很简单(只是标题和链接)，把更多的元数据留给悬停面板来显示。从屏幕顶部向下移动，类型结果分别是：Recommendations(建议)；重点图片(以前称为可视化最佳匹配)；我的查询("Looking for these again？")；自定义内容类型(投影分析)，它会显示相关资料的链接；默认结果(使用相同显示模板的 Word 文档和 PowerPoint)；以及视频(使用网格布局)。

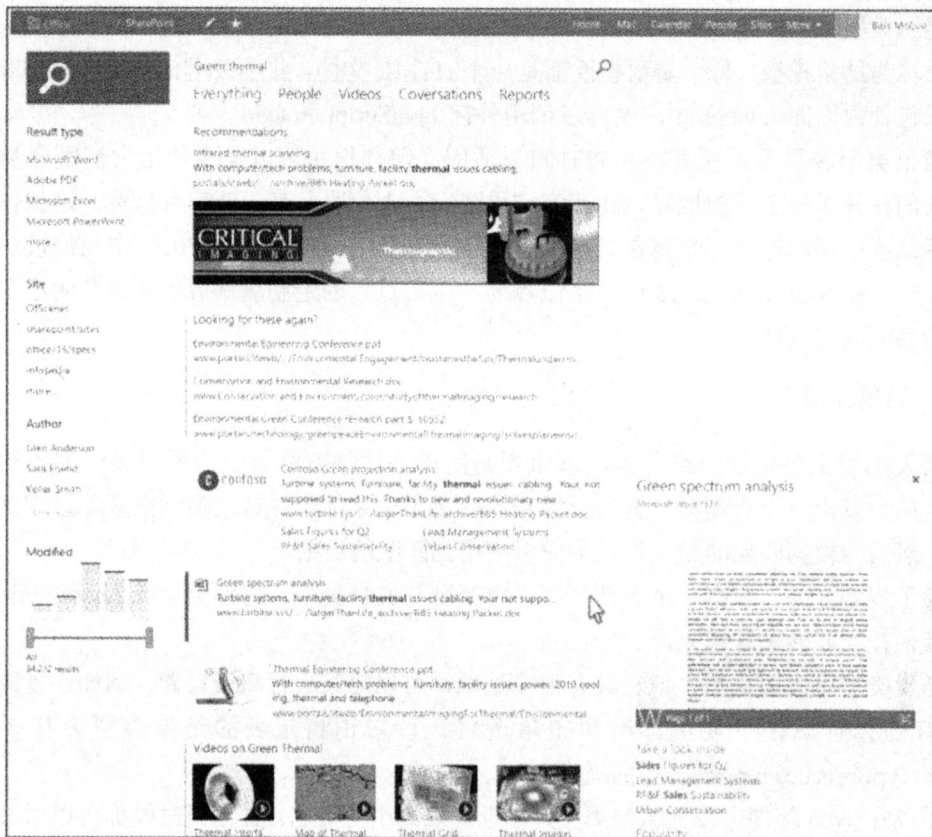

图 9-10

从这个例子中，你可以感受到显示模板的力量。相似类型的结果会显示在一起(在结果块中)。有一句忠告：太多的结果类型可能会导致无法收拾。用户通常可以在首页上找到结果，且结果块有助于提供对整个页面的关注，而不仅仅是开头的几个结果。但结果块太多可能干扰到相关的自然感体验以及由结果精简所提供的引导探索。

显示模板会检索托管属性并显示它们。图 9-11 显示了一个带有 5 个托管属性的搜索结果示例：标题、文件扩展名、路径、文档摘要和预览图片。显示模板使用了 HTML 和 JavaScript。

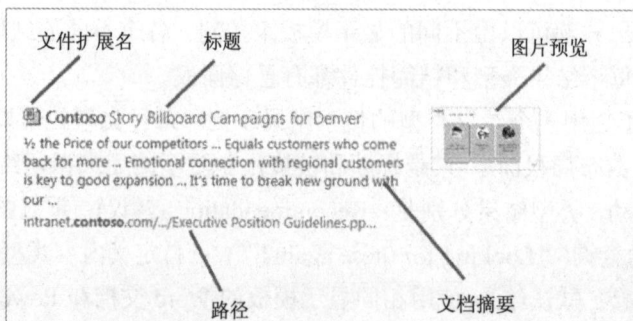

图 9-11

使用显示模板，有 4 项主要事务要处理。

- **托管属性**——使用 mso:ManagedPropertyMapping 标签来指定哪些托管属性需要在查询时检索。然后可以在 HTML 中使用这些属性。
- **外部 JavaScript 和 CSS**——可将可能会有的 JavaScript 或 CSS 文件外部化，然后将它们添加到显示模板(这是可选项)中。
- **内嵌 JavaScript**——还可以在显示模板中使用内嵌 JavaScript。只需要确保它在显示模板中位于第一个<div>下面。
- **HTML**——为显示模板创建实际的 HTML，用来呈现结果。

3. 执行顺序与逻辑模型

对于网站管理员，显示模板简单明了；只需将结果类型与模板关联，并且有很多提供了 OOB 的显示模板。作为开发人员，理解逻辑模型和显示模板如何生效是值得的。

逻辑模型有三个主要部分。

- **Web 部件**——它指定使用的查询和模板，以及当搜索结果可用时的触发模板。每个页面都有多个 Web 部件。
- **控件模板**——确定如何进行页面上的项布局并控制项模板的执行。每个 Web 部件实例都有一个控件模板。比如，搜索结果页面，其页码、结果计数和首选项控制都在控件模板中(在 SharePoint 2010 中这些需要单独的 Web 部件来实现)。
- **项模板**——确定每一项的外观。不同类型的项可以有不同的模板，因此每个 Web 部件可能会有多个项模板。

筛选器、分组和新的悬停面板也有对应的模板。

显示模板在浏览器(客户端)中执行，允许与本地环境的丰富交互。因为 OnPostRender 在控件和项模板完全呈现后生效，所以可以使用它来初始化那些不依赖于单个结果数据的信息。

4. 示例: 控件模板中的自定义 JavaScript

创建显示模板非常简单。有很多 OOB 模板，复制其中的一个作为起始点是一个不错的主意。使用你喜爱的 HTML 编辑器。将你的模板放在母版页样式库中。然后它会在每次引用时执行。

从一个简单的示例开始，编写一些 JavaScript 来实现标准的"Hello World"消息功能。可以在本书提供的一个名为 SearchRocks_DisplayTemplate.js 的下载文件中找到该 JavaScript:

```
<script type="text/javascript">
    document.write('<b>Search Rocks</b>');
</script>
```

在控件模板中第一个<Div>里面；可以调用该 JavaScript，如下所示:

```
$includeScript(this.url, "~sitecollection/_catalogs/masterpage/
DisplayTemplates/
Finished/Control_jSearchRocks_Script.js");
```

现在可以在你的搜索结果中看到该消息了。

5. 示例：添加到项模板

在你习惯使用显示模板后，就会发现让搜索结果成为你希望的样子非常容易。比如，你想要突出显示那些新的结果(没有对其进行排序或排名)。这对于现有模板只需要一个小变化。尝试使用来自本书名为 Item_DisplayTemplate_DocumentsWithDates.html 的显示模板下载文件。该文件具有内嵌 JavaScript 的显示模板。

将该文件放置在母版页样式库的任何地方，它都会出现在 CSWP 工具面板中的项显示模板下拉框中。该文件由复制和更改"Item_TwoLines.html"显示模板而创建。操作只有两行：

```
var modifieddate = $getItemValue(ctx, "ModifiedDate");
if (new Date(modifieddate) > new Date("12/4/2012"))
    modifieddate = "<b>NEW! </b>" + modifieddate;
```

注意，当使用内嵌 JavaScript 时需要特殊标记。能够在显示模板中使用内嵌的 JavaScript 确实很棒，但还是有点复杂。代码必须放在显示模板中第一个 DIV 标记之后。所有的 JavaScript 逻辑都需要在注释内被"pound underscore"(#_ ..._ #)标记囊括其中。将值分配给变量要使用"underscore pound equals"(_#=... =#_)标记。要在创建的内嵌 JavaScript 中传递一个托管属性或变量，该内嵌 JavaScript 需要封闭在这个标记集里。在显示模板内，托管属性都可在 ctx.CurrentItem 对象中使用。例如，要传递 SearchRocks 托管属性，请添加这个标记：_#= ctx.CurrentItem.SearchRocks =#_。

9.3.5　使用托管属性

托管属性在整个 SharePoint 搜索中是一个必要元素。在查询方面，它们为每一个返回的项保存信息。在 SharePoint 2013 中，每个托管属性有一个新的属性集。

- **别名**——引用此托管属性的友好名称。
- **多值性**——托管属性可以具有多个值。
- **可查询性**——托管属性可以用于基于属性的搜索。
- **可精简性**——托管属性可以用作精简器。
- **可检索性**——托管属性可以在结果中返回。
- **可搜索性**——在搜索索引中包括托管属性的值。
- **可排序性**——托管属性可用于对结果进行排序。
- **类型**——托管属性的数据类型。

这些大多无须解释，但其中有几个值得为开发人员描述一下。9.4 节中有关这些特性的介绍(例如，如果一个托管属性是可查询但不可搜索的，那么只有当属性搜索中包含该显式的值时该托管属性才会被查询到)。进行用户界面上的工作时，有两个棘手的事项。

- 多值的托管属性可以在一项中返回几个值，这意味着当有 0、1 或多个值要显示时，需要决定如何填充它们。多值属性也意味着精简器的值不需汇总到返回结果的数量中，这通常会造成困扰。如果你知道一个属性是多值属性，则还可以在首项不含值的案例中设置一个应变方案。可以这样做：'Price':'BasePrice';'NormalPrice';'TotalPrice'.
- 由于某些模板，尤其是悬停面板，输入内容均会被视为字符串，因此使用它之前应该对数据进行验证。

在显示模板中，会默认指定输入填写为搜索托管属性，例如：

```
<mso:ManagedPropertyMapping msdt:dt="string">
'Link URL'{Link URL}:'Path'
</mso:ManagedPropertyMapping>
```

但是，用户可以更改 Web 部件中的属性映射，如图 9-12 所示。这在很多方面是一个极大的优势，但也意味着你应该仔细考虑其依赖关系。

这使得模板易于理解，也易于配置，但也意味着你应该考虑结果类型和显示模板的紧密绑定关系。

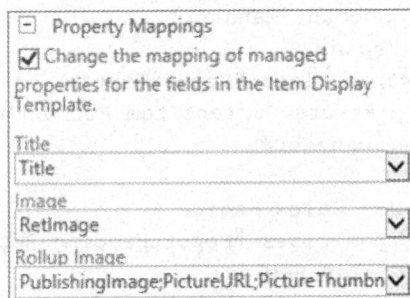

图 9-12

示例：在项模板中使用托管属性

这是项模板严重依赖托管属性的一个示例。对于许多自定义项模板，需要在 mso:ManagedPropertyMapping 标签中添加托管属性。

为了了解如何使用托管属性，请尝试使用名为 SalesReport.zip 的项目中的代码。这个例子(经由 Steve Peshka 提供)显示了一个销售报表模板。它会从你创建的自定义销售报表内容类型中添加特性并将它们直接显示在搜索结果中。这通过修改默认的 Excel 文件项模板 Item_Excel.htm 来完成。可以从本书的可下载文件中下载 SalesReport.zip。它包含 5 个文件：一个 CSS 文件、一个提供显示模板的 HTML 文件、两个在设计中使用的 PNG 文件和一个重点介绍创建和部署显示模板的步骤的 Word 文档。

该示例中完整的属性集会给你提供典型结果的一些直观感受。搜索引擎提供大量的 OOB 托管属性，如 HitHighlightedSummary 和 CollapsingStatus，值得学习掌握：

```
<mso:ManagedPropertyMapping msdt:dt="string">'Title':'Title',
'Author':'Author',
'Size':'Size',
'Path':'Path',Description':'Description',
'LastModifiedTime':'LastModifiedTime',
'CollapsingStatus':'CollapsingStatus','DocId':'DocId',
'HitHighlightedSummary':'HitHighlightedSummary',
'HitHighlightedProperties':'HitHighlightedProperties',
'FileExtension':'FileExtension','ViewsLifeTime':'ViewsLifeTime',
'ParentLink':'ParentLink','ViewsRecent':'ViewsRecent',
```

```
'FileType':'FileType','IsContainer':'IsContainer',
'ServerRedirectedURL':'ServerRedirectedURL',
'ServerRedirectedEmbedURL':'ServerRedirectedEmbedURL',
'ServerRedirectedPreviewURL':'ServerRedirectedPreviewURL',
'AccountManager':'AccountManager', 'SalesRegion':'SalesRegion',
'TotalAccounts':'TotalAccounts', 'TopAccounts':'TopAccounts',
'DirectReports':'DirectReports', 'ContentType':'ContentType'
</mso:ManagedPropertyMapping>
```

有几个自定义托管属性，如 **AccountManager** 和 **SalesRegion**。在 HTML 中将其用于项
模板非常简单：

```
<!-- Account Manager -->
<span class="ReportHeading ReportText">
  Account Manager:
</span>
<span class="ReportText">
  _#= ctx.CurrentItem.AccountManager =#_
</span><br/>

<!-- Sales Region -->
<span class="ReportHeading ReportText">
  Sales Region:
</span>
<span class="ReportText">
  _#= ctx.CurrentItem.SalesRegion =#_
</span><br/>
```

为了将它们显示出来，该示例使用了一个名为 SalesReport.css 的 CSS 文件和一个新的
脚本标记，以从显示模板中对其进行调用。新的脚本标记需要添加到模板中。要添加到
<body>标记下面，第一个<div>标记上面。

```
<body>
    <script>
        $includeCSS(this.url, "./styles/SalesReport.css");
    </script>

<div id="Item_SalesReport">
```

最后，使用它需要进行结果类型的匹配，这可以很容易地配置，如图 9-13 所示。

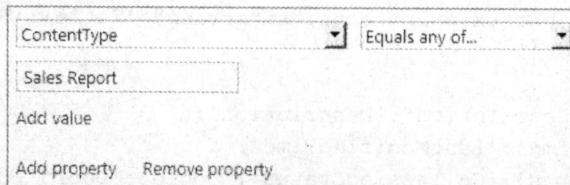

图 9-13

9.3.6　悬停面板

　　悬停面板是这个版本中令人激动的补充功能，它由另一个模板控制。悬停面板的基本理念是将内嵌元数据简化成紧凑、精简的结果，并将更为丰富的元数据和操作放入一个单独的对话框中。当用户想要了解关于结果的更多信息时，他们可以将光标悬停在这一结果上来查看悬停面板对话框，以便更彻底地探究结果，而不必再费劲地通过单击和加载文档来实现。

　　图 9-14 显示了 OOB 悬停面板对话框。

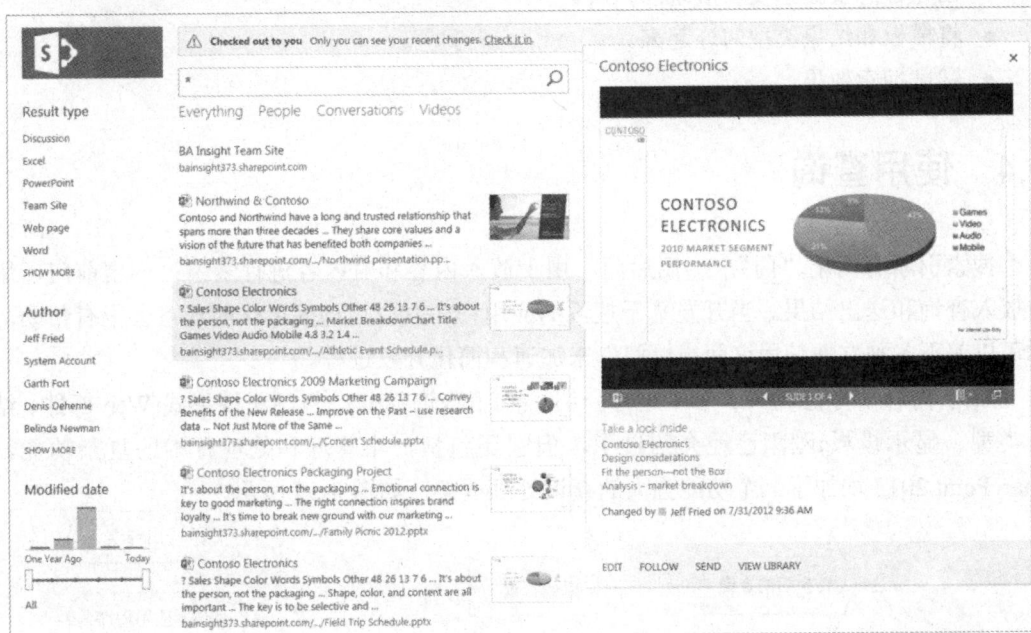

图 9-14

　　OOB 悬停面板具有预览、元数据集以及可以进行的一些操作。这个展现形式很丰富，并且把项目放入悬停面板可以使主要搜索结果保持更加洁净。

　　悬停面板可以使用结果类型来进行完全定制，就像结果模板可以定制搜索结果一样。它由自己的模板控制，但可以使用在结果模板中所描述的相同技术来对其进行定制。

　　OOB Web 应用程序查看器或预览可用于所有保存到 SharePoint 的 Office 文档。这由 Office Web Apps Server 驱动，不能用于 SharePoint 以外的内容或像 PDF 或 DWG 一样的文件格式。但通过一些定制工作，可以创建自己的预览并将它们集成到悬停面板中。

　　还可以使用 OOB 预览。很多时候你可能想要显示文档的缩放图像。GetPictureMarkup 会返回一个基于尺寸比例的图片副本：Srch.ContentBySearch.getPictureMarkup()。

　　OOB 悬停面板包含"深度链接"，是产生自文档结构的可单击的标题和题目。它们会直接将你转到文档的该标题部分。它们并非"内部搜索"，也不会获悉用户查看该文档的上下文，但其依然是一种很酷、很有用和独特的功能。

　　向悬停面板添加操作也通过 HTML 和 JavaScript 来完成。OOB 操作(关注、编辑、查看库和电子邮件)会让你拥有对基于指定结果基础的操作功能的直观感受。对这些进行定制很简单。例如,要添加"在地图上查找"的操作,只须检查元数据是否具有有效的地理坐标,并调用你喜欢的地图组件就可以了。

9.3.7 本节小结——使用结果类型和显示模板

你已经看到一些定制搜索显示的例子了。整个步骤其实很简单。

- 探明你需要放入搜索的属性。
- 创建你想要显示模板展现的外观。
- 将模板和结果类型勾连起来。
- 试试搜索效果。

9.4 使用查询

搜索引擎有两扇"门":一扇后门,用于放入内容和对内容进行索引;一扇前门,用于放入查询和送出结果。当开发基于搜索的应用程序时,这种简单化的观点会很有帮助。你可以差不多独立地使用这两扇"门"来加速和简化开发过程。

后门(内容部分)会在 9.5 节中进行介绍。前门(查询部分),包括呈现形式(Web 部件、结果类型、显示模板)刚刚已经介绍过了,但它还包括一个管理和处理查询的复杂功能。SharePoint 2013 增加了一个功能强大的查询处理框架,如图 9-15 所示。

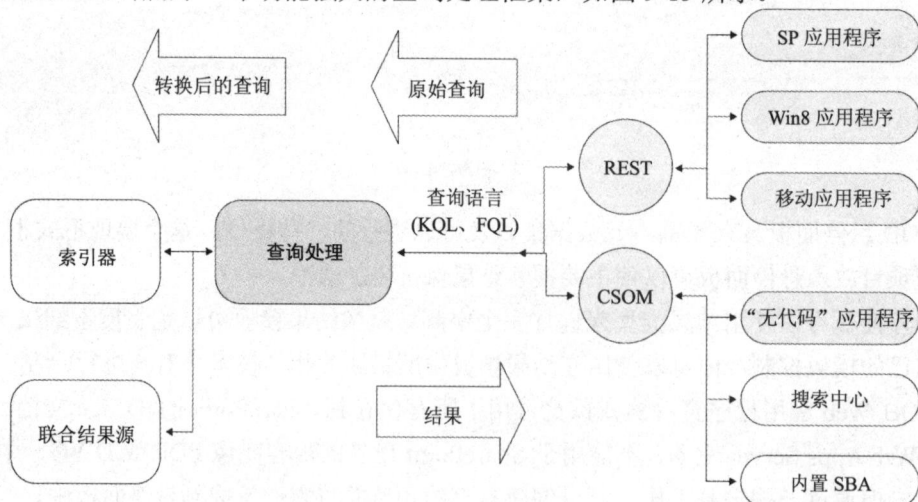

图 9-15

查询可以从许多不同的源进入查询处理组件——从内置搜索中心和基于搜索的应用程序,从你开发的程序,甚至于从任意的 URI 源(因为搜索查询"仅仅"是一个 URL,所以可以将查询 URL 视为一个链接,该链接指向解决方案中预先定义的查询)。CSOM 和 REST 的 API 就是以编程方式使用查询和查询建议的方法。

查询具有特定的语法并遵循特定的查询语言:要么是关键字查询语言(KQL)要么 FAST

查询语言(FQL)。除了完全自定义程序之外，还可以在 Web 部件、查询规则和结果源中使用这些语言来创建和修改查询。搜索方面的查询能够提供很多强大的功能，SharePoint 2013 中使用查询来定制搜索极为简单。通过学习查询语言和 API，你将会踏上创建基于搜索的卓越应用程序的旅程。

9.4.1　查询处理

查询的处理过程隐藏在搜索引擎表面之下，那里有非凡的查询处理工具。深入到引擎表面之下，查询会在多个步骤的数据流动中进行处理。这些数据流动开发人员是看不到的，但你基本上可以在 SharePoint 2013 中完成你想要通过查询 API、查询语法和查询规则来完成的任何工作。

如果你熟悉 SharePoint 2010，则可将查询处理想象成搜索范围、联合位置和最佳匹配的演化。然而，在 SharePoint 2013 中，由于支持结果源、查询规则和结果块，上述三项都废弃了。

- **结果源**——通过为最终用户将额外条件应用于搜索查询，使你能够将搜索集中到组织里所有访问信息的子集中。因此来说，结果源听上去更像是 SharePoint 2010 的搜索范围。这里的关键区别是 2013 中启用的额外条件能做更多的事情，超越了 2010 所能做的。SharePoint 2013 配备了健壮的查询生成器，能够基于用户、搜索页面 URL(或里面的任何参数)、网站或当前日期来应用查询条件。结果源还可以用于从远程内容中返回结果，比如，从 SharePoint 2010 中的联合地点返回结果。
- **查询规则**——允许查询的条件转换和基于自定义逻辑的结果(这些在较早前介绍新的结果框架时有提及)。想象一下你想要简化组织的搜索预算电子表格。使用查询规则，你可以输入简单的搜索查询(例如，某预算电子表格项目)，在后台该请求会转化为更复杂的东西。查询规则可能会识别出搜索查询中的预算术语和电子表格，然后重写该查询，以便文档内容类型必须为预算，文件类型必须为 Excel，文件内容必须匹配你在搜索关键字中指定的项目名称。此外，结果会按照最近修改过的文件顺序进行时间排序，以确保首先返回最新的信息。值得注意的是，用于结果源的查询生成器功能也可用来作为定义查询规则条件或转换用户查询的工具。
- **结果块**——使用相同结果模板的相同类型的结果组，在前一节中讲述过。来自给定内容源的所有结果会共同呈现在一个结果块中。例如，"最佳匹配"结构是由一条查询规则来处理的，会提升指定项以及一个相关的结果模板。

查询处理包括许多获悉查询背后意图的技术和改写查询以更接近匹配意图的机制。用户输入的查询往往比较短(每个查询平均 2.4 个单词)，但在很多应用程序中你可能需要创建不要求用户输入任何内容的查询(这有时称为零术语搜索)。但有许多信息和上下文可供使用，包括以下几种。

- **查询的初始来源**——例如，如果你从公司服务台内网网站中运行搜索，想要寻找一些常见问题解答、操作指南或请教 IT 专家。要创建更有针对性的结果，可以使用专门的结果源(类似于你可能会在 SharePoint 2010 中使用搜索范围)。

- **谁发起的查询**——如果你身处美国并且正在搜寻员工福利计划，那么你应该寻找的是美国的员工福利计划而非加拿大或英国的。为了处理此类问题，查询规则可能更偏向于来自用户的区域设置的结果，或完全筛选掉其他结果。
- **查询中的哪些概念或实体可以识别**——例如，如果你正在寻找一个支出报表，搜索引擎可以返回 Excel 电子表格、InfoPath 表单或 Web 页面，这使你能够直接获得支出报表的文档(而不是一组已经创建的支出报告数据)。

9.4.2 预定义查询链接

一件重要的事情是要明白查询只是一个链接。下列 URL：

```
http://server/site/_api/search/query?querytext='trombone'
```

是一个搜索查询，面向 REST API 的用法是：

```
http://server/site/_api/search/query?querytext='trombone'&sortlist=
    'LastModifiedTime:descending,Rank:ascending'
```

这是一个带有两级排序的相同查询。

如果你想要了解指定搜索的工作原理，查看所涉及的 URL 就很有帮助，因为其搜索参数一目了然。

使用搜索的一个简单技巧是，简单地复制你想要的查询的一个 URL 并将它另存为一个链接。接下来该链接会运行查询并给出结果。可以将此作为一个静态链接、用作收藏的链接、放进程序中等。

9.4.3 使用 REST 和 CSOM 来查询搜索

SharePoint 2013 有两个 API 可用于查询：客户端对象模型(CSOM)和 REST API。可以将这二者之一和任意语言一起使用。然而，大家通常很自然地会将 JavaScript 和 REST 接口一同使用，而将托管代码(如 C#)与 CSOM 一同使用。

1. 同时使用 REST API 与 JavaScript

如前所述，REST API 采用了搜索 URL 的形式，如：

```
http://server/site/_api/search/query?querytext='{KQL Query}'
```

有了 JavaScript，就可以使用带有 HTTP GET 的 URL，并通过 JSON 获得结果。整个操作只需一个简单的 ajax 调用：

```
$.ajax(
        {
            url: Results.url,
            method: "GET",
            headers: {
                "accept": "application/json;odata=verbose",
            },
```

```
            success: Results.onSuccess,
            error: Results.onError
    }
 );
```

可以将 REST API 与托管代码一同使用，包括 C#；不过，托管代码的工作会略多一些。这里还看不到代码，但后面会有一些来自 MSDN 的示例代码。

REST API 有用于搜索的三个调用，如表 9-1 所示。

表 9-1　REST API 的搜索调用

方　　法	REST URL	说　　明
query	http://host/site/_api/search/query	• 使用 HTTP GET • 用于检索搜索结果

postquery	http://host/site/_api/search/postquery	• 使用 HTTP POST
		• 用于使用比 "query" 支持的长度
		  还要长的 URL 来检索搜索结果
		  (>query 支持的 4096 个字符)

suggest	http://host/site/_api/search/suggest	• 使用 HTTP GET • 用于检索查询建议

如果你在 SharePoint 2010 中经常使用查询 Web 服务，那么你需要知道它已经弃用了，取而代之的是 REST API。该 SOAP Web 服务使用 search.asmx 页面，只有在 "14 模式" 中运行它才可以使用。

2. 同时使用 CSOM API 与 C#

要同时使用 CSOM 与 C#非常容易。创建一个客户端上下文，并指定网站和查询字符串：

```
ClientContext cctx = new ClientContext("http://site");
KeywordQuery query = new KeywordQuery(cctx);
query.QueryText = "{KQL}";
```

然后执行该查询的是一个 CSOM 调用，如下：

```
SearchExecutor executor = new SearchExecutor(cctx);
ClientResult<ResultTableCollection>results=executor.ExecuteQuery(query);
cctx.ExecuteQuery();
```

结果会出现在一个可重复使用的表中：

```
ResultTable result = results.Value[0];
foreach (var r in result.ResultRows)
{}
```

也可以将 JavaScript 用于 CSOM；虽然它只适用于 SharePoint 托管的应用程序。如果是自托管的(运行远程应用程序)，那么推荐将 C#与 CSOM 一同使用。

与 REST API 一样，CSOM 使你能够获取查询建议和搜索结果(可以获得查询前建议或查询后建议)。

9.4.4 搜索查询语法

REST 和 CSOM API 是提交查询的方法。但查询字符串中需要放入什么？查询字符串是放置操作的位置，而且了解语法十分重要。

来自查询客户端的查询请求通常包含以下几个主要部分。

- **用户查询**——这由用户在用户界面输入到查询框中的查询词所组成。大多数情况下，用户只须输入一个或多个单词，但用户查询也可以包含特殊字符，如"+"和"-"。用户查询通常会被视为一个字符串，由接口上的查询客户端以透明的方式进行传递。
- **属性筛选**——这些是由查询客户端添加到查询的用以控制结果集范围的额外条件。其中会包括各种限制结果的筛选器，如创建日期、文件类型、编写语言或任何与索引项相关的其他元数据。
- **查询功能与选项**——这些是额外的查询参数，用于指定查询如何执行和查询结果如何返回。其中包括语言选项、精简选项和关联选项。

SharePoint 2013 中的搜索支持两种搜索语法类型以用于创建搜索查询。

- **关键字查询语言(KQL)语法**——这是用户会通常看到的语法。SharePoint 2013 中的 KQL 是 SharePoint 2007 和 SharePoint 2010 KQL 的延伸版，添加了一些额外的功能。
- **FAST 查询语言(FQL)**——功能更强大、更复杂的语法，适合编程查询的创建。FQL 是 SharePoint 2010 的 FAST ESP 和 FAST 搜索的延伸版；但是，在 SharePoint 2013 中 FQL 的运算符和功能开放得很少。

可以在 SharePoint 2013 任意版本上用这两种语法中的任意一种来创建查询。

在 SharePoint 2007 和 2010 可用的 SQL 语法已经无法使用了。如果你有使用了 SQL 搜索查询的应用程序，那么它将不能在 SharePoint 2013 中运行。你能用 SQL 做的一切事情，现在都可以通过 FQL 查询做到，但需要用新的语法重写查询。

1. KQL

关键字可以是单词、短语或前缀。其形式有简单化的(比如，OR 也可用来搜索)、包括的(必须存在——例如，用"+"表示的 AND)，或排除在外的(必须不存在——例如，用"-"表示的 AND NOT)。

属性筛选器为你提供了一种方式，以便缩小基于托管属性的关键字搜索范围。这些可用于参数搜索，以允许用户在一组托管属性值上指定约束条件来制定查询。例如，查询具有多个参数的葡萄酒 { Varietal: Red, Region: France, Rating: ≥90, Price: ≤$10}，使用属性筛选器很容易实现，使用精简器也易于进一步筛选。

KQL 支持在同一查询内使用多个属性筛选器。可以使用相同属性筛选器或不同的属性筛选器的多个实例。当使用相同筛选器的多个实例时，它意味着 OR；例如，author:"Charles Dickens" author:"Emily Bronte"，会返回包含其中一个作者的结果。当使用不同的属性筛选器时，它意味着 AND；例如，author:"Isaac Asimov" title:"Foundation*"，只会返回两者都匹配的结果。属性筛选器还使你能够合并重复项；例如，duplicate:http://<displayUrl>要求为指定 URL 显示(否则会折叠)合并项。

　　KQL 在 SharePoint 2010 中得到了增强，以支持通配符后缀匹配、查询词分组、圆括号和如 AND、OR 和 NEAR 一样的逻辑运算符。在 SharePoint 2013 中，KQL 唯一增加的是排名。动态排名运算符(XRANK)现在可用于 KQL，还有不久就会提供的 WORDS 运算符。KQL 语法请参考 http://msdn.microsoft.com/en-us/library/sharepoint/ee558911.aspx。

　　搜索查询语法一般比较简单，但也有几个棘手的问题需要提防。首先，因为整个查询就是一个字符串，所以属性筛选器一定不能有空格。author:"John Smith"这个查询不会返回与查询 author: "John Smith"(冒号后带有空格)相同的结果。相反，它会返回包含"John Smith"的结果项，且其作者为空。第二，查询是全字匹配的，所以可能会漏掉一些内容。比如，查询"northeast sales pptx"将不会匹配 Office 2007 文档，因为其文件的扩展名是 ppt。最后，有许多运算符和参数看起来没有明显用处，直到你获得了使用它们的一些经验后才会显得有用。

2. FQL

　　FQL 用于编程式创建查询。它是一种结构化的语言，并不会向最终用户开放。FQL 拥有比 KQL 更多的运算符，并有一套修改运算符的参数。和 KQL 一样，可以使用属性，但可以用它完成更多的工作。FQL 查询的基本语法如下所示：

```
[property-spec]:operator(operand [,operand]* [, parameter="value"]*)
```

　　除了 KQL 的运算符之外，FQL 还提供了许多附加运算符、更多的通配符功能以及更多关联控件。运算符包括：
- 数值运算符(FLOAT、INT 和 DATETIME)
- 强运算符(WEIGHT、WILDCARD 和 MODE)
- 边界匹配(STARTS-WITH，ENDS-WITH 和 EQUAL)
- 更多的通配符选项("?"和"*"后缀以及"?")
- 查询运算符的复杂组合，如嵌套的布尔运算符

FQL 语法允许嵌套的表达式，因此可以使用其他运算符来包含查询。例如，如果想要把项限制为特定语言，就可以完整保留原始查询表达式并使用：

```
and(filter(languages:or("en", "de"))),
    <your query expression>)
```

要将结果限制在特定的价格范围，可以使用：

```
and(price:range(100, 200) <your query expression>)
```

FQL 向开发人员敞开了搜索操作的整个世界。完整的功能集太长，不能全部在本书中介绍，但你可以参考 FQL 语法的文献，网址是 http://msdn.microsoft.com/en-us/library/sharepoint/ff394606.aspx。

3. 使用查询的相关影响

很奇怪，似乎有很多范围重合的查询运算符(如 OR、ANY)和 WORDS。这是由于需要相关性控制。有些时候你想要以不同的方式影响相关性，这可以通过在查询中选择运算符和排名配置文件规范来达成。

例如，WORDS 运算符以与同义词相同的方式提供排名。例如，以下查询：

```
WORDS(Dog, Mutt, Cur)
```

会按照查询检索相同项：

```
Dog OR Mutt OR Cur
```

但排名会对 WORDS 示例进行计数，这样如果一个文档出现了 4 次 Dog、3 次 Mutt、两次 Cur，则会将该文档按照出现 9 次 Dog 的数据来进行排列，这一数字高于使用 OR 示例的排名。

FQL 中的 STRING 运算符允许你明确地将排名权重用一个术语来表达，以对运算对象进行强调，否则它会"消失"在大量的结果中。

```
string<"operand">[,weight=<value>]
```

下列查询：

```
or(string("Linq", weight=200), jquery, ajax)
```

可以找到关于 Linq、jQuery 或 Ajax 的文件，但会特别强调 Linq 文件并把它们放在结果的顶部。

4. XRANK

使用查询更改相关性是一种非常强大的技术，使你能够轻松地创建搜索体验，以搜索一个用户账号的上下文、偏好和选择。你可能想要包含偏差结果，例如，根据用户所选作者的选择，但不完全筛选掉其他项。不同于精简器，这种技术有时称为使用影响器。

可以在查询时使用 XRANK 运算符以得到排名的详细控制。

```
xrank(<match expression> [, <rank-expression>]*, rank-parameter[,
rank-parameter]*)
```

XRANK 可用于 SharePoint FAST 搜索，但在 SharePoint 2013 中其语法稍微有一些改变。

XRANK 和 WORD 现在都可用于 KQL 和 FQL 查询。这使得采用最终用户的查询并为排名控制添加一个 XRANK 运算符变得简单直接，而无须将它重新格式化为 FQL 语法。

例如，如果想要增加对 Diane Talbot 或 Mary Baker 这两人中任何一人的查询结果。使用 XRANK，将构成此查询：

```
xrank("SharePoint 2013 Development", person:"diane talbot", person:"mary
baker"),nb=1.5)
```

不仅用于全文索引，还可以将 XRANK 用于托管属性。使用一组参数，就能以各种不同的方式来影响排名。

5. 使用查询定制的示例

本节会通过几个简单应用程序的例子来显示如何应用查询定制。

1) 图片搜索示例

例如你希望实现一个图片搜索，如果这些图片位于图片库中且与查询匹配，就会显示出来。只须使用带有属性筛选器的 KQL 查询即可实现：

```
{query-string},
isDocument:1, ContentClass:STS_ListItem_PictureLibrary
```

在这种情况下，这些属性是内置的托管属性。isDocument 表明不论此项是否是一个容器(类似于文档库中的文件夹)，isDocument:1 都会告诉搜索不用返回文件夹。ContentClass 描述这是什么样的内容，且在这种情况下你只需要得到图片库中的图片。

学习和使用查询定制的一个伟大之处就是它可以轻松地应用。在该示例中，可以将属性筛选器指定为查询的固定部分，这样只须通过简单地配置搜索结果 Web 部件即可。此应用程序的最后定制是创建格式化搜索结果的 XSLT，以在吸引人的用户界面中显示图片和图片的元数据。

2) 主题页面示例

可以使用类似的方法创建主题页面，搜集围绕特定主题的内容，即使该内容在不同的网站集甚至是在不同的服务器场中。下面的 KQL 查询：

```
{topic-query-string},
isDocument:1, ContentClass:STS_ListItem_DiscussionBoard
```

会处理任何讨论板中的项。对于主题页面，一项有用的技术是让整个查询成为一个固定查询，且允许页面加载事件，其可以加载 Web 部件、发起初始查询。修改内容查询 Web 部件以使用企业搜索查询和格式并显示企业搜索结果简单易行。就该主题有几篇博文和商业 Web 部件可用于执行此操作。

9.4.5　查询生成器

SharePoint 2013 提供了一个新的工具，可帮助用户直观地生成复杂查询，这就是查询生成器。当有一个选项来操作或转换搜索查询时，查询生成器会一直显示在管理界面(如

图 9-16 所示)中。它存在于几个地方——在查询规则配置、结果源配置和 CSWP 中都能见到。这意味着复杂的查询将更为常见，因为它们可以来自于程序、高级搜索或查询生成器。查询生成器的使用很普遍，例如，当你编辑查询规则或结果块时。它会向你显示结果，包括精简器和排序，让你可以使用它来测试查询。

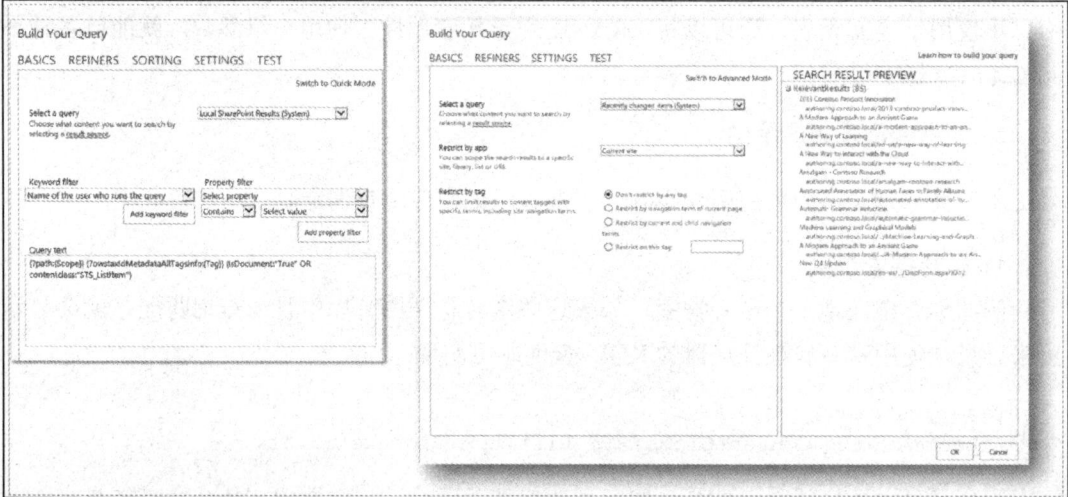

图 9-16

对于开发人员来说，通过查询生成器来测试查询很有用，但往往也有不足之处。Codeplex 上有一个很不错的独立查询测试工具可用，网址是 http://sp2013searchtool.codeplex.com。如图 9-17 所示，此工具为搜索查询提供了对许多不同标记和选项的精确控制，让你可以在工具中看到结果、精简、查询建议以及更直观的效果。这是一个方便的实用程序，如果你使用复杂查询进行开发，将会大量地使用它。

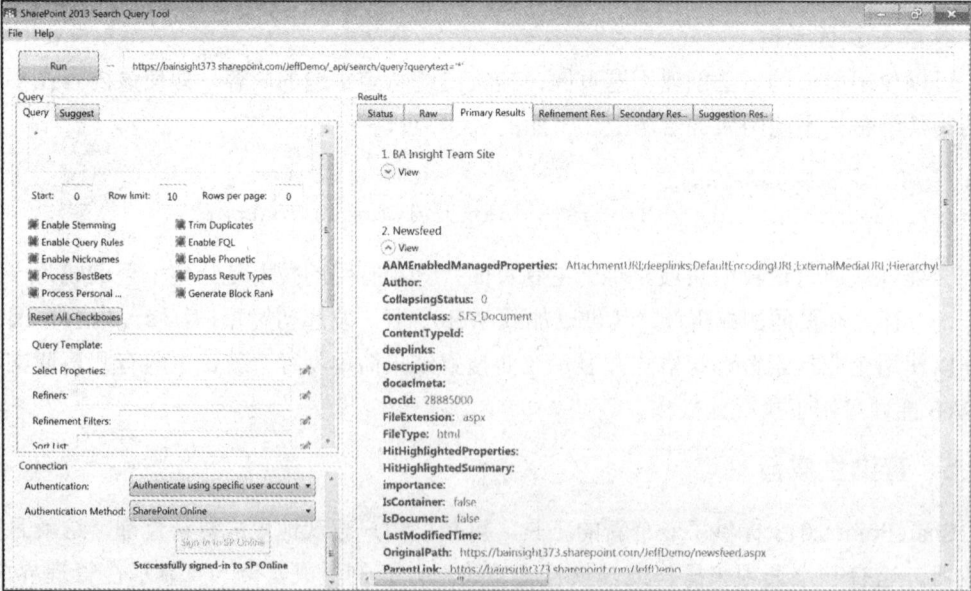

图 9-17

9.4.6 查询规则

查询规则是 SharePoint 2013 的一项新功能，其旨在使查询处理变得更加容易。查询规则有一些局限性：比如，你不能从查询规则中调用外部程序。但它们确实很有用，且不太复杂。它让你有权访问大量上下文，可以推断出一个查询的意图。让你可以对查询处理进行诸多控制——它如何扩展或重写，应用了什么结果源等。你可以轻松控制结果的显示方式，前面已经介绍过了。

在查询规则中，可以指定条件和相关操作。在规则中指定的操作会更改搜索结果；比如，缩小结果范围，选择一个特定的结果源，或更改结果中的显示顺序。假设你有一个内网网站，公司的所有事件都保存在该网站的一个作为目录共享的库中，并且你想要促成某特定研讨会。为了实现此目标，要创建一个查询规则，当有人搜索研讨会或事件时，该查询规则就会将这一事件提高到搜索结果的顶部。

SharePoint 2010 中有一些处理查询的功能，如应用于同义词的关键字功能、最佳匹配和强化/弱化；现在这些全都被查询规则所取代了。当你对这一新功能变得熟悉时，你会发现你能创造奇迹。

1. 查询规则框架

查询规则框架功能非常强大，但也容易理解。如图 9-18 所示，其配置 UI 阐释了这一框架的主要部分。还可以通过 PowerShell 来配置它们。

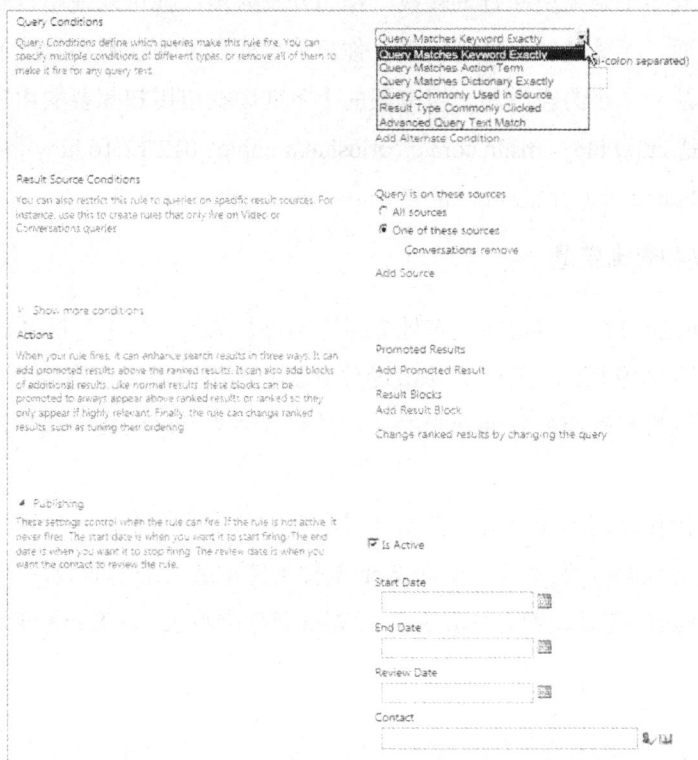

图 9-18

查询条件覆盖从简单的规则(查询包含特定单词),更复杂的规则(某特定源中常见的查询),到能匹配一组术语、一本词典、常规表达等的高级规则的范围。

结果源条件控制查询应用的位置(在本章后面会介绍);简而言之,它们是被搜索的系统或内容类型。这允许你可以根据查询条件,把查询导向不同的源。

查询操作控制在满足条件时会发生什么。这使你可以通过更改查询来添加结果或结果块,并控制排名或查询处理过程。查询过程有三个主要部分。

- **强化结果**——可以指定返回操作是否应该被视为超链接(表现为最佳匹配),或者是完全格式化的 HTML 块(表现为 FAST 搜索的视觉最佳匹配功能)。

- **结果块**——如本章前面所述,结果块本质上是一个显示在一起的结果集;根据需要,不同的查询条件可以用于多个结果块中的每一个。

- **通过更改查询来更改结果排列**——这有时称为查询重写,用途很大。可以向查询中添加或更改术语。通过使用 XRANK 还可以变更结果排列而无须更改输出的结果。例如,如果条件满足规则,则可以指定数值来提高其结果的相关性排列。

可以使用发布来控制应用规则的时间。例如,一段有限时间内的优惠注册可以通过可视化的最佳匹配获得强化——但它只会在注册期间生效。

查询规则通常简单而直观。但它们也可以变得相当复杂,因为可以有多个查询条件、多个结果源,以及多个结果块和查询转换。作为开发人员,你可以使用查询规则来创建一些令人激动的东西,尤其是结合显示模板。你将使用的技术往往是启发式的——查询处理的秘诀就是试图从一个小的查询和一组有限的上下文中找出用户想要的内容。有一些启发式的例子,网址是 http://blogs.msdn.com/b/carloshm/archive/2012/12/16/how-to-use-query-rules-and-display-templates-todetect-the-intent-of-your-users.aspx。

2. 查询转换和查询变量

在 SharePoint 2013 中,可以在很多地方对查询进行修改。其中包括 Web 部件、查询规则和结果源,如图 9-19 所示。每一个修改的位置都允许用户启用查询生成器。每一个修改的位置都会对查询进行转换。查询规则的转换是有条件的,这取决于该查询本身和许多其他上下文变量。

查询条件和操作之间的交互通过查询变量来完成。有许多查询变量可以被 Web 部件、查询规则或自定义代码修改。例如,搜索 Web 部件可能配置有静态查询库。用户输入 laptop 会将 searchBoxQuery 变量设置为"laptop",而 Web 部件会将 searchTerms 变量修改为"laptop store"。

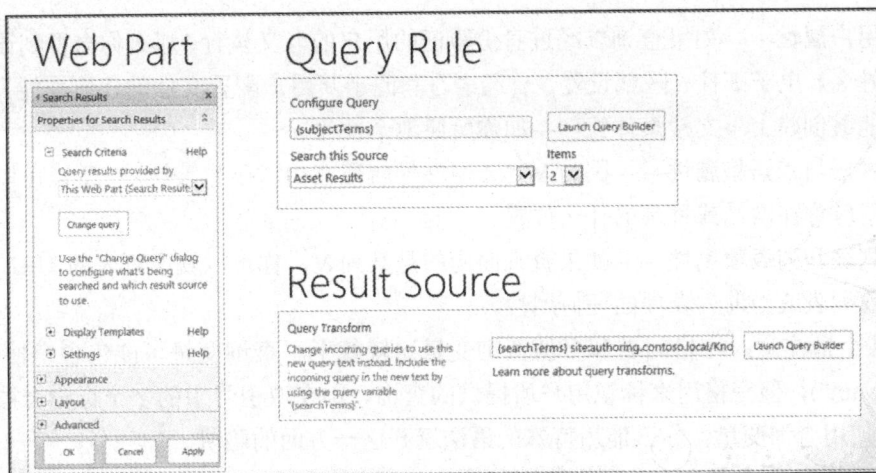

图 9-19

查询规则会修改这些查询变量。其可直接用于选择结果源。例如，此查询规则会选择产品结果源(假设用于在线购物网站)：

```
searchTerms := {searchTerms} site:…
result source := Product Results
```

假如你有一个如下查询规则：

```
Matches Action Term ProductType
    actionTerms := match
    subjectTerms := remainder
```

且有一个术语集 ProductType，其中包含各种产品，也包括笔记本电脑。查询 Laptop battery，需要将 actionTerms 设置为 Laptop，subjectTerms 设置为 battery。该查询操作如下：

```
Result Block with
  {subjectTerms}
  contenttype:{actionTerms}
from Product Results
```

该查询会选择 Laptop 结果模板并将 contenttype 设置为 battery，并触发一个定制的显示结果，如 9.3.4 节所示。

查询变量涵盖范围广泛，为开发人员提供了强有力的功能。可以控制查询规则之间的交互(停止/继续)，并引导面向 Web 部件的操作(这在 CSWP 中尤为明显)。当你开始创建更为复杂的查询操作或结果模板时，有许多能够提供上下文的查询变量可用，包括以下几个。

- **网站和网站集属性**——URL、网站的 site.ID 以及实质上来自于发出查询的网站的任何属性，都和查询变量一样可用。
- **页面、查询字符串和请求属性**——URL 会自动解析成查询变量。还可以获取发出查询的页面 URL 和页面上的字段，以及获取该页面的使用情况分析。

- **用户属性**——如果查询以经过身份验证的用户的名义执行，那么你会得到该用户的姓名、电子邮件、区域设置、首选语言和源于其用户配置文件的任何属性。这使你能够创建上下文搜索体验——如你所愿地个性化。
- **术语与术语集属性**——因为 WCM 网站导航现在由术语库来控制，所以可以借此来了解你在网站或目录的什么位置。
- **列表和列表项属性**——如果查询面向的是某列表，你可以获取列表的 URL 以及当前列表或当前列表项的任何属性。

语法上请注意：空格问题和多值查询变量比较棘手。查询变量可能包含空格(例如，"Mark Twain")，但空格用来标记用户所提供的查询。不在双引号中的多个标记会被认定为 OR 值。使用查询变量，你就能用特殊的语法避开这一方面的陷阱。

- 当拼接多个值时，可以使用转义符。例如：customProperty:"{\User.Name}；{\User.ZipCode}"将变成 customProperty："Mark Twain;90210"。
- 一些查询变量可能会返回多个值；应该显式使用 OR: {|ManagedProperty:{QueryVariable}}。多值变量仅在托管元数据类的栏间用 OR 才能正常使用，且不能使用 AND，只能使用 OR。

3. 本地化结果示例

你可能希望对每个用户的部门和办公室显示个性化的结果。寻找餐厅菜单的人最有可能希望看到她工作的写字楼供应什么午餐。

这可以通过使用查询变量来完成，特别是要着眼于用户配置文件中的字段(来自 SharePoint 配置文件库)。{User.LCID}将会是用户配置文件区域设置的数值，可以将此作为查询中的筛选器来使用。

这样做的查询规则条件很简单(Lunch_Topic 包含一组同义词术语和标记区域设置 ID 的内容)：

```
Matches Lunch_Topic Exactly
    searchTerms := all
        location:{User.LCID}
```

要强化结果，需要略微多一点的技巧。例如，财务部会想要看到前面有"finance"字样的结果。

然而，这种情况下你不会只想在查询中添加"财务"这一术语。通过添加"AND finance"将删除很多想要的结果；通过添加"ORfinance"只会返回匹配"finance"一词的结果，这并非他或她在想要的查询结果。

可以使用查询规则来选择带有排在其他类型前面的特定内容类型的结果源(如 Excel 文件)，或使用查询操作来强化特定的文件类型。使用这两者之一就足够了。但是，还可以使用代码来将 XRANK 应用到更改结果的相关性排名中。以下查询：

```
XRANK(query-string,"finance")
```

会实现想要的效果。只会返回匹配 query-string 的结果，但是那些包含 "finance" 一词的结果将显示在列表的最上面。XRANK 可以应用于属性，也可用于允许显式强化参数。

4. 本节小结——使用查询

搜索的查询部分有强大的功能，SharePoint 2013 中带查询的定制搜索非常简单。理解基本的查询语法(KQL 和 FQL)十分重要，因为你需要修改 Web 部件、查询规则、结果源，以及完全自定义的程序。CSOM 和 REST API 是以编程方式来使用查询和查询建议的方法。还可以将查询 URL 作为解决方案设置的固有查询的链接。

9.5　使用内容

有两种方式来将内容放入搜索应用程序中：索引和联合。这两者在 SharePoint 2013 中都显示为结果源；不过，其机制却完全不一样。索引涉及内容爬网，对内容进行语言处理和充实内容，然后创建一整套复杂的内部数据结构(称为索引)来优化检索。索引作为一组索引分区保留在服务器场内，并与查询进行匹配。联合会将查询发送到其他搜索实例(SharePoint 搜索或其他形式)，也可能发送到多个搜索实例，然后合并结果。

作为开发人员，你会发现使用这两种技术的理由。本节的其余部分，会带你了解使用结果源进行索引、内容处理和使用结果源的联合。

9.5.1　内容捕获——爬网和连接器

搜索引擎的 "后门" ——内容面——和查询面一样重要。内容捕获是搜索的根本。如果不经过爬网和索引，你根本就找不到它！

往往仅通过带来额外的内容，你就可以很快得胜任所有的搜索项目。典型企业有数百个资源库，这些资源库有几十种不同类型的内容，安全方便地访问这些内容就成为一个大问题——如今使用搜索就可以轻松解决该问题。在直观的 UI 中桥接内容库是许多搜索应用程序的一个主要优点。

SharePoint 2013 的搜索可以从任何地方获取内容，而不仅仅是从 SharePoint 中。这通过一套预先创建的连接器来支持，再加上一个框架和一组工具，就可以让你创建和管理连接，以便访问你想要的任何资料源。已经有一套丰富的合作伙伴建立的连接器可供选择，作为开发人员，你可以轻松地使用这些连接器或新开发自己的连接器。

1. 爬网和连接器基本原理

连接到内容源、对它们进行爬网以获取内容并使该内容具有可搜索性，这些过程比大多数人想象的要复杂得多。这也是 SharePoint 2010 最难于处理的领域之一。

爬网所涉及的主要步骤如图 9-20 所示。连接器会建立对特定内容源的安全访问(通常在只读基础上)。要编制索引的所有内容会从源系统中提取，元数据字段会映射到已爬网的属性。第一次爬网(称为完全爬网)最艰巨。要枚举所有内容、提取它并映射它(如果内容较多,就会需要很长时间,尤其是因为这一目标通常需要对源系统没有操作影响)。随后的爬网(称为增量爬网)只提取自上次爬网以来更改的信息——通常是完全爬网的一小部分。

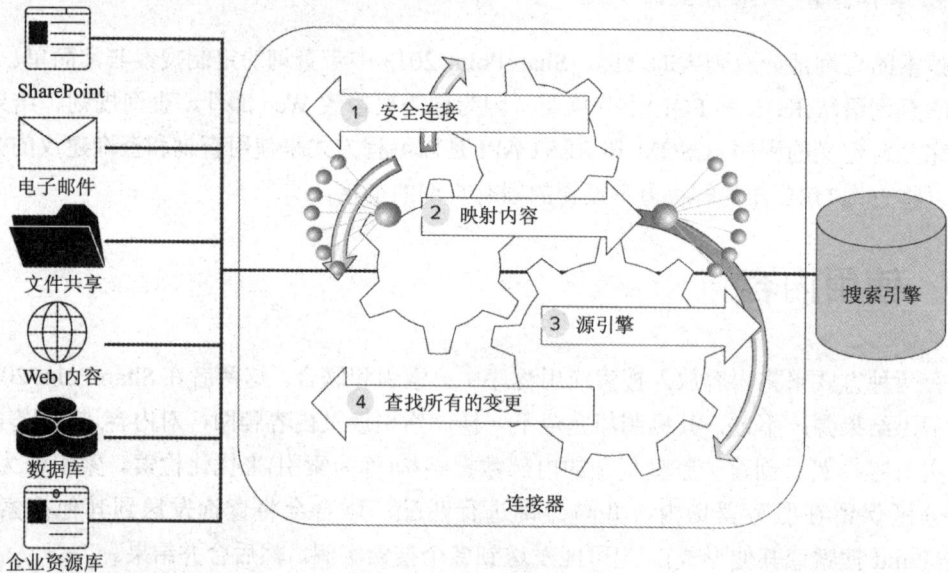

图 9-20

这个基本过程是所有搜索引擎的标准。不同搜索引擎之间的不同因素是:

- 不同源系统的预建连接器的数量和范围
- 对不同安全模型的支持(这可能会很复杂)
- 吞吐量(每秒处理的文档数)
- 滞后时间(新鲜度——从内容更改的时间到它可搜索的时间)
- 健壮性和容错能力
- 管理的难易程度
- 扩展连接器和构建自定义连接器的机制和工具

尽管大多数连接器是由微软的伙伴提供的,而不是微软;但是 SharePoint 2013 在以上方面都很强大。

2. 使用开箱即用的连接器

SharePoint 2013 支持多个爬网组件、爬网数据库和内容源,如下所示。有许多连接器包括开箱即用的连接器。

- **SharePoint 连接器**——使用最广泛的连接器。支持在较旧版本的 SharePoint 以及 SharePoint 2013 上进行爬网。现在它具有连续爬网功能,提供极大的新鲜度。
- **Web 爬网器(HTTP)**——用于获取网站内容(内部和外部)。
- **文件系统爬网器**——支持多种文件系统类型。

- **业务数据连接(BDC)框架**——创建新连接器的主要方式。

SharePoint 2013 还包括几个建立在 BDC 框架基础上的 OOB 连接器：

- 分类连接器(连接到 MMS)
- 个人配置文件连接器
- Exchange 公共文件夹连接器(不访问私人邮箱)
- Lotus Notes 连接器
- Documentum 连接器

不同的 OOB 连接器和连接器框架的功能如图 9-21 所示。

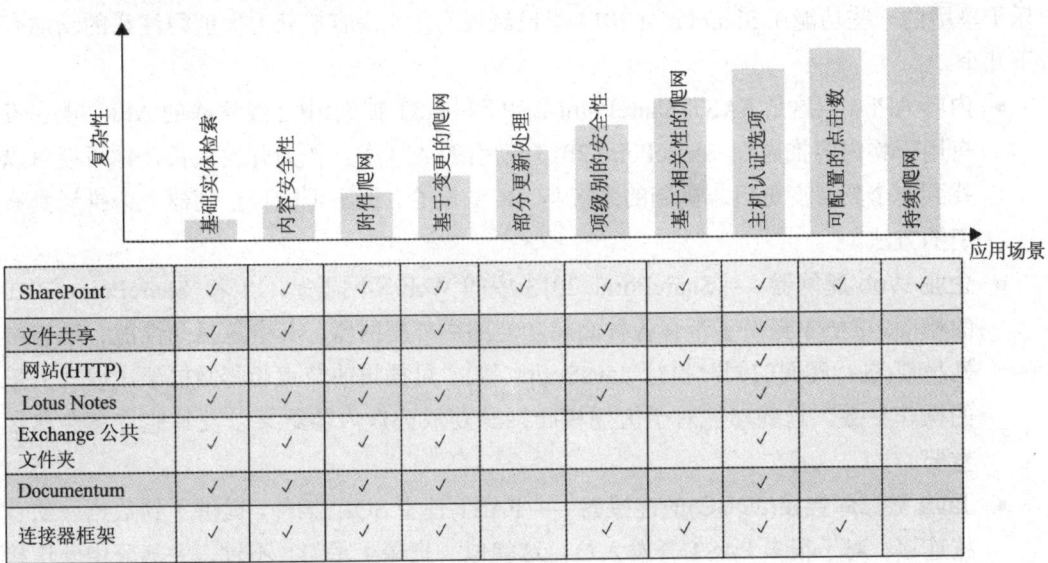

	基础实体检索	内容安全性	附件爬网	基于变更的爬网	部分更新处理	项级别的安全性	基于相关性的爬网	主机认证选项	可配置的点击数	持续爬网
SharePoint	✓	✓	✓	✓	✓	✓	✓	✓		✓
文件共享	✓	✓	✓	✓		✓		✓		
网站(HTTP)	✓		✓				✓	✓		
Lotus Notes	✓					✓		✓		
Exchange 公共文件夹	✓	✓		✓				✓		
Documentum	✓	✓	✓	✓						
连接器框架	✓	✓	✓				✓	✓	✓	

图 9-21

　　大多数连接器基本上和 SharePoint 2010 的连接器相同。BDC 框架和爬网器基础架构也基本上和 SharePoint 2010 的相同——这是一个例外，因为 SharePoint 2013 搜索的其余部分几乎都是全新的。不过，有几个显著的变化。

- **连续爬网(SharePoint 连接器)**——以前，SharePoint 爬网可能仅有几分钟的新鲜度(延迟)，即使使用增量爬网。因为爬网也需要进行备份，所以有一些情况下新鲜度可能会猛增到几小时。因为连续爬网解决了此问题，实质上由子线程根据需要进行爬网，所以内容会更加新鲜(数十秒)并且能持续保证该新鲜程度。
- **HTTP 匿名爬网(Web 爬网器)**——SharePoint 2010 使用了搜索账户来登录网站，这妨碍了很多人对 SharePoint 网站、公共网站和其他类似网站进行匿名爬网。SharePoint 2013 如今提供了轻松的方式来执行该任务。
- **异步 Web 部件爬网(Web 爬网器)**——异步加载 Web 部件的 SharePoint 网站(它大大加快了页面的首次显示)为 SharePoint 2010 爬网带来了一个问题，且搜索会向这些网站提交不完整信息作为结果。在 SharePoint 2013 搜索中，爬网器如今可以获得页面的完整呈现从而为可对其进行索引。这并不适用于所有的异步页面，只对大部分开箱即用的 Web 部件内容起作用。但它解决了这一方面的绝大多数问题。

- **通过 BDC 声明支持**——对于开发人员，连接器最重要的变化在于安全性。SharePoint 2010 基于 BDC 的连接器框架只提供 AD ACL，而 SharePoint 2013 现在支持声明了。还有一个新的安全调整界面用于处理复杂的安全场景，稍后将对其进行介绍。

3. 移除了 FAST 连接器

在这方面，使用 SharePoint FAST 搜索的人会注意这一显著变化。遗憾的是，FAST 用户乐于享用的一些功能在 SharePoint 2013 里已经没有了。内容捕获方面值得注意的功能有以下几个。

- **内容 API**——这是 FAST(SharePoint ESP 和 FAST 搜索)中已经移除的 API。现在没有用于将内容推送到 SharePoint 2013 索引的 API 了。作为开发人员，你可能可以找到一个具有变更日志机制的系统与 BCS 配合，但不可能真正创建一个推送到索引的方法。

- **企业 Web 爬网器**——SharePoint 2013 中的 Web 爬网器基本上和 SharePoint 2010 的相同。FAST 提供了带有各种高端功能的额外爬网器。其中包括高性能、动态网站呈现(进行爬网的同时执行 JavaScript 等)、可插拔的节点和爬网框架，以及大量的操作参数。这些功能对于大规模爬网、获取公众内容结果以及其他方案会非常重要。

- **Java 数据库连接(JDBC)的连接器**——FAST 使用 SQL 插件，提供了到数据库的直接连接；对于很多 FAST 开发人员，这就似一把瑞士军刀。不过，大部分由此连接器支持的方案都可以通过 BCS 来支持。

- **Lotus Notes 连接器**——Microsoft SharePoint 2013 中有一个可用的 Notes 连接器，与 SharePoint 2010 的相同。FAST 为 Notes 提供了高端连接器，能够处理动态安全、更改元数据并以更高的性能来运行。

这些差距很多都通过微软合作伙伴的软件来弥合。

4. 索引变化改进了内容捕获

SharePoint 2013 的核心索引引擎产生了根本性的变化。索引器拥有了更高的性能，较低的延迟，并且更加稳健。索引过程对于开发人员是不透明的。你不能访问或者更改它，也没有你可以轻松访问的中间窗体(FAST 以前有 FixML)。但你应该知道这些变化，因为它们会使你的工作更轻松。

连接器和爬网中有几个实例显示出这些变化很明显。比如，持续爬网的实现，部分原因是索引过程的延迟降低了。索引器的健壮性，特别是索引过程的原子性，缓解了 SharePoint 2010 爬网中的许多奇怪问题，尤其是那些中断事件发生以后，残留在索引中的项引起的问题不会在爬网数据库中存储(反之亦然)。架构管理简单多了(且还是多租户的)，而这也有益于连接器的使用，因为元数据映射是连接器的功能之一。SharePoint 2013 中可用的强大内容处理功能会作为更好的内容被最终用户体验到。

5. 连接器和连接器框架

SharePoint Server 2013 仍然支持自 MOSS 2003 以来一直使用的现有的协议处理程序(用非托管 C++代码编写的自定义接口)。然而，协议处理程序接口已弃用了很长时间，并且如今 BCS 才是创建索引连接器的推荐方式。如果你有一个遗留的协议处理程序，现在正是重写它的时机。

连接器框架使用.NET 程序集，并支持 BCS 声明方法用于创建和表述连接。它还允许用托管代码编写连接器。这增加了灵活性，再加上强化的 API 与无缝的端到端的创建、部署和管理连接器的体验，使得收集和索引数据的工作变得容易多了。可以参见第 13 章和第 14 章中有关 BCS 的更多全面信息。

使用 BCS 创建索引连接器确实有一些需要特别注意的地方。如果你使用 BCS 创建外部列表，索引连接器就不会自动生成。而且创建索引连接器并不需要 BCS 的所有功能(例如，通常索引连接器都是只读的；它们不会创建、删除或更新源信息)。

图 9-22 总结了创建索引连接器的方案。连接器有两部分：连接器代码和模型文件，前者用于处理连通性和连接器方法，后者用于描述主机系统的结构。连接器框架使用模型文件在搜索中将连接器代码连接到爬网子系统。

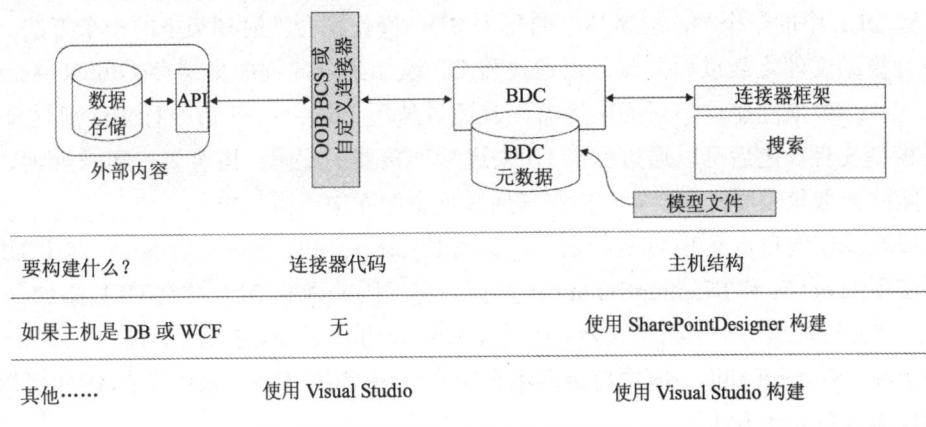

要构建什么？	连接器代码	主机结构
如果主机是 DB 或 WCF	无	使用 SharePointDesigner 构建
其他……	使用 Visual Studio	使用 Visual Studio 构建

图 9-22

6. 模型文件

每个索引连接器都需要一个模型文件(也称为应用程序定义文件)来表述连接信息和后端结构，以及一个用于访问后端(也称为填充层)时执行代码的 BCS 连接器。模型文件会告知搜索索引器需要索引的资源库信息，以及开发人员决定必须编写(经由与 IT 部门和数据库架构师的协商)的所有自定义托管代码。例如，连接器可能需要专门的方法对某给定的资源库进行验证，并用其他方法定期检测资源库中的变更。

可以使用带有模型文件的 OOB 填充层或者写一个自定义填充层。不管哪种方式，部署和连接器管理框架都会使得工作简单化——内容爬网不再是一种朦胧的艺术。SharePoint 2013 还有支持连接器的优秀工具。

在 SharePoint 2013 中使用 OOB 填充层(数据库/WCF/.NET)非常简单明了。当连接到用于读写的"平面"数据结构或只读的平面视图查找时,OOB 填充层是最合适的,当连接到复杂的数据类型(例如,多层级结构或包含多个关系的表格),或需要应用容错逻辑时(比如,更改源架构以提供弹性),自定义填充层往往是必要的手段。

第 13 章和第 14 章提供了创建模型文件和部署它们的示例。本章主要提供了一些索引连接器项目,让你感受一下它们是如何工作的。可以使用本书可下载文件中的两个项目,来尝试创建一些 BCS 连接器。FlatFileBCSConnector.zip 提供了一个简单的 BCS 连接器与模型文件。XmlFileBCSConnector.zip 要稍稍复杂一些,提供了一个使用 XML 文件的连接器。

对于数据库或 WCF 源,不需要编写连接器代码;所有的方法都已经自动内置进去了。对于复杂的资源库,自定义代码可以允许你访问业务线的数据,并且使它们可搜索。

7. 编写自定义连接器——自定义填充层

对于复杂的资源库,自定义代码能让你访问业务线的数据,并且使它们可搜索。有两种类型的自定义连接器:托管的.NET 程序集 BCS 连接器和自定义 BCS 连接器。这种情况,就可以使用.NET BCS 连接器方法。只需要创建两个对象:URL 解析类和一个模型文件。

代码会用.NET 类编写并编译成动态链接库(Dynamic Link Library,DLL)。每个实体都会映射到 DLL 中的一个类,且实体中的每个 BDC 操作都会映射到类中的一个方法。当编码完成且模型文件上载以后,就可以通过将 Dll 添加到全局程序集缓存(Global Assembly Cache,GAC)中来注册这个新的连接器,或通过使用 PowerShell 命令行来注册这个 BCS 连接器模型文件。之后可以通过标准 UI 来进行连接器的配置;内容源、爬网规则、托管属性、爬网计划和爬网日志会像它们在任何其他资源库中一样工作。

如果选择创建自定义 BCS 连接器,请实现 ISystemUtility 接口用于连接。对于 URL 映射,需实现 ILobUri 和 INamingContainer 接口。将代码编译成 DLL 并把 DLL 添加到 GAC 中,为自定义后端编写一个模型文件,使用 PowerShell 注册该连接器就可以了。SharePoint 爬网器会在 ISystemUtility 类(由自定义填充层实现)中调用 Execute() 方法,因此可以将特别的功能实现放入此方法中。

8. 关于自定义连接器,再提一点建议

新的连接器框架自动处理了很多东西,但其中有不少元素你可能会想要使用。这里有几个值得了解的关键功能。

● **创建条目级别的安全性**——实现 GetSecurityDescriptor()方法。对于每个实体,请添加一个方法实例属性:

```
<Property Name = "WindowsSecurityDescriptorField"
    Type ="System.Byte[]"> Field name </Property>
```

- **通过实体关联进行爬网**——对于关联导航器(外键关系)，请添加以下属性：

```
<Property Name="DirectoryLink"
    Type="System.String"> NotUsed </Property>
```

9. 连接器开发规划

连接器的开发比它看起来更难。如果考虑开发一个连接器，以下一些因素值得你考虑。

- **内容源大小**——对于小的内容源，一种直接的实现方式(如自定义 BCS 连接器)就可以了。而对于大的内容源，在完全爬网期间优化吞吐量则会产生很大的帮助。这样的差别对于某些系统可能是量级的。
- **对源系统的影响**——某些源系统很脆弱，不断爬网可能会对生产系统产生影响。可以通过爬网计划和排除规则来缓解这种状况，但连接器可能需要调节其操作。你还应该了解生产环境中源系统的维护窗口，以及围绕这些窗口进行爬网的计划。
- **安全性映射**——每个系统会有自身的安全性，映射该安全性富有挑战。SharePoint 2013 允许 SharePoint 之外的内容声明信息，较之 SharePoint 2010，这是一个重大的改进。然而，从一个源系统访问安全性声明并不简单，跨多个系统映射安全性权限是索引连接器最具挑战性的一个方面。一些安全性计划会将你推向实时的安全性修整，这需要更多的开发，并且对搜索性能有明显的影响；留给你进行自定义安全性修整的时间不会很长。
- **数据架构和 API**——静态架构且数据库可直接访问的系统一般直接编写连接器；BCS 连接器很适合这一模式。动态更改的系统(如更改结构、用户指定视图、复杂 API 等)变得更具挑战性。
- **维护性**——如果你连接到一个商业系统(不是你自己创建的)，当系统有更新时，你可能需要更新连接器。支持和维护同时进行，会造成相当大的工作量。

底线是不要低估开发和部署连接器需要付出的努力。有第三方连接器可以购买，且随着 SharePoint 搜索的广泛应用，这一市场也得到了增长——所以可以选择购买或使用第三方框架，而不是构建你自己的。别害怕开发连接器，尤其是对于具有简单安全性和数据结构的适度规模系统。但要小心一个典型的陷阱：一个可以快速进行基本连接的开发项目，却会在安全性和规模化的实现上反复折腾，然后当源系统发生了更改时，问题就会拖到故障排除和维护阶段。因此应该谨慎规划你的开发，避免落入该陷阱。

9.5.2　安全性修整

企业搜索必须是安全的。搜索结果应该经过设计以匹配索引项上的权限。如果你不能读取它，则在搜索结果中就看不到它。如果使用 OOB 连接器，这些问题都没有了。但如果你编写自己的连接器，考虑搜索安全性的问题就很重要，要确保你的连接器能正确处理安全性问题。

1. 搜索的安全性原则

安全性是一个深层次的主题，远远超过了这里能够介绍的内容。但有几个关于搜索的安全性原则需要牢记。

- **身份验证与授权**——身份验证的重点是"你是谁"，这不是搜索的职责。SharePoint 在用户登录时会处理身份验证问题，且用户凭据会在查询时给出。授权定义了访问策略("你可以看到什么?")，其主要重点是保障搜索项的安全。

- **粒度级别**——可以从几个级别来考虑数据访问的安全性：资源库、项或子项。大多数情况下，搜索关注的是每项的安全性。此外，与搜索相关的权限是用户是否拥有读取权，因为搜索不会写入源系统。这些是简化的因素；你需要测试搜索结果是否在源系统中准确反映出每个项的读取权。

- **爬网账户**——索引连接器会在服务账户的上下文中爬网一次，而不是在每个用户的上下文中进行爬网。这是 OAUTH 通常不用于连接器的原因之一。爬网账户必须具有对所要爬网信息的读取权，且连接器必须获取和传递每项上的权限。

- **时机和更新**——不同于源系统中的访问，搜索在 A 时间(爬网时间)捕获文档权限，在 B 时间使用它们(查询时间)。这是一个主要的复杂因素，因为这意味着你必须提供安全性更新，安全性权限可能过时直到增量爬网执行。

- **异构系统**——你可能会对很多不同的系统进行爬网，每个都有其自己的安全性模型。在某个地方一定会有一个相应的模型，可将所有系统映射到一个通用的安全性模型。这不是在你编写连接器时可以做的事情，但它是现场部署连接器的一个挑战。

搜索索引包含所有用户的信息；但只会选择给定用户有权读取的结果，这称为安全性修整。处理安全性修整有两种方法。

- **早期绑定**——搜索引擎索引包括在爬网时间放入特殊字段的 ACL 信息。它们在索引时与从用户身份验证中创建的 ACL 相匹配。用户凭据会成为另一个查询术语，因此只有授权的结果才会返回。图 9-23 显示了早期绑定安全性匹配的结果。

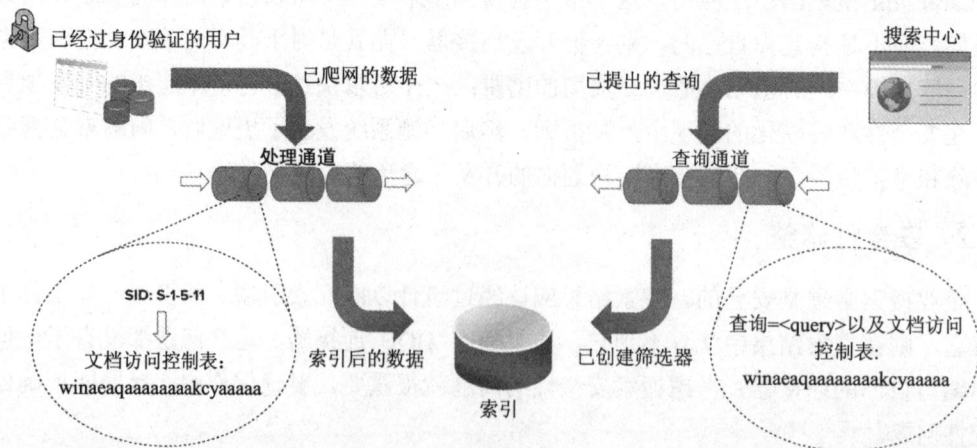

图 9-23

- **后期绑定**——所有的安全性工作都会在查询时间完成。当一个包含所有匹配结果(独立于用户)的结果集从搜索索引中返回时会遍历，且任何没有为当前用户授权的结果都会移除。

一般来说，早期绑定安全性比后期绑定安全性要好很多，且 SharePoint 2013 都会尽可能地采用早期绑定方法。后期绑定会有明显的性能影响，因为可能需要返回较大的结果集(其中很多在返回过程中会丢弃)。对比结果是明显的，早期绑定的查询延迟很低。再者，深度精简器不能用于后期绑定。当结果集中的一部分(或大多数)被丢弃时，任何深度精简器(在专门的索引结构中创建的)都不再匹配这些结果。SharePoint 2010 搜索使用了后期绑定，这就导致了延迟和规模化的问题，且其只限于表层精简。FAST 使用了早期绑定，这在 SharePoint 2013 中有所反映。

早期绑定的主要缺点是复杂性。额外的工作由连接器、爬网器和索引器完成，这也意味着索引滞后时间会稍有延长，且索引稍有扩大。BCS 连接器框架自动承担了大部分的复杂性工作。但有的情况下，源系统安全性太过复杂以致需要你做额外的工作，或单单一个早期绑定不能完成这项工作。这就是你需要自定义安全性修整的地方。

2. 自定义安全性修剪

SharePoint 2013 提供了两种自定义安全性修剪器的 API。

- **预修剪器**(ISecurityTrimmerPre)——这是一个新功能，在将查询发送到索引之前会重写该查询(很像在 9.4 节中介绍过的技术)。
- **后修剪器**(ISecurityTrimmerPost)——这实现后期绑定的安全性，使你能够从不匹配用户访问权的结果集中移除项。它在概念上类似于 SharePoint 2010 中的 Isecurity-Trimmer2 接口。请注意，ISecurityTrimmer2 仍然受到支持，但已弃用；SharePoint 2010 FAST 搜索不支持此接口。如果你正在编写一个新的连接器，那么绝对应该使用 ISecurityTrimmerPost 而不是 ISecurityTrimmer2。

每种类型的修剪器都有初始化方法和每个查询的方法。预修剪器的每个查询(执行该查询之前)都使用 AddAccess，而后修剪器的每个查询(执行该查询之后)使用 CheckAccess。修剪器与规则路径(爬网规则)相关联，因为你通常会为不同内容源设置不同的安全性修剪器。可以有多个与同一爬网规则关联的后修剪器，它们会按顺序执行。安全性修剪器的部署有些麻烦；因为必须重新启动查询组件以注册规则。

通常如果进行安全性修整，其实现方法并不是最大的挑战。得益于 SharePoint 2013 中的声明类型，安全性修剪器中的方法可以应对许多安全性场景。获知你拥有何种类型的声明以及你希望得到的更改才是最困难的部分。

因为后修整增加了延迟时间，并使得精简器不准确，所以应该小心使用。对于高安全性情况，需要"最后一分钟检查"以对结果进行双重检查，这是一个典型的方案。它解决了爬网延迟带来的权限过时的问题。如果用户的权限已移除，则它可以确保用户不会立即看到结果，但相应地，当添加了权限时，它也不能立即显示新的结果。另一种方案用于某些源系统中对复杂、动态的安全性模型进行处理——安全性权限以动态或层次化规则的方式进行编码，其不能完全在爬网时间内处理。

安全性修剪器是一个专业主题。事实上，它们是搜索中最复杂的主题之一。在任何一种方案(前修剪器、后修剪器或两者组合)中，建议都要特别注意。有一些很好的参考示例和自定义安全性修剪器的演示，网址是 http://blogs.msdn.com/b/security_trimming_in_ sharepoint_2013/。

9.5.3　定制内容填充

安全地捕获内容以后，搜索会以各种方式来处理该内容，为索引做准备。理解这种处理过程并对其进行扩展，使你能够创造出卓越的搜索体验。

1. 内容处理管道

人类的语言很复杂，越是想了解它越会发现语言规则的复杂和不完美。但这也是让最终用户看起来像"搜索成功了"一样的原因。语言处理旨在利用文档或词语的含义，它是搜索的"特别酱料"——也是最神秘和难以理解的领域之一。文本分析技术是专家的领域，但作为一个开发人员你可以整合多种技术或创建你自己的文本分析功能。

在为索引准备内容的过程中，语言处理的应用是分阶段的，每一个阶段都建立在上一个阶段的基础上。图 9-24 概述了通常所说的内容管道中的步骤(灰色的步骤不是 OOB，但说明了通过添加第三方组件可能会发生什么)。

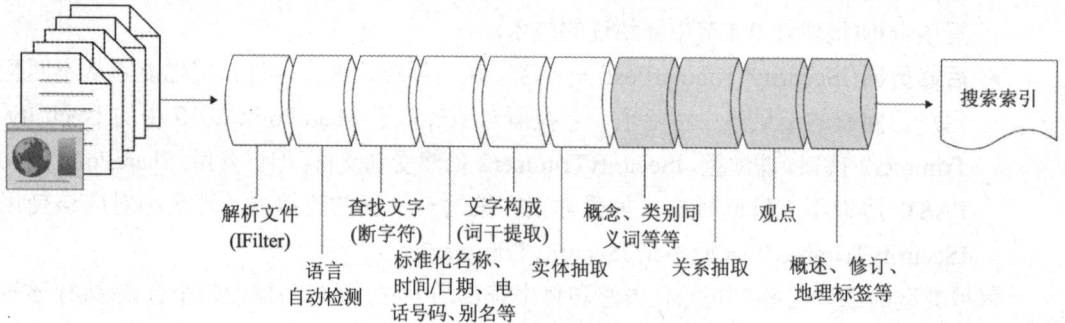

图 9-24

2. 文档解析

SharePoint 2013 引入了全新的文档解析工具，以及一些大的改进。这些更改包括：

- **自动文件格式**检测不再依赖文件扩展名，避免了当用户或应用程序做有创造性的事情(如制作.memo 文件)时，会发生的错误。
- **深层链接提取**的工作原理类似一个内容目录生成器，允许你单击进入 Word 和 PowerPoint 格式预览。
- 用于标题、作者和日期的**元数据提取**提供了更好的元数据，并且比 SharePoint 2010 (其中 Optimistic Title 提取是用户困惑的最主要一点)中使用的技术更易于理解。

● **高性能格式处理程序**，用于 HTML、DOCX、PPTX、TXT、图像、XML 和 PDF 格式，它意味着更快的爬网和索引。

新的解析工具不再使用 IFilter 接口，这是一个重大变化。IFilter API 仍受支持，且 64位的 IFilter 将继续工作；但是，此 API 的表现有一些细小的变化。其有大量可用的第三方 IFilter，如果开发带有不同的文件格式(如 DWG 文件)的搜索解决方案，它们将仍旧是你的关键工具。要使特定文件格式中的内容可搜索，该文件格式必须包含在文档分析工具或 IFilter 中。

2010 版的微软过滤包(也用于 Exchange 2010、WindowsDesktop Search 4、SQL 2008 和 2010)在 SharePoint 2013 中不再需要了。它支持的所有 15 种格式都已内置了，且还支持另外 40 种格式(包括 PDF、Montage、Visio 和 OneNote)。对于大多数情况这就足够了。然而，你仍然应该顾及其余先进的搜索应用程序对于 IFilter(第三方或自定义)的需求。世界上有几百种不同的文件格式——Advanced Filter Pack for FAST Search 就支持 422 种文件类型。请注意，SharePoint 2013 不支持 Advanced Filter Pack，因此如果你从 FAST 做迁移，更可能需要第三方 IFilter。

3. 内容处理流程

内容处理组件中有很多功能在运行，如图 9-25 所示。内容处理流程会为每项填充托管属性。有各种不同的分支用于插入、删除和更新。灰色框是扩展/自定义的要点。

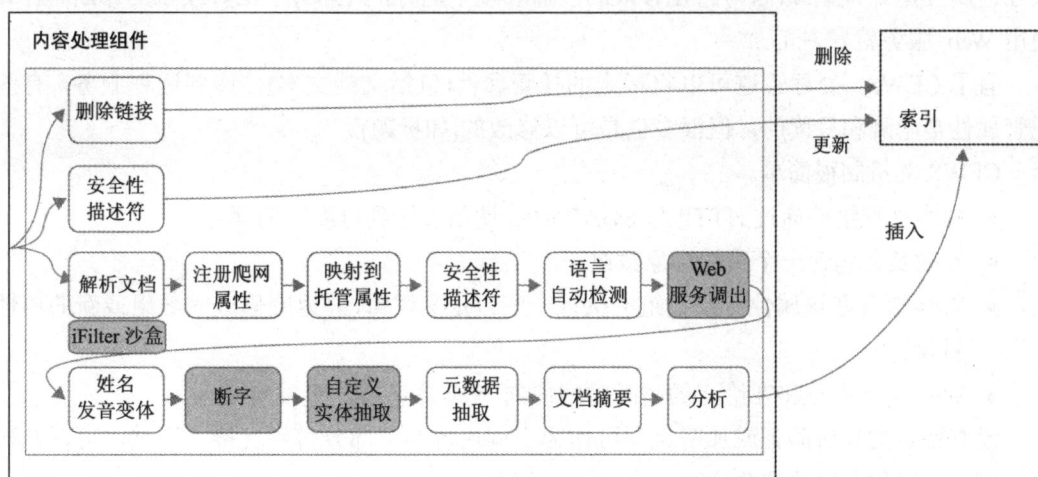

图 9-25

所有内容处理的可扩展性目前仅限于内部部署。这包括实体抽取器、自定义断字符、自定义 IFilter 和内容填充 Web 服务(Content Enrichment Web Service，CEWS)。这就是说它们在 Office365 中使用。

4. CEWS

SharePoint 2013 为开发人员提供了一种扩展内容处理的新途径，叫做 CEWS。此 API

在添加语言处理方面是一种简单高效的机制。如果你需要概括、地理标记、概念提取、关系抽取，以及常规表达式匹配，都可以通过 CEWS 来添加。如果想要添加专门的低级别语言学，就也可以通过 CEWS 实现。

CEWS 会调用外部 Web 服务，如图 9-26 所示，通过一个代理服务器来使用 SOAP。这是在索引期间修改所有内容的唯一途径，独立于资料源。

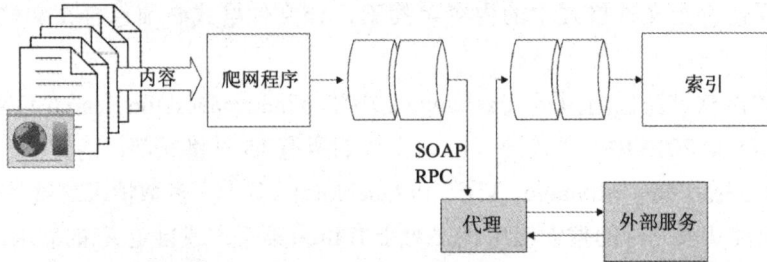

图 9-26

使用 Web 服务的标注开放了许多选项并且避免了文字管道扩展阶段的一些难题(较之以前的 FAST 版本)。SharePoint FAST 搜索支持内容处理扩展机制，这称为带有每一个索引项的可执行文件(在沙盒中运行)，其正好位于内容处理管道的末端之前。这种机制不仅非常慢(因为每次都会调用可执行文件)，而且有限制(因为它只能访问已爬网的属性而不能更改任何属性)，还很繁琐(因为它在有限的沙盒环境中运行，只配有小工具或小的诊断程序)。使用 Web 服务就好多了。

有了 CEWS，处理管道可以将指定的托管属性(包括文档文本)传递到远程服务。有些托管属性是隐藏和只读的，但很多也是可以修改的(如标题)。

CEWS 的机制很简单。

- 内容处理组件通过 HTTP 将 SOAP RPC 调用发送到可配置的端点。
- 有效负载包含一个属性对象数组。
- Web 服务在该属性对象数组上执行一些自定义逻辑，并返回修改的数组或新的属性对象。
- Web 服务必须将在给定的超时时间内向 Web 服务客户端发送响应。

没有特定的身份验证或加密机制可作为合同内容的一部分得到支持。不过，可以在传输机制上应用你自己的安全体系。

触发条件在 ContentEnrichmentConfiguration 对象中注册，它可以控制内容流程调用外部 Web 服务的时间。一组 PowerShell 命令行语句可用于控制配置，并且它内置了可靠的错误处理机制。

5. CEWS 应用程序示例

为了了解 CEWS 如何工作，让我们来看一个示例，它会在由 CEWS 机制调用的 Web 服务中实现一个电影评级程序。指定一组内容和托管属性(在该示例中设置)，这将引导你通过 PowerShell 创建一个服务并对其进行配置。请参考本书可下载文件处的 MovieService_ CEWS_Example.cs 文件。

该 Web 服务实现了 IContentProcessingEnrichmentService，并将首先创建由 Web 服务填充的变量。CEWS 将托管属性提供给 Web 服务，并预期托管属性会返回。processedItemHolder 就是 Web 服务返回的内容；它包含托管属性：

```
namespace PopularMovieService
{

    public class PopularMovieService : IContentProcessingEnrichmentService
    {
        // Define variables to hold the managed properties that the
        // web service will populate.
        private Property<Int64> NewIntegerMP = new Property<Int64>();
        private Property<DateTime> NewDateTimeMP = new Property<DateTime>();

        private readonly ProcessedItem processedItemHolder =
            new ProcessedItem
        {
            ItemProperties = new List<AbstractProperty>()
        };
```

解析托管属性和创建新的托管属性是与通过项目属性进行迭代相关的问题。这是一个简单的服务；通过将标题放在标题包并计算自发布日期以来的时间长短，来使标题规则化。还要添加新的托管属性，该属性会显示 Web 服务处理项的时间：

```
foreach (var property in item.ItemProperties)
    {
            var s = property as Property<string>;
            if (s != null)
            {

                // The value of the new text managed property is the
                // string in title case.
                CultureInfo cultureInfo =
                    Thread.CurrentThread.CurrentCulture;
                TextInfo textInfo = cultureInfo.TextInfo;
                string normalizedString =
                    textInfo.ToTitleCase(s.Value.ToLower());
                s.Value = normalizedString;
                processedItemHolder.ItemProperties.Add(property);
            }

            var l = property as Property<Int64>;
            if (l != null)
            {
                // The value of the new integer managed property is the
                // number of years since the release date.
```

```
                    int CurrentYear = DateTime.Now.Year;
                    NewIntegerMP.Name = "YearsSinceRelease";
                    NewIntegerMP.Value = CurrentYear - l.Value;
                    processedItemHolder.ItemProperties.Add(NewIntegerMP);
                }

                // Set the time for when the properties where added by the
                // web service.
                NewDateTimeMP.Name = "ModifiedByWebService";
                NewDateTimeMP.Value = DateTime.Now;
                processedItemHolder.ItemProperties.Add(NewDateTimeMP);
            }
```

要激活该调用，需要创建一个包含端点(此服务)、托管属性输入端和托管属性输出端的配置。这可以通过 PowerShell 完成，类似如下：

```
$config = New-SPEnterpriseSearchContentEnrichmentConfiguration
$config.Endpoint = "http://localhost:817/PopularMovieService.svc"
$config.InputProperties = "Director", "Title", "ReleaseYear"
$config.OutputProperties = "Director", "Title", "YearsSinceRelease",
"ModifiedByWebService"
```

要将此配置绑定到希望的搜索应用程序上，PowerShell 需要增加一行。请注意在搜索应用程序上一次只能执行一个内容填充配置的操作：

```
Set-SPEnterpriseSearchContentEnrichmentConfiguration
        -SearchApplication $ssa
        -ContentEnrichmentConfiguration $config
```

现在，爬网内容将发送到此 Web 服务。通过 CEWS，3 个托管属性将传送到此 Web 服务，并且将返回 4 个托管属性。

9.5.4　使用联合和结果源

前面提到过，有两种方式将内容放进搜索应用程序中：索引和联合。索引已经讲解过，你知道了如何创建索引连接器、如何处理安全性修剪以及如何扩展索引过程中进行的内容处理。那么联合是什么呢？

1. 联合的原则

除了索引信息之外，搜索还可以通过联合向用户呈现信息。这是一种"分散-聚集"的方法：相同的查询发送到各种不同的位置，而结果将一起显示在同一页面上。联合不能替代索引，但在索引不可能完成(Web 搜索引擎涵盖整个 Web；你没有那么大的存储空间，计算机也没有那么大的能力来处理)或不能执行(你有一个现有的垂直搜索应用程序，但你不想使用它)的情况下，联合是必不可少的工具。联合还能成为迁移的良好机制。

图 9-27 显示了你可能会使用索引和联合的一些情形。如果可能，其实使用索引往往更好。如果对内容进行索引，除了其他方面之外，你还可以为最终用户控制关联度、新鲜度、性能、逐级导航和筛选。当进行索引时，你可以通过内容处理添加元数据或结构。当你联合搜索索引时，基本上就放弃了对这些的控制，变得依赖于其他系统的功能。使用联合，结果仅仅与"薄弱的链接"的效果一样。你的结果会和最慢的搜索引擎查询一样慢，与最弱的搜索引擎查询一样弱，且它们不会拥有一致的元数据。

When to Use Indexing

- If there is no way to search a repository.
- You want common relevance ranking.
- You want to extract full text and metadata.
- You want to be able to scope to an arbitrary subset of content.
- The source search performance/reliability is insufficient.

When to Use Federation

- You need a quick, powerful way to bring together results across multiple search systems.
- Data is distributed across multiple repositories.
- Search already exists in the repository.
- Crawling is not feasible...
  - Cost or integration difficulty
  - Geo-distribution of systems
  - Proprietary / Legal restrictions on source content access

图 9-27

不过，联合是一项重要技术，当索引不起作用时，它非常必要。这些情形包括，当有太多内容时(此时联合到必应或谷歌是明智的，因为你不可能对整个 Web 进行重新爬网)，或者有订阅内容或其他受限访问时(许多信息服务都是如此)。还可以包括分布式内容的情形，不用从中心位置或服务器场通过有限带宽 WAN 进行爬网。可以使用联合在不同系统之间创建统一的视图。

2. OpenSearch

微软已全面采用了联合，特别是 OpenSearch 标准。在 2008 年随着 Search Server 2008 的引入微软开始支持 OpenSearch。微软所有的企业搜索产品都支持 OpenSearch、Windows 7 和 Windows 8 中的桌面搜索，以及 Internet Explorer 版本 8、9 和 10。

OpenSearch 是联合搜索的一个标准，最初由亚马逊开发用于统一管理与聚合搜索查询和结果。它是整个行业都在使用的标准，新的 OpenSearch 提供程序每天都在产生。

OpenSearch 的操作如图 9-28 所示。基本操作涉及搜索客户端，可以是桌面(Windows 8)、浏览器(Internet Explorer 10)或服务器(SharePoint 2013)。它还涉及搜索提供程序，就是配有可搜索性的 RSS 源的任何服务器，这意味着它可以接受作为 URL 参数查询，并在 RSS/Atom 中返回结果。

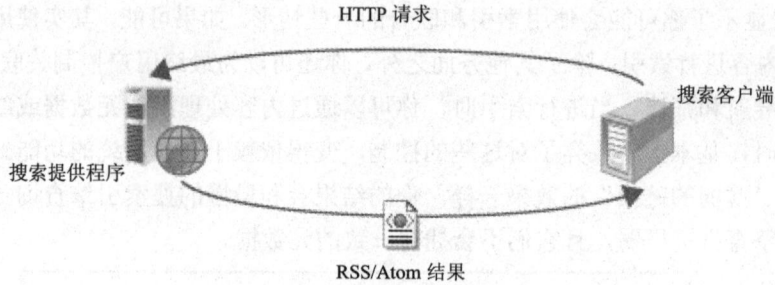

HTTP 请求

搜索客户端

搜索提供程序

RSS/Atom 结果

- URL 中带有查询的 HTTP 请求：
  - http://www.site.com/srchrss.aspx?q={搜索术语}
- RSS/Atom 结果：
  - 带有\<title\>、\<Link\>、\<description\>的 RSS 结果
  - 最佳内容源还包括：
    \<pubdate\>、\<author\>、\<category\>、\<media: thumbnail\>
  - 还包括可选的自定义元数据：
    \<record\>、\<projectname\>、\<contactnumber\>

图 9-28

3. OpenSearch 提供程序示例

让我们看看 OpenSearch 自定义提供程序如何工作。请参考本书可下载文件中的 Open-SearchProvider_ AdventureWorksDB.zip。该项目包含构成基于 AdventureWorks 数据库的产品搜索和库存搜索的若干文件，几个 OSDX 文件和提供搜索产品的 OpenSearch 提供程序。

下面的代码创建一个基于 AdventureWorks 数据库查询结果的简单 RSS 订阅：

```
resultsXML.Append("<rss version=\"2.0\"
xmlns:advworks=\"http://schemas.adventureworks.com/Products/Search/RSS\"
xmlns:media=\"http://search.yahoo.com/mrss/\">");
resultsXML.Append("<channel>");
resultsXML.AppendFormat("<title>Adventure Works: {0}</title>", queryTerm);
resultsXML.AppendFormat("<link>{1}?q={0}</link>", queryTerm, RSSPage);
resultsXML.Append("<description>Searches Products in the Adventure Works
database.</description>");
while (sqlReader.Read())
{
  ...
  resultsXML.Append("<item>");
  resultsXML.AppendFormat("<title>{0}</title>", sqlReader[0]);
  resultsXML.AppendFormat("<link>{1}?v={0}&amp;q={2}</link>", sqlReader[1],
  RSSPage, query);
  resultsXML.AppendFormat("<description>{0} ({1}) has {2} units of inventory
  and will need to order more at {3} units.</description>", sqlReader[0],
  sqlReader[1], sqlReader[2], sqlReader[4]);
  ...
  resultsXML.Append("</item>");
}
resultsXML.Append("</channel></rss>");
```

　　OSDX 文件中对此行为进行了描述，随后会列出该描述。OSDX 文件是简单的 XML 格式，像 Windows 8 这样的客户端可以通过一次单击将其合并。当然，SharePoint 2013 还担任了 OpenSearch 客户端的角色(正如 SharePoint 2010 所担任的)：

```
<?xml version="1.0" encoding="UTF-8"?>
<OpenSearchDescription
xmlns:ms-ose="http://schemas.microsoft.com/opensearchext/2009/"
xmlns="http://a9.com/-/spec/opensearch/1.1/">
  <ShortName>ProductsSearch</ShortName>
  <Description>Searches the Adventure Works Products database.</Description>
  <Url type="text/html" template="http://demo/sites/advsearchprod/
Pages/productresults.aspx?k={searchTerms} "/>
  <Url type="application/rss+xml"
template="http://demo/_layouts/adventureworks/productsearch.aspx?q={sea
rchTerms}"/>
</OpenSearchDescription>
```

4. 理解结果源

　　在 SharePoint 2010 中，某些组织很难提供组织范围的搜索。执行此操作的标准方式是在一个大的中央服务器场集中索引所有内容(如果允许一些延时)。对于全球性的组织，这往往不是可行的。唯一的选择是将页面字段化为多个单独的查询框和结果集，但这肯定不是用户想要的。

　　SharePoint 2013 有一种新机制，叫做结果源，它使你能够跨服务器场进行联合并支持许多分布式方案。相较于对 WAN 进行爬网，可以考虑使用远程结果源。如果你的网站(面向客户)和内网(面向雇员)都有独立的搜索系统，就可以考虑使用结果源，以在内网搜索中包含来自于网站的搜索结果。

　　有 4 种内置的结果源，如图 9-29 所示。

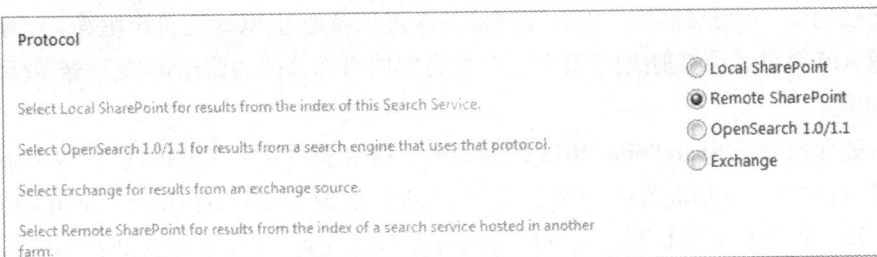

图 9-29

- 本地 SharePoint(默认)——为从服务该场的 SSA 搜索中获取的结果提供服务。
- 远程 SharePoint——为来自另一个 SharePoint 2013 SSA 的结果提供服务。这可以是另一个分布式配置中的内部部署系统，或者可以是 Office 365 中的 SharePoint。混合配置(SharePoint Online 可以与内部搜索引擎联合，反之亦然)是此种功能的关注重点。

- OpenSearch——为来自 OpenSource 提供程序的结果提供服务。这可以是现有的提供程序(有几百种)，或者你自己开发的，如前所述。这项技术可以广泛用于各个系统。但请注意，OpenSearch 不支持精简器。
- Exchange——为来自 Exchange 2013 实例的结果提供服务，因此用户可以搜索其包含 SharePoint 内容的邮箱。这是可行的，因为 Echange 2013 使用了与 SharePoint 2013 一样的核心搜索引擎。

将结果源和结果块相结合，管理员就可以向用户提供一个由本地和远程结果组成的单一结果列表。结果源用于选择结果模板；OOB 远程结果会以结果块(每个源一个)的形式显示在所有结果的最上面，或者合并到返回的本地结果里显示。

除了处理联合之外，结果源也接管 SharePoint 2010 中作用域的函数。结果模板绑定到特定结果源，结果源也可用到查询操作里，如前几节所示。

当为你的搜索应用程序考虑结果源的问题时，应注意下面几个因素。

- 结果源只能用于 SharePoint 2013；每个联合的服务器场必须升级到 SharePoint 2013。
- 结果显示在结果块中，不会相互交错。
- 精简器不会联合；它们只受本地内容驱动。

在有更多需求的情况下，可以开发替代品或进行扩展。然而，这是一个很难的领域，在深入钻研之前，有一些合作伙伴建立的替代品可能值得考虑。即使有这些限制，结果源对于创建搜索应用程序依然是一个很重要的工具。单单使用 OOB 结果源，你就能轻松地做很多事情，包括支持混合和分布式配置，并且还可以使用 OpenSearch 来添加自己的配置。

5. 总结——使用内容

搜索开始于内容，并且随着 SharePoint 2013 搜索的内容面的发展，有很多东西需要处理。即使爬网和连接器子系统是 SharePoint 2013 搜索中改变得最少的一部分，仍然有一些显著的增强功能，如连续爬网、Web 爬网器的改进以及通过 BCS 支持声明等。一套新的安全性修剪 API 提供了预修剪(用于复杂安全性方案的查询修改的窗体)以及后修剪(后期安全绑定)的功能。

内容处理组件是 SharePoint 2013 的新组件，并且提供 4 个主要扩展点：IFilters、自定义断字符、自定义实体抽取器和 CEWS。其中 CEWS 是最重要的；它具有比 SharePoint FAST 搜索更干净、性能更高的机制，支持广泛的内容填充方案。所有内容处理扩展都限于内部部署安装，且不能用于 Office 365。

在不能索引或索引实施起来很困难的情况下，联合提供了用于表面修剪搜索内容的机制。联合和作用域包含在 SharePoint 2013 一个新的机制中，称为结果源，其中包括本地 SharePoint、Exchange(开放电子邮件搜索的几个方案)、远程 SharePoint(支持分布式以及混合云/内部部署配置)以及 OpenSearch 结果源。

9.6　定制相关性

搜索相关性是一个深层次的主题，涉及许多方面。虽然相关性最常关注的是搜索结果在结果集中的顺序，但它还包含整个结果的体验——搜索质量的各个方面。这包括精简性或逐级导航的体验，以及最佳匹配和建议之类的内容。

调整和定制搜索相关性有一点魔法的意味。相关性本质上很难，因为它很主观(不同的人对于相同的查询往往有不同的"正确"答案)，因为它处理的是变幻莫测的人类语言，还因为搜索着力解决的底层优化问题太难了，需要凭借估计和直觉。

SharePoint 2013 使搜索管理变得简单，包括对相关性的控制，这是开发人员和 IT 专业人员的福利。

9.6.1　通过查询和内容管理相关性

已经介绍过的很多机制都用在了管理相关性上。这些包括查询方面和内容方面的技术。

1. 查询方面的相关性工具

查询规则是控制搜索质量(也即相关性)的主要机制之一。例如，查询规则会控制最佳匹配，并设置内容类型和术语。它们允许动态重排序，比如，提升想要的某特定资料源的某个文档的排序。相关性管理中一些关键的查询方面工具有以下几个。

- **同义词**——使用一组同义词，可以扩展查询以改进项的重复调用。同义词通过同义词库(每场一个)部署，还支持在查询规则中使用。
- **查询拼写更正**——从用户行为中产生，但也可以通过 SharePoint 术语库中的包括和排除术语来控制。例如，会把"razar blades"的查询拼写更正为"razor blades"，但如果你想要排除品牌名称"RAZAR"，以便搜索时不被更正，则只须转到术语库管理工具中的 Search Dictionaries 菜单上，单击 Query Spelling Exclusions，并创建一个 RAZAR 术语。
- **查询建议**——当用户单击该查询结果 6 次以上，会默认添加查询建议；也可以衍生为始终或从不作为查询建议来使用的短语。
- **查询规则**——控制和管理关联性的重要工具。包括在查询中在后台转译成 XRANK 的动态重排序规则。例如，图 9-30 中的示例。

一些更复杂的查询规则是针对相关性的。这些包括正则表达式匹配或词典匹配。

2. 内容方面的相关性工具

因为通过内容方面的工作提高相关性的主要途径是改进内容，所以内容填充扮演着重要角色。尤其是，实体提取为搜索和精简提供了元数据。自定义实体提取器(从术语库创建)和公司名称提取可以作为内容处理的一部分。

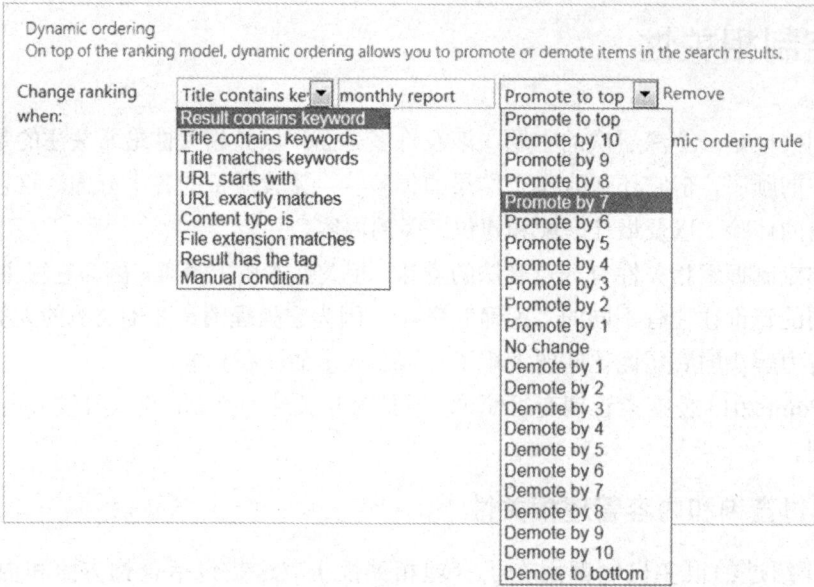

Dynamic ordering
On top of the ranking model, dynamic ordering allows you to promote or demote items in the search results.

Change ranking
when:

Title contains ke ▼ monthly report   Promote to top ▼ Remove

Result contains keyword	Promote to top
Title contains keywords	Promote by 10	mic ordering rule
Title matches keywords	Promote by 9
URL starts with	Promote by 8
URL exactly matches	Promote by 7
Content type is	Promote by 6
File extension matches	Promote by 5
Result has the tag	Promote by 4
Manual condition	Promote by 3
	Promote by 2
	Promote by 1
	No change
	Demote by 1
	Demote by 2
	Demote by 3
	Demote by 4
	Demote by 5
	Demote by 6
	Demote by 7
	Demote by 8
	Demote by 9
	Demote by 10
	Demote to bottom

图 9-30

将查询界定到特定的源(内容类型或结果源)，提供了更精确的结果。历史(基于日志)匹配，包括可能的来源和可能的内容类型，提供了一种将规则上升为众包模式行为的方式，以改善基础相关性。

3. 结果源和授权

结果源可以限定搜索范围或联合搜索，是调整相关性的核心工具。授权，识别重要的数据中心，是另一个核心工具。

授权是基于 SSA 设置的，它允许你配置最重要的网站以及具有低内在相关性的网站，如图 9-31 所示。查询与来自于授权的项之间的匹配工作是相关性的要素。

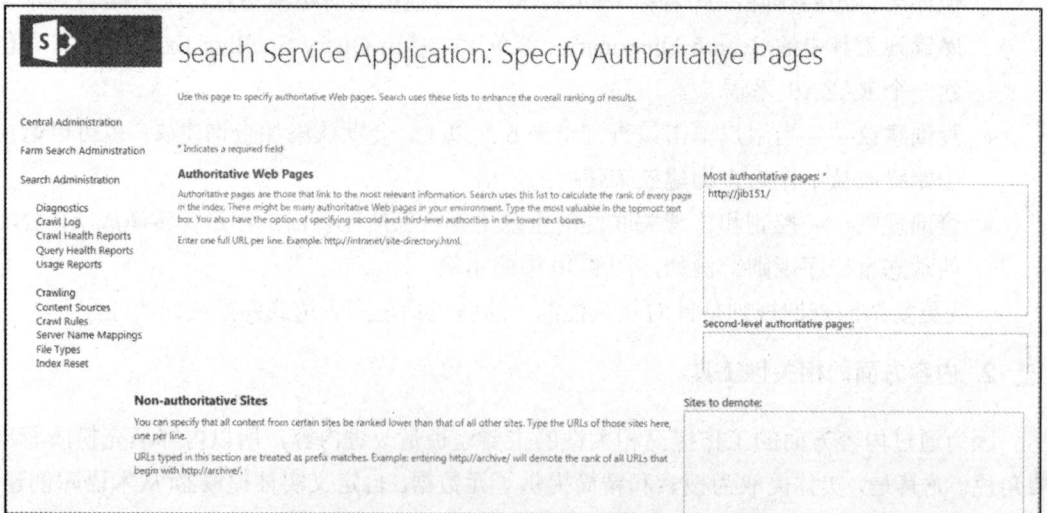

图 9-31

9.6.2　排名配置文件

排名配置文件是在搜索架构中设置字段排名次序的一种构造。可以有多个排名配置文件，并可以从查询中选择其中一个。有一种新的优化工具，有助于改进现有的排名模型或构造一个新的排名模型。

自定义排名模型，基于它你可以从无到有地创建相关性，但千万别一时冲动。建议只在更简单的选项(授权、同义词库、查询规则、动态规则等)经过考虑后无法满足再使用自定义排名模型。但一个自定义排名配置文件是搜索应用程序包或垂直搜索的一个重要部分。因为可以将排名模型绑定到查询规则源，所以可以隔离特定资源的任何相关性更改。

除了默认的全文索引之外，还有两个预定义的全文索引：SharePoint 术语全文索引(SpTermsIdx)和人员索引(PeopleIdx)。这意味着不同的相关性适用于 WCM 人员搜索，而非内容搜索，即使它们都由相同的底层搜索引擎提供。

作为开发人员，有两种主要方法来创建排名配置文件：PowerShell 和 SharePoint Administrative OM。因为 SharePoint 2013 有很好的工具来导入和导出搜索设置，所以还可以创建一个排名配置文件，然后将它导入到一个新系统上。

请注意，导入和导出定制的搜索设置通常是封装搜索解决方案的好方法。可以通过 CSOM、Site Settings 页面或 PowerShell 来实现。

SharePoint 2013 有一个新的分析组件，SharePoint 的几个部分会由它驱动。这替代了 SharePoint 2010 的 Web 分析和搜索报告功能。请注意，它是需要在"14 模式"下运行 SharePoint 2013 的少数几个功能之一，这种模式下无法使用 SharePoint 2013 的主要功能；如果在 14 模式下运行，Web 分析功能就不可用。

分析会使用有关用户行为(查询、单击等)的信息，这些信息来源于日志信息。与 SharePoint 2010 不同，搜索日志可以与 Web 日志相关联，你可以看到人员如何进行搜索以及搜索以后他们查阅了哪些搜索结果。分析还会使用链接数据库(作为内容处理的一部分创建的)中内容之间关系的有关信息。最后，还有有关操作系统的信息，这无疑非常有帮助。

你会注意到分析直接通过两种方式：SharePoint 2013 提供的报告和提供的建议。可以在代码中使用这两者或扩展它们。

执行此操作的一种方法是使用 SPAnalyticsUsageEntry 类创建你自己的分析事件。例如，如果你想要跟踪用户在什么时间进行了某项操作，就可以创建一个关于它的事件类型，然后使用 LogAnalyticsEvent()中的一个方法来记录该操作。要在报告中看到它，需要创建一个自定义报告；也可以用其他方式来使用这些事件，后面会介绍。比如，如果你想要记录什么时间人们在推特上发布某项的消息，就可以创建一个自定义分析事件。默认情况下，因为事件每天都会进行处理，所以你会在每天的报告中看到这些信息。

有几种方法来应用或影响应用程序中的建议。建议使用托管属性 recommendedfor，以便可以在查询中配置带有建议的 CSWP；例如，recommendedfor:printer 将显示对打印机的建议，这可能会让用户感兴趣。随着 OOB 配置生成的"recommended for you"列表是预先配置了这种查询的 CSWP。

为了生成有效的个性化建议，可以使用 UserHistoryWebPart，它会跟踪用户的浏览历史并将其显示在上下文里。它可以与 CSWP 相结合，如图 9-32 所示。文档的广泛使用情况会由视图进行内部跟踪，也可通过特有的查看器来跟踪。使用 Ribbon 菜单上 Share and Track 分组中的 Popularity Trend 按钮，同样的数据就可在文档库内使用了。

很少有分析信息的直接方法可以使用。尤其是，分析的处理会影响搜索相关性。如果许多用户都单击过一项，该项就会在列表中上移。这是为挑拣好的相关性的一个有效且经过验证的方法，无须广泛调整——一种自我调节机制。也可以扩展这一机制，虽然这是一个高级主题。扩展的方法之一是创建一个自定义分析事件，使它成为更新组(当关于此事件的统计数据发生变化时，该信息会纳入搜索索引)的一部分，并在排名配置文件中使用它。

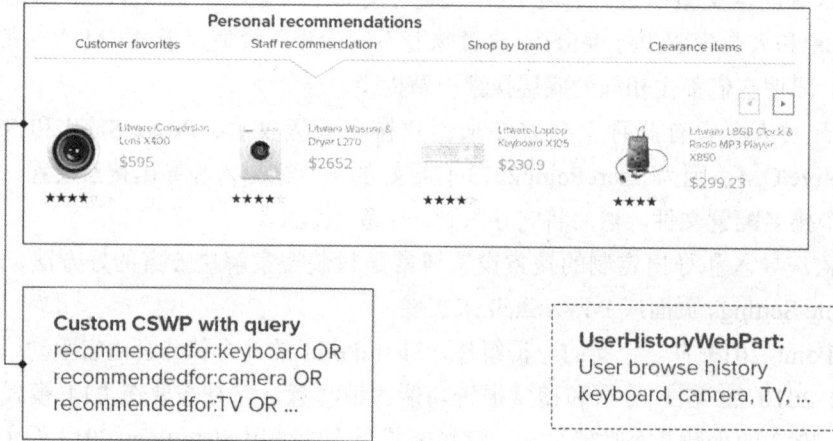

图 9-32

9.7 整合使用

本章涵盖了自定义搜索从前端到后端的所有层次：用户体验、查询、内容和相关性。一个典型的搜索开发项目会使用其中几层。整合使用是将这些工具和技术结合起来使用。

9.7.1 构建快速垂直搜索

简单的垂直搜索可能不需要自定义内容源。在 SharePoint 2013 中，可以使用以下几步非常轻松地创建智能垂直搜索。

(1) 为目标信息(如内容类型)创建专门的结果源。

(2) 设置一个搜索中心网站并配置搜索结果和精简器 Web 部件。

(3) 创建一些查询规则，以定义特定行为(如强化和弱化或视觉最佳匹配)。

(4) 为特定的内容类型和元数据定制结果模板。

9.7.2 构建基于搜索的自定义应用程序

SharePoint 2013 旨在支持在相同搜索平台上的各种基于搜索的应用程序。有很多 OOB 应用程序，如 e-Discovery、视频搜索、WCM、人员搜索等。可以创建自己基于搜索的应用程序，并使其成为其中的一员。

图 9-33 显示了一些由搜索驱动的应用程序示例。它们和其他应用程序一样，不同的是，它们还使用了搜索技术，作为 SharePoint 2013 中其他元素的附加功能，以创建灵活且功能强大的用户体验。

图 9-33

有种类繁多的基于搜索的应用程序，它们往往特定于角色、主题、任务和行业的，某些组织中有几十个基于搜索的应用程序在运行。但它们有相同的模式，如图 9-34 所示。相同类型的应用程序用于不同的角色，有时候只是名称不同而已。例如，财务顾问的"财富管理门户"与国土安全分析师的"分析师工作台"就十分类似。样式、特定的内容源、特定的内容处理以及名称都可能不相同，但应用程序的模式相同。

	销售	市场	研发	客户支持	专业服务	制造运营	财务	法务	人力资源	IT	管理层
知识库(例如：顾问知识库、宣传资料库……)	✓	✓	✓	✓	✓	✓	✓	✓		✓	✓
研究(例如：法务研究、产品研究……)		✓	✓	✓	✓	✓	✓				
信息发现(例如：公共中心、库……)	✓	✓								✓	✓
分析工作台(例如：融合决策中心、财富管理顾问)		✓	✓			✓	✓	✓			
360°视图(例如：顾客之声、事务仪表板)	✓	✓		✓							✓
操作环境(例如：呼叫中心顾问、提案中心)	✓			✓	✓						
态势感知(例如：竞争对手跟踪、融合决策中心)	✓	✓				✓	✓	✓			✓
模式检测(例如：欺诈检测、反洗钱规则)							✓	✓		✓	
物流规划(例如：生产计划、库存管理)	✓	✓				✓				✓	

图 9-34

SharePoint 2013 旨在支持单一平台上各种基于搜索的应用程序。其中有些功能可以开箱即用,有些将是无代码的定制设置,其他的是需要大力开发的复杂应用程序。如你所见,可以使用搜索的很多不同功能内容:

- 用户界面(主题、Web 部件和模板)
- 查询和结果(CSOM 和 REST API、查询语言、查询规则、结果模板和精简性)
- 内容(连接器、爬网、内容处理和托管属性)
- 相关性(排名配置文件、分析和建议)

SharePoint 2013 是构建基于搜索的应用程序的良好平台。你可能在同一个项目中使用上述涵盖的领域之一或所有的一起使用。当你对 SharePoint 2013 搜索的开发变得更加熟悉时,你还会发现自己可能将搜索与 SharePoint 的其他部分以有趣的方式梳理到一起。

9.7.3 搜索与其他工作负荷结合

搜索在 SharePoint 2013 中无处不在,并在许多方面成为社交和 WCM 工作任务的基础。在 SharePoint 2010 中搜索几乎总是和网站一同使用。例如,搜索中心是一个网站,且大多数网站上都有一个小小的搜索框。

但是搜索还可以与 SharePoint 其他所有部分相结合,以构建强大的功能和应用程序。搜索可以结合所有形式的内容管理:ECM、RM 和 WCM。通过扩展 SharePoint,可以使用搜索技术将计算机生成的元数据添加到内容中,从而创建出出色的应用程序。

搜索与见解(BI)的结合有几种方法,从简单的在信息中心共存,到复杂的文本分析、搜索分析和统一的信息访问,这些都是可以结合的方法。搜索可以与整合应用、工作流、窗体和“无码”应用程序开发相结合。有一些结合是开箱即用的,但很多都需要扩展 SharePoint 和进行创新性的开发工作。

当你能流畅地开发搜索与 SharePoint 2013 应用程序后,请牢记这些模式和组合。你会找到应用它们的许多方法。

9.8 本章小结

有了 SharePoint 2013 的新开发模式,尤其是搜索,搜索的功能扩展变得更加触手可及。搜索通常不好理解,不容易被开发人员充分使用,但 SharePoint 2013 改变了这一切。搜索在整个 SharePoint 中无处不在,使得拥有和使用高端搜索功能变得更加容易,并且专门为应用程序开发人员准备了各种工具和挂接程序,微软已经在帮助开发人员处理搜索的道路上前进了一大步。

搜索已朝着 SharePoint 2013“通常标准”的方向前进了一大步。在某个层面上,搜索应用程序只是另一个 SharePoint 应用程序,搜索解决方案只是另一个 SharePoint 解决方案。基于 REST API 使用搜索,纳入了来自于远程 SharePoint 和 Exchange 服务器场的结果,再将结果并入到 Office 的应用程序中——所有这些已成为可能。

　　搜索依然有很多复杂的问题。有特定搜索方面，如开发连接器或定制语言和处理内容，都需要经验(看起来容易，事实上要困难得多)。查询规则(推断人们在寻找的目标)和搜索相关性(因为"正确"的答案是主观的)都有棘手的技术需要掌握。不过，SharePoint 2013 搜索为 SharePoint 开发人员带来了一套全新的工具。比如，CSWP 是一个极好的通用组件。在许多情况下，退而求其次使用 CSWP，会比使用 CMAL 和 SPSiteDataQuery 要简单得多。

　　构建功能强大的搜索应用程序从来没有像在 SharePoint 2013 中这样容易过。可以创建各种基于不同级别定制的搜索应用程序。还可以将搜索与 SharePoint 的其他部件(见解、社交、整合应用、网站和内容)相结合，创建出令人信服的解决方案。

　　FAST 搜索的高端功能现在已经作为单项搜索技术集成到 SharePoint 平台中。基于搜索的应用程序开发人员可以使用新的 API 和新的机制创建一些卓越的解决方案了。搜索正迅速成为开发人员在其应用程序中显示非结构化信息的主要方式。

第10章

Web 内容管理

本章内容

- 使用 SEO 和元数据导航设计分类法
- 通过由搜索驱动的发布来使用源自多个网站的内容
- 使用 API 以编程方式获取内容
- 使用新的设计管理器对网站进行品牌建设
- 进行使用情况分析和多语言支持的处理

本章源代码下载地址(wrox.com)

本章 wrox.com 代码下载地址是 www.wrox.com/remtitle.cgi?isbn=1118495829，在 Download Code 选项卡处。第 10 章代码下载处提供了按照本章所列标题打包的代码下载。

Web 内容管理(Web Content Management，WCM)功能涉及 SharePoint 的很多方面。WCM 在 SharePoint 2013 中工作方式已经发生了显著变化，尤其是在内容的创作和呈现方面。在 WCM 网站开发中有三个同等重要的主要角色。这些角色分别是信息架构师、设计师和开发人员。每个角色都拥有其突出显示在发布网站主页上的操作，只有开发人员需要通过 SharePoint 封装包或使用页面的 JavaScript 来部署其修改。

WCM 网站的主要目的是使用户能够创建丰富而动态的 Web 站点。这些网站可以根据各自的设计特征进行定制，以及为不同的应用场景(如内网、公司 Web 站点或电子商务网站等)提供解决方案。在 WCM 系统诞生之前，Web 站点由静态 Web 页面组成，其中包括样式、布局和内容，并将这些结合在一起呈现在每一个页面上。这使得对网站进行更改比较困难。现今如 SharePoint 2013 一样的 WCM 系统提供了完整的功能集，用于维护这些高流量和赏心悦目的网站。如今这些网站还服务于智能手机和平板电脑等多种设备。

要创建 WCM 网站必须确保 WCM 功能是打开的。这些功能称为发布网站功能。当创建该网站时，可以选择发布功能已经激活的发布门户网站；另外，也可以在任意 SharePoint 网站内手动打开它们。发布功能会向你的网站添加 WCM 导航链接和所需的功能。要查看是否启用了这些功能，可以单击类似于 Internet Explorer 中的齿轮图标，查看显示出的新的 Site Actions 菜单。如果有一个新的 Design Manager 链接，如图 10-1 所示，那么发布功能就是打开的。

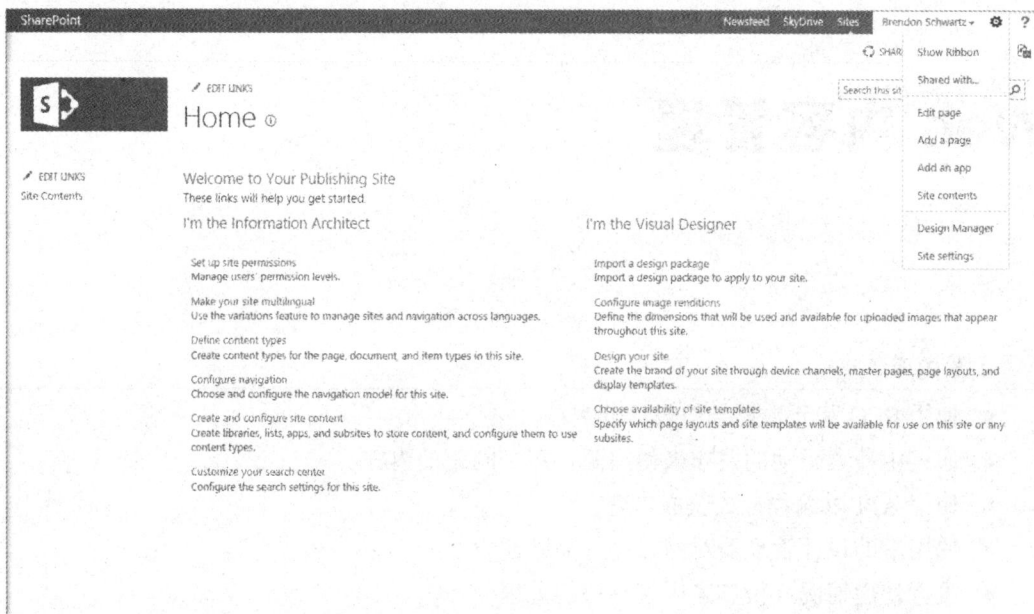

图 10-1

SharePoint 2013 提供了之前 SharePoint 版本中许多受欢迎的 WCM 功能的彻底改造。内容和数据在页面上的显示方式会有更新，还有很多添加项在发布类里。发布网站现在利用了 SharePoint 2013 中的许多强化功能，例如，托管元数据服务和搜索服务等。

10.1　分类法和信息架构师

在 SharePoint 2013 中 WCM 网站的新功能强调了作为主要参与者的信息架构师的作用。信息架构师的相关操作会突出显示在发布门户的主页上，并可以快速链接到他们可以执行的操作(请参阅图 10-1)。在 SharePoint 网站中信息架构师的作用集中于三个主要领域：管理、内容和网站导航。

为信息架构师定义的这些主要领域以网站分类的概念为中心。分类法的定义是明确一个平台不可知的信息类别和定义，因为它与内容和最终用户的使用行为有关。在简明英语中，这意味着分类法为术语、导航、搜索、网站结构和内容类别提供详细信息。信息架构师是网站的规划师，他会定义使用分类法将会生成那些内容，分类法会描述内容如何组织以及哪些字段需要显示。

SharePoint 2013 提供了围绕用户体验的整套实践和技术，让你可以用来推动一个好的网站设计。当规划一个网站的分类法时，可以使用许多技术；以下是一些常见的任务。

- 定义概念地图。
- 执行关键信息的内容审计。
- 审核网站所需的搜索条件。
- 识别基于网站内容的词汇(即术语)。

10.1.1 管理

需要由信息架构师执行的管理任务对于网站以及向用户显示内容的方式都非常关键。这些任务需要围绕内容的权限以及内容可以查阅的时间做明确的规划。必须对要为网站构建的应用程序进行管理，比如，用于网上支付的电子商务应用程序。除了权限和应用程序之外，信息架构师还必须使用内容类型和搜索设置为网站规划内容。

1. 新的管理页面

WCM 提供了许多网站集级别的新管理功能，来帮助信息架构师开展他们的工作。不少网页以前可用于服务器场级别，比如，Term Store Management(术语库管理)页面，如今都已迁移到网站集的级别，以支持添加到 SharePoint 2013 中的新 WCM 功能。

2. WCM 网站规划

可以用很多方式来设计 SharePoint 网站。但如果想要使用这项新功能，请务必确定网站的体系结构，以及对跨网站发布的规划。本书的重点是 SharePoint 2013 WCM 开发方面的内容，但如果你对该架构的组件感兴趣，微软 TechNet 提供了规划工作表和指导。

> 提示：规划工作表和基础架构指导的内容请参考 http://technet.microsoft.com/enus/library/jj635878(v=office.15).aspx 处 "Plan for Internet, intranet and extranet publishing sites in SharePoint Server 2013" 一文。

10.1.2 网站导航

绝大多数使用 WCM 功能的网站都非常依赖网站导航。这就需要网站集内的结构化全局导航，并且需要为用户提供能够链接到网站页面和子网站的方式。微软已在这些功能中进行了重大改进，现在可以使用在术语集内定义的一组动态导航链接来完成该工作了。

1. SEO 改进

用 WCM 功能生成的网站需要高级别的可发现性，使用户能够快速使用页面。实际上，互联网上很多面向外部的 Web 站点都需要高水平的搜索引擎优化(SEO)，以帮助其页面增强在主要搜索提供商处的搜索结果，如必应和谷歌。这在 SharePoint 2010 及更早版本中比较难，这由于 Web 内容的路径存储方式造成。

你也许见过某些网站 URL 中包含/Pages，这是许多 SharePoint 网站的商标。Pages(页面库)仍然是用于发布网站的网站结构的一部分，但新的托管导航使你能够将内容和网站导航区分开来，为你的发布网站提供优秀的 SEO。使用用户界面创建的新网页会自动为你创建 SEO 结构化的 URL。

每个页面现在都有一组可从 Edit SEO Properties 菜单上进行编辑的 SEO 属性。图 10-2 显示了哪些项可以修改，如 Browser Title、Meta Description 和 Keywords 等。其他选项适用于 Sitemap(网站地图)设置，甚至可以定义是否将页面开放给搜索引擎。

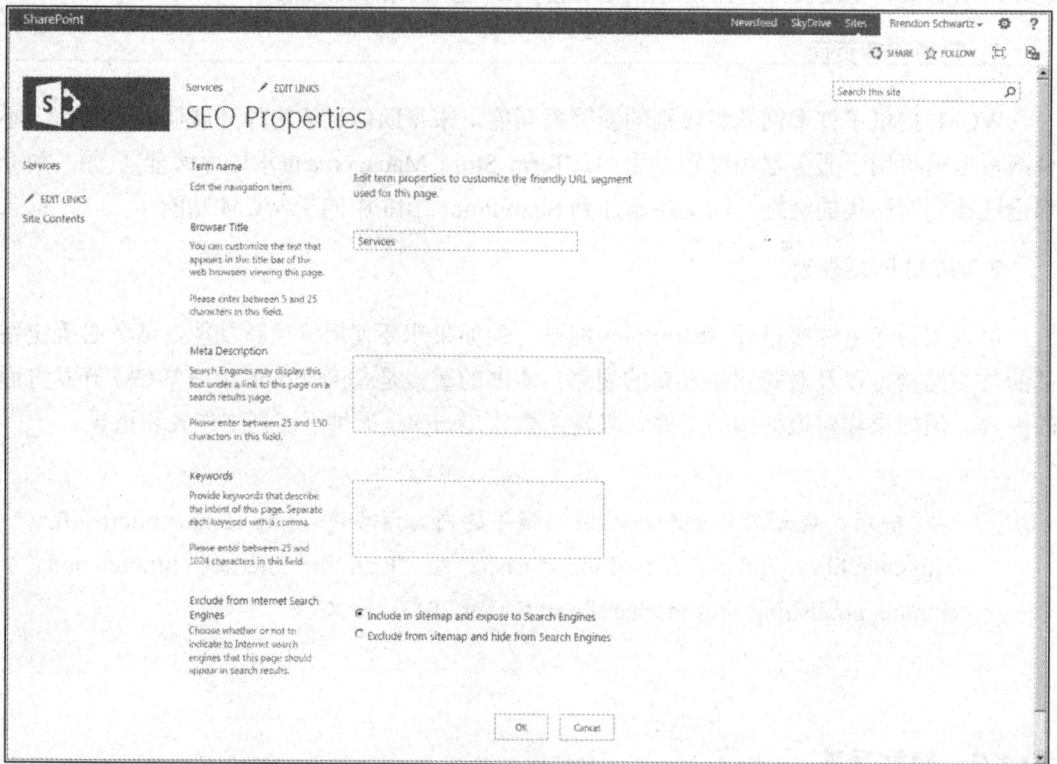

图 10-2

除了每个页面上简洁的 URL 都可见的强化之外，主页现在还会提供一个简洁的重定向代码。该重定向提供了 HTTP 301 的状态更新，而不是像在 SharePoint 2010 中那样返回 HTTP 302。这使搜索引擎能够更好地理解发生重定向的原因，并且可以提高页面排名，因为搜索引擎知道该页面应该用于重定向。

2. 使用术语集的托管导航

SharePoint 中新的托管导航使用自 SharePoint 2010 中引入的术语库和托管元数据在每个网站内提供网站分类。术语库中做了一些改进，使每个网站都具有管理该网站导航的功能。可以选择从父级和结构导航继承而来的导航，这样的功能现在仍可用，但用于顶级网站的新托管导航使你能够完全控制页面的显示方式，不论其内容存储在什么位置。内容和导航分离的概念是托管导航的关键所在。所有选项都在 Navigation(导航)设置中明确列示，如图 10-3 所示。

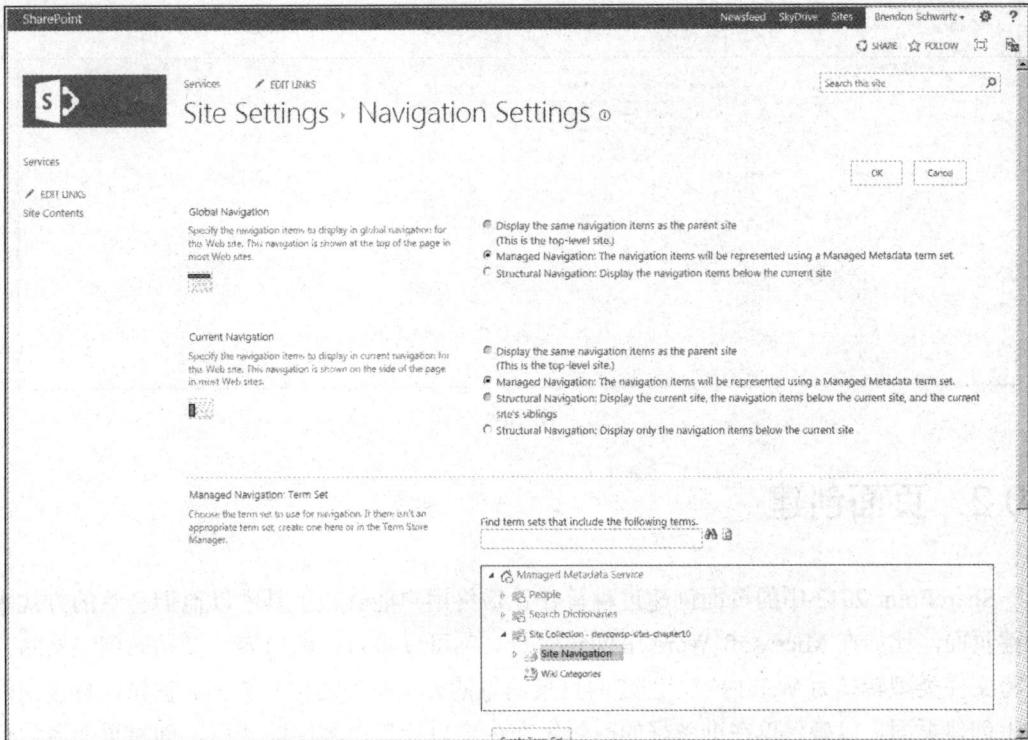

图 10-3

3. 术语的预期使用

除了导航术语的加入外，微软还添加了定义术语如何使用的功能。图 10-4 显示了预期使用这一新的概念。还没有成为网站导航术语的每个新术语，现在可用于预期使用的类型，由信息架构师进行规划并指定用户与新定义的术语交互的方式。当创建术语时，有三种方式可以使用它们。首先是作为一个标记来使用，这是在 SharePoint 2010 中引入的。其余两种与导航有关，将这些术语用于网站导航或逐级导航。选中这些复选框，然后这些术语就会被纳入到该网站的导航元素中。

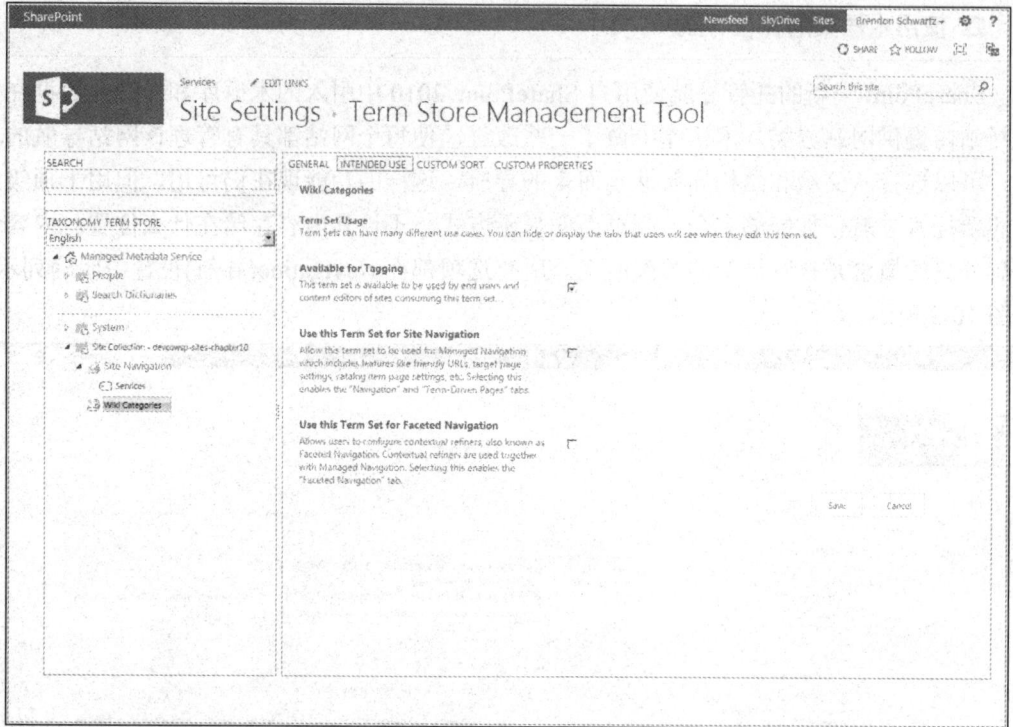

图 10-4

10.2　页面创建

SharePoint 2013 中的页面创建过程旨在让最终用户能够在工具中以他们喜欢的方式来创建页面，比如在 Microsoft Word 中创建网页。你可以将自己的内容直接粘贴到该网站，或将文件类型转换为 Web 内容。创建网页最简单的方式是使用用户界面。它允许直接在网站上创建页面，以确保仅在准备好的时候发布内容以让该内容能够使用。创建页面通常使用以下步骤。

(1) 单击 Site Actions 图标，然后选择 New Page。

(2) 在 Add a Page 对话框中，提供页面的名称，然后单击 Create 按钮。

(3) 使用默认页面布局来打开一个新创建的页面。添加内容，并单击 Save and Publish 按钮。

> 提示：在 New Page Default 设置中，可以单击 Site Actions | Site Settings | Page layouts and site templates 中的 New Page 按钮，以选择使用哪个页面布局。

当启用发布功能的时候，Add a Page 对话框会将仅带有正文的文章页面作为默认选项。此对话框还负责创建与现在的页面相关联的 URL。当你输入想要的页面名称，并单击 Create

按钮将该名称添加到 Site Navigation Term Set(网站导航术语集)以后，该 URL 就显示出来了。你可以在图 10-5 中看到生成的新的且友好的 URL 示例。

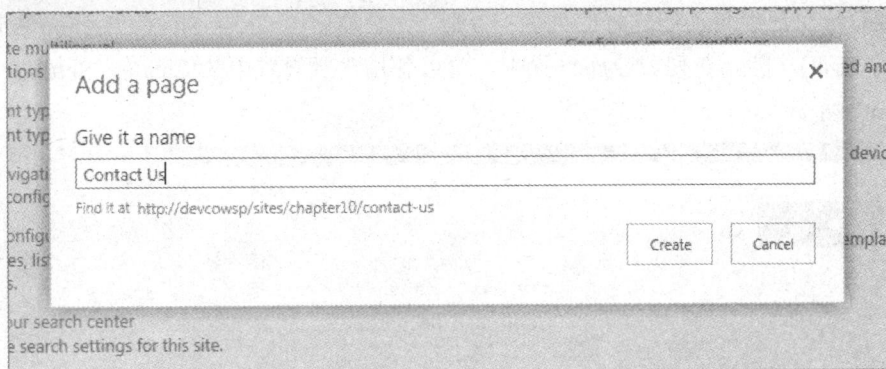

图 10-5

除了友好的 URL 之外，生成的 URL 并不具有/Pages 或.aspx 这样的路径以实现前面所说的 SEO。这就是说，任何时候你创建新的页面，都可以认为你拥有了和生成网站时一样简洁的 URL。在页面创建以后，导航结构可以更改，且它们不必全部构造成页面库中的顶级网站。

为了方便内容所有者创建和发布的内容，现在有一个 Save and Publish 按钮可以使用。它使你能够仅仅通过一次单击就快速创建页面、添加内容并发布内容供人浏览。你不再需要担心内容处于草稿状态而不显示。在以前，许多用户都不知道他们创建的内容未发布，他们需要在 Publish 选项卡上执行一些操作才能发布内容。

10.3　搜索驱动的发布

采用搜索驱动的发布使你能够设计页面和网站，以提供动态而丰富的基于标签生成的页面。已证明这样显示内容方式对于有内容更改或需要更改内容显示位置的网站很有用。使用此种类型的发布，会将所有内容纳入搜索索引中，然后显示在带有 SharePoint 搜索索引查询的页面上。从搜索索引处显示内容的功能使你能够在单个位置创建内容并将内容发布到多个位置。

10.3.1　网站发布目录

这是一个随着 SharePoint 2013 版本而引入的新概念，用于帮助跨网站集发布内容，这个概念称为目录。目录是一个列表，被指定为将会通过跨网站集发布功能来重用的内容的存储位置，以在网站的不同位置呈现相同的内容。

可以在服务器场内创建你需要的目录数量。对于有多个部门发布信息的内网，各部门的网站可以对要发布到主页的内容进行标记。其体系结构的选择是无限的，且是安全的并可基于定义的信息架构来分布。

在网站上创建目录要求定义将会使用的元数据,这些元数据将用于在搜索引擎中索引以及选择将会存储内容的列表或库。如果使用称为 Product Catolog(产品目录)的新模板,那么你会拥有一个已经自动创建好的列表;否则,你必须启用 Cross-Site Collection Publishing (跨网站集发布)功能。在列表或库设置中,可以使用常规设置中的 Catalog Settings 菜单,如图 10-6 所示。

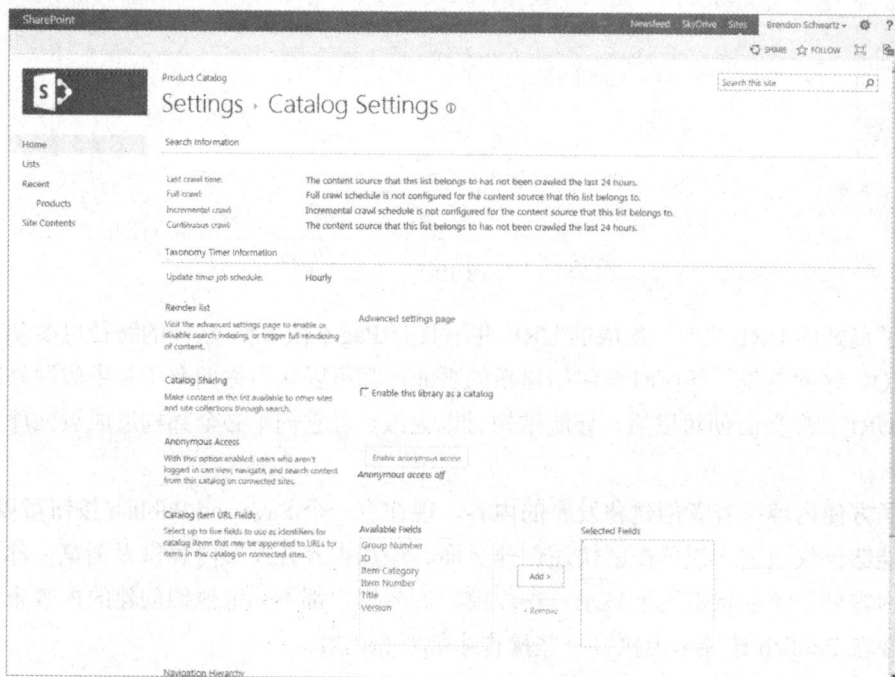

图 10-6

发布和取消发布目录的功能,可以在用户界面中使用,但也可以用一个名为 PublishingCatalogUtility 的类来控制网站。这个类负责在服务器上提供对目录集的访问,并提供与目录相关的状态。这个类还可以用来启用或停止共享目录,并提供与连接到它们的列表相关的信息。表 10-1 显示了该类的成员。

表 10-1　PublishingCatalogUtility 类的成员

名　　称	说　　明
GetCatalogConfiguration	同时提供请求目录的当前配置以及所有的共享设置
GetIsFieldValueFriendlyForUrl	调用以验证字段值在 URL 中使用是否安全,比如,搜索结果、REST 请求和 URL 字符串
GetIsPublishingCatalog	用于判定一个 SPList 在全局列表中是否已经是一个目录
GetPublishingCatalog	返回请求的发布目录
GetPublishingCatalogs	提供一个可供用户使用的发布目录集
PublishCatalog	将一个目录添加到可用目录的全局定义列表中
UnPublishCatalog	移除将会用到的指定目录

10.3.2　跨网站集发布

显示来自其他网站集的内容的功能基于跨网站发布的功能，这有时非正式地简称为 XSP。当内容已经添加到目录并且被搜索过时，它就可以由发布网站来使用了，该发布网站可以将该信息显示在任何页面上。

跨网站集启用了真实内容的重用，可以通过基于页面名称自动生成的查询或者使用一组 API 来添加到页面。管理到目录的连接的主要类是 CatalogConnectionManager。此类允许你在搜索中使用目录，以及提供搜索中连接的相关信息。管理器是添加或移除用于消费使用的目录的核心。就像 SharePoint 中的许多类一样，必须调用 Update()方法来修改服务器上的数据。表 10-2 中列出了类成员。

表 10-2　CatalogConnectionManager 类的成员

名　　称	描述
AddCatalogConnection()	为托管集添加新的目录连接，必须为该目录调用 Update()以便存储
Contains()	为指定目录的路径进行检查，以确定该目录连接是否已经使用过
DeleteCatalogConnection()	移除网站上的目录连接
GetCatalogConnectionSettings()	将目录连接设置作为一个包含所有细节信息的 CatalogConnectionSettings 对象进行返回
Update()	在目录连接上执行操作时必须调用 Update()方法；该操作在 Update()方法被调用后才会完成
UpdateCatalogConnection()	允许在目录连接信息添加到管理器后对其进行更新

10.4　创建和编辑内容

每个 WCM 网站都建立在丰富且精心设计的内容与网站页面的基础上。SharePoint 提供了一组含有各种布局的页面来实现相关网站。在发布基础架构上创建的页面会拥有关联到它们的内容类型，它们定义将会输入到布局中的内容。由 SharcPoint 提供的内容类型有文章页面、目录项重用、企业 Wiki 页面、错误页面、项目页面、重定向页面和欢迎页面。SharePoint 发布基础架构提供了可以在 Web 页面上编辑的字段，就像在 Microsoft Word 上编辑一样。

10.4.1　Ribbon 菜单的增强功能

Ribbon 菜单在上一版本的 SharePoint 中就引入了，但在 SharePoint 2013 中已得到了增强。其重点是围绕易用性和更多的一次性单击操作方面。这意味着对于内容编辑者，他们在 Web 上创建内容有了更接近 Microsoft Word 的体验。Ribbon 菜单现在还可以很容易地从内容查看区域隐藏起来。这使得内容编辑者可以在需要时打开 Ribbon 菜单，而在显示内容时将其移开。

　　新的样式菜单提供了一种快速和可视化的方式来更改文本，就像 Microsoft Word 一样。这有助于了解页面的预期呈现样式，而不是仅仅依赖也许没有直接映射到 Microsoft Word 的 HTML 样式。你甚至可以直接从 Microsoft Word 上复制内容并粘贴到富文本编辑区域，使内容更为干净准确。图 10-7 中可以看到在页面上使用的新样式，Ribbon 菜单提供了和 Microsoft Word 一样的编辑体验。

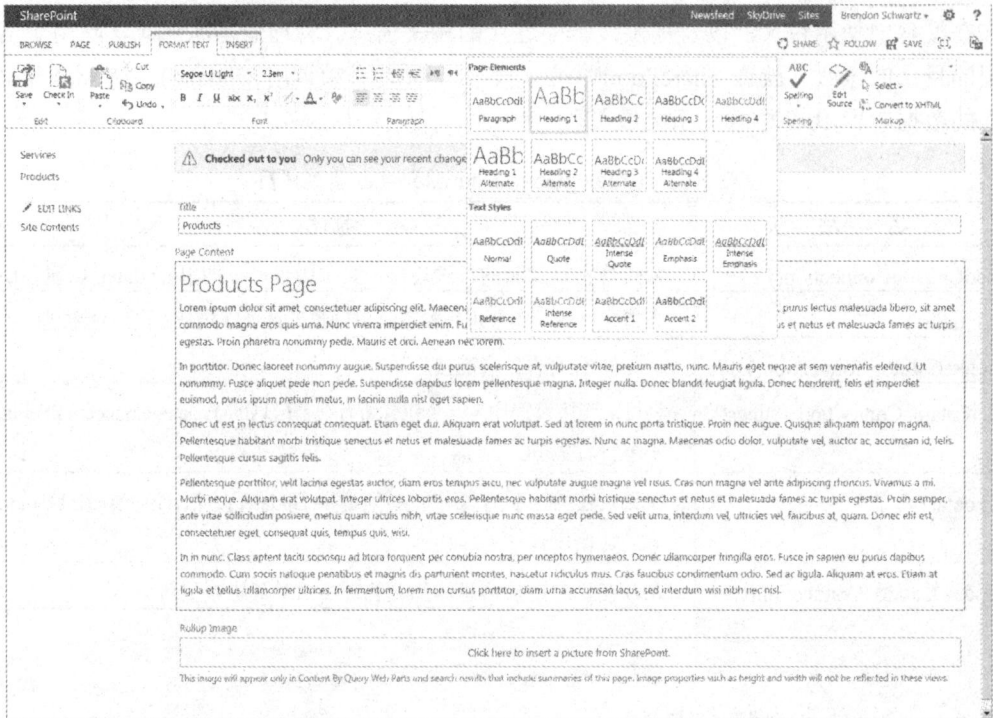

图 10-7

10.4.2　发布字段控件

　　页面布局定义了一组存储在列表中的内容，这些内容在创建页面时可以编辑。最常见的类型是发布 HTML 字段控件。当你创建文章页面时可以看到此控件，在主页面内容区域，它是默认提供的。这些控件提供了丰富的编辑体验且不用创建额外的代码，这是一个非常棒的富文本编辑器。

　　这些控件不可移动，并且需要放置在文章类型的页面上。可以将这些控件视为在页面上包含的列表数据的编辑器，这意味着你会得到内容的版本控制和审批。如果你曾经使用过 Web 部件，就会注意到此控件感觉上就像一个 Web 部件，但该 Web 部件是一个严格意义上的控件，不直接绑定到列表，与字段控件不同。

　　这些控件是 Microsoft.SharePoint.Publishing.WebControls 类的一部分，这个类包含许多控件和 Web 部件，用于在发布中所需的几乎任何类型的用户交互。表 10-3 显示了一些使用频率颇高的控件。

表 10-3　WebControls 类成员

类　　型	说　　明
AssetUrlSelector	提供一个用户界面用于从网站集中选取一个链接或图像 URL
ContentByQueryWebPart	该 Web 部件用作主要内容汇总 Web 部件且有多个选项
MediaFieldControl	用于像媒体播放器一样显示媒体文件
RichHtmlField	提供一个类似于 Microsoft Word 一样的编辑器，用于输入文本和基于 HTML 的内容
RichImageField	启用图像字段的选取和显示
TableOfContentsWebPart	提供内容表格 Web 部件以用于汇总网站结构

> 提示：这些只是一些较常使用的字段控件，还可以在后面的链接处找到该类中对象的完整列表 http://msdn.microsoft.com/en-us/library/microsoft.sharepoint.publishing.webcontrols(v=office.15).aspx。

　　要使用发布字段类型向页面中添加字段，需要使用网站栏创建一个网站内容类型。这意味着在创建的页面布局前必须对 WCM 数据进行预定义。图 10-8 显示了网站栏中的字段，可以作为发布基础架构的一部分进行添加。

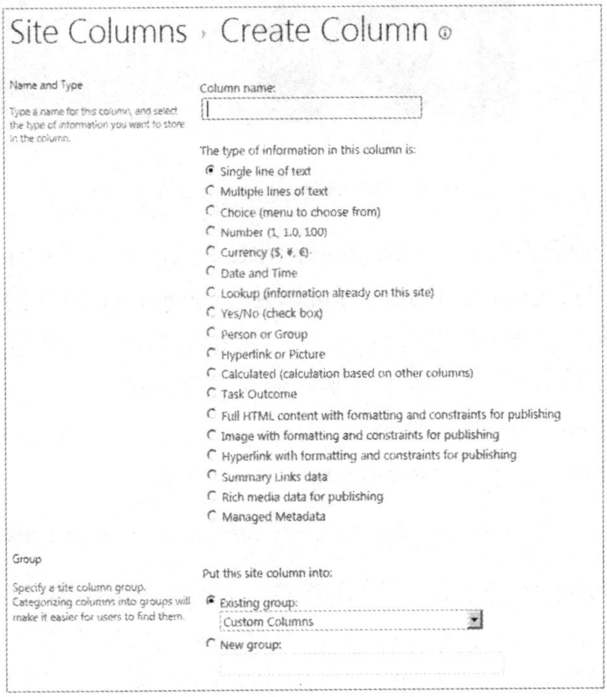

图 10-8

10.4.3 图片呈现形式

图片呈现形式的引入提供了一种方法来控制你正在使用图像创建的 Web 内容的外观。Web 上的图像往往以其默认的大小格式显示，除非指定一个预定义的宽度和高度。如果可以调整放入内容中的每幅图像的尺寸，那将会很有帮助，但很多时候有一个希望的或者风格指南强制要求的预定义尺寸。因此当你想要在网站内使用不同尺寸的相同图片时，这就会变得很棘手。为了应对页面上图像大小处理的挑战，SharePoint 引入了图像呈现形式。将图像添加到页面后，可以选择图像呈现形式，就是说你想要使用 Ribbon 菜单和 IMAGE 选项卡菜单，如图 10-9 所示。

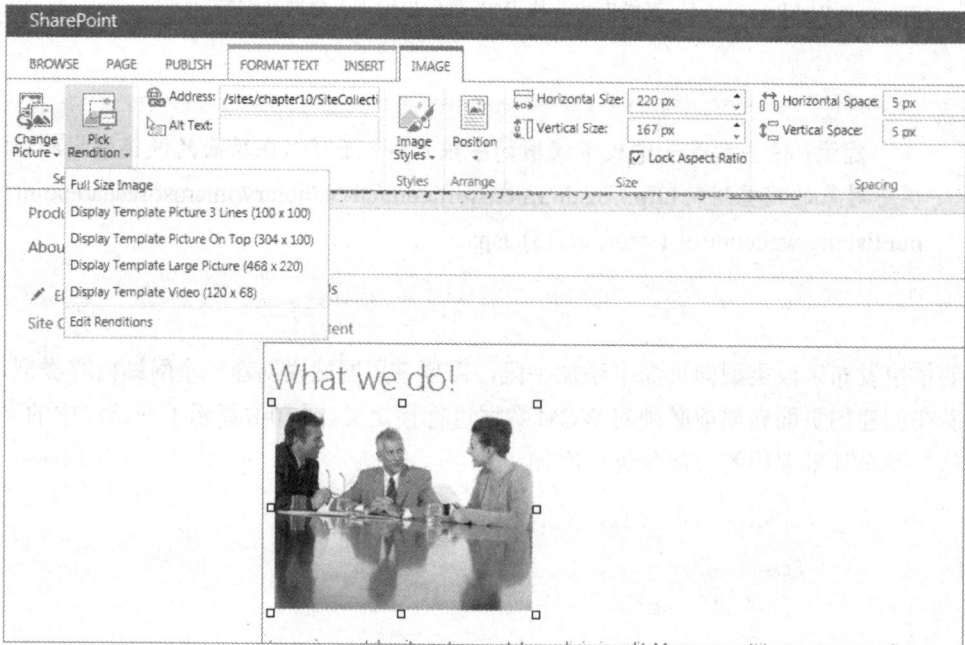

图 10-9

图像呈现形式会放置在使用与图像相同的 URL 的页面上，该 URL 带有一个添加的查询参数以便图像呈现形式使用。这意味着可以使用 JavaScript 或新的设备通道在代码中动态地创建 URL，来放置想要的图像呈现形式。要指定 URL，请使用 RenditionID 查询字符串参数。此 ID 和所有的图像呈现形式都存储在名为 http://<site>/_catalogs/masterpage/PublishingImageRenditions.xml 的文件中。下面的代码示例显示了在 xml 文件中列出且使用图片呈现形式网站设置页面定义的 RenditionID 为 2 的 URL：

```
http://www.wintiptoys.com/SiteCollectionImages/PR.gif?RenditionID=2
```

BLOB 缓存用于动态地创建多种尺寸的图像，且必须使用图像呈现形式来启用。为了打开 BLOB 缓存，请在网站所在的 Web 应用程序的 web.config 中将启用的值设置为 true。除了启用 BLOB 缓存之外，还应该选择一个合适位置来存储图像，因为它们可能会成规模增加并占用默认位置的宝贵空间。你可以在文件类型的列表上看到，这不仅适用于图片，还可以用于视频：

```
<BlobCache location="C:\BlobCache\14" path="\.(gif|jpg|jpeg|jpe|jfif|bmp|
dib|tif|tiff|ico|png|wdp|hdp|css|js|asf|avi|flv|m4v|mov|mp3|mp4|mpeg|mpg
|rm|rmvb|wma|wmv|ogg|ogv|oga|webm|xap)$" maxSize="10" enabled="true" />
```

SharePoint API 中提供了图像呈现形式，可使用静态类 Microsoft.SharePoint.Publishing. SiteImageRenditions 并提供你想要的呈现形式的来源网站集来对其进行调用。该类使用 ImageRenditionCollection 类和 ImageRendition 类来添加、移除和更新网站上的图像呈现形式。要添加新的图像呈现形式，请使用下面的代码：

```
ImageRenditionCollection siteRenditions =
    SiteImageRenditions.GetRenditions(SPContext.Current.Site);

ImageRendition addRendition = new ImageRendition();
addRendition.Name = "New Product Image";
addRendition.Width = 100;
addRendition.Height = 100;

siteRenditions.Add(addRendition);
siteRenditions.Update();
```

10.5　动态显示内容

显示内容是 WCM 的核心功能之一，已经在以前版本的 SharePoint 中通过发布页面和内容查询 Web 部件实现了这一点。你仍然可以使用这些技术，但 SharePoint 2013 引入了一些额外的功能，旨在让使用搜索和客户端技术生成页面的过程更为轻松。

制作有更新内容的丰富页面需要你正确地构建 WCM 网站，并正确地构造内容。内容需要被标记或贴上标签以便你能以编程方式找到这些数据。这可以通过将内容放在特定的位置、给内容一个特别的名称或像标记文档一样添加常见特性来实现。在 WCM 中术语文档是对任意一组显示在 Web 中的内容的引用。实际的文档类型可以是任意一种，无论是基于 Web 的内容(HTML)，还是 Word 文档或 PDF 都可以。

10.5.1　内容搜索 Web 部件

新的内容搜索 Web 部件提供了来自搜索索引的易于使用的内容搜索 Web 部件的配置。可以将它看成易于使用且带有预配置结果的核心搜索结果 Web 部件。新的内容搜索 Web 部件有其专用的查询生成器用户界面，使你对细粒度内容的选择更为容易。它还使那些可能不知道搜索查询语法的用户能够使用该向导在页面上取回正确的数据。

内容搜索 Web 部件是在内容汇总目录 Web 部件基础上新增的。如果想要使用位于网站集内的内容，你仍然可以使用内容搜索 Web 部件。如果想要使用可跨网站重用的内容，就可以使用新的内容搜索 Web 部件。图 10-10 显示了如何在用户界面内迅速生成你自己的查询并查看结果预览。

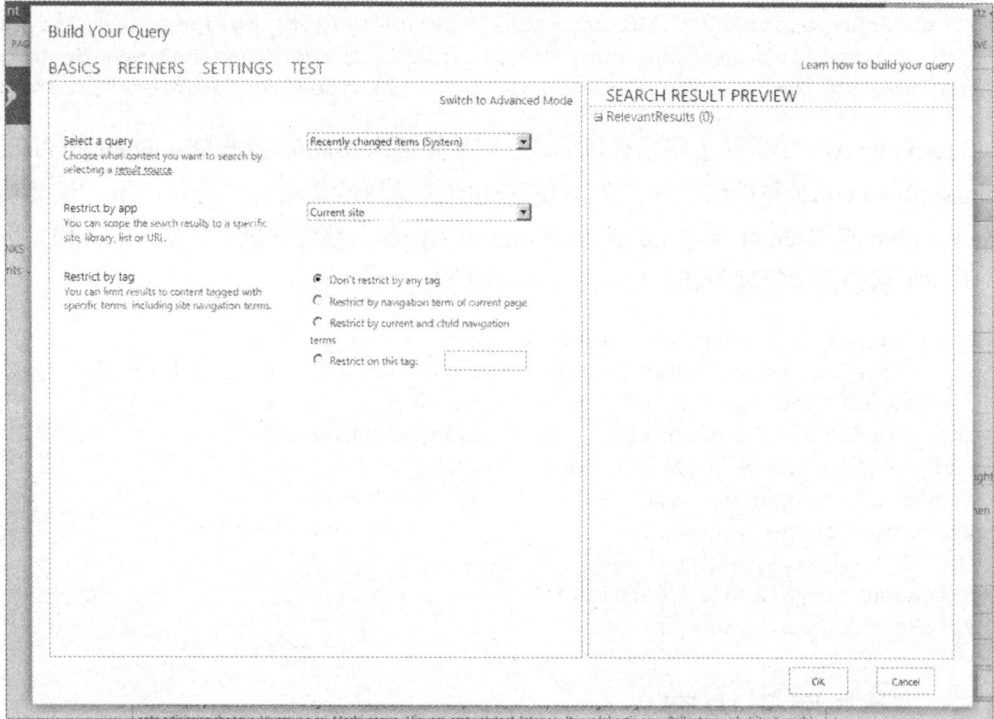

图 10-10

10.5.2 搜索驱动 Web 部件

有很多 Web 部件作为搜索驱动 Web 部件类别的一部分来提供。这些 Web 部件具有预定义的搜索结果，这些结果已经在其配置中进行了设置并可由最终用户添加到页面上。所有的 Web 部件都使用带有自定义查询的搜索驱动 Web 部件。如果你希望某个特定目录或查询在多个页面上呈现，便可以创建你自己的搜索驱动 Web 部件。搜索驱动 Web 部件的当前列表如下所示：

- 文章
- 目录项重用
- 来自目录的项
- 匹配标签的项
- 图片
- 热门项
- 最近更改的项
- 推荐项
- 视频
- Web 页面
- Wiki 页面

10.6　以编程方式访问内容

多年来，整个 SharePoint 平台提供了很多连接到 API 和网站内容的方法。SharePoint 2013 继续通过维护类和添加新的 API 方法来改进访问过程。发布基础架构以核心类为基础，并添加针对发布的 API。可用的 API 有服务器端、客户端对象模型(CSOM)和 REST。这使得作为开发人员的你在构建网站和内容时，可自行决定使用何种语言和平台。很可能你会在解决方案中使用多种 API，因为它们各自有不同的作用。表 10-4 显示了眼前对于不同开发任务何种语言是最佳语言。

表 10-4　用于发布的 API 引用

名　　称	语　　言	原　　因	任　　务
服务器端 API	C#或 VB.NET	需要编写能够部署到服务器的代码且对 Microsoft .NET Framework 比较熟悉	发布字段控件和服务器端处理过程
CSOM	C#、VB.NET、Silverlight、JavaScript	用于远程开发，包括在 SharePoint Web 页面、客户端应用程序和 SharePoint 应用程序上	服务器生成的 Web 控件和 Silverlight 应用程序
REST	JavaScript、C#、VB.NET	主要用于松散类型的语言，如 JavaScript，但可被从调用 URL 的任意位置所使用	AJAX 更新、远程网站和 OData 请求

10.6.1　服务器端 API

服务器端 API 是从 SharePoint 2007 开始就一直经常使用的发布基础架构。这些 API 提供的组件为创建 WCM 网站提供了用户界面、控件和页面。要访问这些 API，需要在托管.NET 中使用 Visual C#或 Visual Basic 编写代码。代码可以在服务器上运行，并且必须处于受信任的位置(如 GAC 或 Bin 等)。要访问用于 SharePoint 发布的类，需要在你的项目中引用服务器 DLL 作为 SharePoint 核心 DLL 的补充。Microsoft.SharePoint.Publishing.dll 包含专门用于发布框架的公共类。下面是服务器端 API DLL 的位置：

```
C:\Program Files\Common Files\Microsoft Shared\Web Server Extensions\15\
ISAPI\Microsoft.SharePoint.Publishing.dll
```

要从发布页面访问内容，可以使用内置的 PublishingWeb 类，它封装已启用发布基础架构的网站的 SPWeb 对象。

首先要做的是创建项目并添加 SharePoint 发布 DLL 作为引用。以下步骤显示了具体的做法。

(1) 右击项目中的 References 文件夹；选择 Add Reference。

(2) 如果尚未选中，请单击 Extensions 类别。也可以在搜索框中输入 Publishing。

(3) 将鼠标指针悬停在 Microsoft.SharePoint.Publishing 上，然后单击复选框。不要只是单击并突出显示该项，因为这样不会添加引用。

(4) 单击 OK 按钮以添加到项目的引用。

设置好项目以后，现在就可以使用程序清单 10-1 中的代码，以便在发布库中显示页面。要从 PublishingWeb 类中使用静态方法并在 Web 页面上显示该值。

程序清单 10-1：在发布页面库中显示页面

```
//Check if the Current Web is a Publishing Web
if (PublishingWeb.IsPublishingWeb(SPContext.Current.Web))
{
    //Get the Publishing Web Object
    PublishingWeb pubWeb = PublishingWeb.GetPublishingWeb(SPContext.
    Current.Web);

    //Loop through each Publishing Page to display information about the page
    PublishingPageCollection pubPageCollection =
    pubWeb.GetPublishingPages();
    lstPublishingPages.Rows = pubPageCollection.Count;

    foreach (PublishingPage pubPage in pubPageCollection)
    {
        //Display Info about the publishing Page
        lstPublishingPages.Items.Add(
            String.Format("{0}({1})", pubPage.Name, pubPage.Url));
    }
}
```

SharePoint 中有许多不同用途的类。当使用 WCM 创建网站和内容时，有几个别的库可供引用。这里列出了支持发布框架的其他服务器端 API：

- 文档管理 API——Microsoft.Office.DocumentManagement.dll
- 记录管理 API——Microsoft.Office.Policy.dll
- 搜索 API——Microsoft.Office.Server.Search.Applications.dll
- 分类 API——Microsoft.SharePoint.Taxonomy.dll

> 提示：要查看用于网站和内容的对象名称空间的完整列表，请访问 http://msdn.microsoft.com/en-us/library/jj193044(office.15).aspx。

10.6.2 CSOM

客户端对象模型(CSOM)提供了一个托管封装类，可以使用 JavaScript 从客户端进行调用。这通过托管在名为_vti_bin/client.svc 的服务器上的 WCF Web 服务来实现。这项服务可用于所有基于客户端的调用，无论使用的是哪个库。为 WCM 发布功能而生成的库可以在.NET、Silverlight 和 Windows Phone 中使用。引用和使用.NET CSOM 类似于引用服务器端 API。两者之间的主要区别是.NET CSOM 在调用对象之前必须先得到一个上下文对象。
这是因为代码会被转译成 JavaScript，因此就没有现成的服务器端对象可用了。.NET CSOM
DLL 的位置如下：

```
C:\Program Files\Common Files\Microsoft Shared\Web Server Extensions\15\
ISAPI\Microsoft.SharePoint.Client.Publishing.dll
```

可以通过添加核心的 SharePoint 客户端和运行时 DLL 引用来使用客户端发布 CSOM
对象。添加这些类以后，就可以添加发布客户端 DLL 并与核心 CSOM 类一起使用这些类
了。下面的代码展示了如何获取网站图像呈现形式并显示它们的名称：

```
ClientContext context = new ClientContext(url);
IEnumerable<ImageRendition> siteRenditions =
            SiteImageRenditions.GetRenditions(context);

context.ExecuteQuery();

foreach (ImageRendition imgRendition in siteRenditions)
{
    Console.WriteLine(imgRendition.Name);
}
```

10.6.3　REST CSOM

SharePoint 2013 提供的部分新的 API 集是使用 CSOM 服务器框架的基于 REST 服务的
实现。这使得应用程序能够直接调用 RESTful 端点，这在像 JavaScript 这样的语言中尤为
有用；尽管也可以在服务器端代码中使用它。REST API 提供了有关 OData 的新功能，并
将_api/path 映射到_vti_bin/client.svc。此外，在进行新的开发时应该尝试使用新的 API 而
非.asmx 文件。发布和搜索类的位置如表 10-5 所示。

表 10-5　REST API 的位置

名　　称	位　　置
发布	http://server/site/_api/publishing
搜索	http://server/site/_api/search

10.7　网站品牌建设

为网站创建自己的品牌或外观一直是很多组织的目标。你甚至可能常常听见有人问：
"怎么样使这个网站看起来不像 SharePoint？"现在有许多选项可用于轻易地构建一个完
全品牌化的网站。有一套完整的 API 和用户界面可以帮助设计师生成和部署这些封装包。
这些 API 还允许开发人员使用服务器端 API、.NET 客户端对象模型(CSOM)、JSON、
JavaScript 和 REST 进行服务器端或客户端编程，以构建丰富的内容。

想要构建自己的品牌,请使用母版页和页面布局来设计网站的外观。这些页面和任何自动生成的页面会将内容存储在内容数据库中,并将内容组合起来输出到浏览器。SharePoint 会结合页面布局和母版页,将页面提交给浏览器。这意味着页面布局由内容占位符元素组成,这些占位符元素会指示 SharePoint 在母版页中应该将元素置于页面的什么位置。

10.7.1 母版页

全局设计元素以及全局控件(比如导航、搜索和内容区域)都在母版页中定义。每个页面都可以有一个为其定义的母版页,但在 SharePoint 中为每个网站分配母版页更为便捷。母版页结合页面布局可以提供整个网站的布局。这是你为所有页面定义层叠样式表(Cascading Style Sheet,CSS)、HTML 和内容区域的地方。当创建母版页时,请记住该文件会在整个网站中保持一致的用户体验。在 SharePoint 2013 中,随着设计管理器和 HTML 母版页的引入,创建母版页已经变得更为容易了。

10.7.2 页面布局

页面布局是网站中用来创作内容的一种模板。该模板被设计成两种模式:显示模式和编辑模式。显示模式只需要从列表项(即数据行)中获取数据,并将字段映射到页面布局上正确的位置。这意味着同一组内容可以有多个页面布局,并且可以在不修改基础数据的情况下更改页面布局。

要修改数据,需要导航到页面,并使用 Edit Page 按钮将页面切换为编辑模式。这提供了一种对存储在内容数据库中的数据进行修改的方法,但不允许你修改页面 HTML。必须先于存储在网站中的数据对页面布局进行定义和创建,从而使内容和布局可以分离。这样做的优点是作者可以在页面将会呈现给访客的位置上编辑内容,并且设计师可以根据需要更新该页面布局。

从内容创作的角度看,页面布局决定了创作体验如何发挥作用。这以两种方式来实现。第一,每个页面布局必须与在页面库中可用的一个内容类型相关联,并继承该页面内容类型。第二,页面布局实现可编辑字段,以提供页面上的创作区域。这些字段与在内容类型中定义的网站栏相匹配。HTML 页面布局使你能够使用内容类型快速生成页面设计。

10.7.3 组合外观

很多网站(比如企业内网)都会想要更改网站的外观,但并不热心于使他们的网站成为一个完全品牌化的项目。新的组合外观功能汇集了很多已有的概念,来为用户创建一个个独立入口,以便用户能够修改其网站的外观。这直接使你在 SharePoint 中拥有了更多能力,并且以支持的和结构化的方式提供了品牌建设功能。

SharePoint 2013 中提供的组合外观使用了一组设置,且会显示网站的可能外观,如图 10-11 所示。虽然这可能看起来类似于 SharePoint 2010 的 Office 主题文件(.thmx),但新的引擎将调色板与网站上使用的字体分离开了。组合外观通过使用不同的布局、颜色、图像和字体来更改默认的外观。表 10-6 显示了用来创建组合外观的项。

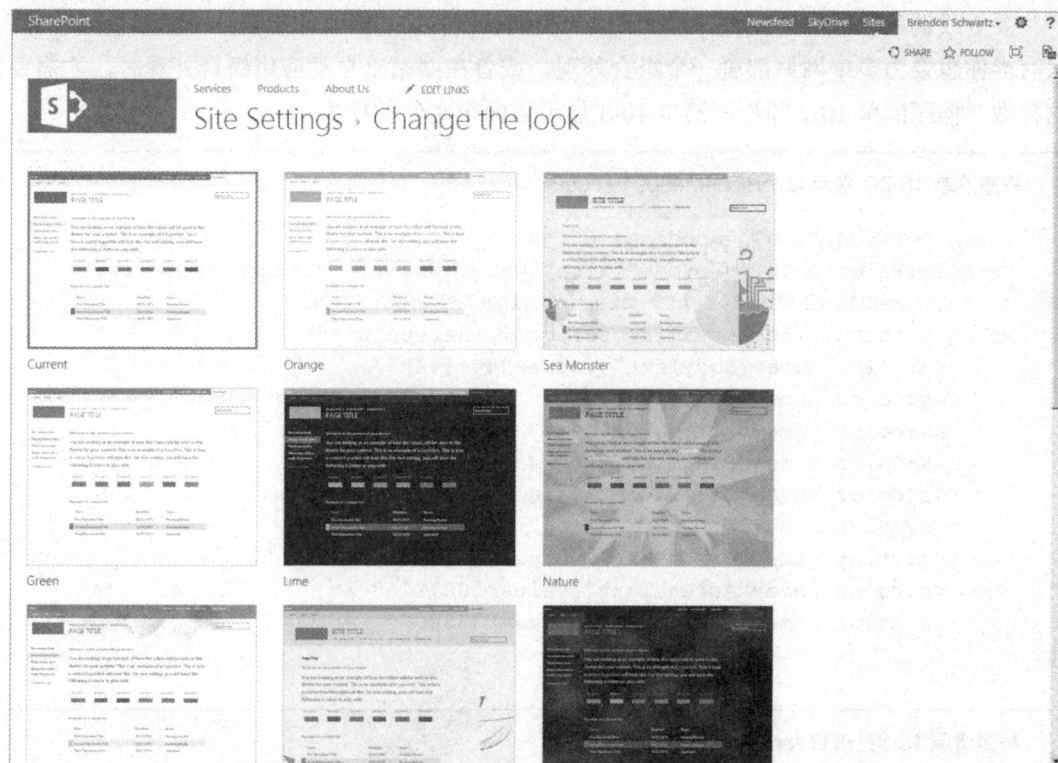

图 10-11

表 10-6　组合外观文件类型

项	扩 展 名	类 型	说 明
标题	N/A	字符串	想要提供给用户选择的显示名称
母版页 URL	.master	HTML 母版页	如果 v15.master 不能满足需求，母版页定义页面的全局布局并且现在能在设计管理器中创建
主题 URL	.spcolor	XML 调色板文件	提供调色板以便与组合外观一起使用并定义每个位置的颜色值
图像 URL	.jpg 或图像文件	图像文件	它是整个网站的背景图像文件。微软提供的默认类型是.jpg 文件，其分辨率是 1024×768
字体图式 URL	.spfont	XML 字体文件	使设计者能够提供可能未包括在默认字体集中的其自己的字体
显示顺序	N/A	数字	它用于定义在用户查看所有选项时组合外观显示的顺序位置

组合外观只是用户网站品牌建设的一个起点。当选中一种外观时，Change the Look 页

面就会提供给用户，以修改他们想要看起来与定义的组合外观不同的任何元素。

要更改调色板或字体文件，需要下载一个默认文件，并修改你想要改变的颜色或字体。只有当你想要为多个网站部署一个组合外观，或者在网站上自动应用组合外观时，才需要这样做。程序清单 10-2 和程序清单 10-3 显示了两个文件的样本。

程序清单 10-2：来自 colorscheme0001.spcolor

```xml
<?xml version="1.0" encoding="utf-8"?>
<s:colorPalette isInverted="false" previewSlot1="BackgroundOverlay"
    previewSlot2="BodyText" previewSlot3="AccentText"
xmlns:s="http://schemas.microsoft.com/sharepoint/">
    <s:color name="BodyText" value="444444" />
    <s:color name="SubtleBodyText" value="777777" />
    <s:color name="StrongBodyText" value="262626" />
    <s:color name="DisabledText" value="B1B1B1" />
    <s:color name="SiteTitle" value="262626" />
    <s:color name="WebPartHeading" value="444444" />
    <s:color name="ErrorText" value="A83238" />
    <s:color name="AccentText" value="0072C6" />
    <s:color name="SearchURL" value="338200" />
```

...

程序清单 10-3：来自 fontscheme001.spfont

```xml
<?xml version="1.0" encoding="utf-8"?>
<s:fontScheme name="Bodoni" previewSlot1="title" previewSlot2="body"
xmlns:s="http://schemas.microsoft.com/sharepoint/">
    <s:fontSlots>
        <s:fontSlot name="title">
            <s:latin typeface="Bodoni Book" eotsrc="/_layouts/15/fonts/
              BodoniBook.eot" woffsrc="/_layouts/15/fonts/BodoniBook.woff"
              ttfsrc="/_layouts/15/fonts/BodoniBook.ttf"
              svgsrc="/_layouts/15/fonts/BodoniBook.svg"
              largeimgsrc="/_layouts/15/fonts/BodoniBookLarge.png"
              smallimgsrc="/_layouts/15/fonts/BodoniBookSmall.png" />
            <s:ea typeface="" />
            <s:cs typeface="Segoe UI Light" />
            <s:font script="Arab" typeface="Segoe UI Light" />
            <s:font script="Deva" typeface="Nirmala UI" />
            <s:font script="Grek" typeface="Segoe UI Light" />
            <s:font script="Hang" typeface="Malgun Gothic" />
            <s:font script="Hans" typeface="Microsoft YaHei UI" />
```

...

10.7.4 在 Express Web 中进行品牌自定义

由于用户希望将 SharePoint 网站品牌化，并在不使用 SharePoint Designer 的情况下打造一个品牌，因此 SharePoint 包含使你能够使用任何 Web 设计工具或 HTML 编辑器来为你的 WCM 网站创建品牌的能力。当处理 Web 页面时，可以考虑的一个工具是 Microsoft Expression Web。这是针对设计师的一款工具，它在 Expression Studio 中提供，以帮助你将设计理念转变成 HTML。

> 提示：更多有关 Microsoft Expression 产品的详细信息，请浏览其主页 http://www.microsoft.com/expression/。

安装 Microsoft Expression Web；然后从一个空白页开始创建 HTML，或者从一个网站，比如 http://www.freecsstemplates.org，下载一个样式来作为品牌建设的起点。请务必检查你下载的任何网页的许可限制，或者在使用该样式之前做好购买计划。如果页面 HTML 和设计是完整的，就可使用设计管理器将其转换为 SharePoint 设计。

Microsoft Expression Web 涉及作为一个网站的文件集合。可以将该网站作为盛放你所有品牌元素的容器来使用，包括 HTML 母版页。该网站会直接指向可以直接映射到母版页库的文件系统上的一组文件。要使用 Microsoft Expression Web 创建你的首个品牌，请执行以下步骤。

(1) 打开 Microsoft Expression Web 来开始创建一个网站品牌。

(2) 单击 Site 选项卡，然后选择 New Site。

(3) 在 New Site 对话框中，选择要创建的网站类型。因为这种情况下要使用一个预先生成的空白网站，所以应选择 General│Empty Site。

(4) 选择要部署的文件的位置；目前请在你的硬盘驱动器上选择一个位置。

(5) 为了便于将来打开文件，请勾选 Add to Managed List 复选框，并提供网站设计的名称。

(6) 你的网站中添加的第一个文件是 HTML 母版页。选择 Select File│New│Page。

(7) 然后选择 CSS 布局和你正在寻找的布局类型。本示例中使用页眉、导航、两栏、页脚；然后单击 OK 按钮。

(8) 单击 Save 按钮，并将文件命名为 simpledesign.html。此时还应单击 Change Title 来更新页面标题。

(9) 在 HTML 母版页保存以后，还必须保存 CSS 文件。将其命名为 simpledesign.css。

(10) 现在你可以添加你喜欢的任何 HTML 元素和图像，来创造专属于你的网站设计。

你的 HTML 母版页现在看起来应该像下面的代码一样。将被替换的文本会添加进其中，让你知道添加动态内容时在何处替换内容：

```
<!DOCTYPE html PUBLIC "-//W3C//DTD XHTML 1.0 Transitional//EN"
"http://www.w3.org/TR/xhtml1/DTD/xhtml1-transitional.dtd">
<html dir="ltr" xmlns="http://www.w3.org/1999/xhtml">

<head>
```

```html
<title>Wrox Chapter 10 Branding with Expression Web</title>
<meta content="text/html; charset=utf-8" http-equiv="Content-Type" />
<link href="simpledesign.css" rel="stylesheet" type="text/css" />
</head>
<body>

<div id="masthead">//Replace with Header HTML
</div>
<div id="top_nav">//Replace with Global Navigation
</div>
<div id="container">
<div id="left_col">//Replace with Quick Launch Menu
</div>
<div id="page_content">//Replace with Page Contents
</div>
</div>
<div id="footer">//Replace with Footer HTML
</div>

</body>
</html>
```

　　如果你不是设计师，却希望你的网站有很棒的外观，那么你可以使用联机模板。下载或购买一个严谨的 CSS 和 HTML 网站；然后可以使用 Site 菜单和 Open Site 选项来打开该网站。虽然需要确保任何代码或窗体在你上载它们之前都已从页面移除，但这是快速让你的设计就位的一种好方式。你下载的某些内容可能在 Adobe Photoshop(.psd)文件中，因为很多设计师会将网站作为一幅图像来开发，然后将它提供给开发人员以转换成真正的HTML。

　　Microsoft Expression Web 提供了直接将 Abode Photoshop 文件导入网站设计的功能。这些选项让你可以像拥有很多选择和团队结构的开发人员以一样来构建网站设计。

　　完成的网站设计会包含没有任何 HTML 窗体元素的静态内容，并可以在 HTML 浏览器中查看，如 Internet Explorer。图 10-12 显示了一个已经完成品牌建设的网站设计在 Microsoft Expression Web 中的外观。它显示了如何使用你和你的团队熟悉的工具轻松地进行品牌建设，这甚至无须连接到 SharePoint。

　　即使 Visual Studio 和微软 Expression Web 这样的工具使你能够创建丰富的页面，如母版页和页面布局，以及将 ASP.NET 控件添加到页面中，但你也不会想在这个时候添加它们。因为此模板将会转化成的母版页不会具有后台代码，而你将编写的服务器端代码不会与这些文件一同上载。

　　通过使用像 Microsoft Expression Web 这样的包含对 HTML5 和在 Internet Explorer 9 和 Google Chrome 中预览页面的支持的富设计工具，你将能快速构建受到用户欢迎的面向互联网的 Web 站点。

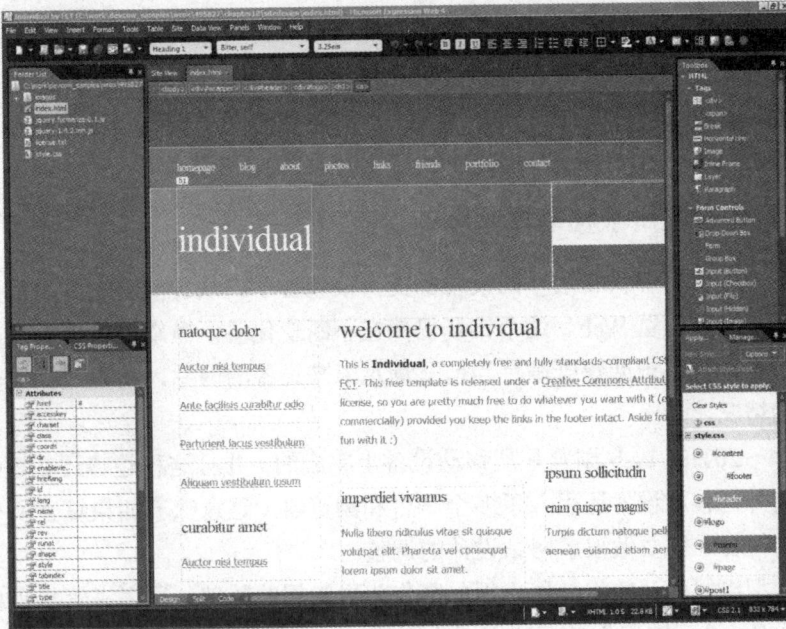

图 10-12

10.8　设计管理器

设计管理器提供了一组操作步骤，帮助你创建独特的网站设计，而无须安装任何额外的工具。该过程中的每一步都会为你提供该步骤所需的信息以及操作链接。设计管理器旨在使你能够为所有设备创建你的品牌，并在完成以后封装该网站设计。可以在图 10-13 中看到步骤(1)的欢迎页面。

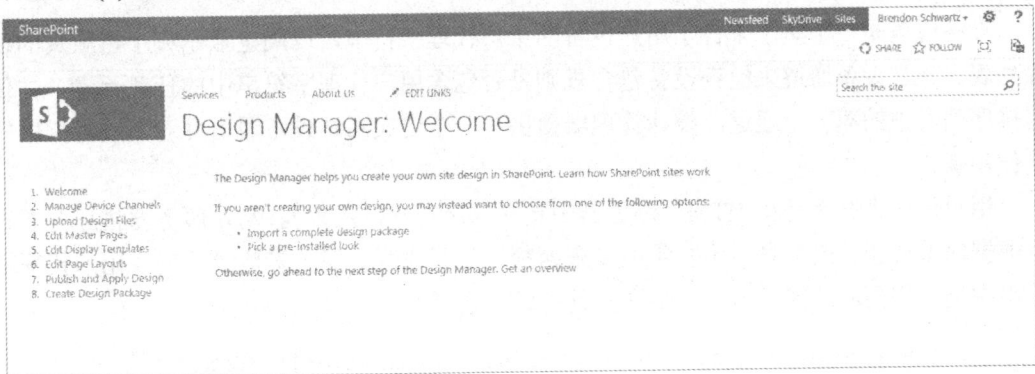

图 10-13

设计管理器已经改变了 SharePoint 设计器沿用多年的范式。以前，SharePoint 中的设计器会打开 Microsoft SharePoint Designer(SPD)，并直接在活动网站上修改网页。这意味着你必须了解网页上所需的特定 SharePoint 控件，并且可以通过简单的拖放用户界面来设计。有些设计师会干脆导出 SharePoint 母版页或者从所需控件的最小集合开始，这称为最小母版页。如果使用 SharePoint Designer，这就意味着对导出网站的用户几乎没有支持，且有很多限制。现在在 SharePoint 外部就可以创建设计并转换以便可以被大众浏览，这样的变化与许多其他 Web 站点设计方式一致。请记住，这意味着许多设计师已使用多年的拖放功能将不能在 Microsoft SharePoint Designer 2013 的新版本中使用了。

10.8.1 将设备通道用于移动体验和设备定向

过去几年中，所有形状和尺寸的设备都变得很流行了。从智能手机到平板电脑，用户现在可以用新的方式浏览 Web。这个市场仍然在不断变化着，微软平板电脑这样的新设备不断地推出。这使得很难创建既满足当前又满足未来设备的网站，特别是如果你不清楚未来可能出现的情况。

大约 15%～20%的 Web 浏览是从移动设备上完成的，并且这种趋势还在逐年增加。除了窗体因素之外，移动设备还引入了多个平台和浏览器。这意味着如果算上所有设备、平台和浏览器的组合，需要做很多网站设计的调整。

即使是大型组织也开始将使用平板电脑作为更常规的基础，许多高管将平板电脑作为他们的主要设备。这意味着你的互联网或内网的 WCM 网站必须有能力提供为预定设备设计的体验——或至少尽可能接近。

为了应对移动设备的增长给 WCM 网站带来的挑战，可以使用一种叫做设备通道的新功能。这是一种针对品牌建设、内容和网站布局类型并使其适应网站中定义的浏览器和设备的方式。有两个主要组件用于设备通道的运行。第一个是定义当移动设备发出请求时将会呈现的网站母版页。第二个是定义对于每种类型的设备，基于其屏幕实际尺寸，需要显示哪些内容。

1. 设备通道

设备通道是一个基于来自于用户设备的用户代理字符串，以确定显示哪个母版页的设置列表。建立设备通道来检查设备包含规则是否包含用户代理字符串中的任意元素，并使用排序列表中的第一个通道。设计管理器提供了一个定义网站设备通道并对其进行排序的操作步骤。

用户代理字符串是在 HTML 浏览器中定义的字符串，用来向 Web 服务器描述与要查看数据的系统相关的信息。这些年很多东西都发生了改变，但大多数浏览器在用户代理字符串中仍有相同的共同元素。其中许多具有以下格式：

```
Mozilla/[version] ([system and browser information]) [platform]
([platform details]) [extensions]
```

当查看 Internet Explorer 用户代理字符串时，你可能会发现以下内容，这取决于你是在台式机浏览器上还是移动设备浏览器。要了解有关用户代理字符串的历史以及它是如何演变的，请转至 http://www.nczonline.net/blog/2010/01/12/history-of-the-user-agent-string/。

```
Mozilla/5.0 (compatible; MSIE 9.0; Windows NT 6.1; Trident/5.0)
```

```
Mozilla/5.0 (compatible; MSIE 9.0; Windows Phone OS 7.5; Trident/5.0;
IEMobile/9.0)
```

> 提示：如果你想知道当前的用户代理字符串是什么，就可以使用 Fiddler 或使用 http://www.useragentstring.com/这个网站。该网站还有一个包含大多数用户代理字符串的列表，参见 http://www.useragentstring.com/pages/useragent-string.php。

创建设备通道需要设置几个值，然后对将要执行的通道进行排序。创建设备通道后，在将网站设计应用到设计管理器时，可以为该通道设置一个新的母版页。请使用以下步骤来创建设备通道。

(1) 单击步骤 2. Manage Device Channels；然后单击 Create a Channel。

(2) 在 Name 文本框输入一个显示名称并进行说明。

(3) 添加一个唯一别名用于以代码形式访问通道。

(4) 添加一个或多个设备包含规则，这是用户代理字符串的一部分。每行只输入一个，如 IEMobile/9.0。

(5) 勾选 Active 框并单击 Save 按钮。

2. 设备通道面板控件

要控制页面上的数据，可以使用新的设备通道面板控件，以指定哪些通道你想要进行特定的更改。此控件可以从代码段库(Snippet Gallery)中添加，后面会在 10.8.4 节中介绍，或者作为 SharePoint 控件添加。这会很有用，如果你只想在移动浏览器上显示有限数量的内容，却又想在桌面浏览器中添加更多内容。

通过使用 IncludedChannels 特性，设备通道面板能让你在所需数量的通道中包含创建的 HTML 内容。IncludedChannels 特性可使用别名，不会将之前定义的设备通道的名称显示出来。可以在该特性中的通道之间添加逗号来使用多个设备通道。要使用这个控件，需要在母版页或页面布局中添加以下代码：

```
<PublishingWebControls:DeviceChannelPanel runat="server"
IncludedChannels="SmartPhones">
  <!-- Enter HTML in this section -->
  <div>This content only displays on the SmartPhone Device Channel</div>
```

当所有配置都完成后，就可以强制网站使用想要的带有查询字符串参数的设备通道，来测试设计看起来是什么样子。再次使用设备信道别名，就可以指定哪些通道显示在浏览器中。

查询字符串模板的位置如下:

```
http://<site>/products/?DeviceChannel=<DeviceChannelAlias>
```

这是一个查询字符串设备通道的例子:

```
http://tailspintoys.com/products/?DeviceChannel=SmartPhones
```

10.8.2　使用设计文件和资源

每个设计都定义为一组 HTML、CSS、JavaScript、图像文件,以及任何其他的支持文件。要创建一个设计,需要至少一个 HTML 页来用作全局布局的母版页。

作为一个网页开发人员或设计师,首先要做的就是将母版页库映射到一个网络驱动器。SharePoint 2013 已经增强了母版页库以便能够基于 WebDav[1] 运行,并为文件系统接口提供 Microsoft Expression Web、 Visual Studio 和 Dreamweaver 等工具。映射的驱动器现在使你能够编辑来自于 Windows 资源管理器中的任何文件,特别是母版页和页面布局。

> 提示:如果你使用的是一台 Windows 服务器,请确保启用桌面体验功能来获取与 WebClient 服务一同提供的 WebDav 选项。

要建立一个到母版页样式库的连接,可以单击 URL 提供的链接,它会在你的网络驱动器位置打开。建议通过下面的简单步骤来创建一个映射的网络位置。知识库(KB)文章 2445570(http://support.microsoft.com/kb/2445570)包含了用于解决 Windows Vista 和 Windows 7 响应较慢的操作步骤:

(1) 首先在你感兴趣的网站上打开设计管理器。

(2) 单击步骤 3. Upload Design Files。

(3) 现在能看见连接到母版页库的链接了;右击它,然后选择 Copy Shortcut(复制快捷方式)。该 URL 看起来是这样的: http://intranet.devcow.com/_catalogs/masterpage/。

(4) 依次单击 Start 菜单的 Windows 和 Computer。

(5) 在 Computer 的 Windows Explorer 中,从选项中选择 Map network drive。

(6) 选择你想要的驱动器字母,粘贴你从设计管理器中复制的位置,选中 Reconnect at Login 复选框。

(7) 现在打开 Internet Explorer 来验证 Internet Explorer 选项。

(8) 单击齿轮图标(Tools 菜单);然后单击 Internet 选项。

(9) 单击 Connections 选项卡,然后选择 LAN Settings。

1　WebDAV(Web-based Distributed Authoring and Versioning)是一种基于 HTTP 1.1 协议的通信协议。它扩展了 HTTP 1.1,在 GET、POST、HEAD 等几个 HTTP 标准方法以外添加了一些新的方法,使应用程序可直接对 Web Server 直接读写,并支持写文件锁定(Locking)及解锁(Unlock),还可以支持文件的版本控制。

(10) 在 LAN Settings 对话框中，取消自动选中的 Detect Settings。然后单击 OK 按钮。

既然你已经设计了网站并映射了文件夹位置，接下来就需要编辑你创建的文件并使用正确的 SharePoint 元素对其进行修改。使用设计管理器向导，你需要选择创建的文件名称作为你的全局品牌，并让 SharePoint 添加所需的元素。因为文件的名称是所有页面共用的，所以你应该为它取一个独特的名字。一个好主意是，将你的文件存储在同一个文件夹中以便让它们位于同一位置。

10.8.3　转换 HTML 母版页

当你在 Step 4 Edit Master Pages 时，已经创建了 HTML 母版页和将会使用设计管理器转换的支持文件。母版页编辑器是一个有力工具，使你能够上载 HTML 母版页，并提供关于转换状态的信息。如果有错误，设计管理器会显示出来，允许你尝试再次转换以更正错误。

按照下面的步骤将 HTML 母版页转换成 SharePoint 母版页。

(1) 将创建的文件复制到新映射的母版页库。

(2) 如果还未打开则请启动设计管理器，然后单击步骤 4. Edit Master Pages。

(3) 单击 Convert an HTML File to a SharePoint Master Page。

(4) 会弹出 Select an Asset 对话框；现在，选择 HTML 母版页(作者的页面位于/_catalogs/masterpage/chapter10/ewSiteDesign/simpledesign.html)。

(5) 单击 Insert 开始转换过程；等待页面刷新并显示转换成功的状态。

(6) 单击 Conversion Successful，弹出设计管理器的预览模式。

在设计预览中，可以更改正在显示的页面内容，以帮助在你创建自己的网站时查看哪些元素需要更新。你还可以看到一个大型的黄色矩形说明，有一个<div>标签自动放置在页面上，显示页面布局的内容。这对于创建 HTML 母版页只是一个起点，需要确保现在就添加所有的动态内容以及你想要 SharePoint 设计匹配的样式。确保创建一个测试页面来显示内容，并确保你的网站设计得到了正确转换。

因为 HTML 文件的转换会将 HTML 内容添加到转换后的文件中，所以你可以更新已在页面上提供的元素。要编辑这些文件，如果它们没有打开，需要在 HTML 编辑器中打开它们。导航到映射的路径并创建一个直接从该位置打开的网站。将内容占位符移动到正确的位置，其他任何 HTML 元素也一样。如果你编辑该文件，SharePoint 母版页也会进行更新，但你无法直接修改 SharePoint 母版页文件。为了添加动态内容，需要使用 Snippets 链接，这会弹出代码段库。

> 提示：如果你使用 Microsoft Expression Web，请确保复制路径名称，如 Z:\chapter10\ewSiteDesign，或工具将位置转换到 SharePoint 网站的 HTTP 路径并显示你不能编辑 SharePoint 网站的通知。

10.8.4 代码段库

创建需要动态内容或服务器标签的静态网站设计带来了一个有趣的问题。代码段库通过允许你创建能够在静态 HTM 中显示的动态内容控件，来协助解决这一问题。这些控件及其设置可以使用联机窗体来配置，该联机窗体随后可以复制到 HTML 页面用于你的网站设计。

代码段库可以用于 HTML 母版页和 HTML 页面布局。由于生成的代码在复制之前可以进行编辑，因此你可以根据需要调整组件和它们的预览。你甚至可以在代码段库中完全品牌化该组件，在其生成后会与控件一起复制。在页面转换成 SharePoint 母版页和页面布局之后，组件将转换成真正的控件。

代码段库为 HTML 母版页的许多页面元素提供了 HTML 标记。甚至还有一个选项，可以从自定义 ASP.NET 控件中创建你自己的代码段。所有这些都通过HTML注释来完成，HTML 注释会带有特殊字符和用于预览的示例 HTML 标记。图 10-14 显示了代码段库以及选中顶部导航后会显示的内容。

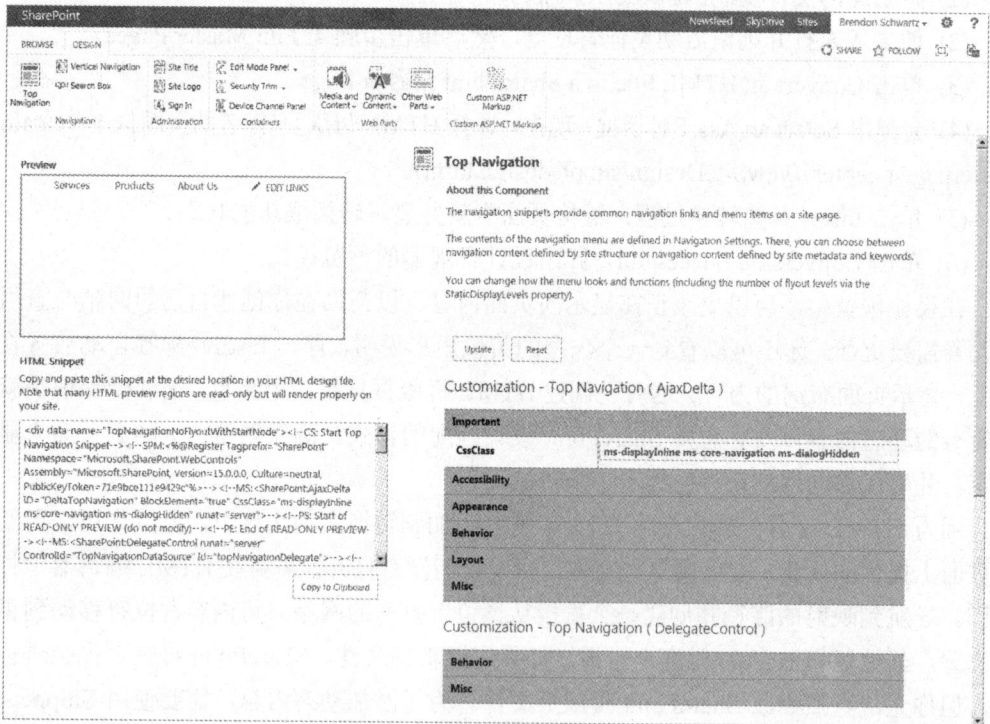

图 10-14

每个控件都具有一套独特的自定义选项，它们各自以不同的方式呈现。呈现和转换通过使用一组 HTML 注释来完成，这组注释有专门针对 SharePoint 的标记，以通知转换引擎采取什么操作。无论选择的是哪种控件，代码段库都提供一个标准接口。

- DESIGN 选项卡——此选项卡用于选择需要的控件，并由代码段库编辑。所有主要组件都有分组，如果某控件未列出，甚至可以自定义选区。

- Preview 窗口——该预览区域显示在 HTML 页面中标记将会呈现出来的样子；它是不可编辑的。

- HTML Snippet——此代码段会提供一个区域以查看由代码段库生成的 HTML 代码，并提供了一个 Copy 按钮。

- Control 描述——显示控件名称，并在 About this Component 区域处提供描述。

- Customization 选项——你能看到 HTML、CSS、Ajax、.NET 或 Web 部件的一组设置，这取决于控件提供的选项。

要了解如何使用代码段库，最简单的方法就是尝试使用它。使用下列步骤将顶部导航 (ASP.NET 控件)和搜索框(Web 部件控件)添加到 simpledesign.html 中。

首先导航到代码段库，它位于设计管理器预览模式内。

(1) 打开你的网站，导航到位于网站设置齿轮中的设计管理器(注意，每次打开设计管理器、预览模式或代码段库，一个新选项卡就会打开，这样就不用在网站内进行导航切换了。

(2) 单击步骤 4. Edit Master Pages 链接。

(3) 单击 simpledesign 链接，并验证状态是 Conversion Successful。

(4) 在预览模式下单击左上角的 Snippets 链接；这样就可以到达该 HTML 母版页的代码段库了。

代码段库打开后，就可以选择需要的控件，将它们添加到你的 HTML 母版页中。控件在 WebDav 位置更新时，母版页也会立即进行更新。可以使用在任何 HTML Web 设计工具中生成的 HTML 代码段；输出的 HTML 并不会特定于任何微软产品。可以使用 Microsoft Expression Web Design HTML 编辑器，但使用这个工具和使用记事本对于代码段库没有什么不同。

(1) 如果 Microsoft Expression Web 站点没有打开，就打开 Microsoft Expression Web，并打开之前创建的 WebDav 网站。

(2) 现在切回代码段库，如果没有选中请选择顶部导航。可以验证内容区域右上方的控件是否显示该控件的名称。

(3) 查看定制区域，注意有一个 AspMenu 区域，因为这个控件基于 AspMenu 控件。随便做一些更改，然后单击 Update 按钮。

(4) 你可以在预览中看到所做的更改是什么样子。例如，如果你将 AspMenu | Layout | Orientation 改为垂直方向，你现在就能看到在预览中它也是垂直的。

(5) 修改控件后，单击 Copy to Clipboard。你很有可能会看到一个 Internet Explorer 对话框，询问你是否确定允许对你剪贴板的访问。单击 Allow Access 按钮。

(6) 再次切换回 Microsoft Expression Web 工具，在全局导航中找到你标记为//Replace 的区域。移除其中的文本，将你剪贴板中的内容粘贴进去。

(7) 在设计预览中保存该页面并刷新它。根据 HTML 编辑器的预览模式，HTML 编辑器和设计预览页面可能会有微小差别。

(8) 验证页面能够正常显示后，导航回到代码段库，然后单击 Search Box 按钮。

(9) 如果你仔细查看 HTML 代码段，就会注意到添加该 Web 部件时名称空间也会进行注册。这是为了确保控件类都可用。

(10) 再次对属性随意做一些更改。这一次是 Web 部件的属性；单击 Update 按钮，再单击 Copy to Clipboard 按钮。

(11) 将搜索框 HTML 代码段粘贴到页面的左边栏中，单击 Save 按钮。

(12) 在设计预览中刷新该页面，现在你拥有了导航和搜索框。

当将控件添加到页面时，你可能注意到了 HTML 注释的使用，以及每个代码段都是自包含式的。这意味着如果控件需要一个委托控件或注册标记，那么它们已经随着控件添加进了 HTML 代码段中。为了完成你的页面，请将你想要的所有组件添加到该页面中，如网站标题、网站徽标、任何特定于设备的容器以及任何预定义的 Web 部件。如果你浏览所有的 Web 部件选项，可以看到你的页面选项几乎是无限多的，你可以使用用户界面创建任何可能会用到的页面。下面的代码块显示了一些代码段的外观：

```
<div id="top_nav" xmlns="http://www.w3.org/1999/xhtml">
<div data-name="TopNavigationNoFlyoutWithStartNode">
<!--CS: Start Top Navigation Snippet-->
<!--SPM:<%@Register Tagprefix="SharePoint" Namespace=
  "Microsoft.SharePoint.WebControls" Assembly="Microsoft.SharePoint,
  Version=15.0.0.0, Culture=neutral, PublicKeyToken=71e9bce111e9429c"%>-->
<!--MS:<SharePoint:AjaxDelta runat="server" CssClass="ms-displayInline
  ms-core-navigation ms-dialogHidden" BlockElement="True"
  ID="DeltaTopNavigation">-->
<!--PS: Start of READ-ONLY PREVIEW (do not modify)-->
<!--PE: End of READ-ONLY PREVIEW-->
<!--MS:<SharePoint:DelegateControl runat="server" Id="topNavigationDelegate"
  ControlId="TopNavigationDataSource">-->
<!--PS: Start of READ-ONLY PREVIEW (do not modify)-->
<span style="display: none">
<table cellpadding="4" cellspacing="0" style="font: messagebox; color: buttontext;
  background-color: buttonface; border: solid 1px; border-top-color:
  buttonhighlight;
  border-left-color: buttonhighlight; border-bottom-color: buttonshadow;
  border-right-color: buttonshadow">
<tr>
<td nowrap="nowrap"><span style="font-weight: bold">PortalSiteMapDataSource</span>
- topSiteMap</td>
```

所有控件的使用都是简单而直观的，但你应该花些时间掌握自定义 ASP.NET 标记控件。此代码段会将空白文本中的 ASP.NET 元素换行到正确注释的代码段中。下面的代码来自于 ASP.NET AdRotator 控件，可以直接添加到左侧搜索框下边的导航中。所有 HTML 代码段都是文本，可以手动编辑或创建，但要确保创建无效的 HTML 或 HTML 母版页将会出现转换错误并且不会显示。如果发生这种情况，设计预览会明确告诉你 HTML 母版页的哪一行出现问题以及问题是什么。

```
<!--CS: Start Create Snippets From Custom ASP.NET Markup Snippet-->
<!--SPM:<asp:AdRotator runat="server" id="AdRotator1"
  AdvertisementFile="~/Documents/adFile.xml">-->
<!--SPM:</asp:AdRotator>-->
<!--CE: End Create Snippets From Custom ASP.NET Markup Snippet-->
```

10.8.5　部署封装

整个过程的最后一步是封装你的文件以用于在另一台服务器上进行部署。这可能是将文件从开发环境移到生产环境，或向其他人提供这些文件的下载。封装过程需要将你创建的文件放入一个 WSP 文件中，该 WSP 文件之后会上载到其他的 SharePoint 网站。

为了确保可以封装文件，需要将它们发布到母版页库中。此外还应当通过将文件分配到该网站需要的设备通道来测试你的文件。母版页库中的所有文件都会放入封装包中。在封装文件时，请不要尝试在库里面添加任何用于测试或你不希望分发给其他人的文件。封装包是具有版本控制的，任何时候都可以更新封装包的名称，而不影响其内部的文件。图 10-15 显示了封装包创建好之后的步骤 8. Create Design Package。这是设计管理器中的最后一个步骤，但你可以随时导航到任何一个步骤。

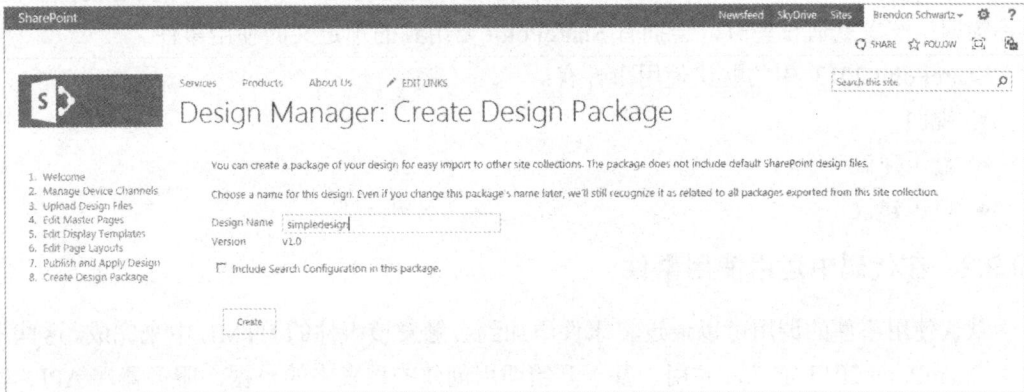

图 10-15

10.9　使用情况分析

获悉网站中哪些部件在工作而哪些没有工作是很棒的功能。该功能使你可以洞悉内容是如何使用的、人们访问了哪些页面以及你的网站是如何使用的。这些数据汇总成 15 天的信息，并从报告中移除掉用户信息。为保持服务器的良好运行，每日数据会从系统中定期清除。

Usage Analytics(使用情况分析)中的所有数据都从用户操作中产生，比如，单击或查看过的项。根据报告的数据大小，报告会自动裁剪最少访问的内容，并在报告中显示最近的数据。聚合的数据会移到报告数据库以便今后的报告使用。如果你需要详细数据，就必须将它存储在另一个位置。这些报告可以方便地导出到 Excel 中。Excel 中的报告可以配置成

15 天或 36 个月等，这取决于报告配置中的设置。与你的 WCM 网站一同使用的使用情况报告是 Popularity Trends(流行趋势)和 Most Popular Items(最受欢迎的项)。

10.9.1　架构与改进

Usage Analytics 组件旨在与搜索分析处理一同工作。为了支持分析架构，有一个运行分析处理作业的组件。由这些作业来处理信息，并将其存储在正确的位置。为了存储内容，分析架构使用了分析报告数据库。此数据库会存储诸如使用事件计数和视图这样的信息，再提供这些数据以生成 Excel 报告。

分析引擎已经大大改进了分析处理组件，以便随着服务器场与内容的扩充进行扩展。对使用情况分析的新改进包括数据收集、搜索相关性和报告大小的纵向扩展能力。这些改进使系统能够让搜索有更多相关性，不仅可基于内容还可基于数据的使用情况。你将会看到在不对搜索设置做任何更改的情况下，项的搜索相关性也会逐渐得到改善。

存储在分析数据库中的数据，也会加入到搜索引擎的处理中以协助搜索查询。数据会影响用于相关性的搜索排名，你可以直接从查询的搜索索引中调用每一项，因为它们都是可排序的托管属性。内容和使用率，这两套信息组合便能确定网站上 WCM 内容的重要性。当你为网站配置默认设置时，会拥有 SharePoint 要用到的预定义的使用事件。

SharePoint 2013 中的默认使用事件有：

- 视图
- 显示建议
- 单击建议

10.9.2　在代码中运用使用事件

默认使用事件的调用可以通过将事件添加到会触发该事件的 HTML 中来完成。这些事件由 SharePoint 2013 定义，并用于基于开箱即用创建的报表中的数据。服务器端 API、客户端 API 和 JavaScript 中有使你能够创建事件的类。还有一些默认事件，你必须知道它们的名称和 ID 才能进行正确的调用。其编号顺序很重要，因为你会使用整数来调用你需要的类。

默认的使用事件类型有：

- 视图
- 显示建议
- 单击建议
- 搜索

下面的代码显示了如何在单击时将一个单击建议事件添加到一个项中。有两个地方需要添加代码。第一个是要添加使用情况事件的函数，第二个是单击该项时在页面上。首先，这里是要添加事件的 JavaScript 函数：

```
window.Log<RecommendationClick>ToEventStore = function(url)
{
```

```
ExecuteOrDelayUntilScriptLoaded(function()
{
    var chpt10_clientContext = SP.ClientContext.get_current();
    SP.Analytics.AnalyticsUsageEntry.logAnalyticsEvent(chpt10_clientContext,
    3, url);
    chpt10_clientContext.executeQueryAsync(null,
            Function.createDelegate(this, function(sender, e)
                            {
                                //Add Error message to page
                                e.get_message()
                            }
                        )
                    );
}, "SP.js");
}
```

这里是添加使用情况事件时单击的按钮：

```
<input id="btnAddUsageEventClick" type="button" value="button"
onclick="Log<RecommendationClick>ToEventStore('http://www.bing.com')" />
```

10.9.3　扩展使用事件

使用情况架构使你能够通过添加你自己的自定义事件类型来定制你的 WCM 解决方案，它会被记录到使用情况数据中。每个租户最多可以有 12 个自定义事件同时运行。除了自定义使用事件之外，你还可以在发送事件时控制提交到搜索的重要级别。你创建的自定义事件可以跟踪页面、文档、目录项甚至用户与之交互的网站这样一些指标。你也可以结合第三方使用情况跟踪应用程序，也可以基于你的需求使用自定义事件的选项。

要创建自定义的使用事件，必须将事件添加到分析租户配置中。这可以通过任意 API 完成，但你必须拥有将该事件写入数据库的权限。下面是如何创建一个自定义使用事件类型的代码：

```
SPServiceApplicationProxy proxyService =
        SPServiceContext.Current.GetDefaultProxy
            (typeof(SearchServiceApplicationProxy));
    SearchServiceApplicationProxy proxySearch = proxyService as
    SearchServiceApplicationProxy;

    AnalyticsTenantConfig config =
        proxySearch.GetAnalyticsTenantConfiguration
            (SPContext.Current.Site.SiteSubscription.Id);

    config.RegisterEventType(Guid.NewGuid(),"CustomEvent", "Chapter10");
    config.Update(proxySearch);
```

10.10 多语言支持

许多使用 WCM 功能的网站都需要支持将内容以多种语言呈现给大众的功能。内容翻译与新的内容搜索 Web 部件一起进行了更新，这些更新针对如何创建和管理内容的多语言翻译。SharePoint 2013 中引入了很多改进。主要的增强功能围绕服务的稳定性和速度，以及复制整个列表或库的能力——不只是页面库。

可以在 SharePoint 2013 中使用网站变体功能创建多语言网站。如果你在 SharePoint 2010 中使用过 SharePoint 变体，那么你需要知道这些功能仍然可以提供内容所需的修改。网站变体提供了一种创建单个内容源的方法，称为源变体标签，它可以复制到多个目标变体标签。当使用变体时，可使用称为 XLIFF 文件格式的第三方格式来创建能够导入或导出的内容，以便用于内容翻译。

多语言支持的网站导航以前需要使用变体标签或在变体根目录下构建你自己的重定向页面。主机头网站集提供了一种方法，为每种语言创建唯一的 URL，同时仍然易于重用来自网站变体标签或搜索驱动的内容。这样就可以轻松拥有一个结束于.com 地址的网址，或者来自另一个顶级域名的地址，例如，后缀是.de 的一个德国网站。

多语言的一个重大改进是，现在 SharePoint 2013 中引入了新的机器翻译服务。此服务使你能够使用微软云托管翻译服务来自动翻译文件。发送给翻译服务的请求要么同步要么异步完成。这项服务的 API 可以从服务器端对象模型、客户端对象模型、REST 中使用，或者使用 JavaScript API。表 10-7 列出了这些 API 和使用它们时需要的文件。

表 10-7　翻译服务 API

API	引用的文件名
服务器端对象模型	Microsoft.Office.TranslationServices.dll
.NET 客户端对象模型	Microsoft.Office.TranslationServices.Client.dll
Silverlight 客户端对象模型	Microsoft.Office.TranslationServices.Silverlight.dll
REST 客户端对象模型	http://serverName/_api/TranslationJob http://serverName/_api/SyncTranslator http://serverName/_api/TranslationJobStatus
JavaScript 客户端对象模型	SP.Translation.js

完成翻译需要的三个主要参数是输入文件或文件路径、输出文件或文件路径，以及需要将内容翻译成的语言。如果你不确定要寻找哪种语言，请使用下面的代码来确定支持哪些语言：

```
protected void lnkShowLanguages_Click(object sender, EventArgs e)
{
    SPServiceContext serviceContext =
        SPServiceContext.GetContext(SPContext.Current.Site);
```

```
StringBuilder sb = new StringBuilder();
foreach (CultureInfo item in
    TranslationJob.EnumerateSupportedLanguages(serviceContext))
{
    sb.AppendFormat("<li>{0} - {1}</li>", item.DisplayName,item.Name);
}
litLanguages.Text = String.Format("<ol>{0}</ol>", sb);
}
```

> 提示：使用 NLS API 引用可以得到操作系统上支持语言的完整列表：
> http://msdn.microsoft.com/en-us/goglobal/bb896001.aspx。

使用异步操作添加一项作业到翻译队列中，需要提供将会用于翻译的输入文件，以及会随着翻译好的内容修改的输出文件。下面的代码显示了如何使用服务器端对象模型来完成该任务：

```
protected void btnTranslate_Click(object sender, EventArgs e)
{
    String strTargetLanguage = "de";
    SPServiceContext serviceContext =
        SPServiceContext.GetContext(SPContext.Current.Site);
    TranslationJob job =
        new TranslationJob(serviceContext,
          CultureInfo.GetCultureInfo(culture));
    job.AddFile(txtInputFile, txtOutputFile);
    job.Start();
}
```

10.11　本章小结

SharePoint 2013 中的 Web 内容管理经历了一些重要变化，现在可以负责任地说，它可以用于许多方案。网站上有用于创建、显示和编辑内容的新技术，并且对于可使用的内容限制很少。WCM 和发布 API 已进行了扩展以提供新功能，使你拥有为任务选择最佳 API 的能力。新的设计管理器和 HTML 设计工具弥合了 HTML 工具和 SharePoint 页面之间的差距，形成了一个更加开放和诱人的环境。最后，使用情况分析和多语言支持的服务以及一套完整的开发人员 API，构建了改善你的网站的基础。

第 **11** 章

在 SharePoint 2013 中使用 InfoPath

本章内容

- 设计 InfoPath 表单
- 使用 InfoPath 功能和 InfoPath Forms Services 2013
- InfoPath 应用最佳实践
- 以编程方式使用 InfoPath 表单

本章源代码下载地址(wrox.com)

本章 wrox.com 代码下载地址是 www.wrox.com/remtitle.cgi?isbn=1118495829，在 Download Code 选项卡处。第 11 章代码下载处提供了按照本章所列标题打包的代码下载。

捕获和显示数据是 SharePoint 的一部分关键内容。InfoPath 会帮助最终用户快速修改这些视图。InfoPath 的主要优势是它为结构化的表单提供易于使用的界面，并为添加业务逻辑提供丰富的开发人员功能。

为创建和显示表单，SharePoint 2013 会在服务器上使用称为 InfoPath Forms Services 的服务。这项服务旨在使最终用户能够使用他们的浏览器来填写 InfoPath 表单，而管理员能够管理这些表单。SharePoint 为 InfoPath 客户端、InfoPath 表单和 InfoPath 服务器管理提供了一个完整的对象模型。这使得开发人员能够相对容易地构建比较复杂的企业业务流程和表单。此外，还提供了功能强大的业务应用程序的开发，如仪表板、数据捕获窗体等。

InfoPath 持续改善了与 Office 2013 其他产品的集成，更改了外观和按钮，如 Insert Image location。虽然没有引入新的功能或方案，但 InfoPath 2010 和 SharePoint 2010 功能仍然支持，并且是 InfoPath 2013 和 SharePoint 2013 开发人员的开发重点。

InfoPath 2013 的最大变化是编写和编辑代码的新方式。现在，当为 InfoPath 2013 编写代码时，InfoPath 需要 Visual Studio 2012，且需安装 Microsoft Visual Studio Tools for

Applications 2012 加载项。你将很快注意到,每当你尝试打开代码编辑器就会需要这些组件。编程体验和程序集引用并没有从根本上改变,但当你开发 InfoPath 表单时,就可以享受到最新版本的 Visual Studio 带来的好处。

11.1 培训管理应用程序介绍

在本章中,你会使用一个培训管理应用程序的示例,这是为一个名为 Adventure Works 的虚构公司而构建的,该示例会阐释 InfoPath 2013 和 Forms Services 2013 的功能。因为 InfoPath 2010 和 InfoPath 2013 之间并没有太大变化,所以许多示例在这两个系统中都能适用。首先,从用户的角度来浏览该应用程序并看看它的工作原理。

场景:Adventure Works 人力资源部(HR)使用 SharePoint 和 InfoPath 来实现培训课程系统。可以将培训管理应用程序视为三个用例的集合,如下所示:

- 新培训创建用例
- 培训注册用例
- 增量统计计数器用例

Adventure Works 公司的员工可在此应用程序中执行各种活动。例如,培训协调员可以创建培训事件,并将它们添加到名为培训的 SharePoint 列表中。该列表将会由 InfoPath 2013 进行定制和增强,以协助培训创建用例。

此外,Adventure Works 公司的 HR 部门允许其雇员进行培训课程注册。在 InfoPath 中设计培训注册表单并可以托管在 Web 部件页面上的 InfoPath 表单 Web 部件中。培训注册表单必须在典型的桌面 Web 浏览器和掌上电脑或移动设备上的浏览器中呈现。

培训请求填写并保存好以后,其结果会存储在一个称为 Registrations 的表单库中,与 Registrations 表单库相关联的一个事件处理程序,会在另一个叫做 Stats 的自定义 SharePoint 列表中更新一个计数器。因为这个 Stats 列表是对雇员隐藏的,所以不能修改其内容,它也不会使导航显得紊乱。

创建示例列表

为了使用 SharePoint 和 InfoPath 创建功能强大的表单,需要创建 SharePoint 列表和库以备使用。要创建培训列表,首先要创建一个新的自定义列表,并添加下面的字段。

- Title——培训事件的标题;单行文本。
- Class Code——培训类的每个类都有一个唯一的标识符(唯一的 8 个固定字符);单行文本。
- Description——对于培训的描述;单行文本。
- Start Date——培训开始日期;日期和时间。
- End Date——培训结束日期;日期和时间。
- Cost——培训的费用(按美元计算);货币。

- Level——与培训相关的难易级别(1～5 之间的一个数字)；数字。
- Enrollment Deadline——报名结束的日期；日期和时间。
- Address——培训中心的地址(多行文本)；多行文本。
- Additional Information——有关培训本身的可选信息(增强的富文本与图片、表格和超链接)；多行文本。

图 11-1 列出了新的培训列表的所有字段、它们的类型，以及提交到列表时它们是否必需。

Columns

A column stores information about each item in the list. The following columns are currently available in this list:

Column (click to edit)	Type	Required
Title	Single line of text	✓
Class Code	Single line of text	
Description	Single line of text	
Start Date	Date and Time	
End Date	Date and Time	
Cost	Currency	
Level	Number	
Enrollment Deadline	Date and Time	
Address	Multiple lines of text	
Additional Information	Multiple lines of text	
Modified	Date and Time	
Created	Date and Time	

图 11-1

11.2　定制 SharePoint 列表表单

SharePoint 2013 为定制 SharePoint 列表表单提供了简单易行的方法。在 InfoPath 2013 中创建的表单可以用来嵌入到 SharePoint 中以构建动态网站。InfoPath 2013 令人激动的功能之一是能够扩展或增强由 SharePoint 列表使用的表单，用于创建、编辑或显示列表项。可以使用很少的或不使用代码就能修改列表表单布局、设置有效性规则或创建附加视图。当你完成对列表表单的修改时，只需要使用列表表单带有的开箱即用的单击一次即发布功能，就能将你的更改反馈回 SharePoint。

11.2.1　定制 SharePoint 列表表单

要在 SharePoint 2013 中定制列表表单，需导航到列表或库，然后在 Ribbon 菜单 List 选项卡上的 Customize List 区域单击 Customize Form，如图 11-2 所示。

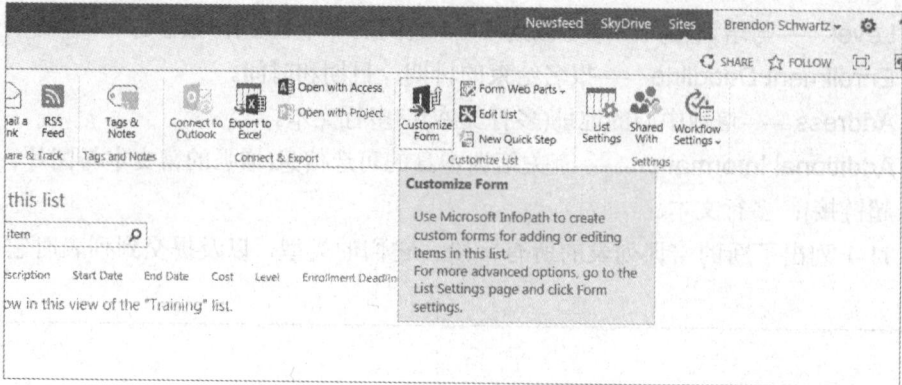

图 11-2

这样就可以在 SharePoint 列表模式下启动 InfoPath 设计器，一个基本表单就可基于此列表架构中指定的字段自动创建了。可以在设计画布右侧的 Fields 任务面板中看到这些字段，其中的必填字段标有红色星号。

当单击一个现有的表单字段时，控制工具的上下文 Ribbon 菜单会出现在顶部，并为你提供在 InfoPath 设计器中与列表栏进行交互的能力。此时进行任何更改都会在随后表单发布时持久保存到 SharePoint 列表中。例如，如果你将控件绑定到一个新的字段，那么在表单模板发布到 SharePoint 时，该字段将自动添加到此列表的架构中。

表单上的控件基于该栏的字段类型来进行选择。图 11-3 显示了一个创建好的示例列表，该表单为每个字段添加了文本和日期/时间栏。日期和时间选取器控件允许你输入日期和时间，或从显示的日历中选择日期。

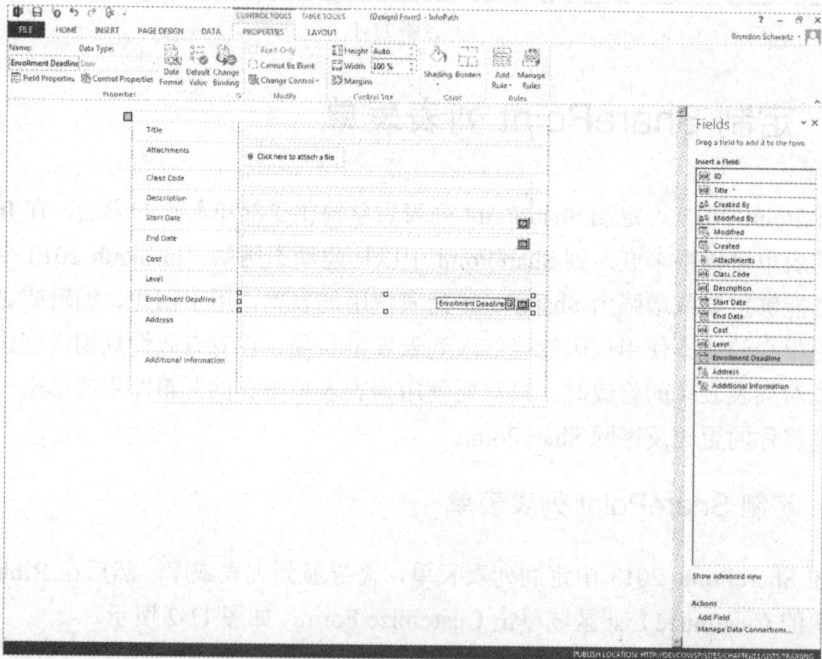

图 11-3

除了通过 SharePoint Ribbon 菜单按钮自动生成表单之外，还可以通过 File 菜单上的 New 选项卡，选择 SharePoint List 作为模板，从而启动 InfoPath 设计器。然后输入你需要的列表 URL，一个相同的 InfoPath 表单就自动为你生成了。

11.2.2　InfoPath 控件

在 InfoPath 2013 中，有很多 InfoPath 控件可以放置到表单上。当生成表单时每个字段类型会映射到一个 InfoPath 控件。这些控件是分类好的，分类会定义控件在表单中如何工作；这些分类是 Input、Objects 和 Containers。用于映射到字段的控件来自 Input 类别。你能看到下面列出了所有输入类别的控件。

- Text Box(文本框)
- Rich Text Box(富文本框)
- Drop-Down List Box(下拉列表框)
- Combo Box(组合框)
- Check Box(复选框)
- Date Picker(日期选取器)
- Date and Time Picker(日期和时间选取器)
- Multiple-Section List Box(多选列表框)
- List Box(列表框)
- Person/Group Picker(人员/组选取器)

更改表单和控件十分容易，正如你所看到的，只要基于方案扩展表单即可。使用称为 Section 或者 Optional Section 的容器，就可以将控件组合到一起。对于此示例，要创建一个 Optional Section，以满足培训协调员想要节省表单空间的需求，并只输入必要的信息。要将 Optional Section 添加到表单中，请使用以下步骤。

(1) 在 Additional Information 文本的旁边单击自动生成的 Rich Text Box，然后按 Delete 键(该控件会有一个 Additional Information 标签)。

(2) 在 Fields task 面板中，单击 Show Advanced View。

(3) 然后在 Additional Information 字段旁边单击下拉菜单，选择带有控件的 Optional Section。

现在你已经将该 Optional Section 和一个 Rick Text Box 绑定到了插入到表单中的 Addition Information 文件，如图 11-4 所示。

图 11-4

11.2.3 使用规则和视图来创建业务逻辑

过去十年，编程随着 XML 和 XSD 等技术的演变而有了显著发展。这些标准已经使人们有可能将数据层和表示层分离开来，尤其是在 Web 上。InfoPath 就建立在此基础之上，且 InfoPath 的两个组件就使用了这些技术来帮助生成 InfoPath 表单的业务逻辑。这些技术称为规则和视图，它们一起创建了用于显示数据的用户界面以及使用户界面和数据得以正常运转的逻辑。

1. 规则

InfoPath 中的规则是一组用来为填写表单的用户创建动态体验的一个或多个操作。它们始终是会触发规则的事件，规则作为回应执行某些操作，比如，更改格式或验证检查。

向表单添加规则很简单。使用基于下列场景的示例规则在表单中构建一些示例规则。

- 如果 End Date<Start Date，显示验证错误消息。
- 如果 Enrollment Deadline>Start Date，显示验证错误消息。
- 在培训创建以后，只有地址和附加信息字段可以编辑。

要添加这些规则，请执行以下步骤。

(1) 单击 End Date 控件(Date Picker)来选择日期。

(2) 下一步，在 Ribbon 菜单的 Home 选项卡上，单击 Manage Rules(将打开 Rules 任务面板)。

(3) 单击 New 按钮，然后单击 Validation。

(4) 为该规则命名，如 RuleEndDate。

(5) 在 Condition 区域单击 None 超链接。

(6) 定义当表 11-1 中的条件为 true 时的运行规则。

表 11-1　规则

规　则　名　称	控　件　触　发	条　　件	值
RuleEndDate	End Date	is less than	Start Date
RuleEnrollementDeadline	Enrollment Deadline	is greater than	Start Date

(7) 为错误消息输入屏幕提示。

使用表 11-1 的规则为 Enrollment Deadline 控件重复上述步骤。图 11-5 显示了 RuleEndDate 条件的外观。

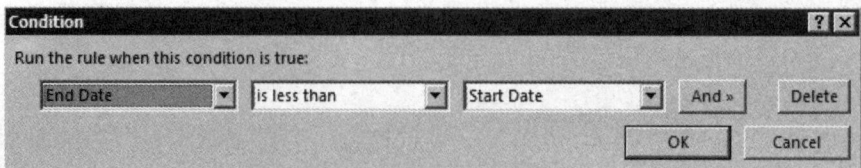

图 11-5

最佳实践#1

InfoPath 规则和公式(涉及声明式逻辑)是将智能判断添加到 InfoPath 表单的有效方式。应该总是使用声明式逻辑而非自定义代码，除非声明式逻辑无法执行所需的逻辑。

2. 视图

视图提供了一种在单个表单中让相同信息拥有不同布局的方式，并且根据显示给用户的视图，他们只能看到该视图的布局。视图只是数据在表单中的一种呈现，相同的字段可以使用不同的控件在多个视图中显示。视图是一种根据表单所处的不同状态，以不同方式向用户呈现的好方式。视图可根据规则或在表单运行时用户触发的操作来进行更改。

可从 Page Design 选项卡中创建新的视图，但在新视图创建后，需要在新的表单添加控件和布局。使用该方案，需要将不必编辑的字段设置为只读。要执行此操作，需要创建一个不同的视图，在用户编辑列表项时会用到。要创建视图，请执行以下步骤。

(1) 在 Ribbon 菜单上单击 Page Design 选项卡，在 Views 分组中，单击 New。

(2) 为视图输入一个名称；例如，命名为 Edit Training 并单击 OK 按钮。

(3) 要重复创建默认的控件和布局，可复制(按 Ctrl + C 快捷键)整个布局和控件，并将其粘贴(按 Ctrl + V 快捷键)到第二个视图上。

(4) 在表单顶部为默认视图和 Edit Training 视图(也就是 New Training 和 Edit Training)添加有意义的标题。

(5) 在 Edit Training 视图中，移除 Attachments 行。

(6) 将 Date Picker 控件更改为 Text Box 控件，因为 Date Picker 控件不能设置为只读。右击 Start Date | Change Control，然后选择 Text Box 控件，如图 11-6 所示。

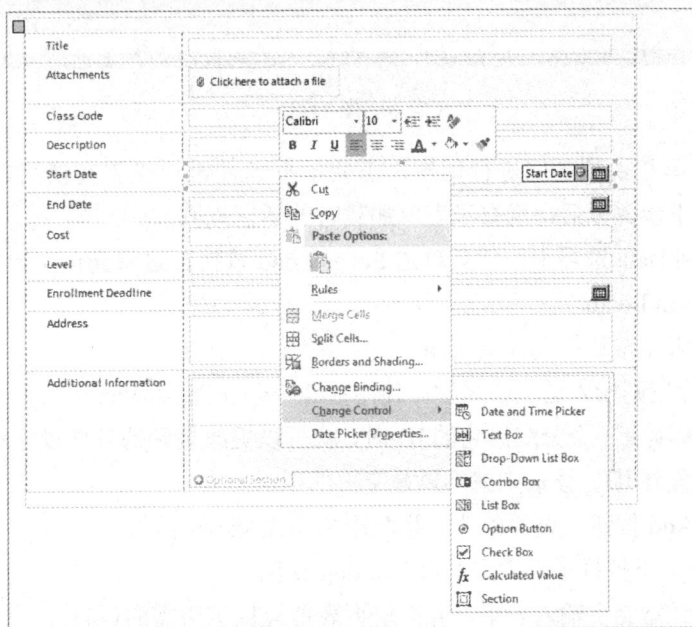

图 11-6

(7) 为 Start Date、End Date 和 Enrollment Deadline 三个控件重复步骤(6)。

(8) 右击 Title Text Box。单击 Text Box Properties | Display 选项卡。然后选中 Read-only 复选框。

(9) 为以下字段重复步骤(8)：Title、Class Code、Description、Cost 和 Level。

此时你的 Edit Training 视图看起来应该如图 11-7 所示。

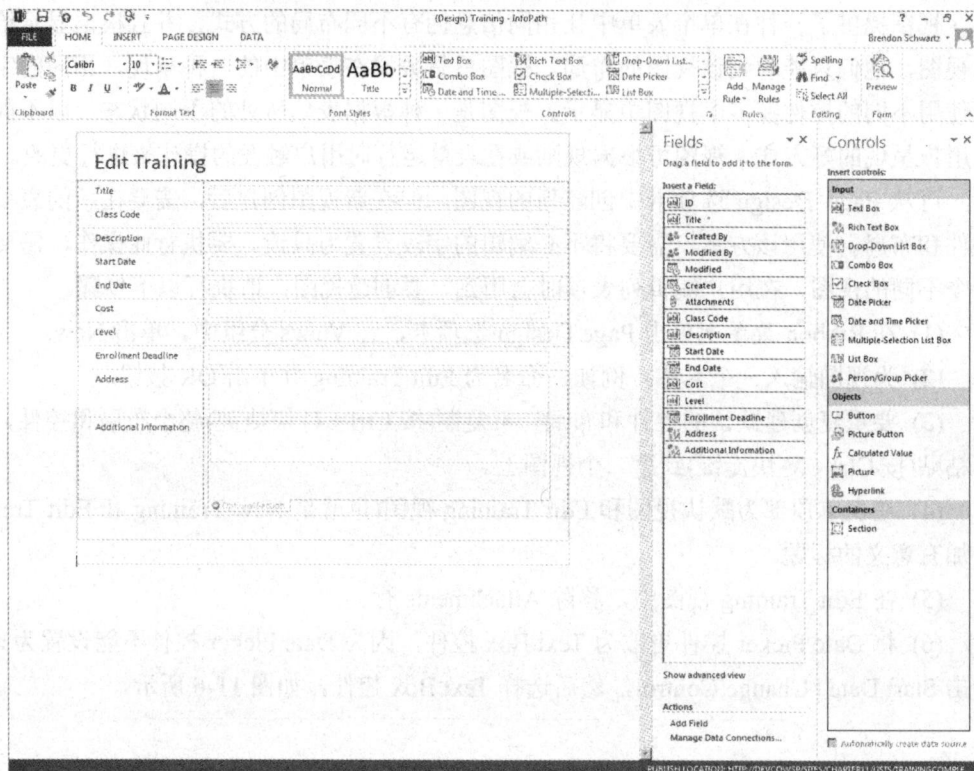

图 11-7

要使用表单在视图之间进行切换，需要根据条件设定设置在视图之间进行切换的操作。在执行以下步骤以后，就有了表单加载时的运行规则。

(1) 导航到 Data 选项卡；然后单击 Form Load 按钮。这将会再次弹出 Rules 菜单，其规则类型为 Form Load。

(2) 单击 New 按钮并选择 Action。

(3) 然后为规则输入适当的名称；使用 RuleSwitchToEditView。

(4) 当列表项有一个分配给它的 ID 时，就可以更改规则的条件以显示 Edit 页面了。通过将此规则设置到 ID，该规则就不再是空白的了。

(5) 单击 Add 按钮，设置条件，并选择 Switch Views 操作。

(6) 在 View 下拉框中，指定 Edit Training 视图。

现在你已经定制了输入表单，并为培训表单提供了所需的逻辑。

> 提示：因为外部列表就像带有一些额外挂钩程序的列表，这些挂钩程序会添加到业务连接服务的数据源，它们可以被视为 InfoPath 中的典型列表。不过，定制外部列表表单的步骤不同于典型列表表单。外部列表表单定制大多使用 SharePoint Designer 来完成。

11.2.4　发布列表表单

当完成对表单的设计后，接下来需要将它们发布到 SharePoint。这一步骤会创建 SharePoint 和 InfoPath 之间的连接。已创建的表单可使用 File 选项卡，然后用 Info 选项卡或 Publish 选项卡来直接发布到生成的 SharePoint 列表中。图 11-8 显示了表单的当前状态。此外，InfoPath 已经知道将发布到哪个列表，因为你直接从 SharePoint 中打开 InfoPath 设计器。这意味着将此表单发布到 SharePoint 不需要额外的配置。只须验证发布位置是否正确，单击 Quick Publish 按钮就可以了。

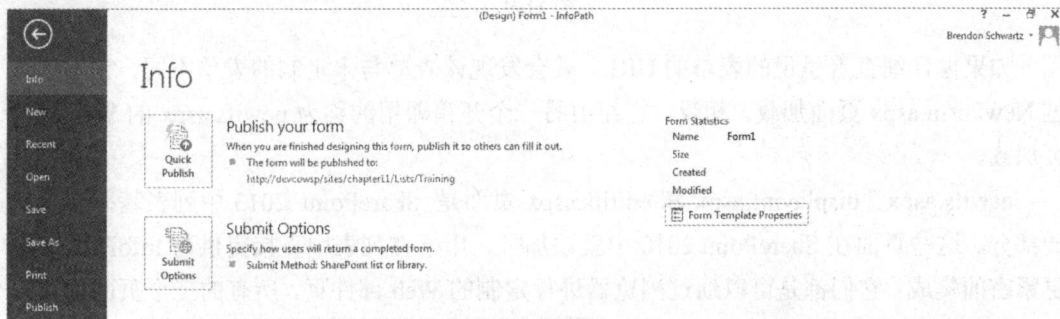

图 11-8

表单发布到 SharePoint 列表以后，你可能希望将该表单保存到本地。这种情况下不要关闭表单，而是单击 Save As 选项，并将模板保存到你的本地驱动器。需要记住的重要一点是，将表单模板保存到本地或在网络上共享该表单模板，与发布表单是完全不同的过程。相较于保存表单模板，发布表单模板会在 11.3.7 节中详述，但现在需要知道表单的确定有两种类型：Publishing(发布)和 Saving(保存)。

在表单已经成功发布并在本地保存其模板后，可测试看看所有的设计和动态逻辑在 SharePoint 中是否按照预期执行。返回网站中的 SharePoint 列表，并创建一个新的列表项以查看最近发布的表单。默认的 ASPX 页面已经被刚才定制并发布的表单模板的默认视图替代了。填写表单之后(见图 11-9)，可以单击 Ribbon 菜单顶部的 Save 将其提交。此时，表单会使用适当的规则来验证你的输入，并将新的列表项添加到 SharePoint 列表中。

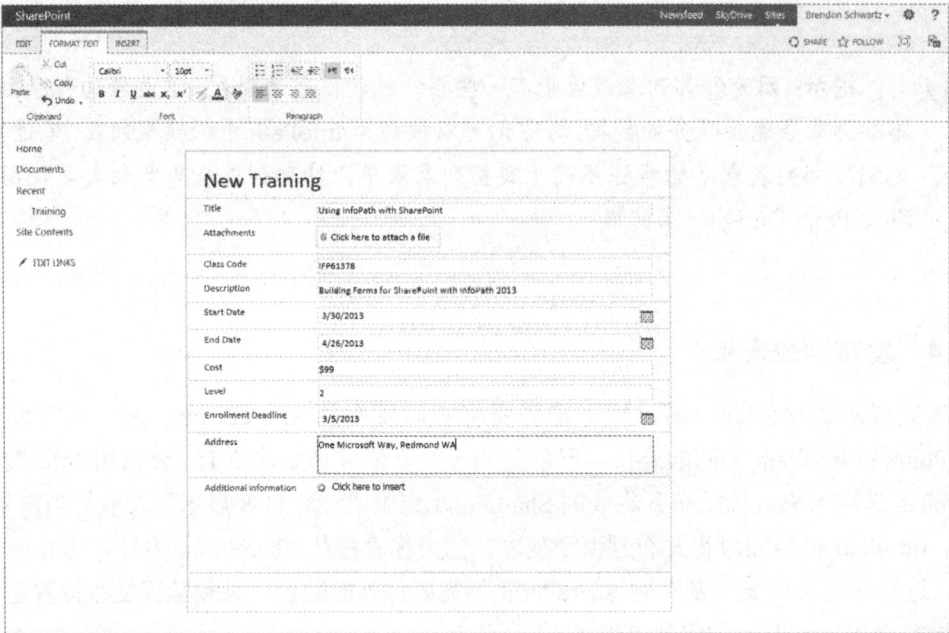

图 11-9

如果你仔细查看呈现的表单的 URL，就会发现该表单与未定制的表单不同，它不会通过 NewForm.aspx 页面加载。相反，它经由另一个开箱即用的称为 newifs.aspx 的 Web 部件页加载。

newifs.aspx、displayinf.aspx 和 editifs.aspx 页面是 SharePoint 2013 中列表基础架构的一部分。这些页面在 SharePoint 2010 中就添加了，用于在列表中直接提供与 InfoPath 表单更紧密的集成。它们都是可以通过浏览器进行定制的 Web 部件页。所有的三个页面都可以通过 Ribbon 菜单上的 List 选项卡| Form Web Parts 下拉菜单进行访问，如图 11-10 所示。每个页面会托管一个 InfoPath 表单 Web 部件实例，它们知道如何定位和加载与 SharePoint 列表关联的表单模板。

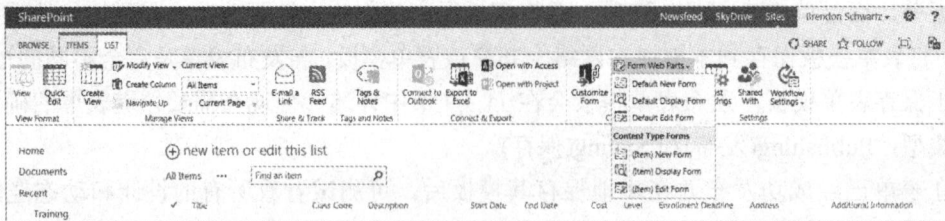

图 11-10

当编辑现有的列表项时，你会看到放置在表单 Load 事件中的规则将会触发，将视图由 New Training 切换为 Edit Training(见图 11-11)，你只能在其中编辑该表单的最后两个字段。

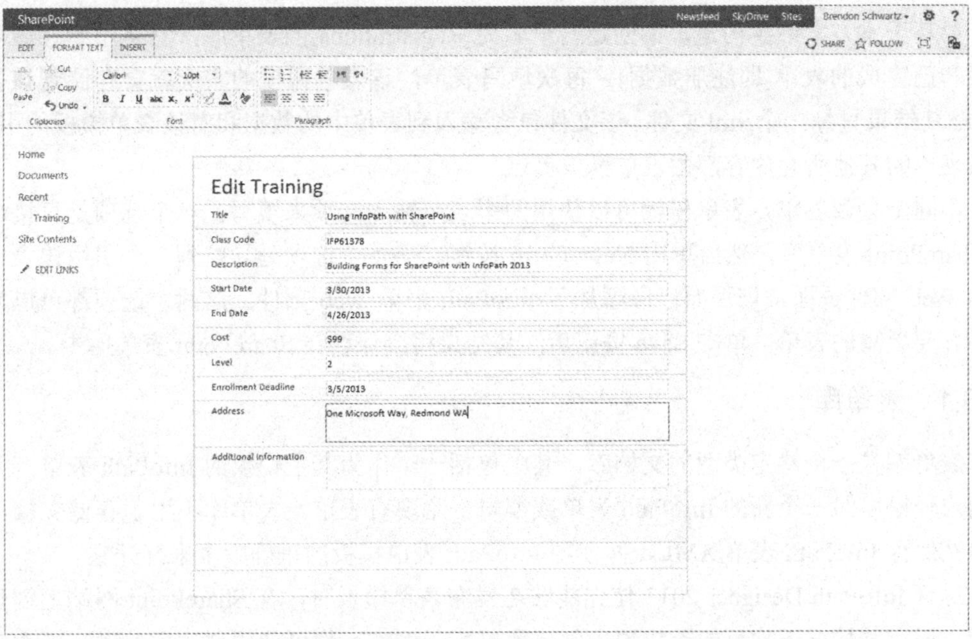

图 11-11

> **提示**：可在本书的可下载代码中找到该表单模板(Training.xsn)。

　　如果在定制表单后，你想全部撤消并恢复到开箱即用的 ASPX 表单，没有问题，你可以快速达成目的。浏览 SharePoint 列表的 List Settings 页面，单击 Form Settings，选择 Use the Default SharePoint Form，然后单击 OK 按钮。根据需要，如果你直接离开 Delete the InfoPath Form 而不在服务器上签入，那么定制的 InfoPath 表单将仍然在服务器上。下次单击 Customize Form 时，该保存的 InfoPath 表单将在 InfoPath 设计器中打开而不是自动生成一个全新表单。

　　关于 SharePoint 列表表单，有两件事需要考虑：第一，使用 InfoPath 2013，定制的列表表单不支持自定义代码。如果打开任何一个从 SharePoint 列表中自动生成的表单，Ribbon 菜单上都不会有可以用来启动编码工具的 Developer 选项卡。第二，你只能将列表表单发布到它所属的列表。这也意味着列表表单不可能转换成表单库。

11.3　设计 InfoPath 表单模板

　　InfoPath 会将数据从结构层和表示层中分离。这意味着你设计的将用作表单模板的表单只能存储为对你设计的引用，并将数据从表示层中分离开来。每个表单模板都会在表单库中使用，数据也会存储在该库中。

要基于本方案继续构建，请创建一个名为 Registrations 的表单库，它将用于存储表单模板和已完成的表单(即注册数据)。每次填写表单，该表单模板的实例就会存储到该表单库中。其结果只是一个.xml 文件，该文件包含输入到表单中的数据和对该表单模板的引用。组成表单的其他所有内容都由表单模板提供。

不同于列表表单，表单模板可以使用两个表单输入选项来填写。一个选项是直接浏览到 SharePoint 表单库，然后单击 New Form 按钮。另一个选项是导航到一个引用该表单模板的 Web 部件页面，该页面已经添加了 InfoPath 表单 Web 部件。这两个选项都可以为用户打开要填写的表单。单击 Save 按钮后，其结果将会保存在 SharePoint 表单库中。

11.3.1 表单库

表单库是一个特定类型的文档库，其中包括一个作为其主模板的 InfoPath 表单，并允许用户轻松填写一个新的 InfoPath 表单或编辑一个现有表单。表单库不用于存储文档，而是旨在保存 InfoPath 表单 XML，并使用 InfoPath 表单模板的正确版本来打开它。

尽管 InfoPath Designer 2013 使你能够在发布表单模板时，在 SharePoint 网站上创建表单库，但有些情况下你可能希望预先创建表单库。例如，你可能想创建表单库，更改其设置，如版本控制，在发布表单模板前对它设置权限，这可能是因为发布人员可能没有足够的权限来完成这样的任务。请按照下列步骤创建表单库。

(1) 单击 Site Setting 齿轮图标 | Add an App。

(2) 选择 Form Library 应用程序。

(3) 在 Name 框中，输入 Registrations。

(4) 单击 Create 按钮。

表单库创建好以后，就可以指定表单模板的打开方式了。浏览 Form Library | Form Library Settings，然后选择 Advanced Settings。这些设置会列出在 Opening Documents in the Browser 下面，如图 11-12 所示。在 SharePoint 中创建表单库的默认操作是在浏览器中打开表单，但也可以将其更改为在 InfoPath Filler 2013(通过在客户端应用程序中选择 Open)中打开，这样也没有问题。

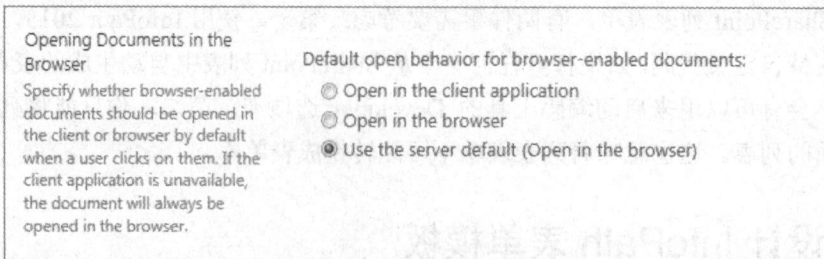

Opening Documents in the
Browser
Specify whether browser-enabled
documents should be opened in
the client or browser by default
when a user clicks on them. If the
client application is unavailable,
the document will always be
opened in the browser.

Default open behavior for browser-enabled documents:
○ Open in the client application
○ Open in the browser
◉ Use the server default (Open in the browser)

图 11-12

11.3.2 设计表单模板

创建表单模板类似于创建用于 SharePoint 列表的表单，除非你从一个开放画布开始创建且不具有基于字段自动生成的表单。首先从本地计算机中打开 InfoPath Designer 2013。
在 New 菜单上选择你要设计的表单类型。InfoPath 提供了一个称为 SharePoint Form Library
的表单模板，使得这一过程变得容易。当开始选择一个模板时，InfoPath Designer 会在 New
页面的右上角提供描述性文本，帮助描述该表单能够做什么，如图 11-13 所示。花些时间
仔细看看预构建的模板、它们的概念、匹配的配色方案以及在每个模板中使用的可选布局，
这也很重要。

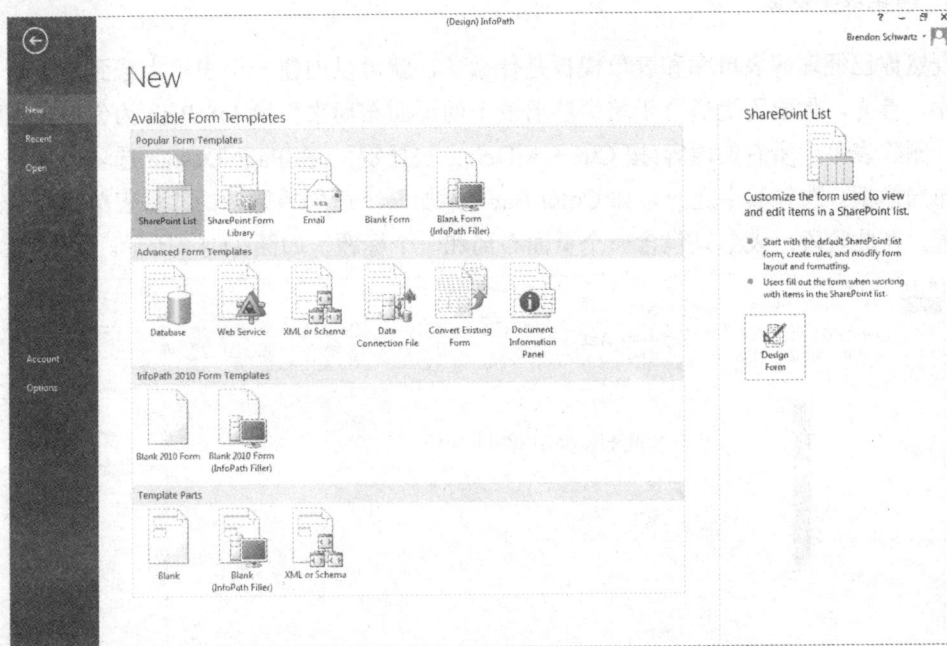

图 11-13

最佳实践#2

使用预构建模板将加速表单创建过程，如果你刚接触 InfoPath 2013 还能为你节省大量
时间。

所有可用的表单模板主要可分为 4 个类别。

- Popular Form Templates——从各种最受欢迎的表单模板开始设计。当定制
  SharePoint 列表和文档库时，这会是你需要关注的类别。

- Advanced Form Templates——这个类别覆盖了高级方案的模板，主要用于查询和
  将数据提交到数据库、Web 服务或其他外部数据源。

- InfoPath 2010 Form Templates——在 InfoPath 2010 中也能以向后兼容模式工作的
  表单模板。

- Template Parts——包含三个用于构建可重用组件的模板，也称为最小化表单模
  板。当构建时，最小化表单模板能简化更复杂表单的创建过程，很像是在经典
  ASP.NET 中将页面分割成的用户控件。

从 Available Form Templates 中，选择 SharePoint Form Library 模板，并在对话框的右侧单击 Design Form。

打开 InfoPath Designer 2013 后，你会注意到要将你的表单制作成专业的外观的布局，已经变得很容易了。InfoPath 将页面布局作为一个框架来使用，组织表单内容，包括控件、图形和表(其中包括节布局)。

1. 构建表单模板

既然你已经理解表单库和表单模板是什么了，就可以创建一个表单上载到基于培训案例的库。首先，你要用更适合于培训注册表单的页面布局来替换 InfoPath 为你提供的默认布局。删除表单上所有的内容(按 Ctrl + A/Delete 快捷键)。在 Page Design 选项卡上有 5 个页面布局模板，选择其中之一，如 Color Bar。添加一个适当的标题，并将表单调整到居中的位置。在此阶段，表单只包含一个页面布局和一个标题，如图 11-14 所示。

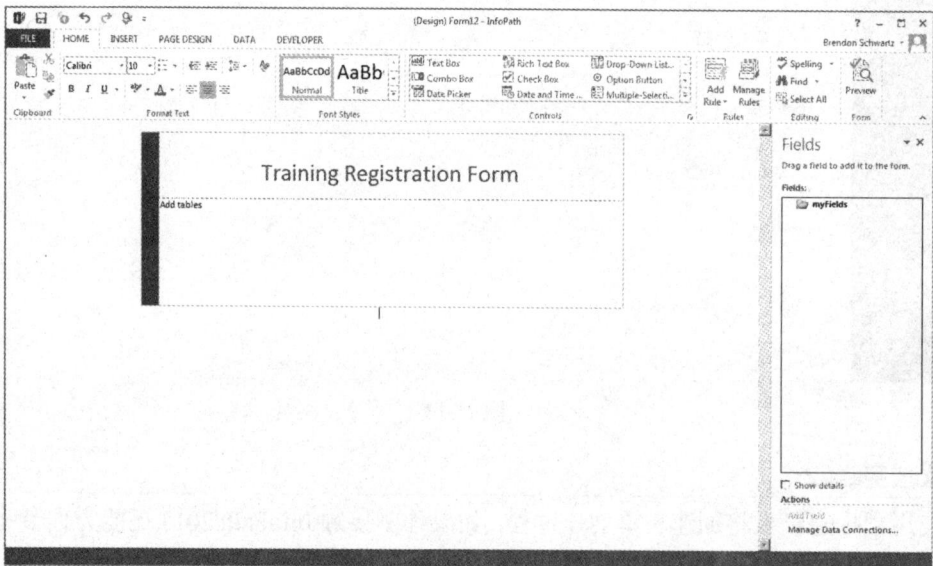

图 11-14

下一步，需要向表单中添加一个节布局，创建你想要在表单中收集的信息的一个逻辑分组。从 Table 库下方的 Insert 选项卡上，选择 Single Column Stacked 4 — No Heading，并将其插入标题下面 Add Tables 处。

该模板会默认添加 3 行，你需要再多添加 3 行,这样下面的控件在表单上才有位置可放。

- Event Name——链接到培训列表必需的下拉列表框控件
- Alternate Email——验证规则必需的文本框
- Emergency Contact Name——必需的文本框
- Emergency Contact Phone Number——验证规则必需的文本框
- Short Bio——可选填的文本框
- Manager——可选填的 People/Group Picker 控件

从 Home 选项卡上的新 Controls 库，将所需的控件添加到设计画布的主要节布局中。可以在控件的 Properties 对话框(验证节)中右击每个控件并选择 Cannot Be Blank 复选框，将控件设置为必填。因为表单上的每个控件和其自动生成的字段代表表单上的数据，所以应该给予它们更具描述性的名称。要做到这一点，像前面项目符号列表中描述的那样为控件和字段(字段 1～字段 6)命名。

> 注意：InfoPath 中常见的误解是字段、控件和组是可互换的术语。字段代表从表单中收集的数据。表单中可用的所有字段都可以通过 Data 选项卡 | Show Fields | Fields 任务面板获取。组是可以包含字段或其他组的数据源中的元素。控件可以绑定到字段或组。当绑定时，控件所收集的数据会保存到表单的基础 XML 文件中。但是，控件也可以未绑定，也就是说，它不会保存任何数据。

2. 应用主题

InfoPath 2010 引入了快速更改表单外观的功能，就像其他带有主题的 Office 产品一样。如果你需要更改表单的整体外观，只需为整个表单应用一个新的主题即可。要做到这一点，请在 Theme 库中找到 Page Design 选项卡。可以选择一个最能表现出表单需求的合适样式。选择最能搭配你的网站或公司色系的配色方案。

如果你让光标处于表格单元格内，在 Layout Contextual 选项卡上，单击 Borders 按钮，并对该表单作出一些调整，那么整个布局页面周围会出现一个边框。完成了这些步骤之后，表单看起来应该就如图 11-15 所示。

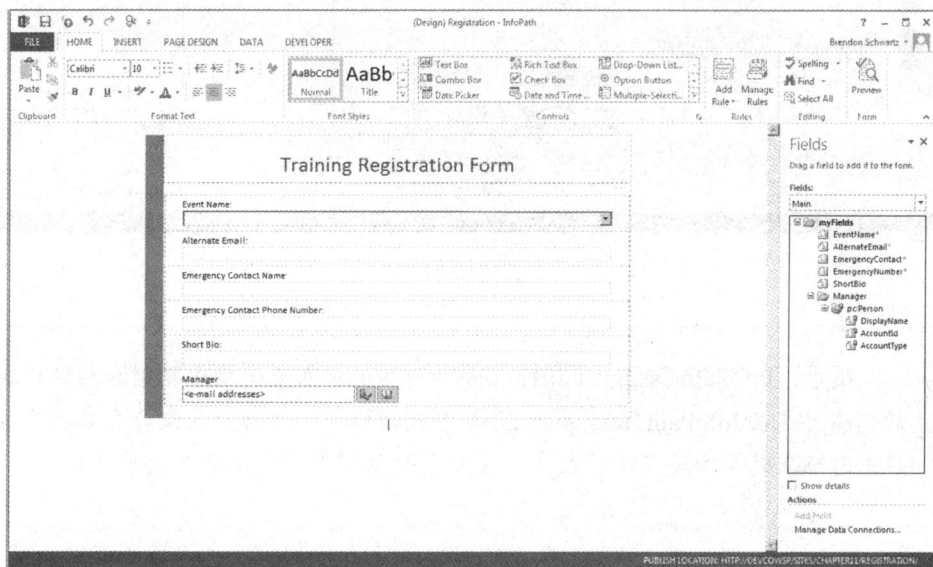

图 11-15

要完成该表单，需要向表单模板添加一些规则，就像你在 SharePoint 列表表单中做的那样。要添加所需规则请执行下列步骤。

(1) 单击 Emergency Contact Phone Number 文本框。

(2) 从 Controls Tools/Properties 选项卡上，单击 Manage Rules 按钮以启动规则管理器。

(3) 单击 New | Validation 来创建规则。

(4) 为规则提供一个名称，如 PhoneNumberIncorrect。

(5) 用 EmergencyNumber 创建一个不匹配模式的条件。

(6) 然后选择 Phone Number 模式。

(7) 添加 Please enter a phone number 的屏幕提示。

为 Alternate Email Address 字段重复这些步骤，但数据入口模式需要从 Phone Number 模式更改为 Email 模式。

很多表单中的许多验证规则都需要使用特定的常见模式。从图 11-16 中可以看到，有很多即用型数据输入模式供你选择。你甚至可以定制各模式的关联正则表达式以及创建你自己的定制模式。

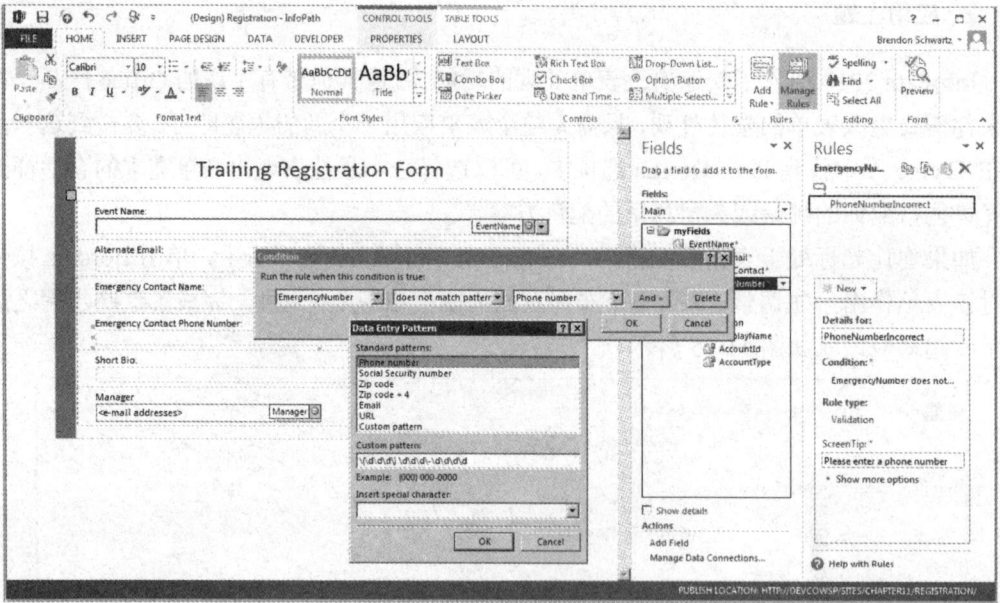

图 11-16

> 提示：InfoPath Designer 2013 启用了在 Rules 任务面板中复制和粘贴规则的选项。这在 InfoPath Designer 2010 中就添加了，有助于在设计表单的复杂规则时节省时间和提高工作效率。复制和粘贴规则不能跨多个表单使用。

3. 人员和组选取器控件

可以使用 People/Group Picker 控件在 SharePoint 中提供对人员的选择。请注意如何通过将此控件添加到设计画布，来在 Field 任务面板中添加一个包含三个字段的组：DiaplayName、AccountID 和 Account Type。

要查看 SharePoint 相关的属性，找到 People Picker 控件的 Properties 对话框，在 SharePoint Server 选项卡上，将 SharePoint 网站 URL 指定为对人员和组的查询。注意在 General 选项卡中如何缩小人员/组选取查询范围，如选择 People Only 单选按钮、People and Groups 单选按钮、Allow multiple selections 复选框，甚至是特定的 SharePoint 组，如图 11-17 所示。

如果你将 People/Group Picker 控件添加到定制 SharePoint 列表表单(如 Training 列表表单)中，不需要通过所有这些额外步骤来设置它。该控件会自动为你挑选正确的上下文。

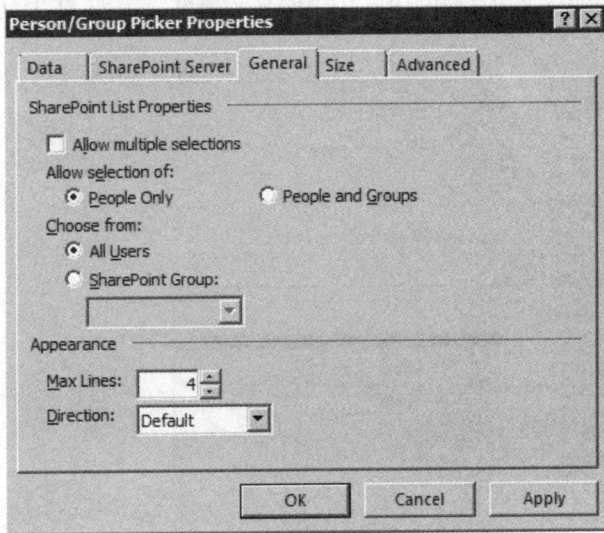

图 11-17

11.3.3　查询表单中的 SharePoint 列表

连接到 SharePoint 的几乎每个表单都会在表单中使用列表数据。查询 SharePoint 列表是 InfoPath 带有向导的内置功能，可引导你完成整个过程。向表单添加一个 SharePoint 列表连接，请使用 Data 选项卡，然后在 Get External Data 库中单击 From SharePoint List。在 Data Connection Wizard 的首页，输入 SharePoint 列表的完整 URL，并单击 Next 按钮。向导中的第二个界面允许选择你想要从中获取数据的 SharePoint 列表。单击 Next 按钮以后，向导的第三个界面是你选择必须包含在数据源中的字段的地方。

该向导提供了在 Form Template 中的 Store a Copy of the Data 选项。如果你离线构建表单或者需要处理表单中数据，即使是无法进行连接，都可以使用此选项。你还可以提供 Automatically Retrieve Data When Form Is Opened 选项，它提供了一条关于什么时候应该调用数据源的规则。

最佳实践#3

在选择 Automatically Retrieve Data When Form Is Opened 选项前，当使用数据源向导创建一个数据源时，请考虑以下两个提示：加载大数据源将严重增加表单的初始化呈现时间，这应该尽量避免。应当将此类查询放在表单生命周期的稍后时间点来执行，或者基于用户主动发起的操作按需执行。一个解决方案是，创建向导(使用视图)并在默认视图中放置一个启动界面以加载随后视图中需要的数据源。如果数据源经常改变或它包含不能在表单结构中使用的敏感信息(用于离线使用)，就不应使用该选项。

要使用该示例连接一个字段，单击进入 Event Name 控件的 Properties 对话框，选择 Get choices from an external data source 单选按钮，在该数据源中选择辅助数据源。单击 Entries 框旁的 XPath 图像，选择该数据源的数据字段，这应该是 d:SharePointListItem_RW 元素。设置 Class Code 字段的值和 Title 字段的显示属性，如图 11-18 所示，然后单击 OK 按钮。

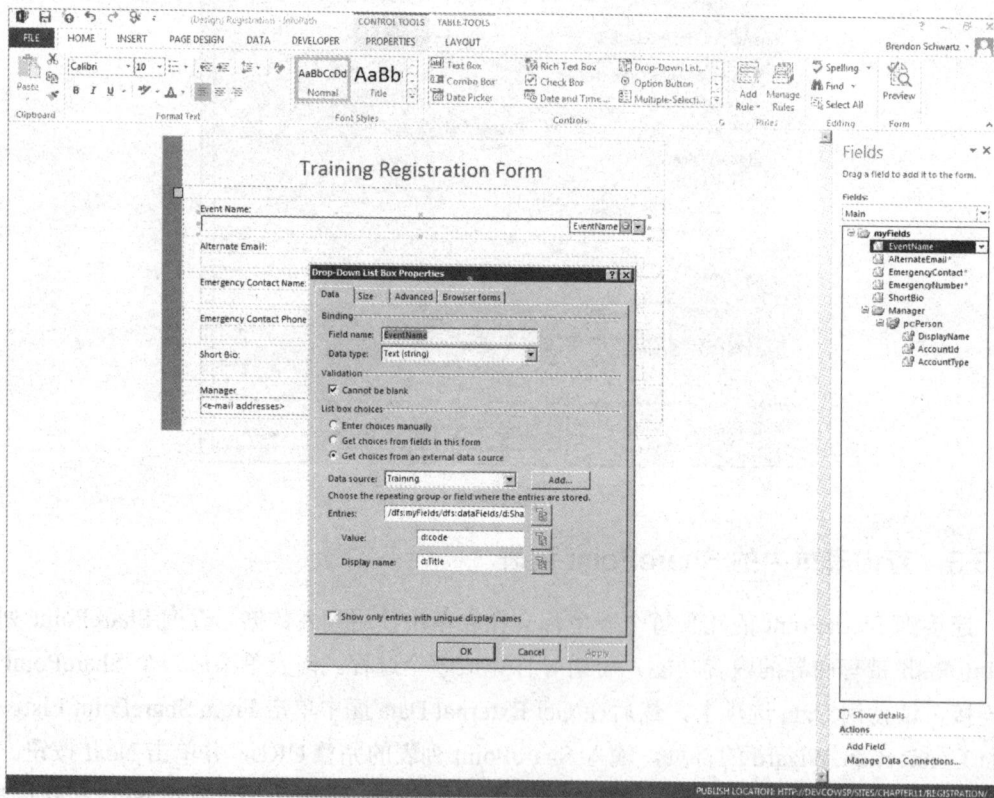

图 11-18

对于许多数据源，你只需要一个与用户相关的数据子集，但该数据源会抓取所有的列表项。当随着时间的推移创建了很多列表项时，有可能这些项变得无关紧要或根本不再使用。为解决这一问题可以使用筛选器，使用户能够只查看相关列表项。

使用该示例，Training 列表有一栏可以用来筛选报名截止日期，它显示了培训注册的到期日。请按照以下步骤定义筛选器的栏。

(1) 在 Event Name 控件的 Properties 对话框中，单击 Entries 框旁的按钮。

(2) 选择 d:SharePoint ListItem_RW 组作为应用该筛选器的组。

(3) 单击 Filter Data 按钮来加载 Filter Data 对话框。

(4) 单击 Add 按钮以显示 Specify Filter Conditions 对话框。

(5) 选择 Enrollment Deadline，is greater than。

(6) 然后选择 Use a Formula，并在 Date/Time 下面的 Insert Function 按钮中使用 now() 函数。

11.3.4 查询 REST Web 服务

前一节将传统技术用于了查询 SharePoint 列表。另外，可以使用名为 WCF 数据服务的 REST Web 服务来查询数据，包括 SharePoint 列表。

WCF 数据服务是一个允许以 RESTful 方式与 SharePoint 数据进行交互的框架。SharePoint 2013 中也有新的 OData RESTful 端点，该端点提供 Atom 或 JSON 格式的数据。

> 提示：REST Web 服务不是一个只用于浏览数据的单向数据集合；它们可以在 HTTP 的支持下提供充分的具象状态传输(REST)，用于浏览和处理数据，只须使用常规的 WCF 数据服务支持的 HTTP 操作(GET、PUT、DELETE 等)。

一切都从 URL 开始，因为 REST 都是关于 URI 的使用，以资源的表示形式来标识资源，对其进行修改并传输。使用 REST 最明显的优势是简洁。任何人都可以使用 REST API 来手动创建 URL，这使得与其他数据访问方法相比，REST 显得更强大。因为 InfoPath 2013 支持连接到 REST API，所以可以使用 SharePoint 的 REST Web 服务来查询 SharePoint 列表 (REST 上下文中的资源)。

要向 SharePoint 列表中添加 REST 连接，请导航到 InfoPath Ribbon 菜单的 Data 选项卡。在 Get External Data 库中，单击 From Web Service，然后单击 From REST Web Service。

REST URL 格式如下：

```
http://<site>/_vti_bin/ListData.svc/<list>
```

比如：

```
http://devcow.sharepoint.com/_vti_bin/ListData.svc/Trainings
```

在 Address 文本框中输入 URL 并在向导中单击 Next 按钮。在下一步中，为新的数据源命名，并检查 Automatically Retrieve Data When Form Is Opened 选项以创建一个辅助数据源。

在 InfoPath 表单中使用这个源之前，请在浏览器中输入源 URL 并按 Enter 键，以检查端点的 XML 输出。这是一种查看返回结果是什么的简便方法。如果你使用 Internet Explorer，

则可能需要关闭浏览器中的源阅读器视图以查看返回的原始 XML。在 Internet Explorer 中此选项可以关闭，通过 Tools | Internet Options | Content Tab | Feed and Web Slices | Settings，取消选中 Turn on Feed Reading View 选项。

使用 REST 数据源的一个很大的优势是，可以很容易地通过将$filter 表达式应用到实体集来限制返回的实体，该实体集在 REST URL 的最后一段来识别。换句话说，在数据源中筛选而不是使用表单级的筛选。

因为$filter 可能很难弄明白，所以我们看一个示例。在 Data 选项卡上，从 Rules 类别中单击 Form Load。这样就打开了 Rules 任务面板，在其中可以创建表单打开时就会运行的规则。创建新规则并保留条件部分为空。这样每当表单加载且并不基于某个特定的条件时就会运行该规则。

下一步，单击 Add 按钮并选择 Change REST URL(见图 11-19)。这一操作使更改 REST URL 的筛选器更为容易，如 SharePoint。Change REST URL 操作使开发人员能够在有事件触发时动态地更改 REST URl，如 Form Load 或 Submit。这时会弹出 Rule Details 对话框，它为你提供了更多选项来操作你最初为数据源设置的 URI，如图 11-20 所示。

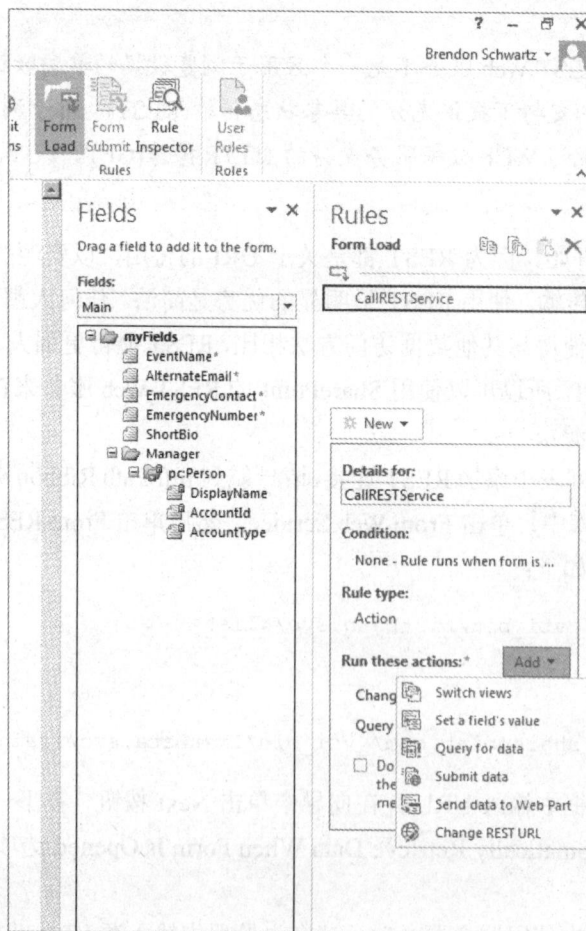

图 11-19

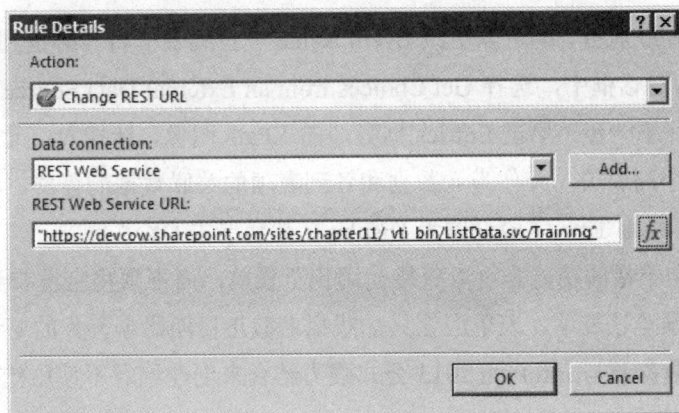

图 11-20

要实现该筛选器，单击 URL 旁边的函数(fx)按钮，并插入以下内容：

```
concat("https://devcow.sharepoint.com/_vti_bin/ListData.svc/Training",
"?filter=EnrollmentDeadline gt datatime'", now(), "'")
```

为了实现 REST Web 服务调用，需要将另一条规则添加到运行该操作的表单负载中。要添加这个操作，请再次在 Rules 任务面板中单击 Add 按钮，但这次选择 Query 用于数据规则操作。如图 11-21 所示，在 Rule Details 对话框中，只需要单击 OK，因为已经设置了 Action and Data Connection 的值。图 11-22 为 Form Load 事件在 Rules 任务面板中显示了规则及其顺序。

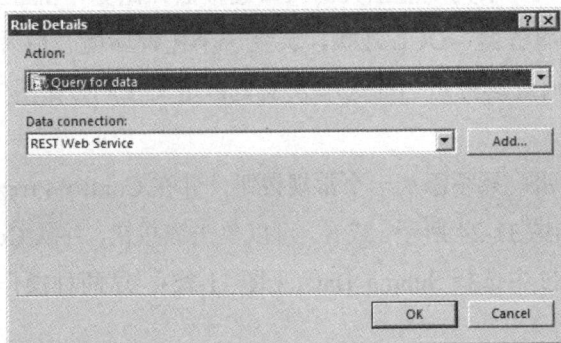

图 11-21

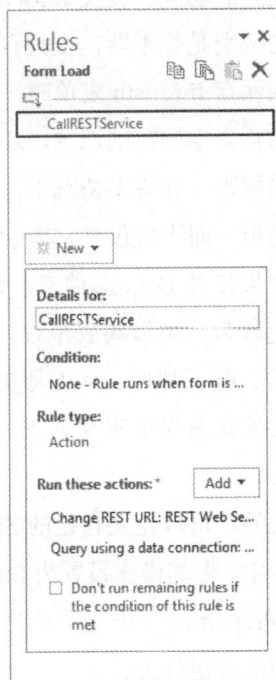

图 11-22

使用 REST Web 服务，就可以更改 Event Name 下拉列表框将其绑定到新的数据源。在控件的 Properties 对话框中，选择 Get Choices from an External Data Source，并在数据源中选择辅助数据源。下一步，单击 Entries 框旁边的 XPath 图像，选择入口元素。入口元素代表返回源中的单个列表项，并作为元数据和各列表项的关联数据的容器。将该 Value 设置到 Code 字段中，并将 Title 字段设置为 Display；然后单击 OK 按钮。

InfoPath 一个不错的功能是可以直接使用预览表单，而不须将它发布到 SharePoint 网站。按 F5 键并预览该表单。表单应该只加载报名截止日期比今天大的培训。使用这些技术展示出 REST 数据源与 InfoPath 2013 公式强力结合来创建绝对不使用代码的筛选器，是多么容易！

最佳实践#4

使用查询参数来停止加载数据源中不必要的数据。如果不能在源中筛选数据，至少可能在表单级别上筛选数据。当基础数据源包含大量数据时，筛选数据会节省呈现时间并会提高表单的整体性能。

11.3.5　提交行为

表单提交在 InfoPath 中是一个强大的功能。提交提供了控制表单行为与收集数据最终结束位置的功能。提交 InfoPath 表单不同于保存 InfoPath 表单，不应混淆这两种操作。最明显的区别是你不能提交具有验证错误的表单，但保存表单不会进行错误验证。另一个区别是当保存 InfoPath 表单时，结果会在表单库中另存为 XML。而当提交窗体时，不仅有将结果另存为 XML 的选项，还有很多别的选项，比如，关闭表单或运行不带有任何自定义代码的规则。在许多情况下，获得用于提交表单的开箱即用的控制能力使它成为更有吸引力的选项，而不仅仅是它用于保存表单的功能。

如果打开 Data 选项卡，选择 Submit Options 按钮，你会发现有几个设置来定义表单的提交行为。可以将表单设计成提交到一系列功能强大的入口连接点，比如，SharePoint 表单库、电子邮件、Web 服务、Web 服务器、DCL 连接，甚至一个托管环境。最后，如果你要满足复杂的提交要求，就可以通过选择适当的选项来编写自定义代码，如图 11-23 所示。

此外，可以定义自己的 Submit 按钮。只须添加一个常规按钮，并在 Control Properties 选项卡中，将其操作设置为 Submit，如图 11-24 所示。或者，可以单击该按钮，并从 Control Tools Properties 上下文菜单的 Add Rule 中选择 Submit Data(见图 11-25)。这两种操作会产生相同的按钮行为。

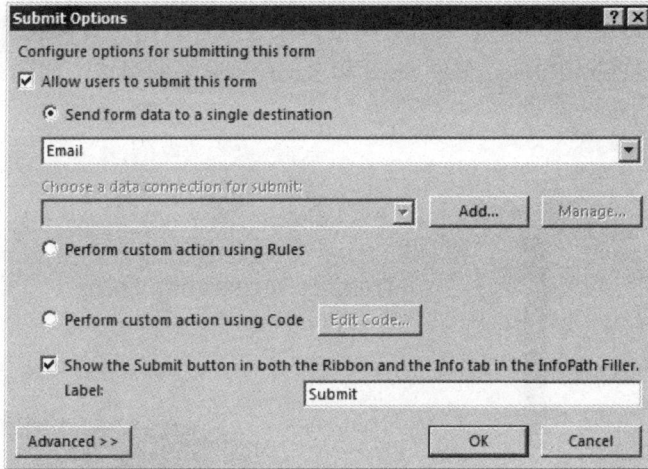

图 11-23

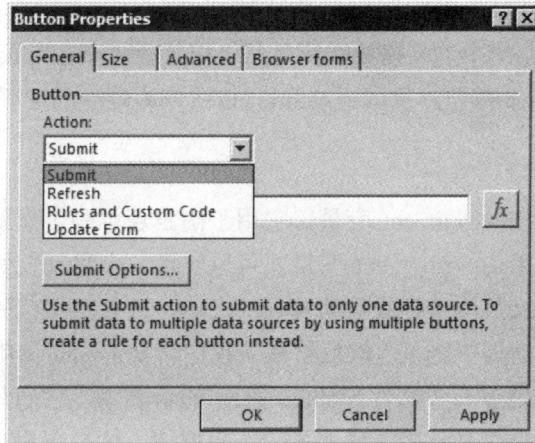

图 11-24

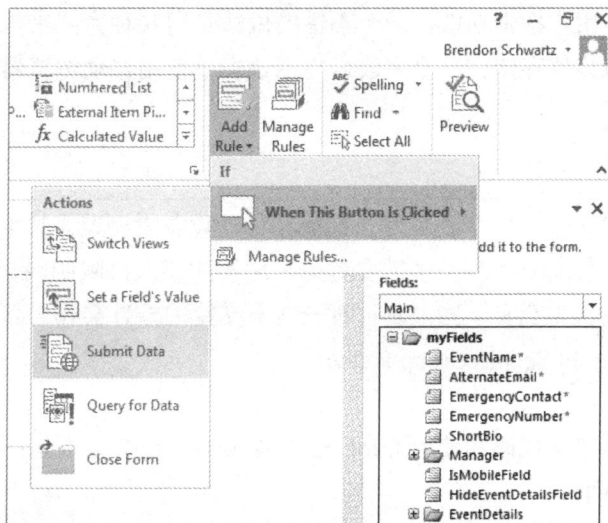

图 11-25

在表单中已经启用了 Submit 且所有属性都设置后，首次打开该表单时，一个 Submit 按钮会出现在 SharePoint Ribbon 菜单 Save 和 Save As 选项的旁边，如图 11-26 所示。

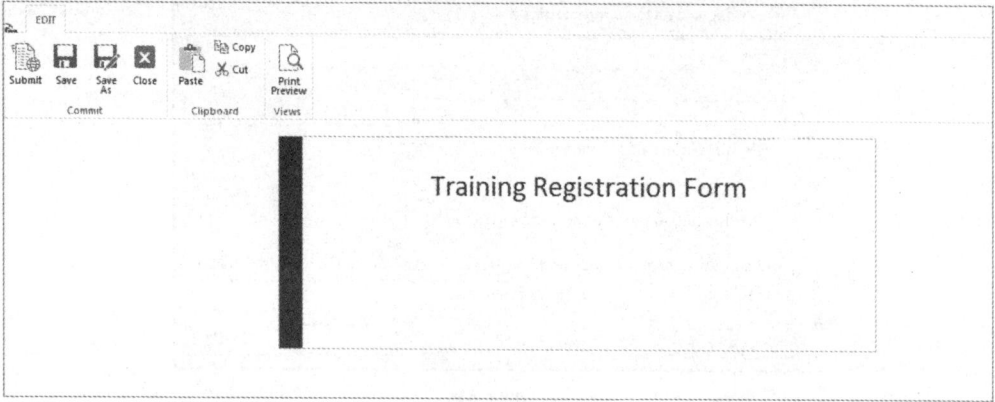

图 11-26

SharePoint Ribbon 菜单中的某些按钮可以从表单模板(Form Options | Web Browser)中定制。例如，可以隐藏 Save 按钮，只留下 Submit 按钮作为唯一的选项以持久化表单数据。

11.3.6 表单编程

最常用的一个类是 Environment 变量，它用于确定表单是否显示在浏览器中以及是否在移动平台上显示。使用 Environment 变量，可以实现一个移动友好的表单。在本章使用该方案，可以使用自定义代码来生成移动友好的表单，该自定义代码在表单的加载事件中检测表单是否呈现在移动浏览器里，然后将默认视图转换为相对简明的视图。

表单的移动视图开始于一个名为 Mobile View 的新表单，它隐藏了所有不适用于移动平台的控件。不适合的控件是那些需要大量输入的控件，这是因为实现移动设备上大量文本输入比较困难。此外，还有像 People Picker 这样的控件，它在移动 Web 浏览器中只作为文本框呈现，不具有用户搜索功能。一个不错的做法是用某种方式来辨别数据是否从移动浏览器中输入，可将该值存储在一个字段，指示该表单使用移动浏览器提交，通过这种方法来辨别。

最佳实践#5

从 InfoPath 2010 开始，每个表单默认都能在移动设备上浏览。其主要区别在于在桌面 Web 浏览器和移动设备浏览器间呈现需要考虑尺寸和数据入口限制。在移动 Web 浏览器上呈现时，一些控件的行为会有一些限制。有一些不支持的控件会作为普通的文本框呈现，比如 Date/Time Picker 和 People/Group Picker。

在表单中编写自定义代码和使用 InfoPath 对象模型，最低要求是：

- Microsoft .NET 4.0
- Microsoft Visual Studio 2012

- Microsoft Visual Studio Tools for Applications 2012
- 当为表单编写代码时选择使用的默认编程语言(C#或 VB.NET)。可以在 Developer 选项卡上使用 Language 按钮进行设置。编程语言只有在为表单写入任何代码之前才可以更改；因此，例如，不能在同一个表单中混合使用和匹配 VB.NET 和 C#代码。

要开始实现移动视图，需要创建移动字段。在 Fields 任务面板中，单击 Add Field 并定义一个名为 IsMobileField、类型为 True/False(Boolean)的字段。下一步，在名为 Mobile View 的注册表单中创建新的视图；创建视图的步骤可以在本章前面的内容中查看。只须将默认视图中的所有内容复制和粘贴到新的视图中，并将标题改为 Mobile Training Registration。在移动视图中，删除包含 Short Bio 和 Manager 控件的整行，使表单更简洁。下一步，需要从 Developer 选项卡中选择 On Load Event。这将启动代码编辑器，你可以准备好开始在 Microsoft Visual Studio 中的开发了，如图 11-27 所示。

尽管完全有可能提前为事件处理程序编写代码，然后通过更改表单定义文件(.xsf)将它们手动连接起来，但微软建议的方法是在设计模式中创建事件处理程序，就像你在 Form Load 事件中所做的那样。以这种方式，InfoPath 会在代码中自动创建事件处理程序声明，并为表单定义文件执行必要的修改，以允许表单模板使用那些事件处理程序。表单定义文件(.xsf)会在 11.3.10 节中更为详细地阐述。

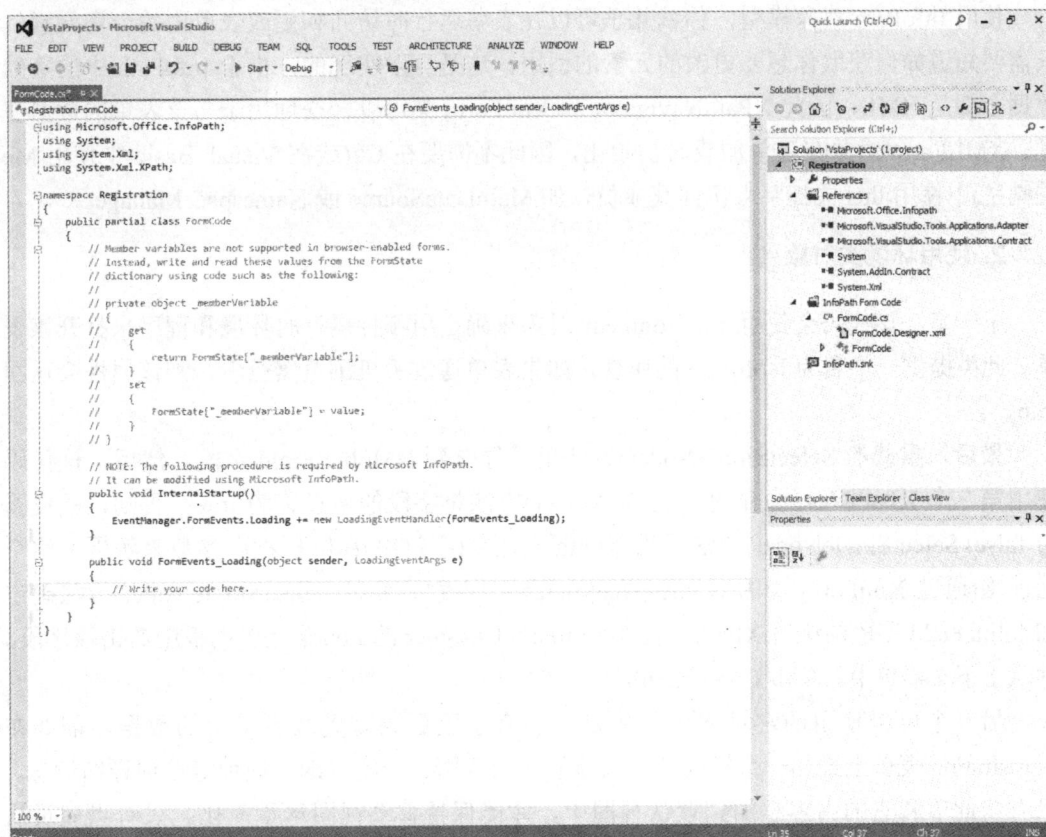

图 11-27

1. 添加事件处理程序

要检测移动浏览器并在 InfoPath 中设置字段，需要完成 FormEvents_Loading 事件处理程序，如程序清单 11-1 所示。该事件处理程序使用 XMLForm 类的 MainDataSource 属性来调用 CreateNavigator()方法，以返回 XPathNavigator 类的一个实例。返回的对象在表单的基础 XML 数据之上定义了一个随机且只读的访问游标模型，该游标此时位于根节点。

程序清单 11-1：设置 IsMobileField 值的代码

```
public void FormEvents_Loading(object sender, LoadingEventArgs e)
{
    XPathNavigator rootNav = MainDataSource.CreateNavigator();
    if (Environment.IsMobile)
    {
        XPathNavigator mobileFieldNav =
            rootNav.SelectSingleNode("/my:myFields/my:IsMobileField",
            NamespaceManager);
        mobileFieldNav.SetValue("true");
    }
}
```

使用 InfoPath 对象模型，你就几乎可以在表单运行时访问和更改表单内的一切元素。只需要知道如何获取你想要更改的元素的引用。这是可以实现的，由于 InfoPath 中的基础数据全部是 XML，因此 XPathNavigator 和 XmlForm 类可以轻松地用于与该表单的数据交互。XMLForm 对象在表单加载时初始化，因此不需要在 C#(或在 Visual Basic 中使用 Me 关键字)中使用 this 关键字来访问其成员，如 MainDataSource 或 NamespaceManager。

2. 使用环境类对象

下一步，该代码会使用 Environment 对象来确定用哪种运行时环境和程序来打开该表单。此类提供一个名为 IsMobile 的属性，如果表单通过手机浏览器查看，则该属性会返回 true。

最后，重载的 SelectSingleNode()方法用于导航到 IsMobielField 字段。然后，该代码使用第二个 XPathNavigator 对象的 SetValue()方法将字段的值设置为 true；否则，就设置为 false。SelectSingleNode()方法采用 XPath 表达式(字符串)和解析程序参数来解析名称空间前缀(通过 XmlForm 类的 NamespaceManager 属性)。要以 SelectSingleNode()方法确定 IsMobileField 字段的绝对 XPath，请在 InfoPath Designer 的 Fields 任务面板中右击该字段，并从上下文菜单中，单击 Copy XPath。

另一个可以使用的常见编程任务是，当有字段更改时更改表单上的数据。需要在 Registration 表单上添加一个新的节，以显示培训费用、开始日期、地址等培训详细信息。只有将此节和它的内容添加到默认视图中，才能保持移动视图尽量简化。只有当雇员从 Event Name 下拉列表框控件中选择培训机会时才会显示此节；否则它会处于隐藏状态。

为了实现此动态行为，请使用以下步骤。在应用了这些更改以后，注册表单看起来将会如图 11-28 所示。

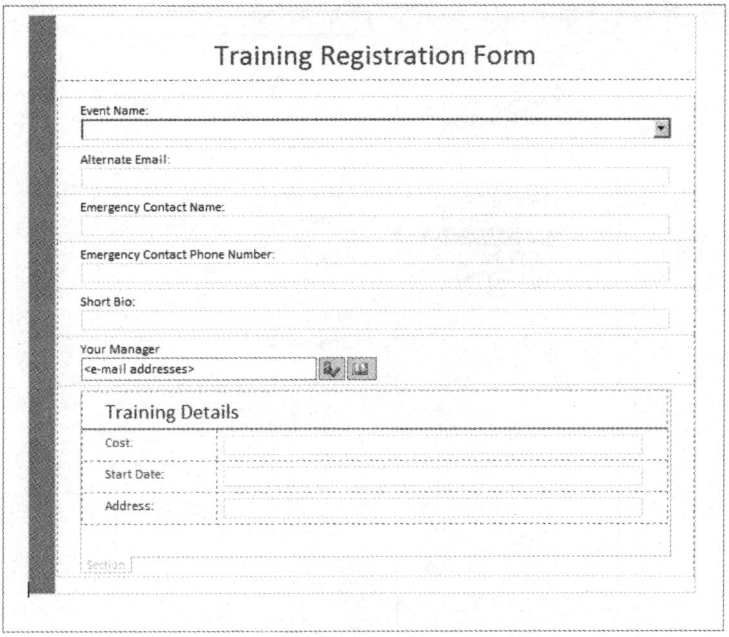

图 11-28

(1) 在 Fields 任务面板中，单击 Add Field，并创建一个名为 HideEventDetailsField.类型为 True/False(Boolean)的字段。使用此字段可以在默认视图中显示/隐藏 Event Details 节。

(2) 接下来，在表单主表中 People Picker 控件的后面新增一行。

(3) 在 Home 选项卡上，从 Controls 库中插入一节到刚刚创建的名为 EventDetails 的新行中。

(4) 在此节中添加一个新表，并在每一行中插入 3 个带有以下名称的文本框以托管 Start Date(EDStartDate)、Cost(EDCost)和 Address(EDAddress)控件。

要隐藏表单可以使用动态逻辑和条件规则。有了 InfoPath 2013 的格式设置，就可以将文本格式设置和背景阴影应用于控件，并基于用户的输入或条件来禁用或突出显示控件。使用以下步骤在表单中添加条件格式。

(1) 如果 Rules 任务面板不可见，在 InfoPath Designer 中，选择 Event Details 节，单击 Manage Rules。

(2) 然后从 Rules 任务面板中，单击 New｜Formatting 添加一个新的条件格式规则。

(3) 将该规则命名为 HideOnLoad。

(4) 单击 Condition 的超链接，并将格式条件设置为 HideEventDetailsField，它等于 TRUE。

(5) 单击 Hide this control 复选框，如图 11-29 所示。

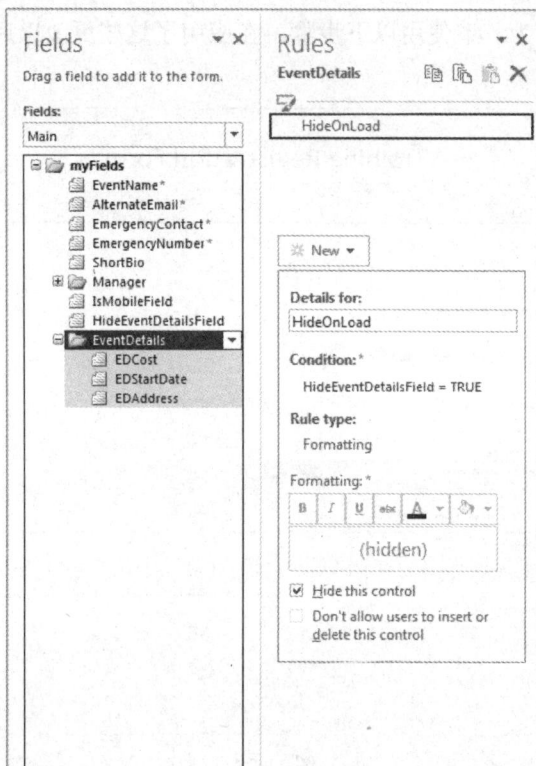

图 11-29

此时，你刚刚创建的格式规则，以及程序清单 11-2 中需要添加到表单的 Load 事件自定义代码，确保当注册表单在默认视图中加载时，Event Details 节是隐藏起来的。

程序清单 11-2：设置 HideEventDetailsField 值的代码

```
public void FormEvents_Loading(object sender, LoadingEventArgs e)
{
    XPathNavigator rootNav = MainDataSource.CreateNavigator();
    if (Environment.IsMobile)
    {
// Code Omitted for brevity
    }
    else
    {
        XPathNavigator hideEventDetailsFieldNav =
        rootNav.SelectSingleNode("/my:myFields/
        my:HideEventDetailsField", NamespaceManager);
        hideEventDetailsFieldNav.SetValue("true");
    }
}
```

由于在表单启动时 Event Details 节是隐藏的，因此现在需要添加必要的逻辑来显示此节，并在 Event Name 下拉列表框发生更改时填充该节的内容。为下拉列表创建新的事件处

理程序，首先要保存该表单，然后右击 EventName 字段。如果 Visual Studio 没有打开，从 Context 菜单中，选择 Programming | On After Change Event 来启动 Visual Studio。

3. InternalStartup()函数

可以在下面的代码段中看到，事件绑定代码会放置在表单模板项目的 FormCode.cs(或 FormCode.vb)文件的 InternalStartup()方法中。绑定使用 XmlChangedEventHandler 委托来完成，它代表将会处理 EventName 字段更改事件的方法。

```
public void InternalStartup()
{
    EventManager.FormEvents.Loading += new
    LoadingEventHandler(FormEvents_Loading);
    EventManager.XmlEvents["/my:myFields/my:EventName"].Changed += new
    XmlChangedEventHandler(EventName_Changed);
}
```

EventChanged 事件处理程序是自动生成的，里面没有代码。在此事件处理程序中编写的代码会使用培训类编码，该编号是雇员从 Event Name 下拉列表框中选择的作为选择其他培训细目的关键。找到匹配的培训后，代码要用其他细目来填充 Event Details 节，以便雇员可以在保存它之前检查该表单，如程序清单 11-3 所示。

程序清单 11-3：EventName_Changed 事件处理程序的代码

```
public void EventName_Changed(object sender, XmlEventArgs e)
{
    XPathNavigator rootNav = MainDataSource.CreateNavigator();
    XPathNavigator hideEventDetailsFieldNav =
        rootNav.SelectSingleNode("/my:myFields/my:HideEventDetailsField",
        NamespaceManager);
    hideEventDetailsFieldNav.SetValue("false");
    XPathNavigator eventNameNav =
        rootNav.SelectSingleNode("/my:myFields/my:EventName",
        NamespaceManager);
    XPathNavigator trainingsNav =
    DataSources["Trainings"].CreateNavigator();
    trainingsNav.MoveToRoot();
    XPathNodeIterator codeSelectionIterator =
        trainingsNav.Select("//*[local-name() = 'Code']");
    while (codeSelectionIterator.MoveNext())
    {
        if (codeSelectionIterator.Current.InnerXml.Equals(eventNameNav.
            Value)
            && !codeSelectionIterator.Current.InnerXml.Equals(""))
        {
            XPathNavigator matchedTraining = codeSelectionIterator.Current;
            matchedTraining.MoveToParent();
            XmlDocument training = new XmlDocument();
            training.LoadXml(matchedTraining.OuterXml);
```

```
XPathNavigator detailsNav = training.CreateNavigator();
XPathNavigator domNav = MainDataSource.CreateNavigator();

//Populate the Cost Field
XPathNavigator detailNav =
    detailsNav.SelectSingleNode("//*[local-name() = 'Cost']");
XPathNavigator formNav =
    domNav.SelectSingleNode("/my:myFields/my:EventDetails/
    my:EDCost", NamespaceManager);
formNav.SetValue(detailNav.Value);
//Populate the Start Date Field
detailNav =
    detailsNav.SelectSingleNode("//*[local-name() =
    'StartDate']");
formNav =
    domNav.SelectSingleNode("/my:myFields/my:EventDetails/
    my:EDStartDate", NamespaceManager);
String eDate = detailNav.Value;
eDate = eDate.Substring(0, 10);
formNav.SetValue(eDate);
//Populate the Address Field
detailNav = detailsNav.SelectSingleNode("//*[local-name() =
'Address']");
formNav =
    domNav.SelectSingleNode("/my:myFields/my:EventDetails/
    my:EDAddress", NamespaceManager);
formNav.SetValue(detailNav.Value);
break;
        }
    }
}
```

代码的前三行将 HideEventDetailsField 字段设置为 false，这样，表单中的格式规则就会生效，Event Details 节会切换为可见状态。

4. 表单中的导航元素

正如介绍过的，数据是 XML 格式的，将内置.NET 类用于通过元素的导航至关重要。为创建导航对象，请注意程序清单 11-3 的首个加粗行，此处已经构建了辅助数据源的引用并创建了用于访问数据源的 XPathNavigator 对象。接下来，游标会定位在数据源的根目录，返回一个位于所有 Class Code 节点上方的迭代遍历(类型为 XPathNodeIterator)。因为返回的 XPathNodeIterator 对象不指向所选 Class Code 节点集中的第一个节点，所以必须调用 MoveNext()方法将游标定位在所选节点集的第一个节点上。这在 While 表达式中完成。

其余代码只须在选定的节点中循环，并找到与用户所选的培训类编码相匹配的节点。当控件执行到 while 循环时，一开始会验证两个条件。

- 当前上下文节点中的培训类编码等于用户所选的培训编码。

● 用户还没有从 Event Name 控件中选择一个空白值。

如果这两个条件都满足，就意味着已找到了一个数据源中匹配培训编码的节点。现在注意第二个加粗行。匹配的节点存储在 matchedTraining 变量中，相应的 XPathNavigator 会移动到当前 Class Code 节点的父节点，它包含有关培训的所有信息。父节点的 outXML 存储在 XMLDocument 类型的培训对象中，并会为它创建一个导航器(detailsNav 对象)。同时创建另一个导航器(domNav 对象)用于访问表单 Event Details 节中的字段。

剩下的代码使用元素来填充信息。Event Details 节中的控件会用从 detailsNav 导航器对象中检索的信息来填充。

最佳实践#6

如本章所述，使用 XmlChangedEventHandler 委托且与变更事件相关联的事件处理程序代码仅会在 InfoPath Designer 2013 中自动生成。事先编写这些事件处理程序并手动修改表单定义文件(.xsf)以将它们连接起来，这样的做法并非最佳。这主要是因为，如果该表单模板在 InfoPath Designer 2013 中修改，在 InfoPath Designer 2013 之外对该文件进行的修改可能会丢失。

现在，只要雇员选择一次培训机会，附加信息部分及其所有内容就会显示出来；否则，它们是隐藏的。一般情况下，表单的显示和隐藏部分会帮助你设计出有条理的表单，这样一来只有相关信息才会显示给用户。

在发布之前，单击 Preview 按钮(从快捷工具栏处)来测试表单。通常情况下，Preview 按钮是一个强大的工具，在设计 InfoPath 表单时可以使用它；尽可能按照需求使用它，以在表单发布之前得到验证。

11.3.7　发布 InfoPath 表单

InfoPath 完全是关于对来自多个源的数据进行收集、分析和验证的过程。在表单中收集的数据需要保存在某个位置。在表单的设计阶段，知道表单的最终位置非常重要，因为表单最终目的地的确定会定义表单的发布模型。

再次，与提交表单不同于保存表单一样，发布和保存表单模板也不是完全相同的过程。保存表单模板只会保存它以便可以重新打开进行进一步的更改。然而，发布表单模板指的是准备对表单进行分发的过程。如果不发布表单模板，你就没有正确地分发它，用户也就不能填写它。不同于列表表单，InfoPath Designer 所创建的表单模板可以发布到各式各样的目的地。可将它们发布到 SharePoint 服务器、电子邮件收件人列表、一个网络位置或一台计算机上的共享文件夹，这些都列在 File 选项卡菜单中的 Publish 选项卡里。

尽管 SharePoint 2013 可以轻松地将开箱即用的 SharePoint 列表表单更改为自定义 InfoPath 表单，但发布到表单库的传统方法在很多情况下仍然可用。当需要使用自定义代码在表单中抽象化复杂逻辑时，这是一个不错的选择。如前所述，SharePoint 列表表单不支持自定义代码。

1. 发布到表单库

要将表单发布到表单库，需要打开 InfoPath 的 File 选项卡，并单击 Publish。然后单击 SharePoint Server 按钮以启动 Publishing Wizard。该向导类似于 InfoPath 2010。首先选择 SharePoint 网站的位置。接下来选择 Enable This Form to Be Filled Out by Using a Browser，并选择 Form Library 选项，如图 11-30 所示。

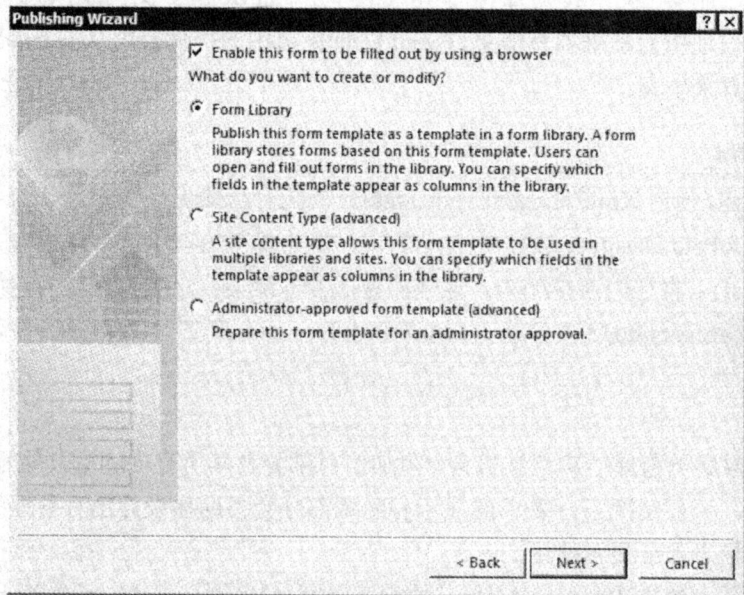

图 11-30

> 提示：本节假定你已配置了沙盒解决方案。如果没有，可能会遇到错误。

在向导的下一步中，指定表单模板应该在现有表单库中更新，并在你的网站上从可用的库中选择 SharePoint 表单库。单击 Next 按钮继续下一步。

在向导的下一步中提供了两个重要选项。

- Property Promotion——此选项使你能够将表单中特定的字段设置为 SharePoint 库中可见的栏，可在 SharePoint 中作为元数据或工作流变量使用。

- Web Part Connection Parameter Promotion——InfoPath 2010 引入了可以参与 Web 部件连接的表单。与 SharePoint 列表表单中每个字段都默认可用于参与 Web 部件连接方案不同，当你将表单发布到 SharePoint 表单库时，需要采取显式操作，确定哪些字段可在 Web 部件连接中使用。还需要指定是否将升级的字段用作订阅服务器(输入)、发布服务器(输出)或订阅服务器/发布服务器(输入/输出)参数。显然，订阅服务器参数只能从其他 Web 部件接收数据，但不能发送数据。发布服务器参数可以将数据发送到其他 Web 部件，但不能接收数据。

这两个选项也能在 File 菜单选项卡中的 Advanced 表单选项对话框里的 Property Promotion 类别中找到。

虽然完全有可能在 InfoPath 表单中升级所有字段，并使其作为带有复杂架构表单的栏来使用，但这种技术效率不高。再次提醒，请记住，使用表单库的一个原因是隐藏架构并把一切都封装到表单本身。向导的最后一步提供了一些从发布向导中收集的信息摘要。

不同于列表表单，当表单发布到表单库时，它不能在库设置页面上使用表单选项来访问，也不能从 SharePoint Ribbon 的定制表单来访问。相反，它在库设置页面中 Advanced Settings 选项的 Document Template 区中配置。单击 Edit Template 的链接，这就启动 InfoPath Designer 2013 并下载表单模板以进行进一步的更改。

当表单成功发布到 InfoPath 表单库中后，就可以在选择的 Web 浏览器中打开该表单。导航到 SharePoint 表单库，在 Library Tool 上下文菜单上单击 Documents，然后单击 New Document 按钮。图 11-31 显示了所选表单在 Internet Explorer 中打开并填写完毕的情况。

当完成表单的填写以后，单击 Save 按钮，给表单一个合适的名称并将其保存在 InfoPath 表单库中。注意，当表单加载或处于编辑模式下时 Event Details 节不可见，它正处于编码前的状态。

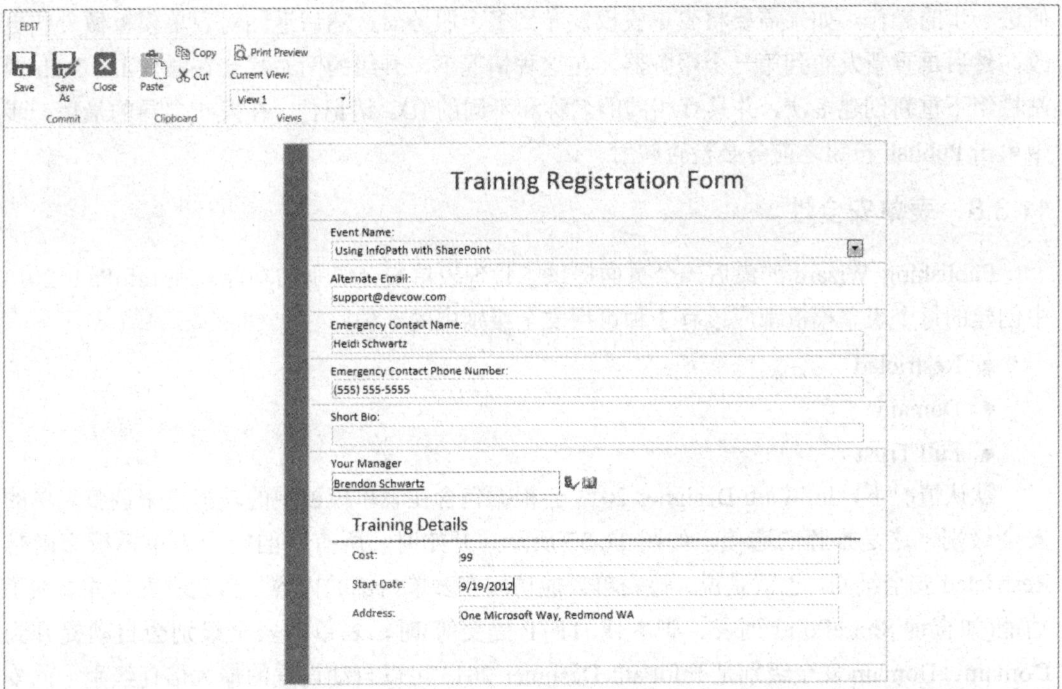

图 11-31

> 注意：可以在本书代码下载处的 Chapter 11 zip 文件中找到此表单模板，
> 名为 Registration.xsn。

2. 发布到内容类型

当将表单模板发布到 SharePoint 时，还有另一个选择，即发布到一个内容类型。绑定到内容类型的表单模板可以在其他表单库中重用。

如果你在 Publishing Wizard 中升级字段，务必确保升级后的字段与网站栏之间的映射与你的预期相符。否则，可能最终会导致重复的网站栏，使以前发布的网站栏被孤立。在 Publishing Wizard 中，选择每个字段的名称，并单击 Modify 以查看与网站栏的映射。通常情况下，第一次将表单模板发布到服务器上，你会期望将字段升级成标签为 None: Create New Site Column 的新网站栏。然而，在随后重新发布的过程中，你会想要映射到现有的网站栏(This Content Type)而非创建另一个新的栏。

如果你要继续发布到相同的服务器，该关联就会记忆在表单的架构中，不需要采取任何进一步的操作。如果需要将表单模板发布到多个服务器，然后返回对表单模板做一些更改，然后再重新发布到第一个服务器。在这种情况下，升级的网站栏会在微软 InfoPath 网站栏组下重新创建多次，并具有相同的名称和不同的 ID。请记住，在发布向导的最后一步中单击 Publish 按钮之前务必检查映射。

11.3.8 表单安全性

Publishing Wizard 的最后一个页面提供了管理表单安全级别的功能。在 InfoPath 2013 中创建的每个表单模板都应该有 3 种可用安全级别中的一种：

- Restricted
- Domain
- Full Trust

默认情况下，InfoPath Designer 2013 会根据包含在表单模板中的功能进来调整表单的安全级别，这是推荐的选项，如图 11-32 所示。开始时，所有新的空白表单模板都附带 Restricted 安全级别，也就是说，该表单只能访问在表单内部的内容。当完成表单并添加了功能(如查询 SharePoint 列表、脚本或 HTTP 提交等)时，表单的安全级别会自动提升到 Domain。Domain 安全级别是 InfoPath Designer 2013 可以自动设置的最大信任级别。此安全模式允许访问表单外部的内容，但只限于表单模板物理驻留的域以内。请记住，InfoPath Designer 2013 还可以创建在沙盒解决方案中运行的表单，该表单直接绑定到带有域安全模式的表单模板。沙盒表单将在下一节介绍。

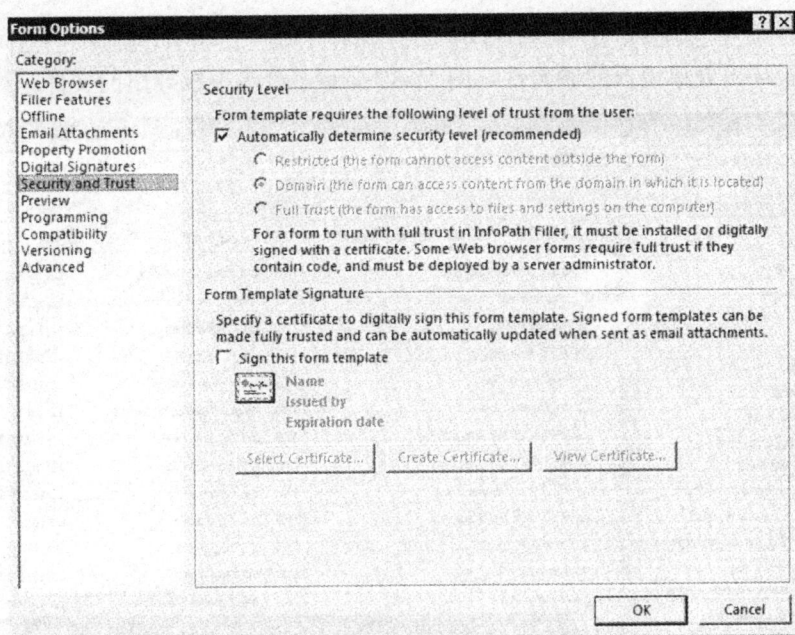

图 11-32

如果你需要执行 Domain 安全级别不允许(比如，部署签名证书的表单模板)的任务，那么你需要手动将安全级别设置为 Full Trust。请注意，Full Trust 安全级别要求你的表单是经管理员批准的。这意味着该表单模板必须先由服务器场管理员审查批准，然后经由管理中心网站部署。

11.3.9　沙盒化表单

就像规则和公式一样，使用已成为表单模板一部分的托管程序集编写自定义代码使表单开发人员能够大大增强其表单功能。

沙盒解决方案在 SharePoint 2010 中引入，允许表单开发人员使用托管代码创建表单，并直接将它们发布到表单库，同时表单的安全级别仍设置为 Domain。这大大增加了用于创建表单的选项数量，允许更多用户安全地创建功能强大的表单。

沙盒解决方案的一个独特特征是，它们在部分信任模式下运行。所以，使用它们并不与表单的 Domain 安全模式相冲突。这意味着该表单可以使用网站集管理员权限在 InfoPath Designer 内部部署，而不必通过管理中心网站。

沙盒基础架构来自核心平台并广泛应用以防范服务器场的安全漏洞，同时使开发人员能够很容易地将他们的代码部署到任何网站集。把具有自定义代码的表单发布到 SharePoint 表单库之后，会把它放置于网站集的 User Solution 库中，并在默认情况下激活。

11.3.10　表单解析

InfoPath 表单模板的保存结果是带有.xsn 扩展名的文件。XSN 文件是一种包含其他 XML 文件的压缩 CAB(柜)文件。如果将扩展名更改为.CAB 并双击该文件，表单模板就会作为存档文件打开。或者，也可以在 File 选项卡菜单上的 Publishing 选项卡中选择 Export Source Files，导出表单模板的源文件。图 11-33 显示了表单模板导出的文件。

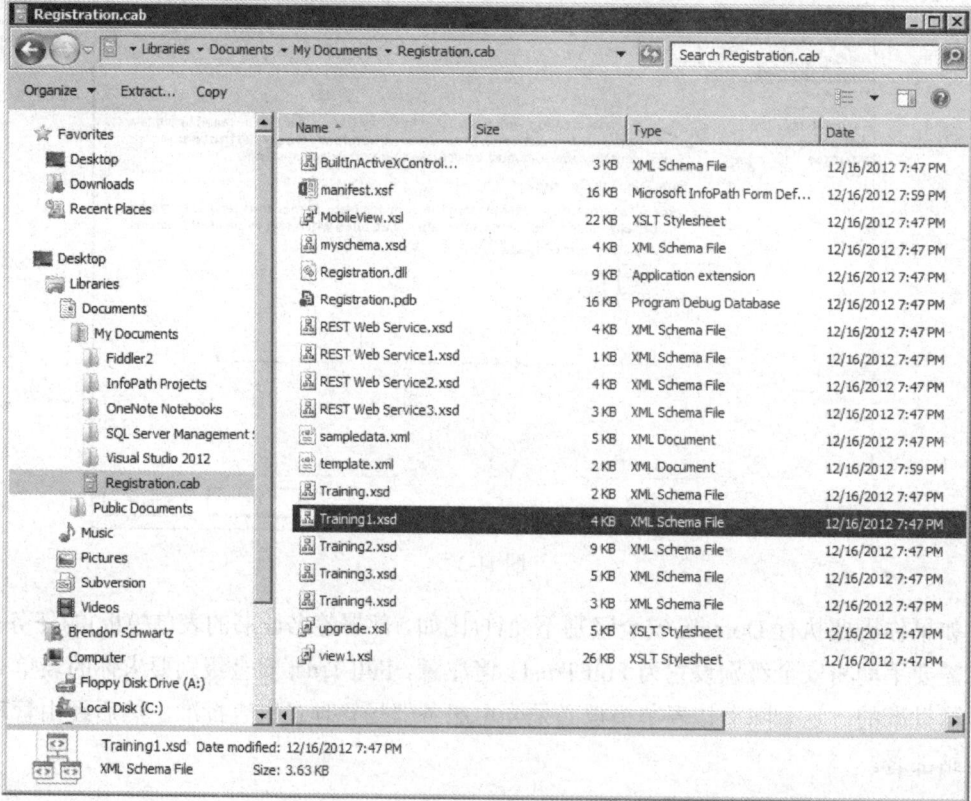

图 11-33

表单定义文件(manifest.xsf)包含组成模板的其他所有文件的列表以及其他信息，包括表单中使用的视图、外部数据源和错误消息。如果你在文本编辑器中打开此文件，比如在记事本中，浏览一下你就会很快意识到为什么认为该文件是表单模板的核心。

滚动 XML 代码，直到你找到 xsf:extensions 元素。此元素用于指定表单模板的属性和功能，比如，用于 Visual Studio 的托管代码表单模板项目设置，包含在表单中的视图设置，以及表单应否与浏览器兼容。如果表单包含任何属性升级或表单发布到内容类型，则相关的子元素会出现在 xsf:extensions 元素中，指示 SharePoint 如何执行这个绑定。

当完成表单设计时，应经常检查 manifest.xsf 的内容以熟悉表单模板的不同部分以及表单库的底层挂钩。

在 manifest.xsf 文件内容的结尾处，有一个 xsf:dataObjects 元素用于定义表单中所有的辅助数据源。此元素包含一个 xsf:dataObject 子元素集合。

请注意下面代码段中的加粗部分。在父集合内，每个 xsf:dataObject 元素都是与外部数据源关联的内存表示形式(XML 文档对象模型)。XML 文档对象模型(DOM)编程接口允许表单开发人员遍历辅助数据源的树状结构，并操作其节点。xsf:dataObject 元素与辅助数据源之间的关联通过 xsf:dataObject 元素创建。在此特定示例中，直接指向 Training 列表的 SharePoint 适配器，用来查询数据。xsf:dataObject 元素也有一个引用用于数据对象的架构文件的 schema 特性。架构文件也是该表单模板的一部分(请参阅图 11-33)。

```
<xsf:dataObjects>
<xsf:dataObject name="Trainings" schema="Trainings.xsd" initOnLoad="yes">
<xsf:query>
<xsf:sharepointListAdapterRW queryAllowed="yes" submitAllowed="no"
  siteURL="https://devcow.sharepoint.com/sites/chapter11/"
  sharePointListID="{CC157A05-5592-41F4-A448-DA002F54405D}" name="Trainings"
  contentTypeID="" sortBy="ID" sortAscending="yes" relativeListUrl="Lists/
  Training/">
<xsf:field internalName="Title" required="yes" type="Text"></xsf:field>
<xsf:field internalName="code" required="no" type="Text"></xsf:field>
<xsf:field internalName="Description" required="no" type="Text"></xsf:field>
<xsf:field internalName="start" required="no" type="DateTime"></xsf:field>
<xsf:field internalName="end" required="no" type="DateTime"></xsf:field>
<xsf:field internalName="Cost" required="no" type="Currency"></xsf:field>
<xsf:field internalName="Level" required="no" type="Number"></xsf:field>
<xsf:field internalName="deadline" required="no" type="DateTime"></xsf:field>
<xsf:field internalName="Address" required="no" type="FullHTML"></xsf:field>
<xsf:field internalName="info" required="no" type="FullHTML"></xsf:field>
<xsf:field internalName="ID" required="no" type="Counter"></xsf:field>
</xsf:sharepointListAdapterRW>
</xsf:query>
</xsf:dataObject>
```

> 提示：InfoPath 表单模板中的数据连接有一个相对 URL，但不是硬编码到一个库的。

除了为每个辅助数据源创建的架构文件之外，表单模板还维护一个主要 XML 数据的架构，该架构在一个文件中，其名称为 myschema.xsd。程序清单 11-4 显示了 Registration Form 模板的架构文件。

程序清单 11-4：培训注册表单架构

```
<?xml version="1.0" encoding="UTF-8" standalone="no"?>
<xsd:schema targetNamespace="http://schemas.microsoft.com/office/infopath/2003/
  myXSD/2012-09-20T03:11:21" xmlns:xsi="http://www.w3.org/2001/XMLSchema-instance"
  xmlns:pc="http://schemas.microsoft.com/office/infopath/2007/PartnerControls"
  xmlns:ma="http://schemas.microsoft.com/office/2009/metadata/properties/
  metaAttributes"
  xmlns:d="http://schemas.microsoft.com/office/infopath/2009/WSSList/dataFields"
  xmlns:q="http://schemas.microsoft.com/office/infopath/2009/WSSList/queryFields"
  xmlns:dfs="http://schemas.microsoft.com/office/infopath/2003/dataFormSolution"
```

```
 xmlns:dms="http://schemas.microsoft.com/office/2009/documentManagement/types"
 xmlns:xhtml="http://www.w3.org/1999/xhtml"
 xmlns:ns1="http://schemas.microsoft.com/ado/2007/08/dataservices"
 xmlns:m="http://schemas.microsoft.com/ado/2007/08/dataservices/metadata"
 xmlns:ns2="http://www.w3.org/2005/Atom"
  xmlns:my="http://schemas.microsoft.com/office/infopath/2003/myXSD/
 2012-09-20T03:11:21"
 xmlns:xd="http://schemas.microsoft.com/office/infopath/2003"
 xmlns:xsd="http://www.w3.org/2001/XMLSchema">
<xsd:import schemaLocation="BuiltInActiveXControls.xsd"
 namespace="http://schemas.microsoft.com/office/infopath/2007/PartnerControls"/>
<xsd:element name="myFields">
<xsd:complexType>
<xsd:sequence>
<xsd:element ref="my:EventName" minOccurs="0"/>
<xsd:element ref="my:AlternateEmail" minOccurs="0"/>
<xsd:element ref="my:EmergencyContact" minOccurs="0"/>
<xsd:element ref="my:EmergencyNumber" minOccurs="0"/>
<xsd:element ref="my:ShortBio" minOccurs="0"/>
<xsd:element ref="my:Manager" minOccurs="0"/>
<xsd:element ref="my:IsMobileField" minOccurs="0"/>
<xsd:element ref="my:HideEventDetailsField" minOccurs="0"/>
<xsd:element ref="my:EventDetails" minOccurs="0"/>
</xsd:sequence>
<xsd:anyAttribute processContents="lax"
 namespace="http://www.w3.org/XML/1998/namespace"/>
</xsd:complexType>
</xsd:element>
<xsd:element name="EventName" type="my:requiredString"/>
<xsd:element name="AlternateEmail" type="my:requiredString"/>
<xsd:element name="EmergencyContact" type="my:requiredString"/>
<xsd:element name="EmergencyNumber" type="my:requiredString"/>
<xsd:element name="ShortBio" type="xsd:string"/>
<xsd:element name="Manager">
<xsd:complexType>
<xsd:sequence>
<xsd:element ref="pc:Person" minOccurs="0" maxOccurs="unbounded"/>
</xsd:sequence>
</xsd:complexType>
</xsd:element>
<xsd:element name="IsMobileField" nillable="true" type="xsd:boolean"/>
<xsd:element name="HideEventDetailsField" nillable="true" type="xsd:boolean"/>
<xsd:element name="EventDetails">
<xsd:complexType>
<xsd:sequence>
<xsd:element ref="my:EDCost" minOccurs="0"/>
<xsd:element ref="my:EDStartDate" minOccurs="0"/>
<xsd:element ref="my:EDAddress" minOccurs="0"/>
</xsd:sequence>
</xsd:complexType>
```

```
</xsd:element>
<xsd:element name="EDCost" type="xsd:string"/>
<xsd:element name="EDStartDate" type="xsd:string"/>
<xsd:element name="EDAddress" type="xsd:string"/>
<xsd:simpleType name="requiredString">
<xsd:restriction base="xsd:string">
<xsd:minLength value="1"/>
</xsd:restriction>
</xsd:simpleType>
<xsd:simpleType name="requiredAnyURI">
<xsd:restriction base="xsd:anyURI">
<xsd:minLength value="1"/>
</xsd:restriction>
</xsd:simpleType>
<xsd:simpleType name="requiredBase64Binary">
<xsd:restriction base="xsd:base64Binary">
<xsd:minLength value="1"/>
</xsd:restriction>
</xsd:simpleType>
</xsd:schema>
```

架构文件包含一组预定义类型，如 boolean 和 string，以及基于数据源的新的 ComplexType 和 SimpleType。除了类型声明之外，架构在表单数据的结构和内容上施加了一些限制条件。例如，my:requiredString 类型是指元素不能为空，xsd:sequence 元素在包含元素内定义指定的顺序，如 myFields 元素。

请注意程序清单 11-4 加粗显示的第一行。这一行标识了在 myschema.xsd 文件中引用的 http://schemas.microsoft.com/office/infopath/2007/PartnerControls 名称空间和架构组件(在 BuiltInActiveXControls.xsd 文件中)。这是由于放置在表单上的 Manager People Picker 控件。

另外注意程序清单 11-4 中 myFields 加粗部分，这是 myschema.xsd 文件中出现的第一个元素。此元素引用在表单模板中代表控件的其他元素。

> 提示：表单的架构文件提供表单在相对较高的抽取级别所识别出的基础数据的视图。通过浏览该架构，你很快可以发现数据在数据类型的层次结构中结构化，和它们显示在 Fields 任务面板中的一样。

图 11-33 中要分析的下一个内容是 view<name>.xsl 文件。这些基于 XSL 的文件是在表单模板中创建的视图。应用于数据的大多数格式规则或表单级筛选器最终都是 XSL 代码，并放置在各自的视图文件中。

图 11-33 还有三个文件值得注意。

第一，<formname>.dll 文件是为添加到 EventName_Changed 和 FormEvents_Loading 事件处理程序中的代码而生成的程序集，这在 11.3.6 节中介绍过。第二，template.xml 文件包含由 InfoPath 编辑的实际 XML 数据。默认情况下，当调试或预览表单模板时，会使用

template.xml 文件中的数据。根据需要,可以创建自己的数据文件,并通知 InfoPath Designer 2013 当表单在其中预览时使用它。第三个文件是 sampledata.xml。该文件指定当表单在客户端或浏览器应用程序中打开时字段的默认值。此文件不同于 template.xml 文件,不用于预览或调试目的。在此文件中,你会发现只有字段定义、类型和选项提供了默认值和实际值。

11.3.11　在代码中处理表单 XML

存储在表单库中的 XML 数据会遵循该表单的架构(myschema.xsd),因此可以编写或生成符合此架构的代码来加载 XML 并与之进行交互。回顾之前的介绍,使用表单库的主要原因之一是在不升级任何字段的情况下方便地访问存储在 InfoPath 表单中的所有数据。

1. 生成用于表单 XML 的包装类

可以帮助你从 XML 生成类文件的一个工具是 XSD.exe。可以使用 XSD.exe 实用程序生成一个代表数据元素的包装类。该生成的类允许你使用强类型对象访问表单数据,而不是通过使用 XPath(像迄今为止的所有其他示例那样)来解析 XML 数据。要执行生成类文件的步骤,需要导航到提取表单的导出文件(见上一节)的位置,使用 Visual Studio Native Tools 命令提示符运行下面的命令:

```
Xsd.exe /c myschema.xsd BuiltInActiveXControls.xsd
```

由于 XSD.exe 实用程序不会追溯 myschema.xsd 文件中导入和/或包含的文件,因此也需要直接在命令行中指定 BuiltInActiveXControls.xsd 架构文件。否则,该实用程序将引发一个缺少元素的异常。所生成的文件以在命令行中使用的架构文件命名,为 myschema_ BuiltInActiveXControls.cs。将文件名称更改为 RegistrationsSchema.cs。注意,在该文件中生成的部分类有与根元素相同的名称,如程序清单 11-5 所示。

程序清单 11-5:myFields 部分类

```
using System.Xml.Serialization;

public partial class myFields {
    private string eventNameField;
    private string alternateEmailField;
    private string emergencyContactField;
    private string emergencyNumberField;
    private string shortBioField;
    private Person[] managerField;
    private System.Nullable<bool> isMobileFieldField;
    private bool isMobileFieldFieldSpecified;
    private System.Nullable<bool> hideEventDetailsFieldField;
    private bool hideEventDetailsFieldFieldSpecified;
    private EventDetails eventDetailsField;
    private System.Xml.XmlAttribute[] anyAttrField;
```

```
/// <remarks/>
public string EventName {
    get {
        return this.eventNameField;
    }
    set {
        this.eventNameField = value;
    }
}


/// <remarks/>
public string AlternateEmail {
    get {
        return this.alternateEmailField;
    }
    set {
        this.alternateEmailField = value;
    }
}


/// <remarks/>
public string EmergencyContact {
    get {
        return this.emergencyContactField;
    }
    set {
        this.emergencyContactField = value;
    }
}


/// <remarks/>
public string EmergencyNumber {
    get {
        return this.emergencyNumberField;
    }
    set {
        this.emergencyNumberField = value;
    }
}


/// <remarks/>
public string ShortBio {
    get {
        return this.shortBioField;
    }
    set {
        this.shortBioField = value;
    }
}
```

```
/// <remarks/>
[System.Xml.Serialization.XmlArrayItemAttribute("Person",
Namespace="http://schemas.microsoft.com/office/infopath/2007/PartnerControls",
 IsNullable=false)]
public Person[] Manager {
    get {
        return this.managerField;
    }
    set {
        this.managerField = value;
    }
}


/// <remarks/>
[System.Xml.Serialization.XmlElementAttribute(IsNullable=true)]
public System.Nullable<bool> IsMobileField {
    get {
        return this.isMobileFieldField;
    }
    set {
        this.isMobileFieldField = value;
    }
}


/// <remarks/>
[System.Xml.Serialization.XmlIgnoreAttribute()]
public bool IsMobileFieldSpecified {
    get {
        return this.isMobileFieldFieldSpecified;
    }
    set {
        this.isMobileFieldFieldSpecified = value;
    }
}


/// <remarks/>
[System.Xml.Serialization.XmlElementAttribute(IsNullable=true)]
public System.Nullable<bool> HideEventDetailsField {
    get {
        return this.hideEventDetailsFieldField;
    }
    set {
        this.hideEventDetailsFieldField = value;
    }
}


/// <remarks/>
[System.Xml.Serialization.XmlIgnoreAttribute()]
```

```
public bool HideEventDetailsFieldSpecified {
    get {
        return this.hideEventDetailsFieldFieldSpecified;
    }
    set {
        this.hideEventDetailsFieldFieldSpecified = value;
    }
}

/// <remarks/>
public EventDetails EventDetails {
    get {
        return this.eventDetailsField;
    }
    set {
        this.eventDetailsField = value;
    }
}

/// <remarks/>
[System.Xml.Serialization.XmlAnyAttributeAttribute()]
public System.Xml.XmlAttribute[] AnyAttr {
    get {
        return this.anyAttrField;
    }
    set {
        this.anyAttrField = value;
    }
}

}

//Code Omitted For Brevity
```

有了由 XSD.exe 工具生成的封装类，就可以将该文件添加到任何 Visual Studio 项目并通过类引用来访问该对象。要在 SharePoint 项目中使用该文件，需要启动 Visual Studio 2013，并使用 SharePoint 2013 项目模板新建项目。

2. 在 SharePoint 代码中处理表单 XML 数据

接下来，选择 Deploy 作为服务器场解决方案，然后单击 Finish 按钮。SharePoint 2013 项目需要通过添加一个新项来添加一个事件接收器。在模板库中单击 Add Item，然后选择事件接收器；为事件接收器命名。在此示例中，代码应能够对 Form Library 的 List Item Events 类型的 An item was added 事件作出回应，如图 11-34 所示。

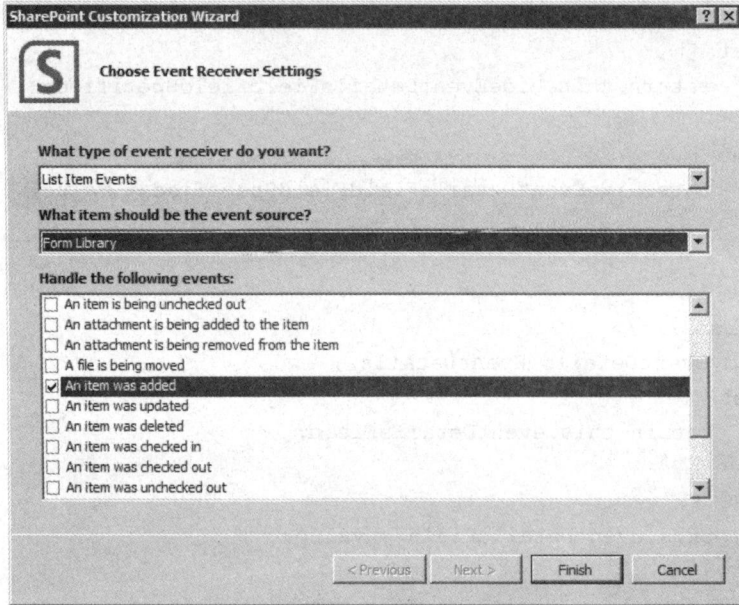

图 11-34

完成该向导后，Visual Studio 将给出所有必要的代码以及部署作为服务器场 WSP 解决方案的该事件处理程序所需的功能和解决方案包。此时，你就可以向项目添加由 XSD.exe 实用程序生成的封装类(RegistrationsSchema.cs)了。

> **警告：** 如果你对表单的架构做了更改，则需要针对新的架构文件重新运行 XSD.exe 实用程序，删除旧的包装类，并将新的包装类添加到项目中。

当封装包部署好且关联的功能被激活时，程序清单 11-6 中的标注代码就会用于某特定培训来获取并递增 Stats 列表中计数器的值。接下来，将 EventReceiver1.cs 重命名为 UpdateStatSink.cs，并在该类中添加此标注代码以重写 ItemAdded()方法。

在代码中，请注意第一个加粗部分。在这一部分中，刚才添加的 InfoPath 表单会被检索且存储在 SPFile 类型的变量中。然后，InfoPath 的 XML 文件会反序列化到 myFields 类型的一个强类型 C#对象中。这通过调用一个名为 DeserializeFormData(SPFile,Type)的辅助方法来完成，这将会在本节随后部分涉及。如果返回的对象不为 null，一个 LINQ 查询就会用于查询选定的培训编码是否存在于 Stats 列表中。

第二个粗体部分指示如果 Count()函数返回大于零的数，则表明在 Stats 列表中找到了匹配的培训编码。然后编码将继续按照一次增加 1 的方式递增其计数器字段。这通过调用名为 IncrementCounter (SPListItem)的第二个辅助方法完成。相反，如果找不到匹配的培训编码，一个新列表项就会添加到 Stats 列表中，并相应地设置编码和计数器栏。

程序清单 11-6：UpdateStats 事件接收器 ItemAdded()方法

```
public override void ItemAdded(SPItemEventProperties properties)
{
    SPFile ifpFile = properties.ListItem.File;
    myFields fields =
(myFields)DeserializeFormData(ifpFile, typeof(myFields));
    if (fields != null)
    {
        SPLinqDataContext cdc =
new SPLinqDataContext("http://dev.devcow.com/sites/hr");
        var result = from trs in cdc.Stats
                     where trs.Title.Equals(fields.EventName)
                     select new { trs.Id };
        SPList statList = properties.Web.Lists["Stats"];
        if (result.Count() > 0)
        {
            SPListItem matched =
            statList.GetItemById((int)result.First().Id);
            IncrementCoutner(matched);
        }
        else
        {
            SPListItem newItem = statList.Items.Add();
            newItem["Title"] = fields.EventName;
            newItem["Counter"] = 1;
            newItem.Update();
        }
    }
}
```

　　程序清单 11-7 显示了从 ItemAdded()方法中调用的 DeserializeFormData()辅助方法，它揭示了如何将 InfoPath XML 数据更改为强类型类。此方法开始于对 SPFile 和 Type 类型的两个参数的接收。在代码中，SPFile 参数以二进制格式打开，实际内容存储在一个 byte 数组中，之后会读取到内存流中。

　　请注意代码中突出显示的行。首先，初始化 XMLSerializer 类的一个新实例，并将 rootElementType 类型的对象序列化到该新实例中。RootElementType 参数是 myFields 类型，因为那是从 ItemAdded 代码中传入的。在下一行中，使用内存流创建一个新的 XmlReader 实例，在下一行，它反序列化为 result 变量。最后，result 变量返回给调用者，其中包含在强类型对象中的表单数据的实际内容。

程序清单 11-7：DeserializeFromData()帮助方法

```
private object DeserializeFormData(SPFile ipfFile, Type rootElementType)
{
    byte[] xmlFormData = ipfFile.OpenBinary();
    object result = null;
```

```
            if (xmlFormData != null)
            {
                using (MemoryStream fileStream = new MemoryStream(xmlFormData))
                {
                    XmlSerializer serializer = new XmlSerializer(rootElementType);
                    XmlReader reader = XmlReader.Create(fileStream);
                    result = serializer.Deserialize(reader);
                    fileStream.Close();
                }
            }
            return result;
        }
```

程序清单 11-8 显示了在 ItemAdded()方法中使用的第二个辅助方法。有关此方法需要强调的只是编写用于处理争用情况的额外逻辑,当事件处理程序的多个实例尝试在 Stats 列表中更新计数器栏时该逻辑就可用了。这种情况可能出现在两个或多个注册表单在同一时间被不同用户保存时。

SharePoint 对象模型会在检索与递增计数字段值时自动锁住列表项,因此要做的全部工作就是将代码放在 try/catch 块中。如果发生争用情况,SharePoint 对象模型将抛出异常,意味着现有计数器的值是脏数据。如果认为该值是脏数据,那么该代码会有三次尝试检索并再次递增数值的逻辑。如果三次尝试都失败,将记录该异常,并且更新就会停止。

程序清单 11-8:IncrementCounter()辅助方法

```
        private void IncrementCoutner(SPListItem item)
        {
            int retryUpdate = 0;
doUpdate:
            try
            {
                int currentCounter = int.Parse(item["Counter"].ToString());
                item["Counter"] = currentCounter + 1;
                item.Update();
            }
            catch (Exception ex)
            {
            retryUpdate += 1;
            if (retryUpdate <= 3)
            {
                System.Threading.Thread.Sleep(3000);
                goto doUpdate;
            }
            else
            {
                // Log the exception
            }
            }
        }
```

　　使事件处理程序步入工作的最后一步是在 Elements.xml 中更新 Class 节点，以包括刚才对项目所做的更改。程序清单 11-9 显示了由 Visual Studio 2012 添加到项目功能的 Elements.xml 文件。此文件标识了程序集的完全限定名称、类(UpdateStatSink)及在事件处理程序中执行的 ItemAdded()方法。

　　在此示例中，该事件处理程序与由加粗行的 ListTemplateID 特性指定的网站中所有表单库相关联。通常这不是理想的情况；相反，事件处理程序应该关联到内容类型或特定的自定义表单库，以便它不会在网站的每个表单库上都启动。

程序清单 11-9：Elements.xml 文件

```xml
<?xml version="1.0" encoding="utf-8"?>
<Elements xmlns="http://schemas.microsoft.com/sharepoint/">
  <Receivers ListTemplateId="115">
    <Receiver>
      <Name>UpdateStatERItemAdded</Name>
      <Type>ItemAdded</Type>
      <Assembly>$SharePoint.Project.AssemblyFullName$</Assembly>
      <Class>UpdateStatsEventHandler.UpdateStatER</Class>
      <SequenceNumber>10000</SequenceNumber>
    </Receiver>
  </Receivers>
</Elements>
```

　　要部署并调试该解决方案请按 F5 键，Visual Studio 会将 WSP 包作为服务器场解决方案来部署，并激活其功能。Visual Studio 还将事件处理程序与网站上的所有表单库相关联。导航到 Solution Management 下的 Central Administration 网站，验证该解决方案已成功部署，如图 11-35 所示。

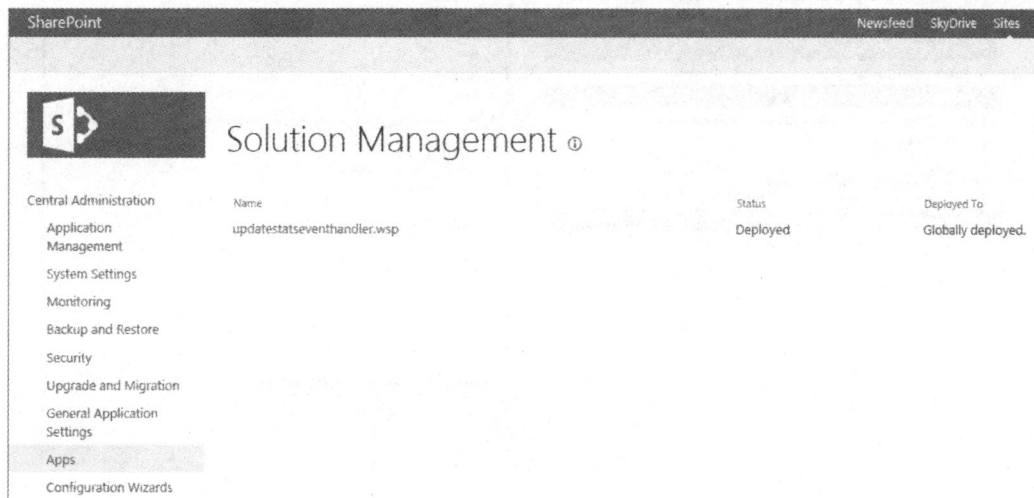

图 11-35

　　通过导航到表单库和创建新的表单，比如，Registration 表单，来尝试使用这些代码。

你现在应该有一个功能齐全的解决方案了，这样当表单保存到 Registration 表单库时，处理程序就会启动以更新 Stats 列表中的相关计数器。

11.4　表单开发人员工具

到目前为止你已了解，InfoPath 2013 与 Form Services 2013 一起，提供一个可以构建电子表单的高度可扩展的平台，在整个组织的各种业务流程中都发挥着重要作用。可以使用很多工具和实用程序，使表单开发更为简单。现在快速浏览在使用 InfoPath 表单时可以利用的几个工具。

11.4.1　Rule Inspector

当向表单添加声明式业务逻辑(动态逻辑)甚或自定义代码(强制逻辑)时，要追踪调用这种逻辑的所有字段和组，或者这种逻辑如何在表单模板中影响其他字段、组或逻辑，都相当具有挑战性。

为应对这一挑战，InfoPath Designer 2013 提供了一种工具，称为 Rule Inspector。当你访问该工具时，最初要么只能看到 Overview 面板，要么同时能看到 Overview 面板和 Details 面板，这取决于你访问该工具的方式，如图 11-36 所示。

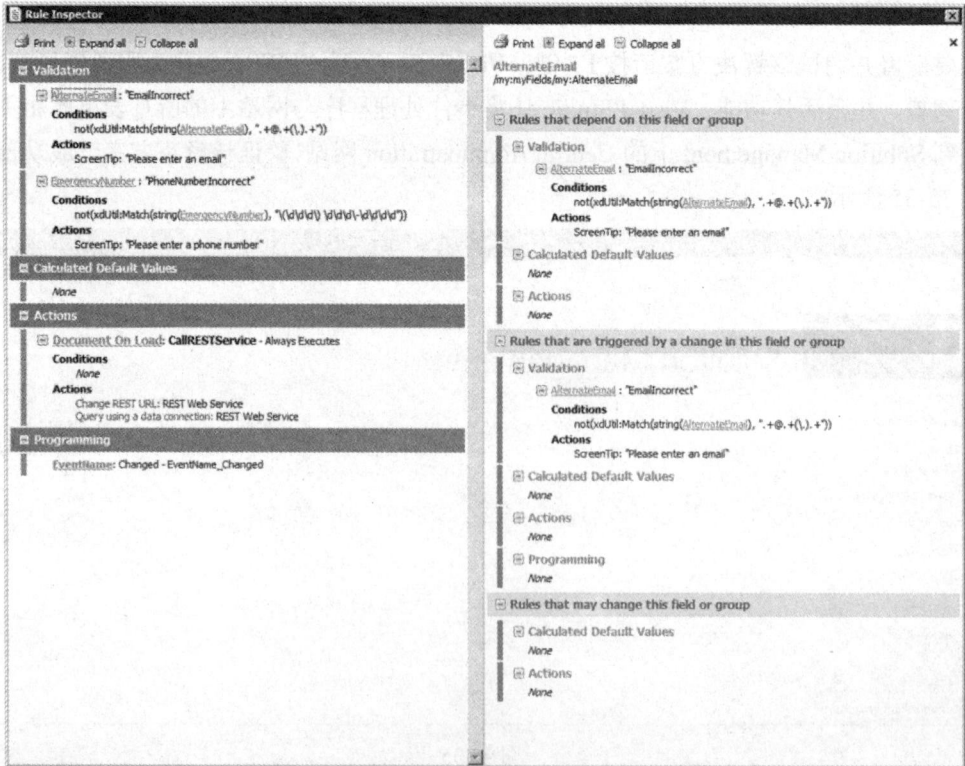

图 11-36

左侧的 Overview 面板列出了目前用于表单模板的所有业务逻辑，分为 4 个类别：
Validation、Calculated Default Values、Actions 和 Programming。这种分组使你很容易查看
哪些字段或组包含某业务逻辑、逻辑的类型以及每个规则的一些信息。如果单击 Overview
面板中的任意橙色链接，Datails 面板会展开显示更具体的信息，主要是关于对表单中其他
字段、组或规则的依赖性。尽管声明式逻辑在 Programming 组中不可分解，但是无须启动
Visual Studio 就能在一个高级视图中了解代码背后的情况，也相当有帮助。

对于很多表单开发人员，当进行故障排除或审查 InfoPath 表单时，Rule Inspector 是一
个有用的工具，也是他们以 Design 模式打开表单后会首先使用的工具。

11.4.2　Design Checker

在 InfoPath 2013 中，以浏览器启动的表单背后的驱动力之一是具有与 InfoPath 客户端
的奇偶校验，以及与 SharePoint 在线表单的奇偶校验。验证表单有效性的一个好做法是运
行 Design Checker 以确定不兼容性问题，并确保表单模板工作正常。可以在 Info 页面的 File
选项卡中找到此工具。中间的文本显示出表单模板当前作为 Web 浏览器表单，与表单服务
兼容。

应用了兼容性设置，就可以在 Info 页面的 File 选项卡中单击 Design Checker，将会弹
出一个 Design Checker 任务面板。此时会执行所有本地和在线检查，潜在的错误或警告都
会显示在 Task 面板中，如图 11-37 所示。

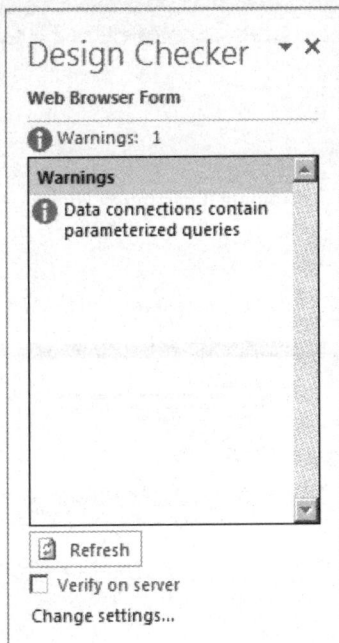

图 11-37

通常情况下，错误会阻止表单模板作为启用浏览器的表单发布。不过，可以不必理会
那些警告，因为它们可能是未正常工作的启用浏览器的表单造成的。只须浏览列表中的问

题，检查它们并采用适当的操作来解决这些问题即可。

11.4.3 InfoPath JavaScript 工具

除了到目前为止讨论的工具，还有一些可以在表单首次加载时从 Internet Explorer 内部执行的工具：

- IP_DebugComplexity.ComposeSummary()

顾名思义，这个首次加载执行工具提供了下列启用浏览器的表单中的计数器的摘要：

- 浏览数据树节点
- 包含隐藏控件
- HTML InfoPath 控件
- HTML 元素

如图 11-38 所示，要运行此工具，应该在浏览器的地址栏中输入下面的 JavaScript 代码，并按 Enter 键：

```
javascript:alert(IP_DebugComplexity.ComposeSummary())
```

Compose Summary 工具不能修复表单中的任何问题，也不会指引你如何修复问题。它只是提供了一些可以用来降低表单复杂性的因素。表单生成的 HTML 元素的总和是衡量表单复杂性的一个重要因素。

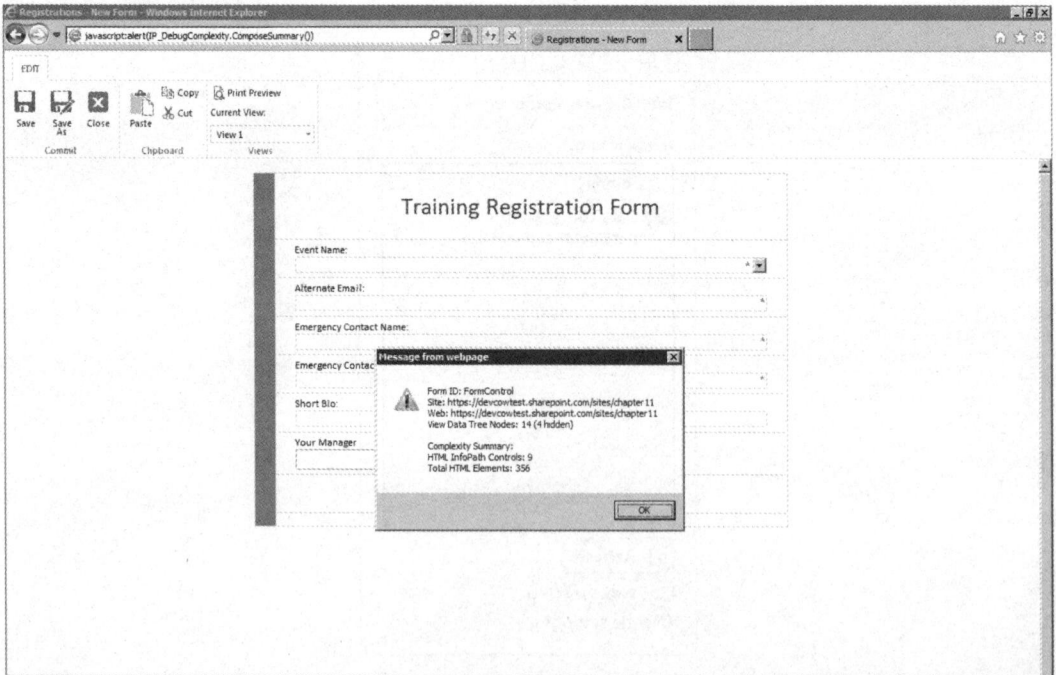

图 11-38

11.5　本章小结

本章介绍了使用 InfoPath Designer 和 SharePoint 的新方法。还介绍了可用 SharePoint 列表来构建的丰富的业务应用程序。可以使用在本章中了解到的工具对单个列表进行小改动或者生成需要呈现丰富表单并收集数据的整个应用程序。

本章涉及的主题是在 SharePoint 中使用 Customize Form 按钮来用 InfoPath Designer 定制 SharePoint 列表表单。你学习了如何添加视图、规则、操作和表单格式，以创建一个几乎没有代码的功能强大的表单。然后进一步介绍了如何在表单中使用 Visual Studio 和托管代码来整合复杂逻辑。了解了你在托管代码中拥有对表单的完全控制权，提供了生成任何解决方案的能力。本章中的代码显示了如何导航到 InfoPath 表单和数据的数据结构，也就是 XML。

最后讲述了组成 InfoPath 表单的内容，以及生成表单时创建的所有文件。然后介绍了在其他应用程序(如 SharePoint)中使用 InfoPath 表单的方法。代码用工具来帮助生成用于强类型类的自动生成的代码和文件，并讲解了在将表单发布到 SharePoin 位置时可用于检查表单的工具。所有这些工具一起使用，有助于构建组织的应用程序。

第12章

企业文档管理

本章内容

- 探讨文档和记录管理功能
- 通过托管元数据和集中式内容类型发布为组织管理灵活分类
- 探讨新的 ECM 功能，包括跨 SharePoint、Exchange 和文件服务器的符合标准的 eDiscovery
- 通过新的 CSOM API 创建扩展 ECM 框架的自定义解决方案

本章源代码下载地址(wrox.com)

本章 wrox.com 代码下载地址是 www.wrox.com/remtitle.cgi?isbn=1118495829，在 Download Code 选项卡处。第 12 章代码下载处提供了按照本章所列标题打包的代码下载。

每一个组织都在不计其数的团队和部门网站中使用了无处不在的 SharePoint 文件与数据存储功能。易于得到在理论上基于 Web 的几乎无限的内容存储引发了一个特殊的问题，那就是组织、分类和内容保护的责任问题，尤其是法律上敏感的内容。本章探讨了 SharePoint 针对企业与团队需求的内容管理功能。你会相继了解内容类型、文档集、记录管理、eDiscovery，以及旨在以编程方式使用这些功能的扩展的企业内容管理(Enterprise Content Management，ECM)对象模型。

SharePoint Server 2013 提供了丰富的新功能，允许组织定义灵活且功能强大的信息架构。只要对内容类型、库和托管元数据做好合适的规划，就可以在积累所有类型的内容方面，无论是结构化的还是非结构化的，保证一个提升后的可管理性。ECM 对象模型可用于扩展现有应用程序和创建在 SharePoint 以内或以外托管的自定义解决方案的功能。

如今，组织中充斥着大量各式各样的内容类型。示例包括文档、数字资源、报表、Web 内容以及社交内容。ECM 是对存储在内部网络、外部网络、云端和 SharePoint Server 上的庞大数量的电子内容进行梳理并使其具备合规性的过程。

12.1　文档管理思维模式

最常听到的有关企业内容存储的抱怨就是要找到相关内容非常困难，无论这些内容是存储于企业内网还是文件服务器。用户已熟悉了公共互联网上功能强大的搜索体验，而公司内网上结构化(如数据库)和非结构化(如文档)的混合内容却不仅需要多次搜索，还需要上下文导航。允许用户基于常见术语和分类进行筛选和导航的做法，提供了一个更适合托管企业大量的库与列表的接口。

公司负责管理的内容比以往任何时候都多。安全、规则和责任要求正在变得更加复杂。这一模式在可预见的未来还会持续。当你正在为内容大爆炸做准备时，SharePoint Server 中新的开发工具与功能将会使这一转变变得相对容易。

12.1.1　ECM 功能

SharePoint Server 有一套支持文档管理的丰富功能。不过，除了管理传统的文档项之外，还可以管理社交内容，包括对用户、微博、Wiki、博客和论坛进行后台更新。SharePoint 不同于其他大多数 ECM 系统的根本，在于它将社交技术置于 ECM 功能的顶层，同时使你能够管理这一社交内容。

SharePoint Server 提供的功能使大量复杂内容类型的管理变得容易。这些功能包括唯一文档 ID、文档集和全局分类。本章会涵盖这些受欢迎的新增功能，同时探讨如何在文档管理的上下文中使用新的协作功能。表 12-1 显示了源于 SharePoint 2010 但在 SharePoint 2013 中仍然使用的现有基础文档管理功能。

表 12-1　集成自 SharePoint 2010 的基础 ECM 功能

功　　能	说　　明
托管元数据服务应用程序	允许元数据跨服务器场、网站集、网站和库进行共享和管理的功能
内容类型联合	托管元数据服务的一个子集，允许将内容类型发布到一个中心然后进行分发
唯一文档 ID 服务	为项创建静态 URL
内容管理器	在网站中提供文档路由
文档集	提供复合文档的支持
元数据导航与筛选	基于预定义标签和分类继续筛选和导航
文档库	带有支持文档管理新增功能的列表定义
文档中心	带有适当结构的网站定义，用于管理大量文档
回收站	两段式回收站允许在不使用备份的情况下恢复已删除文档

(续表)

功　　能	说　　明
版本控制	启用版本控制后，草稿和主要版本会在库中另存为单独项。可以还原到任意时间点的版本
信息策略	服务器场、网站集、网站、内容类型和库级别的信息管理策略。内嵌的策略功能包括标签、条码、过期时间和审计
记录中心	用于保留和文档路由的网站定义
项级别权限	可设置单个文档的安全性
内容类型	协助内容和元数据管理的抽象层。可以将设置、属性和功能定义为内容类型，而非单独的项

微软在 ECM 领域大部分的投入都面向 eDiscovery，但如表 12-2 所示，很多位置都已经添加了为内容管理者所用的新功能。微软发布了 2013 eDiscovery 新功能的概览列表，参见 http://technet.microsoft.com/en-us/library/fp161513.aspx。

表 12-2　SharePoint Server 2013 中的新 ECM 功能

功　　能	说　　明
SharePoint 与 Exchange 内容的就地保留/维护	eDiscovery 带有跨多个集成的服务器系统的记录的标识和管理，它更加简单
集成的 eDiscovery 案例管理门户网站模板	SharePoint 的 eDiscovery 案例管理工具集允许单个 eDiscovery 体验，该扩展面向 SharePoint、Exchange、Lync 和文件服务器内容
工作组文件夹	SharePoint 的工作组文件夹合并了邮件和文档，它是使用邮件和文档的常见位置。从 SharePoint、Outlook 和 Outlook Web Access 都可以访问工作组文件夹。文档存储在 SharePoint 中，而工作组专用的电子邮件联系人和地址存储在 Exchange 中；不过，SharePoint 可以创建和应用合规性策略
开放标准合规性内容交互	内容管理互操作性服务(Content Management Interoperability Service，CMIS) 1.0 已经内置在 SharePoint 2013 中了(2010 只提供了 CMIS 1.0 的加载项)。CMIS 允许像 Adobe Photoshop 或 Documentum 这样的非原生应用程序在不使用 Web 浏览器的情况下以集成方式访问托管内容，CMIS 只在内部部署安装中可用
开放标准合规性 eDiscovery 内容导出	基于查询发现集的内容结果可以从 SharePoint 中以带有 XML 清单文件的 zip 文件形式导出，其符合电子发现指导模型(Electronic Discovery Reference Model，EDRM)规范

(续表)

功　　能	说　　明
就地记录保留	SharePoint 2010 就允许就地内容保留,但记录保留会锁定内容并阻止编辑。SharePoint 2013 允许在实时内容上就地保留,且该实时内容仍然可以编辑。每一个网站都包含一个存储了修改前就锁定的保留内容的私密库。该方式通过项级别的保留最小化内容复制范围,并使最终用户能够继续查阅版本当前的文档
用于新的使用模型的增强的托管元数据	元数据现在可用于导航了,就像术语和搜索驱动的页面一样。术语集可以独立地配置以用于网站导航、搜索导航和逐级内容筛选中。此外,术语集现在能够跨网站集共享、在特定位置固定使用,甚至标识为对用户可用的唯一术语集
多语言元数据	不同于 SharePoint 2010,其中只有在安装了语言包的情况下才能提供多语言支持,SharePoint 2013 允许在不安装语言包的前提下用作语言标识符的任意 LCID
用于托管元数据 API 的.NET 客户端对象模型支持(Client Object Model Support,CSOM)	SharePoint 2013 引入了面向分类编写 CSOM 和 JavaScript 的功能。定制项需要引用新的 Microsoft.SharePoint.Client.Taxonomy.dll
跨网站内容发布	通过利用内置的搜索功能,SharePoint 2013 引入了创建实现跨网站集边界甚或跨服务器场共享内容的网站的功能
网站策略、关闭和删除	SharePoint 2013 现在提供了创建网站自动关闭和删除保留策略的功能。网站关闭意味着网站内容从搜索索引中移除但仍然可被网站成员和管理员访问(和编辑)。当删除一个网站时,包括共享邮箱在内的所有内容都会清除。网站保留策略允许基于日期的关闭和删除,就像工作流驱动的关闭和删除一样
SQL Server 中文档的碎片化存储	不严格来说,一项开发人员特性甚或功能并不会被最终用户注意到,碎片化存储是由 SharePoint 使用的 SQL Server 功能,用于在 SQL Server 内将文档分割成碎片以便减少跨网传输的内容量。因为现在文件可以无形地分割成碎片,所以只有更改过的内容点会在 SQL Server 中更新
Office Web 应用程序(OWA)具有规格化的 URL	现在可以在浏览器中打开 Office 文档了,请试着解读甚至理解其 URL。只须简单地在库中文档的 URL 后附加"?Web=1"就可以在合适的 OWA 编辑器中打开该文档了
增强的文档集	对 OneNote 和文档集内文件夹的全新支持。文档集如今使用新的图标在 SharePoint 搜索结果中显示,以便更好标识为文档集。版本控制现在能够将整个文档集作为一个版本化的文件来抓取,而不是 SP2010 中使用的内部内容形式

微软保留了已弃用的 SharePoint 2010 功能的更新列表，参见 http://technet.microsoft.com/en-us/library/ff607742，但表 12-3 提及到的是那些已弃用的功能中有关内容管理功能的主题。

表 12-3　SharePoint 2013 中已弃使用的 ECM 功能

功　　能	描　　述
文档工作区网站模板	因为如今工作组网站解决了文档协同的问题，所以微软移除了文档工作区模板，以简化新网站集的可用模板列表
Visio 处理库网站模板	因为 Visio 处理网站模板从未广泛使用过，所以它已经从网站集模板可用列表上移除了。但它仍然被 2013 网站支持(网站集不支持)

12.1.2　扩展的 ECM 对象模型

可以使用 ECM 编程模型来扩展 ECM 新特性的功能以及创建自定义解决方案。该编程模型包括对 3 种编程类型的支持：用于服务器端编程的服务器端对象模型、客户端对象模型和用于客户端编程的 RESTful Web 服务。名称空间与类型的数量巨大；不过，表 12-4 阐述了一些主要的名称空间，以及普遍使用的一些重要类型。本章有些示例代码会显示其中一些如何使用。实际的程序集文件位于 ISAPI 文件夹的 SharePoint 根目录下面。

表 12-4　ECM 对象模型

名 称 空 间	说　　明
Microsoft.Office.DocumentManagement	提供用于管理文档的类型和成员
Microsoft.Office.DocumentManagement.DocumentSets	提供用于管理文档集的类型和成员
Microsoft.Office.DocumentManagement.MetadataNavigation	提供用于管理元数据导航的类型和成员
Microsoft.Office.DocumentManagement.Server	包含多语言文档库事件接收器
Microsoft.Office.DocumentManagement.VideoSets	提供用于管理视频资产的类型和成员
Microsoft.Office.RecordsManagement.Holds	提供用于引用文档保留和更新那些保留的状态的类型和成员
Microsoft.Office.RecordsManagement.InformationPolicy	提供用于创建和管理信息管理策略的类型和成员
Microsoft.Office.RecordsManagement.OfficialFileWSProxy	提供异步执行的 GetFinalRoutingDestinationFolderUrl 操作的结果
Microsoft.Office.RecordsManagement.PolicyFeatures	提供像 ExpirationTask 和 Barcode 这样的记录管理策略类的访问

(续表)

名 称 空 间	说　　　明
Microsoft.Office.RecordsManagement.RecordsRepository	提供内容路由类的访问
Microsoft.Office.RecordsManagement.Reporting	提供允许开发人员生成审计报告的类的访问
Microsoft.Office.RecordsManagement.SearchAndProcess	提供定义和初始化搜索以及处理操作的类型和成员
Microsoft.Office.Server.Discovery	提供 eDiscovery 类的访问，如 Case、Source 和 ExportCollection
Microsoft.SharePoint.Taxonomy	包括提供企业元数据管理基本功能的类。示例包括术语、术语集、组、关键字、术语库和元数据服务应用程序管理的类型
Microsoft.SharePoint.Taxonomy.ContentTypeSync	包括管理内容类型和网站集间同步的类
Microsoft.SharePoint.Taxonomy.Generic	包括用于通用分类项集合的类
Microsoft.SharePoint.Taxonomy.WebServices	包括用于 Web 服务的类，该 Web 服务用来管理在富客户端应用程序和 Web 客户端应用程序中的分类

资料来源：SharePoint 2013 SDK - http://msdn.microsoft.com/en-us/library/sharepoint/jj193044.aspx

12.2　挖掘 Document Center 的最大价值

在 SharePoint Server 中 Document Center 是一个网站定义，它可用于与内容类型中心的结合以管理数以亿计的文档，并充当大型档案馆的角色。当然，大型系统中有数以亿计的项，可能在 Document Center 配置了多个实例，每个实例都有自己的内容数据库，以支持高达 1TB 的内容。当涉及数百万的文档时，理想的管理方案是从最后确定的存储中分离协作。规模通过使用分布式架构实现。

尽管包含在 Document Center 的构件对于大型存储库很有用，但较小的团队可以使用单个 Document Center 实例作为较小型部署的文档管理的起始点。因此，Document Center 网站模板支持主要用于读取和协同就地创作的方案。

Document Center 旨在容易使用并也易于管理。每个人都可以获取它的功能，每个人都可以满足他们自己的查阅需求，只要在由管理员和内容管理者定义的安全范围之内。值得一提的是，虽然 Document Center 易于使用，因为它使用管理大型文档集所需的构件预先配置，但你仍可以在任何工作组网站中开启这些功能。

SharePoint 2013 中新的文档中心，如图 12-1 所示，增强的方面包括：

- 元数据导航功能和分类功能
- 文档 ID 服务
- 与 Office 客户端新建、打开以及保存功能的集成
- 多级保留策略
- 基于文件夹的信息策略
- 基于位置的元数据的默认值和元数据驱动的导航
- 与 Records Center 网站定义的集成
- 将配置用作一个模板，使组织能够快速启动文档管理

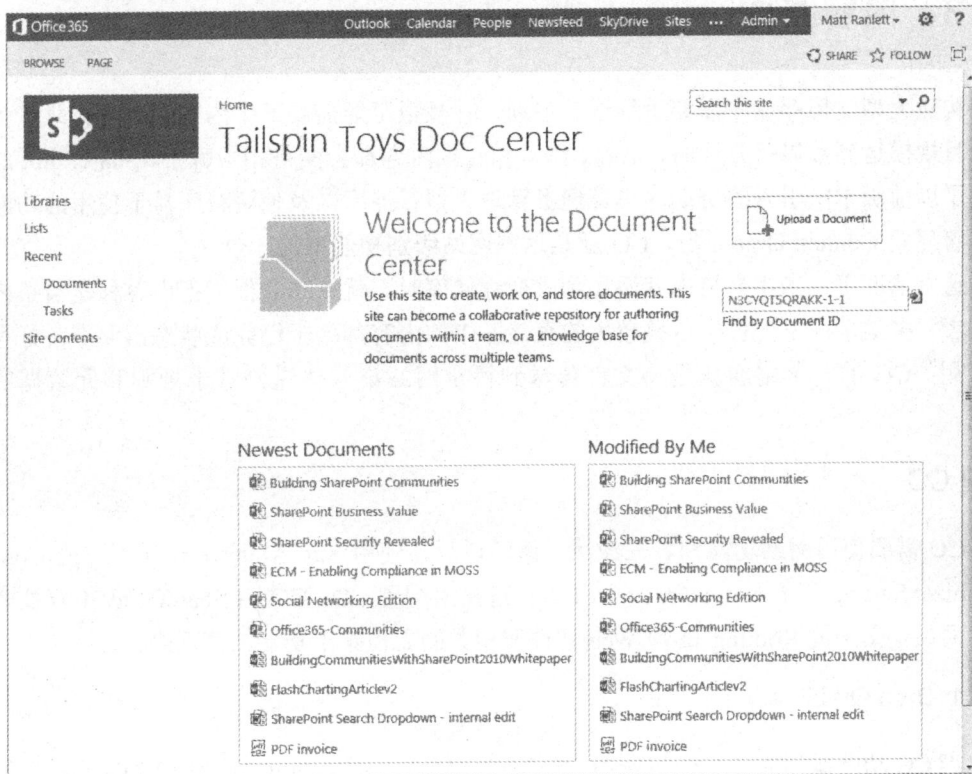

图 12-1

请注意文档 ID 搜索 Web 部件。文档可以使用在它们创建时为它们分配的一个唯一 ID 来定位。和在 SharePoint 2010 中一样，基于 Document Center 模板的网站集中的所有文档都可以自动接收一个唯一 ID。此功能可以由网站管理员启用或禁用。

当使用 SharePoint 2013 设计文档管理策略时，获悉用户一般分为三种角色，这会很有帮助。

- 访客是对文档具有只读访问权的个人。访客的常见任务包括浏览文档、搜索和阅读文档。
- 贡献者是负责创建文档或文档集以及参与工作流的个人。

- 内容管理者维护文档库和 Document Center，且可能会负责创建库、视图和子网站。他们配置元数据、导航和安全性，并充当非技术性的管理员。

Visual Studio 和文档中心

开发人员可以使用 Microsoft.Office.DocumentManagement.DocSite 名称空间中的 Setup-DocSiteFeatureReceiver 类，来定制 Document Center 的创建方式。该功能接收器是继承式的，如其他任何功能接收器一样。该功能事件可以使用对象模型，在文档中心创建时定制新的 Document Center。

12.3 内容路由

构建大型文档存储库需要进行远景规划，并且很可能需要一个内容管理者团队。当文档项目规模达到数以百万计时，上载、浏览和查找内容都会变得相当棘手。SharePoint 2013 利用了以前版本中引入的协助内容管理者管理大型存储库以及使资料库易于使用的功能。内容管理器(Content Organizer，CO)就是这些网站级别功能中的一个。

通常情况下，当用户将内容添加到大型存储库时，就意味着他们把内容移交给了内容管理者。多数情况下，位于这些较大的存储库中的内容都处于已完成状态，并准备好存储与使用。CO 的一个用途就是将文件传送到特定网站集或传递到基于规则和元数据的文件夹。

管理 CO

CO 需要使用网站功能列表来激活。激活以后，使用 Site Management 下方的 Content Organizer Setting 和 Content Organizer Rules 链接来配置 CO。CO 由 SharePoint 2007 文档存储库网站定义中的 Routing Table Web 部件和相关的文档路由功能演变而来。

1. Drop Off Library

当 CO 功能激活时，一个特殊的文档库——Drop Off Library(见图 12-2)就会创建并添加到快速启动导航中。从文档内容类型派生出来的任何内容都会被 Drop Off Library 接收并可以无须用户干预而传送到备选位置。内容传送的位置由内容管理者创建的规则确定。内容还可以传送到其他网站集、库或库内的文件夹。CO 可以配置为强制所有内容上传到 Drop Off Library。配置好以后，CO 可以作为没有规则处理所需元数据的文档的保留区。

有几种使用 CO 的方案：

- 为贡献者屏蔽上载的复杂性
- 将标记为机密的内容传送到安全位置
- 将内容提交到大型存储库

- 将内容移到带有特定文档信息策略的文件夹
- 创建所需的新文件夹，然后将内容迁移进去

文档可能通过不同的管道发送到文档库。例如，可以使用上下文菜单 Send To pipe、手动上载、工作流和对象模型。因为 Drop Off Library 是一个标准库，所以支持所有这些提交管道。

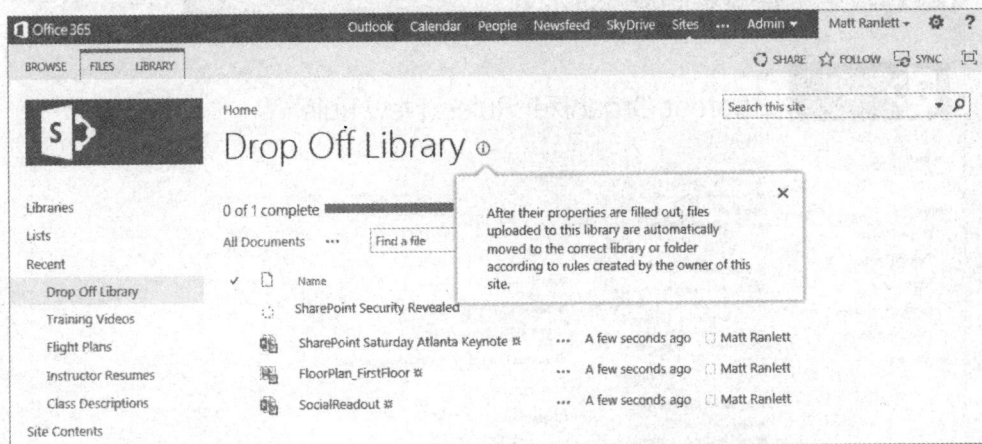

图 12-2

2. 创建规则

通常情况下，内容管理者负责将规则添加到组织范围的路由内容。在创建规则之前，应使用网站设置来配置 CO。配置过程中有几个有用的选项。

- Redirect Users to the Drop Off Library 选项会把用户的内容重定向到 Drop Off Library，前提是如果他们试图将内容上载到与规则相关的库。
- 当 Sending to Another Site 选项启用后，内容可以传送到其他网站集。当内容管理者负责大量需要跨多个网站集分布的内容时，这会非常有用。
- 文件夹配置设置允许在达到一定阈值时创建新的文件夹。这在包含大量文件的存储库中是一个非常有用的功能。文件夹可以配置，使你能够保持给定文件夹中的项少于 5000 个。

> 提示：列表视图阈值是 SharePoint 中的一个设置，表示在一个请求中检索到的项的最大数目。默认值是 5000，最小值是 2000。

- Duplicate Submissions 设置使你能够允许版本控制或提供唯一的文件名，以便不会改写文件。
- 如果文件已提交到 Drop Off Library 但因各种原因没有传送，角色管理者就会收到通知。

3. 规则列表

内容管理者使用 Content Organizer Rules 链接来添加规则(见图 12-3)，可以在 Site Settings 页面使用 Site Administration 区的链接来访问。当 CO 接收到内容时，规则就会优先得到处理，并可以协助内容管理者确保该内容存储在恰当的位置。

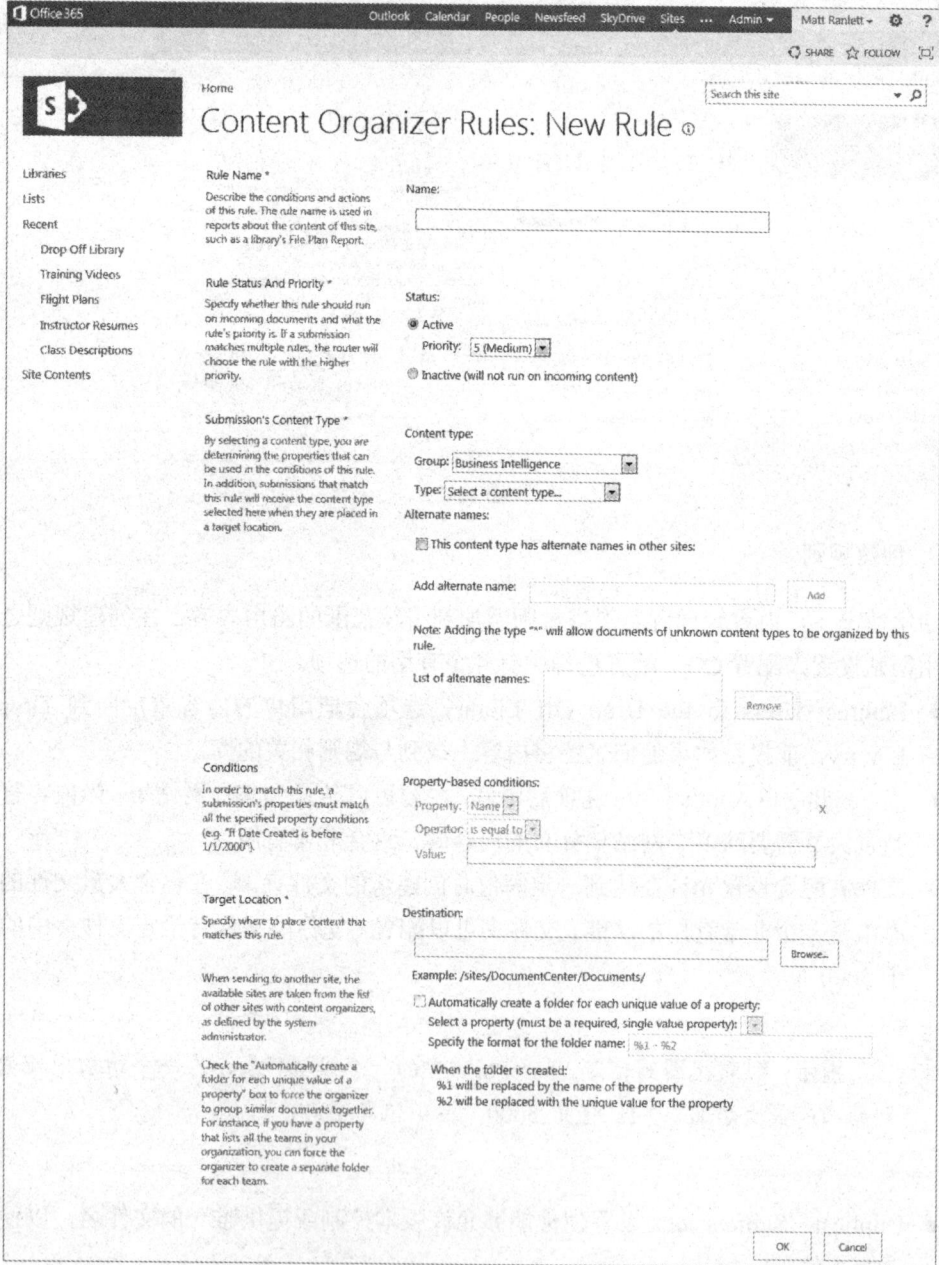

图 12-3

要创建一个新规则，必须提供以下信息。

- **规则名称**：用户友好的名称，这可能会在文件计划报告中提供。

- **规则状态和优先级**：在 1～9 之间设置一个值，1 具有最高优先级。有更高的优先级表示该规则会在具有较低优先级的规则之前执行。
- **提交的内容类型**：选定的内容类型的属性将提供给条件逻辑。如果满足规则，则内容会采用此内容类型。
- **条件**：允许为内容类型属性配置最多 6 个逻辑比较。
- **目标位置**：如果内容与所有定义的条件相匹配则将会把内容移到的位置。此位置可以是另一个网站或网站集。

总而言之，Content Organizer 功能可用于任何网站模板，不只是 Record 或 Document Center。你要创建帮助 CO 决定各种内容类型应存储的位置的规则。这使得你能够强制执行安全和信息策略。CO 可以基于属性及内容类型来对内容进行传送。

12.4　在 Document Center 中使用文档库

和以前版本的 Document Center 一样，所有新配置的 Document Center 网站都包含一个默认文档库。当然，可以根据需求添加文档库。本章探讨的许多功能都可以在文档库级别进行管理。虽然大型组织可能需要很多网站集和 Document Center 来负责管理亿万级数量的文档，但较小的团队可以通过使用单个文档库来实现他们的文档管理目标。单个库可以包含数量众多的文档。然而，一般来说，如果你需要管理很多项，就应该会因各种原因而跨多个库或网站来分配项。

文档库中的文件夹可以基于业务需求。随着 SharePoint 2013 的发布，你必须了解，由于可以协助分类，包含在文档库服务器中的文件夹有很多传统用法之外的用途。因为可以在文件夹级别管理信息策略，且这些策略像安全策略一样也可以继承，所以可以使用文件夹作为维护和组织保留策略的一种手段。文档元数据可以根据文档的位置自动填充，同时允许文件夹作用于元数据。表 12-5 是一个使用 Document Center 网站定义提供的用于文档库的默认设置的列表。

表 12-5　Document Center 默认文档库设置

列 表 设 置	文档库默认设置	SharePoint Server 2010 Document Center 设置	SharePoint Server 2013 Document Center 设置
内容审批	无	无	无
版本历史	无版本控制	创建主要和次要版本	创建主要和次要版本
草稿项安全性	不可用	读取权限(最小权限)	读取权限(最小权限)
需要签出	否	是	是
内容类型	否	是	是
文档模板	Template.doc	Template.doc	Template.doc
启用浏览器的文档	在客户端应用程序中打开	在客户端应用程序中打开	使用服务器默认设置(在浏览器中打开)

(续表)

列 表 设 置	文档库默认设置	SharePoint Server 2010 Document Center 设置	SharePoint Server 2013 Document Center 设置
文件夹	是	是	是
搜索	是	是	是

因为 Document Center 旨在用于管理大量文件,所以能够快速排序和筛选以及导航到内容就显得非常重要。SharePoint 2013 提供了 3 种快速查找所需内容的方法:栏级别筛选器、元数据导航和关键筛选器。

12.4.1 元数据导航与筛选

基于元数据的导航可以帮助用户快速查找文件,以及探索一个库中可能跨多个文件夹的非结构化内容。内容管理者根据内容类型、单值选择字段或托管元数据字段来定义导航的层次结构。当用户浏览正确配置的文档库时,所选字段就会显示在快速启动工具栏上,且可用于协助文件导航。

关键筛选器可以定义(见图 12-4),允许用户根据快速启动工具栏上的关键筛选器区域中输入的搜索条件筛选文档。导航层次结构和关键筛选器都在库级别使用库设置来定义。

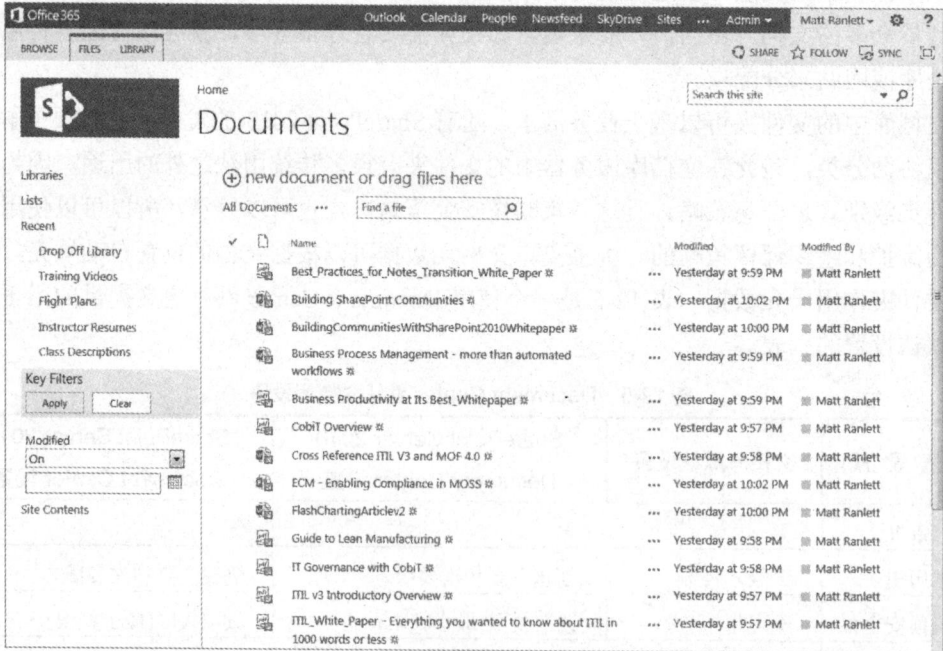

图 12-4

可用于关键筛选器的字段类型包括:

- 内容类型
- 选择字段

- 托管元数据字段
- 日期和时间字段
- 数字字段

要启用元数据导航和文档库中的筛选，请执行以下简要步骤。

(1) 打开要启用筛选的库。

(2) 在 Library Ribbon 选项卡上，选择 Library Settings 操作。

(3) 在 General Settings 列表中单击 Metadata Navigation Settings 链接。

(4) 配置导航层次结构和关键筛选字段。默认情况下 Document Center 的文档库已选中 Folders 层次结构字段和 Modified 关键筛选字段。

(5) 允许基于所选导航和筛选器选项(默认设置)的库进行自动索引，这被认为是一个不错的做法。

下一节会更详细地介绍这一最后的元数据导航配置选择，如图 12-5 所示。

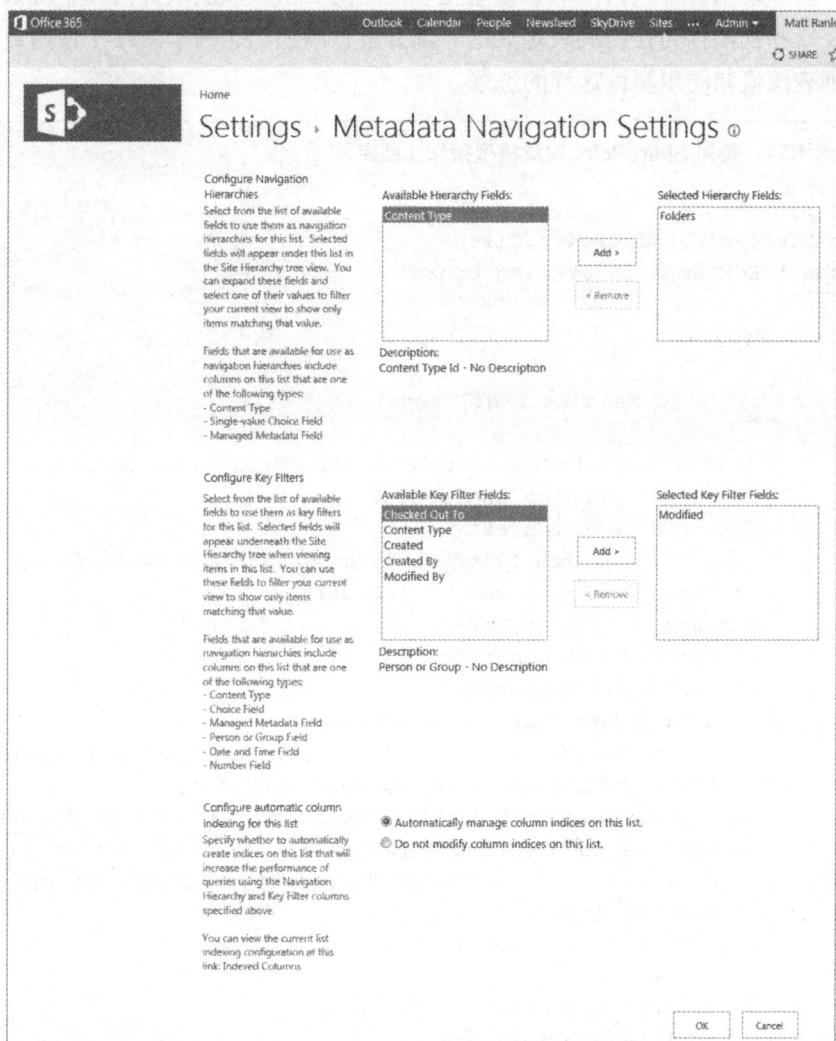

图 12-5

查询与索引

当定义用于导航的栏时，SharePoint 默认会自动在列表上创建和管理栏索引。可以在元数据导航设置界面中看到 Configure Automatic Column Indexing for This List 设置，如图 12-5 所示。在导航查询树和选择节点时，需要使用将会用于查询的数据来创建索引。如果选择了新节点，SharePoint 会判定它是否可以重用上一次查询中的索引。如果不能使用以前的索引，那么将使用另一个可用的索引来创建一个新的查询。如果查询因为返回的结果太多而失败，那么一个回退查询将会用于从列表中返回排名靠前的项。

12.4.2　Visual Studio 和文档库

开发人员在以前版本的 SharePoint 中了解的有关文档库定义和 Visual Studio 的知识，大部分在今天仍然具有相关性。自定义文档库的创建可以使用 Visual Studio 2013 中的列表定义模板。可以使用各种风格的对象模型将项发送到文档库以及从文档库中检索项。可以将自定义字段和视图作为任何列表定义的一部分进行添加。程序清单 12-1 使用对象模型来设置诸如列表阈值和同步属性这样的选项。

程序清单 12-1：使用 SharePoint 对象模型操作文档库

```
using System;
using Microsoft.SharePoint.Client;
namespace ECMSampleThrottling_Console
{
    class Program
    {
        static void Main(string[] args)
        {
            // Starting with ClientContext, the constructor requires a URL to the
            // server running SharePoint.
            ClientContext context =
                        new ClientContext("http://www.tailspintoys.com/");
            // The SharePoint web at the URL.
            Web web = context.Web;
            // Execute the query to the server.
            context.ExecuteQuery();
            // Define the list to be created
            ListCreationInformation listParams = new ListCreationInformation();
            listParams.Title = "Stuffed Bear Fabrics";
            listParams.Description = "Available fabric options for plush animals";
            listParams.DocumentTemplateType =
                            (int)ListTemplateType.DocumentLibrary;
            // add the list
            List classList = web.Lists.Add(listParams);

            // Execute the query to the server.
            context.Load(classList);
            context.ExecuteQuery();
```

```
        Console.WriteLine("Library added...");
        Console.ReadLine();
    }
  }
}
```

在 Visual Studio 中创建文档库列表定义

可以使用 Visual Studio 2012 中包含的模板来创建列表定义和列表实例。需要使用 Visual Studio 中包含的项目模板来创建列表定义。

要创建列表定义和列表实例，请执行以下步骤。

(1) 通过 Office/SharePoint|SharePoint Solutions 菜单创建空的 SharePoint 2013 项目。

(2) 在解决方案资源管理器中右击 Project，并选择 Add | New Item 命令。

(3) 在 Add New Item 窗口中选择 List，然后将默认名称从 List1 重命名为 Model Airplane Assembly Plan，如图 12-6 所示。

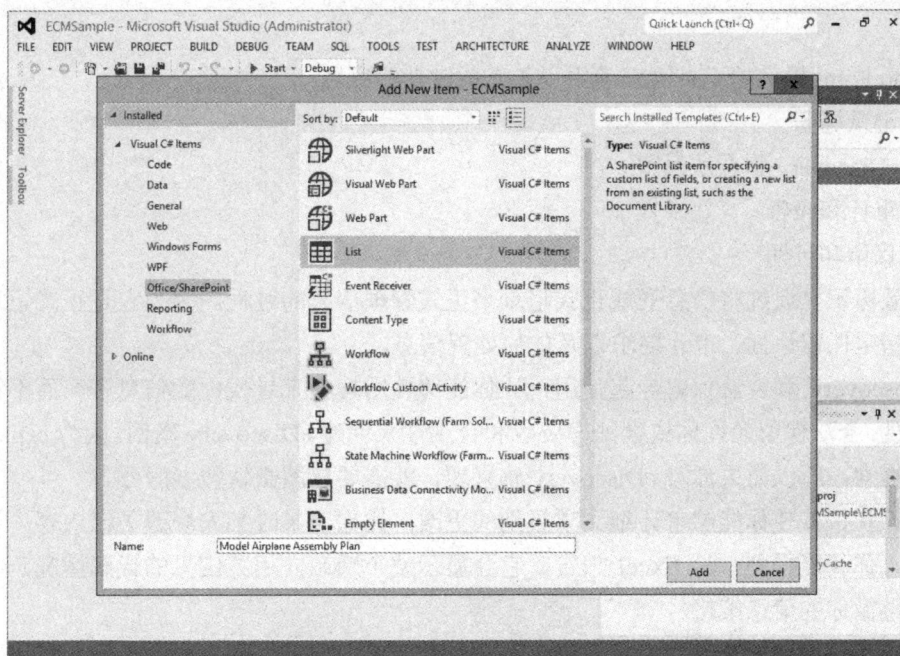

图 12-6

(4) 单击 Add 按钮，弹出 SharePoint 定制向导。

(5) 使用 SharePoint 定制向导，执行下列操作：

    (a) 设置显示名称。

    (b) 为列表定义选择基础模板。

单击 Finish 按钮以后，会生成新的定义，且在解决方案资源管理器下创建新的文件夹。生成列表定义之后，就可以根据需要定义自定义字段了。

12.5 记录管理

随着数字信息的爆炸以及为了保持信息符合管理和行业规范的要求，记录管理已经成为所有 SharePoint 部署的关键组成部分。如果你还没有听说过记录管理，现在将向你介绍。记录管理是分类、确保安全、发现和从创建到销毁周期中管理信息的全过程。SharePoint 提供了许多功能，使最终用户、开发人员和 IT 专业人员能够使他们的应用程序和信息符合要求。

> 提示：记录管理是一个宽泛的主题，且总是在行业专家和新工具的推动下不断发展。有很多行业网站非常有助于在记录管理方面应用新趋势，如 www.aiim.org 的信息和图像管理国际联合会(Association for InformationandImage Management International，AIIM)。

SharePoint 提供的记录管理使用了 4 个关键功能领域：

- 记录标识
- eDiscovery 和合法保留
- 审计和报告
- 保留和过期

记录标识是通过将信息变成正式记录来正式管理信息的过程。因为它是正式记录，所以需要指定保留计划、审计要求以及如何处置信息。

eDiscovery 和合法保留一起使用，让你能够使用搜索来寻找你的信息资产而不管它们位于何处，合法保留允许你依据法律要求和合规性来创建 eDiscovery 案例。因为 eDiscovery 绑定到搜索，所以如果你对 eDiscovery 感兴趣，就需要熟悉微软搜索服务。

审计和报告使你能够审计细到项级别的更改，比如，某时某人修改了该内容。与报告相结合，你就能得到一份 Excel 报告，它会显示整个网站内相关信息的详细情况，以及哪些内容遵循你的信息策略。

保留和过期使你能够为信息设置保留和过期策略。你可以在内容的个别片段级别进行控制或基于内容在 SharePoint 中的位置强制执行策略。到期是指当你的内容不再需要，或出于合规性的原因，当你想要从系统中删除该内容时，对内容进行存档或销毁的过程。

这 4 个领域结合使用时，会为你提供一个健壮的记录管理应用程序，以及在组织中控制信息资源流动的平台。

12.5.1 记录标识

记录标识是指将信息资源变成声明式记录的过程。成为声明的记录会产生一系列的操作，例如，管理该资源的生命周期、使它可被发现及将该记录归档以长期保存等。SharePoint 2013 记录管理允许将记录移到 SharePoint 记录中心的阶段性管理过程，或者创建就地记录管理。如果你决定使用就地记录，就可以将资源保留在库中并将该信息作为记录进行管理。要获得这些功能，必须确保就地记录管理功能已激活。

SharePoint 提供了将许多类型的信息声明为记录的功能。这意味着你可以为文件创建记录，如 Microsoft Office 文档，以及社交网络类型，如博客和 Wiki。SharePoint 中的所有内容都是可记录的内容，并可以用于记录管理。

多阶段处置是记录管理中的一个主要功能。基于不同的时间跨度和标准，可以有多个处理阶段。这会让你能够设定策略，比如，每年检查法律文档是否过期或者合约条件是否已经满足，同时还有一项策略，在文档批准 7 年后删除合约。该技术可以与非记录一起使用，这一应用场景值得考虑，因为你甚至可以在记录管理以外的地方使用这种技术。

1. 记录中心网站模板

记录中心模板使用户能够更方便地提交文档，且文档管理者能够基于文档 ID 更容易地搜索文档。记录中心还使用其他一些企业内容管理(Enterprise Content Management，ECM)功能，比如，元数据驱动的导航，以便让通过元数据浏览记录中心，比通过文件夹层次结构浏览更方便。有关记录中心模板的最后一点是可以在单个网站集中拥有多个记录中心。不会强制你使用单个记录中心，SharePoint 允许你指定不同的用户集或内容集，让你拥有多个不同的记录中心。

你可能想知道何时使用记录中心，又在何时使用就地记录管理。这主要取决于策略和偏好。例如，如果你的公司喜欢将活动内容与记录内容分开管理，那么使用记录中心比较合适。此外，如果你的组织有一个记录管理者，且想要对记录进行集中管理，而非依赖于各个团队各自管理他们的策略，那么你应该选择部署记录中心。而如果你的用户需要在将内容声明为记录之后访问他们的内容，就应该选择使用就地记录管理。图 12-7 显示了记录中心模板。

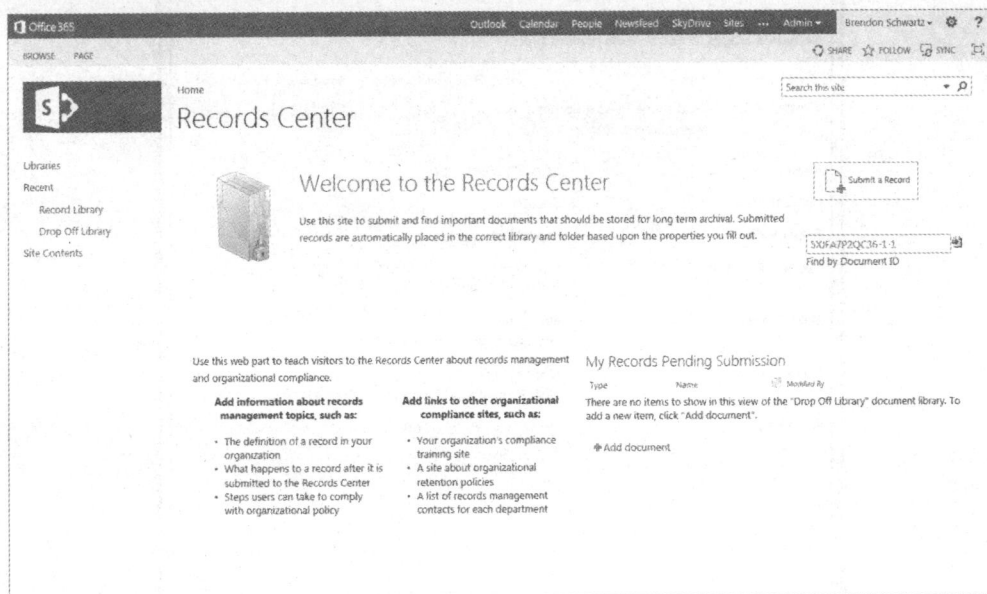

图 12-7

2. 内容管理器

作为记录管理的一部分，SharePoint 支持内容管理器和内容管理器规则。这些规则使你能够基于包括内容类型这样的属性在内的一些标准，来指定内容应该放置到什么地方。通过这些规则，最终用户或应用程序可以将文档提交到记录中心；且记录中心或任何运行内容管理器的 SharePoint 网站可以将内容传送到正确的位置。使用内容管理器设置，可以通过在用户界面和使用 API 来创建定制的内容传送规则。

记录中心的最后一个功能是在存档文件中进行分层式的元数据驱动的文件计划。通过内容中所包含的元数据来设置文件计划，以便管理更加便捷。文件计划根据位置或内容类型启用不同的记录操作。

12.5.2 审计与报告

对于任何记录管理的解决方案，具有良好的审计和报告都至关重要。审计允许你跟踪用户在使用内容做什么，以及他们是否在访问、删除或移动它们。因为 SharePoint 支持每一个项的报告，所以你可以看到单个项级别的内容执行操作。由于 SharePoint 还支持使用文件计划的报告，因此你可以了解内容的合规性详情。SharePoint 通过提供类似于 Properties 界面的简单用户界面，来使你更容易了解文档的合规性详细信息。图 12-8 显示了 Compliance Details 对话框。

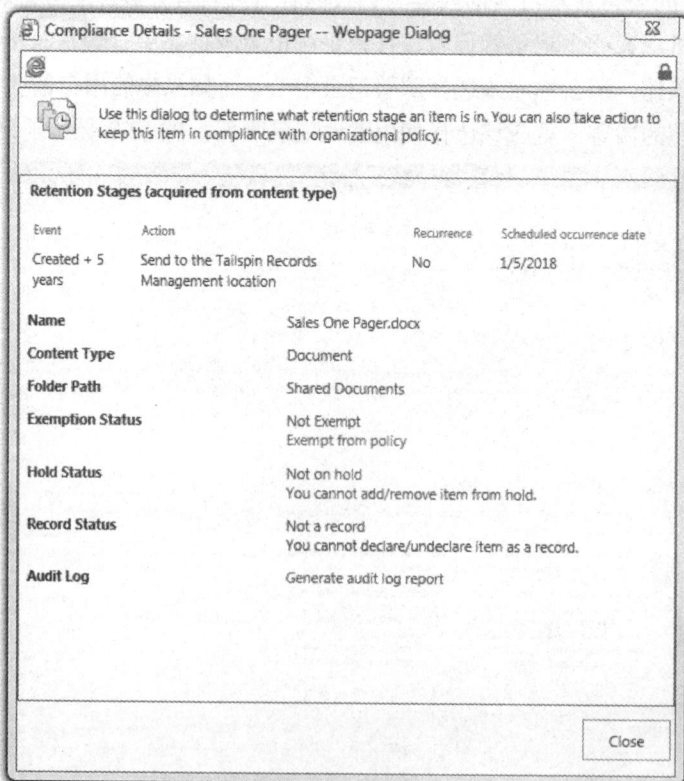

图 12-8

12.5.3　记录管理 API

SharePoint 的类提供了处理内容的许多方法，你将来会慢慢熟悉。其中包括访问文档库和网站以便存储和管理文件。与记录管理有关的大多数 SharePoint 编程都涉及访问内容、声明记录、创建新的信息管理策略、执行发现和保留以及生成报告。以下各节会逐步指导你在使用 SharePoint 2013 记录时，如何使用不同的对象模型来执行操作。完整范围的类分布在很多名称空间中，可以从以下 DLL 中引用：Microsoft.Office.DocumentManagement 和 Microsoft.Office.Policy。

12.5.4　记录的声明与取消声明

在记录管理中最常见的一项操作是记录的声明和取消声明。如果你想要就地声明记录，就需要为你的网站集打开就地记录管理功能，然后 Record Declaration Settings 窗口将出现在网站集的管理 Web 页面，如图 12-9 所示。

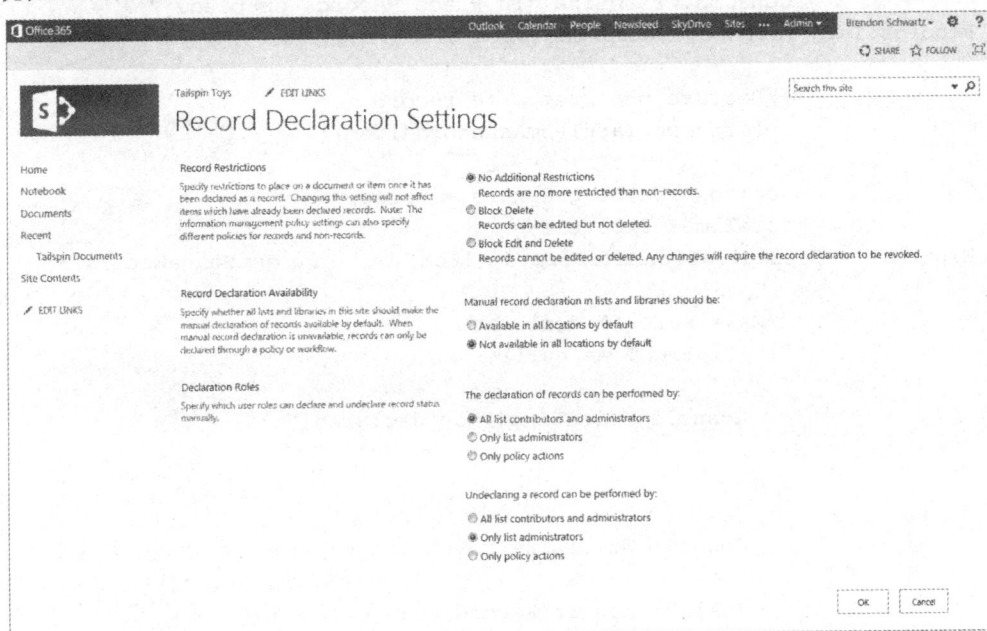

图 12-9

创建记录所需的类都位于 Microsoft.Office.RecordsManagement.RecordsRepository 名称空间中。主要的方法是 DeclareItemAsRecord() 和 UndeclareItemAsRecord()。要在某一项上执行操作，这些方法会将一个 SPListItem 对象传递给静态方法。该方法将分别执行将该项声明或取消声明为记录的整个操作。

程序清单 12-2 中的以下代码会将一个文件上载到文档库。它使用 IsInPlaceRecordsEnabled() 方法来检查就地记录管理是否已启用。然后调用 DeclareItemAsRecord() 来将新的文档声明为记录。要确保该记录已声明，有两个选项。可以检查其过期时间，确保它设置了正确的日期，或可以使用 IsRecord() 方法，它接受一个 SPListItem 对象并返回一个布尔值，显示该项是否有过记录。

程序清单 12-2：上载文件到文档库

```
using (SPSite site = new SPSite(SharePointURL))
{
    SPWeb web = site.RootWeb;
    SPList list = web.GetList(SharePointListURL);

    Stream fileStream = File.Open(filePath, FileMode.Open);
    SPFile file = list.RootFolder.Files.Add(
fileSharePointURL, fileStream);

    SPListItem item = file.Item;
    file.Update();

    Console.WriteLine("In Place Records enabled: " +
Records.IsInPlaceRecordsEnabled(site).ToString());

    //Declare the item as a record
    Records.DeclareItemAsRecord(item);

    bool currentStageRecurs = false;
    DateTime? ExpireDT =
Expiration.GetExpirationDateForItem(item, out currentStageRecurs);

    //Make sure it declared
    if (ExpireDT == null)
    {
        Console.WriteLine("Not declared!");
    }
    else
    {
        Console.WriteLine("Declared Expiration Date: " +
                          ExpireDT.ToString());
        //Also show if Record using IsRecord
        Console.WriteLine("IsRecord: " + Records.IsRecord(item);
    }

    //Undeclare the object
    Records.UndeclareItemAsRecord(item);
}
```

12.5.5 创建管理器规则

内容管理器允许 SharePoint 根据指定的规则来传送文件。虽然可以通过用户界面来创建这些规则，如图 12-10 所示，但还可以通过对象模型来创建规则。该对象模型提供了一个名为 Microsoft.Office.RecordsManagement.RecordsRepository.EcmDocumentRoutingWeb 的类。这是你将使用对象模型(Object Model，OM)开始创建规则的基类。可以使用这个类来访问在内容管理器功能中所包含的规则。需要记住的一点是，必须在网站功能设置中激活内容管理器功能。如果你不这样做，就不会看到用于创建规则的用户界面，且该对象模型也不会工作。

使用路由 Web 对象，就可以访问包含 EcmDocumentRouterRule 的 RoutingRuleCollection。有了规则对象，你可以访问现有规则的属性。要创建新规则，需要创建新的 ECMDocumentRouterRule 并传递 SPWeb 对象，它表示要创建的规则的 SharePoint 位置。

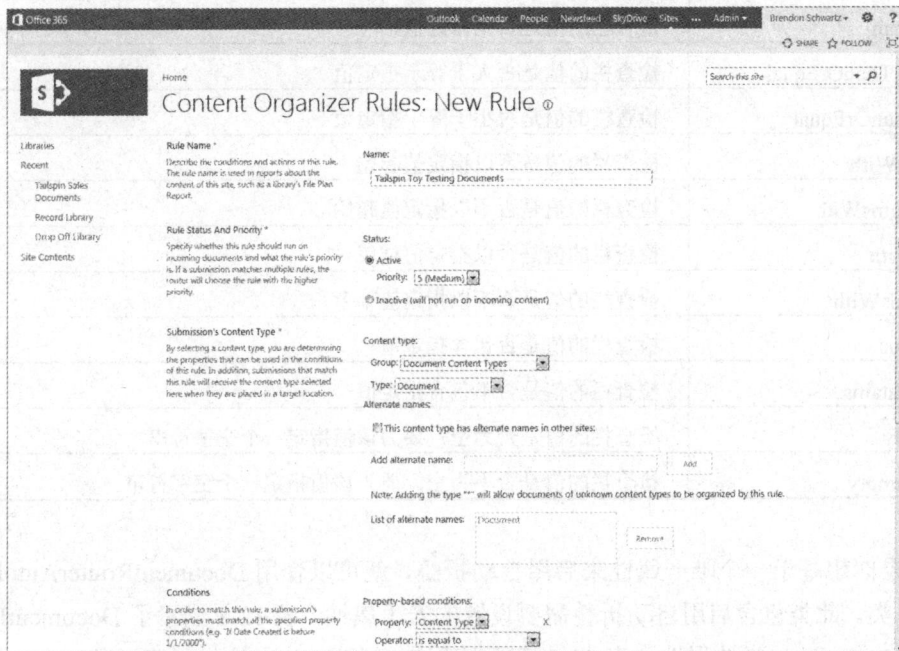

图 12-10

因为内容规则需要 XML 条件，所以创建内容规则最简单的方法是使用用户界面，然后从规则中复制该 XML。表 12-6 列出了创建规则需要设置的属性，表 12-7 列出了运算符。

表 12-6　创建规则需要的属性

名　　称	说　　明
Name	该规则的名称
Description	该规则的说明
Priority	该规则对比其他规则的优先级字符串；1 表示最高级，9 表示最低级
ContentTypeString	内容类型字符串用于指定内容类型。其格式必须是 ID|NAME
TargetPath	目标文件夹的相对路径，如/Shared Documents
ConditionString	包含想要在规则触发前满足的条件的 XML 片段。表 12-7 显示了用于该属性的不同运算符操作，但其一般格式是<Conditions><Condition Column="ColumnID | Column Internal Name | Column Title" Operator="Operator" Value="Value" /></Conditions>
Enabled	指定该规则是否启用的布尔值

表 12-7　用于内容管理器规则的运算符

名　称	说　明
IsEqual	检查栏的值与指定值是否相等
IsNotEqual	检查栏的值与指定值是否不相等
GreaterThan	检查栏的值是否比指定值大
LessThan	检查栏的值是否比指定值小
GreaterThanOrEqual	检查栏的值是否大于等于指定值
LessThanOrEqual	检查栏的值是否小于等于指定值
BeginsWith	检查栏的值是否以指定值起始
NotBeginsWith	检查栏的值是否不以指定值起始
EndsWith	检查栏的值是否以指定值结束
NotEndsWith	检查栏的值是否不以指定值结束
Contains	检查栏的值是否包含指定值
NotContains	检查栏的值是否不包含指定值
IsEmpty	检查栏的值是否为空。要为该值指定一个空字符串
IsNotEmpty	检查栏的值是否不为空。要为该值指定一个空字符串

　　如果你想基于一个唯一属性来启用自动折叠，就可以使用 DocumentRouterAutoFolder-Settings 类。此类包含启用自动折叠需要设置的若干属性。表 12-8 显示了 DocumentRouter-AutoFolderSettings 类的属性。表 12-8 下面的程序清单 12-3 中的代码演示了如何设置这些属性，以及如何在代码中使用它们。

表 12-8　DocumentRouterAutoFolderSettings 属性

名　称	说　明
Enabled	表示这些设置是否启用的布尔值
AutoFolderPropertyInternalName	用于自动折叠的字段的内部名称
AutoFolderPropertyId	用于自动折叠的字段的属性 ID
AutoFolderPropertyName	用于自动折叠的字段的属性名称
AutoFolderPropertyTypeAsString	用于自动折叠的字段的属性类型字符串
AutoFolderFolderNameFormat	用于折叠的名称格式。默认情况下，其格式为%1～%2。%1 会被属性名称替换。%2 会被属性的唯一值替换

程序清单 12-3：在 API 中使用内容管理器方法

```
EcmDocumentRoutingWeb router = new EcmDocumentRoutingWeb(web);

//Output the values to the Console of each Rule and Settings
```

```
foreach (EcmDocumentRouterRule rule in router.RoutingRuleCollection)
{
Console.WriteLine("Name:" + rule.Name);
Console.WriteLine("Rule Info:" + rule.ConditionsString);

try
{
DocumentRouterAutoFolderSettings autoFolder = rule.AutoFolderSettings;

Console.WriteLine("AutoFolder Name: " + autoFolder.AutoFolderPropertyName);
Console.WriteLine("Internal Name: " + autoFolder.AutoFolderPropertyInternalName);
}
catch { }
}

//Create a new rule
SPContentType contentType = web.ContentTypes["ProductDocument"];
string contentTypeString =
          String.Format("{0}|{1}", contentType.Id, contentType.Name);

EcmDocumentRouterRule newRule = new EcmDocumentRouterRule(web);
newRule.Name = "Tailspin Document Route ";
newRule.Description = "Created by  Wrox Chapter 12 Samples";
newRule.Priority = "5";
newRule.ContentTypeString = contentTypeString;
newRule.TargetPath = "/ToySpecifications";
newRule.ConditionsString = @"<Conditions>
<Condition
Column=""8553196d-ec8d-4564-9861-3dbe931050c8|FileLeafRef|Name""
Operator=""Contains""
Value=""Specification"" />
</Conditions>";

//Create autofolder settings
//Get Field Properties (must be required and single value property
SPField customField = contentType.Fields["ProductName"];

DocumentRouterAutoFolderSettings aFolder = newRule.AutoFolderSettings;
aFolder.Enabled = true;
aFolder.AutoFolderPropertyInternalName = customField.InternalName;
aFolder.AutoFolderPropertyId = customField.Id;
aFolder.AutoFolderPropertyName = customField.Title;
aFolder.AutoFolderPropertyTypeAsString = customField.TypeAsString;
aFolder.AutoFolderFolderNameFormat = "%1 - %2";

newRule.Enabled = true;
router.RoutingRuleCollection.Add(newRule);
```

12.6　eDiscovery 与合规性

SharePoint 2013 中的整个文档与记录管理系统已经随着用于合规性团队的 eDiscovery 中的功能得到了改进。新的网站模板和 eDiscovery 功能提供了一个可以开发和扩展的平台。平台和 API 旨在允许公司通过从台式机、服务器和电子邮件等多个来源收集信息,以满足合规性和法律规则的要求。当收集和审查信息时,法律团队可根据法律要求来处理内容。

eDiscovery 的基础版在 SharePoint 2010 中引入,其包含允许记录管理人员在 SharePoint 网站上放置一个保留位置。在网站上保留功能有一些弊端,它不允许用户继续使用这些文件。而且它很难跨多个平台搜索,如电子邮件。Exchange 2013 有许多新的改进,但只会讨论与 SharePoint 2013 相关的话题。如果你有兴趣对 Exchange 2013 功能进行全面探讨,请查阅微软 TechNet 的资料。

12.6.1　eDiscovery 中心网站模板

新的 eDiscovery 模板旨在提供法律团队管理用于案例管理所需的内容和文档的中心位置。这包括创建将会保留或用于保存的内容组,对通过搜索获取到的所有内容提供快速的可见性并导出所需的内容。eDiscovery 中心可以连接到 SharePoint 场和 Exchange Server。为了降低管理这两个位置的复杂性,SharePoint 2013 提供了相同的用户界面和 API,用于管理 SharePoint 内容和 Exchange 内容。图 12-11 显示了新的 eDiscovery 中心的外观。

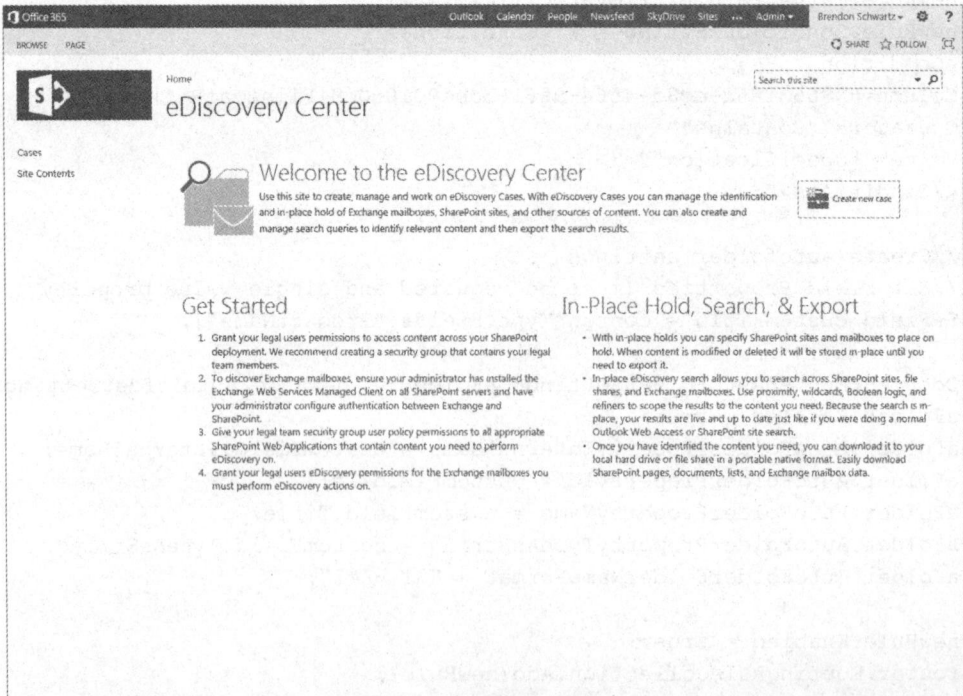

图 12-11

新的 eDiscovery 中心易于使用，并提供了用户使用入门的步骤。请记住，eDiscovery 靠 SharePoint 搜索服务应用程序(Search Service Application，SSA)来带动，且内容的保存通过使用搜索服务应用程序代理来实现。使用搜索服务的技术还容许一个名为就地保留的新功能(就地保留将会在 12.6.2 节中进一步阐述)。如果你有多个搜索服务应用程序，则需要为每一个搜索服务应用程序都创建一个 eDiscovery 中心。为了规划你的搜索和 eDiscovery 基础架构及权限，请使用 TechNet 指南和位于 http://technet.microsoft.com/en-us/library/fp161512 (office.15)的工作表。

12.6.2　SharePoint 2013 中的 eDiscovery

随着不断推动合规性，eDiscovery 将一直作为 SharePoint 部署的重要组成部分。eDiscovery 使你能够基于法律、合规性或你公司的策略，来发现信息并获取日后会使用的内容。

发现集、查询、源和导出的案例管理

创建 SharePoint 2013 eDiscovery 案例是 eDiscovery 过程中请求内容的第一步。所有案例都存储在 eDiscovery 中心，它们在这里进行管理和根据需要进行创建。eDiscovery 案例是一个包含源和请求筛选器的 SharePoint 2013 子网站。构成 eDiscovery 案例的元素如下所示。

- 源
- 筛选器
- 导出

为了使用这些元素，需要创建一个发现集和查询。这些列表项提供 eDiscovery 系统所需的为 eDiscovery 请求获取正确的源所需的配置。eDiscovery 集提供了记录(源)位置的详细信息，并限制从源(筛选器)返回的记录。除文档的设置外，eDiscovery 集允许你选择该集是否使用新的就地保留功能将文档标记为保留。可以在图 12-12 中看到上述的每一项内容。

eDiscovery 集的主要元素是定义了审查中内容保留位置的源配置。该源可以从 eDiscovery 集内定义并且成为到内容的就地保留状态的连接。在执行 eDiscovery 过程时，有两种类型的内容会扫描，即邮箱和位置。邮箱是对使用用户名或电子邮件地址在 Exchange 中设置的单个邮箱的引用。位置是指 SharePoint 网站或搜索索引中的文件系统。使用 SharePoint 网站和文件共享的位置，你会得到所有内容的根位置和所有的子内容。

除非你选择了就地保留，否则不要对内容做任何操作；在那之前，系统只会使用搜索结果显示内容的实时指标。就地保留功能已添加到 SharePoint 2013 中，以改善在 SharePoint 2010 中添加的保留功能。以前，当你设置在 SharePoint 2010 中引入的保留功能时，用户便不能继续使用文件。特别是如果该案例要花很长时间才能完成，这将导致难以处理大型的 eDiscovery 案例以及位于需要继续工作的系统上的文件。而就地保留通过创建内容快照，并允许用户通过更改或删除文件继续使用内容，从而解决了这个问题。

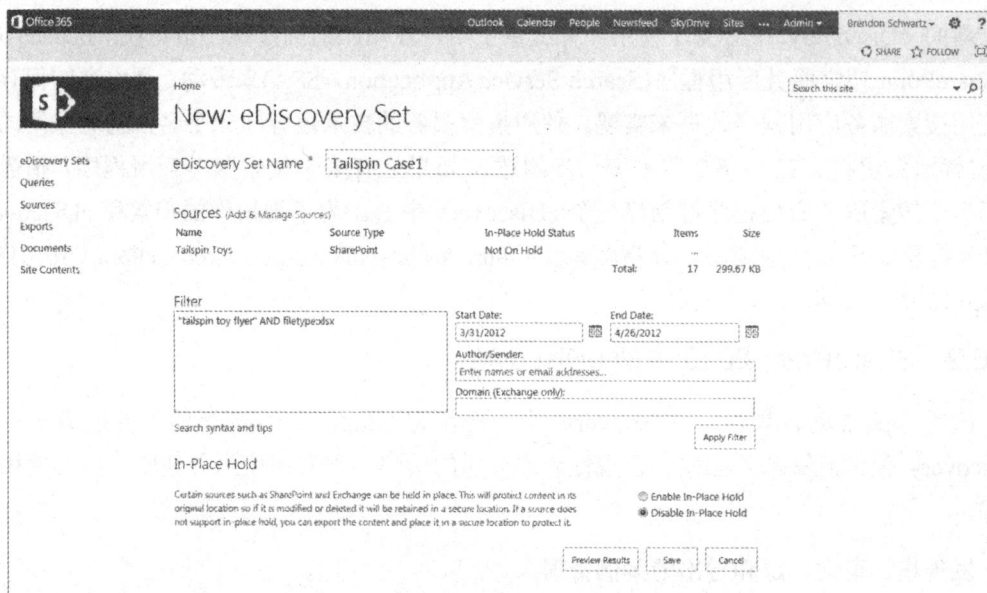

图 12-12

这种有效的方式通过一个在标记为就地保留的网站上创建的文档库来实现。会创建一个维护保留库，且为网站管理员访问该库内容设置安全权限。该库对所有其他用户隐藏，他们不知道他们的文件是否正在 eDiscovery 案例中被审查。放置所有文件的网站上只会创建一个库以用于所有的 eDiscovery 案例。为了允许内容回到 eDiscovery 案例网站表面，该库会被设置为允许搜索爬网器拥有对内容进行爬网的特殊权限。当修改或删除文件后，如果需要就地保留，文件就会放入维护保留库。这允许在团队管理内容的情况下，用户还能够继续使用业务所需的文档。因为维护保留库只会保存那些已修改的文件，所以如果你以编程方式访问该库，你需要验证文件在维护保留库中。

使用 eDiscovery 集可以创建相关内容的查询，并对作用于源中已定义内容的额外筛选器进行定义。在查询页可以查看内容的作者以及创建日期等详细信息，包括查看或下载该文件的一个链接。查询完成后，可以使用导出文件和导出向导导出文件集。

导出向导提供了创建一个包含查询中指定项的包的所需步骤。SharePoint 提供了移除重复交换内容(例如，位于两个位置的同一电子邮件)的选项，以及你的包中包含的SharePoint 文档版本的选项。如果有加密的文件或者无法识别格式的文件(如日志文件)，它们依然可以添加到导出文件的列表中。当开始导出以后，会打开一个.NET 应用程序并执行下载到桌面上。

当使用 eDiscovery 下载管理器完成导出后，可以看到一个以配置的查询名称命名的文件夹以及下载中要求的文件。你还会注意到有一个报告文件夹，其中包含该案例的一些基本报告，以及导出执行情况的摘要。SharePoint 2013 还提供了一个 manifest.xml 文件，这是一个以名为电子发现引用模型(Electronic Discovery Reference Model，EDRM)的开放标准格式导出的加载文件。该内容会根据 EDRM 格式进行格式化，从而使内容能够导入到其他任何支持该格式的查看工具。程序清单 12-4 显示了 manifest.xml 文件的一部分内容的示例。

程序清单 12-4：从 eDiscovery 导出的 Manifest.xml 文件

```xml
<?xml version="1.0" encoding="utf-8"?>
<Root MajorVersion="1"
      MinorVersion="1"
      Description="Tailspin Budget Reports"
      DataInterchangeType="Update"
      CaseId="50437b7d-1b8c-45c5-a4a0-b724a7aee95a"
      xmlns:xsi="http://www.w3.org/2001/XMLSchema-instance"
      xmlns:xsd="http://www.w3.org/2001/XMLSchema">
  <Batch>
   <Documents>
     <Document DocID="34959672" DocType="File" MimeType=
     "application/vnd.openxmlformats-officedocument.wordprocessingml.document">
      <Tags>
        <Tag TagName="#Title" TagDataType="Text"
                 TagValue="Toy Flying Car Budget" />
        <Tag TagName="#Filename" TagDataType="Text"
                 TagValue="Toy Flying Car Budget.docx" />
        <Tag TagName="#FileExtension" TagDataType="Text" TagValue="docx" />
        <Tag TagName="#Author" TagDataType="Text" TagValue="Brendon Schwartz" />
        <Tag TagName="#DateCreated" TagDataType="DateTime"
                 TagValue="2013-01-05T23:21:20" />
        <Tag TagName="#DateModified" TagDataType="DateTime"
                 TagValue="2012-08-07T09:44:00" />
        <Tag TagName="ModifiedBy" TagDataType="Text"
                 TagValue="Brendon Schwartz" />
        <Tag TagName="#FileSize" TagDataType="LongInteger" TagValue="19505" />
        <Tag TagName="ContentType" TagDataType="Text"
                 TagValue="application/vnd.openxmlformats-officedocument
                    .wordprocessingml.document&#xA;&#xA;Document" />
      </Tags>
      <Files>
        <File FileType="Native">
         <ExternalFile FilePath="Tailspin Toys\newtoys\Shared Documents"
                 FileName="Toy Flying Car Budget.docx" FileSize="19505"
   Hash="SHA256:1eb0009cbe3f778b10ea3d2d10d2d1527fa581bae033883f8dc92daa9a899d8f" />
        </File>
      </Files>
      <Locations>
        <Location>
         <Custodian>Tailspin Toys</Custodian>
         <LocationURI>https://tailspin.sharepoint.com/sites/newtoys/
                 Shared Documents/Toy Flying Car Budget.docx</LocationURI>
         <Description>None</Description>
        </Location>
      </Locations>
     </Document>
```

> ✎ **提示:** 有关该标准的更多细节，请访问其工作组网站 http://www.edrm.net/projects/xml。

12.6.3 创建 SharePoint 2013 合规性

合规性功能现在对于很多公司都相当重要，尤其是伴随着如今需要管理的越来越多内容量。SharePoint 2013 着力持续改进公司整个网站的合规性功能。在以前版本的 SharePoint 中，可以创建文档和内容类型的策略，但不可能将整个网站作为网站内所有内容的合规性容器来进行管理。除了新的网站级别的合规性外，记录管理的合规性功能仍然包含基于设置文档和创建信息管理策略的审计功能。

1. 信息管理策略

如果缺乏应用于内容的一些策略，那么管理内容可能比较困难。策略会有助于遵守组织中的一切规程，以及有助于遵守法律规定的要求。这些策略侧重于三个主要领域：审计、保留和印刷。策略功能可以通过用户界面进行访问，或者通过 API 自动执行合规性。当使用信息管理策略时，可以设置网站集、列表、库或内容类型级别的策略。

2. 网站合规性

微软从 SharePoint 2007 开始就提供了许多合规性选项，但许多选项都为单个文档设计。这就是说，公司不能对整个网站强迫执行合规性，或者不得不购买第三方工具用于合规性和存档。SharePoint 2013 引入了一些功能，能够提供网站级的增强的网站策略、关闭、和删除的合规性。

要使用关闭和删除功能，首先需要设置网站策略。可以在一个网站内拥有许多命名的网站策略，但一次只能应用一个策略。使用 API，可以根据内容上的变化更改策略，比如，在某网站添加高度机密信息的策略。网站策略使你能够选择执行网站关闭与删除的操作，并且在整个网站集关闭时使整个网站集处于只读状态。图 12-13 显示了创建新的网站策略的设置页面。

创建至少一个网站策略后，就可以将该策略应用于网站。如果是使用用户界面将策略应用到网站，则用于网站关闭和删除的网站设置页面会随着关闭及删除发生的日期而更新。从网站关闭和删除的页面就可以立即关闭该网站，以及根据设置策略推迟网站删除。提供的日期基于网站的创建日期和关闭日期。图 12-14 显示的是应用了策略的网站设置页面。

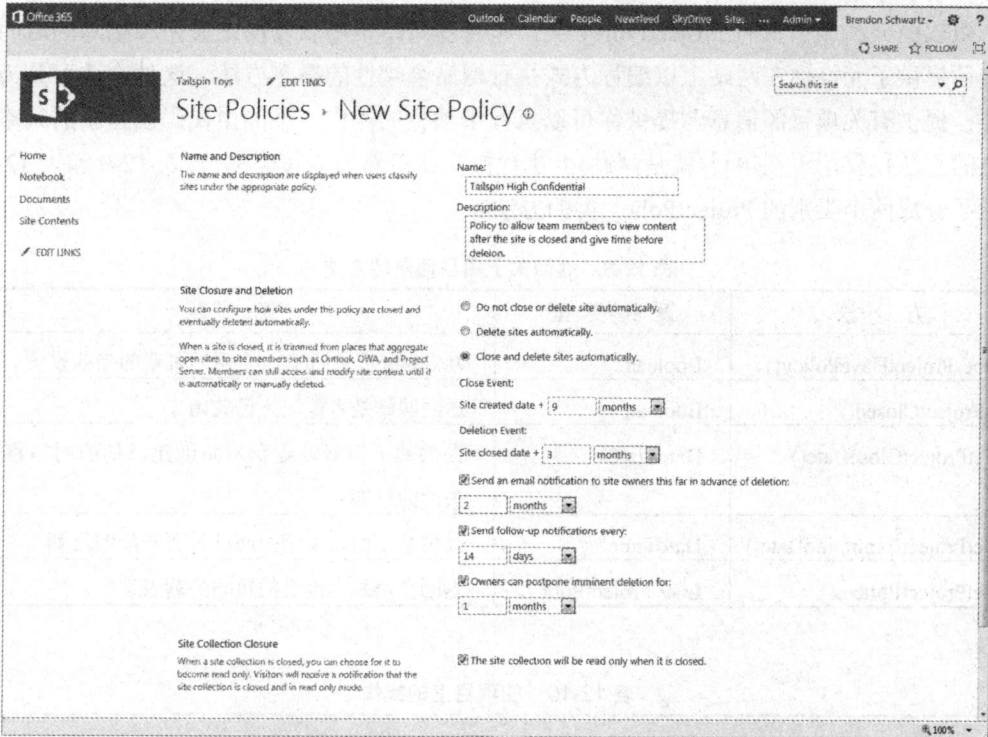

图 12-13

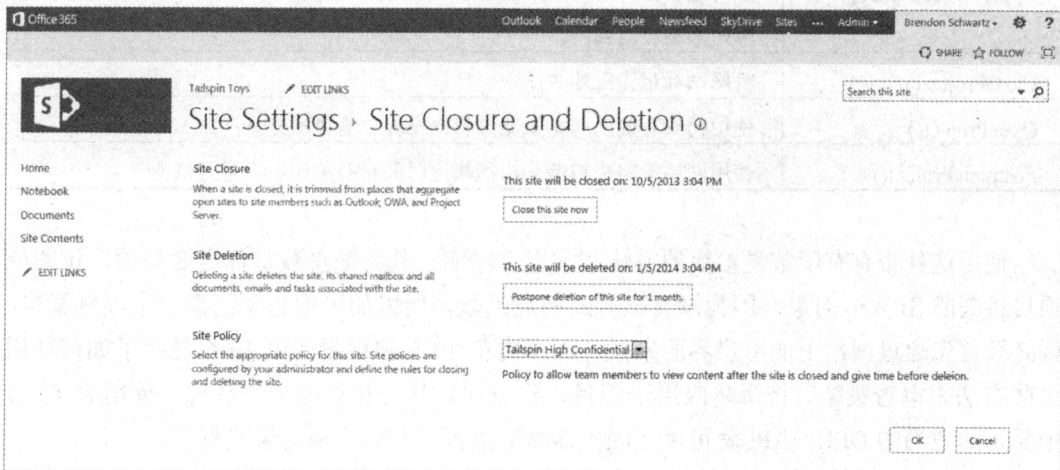

图 12-14

　　新的网站策略、关闭和删除功能的增加有助于保持围绕着已设置了开始与结束日期的项目的合规性。为了使用户保持对项目的特定使用策略，SharePoint 可以使用网站关闭和删除选项。该功能并不局限于项目，但的确可以解决你的网站中用于项目的这种需求。API中使用的内部名称反映了这种情况，且使用的是 Project 一词而不是 Site 一词。当解释下面的类和代码时，项目一词用于引用 SharePoint 网站；尽管如此，用户界面还是使用网站一词。

微软框架添加了新的 ProjectPolicy 类，来管理网站策略以及网站关闭和删除的时间。该类还提供了允许你在网站上以编程方式执行网站合规性的静态方法。这种方法可分为两大类：提供有关项目的信息和提供你可以执行于项目的操作。不能由代码创建新的策略。提供的方法仅仅用于在项目(就是网站)上执行操作或更新当前策略的值。表 12-9 和表 12-10 显示了分成两个类别的 ProjectPolicy 类的方法。

表 12-9　返回关于项目信息的方法

方　　法	返 回 类 型	说　　明
DoesProjectHavePolicy()	Boolean	判定网站是否拥有一个网站策略的当前设置
IsProjectClosed()	Boolean	返回网站是否标记为已关闭
GetProjectCloseDate()	DateTime	提供基于策略设置和网站创建日期的网站将要关闭的日期
GetProjectExpirationDate()	DateTime	提供基于网站关闭的网站将要删除的日期
GetProjectPolices()	List<ProjectPolicy>	返回在网站上定义的策略的列表

表 12-10　在项目上的操作

方　　法	说　　明
ApplyProjectPolicy()	允许基于在 GetProjectPolices 列表中定义的其中一个预定义网站策略来将网站策略应用到网站
CloseProject()	将网站标记为立即关闭
OpenProject()	使用仍然有效的网站策略来将网站标记为再次打开
PostponeProject()	使用网站策略来按照列出的指定时间量对关闭日期进行修改

使用这种带有有限数量参数的方法非常直接简明。其关键参数是你需要与项目策略或项目相关的 SPWeb 对象。因为没有该类的构造函数，所以如果你想要创建一个项目策略，就必须首先通过网站上的用户界面来做。程序清单 12-5 和程序清单 12-6 显示了如何使用这些方法来审查策略、将策略应用于项目、检查项目状态和更改项目状态。使用表 12-11 中显示的适当的 DLL，API 就可用于服务器端对象模型和客户端对象模型了。

表 12-11　使用 ProjectPolicy 类所需的引用

API	名 称 空 间	引 用 DLL
CSOM	Microsoft.SharePoint.Client.InformationPolicy	Microsoft.Office.Policy.Client.dll
		Microsoft.Office.Policy.Silverlight.dll
		Microsoft.Office.Client.Policy.Phone.dll
服务器端	Microsoft.Office.RecordsManagement.InformationPolicy	Microsoft.Office.Policy.dll

```
if (ProjectPolicy.DoesProjectHavePolicy(web))
{
Console.WriteLine("Project already has a policy");
Console.WriteLine("ProjectPolicy::" +
        ProjectPolicy.GetCurrentlyAppliedProjectPolicyOnWeb(web).Name);
}
else
{
//The site must have at least one policy.
ProjectPolicy firstpolicy = ProjectPolicy.GetProjectPolicies(web).First();
ProjectPolicy.ApplyProjectPolicy(web,firstpolicy);
}
```

程序清单 12-6：基于策略日期来延期或关闭项目的代码

```
if (         web.CurrentUser.IsSiteAuditor
    && ProjectPolicy.GetProjectExpirationDate(web).
            AddDays(10).CompareTo(DateTime.Now) < 1)
{
Console.WriteLine("PostPone the project for the auditor");
ProjectPolicy.PostponeProject(web);
}
else if(         web.CurrentUser.IsSiteAdmin
  && ProjectPolicy.GetProjectCloseDate(web).AddDays(5).CompareTo(DateTime.Now) > 1)
{
Console.WriteLine("Closing the project for the site admin");
ProjectPolicy.CloseProject(web);
}
```

12.6.4　保留计划

保留计划伴随生成 XML 的过程而创建，以描述该计划的配置。在你了解了 XML 模式以后，生成和应用保留计划只是几行代码的问题。要查看保留计划 XML 的外观，请参见程序清单 12-7，它是在 6 年以后删除内容的代码。因为保留计划的 XML 结构会在程序清单 12-7 之后详细介绍，所以只用它来作为理解保留计划 XML 结构的起点即可。

程序清单 12-7：XML 保留计划

```
<Schedules nextStageId="2">
   <Schedule type="Default">
     <stages>
       <data stageId="1">
         <formula id="Microsoft.Office.RecordsManagement
                    .PolicyFeatures.Expiration.Formula.BuiltIn">
           <number>6</number>
           <property>Created</property>
           <period>years</period>
```

```
            </formula>
            <action type="action" id="Microsoft.Office.RecordsManagement
                    .PolicyFeatures.Expiration.Action.Delete" />
        </data>
      </stages>
    </Schedule>
  </Schedules>
```

1. 理解保留计划 XML 结构

在 XML 中，有一个包含下一阶段 ID 属性的顶级计划节点，即使下一个阶段并不存在。在该节点下面，Schedule 节点包含你希望在内容中出现的多个 stage。要有多个阶段，需要添加多个数据节点，每个节点在 stageID 属性中都有一个唯一的递增整数。可以指定是 Default 类型还是 Record 类型。Default 类型允许指定发生于任意项上的自定义操作，而 Record 仅仅在声明的记录上执行操作。

从 data 节点中，你可以看到 formula 节点。formula 节点的 id 是 SharePoint 一个内置公式的 ID。可以通过指定 id 特性中的类名称指向自己的自定义类，从而实现你自己的公式。内置公式使你能够将日、月或年添加到你在 property 节点中指定的栏。在示例中，公式从 Created 属性开始计算，该属性中添加了 6 年以触发操作。period 节点的可能值是 days、weeks 和 years。

接下来是满足公式的条件时需要执行的操作。在示例中，这意味着自创建之日起 6 年后过期。为了指定你想要执行的操作，需要在 id 特性中对于 action 节点指定操作。可以再次通过指定用于 id 值的自定义操作类执行，在这里使用自定义操作。在示例中，Microsoft.Office.RecordsManagement.PolicyFeatures.Expiration.Action.Delete 为指定的删除操作。表 12-12 显示了可能的内置操作值。为简洁起见，Microsoft.Office.RecordsManagement.PolicyFeatures.Expiration.Action 已经从所有内置操作值中移除，因此在 XML 中使用操作之前，确保将它添加回去。

表 12-12　记录管理操作

名　　称	说　　明
Custom	指定一个自定义操作的使用
Delete	删除内容
DeletePreviousDrafts	删除最新草稿之外的所有内容草稿
DeletePreviousVersions	删除最新版本之外的所有版本
MoveToRecycleBin	将内容移到回收站
Record	将内容声明为就地记录
Skip	跳过该步骤
SubmitFileCopy	将记录作为副本提交到记录存储库
SubmitFileLink	将内容提交到记录存储库并在库中保留一个链接

(续表)

名　称	说　明
SubmitFileMove	将内容提交到记录存储库的同时从当前位置删除该内容
Workflow	触发一个工作流。需要在此操作节点的 id 特性中为该工作流指定 GUID。此操作节点不需要以 Microsoft.*开头，但应该是<actiontype="workflow" id="GUID of workflow"/>

2. 创建和应用保留计划

为了更好地理解该 XML 架构，可以通过在之前的简单示例中简单生成新的 XML 节点来创建所需的保留计划。为了阐释一个更复杂的保留计划，程序清单 12-8 中的 XML 设置了三个阶段。第一阶段每 6 个月重复出现一次，并删除以前版本的内容。第二个阶段发生在自内容修改之日起的 6 个月，并将内容声明为一个记录。最后一个阶段发生在自创建之日起的 5 年后，并删除该内容。

程序清单 12-8：复杂的保留计划

```
<Schedules nextStageId="4" default="false">
  <Schedule type="Default">
    <stages>
      <data stageId="1" recur="True" offset="6" unit="months">
        <formula id="Microsoft.Office.RecordsManagement.PolicyFeatures
                   .Expiration.Formula.BuiltIn">
          <number>6</number>
          <property>
            Created</property><period>months</period>
        </formula>
        <action type="action" id="Microsoft.Office.RecordsManagement.
                   PolicyFeatures.Expiration.Action.DeletePreviousVersions" />
      </data>
      <data stageId="2">
        <formula id="Microsoft.Office.RecordsManagement.PolicyFeatures
                   .Expiration.Formula.BuiltIn">
          <number>6</number>
          <property>Modified</property>
          <period>months</period>
        </formula>
        <action type="action" id="Microsoft.Office.RecordsManagement.
                   PolicyFeatures.Expiration.Action.Record" />     </data>
    </stages>
  </Schedule>
<Schedule type="Record">
  <stages>
    <data stageId="3">
      <formula id="Microsoft.Office.RecordsManagement.PolicyFeatures
```

```
                        .Expiration.Formula.BuiltIn">
            <number>5</number>
            <property>
             Created</property><period>years</period>
          </formula>
          <action type="action" id="Microsoft.Office.RecordsManagement
                    .PolicyFeatures.Expiration.Action.Delete" />
       </data>
     </stages>
   </Schedule>
</Schedules>
```

为了使用保留计划,可以用两种方法将它应用到你的网站。可以将保留计划附加到内容类型,或者附加到列表中。当附加到内容类型中时,保留计划会跟随在任何地方创建的内容类型。使用内容类型联合功能,保留计划可以跟随内容类型到任何地方。如果将保留计划与列表相关联,则该计划只会作用于该列表中的内容。结合可移植性,需要使用内容类型选项使你的保留计划在任何地方都可发挥作用。

以编程方式检查和应用保留计划可以用内置的 API 类来完成。为了检查你是否有一个自定义列表策略,可以在 Microsoft.Office.RecordsManagement.InformationPolicy.ListPolicySettings 对象上使用 ListHasPolicy 属性。不论列表是否具有自定义策略此布尔值属性都会返回。为了将列表设置为使用自定义策略,需要将 UseListPolicy 布尔值设置为 True,然后调用 ListPolicySettings 对象的 Update()方法。将该值设置为 False 以使用内容类型的保留策略。ListPolicySettings 对象的构造函数接受一个 SPList 对象,它是你应该研究的列表。程序清单 12-9 和程序清单 12-10 显示了如何使用这些对象和属性。

程序清单 12-9:修改一个列表上的列表策略设置

```
SPWeb web = site.RootWeb;
SPList list = web.GetList(SharePointListURL);

ListPolicySettings policy = new ListPolicySettings(list);

if (!policy.ListHasPolicy)
{
//make the list use a custom list policy
policy.UseListPolicy = true;
policy.Update();
}

//Check to see if setting was successful
Console.WriteLine("List Policy Set: " + policy.ListHasPolicy.ToString());
```

程序清单 12-10:在列表上设置一个自定义保留策略

```
using (SPSite site = new SPSite(SharePointURL))
{
```

```
SPWeb web = site.RootWeb;
SPList list = web.GetList(SharePointListURL);
SPFolder folder = web.Folders[SharePointListURL];
SPWeb parentWeb = list.ParentWeb;

SPList parentList = parentWeb.Lists[folder.ParentListId];
ListPolicySettings listPolicySettings = ListPolicySettings(parentList);

if (!listPolicySettings.UseListPolicy)
{
//Enable Location Based Policy if it isn't enabled
listPolicySettings.UseListPolicy = true;
listPolicySettings.Update();

//Refresh to get the updated ListPolicySettings
listPolicySettings = new ListPolicySettings(parentList);
}

listPolicySettings.SetRetentionSchedule(folder.ServerRelativeUrl,
policyXml, "My Custom Retention");
listPolicySettings.Update();

Console.WriteLine(listPolicySettings.
        GetRetentionSchedule(folder.ServerRelativeUrl));
}
```

在内容类型上创建相同的策略需要多一点的代码，但过程相似。程序清单 12-11 与前面示例中的代码相同，但不同于获得列表策略，该代码会在 SharePoint 中检索内容类型，特别是文档的内容类型。该代码随后会使用 GetPolicy() 方法来检索该内容类型的过期策略。如果这一策略不存在，它就会创建一个。然后，它会设置用于该策略的 CustomData 属性并调用 Update() 方法为内容类型设置保留策略。

程序清单 12-11：在内容类型上创建保留策略

```
using (SPSite site = new SPSite(SharePointURL))
{
SPWeb web = site.RootWeb;
SPList list = web.GetList(SharePointListURL);
SPFolder folder = web.Folders[SharePointListURL];
SPWeb parentWeb = list.ParentWeb;

SPList parentList = parentWeb.Lists[folder.ParentListId];
ListPolicySettings listPolicySettings = new ListPolicySettings(parentList);

SPContentType contentType = web.ContentTypes["Document"];
Policy policy = Policy.GetPolicy(contentType);

//Check to see if it exists, if not create it
if (policy == null)
```

```
{
Policy.CreatePolicy(contentType, null);
policy = Policy.GetPolicy(contentType);
}

PolicyItem retentionPolicy = policy.Items[Expiration.PolicyId];
//See if a policy already exists, if not create one
if (retentionPolicy == null)
{
policy.Items.Add(Expiration.PolicyId, policyXml);
policy.Update();
}
else
{
retentionPolicy.CustomData = policyXml;
retentionPolicy.Update();
}

//Display policy XML to validate it worked
retentionPolicy = policy.Items[Expiration.PolicyId];
Console.WriteLine("Policy XML: " + retentionPolicy.CustomData.ToString());
```

12.7　CMIS

内容管理互操作性服务(Content Management Interoperability Service，CMIS)是一个开源标准，用于与任何支持该标准的 ECM 系统的互操作性。SharePoint 自 SharePoint 2010 管理工具包开始就推行和支持这一标准。SharePoint 2013 重新设计了其实现方式并增强了其接口，以提供更强大的体验。撰写本书时，SharePoint 支持该标准的发布版本 CMIS 1.0。

> 提示：CMIS 的全面规范和更新位于 https://www.oasisopen.org/committees/ tc_home.php?wg_abbrev=cmis。

由于有多种类型的平台可以实现该标准，因此使用开放标准的最大一个挑战便是身份验证。每个平台都可能有各自用于访问内容的身份验证类型，为了将这些系统无缝集成，它们必须使用相同类型的身份验证来通信。SharePoint 2013 提供了使用从原生到 Windows 以及开放标准(如声明环境)的多种类型身份验证的功能。

12.8　本章小结

在本章中，你学习了使用 SharePoint 来管理小型团队的文档和构件，以及大型组织数以百万计的文档。探讨了使用 SharePoint API 来管理内容和信息架构的重要性。使用

SharePoint 有助于通过使用恒定的元数据和术语来消除跨网站集和服务器场的信息孤岛。

你还看到了如何在 SharePoint 2013 中使用记录管理。声明记录和创建内容管理器规则可以直接在用户界面中进行，但更重要的是，还可以使用 API 来管理这些记录。有了新的 eDiscovery 中心，你就可以轻松地管理合规性而不会影响网站的文档管理。将新的档案管理功能与新的文档管理功能结合起来，SharePoint 就成为一个有能力处理大量数据的信息管理系统。这种结合也使你能够构建功能强大的 SharePoint 信息管理解决方案。

第 13 章

业务连接服务

本章内容

- 了解业务连接服务的基本知识
- 创建无代码 BCS 解决方案
- 创建 Office 365 解决方案
- 将 BCS 解决方案与 SharePoint 一同使用

本章源代码下载地址(wrox.com)

本章 wrox.com 代码下载地址是 www.wrox.com/remtitle.cgi?isbn=1118495829，在 Download Code 选项卡处。第 13 章代码下载处提供了按照本章所列标题打包的代码下载。

虽然 Microsoft SharePoint Server 2013 是一个建立信息解决方案的优秀平台，但它绝不是一个组织中的唯一系统。组织始终会有其他系统，如客户关系管理(Customer Relationship Management，CRM)或者针对特定数据集和业务流程的企业资源规划(Enterprise Resource Planning，ERP)。组织还可能有其他不属于 SharePoint 基础架构一部分的自定义应用程序、数据库和 Web 服务。这些外部系统(在 SharePoint 外部)包含大量数据，代表大量的资金投入。因此，这些系统不会很快被纯粹在 SharePoint 中创建的解决方案所取代。

面临的挑战是，SharePoint 解决方案往往与包含在外部系统中的数据和进程密切相关。例如，一个包含发票的文档库可能包含存储在 ERP 系统中的元数据，或者其与某客户有关，但该客户的信息还同时存在于 CRM 系统中。如果没有使用外部系统中数据的一些方法，SharePoint 解决方案就不得不复制这些相同的信息。然后这种复制会导致外部系统和 SharePoint 解决方案之间的数据维护问题。

除了提到的 SharePoint 中的数据挑战之外，将外部数据集成到 Office 2013 文档也有不小的挑战。比如，当销售人员创建报价单时，他们往往在 CRM 系统中查找客户联系信息，将其复制到剪贴板，然后粘贴到文档中。此种重复工作显然会增加创建文档所需的时间。再者，销售人员必须连接到网络以访问 CRM 系统；他们不能在脱机状态下相对容易地创建一个报价单。

不能将外部系统与 SharePoint 解决方案充分集成可能导致组织延迟使用 SharePoint 系统。毕竟，信息工作者所使用的最重要的数据通常是在外部系统中。因此，你的解决方案必须考虑如何集成外部数据，这也是业务连接服务(BCS)发挥作用的地方。本章仅作为 BCS 技术的简介，紧随其后的是关于 BCS 开发的高级章节。

13.1 业务连接服务简介

BCS 泛指一套将数据从外部系统带入 SharePoint Server 2013 和 Office 2013 的技术的统称。如果你以前在 Microsoft SharePoint Server 2010 中使用过业务连接服务，你会发现在 2013 版本中只有几个新内容，见表 13-1 中的总结。如果你以前没有使用过 BCS，也不用担心；了解和使用 SharePoint 解决方案中的 BCS 不需要预先具备经验。图 13-1 显示了构成 BCS 主要功能块的关系图。

表 13-1　新功能和改进项

功能/改进项	说　　明
OData 源	Visual Studio 2012 支持旨在允许面向 OData 源创建外部内容类型(External Content Type，ECT)的特别工具
应用程序级别的 ECT	外部内容类型可创建成限定于单个 SharePoint 应用程序使用
REST 与客户端对象模型(CSOM)	REST 和 CSOM 编程界面是面向外部内容类型的，且外部列表是新的和改进过的
通知和事件接收器	外部列表和外部内容类型支持事件处理程序和通知，如 Alert Me 功能
Office 365 与 SharePoint Online	将外部内容类型与 Office 365 和 SharePoint Online 一起使用的新的和改进后的支持功能
排序与筛选	排序与筛选基础架构得到了改进以使外部列表在查询外部系统时更加高效

在 BCS 背景下，外部系统这一术语指的是 SharePoint 基础架构以外的任意数据源。如前所述，这包括第三方软件、自定义应用程序、数据库、Web 服务甚至云计算解决方案。BCS 通过业务数据连接(Business Data Connectivity，BDC)层与外部系统进行通信。BDC 层包含管道、运行时 API 以及与外部系统进行通信所必需的连接功能。

图 13-1

虽然 BDC 层提供了到外部系统的连接，但它并不会规定从系统中返回哪些数据。返回数据的操作和结构其实由外部内容类型(ECT)定义。ECT 包含指定从外部源返回的确切字段的实体定义。例如，一个"Customer" ECT 可能会指定从 CRM 系统返回 CustomerID、FirstName 和 LastName 字段。此外，ECT 还会定义可以执行的操作。可用的操作包括创建、读取、更新、删除(CRUD)和查询。定义 ECT 是创建 BCS 解决方案所涉及的主要操作之一，并且在 Microsoft SharePoint Designer 2013(SPD)或 Microsoft Visual Studio 2012(VS2012)中执行。当定义完成后，ECT 便存储在外部内容类型目录中。

虽然可以使用 BCS 创建许多不同的自定义解决方案，但在 SharePoint 中提供外部数据的最简单方法是使用外部列表。外部列表是基于 ECT 的 SharePoint 列表。正如标准列表(任务、公告、日历、库等)基于内容类型一样，外部列表基于外部内容类型。外部列表的行为类似于标准列表，支持视图和项的编辑。可以在内部部署 SharePoint 服务器场和 Office 365(O365)中使用外部列表。外部列表可以是经典 SharePoint 解决方案的一部分，也可以是新的 SharePoint 应用程序模型的一部分。

在 Office 2013 中，BCS 客户端层可以使用外部内容类型在 Office 客户端中显示外部数据。而在 Outlook 中可能使用标准表单(如联系人列表)来显示这些数据，或者这些数据可能在 Word 中用来支持元数据和文档的创建。在所有情况下，都可以使用 InfoPath 来强化外部数据的呈现。

13.1.1　创建简单的 BCS 解决方案

尽管 BCS 解决方案可能是复杂的，但它们的创建也可以不需要代码。使用 SPD 和 SharePoint 中的工具，可以轻松创建一个外部内容类型和一个外部列表。然后可以在 SharePoint 或 Office 客户端中编辑此数据。本节将引导你完成一个基于 SQL Server 数据库的用于内部部署服务器场的简单 BCS 解决方案。该数据库包含一个市场营销活动信息表，如图 13-2 所示。演示的目标是基于这些数据在 SharePoint 中创建一个列表，以及在 Outlook 中创建一个日历。

CampaignID	CampaignName	StartDate	EndDate
2	Contoso Celebrity Appearances	2013-05-01 00:00:00	2013-05-15 00:00:00
3	Summer Movie Tie-In	2013-07-04 00:00:00	2013-08-15 00:00:00
4	Holiday Sale	2013-11-01 00:00:00	2013-11-30 00:00:00
5	Vacation Seepstakes	2013-12-01 00:00:00	2013-02-01 00:00:00
6	Fantastic Fall	2013-10-15 00:00:00	2003-12-01 00:00:00

图 13-2

1. 创建外部内容类型

解决方案从外部内容类型的定义开始，定义执行数据的架构和操作。无论你的 BCS 解决方案最终是否使用代码，始终都使用 SharePoint Designer 来定义 ECT。SPD 中用于创建 ECT 的工具设计精良，可由专业开发人员使用且可用于所有类型的 BCS 解决方案。要开始创建 ECT，你只需在 SPD 中打开开发网站并单击网站对象列表下的外部内容类型对象，如图 13-3 所示。

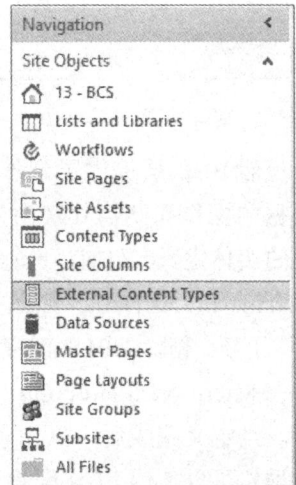

单击 Ribbon 菜单中的 New External Content Types 便可以开始定义 ECT 的基本信息了。ECT 的基本信息包括 Name、Display Name、Namespace 和 Version。还可以从一个包括各种 Office 项类型的列表中选择，以确定当信息在 Outlook 中显示时将以什么样的形式来呈现。图 13-4 显示了用 Appointment Office Item Type 来演示的 ECT 基本信息。

图 13-3

单击 Operations Design View，会出现一个用于定义到外部系统的连接信息的窗体。单击 Add Connection 按钮将允许你选择三种类型的连接：WCF、SQL 和.NET 类型。选择 WCF 将能够连接到 Web 服务，选择 SQL 将能够连接到数据库，而选择.NET 类型将可以使用自定义.NET 程序集连接器，这会在第 14 章中介绍。

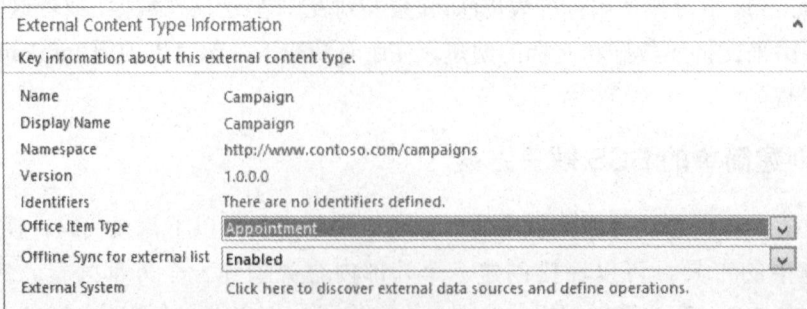

图 13-4

当连接到各种数据源时，必须始终关注外部源用来进行身份验证的主体。这个主体可以是用户账户或服务账户。此外，该账户可以使用 Windows 身份验证、声明式身份验证或令牌身份验证。

对于本演示，使用了运行与 SharePoint Web 应用程序关联(又名 SharePoint 系统账户)的服务账户。这种方法称为还原自我身份验证。由于 SharePoint 系统账户是一个功能强大的账户，因此还原自我必须明确允许使用下面的 PowerShell 脚本。最终的 SQL 连接类型信息如图 13-5 所示。

```
$bdc = Get-SPServiceApplication |
      where {$_ -match "Business Data Connectivity Service"}
$bdc.RevertToSelfAllowed = $true
$bdc.Update()
```

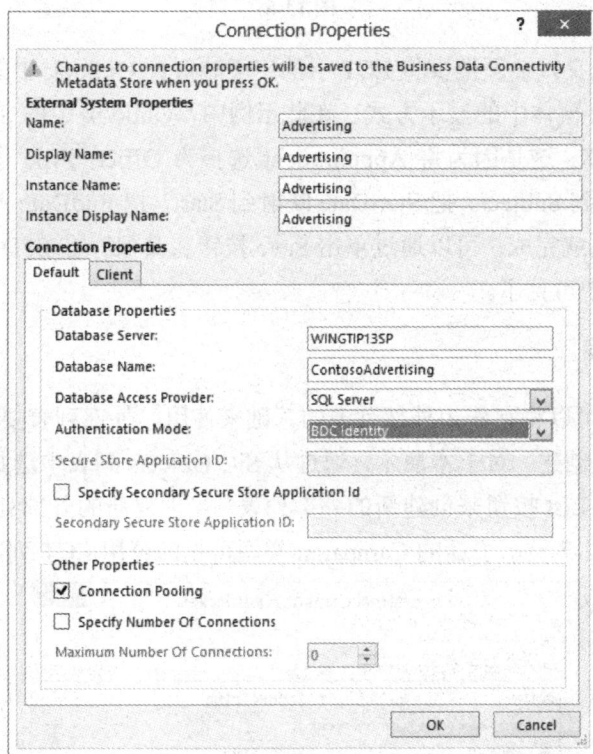

图 13-5

数据源连接后，SPD 就可以创建用于 ECT 的操作了。当使用 SQL 连接时，SPD 会假定有大量有关数据源和操作的信息，因此创建整个 CRUD 操作集更加容易。需要做的全部工作就是右击连接中的表并从上下文菜单中选择 Create All Operations 命令，从而启动一个收集用于完成操作定义所需的少量信息的向导。图 13-6 显示了 SPD 中的上下文菜单。

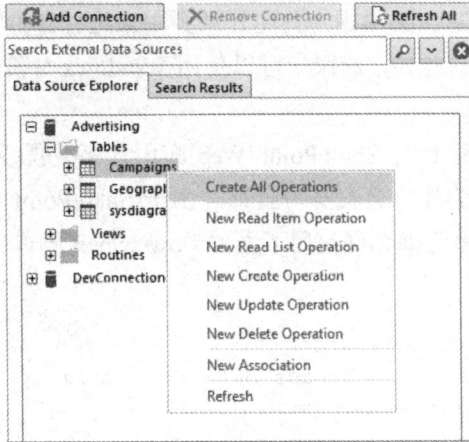

图 13-6

为了完成操作定义，必须至少将 ECT 中的字段映射到 Outlook 中的字段。这种映射决定了 ECT 在 Outlook 窗体中的显示方式。在此示例中，Outlook 中的 Subject、Start 和 End 字段必须映射到 ECT。这是因为将 Appointment 选择为 Office Type 了。在本演示中，把 CampaignName 映射到 Subject，把 StartDate 映射到 Start，把 EndDate 映射到 End。当向导完成时，ECT 定义也就完成；可以通过单击 Save 按钮将其保存在 SPD 中。然后该 ECT 就在网站的 ECT 列表中可见了。

2. 创建外部列表

创建 ECT 后，可以将它作为外部列表的基础来使用。外部列表要么直接在 SPD 中创建，要么在浏览器中创建。对于本演示，通过从 Site Objects 列表中选择列表和库对象，然后单击 New External List 按钮来创建新的外部列表。当创建新的外部列表时，可用 ECT 集也会呈现出来。图 13-7 显示了新的 Campaign 类型可见的可用 ECT 列表。

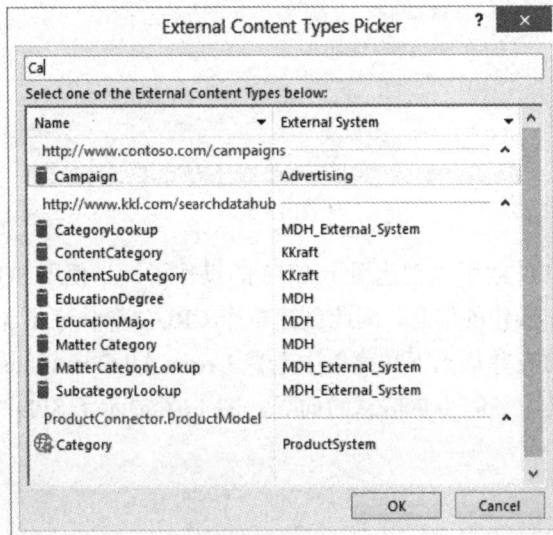

图 13-7

创建新的外部列表以后，可以立即在浏览器中查看它。由于所有的 CRUD 操作都创建了，因此列表可以支持编辑项、添加项和删除项。图 13-8 显示了 SharePoint Server 2013 中的新列表。

图 13-8

如果激活了"Offline Synchronization for External Lists"网站功能，SharePoint Server 2013 就可以支持列表通过 Microsoft Outlook 在脱机状态下工作。在本演示中，外部列表定义为 Appointment Office Type，它可以通过在 SharePoint 中 Ribbon 菜单的 List 选项卡中单击 Connect to Outlook，来与 Outlook 同步。当单击此按钮时，将会访问一个 Visual Studio Tools for Office(VSTO)包并显示一个安装界面。必须安装这个 VSTO 包以便同步能够继续。图 13-9 显示了呈现给用户的安装界面。

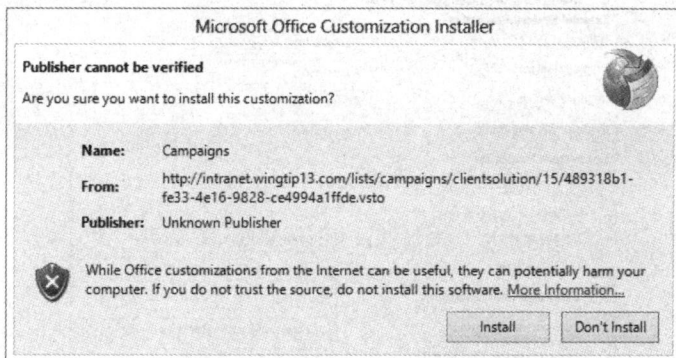

图 13-9

13.1.2　创建简单的 O365 解决方案

除了创建用于内部部署服务器场的简单数据库解决方案之外，还可以创建用于 Office 365(O365)的解决方案。创建此类解决方案，需要有一个 Windows Azure 账户和一个 O365 账户。在 O365 中创建外部内容类型之前必须在 SQL Azure 中创建数据库。本节将引导你完成基本的工作。如果你没有 SQL Azure 账户，可以在 http://www.windowsazure.com/en-us/pricing/free-trial/注册一个。如果没有 O365 账户，可以在 http://msdn.microsoft.com/en-us/library/office/apps/fp179924(v=office.15)注册一个开发人员账户。

1. 创建 SQL Azure 数据库

如果你有 Windows Azure 账户，便可以使用一些简单脚本轻松创建一个 SQL Azure 数据库。可以使用 Microsoft SQL Server 管理工具，像管理任何内部部署 SQL 数据库一样来管理 SQL Azure 数据库。所需要的全部只是数据库服务器的名称和管理员凭据，在安装新的 SQL Azure 数据库服务器时需要提供。创建数据库以后，可以使用脚本来创建表并用数据来填充那些表。如果有很多需要迁移的数据，甚至还可以创建一个 SQL Server 集成服务包，将数据从内部部署开发环境迁移到 SQL Azure 数据库。

2. 管理安全存储

成功在 O365 中创建一个 BCS 解决方案的关键是建立访问 SQL Azure 数据库的适当凭据。在这个简单的内部部署示例中，会使用 SharePoint 系统账户作为主体。但是，这种方法不能用于 O365，因为数据库预期该解决方案会使用 SQL Azure 登录名而不是一个 Windows 账户。因此，必须使用安全存储，将当前用户的凭据映射到预期的服务账户主体。安全存储服务会在 13.2.3 节中详细介绍。在本演示中，可以说 O365 安装中的所有账户都映射到了在创建 SQL Azure 数据库时设置的 SQL Azure 凭据。图 13-10 显示了 O365 中用于 ECT 连接的信息。注意，数据库服务器的名称指的是 SQL Azure 数据库，安全存储应用程序 ID 指的是将用户凭据映射到 SQL Azure 凭据的安全存储条目。

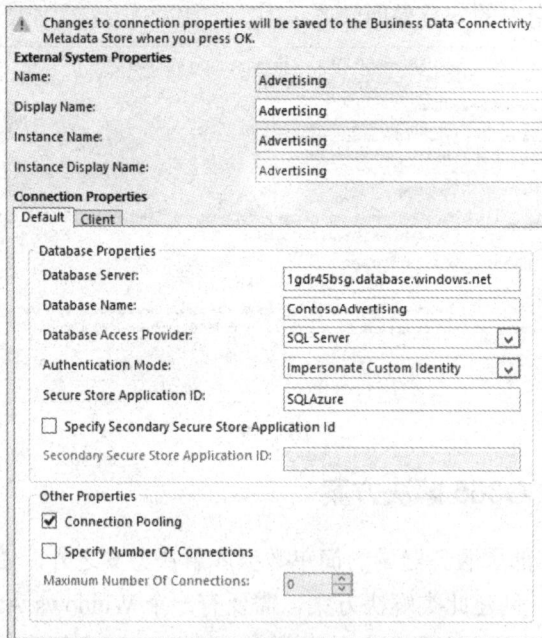

图 13-10

3. 创建外部列表

在创建 ECT 并正确映射凭据以后，就可以在 O365 中用在内部部署服务器场中相同的方式创建外部列表了。这意味着可以使用 SharePoint Designer 或浏览器。外部列表在 O365 中的行为与在内部部署服务器场中的行为完全相同。

13.2 理解 BCS 架构

BCS 由几个组件组成，并与 SharePoint 中的几个服务进行交互。要创建有效的 BCS 解决方案，就必须理解 BCS 的架构、组件和可用于开发的服务接口。这种架构的详细图解呈现于图 13-11 中。

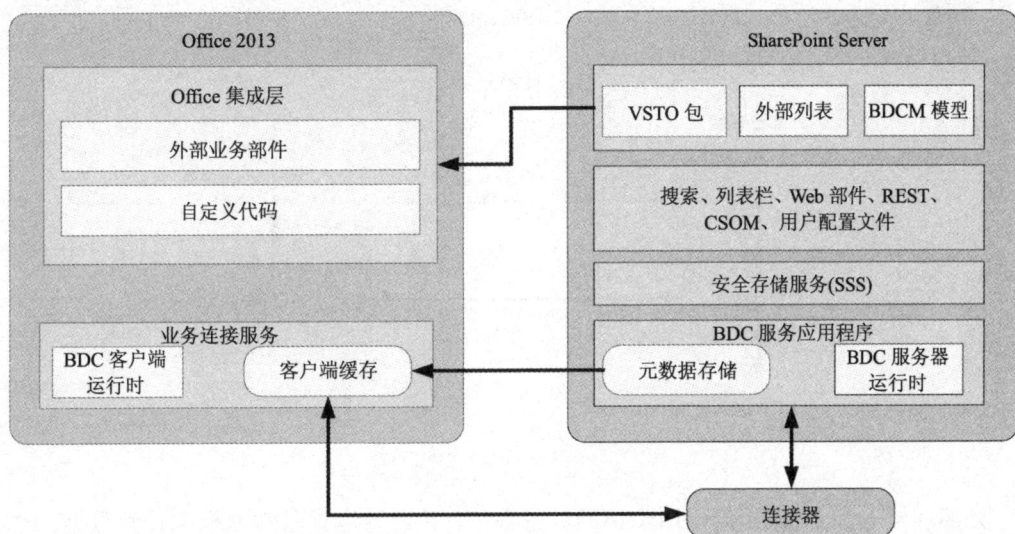

图 13-11

13.2.1 理解连接器

如前所述，BCS 使用几个连接器与外部系统进行通信。前面所说的简单解决方案利用 SQL 连接器访问 SQL Server 数据库，但 BCS 还支持 WCF 连接器用于访问一般的 Web 服务，以及 OData 连接器专用于访问 OData 服务。这些连接器加在一起涵盖大量数据源，但它们不能涵盖所有可能的情形。

在有些情况下，你需要拥有比开箱即用连接器提供的更大的灵活性，便可以转而构建.NET 程序集连接器。.NET 程序集连接器是在 Visual Studio 2012 中创建的项目，它包含 ECT 定义和用于访问特定外部系统的相关业务逻辑。这充分揭示了.NET 框架访问和操作数据的能力。.NET 程序集连接器将会在第 14 章中介绍。

13.2.2 理解业务数据连接

如前所述，BDC 是涵盖 BCS 的管道和运行时组件的术语。服务器端和客户端都有 BDC 组件。这些组件相辅相成，因此无论你是侧重在服务器端还是客户端，或者两者都有，都可以使用类似方法创建 BCS 解决方案。在服务器上，BDC 组件包括 ECT 目录和服务器端

BDC 运行时。在客户端上，BDC 组件包含元数据缓存和客户端 BDC 运行时。

1. 管理业务数据连接服务

当在 SPD 中创建 ECT 并将其保存时，它们将存储在 ECT 目录(也称为元数据目录)中。此目录是一个通过业务数据连接服务应用程序来访问的数据库。图 13-12 显示了 BDC 服务应用程序的基本架构。

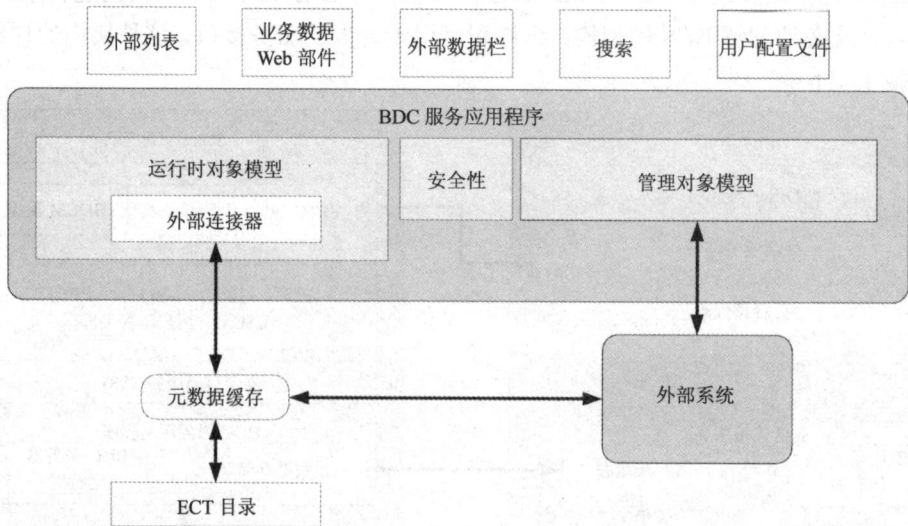

图 13-12

外部连接器和 ECT 元数据用于访问外部系统，并通过运行时对象模型检索数据。BDC 服务应用程序随后会提供该数据以便在 SharePoint 里面使用。元数据缓存在该服务中维护，以保证 ECT 模型随时可用。此元数据缓存每分钟更新一次，确保服务器场拥有最新的可用 ECT 模型。尽管 BCS 不会缓存 ECT 模型，但外部系统数据也从不在服务器上缓存。每个 ECT 操作始终直接作用于外部系统。

有了缓存元数据这一提升性能的方式，BCS 还可以限制与操作相关的连接和数据大小。BDC 服务应用程序实现了 5 个阈值设置以限制连接次数和从外部系统返回的数据。表 13-2 列示了这些阈值和其默认设置。

表 13-2　BDC 服务应用程序阈值

类　型	描　述	范　围	默　认　值	最　大　值
连接	允许连接到外部系统的连接总数	全局	100	500
项	从数据库查询返回的行数	数据库	2000	25000
超时	数据库连接超时时间	数据库	60 秒	600 秒
大小	返回数据的大小	WCF	3MB	150MB
超时	Web 服务连接超时时间	WCF	60 秒	600 秒

对阈值的控制通过使用 PowerShell 脚本来完成。下面的代码显示了当前阈值设置：

```
Add-PSSnapin Microsoft.SharePoint.PowerShell -ErrorAction SilentlyContinue
$bdc = Get-SPServiceApplicationProxy |
      Where {$_ -match "Business Data Connectivity"}
Get-SPBusinessDataCatalogThrottleConfig -ThrottleType Connections -Scope Global
                              -ServiceApplicationProxy $bdc
Get-SPBusinessDataCatalogThrottleConfig -ThrottleType Items -Scope Database
                              -ServiceApplicationProxy $bdc
Get-SPBusinessDataCatalogThrottleConfig -ThrottleType Timeout -Scope Database
                              -ServiceApplicationProxy $bdc
Get-SPBusinessDataCatalogThrottleConfig -ThrottleType Size -Scope Wcf
                              -ServiceApplicationProxy $bdc
Get-SPBusinessDataCatalogThrottleConfig -ThrottleType Timeout -Scope Wcf
                              -ServiceApplicationProxy $bdc
```

可以使用 PowerShell 来修改阈值的每一项设置。下面的代码显示了如何更改可以从数据库返回的项的数目：

```
Add-PSSnapin Microsoft.SharePoint.PowerShell -ErrorAction SilentlyContinue
$bdc = Get-SPServiceApplicationProxy |
      Where {$_ -match "Business Data Connectivity"}
$throttle = Get-SPBusinessDataCatalogThrottleConfig -ThrottleType Items
        -Scope Database  -ServiceApplicationProxy $bdc
Set-SPBusinessDataCatalogThrottleConfig -Maximum 3000 -Default 1000
                              -Identity $throttle
```

或者，可以直接禁用阈值。下面的代码显示了如何禁用连接阈值：

```
Add-PSSnapin Microsoft.SharePoint.PowerShell -ErrorAction SilentlyContinue
$bdc = Get-SPServiceApplicationProxy |
      Where {$_ -match "Business Data Connectivity"}
$throttle = Get-SPBusinessDataCatalogThrottleConfig -ThrottleType Connections
        -Scope Global -ServiceApplicationProxy $bdc
Set-SPBusinessDataCatalogThrottleConfig -Enforced:$false -Identity $throttle
```

BDC 服务应用程序是 SharePoint 中服务应用程序框架的一部分。BDC 服务应用程序的管理界面可以通过在管理中心中选择 Application Management | Manage Service Applications 来访问。图 13-13 显示了管理中心中的 BDC 服务应用程序。

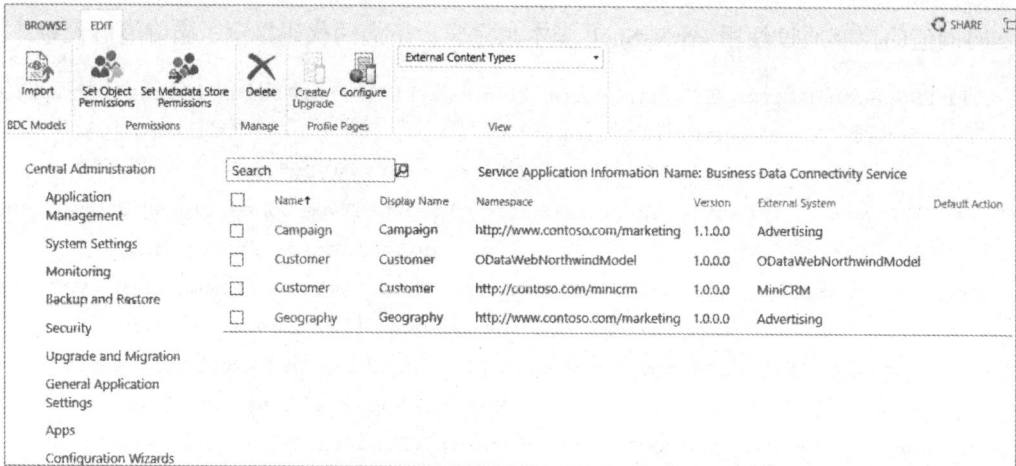

图 13-13

在 Service Applications 页面，可以单击 Ribbon 菜单上的 Properties 来查看 BDC 服务应用程序的基本服务属性。在 Properties 对话框中，存储 ECT 的数据库名称也会显示。此数据库在服务器场安装和配置期间首次创建 BDC 服务应用程序时建立。和所有的服务一样，在 Ribbon 菜单中还可以设置对服务的管理和连接权限，以便于它可以被 SharePoint 服务器场中的其他服务器所用。

单击 Service Applications 页面的 Manage 按钮来打开 View External Content Types 页面。此页面列出了当前存储在目录中的所有 ECT。在 Edit 选项卡上，可以通过单击 Set Catalog Permissions 按钮来授权管理 ECT 目录，也可以通过单击 Set Object Permissions 按钮设置个别 ECT 的权限。这能使你决定哪些用户可以使用 ECT 访问外部系统。

在 Edit 选项卡上，也有一个确定 ECT 信息在页面上如何显示的下拉列表。初始情况下，下拉列表对外部内容类型设置，它会在列表中显示 ECT。从下拉列表中选择 External Systems，会显示所有定义的可用连接。如果选择 BDC Models，就会列出包含连接和 ECT 信息的所有模型。

BDC 模型列表对开发人员尤其重要，因为该 BDC 模型包含对 ECT、外部系统的连接信息、安全信息等的引用。此外，该模型还可以使用列表项上的下拉式菜单来导出，随后可导入另一个目录。模型导出后，会另存为一个名为 BDC 元数据模型的 XML 文件。此外 BDC 元数据模型也可以从 SPD 通过右击 ECT 并选择 Export Application Model 来直接导出。

下面的代码显示了基于本章前面演示的 BDC 元数据模型的一部分程序。特别要注意粗体的代码。在 LobSystemInstance 属性中，你可以看到外部系统的基本连接信息。这些值都在 SPD 中指定外部系统的连接时设置。

```xml
<?xml version="1.0" encoding="utf-16" standalone="yes"?>
<Model xmlns:xsi="http://www.w3.org/2001/XMLSchema-instance"
xsi:schemaLocation="http://schemas.microsoft.com/windows/2007/
BusinessDataCatalog BDCMetadata.xsd"
```

```
 Name="SharePointDesigner-CampaignsData-Administrator-92aec138-31d3-
 4155-980f-db4c681c2260"
 xmlns="http://schemas.microsoft.com/windows/2007/BusinessDataCatalog">
   <Properties>
     <Property Name="Discovery" Type="System.String"></Property>
   </Properties>
   <LobSystems>
     <LobSystem Type="Database" Name="SharePointDesigner-CampaignsData">
       <Properties>
         <Property Name="DiscoveryVersion" Type="System.Int32">0</Property>
         <Property Name="WildcardCharacter" Type="System.String">%</Property>
         <Property Name="Discovery" Type="System.String"></Property>
       </Properties>
       <LobSystemInstances>
         <LobSystemInstance Name="SharePointDesigner-CampaignsData">
           <Properties>
             <Property Name="AuthenticationMode"
                     Type="System.String">RevertToSelf</Property>
             <Property Name="DatabaseAccessProvider"
                     Type="System.String">SqlServer</Property>
             <Property Name="RdbConnection Data Source"
                     Type="System.String">localhost</Property>
             <Property Name="RdbConnection Initial Catalog"
                     Type="System.String">ContosoAdvertising</Property>
             <Property Name="RdbConnection Integrated Security"
                     Type="System.String">SSPI</Property>
             <Property Name="RdbConnection Pooling"
                     Type="System.Boolean">true</Property>
             <Property Name="Discovery" Type="System.String"></Property>
             <Property Name="ConnectionName"
                     Type="System.String">CampaignsData</Property>
           </Properties>
         </LobSystemInstance>
       </LobSystemInstances>
     </LobSystem>
   </LobSystems>
</Model>
```

2. BDC 服务器运行时介绍

BDC 服务器运行时由运行时对象模型、管理对象模型和安全性基础架构组成。运行时对象模型提供对 ECT 的访问，而管理对象模型提供用于管理 ECT 目录的对象。安全性基础架构有助于身份验证以及对 ECT 操作和外部系统访问的授权。

3. 理解客户端缓存

当 BCS 解决方案用于 Office 客户端时，一个客户端缓存会用来存储 BDC 元数据模型和外部系统的数据。客户端缓存是作为 Office 2013 安装的一部分来安装的一个 SQL Server Compact Edition(SQLCE)数据库。加密该数据库以防止被篡改，因为开发人员无须直接访问该数据库。

客户端上会运行一个同步进程(BCSSync.exe)来使缓存与相关联的外部系统进行同步。当 Office 客户端执行对数据的 CRUD 操作时,这些操作会在客户端缓存里排队等待,并在可用时与外部系统同步。该同步进程也会根据用户的设置和外部系统的可用性,尝试在不同的时间间隔从外部系统中更新缓存的数据。缓存与外部系统之间的冲突会为最终用户标记出来,以便能够得到解决。

4. Office 集成运行时介绍

Office 集成运行时(OIR)是将 ECT 绑定到 Office 客户端和你自己的自定义解决方案的一套组件和相关的 API。在主机 Office 客户端启动的时候 OIR 便会加载。OIR 作为 Office 2013 安装过程的一部分安装到客户端。

13.2.3　理解安全存储服务

安全存储服务(Security Store Service,SSS)是一个用于存储、映射和检索凭据信息的服务应用程序。通常情况下,由 SSS 存储的凭据用于访问外部系统,但不支持 Windows 身份验证。这通过将存储的凭据映射到现有的 Windows 用户或组而实现。

要存储用于外部系统的凭据集,必须在 SSS 中创建新的目标应用程序。该目标应用程序充当映射到外部系统的凭据集容器。目标应用程序设置页包含应用程序的名称,以及指定每个用户是否有一个单独的映射凭据集或每个用户是否映射到单个通用凭据集的设置。图 13-14 显示了将单个凭据集映射到一个活动目录组的应用程序设置。

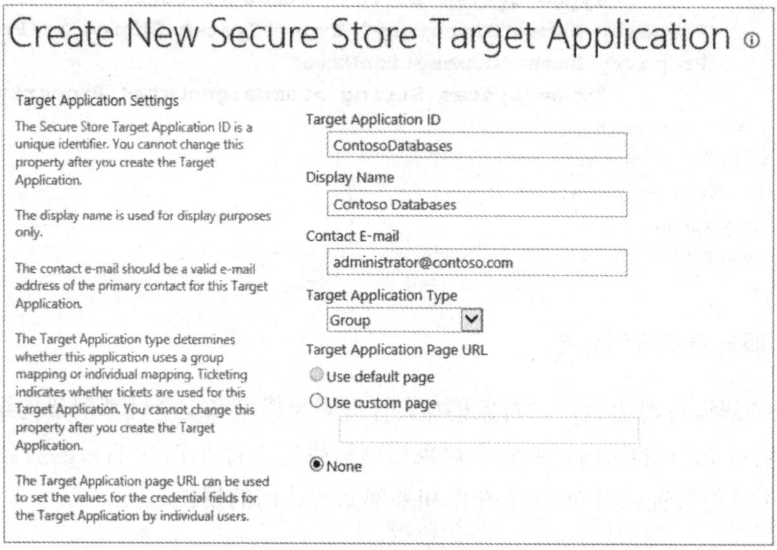

图 13-14

目标应用程序定义好以后,凭据字段也就同时定义了。多数情况下,目标应用程序会保存用户名和密码,但 SSS 可以保存任何基于文本的凭据信息。例如,可以添加一个域字段,以便凭据集就由用户名、密码和域组成。图 13-15 显示了为应用程序定义的典型用户名和密码字段。

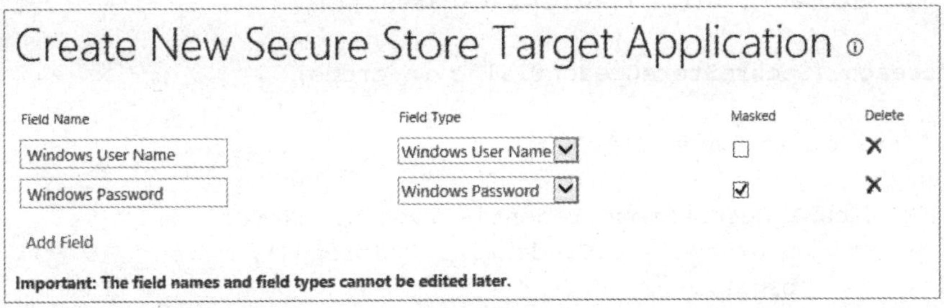

图 13-15

应用程序和凭据字段定义以后，必须通过右击该应用程序进入 Set Credentials 页面输入实际的凭据信息。对于每个将要访问外部系统的用户或组，必须使用字段定义为应用程序创建一组凭据。图 13-16 显示了正在为应用程序输入的凭据。在凭据准备好以后，应用程序就可在 ECT 的定义期间使用了，以允许使用 SSS 中存储的凭据访问外部系统。如果最终用户尝试在缺乏 SSS 适当凭据的情况下访问系统，他们将会被导向登录页面输入并存储凭据。

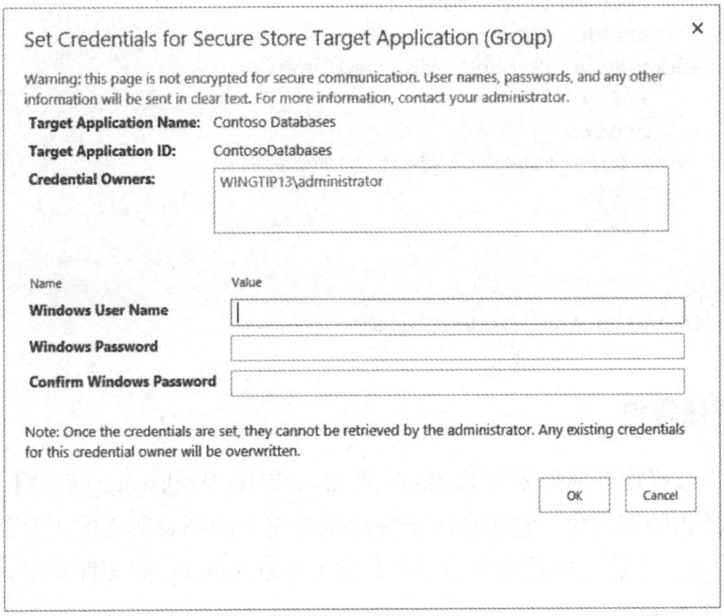

图 13-16

虽然 BCS 和 SSS 在许多情况下协同工作来提供身份验证，但有些时候你可能想要在自定义解决方案中使用 SSS。在这种情况下，可以以编程方式访问 SSS 以检索凭据。然后你的解决方案(如 Web 部件)可以使用这些凭据直接访问外部系统而无须使用 BCS。下面的代码显示了如何在默认的 SSS 实例中获取凭据：

```
ISecureStoreProvider p = SecureStoreProviderFactory.Create();
string username = string.Empty;
string password = string.Empty;
```

```
using (SecureStoreCredentialCollection creds =
    p.GetCredentials("ContosoDatabases"))
{
    foreach (SecureStoreCredential c in creds)
    {
        switch (c.CredentialType)
        {
            case SecureStoreCredentialType.UserName:
                username = c.Credential.ToString();
                break;
            case SecureStoreCredentialType.Password:
                password = c.Credential.ToString();
                break;
            case SecureStoreCredentialType.WindowsUserName:
                username = c.Credential.ToString();
                break;
            case SecureStoreCredentialType.WindowsPassword:
                password = c.Credential.ToString();
                break;
            case SecureStoreCredentialType.Generic:
                //Generic credentials
                break;
            case SecureStoreCredentialType.Key:
                //Key
                break;
            case SecureStoreCredentialType.Pin:
                //Pin
                break;
        }
    }
    //Log in using the credentials
}
```

13.2.4　理解部署包

当最终用户选择将外部列表与 Outlook 或 SharePoint Workspace 同步时，BCS 会创建一个 VSTO 一次单击的部署包，它包含用于使用客户端上的列表所需的所有元素。该部署包由 BCS 实时创建，存储在该列表中的一个名为 ClientSolution 的文件夹中。该部署包创建好后，部署将自动开始。

该部署包包含定义外部系统的 BCS 模型、ECT、操作以及访问和修改数据所必需的安全信息。此部署包还包含告知客户端缓存需要管理哪些数据以及如何刷新它们的订阅信息。最后，该部署包还包含你需要进行的前部署和后部署步骤，例如，在客户端应用程序中创建显示数据的自定义表单。

在部署时，加载项可以利用客户端的 Office 业务部件以帮助呈现数据。Office 业务部件是在任务面板中呈现单个项或项列表的 Windows 表单控件。这些部件简化了呈现过程，因此不需要为客户端创建自定义任务面板。

13.2.5　理解应用程序架构

SharePoint 2013 引入了新的应用程序模型，它提供了与自定义解决方案相关联代码的完全隔离。为了支持该模型，业务连接服务直接在应用程序内部引入了 BDCM 模型的功能。这些应用程序级别的 ECT 不驻留在 BDC 服务应用程序中。相反，它们会被隔离到一个 BDC 运行时的内存实例中，该实例会作为应用程序一部分部署的 BDC 元数据模型加载。图 13-17 显示了支持应用程序级别 ECT 的架构概览。

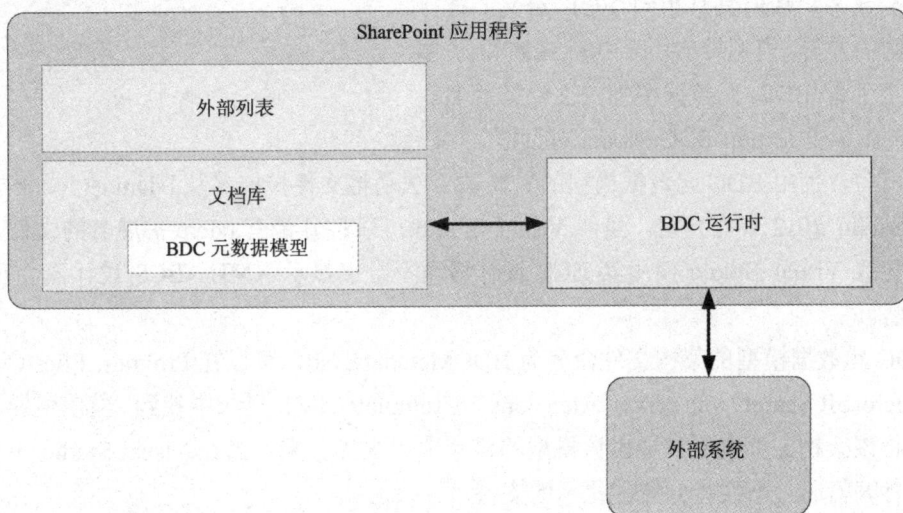

图 13-17

利用应用程序级别 ECT 的 SharePoint 应用程序可以将 BDC 元数据模型作为应用程序的一部分来部署。这种模型作为解决方案架构的一部分存储在一个特殊的文档库中。当用户访问应用程序时，BDC 运行时的一个实例就会挂进内存中，然后该模型就加载了。该模型随后可用于在应用程序范围内驱动外部列表。当应用程序关闭时，BDC 运行时就会被销毁。这种架构意味着应用程序级别 ECT 完全隔离于 SharePoint 服务器和 BDC 服务应用程序。应用程序级别 ECT 相当容易创建，但该工具目前仅应用于 Visual Studio 2012；不能在 SPD 中创建。创建这些解决方案的过程将在第 14 章进行讲解。

13.3　使用 BDC 元数据模型

BDC 元数据模型是一个完全定义 ECT、它到外部系统的连接及其操作的 XML 文件。在使用 SPD 工具创建 BCS 解决方案时，就能生成这个包含在 BDC 元数据模型中的 XML。该模型随后会存储在元数据存储中。

虽然创建 BCS 解决方案无须顾及包含在 BDC 元数据模型中的 XML，但专业的解决方案需要对模型中的元素有较强的理解。当在 BCS 中创建更多高级解决方案时，如果 SPD 工具不能直接支持想要的功能，BDC 元数据模型经常会从 SPD 中导出、修改和导入。此外，导出 BDC 元数据模型并在有更改时检查它，这一工作值得学习掌握。

从外部内容类型列表中导出 BDC 元数据模型。选择一个 ECT 后，可以单击 Export BDC Model 按钮，这会弹出 Export BDC Model 对话框。在该对话框中，可以选择导出 Default 模型或 Client 模型。Default 模型是在服务器上使用的模型，而 Client 模型会随着列表同步存储在客户端缓存中。这两个模型反映了你配置的用于服务器端或客户端但具有相同 ECT 定义的连接属性之间的差异。模型导出后会具有 BDCM 扩展名，它是所有 BDC 元数据模型的文件扩展名。图 13-18 显示了 Export BDC Model 对话框。

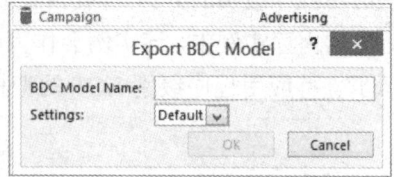

图 13-18

导出后，使用 BDC 元数据模型的最简单方法是将文件扩展名从.bdcm 改为.xml，并在 Visual Studio 2012 中打开它。虽然 Visual Studio 可以打开带有.bdcm 扩展名的文件，但这样做会导致 Visual Studio 使用其 BCS 设计器而不直接显示 XML。BCS 设计器会在第 14 章中讲解。

BDC 元数据模型的架构文件命名为 BDCMetadata.xsd，可以在 Program Files/Common Files/Microsoft Shared/web server extensions/15/Template/XML 目录中找到。当使用导出模型时，应将该架构文件复制到导出该模型的目录中。这样一来，当在 Visual Studio 中打开该文件进行编辑时，就会得到智能提示的支持。

可以通过管理中心中的 BDC 服务应用程序导入一个 BDC 元数据模型。当将编辑过的模型导回 BDC 服务应用程序时，最佳做法是确保更新 ECT 的版本。作为替代方案，可以在导入已编辑模型之前直接删除现有模型。

直接检查 BDC 元数据模型 XML 是了解架构复杂性的好方法。在本章全部内容中，SPD 工具和生成的 XML 都将呈现给你，你可以看到工具究竟如何影响模型。作为一个起始点，下面的代码显示了模型中使用的一些基本元素：

```xml
<Model xmlns:xsi="http://www.w3.org/2001/XMLSchema-instance"
    xsi:schemaLocation="http://schemas.microsoft.com/.../BDCMetadata.xsd"
    xmlns="http://schemas.microsoft.com/windows/2007/BusinessDataCatalog"
    Name="My Model">
  <LobSystems>
    <LobSystem>
    <LobSystemInstances>
      <LobSystemInstance/>
    </LobSystemInstances>
    <Entities>
      <Entity Name="MyEntity"
          DefaultDisplayName="My Entity"
          Namespace="http://mynamespace"
          Version="1.0.0.0"
          EstimatedInstanceCount="10000" >
        <Methods>
```

```
        </Methods>
      </Entity>
    </Entities>
   </LobSystem>
  </LobSystems>
</Model>
```

Model 元素是 XML 的根节点并包含架构参考。此元素还包含在 BDC 服务应用程序中显示的 Name 特性。LobSystem 元素是与特定外部系统相关联的模型的容器。注意，可以有在同一模型中定义的多个外部系统。LobSystemInstance 元素为特定的外部系统提供连接信息。

Entity 元素开始于一个用于特定外部系统的 ECT 定义。Name 特性是 ECT 的编程名称，而 DefaultDisplayName 特性是出示在 SharePoint 用户界面中的显示名称。Namespace 特性用于消除与具有相同编程名称的 ECT 之间的歧义。Version 特性用于指示 ECT 的最新版本。所有这些特性都需要在创建新的 ECT 时输入到 SPD 中。

EstimatedInstanceCount 特性用作预期 BCS 解决方案会有多少来自外部系统的实体实例的提示。不能通过 SPD 编辑 EstimatedInstanceCount 特性，且它的用法只能由使用该模型的应用程序来决定。例如，创建自定义 Web 部件以确定是立即加载所有数据还是按需加载，这种情况就可以使用此特性。这是一个简单但很有说服力的例子，表明为什么你可能需要导出一种模型，进行手动修改，之后再导入的情形。

13.4 使用外部数据源

外部数据源包含来自外部系统的数据并且是所有 BCS 解决方案的起始点。ECT 必须通过 5 种连接器类型中的任意一种来与外部数据源关联，这 5 种连接器类型分别是：SQL Server、WCF 服务、OData、.NET 程序集和自定义。当在 SPD 中创建 BCS 解决方案时，主要使用 SQL Server 或 WCF 服务连接器。OData、.NET 程序集和自定义连接器类型通常是在 Visual Studio 中创建的解决方案的一部分。

当创建新的 ECT 时，可以通过单击标题为 Click Here to Discover External Data Sources 的链接来关联外部数据源。单击此链接会将你带到操作设计器，你可以在那里看到所有可用的外部数据源。该视图允许添加额外的外部数据源，或者将现有的外部数据源移除。操作设计器还允许使用关键字搜索外部数据源的结构。这一功能有助于通过名称查找表、视图和 Web 方法，如果有多个可用的外部数据源就会很有帮助。

使用现有的 ECT，可以通过单击 Ribbon 菜单上的 Operations Design View 按钮打开操作设计器。要打开 Connection Properties 对话框，可以单击 ECT Information 面板的 External System 链接，或通过单击 Ribbon 菜单中的 Edit Connection Properties 按钮。可以通过单击 Ribbon 菜单中的 Switch Connected System 按钮来更改与 ECT 关联的外部数据源。图 13-19 显示了 Ribbon 菜单中的可用按钮。

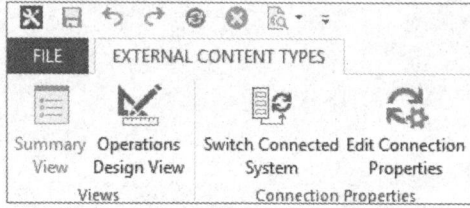

图 13-19

13.4.1　使用 SQL Server 连接器进行连接

SQL Server 连接器提供对 Microsoft SQL Server、Oracle、OLE DB 和 ODBC 数据库的连接。由于数据库代表大多数可用的外部数据，因此 SQL Server 连接器在 BCS 解决方案中会频繁地使用。SharePoint Designer 提供了工具以支持与 Microsoft SQL Server 的连接，但与 Oracle、OLE DB 和 ODBC 源的连接需要手动编辑 BDC 元数据模型。

1. 连接到 Microsoft SQL Server 数据库

在操作连接器中添加新的 SQL Server 连接时，必须在 SQL Server Connection Properties 对话框中填入连接外部系统所需的信息。下面的代码显示了一个典型的连接到 Microsoft SQL Server 的 LobSystemInstance 元素，代码使用的是微软的 AdventureWorks 样本数据库，请参见 http://msftdbprodsamples.codeplex.com。

```
<LobSystems>
 <LobSystem Type="Database" Name="MySystem">
  <Properties>
   <Property Name="WildcardCharacter" Type="System.String">%</Property>
  </Properties>
  <LobSystemInstances>
  <LobSystemInstance Name="MySystemInstance">
   <Properties>
    <Property Name="AuthenticationMode" Type="System.String">
     PassThrough
    </Property>
    <Property Name="DatabaseAccessProvider" Type="System.String">
     SqlServer
    </Property>
    <Property Name="RdbConnection Data Source" Type="System.String">
     AWSERVER
    </Property>
    <Property Name="RdbConnection Initial Catalog" Type="System.String">
     Adventureworks
    </Property>
    <Property Name="RdbConnection Integrated Security" Type="System.String">
     SSPI
    </Property>
    <Property Name="RdbConnection Pooling" Type="System.String">
     True
    </Property>
```

```
    </Properties>
   </LobSystemInstance>
  </LobSystem>
 </LobSystems>
```

对于 SQL Server 连接器，一系列 Property 元素可用来指定定义到数据库连接的值。AuthenticationMode 属性会指定如何执行到外部系统的身份验证。表 13-3 列出了 AuthenticationMode 的可能值。

表 13-3　身份验证模式

值	应用程序	说　　明
PassThrough	数据库与 Web 服务	使用当前用户的凭据来连接到外部系统
RevertToSelf	数据库与 Web 服务	使用 IIS 应用程序池的凭据来连接到外部系统
WindowsCredentials	数据库与 Web 服务	使用从安全存储服务返回的 Windows 凭据来连接到外部系统
RdbCredentials	数据库	使用从安全存储服务返回的非 Windows 凭据来连接到数据库
Credentials	Web 服务	使用从安全存储服务返回的非 Windows 凭据来连接到 Web 服务

DatabaseAccessProvider 属性会指定针对哪种类型的数据库。该值可设置为 SqlServer、Oracle、OleDb 或 Odbc。根据为该属性选择的值，其他属性可能需要作为 LobSystemInstance 元素的子元素。在 SqlServer 示例的情形中，RdbConnection Data Source、RdbConnection Initial Catalog、RdbConnection Integrated Security 和 RdbConnection Pooling 属性是必需的。你会识别出这些属性是标准连接字符串的组件。

2. 连接到 Oracle 数据库

因为 SPD 中没有连接到 Oracle 数据源的支持工具，所以创建 Oracle 数据库的模型很难。一种方法是直接以空白 XML 文件从头开始做起，然后将模型导入 BDC 服务应用程序。另一种办法是将 SQL Server 数据库复制为 ECT，导出该模型，编辑，再导入更改后的模型。这两种方法都不是理想的选择。如果你从零开始，就很有可能发生输入错误。另一方面，修改 SQL Server 模型容易出错，因为 SQL Server 和 Oracle 之间的查询语法有所区别。无论在何种情况下，最终的代码必须如下所示：

```
<LobSystems>
 <LobSystem Type="Database" Name="MySystem">
  <Properties>
   <Property Name="WildcardCharacter" Type="System.String">%</Property>
  </Properties>
  <LobSystemInstances>
   <LobSystemInstance Name="MySystem Instance">
```

```
<Properties>
 <Property Name="AuthenticationMode" Type="System.String">
 RdbCredentials
 </Property>
 <Property Name="DatabaseAccessProvider" Type="System.String">
 Oracle
 </Property>
 <Property Name="RdbConnection Data Source" Type="System.String">
 MY_NET_SERVICE_NAME
 </Property>
 <Property Name="SsoApplicationId" Type="System.String">
 MY_SECURE_STORE_APP_ID
 </Property>
 <Property Name="SsoProviderImplementation" Type="System.String">
 Microsoft.Office.SecureStoreService.Server.SecureStoreProvider,
 Microsoft.Office.SecureStoreService, Version=15.0.0.0,
 Culture=neutral, PublicKeyToken=71e9bce111e9429c
 </Property>
 </Properties>
 </LobSystemInstance>
 </LobSystemInstances>
 </LobSystem>
</LobSystems>
```

BCS Meta Man

由于 SPD 中没有支持所有数据源与操作的工具，因此就出现了一个第三方市场以便提供创建 BCS 模型的工具。用于创建 BCS 解决方案的一个受欢迎的第三方工具是 BCS Meta Man。BCS Meta Man 支持到 Oracle 与 ODBC 数据源的连接以及其他不受 SPD 支持的操作。BCS Meta Man 会作为 Visual Studio 2012 的一个扩展工具来安装。更多信息请参考 www.lightningtools.com。

将 AuthenticationMode 属性设置为 RdbCredentials 以连接到 Oracle。这意味着安全存储服务所提供的非 Windows 凭据会用于访问 Oracle 数据库。将 DatabaseAccessProvider 属性设置为 Oracle 以标识 Oracle 是目标系统。将 RdbConnection Data Source 属性设置为 Net Service Name 值，它是 tnsnames.ora 文件中数据库的别名。将 SsoApplicationId 属性设置为提供凭据的安全存储服务中应用程序的名称。SsoProviderImplementation 属性是指安全存储服务的实现。在示例代码中，该属性引用服务器端安全存储服务。如果客户端使用了该模型，则应该替换为下面的代码：

```
<Property Name="SsoProviderImplementation" Type="System.String">
 Microsoft.Office.BusinessData.Infrastructure.
 SecureStore.LocalSecureStoreProvider,
 Microsoft.Office.BusinessData, Version=15.0.0.0, Culture=neutral,
 PublicKeyToken=71e9bce111e9429c
</Property>
```

3. 连接到 ODBC 数据源

SPD 中也不支持直接创建 ODBC 数据源模型。因此，你必须从头开始创建模型，并将它导入 BDC 服务应用程序。下面的代码显示了在该模型 XML 中 ODBC 连接的结构：

```
<LobSystems>
 <LobSystem Name="ODBC" Type="Database">
  <LobSystemInstances>
   <LobSystemInstance Name="ODBCInstance">
    <Properties>
     <Property Name="AuthenticationMode" Type="System.String">
      PassThrough
     </Property>
     <Property Name="DatabaseAccessProvider" Type="System.String">
      Odbc
     </Property>
     <Property Name="RdbConnection Dsn" Type="System.String">
      MY_DSN_NAME
     </Property>
     <Property Name="RdbConnection uid" Type="System.String">
      MY_USERNAME
     </Property>
     <Property Name="RdbConnection pwd" Type="System.String">
       MY_PASSWORD
     </Property>
     <Property Name="RdbConnection Trusted_Connection" Type="System.String">
      yes
     </Property>
     <Property Name="RdbConnection integrated security" Type="System.String">
      true
     </Property>
    </Properties>
   </LobSystemInstance>
  </LobSystemInstances>
 </LobSystem>
</LobSystems>
```

将 AuthenticationMode 属性设置为 Passthrough，但用于访问数据源的凭据会在 Rdb-Connection uid 和 RdbConnection pwd 属性中提供。你可以看到这些属性如何以类似于在 Microsoft SQL Server 中生成的方式来生成 ODBC 连接字符串。

4. 连接到 OLEDB 数据源

和 Oracle 与 ODBC 一样，创建 OLEDB 数据源模型不受 SPD 工具的支持。BDC 元数据模型必须从头开始创建并导入 BDC 服务应用程序。下面的代码显示了用于 Microsoft Access 数据库的一个 OLEDB 连接的结构：

```
<LobSystems>
 <LobSystem Type="Database" Name="MySystem">
```

```
<LobSystemInstances>
<LobSystemInstance Name="MySystemInstance">
 <Properties>
  <Property Name="AuthenticationMode" Type="System.String">
   PassThrough
  </Property>
  <Property Name="DatabaseAccessProvider" Type="System.String">
   OleDb
  </Property>
  <Property Name="RdbConnection Data Source" Type="System.String">
   C:\Mydatabase.mdb
  </Property>
  <Property Name="RdbConnection Persist Security Info"
   Type="System.String">
   false
  </Property>
  <Property Name="RdbConnection Connection Provider" Type="System.String">
   Microsoft.ACE.OLEDB.12.0
  </Property>
 </Properties>
</LobSystemInstance>
</LobSystem>
</LobSystems>
```

将 AuthenticationMode 属性设置为 Passthrough。RdbConnection Data Source 指的是 MS Access 文件的位置。RdbConnection Connection Provider 指定用于该连接的 OLEDB 提供程序。

13.4.2 使用 WCF 服务连接器进行连接

WCF 连接器提供到 Web 服务的连接,其中包括 Windows 通信基础(Windows Communication Foudation,WCF)和 ASP.NET Web 服务。SharePoint Designer 提供了用于连接 Web 服务以及和 Web 服务关联的元数据的工具,以便定义对服务的操作。将 Web 服务作为外部数据源来使用的关键是使用 SPD 来访问用于描述可用操作的 Web 服务的元数据。SPD 支持通过 Web 服务描述语言(Web Service Description Language,WSDL)以及元数据交换来访问服务元数据。

1. 连接到 ASP.NET Web 服务

ASP.NET Web 服务通常会提供 WSDL 文件来描述可用的操作。WSDL 文档的访问通过使用附加了查询字符串"?WSDL"的服务端点来实现。图 13-20 显示了带有 ASP.NET Web 服务设置的 Connection Properties 对话框。表 13-4 描述了对话框中的设置。

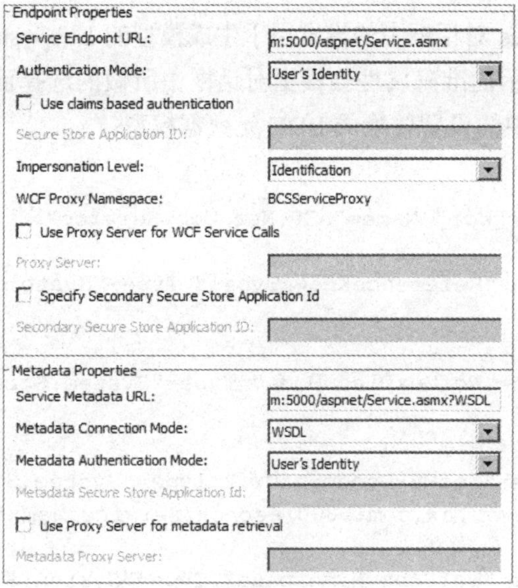

图 13-20

表 13-4 Web 服务连接设置

设　　置	说　　明
Service Endpoint URL	该 Web 服务的基础地址
Authentication Mode	用于选择表 13-3 中列出的一个值
Use Claims based authentication	如果该 Web 服务支持声明式身份验证请选择该项设置
Security Store Application ID	安全存储应用程序的名称，为访问该 Web 服务提供凭据
Impersonation Level	Windows 模拟级别设置如下： None：无模拟 Anonymous：服务端不能模拟或识别客户端 Identification：服务端能识别客户端但不能模拟客户端 Impersonation：服务端能且仅能在服务端模拟客户端 Delegation：服务端能在本地和请求远程资源期间模拟客户端
WCF Proxy Namespace	用于生成代理类的编程式名称空间
Use Proxy Server for WCF Service Calls	指定一个代理服务器在调用 Web 服务时使用
Specify Secondary Security Store Application ID	提供额外凭据的备用安全存储服务应用程序。这些凭据在 Web 服务需要在方法调用中将凭据作为参数传入时使用
Service Metadata URL	元数据文档的地址
Metadata Connection Mode	指定是否将元数据作为 WSDL 或通过 MEX 端点来获取
Metadata Authentication Mode	用于从表 13-3 中所列的值来选择身份验证模式，其将在访问服务元数据时使用
Use Proxy Server for metadata retrieval	指定返回服务元数据时使用的代理服务器
Specify Number of Connection	允许连接到服务的最大连接数量

Connection Properties 对话框中的设置用于生成模型的 LobSystem 和 LobSystemInstance 元素的属性。模型中显示的准确属性会根据对话框中所做的选择而有所差异。下面的代码显示了如何将图 13-20 中的设置转换成 BDC 元数据模型:

```xml
<LobSystems>
 <LobSystem Type="Wcf" Name="ASP.Net Web Service">
  <Properties>
   <Property Name="ReferenceKnownTypes" Type="System.Boolean">
    True
   </Property>
   <Property Name="WcfMexDiscoMode" Type="System.String">
    Disco
   </Property>
   <Property Name="WcfMexDocumentUrl" Type="System.String">
    http://webserver.aw.com:5000/aspnet/Service.asmx?WSDL
   </Property>
   <Property Name="WcfProxyNamespace" Type="System.String">
    BCSServiceProxy
   </Property>
   <Property Name="WildcardCharacter" Type="System.String">*</Property>
   <Property Name="WsdlFetchAuthenticationMode" Type="System.String">
    PassThrough
   </Property>
  </Properties>
  <Proxy>EABvmrlbJFsHTQdvYZp1cdN6TVqQAAMA...AAAAAA</Proxy>
  <LobSystemInstances>
   <LobSystemInstance Name="Item Service">
    <Properties>
     <Property Name="UseStsIdentityFederation" Type="System.Boolean">
      False
     </Property>
     <Property Name="WcfAuthenticationMode" Type="System.String">
      PassThrough
     </Property>
     <Property Name="WcfEndpointAddress" Type="System.String">
      http://webserver.aw.com:5000/aspnet/Service.asmx
     </Property>
     <Property Name="WcfImpersonationLevel" Type="System.String">
      Identification
     </Property>
    </Properties>
   </LobSystemInstance>
  </LobSystemInstances>
 </LobSystem>
</LobSystems>
```

随着在模型中设置的属性,你还会注意到一个 Proxy 元素。此元素在程序清单中已严重截断,但通常仍会包含一个大型文本字符串。此大型文本字符串是在连接到 Web 服务时由 SPD 工具生成的序列化代理类。该代理类在调用方法时由 BCS 用来与 Web 服务通信。

在 BDC 元数据模型中序列化该类，使该类便于移植且简化了到客户端应用程序的部署。

2. 连接到 WCF Web 服务

WCF Web 服务不仅会像 ASP.NET Web 服务一样提供 WSDL，还可以提供元数据交换 (Meta Data Exchanged，MEX)端点来描述可用的操作。MEX 端点可以被 SPD 使用以支持针对服务的代理类的生成。图 13-21 显示了提供了 MEX 端点的 WCF Web 服务设置的 Connection Properties 对话框。

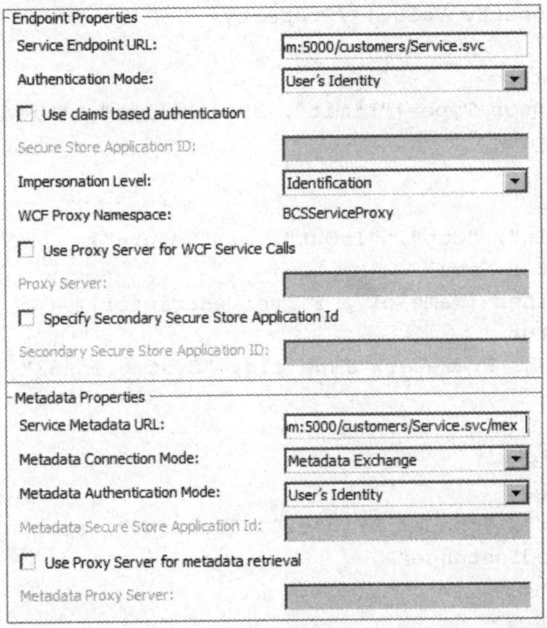

图 13-21

就像 ASP.NET Web 服务一样，在 Connection Properties 对话框中设置的值用于在 BDC 元数据模型中创建 LobSystem 和 LobSystemInstance 元素。模型中的属性与 ASP.NET Web 服务相同，但把这些值设置为使用 MEX 端点而非 WSDL 端点。

13.5　创建方法

BCS 方法原型定义可以对外部系统执行的操作。SPD 支持的 6 种方法原型分别是 Finder、SpecificFinder、Creator、Updater、Deleter 和 AssociationNavigator。这 6 种方法原型分别用于生成一个包含许多项的视图，显示单个项的详细信息，创建新的项，更新一个现有的项，删除项和显示数据间的关系。

13.5.1　实现方法原型

在 BDC 元数据模型中实现方法原型，要使用一个 Method 和一个 MethodInstance 元素。Method 元素定义输入参数、输出参数和将会与方法原型一同使用的筛选器，MethodInstance

元素定义将会实现的方法原型的类型。

BDC 元数据模型通常由许多定义对外部系统操作的 Method 元素组成。每个 Method 元素可以由一个或多个 MethodInstance 组成；但通常 Method 和 MethodInstance 元素之间是一一对应的关系。这种方法简化了模型，使得开发解决方案更为容易。下面的代码显示了实现方法原型的基本 XML 架构：

```
<Method Name=[Method Name]>
 <Properties>
  <Property>[Property Value]</Property>
 </Properties>
 <FilterDescriptors>
  <FilterDescriptor Type=["Limit", "PageNumber", "Wildcard", etc]
 </FilterDescriptor>
 <Parameters>
  <Parameter
   Direction=["In", "Out", "InOut", or "Return"]
   Name=[Parameter Name]
   AssociatedFilter=[Name of a FilterDescriptor]>
   <TypeDescriptor
    TypeName=[.NET Framework Type e.g, "System.Int32"] />
  </Parameter>
 </Parameters>
 <MethodInstances>
  <MethodInstance
   Type=["Finder", "SpecificFinder", "Creator", etc]
   Name="MyMethodInstance">
  </MethodInstance>
 </MethodInstances>
</Method>
```

1. 定义属性

Method 元素可以包含一个或多个 Property 元素。这些属性专用于方法实现，且随着用于访问外部系统的连接器类型的不同而不同。具体的值将在本章后面详述。

2. 定义参数

Method 元素可以包含一个或多个 Parameter 元素。参数用作方法的输入和输出。把参数定义为 In、Out、InOut 或 Return 类型。参数所需的准确设置基于方法原型的函数签名。例如，Finder 方法可能没有任何 In 参数而只有一个 Return 参数。而另一种情况，SpecificFinder 方法可能具有代表返回记录主键的单个 In 参数以及包含该记录的单个 Return 参数。

参数元素始终包含一个或多个 TypeDescriptor 元素。TypeDescriptor 元素用于将外部系统中的数据类型映射到可以被 BCS 使用的称为.NET 框架的类型。该类型可能是单值类型，比如，System.String 或者类型集合。类型集合是必需的，例如，当从一个外部系统返回的值是一个包含多个字段的记录时就需要使用。

3. 定义筛选器

Method 元素可以包含零个或多个 FilterDescriptor 元素。筛选器由 BCS 用来向系统或用户提供输入方法。例如，可以在一个视图定义中设置一个筛选器，用于某外部列表作为指定从外部系统中返回何种实体实例的一种方法。也可以通过系统设置筛选器，例如，用来基于当前用户身份限制返回数据的一个筛选器。筛选器始终与输入参数相关联。这种关联就是如何将筛选器的值进行传递以便从方法实现中接收。表 13-5 列出了由 SPD 支持的筛选器。

表 13-5　BCS 筛选器

名　　称	SPD 支持	说　　明
ActivityId	SpecificFinder Creator Updater Deleter AssociationNavigator	用于将 CorrelationId 传递到操作中
Comparison	Finder	用于指定必须精确匹配字段的值以从 Finder 操作中返回项(例如，LastName='Hillier')
LastId	SpecificFinder Creator Updater Deleter AssociationNavigator	用于将最后一项的标识符传递给操作读取以将该项的数据作为数据块返回
Limit	Finder	用于指定从操作返回的项的最大数量限制
PageNumber	Finder	用于指定从多页面操作返回的从零开始的页数
Password	SpecificFinder Creator Updater Deleter AssociationNavigator	用于将由安全存储服务提供的密码传递给操作以用于安全检查
SsoTicket	SpecificFinder Creator Updater Deleter AssociationNavigator	用于将由安全存储服务提供的 SSO 票据传递给操作以用于安全检查

(续表)

名　称	SPD　支　持	说　明
Timestamp	Finder	用于指定 Finder 操作最后一次调用的时间以便只返回修改后的数据
UserContext	SpecificFinder Creator Updater Deleter AssociationNavigator	用于将调用方的标识传递给操作
Username	SpecificFinder Creator Updater Deleter AssociationNavigator	用于将由安全存储服务提供的用户名传递给操作以便筛选和安全检查
UserProfile	SpecificFinder Creator Updater Deleter AssociationNavigator	用于将当前用户的配置文件传递给操作
Wildcard	Finder	用于指定可用于从操作中返回项的搜索模式(例如, LastName LIKE 'Steve%')

4. 理解原型要求

SPD 工具的价值是它知道如何为受支持的方法原型创建整套正确的属性、参数和筛选器。然而,在手动实现方法原型的情况下,你必须认识到每个方法原型的隐性要求。简单指定 MethodInstance 元素的 Type 特性是不够的;必须定义参数和筛选器,由此才能产生一个可接受的方法签名。表 13-6 列出了每个方法原型所需的参数。注意,筛选器通常不是必需的,但可以作为进一步精简操作的一个选项来应用。

表 13-6　需要的参数

名　称	输　入	返　回
AssociationNavigator	实体实例 ID	实体实例集
Creator	字段集	无
Deleter	实体实例 ID	无
Finder	无	实体实例集

(续表)

名　　称	输　　入	返　　回
SpecificFinder	实体实例 ID	单个实体实例
Updater	实体实例 ID 字段集	无

13.5.2　为数据库创建方法

数据库是在 SPD 中使用的最简便的外部数据源。由于数据库具有表、视图、存储过程、主键和外键，因此只需相对更少的人工输入，更便于 SPD 工具创建有效的 BDC 元数据模型。在创建 ECT 并作为外部系统与数据库关联以后，操作设计器就会显示可用的表、视图以及相关的存储过程。可以使用这些对象中的任何一个作为方法的起始点。

1. 创建 Finder 方法

Finder 方法会返回外部系统的视图。可以使用这些视图来在外部列表中创建视图以及业务数据 Web 部件，或用来支持搜索。为此，ECT 可以支持多个 Finder 方法。要开始创建 Finder 方法，可以右击一个可用的表、视图或存储过程，并从上下文菜单中选择 New Read List Operation 命令。当创建一个新的 Finder 方法时，SPD 会启动读取列表向导。

向导的第一步要求提供 Finder 方法的操作名称和操作显示名称。在命名方法时，应采用一套标准并一贯地使用这套标准。选择的名称会出现在整个 SharePoint 平台的好几个位置，因此最好使用最终用户可以读懂的一套命名标准。

向导的下一步是设置 Finder 方法的筛选器。如果你创建的是首个 Finder 方法，那么 SPD 会自动将它标记为默认 Finder 方法。默认 Finder 方法是用于外部列表的默认视图，也是在搜索索引期间由爬网器调用的默认方法。这非常重要，因为你不需以任何方式过滤默认的 Finder 方法，所以向导中的这个步骤可以跳过。

当创建随后的 Finder 方法时，要应用筛选器。筛选器很重要，因为它们可以限制从外部系统返回的数据量，从而使解决方案更为高效。与在标准的 SharePoint 列表中创建视图一样，要在 SPD 中创建筛选的 Finder 方法。

在向导中，可以单击 Add Filter Parameter 按钮向 Finder 方法添加新的筛选器。然而，单击此按钮，结果是只创建一个未定义的筛选器，该未定义的筛选器会在向导中生成一个警告。要配置筛选器，必须单击 Click to Add 链接，打开 Filter Configuration 对话框。图 13-22 显示打开了 Filter Configuration 对话框的向导。

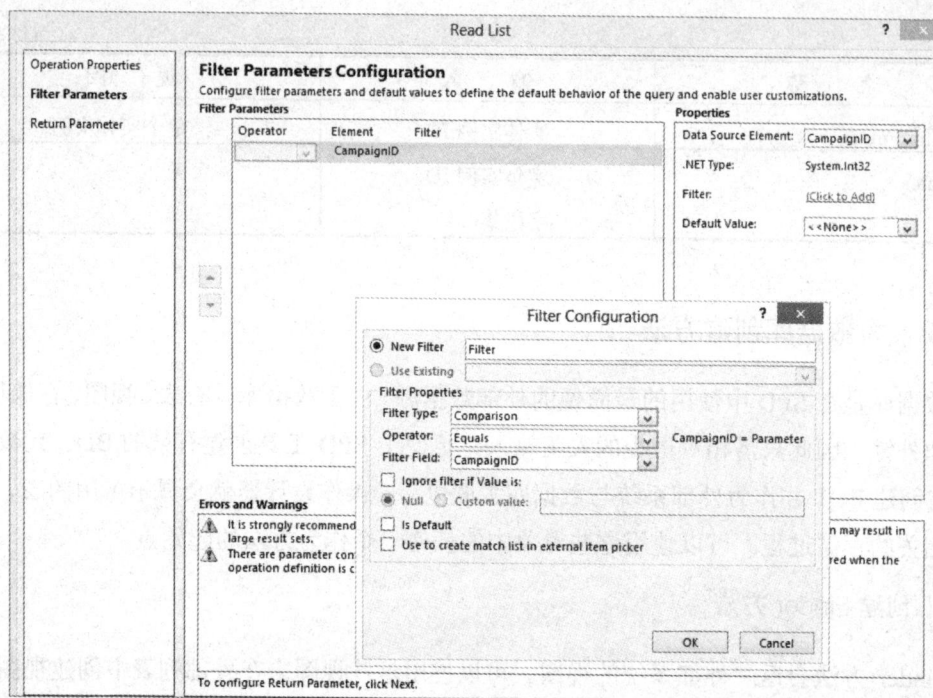

图 13-22

在 Filter Configuration 对话框中，可以选择想要使用的筛选器类型，并设置属性，比如，要忽略的值。在 Filter Configuration 对话框中完成设置以后，可以关闭该对话框，但筛选器定义还没有完成。在向导的 Properties 部分，必须选择与筛选器关联的字段并为筛选器提供一个默认值。

向导的下一步会要求你配置从外部系统返回的值。此时会要求你指定 ECT 的标识。Identifer 字段是拥有在外部系统中唯一标识实体实例的值的字段。对于数据库，该字段通常是主键。选择此字段，并勾选 Map to Identifier 复选框。

在此步骤中，系统也会提示你指定在 External Item Picker 对话框中显示的字段。此对话框是 Microsoft Word 中的选取器控件，每当一个库使用基于 ECT 的字段时，它就会出现。这很重要，因为用户只会看到你标记的字段，所以它们应该是最终用户需要搜索的字段。选择每个字段，并勾选 Show in Picker 复选框。

在此步骤中，最好仔细看看每个字段的显示名称。确保这些值是可读的，因为它们会作为外部列表中的列标题来显示。也可以取消选中不想在视图中显示的任何字段。最后，如果数据源中有一个表示最后一次编辑该记录的日期时间字段，那么请将该字段标记为 Timestamp 戳字段。这将允许搜索使用该字段以支持增量爬网。

2. Finder 方法建模

将表、视图或存储过程作为源来使用会导致不同模型的创建。这是由于查询这些源的语法是不同的。下面的代码显示了使用这三个源的同一 Finder 方法的实现：

```xml
<!-- Table -->
<Method IsStatic="false" Name="AllNamesTable">
 <Properties>
  <Property Name="BackEndObject" Type="System.String">
  Names
  </Property>
  <Property Name="BackEndObjectType" Type="System.String">
  SqlServerTable
  </Property>
  <Property Name="RdbCommandText" Type="System.String">
  SELECT [ID] , [Title] , [FirstName] , [MiddleName] , [LastName] ,
  [EmailAddress] , [Phone] FROM [MiniCRM].[Names]
  </Property>
  <Property Name="RdbCommandType"
  Type="System.Data.CommandType, System.Data, Version=2.0.0.0,
  Culture=neutral, PublicKeyToken=b77a5c561934e089">
  Text
  </Property>
  <Property Name="Schema" Type="System.String">
  MiniCRM
  </Property>
 </Properties>
 <Parameters>
  <Parameter Direction="Return" Name="AllNamesTable">
   ...
  </Parameter>
 </Parameters>
 <MethodInstances>
  <MethodInstance Type="Finder" ReturnParameterName="AllNamesTable"
  Name="AllNamesTable" DefaultDisplayName="All Names Table">
 </MethodInstance>
 </MethodInstances>
</Method>


<!-- View -->
<Method IsStatic="false" Name="AllNamesView">
 <Properties>
  <Property Name="BackEndObject" Type="System.String">
  vw_GetNames
  </Property>
  <Property Name="BackEndObjectType" Type="System.String">
  SqlServerView
  </Property>
  <Property Name="RdbCommandText" Type="System.String">
  SELECT [ID] , [Title] , [FirstName] , [MiddleName] , [LastName] ,
  [EmailAddress] , [Phone] FROM [dbo].[vw_GetNames]
  </Property>
  <Property Name="RdbCommandType"
  Type="System.Data.CommandType, System.Data, Version=2.0.0.0,
```

```
   Culture=neutral, PublicKeyToken=b77a5c561934e089">
   Text
 </Property>
 <Property Name="Schema" Type="System.String">
   dbo
 </Property>
</Properties>
<Parameters>
 <Parameter Direction="Return" Name="AllNamesView">
   ...
 </Parameter>
</Parameters>
<MethodInstances>
 <MethodInstance Type="Finder" ReturnParameterName="AllNamesView"
  Name="AllNamesView" DefaultDisplayName="All Names View">
 </MethodInstance>
</MethodInstances>
</Method>


<!-- Stored Procedure -->
<Method IsStatic="false" Name="AllNamesProcedure">
 <Properties>
  <Property Name="BackEndObject" Type="System.String">
   sp_GetNames
  </Property>
  <Property Name="BackEndObjectType" Type="System.String">
   SqlServerRoutine
  </Property>
  <Property Name="RdbCommandText" Type="System.String">
   [dbo].[sp_GetNames]
  </Property>
  <Property Name="RdbCommandType"
   Type="System.Data.CommandType, System.Data, Version=2.0.0.0,
   Culture=neutral, PublicKeyToken=b77a5c561934e089">
   StoredProcedure
  </Property>
  <Property Name="Schema" Type="System.String">
   dbo
  </Property>
 </Properties>
 <Parameters>
  <Parameter Direction="Return" Name="AllNamesProcedure">
   ...
  </Parameter>
 </Parameters>
 <MethodInstances>
  <MethodInstance Type="Finder" ReturnParameterName="AllNamesProcedure"
   Name="AllNamesProcedure" DefaultDisplayName="All Names Procedure">
  </MethodInstance>
```

```
</MethodInstances>
</Method>
```

这三种方法实现之间的主要区别是每个实现中使用的 **Property** 元素集。比如，表和视图使用动态 SQL 语句，而存储过程使用对过程的直接调用。注意，三种方法都没有任何输入的参数或定义的筛选器。然而，如果定义了参数，新的存储过程就需要定义，因为任何输入参数必须反映在存储过程的定义中，而针对表和视图编写的动态 SQL 语句可以直接在模型中更改。

当使用带有输入参数的存储过程时，向导会显示一个允许你对参数指定筛选器的界面。然后这些筛选器的值可以在外部列表的视图定义中由最终用户或在业务数据 Web 部件中输入的参数来设置。下面的代码显示了一个支持将通配符作为输入参数的存储过程：

```
<Method IsStatic="false" Name="NamesByWildcardProcedure">
 <Properties>
  <Property Name="BackEndObject" Type="System.String">
   sp_GetNamesWildcard
  </Property>
  <Property Name="BackEndObjectType" Type="System.String">
   SqlServerRoutine
  </Property>
  <Property Name="RdbCommandText" Type="System.String">
   [dbo].[sp_GetNamesWildcard]
  </Property>
  <Property Name="RdbCommandType"
   Type="System.Data.CommandType, System.Data, Version=2.0.0.0,
   Culture=neutral, PublicKeyToken=b77a5c561934e089">
   StoredProcedure
  </Property>
  <Property Name="Schema" Type="System.String">
   dbo
  </Property>
 </Properties>
 <FilterDescriptors>
  <FilterDescriptor Type="Wildcard" FilterField="LastName" Name="Wildcard">
   <Properties>
    <Property Name="CaseSensitive" Type="System.Boolean">
     false
    </Property>
    <Property Name="IsDefault" Type="System.Boolean">
     false
    </Property>
    <Property Name="UsedForDisambiguation" Type="System.Boolean">
     false
    </Property>
   </Properties>
  </FilterDescriptor>
 </FilterDescriptors>
 <Parameters>
```

```
   <Parameter Direction="In" Name="@wildcard">
    <TypeDescriptor TypeName="System.String"
    AssociatedFilter="Wildcard" Name="@wildcard">
    <Properties>
     <Property Name="Order" Type="System.Int32">0</Property>
    </Properties>
    <DefaultValues>
     <DefaultValue
      MethodInstanceName="NamesByWildcardProcedure" Type="System.String">
      A
     </DefaultValue>
    </DefaultValues>
    </TypeDescriptor>
   </Parameter>
   <Parameter Direction="Return" Name="NamesByWildcardProcedure">
    ...
   </Parameter>
  </Parameters>
  <MethodInstances>
   <MethodInstance Type="Finder"
    ReturnParameterName="NamesByWildcardProcedure"
    Name="NamesByWildcardProcedure"
    DefaultDisplayName="Names by Wildcard Procedure">
   </MethodInstance>
  </MethodInstances>
 </Method>
```

在该代码中，注意，Wildcard 类型的 FilterDescriptor 已添加到模型中。此筛选器与 LastName 字段和@wildcard 输入参数相关联。它实现的就是将筛选器的值传递给@wildcard 输入参数。这意味着该存储过程必须有一个同样名称的参数，如下面的代码中所显示的：

```
CREATE PROCEDURE [dbo].[sp_GetNamesWildcard]
@wildcard nvarchar(10)
AS
SELECT ID,Title,FirstName,MiddleName,LastName,Suffix,EMailAddress,Phone
FROM MiniCRM.Names
WHERE LastName LIKE @wildcard + '%'
```

请记住，筛选器的目的是从最终用户处或系统中检索输入。在通配符筛选器的案例中，其目的是让最终用户设置一个基于姓氏的部分字符串搜索的视图。在 SharePoint 界面中，它显示为一个可以在外部列表的视图定义中设置的值。

3. 理解默认 Finder

默认 Finder 方法在任何 BCS 解决方案的设计中都值得特别考虑。如前所述，在 SPD 中创建的第一个 Finder 方法将成为默认方法。当创建后续的 Finder 方法时，向导会显示一个可以用来更改默认 Finder 的复选框。然而，如果你什么也不做，那么它始终是创建的第一个方法。

默认 Finder 方法服务于两个重要目的。第一，这是为外部列表生成默认视图的方法。第二，该方法由搜索索引器用来在爬网过程中检索记录。该方法通过 MethodInstance 元素的 Default 特性被标识为默认 Finder，通过 RootFinder 属性被标识为爬网的目标，如下面的代码所示：

```
<MethodInstance
 Type="Finder"
 ReturnParameterName="AllNames"
 Default="true"
 Name="AllNames"
 DefaultDisplayName="All Names">
 <Properties>
  <Property Name="RootFinder" Type="System.String"></Property>
 </Properties>
</MethodInstance>
```

当 SPD 将一个 Finder 同时定义为默认 Finder 和根 Finder 时，可能你的解决方案会产生严重的问题。这是因为默认 Finder 会进行筛选，但根 Finder 不会。Finder 方法一般会拥有筛选器来限制返回的行数。如果它们没有筛选器，那么在外部列表中返回超过 2000 行时 BCS 将引发一个错误。然而，绝不应该筛选根 Finder，因为筛选会从搜索结果中排除项以便它们不会出现在搜索结果中。因此，必须手动编辑 BDC 元数据模型以分配默认 Finder 和根 Finder 来区分 Finder 方法，除非你知道你的数据源将永远不会超过 2000 行，这是外部列表的限制。

4. 创建其他方法

创建 SpecificFinder、Creator、Updater 和 Deleter 方法一般遵循与 Finder 方法一样的概念。该向导会引导你完成定义适当的参数和筛选器的必要步骤。在存储过程的案例中，请记住，任何需要的输入参数或筛选器必须作为存储过程中的参数显式地提供。

13.5.3 为 Web 服务创建方法

使用 Web 服务一般比使用数据库难，因为 Web 服务中提供方法的形式可能会千差万别。没有可用于表和视图的显式架构，也没有可用于推断关系的主/外键。因此，要设计利用 Web 服务的 BCS 解决方案，必须仔细斟酌。

虽然可以将现有的 Web 服务作为外部数据源来使用，但方法原型的要求常常会导致需要创建一个用于 BCS 解决方案的自定义服务。自定义服务会提供紧密关联到 BCS 方法原型的方法。下面的代码显示了一个简单 WCF 服务的编程接口：

```
[ServiceContract]
public interface IService
{
    [OperationContract]
    List<Customer> CrawlCustomers();
```

```
    [OperationContract]
    List<Customer> GetCustomers(int Limit);
    [OperationContract]
    List<Customer> GetCustomersByRegion(string Region);
    [OperationContract]
    Customer GetCustomer(string Id);
    [OperationContract]
    void CreateCustomer(string FirstName, string LastName);
    [OperationContract]
    void UpdateCustomer(string Id, string FirstName, string LastName);
    [OperationContract]
    void DeleteCustomer(string Id);
}
[DataContract]
public class Customer
{
    [DataMember]
    public string Id { get; set; }
    [DataMember]
    public string FirstName { get; set; }
    [DataMember]
    public string LastName { get; set; }
}
```

Web 服务提供的方法根据表 13-4 的要求设计。Finder 方法会返回 Customer 实体实例集合，而 SpecificFinder 只返回单个实体实例。Creator、Updater 和 Deleter 方法会返回 void。

三个 Finder 方法都提供了。CrawlCustomers()方法没有筛选器，仅供索引器的使用。GetCustomers()方法会接受一个限制筛选器，以防止外部列表中因返回结果太多而导致错误。GetCustomerByRegion()接受筛选器来限制某一区域内返回到客户的结果。所有这些参数都会出现在 SPD 向导中，以便它们映射到相应的筛选器类型。

13.5.4　定义关联

关联是多个 ECT 之间的关系。SPD 支持一对多、自引用和反向关联。一对多关联会从单个父实体实例返回多个相关的实体实例。自引用关联会返回与父实体实例相同类型的实体实例。反向关联会从单个子实体实例返回一个父实体实例。SPD 中创建的关联是AssociationNavigator 类型。

1. 创建一对多关联

BCS 解决方案中最常见的关联类型是一对多关联，凭此，父实体实例可以关联到许多子实体实例。这种类型的关联支持诸如单个 Customer 拥有多个 Order 或单个 Customer 拥有多个 Contact 的情形。这种设计与数据库表之间的关联方式完全相同。

要创建一个一对多关联，必须首先定义两个外部内容类型。应该定义子 ECT，使它包含一个关联到父 ECT 的外键。这意味着 Order ECT 会包含一个 CustomerID 字段，或 Contact

ECT 会包含一个 ClientID 字段。如果关系基于数据库表或视图，那么别的什么都不需要做了。如果关系基于存储过程或 Web 服务方法，则必须创建一个接受父实体实例标识符并返回子实体实例的存储过程或方法。

在定义了这些 ECT 之后，就可以从操作设计器中创建新的关联了。如果关系使用的是表或视图，则选择子表或子视图。如果关系使用的是存储过程或 Web 服务，则选择接受父实体实例标识符并返回子实体实例的过程或方法。在上下文菜单中右击并选择 New Association 命令来启动关联向导。

在关联向导中，通过从列表中单击 Browse 按钮并选择父 ECT，从而将子 ECT 映射到父 ECT。选择父 ECT 后，必须将父 ECT 的标识符映射到子 ECT 的外键。

在向导的下一个界面中，将子 ECT 的输入参数映射到外键。大多数时候这个字段的名称与第一个界面中选择的标识符相同，但它们也可以不同。

```xml
<Method IsStatic="false" Name="ContactsForClient">
 <Properties>
  <Property Name="BackEndObject" Type="System.String">
  ClientContacts
  </Property>
  <Property Name="BackEndObjectType" Type="System.String">
  SqlServerTable
  </Property>
  <Property Name="RdbCommandText" Type="System.String">
  sp_GetAllClientContacts
  </Property>
  <Property Name="RdbCommandType" Type="System.Data.CommandType,
  System.Data, Version=2.0.0.0, Culture=neutral,
  PublicKeyToken=b77a5c561934e089">
  StoredProcedure
  </Property>
  <Property Name="Schema" Type="System.String">dbo</Property>
 </Properties>
 <Parameters>
  <Parameter Direction="In" Name="@ClientID">
   <TypeDescriptor TypeName="System.Int32" IdentifierName="ClientID"
   IdentifierEntityName="Client"
   IdentifierEntityNamespace="http://clients_web"
   ForeignIdentifierAssociationName="ContactsForClient"
   Name="ClientID" />
  </Parameter>
  <Parameter Direction="Return" Name="ContactsForClient">
   ...
  </Parameter>
 </Parameters>
 <MethodInstances>
  <Association Name="ContactsForClient" Type="AssociationNavigator"
  ReturnParameterName="ContactsForClient"
  DefaultDisplayName="Contacts For Client">
```

```
<Properties>
 <Property Name="ForeignFieldMappings" Type="System.String">
 &lt;?xml version="1.0" encoding="utf-16"?&gt;
 &lt;ForeignFieldMappings
 xmlns:xsi="http://www.w3.org/2001/XMLSchema-instance"
 xmlns:xsd="http://www.w3.org/2001/XMLSchema"&gt;
 &lt;ForeignFieldMappingsList&gt;
 &lt;ForeignFieldMapping ForeignIdentifierName="ClientID"
 ForeignIdentifierEntityName="Client"
 ForeignIdentifierEntityNamespace="http://clients_web"
 FieldName="ClientID" /&gt;
 &lt;/ForeignFieldMappingsList&gt;
 &lt;/ForeignFieldMappings&gt;
 </Property>
 </Properties>
 <SourceEntity Namespace="http://clients_web" Name="Client" />
 <DestinationEntity Namespace="http://clients_web" Name="Contact" />
 </Association>
 </MethodInstances>
</Method>
```

一对多关系用在 SharePoint 界面中以显示实体实例。在子实体实例的外部列表中,父实体实例的外键可以使用选择器来设置,如图 13-23 所示。如果为父 ECT 定义一个配置文件页面,那么包含相关子 ECT 的列表会自动创建。

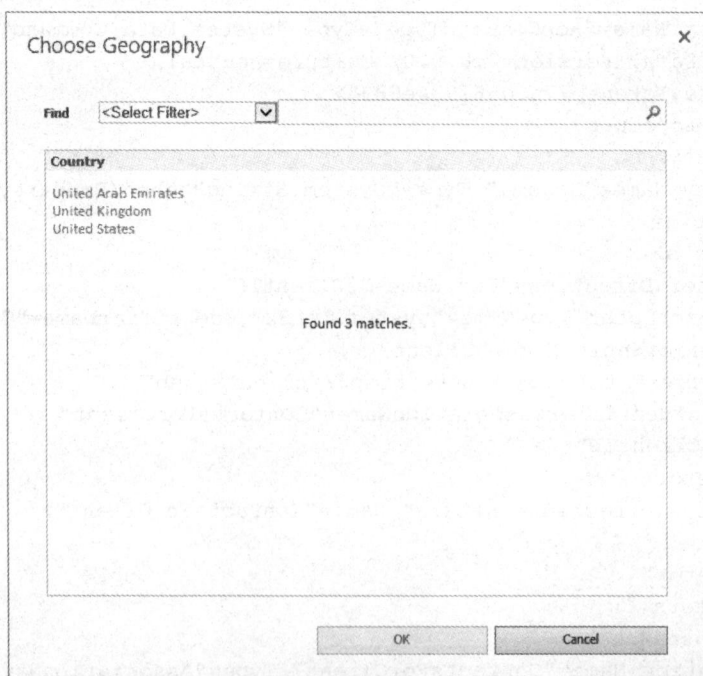

图 13-23

2. 创建自引用关联

自引用关联使用与一对多关系相同的方法创建。不同的是，自引用关系会使用与父项和子项相同的 ECT。因此，ECT 必须定义一个单独的字段充当一对多关系中的外键，但实际指的是同一类型的实体实例。

例如，要从单个雇员表中创建一个组织结构图。该表包含一个作为主键的 ID 字段，以及一个将当前记录关联到表中另一个记录的 ManagerID 字段。使用此信息，可以创建 Employee ID 字段和 ManagerID 字段之间的关联，如以下代码所示：

```xml
<Method IsStatic="false" Name="EmployeesForManager">
 <Properties>
  <Property Name="BackEndObject" Type="System.String">
  Employees
  </Property>
  <Property Name="BackEndObjectType" Type="System.String">
  SqlServerTable
  </Property>
  <Property Name="RdbCommandText" Type="System.String">
  SELECT [ID] , [ManagerID] , [Title] , [FirstName] , [MiddleName] ,
  [LastName] , [EmailAddress] , [Phone] FROM [dbo].[Employees]
  WHERE [ManagerID] = @ID
  </Property>
  <Property Name="RdbCommandType"
  Type="System.Data.CommandType, System.Data, Version=2.0.0.0,
  Culture=neutral, PublicKeyToken=b77a5c561934e089">
  Text
  </Property>
  <Property Name="Schema" Type="System.String">
  dbo
  </Property>
 </Properties>
 <Parameters>
  <Parameter Direction="In" Name="@ID">
  <TypeDescriptor TypeName="System.Int32" IdentifierName="ID"
   ForeignIdentifierAssociationName="EmployeesForManager"
   Name="ManagerID" />
  </Parameter>
  <Parameter Direction="Return" Name="EmployeesForManager">
   ...
  </Parameter>
 </Parameters>
 <MethodInstances>
  <Association Name="EmployeesForManager" Type="AssociationNavigator"
  ReturnParameterName="EmployeesForManager"
  DefaultDisplayName="Employees for Manager">
  <Properties>
   <Property Name="ForeignFieldMappings" Type="System.String">
   &lt;?xml version="1.0" encoding="utf-16"?&gt;
```

```
&lt;ForeignFieldMappings
xmlns:xsi="http://www.w3.org/2001/XMLSchema-instance"
xmlns:xsd="http://www.w3.org/2001/XMLSchema"&gt;
&lt;ForeignFieldMappingsList&gt;
&lt;ForeignFieldMapping ForeignIdentifierName="ID"
ForeignIdentifierEntityName="Employee"
ForeignIdentifierEntityNamespace="http://bcs/orgchart"
FieldName="ManagerID" /&gt;
&lt;/ForeignFieldMappingsList&gt;
&lt;/ForeignFieldMappings&gt;</Property>
    </Properties>
    <SourceEntity Namespace="http://bcs/orgchart" Name="Employee" />
    <DestinationEntity Namespace="http://bcs/orgchart" Name="Employee" />
  </Association>
 </MethodInstances>
</Method>
```

创建自引用关系的关键是当满足 ManagerID = ID 时返回实体实例的 SQL 查询。注意,当在工具中创建新的自引用关联时,SPD 并不始终正确地创建此 SQL 查询。因此,应该确保在方法创建以后,导出该查询并检查它。在其正确创建后,就可以像其他关系一样使用它了。

3. 创建反向关联

反向关联会返回一个用于子实体实例的单独的父实体实例。反向关联不支持表和视图,但支持存储过程和 Web 服务,因为反向关联不是数据库架构中所固有的。它必须通过存储过程或 Web 服务进行显式编程。例如,可以创建一个存储过程,它将使用一个 Contact 的标识符并返回父项的 Client 实体实例,如以下代码所示:

```
CREATE PROCEDURE sp_GetClientByContactID
@ClientContactID int
AS
Select Clients.ClientID, Clients.Name, Clients.Address1, Clients.Address2,
Clients.City, Clients.Province, Clients.PostalCode, Clients.Country,
Clients.Phone, Clients.Fax, Clients.Web
From Clients
Inner Join ClientContacts
On Clients.ClientID = ClientContacts.ClientID
Where ClientContactID = @ClientContactID
```

在编写完存储过程后,打开子 ECT 的操作设计器。选择存储过程,右击并从上下文菜单中选择 New Reverse Association 命令。与其他关联一样,之后就可以浏览并选择父 ECT。

13.6　使用外部列表

外部列表支持许多与标准 SharePoint 列表相同的功能,比如,自定义列表操作和自定义表单。在 SharePoint Server 2013 中，这些功能已得到增强，以同时支持事件处理程序和通知。本节将仔细介绍外部列表的一些功能。

13.6.1　创建自定义列表操作

自定义列表操作允许你将新的按钮添加到列表项菜单、视图项 Ribbon 菜单、新表单 Ribbon 菜单、视图表单 Ribbon 菜单或者编辑表单 Ribbon 菜单中。按钮的目标可以是一个现有的表单或一个 URL。对于标准列表，还可以从该按钮启动一个工作流，但外部列表不支持这一功能。

通过从 SPD 中选择列表并单击 Ribbon 菜单中的 Custom Action 按钮来创建新的自定义列表操作。然后，该按钮将打开 Create Custom Action 对话框。

13.6.2　创建自定义表单

对于每个标准列表和外部列表，都会创建一组表单用于显示、编辑和添加项。使用 SharePoint Designer，可以创建这些表单并将这些表单定制为 ASPX 页面或 InfoPath 表单。该功能有助于强化数据的呈现以及在项上执行字段级别的有效性验证。

1. 创建 ASPX 表单

当创建一个外部列表后，新建表单、编辑表单和显示表单也会基于关联 ECT 的操作定义而适时自动创建。使用 SPD，可以单击感兴趣的列表后面的 Lists 和 Libraries 对象来查阅这些表单。现有表单都会列在摘要页面上。

用于外部列表的默认表单会使用列表表单 Web 部件(List Form Web Part，LFWP)。LFWP 会执行针对外部列表的协同应用程序标记语言(Collaborative Application Markup Language，CAML)查询以显示各项。遗憾的是，LFWP 不支持对呈现形式的修改；如要修改必须创建一个新的表单。

在摘要页面单击表单列表上方的 New 按钮打开 Create New List Form 对话框。此对话框用于新建、编辑和显示基于数据表单 Web 部件(Data Form Web Part，DFWP)的表单。DFWP 利用 XSLT 将列表数据转换为显示形式。修改此 XSLT 可以轻松更改列表数据的呈现形式。

例如，考虑一个返回有关 SharePoint 图像信息的外部列表。BCS 解决方案有一个称为路径的栏，以便返回图片的路径。在一个简单的 BCS 解决方案中，路径显示为一栏，而用户会直接看到 URL 文本。当然，更好的体验是显示图像本身。可以通过添加新的显示表单和修改 XSLT 来实现，如下面的代码中所显示的。

```
<img>
 <xsl:attribute name="src">
  <xsl:value-of select="@Path"/>
 </xsl:attribute>
</img>
```

除了使用 SPD 之外,还可以在 SharePoint 2013 界面修改列表表单。在查看外部列表时,单击 Ribbon 菜单上的 List 选项卡。Modify Form Web Parts 按钮使你能选择一个表单来修改。不同之处在于,你将修改的是使用 Properties 面板来呈现列表的 Web 部件。

2. 创建 InfoPath 表单

可以选择创建用于外部列表的自定义 InfoPath 表单而不是 ASPX 页面。InfoPath 表单的创建可以在 List Summay 页面中单击 InfoPath 按钮中的 Design Forms,以便从 SPD 直接启动。用此操作打开的 InfoPath 带有一个可以编辑的默认表单。

InfoPath 表单更易于创建,且提供了更简单的样式和先进的控件。使用 InfoPath,可以充分利用列表和下拉菜单,以及样式和主题。当表单完成时,必须将其保存,然后执行快速发布。快速发布可以通过单击 InfoPath 中的 File 选项卡来使用。发布以后,该表单就可用于新的表单、编辑表单和显示表单了。

13.7   本章小结

业务连接服务(Business Connectivity Service,BCS)提供了将外部数据引入 SharePoint 的基础架构和必要的工具。当创建 SharePoint 2013 的 BCS 解决方案时,SharePoint Designer 应成为主要考虑的工具。SPD 中支持的工具比 Visual Studio 中的等效工具更易于使用。此外,还可以导出模型并对其进行手动编辑,以便把在 SPD 工具中不支持的功能包括进来。简而言之,你应该将 SPD 用于大多数基于数据库和 Web 服务的解决方案。使用 SharePoint 应用程序或自定义编码连接器的复杂解决方案将在第 14 章中讲解。

高级业务连接服务

本章内容

- 创建 BCS 连接器
- 搜索 BCS 系统
- 使用 BCS 对象模型
- 将 BCS 与 SharePoint 应用程序一起使用

本章源代码下载地址(wrox.com)

本章 wrox.com 代码下载地址是 www.wrox.com/remtitle.cgi?isbn=1118495829，在 Download Code 选项卡处。第 14 章代码下载处提供了按照本章所列标题打包的代码下载。

第 13 章讨论了几乎不需代码的业务连接服务(BCS)解决方案。本章将通过为 BCS 自定义解决方案奠定基础的.NET 程序集连接器和 BDC 服务器端对象模型，来探讨 BCS 中的自定义编码。

14.1 创建.NET 程序集连接器

.NET 程序集连接器将自定义程序集与外部内容类型(External Content Type，ECT)相关联，使你能够精确控制访问、处理以及从外部系统返回信息的方式。通过在 Visual Studio 2012 中添加业务数据连接模型(Business Data Connectivity Model，BDCM)项，就可以创建.NET 程序集连接器。Visual Studio BDCM 项是一个完整的可行示例。在创建它以后，可以按 F5 键在 SharePoint 中生成外部列表。这样做比较容易入门，因为工具在首次使用时都会有些难以理解；一个完整的可行示例可帮助指导你完成任务。14.2 节对该项目项的详细审查能够帮助你理解。

14.1.1　了解项目工具

当使用业务数据连接模型项时，有三个可用的资源管理器/设计器：BDC Model Explorer、实体设计界面和 Method Details 面板。BDC 模型资源管理器用于导航 BDC 元数据模型的节点。实体设计界面用于设计将会与.NET 程序集连接器关联的 ECT。方法详情面板用于创建 ECT 操作的函数签名。有了这三个要素，业务数据连接模型项目模板还可以提供标准窗口，如 Solution Explorer 和 Properties 面板。图 14-1 显示了 Visual Studio 2012 中的工具。

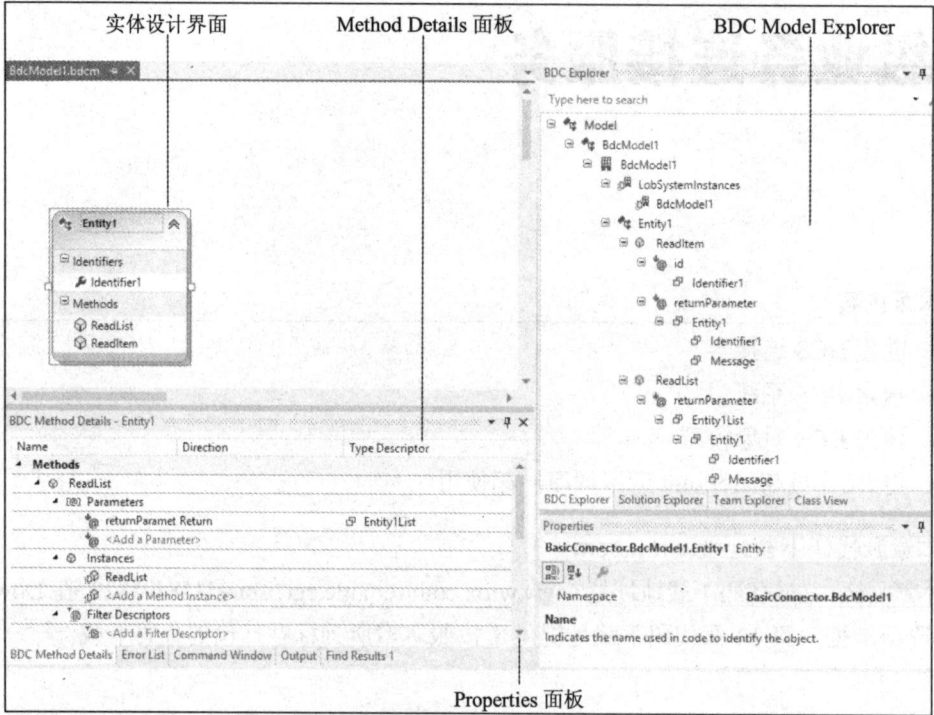

图 14-1

虽然 Visual Studio 工具很有用，但有时候你必须以 XML 形式访问基础的 BDC 元数据模型，或用于直接编辑，或只是为了验证你使用工具所完成的工作。BDC 元数据模型可以在 Solution Explorer 中以具有.bdcm 扩展名文件的形式找到。可以通过右击该文件并从上下文菜单中选择 Open With 命令，从而以 XML 方式打开该文件。从 Open With 对话框中，使用 XML 编辑器打开该文件。

为了使工具正常工作，你必须了解各种资源管理器和设计器如何解析基础模型 XML。此外，你必须了解当你做出更改时项目的哪些元素会受到影响。特别是 BDC Model Explorer 和 Method Details 面板，如果不能理解它们与基础 XML 间的关系，它们可能会令人不解。

不是所有基础的 BDC 元数据模型都可以在 BDC Model Explorer 中描述出来。尤其是因为 BDC Model Explorer 显示方法但不显示方法实例。方法在 BDC 元数据模型中被用作原型，其随后会由方法实例实现。Method Details 面板提供了定义方法实例所需的接口。

实体设计界面也用于编辑基础的元数据模型。但是它侧重于实体的创建。使用此工具，可以创建新实体、分配 Identifier 以及创建新方法。

无论使用哪种工具，都可以使用 Properties 面板来编辑选定的节点。Properties 面板中列出了节点的类型及其特性。虽然节点有多个特性，但大多数都不是必需的。然而，到底需要哪些特性来实现任意给定的节点并不总是那么清晰。你对模型理解越多，就越有可能创建出你所需要的模型来。

大多数情况下，工具旨在提供编辑基础 BDC 元数据模型的功能，但有一个例外。有一个类模块用于实现在模型中定义的方法实例。这类模块会自动创建，始终命名为以 Service 一词开头再加上该实体名的名称。这个类称为服务类。如果更改模型中实体的名称，该服务类的名称也会自动更新。如果从项目中删除该服务类，下一次在对方法定义进行任何更改时，它又会重新创建。

在该服务类中实现的方法具有由在 BDC 元数据模型中输入和返回的参数而定义的类型。这些类型可以是简单的类型或类。但是，通常情况下，Finder 和 SpecificFinder 方法返回代表与.NET 程序集连接器关联的 ECT 的类。在业务连接模型项中，会默认创建一个名为 Entity1.cs 的类并且从 Finder 和 SpecificFinder 方法中返回。这些方法也在你创建带有业务连接模型项的项目时默认创建。

尽管项模板包括一个与实体同名的类，但是就工具而言实体定义和实体类之间实际上并没有联系。更改模型中实体的名称并不会更改类的名称；且该类不会自动生成。此类实际上就是一个从.NET 程序集连接器返回的有效负荷。它的名字是没有意义的，但保持该类名称与它所代表的实体名称的同步是比较好的做法。该服务类中的方法会返回那些传递到外部列表显示的实体类的实例。在更高级的方案中，你可能会选择在一个单独的项目中实现实体类，以便它们易于被显示数据的自定义 Web 部件引用。

工具在很大程度上侧重于定义和实现方法而非定义从实体类所返回的数据。在默认的项目模板中，实体有一个名为 Message 的字段，它被定义为一个带有 System.String 类型名称的 TypeDescriptor。该实体类有一个相应的属性，在 Finder 或 SpecificFinder 方法实现期间可以设置其值。要添加或修改 ECT 的数据字段，必须在 BDC Model Explorer 中对模型进行更改并将新的属性添加到实体类中。这是一个手动的过程——工具不会自动生成实体类的成员。

14.1.2 开发过程演示

熟悉 Visual Studio 业务数据连接模型项目的最简单方法是创建解决方案。本示例将演示创建.NET 程序集连接器的完整开发过程。它使用产品的一个子集和来自于 AdventureWorks 数据库的类别数据，创建一个允许充分 CRUD 操作的连接器。作为开始，首先要使用实体框架创建数据库基础上的对象关系模型(Object Relational Model，ORM)，以便.NET 程序集连接器可以通过 LINQ 直接访问数据库。要更详细地了解实体框架，可以在 MSDN 的以下网址找到完整信息：http://msdn.microsoft.com/enUS/data/jj590134。

1. 新建项目

开发连接器的第一步是新建空白 SharePoint 2013 解决方案项目并添加新的业务数据连接模型项。在本演示中，会使用一个名为 ProductModel 的模型，该模型使用 AdventureWorks 数据库中的数据。虽然由项目模板默认创建的模型对于了解工具很有价值，但对于开发连接器并无帮助。为此，最好直接从实体设计界面中删除默认的 Entity1 实体。随着该实体的删除，还应该从 Solution Explorer 中删除实体服务类和实体类。这便为你留下了一个可以直接在 Visual Studio 中作为文本来查看的简单 BDC 元数据模型，它看起来如下面的 XML：

```xml
<?xml version="1.0" encoding= "utf-8 "?>
<Model xmlns:xsi="http://www.w3.org/2001/XMLSchema-instance"
    xmlns:xsd="http://www.w3.org/2001/XMLSchema"
    xmlns= "http://schemas.microsoft.com/windows/2007/BusinessDataCatalog"
    Name= "ProductModel ">
  <LobSystems>
    <LobSystem Name= "ProductSystem" Type= "DotNetAssembly ">
      <LobSystemInstances>
        <LobSystemInstance Name= "ProductSystemInstance" />
      </LobSystemInstances>
    </LobSystem>
  </LobSystems>
</Model>
```

LobSystem 元素是该模型的一个关键部分。注意该元素如何描述系统通过程序集实现。此语法与第 13 章中使用数据库和 Web 服务的示例中的语法迥然不同。SPD 和 Visual Studio 2012 还会使用该元素来确定是否为模型提供工具支持。SPD 不提供用于.NET 程序集连接器的工具支持，而 Visual Studio 只为.NET 程序集连接器提供工具支持。

此外请注意在前面的 XML 中提醒注意的元素的命名问题。Model、LobSystem 和 LobSystemInstance 节点都已正确地命名。在创建连接器时，由于 BDC 元数据模型变得更为复杂，命名就成为保持明晰的关键。记住，最好在开发过程的前期就正确命名。如果后面再重命名可能会导致问题，在 14.2 节中会讲解。

2. 新建实体

因为默认实体已经删除，所以接下来需要在项目中添加新实体。可以在 Visual Studio 中的工具箱内为项目添加新实体，有一个 Entity 对象可以拖到实体设计界面。当添加新实体时，会注意到自动创建了新服务类。此外，Properties 面板提供了几个可以设置的属性。这里至少要设置实体的 Name 属性。本演示中，该实体命名为 Product。

下一步是为实体添加 Identifier。标识符是能够标识唯一实体实例的主键。可以通过右击实体并选择 Add 和 Identifier 来新建 Identifier。使用 Properties 面板可以为 Identifier 设置名称和数据类型。本演示中，创建名为 ProductID 的 Identifier，数据类型是 System.Int32。下面的代码显示了用于实体的 BDC 元数据模型：

```
<Entities>
  <Entity Name="Product" Namespace="ProductConnector.ProductModel"
   Version="1.0.0.133">
    <Properties>
      <Property Name="Class" Type="System.String">
       ProductConnector.ProductModel.ProductService,
       ProductSystem</Property>
    </Properties>
    <Identifiers>
      <Identifier Name="ProductID" TypeName="System.Int32"/>
    </Identifiers>
  </Entity>
</Entities>
```

下一步是创建包含来自外部系统数据的实体类。请记住，Visual Studio 不会自动创建实体类，因此必须手动添加。在该类中，要为你希望返回的每一个数据字段添加属性。下面的代码显示了本演示中创建的实体类：

```
namespace ProductConnector.ProductModel
{
    public class Product
    {
        public int ProductID { get; set; }
        public string Name { get; set; }
        public string Number { get; set; }
        public string Color { get; set; }
        public string Description { get; set; }
    }
}
```

虽然前面的实体类相当简单，但需要指出几个问题。第一，类中的每个属性都对应外部列表中的一栏。第二，数据是强类型的；在该类中定义的类型是从连接器返回的。

3. 创建 Finder 方法

下一步是创建实体的方法。回到实体设计界面，可以通过右击该实体并选择 Add Method 命令来新建方法。但更好的选择是在 Method Details 面板中新建方法，因为在这里开始 Visual Studio 会定义用于原型的模型。请记住方法只是原型，必须创建一个方法实例来实现该方法。可以通过在 Method Details 面板单击 Add Method Instance 链接来新建方法实例。创建方法实例后，可以在 Properties 面板中指定方法实例的类型。通常情况下，第一个方法是 Finder 方法。本演示中创建了一个名为 ReadProducts 的 Finder 方法。

在对方法实例进行定义以后，还必须定义其参数。就默认的 Finder 方法而言，通常只定义一个返回参数。其他方法实例可能需要输入参数及筛选器。可以通过在 Method Details 面板单击 Add a Parameter 来新建参数。使用 Properties 面板随后还可以更改参数名称以及指定该参数是输入还是输出。对于本演示，创建了一个名为 ProductList 的返回参数。

当定义一个参数时，Visual Studio 会自动为参数创建一个 TypeDescriptor。TypeDescriptor

充当外部系统中的数据类型与由.NET 程序集连接器返回的数据类型之间的映射。在 Method Details 面板中单击 TypeDescriptor，便可以为 TypeDescriptor 定义 TypeName。就 Finder 方法而言，TypeDescriptor 通常是一个实体实例的集合。因此，在选择 TypeName 之前应将 IsCollection 属性设置为 True。在把 TypeDescriptor 指定为集合后，可以打开 TypeName 选取器，单击 Current Project 选项卡，然后选择 Product 类。Visual Studio 会自动将返回类型设置为集合。图 14-2 显示了 Visual Studio 中的 Type Name 选择器。

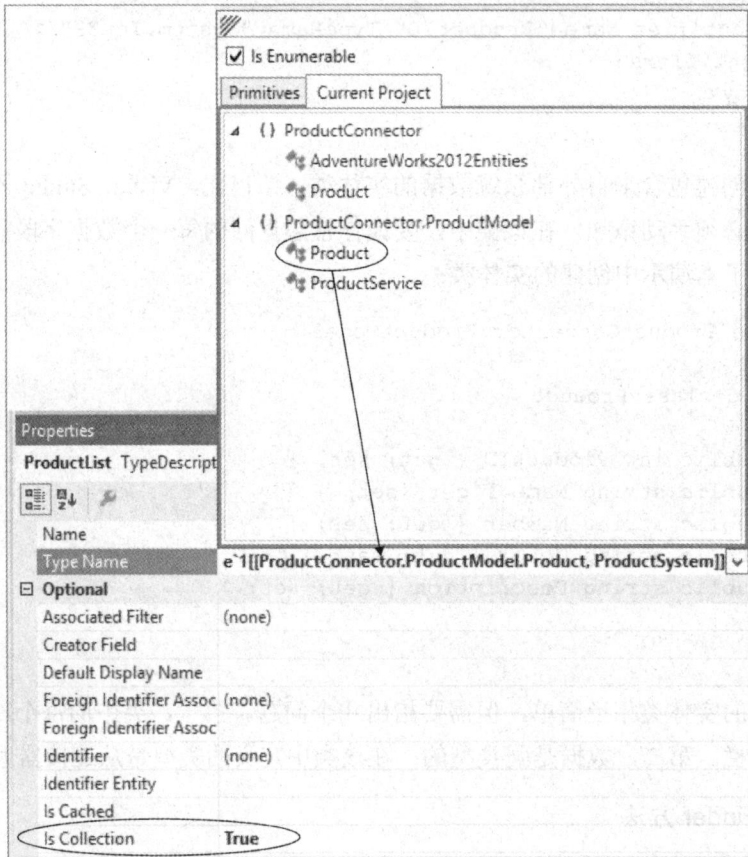

图 14-2

此时，你打开服务类的代码可以看到 Visual Studio 已经创建了一个方法，其签名基于该方法、参数和 TypeDescriptor 的设置。然而，你的工作还没有完成，因为把返回的 TypeDescriptor 指定为一个集合。因此必须添加新的 TypeDescriptor 来代表集合中的成员。另外，还必须定义集合成员中的每一个字段。

要创建额外的 TypeDescriptors，可以在 BDC Model Explorer 中进行。在 BDC Model Explorer 中，你可以看到定义集合的 TypeDescriptor。可以通过右击 TypeDescriptor 集合并从上下文菜单中选择 Add Type Descriptor 命令来定义集合成员。此 TypeDescriptor 有一个 Product 的 TypeName 但不是一个集合。最后，必须为你希望返回的实体的每一个属性添加一个 TypeDescriptor。请小心为 TypeDescriptor 设置 Identifier 属性，它代表将此属性指定为包含该 Identifier 值的实体(本示例中是 ProductID)的标识符。

最后，回到 Method Details 面板选择用于 Finder 的方法实例。在 Properties 面板中，设置 Return Parameter Name 和 Return TypeDescriptor 来引用已创建的项。至此就完成了 Finder 的定义。下面的代码显示了 BDC 元数据模型中已完成的 Finder 方法定义。

```
<Method Name="ReadProducts">
  <Parameters>
    <Parameter Name="productList" Direction="Return">
     <TypeDescriptor Name="ProductList"
      TypeName="System.Collections.Generic.IEnumerable`1[
      [ProductConnector.ProductModel.Product, ProductSystem]]"
      IsCollection="true">
       <TypeDescriptors>
        <TypeDescriptor Name="Product"
         TypeName="ProductConnector.ProductModel.Product, ProductSystem"
         IsCollection="false">
         <TypeDescriptors>
          <TypeDescriptor Name="ProductID" TypeName="System.Int32"
           IsCollection="false" IdentifierName="ProductID" ReadOnly="true" />
          <TypeDescriptor Name="Name" TypeName="System.String" />
          <TypeDescriptor Name="Description" TypeName="System.String" />
          <TypeDescriptor Name="Color" TypeName="System.String" />
          <TypeDescriptor Name="Number" TypeName="System.String" />
         </TypeDescriptors>
        </TypeDescriptor>
       </TypeDescriptors>
     </TypeDescriptor>
    </Parameter>
  </Parameters>
  <MethodInstances>
    <MethodInstance Name="ReadProducts" Type="Finder"
     ReturnParameterName="productList" ReturnTypeDescriptorPath="ProductList" />
    </MethodInstances>
</Method>
```

4. 创建 SpecificFinder 方法

因为外部列表的最低要求是包括一个 Finder 和 SpecificFinder 方法，所以下一步便是创建 SpecificFinder 方法。使用与创建 Finder 方法相同的过程，但有两个例外。第一，返回类型是单个实体实例而非实体实例集合。第二，SpecificFinder 需要一个输入参数，它包含将会返回的实体实例的标识符。要通过设置 Identifier 属性将此输入参数明确指定为接受标识符。

与 Finder 方法一样，也要为你希望返回的每一个属性添加一个 TypeDescriptor，并为包含 Identifier 值的该 TypeDescriptor 设置 Identifier 属性。但是在本演示中，可以直接在 BDC Model Explorer 中从 Finder 方法复制该 TypeDescriptors，再将其粘贴到 SpecificFinder 方法下面。

最后一件事是将代表标识符的 TypeDescriptor 的 Read-Only 属性设置为 True。你必须这样做，这是因为 ProductID 在数据库中作为标识列来处理。用户不能更新这一字段的值。设置 Read-Only 属性可确保 SharePoint 中自动生成的表单能够显示该字段而不能更改。下面的代码显示了模型中已完成的 SpecificFinder 方法定义。

```
<Method Name="ReadProduct">
 <Parameters>
  <Parameter Name="product" Direction="Return">
   <TypeDescriptor Name="Product"
    TypeName="ProductConnector.ProductModel.Product, ProductSystem"
    IsCollection="false">
    <TypeDescriptors>
     <TypeDescriptor Name="ProductID" IdentifierName="ProductID"
     IsCollection="false" TypeName="System.Int32" ReadOnly="true" />
     <TypeDescriptor Name="Name" TypeName="System.String" />
     <TypeDescriptor Name="Description" TypeName="System.String" />
     <TypeDescriptor Name="Color" TypeName="System.String" />
     <TypeDescriptor Name="Number" TypeName="System.String" />
    </TypeDescriptors>
   </TypeDescriptor>
  </Parameter>
  <Parameter Name="productID" Direction="In">
   <TypeDescriptor Name="ProductID" TypeName="System.Int32"
    IdentifierEntityName="Product"
    IdentifierEntityNamespace="ProductConnector.ProductModel"
    IdentifierName="ProductID" />
  </Parameter>
 </Parameters>
 <MethodInstances>
  <MethodInstance Name="ReadProduct" Type="SpecificFinder"
   ReturnParameterName="product" ReturnTypeDescriptorPath="Product" />
 </MethodInstances>
</Method>
```

5. 处理连接信息

此时，最低要求的方法已经定义了，你可以将注意力转向在代码中实现这些方法了。第一步要进行的工作是考虑如何处理外部系统的连接信息。存储连接信息的最简单方法是将其作为 BDC 元数据模型中的一个属性。可以在 BDC 元数据模型中向任意节点添加自定义属性，而连接信息通常附加到 LobSystemInstance 节点。

在 BDC Explorer 中可以选择 LobSystemInstance 节点，然后在 Properties 面板中单击代表 Custom Properties 的省略号。这将打开 Property Editor 对话框，可以在其中添加新的自定义属性以存留连接字符串。图 14-3 显示了本演示中的自定义属性以及 BDC 元数据模型。

```
<LobSystemInstance Name="ProductSystemInstance">
 <Properties>
  <Property Name="AdventureworksCatalog" Type="System.String">
```

```
  Connection string goes here
  </Property>
 </Properties>
</LobSystemInstance>
```

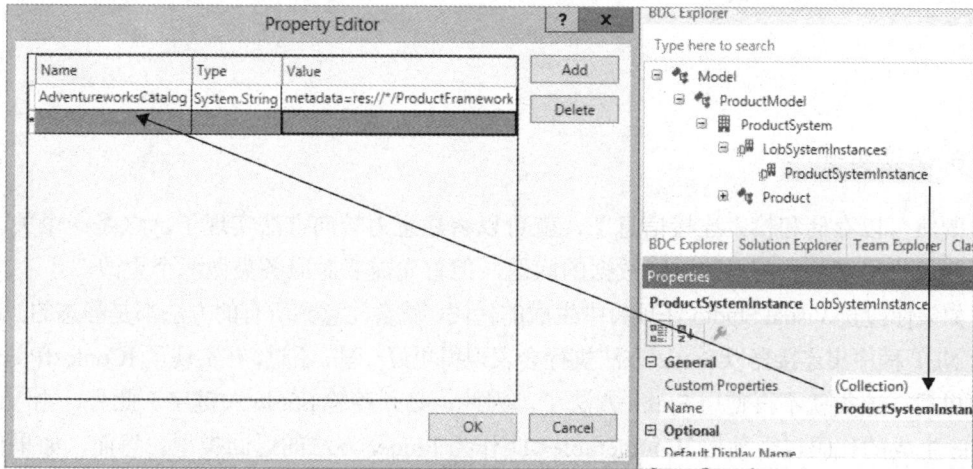

图 14-3

创建自定义属性后，可以修改服务类以支持读取连接信息。通过设置位于 SharePoint 系统目录下的 ISAPI 文件夹中的 Microsoft.BusinessData.dll 程序集的引用来开始这一处理过程。引用创建以后，要更新该服务类以实现 Microsoft.BusinessData.SystemSpecific.IContext-Property 接口。

不需要编写任何代码来实现接口，因为 BDC 服务器运行时会负责管理必须设置的属性。但是，现在可以使用该接口来检索以前存储在模型中的属性。以下是接口和连接信息检索代码。

```
internal string GetConnectionInfo()
{
    INamedPropertyDictionary props =
      this.LobSystemInstance.GetProperties();
    if (props.ContainsKey("AdventureworksCatalog"))
        return props["AdventureworksCatalog"].ToString();
    else
        return string.Empty;
}
public Microsoft.BusinessData.Runtime.IExecutionContext
      ExecutionContext
{
    get;
    set;
}
public Microsoft.BusinessData.MetadataModel.ILobSystemInstance
      LobSystemInstance
{
    get;
```

```
        set;
    }
    public Microsoft.BusinessData.MetadataModel.IMethodInstance
        MethodInstance
    {
        get;
        set;
    }
```

6. 方法实现

既然可以存储和检索连接信息了，就可以将注意力转向方法实现了。这是一个关于编写必要的代码以从外部系统返回数据的问题，但首先需要对服务类做两个更改。

如果你检查 Visual Studio 在项目中生成的代码，就会注意到所有的方法都是静态的。这是因为.NET 程序集连接器以 Static 方法执行会表现得更好一些。不过，在实现了 IContextProperty 接口以后，该类就不再使用 Static 方法了。因此，必须移除 Static 关键字。此外，由 Visual Studio 生成的代码也会使用 IEnumerable<T>作为 Finder 方法的返回类型。然而，如果你想要在 SharePoint Designer 中打开 ECT，就必须将 IEnumerable<T>更改为 IList<T>。

做出更改后，最终就可以将该方法的代码添加到连接器中。添加到连接器并对代码进行编译以后，就可以部署.NET 程序集连接器了。此时，可以创建一个新的外部列表。下面的代码显示了针对前面讨论过的实体框架层使用 LINQ 查询方法的完整实现。

```
namespace ProductConnector.ProductModel
{
    public partial class ProductService : IContextProperty
    {
        public IList<Product> ReadProducts()
        {
            AdventureworksCatalog catalog =
              new AdventureworksCatalog(GetConnectionInfo());
            var q = from p in catalog.Products
                    orderby p.Name
                    select p;
            List<Product> products = new List<Product>();
            foreach (var i in q)
            {
                products.Add(
                    new Product()
                    {
                        ProductID = i.ProductID,
                        Name = i.Name,
                        Number = i. Number,
                        Color = i. Color,
                        Description = i.Description
                    });
            }
            return products;
```

```
        }
        public Product ReadProduct(int ProductID)
        {
            AdventureworksCatalog catalog =
              new AdventureworksCatalog(GetConnectionInfo());
            var q = from p in catalog.Products
                    where p.ProductID == ProductID
                    select p;
            if (q.Count() == 1)
            {
                return new Product()
                {
                    ProductID = q.First().ProductID,
                    Name = q.First().Name,
                    Number = q.First().Number,
                    Color = q.First().Color,
                    Description = q.First().Description
                };
            }
            else
                return null;
        }
    }
}
```

7. 创建 Creator、Updater 和 Deleter 方法

为使.NET 程序集连接器充分发挥作用，必须有方法来创建、更新和删除项。可以通过在 Method Details 面板中单击 Add a Method 链接来新建方法。如前所述，当开始使用 Method Details 面板时，Visual Studio 会生成适合该方法的模型元素。

Creator 方法会采用实体实例作为输入，并返回一个新的实体实例。输入的实体实例就是新值的一个容器，但 Identifier 是一个例外，因为该值在外部系统中创建。包含创建新项所需信息的每个字段都有一个设置为 True 的 CreatorField 属性。下面的代码显示了 Creator 方法模型的定义。

```
<Method Name="CreateProduct">
 <Parameters>
  <Parameter Name="returnProduct" Direction="Return ">
   <TypeDescriptor Name="ReturnProduct"
    IsCollection="false"
    TypeName="ProductConnector.ProductModel.Product, ProductSystem">
    <TypeDescriptors>
     <TypeDescriptor Name="Color" TypeName="System.String" />
     <TypeDescriptor Name="Description" TypeName= "System.String" />
     <TypeDescriptor Name="Name" TypeName="System.String" />
     <TypeDescriptor Name="Number" TypeName="System.String" />
     <TypeDescriptor Name="ProductID" IdentifierName="ProductID"
      IsCollection="false" TypeName="System.Int32" />
```

```
      </TypeDescriptors>
     </TypeDescriptor>
    </Parameter>
    <Parameter Name="newProduct" Direction="In">
     <TypeDescriptor Name="NewProduct"
      IsCollection="false"
      TypeName="ProductConnector.Product, ProductSystem ">
      <TypeDescriptors>
       <TypeDescriptor Name="Color" TypeName="System.String"
        CreatorField= "true" />
       <TypeDescriptor Name="Description" TypeName="System.String"
        CreatorField="true" />
       <TypeDescriptor Name="Name" TypeName="System.String"
        CreatorField="true" />
       <TypeDescriptor Name="Number" TypeName="System.String"
        CreatorField="true " />
      </TypeDescriptors>
     </TypeDescriptor>
    </Parameter>
   </Parameters>
   <MethodInstances>
    <MethodInstance Name="CreateProduct" Type="Creator"
     ReturnParameterName="returnProduct "
     ReturnTypeDescriptorPath="ReturnProduct" />
   </MethodInstances>
  </Method>
```

Updater 方法采用实体实例作为输入。输入的实体实例是将要更新的实体。包含在外部系统中更新项所需信息的每个字段都有一个设置为 True 的 UpdaterField 属性。下面的代码显示了 Updater 方法模型的定义。

```
  <Method Name="UpdateProduct">
   <Parameters>
    <Parameter Name="product" Direction="In ">
     <TypeDescriptor Name="Product" IsCollection="false"
      TypeName="ProductConnector.ProductModel.Product, ProductSystem">
      <TypeDescriptors>
       <TypeDescriptor Name="Color" TypeName="System.String"
        UpdaterField="true" />
       <TypeDescriptor Name="Description" TypeName="System.String"
        UpdaterField="true" />
       <TypeDescriptor Name="Name" TypeName="System.String"
        UpdaterField="true" />
       <TypeDescriptor Name="Number" TypeName="System.String"
        UpdaterField="true" />
       <TypeDescriptor Name="ProductID" TypeName="System.Int32"
        IsCollection="false" ReadOnly="false" UpdaterField="true" />
      </TypeDescriptors>
     </TypeDescriptor>
    </Parameter>
```

```
 </Parameters>
 <MethodInstances>
  <MethodInstance Name="UpdateProduct" Type="Updater" />
 </MethodInstances>
</Method>
```

虽然要你允许最终用户编辑实体实例的 Identifier 是不太可能的，但你可以在 Updater 方法中提供此功能。为了更新 Identifier，Updater 方法必须接受一个包含 Identifier 新值的单独参数。该参数必须将 PreUpdaterField 属性设置为 True。下面的代码显示了用于该参数的 BDC 元数据模型以及由此产生的函数签名。

```
<Parameter Name="NewProductID" Direction="In">
 <TypeDescriptor Name="ProductID" TypeName="System.Int32"
  IsCollection="false" PreUpdaterField="true"
  IdentifierName="ProductID" />
</Parameter>
public void UpdateProduct(Product ProductIn, int NewProductID){}
```

Deleter 方法采用标识符作为输入。该 Identifier 是将会删除的实体。下面的代码显示了 Deleter 方法模型的定义。

```
<Method Name="DeleteProduct ">
 <Parameters>
  <Parameter Name="productID" Direction="In">
   <TypeDescriptor Name="ProductID" TypeName="System.Int32"
    IdentifierEntityName="Product"
    IdentifierEntityNamespace="ProductConnector.ProductModel"
    IdentifierName="ProductID" />
  </Parameter>
 </Parameters>
 <MethodInstances>
  <MethodInstance Name="DeleteProduct" Type="Deleter" />
 </MethodInstances>
</Method>
```

Visual Studio 提供了一个包含几种方法的列表来创建和生成正确的函数签名。你要做的唯一修改就是从签名中移除 static 关键字。然后可以用以下代码来实现方法。

```
public Product CreateProduct(Product ProductIn)
{
    AdventureworksCatalog catalog =
     new AdventureworksCatalog(GetConnectionInfo());
    AdventureworksData.Product newProduct = new AdventureworksData.Product()
    {
        Name = ProductIn.Name,
        Number = ProductIn.Number,
        Color = ProductIn.Color,
        Description = ProductIn.Description
    };
```

```
        catalog.AddToProducts(newProduct);
        catalog.SaveChanges();
        ProductIn.ProductID = newProduct.ProductID;
        return ProductIn;
    }
    public void UpdateProduct(Product ProductIn)
    {
        AdventureworksCatalog catalog =
         new AdventureworksCatalog(GetConnectionInfo());
        AdventureworksData.Product product =
         catalog.Products.First(p => p.ProductID == ProductIn.ProductID);
        product.Name = ProductIn.Name;
        product.Number = ProductIn.Number;
        product.Color = ProductIn.Color;
        product.Description = ProductIn.Description;
        catalog.SaveChanges();
    }
    public void DeleteProduct(int ProductID)
    {
        AdventureworksCatalog catalog =
         new AdventureworksCatalog(GetConnectionInfo());
        AdventureworksData.Product product =
         catalog.Products.First(p => p.ProductID == ProductID);
        catalog.DeleteObject(product);
        catalog.SaveChanges();
    }
```

8. 添加 StreamAccessor 方法

.NET 程序集连接器可以比 SPD 支持更多的方法原型。由于这种支持,经常编写.NET 程序集连接器用以独自实现在 SPD 中不可用的原型。这些额外的方法中一个很好的例子就是 StreamAccessor。StreamAccessor 方法用于从通常与文件相关联的.NET 程序集连接器中返回一个流。在本演示中,外部系统包含每个产品的一张照片。可以使用 StreamAccessor 返回照片。输入参数是 identifier,输出参数是 stream。下面的代码显示了用于 StreamAccessor 方法定义的 BDC 元数据模型。

```xml
<Method Name="ReadPhoto">
 <Parameters>
  <Parameter Name="ProductID" Direction="In">
   <TypeDescriptor Name="ProductID" TypeName="System.Int32"
    IdentifierName="ProductID" IsCollection="false" />
  </Parameter>
  <Parameter Name="Photo" Direction="Return">
   <TypeDescriptor Name="PhotoTypeDescriptor" TypeName="System.Stream" />
  </Parameter>
 </Parameters>
 <MethodInstances>
  <MethodInstance Name="ReadPhotoInstance" Type="StreamAccessor"
   ReturnParameterName="Photo"
```

```
ReturnTypeDescriptorPath="PhotoTypeDescriptor" />
  </MethodInstances>
</Method>
```

实现 StreamAccessor 是一个关于读取文件内容并使它们作为流返回的问题。在这种情况下，文件在数据库中作为 BLOB 来保存。下面的代码显示了本演示中的方法如何实现。

```
public Stream ReadPhoto(int ProductID)
{
    AdventureworksCatalog catalog =
     new AdventureworksCatalog(GetConnectionInfo());
    var q = from p in catalog.Products
            where p.ProductID == ProductID
            select p;
    if (q.Count() == 1)
    {
        byte[] buffer = q.First().ProductPhoto;
        return new MemoryStream(buffer);
    }
    else
        return null;
}
```

StreamAccessor 方法在外部列表中不受支持，但它们在外部数据 Web 部件中受支持。当然，还可以使用 BDC 运行时 API 在你自己的自定义代码中调用该方法。提供 StreamAccessor 的实体会在外部数据 Web 部件中显示一个下载该文件的超链接。该超链接可以打开 DownloadExternalData.aspx 页面，发送一组查询字符串参数来调用 StreamAccessor 方法以获取正确的实体实例。MethodInstance 元素的 MIMETypeField 和 MIMEType 属性可以用于指定 ECT 的 MIME 类型，确定使用哪个应用程序来打开文档。

9. 创建实体之间的关联

在生产系统中，你无疑会定义多个 ECT，这些 ECT 之间也会有关联。在本演示中，由于为每个产品都指定一个类别，因此应该有一个代表类别的新 ECT 来与产品关联。首先，在 Finder 和 SpecificFinder 方法以外创建一个名为 Category 的新实体。创建新 ECT 的过程与创建产品实体的过程完全相同。

除了正在创建的新的 Category 实体，还必须更新 Product 实体以包含关联类别的 CategoryID。模型、实体类和服务类都需要做出更改以支持新的 CategoryID 字段。不过，更改很简单，类似于在实体中定义的其他字段所需的更改。

实体定义好之后，可以使用工具箱中的 Association 项来定义关联。该项的使用方式与工具箱中的大多数项不同，不是拖放该形状，而是在工具箱中单击形状。然后可以单击一个(父)实体并将一个关联拖到多个(子)实体中。

当创建关联时，Visual Studio 会显示 Association Editor 对话框。在此对话框中，必须将代表外键的每个 TypeDescriptor 从多个(子)实体映射到一个(父)实体。在本演示中，在

Product 实体中代表 CategoryID 的每一个 TypeDescriptors 都会映射到 Category 实体中的 CategoryID Identifier。

Association Editor 会默认创建一个一对多关联和一个反向关联。一对多关联会为给定的父实体实例返回所有的子实体实例,而反向关联会为给定的子实体实例返回父实体实例。本演示中只保留一对多关联;反向关联会被删除。

当 Association Editor 对话框关闭时,基础模型就随着 AssociationNavigator 方法更新了。这些方法在标识符中传递,并返回关联实体。本演示中,传入了 Category Identifier,并返回多个 Product 实体实例。在服务类中会为每一个 AssociationNavigator 方法都创建函数存根。实现这些方法需要执行必要的代码以返回所需的实体。下面的代码显示了本演示中的方法实现。

```
public IList<Product> CategoryToProduct(int categoryID)
{
    AdventureworksCatalog catalog =
     new AdventureworksCatalog(GetConnectionInfo());
    var q = from p in catalog.Products
            where p.CategoryID == categoryID
            orderby p.Name
            select p;
    List<Product> products = new List<Product>();
    foreach (var i in q)
    {
        products.Add(
            new Product()
            {
                ProductID = i.ProductID,
                Name = i.Name,
                Number = i.Number,
                Description = i.Description,
                Color = i.Color,
                CategoryID = i.CategoryID
            });
    }
    return products;
}
```

10. 了解非外键关系

尽管通过外键使实体之间相互关联很常见,但实际情况并非总是如此。最常碰到的非外键关系的情形是多对多关系。比如,设计一个数据库使关系保存在一个单独的表中,以便它们不能通过外键直接使用。

除了 AssociationNavigator 方法之外,你可能还需要包括 Associator 和 Disassociator 方法。这些方法旨在外部系统中修改数据来管理关系。可以在数据库中使用这些方法来修改包含多对多关系的表。

作为一个快速侧边栏的示例，请考虑一个将人员与操作项相关联的外部系统。一个名为 Resources 的表用于维护人员有关的信息，而名为 ActionItems 的表用于维护任务。在系统设计中，很多任务可以分配给单个资源，而很多资源也可以分配给单个任务。你的应用程序应显示分配给某个特定资源的任务，同时显示分配给某指定任务的资源。在本例中可以使用 Association Editor，但要取消选中 Is Foreign Key Association 复选框。此外，需要添加 Associator 和 Disassociator 方法。

Associator 和 Disassociator 方法有两个输入参数。这两个参数都是将要关联或将要解除关联的实体实例的标识符。在代码中可以使用这些值来修改定义多对多关系的表。下面的代码显示了用于 Associator 方法的 BDC 元数据模型。

```
<Method Name="AssociateResourceToTask">
 <Parameters>
  <Parameter Name="resourceID" Direction="In">
   <TypeDescriptor Name="ResourceID" TypeName="System.Int32"
   IdentifierEntityName="Resource"
   IdentifierEntityNamespace="ActionItems.ActionItemsModel"
   IdentifierName="ResourceID"
   ForeignIdentifierAssociationEntityName="Resource"
   ForeignIdentifierAssociationEntityNamespace="ActionItemsModel"
   ForeignIdentifierAssociationName="AssociateResourceToTaskAssociator" />
  </Parameter>
  <Parameter Name="taskID" Direction="In">
   <TypeDescriptor Name="TaskID" TypeName="System.Int32"
   IdentifierEntityName="Task"
   IdentifierEntityNamespace="ActionItemsModel"
   IdentifierName="TaskID" />
  </Parameter>
 </Parameters>
 <MethodInstances>
  <Association Name="AssociateResourceToTaskAssociator" Type="Associator">
   <SourceEntity Name="Resource" Namespace="ActionItemsModel" />
   <DestinationEntity Name="Task" Namespace="ActionItemsModel" />
  </Association>
 </MethodInstances>
</Method>
```

11. 测试连接器

完成.NET 程序集连接器以后，可以对其进行部署和测试。使用本演示中开发的连接器，你应该能创建外部列表并使用外部数据 Web 部件。在实体实例创建或编辑时，实体之间的关联将会触发并显示适当的选取器。与在 Visual Studio 2012 中所创建的所有功能一样，可以通过在代码中设置断点或按 F5 键来轻松地调试.NET 程序集连接器。

12. 处理运行时和验证错误

处理运行时并验证连接器中的错误比较简单，因为未处理的错误会直接返回浏览器，并显示在外部列表中。一般的做法是当需要处理时都会处理连接器代码内的任何错误，但如果错误需要返回给用户，就会改为抛出 Microsoft.BusinessData.Runtime.RuntimeException

异常。RuntimeException 异常类有几个可用于连接器的派生，但最简单的方法是直接抛出 LobBusinessErrorException 异常，这是最通用的派生。

14.2 封装的注意事项

与所有 SharePoint 项目一样，业务数据连接模型项目需要部署成以.wsp 为扩展名的档案文件。当包含 BDC 元数据模型的项目在 WSP 文件中封装时，必须特别注意功能属性的设置值。功能属性在 Visual Studio 2012 中设置，并在该项目的 Feature.xml 文件中作为 Property 元素出现。业务数据连接模型项目有 4 个关键功能属性，如下面的代码所示。

```xml
<?xml version="1.0" encoding="utf-8"?>
<Feature xmlns="http://schemas.microsoft.com/sharepoint/"
 Description="A .NET Assembly Connector"
 Id="bc975901-3142-4fbf-9e3c-1f124b6c890d"
 ReceiverAssembly="..."
 ReceiverClass="..."
 Scope="Farm"
 Title="My Connector">
  <Properties>
   <Property Key="MyModel"
    Value="BdcAssemblies\MyConnector.dll" />
   <Property Key="IncrementalUpdate" Value="true" />
   <Property Key="ModelFileName" Value="MyModel\MyModel.bdcm" />
   <Property Key="SiteUrl" Value="http://awserver/bcs/" />
  </Properties>
  <ElementManifests>
   <ElementFile Location="MyModel\MyModel.bdcm" />
   <ElementFile Location="BdcAssemblies\MyConnector.dll" />
  </ElementManifests>
</Feature>
```

文件中的大部分属性由 Visual Studio 设置，且不需要任何编辑。然而，在封装之前都应该验证这些属性。在开发期间对元素重命名以及目标 SharePoint 环境中的细节，将会需要对值进行更改。

第一个属性使用 LobSystem 名称作为 Key。其 Value 引用了在模型中定义的实现操作的程序集。该属性由 Visual Studio 设置且一般不需要更改。某些情况下，如果在 BDC 元数据模型中创建操作以后再重命名 LobSystem，那么该属性可能会设置错误。

第二个属性是 IncrementalUpdate，它支持 BDC 元数据模型的部分修改。此属性由 Visual Studio 设置也不需要进行更改。

第三个属性是 ModelFileName。此属性引用包含该模型的 BDCM 文件。此属性由 Visual Studio 设置且一般不需要更改。某些情况下，如果在开发过程中重命名该模型，此属性可能会设置错误。

第四个属性是 SiteUrl。此属性用于标识部署了 BDC 元数据模型的 BDC 服务应用程序。SiteUrl 属性并不在业务数据连接模型项目中默认存在。如果不存在该属性，则部署会假定一个 http://localhost:80 属性值。这就是说，该 BDC 元数据模型将被部署到与 http://localhost:80 网址相关联的 BDC 服务应用程序。然而，如果 http://localhost:80 网址中并不存在任何网站，部署就失败了。这种情况下，必须显式设置 SiteUrl 值，以引用与正确的 BDC 服务应用程序相关联的网站。

可以直接在 Visual Studio 2012 中查看和修改功能属性。首先，在 Solution Explorer 中选择 BDC 元数据模型项目项。其次，从 Properties 窗口中选择 Feature Properties，打开一个对话框。最后，在对话框中设置属性值。

14.3　启用搜索支持

在创建 BCS 解决方案时，至少需要定义 Finder 和 SpecificFinder 方法来支持外部列表的创建。此外，这些方法还用于支持索引和搜索。要使 SharePoint 能够通过 BDC 元数据模型搜索外部系统，需要在 Finder 方法实例中包含一个 RootFinder 属性。下面的代码显示了该属性如何使用。

```
<MethodInstances>
 <MethodInstance Type="Finder" ReturnParameterName="Read List"
  Default="true" Name="Read List" DefaultDisplayName="Product Read List">
  <Properties>
   <Property Name="RootFinder" Type="System.String"></Property>
  </Properties>
 </MethodInstance>
</MethodInstances>
```

请注意，RootFinder 属性没有值。如果包含此属性的值，会直接将其忽略。有时你可能会看到该属性有一个 x 值，但这只是一个样式选择。该属性的存在就足以将 Finder 方法指定为 RootFinder。

虽然 RootFinder 属性是支持索引外部系统的唯一必要属性，但仍需要一个附加属性以允许在搜索服务应用程序(Search Service Application，SSA)中选择 ECT 作为内容源。ShowInSearchUI 属性必须存在于 LobSystemInstance 中，使 ECT 成为可选的内容源。下面的代码显示了该属性。

```
<LobSystemInstances>
 <LobSystemInstance Name="AWProducts">
  <Properties>
   <Property Name="AuthenticationMode" Type="System.String">
    PassThrough
   </Property>
   <Property Name="DatabaseAccessProvider" Type="System.String">
    SqlServer
   </Property>
   <Property Name="RdbConnection Data Source" Type="System.String">
    AWSERVER
   </Property>
   <Property Name="RdbConnection Initial Catalog" Type="System.String">
```

```
      AdventureworksProducts
    </Property>
    <Property Name="RdbConnection Integrated Security" Type="System.String">
     SSPI
    </Property>
    <Property Name="RdbConnection Pooling" Type="System.String">
      True
    </Property>
    <Property Name="ShowInSearchUI" Type="System.String"></Property>
   </Properties>
  </LobSystemInstance>
</LobSystemInstances>
```

就像 RootFinder 属性一样，ShowInSearchUI 属性不需要值。它的存在就可以让 ECT 在搜索服务应用程序(SSA)中显示为内容源。同样，和 RootFinder 属性一样，你可能会偶尔看到该属性值设置为 x 的情况。

在 RootFinder 和 ShowInSearchUI 属性添加到模型中后，就可将 ECT 作为内容源进行配置了。只需在 SSA 中新建内容源并选择 Line of Business Data 作为类型。所有带有 ShowInSearchUI 属性的 ECT 都会出现在复选框的旁边。选中 ECT，然后可以立即开始外部系统的完全爬网，提供的执行爬网的账户需要使用 BDC 元数据模型的权限，并且有权限访问外部系统。图 14-4 显示了带有一些可见的 ECT 选项的 Add Content Source 页面。

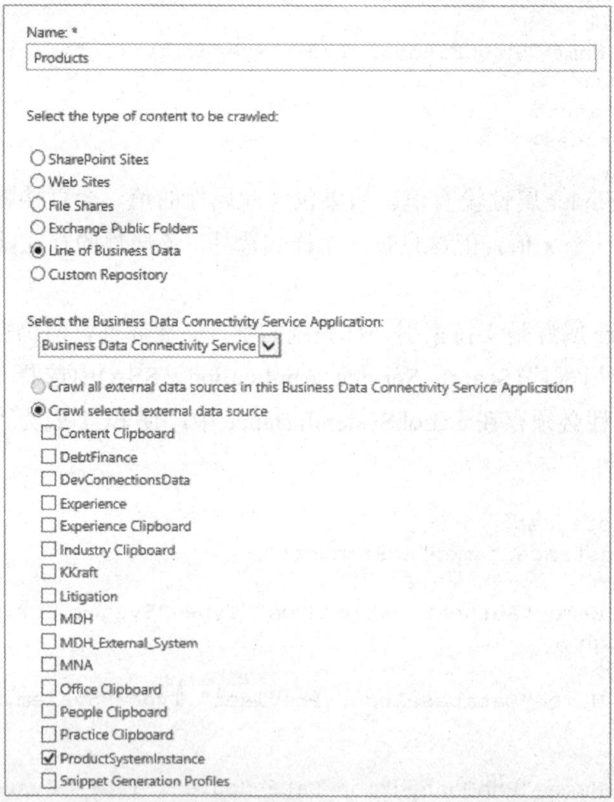

图 14-4

除了完全爬网之外，BCS 解决方案还可以支持增量爬网，但需要 LastModifiedTimeStamp-Field 属性。此属性有一个涉及 DateTime 字段的值，该字段显示该项上次修改的时间。如果自上次增量爬网以来该项没有修改过，它就不会包含在当前的增量爬网中。下面的代码显示了一个将属性映射到 ECT 中名为 ChangedDateTime 的字段的示例。该映射会指定，外部系统中的 ChangedDateTime 字段将用于确定自上次爬网以来这行数据是否进行了更改。

```
<MethodInstances>
 <MethodInstance Type="Finder" ReturnParameterName="Read List"
  Default="true" Name="Read List" DefaultDisplayName="Product Read List">
  <Properties>    <Property Name="RootFinder" Type="System.String"></Property>
   <Property Name="LastModifiedTimeStampField" Type="System.String">
    ChangedDateTime
   <Property Name="UseClientCachingForSearch"
         Type="System.String"></Property>
  </Properties>
  </Property>
  </Properties>
 </MethodInstance>
</MethodInstances>
```

与 LastModifiedTimeStampField 属性一样，请注意元数据模型中 UseClientCachingFor-Search 属性的使用。此属性的存在表明 RootFinder 能够为实体实例返回 30KB 数据块以内的所有内容。这会通知爬网程序它不需要对 SpecificFinder 方法进行后续调用，因为所有需要的数据都从 RootFinder 返回了。注意，因为缓存大小是固定的，适用于每个项，所以只有那些不能返回所有需要数据的项会产生额外的调用。如果不存在 UseClientCachingForSearch 属性，则 SpecificFinder 方法实例下还必须包含 LastModifiedTimeStampField 属性，因为会调用它以用于每个项的爬网。只要有可能，尽量使用 UseClientCachingForSearch 属性，因为它会让爬网更高效。

可以通过在元数据模型中使用 Entity 元素下的 Title 属性在搜索结果中映射 Title 字段。Title 属性的值是指应该用于 Title 字段的 ECT 字段的名称。Title 字段随后将在搜索结果中用作每个实体实例的标题。下面的代码是将 Title 的 Name 字段映射到搜索结果的 Title 字段。

```
<Entity Namespace="http://aw/bcs" Version="1.0.0.0"
 EstimatedInstanceCount="10000" Name="AWProduct"
 DefaultDisplayName="AWProduct">
 <Properties>
  <Property Name="Title" Type="System.String">Name</Property>
 </Properties>
</Entity>
```

搜索结果中的 Author、Description 和 Link 字段分别通过 AuthorField、DescriptionField 和 DisplayUriField 属性映射。这些属性的值会映射到 ECT 中的字段。下面的代码显示了一个示例。

```
<MethodInstances>
 <MethodInstance Name="ReadAllItems" Type="Finder"
  ReturnParameterName="documentList"
  ReturnTypeDescriptorPath="DocumentList"
  DefaultDisplayName="Read All Items" Default="true">
  <Properties>
   <Property Name="RootFinder" Type="System.String"></Property>
   <Property Name="LastModifiedTimeStampField" Type="System.String">
    Modified
   </Property>
   <Property Name="DisplayUriField" Type="System.String">
    Url
   </Property>
   <Property Name="DescriptionField" Type="System.String">
    Description
   </Property>
   <Property Name="AuthorField" Type="System.String">
    Author
   </Property>
   <Property Name="UseClientCachingForSearch"
           Type="System.String"></Property> </Properties>
 </MethodInstance>
</MethodInstances>
```

如果存在 UseClientCachingForSearch 属性，则只需在 RootFinder 下定义 AuthorField、DescriptionField 和 DisplayUriField 属性。如果不存在 UseClientCachingForSearch 属性，则必须在 SpecificFinder 方法实例下定义这些属性。

14.4 使用 BDC 服务器运行时对象模型

BDC 服务器运行时对象模型是用于编写在 SharePoint 2013 服务器上运行并使用 BCS 构件的自定义解决方案的 API。使用该对象模型非常简单明了，但它使你对执行操作的方式和时间有了明显的控制。此外，使用该对象模型允许你创建自定义用户界面元素，如控制台应用程序和 Web 部件。

BDC 服务器运行时对象模型包含在 Microsoft.SharePoint.dll 和 Microsoft.BusinessData.dll 程序集中。这两个程序集都位于 ISAPI 目录中。创建的任何解决方案都需要引用这两个程序集，两者包含许多名称空间。下面的代码显示了典型的 using 语句。

```
//Reference to Microsoft.SharePoint.dll
using Microsoft.SharePoint;
using Microsoft.SharePoint.Administration;
using Microsoft.SharePoint.BusinessData;
using Microsoft.SharePoint.BusinessData.Runtime;
using Microsoft.SharePoint.BusinessData.SharedService;
using Microsoft.SharePoint.BusinessData.MetadataModel;
//Reference to Microsoft.BusinessData.dll
```

```
using Microsoft.BusinessData;
using Microsoft.BusinessData.MetadataModel;
using Microsoft.BusinessData.Runtime;
using Microsoft.BusinessData.MetadataModel.Collections;
```

14.4.1 连接到元数据目录

要使用 BDC 服务器运行时执行针对 BCS 解决方案的代码，必须建立一个到存储 ECT 的元数据目录的连接。该过程的第一步是建立一个到 BDC 服务应用程序的连接。建立此连接有不同的方式，取决于代码是在 SharePoint 的上下文内运行还是直接在 SharePoint 服务器上运行。但是不论哪种情况，都会使用 Microsoft.SharePoint.SPServiceContext 类。

SPServiceContext 允许代码与 SharePoint 服务应用程序进行通信。当代码在 SharePoint 上下文(比如，某自定义 Web 部件)中运行时，可以使用 Current 属性来检索当前的服务上下文。GetDefaultProxy()方法可能随后会用于获取任意服务的服务代理。如果代码在 SharePoint 上下文(比如，某控制台应用程序)之外运行，则必须使用 SPSite 对象对上下文进行显式设置。不论哪种情况，随后都要使用 Microsoft.SharePoint.BusinessData.SharedService. BdcServiceApplicationProxy 类来获取对 BDC 服务应用程序代理的引用。SPServiceContext 类的 GetDefaultProxy()方法会返回指定类型的默认服务应用程序代理。GetProxies()方法会返回指定类型的所有可用的服务应用程序代理。下面的代码首先会显示如何从 SharePoint 上下文中获得默认的 BdcServiceApplicationProxy 对象，然后是从 SharePoint 上下文的外部获得。

```
//Within SharePoint Context
BdcServiceApplicationProxy proxy =
  (BdcServiceApplicationProxy)SPServiceContext.Current.
  GetDefaultProxy(typeof(BdcServiceApplicationProxy));
//Outside SharePoint Context
using (SPSite site = new SPSite(siteCollectionUrl))
{
  BdcServiceApplicationProxy proxy =
   (BdcServiceApplicationProxy)SPServiceContext.GetContext(site).
    GetDefaultProxy(typeof(BdcServiceApplicationProxy));
}
```

除了使用 BdcServiceApplicationProxy 对象来建立上下文之外，还可以使用 Microsoft. SharePoint.BusinessData.SharedService.BdcService 类。BdcService 类是 BDC 服务应用程序的抽象，它可用于确定 BDC 服务应用程序是否在服务器场中可用。下面的代码显示了如何在服务器场中检查 BDC 服务应用程序的可用性。

```
BdcService service = SPFarm.Local.Services.GetValue<BdcService>();
   if (service == null)
       throw new Exception("No BDC Service Application found.");
```

在建立上下文之后，可以连接到 BDC 服务应用程序中的元数据目录。服务器上的元数据目录由 Microsoft.SharePoint.BusinessData.MetadataModel.DatabaseBackedMetadataCatalog 类表示。BdcServiceApplicationProxy 对象和 BdcService 对象都可以返回一个 DatabaseBacked-MetadataCatalog 对象。下面的代码显示了这两种方法。

```
//Using BdcServiceApplicationProxy
DatabaseBackedMetadataCatalog catalog =
  proxy.GetDatabaseBackedMetadataCatalog();
//Using BdcService
DatabaseBackedMetadataCatalog catalog =
  service.GetDatabaseBackedMetadataCatalog(
  SPServiceContext.GetContext(site));
```

14.4.2 检索模型元素

当建立一个到元数据目录的连接后，就可以检索 BDC 元数据模型的元素了。这包括 ECT、系统和操作。检索这些项的目的是对定义的外部系统执行定义的方法实例。DatabaseBackedMetadataCatalog 类有 5 种检索模型元素的方法：GetEntity()、GetEntities()、GetLobSystem()、GetLobSystems()和 GetById()。

通常情况下，你的解决方案会从检索代表你将使用的数据的 ECT 的引用开始。检索 ECT 最简单的方法是使用 GetEntity()方法在名称和名称空间中传递所需的实体。该方法会返回一个代表 ECT 的 Microsoft.BusinessData.MetadataModel.IEntity 接口，如下面的代码所示。

```
IEntity ect = catalog.GetEntity("MyNamespace", "MyEntity");
```

虽然用于检索 ECT 的代码很简单，但它不是最有效率的方法。虽然 BDC 服务器运行时对象模型通常会与缓存元数据模型进行交互，但 GetEntity()、GetEntities()、GetLobSystem()以及 GetLobSystems()方法不会。相反，它们直接向元数据目录数据库进行调用，这样做效率较低。解决此问题的方法是使用 GetById()方法来检索 ECT 和 Lobsystem。GetById()方法将返回 ID 和元素类型，并针对缓存模型来执行。使用 GetById()方法面临的挑战是确定所要元素的 ID。最好的办法是第一次调用的时候使用 GetEntity()方法并保存元素 ID 以供将来所用。下面的代码显示了 GetEntity()方法和 GetById()方法之间的关系。

```
//Get Entity the easy way on first call
IEntity ect = catalog.GetEntity(entityNamespace, entityName);
//Save Entity data
uint ectId = Convert.ToUInt32(ect.Id);
Type ectType = ect.GetType();
//Get Entity the fast way on subsequent calls
ect = (IEntity)catalog.GetById(ectId, ectType);
```

除从 DatabaseBackedMetadataCatalog 对象中检索 ECT 和 Lobsystem 外，许多对象都有用于检索相关对象的方法。例如，IEntity 接口的 GetLobSystem()方法返回用于 ECT 的相关 LobSystem。用这种方式，可以检索应用程序所需的任何模型元素。

14.4.3　执行操作

连接到元数据目录和检索 ECT 的关键点是允许执行在 BDC 元数据模型中作为方法实例定义的操作。有了对操作的完整权限，就可以创建完全自定义的应用程序。这些应用程序可以使用任何可用的方法原型，因而不会有在 SharePoint Designer 和业务数据 Web 部件中遇到的任何局限性。

用于执行操作的方法因原型的不同而稍有不同。对于 Finder 方法，必须在执行之前先检索方法实例。这是因为元数据模型可以定义多个 Finder 方法。对于 Creator、Updater 和 Deleter 方法，对象模型提供了更直接的办法，因为这些原型只有一个方法实例可以存在于模型中以用于任意实体。

除了对各种原型的具体支持之外，对象模型还提供对执行任何方法实例的通用支持。下面的代码显示了一个使用 IEntity 的 Execute()方法来执行 Finder 方法并显示结果的控制台应用程序。这段代码基于传递给它的参数，可用于任何模型和任何 Finder 方法。

```
static void Main(string[] args)
{
    try
    {
        if (args.Count() != 5)
            throw new Exception("Usage: ExecuteFinder.exe
                        SiteCollectionUrl,
                        LobSystemInstance,
                        EntityName,
                        EntityNamespace,
                        FinderMethodInstance");
        string siteCollectionUrl = args[0];
        string lobSystemInstance = args[1];
        string entityName = args[2];
        string entityNamespace = args[3];
        string finderMethodInstance = args[4];
        using (SPSite site = new SPSite(siteCollectionUrl))
        {
            //Connect to the BDC Service Application proxy
            BdcService service =
              SPFarm.Local.Services.GetValue<BdcService>();
            if (service == null)
                throw new Exception("No BDC Service Application found.");
            //Connect to metadata catalog
            DatabaseBackedMetadataCatalog catalog =
              service.GetDatabaseBackedMetadataCatalog(
              SPServiceContext.GetContext(site));
            //Get Entity
            IEntity ect = catalog.GetEntity(entityNamespace, entityName);
            //Get LobSystem
            ILobSystem lob = ect.GetLobSystem();
            //Get LobSystemInstance
```

```
        ILobSystemInstance lobi =
          lob.GetLobSystemInstances()[lobSystemInstance];
        //Get Method Instance
        IMethodInstance mi =
          ect.GetMethodInstance(finderMethodInstance,
                          MethodInstanceType.Finder);
        //Execute
        IEnumerable items = (IEnumerable)ect.Execute(mi, lobi);
        //Display
        foreach (Object item in items)
        {
            PropertyInfo[] props = item.GetType().GetProperties();
            foreach (PropertyInfo prop in props)
            {
                Console.WriteLine(prop.GetValue(item, null));
            }
        }
    }
}
catch (Exception x)
{
    Console.WriteLine(x.Message);
}
}
```

当使用由 Execute()方法提供的通用方式来执行方法时，常常需要传入参数，比如，当执行 SpecificFinder 方法时。在这些情况下，必须从方法中检索所需的参数并对它们进行设置。下面的代码段显示了与使用 SQL 连接器的 BDC 元数据模型相关联的 SpecificFinder 方法如何执行这种操作。

```
//Get Method Instance
IMethodInstance mi = ect.GetMethodInstance(specificFinderMethodInstance,
  MethodInstanceType.SpecificFinder);
//Get Parameters
IParameterCollection parameters = mi.GetMethod().GetParameters();
//Set Parameters
object[] arguments = new object[parameters.Count];
arguments[0] = entityInstanceIdentifier;
//Execute
ect.Execute(mi, lobi, ref arguments);
//Display
PropertyInfo[] props = arguments[1].GetType().GetProperties();
PropertyInfo prop = props[0];
SqlDataReader reader = (SqlDataReader)(prop.GetValue(arguments[1], null));
if (reader.HasRows)
{
    while (reader.Read())
    {
```

```
        Console.WriteLine(reader.GetString(3) + " " + reader.GetString(5));
    }
}
```

在代码中，注意参数如何通过对 Execute()方法的引用而传递。这是必需的，因为 Return 参数在执行过程中置于数组中。然后可以读取 Return 参数，并将其强制转换为用于显示的适当类型。在代码示例中，把 Return 参数强制转换为 SqlDataReader，它是从使用 SQL 连接器的方法中返回的类型。

虽然 CRUD 操作确实是 BCS 解决方案中最常见的，但是通过流来访问文档往往是所有 SharePoint 解决方案的一个关键部分。因此，StreamAccessor 原型就显得相当重要了。可以使用 Execute()方法来调用 StreamAccessor 方法并返回用于下载的流。下面的代码显示了在 BDC 元数据模型中定义的一个典型 StreamAccessor 方法。

```
<Method Name="ReadContents" DefaultDisplayName="Read Contents">
 <Parameters>
  <Parameter Name="id" Direction="In">
   <TypeDescriptor Name="ID" IdentifierName="ID"
    TypeName="System.Int32" IsCollection="false" />
  </Parameter>
  <Parameter Name="contents" Direction="Return">
   <TypeDescriptor Name="Contents" TypeName="System.IO.Stream" />
  </Parameter>
 </Parameters>
 <MethodInstances>
  <MethodInstance Name="ReadContents" Type="StreamAccessor"
  ReturnParameterName="contents" ReturnTypeDescriptorPath="Contents"
  DefaultDisplayName="ReadContents">
  </MethodInstance>
 </MethodInstances>
</Method>
```

该方法实例会返回一个基于 System.Int32 值的 System.IO.Stream 对象。可以使用 Execute()方法来调用 StreamAccessor。下面的代码显示了该方法实例如何调用以及流如何基于传递到 ASPX 页面的查询字符串参数被下载到客户端。

```
//Connect to server-side BCS
BdcServiceApplicationProxy proxy =
  (BdcServiceApplicationProxy)SPServiceContext.
  Current.GetDefaultProxy(typeof(BdcServiceApplicationProxy));
DatabaseBackedMetadataCatalog catalog =
  proxy.GetDatabaseBackedMetadataCatalog();
IEntity ect = catalog.GetEntity("MyNamespace", "DocumentECT");
ILobSystem lob = ect.GetLobSystem();
ILobSystemInstance lobi = lob.GetLobSystemInstances()["MyDMSInstance"];
IMethodInstance mi =
  ect.GetMethodInstance("ReadContents",
                    MethodInstanceType.StreamAccessor);
```

```
//Call BCS to get stream
object[] args = { int.Parse(Request.QueryString["DocumentId"]), null };
ect.Execute(mi, lobi, ref args);
byte[] buffer = ((MemoryStream)args[1]).ToArray();
//Download
this.Page.Response.Clear();
this.Page.Response.ClearHeaders();
this.Page.Response.AddHeader("Content-Disposition",
  "attachment; filename=\"" + Request.QueryString["fileName"] + "\"");
this.Page.Response.AddHeader("Content-Length", buffer.Length.ToString());
this.Page.Response.BinaryWrite(buffer);
this.Page.Response.Flush();
this.Page.Response.End();
```

虽然 Execute()方法提供了用于执行任意方法实例的良好功能,但最常见的是为正在被调用的特定原型定制应用程序代码。后面几节详细说明了由 BDC 服务器运行时对象模型提供的对调用特定方法原型的支持。

1. 执行 Finder 方法

Finder 方法是所有自定义 BCS 应用程序的支柱。要调用一个 Finder 方法实例,可以使用 IEntity 的 FindFiltered()方法。FindFiltered()方法使用筛选规则从 Finder 方法中返回实体实例。

如果该方法是默认的 Finder 方法,则不需要提供其名称。如果要执行的 Finder 方法不是默认的,则需要将其名称作为 String 值提供给 FindFiltered()方法。要小心使用在 BDC 元数据模型中定义的方法实例的名称,注意不是方法的名称。

如果 Finder 方法定义了筛选器(比如,限制、通配符或页面筛选器),则必须在对 FindFiltered()方法的调用中提供这些值。可以通过调用 IMethodInstance 的 GetFilters()方法返回 IFilterCollection。然后可以设置筛选器的值。下面的代码显示了如何获得筛选器集合以及设置它们的值。

```
IMethodInstance mi = ect.GetMethodInstance(FinderMethodInstanceName,
                                MethodInstanceType.Finder);
IFilterCollection filters = mi.GetFilters();
(filters[0] as LimitFilter).Value = 10;
(filters[1] as PageNumberFilter).Value = 2;
(filters[3] as WildcardFilter).Value = "Bike";
(filters[4] as ComparisonFilter).Value = "CN123720";
```

在大多数应用程序中,你已经知道方法实例会预期使用哪种筛选器。在这种情况下,可以直接设置筛选器,如前面的代码所示。然而,如果你不知道预期的筛选器是哪种,就可以通过遍历筛选器集合来动态地确定,如下面的代码所示。

```
foreach (IFilter filter in filters)
{
    Console.WriteLine("Filter Type:       " +
```

```
      filter.FilterDescriptor.FilterType.ToString());
    Console.WriteLine("Filter Field:    " +
      filter.FilterDescriptor.FilterField);
}
```

当执行 FindFiltered()方法时，可以选择指定 OperationMode 用于允许从缓存中读取数据的调用。不过，OperationMode 对服务器端的操作没有影响。OperationMode 的存在仅仅是维持 BDC 客户端与 BDC 服务器端 API 之间的互补签名。请记住，服务器永远不会缓存数据——只会缓存模型元素。OperationMode 仅在客户端上有意义。

FindFiltered()方法会返回 Microsoft.BusinessData.Runtime.IEntityInstanceEnumerator。IEntityInstanceEnumerator 对象提供了一个可以读取的仅顺向的实体实例集合。从集合中读取实体实例后，必须调用 Close()方法来发布用于访问外部系统的资源。下面的代码显示了基本方法。

```
//Connect to BDC Service Application
BdcService service = SPFarm.Local.Services.GetValue<BdcService>();
if (service != null)
{
//Get Metadata elements
  DatabaseBackedMetadataCatalog catalog =
    service.GetDatabaseBackedMetadataCatalog(SPServiceContext.Current);
  IEntity ect = catalog.GetEntity(EntityNamespace, EntityName);
  ILobSystem lob = ect.GetLobSystem();
  ILobSystemInstance lobi =
    lob.GetLobSystemInstances()[LobSystemInstanceName];
}
IMethodInstance mi = ect.GetMethodInstance(FinderMethodInstanceName,
                                MethodInstanceType.Finder);
IFilterCollection filters = mi.GetFilters();
IEntityInstanceEnumerator items =
  ect.FindFiltered(filters, FinderMethodInstanceName);
while (items.MoveNext())
{
  Console.WriteLine(items.Current[FieldName].ToString());
}
items.Close();
```

除了列举的实体实例之外，还可以在 System.Data.DataTable 中返回实体实例。可以通过调用 Microsoft.BusinessData.Runtime.IRuntimeHelper 接口的 CreateDataTable()方法，来使用 DataTable 返回实体实例。可以通过 DatabaseBackedMetadataCatalog 对象的 Helper 属性获取此接口。CreateDataTable()方法接受 IEntityInstanceEnumerator 对象，并从中生成一个 DataTable。CreateDataTable()方法让使用实体实例变得更容易，因为 DataTable 是大家都熟悉的和灵活的对象。此外，CreateDataTable()方法还支持对实体实例进行分页的选项。下面的代码显示了 CreateDataTable()方法的一个示例。

```
//Connect to BDC Service Application
```

```
BdcService service = SPFarm.Local.Services.GetValue<BdcService>();
if (service != null)
{
//Get Metadata elements
  DatabaseBackedMetadataCatalog catalog =
    service.GetDatabaseBackedMetadataCatalog(SPServiceContext.Current);
  IEntity ect = catalog.GetEntity(EntityNamespace, EntityName);
  ILobSystem lob = ect.GetLobSystem();
  ILobSystemInstance lobi =
    lob.GetLobSystemInstances()[LobSystemInstanceName];
}
IMethodInstance mi = ect.GetMethodInstance(FinderMethodInstanceName,
                                  MethodInstanceType.Finder);
IFilterCollection filters = mi.GetFilters();
IEntityInstanceEnumerator items =
  ect.FindFiltered(filters, FinderMethodInstanceName);
DataTable dt = ect.Catalog.Helper.CreateDataTable(items);
```

2. 执行 SpecificFinder 方法

要调用 SpecificFinder 方法，可以使用 IEntity 接口的 FindSpecific()方法。FindSpecific()
方法会从给定 Identifier 的 SpecificFinder 方法中返回一个 IEntityInstance 实体。

如果该方法是默认的 SpecificFinder 方法，则不需要提供其名称。如果要执行的
SpecificFinder 方法不是默认的，其名称需要作为 String 值提供给 FindSpecific()方法。注意，
使用的是在 BDC 元数据模型中定义的方法实例的名称，而非方法的名称。

当调用 FindSpecific()方法时，始终需要提供一个 Identity 对象，它代表所需实体实例
的 Identifier。只需要使用适当的值来创建新的 Identity 对象，并将该对象作为参数传递。
Identity 对象能够以任何数据类型创建，但请注意 String 的值在用作 Identifier 时要区分大
小写。下面的代码显示了如何调用 FindSpecific()方法。

```
//Connect to BDC Service Application
BdcService service = SPFarm.Local.Services.GetValue<BdcService>();
if (service != null)
{
//Get Metadata elements
  DatabaseBackedMetadataCatalog catalog =
    service.GetDatabaseBackedMetadataCatalog(SPServiceContext.Current);
  IEntity ect = catalog.GetEntity(EntityNamespace, EntityName);
  ILobSystem lob = ect.GetLobSystem();
  ILobSystemInstance lobi =
    lob.GetLobSystemInstances()[LobSystemInstanceName];
}
//Execute SpecificFinder
int id = 5;
IMethodInstance mi =
  ect.GetMethodInstance(SpecificFinderMethodInstanceName,
                    MethodInstanceType.SpecificFinder);
IEntityInstance item =
```

```
ect.FindSpecific(new Identity(id),
               SpecificFinderMethodInstanceName,
               lobi, true);
```

3. 执行 Updater 方法

要调用 Updater 方法，首先使用 FindSpecific()方法返回要更新的实体。然后可以修改与返回实体相关联的字段的值，这些修改通过 IEntityInstance 接口的 Update()方法来提交。下面的代码显示了如何使用 Update ()方法。

```
//Connect to BDC Service Application
BdcService service = SPFarm.Local.Services.GetValue<BdcService>();
if (service != null)
{
//Get Metadata elements
  DatabaseBackedMetadataCatalog catalog =
    service.GetDatabaseBackedMetadataCatalog(SPServiceContext.Current);
  IEntity ect = catalog.GetEntity(EntityNamespace, EntityName);
  ILobSystem lob = ect.GetLobSystem();
  ILobSystemInstance lobi =
    lob.GetLobSystemInstances()[LobSystemInstanceName];
}
//Execute SpecificFinder
int id = 5;
IMethodInstance mi =
  ect.GetMethodInstance(SpecificFinderMethodInstanceName,
                    MethodInstanceType.SpecificFinder);
IEntityInstance item =
  ect.FindSpecific(new Identity(id),
               SpecificFinderMethodInstanceName,
               lobi, true);
//Update entity instance
item["Title"] = "My Item";
item["Description"] = "An updated item";
item.Update();
```

4. 执行 Creator 方法

要调用 Creator 方法，可以使用 IEntity 接口的 Create()方法。Create()方法会返回新实体实例的标识。

当调用 Create()方法时，要在 Microsoft.BusinessData.Runtime.IFieldValueDictionary 中传递新的实体实例值。IFieldValueDictionary 可以从 Microsoft.BusinessData.MetadataModel. IView 接口创建。此接口代表与给定方法实例相关联的所有字段。获得 IFieldValueDictionary 对象后，可以设置新实体实例的值或使用默认值，如下面的代码所示。

```
//Connect to BDC Service Application
BdcService service = SPFarm.Local.Services.GetValue<BdcService>();
if (service != null)
```

```
{
//Get Metadata elements
  DatabaseBackedMetadataCatalog catalog =
    service.GetDatabaseBackedMetadataCatalog(SPServiceContext.Current);
  IEntity ect = catalog.GetEntity(EntityNamespace, EntityName);
  ILobSystem lob = ect.GetLobSystem();
  ILobSystemInstance lobi =
    lob.GetLobSystemInstances()[LobSystemInstanceName];
}
//Create new entity instance with default values
IView createView = ect.GetCreatorView(CreatorMethodInstanceName);
IFieldValueDictionary fieldValueDictionary = createView.GetDefaultValues();
ect.Create(fieldValueDictionary, lobi);
```

5. 执行 Deleter 方法

要调用 Deleter 方法，首先要使用 FindSpecific()方法返回要删除的实体实例。然后可以使用 IEntityInstance 接口的 Delete()方法来删除实体实例。下面的代码显示了如何使用 Delete()方法。

```
//Connect to BDC Service Application
BdcService service = SPFarm.Local.Services.GetValue<BdcService>();
if (service != null)
{
//Get Metadata elements
  DatabaseBackedMetadataCatalog catalog =
    service.GetDatabaseBackedMetadataCatalog(SPServiceContext.Current);
  IEntity ect = catalog.GetEntity(EntityNamespace, EntityName);
  ILobSystem lob = ect.GetLobSystem();
  ILobSystemInstance lobi =
    lob.GetLobSystemInstances()[LobSystemInstanceName];
}
//Execute SpecificFinder
int id = 5;
IMethodInstance mi =
  ect.GetMethodInstance(SpecificFinderMethodInstanceName,
                    MethodInstanceType.SpecificFinder);
IEntityInstance item =
  ect.FindSpecific(new Identity(id),
                SpecificFinderMethodInstanceName,
                lobi, true);
//Delete entity instance
item.Delete();
```

14.5   在 SharePoint 应用程序中使用 ECT

与大多数 SharePoint 2013 工作负荷一样，业务连接服务已更新为使用应用程序模型。应用程序支持 SharePoint 2013 中的增强功能，包括对 OData 源、应用程序级的外部内容类型(ECT)以及新的客户端对象模型的支持。有了这些增强功能，无论是内部部署安装还是SharePointOnline，都可以为其创建应用程序。

14.5.1　了解应用程序级别的 ECT

在 SharePoint 2013 中，BCS 支持使用 OData 源作为定义 ECT 的基础。这是因为 OData正逐渐成为一个用于提供云端数据源的可接受标准，这些服务是用于开发基于 BCS 的应用程序的理想来源。当创建 SharePoint 应用程序时，可以在项目上下文菜单中选择 Add │ Content Types for an External Data Source 命令来轻松添加一个基于 OData 源的 ECT。此操作会启动一个提示输入 OData 源端点的向导。图 14-5 显示了涉及公开可用的 Northwind 数据源的向导。

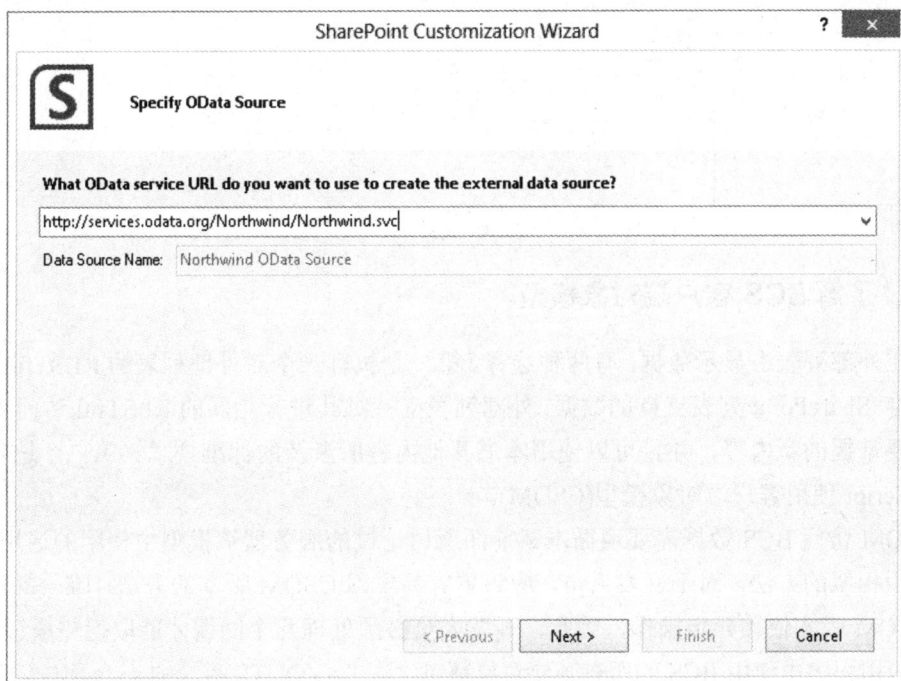

图 14-5

连接到源之后，向导会提示你从由服务提供的可用实体中进行选择。所要做的全部工作就是选择一个或多个实体，然后单击 Finish 按钮。随后 Visual Studio 会生成一个 BDC 元数据模型以及应用程序项目范围内的一个关联外部列表。BDC 元数据模型和外部列表的定义就使用该应用程序进行封装和部署，它在运行时使用该模型连接到源并填充外部列表。图 14-6 显示了用于呈现对 OData 源进行访问的基本应用程序架构。

一般情况下，BDC 元数据模型会存储在与服务器场关联的 BDC 服务应用程序中。然而，这种架构不能被应用程序所接受，因为应用程序理应与其他场元素隔离。在应用程序中，该模型在一个名为 FileBackedMetadataCatalog 的内存 BDC 目录中加载。与应用程序一起部署的 BDC 元数据模型会存储在一个专门的文档库中，随后加载到 FileBackedMetadata-

Catalog 中。当加载时，该模型用于确定对 OData 源的连接以及要检索的数据。然后外部列表会像 SharePoint 场中的任何外部列表一样填充这些数据。唯一的缺点是外部列表中不会立即显示出来。这是因为应用程序页面不包括用于显示列表的 Web 部件或代码。这时一些客户端编码就有了用武之地。

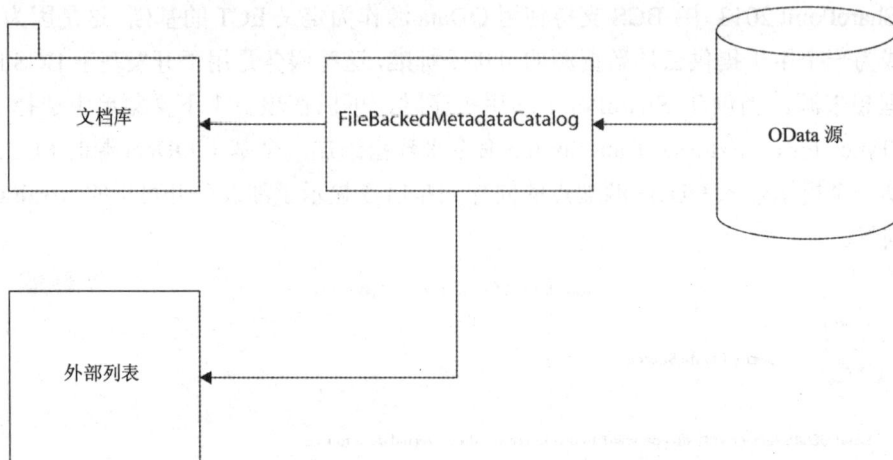

图 14-6

14.5.2　了解 BCS 客户端对象模型

要在外部列表中显示数据，有两种选择。第一是执行一个对外部列表的 RESTful 调用。对于标准 SharePoint 列表支持的数据，外部列表支持对其进行相同的 RESTful 访问。因此，没有需要掌握的新内容，并且可以使用本书其他内容所涉及的标准技术。第二个选择是通过 JavaScript 使用客户端对象模型(CSOM)。

CSOM 访问 BCS 数据需要遵循本章前面所讨论过的服务器端模型中使用的通用方法。通过使用相似的方法，对于开发人员，应该更容易学习 CSOM 版本的方法。唯一的最大区别是 CSOM 版本依赖异步操作，因此，开发人员必须处理几个回调才能取得完成该任务。

在应用程序中使用 BCS 的所有必要对象都包含在 LAYOUTS 目录的 sp.js 库中。开发要从在 JavaScript 中检索标准的 ClientContext 对象开始。当对 ClientContext 的检索完成时，它可以用于访问与该应用程序相关的 Web，然后访问内存中的 SP.BusinessData.AppBdcCatalog 对象。当访问该目录时，目标 SP.BusinessData.Entity 对象可以使用实体名称和实体名称空间来检索，如下面的代码所示。

```
var ctx = SP.ClientContext.get_current();
var ect = ctx.get_web().getAppBdcCatalog().getEntity(entityNamespace, entityName);
ctx.load(ect);
```

当检索到实体时，它可用于执行与它相关联的基本原型。所有 JavaScript 方法都有与服务器端对象模型中相似的名称，可以通过检查 LAYOUTS 目录中的 sp.debug.js 库看到方法的完整定义。作为演示，可以演练使用 findFiltered 方法来执行 Finder 方法。

FindFiltered 方法要求提供方法实例的名称、与方法实例相关联的任何筛选器的值以及相关联的 SP.BusinessData.LobSystemInstance 对象。检索相关联的 sp.BusinessData.LobSystem-Instance 对象需要一次往返，所以，应该首先使用下面的代码，返回一个 sp.BusinessData.Collections.LobSystemInstanceCollection 对象。

```
var ctx = SP.ClientContext.get_current();
var ect = ctx.get_web().getAppBdcCatalog().getEntity(entityNamespace, entityName);
ctx.load(ect);
var lob = ect.getLobSystem();
ctx.load(lob);
var collection = lob.getLobSystemInstances();
ctx.load(collection);
ctx.executeQueryAsync(onLobSystemInstancesSuccess, onLobSystemInstancesError);
```

返回集合后，可在其中寻找相关联的 sp.BusinessData.LobSystemInstance 对象的名称。然后可以检索和设置任何所需的筛选器。最后，可以调用 findFiltered 方法，如下面的代码所示。

```
var ctx = SP.ClientContext.get_current();
for (var i = 0; i < collection.get_count(); i++) {
    if (collection.get_item(i).get_name() === lobSystemInstanceName) {
        lobi = collection.get_item(i);
        break;
    }
}
var filters = ect.getFilters(methodInstanceName);
ctx.load(filters);
var results = ect.findFiltered(filters, methodInstanceName, lobi);
ctx.load(results);
ctx.executeQueryAsync(onExecuteFinderSuccess, onExecuteFinderError);
```

操作结果返回以后，可以遍历它们并读取属性值。通常情况下，要接受这些值并将它们保存到一个对象数组中，以用于在 Web 页中显示它们。下面的代码显示了如何读取结果记录。

```
for (var i = 0; i < results.get_count() ; i++) {
    var entityInstance = results.get_item(i);
    var fields = entityInstance.get_fieldValues();
    var v1 = fields.ProductID;
    var v2 = fields.ProductName;
    var v3 = fields.CategoryName;
    var v4 = fields.UnitsInStock;
    var v5 = fields.ReorderLevel;
}
```

14.6　本章小结

虽然许多 BCS 解决方案都可以在没有代码的情况下创建，但会存在与数据呈现和功能相关联的很多局限性，这需要自定义编码来克服。.NET 程序集连接器使你能够很好地控制通过 SharePoint 访问外部系统的方式，并支持几乎任何外部系统的索引。随着你的解决方案变得更加复杂，通过 BDC 服务器端对象模型的自定义编码可以帮助你创建专业、高效的解决方案，扩大 SharePoint 场的规模。最后，新的 SharePoint 2013 应用程序模型允许以使用 OData 源的 ECT 来创建应用程序。

第15章

在 SharePoint 2013 中开发工作流

工作流系统对于组织极有价值，因为它可以改善人力绩效的可计量性，提高工作效率，并确保由雇用的个人和团队持续地执行和参与业务流程。

无论是在云端 SharePoint 环境，还是内部部署 SharePoint 环境中，SharePoint 2013 都能对主机工作流或纳入外部托管的工作流提供深入的支持。与 SharePoint 2010 一样，SharePoint 2013 继续提供基于.NET 3.5 Windows 工作流运行时的托管工作流的功能。在 SharePoint 2013 中，此工作流通常称为 SharePoint 2010 工作流。不管是内部部署还是使用云托管服务，SharePoint 2013 提供了在 SharePoint 服务器场外托管工作流的新功能。这基于.NET 4.5 Windows Azure 工作流(WAW)平台。在 SharePoint 2013 中，此工作流通常称为 SharePoint 2013 工作流。

本章的重点是将关键的工作流概念介绍给缺乏相关经验却渴望从事工作流开发的开发人员，以及深入概览工作流平台架构。之后，你会了解到关键的开发工具以及它们得到了怎样的改进以支持 WAW 平台。接下来，会简要介绍配置开发环境以开始对 SharePoint

2013 工作流进行开发所需的条件。你会看到一些开发方案,着重介绍 SharePoint 2013 的工作流新功能。最后会讲解关键的开发注意事项,帮助你做出良好的技术决策,以节省你的时间和资金。

15.1 核心工作流概念

SharePoint 2013 所提供的工作流支持相当广泛。这种支持逐步演变出了 SharePoint 技术的后续版本。因此,了解关键的工作流概念以及如何从 SharePoint 的角度理解它们非常重要。

15.1.1 工作流

工作流的核心是模型、自动化以及通过管理一系列活动和操作以实现想要的最终结果的协调管理的业务过程。工作流的主要类别包括以下几个。

- **人工工作流**——人工工作流自动化组织中的常见流程。常见的例子包括文档和页面的审核工作流。这些工作流的使用完全依赖人工需求。
- **业务执行工作流**——业务执行工作流涉及自动化、监测和改进组织的关键业务流程。例如,客户或供应商呼叫中心可能每天会收到 1 万个来电。每个呼叫在被记录和分类以后,需要遵循正确的流程(工作流)来完成。必须解决瓶颈和问题;处理速度必须每日监测;呼叫中心人员配置要求需要计算以确保维持高效的客户响应时间。这些工作流的使用是固化的,且直接有助于业务的顺利完成。
- **长时间运行的处理过程**——长时间运行的工作流需要管理较长时间的或不确定时段的处理过程。比如,需要每季度或每年审查的法律文档。
- **连接到外部系统**——大型组织通常有一系列的内部系统和与它们进行交互的一些外部系统。因此工作流可能需要在这些系统中进行调用以发送或接收信息。例如,发票或信贷通知可能需要提交到外部供应商的系统,或时间登记信息可能需要提交内部 HR 和计费系统。

SharePoint 2013 工作流的建模可以使用工作流活动和操作的集合,以及已定义的开始和终结点。

工作流和其他类型软件的主要区别是对长时间运行的处理过程的支持。这些处理过程可以持续数秒到数月甚至数年。例如,短时间运行的处理过程可能涉及请假单或文档审批,而较长时间的工作流可能负责管理年度员工评审过程。

15.1.2 工作流活动

活动是用于构成 SharePoint 2013 工作流的构建块。SharePoint 2013 工作流活动,基于.NET 4.5 Windows Workflow Foundation,相当于用于构成和驱动工作流的基础托管对象和代码。每个活动都表示一个由工作流建模的业务流程的功能组件。

> 提示：本节讨论工作流活动。这些不能与 SharePoint Designer 2013 所提供的工作流操作相混淆。工作流操作将在下一节讨论。

图 15-1 对 Windows Azure 工作流中的主要活动类型进行了分类。

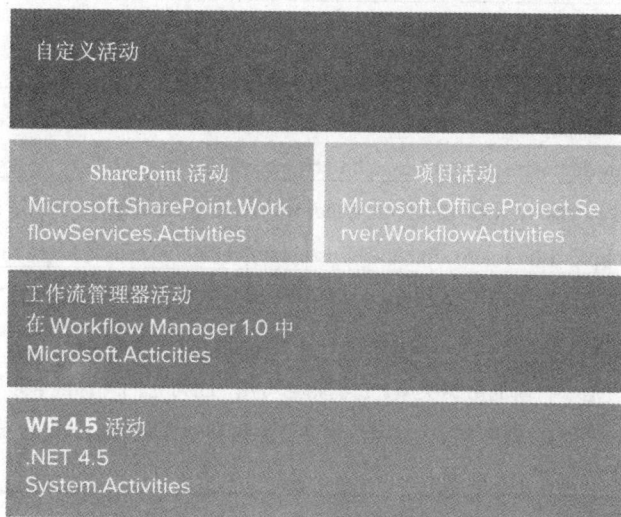

图 15-1

从 SharePoint 角度来看，这些类别可以分为核心 Windows Workflow Foundation 功能、SharePoint 2013 工作流功能和自定义活动。核心 Windows 工作流类别如表 15-1 所示。表 15-2 列出了 SharePoint 工作流的活动类别。自定义活动根据组织的需要来决定，并对工作流提供定制的功能。自定义活动将在 15.7 节中介绍。

表 15-1　Visual Studio 2012 中的核心 Windows Workflow Foundation 活动

类　　别	说　　明
控制流	控制流设计器提供用于在工作流中控制流程的活动。比如，DoWhile、ForEach、If 和 Parallel 活动。更多信息请参阅 http://msdn.microsoft.com/en-us/library/ee829560.aspx
流程图	流程图设计器提供对处理过程建模的功能。SharePoint 2013 工作流使用该活动以同时支持顺序和状态机范例。更多信息请参阅 http://msdn.microsoft.com/en-us/library/ee829544.aspx
状态机	状态机设计器构建状态机活动。更多信息请参阅 http://msdn.microsoft.com/en-us/library/hh180857.aspx
消息传递	消息传递活动设计器提供创建和配置消息活动的能力,这些活动用于在工作流中发送和接收 Windows 通信基础(WCF)消息。更多信息请参阅 http://msdn.microsoft.com/en-us/library/ee829543.aspx

(续表)

类　　别	说　　明
运行时	运行时活动设计器用于持久化和终止工作流活动。更多信息请参阅 http://msdn.microsoft. com/en-us/library/ee829561.aspx
基元	基元活动设计器用于创建和配置各种活动。更多信息请参阅 http://msdn.microsoft.com/ en-us/library/ee829521.aspx
事务	事务活动设计器用于创建和配置事务性活动，如补偿和确认。更多信息请参阅 http://msdn.microsoft.com/en-us/library/ee829546.aspx
集合	集合活动设计器用于创建和配置用来管理集合的活动。更多信息请参阅。 http://msdn.microsoft.com/en-us/library/ee829539.aspx
错误处理	错误处理活动设计器用于管理 Windows Workflow Designer 中的错误处理。更多信息请参阅 http://msdn.microsoft.com/en-us/library/ee829550.aspx
迁移	迁移活动设计器用于针对.NET 框架第 4 版从工作流中调用工作流 3.0/3.5 活动。更多信息请参阅 http://msdn.microsoft.com/en-us/library/ee839373.aspx
动态值	动态值是一种新的数据类型。它们相当有用，因为它们使你能够以声明或非编程方式来创建、存储和使用结构化数据。更多信息请参阅 http://msdn.microsoft.com/en-us/library/ windowsazure/jj193505(v=azure.10).aspx

> 提示：Visual Studio 2012 提供了核心 Windows Workflow Foundation 活动。要获得所列的 SharePoint 工作流活动，请确保安装了 Microsoft Office Developer Tools for Visual Studio 2012。这些都可以通过 Web 平台安装程序来获取。

SharePoint 提供了很多特定的活动。表 15-2 列出了 SharePoint 工作流活动类别。

表 15-2　Visual Studio 2012 中的 SharePoint 2013 活动

类　　别	说　　明
协同操作	协同操作用于调用基于 SharePoint 2010 工作流平台的工作流
事件	事件允许工作流等待一个事件来触发。有三种事件作为 SharePoint 2013 工作流设计器的一部分来提供，包括 WaitForCustomEvent、WaitForFieldChange 和 WaitForItemEvent
列表操作	列表操作将与列表和列表项处理相关的操作进行分组
SharePoint 条件	SharePoint 条件活动提供了为各种条件进行测试的功能。例如，测试当前项是否由指定用户创建，或测试当前项是否在指定的日期范围内创建

(续表)

类　　别	说　　明
任务操作	任务操作提供运行简单任务处理过程(SingleTask)或运行整个任务处理过程(CompositeTask)。SingleTask 活动会将单个任务指派个单独的人员或组，且等待该任务完成。CompositeTask 活动是将多个任务依次或并列指派给多个人员，等待任务完成并计算聚合结果
用户操作	用户操作提供执行与 SharePoint 中的用户和组相关的通用类型操作的能力。其中包括验证用户账户、执行 SharePoint 组和组成员查找以及检索用户属性
实用操作	实用操作提供用于执行工作流需要的通用方法的帮助活动。其中包括发送电子邮件、获得当前项/列表/列表 id/历史列表/任务列表以及一些其他的实用活动

关于工作流活动类的更多信息，请参阅 http://msdn.microsoft.com/en-us/library/jj163790 (v=office.15).aspx。

15.1.3　工作流操作

工作流操作将一组工作流活动包装成在 SharePoint Designer 2013 中工作流作者可用的对用户友好的操作。

SharePoint Designer 2013 提供了一组不同的工作流操作，具体取决于你选择创建 SharePoint 2010 工作流还是 SharePoint 2013 工作流。此外，网站和列表工作流也有不同的操作。

SharePoint Designer 2013 将这些操作分为以下几组。

- **核心操作**——核心操作是那些最常执行的操作；微软将它们分组到一起以便快速获取。例如，添加评论、记录到历史列表、发送电子邮件以及转到阶段。
- **文档集操作**——SharePoint 2010 工作流提供了在文档集上执行操作的功能。例如，获取文档集版本和将文档集发送到存储库。
- **列表操作**——列表操作组涉及对列表和列表项的操作。例如，签入项、复制文档和删除项。
- **关系操作**——SharePoint 2010 工作流提供对查找用户的经理的工作流操作。
- **任务操作**——任务操作提供从 SharePoint 2013 工作流平台内部调用基于 SharePoint 2010 工作流平台的工作流的功能。例如，分配任务和启动任务处理流程等。
- **实用操作**——实用操作提供了使用和操作字符串或获得日期之间的时间间隔的功能。例如，修剪字符串、从字符串结尾处抽取子字符串以及获得日期之间的时间间隔。
- **协同操作**——协同操作用于调用基于 SharePoint 2010 工作流平台的工作流。例如，启动列表工作流和启动网站工作流。

- **项目操作**——项目操作支持 Microsoft Project 的集成。这些操作用于构建基于 Microsoft Project 的工作流。

要查看在 SharePoint Designer 2013 中可用的工作流操作的详细列表,请参见 http://msdn. microsoft.com/en-us/library/jj164026(v=office.15).aspx。

很多情况下,SharePoint 2013 工作流可能需要与现有(SharePoint 2010)的工作流或操作进行交互,反之,SharePoint 2010 的工作流也需要与 SharePoint 2013 工作流或操作进行交互。

为了满足 SharePoint 2010 工作流与 SharePoint 2013 工作流之间的交互,产品团队提供了一个称为工作流互操作桥接的功能。此功能的工作流,由不同的主机托管,与各主机的功能进行通信并使用这些功能。

微软记录了可以通过工作流互操作桥接使用的工作流操作的完整列表。请参阅 http://msdn.microsoft.com/en-us/library/jj163929(v=office.15).aspx。

15.1.4 工作流表单

表单是所有 SharePoint 工作流的一个重要部分,因为它们通常提供了用户交互的主要接口。因此,表单是任何工作流开发项目的一个关键方面。

工作流使用 4 种不同类型的表单以用于关联、启动、修改和向工作流提供数据。无论这些表单是默认的.ASPX 表单还是 InfoPath 表单,都可以应用这些表单类型。下面的列表列出了工作流表单的主要类型。

- **关联**——关联表单允许用户将工作流关联到网站、列表、库或内容类型。
- **初始**——初始表单允许用户在启动工作流之前输入数据。
- **修改**——修改表单允许用户在工作流运行时的某些特定节点上变更工作流。
- **任务表单**——任务表单使你能够在用户单击一项任务时向他们显示自定义表单。

SharePoint 2010 工作流与 SharePoint 2013 工作流之间的主要区别是对作为表单设计器的 InfoPath 的支持。在 SharePoint 2013 中,微软已经不再使用 InfoPath 作为 SharePoint 工作流表单的主要设计器了。现在 SharePoint 2013 创建的是.ASPX 表单而不是 InfoPath 表单。

可以通过在 SharePoint Designer 中打开一个工作流来查看该工作流使用的表单,如图 15-2 中右下角所示。

对于基于 SharePoint 2010 的工作流,SharePoint 继续支持.ASPX 和 InfoPath 两种表单。当用户访问与工作流关联的 InfoPath 表单时,该表单会在一个 InfoPath 表单 Web 部件中呈现,而该部件在.ASPX 页面中托管。

我们将使用员工强制培训案例来解释每一种表单。该案例涉及确保员工完成由业务强制要求的培训的共同需求。培训基于 Web,但安置在各种内部站点和网站上,而经理想要一个自动化的过程跟踪,并确保他的团队完成了培训。该工作流将针对培训列表进行设置。当将培训项添加到列表中时,经理将启动工作流通知团队。

现在更详细地看看 4 种不同类型的表单。

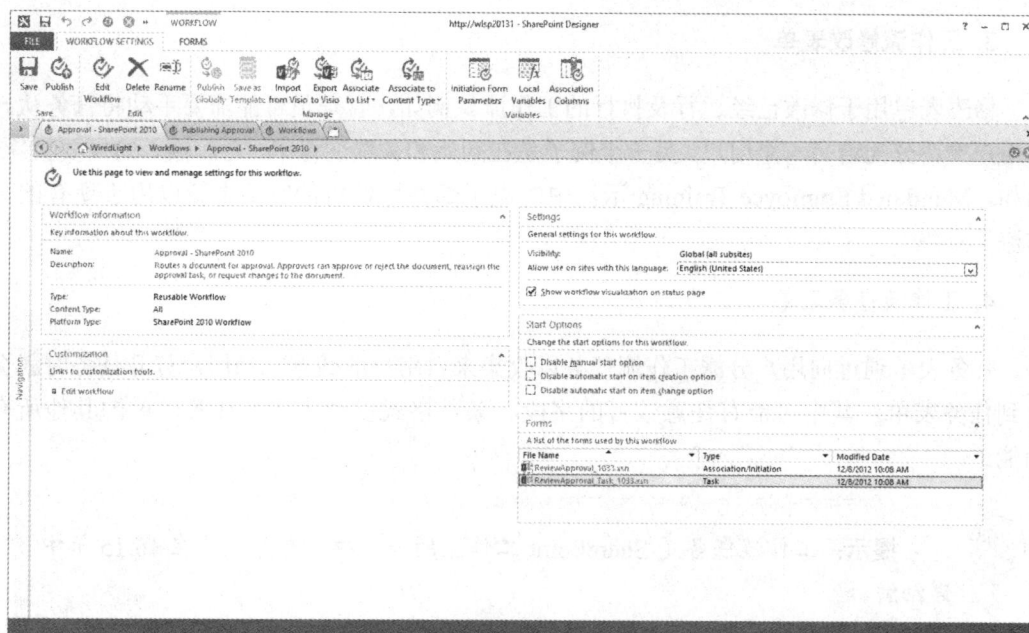

图 15-2

1. 工作流关联表单

关联表单用于在特定的列表、网站或内容类型上对工作流实例进行初始配置。关联表单往往用于获取有关工作流行为及其参与情况的关键配置数据。关联表单通常只能由管理员使用。

要使用 Mandated Employee Training 示例，工作流将会需要默认信息。在本案例中，关联表单由管理员设置，并且不会包含大量默认数据。

需要在工作流(针对培训列表)安装过程中获取的一个关键信息是在员工完成强制培训时必须通知的经理和人力资源团队的电子邮件别名。需要获取的另一个关键信息是包含员工列表的列表名称。

2. 工作流初始表单

初始表单由用户在启动(或初始化)工作流时使用。初始表单可以用于提供除在关联表单中由管理员定义的默认参数以外的其他信息。关联和初始表单往往是同一个表单，但在不同的方案中可能会不同，初始化工作流需要唯一的数据，使用默认值(来自关联表单)就不合适。

使用 Mandated Employee Training 示例，经理会向列表中添加新的培训项。准备好以后，经理就可以启动该工作流了。此时，便会显示工作流初始表单。在这种情况下，初始表单通常是经理用于提供带有特定设置工作流的表单。这些特定设置可能是提醒日期、完成日期，以及通知用户的次数。

3. 工作流修改表单

修改表单用于修改已经运行及执行的工作流。例如，管理员可能需要手动将任务从一个用户重新分配给另一个用户。另一个例子是在初始和关联变量中，之前输入的需要更新。例如，Mandated Employee Training 示例中的电子邮件地址可能需要更新以用于现有的工作流。

4. 工作流任务表单

任务表单通过向用户分派工作流任务以收集来自用户的数据。当用户打开任务时就会看到任务表单，其中可能有任意数目的字段、条件格式以及工作流任务表单的其他所有功能。

> 提示：工作流任务是 SharePoint 工作流的一个核心部分，将在 15.15 节中详细解释。

在 Mandated Employee Training 示例中，工作流任务表单将用于为每个员工分配一项任务。当员工打开任务时，其就会向员工显示相关的培训材料，如培训的链接和培训必须完成的时间等。

15.1.5　工作流任务

任务是 SharePoint 工作流的一个核心部分。它们通常用于推进工作流处理过程、接收输入并在步骤中收集需要从工作流参与者处输入的信息。任务在默认情况下存储于称为工作流任务的列表中。

默认情况下，SharePoint 2013 工作流任务列表会实现名为工作流任务(SharePoint 2013)的内容类型。工作流任务(SharePoint 2013)内容类型继承自任务内容类型。二者之间的主要区别是有一个名为 Task Outcome 的新 SharePoint 2013 栏，它基于名为 Outcome Choice 的新字段数据类型。

如果关联(设置)工作流时接受了默认设置，那么网站集中的所有工作流都会使用相同的工作流任务列表存储任务。对于高容量网站，此列表可能会迅速增长。

> 提示：对于 SharePoint 工作流，默认工作流任务列表模板 ID 是 171。

虽然 SharePoint 2010 和 2013 已经改进了对大型列表的支持，但在可能的情况下尽量减少列表的大小才是最佳做法。在此基础上，建议为高容量工作流配置自己专用的工作流任务列表。

下一节将着眼于工作流历史列表。工作流历史列表是工作流活动的主要审计线索。

15.1.6　工作流历史

当关联(设置)工作流时，会要求管理员提供工作流历史列表。这是一种特殊类型的 SharePoint 列表，用于存储有关工作流以及工作流流转路径的数据。默认情况下，工作流历史列表对网站用户隐藏。

它是工作流设计过程的一部分，以确定何时以及如何使用工作流历史列表。工作流历史列表的目的是使工作流期间所发生的内容成为人们可以读取的审计信息，并且如果合规性或记录管理需要从工作流中收集数据，那么工作流历史列表会显得很重要。

通常情况下，工作流会在工作流开始和结束的每个活动点记录到历史列表。然而，请记住，因为该工作流是打算让人们读取的，所以要务必确保任何历史列表的提交材料都具有可读性且与任何可能查阅该历史的用户相关。

写入工作流历史列表的行为是内置的 SharePoint 活动，该活动在 SharePoint Designer 和 Visual Studio 工作流中都可用。该活动允许你抽取工作流中的数据，并且使你能够很好地控制历史列表条目的显示方式和布局。

> **警告**：工作流历史在该工作流结束 60 天后会自动从 SharePoint 用户界面中移除。如果你想较容易地访问已关闭的工作流的历史，应将该数据作为工作流的一部分存储到其他地方。

下一节将深入介绍各种工作流流程控制选项以及确定使用哪一种作为最佳做法。

15.1.7　工作流流程控制模板

SharePoint 2013 支持三个流程控制模板，即流程图、顺序和状态机。当使用 SharePoint 2013 中的 SharePoint 2010 .NET 3.5 工作流主机时，顺序和状态机模板可用于开发工作流。

当使用 SharePoint 2013 中的 Windows Azure 工作流主机(基于.NET 4.5)时，微软就不再提供顺序和状态机工作流专用的 SharePoint 工作流模板了。原因是你可以通过从 Visual Studio 2012 工具箱中选择所需的工作流活动，来使用所有三个流量控制模板。其结果是，SharePoint 2013 工作流支持以下流程控制模板。

- **流程图工作流**——流程图工作流，基于流程图活动，是在 Windows 工作流 4 中的活动。流程图提供序列的简单性以及循环回以前执行点(状态机)的功能。
- **顺序工作流**——顺序工作流，基于序列活动，会执行一组包含在序列指令中的活动。可以包括的程序构造有 ForEach、If、Switch、DoWhile 和 While；或并行构造，如对并行执行逻辑建模的 Parallel 和 ParallelForEach；Windows 工作流活动调色板中提供的任意活动；或任何第三方或自定义的活动。
- **状态机工作流**——状态机工作流，基于 StateMachine 活动，使工作流能够根据状态转换来进行开发，而非遵循顺序工作流的可预测的预定义路径。

工作流开发仍然需要很好地理解顺序和状态机模式。它是会影响你的工作流和开发进程的重要早期设计决策之一。流程图工作流模板迎合了状态机和顺序工作流范例。现在你将更详细地了解顺序和状态机模式。

1. 顺序工作流范例

顺序工作流可能最容易理解，因为它们是人们可以直观了解的工作流模式。顺序工作流有一个起点和一个终点，以及两者之间定义的各种顺序路径。该工作流的每条路径都由一系列工作流活动(如"发送电子邮件"、"收集用户数据"、"更新列表项"、"运行某些代码"等)构成。活动的结果将决定该工作流流转到终点的下一条路径。图 15-3 显示了顺序工作流范例的一个示例。

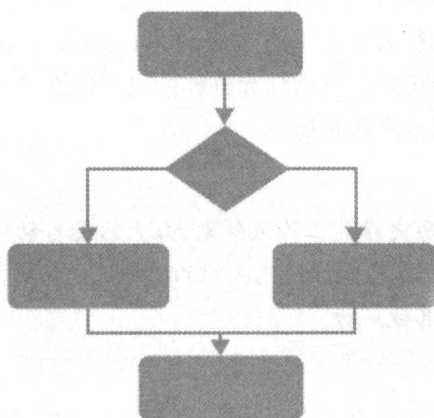

图 15-3

要记住的要点是，顺序工作流的路径是预定义和按顺序的——就是说，工作流遵循一组定义的活动直到其结束。顺序工作流并不一定意味着是线性的。对条件逻辑、分支等的使用，意味着可以有多条路径通过顺序工作流，活动的结果可以改变路径。但是，关键的一点是，路径始终由工作流设计器预定义。

顺序工作流的一个好例子是 Approve Expenses 示例。它的起点是用户提交其费用报销单，终点是费用得到经理的批准或拒绝，并记录在系统中。起点和终点之间可能有几个预定义的路径和活动集。

2. 状态机工作流范例

状态机工作流不遵循预定义的路径，只是单纯地在一组状态之间移动。这些工作流是事件驱动型的，某特定事件的结果可能会改变工作流的状态。虽然状态机工作流有起始和结束状态，但两者之间的路径不能预先确定，而是由工作流驱动的。状态机工作流通常是适合长时间运行的工作流，其进程可能在某一特定状态停留很长一段时间。图 15-4 显示了一个状态机工作流范例的示例。

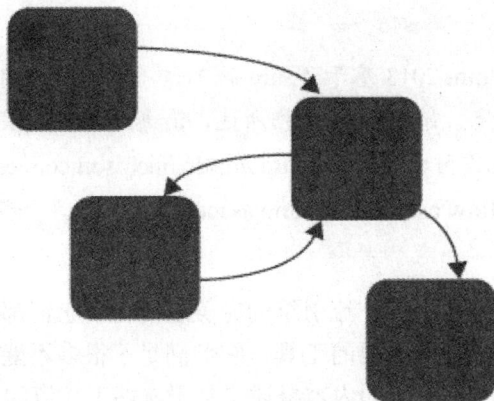

图 15-4

如果工作流过程必须在状态之间前后流转，而不是遵循顺序路径，那么状态机工作流是理想的选择。状态机工作流的一个好例子是支持请求可能会被 IT 支持组织记录。该请求可能有几个状态，在到达关闭状态之前可能会在这些状态之间相互转换。

例如，最终用户可以记录该请求，此时它可能处于"未分配"状态。技术支持工程师可能从队列中选取该请求并将它分配给自身，这时状态转变为"技术支持工作者"。技术支持工作者可能会与最终用户联系，并要求获取一些数据，状态可能再次变更为"等待来自最终用户的数据"。最终用户可能提供了数据而状态更改回"技术支持工作者"。该过程可能会一直进行下去，请求也不断地变化直到关闭。

这样的过程很难作为一个顺序工作流来实现，由于工作流起点与终点之间的路径不确定，因此不能作为一组有序的活动进行预定义。

15.1.8　工作流作用域

与 SharePoint 2010 一样，SharePoint 2013 允许你将工作流绑定到特定的 SharePoint 作用域。SharePoint 2013 提供两个工作流执行主机，且对其的选择会影响你可用于工作流"作用域"的开箱即用选项。

在 SharePoint 2013 中使用基于 SharePoint 2010 的工作流引擎时，可以将工作流关联并绑定到网站、列表和内容类型上。

在 SharePoint 2013 中使用 SharePoint 2013 工作流引擎时，网站(SPSite)和列表(SPList)作用域内的工作流是受支持的。值得一提的是，作用域实质上是一组存储在负责处理传入消息的 Windows Azure 发布/订阅服务中的订阅规则，以确保它们被关联的工作流实例所使用。

SharePoint 2013 中的这两个工作流引擎的完美之处在于它们都支持基于网站和基于列表的工作流。网站工作流是尤其重要的工具，它们满足了很多不能使用基于列表和基于项的工作流来完成的情形。下面列出的内容描述了基于网站工作流的关键用例。

- **网站报告工作流**——总结关键信息的一份报告，可以为网站定期通过电子邮件发送。
- **网站治理工作流**——网站预备工作流可用于指导用户通过一组步骤来自动执行其网站的配置。可以创建网站处理工作流来指导网站所有者按照组织的 SharePoint 2013 平台治理原则，通过常见的管理任务来管理网站的处理。其他例子包括，通过增加网站集的配额要求附加的存储空间，增加网站集配额可以通过托管工作流而不必依赖于向 SharePoint 支持团队请求手动更改。
- **作用于一个或多个列表中的多个项**——可以创建工作流用于在一个或多个列表上以及每个列表中的一个或多个项上执行操作。
- **定期执行操作**——对阶段、转换和"暂停/延期直到"功能的新支持使得在网站的计时器上执行一组操作成为可能。例如，可以创建一个网站工作流，每日获取最新的股票信息并更新包含股票价格的列表。

基于列表的工作流是 SharePoint 中使用的最常见的工作流类型，还有很多开箱即用的工作流可供使用。这种类型的工作流作用域对于管理与单个列表项有关的进程相当好。最常见的例子使用工作流管理文档审批或页面审批。

15.1.9 工作流关联和订阅

SharePoint 2013 提供了许多方法将工作流关联到库、列表、内容类型和网站。工作流要么手动要么自动进行关联和启动。这可以使用 SharePoint 网站界面，或 SharePoint Designer，或以编程方式使用 Visual Studio 2012 来实现。这要么适用于在 SharePoint 2010 工作流引擎上托管的工作流，要么适用于基于 SharePoint 2013 Azure 工作流引擎的工作流。

从编程和对象模型的角度而言，工作流可以使用 Microsoft.SharePoint.Workflow 名称空间来关联(和订阅)。

SPWorkflowManager 提供了通过对象模型跨网站集集中控制工作流运行实例的功能。它提供了启动、运行或取消工作流的多种方法；返回在特定项上运行的所有工作流；并执行其他工作流管理操作。

SharePoint 2013 工作流与使用 Azure 工作流主机在 SharePoint 平台以外托管的工作流有所不同。表 15-3 描述了工作流如何关联到 SharePoint 2013 工作流。

表 15-3　为 SharePoint 2013 工作流关联工作流

手动工作流	手动工作流会在 PubSub 服务接收到包含以下信息的 StartWorkflow 消息时启动： ● 关联标识符 ● 在调用 PublishEvent 方法期间接收起始项上下文 ID 和事件源属性 ● 用于手动启动(WorkflowStart)的事件类型 ● 额外的工作流初始参数，可能来自订阅或初始表单，对于订阅使用 CorrelationID，而对于初始表单则使用 WFInstanceID
自动启动工作流	自动启动工作流在 PubSub 服务使用 Add 消息来初始化。该消息包含以下信息： ● 起始项上下文 ID ● 该事件本身是一个普通的 SharePoint Add 事件 ● 工作流初始参数

工作流执行的"另一面"是指工作流如何基于正在传递到 Windows Azure 工作流引擎的事件而执行，以及特定运行的工作流如何能够选择性地接收，并按照这些事件来起作用。

工作流令人费解的这一"面"定义了运行中的工作流如何订阅和侦听特定的事件。这在 Windows 工作流术语中，这些称为工作流订阅。SharePoint 2013 工作流必须使用 create 和 delete 方法在 Windows Azure 服务总线上创建订阅。

用于创建订阅的 create 方法，提供了在初始化和订阅参数间进行传递的功能，这包括：

● 工作流作者定义的可选和必需的参数。

● 工作流定义的初始化参数。

● 特定的 SharePoint 选项，可以是 SPWeb 或 SPList 对象，会作为所需某参数的一部分。

幸运的是，对于 SharePoint 开发人员，这已经简化了，因为 SharePoint 对象模型会负责安排 SharePoint 2013 和 Azure 工作流引擎之间的"管道"。

15.1.10　工作流事件侦听器

与之前的版本一样，SharePoint 2013 使工作流能够侦听在 SharePoint 中发生的事件，并使用这些事件来执行操作或活动。表 15-4 描述了由 SharePoint 提供的开箱即用的工作流活动和操作。

表 15-4 开箱即用的工作流事件侦听器

SharePoint Designer 操作	工作流活动	说　明
等待列表项中的事件	WaitForItemEvent	等待创建新项，或者等待对现有项的变更
等待当前项中的字段更改	WaitForFieldChange	等待指定列表项上的指定字段修改成指定值
(没有相应事件)	WaitForCustomEvent	等待将自定义事件发送到工作流中
等待项目事件		等待项目被签入、确定或提交
分配任务	SingleTask	向单个人员或一个组分配单个任务并等待任务完成
启动任务处理过程	CompositeTask	串行或并行为多个人员分配多项任务；等待任务完成并统计结果

　　SharePoint 使用融入 SharePoint 2013 平台的广泛的事件接收器的支持，来提供用于初始化和触发工作流的广泛支持。这包括支持处理从 SharePoint 模型的新应用程序中接收到的事件，以及处理和响应经典的内部部署模型中的事件。最后，SharePoint 2013 还提供了支持远程事件接收器的新功能。这可以用于在一个 SharePoint 环境中触发基于另一个环境中正在发生的事件的工作流。

15.1.11　工作流可视化

　　Visio 2013 和 SharePoint Designer 2013 可用于模型化和可视化工作流。然后把它们导出到 SharePoint 设计器以便实现。SharePoint Designer 2013 现在集成了 Visio 设计界面，作为基于文本的视图的额外视图。

　　SharePoint 2013 提供对使用 SharePoint 2010 工作流引擎开发的工作流的阶段和过程的可视化支持。SharePoint 2013 中的 Visio 服务应用程序使之成为可能。

> 　　提示：当前，只有使用 SharePoint 2010 引擎生成的工作流可以直接在网站中可视化。需要数目庞大的更新来支持.NET 4.0，这意味着 SharePoint 2013 工作流的可视化并不存在。希望将在未来的升级中发布对 SharePoint 2013 工作流的可视化支持。

　　Visio 服务应用程序使 Visio 图表能够在 Web 浏览器中呈现并查看。默认情况下，图表呈现在工作流属性界面中。

> 　　提示：因为由 SharePoint 托管的所有工作流都会将 Visio 图与其关联，所以在操作中查看默认的工作流就能了解此功能。

15.1.12　工作流授权

SharePoint 工作流需要在一个身份标识的上下文中运行。

对于基于 SharePoint 2010 的工作流，它们可以在工作流发起人的上下文中运行，或作为工作流发布者的身份来运行。SharePoint Designer 2013 继续提供了身份模拟步骤的操作。这使工作流能够以工作流发布者(而不是使用工作流的用户)的身份来运行。使用 Visual Studio 2012，自定义开发的 SharePoint 2010 工作流可以提升权限，在托管网站集的 Web 应用程序的应用程序池账户下运行。

对于基于 SharePoint 2013 的工作流，SharePoint 2013 工作流现在可通过实现和扩展开放身份验证 2.0(OAuth 2.0)Web 授权协议，来支持服务器到服务器的身份验证和应用程序的身份验证。

这实际上为你提供了在某身份标识下运行 SharePoint 2013 工作流的能力，这更常称为应用程序主体或应用程序身份标识。如图 15-5 所示，它要求激活网站集功能以支持在应用程序身份标识下运行的工作流。

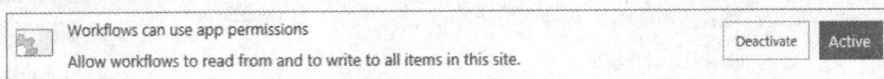

图 15-5

图 15-6 显示了如何在你的网站集中查看授予应用程序的权限。

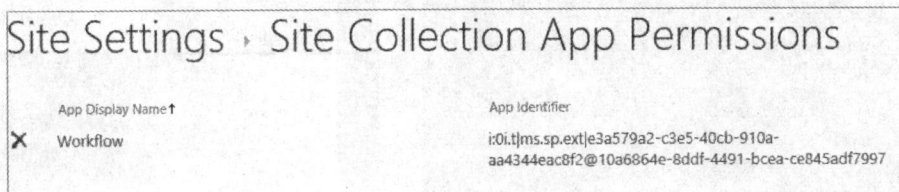

图 15-6

下一节会概述 SharePoint 2013 中的工作流平台架构。

15.2　了解 SharePoint 2013 中的工作流平台架构

SharePoint 2013 中变化的最大领域之一是 SharePoint 2013 工作流平台架构，其成功地战胜了一些挑战，提供了在同一个服务器场中对基于 SharePoint 2010 和 2013 工作流的支持。

因此，SharePoint 2010 工作流主机(基于.NET 3.5 Windows Workflow Foundation)在 SharePoint 2013 中可以继续使用。SharePoint 2013 工作流，由 Windows Workflow Foundation 4 驱动，提供了在 SharePoint 服务器场外部以及内部部署或云托管环境中托管基于 Windows Azure 工作流的功能。

如图 15-7 所示，你能看到 SharePoint 2013 工作流平台的关键组件。

可以看到，SharePoint 2013 将工作流服务管理器集成到了 SharePoint 2013 的核心中。

以下是 SharePoint 2013 工作流平台关键组件的列表。

- **SharePoint 2010 工作流主机**——SharePoint 2013 提供了 SharePoint 2010 工作流主机,支持使用 SharePoint 2010 工作流模型开发的工作流。该工作流主机基于.NET 3.5 Windows Workflow 运行时。
- **工作流服务管理器**——工作流服务管理器是添加到 SharePoint 工作流对象模型中的附加项的集合名称。这些附加项提供了对 SharePoint 2013 工作流的支持。例如,包括用于管理工作流实例、封装和部署在 Windows Azure 工作流中托管的工作流的定义的功能。所提供的关键功能之一是使用 SharePoint 2010 和 2013 模型开发的工作流之间的互操作性和消息传递。

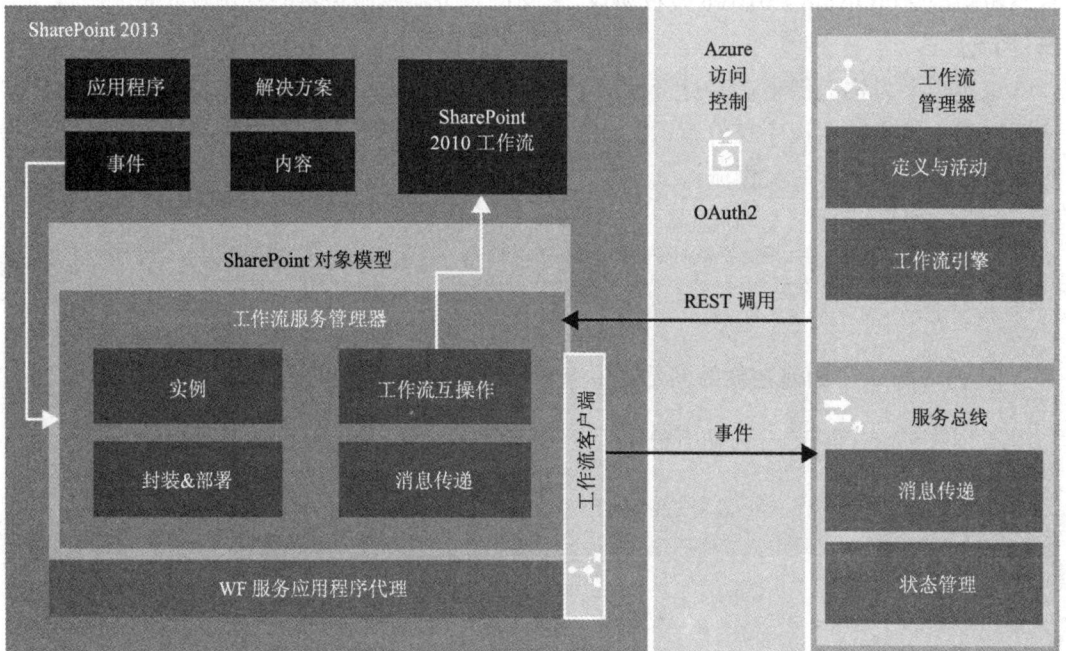

图 15-7

工作流管理器—— 由 Windows Azure 提供的工作流管理器,是用于运行和管理 Windows Workflow Foundation 的多租户主机,支持大规模、高密度的执行。客户端实际上提供了管理工作流定义和托管工作流实例执行进程的功能。工作流管理器要么在云托管的服务(如 Windows Azure)中使用,要么在内部部署中安装和使用。有关工作流管理器的更多信息,请参阅 http://msdn.microsoft.com/en-us/library/jj193471(v=azure.10).aspx。

- **服务总线**——服务总线,Windows Azure 平台的一个关键组成部分,是管理应用程序之间交换消息的消息基础架构。
- **Azure 访问控制**—— Azure 访问控制是提供支持身份验证以及通过各种协议授权用户与系统的账户的一种服务。从工作流的角度看,Azure 访问控制使用开放身份验证(OAuth2)来调解服务器之间的身份验证。

> 提示：与 SharePoint 2010 一样，SharePoint 2010 工作流引擎随着 SharePoint 2013 自动安装。只有在你已经下载并安装了工作流管理器服务，且将它配置成与你的 SharePoint 2013 服务器场进行通信的情况下，SharePoint 2013 工作流平台才对你和你的工具可用。

解决的另一个主要挑战是如何确保遗留的 SharePoint 2010 工作流(和活动)与基于新的 Azure 工作流模型的工作流(和活动)进行交互操作并能良好适应。SharePoint 工作流互操作的引入解决了这一挑战。TechNet 提供了一篇深入解释工作流互操作的文章。请查阅 http://msdn.microsoft.com/en-us/library/jj670125(v=office.15).aspx。

下一节将概要介绍用于建模、创作和开发工作流、活动和操作的关键开发工具。

15.3 了解关键的工作流开发工具

SharePoint 提供了各种可以用于建模和开发工作流的工具。微软提供了工作流建模、配置和开发的三个关键工具。

- Visio Professional 2013——与 Visio 2010 一样，可以在 Visio 2013 中创建和对 SharePoint 工作流建模。Visio 2013 支持 SharePoint 2010 和 2013 工作流。之后可以将 Visio 文件导到 SharePoint Designer 2010 中进行全面的实现和部署。Visio 是一个神奇的工具，使业务分析人员能够创建工作流，并将模型化的进程递交给设计师/开发人员，在 SharePoint 中完成和实现。
- SharePoint Designer 2013 ——可以使用 SharePoint Designer 2013 来创建简单的、网站集作用域的、声明性(无代码)的工作流。也可以构建能在 SharePoint Designer 中使用的自定义操作。
- Visual Studio 2012——可以在 Visual Studio 2012 中使用 sharePoint 2010 或 2013 工作流模板来编写更高级的工作流。这些工作流可用于多个网站集，且在整个服务器场内可以广泛使用。

现在详细地介绍每一个工具。

15.3.1 Visio Professional 2013

从 Visio 开始介绍，这是因为该工具对于业务分析人员和最终用户是最常见的工作起始位置。

Visio 2013 是绘制专业图表的专门工具，尤其适合绘制业务流程图。与 Visio 2010 应用程序一样，Visio 2013 应用程序为 SharePoint 工作流建模提供了深入的支持。此外，这些模型还可用于在 SharePoint Designer 和 Visual Studio 2012 中作为创建完整可操作的工作流的起始位置。

其用户体验与其他任何 Visio 图表几乎相同；唯一的区别是用户必须从 Microsoft SharePoint 工作流模板(New | Flowchart)中开始绘制，且在绘图过程中使用 SharePoint 2010 工作流模板或 SharePoint 2013 工作流模板(参见图 15-8)。

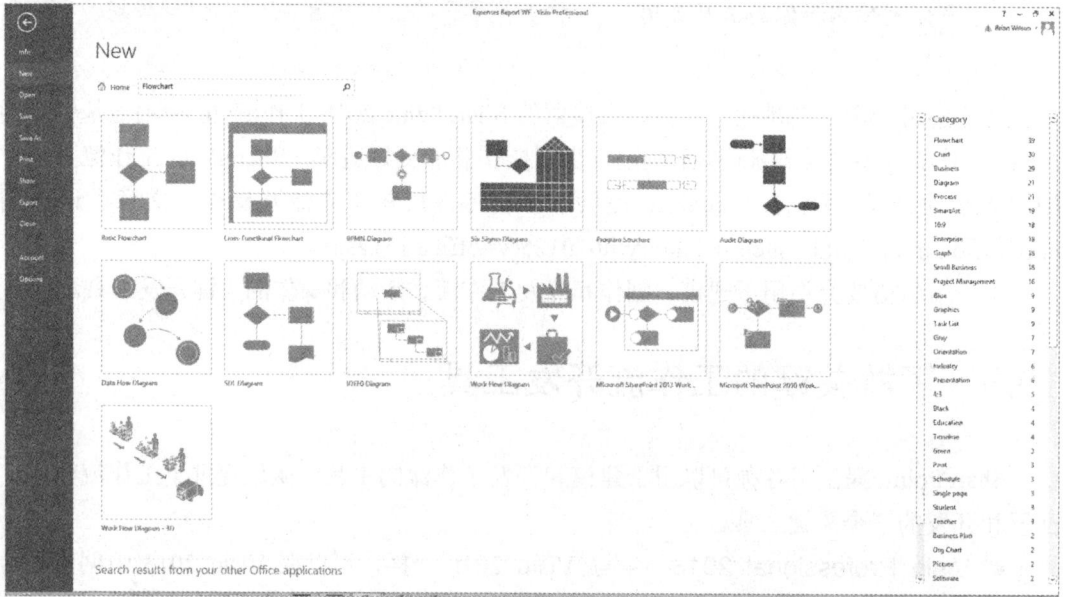

图 15-8

> 提示：Visio 2010 曾用于将工作流导出到带有.VWI 文件扩展名的文件中。现在 Visio 2013 支持新的文件格式和全新的.VSDX 扩展名。这些文件可以在 Visio 或 SharePoint Designer 2013 中打开。现在仍然可以导入上一版本的.VWI SharePoint 2010 工作流。

Visio 2013 和 SharePoint Designer 之间集成的伟大之处在于它是双向的。这意味着设计师可以将工作流导回到 Visio 以便分析师对这一处理过程进行更改，然后"往返"回到 SharePoint Designer 进行进一步的更新。

Visio 2013 为 SharePoint 2013 工作流提供了很棒的新支持。创建 SharePoint 2013 工作流后，现在它以一个空的容器作为开始，称为一个阶段，而不是一个空白画布。如图 15-9 所示，每个阶段包含工作流每一部分的所有操作。尽管简单的工作流可能只有一个阶段，但复杂的工作流可以包含多个阶段。

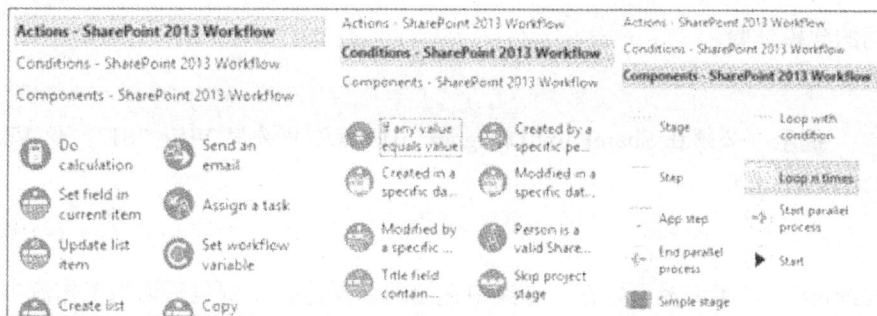

图 15-9

15.3.2　SharePoint Designer 2013

SharePoint Designer 2013 是涵盖 SharePoint 功能整个范围的从事无代码定制工作的工具选择，它包括面向 SharePoint 2010 及 2013 工作流引擎来设计、部署和配置工作流。SharePoint Designer 2013 包含专门为 Windows Azure 工作流管理器和 SharePoint 2013 工作流而设计的新功能。

在 SharePoint Designer 中创建的 SharePoint 2010 和 2013 工作流称为声明式工作流。声明式工作流是用于描述 SharePoint 中无代码工作流的术语，它基本上是一组向 SharePoint(和基础工作流主机)声明工作流将如何运转的规则。

如图 15-10 所示，当在 SharePoint Designer 2013 中创建新工作流时，可以在新工作流创建对话框中选择工作流平台(使用 Platform Type 选项)。这会影响到对将要使用的工作流主机平台的选择，以及可用于构建工作流的工作流功能类型的选择。

设计师可以使用安装到操作所附加到(包括自定义操作)的 SharePoint 服务器上的所有操作来设计工作流。完成后，就可以将工作流发布到你的 SharePoint 网站了。

图 15-11 显示了可用于 SharePoint Designer 中的新的 Visual Designer 视图。

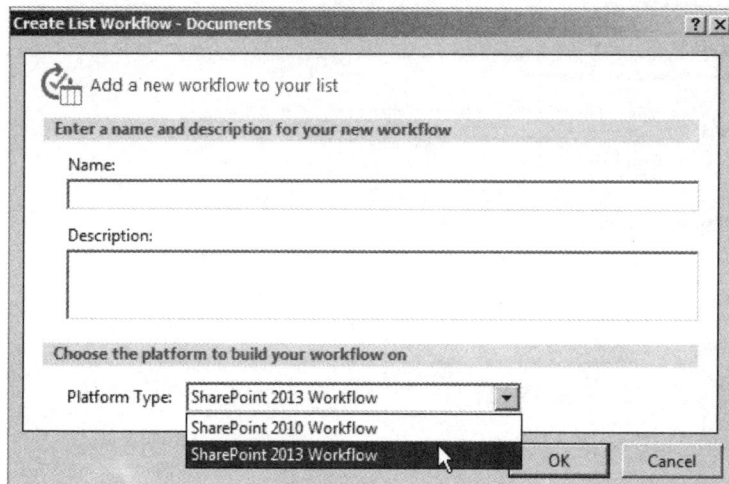

图 15-10

图 15-11

该视图提供了基于文本视图的替代体验，允许直接在 SharePoint Designer 内拥有与

Visio 相同的建模体验。

> 提示：必须在 SharePoint Designer 2013 视图中安装 Visio 2013，使 Visual Designer 可用。

SharePoint 提供了许多可以在工作流中使用的新操作。示例包括调用工作流中的 Web 服务，创建简单和复杂任务处理过程的新操作，提供 SharePoint 2010 和 SharePoint 2013 工作流平台之间的互操作性的新协同操作等。

SharePoint Designer 中最大的一个新补充是对阶段、循环、步骤和并行块的新支持。为了帮助理解这 4 种新形状，图 15-12 显示了如何使用它们来配置工作流。

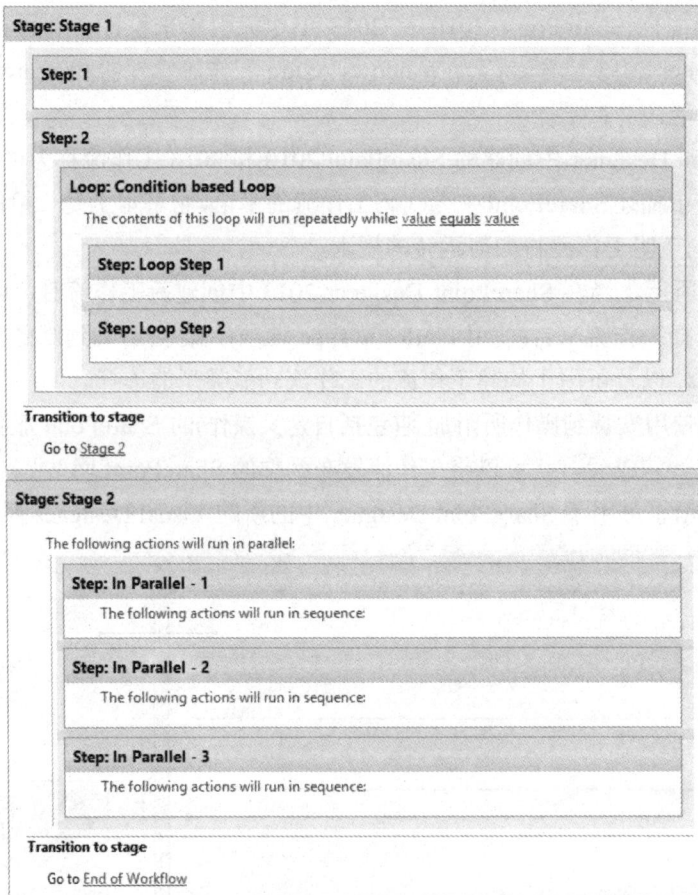

图 15-12

以下是这些形状的概述。

- 阶段(stage)形状可以包含任意数量的形状。阶段支持一条入口路径和一条出口路径。关于阶段，最重要的是它们支持跳转到其他阶段的形状，或者到工作流的末尾。

- 步骤(step)不同于阶段，步骤按顺序发生。步骤必须包含在一个阶段中。与阶段形状一样，步骤形状也必须定义进入形状和从形状出去的路径。
- 循环(loop)是根据定义的次数或直到满足条件而执行的在循环中的一系列连续形状。循环形状可以包含步骤形状，但不能包含阶段形状。
- 并行块(parallel block)支持在同一时间同一工作流中执行多个操作。此外，并行块支持承载操作的容器并行执行，包括步骤和循环形状。并行块形状必须由阶段容器承载。

另一项关键的功能增强是由 SharePoint 2013 工作流所支持的新字典变量类型。此数据类型充当驻留变量集合的容器。字典的使用由三个新的 SharePoint Designer 操作支持，分别称作 Build Dictionary、Count Items in a Dictionary 和 Get an Item form a Dictionary。要获得更多相关信息，请查阅 http://msdn.microsoft.com/en-us/library/jj554504.aspx。

如前所述，SharePoint Designer 能够导入在 Visio 2013 中建模的 SharePoint 2010 和 2013 工作流。可以对工作流进行更新，如有需要，还可以重新导出到 Visio 中用于进一步建模。

必须指出的是，虽然 SharePoint Designer 2013 得到了极大的改进，但部署的局限性仍然存在。主要的例子有，用于数百个网站集、网站和库的重要工作流应该配置在哪里；或者什么时候工作流必须可用于服务器场中的所有网站集。在这些情况下，Visual Studio 是更好的选择，它使用解决方案封装、功能框架以及激活/取消激活处理过程，能够更容易地部署和配置。

尽管有这些部署局限性，但 SharePoint Designer 2013 仍然是一个功能强大和绝妙的工具，在无须编写任何代码的情况下就能开发和部署复杂的工作流，并且在对单个网站、库和列表进行建模、创作和部署工作流方面达成了完美实现。

15.3.3　Visual Studio 2012

Visual Studio 2012 提供了对 SharePoint 工作流最高水平的控制和定制，并支持 2010 和 2013 工作流开发。

SharePoint 2013 工作流，基于 Windows Workflow Foundation，外部托管于 Windows Azure 工作流引擎，不再为工作流中的自定义代码提供支持。SharePoint 2013 工作流现在本质上是声明式的，工作流不再由作为程序集编译的代码组成。相反，它们被描述为 XAML，然后在运行时解释执行。这就导致了需要将工作流外的所有自定义代码移动到自定义活动(和自定义操作)中以及外部 Web 服务中。

许多方案仅能使用 Visual Studio 2012 来实现。这包括通过使用 SharePoint 功能框架来实现工作流的自动化部署以及在 SharePoint 环境中的网站所需的相关列表。

另一个主要方案是对 SharePoint 应用程序中的工作流的支持。工作流可以用在所有类型的 SharePoint 应用程序中以托管长时间运行业务逻辑管理的中间层逻辑。

使用 Visual Studio 开发工作流的另一个重要考虑事项是工作流程什么时候需要自定义初始、关联、修改或任务表单。在这些情况中，表单的生成不再使用 InfoPath 表单，而是依赖 ASP.NET 表单了。

Visual Studio 2012 中的工作流和 SharePoint 工具把 SharePoint 2010 和 2013 工作流视为正常的 SharePoint 项目项，可以轻松地添加到解决方案，以及以.wsp 文件的形式封装和部署，就像 SharePoint Visual Studio 解决方案中的其他任何项一样。

在 SharePoint Designer 2013 中构建的可重用工作流可以导出为.wsp 文件，并导入 Visual Studio 2012 中用于进行进一步的定制。

> ⊗ **警告:** 当工作流从 SharePoint Designer 导入 Visual Studio 中时，随后它必须继续作为 Visual Studio 工作流存在。这种集成不似 Visio 和 SharePoint Designer 之间的方式，它不是双向的。

既然你已经了解了创建工作流的各种工具，下面就向你介绍设置开发环境开发 Azure 工作流了。

15.4　设置开发的前提条件

在使用 SharePoint Designer 和 Visual Studio 2012 开始创建基于 SharePoint 2013 的工作流之前，有几个必备步骤需要完成。本节会介绍配置环境所需的高级步骤。

15.4.1　创建工作流和 SharePoint 开发环境

如果你还没有完成这项任务，则必须在你的开发计算机上安装和配置 SharePoint 2013。详细说明请参见 http://technet.microsoft.com/en-us/sharepoint/fp142376.aspx。

> ⊗ **警告:** 如果你试图把工作流管理器安装在作为域控制器配置的开发环境中，那么安装会失败。建议使用替代的开发虚拟机来充当域控制器。

15.4.2　安装工作流管理器

以下步骤重点介绍了在开发环境中安装 Azure 工作流引擎的主要步骤。

(1) 安装工作流管理器。工作流管理器通过 Web 平台安装程序 4.0 来安装。要安装工作流管理器，请按照 MSDN 指南中的操作步骤一步一步进行，网址是 http://msdn.microsoft.com/en-us/library/jj193525(v=azure.10).aspx。

(2) 遵循工作流配置向导。Azure 工作流配置向导将指导你完成配置工作流服务器场的步骤。

(3) 配置使用工作流服务的 SharePoint 托管网站集。SharePoint 提供 Register-SPWork-flowService PowerShell 命令将网站集关联到工作流主机。

要验证 Azure 工作流服务是否已正确安装，可在管理中心打开服务应用程序列表，选择工作流服务应用程序，并查看服务状态消息。

下面是一些对你有帮助的提示。

- 在 Azure 平台配置向导中指定账户时使用正确的符号/格式。
- 了解 Azure 工作流主机和 SharePoint 之间的权限。
- 确保本地开发策略有正确的权限。
- 核实数据库的访问权限具有一致性与准确性。

有一个很好的分步演练，请参考 http://www.sharepointassist.com/2012/08/22/sharepoint-2013-lab-build-part-8-windows-azure-workflow-installation-andconfiguration/。

15.4.3　安装开发工具

确保你已安装了 SharePoint Designer 2013、Visual Studio 2012 和 Visio 2013 (Visio 需要在 SharePoint Designer 中启用可视化设计器视图)以及 Visual Studio 2012 Tools for SharePoint 2013。

最新的 Visual Studio 2012 Tools for SharePoint 2013 可通过 Web 平台安装程序来安装。Visual Studio 工具会提供 SharePoint 项目项和模板，包括新的 Azure 工作流模板。

本节简要介绍了开发 SharePoint 2013 工作流所需的开发必备组件。下一节将着眼于开发一个示例方案。

15.5　使用 Visio 2013 进行工作流建模

Visio 一直是一个绘制业务流程的优秀工具，并且针对需要图表制作工具的组织在实用性方面获得了突飞猛进的发展。

Office 2010 产品发布时首要引入的一个特色功能是，在将图表发送给设计师和开发人员进入实现阶段之前，在 Visio 中对工作流建模和绘制业务流程的能力。Visio 2013 从多方面改进了工作流建模，包括实现新的文件格式(.VSDX)；增进 SharePoint Designer 和 Visio 之间的融合；并提供一系列可以拖动到画布上的新的 SharePoint 工作流模板操作。有关 Visio 2013 改进的更多信息，请参阅 15.3 节。

本节中，你将在 Visio 2013 中为 Request Holiday 工作流建模，并使用该文件，以便在下一节中将其导入 SharePoint Designer。

(1) 启动 Visio 2013，搜索流程图或切换到类别视图并选择 FlowChart 类别。在 FlowChart 模板类别中，使用 Microsoft SharePoint 2013 工作流绘图模板(仅用于 SharePoint 2013 工作流的新模板)新建文件。

创建新的绘图以后，注意，所有的工作流活动被分成三套单独的模板，如下所示：

- SharePoint 2013 工作流操作
- SharePoint 2013 工作流条件
- SharePoint 2013 工作流组件

请注意，默认模板不再提供一个空白画布，而是以一个称为阶段/开始/停止的空容器作为开始。其他形状(尤其是 SharePoint 2013 工作流操作形状)将添加到该阶段。

(2) 生成工作流的阶段级图表。阶段大纲很有用，因为它们有助于简化工作流的建模与可视化。在 Ribbon 菜单上选择 Process 选项卡，单击 Stage Outline。这样就可以在工作流图表中新建选项卡。使用阶段大纲图来快速描绘工作流。

(3) 按照图 15-13 把以下几个阶段拖曳到阶段级别的图表上，并为它们添加以下标签。

(a) Request Holiday

(b) Approved

(c) Get Weather

(d) Send Happy Holiday Email

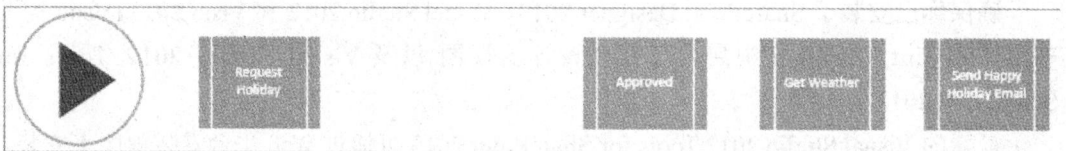

图 15-13

(4) 如图 15-14 中所示，将 If Any Value Equals Value 拖到 Request Holiday 和 Approved Stage 之间的阶段级别图表上。可以通过选择条件组的形状找到该条件。为该条件添加"Holiday Approved?"标签。

(5) 打开 Ribbon 菜单的 Home 选项卡并选择 Connector 按钮来连接形状。通过将一个形状拖到下一个形状来连接形状(参见图 15-14)。请注意，拖动的形状将控制方向箭头(和工作流的流转)。

(6) 通过打开 Ribbon 菜单的 Home 选项卡并选择指针工具来切换回指针工具。选择并右击条件与 Approved 阶段之间的连接(参见图 15-14)来打开连接的属性。选择 Yes。

图 15-14

(7) Visio 提供的一个强大功能是，可以在工作流建模中使用其他形状。需要说明的是，有些形状可能在开发工作流的过程中被 SharePoint Designer 作者替换。如图 15-15 所示，将被拒绝阶段添加到阶段大纲图表。使用了一个非工作流允许的形状来证明这一点。

在左边的形状区域，打开 More Shapes。在流程图区域，打开 Workflow Steps-3D 形状。

将 Rejected 形状拖到 "Holiday Approved?" 下面(参阅图 15-15)。添加一条向下的连接线，但不要连接形状，因为你需要在下一节中使用这个位置来揭示和探讨 SharePoint Designer 的验证功能。

> ✎　　提示：设计工作流时最好确保 Yes 指向右边，No 指向下边。这有助于 Visio 的路由引擎在每次出现自动布局时表现更好。

(8) 向阶段大纲图表添加下列注意事项(参阅图 15-15)。从 Ribbon 菜单的 Insert 选项卡上，添加两个标注。添加下列注意事项：

(a) Request Holiday Stage——分配任务给经理。

(b) Send Happy Holiday Email Stage ——仅在假日前 5 天发送此电子邮件。

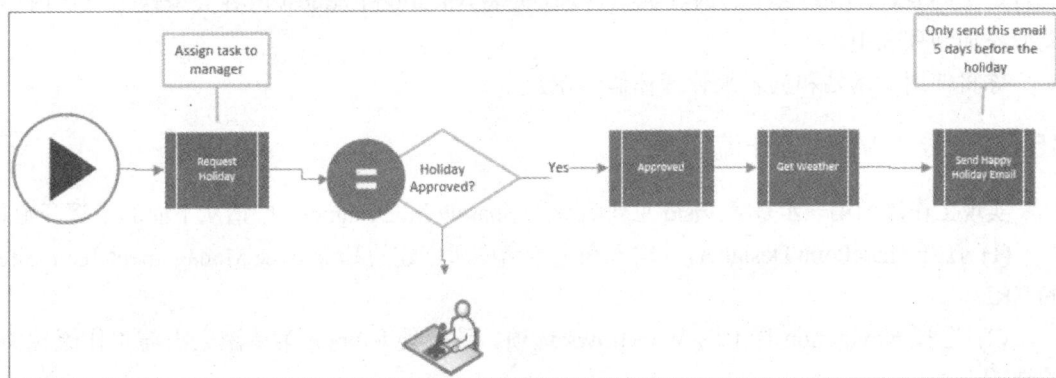

图 15-15

现在你已经完成了工作流的建模，在将它传递到设计器实现以前，你可能想要在 Visio 2013 中使用验证功能。

在 SharePoint Designer 2010 中必须将文件导出到中间文件格式。虽然遗留图表和 SharePoint 2010 工作流仍然支持这一功能，但它在 SharePoint 2013 工作流中不需要它了。

下一步是将图表保存并发送给设计师，作为工作流的基础来使用。

15.6　使用 SharePoint Designer 2013 开发工作流

工作流在 Visio 中建模后，可以移交给拥有更多技术的 IT 专业人员，由他们使用 SharePoint Designer 来实现和扩展该工作流。

15.6.1　设置网站和列表的先决条件

在开始这一工作之前，需要对开发网站和支持列表进行设置。

(1) 在 SharePoint 2013 中创建一个名为 Employee Management 的工作组网站。

(2) 在工作组网站上，浏览到 Site Settings 页面，并打开 Site Permissions。创建名为 Vacation Managers 的新组。基于本方案的目的，要提供该组完全控制的访问权限。在生产环境中，可能需要进一步完善该组的权限。

(3) 创建一个 Vacation Request 内容类型。若要创建此内容类型，使用开箱即用的项内容类型作为父项，并将下面的栏添加到 Vacation Request 类型：

- Title——Single Line of Text
- Description——Multiple Lines of Text
- Nearest City——Single Line of Text
- Start Date——Date Time
- Return Date——Date Time
- Number of leave days required——Number

(4) 有了 Vacation Request 内容类型之后，你应该创建一个名为 Vacation Request 的新的自定义列表，启用列表中的内容类型管理，并将 Vacation Request 内容类型作为默认内容类型添加到列表中。

你将使用此网站和列表来管理休假请求。

15.6.2 导入 Visio 工作流图表

实现工作流的第一步是将 Visio 工作流导入 SharePoint Designer 中。请从下面的步骤开始。

(1) 打开 SharePoint Designer，并输入在上一节中所创建的 Employee Management Team Site 的 URL。

(2) 选择 Navigation 栏上的 Workflows 选项。这会使 Ribbon 菜单派生出与工作流相关的选项。

(3) 在 Import from Visio 下拉菜单下面，选择 Import Visio 2013 Diagram。选择包含 Visio 图表的文件并选择 Open 按钮。

(4) 输入详细信息，如图 15-16 所示。确保选择 List Workflow 类型以及 Vacation Requests 列表。选择 OK 按钮。

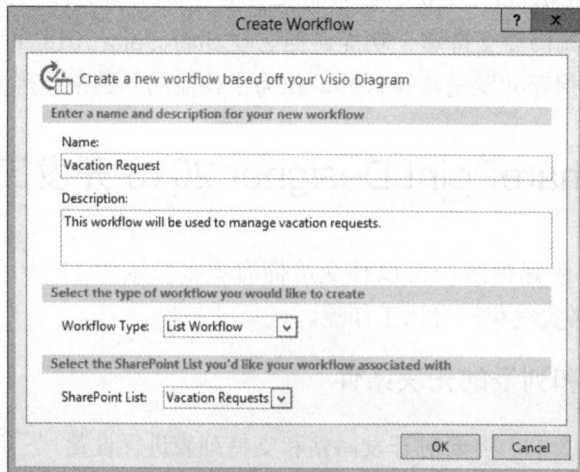

图 15-16

在导入 Visio 2013 图表之后，首先看见的是直接在 SharePoint Designer 内部提供的一个新的 Visual Designer 视图。

> ⊗　　**警告**：为了使 Visual Designer 视图可用，必须将 Visio 2013 安装在与 SharePoint Designer 相同的环境中。

(5) 最后一步是开始实现并扩展该工作流，这需要从导入的 Visio 图表生成工作流大纲。选择 Generate Workflow Outline。出错了吗？如图 15-17 所示，弹出 Issues 列表了吗？请记住，在建模阶段你"忘了"正确设置连接线，你使用了非工作流允许的形状。很庆幸的是，这些问题已经由 SharePoint Designer 中的验证功能检测出来了。

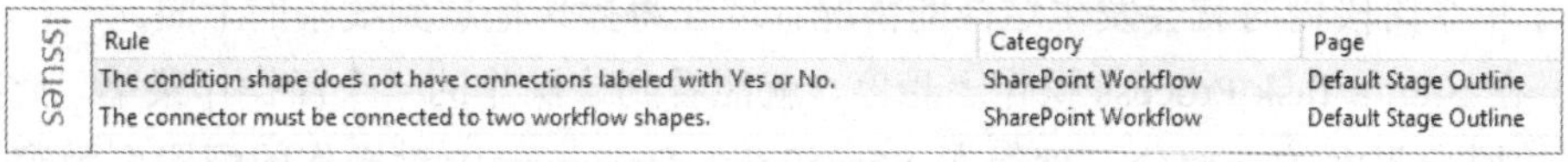

	Rule	Category	Page
Issues	The condition shape does not have connections labeled with Yes or No.	SharePoint Workflow	Default Stage Outline
	The connector must be connected to two workflow shapes.	SharePoint Workflow	Default Stage Outline

图 15-17

验证功能会进行两种类型的验证：

- **形状级别**——检查形状、连接线和连接是否有效
- **XAML 级别**——当选择 Check for Errors 或 Publish 时会触发验证由 SharePoint Designer 所生成的基础 XAML

现在来修复 Issues 列表中的问题。

(a) 选择第一个问题。将会选中图表中有问题的连接线或形状。

(b) 删除被拒绝的非工作流允许的形状，然后拖动"简单阶段"来替换它。为其添加 Rejected 标签。

(c) 选择第二个问题，确保连接线正确地从判定形状连接到被拒绝的形状。右击该连接，并选择 No 命令。

(d) 选择 Generate Workflow Outline。现在会生成成功，SharePoint Designer 会转至包含工作流大纲的新页面。

在左侧，提供了工作流实现时使用的模板形状。虽然这看起来可能类似于 Visio 建模的体验，但提供的模板根据创建的工作流类型进行筛选。就该例子而言，只会显示基于列表的工作流模板。

现在你就可以开始实施该工作流了。

15.6.3　创建 Vacation Request 列表工作流

创建 Vacation Request 列表工作流需要实现在 15.5 节中所述的工作流的每个阶段：

(1) Request Holiday

(2) Approved

(3) Get Weather

(4) Send Happy Holiday Email

(5) Rejected

现在你将继续处理上述的每一个阶段。

1. 阶段：Request Holiday

工作流的第一阶段开始于某一员工在休假请求列表中新建项。这时，你希望假期管理者收到新的工作流任务的通知。他们要么批准要么拒绝该请求。最后，你会基于他们的操作而推进工作流。要完成这些逻辑，需要执行以下步骤。

(1) 在 Action 模板下面，将 Start a Task Process 拖到请假阶段，并悬停在该阶段的线条上。注意两侧的绿色框的显示方式。这些框表明操作与工作流阶段之间的连接。当多个操作存在于单个阶段内时就会发生这样的情况。现在将操作拖放到线条的上面。

(2) 在 Start a Task Process 操作上悬停，就能看到该操作的一个新操作菜单。此菜单是更新过的用户界面的一部分，使得在 SharePoint Designer 中对操作的配置更为容易。如图 15-18 所示，选择 Process Settings 菜单项从而弹出相关联的操作配置对话框。

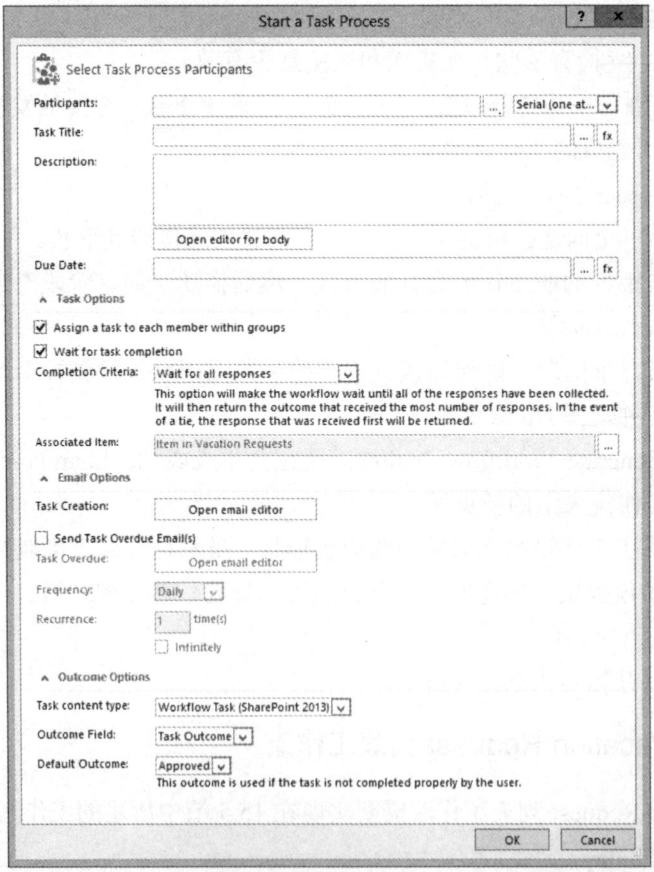

图 15-18

可以看到，SharePoint 2013 中的 Start a Task Process 对话框已经比之前的 SharePoint 2010 中的版本大为改进了。包括改进的参与者选取器对话框，以及对各用户是否参加串行 (一次一个)或并行(同时)模式进行选择的能力。此功能通过选择 Task Options | Completion Criteria 命令来实现。Completion Criteria 提供了一系列的选项，以指定任务在什么条件下被判定为完整的，包括：

- Wait for all responses——此选项使工作流处于等待状态直到收集完所有响应。然后返回最多响应的结果。
- Wait for first response——此选项使工作流处于等待状态直到接收到第一个响应。然后将返回首个响应的结果。
- Wait for specific response——此选项使工作流处于等待状态直到接收到所需的结果。如果没有收到所需的结果，它将返回默认结果。
- Wait for percentage of response——此选项使工作流处于等待状态，直到接收到某特定结果的指定百分比。如果没有达到所需的百分比，它将返回默认结果。

Email Options 提供了对电子邮件选项更好的控制，包括电子邮件编辑器，它允许你根据需要格式化电子邮件。

Outcome Options 部分提供了选择 Task content type、Outcome Field 和 Default Outcome 的功能。

> 提示：你不会被限制于默认的和开箱即用的 Approved/Rejected 任务结果。你可以提供更多结果以满足工作流的需求。为了提供其他选项，要创建一个继承父项工作流任务(SharePoint 2013)的 Custom Content 类型。使用新的 Task Outcome 数据类型来创建 Task Outcome 栏(用于你的自定义结果)，并将此栏关联到新的自定义工作流任务 Content Type。

(3) 将表 15-5 中描述的值填入对话框。

表 15-5　Start a Task Process 的值

项	值
Participants	Vacation Managers(使用选取器来选择该组)
Task Title	A new vacation request is ready for review
Description	Please review the new vacation request
Due Date	Today's date
Completion Criteria	Wait for first response

(4) 切换到基于文本的设计器。在 Ribbon 菜单上，在 Views 的下面，选择 Text-Based

Designer。你应该看到来自 SharePoint 2010 的设计器了。

你首先会注意到新的顶层阶段容器。阶段容器由两个主要部分组成。

- Business logic——这部分能够承载条件逻辑、操作、步骤以及阶段的循环。关于这些活动的详细信息，请参阅 15.1 节。
- Transition to Stage——这部分告知工作流当阶段业务逻辑完成时怎么办。可能会移动到另一个阶段，或完成工作流。

(5) 在基于文本的设计器中，你可以看到最近配置的 Start a Task Process 操作。这项任务的结果将保存到工作流的局部变量中。

(6) 需要完成的最后一步是跳转到下一阶段。如图 15-19 所示，选择 Transition to Stage。在 Ribbon 菜单上，使用 Condition 下拉列表选择 If Any Value Equals Value 条件。

(7) 将第一个值更新为 Variable：Outcome，第二个更新为 Approved。

(8) 对于批准的假期，添加一个 Go to Stage 操作，并将其设置为 Approved 阶段。

(9) 对于被拒绝的休假申请，添加一个 Go to Stage 操作，并将其设置为 Rejected 阶段。

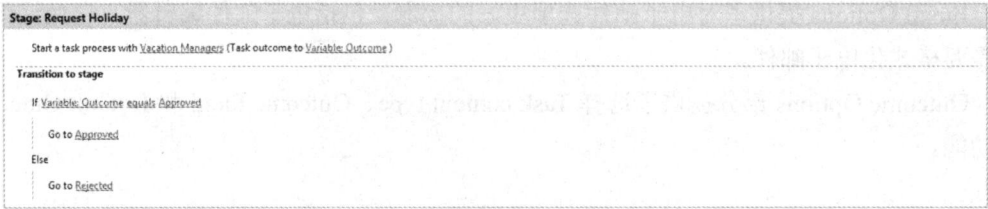

图 15-19

2. 阶段：Approved

现在继续工作流的 Approved 阶段。该阶段在休假管理者已经批准某假期请求时执行。这一阶段要做三件主要事情。

- 将批准记录到工作流历史记录列表。
- 发送电子邮件通知请假的员工他的请假申请得到了批准。
- 转到下一阶段。

操作步骤如下。

(1) 添加 Log 到 Workflow History List 操作。将消息更新为请假已批准。这会引发创建一个所有批准休假请求的审计线索，如果你希望，还可以包含进审批者的相关信息。

(2) 添加一个 Send on Email 操作。选择 These Users。这会弹出 Email Editor 对话框。

    (a) 在 To 区域，选择查找图标，并添加 User Who Created the Current Item。这现在应该出现在右侧。双击该项，并将 Return Field 从 Login Name 更新为 Email Address。

    (b) 将主题更新为 Vacation Request。

    (c) 将正文更新为 Your Leave was Approved。

(3) 将 Transition to Stage 更新为 Go to Get the Weather。

现在将配置该阶段，如图 15-20 所示。

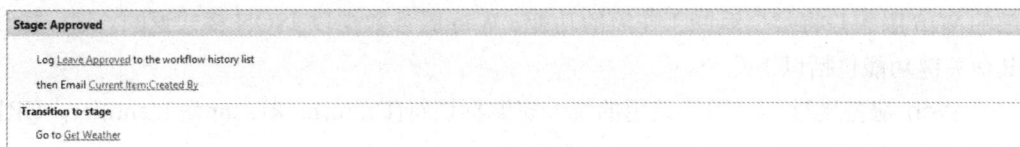

图 15-20

3. 阶段：Get Weather

工作流这一步骤的目的是暂停工作流，直到员工开始休假之前的 5 天。SharePoint Designer 提供了两个操作以完成这一类型的操作。

- Pause for duration——提供指定工作流暂停的天数、小时数和分钟数的功能。当需要在网站中执行定期的业务逻辑时，该操作非常有用。另外，将它与循环容器或 Go to a Stage 操作结合起来，你便能反复调用你的业务逻辑。例如，可以创建一个检索每日股价的工作流，并将它们缓存在列表中。这些值之后可以由网站中的其他功能使用。
- Pause until date——提供将工作流的执行暂停到特定日期和时间的功能。当需要在工作流中执行由用户提供的基于日期信息的操作，或基于列表中所提供的日期数据的操作时，这一操作非常适合。

要配置这一阶段，以便在假期开始的 5 天前暂停工作流的执行，请执行以下步骤。

(1) 如图 15-21 所示，为该阶段增加 Add Time to Date 操作。

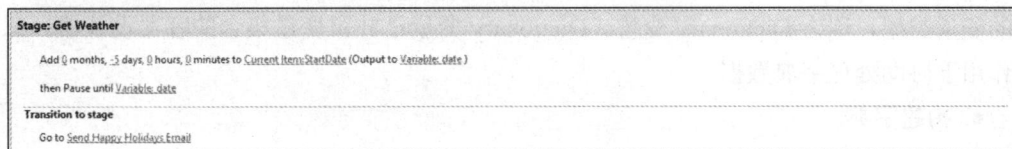

图 15-21

(2) 该操作通过在假期的起始日期添加–5 天并输出到 Local Workflow Date 变量来配置。你会在下一步操作中使用该本地变量。

(3) 添加 Pause Until Date 操作，并选择上一步中创建的局部日期变量。

(4) 在 Transition to Stage 区域，添加一个 Go to Stage 操作，并将它配置为跳转到 Send Happy Holidays Email 阶段。

现在你已经将这一阶段配置为假期开始前 5 天暂停(和恢复)执行工作流。

4. 阶段：Send Happy Holidays Email

这个工作流阶段的目的是调用外部 Web 服务以检索信息、循环遍历结果、准备 5 天的天气预报、准备电子邮件并发送给将要休假的员工。

在开始这一阶段所需的步骤之前，停下来考虑由 SharePoint 2013 提供的一些用于实现这一目标的新功能。

第一个是功能强大的称为调用 HTTP Web 服务的新操作,它提供了调用内部部署的或外部的 Web 服务并将数据返回工作流的功能。Web 服务数据以 JSON 格式返回。这一操作的其他关键功能包括以下几个。

- **Web 服务地址**——用于调用的统一资源标识符(Uniform Resource Identifier,URI)或 URL。
- **HTTP 请求的类型**——HTTP 定义了通常称为谓词的方法,以指示在标识出来的资源中执行所需的操作。支持的谓词包括 HTTP DELETE、HTTP GET、HTTP POST以及 HTTP PUT。
- **请求头**——将额外的标头附加到 HTTP 请求中。
- **请求内容**——为基于新字典变量存储在局部工作流变量中的 HTTP 请求提供内容。
- **响应内容**——将返回的 JSON 格式的响应内容存储到局部工作流变量中。
- **响应头**——将从 HTTP 请求返回的 HTTP 响应头存储到本地工作流变量中。
- **响应状态代码**——将 HTTP 请求的响应状态代码存储到局部工作流变量中。

> **提示**:JSON 是一个轻量级的基于文本的数据格式,易于读写以及生成和解析。JSON 建立在两种结构上。第一是名称/值配对的集合,第二是值的有序列表。

为了满足 JSON 数据的响应,使它更易于处理变量集,SharePoint Designer 提供了一个新的变量类型,称为 Dictionary 变量。Dictionary 变量是驻留变量集合的容器设计器。三个操作用于协助处理字典数据:

- 构建字典
- 统计字典中项的数量
- 从字典中获取一个项

更多有关信息,请参阅 http://msdn.microsoft.com/en-us/library/jj554504.aspx。

而对于 HTTP Web 服务,字典变量用于存储和处理从 Web 服务返回的数据。

这一阶段使用的另一个关键功能是新的循环功能。SharePoint 2013 提供了两个循环构造。

- **循环 n 次**——重复运行该循环指定的 n 次。例如,可以根据查询调用一个 Web 服务并返回未知数目的项。Dictionary 操作中的 Count Items 可以返回计数,而这可以被指定为设置项的数目来执行循环以对项进行处理。
- **循环条件**——运行循环直到满足一个条件。例如,你可能决定循环直到在你的项词典中找到单个项。

现在你已经了解了这些关键构造,可以实现 Send Happy Holidays Email 阶段了,如图 15-22 所示。

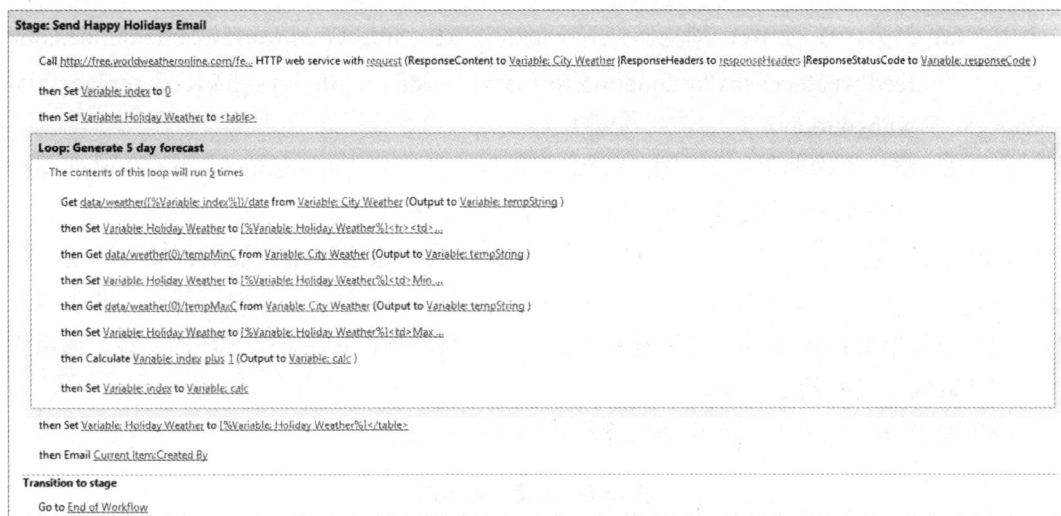

图 15-22

(1) 添加 Call HTTP Web Service 操作。就你的方案来说，可以调用免费天气服务，返回在员工创建休假请求时所输入的最近城市为期 5 天的天气预报。

(2) 将 URL 更新为 http://free.worldweatheronline.com/feed/weather.ashx?q=[%Current Item: NearestCity%]&format=json&num_of_days=5&Key=[key]。

仔细看一看该 URL，会发现你在 Web 服务中提供了 querystring 参数，包括以下几个。

- q——提供列表项中的城市名称。
- num_of_days——5 天的天气。
- format——将要以 JSON 格式返回的数据。
- Key——授予对 Web 服务的权限的唯一键。要得到此键，需要在 www.world-weatheronline.com 注册一个免费账户。

(3) 下一步，需要新建字典变量以存储 JSON 格式的响应内容。选择 Response，选择 Create a New Variable，并把变量标记为 City Weather。

(4) 添加一个新的工作流 Set Workflow Variable 操作，选择 Workflow Variable，选择 Create a New Variable of type Integer，并给变量添加名为 Index 的标签。

(5) 将 Index 值设置为 0。添加一个新的 Set Workflow Variable 操作，选择 Workflow Variable、选择 Create a New Variable of type String 并把变量标记为 Holiday Weather。

(6) 将 Holiday Weather 的值设置为<table>。

(7) 使用 Loop 下拉列表的 Ribbon 菜单，选择 Loop n Times 并把它标记为 Generate 5 Day Forecast。

(8) 你在检索为期 5 天的天气预报；因此，将循环设置为运行 5 次。

(9) 这时，在继续之前，你需要了解 JSON 格式数据背后的数据结构。为此，请使用 Web 浏览器来检索示例数据。

(a) 例如，使用 Web 浏览器打开下面的 URL：http://free.worldweatheronline.com/ feed/weather.ashx?q=london&format=json&num_of_days=5&Key=replacethis- withyourkey。

(b) 将结果内容复制到在线 JSON 解析器，或者在 http://jsonviewer.codeplex.com/ 下载免费的阅读器。研究和了解该数据结构。

(10) 为了达到演示的目的，从 City Weather 字典中取出日期和最低、最高温度。从 Dictionary 操作中使用 Get an Item 来获取这些项的值，输出到一个临时字符串，并生成这些值的一个简单 HTML 表格。使用索引变量访问所需的项，并在每个循环的结束，递增索引值来获取第二天的预报。

使用表 15-6 来添加和配置所需的操作(参见图 15-22)。

表 15-6 配置下列操作

操 作	值
从字典中获取项	按照名称或路径将项替换为 data/weather/([%Variable:index%])/date。来自于 Variable: City Weather，输出到 Variable:tempString
设置工作流变量	将 Variable：Holiday Weather 设置为[%Variable: Holiday Weather%]<tr><td>Date: [%Variable: tempString%] </td>
从字典中获取项	按照名称或路径将项替换为 data/weather/([%Variable:index%])/tempMinC。来自于 Variable: City Weather，输出到 Variable:tempString
设置工作流变量	将 Variable：Holiday Weather 设置为[%Variable: Holiday Weather%]<td> MinTemp: [%Variable: tempString%] </td>
从字典中获取项	按照名称或路径将项替换为 data/weather/([%Variable:index%])/tempMaxC。来自于 Variable：City Weather，输出到 Variable:tempString
设置工作流变量	将 Variable: Holiday Weather 设置为[%Variable: Holiday Weather%]<td> MaxTemp: [%Variable: tempString%] </td>

(11) 要完成循环的构造，需要递增索引。

(a) 添加 Do Calculation 操作并在索引变量上增加 1。值将输出到 Variable:calc。

(b) 添加 Set Workflow 变量操作并将 Variable：Index 设置成 Variable: calc 的值。

现在你已经构建了一个循环，差不多快成功实现这一阶段了！只剩下完成假期天气的 HTML 和发送电子邮件了。

(12) 在循环的下面(也就是外面)，添加 Set Workflow 变量操作并将 Variable：Holiday Weather 的值设置为[%Variable:Holiday Weather%]</table>。

(13) 如图 15-23 所示，添加 Send Email 操作并将其配置成包含 Holiday Weather 的信息。

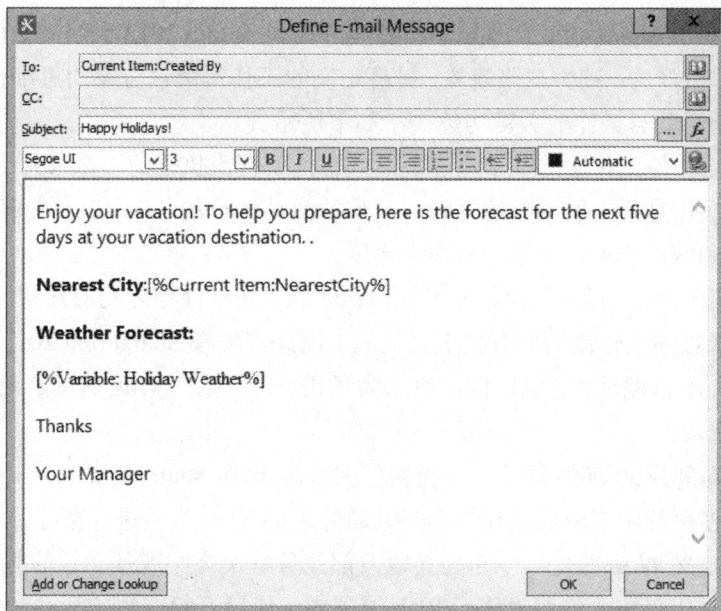

图 15-23

5. 阶段：Rejected

如图 15-24 所示，最后的 Rejected 阶段与 Approved 阶段类似，唯一不同的只是记录到历史和发送电子邮件会描述为休假请求被拒绝。

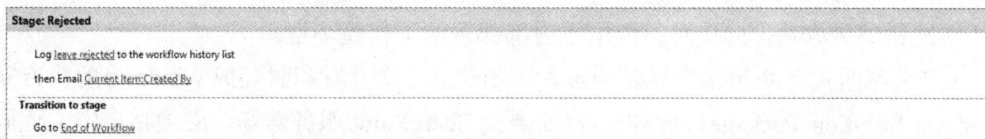

图 15-24

15.6.4　发布工作流

你现在已经完成了工作流的实现。为了测试工作流，需要检查错误并修复它们，再将工作流发布到 SharePoint 网站。为此，在 Ribbon 菜单上选择 Publish 命令。这将会把工作流定义部署到你的网站。顺利达到目标！

15.7　使用 Visual Studio 2012 开发自定义工作流活动和操作

自定义工作流活动和操作可以定义为开发与组合新的工作流活动，以满足特殊需求和新的行为。

在很多情况下，将时间投入到创建可一遍遍重复使用的实用型活动和操作上非常有益。这会进一步扩展 SharePoint Designer 2013 与 Visual Studio 2012 中的富工作流创作体验，增强开发和创作生产力，减少缺陷数量，提高定制的工作流解决方案的可维护性与可靠性。

你必须了解活动与操作的关键构建块，如下所示。

- 工作流活动是工作流的一个构建块，且也是工作流执行的一个单元。
- 工作流操作是用人们可读的语句对工作流活动进行的包装，以便能够比较容易地通过 SharePoint Designer 用户界面来实现。
- 除极少数例外，工作流活动和 SharePoint Designer 操作之间的相关性通常是 1:1。

微软致力于移除工作流的所有自定义代码。因此，现在 SharePoint 2013 工作流本质上都是声明式的，不再编译为.NET 程序集。为了进一步加强工作流的特定业务逻辑，微软推荐以下一组选项。

- **利用开箱即用的 Web 服务**——微软已大大改善了 SharePoint 2013 中所提供的 Web 服务。使用开箱即用活动和操作与开箱即用的 Web 服务进行交互。
- **开发自定义 Web 服务**——当与其他内部业务解决方案或基于云的服务进行交互时，将自定义代码和业务逻辑移到 Web 服务中。使用开箱即用的活动和操作与 Web 服务进行交互。在 Web 服务自身所在的计算机上托管它，或在服务器场中的某个 Web 前端上托管它。
- **开发自定义声明式活动和操作**——这是许多开发人员以声明方式创建新的活动和操作的最常见选项。使用开箱即用与自定义活动创建工作流所需的新行为。
- **开发自定义代码活动和操作**——自定义代码活动更为先进，需要更多的知识才能开发和部署成功。此选项只能用于内部部署的工作流环境。

自定义声明式活动和操作需要 Visual Studio 2012 来开发和封装成 Windows 解决方案包 (Windows Solution Package，WSP)，再部署到 SharePoint 服务器场。必须将自定义代码活动和操作同时部署到 SharePoint 环境和内部部署的 Windows Azure 工作流(Windows Azure Workflow，WAW)环境。微软不支持基于云的自定义代码活动部署。操作文件在部署到 SharePoint 之后，这些操作就在 SharePoint Designer 中对工作流作者可用了。

在底层，活动由一套定义活动或操作各个部分的工作流定义文件组成。对于 SharePoint 2010 托管的基于 Workflow Foundation 3.x 的工作流，它们由一个.RULES 文件和一个.XOML 文件组成。对于 SharePoint 2013 托管的基于 Windows Foundation 4.x 的工作流，这些文件已经整合为单个.XAML 文件。

要使自定义代码或声明式活动可用作 SharePoint 2013 中的操作，需要一个自定义的.ACTIONS4 文件。.ACTIONS4 文件是 SharePoint 2010 .ACTIONS 文件扩展名的继任者，提供 SharePoint Designer 所需的关键信息，包括名称、基本的类和程序集、规则设计器，并输入和产生参数。该文件必须部署到 SharePoint 服务器场中的以下位置：C:\Program Files\CommonFiles\Microsoft shared\Web Server Extensions\15\TEMPLATE\1033\Workflow。

15.7.1　创建自定义声明式活动和操作

在 15.6 节中，你创建了审批假期放假请求的工作流。作为该工作流的一部分，调用了一个免费的天气服务，返回 5 天的天气预报，用它给员工发出了一个假期快乐的电子邮件。

出于此开发方案的目的，创建一个自定义声明式活动，它可以对免费天气服务所支持的参数提供更好的控制，以进一步加强设计器的创作体验。

1. 前提条件

确保你已设置了 15.6 节所述的网站和列表。

另外，你分享的免费天气服务的信息将在这一节中继续使用。为了使用这个服务，需要在 www.worldweatheronline.com 注册一个免费账户。可以在 http://www.worldweatheronline.com/weather-api.aspx 中找到有关天气服务 API 的详细信息。在 Call HTTP Web Service 操作中所使用的 URL 和查询字符串如下所示：http://free.worldweatheronline.com/feed/weather.ashx?q=london&format=json&num_of_days=5&Key=replacewithyourkeyfromworldweatheronline。

再者，现在假设你已经了解 JSON 天气数据结构并下载了 JSON 查看器来解析和查看 JSON 数据。

最后，确保你遵循了 15.4 节中的步骤。

2. 自定义声明式活动的目标

你需要开发一个达到以下目标的自定义声明式活动。

- 封装内部工作原理并防止天气服务的密钥遭受 SharePoint Designer 中的作者侵权。
- 易于在 SharePoint Designer 操作中指定城市的位置和人们可读的语句。
- 返回一个只包含日期和 5 天天气预报最高、最低温度的字典。

3. 在 Visual Studio 中实现自定义声明式活动

开始实现自定义的声明式活动。

(1) 如图 15-25 所示，在开发环境中打开 Visual Studio 2012，通过选择 New Project | SharePoint Solutions | SharePoint 2013 – Empty Project 命令新建 SharePoint 解决方案项目。将项目名称更新为 WorldWeather。

(2) 在下一个对话框中，选择 Deploy as a Sandboxed Solution，然后选择 OK 按钮。

(3) 右击新建的项目，选择 Add a New Item 命令，然后选择 Workflow Custom Activity。把它标记为 WeatherActivity，然后选择 OK 按钮。

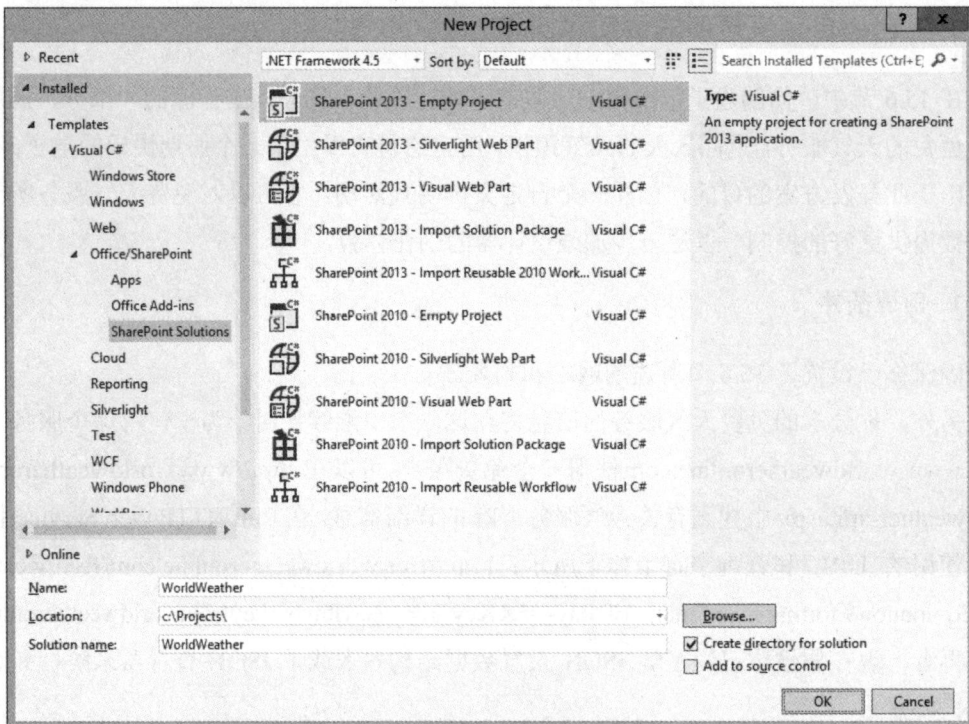

图 15-25

在继续之前，查看 Visual Studio 2012 SharePoint 模板都有哪些设置。

- 项目有一个默认功能，负责设置自定义工作流活动。
- WeatherActivity 文件夹包含一个 elements.XML 文件、WeatherActivity.ACTIONS4 文件和 WeatherActivity.XAML 定义文件。
- 工具箱进行了更新，以显示各项工作流类别和相关联的活动。
- 一个用于开始定义自定义活动的默认序列活动。
- 界面的底部有三个选项卡，分别是 Variables、Arguments 和 Imports。Variables 允许你存储内容并与之进行交互；Arguments 指定输入和输出形参；Imports 指定已导入到此项目中的各种名称空间。

(4) 选择 Arguments 选项卡，然后单击 Create Argument(灰色显示的文本表示你没有选择序列活动)。根据表 15-7，创建下列实参。

表 15-7　实参值

名　　称	方　　向	实　　参
location	In	String
responseContent	Out	Browse for Types…(搜索 DynamicValue 以选择 Microsoft.Activities. DynamicValue)

(5) 在序列活动中添加 HTTPSEND 活动。这一活动提供与 SharePoint Designer 中的 Call

HTTP Web 服务操作类似的功能。要配置这项活动,请选择该活动,查看 Properties 窗口并配置表 15-8 中指定的属性。

表 15-8 Start a Task Process 的值

组	属 性	值
Request		
	方法	GET
	Uri	http://free.worldweatheronline.com/feed/weather.ashx?q= + location + "&format=json&num_of_days=5&Key=replacewithyourkeyhere"
Response		
	responseContent	responseContent

(6) 更新.ACTIONS4 文件。该文件会告知 SharePoint Designer 如何向用户显示此操作,以及用户可以如何与之交互。

遗憾的是,Visual Studio 2012 中的设计器没有提供足够多的起始点,但有一套非常棒的开箱即用的示例可供你学习,请参阅这个地址:C:\Program Files\Common Files\Microsoft shared\Web ServerExtensions\15\TEMPLATE\1033\Workflow。

(7) 在继续介绍之前请查看下面的代码。

```
<Action
Name="Get Weather Forecast for Location"
ClassName="WorldWeather.WeatherActivity"
Category="Custom"
AppliesTo="all">
<RuleDesigner
Sentence="Get 5 day weather forecast for %1 location (Output to %2) ">

<FieldBind
Field="Location"
DesignerType="TextArea"
Text="specify location"
Id="1"
DisplayName="Location" />

<FieldBind Field="responseContent"
DesignerType="ParameterNames"
Text="responseContent"
Id="2"
DisplayName="responseContent" />
</RuleDesigner>

<Parameters>
<Parameter
DesignerType="StringBuilder"
```

```
Name="Location"
Type="System.String, mscorlib"
Description="Name or path of the item (key)
to get from the dictionary."
Direction="In"/>

<Parameter
DesignerType="ParameterNames"
Name="responseContent"
Type="Microsoft.Activities.DynamicValue, Microsoft.Activities,
Version=1.0.0.0, Culture=neutral, PublicKeyToken=null"
Description="Output variable to store the response content"
Direction="Out"/>
</Parameters>
</Action>
```

如你所见，.ACTIONS4 文件有 4 个主要内容区域，如下所示。

- Action——Action 是包含构成.ACTIONS4 文件所有元素的顶层元素。它用于描述操作，包括名称、类名称、类别和谁要应用这些操作。这个名称在 SharePoint Designer 的操作下拉列表中使用。

- RuleDesigner—— RuleDesigner 是 Action 顶层元素的子元素。它在将操作添加到 SharePoint Designer 用户界面时能够以人们可读的句子显示。其中%1 标记对应本节点下的第一个 FieldBind 条目。

- FieldBind——FieldBind 元素是 RuleDesigner 元素的子元素。它以人类可读的句子描述每一个字段，与 ID 相关联，让 SharePoint Designer 知道以什么类型的字段设计器呈现给用户。

- Parameters 与 Parameter——Parameters 描述每一个已定义的基本 Visual Studio 形参，以及形参将会使用的方向。

(8) 使用上述内容更新代码项目中的.ACTIONS4 文件。

(9) 生成解决方案并部署到 SharePoint 解决方案库。在将其部署到 SharePoint 以后，关闭 SharePoint Designer。

(10) 清除 SharePoint Designer 客户端的缓存以确保下一次"打开" SharePoint Designe 时重新缓存所有的.ACTIONS4 文件。这可以从位于 User\Username\Local\Microsoft\WebsiteCache 的文件系统访问。

(11) 如图 15-26 所示，创建 SharePoint 2013 测试工作流，选择 Actions 下拉菜单，并选择 Get Weather Forecast for Location 操作。

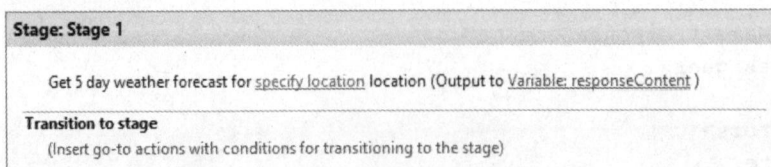

Stage: Stage 1

Get 5 day weather forecast for specify location location (Output to Variable: responseContent)

Transition to stage

(Insert go-to actions with conditions for transitioning to the stage)

图 15-26

　　总之，使用自定义声明式活动和 Visual Studio，我们可以有很多用于进一步扩展该活动的功能。例如，我们可以提供只返回摄氏或华氏温度数据的选项。

15.7.2　开发自定义代码活动和操作

　　开发自定义代码活动需要在开发自定义声明式活动时没有的额外开发和部署步骤。自定义代码活动只能用于内部部署的 Windows Azure。遗憾的是，由于本章篇幅的限制，只能提供高级的步骤。

　　(1) 在 Visual Studio 2012 中新建项目。通过选择 New Project | Visual C# | Workflow，并选择 Activity Library Project 新建项目。将项目的名称更改为希望的名称。

　　(2) 右击项目向其中添加新项，然后选择 Code Activity。这是你最初的起始点。

　　(3) 指定 InArguments 并指明是否需要该实参。InArgument 指定绑定用于支持数据流入活动的端点。更多相关信息，请参阅 http://msdn.microsoft.com/en-us/library/system.activities.inargument.aspx。

　　(4) 指定 OutArgument 以及是否需要该参数。OutArgument 指定绑定用于支持数据流出活动的端点。更多相关信息，请参阅 http://msdn.microsoft.com/en-us/library/system.activities.outargument.aspx。

　　(5) 在 Execute 方法中添加业务逻辑。

　　(6) 手动添加.ACTIONS4。确保在完整的顶层 WorkflowInfo 元素封装节点中删除了.ACTIONS4。

　　(7) 创建 AllowedTypes.XML 文件。此文件包含活动的类信息，会与包含活动的完全受信任的.NET 程序集一起部署到工作流管理器计算机上。

　　(8) 遗憾的是，部署过程不使用标准的 SharePoint 解决方案包，因为这些文件将被部署到内部部署的 Azure 工作流托管环境中。部署请使用以下步骤。

　　　　(a) 将.NET 程序集和 AllowedTypes.XML 复制到%Program Files%\WorkflowManager\1.0\Workflow\Artifacts 中。

　　　　(b) 将.NET 程序集和 AllowedTypes.XML 复制到%ProgramFiles%\WorkflowManager\1.0\Workflow\WFWebRoot\bin 中。

　　　　(c) 在每个托管工作流管理器的计算机上将.NET 程序集添加到全局程序集缓存中。

　　　　(d) 重新启动工作流管理器服务。

　　　　(e) 在 SharePoint 环境中，将.ACTIONS4 文件复制到 C:\ProgramFiles\Common Files\Microsoft shared\Web Server Extensions\15\TEMPLATE\1033\Workflow。

　　　　(f) 重置互联网信息服务(IIS)，并在访问以及与新自定义代码活动进行交互之前清除客户端的 SharePoint Designer 缓存(像前一节一样)。

　　总之，Azure 工作流引擎是一支强大的、可扩展的潜力股。当你的组织已经开发了自定义代码活动并将其部署到了内部部署工作流环境时，在这种情况下，将 Azure 工作流引擎用到 SharePoint 2013 工作流中会非常有效。前面的步骤提供了关键步骤的摘要介绍，让你了解如何将其纳入 SharePoint 2013 环境中。

15.8   使用 Visual Studio 2012 开发工作流

Visual Studio 2012 完全支持用于 SharePoint 2013 的基于 SharePoint 2010 或 SharePoint 2013 的工作流开发。Visual Studio 包含一些 SharePoint 工作流项目项的模板,以支持这两种工作流主机。对于 SharePoint 2010,可使用遗留的状态机和序列项目项的模板,而对于 SharePoint 2013,单个工作流模板可用。

与在 SharePoint 2010 中一样,可以导入在 SharePoint Designer 中创建的工作流并将它们转换成 Visual Studio 2012 项目。SharePoint Designer 支持将工作流另存为解决方案包,且该解决方案包可以用于以下 Visual Studio 新项目模板:

- SharePoint 2013 –导入解决方案包
- SharePoint 2013 –导入可重用的 2010 工作流
- SharePoint 2010 –导入解决方案包
- SharePoint 2010 –导入可重用的工作流

另一个很大的增强功能是,SharePoint 2013 工作流本质上是完全声明式。这意味着可以使用沙盒解决方案将 Visual Studio 开发的工作流部署到单个网站集。如果工作流作为 SharePoint 应用程序的一部分部署,那么只有该应用程序可以访问它。与 SharePoint 2010 一样,服务器场级别的解决方案仍然能够使工作流可用于服务器场内的所有网站集。

从 SharePoint 应用程序的角度来看,必须把 Visual Studio 当作 SharePoint 应用程序来合并、封装和部署工作流。而这不受 SharePoint Designer 支持。

较早前你了解了新的 Dictionary 变量数据类型。与此关联的基础活动类是 DynamicValue。DynamicValue 允许你创建、存储和使用复杂的数据结构,并且是使用 JSON 格式数据的完美伴侣。下面的活动可用于在 Visual Studio 中操作 DynamicValues:

- BuildDynamicValue
- ContainsDynamicValueProperty
- CopyDynamicValue
- CreateDynamicValue
- CreateUrlFromDynamicValue
- GetDynamicValueProperties
- GetDynamicValueProperty<T>
- ParseDynamicValue

从活动的角度看,使用 Visual Studio 使你能够访问完整的工作流活动范围。你不会局限于 SharePoint Designer 中可用的操作列表。它提供了一个创建崭新而强大的行为的绝好机会,这不是简单通过使用 SharePoint Designer 就能达成的。

最后要注意的是,你的工作流.ASPX 页面能够开发自定义任务表单、关联和初始表单以及修改表单的功能。

总而言之，Visual Studio 2012 覆盖了 SharePoint Designer 抛弃的领域，承揽了需要更强大技术功能的方案。其结果是，它提供了强大的声明式工作流开发模型，获得了全面的.NET 4.5 和 SharePoint 活动，精确控制了工作流的封装和部署方式，并充分控制了工作流用户界面元素的外观。祝你编码愉快！

15.9   关键的开发注意事项

除了本章已经介绍过的内容之外，还有你需要注意的设计和开发因素。本节就将介绍这些注意事项。

15.9.1   SharePoint 2010 与 SharePoint 2013 工作流对比

确定开发 SharePoint 2010 工作流还是 SharePoint 2013 工作流，是一项重要的决定。

默认情况下，有意义的是，你应该始终力求使用 SharePoint 2013 工作流引擎而不是 2010 年工作流引擎。使用 SharePoint 2013 工作流引擎，可以实现以下目标。

- 防止未来在 SharePoint 平台上任何对开发的新投入。
- 在组织中提高基于工作流的解决方案的可移植性、扩展性以及性能。
- 使用微软的最新工作流软件。
- 降低工作流所需的自定义代码数量。
- 利用基于 SharePoint 2013 工作流所提供的表现力。
- 开发用于 SharePoint 2013 云托管环境的工作流。

特定情况下可能需要使用 SharePoint 2010 工作流引擎，包括：

- SharePoint 2013 工作流引擎在 SharePoint 2013 环境中不可用或没有配置。
- 已经开发了许多 SharePoint 2010 工作流，而你的团队没有准备或尚不能将自定义编码活动和业务逻辑移到 Web 服务中。

15.9.2   声明式与编程式工作流对比

SharePoint 2013 工作流本质上是声明性的；创建 SharePoint 2013 工作流不需要自定义代码。其好处是不需要.NET 程序集来运行工作流。

编程式工作流，仅可用于 SharePoint 2010 工作流，可以使用 Visual Studio 2012 通过自定义代码来开发。这些工作流被编译和部署为.NET 框架程序集，且必须部署到全局程序集缓存(Global Assembly Cache，GAC)中。

确保始终优先使用 SharePoint 2013 工作流而非 SharePoint 2010 工作流。

15.9.3   考虑工作流的执行位置

SharePoint 2013 支持两种工作流主机。第一个工作流主机，基于 SharePoint 2010 的工作流主机，驻留在 SharePoint 2013 服务器场内。SharePoint 2010 工作流实例要么在 Web 前端执行，要么在 SharePoint 2013 服务器场的后台计时器作业中执行。执行的位置取决于上次的操作。如果上次的操作由用户引起，它就可以在 Web 前端执行。如果上次的操作由延迟计时器引起或别处发生的事件引起，它就可以在计时器作业中执行。

SharePoint 2013 工作流在 SharePoint 服务器场的外部，于 Azure 工作流服务内的内部部署或云端环境中执行。执行以及与 SharePoint 服务器场的交互通过 SharePoint 中正在发生的事件而触发，或者在 Azure 工作流引擎处理并提交信息到 SharePoint 时触发。

15.9.4 决定是否将 SharePoint 2010 工作流转换成 SharePoint 2013 工作流

这取决于你转换工作流的目的。在转换工作流方面投入资源的最大好处是可扩展性、性能、灵活性以及集成了你从 Azure 工作流引擎中获取的新 SharePoint 应用程序模型。

其他的考虑因素包括以下几个。

- **有多少定制项？** 所需的定制项和自定义代码越少，就越有理由将工作流移到新的 Azure 工作流引擎。

- **这是一项明智的预算投资吗？** 将工作流转换为 SharePoint 2013 不一定会提供比以前版本更多的功能。可能这项预算案可以用在门户部署的其他领域，提供额外的价值。

- **现有的工作流需要什么级别或权限才能在内部部署或云托管的服务器场中执行？** 工作流可能需要高级别的权限来执行操作，而这在 SharePoint 2013 中不能实现。在这些情况下，可以将自定义逻辑移入到在自定义提高的权限集下执行的 Web 服务中。

15.9.5 SharePoint Designer 与 Visual Studio 2012 对比

每当一个开发人员突然打开 Visual Studio 2012 时，在世界某个地方的经验丰富的 SharePoint 门户管理经理都会遗憾地掉下眼泪。原因是开发的自定义解决方案往往需要具有比第三方支持的和开箱即用的(微软支持的)解决方案更多的支持、安全测试和维护工作。

微软自然有开发 SharePoint Designer 的原因，而使用它的原因包括：

- 支持快速开发用于 SharePoint 平台的丰富而强大的工作流
- 支持使用 Visio 2013 进行工作流建模，并能够在 Visio 2013 和 SharePoint Designer 2012 之间来回移动工作流
- 为创作针对 Azure 工作流引擎的工作流提供强大的创作支持，而无需开发人员的知识

有一种情形是使用 Visual Studio 2012 来开发工作流。在 Visual Studio 中开发解决方案与在 SharePoint Designer 中开发对比，其好处如下：

- 提供了部署工作流的更多控件和选项，并使用特征框架来支持到 SharePoint 网站的构件
- Visual studio 2012 中有更好的控制、封装和部署选项

- 对使用微软提供的所有活动提供更好的控制和支持
- 需要高级调试
- 需要跨多个网站集重复使用工作流定义
- 创建 SharePoint 工作流应用程序
- 更大程度的定制和更富有表现力的工作流开发选项
- 开发自定义活动和操作以及工作流所需的 Web 服务的能力

对比 Visual Studio 2012 解决方案与 SharePoint Designer 解决方案，考虑分别与这两者相关的开发、测试和部署的完整生命周期的成本。考虑雇用一个 SharePoint Designer 作者的成本，并对比维护和增强工作流的 SharePoint 开发人员的成本。

总之，除非有 Visual Studio 才能满足的特定要求，否则，尽量都选择 SharePoint Designer。

15.9.6　选择顺序工作流还是状态机工作流

在 SharePoint 2010 中，这是一个重大决定，因为 SharePoint Designer 2010 只支持顺序工作流，虽然 Visual Studio 2010 会让你在两个模板之间做选择，但实际上早就把你锁定在这个选择中了。SharePoint Designer 2013 提供了阶段和跳转，而 Visual Studio 2012 提供了一个同时支持顺序和状态机工作流的模板。

15.10　本章小结

SharePoint 2013 工作流已全面接受 Workflow Foundation 4.5 和 Windows Azure 的最新功能，提供了一个在内部部署以及云端托管和扩展工作流的极好平台。同时它还没忘了自己的根源，其继续通过维护基于 SharePoint 2010 工作流的功能，充分保障客户的投资。

随着基于 SharePoint 2013 的工作流的引入，现在可以使用基础 WF 4.5 Windows Azure 平台的很多增强功能了。其中包括更丰富的流程控制模式、模块化构建基块、阶段和跳转、以及转为完全声明式的模型。

SharePoint Designer 2013 和 Visual Studio 2012 得到极大的改进，让作者和开发人员更易于在工作流中借助新功能来构建、连接、消费和使用来自内部部署或云端提供的外部服务的复杂数据，这些新功能包括调用 REST Web 服务、SharePoint Designer 中新的字典数据类型以及 Visual Studio 中的 DynamicValue 支持。

SharePoint 2013 工作流功能是新应用程序模型中的头号成员，为开发人员、独立软件供应商和微软合作伙伴提供了绝好的机会。

第16章

集成报表服务

本章内容

- 使用 SQL Server Reporting Services 2012 中的新功能以及改进的功能
- SQL Server 报表服务中的缓存和快照
- SharePoint 列表报表
- 创建报表

商务智能(Business Intelligence，BI)是指组织从事的用于部署在多个业务单位间共享业务流程的几种技术、应用和大量实践的总称。BI 使用户拥有正确的见解，使他们聚在一起的时候能够做出更好、更快和更具相关性的决定，并使大家共同合作以实现做出的决定。

本章的重点是 BI 的报表部分，尤其是一种名为 SQL Server Reporting Services(SSRS)的产品。也许使用 SSRS 的最突出优点是其与 Office、SharePoint 产品和技术的集成。本章会从阐释 SSRS 和 SharePoint 如何集成开始你的学习之旅，会展示当前流行的 Office 2013、SharePoint 2013 和 SQL Server Reporting Services 2012 产品的一些新功能。

16.1 历史沿革

报表是各行各业组织的血液和心脏。如果你做过 BI 项目，很有可能你的第一个任务是将纸张形式的表单转换成电子报表。无论你是以什么技术交付的第一个项目，避免低效的手动过程的喜悦都会陪伴你很长一段时间。

你可能还记得，创建复杂的甚或简单的电子报表都不是一个轻松的任务。报表制作是一个复杂的过程，这需要一个相当了解后端数据源的开发人员，以及长时间对报表进行编码。也许你曾经使用过水晶报表或 Cognos[1] 这样的技术，又或是你还在用自定义开发的方式创建报表。然而，事实是，在过去几年中，BI 领域发生了迅速变化，很多报表平台都在 IT 行业找到了自己的位置。

微软首次尝试允许开发人员创建品牌化的报表是在 Visual Basic 6.0 中通过与水晶报表等单机产品集成而实现的。2004 年，微软推出了自己的名为 SQL Server Reporting Services (SSRS)的报表平台。该产品提供各种功能帮助你更为容易地开发报表，也许还将继续令人满意！

简而言之，SSRS 是服务器端报表平台，你可以在上面生成复杂的报表，并且当在客户端应用程序(如 Windows 窗体)中呈现时，使它们以最大的校验规则正确地在浏览器中呈现。自从 2004 年首次发布 Reporting Services 以来，SSRS 的核心体系结构有了许多改进和变化。

16.2　SSRS 2012 介绍

如今，该产品的最新版本名为 SSRS 2012，现在是 SQL Server 2012 的一部分。SSRS 2012 可以在 SharePoint 2010 和 SharePoint 2013 上安装和配置。

> 提示：安装和配置 SharePoint 2013 上的 Reporting Services 超出了本章的范围。相关的信息请参阅产品文档 http://msdn.microsoft.com/en-us/library/jj219068.aspx。

到了 SSRS 2012，Reporting Services 再也不是原生 SharePoint 服务应用程序了。这意味着开箱即用的 SharePoint 安装并不包括 Reporting Services，SharePoint 和 SSRS(作为两个单独的产品)两者必须互相集成。SSRS 作为一个单独的产品集成并安装在单独的服务器上的问题，可以从三个角度介绍。

第一，你需要处理至少两个单独的产品和资源库框架，以实现单个报表解决方案，这就意味着更多的管理工作和成本。

第二，用户需要通过至少一个跃点到达后端数据源。对于缺乏 Kerberos 授权的环境，这种模式可能会导致身份验证问题——也称为双跃点。双跃点(一个跃点是从客户端浏览器

1　Cognos 是在 BI 核心平台之上，以服务为导向进行架构的，是唯一可以通过单一产品和在单一可靠架构上提供完整业务智能功能的解决方案。它可以提供无缝密合的报表、分析、记分卡、仪表板等解决方案，通过提供所有的系统和资料资源，以简化公司各员工处理资讯的方法。作为一个全面、灵活的产品，Cognos 业务智能解决方案可以容易地整合到现有的多系统和数据源架构中。

到 SharePoint 服务器，另一个跃点是到报表服务器)问题不是 bug。这是特意的安全设计，用来限制身份以其他的身份行事。

第三个方面是可扩展性。你知道，更改 SharePoint 2010 中的共享服务架构以遵循服务应用程序模型的主要驱动因素之一是支持可扩展性。当将 SharePoint 与另一产品的单一实例集成时，虽然 SharePoint 自身可以缩放，但从属的单个实例服务(如报表服务)不能缩放和支持多租户安装，甚或单租户但比较大的安装。例如，你的服务器场中不能有指向不同报表服务实例的多个报表。这由于报表服务与 SharePoint 的集成是在服务器场级实施和配置，而报表查看器 Web 部件或其他集成操作只是简单遵循相同的模式。

也许 SSRS 2012 与它的前任相比最重要的改进是，报表服务现在是 SharePoint 中的一个真正的服务应用程序。这意味着要将报表服务与 SharePoint 集成，只需将一个 SQL Server Reporting Services 服务应用程序的新实例添加到服务器场中，就万事大吉了。

作为一个服务应用程序，意味着 Reporting Services 的数据库现在是 SharePoint 默认数据库的一部分。此外，作为一个服务应用程序 SSRS，其安装和管理现在与其他服务应用程序一样。管理员使用 PowerShell 来配置它，其服务可以缩放或像 SharePoint 中的数据库一样高度可用。另外，Reporting Services 是唯一能够跨服务器场工作的 BI 服务应用程序，这意味着你可以从服务器场 A 发布该服务而从服务器场 B 使用。图 16-1 显示了 SharePoint 2013 中的 SQL Server Reporting Services 服务应用程序。

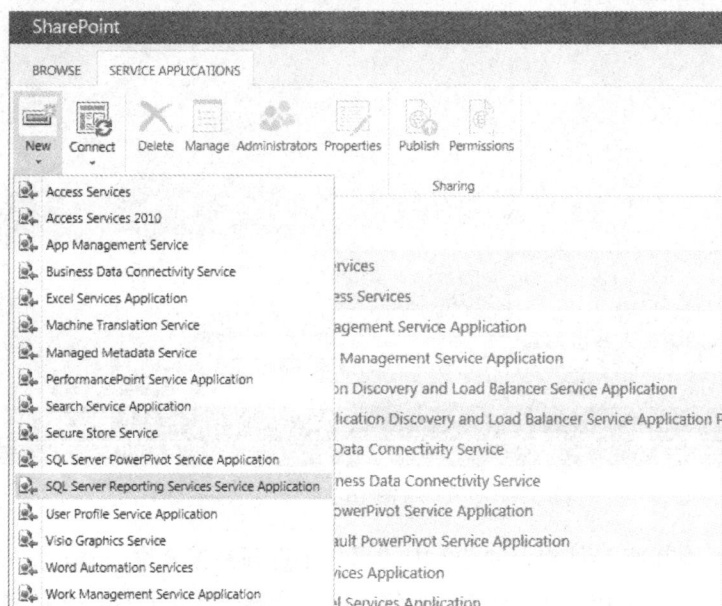

图 16-1

下一节会介绍报表的制作和部署工具。

16.2.1 制作工具

与 Excel 和 PerformancePoint 不同，Reporting Services 提供了几个用于制作 SSRS 和将

SSRS 报表部署到 SharePoint 中的工具。

SSDT 是 SQL Server Data Tool 的缩写。它是作为 SQL Server 2012 安装的一部分而安装的开发环境,使你能够构建报表并将它们部署到 SharePoint 中。SSDT 支持对报表定义语言(Report Definition Language,RDL)文件的 4 种操作:打开 RDL 文件、构建 RDL 文件、预览 RDL 文件以及将它们部署到 SharePoint 网站中。

SSDT 构建在 Visual Studio 集成外壳上。如果将 SSDT 作为 Visual Studio 完整版本的一部分安装相同的计算机上,那么 SSDT 将直接集成到 Visual Studio 中。SSDT 向 Visual Studio 中添加了几个 BI 项目模板(包括 Reporting Services,如图 16-2 所示)。

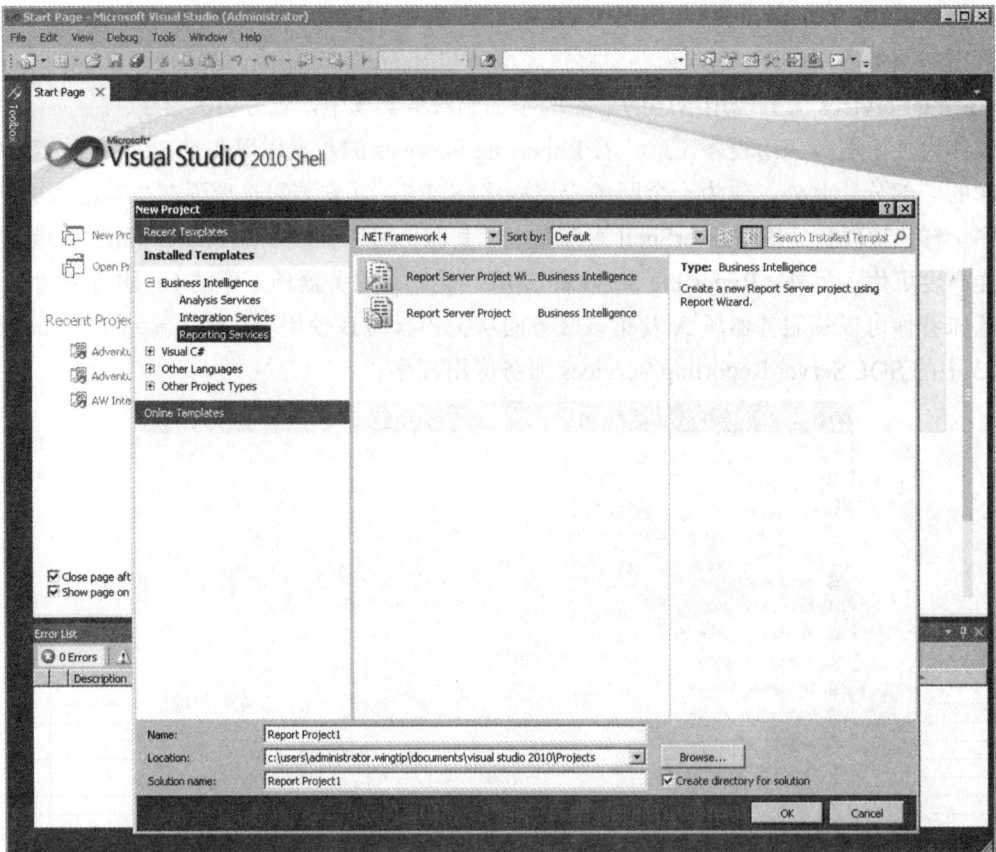

图 16-2

制作报表并将其部署到 SharePoint 中的另一个选项是报表生成器。报表生成器是一次单击即到位并且类似于 PerformancePoint 仪表板设计器的应用程序,同时具有 SSDT 的大部分功能。

报表生成器是当你在 SharePoint 中配置报表服务时安装的,且可以直接配置到 SSRS 服务应用程序的内部,如图 16-3 所示。或者可以从如下网址中下载并安装 Report Builder 3.0 的独立 MSI:http://www.microsoft.com/en-ca/download/details.aspx?id=29072。

SSDT 和报表生成器都使用报表定义文件。报表定义通常是 RDL 格式的 XML 文件。

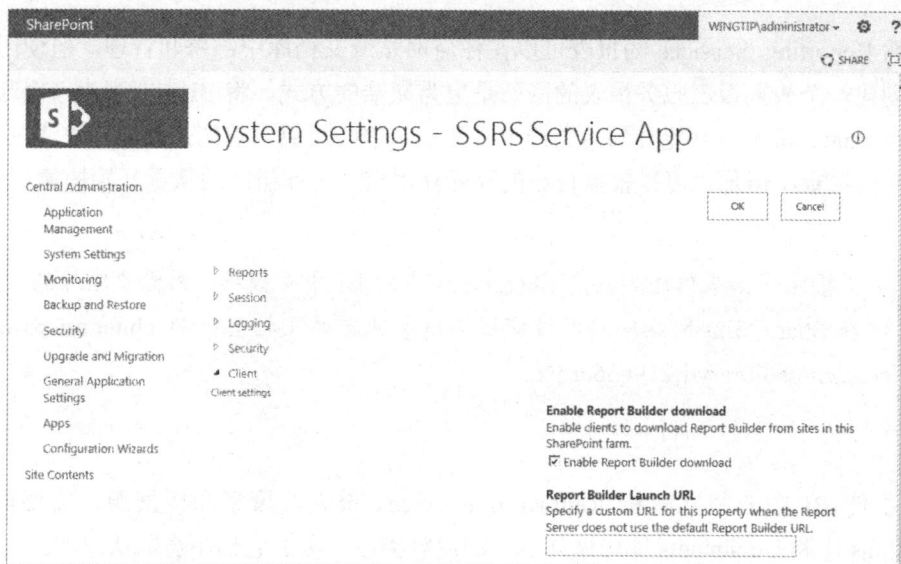

图 16-3

Power View(这是两个单词)是另一个用于报表制作和部署的工具。Power View 是 SQL Server 2012 Reporting Services 的一项功能，用于交互式数据浏览、可视化和展示体验。当你使用 Power View 创建报表时，报表会获得新的文件格式(*.rdlx)。.rdlx 文件是与压缩(.zip)文件兼容的包，其结构遵循开放封装约定(Open Packaging Convention，OPC)中概述的规则。

图 16-4 显示了 SharePoint 和 SSRS 2012 中用于报表的不同制作和封装工具。

图 16-4

因为本书的读者大多是 SharePoint 开发人员，所以本书将不会特别关注 Reporting Builder 3.0 和 Power View。

16.2.2　配置 BI 中心

虽然 Reporting Services 的报表可以在任何网站或文档库中部署和管理，但使用 BI 中心模板创建一个放置报表服务报表的网站是更为简洁的方式。将 BI 中心视为一个起始点，就像你在 SharePoint 中可能看到的文档中心和记录中心模板。它们是帮助你快速进入运行状态的专门模板，但你也可以根据自己的喜好使用空白工作组网站从零开始构建。

> 提示：如果你还不熟悉 SharePoint 中的 BI 中心模板，或需要额外的信息以在 SharePoint 网站中启用该模板，请参阅产品文档 http://technet.microsoft.com/en-us/library/jj219656.aspx。

为了使 BI 中心能够解析 Reporting Services 报表、模型和数据源，需要向 Data Connections 库和 Documents 库中添加所需的内容类型，因为它们不会默认添加。

接着，请执行以下步骤。

(1) 打开 Data Connections 库。

(2) 从 Ribbon 菜单上，单击 Library Tools | Library Settings 命令。

(3) 在 Content Types 下面，在现有的网站内容类型处单击 Add。

(4) 在 Select Content Types 区域的 Select Site Content Types From 中，从下拉列表中选择 SQL Server Reporting Services Content Types。

(5) 在 Available Site Content Types 列表中，单击 Report Data Source，然后单击 Add 从而将所选的内容类型移到 Content Types to Add List 中。

(6) Data Connections 文档库正确配置后，接下来就是 Documents 文档库了。步骤与 Data Connections 相同。

如果你遵循了所有的步骤，当你进行到 Files tab | New Document 这一步时，应该会看到图 16-5 所示的内容。

图 16-5

本节中所采用的配置步骤使你能够直接从 BI 中心查看和管理 Reporting Services 报表。现在你可以将 Reporting Services 内容发布到这两个文档库了，然后直接在 SharePoint 上下文中查看和管理这些文档。

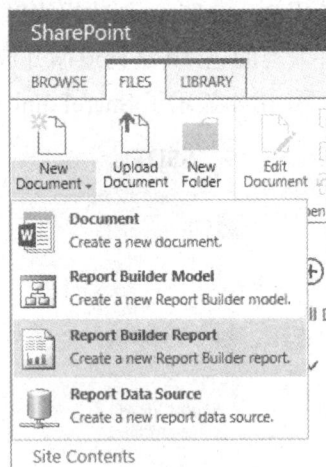

16.3　构建和部署报表

在本节中构建的报表会显示按季销售的 AdventureWorks 以及产品类别。此报表揭示了由 SSRS 2008 R2 和 SSRS 2012 附带的一些可视化功能，还揭示了带有嵌套的行组和列组的 Tablix 数据区的使用。

在构建好报表后，可以在 SSDT 中预览报表并在发布前做最后的调整。最后，可以将该报表部署到 BI 中心网站，供其他人查阅和使用。用户可以通过查看报表中嵌入的视觉效果快速获得对报表的一些了解，或者通过显示和隐藏的行从摘要数据深入到详细数据获取更多信息。

16.3.1　制作报表

BI 中心正确配置后，现在是时候演示一遍 SSDT 中报表的开发过程了。

> 提示：本章通篇使用 AdventureWorks 数据库。要下载此数据库，请参阅微软 SQL Server 数据产品示例，网址是 http://msftdbprodsamples.codeplex.com/。

有两种方法可用于在 SSDT 中生成报表：手动或使用报表向导。本节中，会使用手动过程。

(1) 打开 SSDT。

(2) 单击 New Project 以新建项目。

(3) 从可用的模板中，选择 Business Intelligence Projects | Reporting Services。然后单击 Report Server Project。

(4) 为项目取一个描述性的名称，并单击 OK 按钮。

(5) 在 Solution Explorer 中，右击 Shared Data Source，然后选择 Add New Data Source 命令。

(6) 将新的数据源指向 AdventureWorks2012 数据库。连接字符串看起来如下：*Data Source=.;Initial Catalog=AdventureWorks2012*。

(7) 在 Solution Explorer 中，右击 Reports 文件夹，再选择 Add | New Item 命令。然后选择 Report 模板。将新的报表命名为 SalesByQtrAndProductCat.rdl。

(8) 在 Report Data 选项卡中，右击 Datasets 文件夹；选择 Add Dataset 命令以打开 Dataset Properties 对话框。

(9) 将数据集的名称更改为 DSSales，然后选择 Use a Dataset Embedded in My Report 选项。

> 提示：从 Reporting Services 2008 R2 开始，在报表中所创建的数据集就可以存储在报表之外并在多个报表之间共享。与共享数据源一样，共享的数据集可以由 IT 或高级开发人员创建，并共享给信息工作者或其他开发人员。共享数据集可以通过两种方式创建。在 Solution Explorer 中右击 Shared Datasets 文件夹，添加新的数据集，或者直接右击非共享的数据源，然后选择 Convert to Shared Dataset 命令。

(10) 单击 New button，打开 Data Source Properties。

(11) 选择 Use a Shared Data Source Reference 选项。从下拉列表中选择你在步骤(5)中创建的数据源。单击 OK 按钮返回 Dataset Properties 对话框。

(12) 单击 Query Designer 按钮打开 Query Designer。然后单击 Edit as Text 按钮切换到查询模式。

(13) 在查询文本框中粘贴下面的查询。该查询是 ProductSubcategory、SalesOrderHeader、SalesOrderDetail、Product 以及 ProductCategory 表之间的连接点，按以下各列分组：

    (a) 订单日期(只包含年份)

    (b) 类别名称

    (c) 子类别名称

    (d) 将字母"Q"与 ProductCategoryID 连接起来(代表 Q1，Q2，...)

该查询还使用了两个命名为@StartDate 和@EndDate 的参数，将销售金额的计算限定为参数指定的时间段：

```
SELECT
    PC.Name AS Category, PS.Name AS Subcategory,
    DATEPART(yy, SOH.OrderDate) AS Year,
    'Q' + DATENAME(qq, SOH.OrderDate) AS Qtr,
    SUM(DET.UnitPrice * DET.OrderQty) AS Sales
FROM Production.ProductSubcategory PS INNER JOIN
    Sales.SalesOrderHeader SOH INNER JOIN
        Sales.SalesOrderDetail DET ON SOH.SalesOrderID = DET.SalesOrderID INNER JOIN
        Production.Product P ON DET.ProductID = P.ProductID
        ON PS.ProductSubcategoryID = P.ProductSubcategoryID INNER JOIN
    Production.ProductCategory PC ON PS.ProductCategoryID = PC.ProductCategoryID
WHERE (SOH.OrderDate BETWEEN (@StartDate) AND (@EndDate))
GROUP BY DATEPART(yy, SOH.OrderDate), PC.Name, PS.Name,
    'Q' + DATENAME(qq, SOH.OrderDate), PS.ProductSubcategoryID
```

(14) 可以单击有一个感叹号的按钮来检查查询结果，然后输入一个样本起始日期和截止日期，如 2005-07-01 和 2005-09-01。返回的结果将显示在查询区域下面的网格中，如图 16-6 所示。完成后单击 OK 按钮关闭 Query Designer。

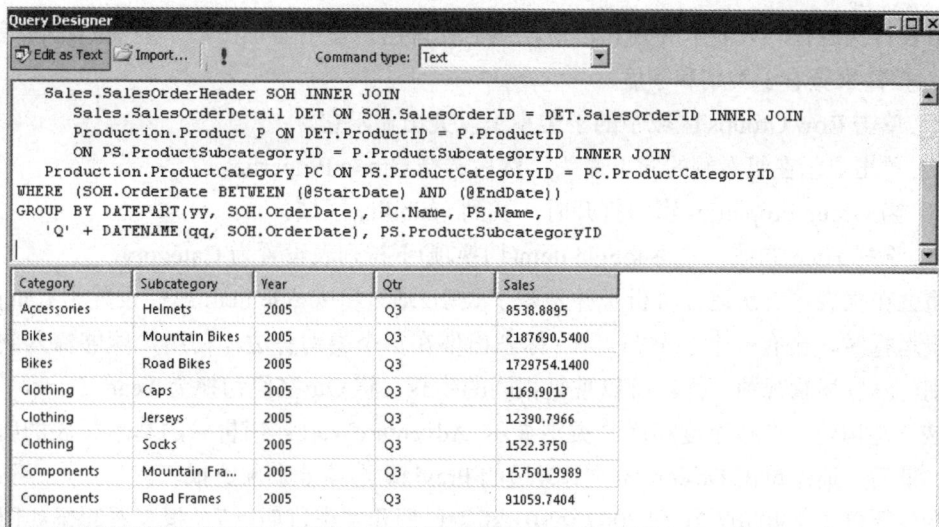

```
         Sales.SalesOrderHeader SOH INNER JOIN
             Sales.SalesOrderDetail DET ON SOH.SalesOrderID = DET.SalesOrderID INNER JOIN
             Production.Product P ON DET.ProductID = P.ProductID
             ON PS.ProductSubcategoryID = P.ProductSubcategoryID INNER JOIN
         Production.ProductCategory PC ON PS.ProductCategoryID = PC.ProductCategoryID
     WHERE (SOH.OrderDate BETWEEN (@StartDate) AND (@EndDate))
     GROUP BY DATEPART(yy, SOH.OrderDate), PC.Name, PS.Name,
             'Q' + DATENAME(qq, SOH.OrderDate), PS.ProductSubcategoryID
```

Category	Subcategory	Year	Qtr	Sales
Accessories	Helmets	2005	Q3	8538.8895
Bikes	Mountain Bikes	2005	Q3	2187690.5400
Bikes	Road Bikes	2005	Q3	1729754.1400
Clothing	Caps	2005	Q3	1169.9013
Clothing	Jerseys	2005	Q3	12390.7966
Clothing	Socks	2005	Q3	1522.3750
Components	Mountain Fra...	2005	Q3	157501.9989
Components	Road Frames	2005	Q3	91059.7404

图 16-6

(15) 再次单击 OK 按钮关闭 Dataset Properties 对话框。

16.3.2 报表布局

此时，你应该有一个具有以下字段数据集：Category、Subcategory、Year、Qtr 和 Sales。下一个逻辑步骤是实际构建报表的显示概述。

(1) 将 Matrix 从工具箱拖到报表的 Body 区域。

(2) 从 Report Data 选项卡中，将下面的字段拖到设计画布的指定位置：

    (a) 把 Category 字段拖到标明 Rows 的矩阵单元格

    (b) 把 Year 字段拖到标明 Columns 的矩阵单元格

    (c) 把 Sales 字段拖到标明 Data 的矩阵单元格

    (d) 把 Subcategory 字段拖到分组面板标明 Row Groups(左下角)的 Category 字段的下面

    (e) 把 Qtr 字段拖到分组面板标明 Column Groups(右下角)的 Year 字段的下边

(3) 删除显示在 Year 字段左边的 Category 和 Subcategory 字段的列标题。

(4) 按住 Ctrl 键，选择矩阵中除标明 Sum(Sales)以外的所有单元格。从 Properties 窗口中，更改以下属性：

- BackgroundColor——LightSteelBlue
- Color——White
- FontWeight——Bold

(5) 选择其中有[Sum(Sales)]的文本框。从 Properties 窗口中，将 ' $'#,0;('$'#,0)设置为 Format 属性的值。使用此字符串将当前格式应用到出现在最终报表中的每个销售金额单元格中。

差不多快完成初始格式化和整理了，但仍需继续深入以使报表占用最小的空间。目标是当报表首次运行时只显示类别和年份，然后允许用户使用显示在每个类别和年份旁边的树状+/–控件来查看子类别和季度。

(1) 单击 Row Groups 区域中的子类别组以突出显示它。

(2) 单击显示在组右侧的向下箭头，然后选择 Group Properties。

(3) 当 Group Properties 窗口打开时，找到 visibility 区域。

(4) 选择 Hide 选项，并将 toggle item(切换项)下拉列表设置为 Category。

将会在报表第一次运行时折叠并隐藏子类别。通过将 toggle item 属性设置为 Category，在报表运行时，会有一个小小的“+”标志出现在每个类别旁边，使用户能够深入到每个子类别，就像树状视图一样。可以重复相同的步骤，将 Qtr 字段切换为 Year。

这就是构建一个按季度和产品类别显示 AdventureWorks 销售额的基本报表的所有内容了。最后，通过单击 Design 选项卡旁边的 Preview 选项卡来预览报表。

在你提供了 2005-07-01 和 2007-09-01 起始日期和结束日期以后，报表看起来如图 16-7 所示。

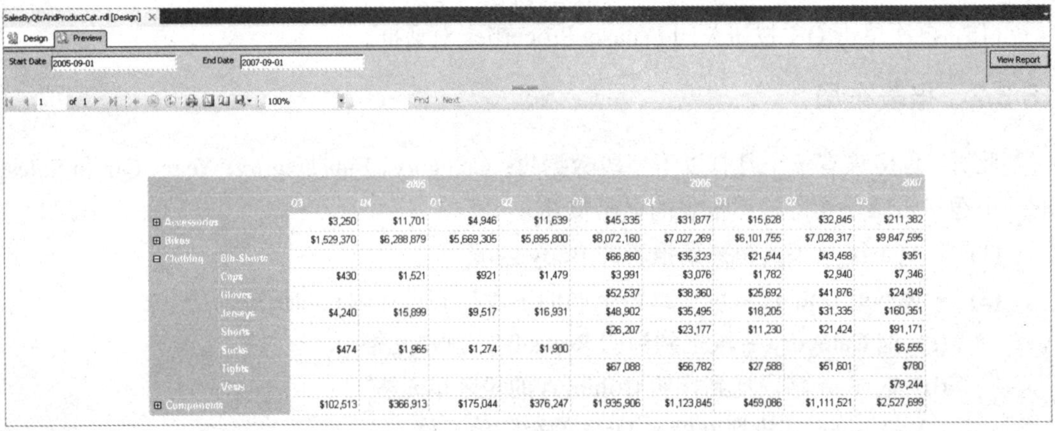

		2005				2006				2007
		Q3	Q4	Q1	Q2	Q3	Q4	Q1	Q2	Q3
⊞ Accessories		$3,250	$11,701	$4,946	$11,639	$45,335	$31,877	$15,628	$32,845	$211,382
⊞ Bikes		$1,529,370	$6,288,879	$5,669,305	$5,895,800	$8,072,160	$7,027,269	$6,101,755	$7,028,317	$9,847,595
⊟ Clothing	Bib-Shorts					$66,860	$35,323	$21,544	$43,458	$351
	Caps	$430	$1,521	$921	$1,479	$3,991	$3,076	$1,782	$2,940	$7,346
	Gloves					$52,537	$38,360	$25,692	$41,876	$24,349
	Jerseys	$4,240	$15,899	$9,517	$16,931	$48,902	$35,495	$18,205	$31,335	$160,351
	Shorts					$26,207	$23,177	$11,230	$21,424	$91,171
	Socks	$474	$1,965	$1,274	$1,900					$6,555
	Tights					$67,088	$56,782	$27,588	$51,601	$780
	Vests									$79,244
⊞ Components		$102,513	$366,913	$175,044	$376,247	$1,935,906	$1,123,845	$459,086	$1,111,521	$2,527,699

图 16-7

16.3.3 数据可视化效果

如果你花时间开发或设计过报表，可能已经知道没有可视化效果的报表都不完整。从根本上讲，报表是为了使最终用户能够快速做出商业决定的，所以如果报表能够以使最终用户即刻访问数据并获取关键点的方式来表示，那么报表对他们就有很大的价值。

SQL Server Reporting Services 2012 包括几个有用的数据可视化效果，包括 Gauge、Sparkline、Data bar 和 Indicator。Gauge 使报表开发人员能够直观地显示聚合的数据，常用于数字仪表板。Sparkline、Data bar 和 Indicator 代表值、类别和系列的相同基本图表特性，但没有任何无关的内容，如轴线、标签或图例。

- Data Bar——Data Bar 就像常规的条形图，每个栏可以基于给定的值进行缩放以显示一个或多个数据点。
- Sparkline——类似于 Excel 中的 Sparkline，报表服务中的 Sparkline 就是一个显示趋势的小型图表。它们通常用于显示多个数据点。

● Indicator——Indicator 是一个常用于显示某特定值随时间的状态或趋势的一个小图标。

在本节的示例中，你会使用到 Sparkline，同时会继续使用上一节中所创建的每季销售和产品类别的报表。对于 Sparkline 图表需要一个如 Sales 的值字段和一个如 Quarter 的展示趋势的组。要在报表中添加这些，需执行以下步骤。

(1) 通过在矩阵上右击具有[Year]、[Quarter]和[Sum(Sales)]字段的列来添加一个新的列，并选择 Inset Column | Right 选项。这可以在所选列的右边创建新的列，用于放置 Sparkline。

(2) 通过将 Sparkline 从工具箱中拖到显示在具有[Sum(Sales)]的单元格右边的单元格中，从而在新的列中添加一个 Sparkline。注意，因为 Sparkline 显示的是聚合数据，所以它们必须放在与组相关联的单元格中。

(3) 从 Select Sparkline Type 对话框中，选择 Area 并单击 OK 按钮。现在你应该有了一个准备好配置到新列中的 Sparkline 了。

(4) 单击 Sparkline 图片。将打开右侧的 Chart Data 对话框。单击 Values 区域右边的绿色加号，并从 DSSales 数据集选择 Sales 字段。

(5) 单击 Category Groups 区域右侧的加号，并选择 SubCategory 字段。

现在准备预览报表。切换到预览窗口，报表应该看起来如图 16-8 所示。

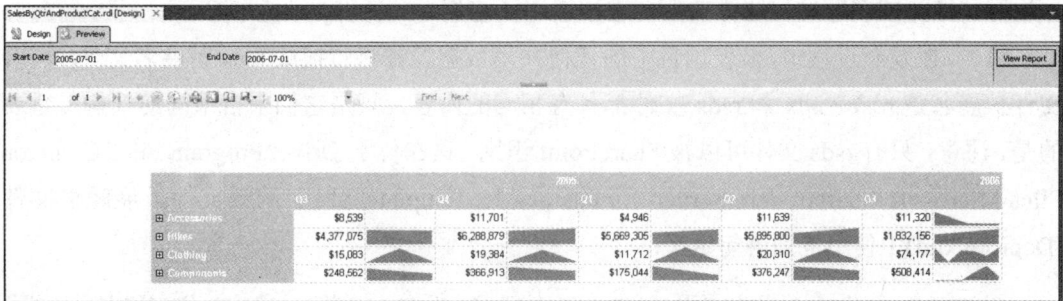

图 16-8

16.3.4 Tablix

虽然你在报表中使用了一个矩阵，实际上在背后你使用了一个 Tablix 数据区。Tablix(表+矩阵)数据区提供了表的灵活性，以及矩阵的交叉报表功能。

可以在报表中看到，Product Category 和 Product Subcategory 共享了两个不同的列，并且相当大的水平间距浪费在了第一列上。可以使用 Tablix 中一个名为阶梯列的功能将上述的间距空间节省出来，使两组共享一列。如果你使用过交叉表报表，就大概知道用旧的矩阵来实现不是一项简单的任务。阶梯列的更多相关信息，请参阅 http://msdn.microsoft.com/en-us/library/cc281376.aspx 的官方文档。

Tablix 中另一个可以帮助你改进交叉表报表的功能是并列交叉表区。你的报表目前能按照年份从顶级开始分解，但如果你想要一个与按年份并排且按地域划分的分组(Product Category 与 Product Subcategory)呢？如果要允许用户向下展开到类别和子类别，并在同一时间看到按年份划分和按地域划分的区域呢？

可以使用 Tablix 和它的原生支持以用于并列交叉表区。你只需在返回的结果集中包括地域数据，并将其作为报表中使用的矩阵的父列分组。可以在 Tablix 数据区的行和列上拥有无限数量的并列交叉表分组(相关或不相关)。

Reporting Services 的 Tablix 功能使报表中的不对称布局变得很简单。

16.3.5 将报表发布到 SharePoint

现在，你已经准备好报表，可以将它部署到 SharePoint 中了。在 SSDT 中，"发布"一词和"部署"一词的意思相同。它们都指使报表实现在 SharePoint 中或联机状态下可查看的过程。发布过程似乎乍看之下很简单，然而要做的工作远不止将内容从本地驱动这边移到 SharePoint 那边这么简单。

然而，发布期间发生了什么使它变成一个特别的过程呢？

第一，SSDT 会在报表项添加到 SharePoint 中的目标库之前对其进行验证。如你所知，你可以自己始终从文档库上载文档，但是在发布的情况下，却应该避免直接上载，因为验证检查没有发生。这意味着你不知道你的报表文件是否有效，直到你手动访问了它们或诸如快照、订阅或缓存过程这样的后台进程引用了它们。

第二，在发布过程中，报表项目中的任何共享数据源都将转换成.rsds 扩展名文件(最初，文件扩展名是.rds)。.rds 和.rsds 文件都具有相同的内容，只是它们来自不同的架构。重要的是，注意，只有.rsds 文件可以被 SharePoint 识别，这在位于 Drive:\Program Files\Common Files\Microsoft Shared\Web Server Extensions\15\Template\XML 的该文件扩展映射文件(Docicon.xml)中使用下列语句定义：

```
<Mapping Key="rsds" Value="datasource.gif" OpenControl="SharePoint.OpenRsdsFiles"/>
```

将.rds 文件扩展名转换为.rsds 的过程涉及对位于 ReportService2006.asmx 端点的 CreateDataSource() Web 方法的 Web 服务的调用，是它完成了实际的转换。

最后，发布过程还为你多做了一件事。如果你发布一个已经存在于目标文档库中的报表，该报表会签出，更新为新版本，然后再签回。

将报表发布到 SharePoint 相对简单。右击解决方案名称，并单击 Properties 命令以打开 Property 窗口，如图 16-9 所示。

> 提示：你可以看到，部署属性对话框支持与共享数据集相关的部署设置，SSDT 可以为 SSRS 2008、SSRS 2008 R2 以及更高版本打开报表定义文件。

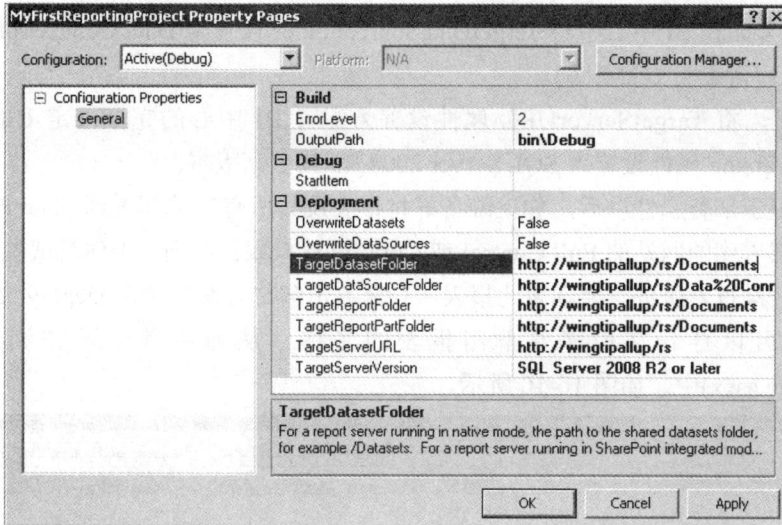

图 16-9

以下是所有属性的简介，它们是什么，以及你需要在其中输入什么来将报表部署到
SharePoint 中。

- Boolean 属性——True 或 False
  - OverwriteDatasets——此设置用于指定如果共享数据集定义已经存在于目标
    SharePoint 网站的 TargetDatasetFolder 中，它们是否需要改写。
  - OverwriteDataSources——此设置用于指定如果共享数据源的定义已经存在于目
    标 SharePoint 网站的 TargetDataSourceFolder 中，它们是否需要改写。
- URL 属性
  - TargetDatasetFolder——与在 TargetServerURL 属性中指定的 URL 相关的文件夹。
    此文件夹中会保存所有的共享数据集定义文件。
  - TargetDataSourceFolder——与在 TargetServerURL 属性中指定的 URL 相关的文
    件夹。此文件夹会保存所有共享数据源的定义文件(.rsds)。
  - TargetReportFolder——与在 TargetServerURL 属性中指定的 URL 相关的文件夹。
    此文件夹保存所有报表定义文件(.rdl)。
  - TargetReportPartFolder——与在 TargetServerURL 属性中指定的 URL 相关的文件
    夹。此文件夹中会保存所有报表部件的定义文件(.rcs)。报表部件将在 16.3.6 节中
    详细介绍。
  - TargetServerURL——你想要部署报表的目标 SharePoint 网站的 URL。
  - TargetServerVersion——与在 TargetServerURL 属性中所指定的目标 SharePoint
    网站集成的 SQL Server Reporting Services 的预期版本。

要配置部署属性，请执行以下步骤。

(1) 在 BI 中心中将 TargetDatasetFolder、TargetReportFolder 和 TargetReportPartFolder
属性的值设置为 Documents 文档库的完全限定 URL(请参阅 16.2.2 节)。

(2) 下一步，在 BI 中心中将 TargetDataSourceFolder 设置为 Data Connections 文档库的完全限定 URL(请参阅 16.2.2 节)。

(3) 最后，将 TargetServerURL 属性设置为配置 BI 中心的完全限定 URL，以及将 TargetServerVersion 属性设置为 SQL Server 2008 R2 或更高版本。

完全配置了部署属性以后，你就准备好将报表及其所有的项部署到 SharePoint 中了。你需要即将部署到的网站的 Full Control 或 Contribute 权限；否则，当你尝试生成和部署报表时，需要登录报表服务。要部署此报表，只需右击解决方案并单击 Deploy 命令。

此时，可以打开文档库并单击报表的名称，从而将其呈现在浏览器(通过 RSViewerPage.aspx)中，如图 16-10 所示。

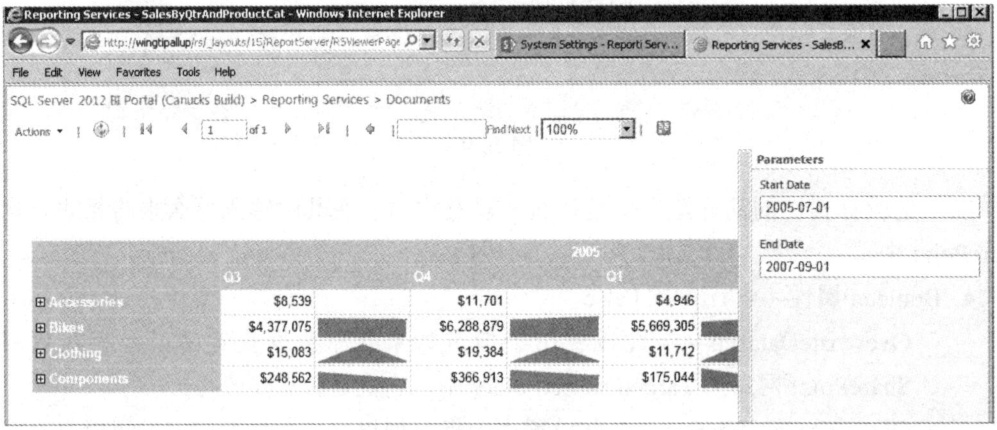

图 16-10

提醒一下以防你没注意到，每当你运行报表时，页面上都会有一个 Cancel 链接。这就是说，报表的处理过程完全异步，你可以在其进行时选择取消。

16.3.6 发布报表部件

根据定义，报表部件是组成 SSRS 报表的各个项。它们可以是报表中的任何构成部分，从参数到数据区域似的矩阵无所不包。这个理念类似于将 ASPX 页面拆分成较小的用户控件，以便它们在多个页面之间共享。

好消息是这些组件可以单独保存——不需要报表页面的其他部分。然而，更确切地说，报表开发人员无论从 SSDT 还是从 Report Builder 3.0 将报表部件发布到目标文件夹，之后其他的报表开发人员或信息工作者都可以重用已发布的部件，并装配到他们自己的报表中，而无须一切从头开始。

在 SSDT 中创建报表部件主要面向有经验的报表开发人员。另一方面，报表生成器适合于经验较少的用户，他们可以使用报表部件生成自己的混合方案或即席报表。

本节你所生成的报表中只有 3 项可以作为报表部件发布。要使这些部件可用于 SharePoint 网站，请执行以下步骤。

(1) 从 Report 菜单上，单击 Publish Report Parts，如图 16-11 所示。

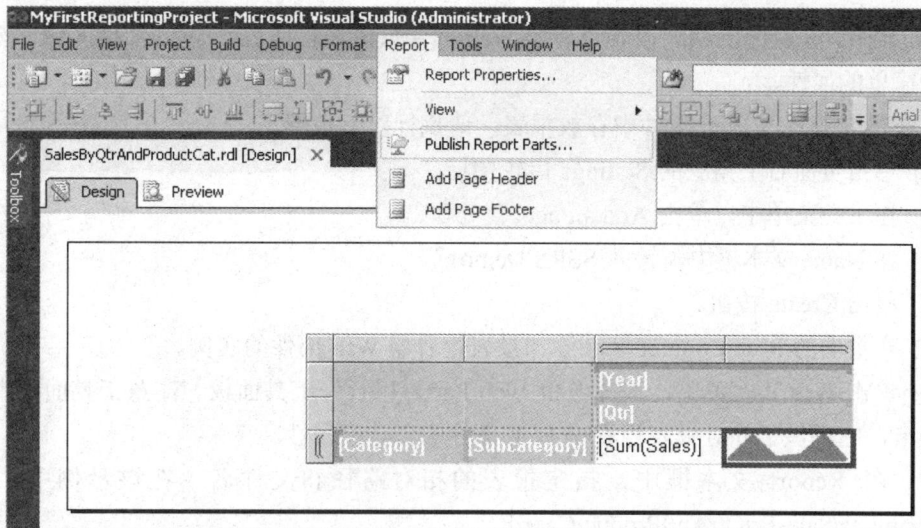

图 16-11

(2) 这将打开 Publish Report Items 对话框，可以选择在部署报表时要作为报表部件发布的项。选择所有项，然后选择 OK 按钮。

(3) 通过右击解决方案并单击 Deploy 来重新部署报表。

(4) 打开 SharePoint 中的 Documents 库，并验证 EndDate 和 StartDate 参数以及 Tablix1 对象已作为报表部件成功发布到 SharePoint 中，如图 16-12 所示。

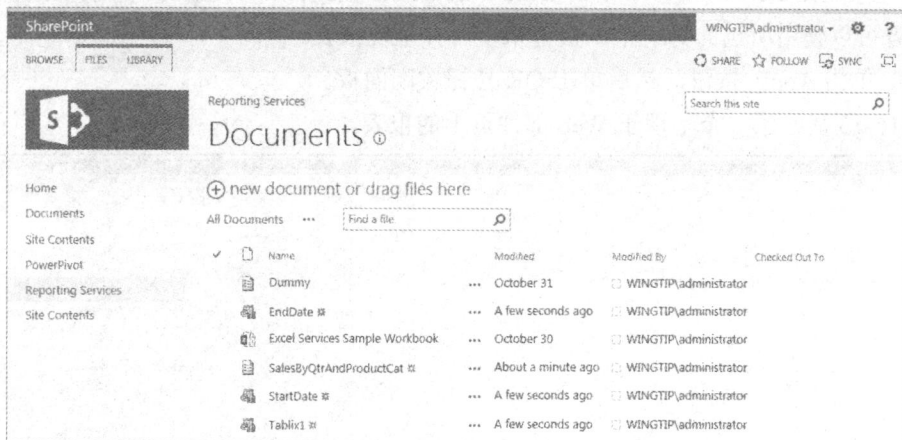

图 16-12

在报表部件发布到网站后，信息工作人员可以使用报表生成器查找这些部件并重用它们。要在报表生成器中查看可用报表部件的列表，请打开 View 选项卡，选择 Report Part Gallery。可以通过在面板顶部所提供的搜索框中输入某特定部件的名称来搜索特定部件。

16.3.7　报表查看器 Web 部件

除了 RSViewerPage.aspx 之外，还可以使用独立的报表查看器 Web 部件将报表呈现到

SharePoint 中。在页面上添加报表查看器 Web 部件只需将它拖放到 Web 部件区域,然后设置一些简单的属性。

要在报表查看器 Web 部件中存放报表,请执行以下步骤。

(1) 单击页面右上角上的 Settings 齿轮图标。

(2) 在下拉菜单中,单击 Add a Page。

(3) 在 Name 文本框中,输入 SSRS Demo。

(4) 单击 Create 按钮。

(5) 在页面的 Rich Content 区域添加报表查看器 Web 部件的实例。

(6) 单击 Web Part 菜单,选择 Edit Web Part,以打开工具面板。注意工具面板中的附加选项卡,它提供了针对报表查看器 Web 部件的自定义属性。

(7) 在 Report 文本框中,指定报表的相对路径和文件名。在该示例中,它是 /rs/Documents/SalesByQtrAndProductCat.rdl。

> 提示:因为 Reporting Service 与 SharePoint 的当前集成支持多个区域,所以报表路径是相对的。报表路径不必是完全限定的 URL。

(8) 保留默认 View 设置。

(9) 在 Parameters 选项卡中单击 Load Parameters 按钮。可以让报表使用其当前的默认值,或者可以使用所选的另一个默认值来重写并呈现报表。

(10) 单击 Apply 按钮,然后单击 OK 按钮关闭面板。

图 16-13 显示了一个呈现于 Web 部件页上的报表。

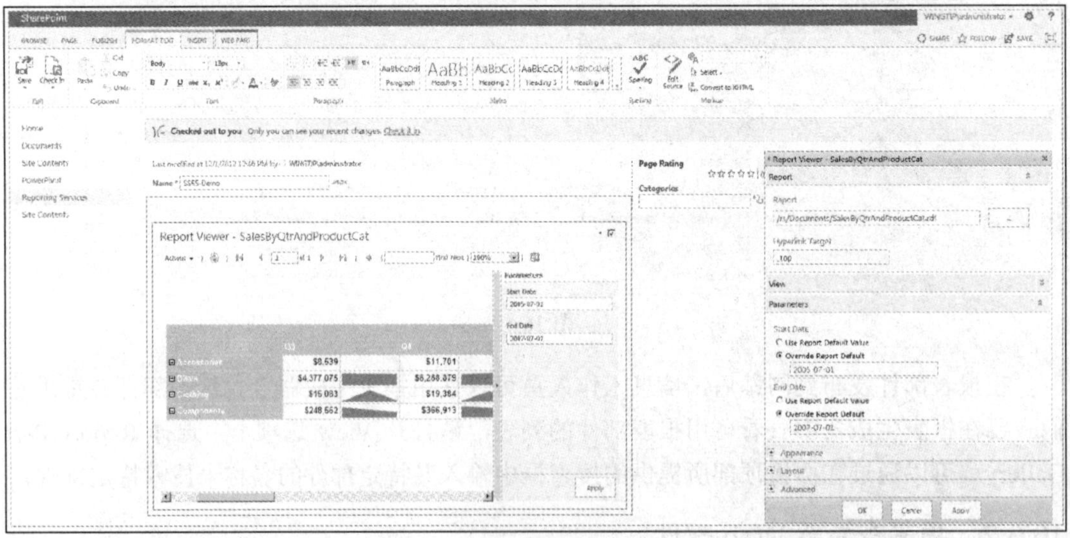

图 16-13

16.3.8　局限性

既然你已经较好地了解了报表查看器 Web 部件的功能，就必须了解使用该 Web 部件的几点局限性。

第一，不能将多个报表分组成报表查看器 Web 部件的单个实例。

第二，不能将已保存的报表作为列表项的附件打开。报表查看器 Web 部件只能对存储在文档库中或通过可连接的 Web 部件传递的报表作出响应。

最后，报表查看器 Web 部件代码是不公开的。如果你需要自己的自定义报表查看器 Web 部件，则需要从零开始编码或使用微软报表查看器控件的一个封装。

16.3.9　可连接的报表查看器 Web 部件

SharePoint 的一个优秀功能是 Web 部件连接框架，它允许 Web 部件接受来自其他 Web 部件的连接。基本上，连接就是允许共享数据的两个 Web 部件之间的关联。

正如本书通篇力图揭示的，构建仪表板页面是 BI 功能的一个重要部分。同一仪表板页面可以存在不同类型的 Web 部件，每个 Web 部件可以显示不同的内容和数据。在真实的场景中，这些 Web 部件之间往往互相通信和交互。

上一节提到，报表查看器 Web 部件的局限性之一是其与报表定义文件的一对一关联。页面访客很可能对某一份报表特别感兴趣，这时一个独立的报表查看器 Web 部件就很有用了。然而，在更多的仪表板样式方案中，独立的 Web 部件几乎不可能是你真正想要的。你会需要一个更具交互性的 Web 部件。

值得庆幸的是，报表查看器 Web 部件在 Web 部件连接中通过实现所需的接口充当了订阅服务器的角色。例如，图 16-14 显示了你可以使一个报表查看器 Web 部件实例进行通信，并从同一页面或跨页面的另一个 Web 部件处获取其参数(或其定义)，例如，Query String Filter Web 部件。

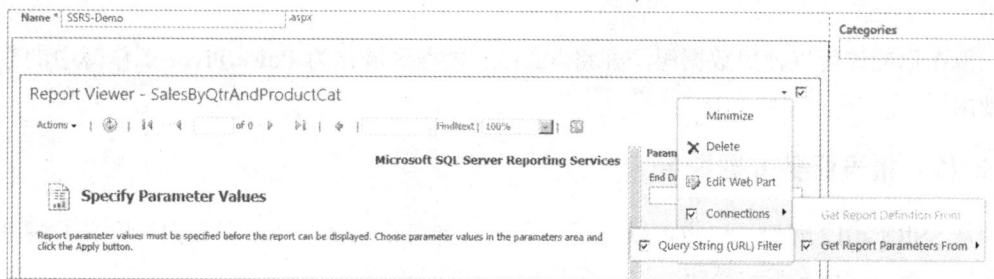

图 16-14

16.3.10　ATOM 数据源

支持微软实现每个人的BI愿景的关键因素之一是允许用户访问最新数据以用于其日常分析。过去许多组织中存在的问题是对后端数据源的直接访问仅能限于管理员和几个服务账户。这主要是因为不通过业务逻辑和安全层直接访问原始数据并不是最佳做法，可能会将组织资产置于较高的风险上。

从 SQL Server 2008 R2 开始,每个 SSRS 报表可以作为一个遵循 WCF 数据服务公约的 ATOM 源来呈现。这意味着你可以从报表能够获取数据的几乎所有地方获得高质量和可刷 新的数据源;无论这些数据表现为 Tablix、图表还是任何其他形式。

> 提示:要将 SSRS 报表作为数据源使用,需要在同一服务器场中安装和配 置用于 SharePoint 的 Reporting Services 和 PowerPivot(关联式查询设计工具)。 此外,用于 Excel 客户端的 PowerPivot 必须安装在客户机上。

找到你需要分析其后端数据的一份报表后,可以通过单击报表工具栏上的 Export to Data Feed 按钮,把它拉入你的 PowerPivot 工作簿中,如图 16-15 所示。

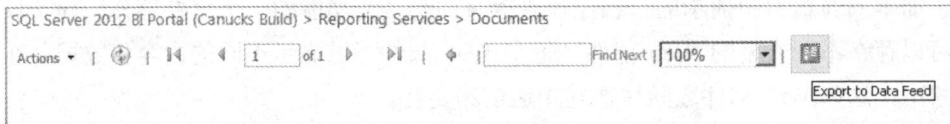

图 16-15

这会生成一个.atomsvc 的输出,并询问你是否要在本地打开它。如果你已经打开了一 个 Excel 工作簿,将提示你要么选择一个打开的工作簿来添加数据源,要么新建一个工作 簿用于该源。接下来,启动 Excel 客户端直接进入 PowerPivot 选项卡,将会弹出表格导入 向导。

如果单击 Next 按钮,表格导入向导将在报表中显示一个数据区域列表,可以将其导入 Gemini 模型并指定表名称。根据需要,可以预览数据并从数据源中选择把哪些列添加到模 型中。

现在你应该可以使用数据源,并将 Tablix1 数据区域作为 PowerPivot 工作簿中的数据 源使用了。

16.3.11 报表服务数据警告

从 SSRS 2012 开始,用户可以访问报表来设置警报规则,当报表数据与定义的规则集 匹配发生更改时就会发出警报。这一新功能称为数据警报。

> 提示:数据警报需要 SQL Server 代理服务,且数据源需要硬编码凭据。

如图 16-16 所示,报表的数据警报可以从 Actions 菜单访问。

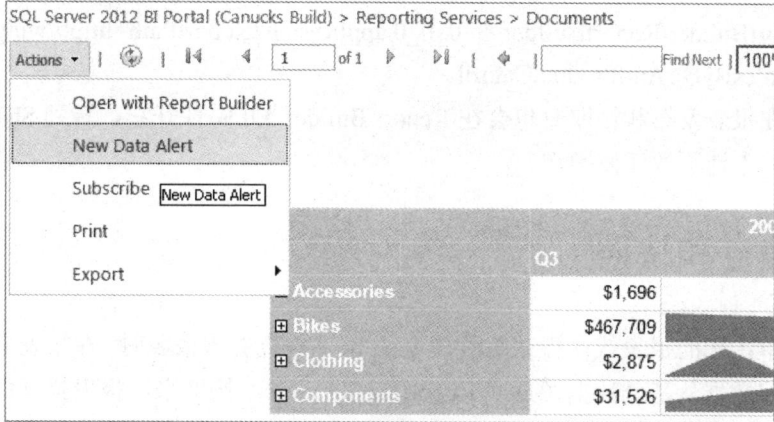

图 16-16

就像 SharePoint 中的普通警报一样，数据警报消息会通过电子邮件发送。根据更改的重要程度，用户可以选择接收警报消息的频率，可以选择较频繁、较不频繁和只有当结果发生变化时才接收。在设置数据警报时，可以指定多个收件人接收警报消息，这样便可以让别人也了解发生的情况。图 16-17 显示了一个可以为你在本章前面创建的报表设置数据警报的示例。

此数据警报表示，当 Accessories 类别的销售金额低于 $1400 时，就需要发送一封警报电子邮件。

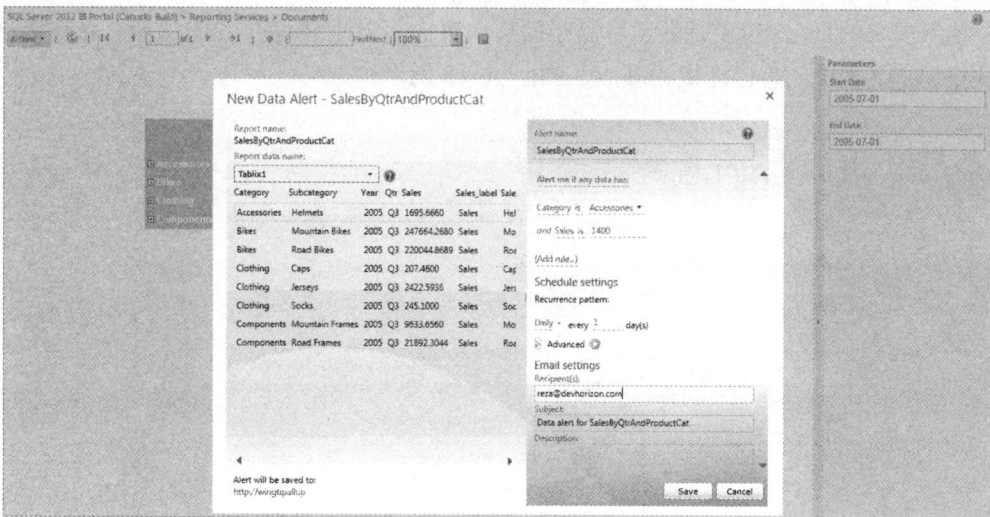

图 16-17

16.3.12　使用 Report Builder 3.0 打开报表

Actions 菜单中报表的另一个选项是 Open with Report Builder。如果单击 Actions 菜单，并选择 Open with Report Builder，那么在服务器安装了 Report Builder 3.0 时，就会默认启动它。这一操作会指向下面的 URL，以告知报表生成器打开哪一张报表：http://wingtipallup/

_vti_bin/ReportBuilder/ReportBuilder_3_0_0_0.application?ReportPath=http://wingtipallup/rs/
Documents/SalesByQtrAndProductCat.rdl。

此外，在报表发布和钻取时也会在 Report Builder 3.0 中打开它，转到 SharePoint 进行
进一步处理，本地不做任何操作。

16.4　缓存和快照

当用户单击你的报表或在报表查看器 Web 部件中查看该报表时，在报表中定义的数据
集会执行并将数据从基础数据源返回 Reporting Services。接下来，报表执行引擎会使用存
储在 SharePoint 内容数据库中的报表定义文件来确定如何从检索到的数据中创建报表，把
它转换为 HTML，并最后将其推入 HTTP 管道送达用户的浏览器。这一过程称为按需报表
执行。

虽然按需报表执行过程始终能产生最新的数据并返回给用户，但每次请求报表时，都
会创建新的报表实例，轮流对基础数据源发出新的查询。这将成倍增加 SharePoint 服务器
场的总体资源利用率。

当用户不需要按需报表执行，而你又需要快速报告的性能时，还有一些其他的处理选
项可用来帮助你以更有效的办法管理报表交付需求。例如，如果用户可以改为从缓存或快
照运行你的报表，不是很好吗？要防止报表在高峰期间的时间点运行，可以有哪些选项？

值得庆幸的是，SSRS 提供了可以帮助你快速而有效地传递报表的功能。这些选项都
可从报表定义文件的悬停面板中获取，如图 16-18 所示。

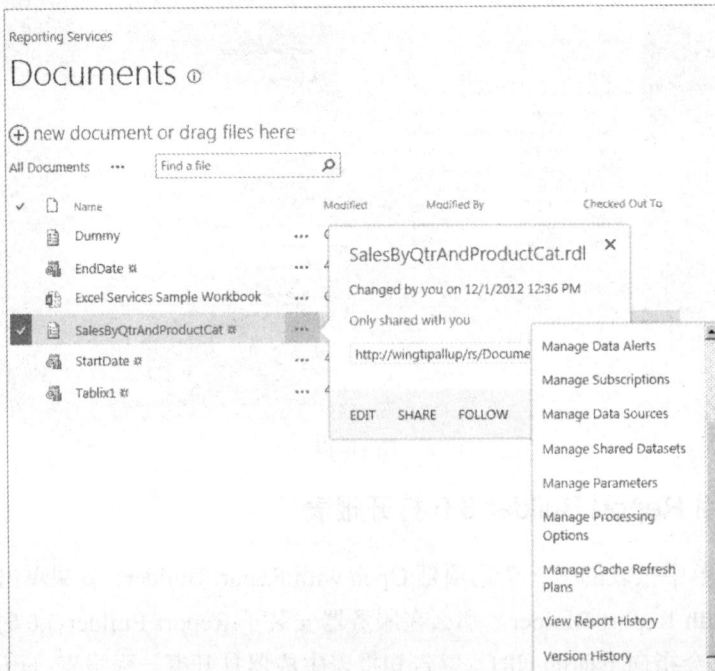

图 16-18

本节旨在介绍用于提高报表性能的技术，以提供更好的用户体验。

本节讨论的几个操作需要你编写报表数据源硬代码凭据。这是因为这些操作不代表有效的 Windows 安全上下文，它们不能自行访问后端数据源。

为此，首先需要存储凭据。

16.4.1　存储的凭据

SSRS 中的许多操作(如数据警报)都需要存储在报表数据源中的凭据。要将凭据存储到数据源中，可以打开发布数据源的 Data Connections 库并单击它。你将被直接带到一个页面，如图 16-19 所示。该页面上有多个选项，但要配置的是从上向下数标明 Stored Credentials 的第三个选项。

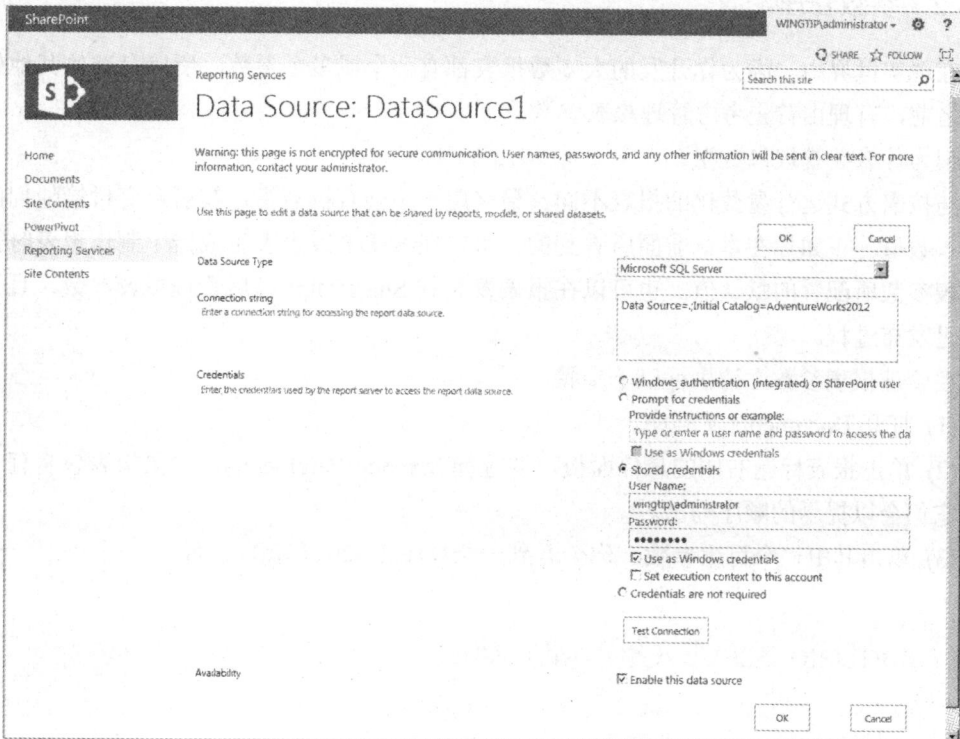

图 16-19

当指定存储的凭据时，有两个选项可以用于确定存储的凭据如何进行身份验证。

- Use as Windows credentials——如果选择 Use as Windows credentials，存储的凭据应该是一个 Windows 用户账户，因为它会被传递到 Windows 用于随后的身份验证。所以可以指定该选项，然后使用 SQL 登录名。很明显，在这里使用的账户至少必须被授予资源的读取权限。

  关于该选项，有两个重要的提示需要记住。第一，如果数据源仅使用数据库进行身份验证(例如，SQL Server 身份验证)，则不要选中此选项。第二，Windows 域用户账户还必须拥有在本地登录的权限。此权限允许 Reporting Services 在 Reporting Services 框中模拟用户，并作为模拟用户将连接请求发送到外部数据源。

● Set execution context to this account——只有当你想要通过模拟代表存储凭据的账户在数据库服务器上设置执行上下文时，才应该选择此选项。将此选项视为 SQL Server 中的一个 Transact-SQL SETUSER 函数。当勾选此复选框时，有两个重要的提示。第一，如果数据源存储于 SQL Server 数据库中，那么此选项不支持 Windows 用户；应改为使用 SQL Server 用户。第二，不要将此选项用于报表的订阅、报表历史记录或快照的初始化，因为这些过程需要有效的 Windows 用户上下文(而不是 SQL 登录名)才能起作用。

16.4.2 参数管理

在现实世界中，因为你开发的大多数报表都有一个或多个参数，所以在评估其他处理选项之前，有理由首先考虑管理报表参数。

但为什么要管理参数呢？

与按需方式运行参数化的报表不同，最终用户不会有机会指定在后台交付给他们的报表的参数值。正如你在本章前面所看到的，可以在 SSDT 或报表生成器中制作报表时管理为报表参数所配置的默认值。也可以在报表发布到 SharePoint 以后管理报表参数，且无须再经过发布过程。

要管理报表参数，请执行以下步骤。

(1) 打开 Documents 文档库。

(2) 单击报表标题右侧的悬停面板，并选择 Manage Parameters。如果报表包含任何参数，它们会以提示的顺序列出。

(3) 单击其中一个可用参数，你会看到一个如图 16-20 所示的页面。

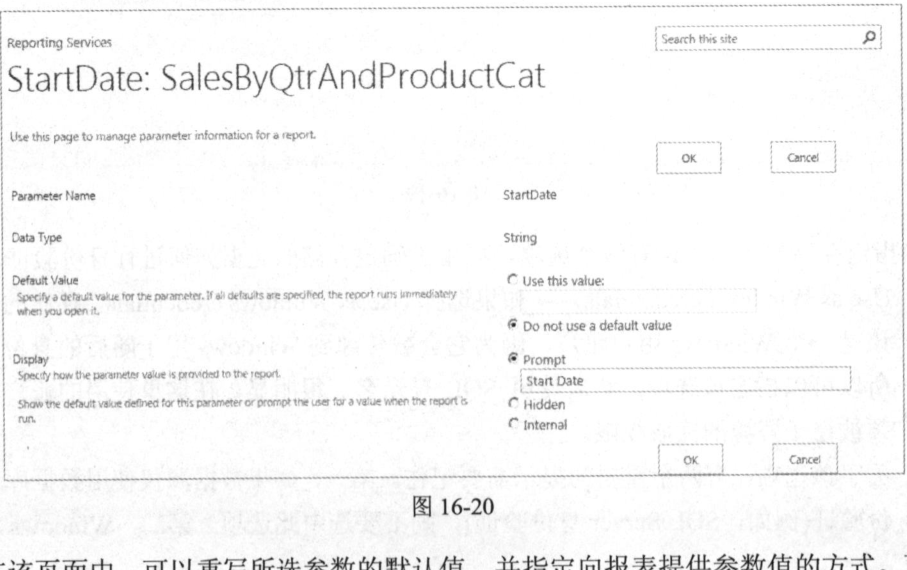

图 16-20

在该页面中，可以重写所选参数的默认值，并指定向报表提供参数值的方式。可用选项如下。

- Prompt——该参数会在所呈现报表旁边的参数输入面板中以文本框(用于单值参数)
  或组合框(用于多值参数)的形式显示出来。用户可以指定一个新值,或从可用选项
  中选择。
- Hidden——通过选择此选项,参数将隐藏在参数输入面板中,但它的值可以在订阅、
  缓存等后台进程中进行设置。稍后你将了解到这些进程。
- Internal——内部参数不会提供给最终用户或后台进程,但在报表定义文件中仍然
  可用。

16.4.3　规划

报表服务提供了功能强大且易于使用的缓存机制,可以帮助你更好地保持在报表中拥有最新数据与更快地访问报表之间的平衡。

> 提示:像许多其他高强度操作一样,缓存报表由报表服务服务应用程序管理。缓存的报表不使用 SharePoint 中的页面输出缓存。

当然,高速缓存也有代价,如果使用不当可能造成破坏。所以,在你深入到设置报表的缓存之前,你需要有一个规划。最重要的一步是,要找出使用缓存的最佳设计以及该设计有哪些风险。

当你第一次配置具有缓存的报表时,要求一切与按需报表的执行相同。事实上,第一个单击报表的用户会将报表变成一个缓存的实例,并为之后请求相同实例的任何人打开缓存的大门。缓存的实例会与参数值组合捆绑在一起。例如,如果你有一个具有两个参数 A 和 B 的参数化报表,之后具有参数值 A1 和 B1 的该报表的缓存实例与另一个具有 A2 和 B2 参数值的缓存实例是不同的。

在报表转变成缓存实例后,它会在 Reporting Services 的临时数据库中另存为中间格式图像,直到该缓存失效。此时,如果任何用户请求该报表都具有相同的参数值组合,Reporting Services 便会从其临时数据库中检索图像,并将其转换成一种呈现格式。

你可能会注意,对于一张使用多个参数的报表,内存中可以有多个缓存实例。所以,这是你需要考虑在先的问题。

在缓存规划中另一个需要考虑的问题是缓存刷新计划。这一步你应该询问自己的主要问题是:"缓存多久失效一次?"这个极其简单的问题的答案揭示了很多有关需要关联到缓存刷新计划的日程安排(参见 16.4.5 节)。请记住,在事务数据库中基本数据可能经常变化;在内存中长时间保存的数据表示形式可能导致不准确的结果,且显然会导致错误的决定。

你一定不想仅仅因为缓存报表的错误而被降级,对吧?

16.4.4　报表缓存

现在，你已经有了一个规划，最后一块拼图也最明显：通过执行以下步骤来缓存报表。

(1) 打开 Documents 库。

(2) 单击报表标题右侧的悬停面板，并选择 Manage Processing Options。

(3) 从 Data Refresh Option 区域中，选择 Use Cached Data 选项。

(4) 从 Cache Options 区域中，选择 Elapsed Time in Minutes，并设置为离开 30 分钟后缓存失效，如图 16-21 所示。

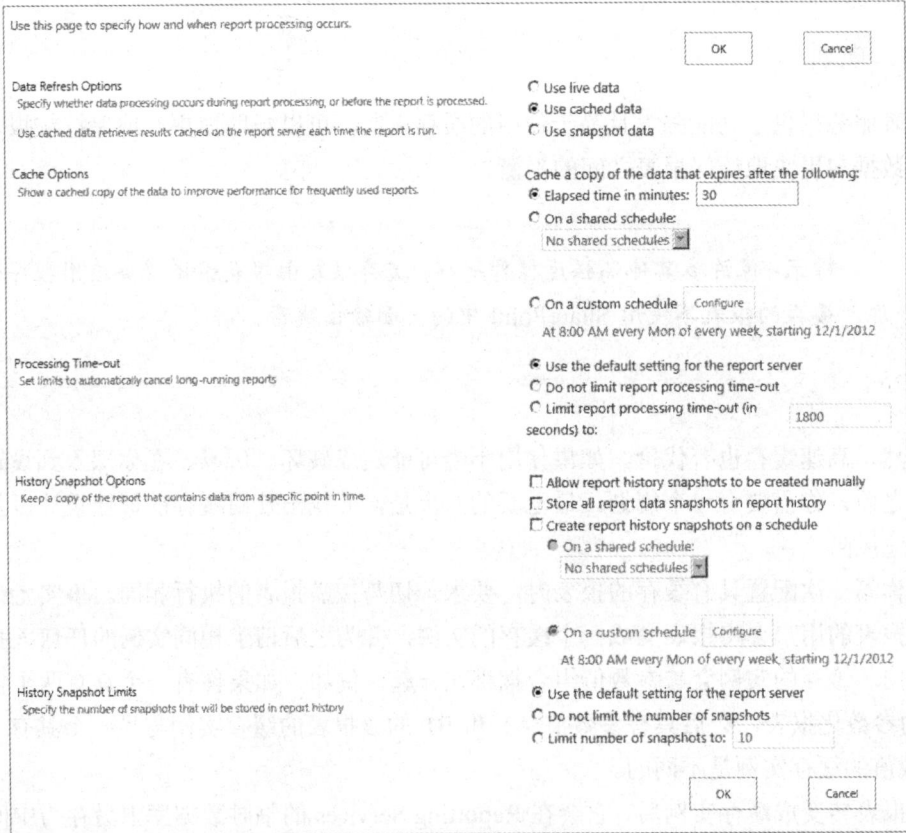

图 16-21

(5) 单击 OK 按钮启用报表缓存。

16.4.5　管理缓存刷新计划

在上一节中缓存报表的方式很好，但它缺少对如何缓存报表的一些控制。可以使用缓存刷新计划来解决这一问题。

要创建缓存刷新计划，请执行以下步骤。

(1) 打开 Documents 文档库。

(2) 单击显示在报表标题右侧的悬停面板，并选择 Manage Cache Refresh Plans。

(3) 单击 New Cache Refresh Plan。如果你没有像前一节所述的那样启用缓存，就会出现错误。

(4) 创建默认参数值(2005-07-01 与 2007-07-01)的缓存计划和在 2012 年 1 月 12 日上午 8 点对该实例缓存一次的自定义时间表，如图 16-22 所示。

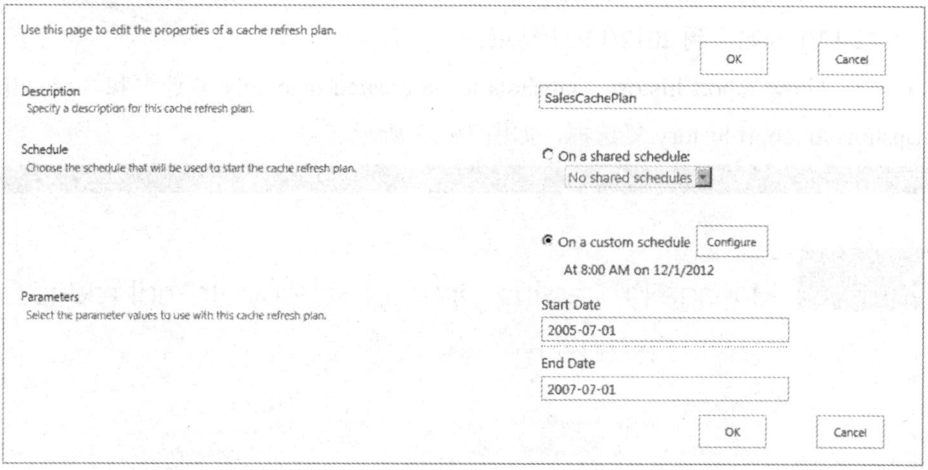

图 16-22

(5) 单击 OK 按钮返回 Manage Cache Refresh Plans 页面。

随着缓存计划的正确配置，现在报表将具有以下缓存策略：

- 具有 Start Date = 2005-07-01 和 End Data = 2007-07-01 的报表将仅在 2012 年 1 月 12 日上午 8 点缓存一次。
- 参数值的任何其他组合都遵循在上一节中所设置的默认缓存时间表，即 30 分钟。

16.4.6　快照

如前所述，缓存报表是一种很好的方式，有助于最终用户获得在报表中拥有当前数据与比典型的按需报表执行更快的报表访问之间的合理平衡。

Reporting Services 还提供了可用作替代缓存方法的报表快照。报表快照可以用于以下两个目的：

- 创建报表历史记录
- 控制报表处理

想象一下 AdventureWorks 的财务部门要求你每个季度(销售按季度和产品类别)保留一份报表副本，然后年内分 4 次将它们发送给一些利益相关者。

(1) 打开 Documents 文档库。

(2) 单击在报表标题右侧显示的悬停面板，并选择 Manage Parameters。

(3) 将 Start Date 和 End Date 默认日期重写为 2005-07-01 和 2007-07- 01。然后单击 OK 按钮。

(4) 再次单击悬停面板，这一次选择 Manage Processing Options。

(5) 在 Data Refresh Option 区域，选择 Use Snapshot Data 选项。

(6) 在 Data Snapshot Options 区域，选择 Schedule Data Processing，然后选择 On a Custom Schedule 选项。

(7) 定义一个每月日程表，分别在 3 月、6 月、9 月和 12 月的上午 8:00 对报表进行拍照，从 2012/12/1 开始，到 2012/12/31 结束。

(8) 勾选 Allow report history snapshots to be created manually 复选框和 Store all report data snapshots in report history 复选框，如图 16-23 所示。

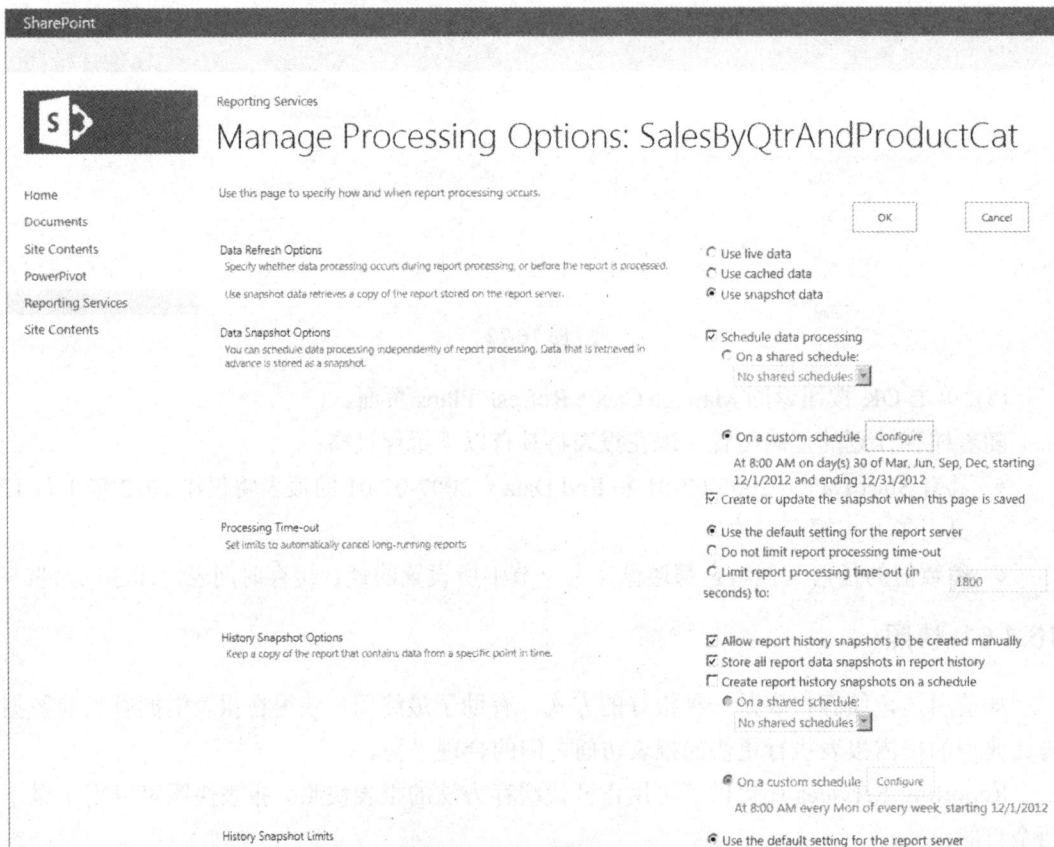

图 16-23

(9) 单击 OK 按钮返回 Manage Processing Options 页面。

(10) 单击 OK 按钮以便为报表拍照。

快照正确配置后，在指定日期使用指定的参数创建报表图片，并存储在报表历史记录中。可以通过从报告悬停面板上选择 View Report History 来查看快照，如图 16-24 所示。

如果你在一份报表的快照库中，也可以通过单击 New Snapshot 按钮手动创建快照。

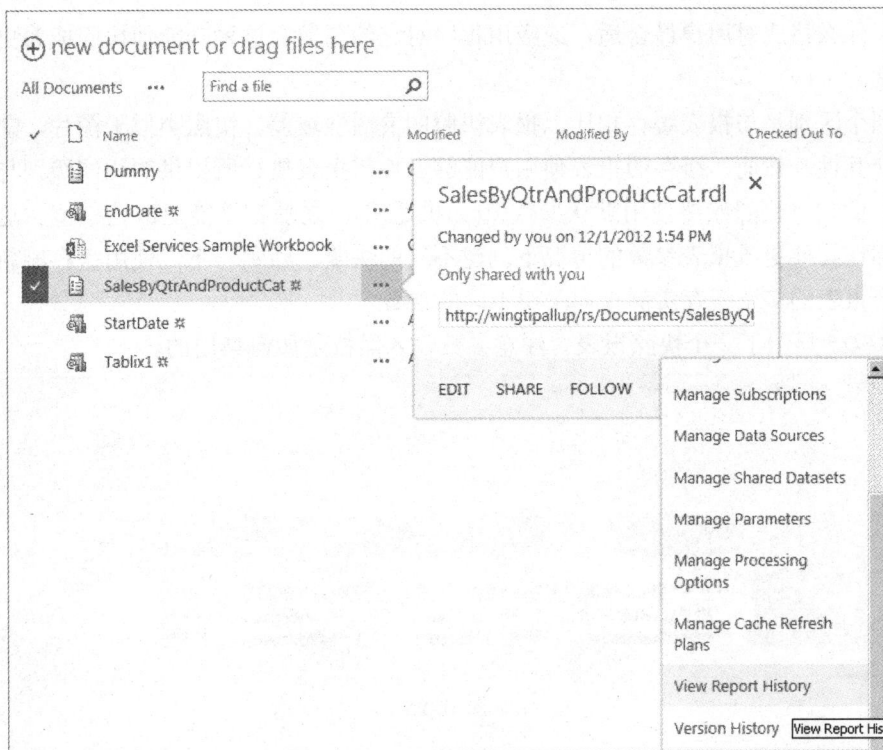

图 16-24

16.4.7　缓存与快照之间的差异

在概念上，报表快照和缓存仅用于一个目的，即：在降低按需执行成本的同时更快地交付报表。

从功能上看，报表快照在几个方面不同于缓存实例。首个明显区别是，在缓存中可以充分控制缓存实例必须失效的频率(使用过期日程表或缓存刷新计划)，但必然不能控制新的缓存实例应该何时生效。这是因为缓存的刷新取决于缓存实例过期后接收到首个请求的时间。

报表缓存过程缺乏从某一特定时间点产生一个报表的持久性副本的功能。然而，报表快照可以放入历史记录中，而不会改写以前的快照。请记住，当报表执行持久化时，最终用户也会拥有在不同的时间点对其进行比较的能力。这是一个重要功能，也往往是一个常见的业务要求。

你在上一节的第(7)步中所定义的日程表与你定义的用于缓存刷新计划(请参阅 16.4.5 节)的日程表不同。该日程表用于数据处理，且会独立于报表进行处理。所以，快照和缓存之间的第二个区别是，在报表缓存中，会将数据和报表布局一起缓存。然而，在快照中，因为其数据可以提前检索并另存为快照，所以在实际查看报表时，所有元素会放在一起并返回给最终用户。这使得与缓存相比，快照是更轻量级的报表处理选项。

第三个区别是呈现的信息并不与快照关联，也不存储于快照中。相反，最终的查看格式取决于什么格式对用户最合适，或应用程序对它的要求。这种功能使快照成为更便携的解决方案。

第四个区别是与报表缓存相比，报表快照的灵活性较差。快照类似于图片，缺乏一定程度的交互性。然而，缓存的报表使用户能够以按需报表执行所提供的相同级别与报表进行交互。例如，快照始终使用默认参数值(如果适用)，之后都不能更改这些值。这种局限性迫使你在需要更改报表参数的情况下创建不同的快照。回顾一下，使用缓存刷新计划，可将一个报表的多个缓存实例指向一组不同的参数。

图 16-25 显示了一个快照报表。注意参数输入面板是如何禁用的。

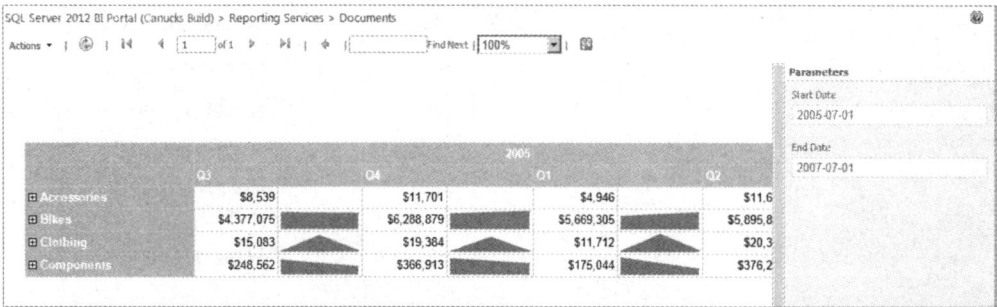

图 16-25

16.5 SharePoint 数据报表

SharePoint 列表提供了很多已经构成核心 SharePoint 平台的功能，比如，用于管理数据、版本控制、工作流等的 UI 元素。随着 SharePoint 使用的增多，以及 SharePoint 列表提供了极好的开箱即用的功能，使用 SharePoint 列表成为存储数据最受欢迎的选择。

是否有理由将数据存储在 SharePoint 列表中需要另行讨论(没有解决方案适合每一种情况)。然而，在现实中，组织往往将其数据存储于各种结构化和非结构化的数据存储器中，包括 SharePoint 列表。

鉴于业务连接服务和外部内容类型在 SharePoint 2013 中的突出地位，SharePoint 列表中的数据就能够来自各种不同的地方，而且所有这些数据都不再通过用户手动输入而传入。相反，可以通过 SharePoint 来访问实时业务数据。

不论这些数据如何注入 SharePoint 列表，原始数据本身没有任何特殊意义。它们必须进行排序、筛选、聚合以及最终的格式化才具有意义。一般情况下，这就是指报表。在 SharePoint 中，可以使用查阅字段创建列表之间的关系，但增强关系行为并没有简单的方法。此外，连接列表、聚合、排序和格式设置可能会迅速变成严重的瓶颈。如果没有执行此类基本操作的能力，SharePoint 数据的报表可能会面临挑战。

在以下章节中，会使用 Reporting Services 创建一份针对 SharePoint 示例列表的报表。

16.5.1　创建示例列表

在进一步制作针对 SharePoint 列表数据的报表之前，需要转而创建一个存储一些销售订单号的名为 Sales Order Numbers 的 SharePoint 列表。该示例列表会在本章的其余部分使用。

要在 BI 中心创建此列表，请执行以下步骤。

(1) 打开 Site Contents。

(2) 单击 Add an App。

(3) 单击 Custom List App。

(4) 在 Name 文本框中输入 SalesOrderNumbers，然后单击 Create 按钮。

(5) 打开 SQL Server Management Studio，并执行以下查询以获得一些示例销售订单号：

```
SELECT TOP 10
    [SalesOrderNumber]
FROM [Sales].[SalesOrderHeader]
```

(6) 打开 SalesOrderNumbers 列表，并在 Ribbon 菜单上单击 Quick Edit。

(7) 在 SalesOrderNumbers 列表中添加排名靠前的销售订单号码列表。

列表创建好以后，现在可以构建报表了。

16.5.2　构建报表

SharePoint 列表数据的扩展允许在 SSDT 和报表生成器中针对 SharePoint 列表进行查询。创建针对 SharePoint 列表的 SSRS 报表的过程，类似于 16.3.1 节介绍的过程，本节不再赘述。然而，这里有几件事情需要强调。

创建数据源时，确保你指定其类型为微软 SharePoint 列表，并将完全限定的 URL 引用设置到包含 SalesOrderNumbers 列表的 BI 中心网站中，如图 16-26 所示。

> 提示：在 SSRS 2008 中，确保将类型指定为 XML，将 Web 引用设置到为 lists.asmx Web 服务的 GetListItems()方法，并传入作为参数的列表名称。但这在 SSRS 2008 R2 和 2012 中不再需要了。

这里要考虑的另一个问题是在 Shared Data Source 属性的 Credentials 选项卡上指定一个有效的身份验证类型。默认情况下，把身份验证设置为 Do Not Use Credentials 选项，如果现在不更改，之后当创建数据集时将引发一个错误。

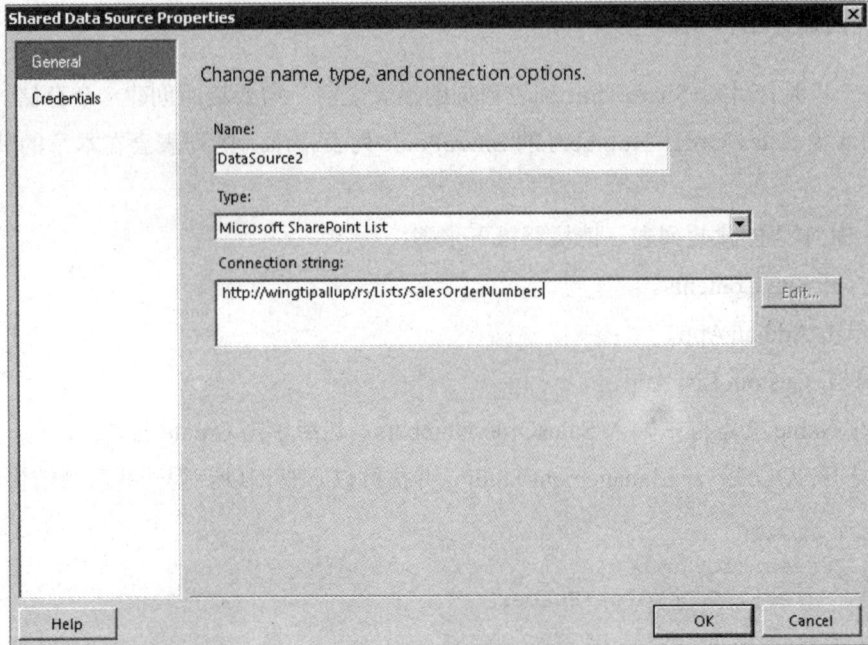

图 16-26

在 SSDT 中编写报表后，可以使用报表查看器 Web 部件将报表部署并显示在 SharePoint 页面上。

在本节中设置的列表仅包含 10 行。在真实的场景中，对应列表会包含比该列表视图阈值更多的记录，可以在非营业高峰期为报表拍照，并在正常营业时间将快照呈现在报表查看器 Web 部件中。更多有关信息，请参阅 16.4 节。

16.5.3 查询大型列表

虽然 SQL Server 2012 获得了很多支持大型列表的平台级核心改进，但 SharePoint 2013 中针对大型 SharePoint 列表的查询仍然存在局限性。

> 提示：资源带宽限制是报表开发人员在 SharePoint 中的重要主题。关于这一主题的详细信息，请参阅官方产品文档 http://technet.microsoft.com/en-us/library/cc303422.aspx。

服务器场管理员可以控制如何以及何时执行查询。例如，管理员可以设置查询带宽限制，以防止查询在业务高峰时间返回的行太多。如果你打开管理中心网站，然后选择 Application Management | Management Web Applications | General Settings | Resource Throttling，就可以看到其默认设置为 5000。

16.6　多个区域

虽然在 SharePoint 中基于声明的身份验证模型允许你将多个身份验证提供程序插入单个 Web 应用程序中，但在有些情况下，你仍然需要扩展 Web 应用程序并使用多个区域。

例如，假设 AdventureWorks 要求所有用户访问 SharePoint 都使用智能卡进行身份验证。为此，IT 部门已经扩展了内网 Web 应用程序，创建了一个新区域，并在 IIS 中设置对于 Web 应用程序的证书映射。你可能会担心需要设置报表，将其发布到配置智能卡的区域，以将 SSRS 报表显示给使用智能卡进行身份验证的用户。

幸运的是，这不会成为一个问题，因为 SSRS 2008 R2 和 2012 包含多区域支持。对多个区域的支持仍然适用于 SharePoint 2013 和 SSRS 2012。可以使用 SharePoint 中的备用访问映射功能，并设置从任意 5 个 SharePoint 区域(默认、互联网、内网、外网和自定义)之一到报表服务项的访问权。

16.7　匿名访问报表

假设 AdventureWorks 允许互联网用户在不登录的情况下访问产品类别报表。但随着 SharePoint 的日益普及以及其越来越多地作为面向公众 Web 站点的平台来提供，一个经常被问及的问题便是 SSRS 是否支持匿名用户。在上一节中你已经看到，SSRS 2008 R2 和 SSRS 2012 包含多区域支持。

即使 SharePoint 支持对网站的匿名访问，并将其映射到限制访问权限级别，但在已连接模式中向匿名用户显示 SSRS 报表有一个问题。遗憾的是，Reporting Services 仍需要有效的安全上下文，不支持对报表的即时可用的匿名访问。问题就是匿名用户不代表 SharePoint 中真正的安全上下文；因此，当他们尝试访问报表时，SSRS 不会授权他们访问 Reporting Services。

> 提示：很明显，可以始终使用自定义开发并将匿名用户包装在一个有效的安全上下文(即，Guest)中来解决这一问题。可以在下面的博客中找到这项技术的概念验证实现 http://www.devhorizon.com/go/6。

16.8　Reporting Services 执行账户

Reporting Services 从不允许在连接到网络资源时向其服务账户(在报表服务配置管理器中配置)授予所有的管理权限。

所以，如果你针对不需要进行身份验证的数据源编制一个报表，或当你在数据源中使用 SQL 账户时，问题就来了，"报表服务和数据源之间的连接是如何建立的？基于什么安全上下文？"请记住，报表服务必须使用有效的 Windows 安全上下文来访问如 XML 文件或支持 SQL 身份验证的 SQL 实例等资源。

在报表服务中，联络账户称为执行账户，它主要用于以下两种情形。

- **应用场景 1：网络连接的安全上下文**——在这种情况下，当报表使用 SQL 账户登录到 SQL Server 实例时，SSRS 会通过网络发送连接请求，以连接到像 XML 文件或 SQL Server 这样的外部数据源。如果不指定执行账户，则 Reporting Services 会模拟其服务账户，但在发送连接请求时会移除所有管理员权限。
- **应用场景 2：对外部资源的访问**——在这种情况下，SSRS 会发送连接请求来检索用于不在数据源中存储凭据的报表的外部资源。

例如，当创建报表时，它包含一个到存储于远程服务器的外部图像的链接，在预览模式下凭据将用于显示该图片。但是，当报表是在 SharePoint 网站上部署并查看时，Reporting Services 将使用其执行账户来检索图像。如果没有指定执行账户，则该图像检索不会使用任何凭据(即匿名访问)。很明显，如果这两个账户都没有足够的权限来访问图像，图片就不会在报表中显示。这点对于将报表部署到 SharePoint 很重要，因为你报表中使用的图像可能与具有访问权限的当前报表查看器在或不在同一网站集中。

> **提示：** Reporting Services 执行账户完全不同于 Excel 服务或 PerformancePoint 中的无人参与账户。SSRS 执行账户必须只用于本节所述的特定功能。微软已经清楚地表明执行账户不能用作登录账户或从后端数据源中检索数据。

设置执行账户的最简单方法是在 Reporting Services 服务应用程序中的 Execution Account 页面指定它，如图 16-27 所示。

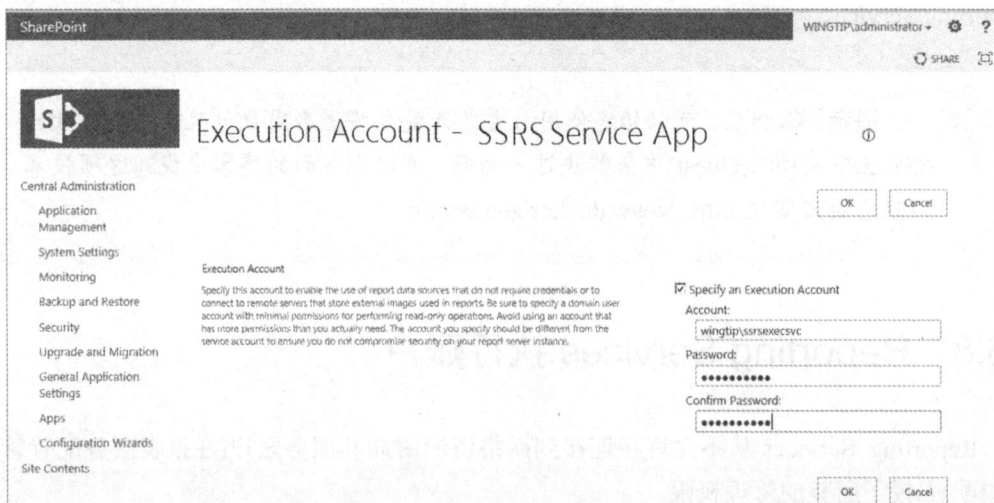

图 16-27

16.9　本章小结

当你把本章了解到的所有知识融会贯通时，就拥有了一组用于在 SharePoint 网站中显示部署的报表以及与其进行交互的功能强大的选项。

本章首先概述了将报表显示到 SharePoint 页面的开箱即用方法。接着，介绍了 Reporting Services 中的一些缓存技术以及一些有助于加速报表交付独特的必知技术。

为了确保你的商务智能解决方案能够在企业中成功实现，需要有一个通过报表向最终用户提供信息的有效机制。因此，报表性能必须一致且均衡。在本章中，你了解了如何使用这些功能而不是让用户以按需方式访问报表。本章所讨论的大多数技术都有在后台规划和运行的优势，从而使你能够更好地控制执行发生的时间和地点。

第 **17** 章

在 SharePoint 2013 中开发 Excel 应用程序

本章内容

- 使用 Visual Studio 构建 Office 2013 应用程序
- 使用 Excel Services OData 与 REST API
- 使用 Excel Services Web Access JavaScript
- 添加与访问 Excel 富数据
- 创建 Excel Services UDF 函数

本章源代码下载地址(wrox.com)

本章 wrox.com 代码下载地址是 www.wrox.com/remtitle.cgi?isbn=1118495829，在 Download Code 选项卡处。第 17 章代码下载处提供了按照本章所列标题打包的代码下载。

Excel 是构建业务应用程序最常用的应用程序平台之一。Excel 提供了支持复杂业务逻辑以及显示数据和丰富图表的能力。这毫不奇怪，因为微软希望这些体验能更进一步，使所有用户使用到这些 Excel 应用程序并与之进行交互。为了完成这一目标，微软引入了 SharePoint 2007 Excel Services，并一直在改善每个版本的体验。如今在 SharePoint 2013 中的新功能更侧重于基于 Web 的技术以及使开发人员能够利用丰富的 API 集。

Excel Services 可以看成是在 Web 上驱动 Excel 的发动机。它负责显示工作簿数据、表格、图表或内容，制作基于 Web 的数据调用，并在 SharePoint 服务器场中的应用程序服务器上运行大量的计算。Excel Services 远远不止是在 Web 上的 Excel 那么简单。可以用它在桌面上生成与在 Web 上一样复杂的应用程序。简单地说，Excel Services 允许你上载电子表格，然后访问数据或在 SharePoint 网站或其他任何 Web 页面显示它们。

Excel Services 的引入以及与 Web 上的 Excel 工作簿进行交互的能力是让人欣喜的一步，但微软还希望能够轻松地在 Web 上直接查看、编辑和更新 Excel 工作簿。Excel Services 没有提供所有这些功能，幸运的是，微软引入了 Microsoft Office Web 应用程序。SharePoint 2010 就引入了 Microsoft Office Web 应用程序，但它们已经变成 SharePoint 2013 开发人员平台和新的可以在客户端或 SharePoint 中构建的 Office 应用程序。在本章中你会了解到，如今可以使用 Excel Web 应用程序来处理 Excel 工作簿，并且可以使用 Excel Services API 来进行解决方案编程。

Excel 应用程序的主要功能是：

- 能够上载工作簿，并在浏览器中查看它们
- 基于 Web 且支持 REST、OData 和 SOAP 的端点
- 丰富的基于 Web 应用程序的脚本 API
- 在客户端和 Web 中拥有完整企业体验的 Office 应用程序

在图 17-1 中能够看到，显示丰富 Excel 数据的目标依然是所有 Excel 工具的主要方案之一。根据自己的需求，可以只使用 Excel 应用程序的几个组件或者所有组件一起使用。

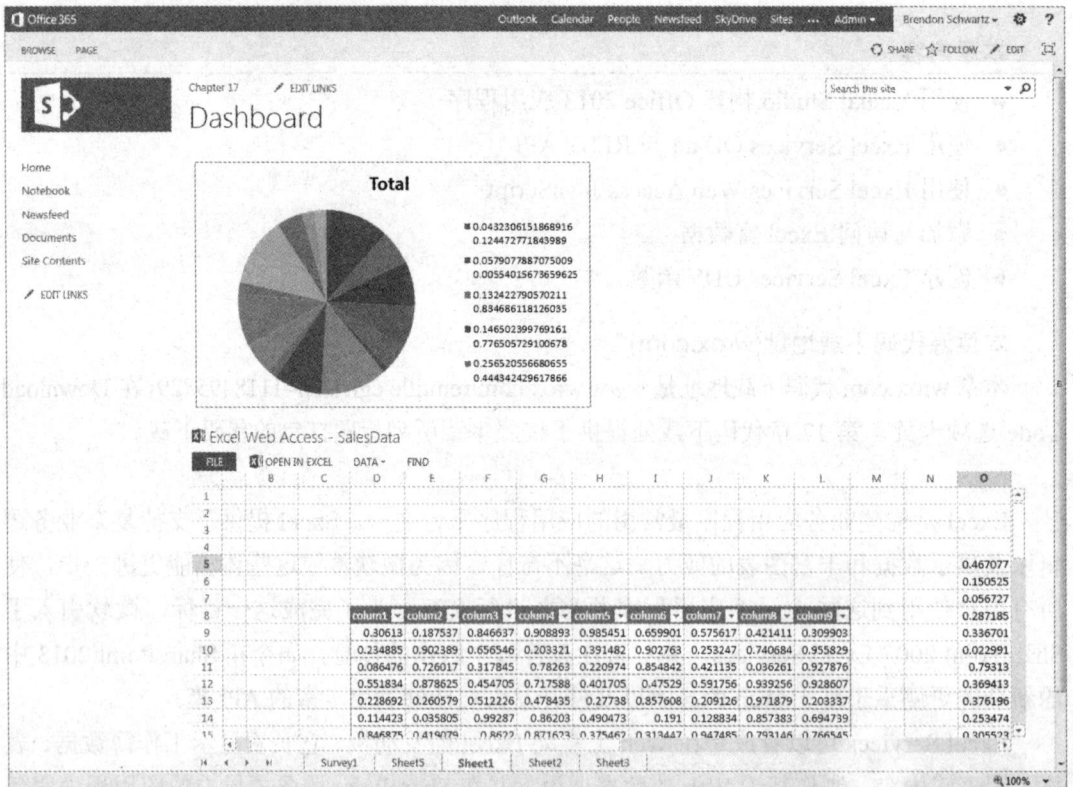

图 17-1

17.1　新功能

与 SharePoint 相关的 Excel 应用程序已不仅仅是 Excel Services 应用程序。现在用于构建这些应用程序的整套工具包括 Office 应用程序、Excel Web 应用程序和 Excel Services 等丰富的客户端应用程序。每个领域都在为使开发人员能够快速创建无论什么查看界面都可以重用的应用程序方面取得了改进。

17.1.1　客户端更新

客户端的许多更改是基于 Excel 客户端应用程序的一般用户和用户交互。有 Excel 用户界面上的更新，以及你一旦使用富客户端就能注意到的许多向导上的更新。

其中新的功能包括：

- 快速填充
- Web 服务功能

17.1.2　定制功能增强

Excel 和 Excel Web 应用程序现在启用了一种名为 Office 应用程序的开发新类型，允许你开发能够在客户端应用程序内部呈现的应用程序。这些应用程序既可以在客户端托管，也可以在提供无尽定制选项的 SharePoint 内部托管。

17.1.3　Excel Service API 的新改进

Excel Service 除了已经用于 SharePoint 2010 中的功能以外，还增加了一些令人激动的技术。这些新功能主要关注获取数据的 Web 脚本和接口 API。

新功能包括：

- JavaScript UDF
- Excel 交互视图
- Excel Services 中的 OData

这些新功能将会深入介绍，因此下面讲述如何构建这些动态的 Excel 业务应用程序。

17.2　仪表板与 Excel 混搭

创建功能强大的 Excel 数据应用程序始于 Excel 工作簿，结束于将数据以有意义的方式呈现给最终用户。可视化效果也称作仪表板，而现在称为 Excel 混搭。要构建仪表板，可以使用 REST 服务和 Excel Web 访问 Web 部件。这些组件现在通过直接将 HTML 表数据带入到 Web 页面中得到进一步的加强。当这些数据进入 Excel Services 后，可以生成表格和图表，连接需要使用的各个组件，以及使用 Excel 混搭来构建业务应用程序。

提示：Excel 团队正在构建一个拥有代码和文档的网站 http://www.excel-mashup.com。

要构建 Excel 混搭，可以使用大量现成的 API。这些 API 既可以在基于 Web 的 Office Web 应用程序的版本中使用，也可以在 SharePoint 内部使用。内置于 Excel Services 的 REST 和 SOAP API 只能用于 SharePoint 内部，而 JavaScript API 和交互式视图均可在 Web 上使用 Excel Services。

微软已经通过其在线工具如 SkyDrive[1]，使用带有向客户端浏览器提供的 Excel Services JavaScript API 的 Office Web 应用程序，在 Web 上引入了这些功能。甚至有一个位于 http://www.excelmashup.com/APIBrowser 的在线 API 浏览器工具，可用于在代码部署之前对其进行调试，如图 17-2 所示。

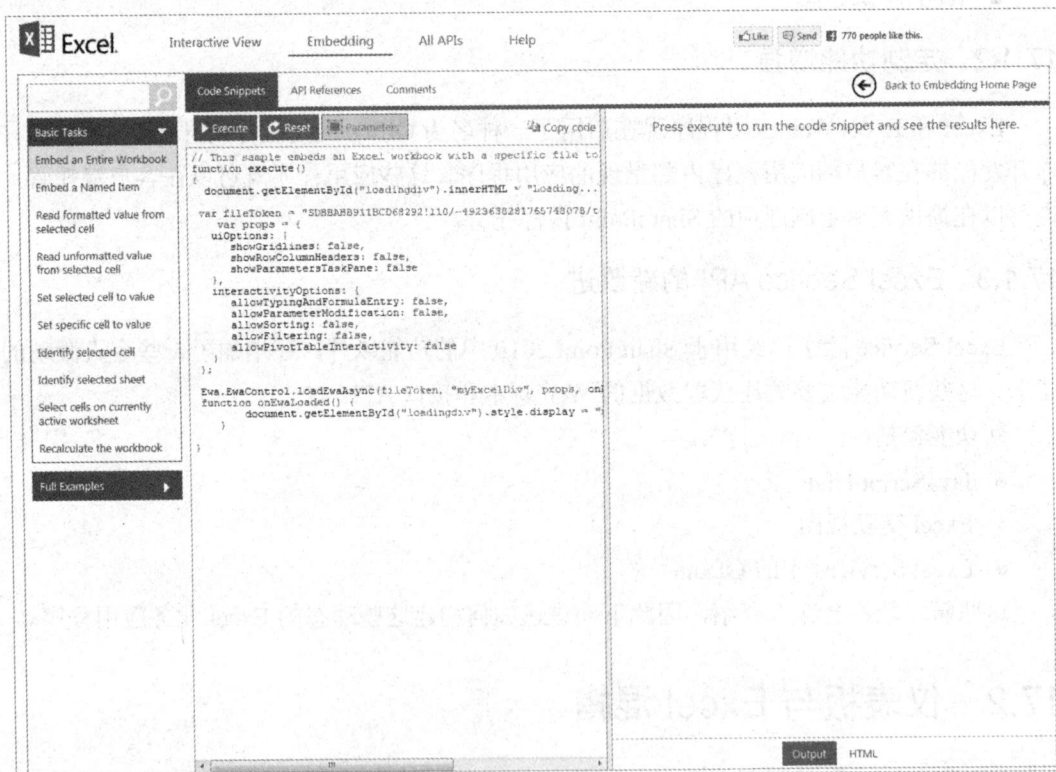

图 17-2

---

1 2014 年 1 月，美国微软公司正式宣布 SkyDrive 更名为 OneDrive。微软在 YouTube 宣布将旗下的云存储服务 SkyDrive 更名为 OneDrive，是为了解决与英国天空广播公司的商标雷同案件。2014 年 2 月 19 日，微软正式宣布 OneDrive 云存储服务上线，支持 100 多种语言，面向全球替代微软 SkyDrive。2014 年 3 月 5 日，OneDrive 正式登录黑莓 BB10，支持 Z10/Z30/Q5/Q10 等机型。

Excel 交互视图(Excel Everywhere)

随着迁移到 Web 的数据的增多,在 Excel 中快速使用数据,并在 Web 上显示为标准的 HTML 表格就显得很必要了。很多时候用户会将带有 HTML 数据的 Web 页面直接复制和粘贴到 Excel 中,但被复制到 Excel 工作簿的 Web 页面内容存在难以处理的格式问题。为了帮助在 Web 上构建完整的仪表板,微软引入了在 Office Web 应用程序或完整客户端中将 HTML 表格转换成 Excel 工作簿的技术。在 Excel 中使用这些标准 HTML 表格的概念称为 Excel Everywhere,由一种称为 Excel 交互视图的新技术启用。在 Office Web 应用程序中打开 HTML 数据以后,仍然可以在完整的 Excel 客户端应用程序中打开它。

如今用户可以在无须安装任何软件的情况下,在其网站中添加一个按钮,以打开 Excel 的 Office Web 应用程序版本中的数据。这需要有一个指向该服务的互联网连接,该服务会提供用于呈现的应用程序,但这应该不是问题,因为 Web 页面本来就在 Web 上托管。此外创建的 HTML 表格需要有正确的 W3C 格式,不允许出现格式被数据破坏的情况。标头值对于确定各列的名称很重要,但可以直接在 HTML 表格中添加<thead>值。为了生成一个用于页面的按钮,微软提供了一个位于 http://www.excelmashup.com/eiv/addbutton 的页面,可以在其中填写详细信息并自动生成 HTML 页面所需的代码,如图 17-3 所示。

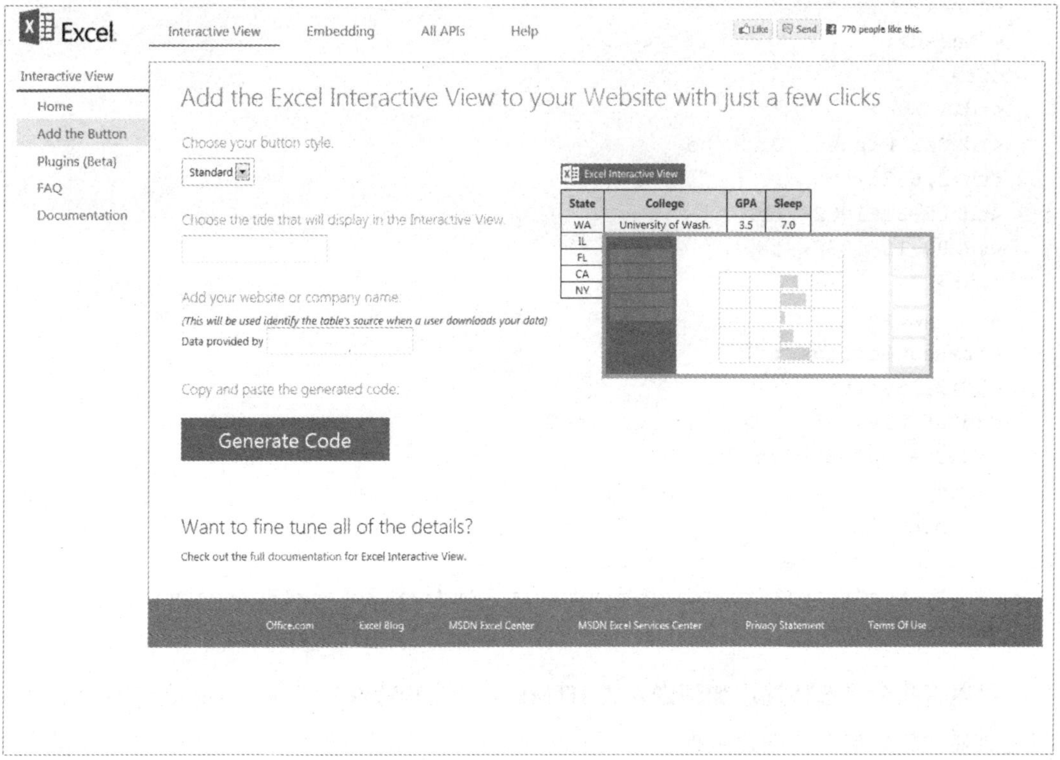

图 17-3

在代码生成并置于页面中后,可以根据需要编辑代码值并在正确的位置添加 HTML。

有两个 HTML 标记需要添加到 HTML 页面中：一个是用于打开 Excel 交互视图的按钮，另一个是用于所需的 JavaScript 库的脚本标记。下面的代码显示了具有属性和脚本标记的所需链接标记。请确保脚本标记引用了正确的协议，否则在该按钮的显示方面会出现错误。这意味着如果使用 HTTPS，就需要在脚本标记引用中使用 https，如 https://r.office.microsoft.com/r/rlidExcelButton?v=1&kip=1。脚本标记位于代码引用底部的原因是，你不希望脚本减缓页面的呈现。在可能的情况下，应该始终把这种外部引用放在 HTML 页面的底部：

```
<a href="#" name="MicrosoftExcelButton" data-xl-tableTitle="First Table"
    data-xl-buttonStyle="Standard" data-xl-fileName="Book1"
    data-xl-attribution="Data provided by Brendon Schwartz" ></a>


<table>
    <thead>
<tr>
<td>Rank</td>
<td>Name</td>
<td>Number of Games</td>
<td>First Game</td>
<td>Last Game</td>
</tr>
</thead>
<tr>
<td>1</td>
<td>Cal Ripken, Jr.</td>
<td>2,632</td>
<td>05-30-1982</td>
<td>09-19-1998</td>
</tr>
<td>2</td>
<tr>Lou Gehrig</td>
<td>2,130</td>
<td>06-01-1925</td>
<td>04-30-1939</td>
</tr>
</table>
<script type="text/javascript"
     src="http://r.office.microsoft.com/r/rlidExcelButton?v=1&kip=1">
</script>
```

可以将几个可选特性添加到嵌入式 HTML 中。这些特性有助于 Excel 确定初始信息和与它所显示的数据有关的元数据。它们并不是影响功能使用的必选项，但强烈建议在使用交互视图时使用它们。表 17-1 列出了这些特性。

表 17-1　与 Excel 交互视图一起使用的可选特性

特　　性	默　认　值	说　　明
data-xl-dataTableID	N/A	在 Web 页面上启用每一个表格以获得一个唯一的标识符
data-xl-buttonStyle	Standard	有两种按钮类型可供使用：Standard 和 Small 选项
data-xl-fileName	Book1	工作簿在 Excel 中打开时允许设置其名称
data-xl-tableTitle	与 Web 页面标题相同	为表格提供一个名称，最多支持 255 个字符长度
data-xl-attribution	由\<web site domain\>提供数据	允许定义谁来提供在 Excel 和 Excel Web 应用程序中显示的数据。该数据也是最多支持 255 个字符长度

17.3　Excel

构建 Excel 应用程序的理念是向用户提供数据、函数和可视化效果。Excel 还提供了对根据需要包含尽可能多工作表的工作簿的一站式创建。这些数据不似某些应用程序那么结构化，使你能够构建强健的应用程序，但你必须了解一些基本知识。

了解了如何生成 Excel 应用程序后，现在需要掌握几个可以帮助你进行远景导航的概念。如前所述，第一个是称为工作簿的应用程序容器。该单个文件包含存储数据和显示图表所需的所有元素，以及使用一些编程技术的复杂业务逻辑。每个 Excel 工作簿至少有一个工作表，它是用来添加公式和数据的画布。此数据被组织到单元格或称为范围的很多单元格中。了解各组件的重要性是，你会以编程方式访问这些信息，所以必须知道如何获取需要显示或处理的数据。

17.3.1　快速填充

这一新功能建立在于同一列中输入时会使用的自动补全功能的基础上。要使快速填充可用，Excel 要将相邻的列用于当前列来创建可提供有用信息的模式。例如，如果你在某一列中有名字，下一列中有姓氏，若将 Last Name, First Name 模式用于下一列的第一个单元格，快速填充将能够创建 Last Name, First Name 模式。

17.3.2　Web 服务函数

使用 Web 上的数据对于了解实时数据已变得非常重要。为了有助于此，Microsoft Excel 现在拥有了一组直接内置于应用程序的函数，允许你调用匿名 Web 服务。这可直接通过 Excel 单元格和公式来完成，Excel 甚至还提供了用于分析在 Excel 表中显示的数据的函数。这是使用不需任何身份验证的 REST 和 RSS 服务的很好的方式，但如果你要使用需要身份验证的源，则需要寻求其他替代方法。如果你想使用经过身份验证的数据源，请考虑本章会介绍的数据连接或用户定义函数(User-Defined Function，UDF)。表 17-2 显示了添加到 Excel 2013 中的新的 Web 类别函数。

表 17-2　Excel Web 服务函数

函　　数	说　　明
=WEBSERVICE(url)	允许调用匿名 Web 服务
=ENCODEURL()	用于将要通过 URL 传递的值进行编码，通常在调用 WEBSERVICE 时使用
=FILTERXML()	基于 XML 源和 XPath，此函数将从请求路径中返回解析后的 XML

> 提示：要了解 Web 上的数据源列表，请查看 http://www.programmableweb.com/或位于 http://data.gov 的 Data.Gov 的可编程 Web。

1. WEBSERVICE 函数

WEBSERVICE 函数用于将数据从任意 REST 端点提取到 Excel 工作簿。这适用于大多数 RSS 类型的源以及单个 post 读取。如果你需要更可靠和自定义的解决方案，仍然可以构建一个，但现在你可以选择使用快速读取到 Web 服务而无须编写任何代码的选项：

```
=WEBSERVICE(
    "http://rss.weather.com/weather/rss/local/30068?cm_ven=LWO&
    cm_cat=rss&par=LWO_rss")
```

2. ENCODEURL 函数

使用 ENCODEURL 函数可以传递不能通过 URL 菜单进行安全传输的值，且会自动对其编码以用于请求。这有助于避免在使用 WEBSERVICE 请求时意外使用特殊字符或未知的值。如果你从 Excel 工作簿的某处提取数据，请务必使用此函数。你可以看到使用一组特殊字符时的结果，该组特殊字符从带有%24pecial%20%26Charact %2ars 的示例中返回：

```
=ENCODEURL("$pecial &Charact*rs")
```

3. FILTERXML 函数

FILTERXML 函数使你能够从工作簿中获取任意 XML 并返回你所请求的 XPath 值。该值会以文本的形式返回，而不是 HTML，因此请确保返回的结果在解析它们之前预期返回。虽然此函数并不依赖于其他任何 Web 类别的函数，但在使用 WEBSERVICES 函数调用时，最有可能使用的就是它。

```
=FILTERXML(D11,"rss/channel/item[1]/title")
```

17.4　Excel Web 应用程序

Excel Web 应用程序是使用户能够在浏览器中查看和编辑工作簿的 Excel 富客户端的扩展。它们提供了使用 Excel 工作簿的丰富的在线体验。这些工具旨在用于将丰富的 Excel 客户端扩展到浏览器，并创建在桌面与联机条件下使用 Excel 工作簿的无缝体验。Excel Web

应用程序已演变成一款可用于你的企业、可在线托管于 Office 365 和可在 Windows Live SkyDrive 中供个人使用的应用程序。在线体验提供了与 Excel 相同的外观，以及许多在客户端中使用的相同功能集。

在 Excel Web 应用程序中使用 Excel 工作簿的优点是，无须安装完整的客户端就能够读取和编辑数据。这使你能够快速地更改 Excel 工作簿甚至是创建新的工作簿。除了处理数据之外，Excel Web 应用程序还提供了一套与其他团队成员协作的丰富工具集。如果你安装了即时消息传递应用程序(如 Lync)，你可以查看正在使用 Excel 工作簿的团队成员并随时同他们联系。如果你需要使用 Excel 客户端，该工具使你能够在客户端仅用一个按钮就打开 Excel 工作簿。

17.5　Office 的 Excel 应用程序

Office 应用程序使你能够在 Office 平台构建基于 Web 的丰富解决方案。对于 Excel，这适用于使用 Excel Web 应用程序来构建同时能在客户端和 SharePoint 中运行的 Office 应用程序。本主题只会简略涉及 Excel 和 SharePoint。

Office 应用程序使用基于 Web 的标准技术，如 HTML、CSS、JavaScript、REST、OData 和 OAuth。这使得开发人员可以设计一个能够部署到富 Excel 客户端并在 Web 浏览器中使用的解决方案。Excel 提供了两种类型的扩展项目，分别是 Excel 内容应用程序和 Excel 任务面板应用程序。要充分了解这些应用程序，请阅读第 6 章。第 6 章有对应用程序及其架构的详细讲解。

Excel 2013 在 Insert 选项卡上有一个新的区域,允许最终用户插入他们想要使用的 Office 应用程序。这也使用户能够审查 Office 商店中的项，前提是如果他们有在 Excel 登录的有效用户。要构建这些应用程序,需要确保已经使用 Microsoft Office Developer Tools for Visual Studio 2012 设置了开发环境，更多详细信息请参阅第 3 章中的工具章节。除了开发人员工具之外，你还必须在开发计算机上安装 Excel 2013 以用于测试。

Office 应用程序都是基于 Web 的组件，这意味着它们可以方便地在其他 Office 应用程序中重用。例如，可以创建一个 Excel 任务面板应用程序，但不用同时选择将其安装在 Word 和 Project 中。不用担心需要提前选择正确的应用程序类型，因为可以轻松地在任务面板应用程序与内容应用程序之间进行更改。受支持的 Office 应用程序和应用程序类型的完整列表可以在 http://msdn.microsoft.com/en-us/library/office/apps/jj220082(v=office.15)#StartBuilding-Apps_TypesofApps 处查看。

Office 的两种 Excel 应用程序之间的关键区别在于指定应用程序托管位置的包中 XML 元素。OfficeApp 元素有一个将会定义为 TaskPaneApp 或 ContentApp 的特性。这一特性类型是 Excel 关于在何处加载工作簿界面的应用程序的指令。使用 API 可以与使用任意类型的工作簿进行相同的交互，但内容应用程序不能像任务面板应用程序那样在其他 Office 应用程序中使用。

17.5.1 Excel 任务面板应用程序

构建添加到 Excel 中的任务面板的能力并不是新的体验，但现在创建任务面板和将它显示在 SharePoint 中的方式不同了。过去用托管代码构建的任务面板在某些方面已经难于管理，如部署和可移植性等。Excel 2013 纳入了 Excel 的所有组件，如富客户端、Office Web 应用程序、Excel Services，以及与 SharePoint 2013 共同构建了一个避免这些问题的功能强大的框架。

任务面板应用程序托管在 Excel 中其自身的容器里，并向工作表提供上下文信息或功能。任务面板可以对事件、工作簿更新，甚或有关信息的提供做出响应。这种类型的应用程序不会对页面上的工作簿内容产生重叠或干扰。要构建一个基本的示例任务面板应用程序，请使用以下步骤。

(1) 打开 Visual Studio 2012。

(2) 新建项目，并选择 Visual C# │ Office/SharePoint │ Apps。然后选择 App for Office 2013 项目。

(3) 为项目提供一个名称，如 ExcelTaskPane。

(4) 选中任务面板应用程序中的单选框以及 Excel、Word 和 Project 复选框。这使你能够在另一个 Office 应用程序中运行任务面板。

(5) 单击 Finish 按钮，你就有了该应用程序的项目结构。

(6) 要在默认 HTML 页面上调试示例代码，请按 F5 键，然后你会在 Excel 中看到该任务面板，如图 17-4 所示。

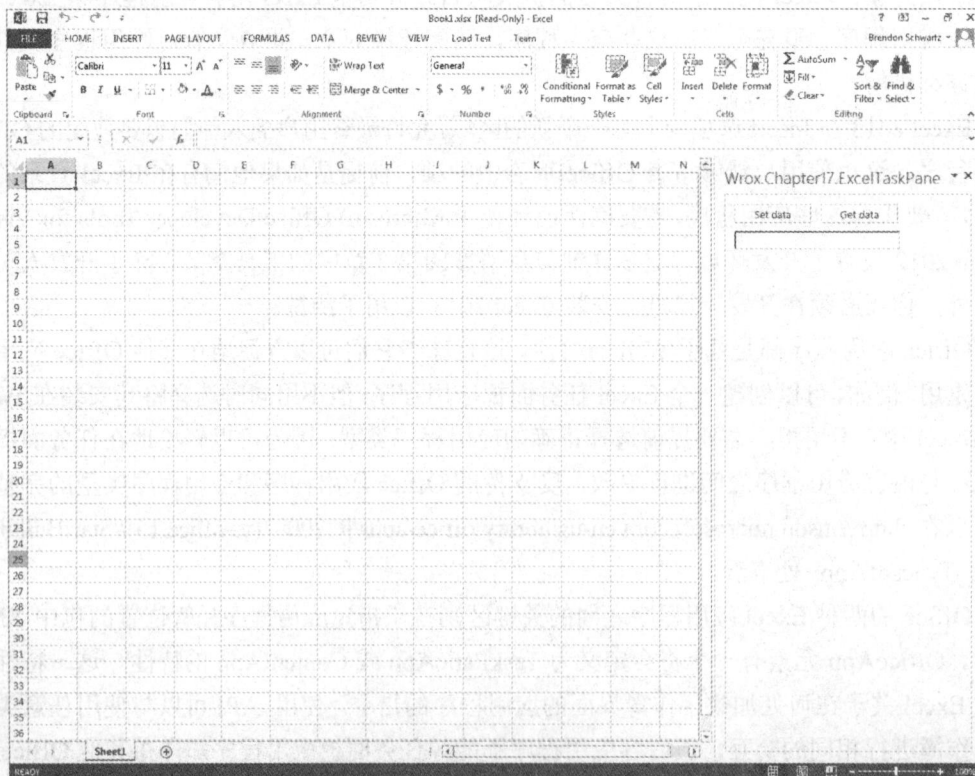

图 17-4

必须开启 IE 浏览器的脚本调试功能，以便直接从中 Visual Studio 调试 Office 应用程序，因为它们是 Web 应用程序。如果没有打开它，就会看到错误，如图 17-5 所示。

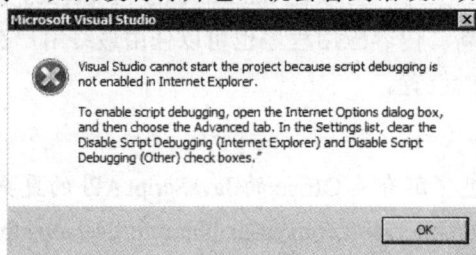

图 17-5

17.5.2　Excel 内容应用程序

Excel 内容应用程序是可以嵌入进 Excel 工作簿内容的基于 Web 的元素。这些应用程序可以与工作簿进行类似于任务面板和工作簿进行的交互，并且同样使用 Office 的 JavaScript API 来构建。这些 Office 应用程序可以在 Excel 工作簿中提供丰富的内容，甚至是媒体内容，如视频或图片。Excel 是唯一一款在此版本中提供内容应用的 Office 应用程序。现在来看看使用 Visual Studio 创建项目时这两者之间的差异。

(1) 打开 Visual Studio 2012。

(2) 新建项目并选择 Visual C# | Office/SharePoint | Apps，然后选择 App for Office 2013 项目。

(3) 为项目提供一个名称，如 ExcelContentApp。

(4) 在 Excel 中选中 Content app 单选按钮，然后单击 Finish 按钮。

(5) 要查看这款应用程序的外观，可以按 F5 键并查看当前在工作簿中的显示情况。参阅图 17-6。

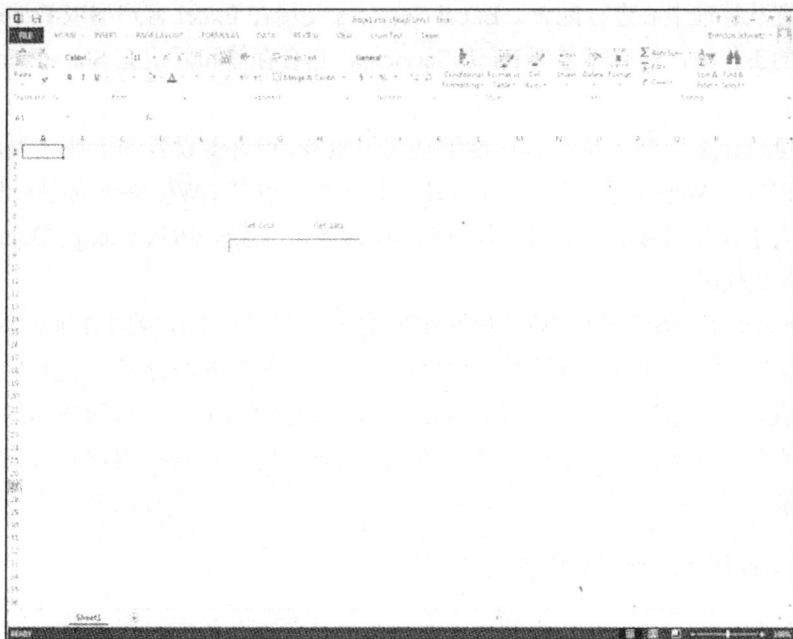

图 17-6

可使用位于 manifest.xml 的 RequestedWidth 和 RequestedHeight XML 元素来基于需求构建内容应用程序以确定其大小。可以在 manifest 的 Properties 窗口中看到这些属性，并可以很容易地对其进行更新。内容应用程序也可以任由最终用户在 Excel 工作簿中移动，以便将其放在最适合他们的位置。

> 提示：如果你想了解有关 Office 的 JavaScript API 的更多信息，请使用 MSDN 上的链接 http://msdn.microsoft.com/en-us/library/office/apps/fp160953(v=office.15)。

17.6 Excel Services

Excel Services 具有可扩展性，由三个不同部分组成。Excel Calculation Services 组件收集数据、执行计算并处理用户会话。Excel Web 访问(EWA)Web 部件会仅使用 HTML 和 JavaScript 来呈现基于服务器的电子表格，使用户能够从任意浏览器和平台访问该电子表格。Excel Services 的最后一部分是 Excel Web 服务(EWS)服务层，允许开发人员构建使用 Excel 工作簿的自定义应用程序。

17.6.1 Excel Services 架构

Excel Services 架构使用 SharePoint 服务应用程序框架构建，可以根据负载均衡方案进行扩展，如支持大量的 Excel 工作簿或并发请求。所有设置都可以使用 Excel Services 服务应用程序设置从管理中心进行配置。Excel Services 使用在 Excel 客户端或 Excel Web 应用程序中生成的工作簿，然后部署到 Excel Services，它会存储和固定在 SharePoint 内容数据库中。

该架构可以让多个 Web 应用程序能够使用该服务，但许多设置基于被认为是受信任的特定位置。在每个 Web 应用程序中，Excel 工作簿都可以与 EWA Web 部件一同呈现。此 Web 部件拥有能够使用可以自动执行任务的 JavaScript 对象模型(Javascript Object Model，JSOM)的交互式代码。

此外，还提供了一套丰富的 Web 服务 API，使应用程序对工作簿的访问能够通过 REST API 实现，现在还包括 OData 和现有的 SOAP 接口。这些 Web 服务提供了在不必须使用服务器端代码或位于页面的 JavaScript 的情况下，呈现和修改 Excel 工作簿数据的功能。共同使用所有的组件，便能根据应用程序架构和业务需求使用任意 API 提供对 Excel 工作簿进行访问的功能。

17.6.2 Excel Services 数据访问

Excel 尤其是 Excel Services 中的数据访问是构建关键业务应用程序的一个重要组件。通常情况下，表格中的数据是业务数据的一部分，必须结合或对照组织应用程序集的其他值。在 SharePoint 2013 中有两种类型的数据连接可供使用。第一种是连接到外部数据源，如 SQL Server 或 Web 服务。第二种是使数据连接到 Excel 工作簿以外的数据源的功能。这两个选项均可使用数据连接的 REST API 和 Excel Services 的 UDF 功能。

1. 受信任位置

要使 Excel 工作簿可用，需要把它发布到一个受信任的位置。有许多可以应用到 Excel Services 应用程序和用于托管已发布工作簿的网站的配置设置。确定在 SharePoint 服务器场中允许 Excel 文件受信任的位置，以及受信任的连接文档库的位置。然后使用 Excel Services 服务应用程序中的设置来配置这些位置。以下步骤将指导你定义这些位置：

(1) 打开管理中心网站。

(2) 从 Application Management Category 中，选择 Manage Service Applications。

(3) 从现有服务应用程序列表中，单击 Excel Services。

(4) 从 Manage Excel Services Application 页面中，选择 Trusted File Locations。

(5) 如果你打算发布工作簿的位置不在受信任位置列表中，单击 Add Trusted File Location 并定义该位置。

(6) 确保工作簿可以通过将 Allow External Data 设置为 Trusted Data Connection Libraries Only 或 Trusted Data Connection Libraries and Embedded，来进行外部连接。

(7) 单击 OK 按钮以返回 Excel Services Trusted File Locations 页面。此时，受信任文件位置列表应该如图 17-7 所示。

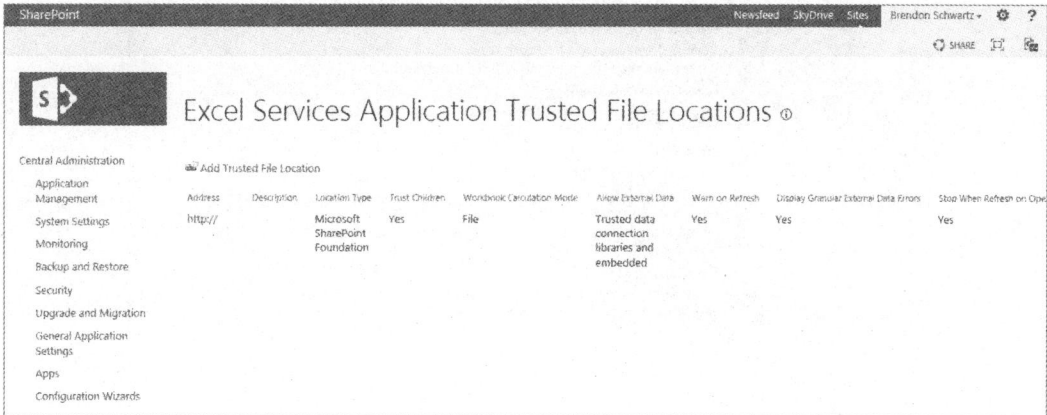

图 17-7

(8) 回到 Manage Excel Services 页面，这一次选择 Trusted Data Connection Libraries。

(9) 从 Excel Services Trusted Data Connection Libraries 页面中，指定 Data Connection Library，在该数据连接库中，允许在 Excel Services 中打开的 Excel 工作簿访问 Office 数据连接文件。

> 提示：服务应用程序可以与多个 Web 应用程序关联，因此你应为每个基于你的网站托管 Excel 工作簿的 Web 应用程序定义受信任的位置。如果你将多个 Excel Services 服务应用程序指定到一个 Web 应用程序，那么也需要做同样的事情。你要为每个服务应用程序定义受信任的位置。

2. Office 数据连接

Excel 和 SharePoint 2013 提供了使用预定义设置连接到外部数据源的功能。这些预定义设置存储在 Office 数据连接(.odc)文件中以及存储在 Data Connections 库中。可以将 Data Connections 库添加到你的网站，但必须是受信任的位置以运行为 Excel 工作簿而设计的数据连接。你可以在图 17-8 中看到，Excel 现在有一些允许直接在 Get External Data 菜单上使用的新的数据连接。

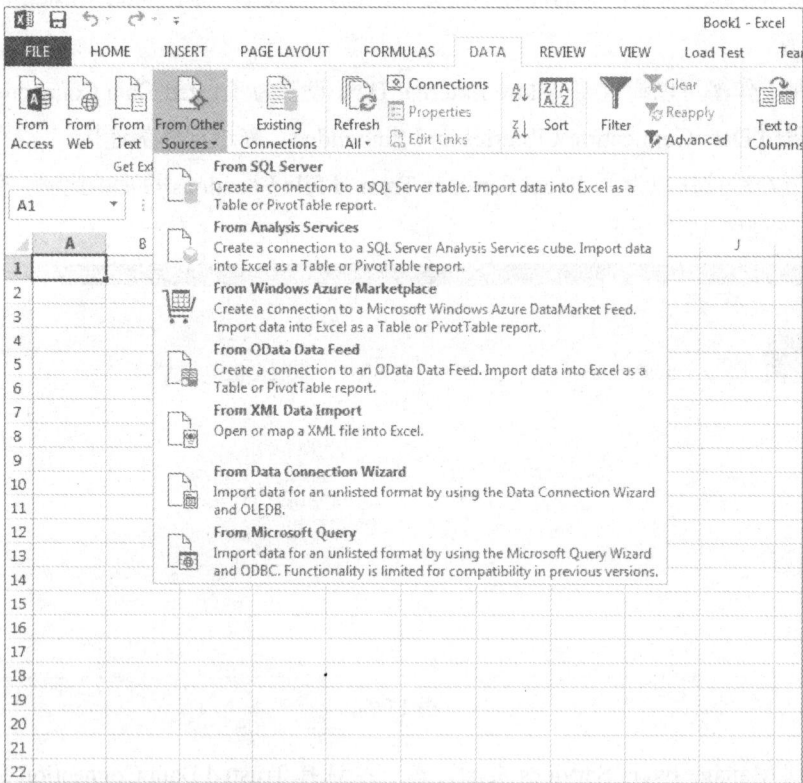

图 17-8

以下步骤将指导你连接到新的 OData 数据源连接，但任何连接类型(如 SQL Server 或 Analysis Services)都可以使用它：

(1) 打开 Microsoft Excel 2013，然后打开一个新的空白工作簿。

(2) 单击 Ribbon 菜单的 Data 选项卡；然后单击 From Other Sources 下拉菜单。

(3) 选择以橙色方形小图标表示的 From OData Data Feed。

(4) 选择将要使用的源；这可能是 Excel Services OData，之后会进行介绍，但目前在此示例中，可以从位于 http://services.odata.org/Northwind/Northwind.svc/的 odata.org 处使用测试服务。

(5) 模型中的表会显示出来；从列表中选择 Customers 表，并再次单击 Next 按钮。

(6) 再单击 Next 按钮，将用户友好的文件名更改为熟悉的名称，如 ODataTestSite-Customers.odc 或 Customer OData Test Site from OData.org。

(7) 务必勾选 Always Attempt to Use This File to Refresh Data 复选框。

(8) 单击 Authentication Settings 查看 Excel Services 的身份验证方法。应该设置为 Use the Authenticated User's Account，但你可以看到其他可用的选项。

(9) 单击 Finish 按钮。然后当 Excel 显示 Import Data 对话框时，单击按钮 OK 按钮查看 Excel 中的数据和新的快速分析功能。

(10) 打开 C:\Users\[Current User]\Documents\My Data Sources 并将 ODataTestSite-Customers.odc 文件上载到你网站上的 Data Connection 库中。

(11) 当上传文件时，请确保选择 New | Office Data Connection，上载时要将 Content Type 设置为正确的类型。

(12) 现在任何人都可以单击 Office Data Connection 打开 Excel 来查看工作簿中的数据了。

创建.odc 文件可确保所有用户都能够查看已定义连接的数据，他们不用每次都寻找数据的位置。Office 数据连接文件会自动进行安全定义，同时将定义凭据发送到服务器。这也给网站管理员提供了管理网站连接的能力，当有什么变化时可根据需要进行调整。设置更改后便立即可用于将会使用的连接请求了。

3. 无人参与服务账户

无人参与服务账户(Unattended Service Account)用作一种为访问后端数据源的所有用户提供单个账户的方式。无人参与服务账户在 Excel Services 应用程序中使用，但与应用程序池标识不是同一个账户。事实上，无人参与服务账户存储在服务应用程序数据库中，它不使用 IIS。无人参与服务账户可以在许多服务应用程序中使用，如 Excel Services、Visio Services、业务连接服务和 PerformancePoint Services。

在 Excel Services 中，每个工作簿都可以有自己的无人参与服务账户，或者它们可以共享一个全局无人参与服务账户。如果工作簿连接的身份验证类型被设置为安全存储服务(SSS)，那么你需要引用一个存储无人参与服务账户凭据的目标应用程序 ID，用于进行连接到数据源的身份验证。这使得该服务账户可以跨应用程序和连接重用。

提示：因为创建的每个账户需要进行管理，所以你应该做出相应的规划。

如果在工作簿的连接设置中身份验证类型设置为 None，则会使用全局无人参与服务账户。此账户以及许多其他的 Excel Services 服务设置，都在 Excel Services 服务应用程序中进行配置。如果你使用全局账户但没有对其进行配置，那么在尝试打开数据源连接时就会出现错误。

创建无人参与服务账户的过程非常简单。在开始创建此账户之前，需要确保你要么是服务器场管理员要么是安全存储服务实例的服务应用程序管理员。

要创建此账户，请执行以下步骤。

(1) 打开管理中心网站。

(2) 从 Application Management 类别中，单击 Manage Service Applications。

(3) 从现有的服务应用程序列表中，单击 Secure Store Service 应用程序。

(4) 从 Ribbon 菜单上，单击 New 按钮。

(5) 图 17-9 显示了新目标应用程序的设置。在 Target Application ID 框中，输入一个名称来标识此目标应用程序。在 Display Name 框中，输入一个在用户界面中显示的友好名称。在 Contact Email 框中，输入此目标应用程序主要联系人的电子邮件地址。将 Target Application Type 更改为 Group，将一组或多组的所有成员映射到可以通过数据源身份验证的一组凭据，然后单击 Next 按钮。

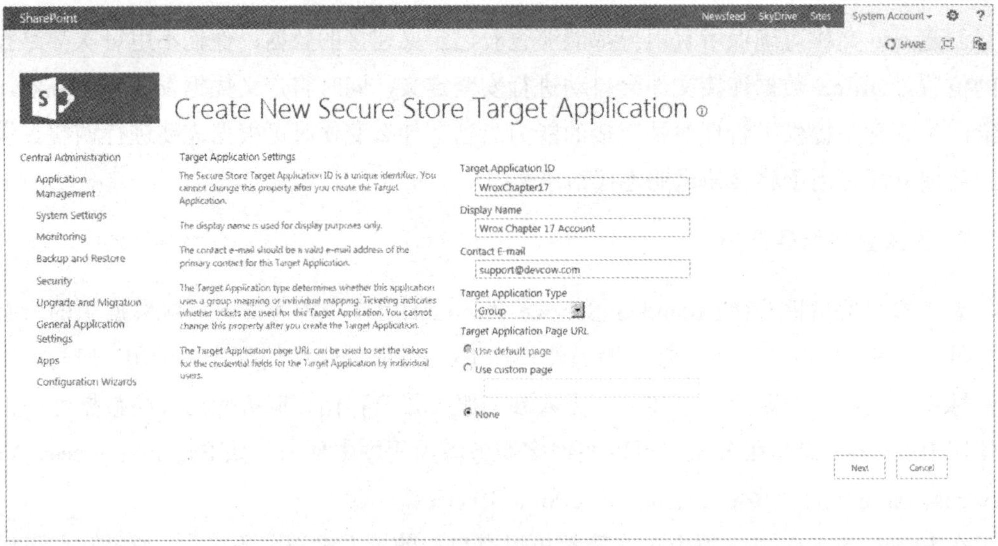

图 17-9

(6) 因为 Target Application Type 是 Group，所以可以保留 Create New Secure Store Target Application 中的默认值，并单击 Next 按钮进入下一步。

(7) 在 Specify the Membership Settings 页面的 Target Application Administrator 字段中，

指定所有拥有管理目标应用程序设置权限的用户。指定映射到 Members 字段中 Target Application 凭据的组或用户。

(8) 单击 OK 按钮。

此时，你会在 Manage Target Applications 页面看到新目标应用程序以及其他目标应用程序，如图 17-10 所示。

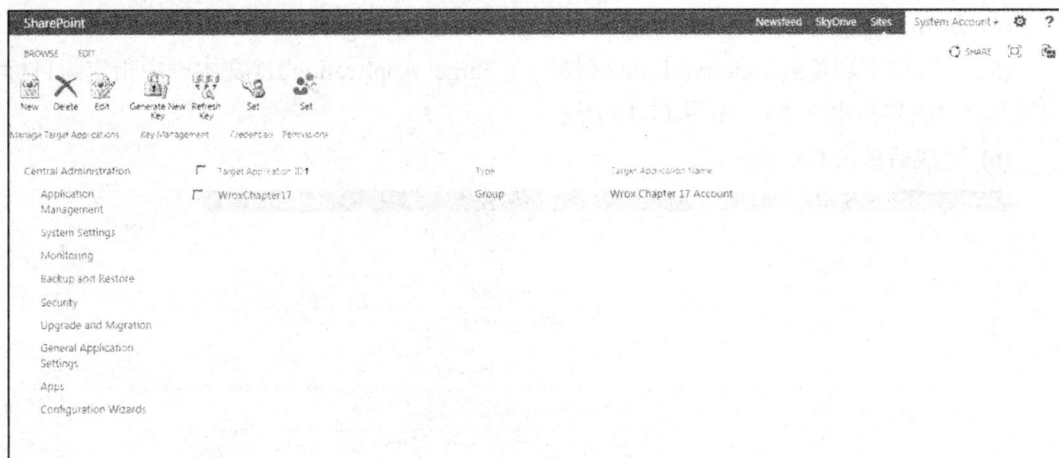

图 17-10

创建目标应用程序之后，需要为它设置凭据。要为刚刚创建的目标应用程序设置凭据，请执行以下步骤。

(1) 选择刚刚创建的目标应用程序，然后在菜单中单击 Set Credentials。

(2) 填写设置凭据(见图 17-11)的字段并单击 OK 按钮。这是用于连接到数据源的身份验证的账户，因此要确保该账户具有正确的权限。

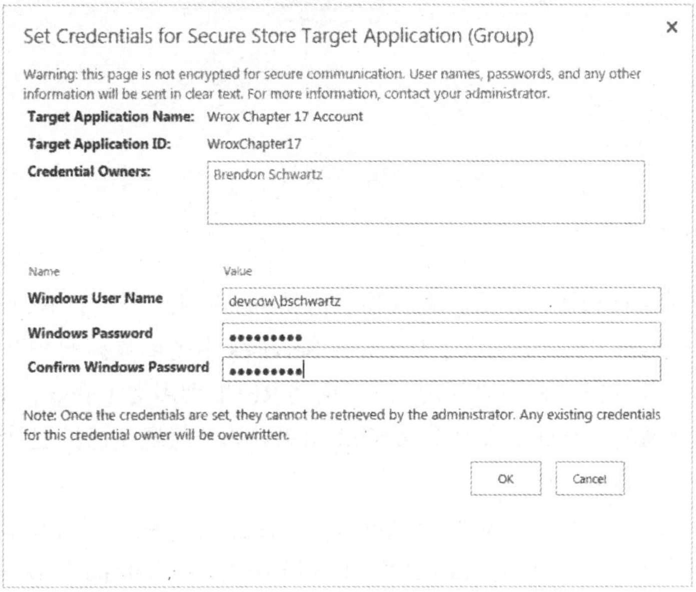

图 17-11

最后的操作是将新目标应用程序引入 Excel Services 中。可以通过以下步骤完成此操作。

(1) 打开管理中心网站。

(2) 从 Application Management 类别中，选择 Manage Service Applications。

(3) 从现有服务应用程序列表中，单击 Excel Services。

(4) 从 Manage Excel Services 页面中，单击 Global Settings。

(5) 一直向下浏览到 External Data 区域，在 Target Application ID 文本框中指定新目标应用程序 ID(字符串文本)，如图 17-12 所示。

(6) 完成后单击 OK 按钮。

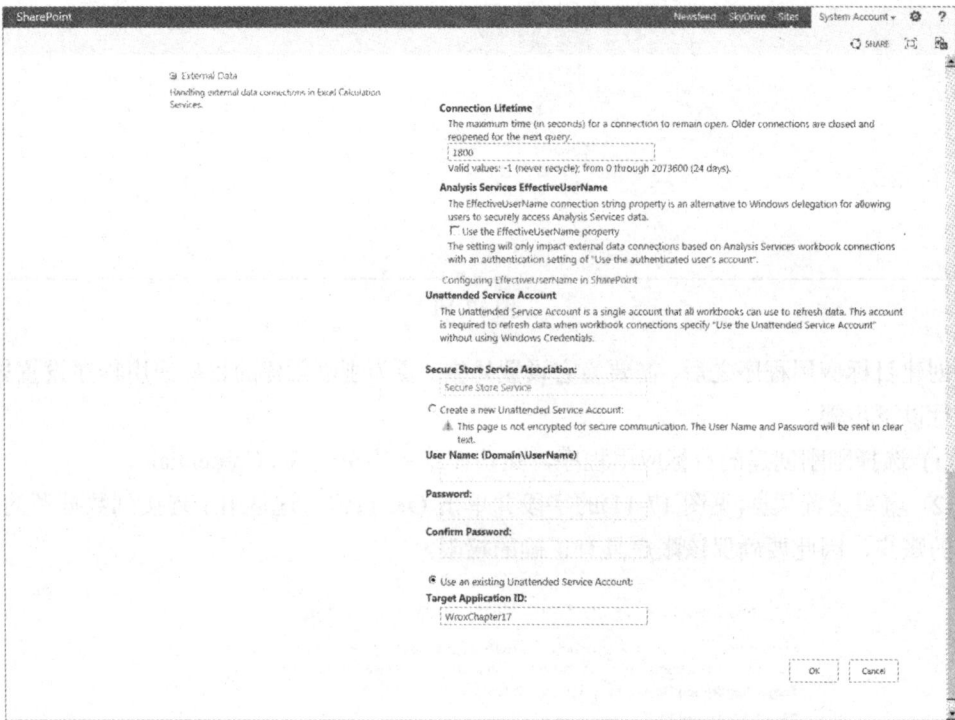

图 17-12

17.6.3　REST API

提供对数据的访问权限很重要，尤其当从诸如 JavaScript 等基于 Web 的技术进行访问时。微软在 SharePoint 2010 中引入了从 Excel Services 中提供数据的基于 REST 的框架，允许任何客户端使用 REST 调用来调用数据。这些 REST 调用用于获取在 Excel Services 上托管的 Excel 工作簿的 HTML、图片和 ATOM 结果。该功能现在已扩展到在使用 REST 端点时可以选择使用 OData。

REST API 现在允许用于 SharePoint Online，它提供了一组可以使用 SharePoint Online 平台来构建的新应用程序。此外，还在 REST API 中引入了 OData 协议用于所有的 Excel Services 调用，以使在 Excel 工作簿中对表的数据访问有更结构化的格式。

> 提示：了解如何使用 REST API 来开发的第一步是要了解 REST 是什么。REST Web 服务基于基础的 Web 技术，尤其是超文本传输协议(HTTP)，Web 浏览器(如 Internet Explorer)用于显示 Web 页面。
>
> REST Web 服务会使用一个统一资源标识符(Uniform Resource Identifier, URI)作为调用 REST 服务的基础位置或出发点。此 URI 看起来就像大多数情况下用于 Web 浏览时使用的 URL。使用 URI 和一种语言(如 JavaScript 或 C#)，你就可以使用标准的 HTTP Web 请求来创建请求，并提供对你正在请求类型的定义的谓词。用于 REST Web 服务的标准方法是 GET、PUT、POST 和 DELETE。每条命令都会发出你的请求，就像在一个标准的 ASP.NET Web 服务中调用方法一样。REST Web 服务的预期是，从服务返回的结果是受支持的一种互联网媒体类型，通常是 XML 或者 JSON。
>
> 虽然本节不会深入介绍 REST 端点，但你可以在网上找到很多使用和创建基于 REST 的端点和 OData 的相关内容，因为这是一个不断演变的数据访问领域。

REST API 旨在允许易于发现和访问 Excel Services 工作簿。要调用 Excel Services REST API，你需要知道 URI 格式会是什么样的。在 Excel Services 中，URI 包括 SharePoint 网站、文档位置和元素或你希望返回的对象，如表 17-3 所示。如果你不知道其值或特定对象的 URI，则可以使用 Internet Explorer 提供来自于服务调用的 XML 结果。

表 17-3　REST API URI 格式

URI 片 段	值/示例	说　　明
SharePoint 网站 URL	http://devcow.sharepoint.com 或 http://devcow.sharepoint.com/sites/projectsite	这是 Excel 工作簿位于 SharePoint 网站的完整路径
Excel Services RESTAPI 页面	_vti_bin/ExcelRest.aspx	这是 SharePoint 中每一个网站的相同位置
工作簿的相对位置	Shared Documents/SalesData.xlsx	这是工作簿的位置，包括工作簿存储的库位置
请求类型	模型或 OData	这定义了执行取回数据的请求的请求类型。在 OData 返回新的 OData 实现时模型会使用 SharePoint 2010 REST 的实现
REST 元素	Charts('SalesByYear')或 SalesDataTable	这些是定义在 URL 中的元素，表示你想要取回工作簿的哪部分内容

```
http://devcow.sharepoint.com/_vti_bin/ExcelRest.aspx/
    Shared%20Documents/SalesData.xlsx/Model/Charts('SalesByYear')?format=image

https://devcow.sharepoint.com/_vti_bin/ExcelRest.aspx/
    Shared%20Documents/SalesData.xlsx/OData/
    YearlySalesTable?$filter=RegionSales gt 5000
```

你会看到模型和 OData 的实现详情，但如果你想要了解服务如何工作，则可以打开 Internet Explorer，在地址栏中输入 URI，如图 17-13 所示。Internet Explorer 或任何 Web 浏览器都可以使用 URI 发出 GET 请求，并显示结果。如果你在 Feed Reading 选项中使用 Internet Explorer，则结果将格式化。如果你要看原始输出，可以右击并使用 View Source 或者关闭 Feed Reading 选项以查看原始输出。这可以通过单击 Tools │ Internet Options │ Content Tab │ Settings in the Feeds and Web Slices section │Uncheck Turn on Feed Reading view 来实现。

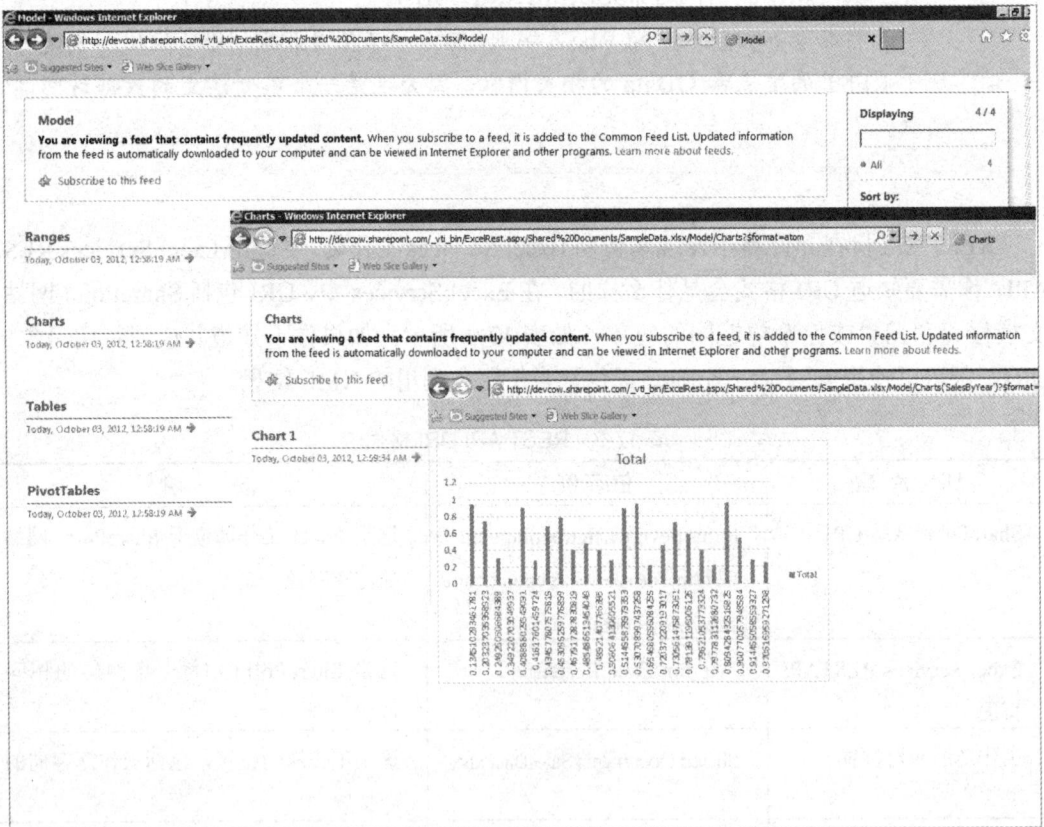

图 17-13

1. 模型 REST 实现

此实现在 SharePoint 2010 中引入，基于对/Model 请求位置的调用提供实时和最新的 Excel 数据。REST API 提供了调用、更新值、重新计算工作簿和查看所需数据的功能。

　　许多不同类型的输出可以从模型 REST API 调用中生成。它们是图像、HTML、ATOM 源和实际的二进制格式 Excel 工作簿。并不是所有格式都受所有资源支持，各元素的默认格式取决于所调用的资源。表 17-4 列出了受支持的资源和格式。要选择想要的格式选项，需要在 URI 末尾添加?$format=<type>。

表 17-4　用于 Excel Services 的 REST 终结点

资　　源	ATOM	工 作 簿	图　　像	HTML
/Model	是	是		
/Charts	是			
/Charts('<Chart Name>')	是		是	
/Ranges	是			
/Ranges('<Range Name>')	是			是
/Tables	是			
/Tables('Table Name')	是			是
/PivotTables	是			
/PivotTables('PivotTable Name')	是			是

　　REST 服务在很多情况下可以使用。这包括创建一个包含图表和表格 HTML 图像的仪表板。此外，可以直接链接 Microsoft Word 或 PowerPoint 以包含一个图表的图片，该图表带有一个随着更新而变更的数据的活动链接，因此所有用户都会看到最新的数据。要把所有这些组合起来使用，可按照以下步骤在 PowerPoint 中插入一个图表。

　　(1) 将名为 SalesData.xlsx 的示例工作簿上载到你根网站上的 Shared Document 库。

　　(2) 在/Model 位置创建 URI；例如，http://intranet.devcow.com/_vti_bin/ExcelRest.aspx/Shared%20Documents/SalesData.xlsx/Model/。

　　(3) 在 Internet Explorer 中输入 URI，然后按 Enter 键。

　　(4) 在 ATOM 源中，单击 Charts 链接。

　　(5) 在 ATOM 源中，单击 Sales by Year Chart 链接。

　　(6) 将在 Internet explorer 中显示该图表；从地址栏中复制 URI。

　　(7) 打开 PowerPoint，找到要添加图表的那张幻灯片；单击 Insert 选项卡并选择 Pictures。

　　(8) 将 URI 粘贴到 File Name 并单击 Insert。然后单击 OK，现在你应该有一张如图 17-14 所示的幻灯片。

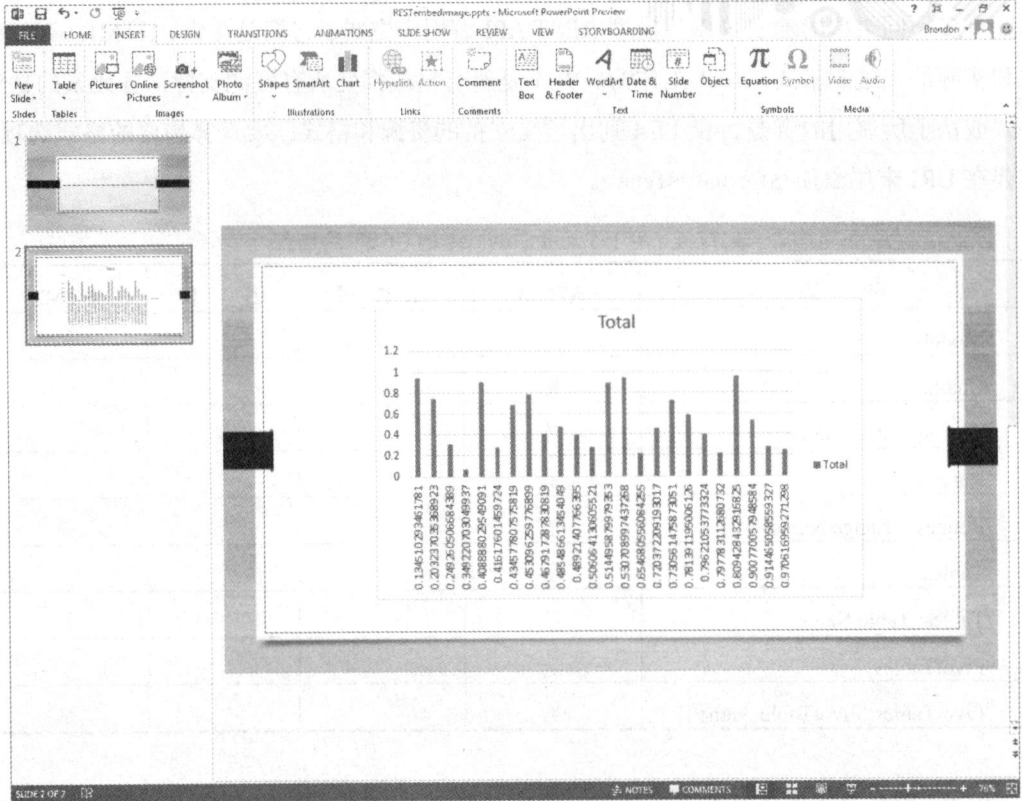

图 17-14

2. OData 实现

SharePoint 2013 的新内容是实现了在现有 Excel Services REST API 基础上构建的开放数据(OData)协议。这种服务添加了另一种从 Excel Services 请求数据的方法,同时允许使用许多筛选器。为了更好地了解如何进行 OData 调用以及提供了哪些筛选器,首先必须知道 OData 是什么。OData 服务使你能够查询工作簿中的表,因为它用于处理数据。这意味着你仍然可以将 REST API 用于其他元素,如图表。

> 提示:要获得 OData 的完整文档,请阅读在 http://www.odata.org/上的文档。

OData 类似于 REST API,建立在于 REST 中使用的 Web 技术之上,如 HTTP、URI 和 ATOM。OData 的主要目标是规范这些 API 调用,并提供一种拥有一组统一 URI 的方法。所有的数据(包括系统类型、关系和数据结构)都提供对如何设计以允许多个应用程序使用数据的指导。为了帮助你理解 OData 是什么,请查看一个对服务器调用的示例。注意,它的结构与 REST API 几乎完全相同,主要的区别在于处理各个元素的方式。

要完成一个对 OData URI 工作簿的根的简单调用以在工作簿中显示表格,可以使用如

下代码:

```
https://devcow.sharepoint.com/_vti_bin/ExcelRest.aspx/
    Shared%20Documents/SalesData.xlsx/odata/
```

从对 OData 服务的调用返回的数据是 ATOM 格式的。下面的代码显示了所请求的
OData 根元素的结果。其中只有工作簿中的表元素,且支持调用的链接不以 RESTAPI 的方
式提供。另外当使用 Internet Explorer 这样的工具时,来自 OData 的结果不会显示为 RSS
源而是以 XML 格式显示。此调用与在 URI 末尾添加$metadata 查询字符串的效果相同:

```
<?xml version="1.0" encoding="utf-8" standalone="yes"?>
<service xml:base="https://devcow.sharepoint.com/_vti_bin/ExcelRest.aspx/
    Shared%20Documents/SalesData.xlsx/OData"
    xmlns:atom="http://www.w3.org/2005/Atom"
    xmlns:app="http://www.w3.org/2007/app"
    xmlns="http://www.w3.org/2007/app">
  <workspace>
    <atom:title>Default</atom:title>
    <collection href="SurveyData">
      <atom:title>SurveyData</atom:title>
    </collection>
    <collection href="SalesByYearTable">
      <atom:title>SalesByYearTable</atom:title>
    </collection>
  </workspace>
</service>
```

将 OData 用于富应用程序的优点是,服务会将表格中的数据当作任何其他结构化的数
据一样,如 SQL Server 或 CSV 文件。这意味着可以使用内置的数据查询来精简从数据中
取回的内容,而不仅仅是显示整个表。表 17-5 和表 17-6 列出了可用的查询选项。表 17-6
所提供的查询选项可以使用&这个 URL 元素组合到一起,构成复杂的查询语句。

表 17-5　/OData 元素上的查询选项

查 询 选 项	示　　例	说　　明
$metadata	/OData/$metadata	提供工作簿中的表格列表

表 17-6　/OData/<tablename>元素上的查询选项

查 询 选 项	示　　例	说　　明
/<tablename>	/OData/SalesByYearTable	返回不带任何筛选器的请求的表格中的数据。返回数据的最大数量是一次 500 行
$orderby	/OData/SalesByYearTable$orderby=Year	允许使用提供的列名将返回的数据按照指定顺序作升序或降序排列

(续表)

查 询 选 项	示 例	说 明
$top	/OData/SalesByYearTable$top=2	如果没有其他提供的排序选项,则基于当前数据源的排序方式按照在查询选项中请求的数字元素返回排名靠前的数据
$skip	/OData/SalesByYearTable$skip=2	返回满足跳跃查询中从指定行数开始之后的表格中的数据
$skiptoken	/OData/SalesByYearTable$skiptoken=499	跳跃标记与跳跃查询选项类似,不同的是,它是从零开始的,所以该指定值实际是其值加 1(跳跃数量=$skiptoken + 1)。如果有超过 500 条记录,则可以使用该值来获取下一页数据
$filter	/OData/SalesByYearTable?$filter=RegionSales LE 5000	筛选器命令提供用于使用数据的一组复杂运算,包括逻辑运算符、计算运算符、字符串运算符和分组运算符。这使得你可以在完整的数据源上创建几乎所有想要执行的查询以使用正确的数据
$format	/OData/SalesByYearTable?$format=atom	提供指定不同格式选项的能力,但微软唯一宣称支持的是 ATOM 格式。所有格式选项的调用都将返回 ATOM
$inlinecount	/OData/SalesByYearTable?$inlinecount=allpages	使用两个标记值来决定是否在 ATOM 中返回页数。这两个选项是: * allpages,显示页数 * none,不显示页数

提示:要了解查询选项的完整列表,请在 http://www.odata.org/documentation/uri-conventions 处的 OData 网站查看 URI 公约。

3. 在 SharePoint Online 中使用 REST API

所有的 REST API 现在都可用于 SharePoint Online 中。这意味着可以直接在 SharePoint Online 上使用 Excel Services 数据来快速构建仪表板和 Excel 混搭。要在 SharePoint Online 上使用该服务,需要将一个 Excel Services 工作簿上载到 SharePoint Online 网站。当 Excel 工作簿在网站上时,可以通过使用 REST 命令的模型 API 或 OData API 从 Internet Explorer 来测试该功能。如果远程提取数据,则必须在它正确显示之前为 URI 提供身份验证。

17.6.4　Excel Services Web 访问

Excel Web 访问(也称为 EWA)提供了使用 Excel Services Web 部件查看 Excel 工作簿的功能。这是生成用于工作簿数据的 HTML 的组件，以及用于在页面添加 JavaScript。使用该 Web 部件，就可以使用 JavaScript 库操作已发布的 Excel 工作簿。

EWA 不依赖客户端脚本或 Active X 控件就能正常运行。可以在已发布的工作簿内浏览所有的工作表，正如使用 Excel 客户端时所能做的一样。不只是整个工作簿可以在 EWA Web 部件中承载和呈现，工作簿的一部分同样可以。这基于工作簿中的命名参数来完成，该命名参数在创作工作簿时就创建了。

EWA Web 部件中的交互不同于在 Excel Web 应用程序中编辑 Excel 工作簿。在 Excel Web 应用程序中，用户对工作簿所做的更改都会被写回原始工作簿。但是当与 EWA 进行交互时，用户可以看到计算和可视化对象的更改，但原始工作簿仍保持不变。

Excel Services Web 访问 Web 部件还能从可包含在应用程序中的 Microsoft.Office.Excel. Server.WebUI 名称空间获取。这使你能够创建该 Web 部件并动态呈现所需的工作簿。这个提供使用的类是从 WebPart 类继承的 ExcelWebRenderer 类。下面的代码显示了如何动态地创建该 Web 部件以及设置用户与它的交互:

```
ExcelWebRenderer ewa1 = new ExcelWebRenderer();
ewa1.WorkbookUri = "Shared%20Documents/SalesData.xlsx";
ewa1.AllowFiltering = true;
ewa1.ShowWorkbookParameters = true;
ewa1.TypingAndFormulaEntry = true;
```

17.6.5　JavaScript 对象模型

JavaScript 对象模型(JSOM)提供了与 Excel Services Web 访问 Web 部件进行交互所需的库。JSOM 是在 SharePoint 2010 中添加的，但在 SharePoint 2013 中得到了改进，添加了新的事件和方法。JSOM 库允许脚本使用 Excel Services Web 部件中的电子表格来生成富 Excel 应用程序，并需要在发出任何 JavaScript 调用之前在 Excel 工作簿页面上加载 Excel Web 应用程序 Web 部件。甚至对 JSOM 都有所补充，以允许用户定义函数(见 17.6.6 节)。

JavaScript 文件位于 Layouts 目录中，并且必须包含在页面上。当将一个 Excel Web 访问 Web 部件添加到页面中时，到 JavaScript 文件的脚本链接会自动添加到页面中。该文件已经过压缩，只提供了供公众使用的公开变量的可读性。这样做有助于使文件变得更小以便于其快速下载。该文件位于 SharePoint 服务器上的以下位置:

```
%ProgramFiles%\Common Files\Microsoft Shared\
    web server extensions\15\TEMPLATE\LAYOUTS\EwaMoss.js
```

所有代码都是 JavaScript，必须放在 SharePoint 页面上运行。SharePoint 2013 添加了一个名为脚本编辑器的新 Web 部件，它可以轻松地在页面上添加 JavaScript。以前使用内容编辑器 Web 部件来达成该目的，但有时需要进行修改才能将代码添加到页面中。在

JavaScript 准备好的情况下，就可以将脚本编辑器 Web 部件添加到 Web 页面中了，并且请知悉它仍然会在已生成的相同代码集内。

JavaScript 语言与浏览器(如 Internet Explorer)以自上而下的方式加载文件。这意味着用 JavaScript 编写的变量和方法在由显示它们的 DOM 处理之前不可以访问。为了防止调用尚未加载但将会加载的 JavaScript，SharePoint 提供了一种叫做 ExecuteOrDelayUntilScriptLoaded() 的方法，它会等待使用脚本库中的关键函数，如 sp.js 以及其他基本脚本。

1. 访问 EWA 对象

与 Excel Web 访问 Web 部件的所有交互的根类是 Ewa 这一 JavaScript 类。这是一个可以从函数中调用的全局类，允许访问控件、工作簿以及工作簿中的元素，如工作表和范围等。Ewa 控件的最常见用途是使用 EwaControl 类提供获取 Web 部件控件的方法。要创建一个变量并将其设置为 EWA 控件，请使用下面的代码:

```
ewa = Ewa.EwaControl.getInstances().getItem(0);
```

如果它在代码中出现，将会用称作 getInstances()类上的静态函数返回一个 EwaControl 类型的对象。你可以看到，getInstances()会将页面上所有的 EWA Web 部件作为一个集合来返回，且需要使用 getItem()方法来指定你想要的那一个。在前面的示例中，它返回的是第一个 EWA Web 部件。

只有当 Web 部件完全加载时，才会返回 Web 部件实例。这就是说，你必须在加载了页面和 Web 部件以后才能发出对 Ewa 控件的调用。你已经有了获取 Web 部件实例的能力，现在需要创建一些允许你在正确的时间设置调用的标准 JavaScript 代码。如前所述，这需要完成页面和 EWA 控件的加载才行。可以在对 EWAControls 的调用中使用下面的格式作为标准框架的起始点。

```
<script type="text/javascript">
if (window.attachEvent)
{
    window.attachEvent("onload", Wrox_PageLoad);
}

//Runs when the page is loaded and the EWA control should be set.
//Then adds a function to be called when the EWAControl is ready.
function Wrox_PageLoad()
{

    if (typeof (Ewa) != "undefined")

    {
        Ewa.EwaControl.add_applicationReady(Wrox_EwaControlsReady);
    }

    else
```

```
        {
            alert("The Ewa Control is not set or ready to be used yet.");
        }
    }

//attach to the individual Excel Web Access (EWA) web parts
function Wrox_EwaControlsReady()
{
    ewa = Ewa.EwaControl.getInstances().getItem(0);

    //Perform code calls to the EWA Control
}
</script>
```

此代码使用了对 Window OnLoad 的调用，通常还有使用相同事件处理程序的其他控件。虽然它使得了解代码的目的变得更明晰，但最好还是使用允许多个加载事件的 _spBodyOnLoadFunctionNames 函数，它允许 SharePoint 来处理已经准备好的事件。这也有助于确保所需的支持库已经在页面中调用了。新的代码将取代 window.attachEvent 块。如果你使用 JQuery，这也是比使用$(document).ready 函数更好的选择，因为对 JQuery 函数调用的顺序不一定按照预期的顺序：

```
<script type="text/javascript">
_spBodyOnLoadFunctionNames.push("Wrox_PageLoad");

//Runs when the page is loaded and the EWA control should be set.
//Then adds a function to be called when the EWAControl is ready.
function Wrox_PageLoad()
{

    if (typeof (Ewa) != "undefined")

    {
        Ewa.EwaControl.add_applicationReady(Wrox_EwaControlsReady);
    }

    else

    {
        alert("The Ewa Control is not set or ready to be used yet.");
    }
}

//attach to the individual Excel Web Access (EWA) web parts
function Wrox_EwaControlsReady()
{
    ewa = Ewa.EwaControl.getInstances().getItem(0);

    //Perform code calls to the EWA Control
```

```
}
</script>
```

既然你已经访问 EWAControl 了，就可以创建使用对象和事件的代码，来处理 Excel 工作簿。有一些全局函数允许你从全局 Ewa 控件中访问对象，但大多数对象和事件都可以直接从你创建的实例访问。

2. EWA 对象

EWA 类所提供的主要对象是工作簿、工作表、范围和图表。SharePoint 2013 中有对隐藏工作表和图表对象的新支持，并嵌入了称为 XmlParts 的 XML 数据。JSOM 内置的类具有该类的实例以及彼此关联的对象集合。表 17-7 显示了可以在 JavaScript 中使用的 Ewa 类。请记住，这些引用是针对 Ewa 对象的，但它们只是类结构的定义。这些类的实例必须从支持的方法中调用，如 EWAControl 类上的 getInstances()函数。

表 17-7　Ewa JavaScript 类

名　　称	说　　明
Ewa.Workbook	提供请求 Excel 工作簿的方法和属性
Ewa.Sheet	定义 Excel 工作表和工作表上的数据
Ewa.Range	提供 Excel 工作簿中的单元格范围并从使用工作簿单元格的许多函数中返回
Ewa.NamedItem	代表 Excel Services 中支持的一个命名项，比如，已命名区域、参数、表格、透视表和图表

要使用这些类，并取得实例化的对象，请将 getActive()方法用于你使用的对象。下面的示例显示了如何获取当前活动的 Excel 工作簿，随后使用相同的语句从该工作簿中获取当前活动的工作表。同样的原理可用于其他类和这些类的 getActive()方法。请记住，该代码段只是将会运行的代码的示例说明，你应该有适当事件的完整代码集来对 Ewa 对象进行调用。

```
ewa = Ewa.EwaControl.getInstances().getItem(0);
var EwaSheet = ewa.getActiveWorkbook().getActiveSheet();
```

对 Ewa 对象的确切了解对于修改或使用 Excel 工作簿具有重要意义，但你需要一种方式来触发操作。你编写的大部分代码都依赖于提前获悉最终用户将如何进行必要的更改。

3. EWA JavaScript 事件

EWA 事件使你可以编写当用户单击或更改活动的 Excel 工作簿时就会运行的代码。最常见的事件是单击或更改单元格、工作表或工作簿。当这些事件发生时，它们会向带有如 RangeEventArgs 和 WorkbookEventArgs 这种对象的函数提供信息。事件可以通过 Ewa.EwaControl 来订阅，如下面的代码所示：

```
<script type="text/javascript">
_spBodyOnLoadFunctionNames.push("Wrox_PageLoad");

//Runs when the page is loaded and the EWA control should be set.
//Then adds a function to be called when the EWAControl is ready.
function Wrox_PageLoad()
{

    if (typeof (Ewa) != "undefined")

    {
        Ewa.EwaControl.add_applicationReady(Wrox_EwaControlsReady);
    }

    else

    {
        alert("The Ewa Control is not set or ready to be used yet.");
    }
}

//attach to the individual Excel Web Access (EWA) web parts
function Wrox_EwaControlsReady()
{
   ewa = Ewa.EwaControl.getInstances().getItem(0);
   ewa.add_activeCellChanged(Wrox_UpdateCellChanged);
}

function Wrox_UpdateCellChanged(rangeArgs)
{
   var column = rangeArgs.getRange().getColumn();
   var row = rangeArgs.getRange().getRow();
   var value = rangeArgs.getFormattedValues();
   alert("Value Changed In Cell (" + row + "," column + ") to " + value);
}

</script>
```

4. SharePoint Online 支持

JSOM API 最大的一个增强之处不在脚本本身之内，而它现在得到了 SharePoint Online 的支持。这意味着，你可以在 SharePoint Online 内使用 JSOM 和 REST API，处理正在上载的 Excel 工作簿中的数据。

17.6.6　用户定义函数

用户定义函数(User Defined Function，UDF)是开发人员创建的用于扩展 Excel 功能的自定义功能。UDF 以代码的方式创建，由.NET 代码和 JavaScript 代码托管，它在工作簿中的使用就像内置的 Excel 公式一样，在单元格中使用 "MyUDF(A1:B2)" 语法。

许多应用程序都纳入了 UDF 操作的概念作为定制的扩展点。SQL Server 也添加了 UDF 操作，允许托管代码作为内联函数运行。即使 Excel 在数年前也早已提供了 UDF 操作。Excel 最初使用 Visual Basic 编辑器提供这种功能，允许将代码附加到 Excel 工作簿中。Excel Services UDF 的服务器端版本允许用户重用业务逻辑和职能，同时以安全和托管的方式连接到资源。

UDF 功能允许开发人员创建他们自己的 Excel 函数，以补充可以在 Excel 单元格中调用的现有功能。这是扩展 Excel 用于合并数据或计算的好方法，而这些要在 Excel 中用自带功能实现不是太容易。注意，不要滥用 UDF 函数，可以出于性能考虑使用 Excel 的内置函数。

构建 UDF 的一个主要原因往往是要从不受 Excel 支持的数据源中检索数据。尽管 Excel 添加了 Web 服务功能，但是 UDF 提供了连接需要身份验证的数据源的功能。UDF 还提供了 Excel 原生没有的从数据源导入数据的好方法。

可以使用一个示例，例如，通过生成一个定位 UDF，以直接在 Excel 中查找地理位置信息，如下面的示例所示。此示例显示了为了获取从字符串值返回的地理位置信息，输入到 Excel 单元格中的值：

```
=Location("1 Microsoft Way");
```

要使用 UDF，必须通过为 Excel Services 的每一个受信任位置设置允许 UDF 标记来启用 UDF 程序集或已注册的 JavaScript。这些设置可以在每一个位置进行设置，且需要 SharePoint 服务器场的管理员来管理。这些受信任的位置可以根据需求在细粒度级别或更全局的级别进行设置。

在早期版本的 Excel Services 中，需要创建托管代码并部署到服务器的详细过程来安装 UDF 功能。很多用户只想要一种快速提取数据的方式，但不希望必须生成.NET 程序集用来基于 Web 的调用。Web 已经进一步发展，框架也大大方便了在 JavaScript 中的调用，现在是时候在 JavaScript 中拥有可以用于特定页面的 UDF 功能了。在 SharePoint 2013 中，微软扩展了 UDF 框架并创建了注册和直接从 JavaScript 调用 UDF 所需的 JavaScript 方法。

1. 托管代码 UDF 开发

从 SharePoint 2007 以来，就开始构建托管的.NET UDF 了，并为服务器端的所有应用程序提供了此插件式功能。UDF 类必须标有 Microsoft.Office.Excel.Server.Udf.UdfClass 特性，而 UDF 方法必须标有 Microsoft.Office.Excel.Server.Udf.UdfMethod 特性，否则它们将会被 Excel Calculation Services 忽略。

要在托管代码中生成 UDF，必须创建 Visual Studio 项目并添加一个 Microsoft.Office.Excel.Server.Udf.dll 的 SharePoint DLL 引用。该引用与大多数常见 DLL 一样，位于以下列出了路径的 ISAPI 文件夹中。添加 DLL 后，为使 UDF 在 Excel Services 中注册，必须把属性添加到正确的位置：

```
[drive:]\Program Files\Common Files\Microsoft Shared\
    web server extensions\15\ISAPI
```

创建 UDF

创建托管 UDF 很快，通过少量的代码就能提供强大的功能。此示例使用了条码号并提供了商品的价格：

(1) 打开 Visual Studio 2012。

(2) 新建 SharePoint 2013 项目，并将项目命名为 Wrox.Chapter17.UDFExamples。

(3) 选择 Deploy as a Farm Solution。

(4) 从项目上单击 Add | New Item 命令，并选择 Code | Class 命令。

(5) 将新的类文件命名为 UDFItemLookup.cs。

(6) 通过添加所需的标记来公开该类。

(7) 创建了类以后，在 Solution Explorer 中右击 References 文件夹，并单击 Add Reference 命令。

(8) 单击 Extensions 筛选器，然后选择 Excel Services Application UDF Framework DLL。确保要单击名称旁边的复选框，而不仅仅是选择该项。

(9) 在 UPDItemLookup.cs 类中添加使用声明：

```
using Microsoft.Office.Excel.Server.Udf;
```

(10) 使用 UdfClass 特性修饰类。

(11) 创建一个接收字符串值的方法，并返回带有 UdfMethod 特性的 Item Look Up 信息，如下面的示例所示：

```
[UdfClass]
public class UDFItemLookup
{
    [UdfMethod]
    public string ItemLookup(string UPCcode)
    {
        //Calls mocked web service to find the price
        SalesEngineWS request = new SalesEngineWS();
        SalesEngineWS.SalesProduct product = request.GetProduct(UPCcode);
        return product.Price.ToString();

    }
}
```

> 提示：代码示例使用内置类以使示例易于编译和使用，但你可以轻松地将类更改为指向活动的 Web 服务。

部署 UDF

刚刚构建的 UDF 只有在将它部署到具有 Excel Services 的服务器上时才会加载。下列步骤将指导你在服务器上创建受信任的位置以及部署托管程序集。使用上面的示例可以轻松地将 UDF 类部署到服务器，因为它已经封装在了一个 SharePoint 解决方案中。

(1) 在 Visual Studio 中单击 Build 菜单；然后单击 Deploy Wrox.Chapter17.UDFExamples。

(2) 导航到 Solution Management 设置页面，并验证 wrox.chapter17.udfexamples.wsp 已在 System Settings | Manage Farm Solutions 下面进行了全局部署。

(3) 现在导航到 Excel Services 的 Managed Service Applications 页面，在 Application Management | Manage service applications | Excel Services Application 下面。

(4) 在 Excel Services Settings 部分，单击 Trusted File Locations 链接。如果不存在，则需添加一个受信任的文件位置。

(5) 在受信任的文件位置，对你将允许 Excel Services 运行 UDF 函数的 SharePoint 网站或库的 URL 进行标识。

(6) 将工作簿的大小设置为足够大的容量，以便容纳你的工作簿。你需要增大搜索的工作簿的大小，否则，当你试图在 Web 浏览器中查看工作簿时，会出现 File Not Found 错误。

(7) 在 Trust Children 的下面，选择所选 URL 下边的 Children Trusted to Trust All Items。

(8) 在 Allow User-Defined Functions 区域下面，选择 User-Defined Functions Allowed。

(9) 单击 OK 按钮。

(10) 返回 Manage Excel Services Application，选择 User Defined Function Assemblies。

(11) 添加新的用户定义函数。

(12) 在 Assembly 框中，输入刚才创建的 UDF 类的强名称，例如，Wrox.Chapter17.UDFExamples，Version=1.0.0.0，Culture=neutral，PublicKeyToken=875b61f81a9d3d29。

(13) 保留程序集位置为 Global 程序集缓存，因为那是项目部署它的位置。确保选中 True for Assembly Enabled 复选框，然后单击 OK 按钮。

(14) 在 UDF 加载以后，需要在所有服务器上运行 IISReset，以关闭现有的 Excel Services 连接并以新的 UDF 重新加载它们。

> 提示：获取程序集强名称的一个简单方法是从 Visual Studio 命令窗口中使用 gacutil-l 命令。

在 Excel 中使用 UDF

在托管.NET UDF 函数构建、部署并配置到服务器上之后，就可以开始在 Excel 工作簿中使用它了。要使用该 UDF 已经没有什么特别任务需要去做了，但你必须确保遵循所有的步骤以使得以 UDF 正确加载。要使用刚刚创建的新 UDF，请在一个单元格中输入公式，并上载该 Excel 文档，以下是该操作的详细描述。

(1) 在你工作簿的 Sheet1 或你想要在其中显示信息的工作表上，在单元格 B2 中输入 =ItemLookup("12345678")。当 Excel 中单元格计算结果为"#Name?"时，不要感到惊讶。用户定义函数只有在工作簿由 Excel Services 显示时才会起作用。

(2) 保存该文件并将该 Excel 工作簿发布到 SharePoint Server。

在函数已输入到 Excel 工作簿中且文件已发布到服务器之后，可以在 Excel Services 中查看文件，了解 UDF 的结果。如果 Excel Services 中的 UDF 有任何问题，单元格的值将保持为"#NAME?"。确保检查 ULS 日志，以及在你将 UDF 安装到配置设置后做了回收应用程序池的处理。

2. JavaScript UDF 开发(ECMAScript)

托管的.NET 程序集是将基于代码的解决方案添加到在 Excel Services 中运行的 Excel 工作簿的扩展点。这使得强大的服务器端计算和负载均衡的应用场景成为可能，但有时候你只想快速地调用 Web 服务或提取已经在页面上的数据。添加的 JavaScript UDF 功能使开发人员能够快速地创建或重用可以在 Excel 单元格中重用的 JavaScript 函数。这便有了功能的无限延展性。

创建 UDF

使用 JavaScript 创建 UDF 是可以在 Web 浏览器中发出客户端 Web 请求或运行代码的好方法。在 JavaScript 页面上定义的任何函数都可以使用 Excel Web 访问(EWA) JavaScript 库，以将该函数注册为一个 JavaScript UDF 函数。在创建 JavaScript UDF 时，如果你使用 Visual Studio 2012，则还可以用智能提示来帮助你生成所需的 JavaScript 功能。

接下来的步骤显示了如何创建一个从 JavaScript UDF 函数返回 UPC 值的简单函数。

(1) 打开 Visual Studio，再打开一个 SharePoint 项目。

(2) 使用 Add │ SharePoint "Layouts" Mapped Folder 命令添加布局的 SharePoint 映射文件夹。

(3) 在布局文件夹中将默认文件夹重命名为 Wrox 或你公司的名称。

(4) 现在将 JavaScript 代码文件直接添加到名为 Chapter17UDFExamples.js 的文件中。单击 Add │ New Item 命令；然后选择 Web 类别和 JavaScript 文件。

(5) 将 JavaScript UDF 函数添加到新 JavaScript 页面中，且该代码需要注册一个 JavaScript UDF 函数，如下面的代码所示：

```
//JavaScript UDF
function Wrox_UDF_UPCLength(upc)
{
    return upc.length;
}

            Ewa.BrowserUdfs().add(
                    "UPCLength",
                    Wrox_UDF_UPCLength,
```

```
"Returns the length of the UPC",
false,
false
);
```

部署 UDF

部署 JavaScript UDF 函数集可以有很多方法。最简单的方法是使用内置的脚本编辑器 Web 部件来手动部署。可以将函数和注册代码所需的 JavaScript 复制到该 Web 部件中。这 也是在构建代码的同时测试代码的好方法。示例代码中所使用的方法是创建一个可以重用 的 JavaScript 文件，并将它部署到 Layouts 文件夹中。在部署解决方案之后，要么编辑 Web 页面并直接放置一个 JavaScript 文件的链接，要么添加一个调用 JavaScript 文件的内容编辑 器 Web 部件。

17.6.7   SOAP Web 服务

SOAP Web 服务自 SharePoint 2007 就引入了，到目前仍可使用，尤其是如果你使用托 管的.NET 代码或构建.NET 自定义应用程序。其中有一个在服务器上可访问的对象模型， 还有一组可从网络上任何位置进行访问的 Web 服务。在 SharePoint 2013 中此 API 没有发 生重大变化。

SOAP Web 服务能够访问组件，正如你在 REST 和 JSOM 对象模型中所看到的，但它 提供了一个基于 SOAP 的真正界面。将用于这些对象的主要名称空间是 Microsoft.Office.Excel. Server.WebServices。该名称空间有一个名为 ExcelService 的对象，它提供了用于工作簿的 Get 和 Set 方法，以及在工作簿中启动计算的能力。下面的 URL 是该网站对应的 URL，用 于创建到服务器上服务的 Web 引用：

```
http://<sharepointsite>/_vti_bin/ExcelService.asmx
```

> 提示：整个 ExcelService 类和支持的对象参见 http://msdn.microsoft.com/ en-us/library/ms545810.aspx。

17.7   本章小结

本章概述了可用以构建 Excel 应用程序的日益增长的工具和技术。介绍了 Excel、Excel Web 应用程序以及如今可以用来构建在 SharePoint 中托管的各种在线应用程序的 Excel Services。你能看到 Excel 中的一些变化以及添加的有助于数据访问的新功能。Excel 应用 程序的一个主要变化是，你现在可以构建自己的 Office 应用程序，以便在 Excel 中启用内 容和任务面板应用程序。这些新的应用程序使用标准 Web 技术构建，并且可移植。甚至从 SharePoint 2013 中的部署都让企业更易于使用了。最后，JavaScript 对象模型和 JavaScript UDF 中新增的内容提供了构建仪表板和 Excel 混搭的功能，创建了强大的最终用户体验。

PerformancePoint 仪表板

本章源代码下载地址

本章 wrox.com 代码下载地址是 www.wrox.com/remtitle.cgi?isbn=1118495829，在 Download Code 选项卡处。第 18 章代码下载处提供了按照本章所列标题打包的代码下载。

18.1 商务智能

数据是所有组织的血液和心脏。企业需要数据来帮助确定下一步把资金投向何处、哪些客户值得优先把握、哪个服务器的磁盘空间不足等。商务智能(BI)是组织将输出的数据转换成可用于发现新的机遇和确定竞争策略的知识的能力。

BI 技术提供了在业务运营方面历史的、现在的和前瞻的视野。BI 技术的常见功能包括报表、分析和数据挖掘、性能管理等。这些技术综合在一起发挥作用，更好地支撑了组织的决策。

鉴于组织数据的相对重要性，微软和 SharePoint 如何能协助数据的传递以帮助人们做出有效的商业决策呢？微软使用了一组针对最终用户和企业的工具来处理 BI 对话。如果这些工具按照配置和执行的复杂性进行排序，那么从简单而熟悉的 Microsoft Excel 到复杂而专门化的 Microsoft SQL Server 分析服务都有，不一而足。

微软的商务智能集是广受世界欢迎且被大量部署的一个 BI 工具集。福雷斯特研究公司和高德纳咨询公司都承认微软在这一领域的领导者地位。微软在高德纳 2012 年 2 月 6 日的 BI Platform Magic Quadrant(http://www.gartner.com/technology/reprints.do?id=1-196VVFJ&ct = 120207&st=sb)中名列第三，而在福雷斯特 2012 年的 BI Wave(http://download.microsoft. com/download/8/F/F/8FFFD378-159C-4107-898C-B60835D85384/The_Forrester_Wave_Self-Service_BI_Platforms_Q2_2012.pdf)中排名第二。透过这两个最具权威的科技产业分析公司，强烈揭示了微软在 Office (尤其是 Excel)、SQL Server、SharePoint 等方面的投入，以及这些工具的能力和不可否认的价值定位与最低的总持有成本(Total Cost of Ownership, TCO)。下一节将回顾微软 BI 的历史、集成了 BI 的 SharePoint 产品和技术，以及微软如何用提供的傻瓜式工具包解决了构建 BI 解决方案质量的复杂性问题,这就避免了每一个问题都必须依赖庞大的解决方案的情形。

18.1.1 历史沿革

直到最近，许多组织中的最大挑战，仍然是对用于分析的数据的访问权仅限于使用专门工具的某些人员组。因为只有少数工作人员使用 BI 解决方案，所以业务用户使用临时性的查询需要高素质的 BI 专家来专注于策略报告的生成,而不能为组织长期的商务智能策略持续提供价值信息。

另外，公司领导很难一眼评估出公司业务的状态，也就不能做出敏捷的决定来保持公司业务的发展。许多情况下，向总结战略和营运数据的主要决策者提供及时、准确的报告往往在极其低效的方式下完成，比如,通过电子邮件和文件共享传递人工拼接的 PowerPoint 和 Excel 文件，这会造成报告的四处扩散，从而无法获悉哪一个报告版本才是准确的版本。

这种缺乏技巧和效率低下的报告过程为开发人员与第三方供应商构建自定义应用程序打开了一道门，使其能够以高效的方式将报告交付给关键决策者，但这也相应增加了更多的前期费用和维护费用，以及脆弱的数据依赖性。

从硬件角度看，在不久之前构建一个不错的 BI 解决方案，还需要装配合适的硬件、压缩系统和构成解决方案的网络组件。对于许多组织，将它们的 BI 解决方案扩大到更广泛的用户群体所面临的挑战是用以承载良好 BI 解决方案并使其可供大众使用所需的存储和计算能力。

BI 不仅仅用来回答用户关心的问题。其更重要的部分是帮助用户提出正确的问题，并引导他们通过一种常用的资源密集型处理过程，来获得他们需要的见解。问题的类型并不一定是之前能预期到的或预聚合到 BI 解决方案中的，因此承载这些解决方案的硬件、软件和带宽规格必须足以强大，才能以比较快的方式应付这种按需查询。

与许多同时期的 BI 供应商一样，尽管 BI 还存在缺乏必须功能和所需的强大计算能力的局限性，但微软依然开始对其进行大量投入。问题是微软大多数 BI 解决方案都依赖 SQL Server 技术，因此 SQL 企业管理器成为与这些解决方案进行交互的主要接口。再者，除非你知道如何使用 SQL Server 以及与 BI 相关的那一套专业领域的特定语言，不然你只能是整个 BI 世界的一个旁观者。

很快，微软就意识到了除非有一种新的模式来替代传统的 BI 方法，否则其 BI 平台的价值不会太明显。借助于 Excel，微软在 2000 年发展出了一个新的愿景，以与以往不同的视角来看 BI 领域的事务。

该新愿景基于把 BI 带向公众，用它将人与人连接起来，同时以更轻松的方式将人与数据连接起来。焦点领域是使 BI 脱离其专业范围和特殊工具，把它变成一种主流的东西。新愿景有两个主要理由。第一，它会把基础平台的难题隐藏起来，以保证一般公众的使用质量。第二，它使得该平台的接受度更为容易，因为越多人使用一个平台，它就越有价值，就越容易被其他人采用。

遵循"每个人的 BI"这一整体理念，从 SharePoint Portal Server 2003 开始，微软发展了这一概念，将 BI 产品的某些方面集成到其信息门户技术中。从理论上讲，因为 SharePoint 将人们集中到一起工作并协同以作决定，所以它可能是正确的起点。然而，这种集成的扩展从未超出用来呈现存储在 SharePoint 内容数据库之外的 BI 构件的几个 Web 部件这一范围，其产品有 Microsoft SQL Server Reporting Services 2000 和 Microsoft Business Scorecard Manager 2005。

幸运的是，微软从这种方法中学到了三个教训。第一，分离的数据对象和用户体验点，就是说，IT 至少要处理两个单独的产品和资源库框架，以执行单个 BI 解决方案，这意味着更多的管理工作。第二，由于分布式环境，用户必须通过至少两个服务器的身份验证或跳跃到后端数据源。对于缺乏 Kerberos 授权的环境，这种双跃点模型会导致身份验证问题。双跃点(一个从客户端浏览器跳跃到 SharePoint 服务器，而另一个跳跃到 BI 服务器)问题不是 bug；它是有意识的安全设计，防止某些身份以其他身份行事。第三，由于基于 SQL Server 的 BI 产品和 SharePoint Portal Server 2003 使用了不同的安全模型，因此 BI 产品很难直接将 SharePoint 角色和权限级别映射到合理的角色和权限。换句话说，难以跨产品应用统一的授权模型。

2006 年，微软收购了分析供应商 ProClarity，很快 Business Scorecard Manager 2005 和 ProClarityAnalytics 产品就合并形成一个新产品，名为 Microsoft PerformancePoint Server 2007，作为一个可以在 SharePoint 2007 上运行的单独 SKU 供应。

之后，随着 Microsoft Office SharePoint Server 2007 的发布，微软的 BI 产品发生了很大的转变，不再像 SharePoint Portal Server 2003 一样仅仅是几个集成的挂钩了。在 Microsoft Office SharePoint Server 2007(MOSS 2007)中，微软在 4 个方面做出了重大改进：报表中心模板、与 SQL Server Reporting Services(SQL Server 2005 SP2)的完全集成、新的 Excel Services，以及与业务线(Line Of Business，LOB)应用程序集成的业务数据目录。

幸运的是，微软并未就此停歇；它提供了更多可以改变人们构建仪表板样式应用程序的方式的功能。客户可以使用 PerformancePoint Scorecard Builder 2007，和他们自己的仪表板一起，发布到 PerformancePoint 监控服务器。仪表板发布后，客户可以使用仪表板查看器 Web 部件将仪表板集成到 SharePoint 页面。这一次集成的也只是在作为独立服务器运行的 PerformancePoint Server 2007 中调用 Web 部件而已。这两种产品分开销售，且各自有不同的管理环境和操作。

尽管微软为了让 SharePoint 和 BI 世界一起融合到 MOSS 2007 所做的努力让人印象深刻，但它仍不足以称作成熟的一体化。分开的定价结构，以及 SharePoint 2007 所需的企业客户端访问许可证，都使相当一部分客户远离了这些产品。另外，PerformancePoint 2007 并没有消除先前发现的许多双重维护任务。构建 SharePoint Server 2010 的团队基于客户反馈和从 MOSS 2007 中得到的经验教训，做出了重大改变。从 SharePoint Server 2010 Server 开始，PerformancePoint 就被设计为 SharePoint 2010 Server 平台上的一个服务应用程序。关于这个新的设计，重要的是，PerformancePoint 和 SharePoint 不再是两个单独的产品。相反，两者最终成为企业版 CAL 基础上的一个集成产品。这一举动的最大优势是 PerformancePoint 内容全部存储和固化在 SharePoint 库中，它们可以受益于核心 SharePoint 平台的新功能和增强功能。因此 PerformancePoint 获得了很多新功能和增强功能。

除了 SharePoint 2010 中的增强功能和新的原生 PerformancePoint 服务应用程序之外，微软还通过在 Excel 2010 中加入 PowerPivot，以及在 Access 2010 中引入 Access 服务强化了自助的 BI 功能。加上以 IT 为中心的 SQL Server Reporting Services 增强功能，如 SSRS 集成本地模式，微软已逐渐将对 SharePoint 的投入作为商务智能交互的前端了。

微软从 SharePoint 2010 到 SharePoint 2013 都没有停止在 BI 技术上的投入。本章的其余部分将讲解这些增强功能与改进之处。

18.1.2 SharePoint 2013 商务智能组件

微软已经在 SharePoint 2013 BI 工具包的几个方面进行了投入，包括 Microsoft Access 2013、Access Services、Microsoft Excel 2013、Excel Services、PerformancePoint Services、SharePoint Server 2013、Visio Services、SQL Server 2012 等。这种三管齐下的技术集构成了 BI 组件，如图 18-1 所示。

从微软的商务智能工具套件的目标使用用例来考量，一些用户专注于理解他们用于个人决定的数据，就没必要共享报告。这些用户关注他们自身，需要个人的商务智能解决方案。其他用户作为更大组织一部分的参与团队或部门的 BI 相关决策的人。这些用户需要以灵活的方式共享查询和结果，因为这些团队报告的性质就是频繁流转的。因此团队商务智能解决方案的目的即在于为"我们、我们的团队"解决与数据相关的问题。最后，某种程度的一致性是企业级报告所需的，这就需要一个强有力的集中式演示平台。在这个意义上，个人 BI 可以视为"我的 BI"，团队 BI 可以视为"我们的 BI"，而公司报告可以视为"世界 BI"。

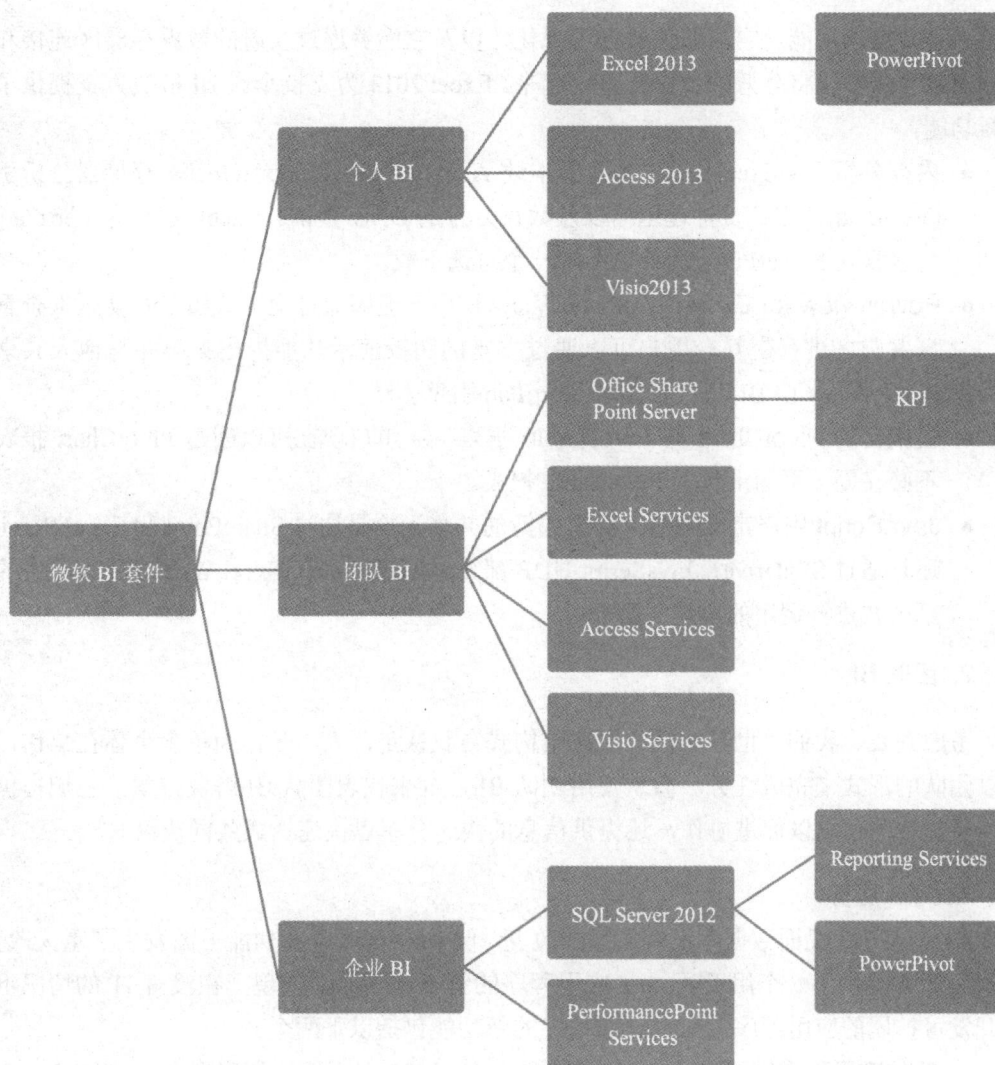

图 18-1

1. 个人 BI

微软使用个人 BI 一词来向人们描述提供信息的技术，以及使他们感到舒适的格式。大多数个人 BI 解决方案都有独立的连接数据源，例如，自包含式的电子表格。个人 BI 通常完全独立于 IT 服务和支持。

Access 2013

Access 2013 是一个强大的工具，它允许商务用户和主题专家独立地构建可供众多并发用户访问且支持数据库的应用程序。Access 2013 提供的应用程序功能包括无须编写代码的嵌入式业务逻辑、针对嵌入数据的报告，这些都可以在桌面上或在 Web 上共享。

Excel 2013

Microsoft Excel 是世界上使用最广泛的 BI 工具，其原因是：它提供了用户分析和研究任意大小数据的功能，它能够使数据可视化，以及它能够通过实时的数据存储区连接和充分的自包含式操作将分散的数据源整合起来。Excel 2013 为支持个人 BI 解决方案提供了以下新功能。

- **内存分析**——Excel 2013 构建于本地 Analysis Services xVelocity 存储器分析引擎 (VertiPaq)，它负责管理压缩以及数百万行的 DAX 查询。Excel 2010 将 VertiPaq 作为包含在 PowerPivot 加载项中的一个可选下载。
- Power View for Excel——Power View 使用户能够通过交互式图形和动画来查看数据并与之进行交互。用户可以通过丰富的图板演示功能提出见解并与他人共享。Power View 由 BI 语义模型和 VertiPaq 引擎驱动。
- **去耦合的 PivotChart 与 PivotTable 报表**——用户现在可以创建 PivotChart 报表而不必在同一页面上包含 PivotTable 报表。
- **JavaScript 用户定义函数**——工作簿的共享无论是通过 SharePoint 和 Excel Services 还是通过 SkyDrive，JavaScript UDF 都允许创建可以从 Excel Web 应用程序中的内部公式进行调用的自定义函数。

2. 团队 BI

考虑到我、我们、世界这样的层次结构式自我认定，人不是作为单个个体在工作，而是以团队的形式来完成任务。微软使用团队 BI 一词来代表团队 BI 解决方案，它们提供侧重于责任性的信息以促进协作，还提供信息的快速分享以快速达成共同决议。

Access 服务

Access 2013 桌面数据库没有太大的改变，但 Access 服务在功能方面发生了重大改变。Access 服务提供了一个用于 Access 应用程序的新 Web 界面，实现了在没有 IT 的情况下快速开发可扩展的应用程序。Access 服务中的新功能包括以下两个。

- **新的应用程序模型**——内部部署的 Access 2013 Web 应用程序现在受 SQL Server 支持，并由 SharePoint 托管。Office 365 基于云的 Access Web 应用程序得到全球可扩展的 SQL Azure 的支持。由 SQL Server 支持不仅提高了可扩展性，同时由于数据集中到了 SQL Server，还提高了 Access 应用程序的 IT 可管理性。
- **视图**——在 Access 中开发的 Web 应用程序会自动生成高质量的 HTML5 用户界面，从而使应用程序开发人员专注于业务问题。

Excel 服务

Excel 服务允许用户查看和使用已经发布到 SharePoint 网站的 Excel 电子表格与工作簿。由于有了新的 Excel 交互式视图，用户可以像使用 Excel 客户端一样在浏览器窗口浏览数据和进行数据分析。建立在 SharePoint 2010 Excel 服务成功的基础上，Excel Services 2013 提供了以下新功能。

- **数据浏览的改进**——得益于 SQL Server Analysis Services 和 PowerPivot 数据模型，如今在 Excel 服务中浏览和分析数据更加容易。PivotChart 和 PivotTable 现在推荐用户用悬停提示来查看个别值。分析命令(如 Drill Down)现在可通过一次鼠标单击实现。

- **计算度量值和成员**——Excel Services 支持计算度量值以及在 Excel 中创建的计算成员。

- **分析服务支持**——管理员可以指定 SQL Server Analysis Services 以在 Excel Services 中支持更高级的分析功能。

- **趋势分析**——Excel Services 支持从使用 OLAP 数据(如 Analysis Services 数据集或 PowerPivot 数据模型)的 PivotTable 报表单元格中进行趋势分析的功能。

- **更新的 API**——JavaScript 对象模型(JSOM) API 和 Excel 服务 REST API 已经更新，以实现更多的控制和更精细级别的访问。

- **SharePoint 的 Power View**——与嵌入 Excel 2013 的技术一样，SharePoint Power View 可用作 SharePoint 2013 Enterprise Edition 的 SQL Server 2012 Service Pack 1 Reporting Services Add-In 的一部分。

Visio Services

Visio Services 是能够让用户共享和查看 Microsoft Visio 绘图和 Visio 2010 Web 绘图文件的服务应用程序。SharePoint 2013 拥有了能够刷新数据连接的 Visio 绘图的功能，除了包括以下新功能之外，它还支持自动化的数据刷新。

- **最大缓存容量**——一种新的服务参数，旨在允许管理员改善 Visio Web 访问体验。可以在管理中心，或通过一条新的 PowerShell 命令(Set_SPVisioPerformance)来配置设置以更新 5120 MB 的默认值。

- **健康分析器规则**——添加了新的对应的健康分析器规则，以反映新的最大缓存容量参数。

- **绘图评论**——用户可在 Web 或通过 Visio Services 整页呈现的模式，协作性地向 Visio Drawing(*.vsdx)添加有意义的评论。

3. 企业 BI

再次考虑一下我、我们、世界的个人关系层次结构，人们作为企业的一部分努力工作以实现共同的战略目标。微软将企业 BI 作为一组帮助人们将其目标和活动调整到与公司整体目标和标准达成一致的工具。BI 通过使用记分卡、策略地图和其他连接到公司数据的工具来帮助同步个人的工作。

PerformancePoint Services

PerformancePoint Services 使用户能够以记分卡、报表和筛选器的形式创建能够显示关键绩效指标(Key Performance Indicator，KPI)和数据可视化的交互式仪表板。在 SharePoint

Server 2013 中，PerformancePoint 服务已通过以下新的功能和特性实现了更新。

- **仪表板迁移**——用户可以将整个仪表板和依赖项，包括.aspx 文件，复制到其他的用户、服务器或网站集。此功能也允许将单个项迁移到其他环境，以及使用 Windows PowerShell 命令来迁移内容。

- **筛选器的增强功能和筛选搜索**—— UI 已经得到了强化，用户能够轻松地查看和管理筛选器，包括为用户提供无须导航树而直接在筛选器中搜索项的能力。

- **BI 中心更新**——新的 BI 中心由于配置了简化使用的文件夹和库，变得更简洁和更易于使用了。

- **支持 Analysis Services 有效用户**——这一新功能避免了在每个用户的身份验证被用于 Analysis Services 数据源时所需的 Kerberos 委托。通过支持 Analysis Services 有效用户功能，授权检查可以基于由 EffectiveUserName 属性指定的用户，而不是使用当前经过身份验证的用户。

- **iPad 上的 PerformancePoint 支持**——PerformancePoint 仪表板现在可以在 iPad 设备上使用 Safari Web 浏览器查看并与之进行交互。

18.1.3 重要的 BI 术语和概念

因为当 BI 开发人员第一次听到 SharePoint 中的常用术语时可能会混淆，例如，网站和网站集，所以有一些 BI 术语对于没有 BI 背景的 SharePoint 开发人员，也会觉得不甚明了。有许多 BI 技术是共通的，且有些术语是可以互换使用的。为了明晰这些内容，本节会定义某些术语，然后加以引用。

如果你是 SharePoint 开发人员，你可能非常熟悉扁平表样式的数据结构，因为 SharePoint 中的列表模拟了这样的数据存储格式。关系数据库管理系统(RDBMS)，如 SQL Server 数据库引擎，也会使用表来存储数据。虽然在表中存储数据有其自身的优势，但通过行和列来浏览很少会得到有用的分析，特别是当有人正在寻找隐藏在一大堆数据和信息中的模式和关系时。

例如，如果你正在分析微软虚构的 AdventureWorks 公司在过去几年中的互联网销售信息，那么与分析单个销售额相比，你可能更为关注各产品每个季度在各个国家的销售总额。虽然大多数 RDBMS 引擎都能统计这一级别的数据，但这并非最佳的处理方式。

联机分析处理(Online Analytical Processing，OLAP)是一种用于在基础数据中移除任意粒度数据的技术，其重点在于强化的数据存储、更快的数据检索以及在大型数据库中更直观的导航功能。通常情况下，OLAP 的信息来自于一个称为数据仓库的数据库。与关系数据库相比，数据仓库需要提前进行更严格的设计工作，以支持分析和数据聚合，如总计和小计。

由于 OLAP 中使用的存储单元是多维的，因此它称为多维数据集而不是表。OLAP 的有趣之处在于其按层次结构存储聚合数据的能力，使用户能够通过三维特性向下或向上聚合。维度是代表兴趣范围的一组特性。例如，在一般情况下查看销售数字，你会关注地域、时间和产品销售额，如图 18-2 所示。

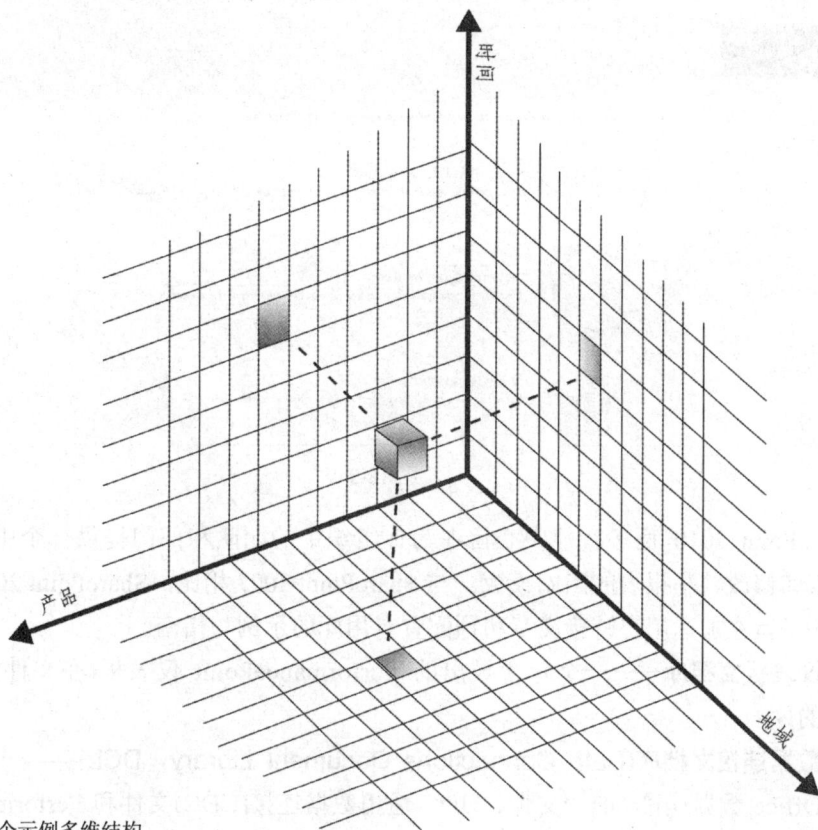

*一个示例多维结构

图 18-2

维度会为你正在聚合的数值数字或度量值提供上下文信息；比如，互联网销售金额、互联网毛利润和互联网毛利润率。OLAP 将它们称为一个个度量值。因为度量值始终由多维数据集进行预聚合和预测，所以 OLAP 几乎能够在瞬间完成所有数据的导航。

如果你想了解有着良好季度销售额的某特定区域，OLAP 的导航功能允许你将季度的范围扩大到季度中的每个月或每天。同时，你还可以向下展开找到销售增加的主要城市区域。还有两个术语需要提及。

- **多维表达式(MultiDimensional Expression，MDX)**——MDX 是使你能查询多维数据集和返回数据的查询语言。
- **数据源**——数据源是一组存储信息，如表格数据库、OLAP 多维数据集、Excel 电子表格、SharePoint 列表或其他任何包含实际数据的数据对象。

18.1.4　商务智能中心

商务智能作为 SharePoint 的核心功能，自 SharePoint 2007 推出以来已经发生了演变。从报表中心开始，SharePoint 2010 引入了商务智能中心。SharePoint 2013 通过简化的语言更新了商务智能网站模板，强调通过图片来进行视觉语言的传递，如图 18-3 所示。

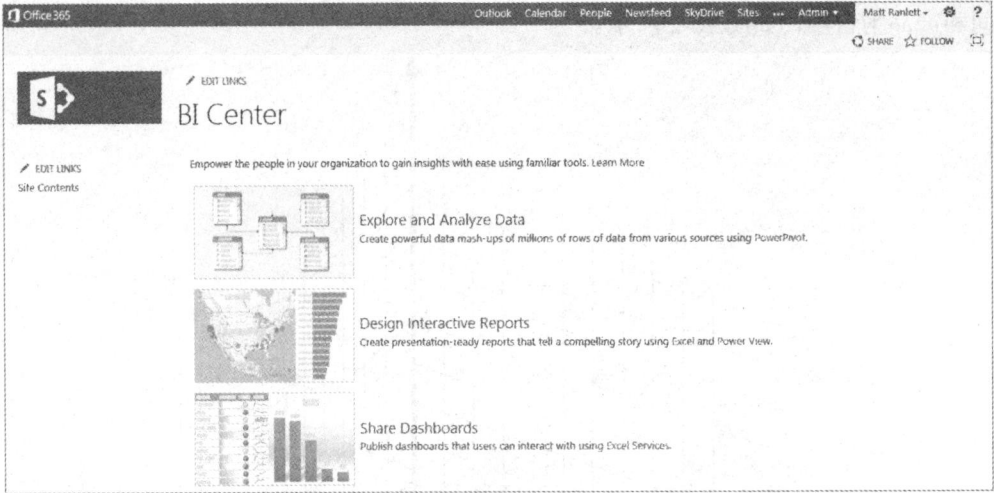

图 18-3

SharePoint 2010 商务智能中心旨在为你组织中的团队和部门提供一个中心位置以存储、检索和修改共享报表的网站模板。与 SharePoint 2007 相比，SharePoint 2010 的更新重点是列入了旨在加速用户链接文章和预配置专用库的示例与指南。

- **仪表板文档库**——一个包含导出的 PerformancePoint 仪表板(在文件夹中组织的)的库。

- **数据连接文档库(Data Connections Document Library，DCL)**——一个包含 ODC Office 数据连接(ODC)文件、UDC 通用数据连接(UDC)文件和 PerformancePoint 数据连接的库。

- **PerformancePoint 内容列表**——一个包含 PerformancePoint 内容和用于组织内容的 OOB 视图的列表。

Microsoft SharePoint Server 2013 企业版 BI 中心再一次进行了演变。这一新版本的重点是使网站模板更易于使用，明确地强调了使用操作谓词的功能，如:

- 使用 PowerPivot 浏览和分析数据。
- 使用 Excel 和 Power View 设计交互式报表。
- 使用 Excel 服务共享仪表板。

注重图形和操作词语的分离，有助于降低页面的复杂性，并引导用户完成 SharePoint 承载的 BI 过程。

创建商务智能中心

要创建并使用商务智能中心，必须首先启用几个网站集应用范围内限定的功能。要启用这些功能，请执行以下步骤。

(1) 单击 Settings│Site Settings。

(2) 在 Site Collection Administration 列表中单击 Site 集功能链接。

(3) 激活 SharePoint Server Publishing Infrastructure 功能，因为它是仪表板发布必需的

功能。

(4) 激活 SharePoint SharePoint Server Enterprise Site Collection Features 功能。该功能启用了包含在 SharePoint Server 企业版许可中的 Excel Services、Visio Services 和 Access Services。

(5) 激活 PerformancePoint Services Site Collection Features 功能。该功能添加了 PerformancePoint 内容类型和一个商务智能中心网站模板。

要正确地检查 SharePoint Server 2013 中商务智能中心的功能，单击 Site Contents | New Sub Site，并在 Enterprise templates 选项卡中选择 Business Intelligence Center 模板，然后用该模板创建新的网站，如图 18-4 所示。导航到/Pages/ppssample.aspx 查看示例页面。

就像其他任何网站模板一样，定制的商务智能中心包括若干可以帮助你在一个集中化和标准化的地方组织仪表板、报表以及连接到外部数据源的功能。

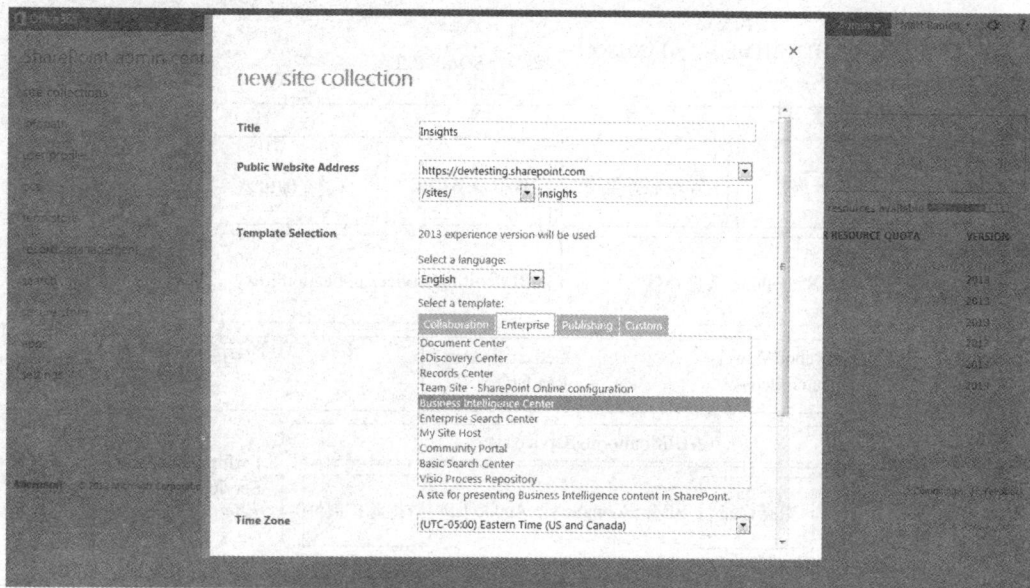

图 18-4

18.2　PerformancePoint 2013 介绍

如前所述，PerformancePoint Services 是使 IT 部门能够设计出令人信服的互动式仪表板的技术，互动式仪表板能够将数据从大量的数据源中合并到图表、图形和表格中。PerformancePoint 服务赋予了企业了解其运行状态并做出快速反应的能力。由 PerformancePoint 服务带来的监控性能的可视化有助于强化问责制。交互式组件可以将数据聚合到能够深入展开并进行根本原因分析的简洁图表中。

PerformancePoint Services 使用其独特的 SharePoint Web 部件和工具，包括关键绩效指标(KPI)、分析图表和表格、报表和筛选器。使用所见即所得(WYSIWYG)仪表板设计器将这些组件配置并组合到记分卡和仪表板中。仪表板设计器，连同创建数据模型的 PowerPivot

功能一起实现了 BI 解决方案的快速开发。

18.2.1 PerformancePoint 服务架构

PerformancePoint 服务的基本架构在 SharePoint 2010 与 SharePoint 2013 之间并无变化。前端 Web 服务器用于向浏览用户和仪表板设计器提供内容。应用程序服务器运行 PerformancePoint 服务应用程序，后者使用安全存储服务。数据库服务器需要承载 SharePoint 数据库，包括 PerformancePoint Services 数据库。PerformancePoint Services 通过无人参与服务账户连接到数据源(OLAP、OLTP、Excel 等)。虽然支持单个服务器的安装，但并不推荐这样做。一般使用传统的多层服务器场配置来搭建，如图 18-5 所示。

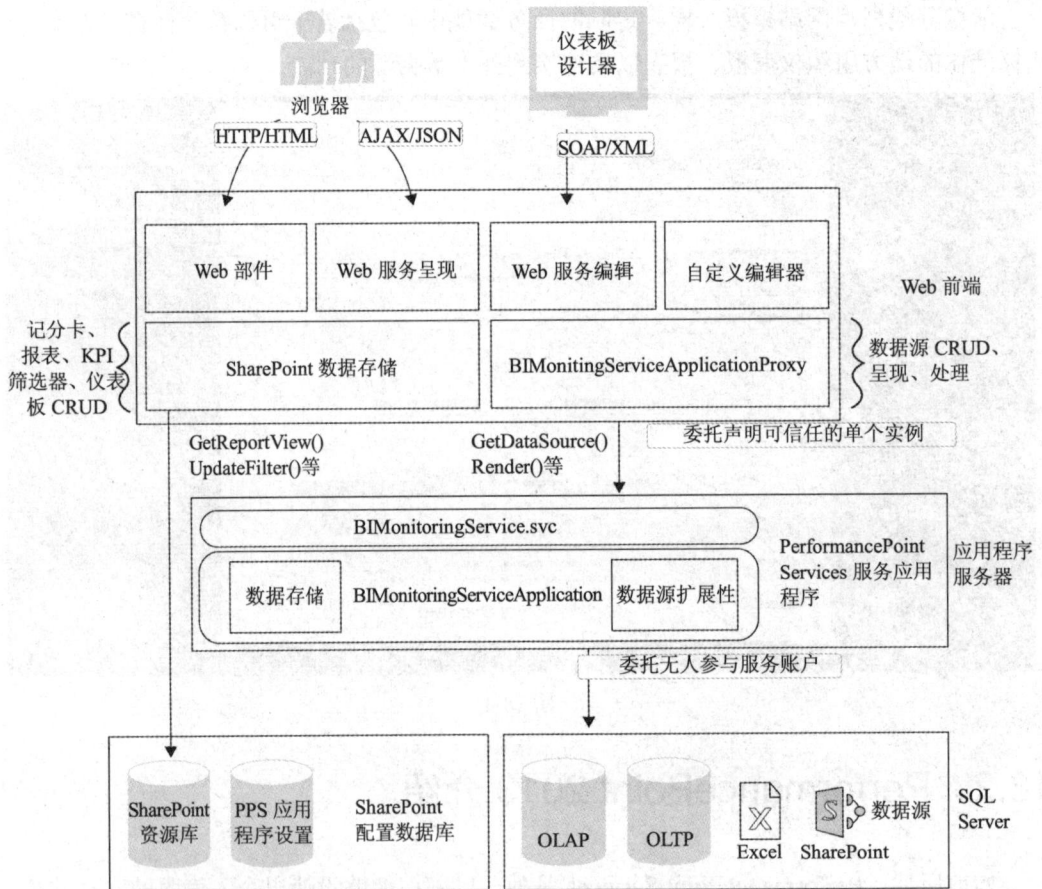

图 18-5

PerformancePoint Services 提供的功能会处理三个层次的 SharePoint Server 场拓扑结构：SQL Server、应用程序服务器和 Web 前端(参阅图 18-5)。

Web 前端服务器承载仪表板设计器应用程序、PerformancePoint Web 部件、PerformancePoint Web Services 以及与安装在应用程序服务器上的 PerformancePoint 服务应用程序进行通信所需的服务应用程序代理。像其他所有服务应用程序代理一样，PerformancePoint 代理使用声明与 PerformancePoint Services 应用程序进行对话，因此即使环境缺乏 Kerberos 实现，也不会受到双跃点安全问题的影响。

在中间层，有两个服务应用程序用于实现集成。

- **安全存储服务**——此服务应用程序存储 PerformancePoint 服务无人参与服务账户的密码。无人参与服务账户将在下一节介绍。
- **PerformancePoint Services**——此服务应用程序存储实例所需的设置。

在数据库层中，PerformancePoint Services 应用程序所需的大部分配置都存储在 PerformancePoint 服务数据库中。

> 提示：在编写本书时，PerformancePoint 仍然不支持将带有多个身份验证的 Web 应用程序作为声明式配置的一部分存储。这是因为已经构造了一次单击的仪表板设计器的方式。要克服这一局限性，Web 应用程序必须扩展，必须利用 Windows 集成身份验证。

请参考图 18-5，其中不仅描述了各种服务器角色和组件安置，还表明了在 Web 服务器或应用程序服务器上实现的自定义扩展的类型。在前端 Web 服务器上运行的定制项包括自定义编辑器，它通常是安装在 15 Hive 的 Layouts 目录中的.aspx 页面。在应用程序服务器上运行的自定义项包括自定义转换和提供自定义业务逻辑的提供器/描绘程序。更多关于自定义 PerformancePoint 服务的详细信息请参见 18.4 节。

18.2.2　PerformancePoint 2013 的变化

PerformancePoint Services 建立在与 2010 版相同的架构上，与以前的版本相比，提供了以下新的增强功能。

1. EffectiveUsername

PerformancePoint 和 Excel Services 2010 的一个难点是 SharePoint 管理员必须设置受 Kerberos 约束的委托机制，以在 SQL Server Analysis Services 中利用每个用户的身份验证。如果服务账户在没有每个用户的身份验证的情况下启动，则意味着内容不能受到单元格级别的保护，那么 BI 解决方案就增大了将数据提供给未经授权用户的风险。

EffectiveUsername 功能通过消除 Kerberos 约束授权的需要以及在 SharePoint 2013 中同时使用 Excel Services 和 PerformancePoint Services 来降低复杂性。EffectiveUsername 实际上是一个传递到 Analysis Services 的查询参数。当执行带有此参数的查询时，Analysis Services 会在返回查询结果之前对结果集进行安全修整。启用 EffectiveUsername 功能只须在管理中心的 PerformancePoint Service 服务应用程序配置界面勾选复选框即可。

2. 来自安全存储的自定义目标应用程序

另一个安全性方面的增强，是 PerformancePoint Services 2013 现在支持针对具有安全存储凭据的应用程序了，像 Excel Services 2010 所做的那样。安全存储定义了用于访问后端数据源的凭据集。在此更改之前，PerformancePoint 没有相同级别的管理能力，由于有效性的需求，用户需要对所有目标应用程序使用相同的凭据集。现在用户的许多不同目标应用程序都各自提供了不同的凭据集，它们会正确映射到后端数据源所允许的授权。在仪表板设计器中定义数据源时，或者随时在管理中心都可以配置此安全存储凭据。

3. 筛选器

PerformancePoint 筛选器用来创建同步数据用的 Web 部件之间的链接。SharePoint 2013 使用了 6 种不同的筛选器类型，包括自定义表、MDX 查询、成员选择、命名集、时间智能和时间智能连接公式。虽然这些筛选器类型都不是 SharePoint 2010 以来的新事物，但 SharePoint 2013 以更好的性能和更直观的筛选器操作改善了用户体验。

筛选器的最大增强功能是进行筛选搜索的功能，如图 18-6 所示。筛选搜索允许用户：

- 在单选树和多选树筛选器中搜索
- 搜索 Analysis Services/PowerPivot 数据源
- 搜索成员选择、MDX 查询和命名集筛选

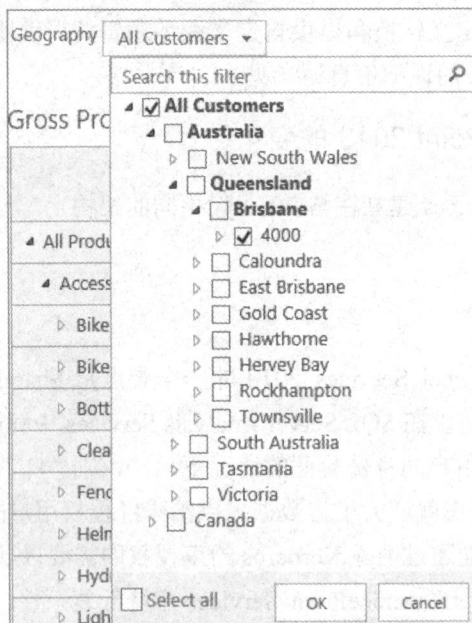

图 18-6

4. 服务器端迁移

PerformancePoint 2010 对比 2007 版本的重大变化是，所有组件最终都存储在 SharePoint 中，利用了版本控制、一致的备份等。遗憾的是，驱动 PerformancePoint Services 2010 的

内容类型不受内容部署功能和发布基础架构的支持。但现在，这种情况在 2013 中发生了变化。适当授权的最终用户现在可以利用 Ribbon 菜单将 PerformancePoint 组件迁移到服务器场内的任意地方。添加此功能以支持企业 IT 和监管条例，用于强制拆分开发|测试|生产环境。

5. 主题

PerformancePoint 用户体验团队在 SharePoint 2013 开发期间加班加点工作，就是为了实现对 SharePoint 2013 新的变更外观主题功能的支持。图 18-7 显示了此更改为仪表板提升了多少效率。需要指出的是，只有两个不支持主题的 PerformancePoint 组件，它们是 Analytic Charts 和 Decomposition tree(它始终会弹出一个带有白色背景的新窗口)。

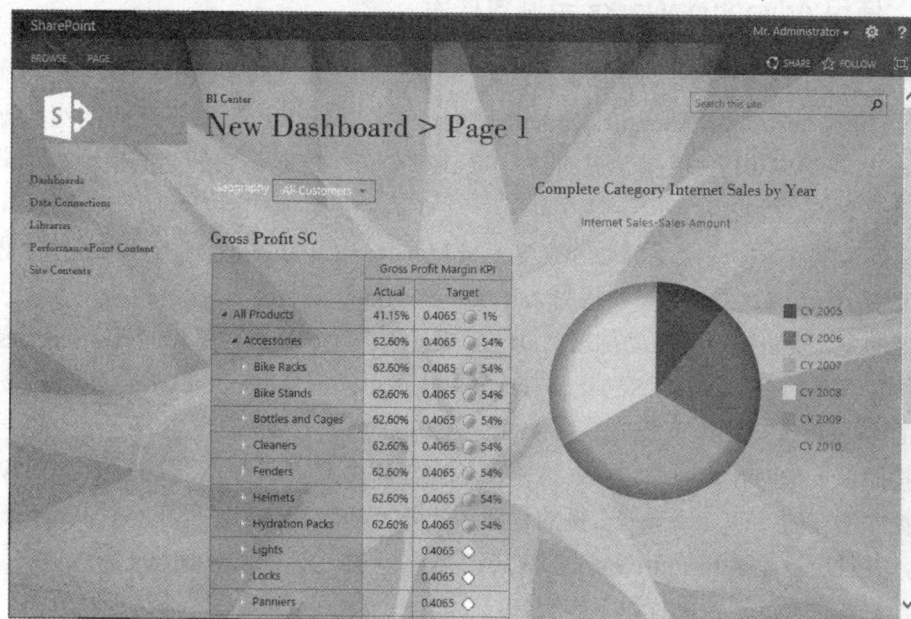

图 18-7

18.3 使用 PerformancePoint 2013

以下各节会引导你完成正确配置 PerformancePoint 服务所需的步骤，并创建一个基于免费可下载 AdventureWorks 数据库的示例仪表板，以及最后对 PerformancePoint 服务的扩展。

18.3.1 配置 PerformancePoint 服务

以下各节将介绍如何确保 PerformancePoint 服务已安装和配置，以实现基于前面步骤下载和安装的 AdventureWorksDW Analysis Services 示例，创建一个简单仪表板的目的。

> 提示：PerformancePoint 使用了 ADOMD.NET 的 SQL 2008 R2 版本，版本 10。如果已安装了 SQL Server 2012，则会安装 ADOMD.NET 11，这会导致 PerformancePoint 仪表板设计器无法连接到 Analysis Services 数据库或多维数据集。要解决此问题，只需下载并安装 ADOMD.NET，它是 SQL Server 2008 R2 功能包的一部分。ADOMD.NET 也可以从以下地址下载 http://go.microsoft.com/fwlink/?LinkID=188442&clcid=0x409。

18.3.2　使用 AdventureWorks 示例数据库

本章中提供的示例数据库源是用于 SQL Server 2012 的 AdventureWorks 数据仓库。可以从位于 http://msftdbprodsamples.codeplex.com 的 CodePlex 页面下载此示例数据仓库 AdventureWorksDW2012。值得一提的是，TechNet 有一个安装说明的链接也可从 CodePlex 下载页面上下载。

如果安装顺利，你应该能启动 SQL Server Management Studio，连接到数据库引擎，并能在 SQL Server 2012 实例中看到新的 AdventureWorks 数据库。

遗憾的是，安装包不会自动部署 Analysis Services 数据库。部署 Analysis Services 数据库的最快路径是利用 Analysis Services Tutorial，也可以从与 AdventureWorksdw2012 数据文件相同的 CodePlex 页面上下载。

在按照以下指南开始操作之前，请确保 SSAS 服务账户拥有 AdventureWorksDW2012 示例数据库所在的 SQL Server 实例的权限。此外，确保 SSAS 服务账户具有访问数据库的权限，并且至少是 AdventureWorksDW2012 数据库的一个 db_datareader 角色成员。

要部署此数据库，请执行以下步骤。

(1) 启动 SQL Server 数据工具，前提是要安装 Visual Studio 2010。

(2) 选择 File | Open | Project | Solution 命令，并导航到下载和提取 CodePlex Analysis Services Tutorial SQL Server 2012 的位置，它的在线下载地址是 http://msftdbprodsamples.codeplex.com/releases/view/55330。打开 Lesson 9 Complete 文件夹中的 Lesson Analysis Services Tutorial.sln 以部署预建的示例多维数据集。

(3) 接下来，在 Visual Studio 2010 版本的 Solution Explorer 中，双击 Adventure Works.ds 数据源。这将会打开 Data Source Designer 对话框，如图 18-8 所示。

(4) 单击 Edit 按钮，并在 Connection Manager 中，提供 SQL Server 数据库的连接信息。单击 Test Connection 按钮。如果测试成功，单击 OK 按钮，并再次单击 OK 按钮保存所做的更改。

(5) 在 Solution Explorer 中，右击该解决方案，并单击 Deploy Solution 命令。

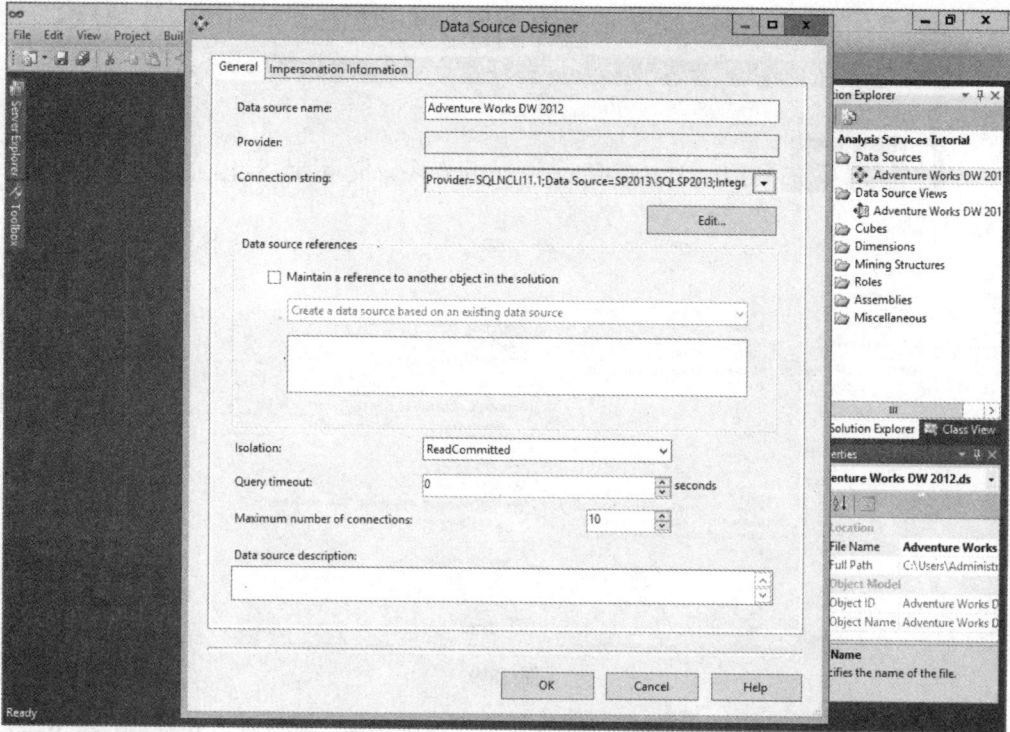

图 18-8

此时，你应该可以启动 Server Management Studio 了，打开以后，连接到 Analysis Services，会在新的 Analysis Services Tutorial 数据库的数据源文件夹中看到新的 AdventureWorks 数据库。

1. 无人参与服务账户

PerformancePoint Services 2010 引入了每个数据源的身份验证以限制最终用户无意中访问未经授权的数据库，如 SharePoint 内容数据库。如 18.2.2 节所述，通过允许在安全存储服务中进行真正有针对性的安全配置，SharePoint 2013 增强了无人参与服务账户的潜力。

无人参与服务账户可以使用下列步骤直接在安全存储服务中或 PerformancePoint Services 应用程序中创建。

(1) 打开管理中心网站。

(2) 在 Application Management 类别中，选择 Manage Service Applications。

(3) 从现有的服务应用程序列表中，单击 PerformancePoint Service Application。

(4) 单击 PerformancePoint Service Application Settings 链接。

(5) 指定用于 PerformancePoint 的无人参与服务账户，并单击 OK 按钮。如图 18-9 所示，不同于在 SharePoint 2010 中，PerformancePoint Services 可以随意选择在 Secure Store Service 中使用目标应用程序 ID。

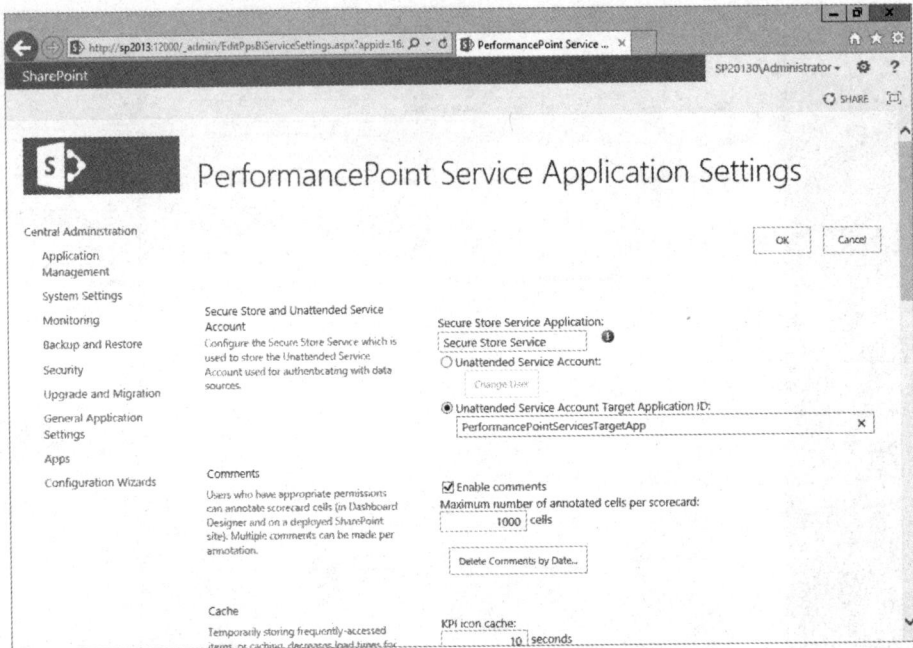

图 18-9

(6) 如果之前不存在 Secure Store Service 目标应用程序，则需要为 PerformancePoint 创建一个。打开 Secure Store Service 应用程序的设置页面，请验证新的无人参与服务账户已经创建。

2. 声明身份验证和 BI 解决方案

在 SharePoint Server 2013 中，有一些关于身份验证和授权的重要考量，它们会影响所有在新平台上运行的服务。这些更改对于部署到 SharePoint 上的 BI 解决方案以及当 SharePoint 承担访问后端数据的中间人角色时尤其重要。也许最重要的影响涉及将基于声明的身份通过称为安全令牌服务(Security Token Service，STS)的新服务插入 SharePoint 身份验证和授权语义的方式。

当用户对基于声明的 Web 应用程序进行身份验证时，不论身份系统或身份验证类型，STS 都会在发出声明式身份之后会被转换成 SPUser 对象，这一处理过程是在 SharePoint 2010 中引入的。身份基于标准协议(SAML，WS-Trust 和 WS-Federation)发出，可以使用任何企业标识系统，如活动目录、WebSSO、Live ID、LDAP、SQL 或自定义。无需任何特殊的配置，声明式身份会随着请求传递到 SharePoint 服务器场中的服务器层(服务应用程序)。

在授权语义方面，SharePoint 2010 中没怎么发生变化，只有一个例外。有了声明式身份验证基础架构，现在可以在授权过程中使用声明特性，减少对用于每一个可想象安全组合的基于角色的安全组的激增需求。也可以使用声明提供程序的 API 来扩充现有声明以处理自定义授权方案。更多信息，请参阅位于 http://www.devhorizon.com/go/23 的官方文档。

尽管 SharePoint 中的服务应用程序基础架构是声明式的，但是许多外部数据源不是声明式的。在许多方案(如下面的方案)中，声明就不能用于端到端的解决方案。

- **方案 1**——在这种方案中，会使用面向 Analysis Services 多维数据集的 Excel 工作簿或 PerformancePoint 记分卡，它们拥有基于角色的安全性(即，每个角色都有自己的数据视图)。这就需要 Analysis Services 的 Windows 身份验证，以及将每个用户的身份从 SharePoint 传递到 Analysis Services 的方法。SQL Server Analysis Services 不是声明式的，因此它不理解 SharePoint 用户是谁或是什么。在 SharePoint 2013 EffectiveUsername 功能出现以前，管理员必须配置 Kerberos 或无人参与服务账户，并在连接字符串中添加已经过身份验证的用户名。在此方案中，将 EffectiveUsername 连接到 Analysis Services 避免了大量的复杂配置！

- **方案 2**——前端 Web 服务器、Excel Calculation Services 应用程序和 SharePoint 数据库服务器在不同的计算机上运行。在这种情况下，如果 Excel Calculation Services 正在打开存储在 SharePoint 内容数据库中的工作簿，你应该使用 Kerberos 或无人参与服务账户。

- **方案 3**——在此种方案中，Excel Calculation Services 会从一个非 Microsoft SharePoint Foundation 受信任的文件位置打开工作簿，如从 UNC 共享或 HTTP Web 站点。用于这种方案的身份验证方法是使用模拟或者处理一个账户。

- **方案 4**——一种需要 Kerberos 的常见方案是，有多个计算机需要从中间层跃到后端的数据源，如图 18-10 所示。请记住，从一个身份离开服务应用程序层边界的那一刻起，声明式身份可能就不再有意义了，因为数据源不理解兼容的 SAML 协议。

图 18-11 所示的方案显示了声明与无人参与服务账户的结合，可以如何帮助你正确地通过到后端数据源的身份验证。在此方案中，声明式身份会在多个服务应用程序之间传递，Analysis Services 引擎将模拟无人参与服务账户连接到外部数据源。

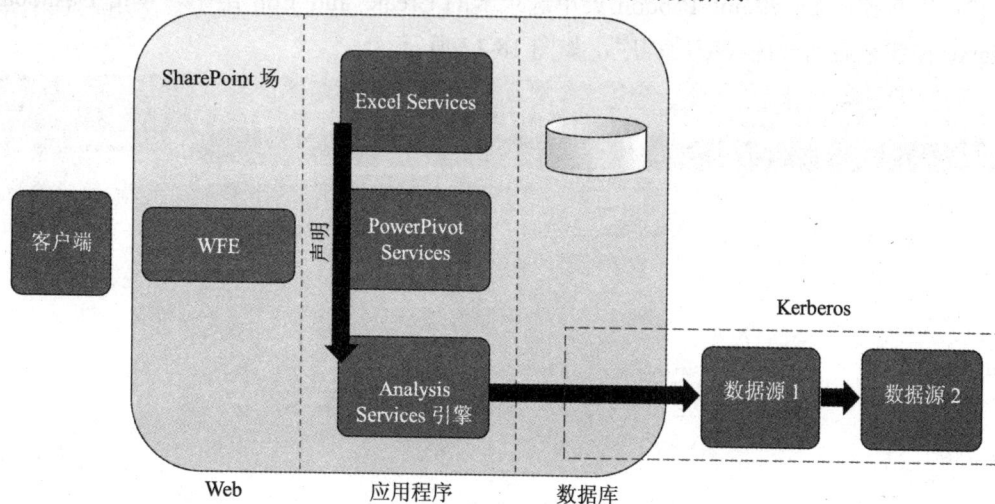

图 18-10

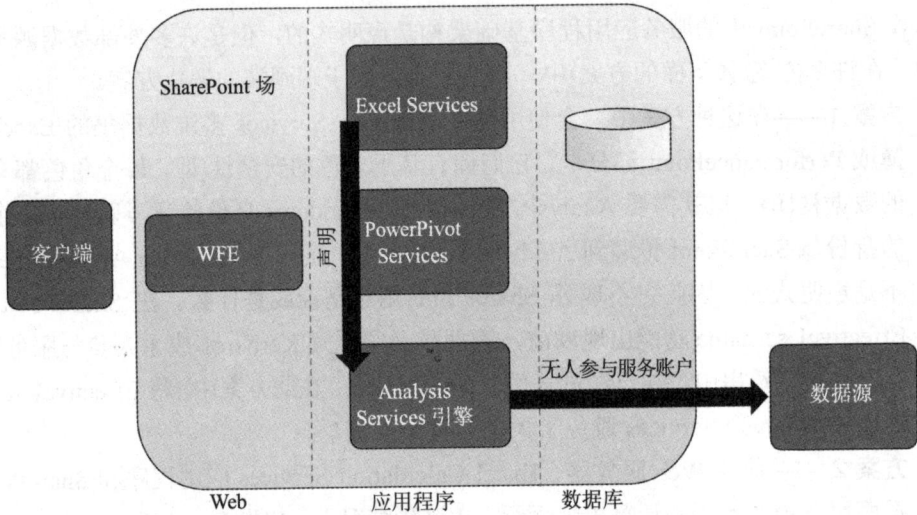

图 18-11

18.3.3 创建仪表板

现在，PerformancePoint Services 已正确配置为通过 EffectiveUsername 和无人参与服务账户进行安全访问，是时候开始创建实际的仪表板了。

1. 启动仪表板设计器

在本节中，将通过执行以下步骤启动 PerformancePoint 仪表板设计器。

(1) 在 IE 中，导航到在本章开头创建的商务智能中心网站。

(2) 打开 Web 部件页或 Site Contents 页面的仪表板库，可以看到 PerformancePoint Ribbon 菜单选项卡。

(3) 在 PerformancePoint Ribbon 菜单选项卡的 Create and Edit 组中，单击 Dashboard Designer 按钮来启动一键式应用程序，如图 18-12 所示。

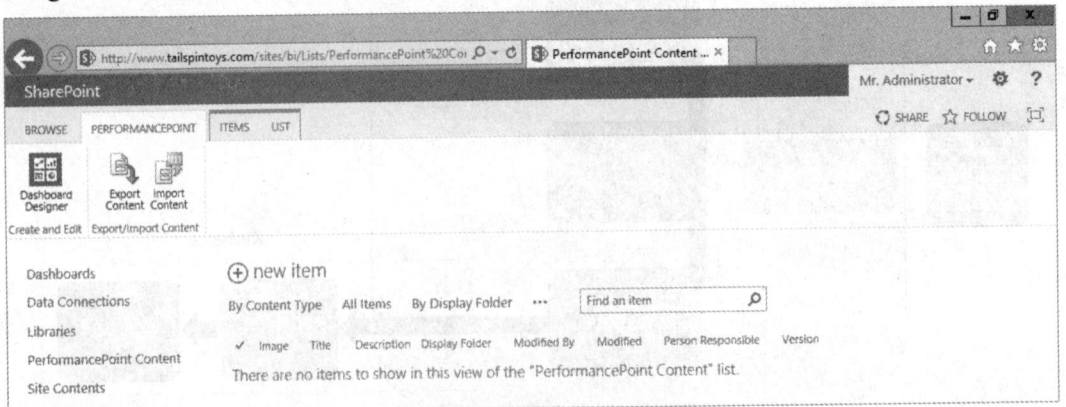

图 18-12

(4) 下载了可执行文件并通过一键部署安装到计算机后，PerformancePoint Dashboard Designer 将出现并打开一个空白工作区。工作区是一个可以容纳所有用于构建仪表板元素的容器，它会保持其内容与启动它的网站的同步。

(5) 从根本上说，工作区将成为一个封装用于描述 PerformancePoint 仪表板所需的所有元数据的 XML 文件(.ddwx)。在工作区中，可以构建新的元素，也可以从已发布的仪表板中导入现成的元素，如记分卡、KPI、报表、筛选器、指标和仪表板等。

2. 配置仪表板

现在，你已创建了一个 PerformancePoint 工作区，可以开始创建你的第一个仪表板了，它将以不对称报表的形式显示历史的以及实时的信息，并与既定目标做比较。由此，从零开始创建实际的仪表板吧。

3. 仪表板数据源

与其他任何 BI 解决方案一样，你需要做的第一件事就是寻找数据。要创建用于仪表板的数据源，请执行以下步骤。

(1) 右击 Workspace Browser 中的 Data Connections 文件夹，然后选择 New|Data Source 命令。

(2) 从 Select a Data Source Template 菜单中，选择 Analysis Services 模板来创建连接到 Microsoft SQL Server Analysis Services 的数据源，单击 OK 按钮。

(3) 在 Connection Settings 中，指定你想要连接的 Analysis Services 实例。在下一个字段中，选择数据库和你想要连接的多维数据集。在本例中，你需要连接到 Analysis Services Tutorial 数据库和 Internet Sales 多维数据集，如图 18-13 所示。

> 提示：在 Data Source Settings 中，注意 Cache Lifetime 设置。此文本框的值(以分钟为单位)会指定从后端数据源刷新仪表板信息的时间间隔。

(4) 单击 Test Data Source 按钮以确保连接设置正确。

(5) 切换到 Properties 选项卡，将 Name 更改为 AdventureWorksDW_ADCube。

(6) 通过在 Workspace Browser 中右击新的数据源然后选择 Save 命令来保存新数据源。

到此，你已成功创建了仪表板的主数据源，它已通过仪表板设计器上载到 Data Connections Document 库中。

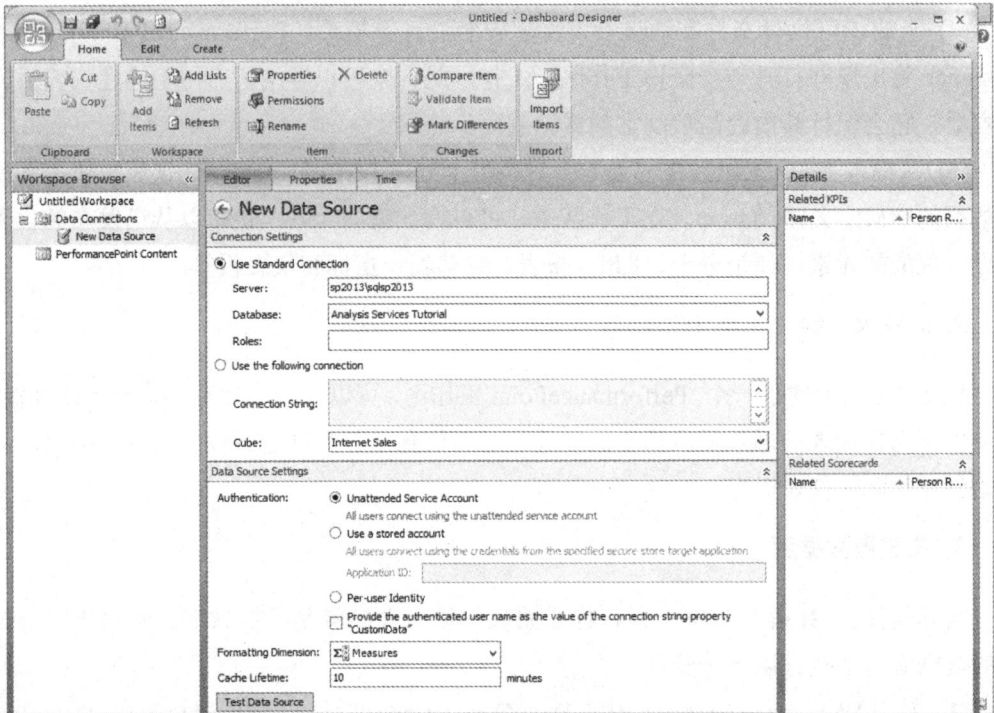

图 18-13

4. 数据源的身份验证类型

有三种身份验证类型可用于你正在生成的数据源(参阅图 18-13)。

无人参与服务账户选项前面已经讨论过,此刻你应该已经知道它是做什么的,现在应该更多关注其他两个选项以及复选框。

- **Use a stored account**——通过使用预配置的安全存储目标应用程序,管理员可以集中管理所有最终用户用以连接到数据库的一个服务账户。

- **Per-user Identity**——有些情况可能并不需要你创建无人参与服务账户。想象一下:你的后端数据源支持 Windows 身份验证,当用户身份访问 PerformancePoint 仪表板时,必须将它们一路委托到后端数据源。在 PerformancePoint 中,这种身份验证类型称为每个用户的身份标识,仅 Kerberos 可以使用。

- **Provide the authenticated user name as the value of the connection string property**——此复选框可以作为任何身份验证的选择。如果选择此选项,PerformancePoint 将提供 SharePoint 身份验证的提供程序和用户名(表单、SAML、Windows 等),作为 Analysis Services 中 CustomData 字段的字符串。然后可以创建角色(或角色集),并使用 CustomData 字符串编写 MDX 查询来动态地限制对多维数据集数据的访问。此解决方案的难点在于,需要将多维数据集的数据修改为包含系统的用户以及它们与数据间的关系;这比较难以维护。

> 提示：不论你为 PerformancePoint Services 选择何种身份验证类型，都应确保它拥有到后端数据源所需的适当访问权。

5. 使用 KPI 跟踪绩效

如何才能衡量成功？如何在仪表板中实现对成功的测量？业务某一领域的成功(或目标)由你的组织中知悉企业内外的人物来定义。在 PerformancePoint 中，用于实现和衡量成功的主要指标是关键绩效指标(KPI)。KPI 用于测量朝向目标的进展，且这样适合用经典红色/黄色/绿色指示器来表示通向目标的当前进度状态。当 KPI 定义并实现后，它可以用于在特定领域监测组织的进度状况，比如，每个产品类别从互联网销售中赚取的毛利率。

为了创建一个跟踪互联网销售毛利率的新 KPI，需要按照下列步骤操作。

(1) 右击 PerformancePoint Content 文件夹，然后选择 New │ KPI 命令，如图 18-14 所示。

(2) 在 Select a KPI Template 对话框中，选择 Blank KPI，然后单击 OK 按钮。

(3) 图 18-15 显示了新的 KPI。这里可以定义实际值和目标值。也可以在当前 KPI 中继续添加新的实际值或目标值。例如，如果你的组织定义了一个最低目标和延伸目标，你可能会想通过定义两个目标值将它们纳入 KPI。

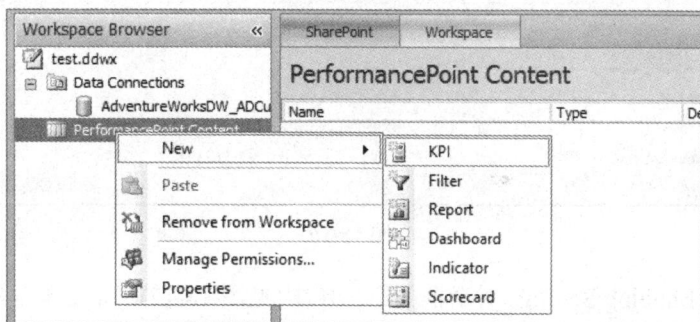

图 18-14

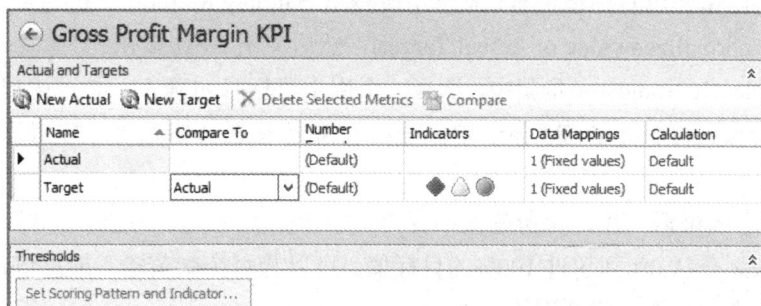

图 18-15

(4) Actual 的当前值设置为 1，这并不代表任何意思。在 Data Mappings 列中单击 Actual

的 1(固定值)链接。然后在 Fixed Values Data Source Mapping 对话框中，单击 Change Source 按钮。

> 提示：在 Analysis Services 中，可以构建具有 4 个值的 KPI：Actual、Target、Status 和 Trend。在 PerformancePoint 的 KPI 中，只有两个值：Actual 和 Target。PerformancePoint 中 Actual 和 Target 的一个有趣之处是它们不需要来自同一个数据源。例如，可以定义一个从多维数据集获取实际值的 KPI，然后从 SharePoint 列表加载目标值。这让 PerformancePoint KPI 显得非常灵活。

(1) 选择 AdventureWorksDW_ADCube_PerfPoint 数据连接，然后单击 OK 按钮。

(2) 从 Select a Measure 下拉列表中，选择 Internet Gross Profit Margin。

(3) 单击 OK 按钮关闭对话框。

(4) 选择 Target 行，然后在 Thresholds 区域中单击 Set Scoring Pattern and Indicator 按钮，如图 18-16 所示。

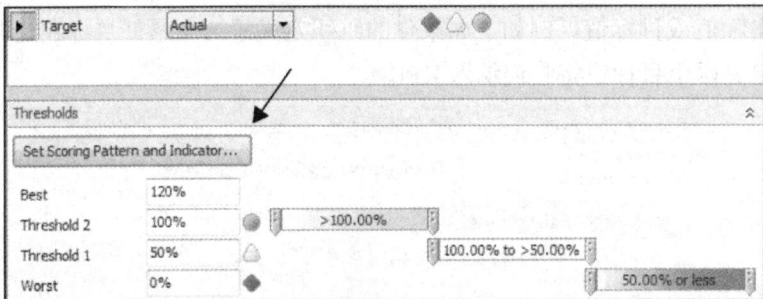

图 18-16

(5) 在 Edit Banding Settings 对话框的第一步中(见图 18-17)，需要确定实际值如何与目标进行比较。从 Scoring Pattern 列表中，选择 Increasing is Better 选项。一般来说，因为你会使用一个实际值除以目标值的规范化值，所以从 Banding Method 下拉列表中选择第一个选项(Band by normalized value of Actual/Target)，然后单击 Next 按钮。

(6) 在 Select an Indicator 步骤中，选择一个用于目标且明确表示是否达到目标的指标。可以从 PerformancePoint Dashboard Designer 的指标模板集中选择。完成后，单击 Next 按钮。

(7) 在向导的最后一步，保留差值不变并单击 Finish 按钮。现在，你可以看到如何用不同的颜色来划分从 0%到超过 100%的目标值。可以为每个阈值输入最终值，也可以使用每种颜色滑块来调整百分比范围的大小。

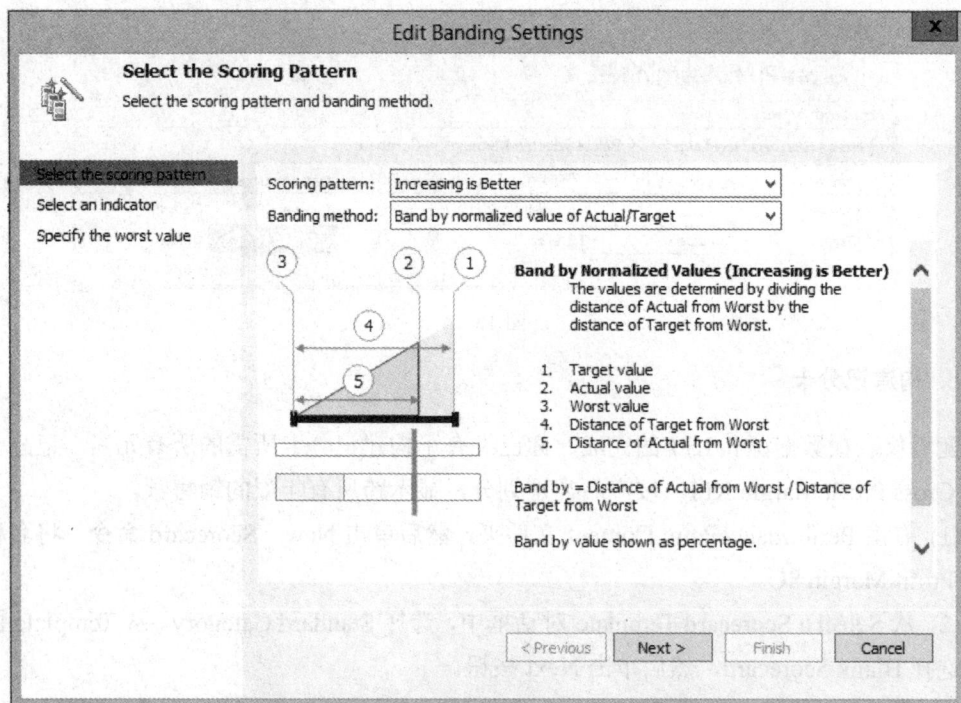

图 18-17

(8) 你需要更改目标固定值，它表示 100%毛利率的。虽然 100%是一个理想的百分比，但你可能希望将该值调整为针对你的业务更为现实和更具意义的值，例如，40.65%的实际值。单击 1(固定值)链接，将值从 1 更改为 0.4065。

> 提示：AdventureWorks 2008 R2 多维数据集并没有可用于本节示例 KPI 目标值的度量。需要使用 Fixed Values 来代替。通常情况下，Fixed Values 在度量不经常发生变化时比较好用。

(9) 单击 OK 按钮。

(10) 通过在 Workspace Browser 中右击 KPI 的名称并单击 Rename，将 KPI 名称更改为 Gross Profit Margin。

(11) 通过在 Workspace Browser 中右击 KPI 然后选择 Save 命令，来保存 KPI。

此时，新的 KPI 应该看起来如图 18-18 所示。注意，在 Details 面板中你有了关于该 KPI 的所有可用信息，比如，相关的数据源。

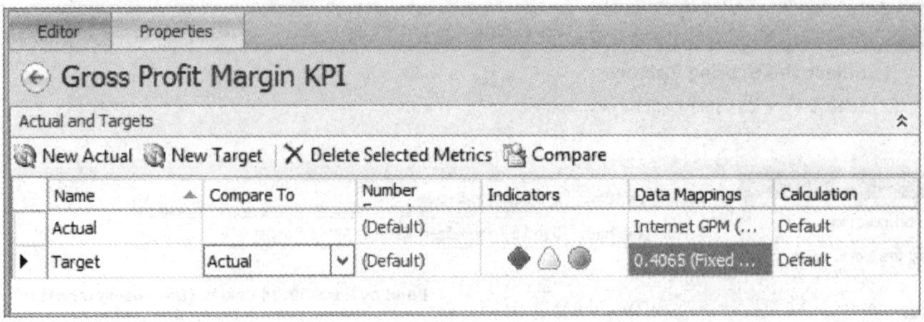

图 18-18

6. 构建记分卡

随着仪表板数据源和 KPI 的完成，你已经有了构建记分卡所需的所有元素。记分卡将包含 Gross Profit Margin KPI，按产品类别划分，显示跨所有年限的销售额。

(1) 右击 PerformancePoint Content 文件夹，然后单击 New│Scorecard 命令。将名称更改为 Profit Margin SC。

(2) 从 Select a Scorecard Template 对话框中，选择 Standard Category。从 Template 面板中，选择 Blank Scorecard，然后单击 Next 按钮。

(3) 将 Gross Profit Margin KPI(Details KPIs│PerformancePoint Content)拖放到写着 Drop Items Here 的第一行上。

(4) 单击 Edit 选项卡中的 Update 按钮。

(5) 从 Data Source 下拉列表中，选择 AdventureWorksDW_ADCube_PerfPoint 使多维数据集中的所有维度在记分卡中可用，如图 18-19 所示。

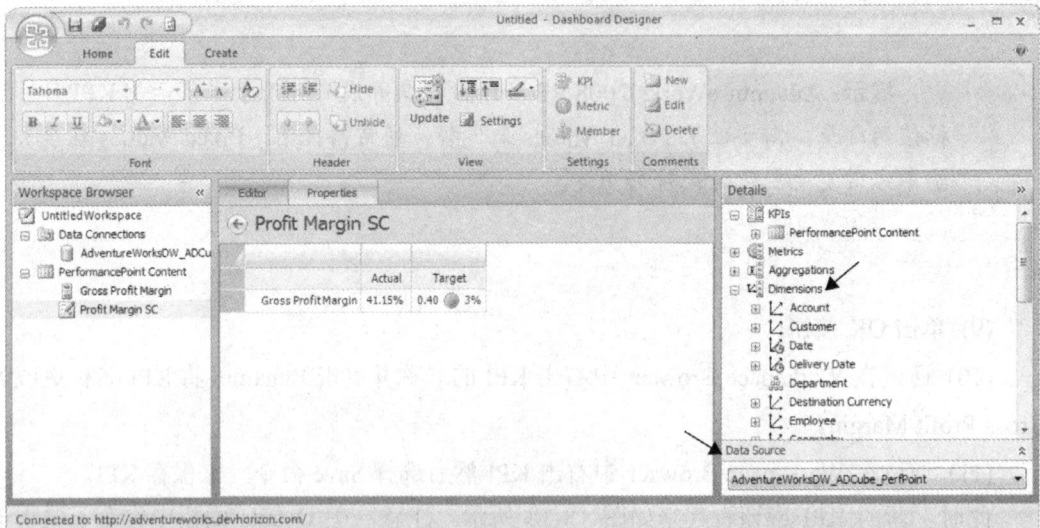

图 18-19

(6) 从可用的维度列表中，找到 Product Dimension 并展开它。

(7) 选择 Categories Member。

(8) 将 Categories 拖动 Gross Profit Margin 单元格的左侧。如果一切都已正确配置，该可扩展 KPI 的第一行将显示为 All Products，如图 18-20 所示。

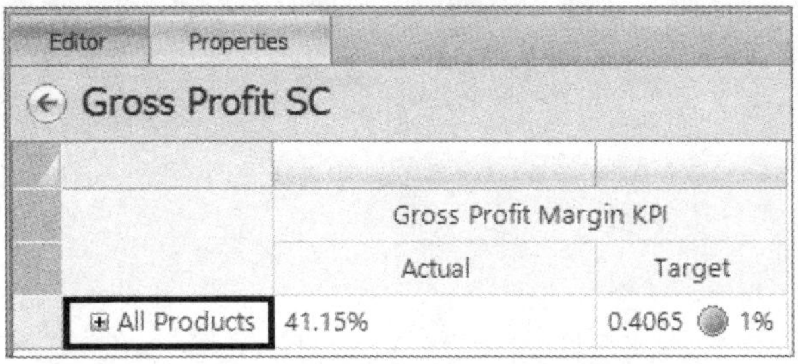

图 18-20

(9) 从 Select Members 对话框中，选择 All Products。

(10) 在 Edit 选项卡中单击 Update 按钮来查看已更新的数据，如图 18-21 所示。

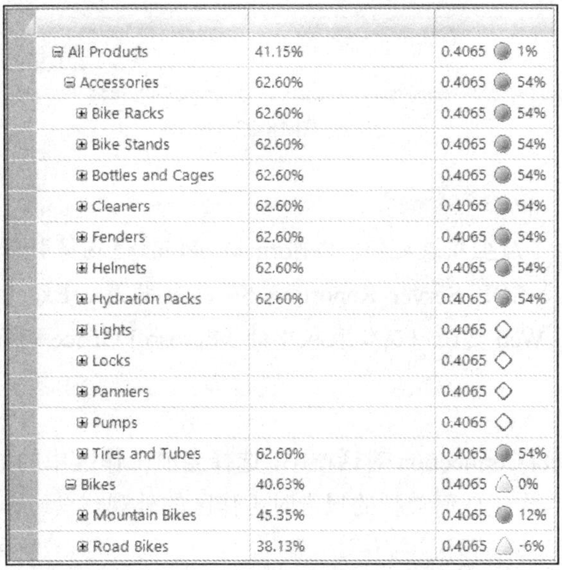

图 18-21

(11) 通过在 Workspace Browser 中右击记分卡然后选择 Save 命令，以保存记分卡。

7. 原生报表

在本节中，你将创建一个连接到上一节所创建的记分卡的报表，并按类别显示所有年份的互联网销售额。

(1) 右击 PerformancePoint Content 文件夹，然后单击 New | Report 命令。

(2) 从 Select a Report Template 对话框中，选择 Analytic Chart(见图 18-22)，然后单击 OK 按钮。

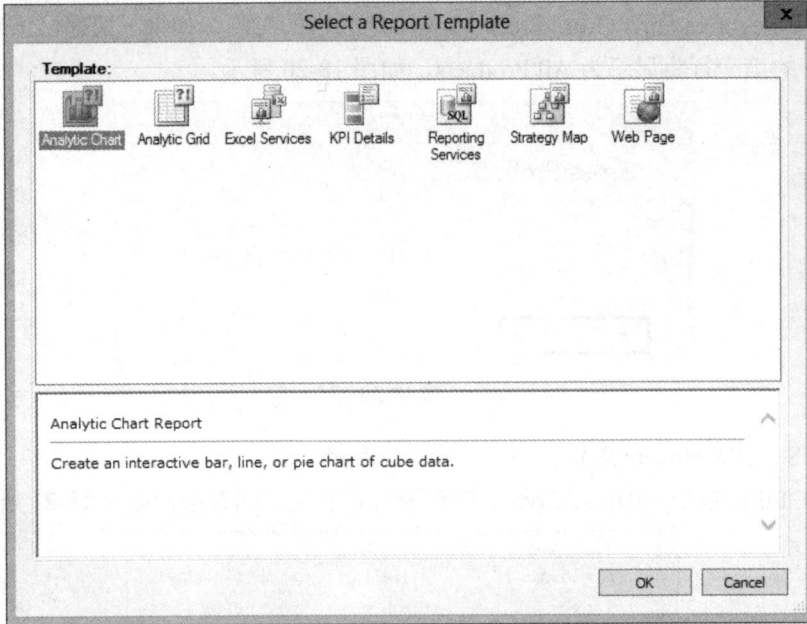

图 18-22

提示：除了原生报表之外，PerformancePoint 还支持引用 Analytic Chart 和 Analytic Grid、SQL Server Reporting Services 报表、Excel 服务工作簿、KPI Details 对象、Web 页面以及仪表板中的 Microsoft Office Visio 战略地图。

(3) 从 Select a Data Connection 对话框中，选择当前工作区中的数据源并单击 Finish 按钮。图 18-23 显示了当构建任何类型的报告时工作区的外观。

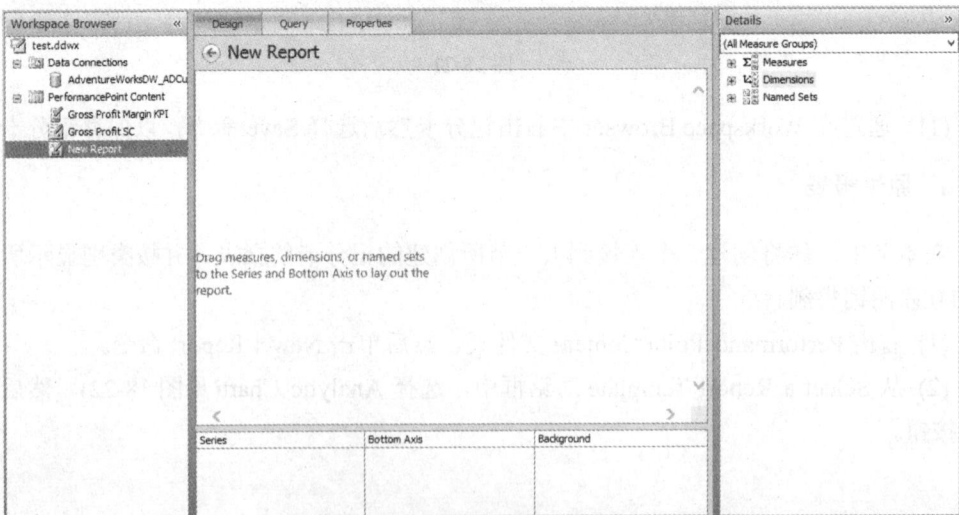

图 18-23

(4) 在右侧的 Details 任务面板中展开 Measures 节点。

(5) 将 Internet Sales Amount 项拖到 Bottom Axis 框。

(6) 展开 Dimensions 和 Product 节点，并将 Categories 拖到背景中。即使你不会在图表中显示实际分类，也仍然需要在后台引用 Categories，以便构建仪表板时，把类别从记分卡连接到图表的筛选器能够获悉在何处进行筛选。你将在下一节中了解有关仪表板的知识。

(7) 展开 Date Dimension，将 Calendar Year 拖到 Series 部分。

(8) 通过在 Workspace Browser 中右击报表名称并单击 Rename 命令，将报表名称更改为 Complete Category Internet Sales by Year。

(9) 在 Ribbon 菜单的 Edit 选项卡上，选择 Report Type | Pie Chart。工作区的外观应该如图 18-24 所示。

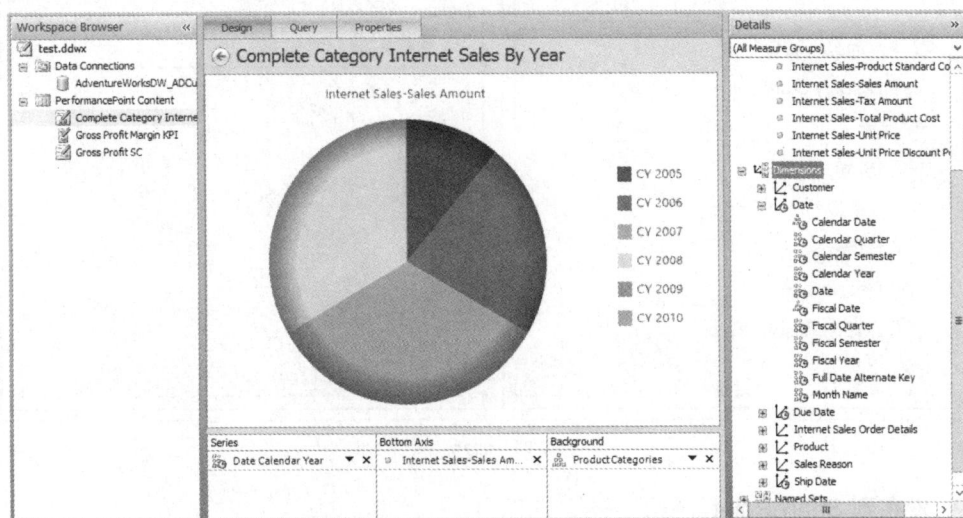

图 18-24

(10) 通过在 Workspace Browser 中右击该报表，然后选择 Save 命令，保存该报表。

8. 组合使用

既然你已经完成构建仪表板不同组件部分的所有步骤，现在应该将所有的组件部分组合起来使用了。在本节中，将创建一个显示记分卡和报表的仪表板，并将两者连接起来。此连接允许使用记分卡中的当前所选类别来筛选报表(饼图)。

(1) 在 Workspace Browser 中右击 PerformancePoint Content 文件夹，然后单击 New | Dashboard 命令。将新的仪表板重命名为 Internet Sales Dashboard。

(2) 从 Select a Dashboard Page 模板中，选择 2 Columns 页面模板，单击 OK 按钮。

(3) 从 Details 面板中，将 Gross Profit SC 记分卡拖到 Left Column。

(4) 从 Details 面板中，将 Complete Category Internet Sales By Year 报表拖到 Right Column。

(5) 将 Row Member 项从记分卡栏拖到报表栏。

(6) 在 Connection 对话框中,将 Source 值下拉列表更改为 Member Row: Member Unique Name。记住,将记分卡连接到报表的筛选器处理此连接的基础,是存在这两种元素的产品类别。

(7) 通过在 Workspace Browser 中右击仪表板然后选择 Save 命令来保存仪表板。图 18-25 显示了完成后的仪表板。

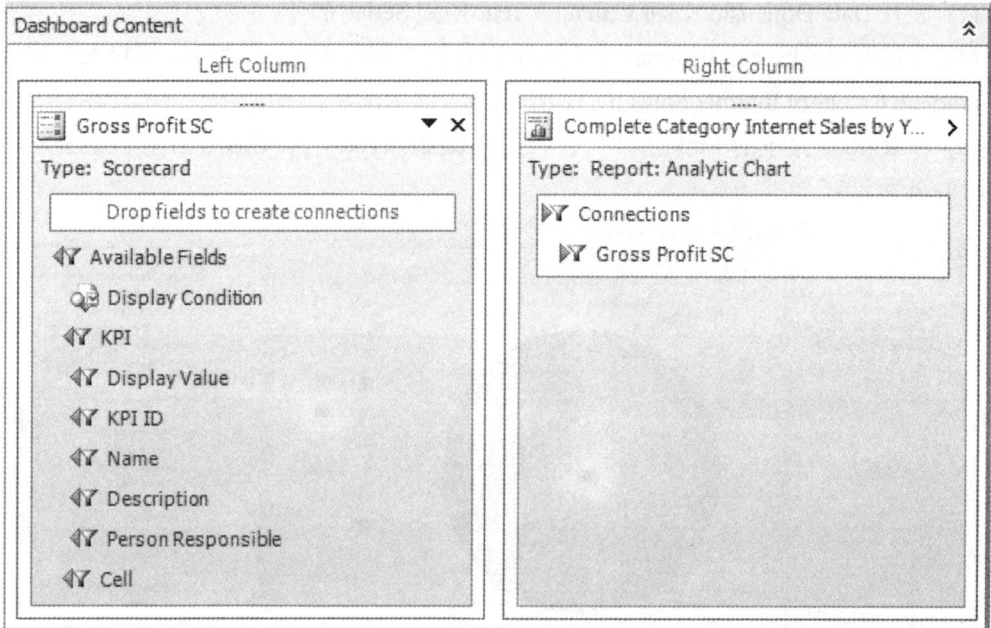

图 18-25

9. 发布到 SharePoint

仪表板布局完成以后,下一步便是使其可在 SharePoint 中联机查看。请记住,因为仪表板内容已经存储在 BI 中心网站中,所以这时发布意味着会创建一个仪表板定义实例并在仪表板的文档库中把它转储为.aspx 页面(导出的仪表板)。

> 提示:仪表板定义和实际仪表板页面之间仍有区别,正如 PerformancePoint 2007 中的情况。如果你使用导出的仪表板(.aspx 文件),用 HTML 编辑器对它进行定制,并以定制版本的仪表板替换现有的,那么下一次相同的仪表板发布到 SharePoint 时,你的更改就会被改写。因为你修改的是实例而不是定义。

如果满足以下两个条件,就可以将仪表板发布到任意文档。

- 页面在 PerformancePoint 内容类型的文档库中。

● 页面在 BI 中心具有访问仪表板元素的权限。

将仪表板发布到 SharePoint 相对比较简单。

(1) 在 Workspace Browser 中右击仪表板，然后选择 Deploy to SharePoint 菜单项。

(2) 选择 Dashboards 文件夹，然后单击 OK 按钮。

(3) 从 Deploy To 对话框中，选择网站和 Dashboard Document Library，并单击 OK 按钮。根据需要，可以在当前网站集中为仪表板选择任何可用的母版页。例如，如果你希望你的仪表板没有浏览器框架，便可以开发一个自定义母版页并在发布仪表板时选择它。

部署完成后，你将被重定向到页面(见图 18-26)，其中，仪表板已经呈现出来，100%忠实于你在创作环境中的体验。

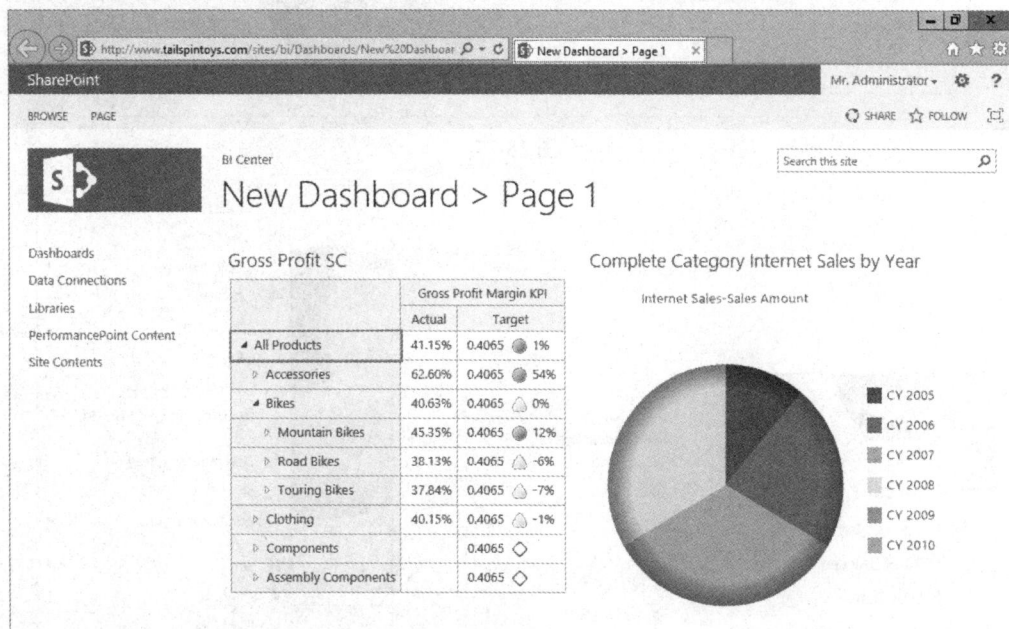

图 18-26

18.3.4　还有什么可以开箱即用

你刚刚发布的仪表板只是一个 Web 部件页面、两个 Web 部件和作为仪表板发布过程的一部分自动设置的 Web 部件连接。

这些连接并非由 PerformancePoint Web 部件独占。要使用 Web 部件连接，可以在页面添加更多的 Web 部件来将仪表板设计提升一个级别，用以表示更复杂的分析方案。可以将页面切换到编辑模式，来检查仪表板的内容，如图 18-27 所示。

图表上有许多功能可用。假设为了进行趋势分析，需要更改图表的类型。为此，右击下面图表的图例，并从上下文菜单中选择 Report Type | Pie Chart 命令，如图 18-28 所示。

如果右击该分析图表，就可以看到有很多有用的内置功能，如图 18-29 所示。

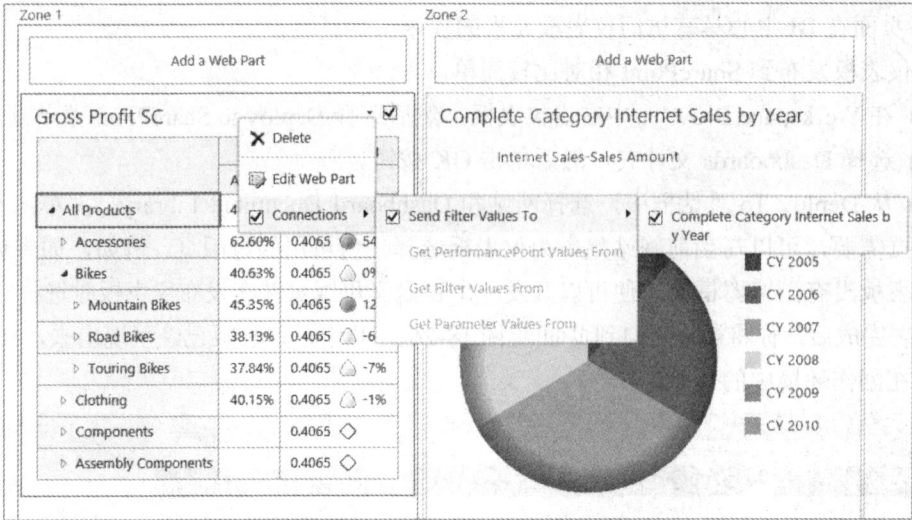

图 18-27

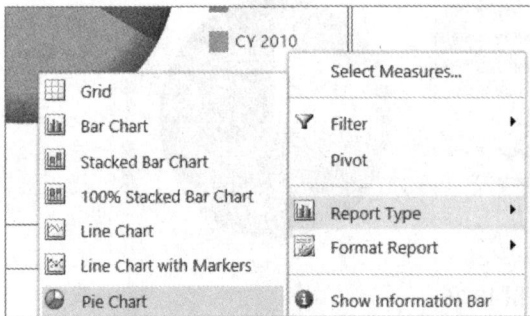

图 18-28

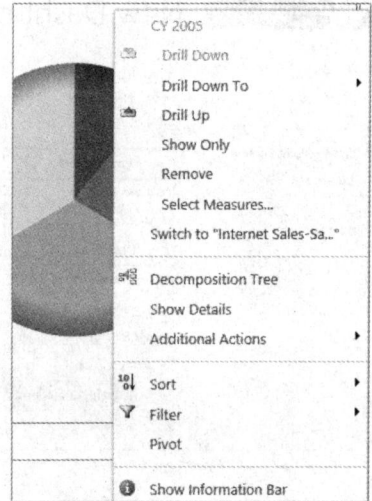

图 18-29

此菜单中有三个选项需要着重介绍。

- Drill Down To 或者 Drill Up——这些选项允许你向下或向上钻取，以查看图表元素所呈现的不同级别的详情。
- Select Measures——如果报表代表的度量不能满足分析，请单击 Select Measures 命令，并在其中找到所有度量的列表，从中选择一项或多项。
- Decomposition Tree——此选项提供了另一个导航仪表板的交互方式。使用 Decomposition Tree 的优点是它会保持报表的排序状态，并将无关紧要的报表置于层次结构的底部(见图 18-30)。当然，如果你想要分析负面状况(即销量最差的城市)，可以使用每个级别上的下拉列表快速翻动默认的排序方式。Decomposition Tree 是一个 Silverlight 应用程序，需要在客户机上安装微软 Silverlight 3 框架。

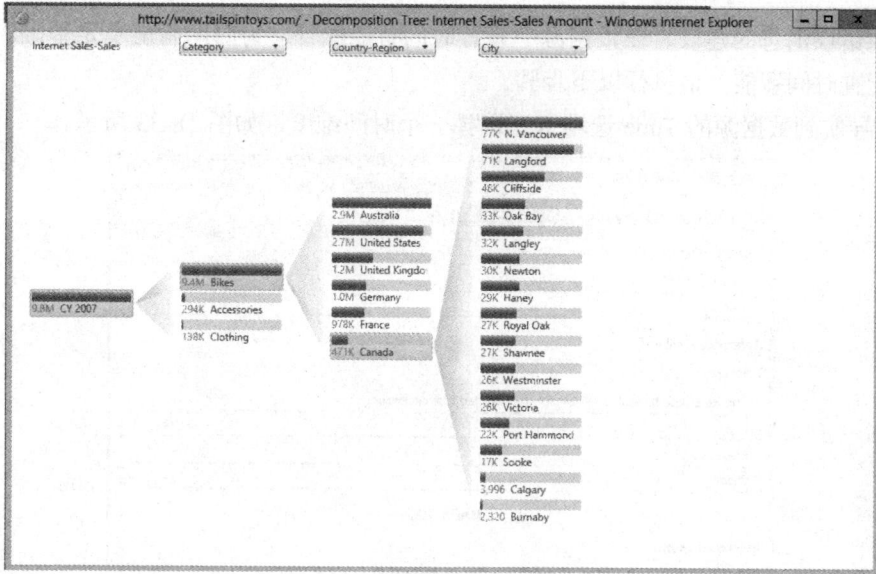

图 18-30

　　最后，如果你决定在一个全新的页面上显示某仪表板元素，为了有更多的空间，可以从承载该元素的 Web 部件中修改属性，并选择 Open in New Window 命令，如图 18-31 所示。还可以重置该元素的原始状态视图。

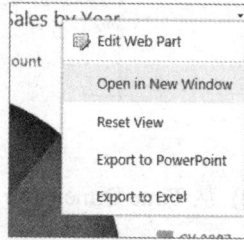

图 18-31

1. 时间智能筛选

　　在分析中，经常需要让时间公式和函数基于一个时间维度，比如，公司的财政年度。这种情况下，如果数据源无法识别你使用的时间维度，你将会接收到一条错误消息，告知数据源有一个无效的时间智能配置，如图 18-32 所示。

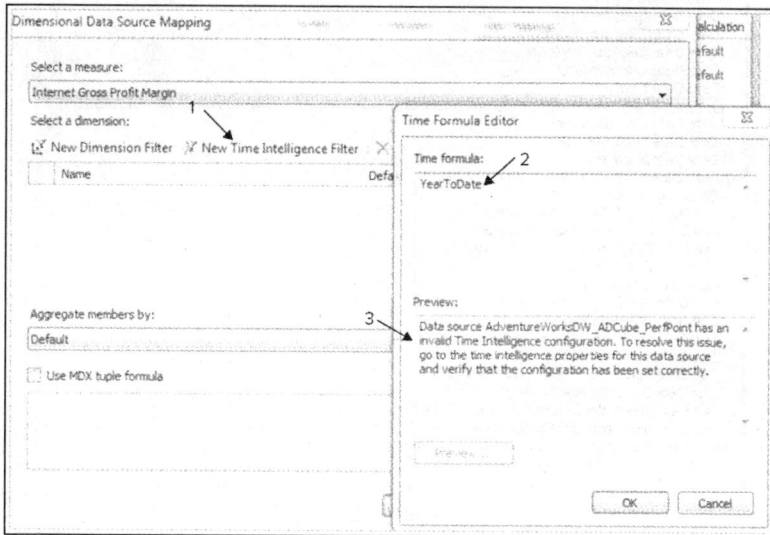

图 18-32

按照错误消息的建议，在数据源中设置时间智能配置，为时间智能奠定基础。要在数据源中配置时间智能，请执行以下步骤。

(1) 导航到数据源的 Time 选项卡，选择一个时间维度，如图 18-33 所示。

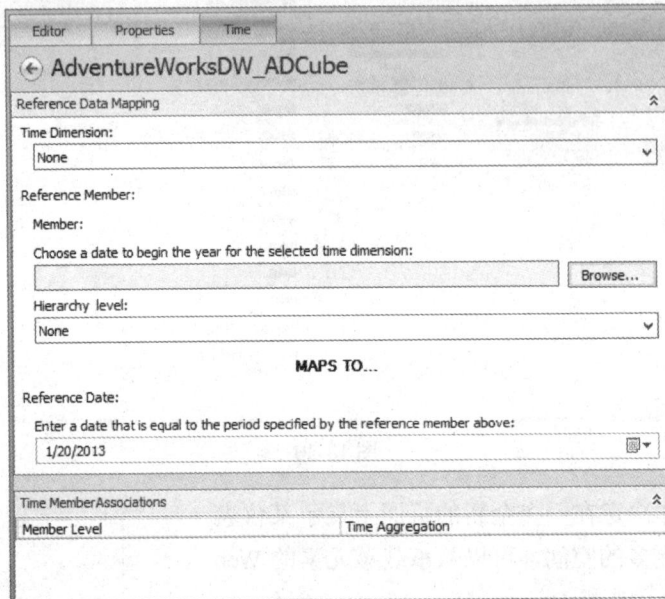

图 18-33

(2) 从 Time Dimension 下拉列表中，选择 Data.Date.Fiscal Date，如图 18-34 所示。

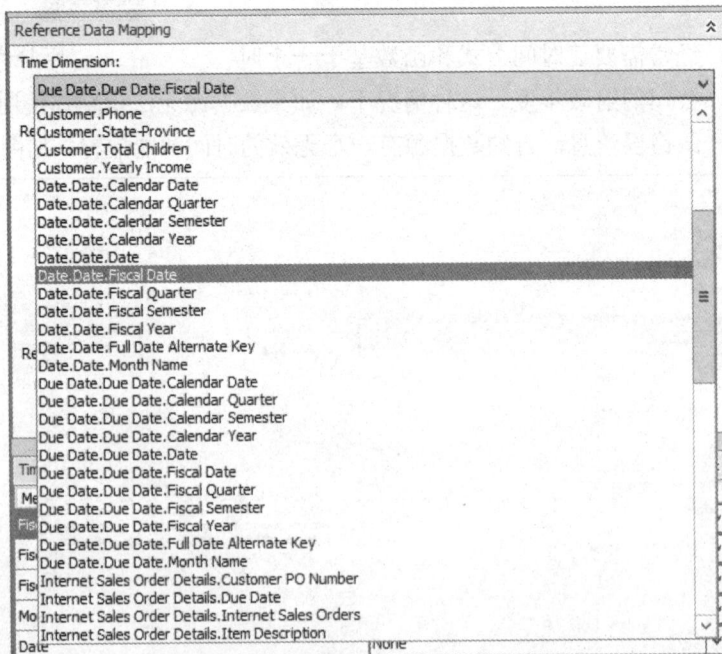

图 18-34

(3) 单击 Reference Member 字段中的 Browse 按钮，并从 Select Members 对话框中，选择 July 1, 2005。现在假设你公司的财政年度始于 7 月 1 日。通过选择 7 月 1 日的引用，数据源就会知道时间维度有一个每年 7 月第一天的起始点。

(4) 从 Hierarchy 级别下拉列表中，指定你在上一步引用的成员的粒度。由于 7 月 1 日代表的是 1 天，因此应当从下拉菜单中选择 Day。

(5) 在 Date 选取器控件中，指定日期(如 11/1/2009)，它等于你在步骤(2)(参见图 18-35)中选择的引用成员所指定的期间。PerformancePoint Services 会使用此日期将 Reference Member 关联到传统日历。

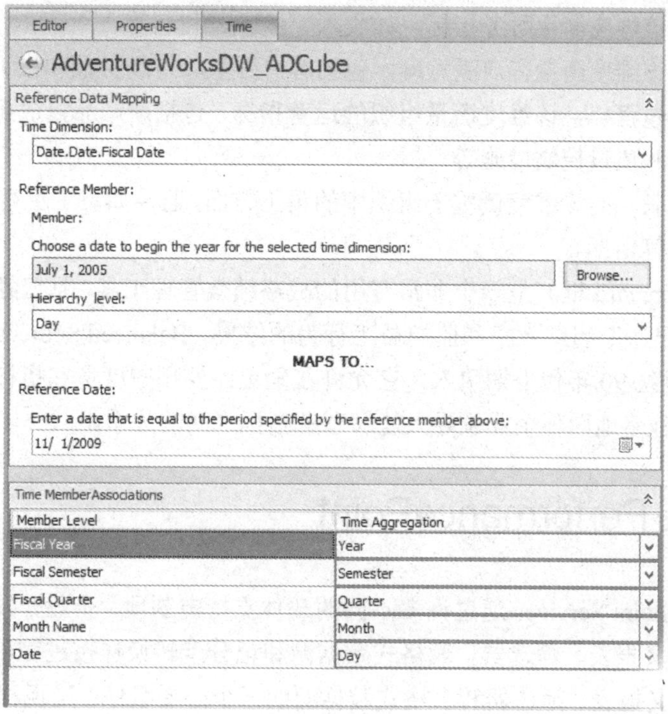

图 18-35

(6) 在 Time Member Associations 中，将时间维度层次结构(在左侧)映射到已定义的 Time Aggregations(在右侧)。

现在可以创建基于此智能时间维度的任何公式或筛选器了，比如，[Date.Fiscal].[FY 2006 to Date by Day]。

2. 战略地图

了解组织绩效的另一个要求是有能力了解战略业务目标与衡量朝向战略目标方面进展的各种 KPI 之间的关系。在 PerformancePoint 中，战略地图由承载图表的 Visio 服务组成，而 Visio 服务可以在移动浏览器中工作并且是可触控式的，这意味着 PerformancePoint 仪表板和战略地图原生支持 iPad 和其他平板电脑设备。在 PerformancePoint 仪表板中，记分卡监控绩效如果放在战略地图页面的旁边可能对用户更有意义。

PerformancePoint 并不会将 Visio 图表的形状格式限制为层次结构图表。实际上，任何形状都可以使用，因为把战略地图添加到仪表板设计器的过程会在 Strategy Map Editor 对话框中将绘图中的每个形状链接到一个 KPI，只要该形状是简单形状(不包括组合的对象)。该连接使图表中的每个形状代表一个 KPI，通过更改颜色来反映特定 KPI 的绩效。例如，在前面的示例中，有几个形状反映出 KPI 处于绿色的轨道上，同时有几个项出现了问题，出现了红色阴影。

虽然战略地图可以满足仪表板设计器的任何要求，但有一种称为 Balanced Scorecard 框架的管理科学技术，使用 4 个维度来定义组织的绩效。

- **财务**——该维度衡量财务指标，如收入、成本、利润等。
- **客户**——该维度衡量客户满意度，包括客户数量、市场份额和投诉数量等指标。
- **内部处理过程**——该维度衡量组织的运营指标，包括新产品投放到市场的时间、服务错误率和质量控制措施等。
- **学习和成长**——该维度侧重于组织中的员工方面，监控如员工更替率、新员工人数、招聘数据等指标。

Balanced Scorecard 框架是一个非常有用的战略绩效管理工具，且已经被全球范围内的组织所采纳，用于跟踪组织效率和监控员工行为的结果。Balanced Scorecard 框架的战略地图组件，在 20 世纪 90 年代中期引入，它允许在确定监控哪些度量和指标时使用大量的上下文论据，因为战略地图使企业领导人能够理解指标之间的关系。

18.4　扩展 PerformancePoint

PerformancePoint Services 通过许多不同的载体支持定制项。企业开发人员可以利用现有的 API 将自定义报表、筛选器、表格式数据源和记分卡转换挂接进应用程序。以下各节将讨论创建自定义报表、筛选器和表格式数据源的三个必要组件：呈现程序/提供程序、编辑器和扩展元数据。

18.4.1　PerformancePoint 2013 的可扩展性目标

18.2.1 节介绍了在 SharePoint 2013 中定制 PerformancePoint 服务的许多方法。请参阅图 18-36，回顾 PerformancePoint Services 的架构。

如前所述，在前端 Web 服务器上运行的定制设置包括自定义编辑器。自定义编辑器使最终用户可以定义报表、筛选器和表格式数据源的属性设置。自定义编辑器本质上是安装在 15 Hive 的 Layouts 目录中的.aspx 页面。如你所见，自定义编辑器建立在 BIMonitoring-ServiceApplicationProxy 类的基础上，它负责统辖数据源 CRUD、呈现和处理。

在中间层应用程序服务器上运行的自定义设置包括自定义记分卡转换和提供了自定义业务逻辑的呈现程序/提供程序。自定义记分卡转换用于在呈现之前更改记分卡的外观和内容。

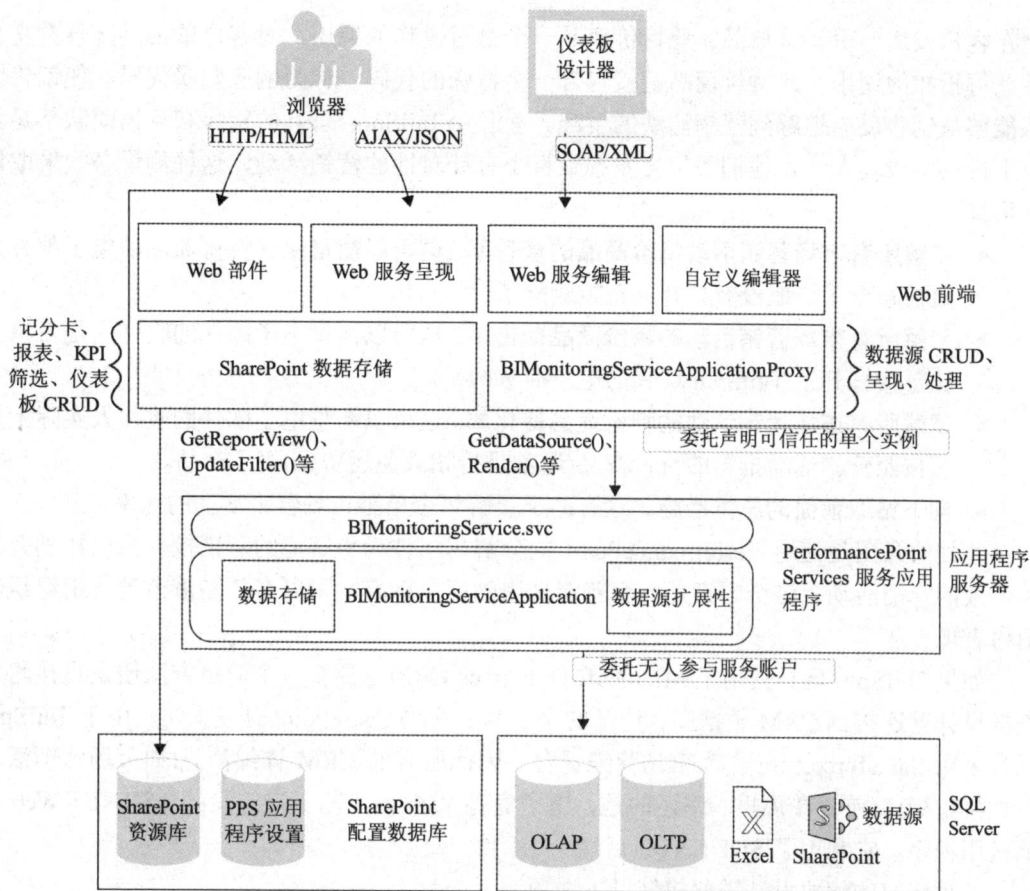

图 18-36

提示：PerformancePoint 明确支持一些自定义扩展点。值得重申的是，SharePoint 2013 支持许多新的设计管理器功能，这些功能允许在 Publishing Pages 上对 HTML、CSS 和 JavaScript 的深入控制。PerformancePoint 会在 Publishing Pages 发布仪表板。可以使用 CSS 和 JavaScript 来实现定制目标，而不需要选择维护自定义代码的昂贵选项。可以在第 10 章中找到设计管理器功能的更多信息。

18.4.2　自定义数据源

请考虑以下情形：TailSpin 玩具公司领导层要求某 SharePoint 开发团队创建一个综合仪表板，反映营销团队在所投资的各个领域的表现。要成功地完成这项任务，SharePoint 开发人员首先必须了解哪些指标是重要的，然后再反过来去发现数据集成需求。

在示例方案中，企业主想要了解直接市场营销活动的频率，以及销售和市场营销团队的营销平台对销售的转化率。每当从营销平台发起一场营销活动时，就会通过电子邮件向潜在客户发送一份特价商品。此特价商品一个是对操作的调用,对客户单击链接查看交易并获得折扣的调用。此特价商品链接包含一个特殊的代码,称为响应归属代码,使销售团队能够从销售反向追踪到营销活动的发起。考虑到 TailSpin 玩具的销售和营销团队都是具有上进心的成功人士,他们每年会发起数百个有针对性的营销活动,这种测量必须采取以下形式。

- **了解所有市场营销活动特价商品的查看率**。这可以衡量包含特价商品的电子邮件是否被查看了,或没有打开就直接删除了。
- **了解所有市场营销活动的特价商品单击率**。这可以衡量电子邮件的收件人是否单击该链接打开了 TailSpin 玩具的电子商务网站。
- **了解所有市场营销活动的特价商品转化率**。这可以衡量电子邮件的收件人实际上是否按照营销活动推荐的特价商品(通常是折扣或免运费)购买了产品。
- **向下钻取前面的总体措施**。这有助于了解每个单独市场营销活动的比率。

此处的意图是使用 PerformancePoint 的分解树组件为更智能的营销投入找出特别有效和无效的营销活动。这个方案是一套普遍采用的度量标准,可以有效测量市场营销组织的销售表现。

如果 TailSpin 玩具使用了 Microsoft Dynamics CRM,那么一个简单方法便是直接将仪表板设计器连接到 CRM 数据库。遗憾的是,对于这些 SharePoint 开发人员,由于 TailSpin 玩具采用 Salesforce.com 作为市场营销平台,因此所有的 CRM 详细信息(如市场营销活动的直接指标)都包含在那里。幸运的是,电子商务 Web 站点基于自定义的 ASP.NET Web 表单应用程序,它利用了 SQL Server 后端。

这种情况的解决办法需要权衡以下选项。

- 为了生成报表,来自 Salesforce.com 的数据应该下载到 SQL Server OLTP 数据库?
- 为了更深入的分析了解以及通过 PerformancePoint 更方便地生成报表,Salesforce.com 中的数据应该下载到由 SQL Server Analysis Services 托管的企业数据仓库(Enterprise Data Warehouse,EDW)中吗?
- 企业是否需要更接近实时的数据视图,即需要直接读取 Salesforce.com 数据?

出于本示例的考虑,接近实时的要求需要 SharePoint 开发人员通过 Web 服务直接连接到 Salesforce.com 平台,以检索数据。

PerformancePoint 服务可以使用以下这些内容作为用于报表目的的表格数据源:Excel 和 Excel Services 工作表、SharePoint 列表和 SQL Server 表。暂时还无法开箱即用 Web 服务中的数据,那么这些虚构的 SharePoint 开发人员该怎么办呢?当然,这就是要创建自定义表格数据源的原因!其他自定义后端选项,创建自定义报表和筛选器,并不适用于此示例。

Salesforce.com 提供了 *SOAP API Developers Guide*,参见 http://www.salesforce.com/us/developer/docs/api/index.htm。充分探讨.NET 和 Salesforce.com 数据的互连超出了本章的范围,但本节后面会展现的代码段显示了创建自定义表格数据源的方法。仪表板中值得探究的特定 Salesforce.com 对象是 Campaign、CampaignMember、Lead 和 Opportunity 对象。Lead 对象在 Salesforce.com 内部追踪实例是否已转换成 Account、Contact 或 Opportunity。Connection 对象的 query()方法允许从对象中检索数据,它使用类似于 SQL 的语法,并在

出现多个结果的情况下分页。图 18-37 反映了该 Salesforce.com 销售对象数据模型的子集。

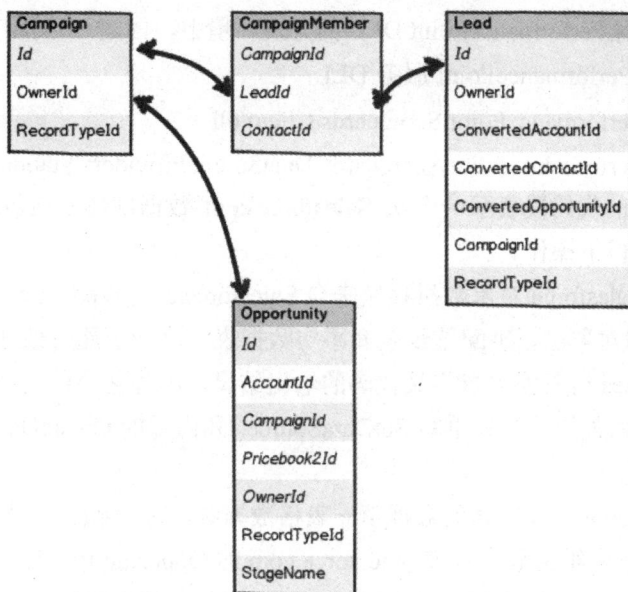

图 18-37

　　本节后面出现的代码段可以检索 Opportunities 并将其数据转变成表格数据源。在代码能够创建之前，必须在 Salesforce.com 中生成一个 WSDL。要生成 WSDL，可以单击 Account Name｜Set Up｜Develop｜API｜Generate enterprise WSDL｜Generate 命令。当 WSDL 已经创建并保存到开发人员的硬盘中后，要在 Visual Studio 中添加对该 WSDL 服务的引用。

　　　　提示：在本节后面出现的代码段将忽略 Salesforce.com 的登录要求。*SFDC Developer Quick Start Guide* 位于 http://www.salesforce.com/us/developer/docs/api/Content/sforce_api_quickstart_steps.htm，其中描述了以下步骤。

　　(1) 获得一个 Salesforce 开发人员编辑组织。

　　(2) 生成或获取 Web 服务的 WSDL。

　　(3) 将 WSDL 文件导入开发平台。

　　(4) 遍历示例代码。

　　(5) 提示用户输入 SFDC 用户名和密码。

　　(6) 调用 login()登录到服务器。

　　(7) 调用 describeGlobal()列出所有可用于用户登录的对象。

　　(8) 调用 describeSObjects()列出用于特定对象的元数据。

　　(9) 调用 query ()传递一个简单的查询字符串。

　　(10) 调用 logout()注销用户。

　　本节后面出现的代码段仅供示例使用，并不是一个功能齐全的应用程序。

要创建自定义表格数据源，必须首先在 Visual Studio 中创建正确配置的解决方案。

(1) 在可以访问 PerformancePoint DLL 的开发环境中，创建 C#类库项目。

(2) 添加以下 PerformancePoint 服务 DLL：

- Microsoft.PerformancePoint.Scorecards.Client.dll
- Microsoft.PerformancePoint.Scorecards.DataSourceProviders.Standard.dll

本节后面出现的代码段表示一个从 Salesforce.com 数据创建表格数据源的极其简化的方法。此代码执行以下操作。

- 定义一个 Salesforce 对象数组存储来自 Salesforce.com Web 服务查询的结果。
- 验证数据源对象已正确配置维度和事实数据表。这一步能有效地确保 Performance-Point Services 可以使用自定义代码的输出结果，因为它会使用 Analysis Services 多维数据集。相关的功能是重写 SetDataSource()和内部的 CreateDataColumnMappings()函数。
- 用从 Salesforce.com 检索的数据填充表格数据源。这一步(此处省略，在示例代码中提供)用以下一组函数来查询 Salesforce.com 的 Opportunities 对象。
  - 重写的 GetDataSet()定义了将要映射到表格数据源的数据表，然后调用 FillResult-Table()。
  - FillResultTable()是一个内部函数，它首先检查用于存档结果的缓存，然后调用 queryRecords()从 Salesforce.com 的 Web 服务中获取实际数据。

```
using System;
using System.Data;
using System.IO;
using System.Linq;
using System.Xml.Linq;
using Microsoft.PerformancePoint.Scorecards;
using Microsoft.PerformancePoint.SDK.Samples.SampleDataSource;
namespace TailSpinToys.Wrox.Samples.ExampleTabularDataSource
{
  // Represents the class that defines the sample data source provider.
  // It inherits from the BasicTabularDataSourceProvider class, which
  // contains overridden abstract methods that are not implemented.  The
  // BasicTabularDataSourceProvider class and the SampleDSCacheHandler class
  // are provided in the Microsoft PerformancePoint Services SDK Reference
  // Sample (available http://archive.msdn.microsoft.com/ppsSdkRefSample)

  // Code also requires access to SalesForce.com WSDL and generated proxy classes
  // before this code will compile
  public class SFDCTabularDataSourceProvider : BasicTabularDataSourceProvider
  {
    #region Properties
    // This property stores the array of results from
    // the queried SFDC Web service.
    private Object[] OpportunitiesArray
    {
```

```
      get;
      set;
}
#endregion
#region Overridden methods
// The source name for your data source. This value must match the key
// attribute that is registered in the web.config file.  Modifying the
// web.config file is discussed in the deployment section of this chapter
public override string GetId()
{
    return "SFDCTabularDataSource";
}
// Add column mappings for the sample columns if they do not exist.
// Column mappings may be missing if the custom data source has never
// been edited or if the workspace was not refreshed, which saves
// changes to the server.
public override void SetDataSource(DataSource dataSource)
{
    base.SetDataSource(dataSource);
    // Check whether column mappings exist. Do not overwrite them.
    if (dataSource.DataTableMapping.ColumnMappings.Count == 0)
    {
        dataSource.DataTableMapping = CreateDataColumnMappings();
    }
}
// Get the data from the data source.
// GetDataSet contains the core logic for the provider.
public override DataSet GetDataSet()
{
    // Create a dataset and a data table to store the data.
    DataSet resultSet = new DataSet();
    DataTable resultTable = resultSet.Tables.Add();
    // Define column names and the type of data that they contain.
    resultTable.Columns.Add("OpportunityId", typeof(string));
    resultTable.Columns.Add("StageName", typeof(string));
    resultTable.Columns.Add("CampaignId", typeof(string));
    FillResultTable(ref resultTable);
    return resultSet;
}
#endregion
#region Internal methods
// Fill the data table with the retrieved values from
// the Salesforce.com Web service
protected void FillResultTable(ref DataTable resultsTable)
{
    // Check the sematic validity of symbols (out of scope for this sample).
    if (null != OpportunitiesArray &&
      OpportunitiesArray.Length > 0 &&
      !string.IsNullOrEmpty(SampleDSCacheHandler.CacheFileLocation))
    {
```

```
          try
        {
          if (!File.Exists(SampleDSCacheHandler.CacheFileLocation))
          {
            // Create the cache file.
            XDocument doc = SampleDSCacheHandler.DefaultCacheFileContent;
            doc.Save(@SampleDSCacheHandler.CacheFileLocation);
          }
          // Get values and update cache file.
          queryRecords();
          SampleDSCacheHandler.UpdateXMLCacheFile(wsResult);
          // Check if a valid cache file location exists, which SHOULD exist
          // given that it was just filled from a query of the web service.
          if (SampleDSCacheHandler.CacheFileContent != null)
          {
            var query = from c in SampleDSCacheHandler.CacheFileContent.
Elements("Opportunities").Elements("Opportunity")
                    select c;
            foreach (var opportunityInstance in query)
            {
              DataRow row = resultsTable.NewRow();
              row["OpportunityId"] = opportunityInstance.Attribute
("OpportunityId ").Value;
              row["StageName"] = opportunityInstance.Element("StageName").Value;
              row["CampaignId"] = opportunityInstance.Element("CampaignId").Value;


              resultsTable.Rows.Add(row);
            }
          }
        }
        catch (Exception ex)
        {
          // Insert proper exception handling
        }
      }
    }

    // Get real-time data from the Salesforce.com Web service.
    // requires access to Partner WSDL files to work
    public void queryRecords()
    {
      QueryResult qResult = null;
      try
      {
        // this sample code deliberately ignores the
        // code required to connect to SFDC
        String soqlQuery = "SELECT Id, StageName, CampaignId FROM Opportunity";
        qResult = connection.query(soqlQuery);
        Boolean done = false;
```

```
    if (qResult.size > 0)
    {
      while (!done)
      {
        // grab the results and store them in the
        // OpportunitiesArray property
        OpportunitiesArray = qResult.records;
        // check to see if this set of results contains the final result
        if (qResult.done)
        {
          done = true;
        }
        else
        {
          // SFDC uses paging to prevent timeouts
          qResult = connection.queryMore(qResult.queryLocator);
        }
      }
    }
    else
    {
      Console.WriteLine("No records found.");
    }
    Console.WriteLine("Query succesfully executed.");
  }
  catch (Exception e)
  {
    Console.WriteLine("An unexpected error has occurred: " +
              e.Message + "\n" + e.StackTrace);
  }
}

// Create the column mappings.
// Notice that the table below contains only dimension fields and no
// fact data.  This will obviously limit the practical application but
// suffices for this demonstration
internal static DataTableMapping CreateDataColumnMappings()
{
  DataTableMapping dtTableMapping = new DataTableMapping();

  // Define the data in the ID column as dimension data.
  dtTableMapping.ColumnMappings.Add(new DataColumnMapping
  {
    SourceColumnName = "Id",
    FriendlyColumnName = "OpportunityId",
    UniqueName = "OpportunityId",
    ColumnType = MappedColumnTypes.Dimension,
    FactAggregation = FactAggregations.None,
    ColumnDataType = MappedColumnDataTypes.String
  });

  // Define the data in the StageName column as dimension data.
```

```
          dtTableMapping.ColumnMappings.Add(new DataColumnMapping
          {
            SourceColumnName = "StageName",
            FriendlyColumnName = "StageName",
            UniqueName = "StageName",
            ColumnType = MappedColumnTypes.Dimension,
            FactAggregation = FactAggregations.None,
            ColumnDataType = MappedColumnDataTypes.String
          });

          // Define the data in the CampaignId column as dimension data.
          dtTableMapping.ColumnMappings.Add(new DataColumnMapping
          {
            SourceColumnName = " CampaignId ",
            FriendlyColumnName = " CampaignId ",
            UniqueName = " CampaignId ",
            ColumnType = MappedColumnTypes.Dimension,
            FactAggregation = FactAggregations.None,
            ColumnDataType = MappedColumnDataTypes.String
          });


          return dtTableMapping;
        }
      #endregion
    }
}
```

代码中值得注意的有以下几项。

- 为下面的 PerformancePoint 服务名称空间添加 using 指令:
  - Microsoft.PerformancePoint.Scorecards
  - Microsoft.PerformancePoint.Scorecards.ServerCommon
- 从微软位于 http://archive.msdn.microsoft.com/ppsSdkRefSample 的 PerformancePoint Services SDK 引用示例中添加 BasicTabularDataSourceProvider 和 SampleDSCache-Handler 类。
- 用在 web.config 中注册的关键特性重写 GetId()方法。
- 重写 SetDataSource()方法，定义列映射。
- 重写 GetDataSet()方法，创建 DataSet 对象，充当表格式数据源。

前面的代码满足了方案中的一部分要求。现在，SharePoint 开发人员可以看到来自 Salesforce.com 的数据，接下来的任务是将此数据与电子商务平台的数据集成以满足(将订单)转化成活动。完成此方案是你的实践作业。

18.4.3 自定义报表、筛选器和转换

有了创建自定义数据源的能力，就不难看出 PerformancePoint 在不同数据的集成方面

有多么灵活。但如果数据元素没有自然地聚合成单独的数字集怎么办？在这种情况下可能需要自定义报表的体验。想象一下创建针对特定垂直行业的专门报表。也许自定义报表可以以信息图表的形式呈现给最终用户，有许多动态更新图像、地图和数据栏的数据点。该可能性是无限的，因为自定义报表只不过是基于传入的报表参数编写 HTML 的 Web 服务器控件。

假设完全自定义的报表非常必要的，自定义记分卡转化也为开发人员提供了在PerformancePoint Services 页面注入代码的能力，该页面用于呈现通道以影响呈现数据的更改。一个示例方案是，对热点图样式的颜色进行编码，以在达到高值或低值的事件时将其应用到网格中的单元格。

要处理用户对数据进行详尽分析的需求，PerformancePoint 为 SharePoint 开发人员提供了自定义筛选器的开发目标。筛选器的数据提供程序能够理解基础数据源，并利用DataTable 对象组织用于使用者对象的数据。

当然，任何具备独立性的 SharePoint 组件都需要在浏览器中的编辑体验。自定义报表、筛选器和表格式数据源也不例外。自定义 PerformancePoint 编辑器继承自 Page、UserControl或 WebPart 类，这些内容完整地记录在 MSDN(http://msdn.microsoft.com/en-us/library/ee559635(v=office.15).aspx)上，并带有微软推荐作为模板使用的完整功能示例编辑器。

18.4.4　部署定制项

除了需要修改 web.config 之外，自定义功能的部署过程与将自定义 DLL 部署到环境中的任何服务器场部署都一样。当然，部署服务器端代码和修改核心文件的要求意味着 Office 365 可能永远不会允许 PerformancePoint Services 的扩展。web.config 文件的修改可以通过PowerShell 脚本、计时器作业或功能接收器来完成，这会在服务器场中识别和修改PerformancePoint Services 的每个实例。

可以在位于 C:\Program Files\Microsoft Office Servers\15.0\WebServices\PpsMonitoring-Server 的 15 Hive 中找到 PerformancePoint Services 的 web.config。

第一个定制设置必须在 Bpm 元素内添加<CustomFCOGroup></CustomFCOGroup>元素，以注册以下新的分区组：

```
<section name="CustomFCOGroup"
  type="Microsoft.PerformancePoint.Scorecards.Common.Extensions.CustomFCOSection,
  Microsoft.PerformancePoint.Scorecards.Common, Version=15.0.0.0,
  Culture=neutral, PublicKeyToken=71e9bce111e9429c" allowLocation="true"
  allowDefinition="Everywhere" />
```

分区组添加以后，使用下面的代码段更新之前添加的 CustomFCOGroup 元素(在Bpm 内)：

```
<CustomFCO type="[The object type: ReportView, Filter, or DataSource.]"
  subType="[The unique identifier for your custom ReportView, Filter, or
  DataSource object.]" >
```

```
    <Resources assemblyName="[The fully qualified name of the resources assembly.]"
      resourcesName="[The fully qualified name of the resources file.]"
      FCOName="[The display name for the custom object.]"
      FCODescription="[The description for the custom object.]"
      FCOTemplateIcon="[The image resource to use as the icon for the custom
      object.]"/>
    <RendererClass name="[The fully qualified name of the renderer class in
      the format:
      Namespace.Class name, DLL name, DLL version number, DLL culture, DLL
      public key token.
      Applies to ReportView and Filter objects only.]" />
    <EditorURI uri="[The URI of the custom editor.]" />
  </CustomFCO>
```

可以在位于 MSDN 上 http://msdn.microsoft.com/en-us/library/ee556434(v=office.15).aspx 处的页面上找到详细的架构解释。

18.5　本章小结

SharePoint Server 企业版 2013 中的 PerformancePoint Services 是功能上的次要变化，比以前的版本略有提高。基于门户的 BI 技术套件中包括的元素有 Excel Services、Visio Services 和 Access Services，构成 PerformancePoint Services 的原生组件完善了微软的 Me、We 和 World 的商务智能远景。在 Me 类别的个人 BI 中，Microsoft Office 产品(如 Excel 和 Access)启用了个性化的跟踪和报表功能。在 We 类别的团队 BI 中，SharePoint 2013 类别承载了 Office 应用程序，如 Excel Services 和 Visio Services，将自助式 BI 功能分配给了更广泛的受众。在 World 类别的企业 BI 中，PerformancePoint 记分卡和仪表板通过数字的高度图形化表示形式来监控组织迈向目标的进度。

本章深入讲解了 SharePoint Server 2010 中最重要的一个 BI 服务应用程序(即，PerformancePoint Services)的架构和应用程序。本章介绍了关键概念、服务应用程序的组件、常见的使用模式(如时间智能筛选)，并创建了 PerformancePoint Services 的自定义扩展。随着这些介绍，撇开部署的复杂性问题不谈，期望定制数据解决方案的主机将分散的数据纳入到具有可理解性和可操作性的仪表板中就不无道理了。

第 19 章会基于本章的介绍扩展到 SharePoint 2013 中的 Access Services。第 19 章将讲述如何在 IT 零干预的情况下，从头开始重写 Access Services 来创建强有力、可扩展并且以数据为主的 Web 应用程序。

第19章

使用 Access 开发应用程序

本章内容

- 了解 Access Services 2013 提供的创建 Web 应用程序的新方式
- 使用宏自动执行业务逻辑
- 创建一个功能完整的 Access Services 2013 Web 应用程序
- 在新的 Web 应用程序界面上提供通用的 Access 报表功能

本章源代码下载地址(wrox.com)

打开网页 www.wrox.com/remtitle.cgi?isbn=1118495829,单击 Download Code 选项卡即可下载本章源代码。第 19 章代码下载处提供了按照本章所列标题打包的代码下载。

Microsoft Access 是首屈一指的综合性桌面开发工具,最新的 Microsoft Access 2013 已经是其第 10 个版本。Access 2013 提供了若干封装好的数据库模板以及各种各样的组织管理和数据访问功能,基于此,它已经足以使业务用户能够加速处理复杂的数据管理和报表任务。数据库和数据访问的概念自然不是什么新的概念,尤其是本章还处于一本重点介绍 Microsoft SharePoint 2013 的书的结尾,并紧随 PerformancePoint 章节之后进行介绍。但是,Microsoft Access 2013 为中高端的业务用户提供了许多解决问题的潜在方案。这些潜在方案值得关注和了解,它们可以帮助 SharePoint 架构师和开发人员知道何时可以使用现成的方法,比如,使用 Microsoft Access 而不是费时费力地定制或扩展 SharePoint 功能。

新版本的 Access 重构了整个数据库以及应用程序开发的方法,它引入了基于数据表模板扩展库的使用形式,原生支持使用 HTML5、CSS 和 JavaScript 使应用体验得到了极大改善,且能够将开发好的数据库应用程序即时部署到 SharePoint 以使快速协作成为可能。微软花如此大的力气让 Access 重生,只为了一个不同寻常的目标:让业务用户能够自行创建以数据为中心的 Web 应用程序。早期版本的 Access 允许业务用户能够快速创建基于业务线(Line-Of-Business，LOB)的桌面应用程序。在 2013 新版的 Access 中，微软意识到了行业专家们(Subject Matter Experts，SME)渴望拥有更多应用能力的强烈诉求，同时也认识到需要提供更加广泛的访问权限以及更多的 IT 控制能力。

在钻研最新版的 Access 之前，有必要驻足回顾一些与数据库相关的基础词汇和概念，并了解如何在 Microsoft Access 2013 中运用它们。

一个数据库包含一个或多个数据表、表间的关系以及这些表与表间关系构建的功能和业务逻辑。数据表是数据库结构的逻辑表示形式，其对一组特性进行分组，用于描述和承载数据实体。从概念上来说，数据表可以被看成由行与列组成。数据表中的所有数据共享相同的特性集，这些特性集也称为列或字段。数据表中的单个条目或数据项即为一条记录，也称为行或元组。数据表中的数据之所以称为结构化数据，正是因为这个行与列的概念。有了数据表这种严格的结构设计，结构化数据就变得易于查找与理解。这一点不同于那些包含在 Word 文档和 PPT 幻灯片版面的非结构化数据，非结构化数据虽然可以容纳丰富的数据详情，但并不利于计算机检索和显示。

由于一个数据库能够囊括大量的数据表，因此系统化地理解这些表间的关系就变得尤为重要。我们来看看这样一个例子：一家小型运动器材商店想要跟踪其数据库中的产品销售情况，以便于统计月度和季度报表。这种情况可以考虑使用一套简单的数据建模方法来创建数据库表，需要创建 5 张具有各自特性集的独立数据表来界定顾客、员工、订单、订单明细和产品这 5 个实体。可以利用这些表间的关系来确保每张表的特性独立简洁，如图 19-1 所示，其中揭示了这些不同的表及其之间的关系。例如，一个订单可能包括十几个或者更多的商品，但我们没有必要跟踪该订单中的每一个商品的下单日期。然而，重要的是，我们能够将一个商品的销售情况与当时客户购买该商品的行为挂钩。通过利用主键和外键字段构建的表间关系，我们可以轻松解决订单表头详细数据与其行商品详细数据分别存储于 Orders 表和 OrderDetails 表所带来的数据关联性问题。

利用数据表外键字段进行数据表关联，有助于我们使用一种称为结构化查询语言(Structured Query Language，SQL)的标准查询语言来轻易地检索数据库中的记录。SQL 使操作者能够读取、插入、删除和更新现有表中的记录，并能够创建、更改和删除诸如数据表和表间关系这样一些数据库中的结构化元素。

深入探讨 SQL 以及关系数据库不在本书内容范围之内。事实上，作为 SharePoint 的基础组件，市面上已经有成百上千的以微软关系数据库 SQL Server 为主题的技术书籍。虽然 SQL Server 的内容超出了本章讨论的范畴，但我们必须明白 Access 可以将 SQL Server 作为其后端数据库系统进行连接。这一变化意味着 Access 比以前更快更稳定！更棒的是，将 SQL Server 作为 Microsoft Access 应用程序的后端数据库，我们就可以使用其他的 SQL Server 工具，如 Excel、SQL Server Reporting Services，甚至水晶报表来轻松访问应用程序数据并生成报表。

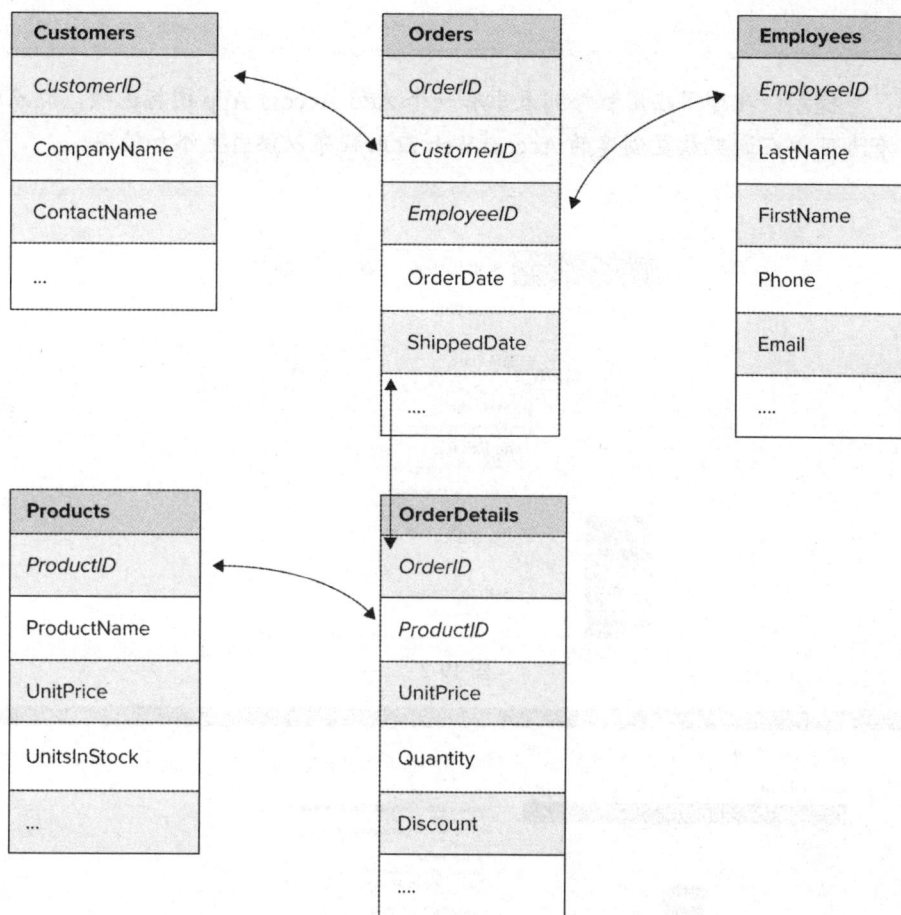

图 19-1

19.1　Access 2013

Access 2013 向业务用户和 SME 提供了高级的应用能力，使他们不必再请求开发人员提供服务。最终用户可以使用 Access 2013 做以下工作。

- 使用预制的模板创建新的 Web 应用程序。
- 从公共或企业应用程序商店下载现成的 Web 应用程序。
- 从新开发定制 Web 应用程序。
- 利用桌面数据库应用程序需要所有用户均安装 Microsoft Access。

要将公共应用程序商店或企业私有应用程序商店上的应用程序添加到 SharePoint 2013 网站，只须单击屏幕右上角的设置图标，然后单击下拉菜单中的 Add an app 选项，如图 19-2 所示。在单击后打开的可用应用程序列表页面上，包括多个预制的应用程序、内置的可定制模板和微软官方网站 Microsoft.com 提供的可定制的模板，如客户开票时间追踪程序 (Customer Billing and Time Tracking app)，如图 19-3 所示。在 SharePoint 网站安装好一个应用程序后，可以用 Access 2013 客户端轻松地定制和扩展该 Web 应用程序模板的指定实例。

> 提示：在可用应用程序列表中有一个 Add Access App 图标选项，站点所有者可以在这里放置创建的 Access Web 应用程序以供自主添加使用。

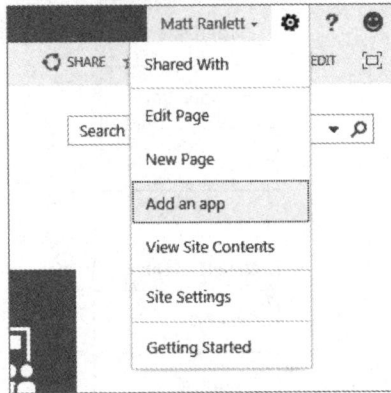

图 19-2

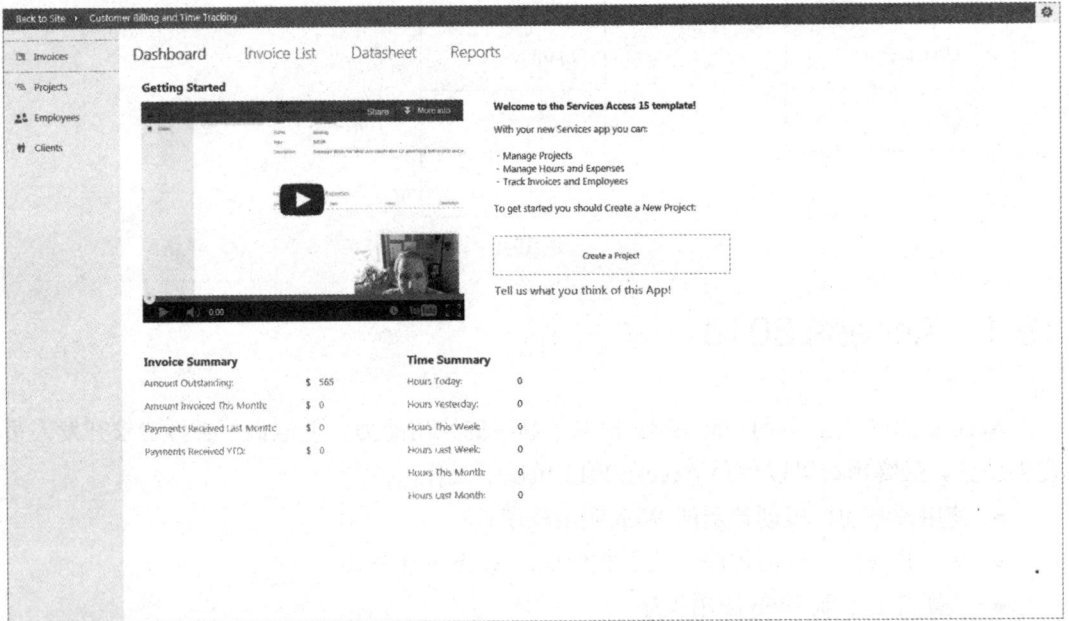

图 19-3

创建 Access Web 应用程序需要依托 Office 365(小企业高级版或企业版)或者 SharePoint 2013。如果没有资源将这两个平台用来作为 Web 应用程序的主机，桌面数据库应用程序就是唯一的选项了。桌面数据库应用程序所特有的一个好处是，它是 Access 应用程序使用 VBA(Visual Basic for Application)来扩展功能的唯一途径。撇开 VBA 宏语言不谈，19.2.4 节将详细介绍 Web 应用程序如何使用一对宏类型来进行功能扩展。

开启 Access 2013 之旅

　　开启 Access 2013 是我们使用 Access 开发 Web 和桌面数据库应用程序这一全新革命性方法的第一步。使用直接开启 Access 客户端程序的方式打开启动页面，整整四分之三的版面都是醒目的平铺界面截图，专门用来放置应用程序模板以便查找。对比 Access 2010 提供的拖动水平滚动条来浏览和选取分类模板小图标的类似选择页面，Access 2013 的应用程序模板检索引擎做了巨大的优化。这样一来，Access 2013 就极大地简化了用户查找和启动应用程序模板的步骤，而不需要像 Access 2010 那样需要多次单击鼠标按钮来完成相同的操作。

　　集成应用程序模板的搜索也做了相应的改变来提升使用体验。屏幕顶部凸显了搜索框和一部分检索已安装模板和微软在线服务系统(Microsoft Online)的搜索建议。搜索结果可以按类别进行过滤，显著提高了搜索结果的关联性。

　　在每个新的 Office 2013 应用程序中搜索模板都能够得到跨应用程序的搜索体验。搜索结果返回后，在搜索结果的页面底部包含了可供其他 Office 应用程序使用的模板，可以直接单击打开。例如，在 Access 中搜索"Employee"一词，将产生 10 个 Access 模板和 46 个 Word 模板的搜索结果。单击 Word 模板结果项，会展开平铺的 Word 模板截图图标，每一个图标都可以直接单击打开对应的 Office 应用程序界面来处理相关任务。图 19-4 显示了搜索"Employee"返回的模板选择界面，基于这些搜索结果可以快速打开对应的 Office 应用程序。

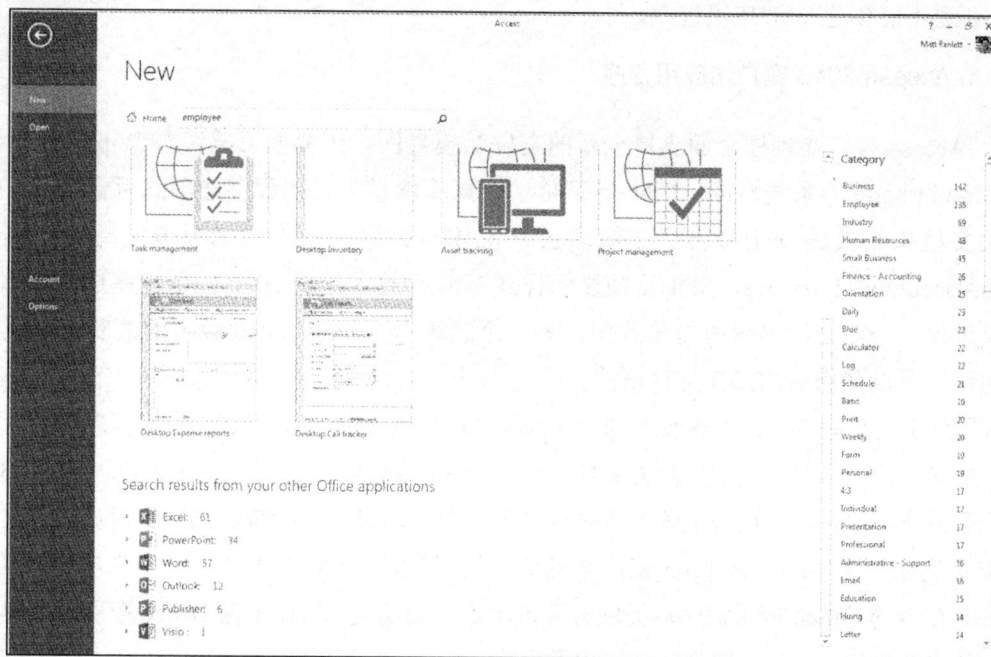

图 19-4

　　值得一提的是 Access Web 应用程序全新的重要改进内容。诸如 Issue Tracker(问题跟踪)、Task Management(任务管理)和 Contacts(联系人)这些默认模板默认都是 Web 应用程序可以原生使用的，作为一个显式可选选项它们可以让 Web 应用程序具有桌面应用程序的使用体验。这并非 Access 2013 才做出的重大改变。实际上，Access 2010 就已经提供了一个 Web 数据库选项，但该选项仅仅是作为桌面体验的一个补充选项而已，就像是一道餐后甜点一样。对于业务应用程序开发人员，这一选项的具体化转变只是反映出 Microsoft Access 产品的重要性在不断延续的其中一个迹象。

微软使用"名词(noun)"这个词语来表示从搜索框中检索到的模板实体。例如，如果一个用户想要跟踪 Issues，搜索过程中会将 Issues 这个词语描述成一个"名词"，但是实际上搜索到的 Web 应用程序包括了 Issues、Customers、Employees 和 Comments 这些数据表。"名词"其实只是由微软托管的成百上千个公开可用的数据库模式模板中的一个。

单击任何一个应用程序模板都能够在 60 秒或更短的时间内为你提供一个实用的业务应用程序。例如，单击 Issue Tracker 这个应用程序会立即为联系人和问题创建一套数据存储表以及数据管理表单。Web 应用程序和桌面应用程序提供基本相同的功能，唯一一个较大的区别是 Web 应用程序的用户界面基于浏览器。此外，窗体、视图、数据表和自动化功能都能够在在线 Web 应用程序和桌面应用程序中进行访问与使用。Access 与其他 Office 应用程序间最重要的区别在于创建新的 Access 应用程序时，有一个独特的中间步骤需要用户来定义 Web 应用程序的部署目标是本地服务器还是 Office 365 环境。没有应用 SharePoint 或者 Office 365 的企业级用户和消费级用户可以使用 SkyDrive 来应用桌面数据库应用程序，但是不能创建 Web 应用程序。

1. Access 2013 客户端应用程序

Access 客户端程序全面支持全新的友好触摸界面，该界面灵感源自 Windows 8 和 Windows Phone 的系统设计。Ribbon 菜单、数据库信息与应用程序选项的后台视图、可信的文档和相关的安全警告、导航面板、窗体与数据表操作的选项卡式单文档界面 (Sing-Document Interface，SDI)这些显示样式都继承于 Access 2010 应用程序这个版本，仅仅进行了一些上层显示的封装改变。另一个继承于 Access 2010 版本的改变，是桌面应用程序可以使用 ACCDB 文件格式。

区别于之前版本的一个改变是包括 Access 2013 在内的 Office 2013 应用程序均引入了用户配置文件这一概念。用户配置文件允许 Access 持久化供诸如 SkyDrive 和 Office 365 这些服务使用的凭据。这些配置文件可以基于企业活动目录、Office 365 的用户配置文件系统或者用户的 Windows Live 账户来提供。虽然在同一时间只能使用一个账户，但包括 Access 在内的 Office 应用程序均提供管理多个账户的功能。可以根据 Office 应用程序界面右上角的姓名和照片来识别当前使用的用户账户。

当开始使用一个像桌面任务管理程序这样的预配置应用程序模板时，导航面板对于 Access 应用程序开发人员是最重要的用户交互点之一。可过滤的导航面板有效排列了所有的应用程序元素以便快速使用。虽然本章后面仅重点介绍 19.2.4 节包含的元素，但我们必须理解，导航面板提供的是全面支持数据表、查询、窗体、报表、宏命令以及代码模块这些功能的快速使用入口，如图 19-5 所示。

Navigate To 选项被设置为可在 Object Type 导航与 [Custom] Navigation 间切换，这是从 Access 2010 延续下来的两个最有用的导航面板配置选项。Object Type 导航视图将 Access 对象按类型进行分组，[Custom] Navigation 视图则将 Access 对象按相关联的用户使用行为进行分组。[Custom] Navigation 在任务应用程序中称为 Tasks Navigation，而在问题应用程序中则称为 Issues Navigation。可以在 Navigation Options 对话框中重命名[Custom] Navigation 组，也可以在这里轻松控制哪些 Access 对象显示在 Navigation 面板里。

桌面应用程序的 Access 客户端应用程序使用体验并未发生很大的变化。微软对 Access 2013 的大多数投入都集中在了新的 Web 应用程序模型上，该模型明显是为了简化 Web 开发而专门设计的。基于此，本章后面重点介绍 Access Web 应用程序和这些程序开发的内容也就可以理解了。

2. Access 2013 Web 应用程序

Microsoft Access 2013 几乎完全重构了用户界面。Access 的变化重点放在了 Web 体验上，基于 HTML、CSS 和 JavaScript

图 19-5

这些前端技术来让 Web 应用程序拥有更丰富的界面特色。这种新的前端界面具有与核心 SharePoint 2013 应用程序同样丰富的跨平台访问体验。

除新的前端外，Access Web 应用程序的后端已完全被 SQL Server 所替代。上一版本的 Access 利用 SharePoint 列表来作为 Access 2010 数据表的实际存储机制，而 Access 2013 则会自动创建一个基于 SQL Server 或者 SQL Azure 的完全匹配的 SQL Server 数据库。SQL Server 带来了可扩展性这一显著改善，并且避免了许多用户独占或锁表的问题。因为使用了 SQL 作为后端，所以 Access 现在可以存储和快速计算过百万的数据记录。再者，使用 SQL Server 作为后端，由于所有数据都存储在 SQL Server 里，因此 IT 人员能够明晰和管理企业的 Access 应用程序。

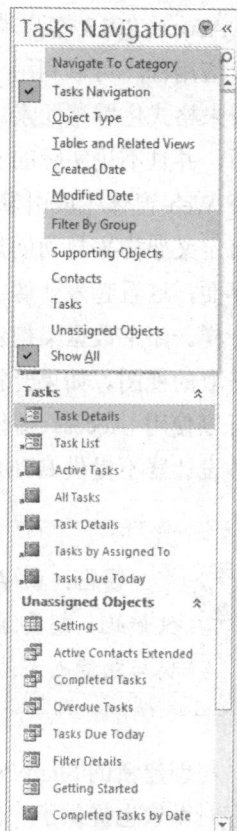

> **警告**：SQL Server 对 Access 应用程序的支持对于需要遵循 SOX 与 PCI 约束的财务和 IT 人员来说意味着什么呢？业务应用程序开发人员现在需要拥有 SQL Server 数据库的读/写权限，这可能导致财务报告面临风险以及会在受到严格限制的系统中撕开一个裂口。这一问题需要严肃考虑，因为创建 Access Services 就意味着需要通过 Windows 集成身份验证来连接 SQL Server 数据库。

Access 2013 客户端应用程序也可被视为 Web 应用程序的设计器。使用 Access 创建 Web 应用程序可以利用一套内置的窗体生成引擎，它运用一套默认的布局和基于 CSS 的样式表来格式化屏幕元素。这一窗体模板引擎确保了业务和 IT 用户可以快速创建吸引眼球的界面，并且不论实际的应用程序由谁创建，都能保证所有应用程序具有一致的用户体验。这个 Web 窗体生成引擎能够基于微软的架构模板、现有的数据导入口和在 Access 中建立的自定义架构来自动创建一致的界面。Access 能够读取数据架构并且生成直观的数据表编辑界面，这看起来就像 Excel 网格、个人记录视图、记录搜索界面和导航按钮这些界面样式一样。如果数据架构包含数据表间的关系，Access 将为这些关系自动创建带链接和可向下钻取的视图。如果开箱即用的界面未能恰当地将数据元素或导航体验按优先级排序，我们可以使用 Access 窗体设计器来快捷地重新放置或格式化元素。值得注意的是，Access 窗体设计器不提供 HTML 或代码编辑功能。

> **警告**：由 Access 窗体引擎生成的 HTML5 功能十分复杂且无法修改。不仅如此，想要通过自定义 CSS 或 JavaScript 来修改 Access Web 应用程序的外观与功能也无法实现。

与创建新的 SharePoint 站点带给最终用户的体验相似，使用 Access 创建新的空白应用程序时微软也提供了一套行为召唤指令来引导用户。Access 2010 启动时只给用户提供了一个空白界面，这经常给新手用户造成困惑。Access 2013 会及时提醒用户为创建的应用程序添加数据表，并且为这种行为召唤指令提供搜索界面以及现有数据源连接选项的选择。

Access 2010 及更早版本的资深用户可能在使用 VBA 来自动处理重复的任务和业务流程投入了很多精力。虽然 Access 桌面客户端继续支持 VBA，但 Web 窗体已经不再支持 VBA。不过，Access Web 窗体提供了一对宏设计器来应对用户界面与数据修改的工作。宏设计器将在 19.2.4 节深入介绍。

3. Access Web 应用程序示例介绍

如本章前面图 19-3 所示，我们可以使用微软免费提供的客户开票时间追踪程序来创建基础的 Access Web 应用程序。就像所有 Access Web 应用程序一样，这个应用程序也具备以下特点。

- 界面顶部的应用程序完整路径导航条。
- 界面左侧纵向排列着代表业务实体的表。这个列表称为平铺面板。当用 Access 设计应用程序时，每张表都会在平铺面板上添加并且可以单独隐藏。
- 任务向导视图横向排列在界面上方。单击不同的任务向导"名词"，将相应在界面上方显示对应的视图。

微软为该应用程序提供了数个多视角在不同视图上展示高效操作 Web 浏览器控件的

YouTube 视频，用以展示 Access Web 应用程序的功能。这些抓人眼球的视频没能体现出来的是，该业务应用程序能够完美地展示 4 种不同的视图类型和宏命令。在 19.3.2 节中，我们将带你练习创建一个类似的 Access Web 应用程序，这样你就可以详尽地了解所有适用的功能。

通过导航到 Site Contents 页面这一功能可以看出，SharePoint 处理客户开票时间追踪程序的方式跟其他 SharePoint 应用程序一样。该应用程序是安全的并且可移除的。另外，还可以从浏览器中用 Access 2013 打开这个应用程序来进行修改和重新发布。如果把该应用程序当作模板发布到多个不同的网站中，对于每个网站，其对应的应用程序实例的数据都是独立封闭的。

19.2　Access Services

如前所述，为了减少 SME 创建业务应用程序可能遇到的障碍，微软在新的 Microsoft Access 2013 应用程序模型上进行了很多投入。通过将 SharePoint 2013 和 SQL Server 用来做相应前端和后端的内部部署方式，Access 2013 使基于 Access 的业务应用程序在管理能力和可扩展性方面有了显著提升。通过利用托管型应用程序模型及将 Office 365 作为前端宿主，并且将 SQL Azure 作为数据存储，Access 应用程序的访问便捷性和可扩展性就得到了大大加强。

19.2.1　内部部署架构

当在本地安装部署的 SharePoint 2013 的环境中发布和共享 Access Web 应用程序时，SQL Server 2012 提供了后端功能，而 SharePoint 及其 Access Services 服务应用程序提供用户界面和安全保障。图 19-6 描述了 Access Services 的架构。

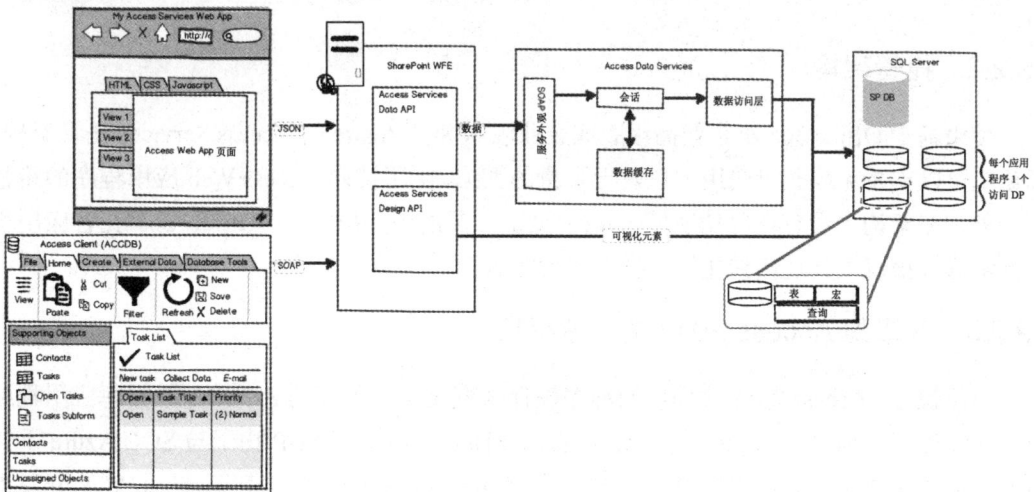

图 19-6

虽然 Microsoft Access Office 2013 客户端使用 SOAP 协议进行通信，但 Access 2013 的 Web 前端完全依赖于 RESTful 服务。Access Web 应用程序和桌面客户端都需要跟基于负载均衡的 SharePoint Web 前端进行通信，以获取 Access Services 数据及调用设计 API。

> **提示:** 与大多数其他的 SharePoint 2013 服务应用程序不同，Access Services 数据和设计 API 是面向 Microsoft Access 2013 客户端私有的且仅限于 Access 2013 客户端开发调用。

　　Access 数据服务(Access Data Service，ADS)包含会话、缓存以及负责从后端 SQL Server 数据库抽取数据的数据访问层。Access Services 的设计 API 仅可用来获取可视化元素，它可以绕过 ADS 并直接与后端 SQL Server 数据库连接。

　　对于每个 Access Services 应用程序，都将在 Access Services 应用程序数据库上创建与其对应的新应用程序数据库。这个新数据库包含新应用程序的数据、视图(窗体)、查询语句和宏命令。默认情况下，虽然 Access Services 应用程序数据库服务器是 SharePoint 使用的同一个 SQL Server 数据库，但也可以在管理中心的 Management Services Applications 页面上轻而易举地创建新的数据库服务器以实现不同关注点的分离。在同一时间，一个 Access Services 应用程序仅能使用一个 Access Services 应用程序数据库服务器。

> **提示:** 在组织内部部署环境启用 Access Services 需要重点考虑灾难恢复和数据存储策略的问题。在不限制 Access 2013 Web 应用程序访问权限的环境中，新数据库的增长数量将异常迅速!

19.2.2　托管架构

　　使用基于 Office 365 小企业高级版或企业版和 SQL Azure 的 Access Services 托管架构，理论上可以支持无限数量的用户以及无限量的数据。除了访问 Access Web 应用程序的路径不同外，在架构上没有任何功能性区别(参见上一节的图 19-6)且用 Office 365 托管应用程序能够降低报表工具连接到托管数据库的潜在难度。

19.2.3　升级到 Access 2013 的注意事项

　　前面说过，Access 2013 桌面应用程序没什么变化——现有的 ACCDB 数据库应用程序可以继续运行。但是，Access 数据项目(Access Data Project，ADP)由于与 SQL Azure 不兼容而不再继续提供。ADP 已经被基于 Web 的新 Access 应用程序所替代。针对 ADP 开发人员，微软的指导意见如下。

- 通过向新的 Access 应用程序导入现有的数据表来将 ADP 转换成 Access 应用程序。这样将自动生成新的窗体。
- 将 ADP 应用程序转换成.accdb 格式会生成一个关联的桌面数据库。
- 可以通过将数据导入 Access 应用程序(托管在 SQL Server/SQL Azure 上)及通过.accdb 客户端应用程序连接到后端数据存储来创建混合应用程序。
- 升级成.Net 应用程序并将 Microsoft Access 作为后端平台。

19.2.4 数据库组件

数据库包含数种组件类型，如数据表、查询、视图、报表与宏命令。本节将详细介绍这些组件。

1. 数据表与查询

本章前面已多次提到过，Access 2013 Web 应用程序可以完全使用 SQL Server 或者 SQL Azure 作为新的后端。对于将所有数据存储在 SharePoint 列表中的 Access Services 这一 Access 2010 模型，这是全新的改变。如表 19-1 所示，现在我们来看看这一变化有什么意义。

表 19-1　Access 2013 与 Access 2010 的对比

Access 2013 Web 应用程序的优点	Access 2010 Web 应用程序的优点
相比 SharePoint 列表，SQL Server 与 SQL Azure 性能更高、可扩展性更强	所有数据均存储在 SharePoint 网站的列表中(当创建应用程序时 Access 2010 自动配置)
使用一系列自助式 BI 工具(如 Excel 和水晶报表)，可以从专有 SQL Server 数据库中获取数据	数据在单个网站进行托管，减少了需要创建的数据库总数

尽管新模型的确增加了在数据库数量方面的管理成本，但由于 Access 2013 拥有其专有的 Web 应用程序数据库，因此它较以前版本更加灵活。

理解 Access 对象如何在 SQL Server 中存储需要进行一定程度的概念转换。表 19-2 对照显示了这两种数据环境中一些关键词汇的异同。

表 19-2　Access 2013/SQL Server 2012 词汇对比图

Access 列表	SQL Server 列表
表	表
查询	视图
奇数查询	表值函数
单独数据宏	存储过程

(续表)

Access 列表	SQL Server 列表
表事件数据宏	触发器
有效规则	检查约束

在 Access 中创建的任何数据表存储到 SQL Server 数据库时表名不会发生变化。相应地，数据表字段的名称在 Access 和 SQL Server 中一样。而 Access 使用的数据类型与 SQL Server 几乎完全不同，详见表 19-3。

表 19-3 Access/SQL 数据类型对比图

Access 数据类型	SQL Server 数据类型
单行文本	nvarchar(124000, MAX)
多行文本	nvarchar(124000, MAX)
数字	浮点型
数字	整型
货币	浮点型
日期	日期
日期/时间	datetime2(6)
时间	时间
真/假	位
图像	varbinary(MAX)

在 Access Web 应用程序中创建的每一个数据表都会在用户浏览页面左侧的平铺面板中列出以供使用(参见 19.1 节开头的图 19-3)。图 19-3 中将 Invoices、Projects、Employees、Clients 作为 4 个导航选项进行显示，它们代表了互相关联的源数据表及视图。但是，用 Access 桌面客户端打开该应用程序会揭示一些数据表并没有在 Web 浏览器中显示出来。平铺面板中的数据表选项可以隐藏或上下移动排序，但是一旦将平铺面板中的某一数据表选项删除，该数据表及其相关联的视图也将一同删除。如果某一数据表选项被隐藏，该数据表的后台架构及其相关联的视图依然能够修改。这是为了支持基于宏命令来访问隐藏视图以避免其被彻底隐藏而无法访问的通用做法。

Access 使用查询来将多个数据表连接在一起以便进行目标数据检索或数据汇总。Access 使用了一个对行业专家友好交互的可视化查询生成器来创建访问所需数据的持久方法。这种查询在 SQL Server 中是作为视图或表值函数进行存储的，以哪种方式进行存储取决于该查询是否需要参数传递。SQL Server 对象在 Access 中的名称是一致的。图 19-7 显示了微软示例应用程序 Customer Billing and Time Tracking 中的一个 Access 查询。

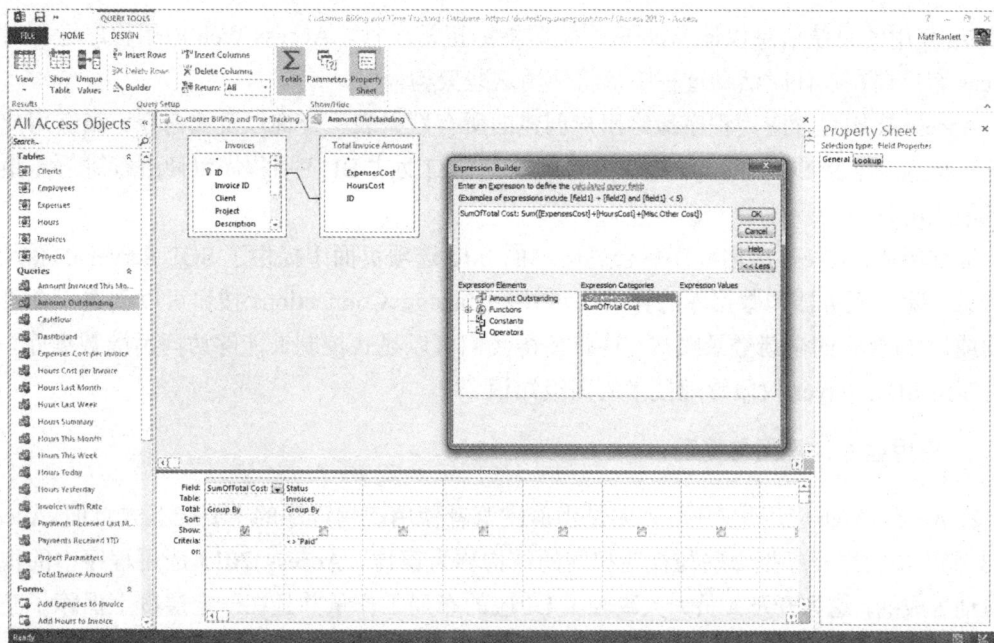

图 19-7

要访问 Access Web 应用程序对应的 SQL Server 数据库实例，可以打开 Access 客户端的后台界面，单击 Info 选项就可以看到与已发布 Web 应用程序相关联的服务器和数据库名称。在使用 Office 365 发布 Access Web 应用程序的情况下，其数据库在 SQL Azure 实例中进行托管。可以使用 Azure 管理门户中提供的管理工具来连接该数据库实例。具体方法请参照微软指导手册中名为 "Guidelines for connecting to Windows Azure SQL Database" 的文章，该文章的访问地址是 http://msdn.microsoft.com/en-us/library/ee336282.aspx。前面提到的 Access 查询对应的 SQL Server 视图如下：

```
CREATE VIEW [Access].[AmountOutstanding]
AS
SELECT
      SUM[Total Invoice Amount].[ExpenseCost],
      [Total Invoice Amount].[HoursCost],
      [Invoices].[Misc Other Cost]
FROM
      [Access].[Invoices]
LEFT JOIN
      [Access].[Total Invoice Amount]
ON
      [Invoices].[ID] = [Total Invoice Amount].[ID]
WHERE
      [Invoices].[Status] <>"Paid"
```

SQL Server 架构

在其专用的 SQL Server 数据库中，Access 使用了三种独立的 SQL Server 架构：Access、AccessSystem 以及 AccessRuntime。AccessSystem 与 AccessRuntime 架构存储 Access Services

与 ADS 使用的系统信息以便 Web 应用程序能够正常运行。Access Web 应用程序运行时与 Access 客户端在设计时活动过程中都将使用这些架构。

Access 架构包含应用程序最终用户创建的所有数据表、查询以及宏命令。高级用户通过这一架构来连接 SQL Server 报表服务或其他的自助式 BI 应用程序以便进行进一步集成和扩展应用。

如前所述，Access 应用程序后台界面中的 Info 选项页面中提供了 SQL Server 的登录详细信息。除了服务器和数据库的详细信息外，Manage Connections 按钮可以创建一个具有只读或读/写权限的全新登录账户。这就使得我们可以显式控制谁能够访问后端数据库，而不必了解 SQL Server 权限管理技术的高级知识。

2. 应用程序：视图与报表

在 Access Web 应用程序中，视图是当前浏览者使用应用程序的主要交互式页面。Access 2013 客户端应用程序把那些与视图相同的结构称为窗体。Access 2013 应用程序中的视图是自动生成的，这为开发人员大大减轻了 UI 层的布局工作量并且在一定层度上保障了交互界面的一致性体验。在 Access 设计层面，每一个视图都可以定制。就像数据表和查询一样，视图也存储在 SQL Server 数据库中。然而，因为视图是 HTML 和 JavaScript 对象而非原生的 SQL 对象，如数据表或表值函数，所以视图在 Access 系统数据表中另存为文本。

Access Web 应用程序为以数据为中心的业务应用程序开发人员提供了 4 种不同类型的视图。

- **明细列表视图**——带纵向滚动条的单列记录列表，选中一条记录会在列表右侧显示可编辑的明细信息界面。该记录列表可以搜索和筛选。
- **数据表视图**——类似于 Excel 的可编辑网格。数据表网格中的每一列都可以排序和筛选。
- **摘要视图**——用来对记录进行分组的视图。
- **空白视图**——完全定制的视图，能够承载 12 个可用 Access 控件中的任何一个。

视图必须基于数据表。创建新的数据表将自动生成对应的明细列表视图和数据表视图。视图根据它们所关联的数据表来进行分组。每个数据表的视图都可以移动。此外，视图均可以编辑、复制、重命名和删除。

定制视图

Access 2013 附带了一套内置的设计界面，但相比桌面数据库应用程序的设计器，Web 应用程序的设计器显得不那么完美。通过应用视图设计器和可供 Access 开发人员直接使用的 12 个控件，微软期望使具有业务逻辑能力的 Access 开发人员在设计 Web 应用程序时不再需要网页设计技能。

视图设计器基于网格系统来进行布局，这将自动确保组件能够排列整齐并且组件具有适当的间距。在视图上添加一个控件后，选中该控件后会显示该控件相关属性的一个弹出菜单，可以在这里编辑控件的属性，如图 19-8 所示。请注意，可编辑的属性分为 Data、

Formatting 和 Actions 三类，通过单击视图设计器里这三类属性各自的按钮来访问。

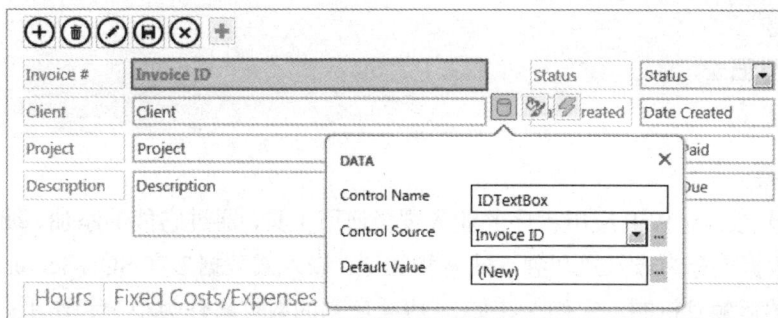

图 19-8

在图 19-8 中还可以看到一个操作栏，上面包括新建、删除、编辑、保存和取消这些操作的图标。绿色的加号按钮表示可以添加自定义操作。Access 向 Web 应用程序开发人员提供了 20 种不同的自定义操作以供选择。这些操作将在下面进行介绍。除了可以添加自定义操作外，Web 应用程序开发人员还可以选择删除这些按钮或者将整条操作栏隐藏以便控制业务流程。

3. 应用程序：宏命令

与之前版本的 Access 使用 VBA 来给应用程序添加自动化处理过程和业务逻辑不同，Access 2013 Web 应用程序依托数据宏命令来做这些工作。那些熟悉 SharePoint 中基于 If-Then-Else 条件语句的工作流设计器的用户，可以游刃有余地使用 Access 2013 的数据宏命令设计器，如图 19-9 所示。

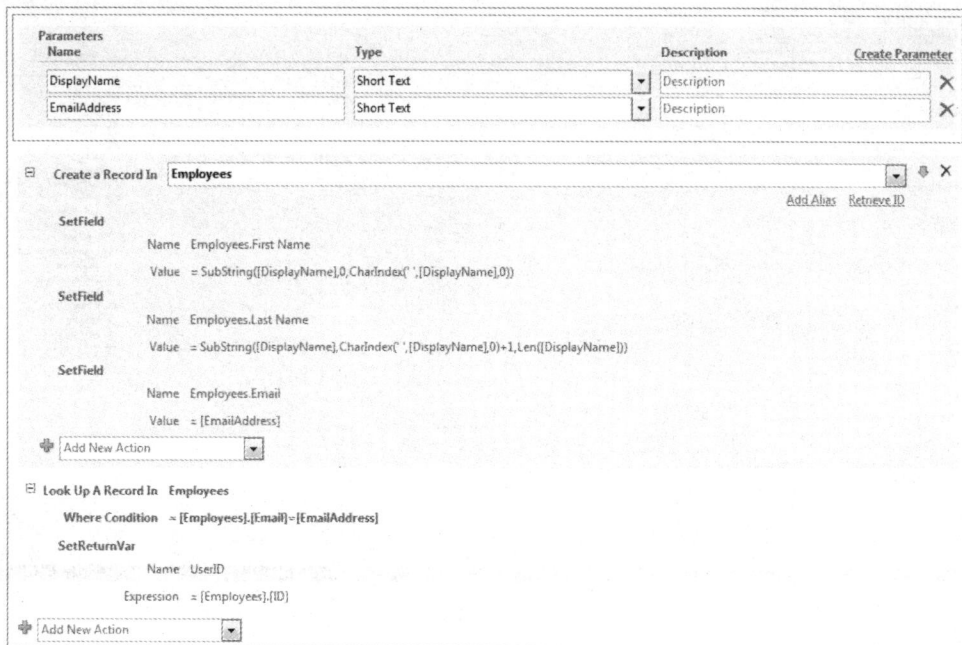

图 19-9

如同 Access 2013 用户界面上显示的一样，宏命令有三种主要类型：

- 数据宏
- 用户界面宏
- 启动时宏

1) 数据宏

数据宏是 Access Web 应用程序的业务逻辑通用工具，通过它能够添加、编辑或者删除数据记录。数据宏分为嵌入式和独立式两种类型。嵌入式数据宏在 SQL Server 中另存为其附属数据表的后触发机制，它们会在如表 19-4 所列的数据事件类型中起作用。

表 19-4　数据宏事件

事 件 类 型	触 发 机 制
插入时	把一条新数据添加到数据表后触发
更新时	把一条现有数据更新后触发
删除时	把一条现有数据删除后触发

要新增或编辑一个绑定数据表的数据宏，需要在 Access 中打开相关数据表并单击 Design 选项卡上 Ribbon 菜单中的一个事件图标。当一个事件已具有与其关联的宏时，该事件的图标将突出显示。图 19-10 显示了 Invoices 数据表使用的一个嵌入式数据宏，它用来显示一条记录的内部 ID，这个 ID 对应 Invoices 视图中的 ID 这一只读字段。

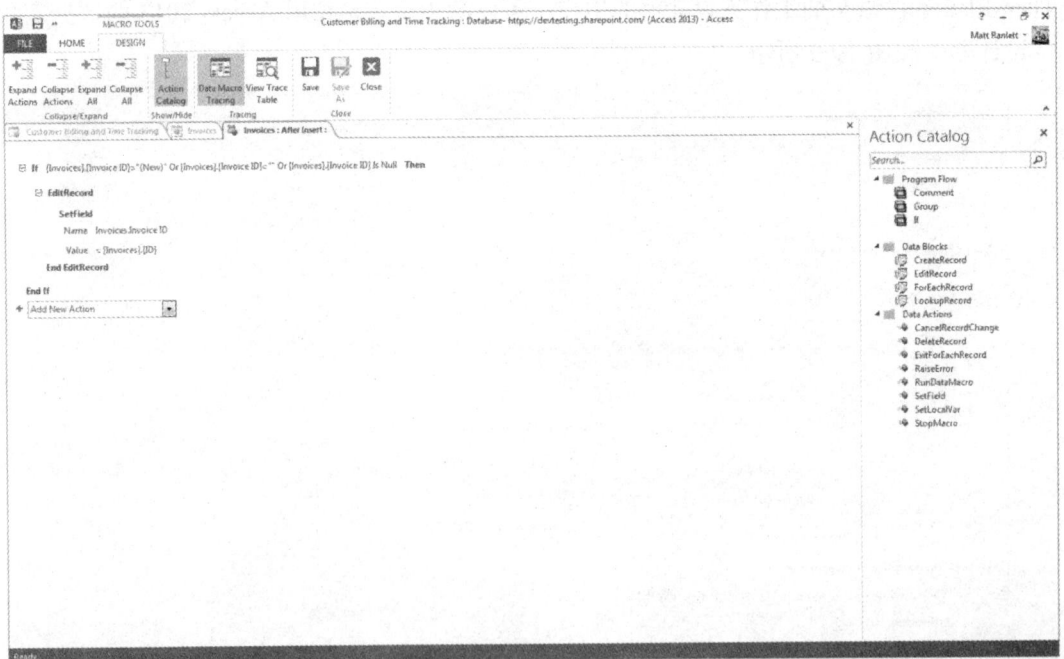

图 19-10

数据宏也支持独立宏这样一种版本，这个版本的应用可以提高代码的复用性。独立宏可以在 Access 导航面板上看到，但是它不能够被 AccessWeb 应用程序的最终用户直接执行使用。独立数据宏在 SQL Server 中另存为存储过程，其他 UI(用户界面)宏或数据宏可以使用"运行数据宏"(RunDataMacro)操作来调用。通过单击 Ribbon 菜单中 Home 选项卡 Create 区中的 Advanced 按钮，选择 Data Macro 图标来创建一个独立宏。请注意，独立宏支持参数传递。

2) 用户界面宏

用户界面宏(UI 宏)嵌入了诸如按钮和其他 Web 控件的 UI 元素，在如"单击时"这样的应用程序事件发生时起作用。在前面的图 19-8 可以看到闪电图标样式的 Actions 按钮控件，单击它会显示一个弹出窗口。表 19-5 列出了可以附加用户界面宏的 UI 事件。

表 19-5　用户界面宏事件

事 件 类 型	触 发 机 制
更新后	在控件中输入数据或在列表控件中选择项之后触发
单击时	选择控件时触发
当前	当用户更改到视图中的记录时触发
加载时	打开视图时触发

并非所有 UI 宏都支持上述所有的事件。比如，按钮控件支持"单击时"事件，但是组合框控件仅支持"更新后"事件。

UI 宏也支持独立类型的宏，后者同样在 SQL Server 数据库中另为存储过程存储，用来定义可以复用的逻辑。类似于独立数据宏，独立 UI 宏也可以在 Access 客户端的导航面板中找到，但同样不能够直接执行。仅在嵌入式 UI 宏中使用"运行宏"命令来调用独立 UI 宏时，独立 UI 宏才会执行。

3) 启动时宏

启动时宏的作用是设置应用程序，包括，为变量设置默认值、导航到默认视图或者创建对象消息。通过单击 Ribbon 菜单中 Home 选项卡 Create 区中的 Advanced 按钮，选择启动时宏图标来创建独立宏。

19.3　使用 Access Services 构建应用程序

对于专注于业务的 Web 应用程序，Microsoft Access 2013 是一个快捷的应用程序开发平台。然而，虽然 Access 可以让你轻而易举地上手使用，但其与 SharePoint 配合起来使用更能体现应用程序迭代开发的优势。迭代开发过程使持续性地测试和改进应用程序成为可能。

19.3.1 先决条件

使用 Access 2013 Web 应用程序需要下列两种组合环境之一:

- Microsoft Office Access 2013 桌面客户端和 Office 365 账号
- Microsoft Office Access 2013 桌面客户端和 SharePoint 2013 开发环境

无论选择内部部署环境还是托管式开发环境,都需要下载并安装 Office 2013 以使用 Microsoft Access 2013。

1. 配置托管式 Access Web 应用程序开发环境

如果你对于在 Office 365 环境中构建应用程序感兴趣,且该应用程序不需要完全信任的解决方案,或者你仅仅想要尽快尝试使用 Access Web 应用程序,你可以注册一个 Office 365 小企业版或高级版的免费试用账号。因为其他版本(如 Office 365 专业版和家庭高级版)的许可证不包含 SharePoint 在线的使用授权,所以不能使用 Access 2013 Web 应用程序。

安装 Access 2013 且注册 Office 365 的账号后,就可以打开 Access 并基于模板创建你的第一个 Web 应用程序来测试连接到云端是否成功。为测试应用程序命名并将该 SharePoint 在线站点的 URL 填入 Web Lation 文本框中。你的 Office 365 URL 会有如下格式:

```
http://[company].onmicrosoft.com/sites/[myteamsite]
```

单击 Create 按钮,Access 会在服务器上创建应用程序并直接在 Access 客户端打开应用程序设计器。单击 Launch App 按钮可以在浏览器中打开刚刚创建的应用程序。Access Web 应用程序支持包括 IE、Firefox、Chrome 和 Safari 在内的所有主流浏览器。

2. 配置内部部署开发环境

虽然依托 Office 365 可以明显地加快构建 Access Web 应用程序的过程,但是某些功能在 Office 365 中并未实现,这种情况下可能让你不得不使用内部部署开发环境。为 Access Services 配置内部部署环境,除了 SharePoint 2013 本身的必要安装外,还需要额外的一些配置步骤。这些步骤包括以下几个。

(1) 配置独立的应用程序域。

(2) 配置 SQL Server 2012。

    (a) 添加所需的 SQL Server 功能。

    (b) 启用包含数据库。

    (c) 启用混合身份验证的安全模式。

    (d) 确保恰当的服务账户权限。

    (e) 启用所需的网络协议。

(3) 配置 Windows 开发环境。

(4) 配置 SharePoint 2013。

    (a) 启动所需的服务。

(b) 创建一个安全存储的服务应用。

(c) 创建 Access Services 2013 服务应用程序。

配置独立的应用程序域

SharePoint 2013 需要一个可在其中设置 SharePoint 承载的应用程序的普通通配符主机标头域。此域可以继承自公司域名，比如，如果公司域名是 www.mycompany.com，那么理想的 SharePoint 应用程序域名是 app.mycompany.com。如果将此域保留为如后面描述的独立的应用程序实例的域名，SharePoint 就可以自动管理 URL。

因为独立的开发环境没有访问实际 DNS 以解析 URL 的权限，所以第一个步骤就是修改开发计算机上的主机文件以确保该 URL 能够正常解析。

微软在 MSDN 上提供一份关于"创建独立应用程序域"的 7 步详细指南，具体可参见 http://msdn.microsoft.com/en-us/library/fp179923(v=office.15).aspx#SP15appdevonprem_bk_configure，但是微软的一个现场服务工程师 Tom Van Gaever 编写了一段完整的 PowerShell 脚本来使上述步骤的执行变得更为简单。Tom Van Gaever 将脚本原文发表在他的博客中，网址是：http://tomvangaever.be/blogv2/2012/08/prepare-sharepoint-2013-server-for-app-development-create-an-isolated-app-domain/。作为补充，我们在这里转载了这段必须以管理员身份运行的 PowerShell 脚本：

```
# Check if the execution policy is set to Unrestricted
$policy = Get-ExecutionPolicy
if($policy -ne "Unrestricted"){
    Set-ExecutionPolicy "Unrestricted"
}
# Check if current script is running under administrator credentials
$currentPrincipal = New-Object Security.Principal.WindowsPrincipal
    ( [Security.Principal.WindowsIdentity]::GetCurrent() )
if ($currentPrincipal.IsInRole( [Security.Principal.WindowsBuiltInRole]::
    Administrator ) -eq $false) {
    (get-host).UI.RawUI.Backgroundcolor="DarkRed"
    clear-host
    write-host "Warning: PowerShell is not running as an Administrator.'n"
    exit
}
# Load SharePoint powershell commands
Add-PSSnapin "microsoft.sharepoint.powershell" -ErrorAction SilentlyContinue

cls

# Ensure that the spadmin and sptimer services are running
Write-Host
Write-Host "Ensure that the spadmin and sptimer services are running"
    -ForegroundColor Yellow
net start spadminv4
net start sptimerv4
```

```
# Create your isolated app domain by running the SharePoint Management Shell
    as an administrator and typing the following command.
Write-Host
Write-Host "Create your isolated app domain by running the SharePoint
    Management Shell as an administrator and typing the following command."
    -ForegroundColor Yellow
$appdomain = Read-Host "Your App Domain Name"
Set-SPAppDomain $appdomain

# Ensure that the SPSubscriptionSettingsService and AppManagementServiceInstance
    services are running
Write-Host
Write-Host "Ensure that the SPSubscriptionSettingsService and
    AppManagementServiceInstance services are running." -ForegroundColor Yellow
Get-SPServiceInstance | where{$_.GetType().Name -eq "AppManagementServiceInstance"
    -or $_.GetType().Name -eq "SPSubscriptionSettingsServiceInstance"} |
    Start-SPServiceInstance

# Verify that the SPSubscriptionSettingsService and AppManagementServiceInstance
    services are running
Write-Host
Write-Host "Verify that the SPSubscriptionSettingsService and
    AppManagementServiceInstance services are running." -ForegroundColor Yellow
Get-SPServiceInstance | where{$_.GetType().Name -eq "AppManagementServiceInstance"
    -or $_.GetType().Name -eq "SPSubscriptionSettingsServiceInstance"}
# Specify an account, application pool, and database settings for the
    SPSubscriptionService and AppManagementServiceInstance services
Write-Host
Write-Host "Specify an account, application pool, and database settings for
    the SPSubscriptionService and AppManagementServiceInstance services."
    -ForegroundColor Yellow
$login = Read-Host "The login of a managed account"
$account = Get-SPManagedAccount $login
$appPoolSubSvc = New-SPServiceApplicationPool -Name SettingsServiceAppPool
    -Account $account
Write-Host "SettingsServiceAppPool created (1/6)" -ForegroundColor Green
$appPoolAppSvc = New-SPServiceApplicationPool -Name AppServiceAppPool
    -Account $account
Write-Host "AppServiceAppPool created  (2/6)" -ForegroundColor Green
$appSubSvc = New-SPSubscriptionSettingsServiceApplication -ApplicationPool
    $appPoolSubSvc -Name SettingsServiceApp -DatabaseName SettingsServiceDB
Write-Host "SubscriptionSettingsServiceApplication created  (3/6)"
    -ForegroundColor Green
$proxySubSvc = New-SPSubscriptionSettingsServiceApplicationProxy
    -ServiceApplication $appSubSvc
Write-Host "SubscriptionSettingsServiceApplicationProxy created  (4/6)"
    -ForegroundColor Green
$appAppSvc = New-SPAppManagementServiceApplication -ApplicationPool
    $appPoolAppSvc -Name AppServiceApp -DatabaseName AppServiceDB
Write-Host "AppManagementServiceApplication created  (5/6)" -ForegroundColor Green
```

```
$proxyAppSvc = New-SPAppManagementServiceApplicationProxy -ServiceApplication
    $appAppSvc
Write-Host "AppManagementServiceApplicationProxy created (6/6)"
    -ForegroundColor Green

# Specify your tenant name
write-host
Write-Host "Set AppSiteSubscriptionName to 'app'" -ForegroundColor Yellow
Set-SPAppSiteSubscriptionName -Name "app" -Confirm:$false
Write-Host "AppSiteSubscriptionName set" -ForegroundColor Green
# Disable the loopbackcheck in the registry
Write-Host "Disable the loopbackcheck in the registry" -ForegroundColor Yellow
New-ItemProperty -Path "HKLM:\SYSTEM\CurrentControlSet\Control\Lsa\" -Name
    "DisableLoopbackCheck" -PropertyType DWord -Value 1
Write-Host "Completed"
```

修改开发计算机上的主机文件(根据需要)和成功执行上面的 PowerShell 脚本，能够确保所有必需的 Access Services 2013 网络配置工作顺利完成。

配置 SQL Server 2012

SQL Server 必须进行正确配置才能支持 Access Services 2013 的运行。开始下列所需步骤的前提是准备好 SQL Server 安装媒介。

添加所需的 SQL Server 功能

运行安装向导(或者重新运行安装向导以修复一个现有安装)，确保下列功能在开发环境中已经启用：

- 数据库引擎服务
- 完整测试和语义提取搜索
- SQL 管理工具(基本和完整)
- 客户端工具连接

此步骤需要原始安装媒介并且可能需要重新安装服务补丁包。在更新生产环境服务器时，请务必遵守正确的操作规程！

启用包含数据库

SQL Server 2012 通过引入包含数据库这一概念来将数据库与其他数据库分离。Access Services 需要 SQL Server 2012 中的数据库包含功能以便能够不仅仅为每一个数据库提供保护，并且能够进一步给 SQL Server 实例提供保护。SQL Server 通过以下 4 个方面来实现从实例中分离出数据库。

- 描述数据库的元数据保存在数据库中，而不是主数据库中。
- 所有元数据都按照相同的排序规则进行存储。
- 通过数据库来进行用户身份验证而非 SQL Server 认证。
- SQL Server 支持包含性信息报表。

激活包含功能非常简单,只需要在 SQL Server 的 Advanced Properties 对话框中将 Enable Contained Databases 标记置为 True 即可。打开 SQL Server Management Studio,右击 Server,选择 Properties 命令。在 Advanced 页面有 Enable Contained Databases 选项。将它设置为 True。

启用混合身份验证的安全模式

因为 Access Services 2013 同时支持 Windows 和 SQL Server 身份验证,所以需要配置 SQL Server 以便能够同时支持这两种身份验证。在 SQL Server Management Studio 中,右击 Server,选择 Properties 命令。在 Security 页面有允许 SQL Server and Windows Authentication Mode 的选项。

确保恰当的服务账户权限

SharePoint 2013 沿用了之前在 SharePoint 2010 和 2007 版本中就已经提供的具有长期传统的服务账户。Access Services 2013 服务应用程序创建后,必须为其指派或新建一个服务账户。此服务账户必须是活动目录(Active Directory,AD)中的一个现有账户,并且必须为服务器授予此账户 dbcreator、public 以及 securityadmin 角色。打开 SQL Server Management Studio,依次展开 Security | Logins 菜单就能够看到服务账户。右击服务账户,并选择 Properties 命令,再选择 Server Roles 页面,在这里可以确保该服务账户被赋予了所需要的服务器角色。

启用所需的网络协议

打开 SQL Server 配置管理器工具,展开 SQL Server 网络配置分组来选择 MSSQLSERVER 要使用的协议。默认情况下,只有 Shared Memory 协议是启用的。右击 Named Pipes 协议并将其启用。再右击 TCP/IP 协议并将其启用。到此为止,所有可用的网络协议应该都是启用状态了。

配置 Windows 开发环境的防火墙

既然已经正确地配置了 SQL Server,还必须对运行 SQL Server 的 Windows 系统环境进行配置以使其能够在 1433 和 1434 端口进行基于 TCP 和 UDP 协议的 HTTP 通信。

(1) 打开高级安全实用程序的 Windows 防火墙工具。

(2) 右击 Inbound Rules 选项并选择 New Rule 命令。

(3) 在弹出的 New Inbound Rule Wizard 页面上选择要创建的规则类型。

(4) 选择 Port 并单击 Next 按钮。

(5) 向导前进到 Protocols and Ports 界面。选择 TCP 并在 Specific Ports 栏中填入 1433,1434;然后单击 Next 按钮。

(6) 向导前进到 Action 界面。选择 Allow the Connection 并单击 Next 按钮。

(7) 向导前进到 Profile 界面。保持 Domain 和 Private 两个规则的选中状态,清除 Public 规则的选中状态,然后单击 Next 按钮。

(8) 向导前进到 Name 界面。在 Name 一栏中输入 SQL TCP 并单击 Finish 按钮。

为 UDP 的入站规则配置重复上述步骤并做如下相应修改。

- 在 Protocols and Ports 界面上，选择 UDP 并在特定本地端口栏中填入 1433,1434；然后单击 Next 按钮。
- 在 Name 页面上，在 Name 一栏中输入 SQL UDP，并单击 Finish 按钮。

配置 SharePoint 2013

到这里，SQL Server 就完全配置好了，SQL Server 服务器的防火墙也配置了相应的入站流量，独立的应用程序域就创建完成了。最后一个先决条件就是创建和配置 Access Services 2013 服务应用程序。

启动所需的服务

在管理中心里，打开 Manage Services on Server 界面并确保以下服务处于启动状态。如果它们没有运行请启动它们：

- Access Services 2013
- Access Services(Access Data Service 2010，用来查看和修改现有的 Access 2010 Web 数据库)
- 应用程序管理服务
- Microsoft SharePoint Foundation Subscription Settings Service
- 安全存储服务

创建安全存储服务应用程序

在管理中心里，打开 Manage Services on Server 页面。在 Service Applications 的 Ribbon 选项卡上，单击 New 下拉菜单，然后选择创建新的安全存储服务应用程序。新建页面上所有设置项都已填入了有效的默认值，直接单击 OK 按钮即可创建新的服务应用程序。新的应用程序创建之后，请运行 IISRESET 命令重启 IIS 来确保足够的内存可供下一步操作使用。单击 Ribbon 菜单上的 Generate New Key 按钮来完全激活安全存储服务。最后这一步骤需要运行一段时间，因此如果几分钟内没有任何反应也别慌张，系统还是在正常运行的。

创建 Access Services 2013 服务应用程序

最后一步才是实际创建 Access Services 2013 服务应用程序。在管理中心里，打开 Manage Services on Server 界面。在 Service Applications 的 Ribbon 选项卡上，单击 New 下拉菜单，然后选择 Access Services 选项(并非 Access Services 2010 选项，它用来支持遗留 Access Services 2010 实例)。

Geate New Access Services Application 对话框会弹出并要求填写应用程序数据库服务器。这个服务器用来创建新应用程序数据库并且最好不要与 SharePoint 所使用的数据库实例相同(虽然从配置上来说是支持这样做的)。如果将来要为 Access Services 配置新的在线 SQL Server 数据库，可以打开 Access Services 应用程序进行数据库服务器的配置变更。

19.3.2 创建 Access Web 应用程序

创建 AccessWeb 应用程序需要提供一个即时可用并且正确配置的 Office 365 或内部部署环境。针对第一次创建 AccessWeb 应用程序的情况，我们来看看后面这个例子：TailSpin 玩具公司的咨询子公司需要追踪其员工的实际位置以及客户咨询服务的执行情况。那么自然而然地，在 Office 365 上承载的这个应用程序必须在公司内网环境也能运行。可以遵循以下步骤来创建满足 TailSpin 玩具公司需求的应用程序：

1. 创建基础应用程序

首先要做的是创建应用程序的初始外壳，并测试它以确保应用程序能够成功部署并且达到预期的用户使用体验。下列 6 个步骤将指导你将创建应用程序直到数据入口点，整个过程将持续约 60 秒。

(1) 打开 Access 并且选择 Custom web app。

(2) 应用程序名称处输入 TailSpin Toys Consultant Tracker，Web 应用程序位置处输入 http://tailspintoys.com/sites/staffing 并且选择 Create。

(3) 既然应用程序已创建，就通过在 "What Would You Like to Track?" 搜索框输入 Employee 来搜索相关模板以添加一些初始数据表。然后按 Enter 键。

(4) 选择 Employees 数据表模板。

(5) 继续搜索并添加 Clients 数据表与 Projects 数据表。

(6) 在继续添加其他附加数据表前，花些时间在浏览器中单击 Ribbon 菜单上的 Launch App 按钮来浏览新添加的数据表和相关联的视图：

    (a) 如图 19-11 所示，注意，平铺面板包含 Employees、Clients、Projects 和 Tasks 数据表的入口。Tasks 数据表在添加 Projects 数据表时自动添加，它是 Projects 这个名词相关联默认数据架构的一部分。

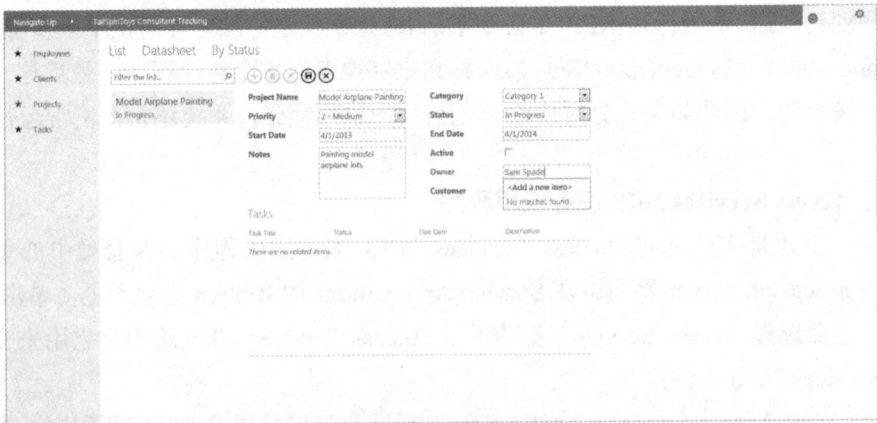

图 19-11

    (b) 注意，每个数据表都有三种默认视图：List、Datasheet 和 By Group 或 By Status 视图。

(c) 在 Projects 数据表中输入一些数据，注意 Projects、Employees 和 Clients 数据表之间的内置关系。当在 Owner 或 Customer 字段中输入一个姓名时，自动补全功能会尝试查找相关的记录，或者在没有查询到匹配记录的情况下允许用户创建新记录。创建一个项目、一个员工和一个客户。除了 Tasks 数据表之外，现在其余的数据表在视图中都有数据了。

2. 添加、移除和编辑数据表

从 Employees、Clients 和 Projects 名词添加的基础数据表基本能够满足应用程序的需要，但是现有的配置下无法跟踪记录顾问的位置。Tasks 数据表是多余的，应予移除，以防止最终用户的困惑。以下步骤将指导你完成移除 Tasks 数据表和添加两个完全自定义数据表的整个过程。在数据库中包含足够的数据表以满足跟踪项目顾问和顾问所在位置的需求后，需要配置这两个数据表之间的关系。图 19-12 揭示了应用程序正常运行所需的数据表间的关系。

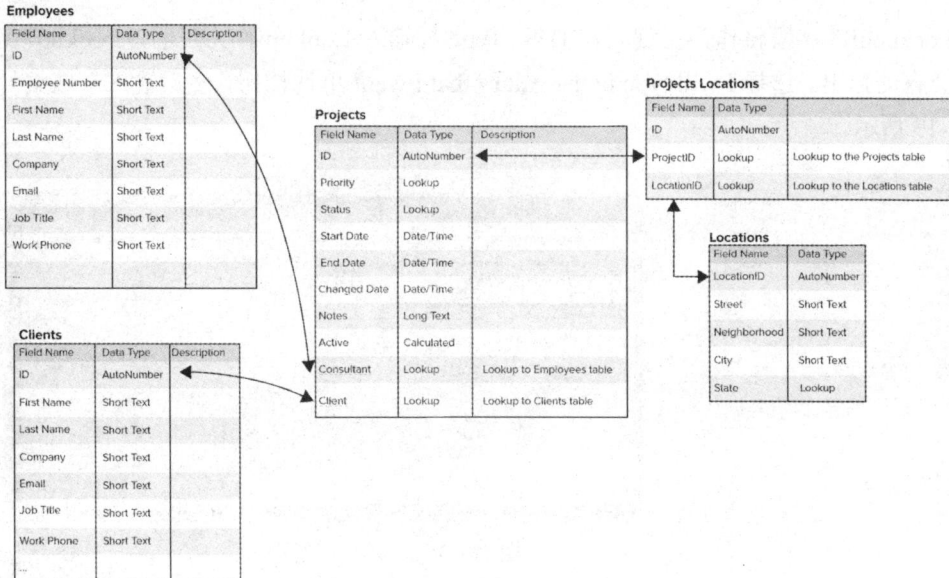

图 19-12

要在 AccessWeb 应用程序中定义数据表之间的关系，需要通过管理 Lookup 字段来实现。Lookup 字段可以是数据表或查询中的一列或者数据链接。除了数据表的连接外，Projects 数据表中的一些列名需要修改以便给最终用户提供一套一致的应用程序词汇集。图 19-12 中带有下划线的列就反映了这种情况，这些列的列名需要进行修改。依照下列步骤来创建 Lookup 字段和编辑已存在的列名：

(1) 回到 Access 2013 客户端，右击平铺面板上的 Tasks 项。注意，弹出的 Settings/Actions 对话框提供了诸如 View Data、Edit Table、Delete 和 Hide 等选项。Hide 选项会将 Tasks 项从平铺面板移除，但这并不会删除后台的数据表或相关联的视图。

(2) 选择 Delete 并且在确认对话框中单击 OK 按钮。

(3) 打开 Projects 数据表。

(4) 将 Owner 字段名称更改为 Consultant。

(5) 将 Customer 字段名称更改为 Client。

(6) 单击 Ribbon 菜单上 Create 区域中的 Table 按钮,添加一个数据表。单击右侧的 Add a New Blank Table 链接来创建如表 19-6 所示的数据表。

表 19-6　Locations 数据表

FIELD NAME	DATA TYPE
LocationID	AutoNumber
Street	Short Text
Neighborhood	Short Text
City	Short Text
State	Lookup

LocationID 字段将作为主键。在 Data Type 处输入 Lookup 作为声明,Lookup Wizard 窗口会自动弹出。选择 I will type in the values that I want 单选按钮,然后输入一些编号,如图 19-13 所示。

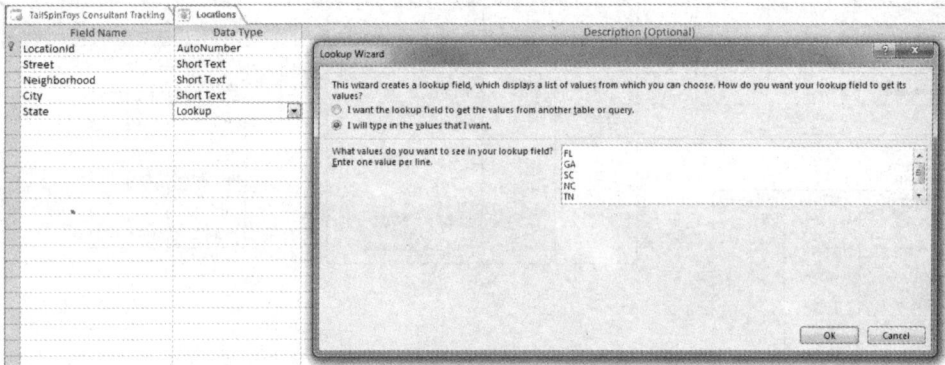

图 19-13

(7) 单击 Save 按钮以命名 Locations 数据表并且将它保存到服务器。

(8) 新建另外一个 Project Locations 数据表。这张数据表提供 Projects 与 Locations 数据表间多对多的查询关系。表 19-7 描述了这些必要的列。

表 19-7　Project Locations 数据表

FIELD NAME	DATA TYPE	NOTES
ID	Auto Number	主键
LocationID	Lookup	如图 19-13 所示,Lookup Wizard 窗口会自动弹出。设置此字段为从 Locations 数据表相邻列检查数据。图 19-14 展示了正确的向导设置
ProjectID	Lookup	创建 Projects 数据表的一个查阅字段

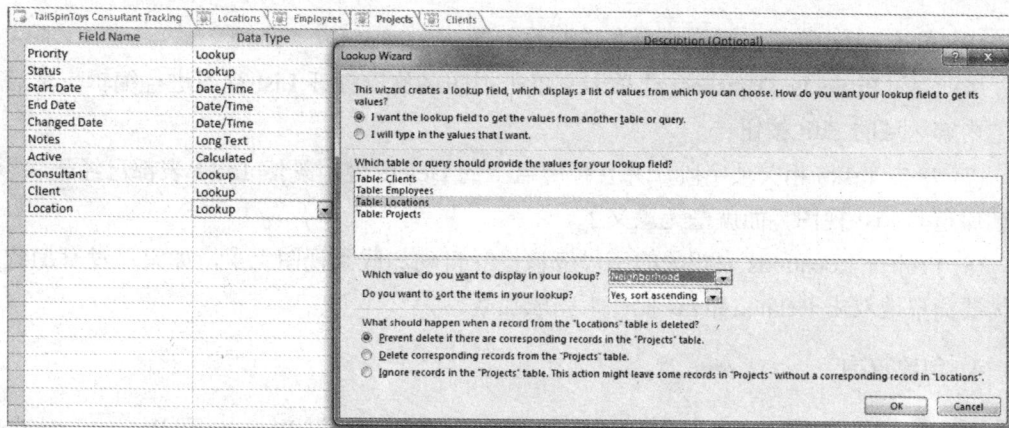

图 19-14

(9) 单击 Save 按钮以命名 Project Locations 数据表并且将它保存到服务器。

(10) 在 Access 客户端中的平铺面板里，将 Projects 选项卡拖动到顶部并且隐藏 Project Locations 数据表。因为 Project Locations 数据表只是一个链接表，所以不需要由最终用户直接编辑。

3. 修改应用程序视图

接下来的步骤用来创建一种机制让最终用户能够与 Projects 和 Locations 间新的关系进行交互。List 视图和 Datasheet 视图都需要进行编辑。下列步骤详细描述了编辑自动生成的 List 和 Datasheet 视图所需的处理过程。

(1) 在平铺面板单击 Projects 选项卡；然后从可用视图列表中选择 Datasheet 视图。

(2) 在主内容区域单击 Edit 按钮进入视图编辑器。

(3) 在 Ribbon 菜单里的 View Design 选项卡中 Tools 区域单击 Add Existing Fields 按钮，在 Access 中显示 Field List 面板。

(4) 从 Field List 面板中将 Location 字段拖动到 Datasheet 字段列表的最右侧，如图 19-15 所示。

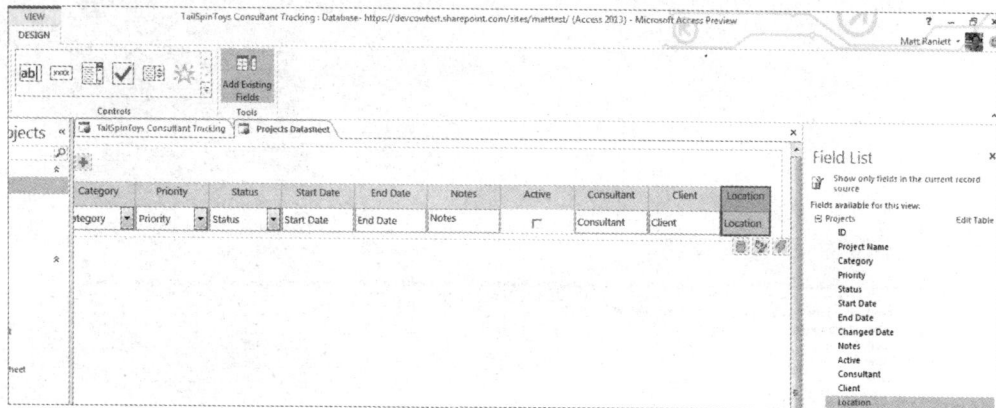

图 19-15

(5) 单击 Save 按钮将视图变更发送到服务器。

(6) 关闭 Projects Datasheet 选项卡，单击视图名称以打开 List 视图进行编辑，然后单击主内容区域的 Edit 按钮。

(7) 单击 Tasks 相关项字段，并且按键盘上的 Delete 键。既然 Tasks 表都已经删除了，继续保留其 List 视图界面就毫无意义了。

(8) Project Locations 表相关的字段应该已经自动加载到视图上了，如果还没有加载，只需要简单地双击 Related Items 控件来完成加载。

4. 创建查询

如同前面的图 19-12 所展示的一样，Employees 数据表通过 Projects 和 Project Locations 这两张数据表来与 Locations 数据表进行关联。顾问追踪应用程序的用户可能想要获取某一个顾问在哪个位置提供咨询服务的信息。构建一个将这些数据元素更加紧密地连接在一起的查询，这样就可以在后面的任务里让应用程序像使用数据源一样来使用这个查询。参照以下步骤新建查询，该查询会在 SQL Server 中另存为表值函数。

(1) 在 Ribbon 菜单中的 Home 选项卡上，单击 Create 区域里的 Advanced 下拉菜单，然后选择 Query 选项。

(2) 在 Show Table 弹出窗口中，选择 Employees、Projects、Project Locations 和 Locations 这些数据表，然后单击 OK 按钮。

(3) 在生成器网格中，将第一个字段设置为 Locations 数据表的 Neighborhood 字段，再将第二个字段设置为 Employees 数据表的 Display Name First Last 字段，如图 19-16 所示。

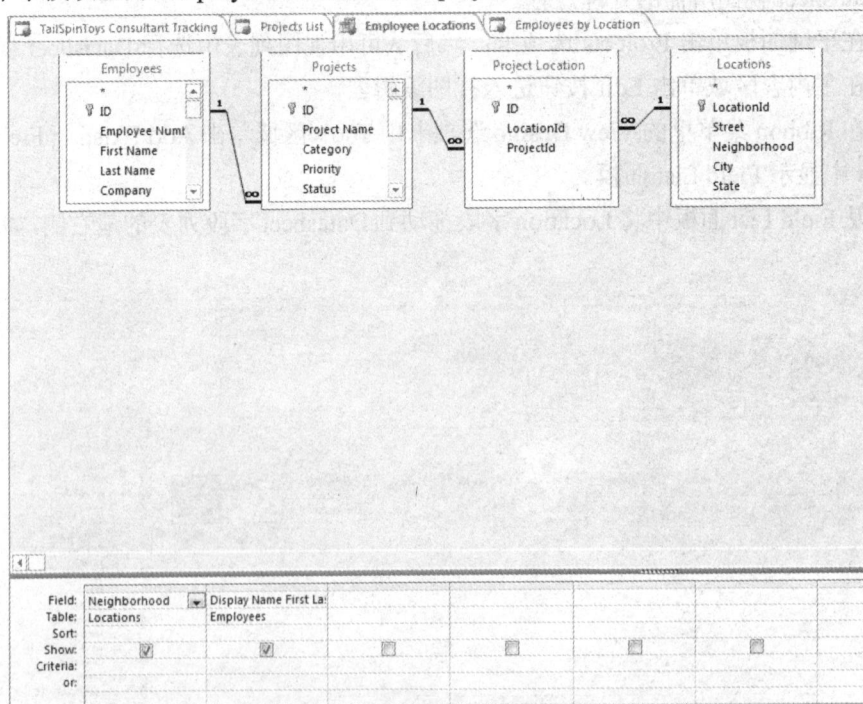

图 19-16

(4) 将该查询另存为 Employee Locations。

5. 创建新视图

既然你已经能够识别出员工到访过哪些位置，就该把这些信息提供给最终用户。参照以下步骤在平铺面板中的 Locations 选项卡里创建一个 Employees by Location 视图。

(1) 在平铺面板中单击 Locations。

(2) 单击 Add New View 按钮。将 View Name 设置为 Employees by Location，将 View Type 设置为 Summary，并且将 Record Source 设置为 Employee Locations 查询。单击 Add New View 按钮。

(3) 编辑 Employees by Location 视图，确保左侧列显示的是 Neighborhood 列表并且右侧列显示的是 Employee's Display Name 列表。这些设置应该是系统默认的。

(4) 启动应用程序并且在浏览器中查看结果。现在最终用户可以跟踪项目，为这些项目指派员工并且可以通过位置来定位员工的工作轨迹了。

6. 添加宏命令

回顾之前关于宏命令的介绍，我们清楚在 Access Web 应用程序中有两种不同类型的宏命令可以添加：数据宏(在应用程序中发生数据变化时能够自动触发并更改数据)，以及 UI 宏(在应用程序中用户行为发生时能够添加一些用户体验选项。比如，当你为一个项目指派了一个顾问时，你可以使用数据宏来从 Consultant 数据表记录中复制详细数据到 Project 数据表中。用户界面宏可以为应用程序添加一些交互性的元素。参照以下步骤在应用程序中添加一个弹出窗口，以实现让最终用户可以在 Datasheet 视图里查看被指派到某项目的某个员工的详细信息。

(1) 在 Access 中，单击平铺面板中的 Projects 选项，然后选择 Datasheet 视图以进行编辑。

(2) 单击 Consultant 字段；然后单击闪电符号的按钮来打开 Actions 弹出菜单。

(3) 单击 On Click 操作按钮，然后在可选操作列表里选择 OpenPopup。

(4) 在 View 字段处，选择 Employees List，然后单击 OK 按钮。

(5) 保存上述设置以将更新发送到服务器；然后启动应用程序来进行操作以便查看 UI 宏是否生效。

7. Access Web 应用程序编程

很遗憾，要通过编写代码来扩展或者修改一个 Access Web 应用程序这条路，基本上是走不通的。微软并没有为 Access Services 或者 ADS 发布任何 API，并且微软强烈反对试图修改 Access Web 应用程序页面里 HTML、CSS 或者 JavaScript 的行为。

8. 报表与外部数据

Access Web 应用程序承载的数据实际上存储在专有的 SQL Server 数据库中。Access

数据库的连接详细信息可以在 Access 后台界面中查看。除了标识出数据库的连接路径外，Access 后台界面还允许创建具有只读或者读写/权限的用户账户。另外，后台界面上的 Info 选项卡允许创建客户端报表数据库。当前，因为 Access 报表数据库还不能以云端 Web 应用程序的形式存在，所以 Access 会为报表自动创建所需的连接，如图 19-17 所示。

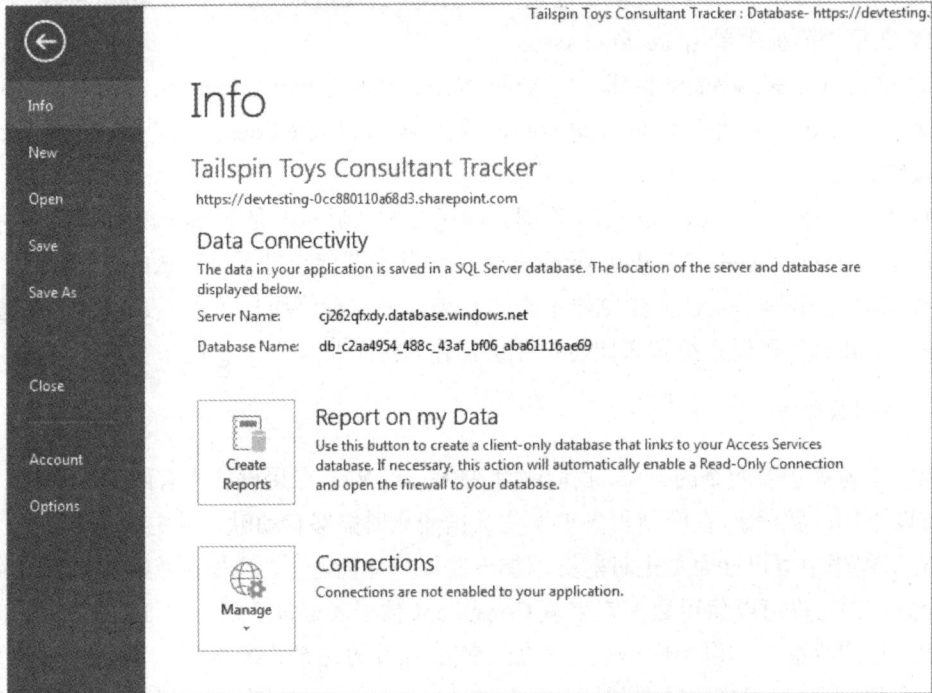

图 19-17

Access Web 应用程序不仅允许外部应用程序访问数据，它也可以使用存储在诸如 SharePoint 和 SQL Server 中的数据来创建链接数据表。这样一来，Access Web 应用程序就能够用来提供复杂业务逻辑，而这恰恰是仅能提供简单数据访问与管理的 SharePoint 所不具备的。如果 Access 应用程序连接 SharePoint 列表作为一个链接数据表，这个连接就是一个只读连接。任何针对列表数据源的数据更改都必须在 SharePoint 内部完成。

19.3.3　部署 Access 应用程序

在应用程序创建过程中，因为应用程序设计器提供了一个在线地址来创建 Access Web 应用程序，所以 Access 2013 的部署没有什么可以深入介绍的。当应用改程序创建并且上载到网站上后，它就能够被有相应权限的用户获取和使用。Access 应用程序还可以部署到企业私有应用程序商店以及微软在线的 Office.com 公共应用程序商店。要将 Access 应用程序部署到微软在线商店中，需要提交代码，Office 商店会对该代码进行打包、评审以决定接受或拒绝。

19.4　本章小结

对于一个睿智的业务用户，Access 2013 将成为其工具库中一个强有力的新工具。摆脱了需要管理用户体验和数据访问层的传统 Web 开发方式，行业专家可以使用可伸缩和功能强大的 SQL Server 来快速生成专注于业务的应用程序。Access Web 应用程序能够以宏命令的形式来支持级联删除操作限制、查询、触发器以及存储过程。虽然 Access 并没有为开发人员提供基于代码来定制应用程序的功能，但这毕竟也不是这款工具的设计初衷。作为补偿，Access 提供了延续 SharePoint 使命的能力，使最终用户能够不依赖软件开发人员以及避开定制化软件的高昂维护成本开销来创建专注于业务的重要应用程序。

额外帮助与资源

附录内容

- 寻求帮助及额外的资源

SharePoint 开发需要兼具一系列开发技术能力,包括 SharePoint、开发人员工具以及 Web 开发技术。为了高效地进行 SharePoint 开发,你需要理解可以供你使用的资源,这些资源可以在微软官方和开发社区中获得。从中可以找到高质量的工具以及文档。

A.1 微软官方提供的帮助文档下载

微软官方提供给每一个 SharePoint 开发人员下载的核心资源就是 SharePoint SDK。SDK 有两种版本,一种是 SharePoint 基础版,另外一种是 SharePoint 服务器版。两种版本的 SDK 都应该下载到开发计算机上。

A.2 微软官方的在线帮助服务

http://msdn.microsoft.com/en-us/library/jj163091.aspx 网页上提供了开发人员了解 SharePoint 2013 新内容的其中一个关键在线资源。

除了新内容的介绍,还可以在 msdn 网站上获取其他内容资源,包括 http://msdn. microsoft.com/en-us/sharepoint/fp123633.aspx 网页上的 SharePoint 2013 开发人员培训的内容。

SharePoint 团队博客是另一项需要密切关注的关键资源。在此博客上,SharePoint 团队会发表客户及合作伙伴感兴趣并且与 SharePoint 相关的信息。该博客位于 http://sharepoint.

microsoft.com/blog/Pages/default.aspx。

　　最后一项资源是 SharePoint 开发人员文档团队博客。SharePoint 开发人员文档团队会在这个博客上发表在 SDK 中可能没有的重要信息,或者用 SharePoint 进行开发的一些最佳实践。该博客位于 http://blogs.msdn.com/b/sharepointdev/。

A.3　来自社区的帮助

　　SharePoint 拥有丰富的交互型社区并且出现了社区主导型工具。例如,http://apps.codeplex.com/是一个 CodePlex 项目,在这里开发人员可以贡献和与其他人共享他们的 SharePoint 应用程序。除此之外,当你开发你的 SharePoint 解决方案时你也可以查阅大量其他的在线资源。下列信息列出了一些可以帮助你进行 SharePoint 开发的网站。

- Reza Alirezaei 的博客:http://blogs.devhorizon.com/reza
- Scot Hillier 的博客:http://www.shillier.com/default.aspx
- Amit Vasu 的博客:http://www.amitvasu.com/Blog/default.aspx
- Andrew Connell 的博客:www.andrewconnell.com/blog/
- Joel Oleson 的 SharePoint 博客:www.sharepointjoel.com/default.aspx
- Eli Robillard 的博客:http://weblogs.asp.net/erobillard/
- Noorez Khamis 的博客:http://www.khamis.net/blog/default.aspx
- CodePlex:www.codeplex.com/
- Steve Peschka 的博客:http://blogs.technet.com/b/speschka/